检察文献系列丛书

《清末民国检察文献总目》

——法政期刊卷

刘彦/主编

QINGMO MINGUO JIANCHA
WENXIAN ZONGMU

中国检察出版社

序　言

曹建明　最高人民检察院检察长
中华人民共和国首席大检察官

"明镜所以照形，古事所以知今。"历史是最好的教科书，也是最好的营养剂。习近平总书记突出强调，要学习党史、国史，在对历史的深入思考中做好现实工作，更好走向未来。坚持和发展中国特色社会主义检察事业，离不开对检察史特别是人民检察史的梳理、学习和研究。

我国近代检察制度肇始于清末改制，在民国时期萌芽、发展，构成了中国法律近代化的重要组成部分。以 1931 年 11 月中华苏维埃共和国设立中央工农检察人民委员部为标志，人民检察制度应运而生，至今已走过近 85 周年的风雨历程。历史虽然已经成为过去，但检察史中蕴含的检察权运行规律及经验教训，对于今天我们树立和坚持正确的发展理念和司法理念，推进中国特色社会主义检察制度和司法制度更加成熟定型仍具有重要参考价值。

不同时期检察实践活动积淀形成的检察文献，生动记录了一代又一代检察人的理论探索、实践创新和文化传承，是检察制度发展变迁的忠实见证者，是检察历史、检察文化薪火相传的重要载体，也是吸取经验教训、探寻检察事业发展规律的智慧宝库，需要我们不断发掘其中历久弥新的价值。收集、整理和研究丰富翔实的检察文献，有助于明晰检察制度尤其是人民检察制度的发展脉络，洞悉中国特色社会主义检察制度的发展规律，从而为开展检察理论和实务研究、助推检察事业科学发展提供有益借鉴。

2015 年 11 月成立的中国检察文献中心是专门致力于检察文献收集、整理和研究的机构。检察文献中心不仅要加强检察文献资源建设，不断提高馆藏资源系统化水平，更要对文献进行科学分类、梳理、编撰，有针对性地加强对文献资源的深度开发，最大限度发挥检察文献价值。《清末民国检察文献总目——法政期刊卷》一书的出版就是这方面的有益探索，该书将清末及民国法政期刊中涉及检察制度的文献分类整理并形成索引，不仅客观反映了清末及民国时期有关检察的理论研究和制度运作情况，更是生动呈现了近现代以来中国检察制度萌芽、形成的历史渊源，使我们知所从来、明其所趋，为进一步深化对司法规律、检察规律的认识提供了参考借鉴。

希望这套系列丛书佳作迭出，进一步繁荣检察理论研究，传承检察事业发展。广大检察人员要不忘初心，把学好用好检察史作为必修课，不断增强历史意识和历史眼光，培养历史思维，充分认识中国特色社会主义检察制度的科学性和优越性，更好地履行宪法法律赋予的神圣职责，为全面建成小康社会、实现"两个一百年"奋斗目标作出新的贡献。

2016 年 11 月

前　言

　　国家检察官学院隶属于最高人民检察院，是我国培养高层次、高素质检察人才的专门机构。根据"十二五"时期国家检察官学院发展规划，中国检察文献中心于2015年11月初步建成。该中心是集检察类图书、报刊、内部资料等纸质资源以及特色数据库为一体的信息资源中心；是传承检察文化、弘扬检察精神、繁荣检察研究和服务检察教育培训的重要场所。

　　清末民国检察文献是中国检察文献的重要组成部分，蕴含丰富史料，具有较高的学术价值。中国检察文献中心一直把对清末民国检察文献的收集和整理工作，作为一项重要工作来推进。文献中心历经3年，组织专门团队对清末民国法政期刊中的检察文献进行收集、整理并编制了索引条目。

一、整体概况

　　本书以晚清及民国时期法政期刊为资源基础，挑选、整理了清末民国时期检察相关文献5000余篇，并完成其索引编制工作。索引项包括题名、作者、关键词、摘要、期刊名称、主办单位、刊期、页码、文献形式。举例如下：

示例一

题　　名：中国司法制度史序

作　　者：刘陆民

关 键 词：检察制度　御史台　都察院　行政司法混合

摘　　要：检察制度在我国历史上一直存在。检察机关乃在于检举不法，我国古代的御史台和都察院均为检举不法而设，可看待为我国的检察机关，御史、都察院成员均是我国古代的检察官。而且我国古代实无行政兼理司法的情况，仅有行政与司法混合的情况。

期刊名称：法学月刊

主办单位：

刊　　期：1947年第1期

页　　码：41

示例二

题　　名：东省特别区域高等审判厅检察所筹拟改进事务议决案（续）

作　　者：

关 键 词：通缉　自动通缉　受动通缉　检警关系

摘　　要：通缉分为自动通缉和受动通缉。自动通缉是指本区法院因在案逃犯而分函通缉者。受动通缉是指由总检庭及各省区高检庭令函通知者。受动通缉应将通缉人犯姓名、犯罪情节、请求通缉机关、接到请求日期、应行解送处所等信息详细记载。另外，检察官有调度司法警察的职权。

期刊名称：法律周刊

主办单位：法律周刊社

刊　　期：1924 年第 37 期

页　　码：24

二、工作步骤

（一）资源调查及确定

2012 年 8 月至 2015 年 11 月，中国检察文献中心开展了清末民国检察期刊数量、存储地、存储形式等方面的调研工作。调研对象包括：国家图书馆、上海图书馆等馆藏法政期刊目录；《上海图书馆馆藏近现代中文期刊总目》《中文期刊大词典》《全国中文期刊联合目录》等期刊工具书；《大成故纸堆》《全国报刊索引》等数据库。经调研发现：（1）清末民国时期法政期刊数量多（《中文期刊大词典》记载为 229 种），但无专门检察期刊。检察学或检察工作相关文献基本都刊载在法政期刊或者其他社科类期刊中。（2）存储地不集中。国家图书馆、上海图书馆、南京图书馆等均有部分馆藏。（3）出于保护目的，纸质版本已不再面向用户提供使用。（4）部分资源已被电子化，以图片形式存储，检索方式单一，不利于用户查询使用。

基于以上对清末民国检察期刊现状特点的调查，中国检察文献中心决定首先以电子化清末民国法政期刊为资源基础收集检察相关文献，再以未电子化的纸质版本作为补充收集。通过对多个收录民国文献数据库的资源收录数量、检索方式、文章下载格式等方面的充分对比，最终确定了检察文献的收集和索引编制方式。

（二）组织实施

中国检察文献中心针对清末民国法政期刊中检察文献的收集工作大致可分为两个阶段：

第一个阶段为 2012 年 11 月至 2014 年 3 月。中国检察文献中心组织培训相关人员，通过人工逐篇筛选方式，共查找 83 种法政期刊（总计 2685 期），并撰写索引条目共计 1218 条。通过审核、修正，确定其中 1031 条符合要求。

第二个阶段为 2014 年 7 月至 2015 年 11 月。2014 年 7 月，中国检察文献中心在刘彦同志（国家检察官学院副院长）的带领下，成功申报了最高人民检察院检察理论研究课题《清末民国检察文献总目——法政期刊卷》。中国检察文献中心认真对比不同民国文献数据库的资源情况，确定待收集法政期刊 68 种。文献中心通过研讨确定检察类关键词 34 个，组织培训相关人员检索其中的检察相关文献，并撰写索引条目共计 4500 余条。通过查重、审核和修正，确定其中 4259 条索引条目符合要求。

截至 2015 年 11 月中旬，中国检察文献中心收集、编制清末民国检察文献索引条目共计 5000 余条，涉及清末民国法政期刊共计 77 种。中国检察文献中心按照文献形式已对上述索引条目逐刊进行了分类，并对所涉法政期刊的创刊至停刊情况进行了简要介绍。

示例一

期刊简介：

《法治周报》，周刊，1933 年 1 月创刊于南京，停刊于 1934 年 8 月 2 卷 35 期。南京司法行政部法官训练所同学会主办，法制周报社出版，后由《法制周刊》替代。主要栏目有论评、专著、译丛、解释、裁判、法令、判牍选录、地方通讯、法海轮回、文艺等。撰稿人有李棠、邓葆荪、郑天锡、赵菊芬、海平、刘志敏等。该刊发表有关刑法、民法、检察制度等法律方面的论著，介绍国外现行法律条例和理论，研讨民事诉讼法条例规定，修正刑事诉讼法草案，刊载司法院法令、训令、指令、司法界动态消息、最高法院民事诉讼裁判，颁布新法令和裁判正谬。旨在"榜标法治"，"灌输民众法律知识"。发表法律方面的论著与译述，刊登法令、裁判、公函以及中外法界新闻、消息，并报道一周大事记和地方法官办案情况。也发表少量文学作品。《法治周报》是一份面向大众，灌输群众法律意识的报刊。陈独秀在《法治周报》发表过自己的意见，他希望政府能"尊重民主之思想，言论自由之精神"，不要无故忽视法律真正的意义。该刊登载文章，如郑天锡《视察闽浙两省司法后对于司法改良之意见》、刘志敏《论即时买卖之性质》、赵菊芬《被告之羁押问题》、季平《法律质疑》、李英《改良〈缮状生〉制度之管见》等。

示例二

期刊简介：

《安徽高等法院公报》，1929年12月由安徽高等法院公报处编辑，在安庆创刊并发行。该刊原为月刊（1929年12月至1930年12月），自2卷1931年3月起改为季刊，卷期续前，1933年6月停刊，共出五卷二期。该刊属于行政刊物。停刊原因不详。该刊的主要撰稿人有曾友豪、程天放、魏道明、田汝翼、诸寿康、吴醒亚、盛世弼、马福祥、钱谦、陈调元等。主要栏目有公牍、专件、会载、解释、命令、法规、别录等。该刊以"公布关于司法文件，借促司法进行"为宗旨。载文包括政府、司法院命令，法规，政府公文，该院所属民刑事重要裁判书等内容。其中较为重要的文章有《安徽清理各县积案暂行章程》《民法总则》《民法总则施行法》《安徽省各司法公署暂行章程》《整顿监所报告书》《县长考试暂行条例（十九年一月二十七日国民政府公布）》等，同时还颁布了一些法规，如《禁烟法》《已嫁女子追溯继承财产施行细则（十八年八月十九日公布）》《民事调解法（十九年一月二十日公布）》等。载文所涉及的法律法规、行政律令等内容，为研究民国时期安徽省的法制情况提供了资料。

（三）后续完善工作

1. 利用《中文期刊大词典》、国家图书馆民国期刊缩微库和《全国中文期刊联合目录》中提供的期刊线索补充查询其他清末民国法政期刊，并对其中的检察相关文献进行收集、整理、编制索引条目。

2. 利用检察专著或者检察论文中的参考文献或注释等信息，采用文献追溯法，补充收集和整理刊载在法政期刊或者其他社科类期刊中的检察文献，并对其进行收集、整理、编制索引条目。

3. 对后续收集的检察相关文献进行分类、组织并建立数据库，以便于读者利用。

三、用户服务

中国检察文献中心将以本书为基础开展"清末民国检察文献数据库"的建设，"清末民国检察文献数据库"旨在利用现代化信息技术和服务手段，联合广大图情界同仁，在特色资源、近代文献等珍贵文献抢救和发掘方面，提升检察知识服务的能力，丰富检察数字资源，实现检察资源共享的全面性、多样性、互动性和个性化，为检察系统内外的广大用户提供良好的信息参考和咨询服务。清末民国检察文献数据库的使用者可根据自身需求，利用题名、著者、关键词、主题类别、期刊名称、刊期、文献形式和创刊机构等任一检索项查询利用清末民国检察文献资源。为使该库最大范围、最大限度地满足不同用户的使用需求，使广大用户更加快捷、更加高效地操作该数据库，中国检察文献中心拟从以下三个维度进一步开发可为用户提供的服务。

（一）按照期刊类型提供用户服务

中国近代法政或法律期刊通常可分为六种类型：法律法令类期刊；司法实务类期刊；法政知识（常识）类期刊；综合性法学期刊；学术性法学期刊；其他包含法政栏目的综合性社科期刊。此种法学期刊类型的划分可大体上勾勒出民国时期法政期刊的整体布局。按照上述划分方法对法政期刊进行归类，并建设清末民国检察文献数据库，可以使广大用户直观地了解当时检察文献的分布情况，方便用户使用数据库。

（二）按照时段特征提供用户服务

从保存至今的清末民国法政期刊中可以发现，在近代法律史上的不同时期，法政期刊的创刊宗旨和刊载内容与当时特定的法制（法治）构建目标紧密相连。从这个意义上讲，检察文献中心下一步拟按照清末至民国时期检察制度变迁史，如清末引进西式检察制度阶段、北洋政府检察制度阶段、南京国民政府阶段等时段特征对清末民国检察文献进行阶段性划分，以便数据库的用户有的放矢查找所需资料。

（三）按照专题划分提供用户服务

经过学界和实务界的共同努力，我国目前已初步形成中国特色社会主义检察学体系。因此，检察文献中心下一步拟根据检察学理论体系的建构原理对现有的清末民国检察文献资源进行专题划分，以便于用户更加专业地使用清末民国检察文献数据库。专题可划分为外国检察制度、中国检察制度史、检察制度理论、检察管理理论等。

编例说明

一、收录范围

1. 本书收录清末民国法政期刊中检察文献索引条目共计5000余条，涉及77种法政期刊。

2. 本书按照文献形式对索引条目逐刊进行了分类，并对所涉法政期刊从创刊到停刊的基本情况进行了简要介绍。

3. 本书所收录检察文献以中国近现代时期（1868—1949）大陆公开出版的中文法政期刊为主，兼收少量外国出版的中文版法政期刊。

二、编排体例

1. 清末民国法政期刊中检察文献索引以每一篇文献篇名为一个条目，依次列出题名、作者、关键词、摘要、期刊名称、主办单位、刊期、页码。

2. 同一索引条目有两个或两个以上出处时，按检察文献收录的法政期刊先后顺序，依次列出各自出处。

3. 目录中的法政期刊按英文字母顺序排序。同一英文字母项下的法政期刊首先按照字数递增规律排序，相同字数的法政期刊依次按照首字母、次字母等的英文字母顺序排序。并参照《文献著录总则》《连续出版物著录规则》的相关规定，对所收录的期刊和文献进行著录。

4. 索引条目严格按照目录中的文献类型排序。如《安徽司法月报》，先列公牍类索引，再列奏章类索引。各类索引按照刊期的先后顺序依次排列。

三、其他说明

索引条目中存在某些空出项，如作者、主办单位等项空出均因无据可考，只能空出；如摘要空出，则因该条目内容已由题名明白体现，故略过不做。

目　　录

一、安徽司法公报

期刊简介：

《安徽司法公报》创刊于1944年，安徽高等法院公报室编辑，创刊地安庆（安徽），月刊，属于地方司法公报。该刊专载国民党政府公告、司法行政公告、训令、指令等。

（一）法规

1. 题　　名：地方法院检察处密告箱使用办法（附表）

   作　　者：

   关 键 词：密告箱　密告人　使用办法

   摘　　要：地方法院检察处密告箱使用办法。

   期刊名称：安徽司法公报

   主办单位：

   刊　　期：1946（特刊2）

   页　　码：117 – 118

2. 题　　名：地方法院检察官自动检举案件考核办法（三十四年七月九日行政院核准修正）

   作　　者：

   关 键 词：地方法院检察官　检举　考核办法

   摘　　要：地方法院检察官自动检举案件考核办法。

   期刊名称：安徽司法公报

   主办单位：

   刊　　期：1946（特刊2）

   页　　码：116

3. 题　　名：推事检察官任用资格审查规则（三十四年一月六日司法行政部修正公布同日施行）

   作　　者：

   关 键 词：推事检察官　任用资格　审查规则

   摘　　要：推事检察官任用资格审查规则。

   期刊名称：安徽司法公报

   主办单位：

   刊　　期：1946（特刊2）

   页　　码：82 – 83

4. 题　　名：检察官推事指挥司法警察证细则（三十四年十一月九日行政院公布）

   作　　者：

   关 键 词：司法警察条例　检察官推事指挥证

   摘　　要：检察官推事指挥司法警察证细则。

5. 题　　名：检察官与司法警察机关执行职务联系办法（三十四年十一月九日行政院公布）（附表）

   作　　者：

   关 键 词：司法警察条例　检察官　司法警察　指定联系

   摘　　要：检察官与司法警察机关执行职务联系办法。

   期刊名称：安徽司法公报

   主办单位：

   刊　　期：1946（特刊2）

   页　　码：126 – 127

6. 题　　名：高等考试司法官考试初试及格人员学习规则（卅三年三月廿四日司法行政部修正公布）

   作　　者：

   关 键 词：司法官考试　学习规则

   摘　　要：高等考试司法官考试初试及格人员学习规则。

   期刊名称：安徽司法公报

   主办单位：

   刊　　期：1944（4 – 6）

   页　　码：23 – 24

7. 题　　名：司法官荐署荐补审查成绩办法（附表）

   作　　者：

   关 键 词：司法官　荐署荐补　审查成绩办法

   摘　　要：司法官荐署荐补审查成绩办法。

   期刊名称：安徽司法公报

   主办单位：

   刊　　期：1946（特刊2）

   页　　码：86 – 87

8. 题　　名：调度司法警察条例（三十四年四月十日公布）

   作　　者：

   关 键 词：司法警察　调度条例

   摘　　要：调度司法警察条例。

   期刊名称：安徽司法公报

   主办单位：

   刊　　期：1946（特刊2）

   页　　码：124 – 125

9. 题　　　名：各级司法人员改进送审办法实施
程序

　　　作　　　者：

　　　关 键 词：司法人员　送审办法

　　　摘　　　要：委任职司法人员之送审先依最高
法院检察署委任人员由其本机关
送审。

　　　期刊名称：安徽司法公报

　　　主办单位：

　　　刊　　　期：1946（特刊2）

　　　页　　　码：87－88

10. 题　　　名：各省高等法院分院监督管辖区
域内司法行政通则（三十年十
二月十五日司法院指字第三四
二三号令准备案）

　　　作　　　者：

　　　关 键 词：高等法院分院　管辖　司法行
政通则

　　　摘　　　要：各省高等法院分院监督管辖区
域内司法行政通则。

　　　期刊名称：安徽司法公报

　　　主办单位：

　　　刊　　　期：1946（特刊2）

　　　页　　　码：107－108

11. 题　　　名：军法人员转任司法官条例（三
十三年十月十八日公布）

　　　作　　　者：

　　　关 键 词：军人　转任司法官　条例

　　　摘　　　要：军法人员转任司法官条例。

　　　期刊名称：安徽司法公报

　　　主办单位：

　　　刊　　　期：1946（特刊2）

　　　页　　　码：83－84

12. 题　　　名：安徽高等法院分院监管辖区域
内司法行政实施细则

　　　作　　　者：

　　　关 键 词：高等法院分院　司法行政实施
细则

　　　摘　　　要：安徽高等法院分院监管辖区域
内司法行政实施细则。

　　　期刊名称：安徽司法公报

　　　主办单位：

　　　刊　　　期：1946（特刊2）

　　　页　　　码：108－109

13. 题　　　名：高等法院以下各级法院职员给
假规则（二十五年五月八日司

法行政部公布同日施行）

　　　关 键 词：高等法院　职员　请假　规则

　　　摘　　　要：高等法院以下各级法院职员给
假规则。

　　　期刊名称：安徽司法公报

　　　主办单位：

　　　刊　　　期：1946（特刊2）

　　　页　　　码：84－85

14. 题　　　名：县司法处组织条例（三十三年
九月二十三日国民政府修正公
布）

　　　作　　　者：

　　　关 键 词：县司法处　组织条例

　　　摘　　　要：县司法处组织条例。

　　　期刊名称：安徽司法公报

　　　主办单位：

　　　刊　　　期：1946（特刊2）

　　　页　　　码：22－23

15. 题　　　名：高等考试司法官考试初试及格
人员学习成绩审查规则（三十
四年八月八日考试院公布）（附
表）

　　　作　　　者：

　　　关 键 词：高等考试　司法官　成绩审查
规则

　　　摘　　　要：学习成绩应由任指导之推事检
察官于每月终送地方法院院长
或首席检察官核阅，拟定分数，
学习期满后，将民事审判、刑
事审判暨检察事务，分别汇订
成册呈请地方法院呈司法行政
部转送审查。

　　　期刊名称：安徽司法公报

　　　主办单位：

　　　刊　　　期：1946（特刊2）

　　　页　　　码：96－98

16. 题　　　名：高等法院及分院处务规程（二
十五年三月二十一日司法院修
正公布同日施行，三十三年修
正公布同日施行）

　　　作　　　者：

　　　关 键 词：高等法院及分院　处务规则

　　　摘　　　要：高等法院及分院处务规则。

　　　期刊名称：安徽司法公报

　　　主办单位：

刊　　　　期：1946（特刊2）

页　　　　码：14 – 18

17. 题　　　　名：地方法院及分院处务规程（二十五年三月二十一日司法院修正公布同日施行，三十三年修正公布同日施行）

作　　　　者：

关　键　词：地方法院及分院　处务规程

摘　　　　要：地方法院及分院处务规程。

期刊名称：安徽司法公报

主办单位：

刊　　　　期：1946（特刊2）

页　　　　码：18 – 22

18. 题　　　　名：县司法处办理诉讼补充条例（民国二十五年六月二十七日国民政府公布同日施行）

作　　　　者：

关　键　词：司法处　诉讼补充条例

摘　　　　要：县司法处办理诉讼补充条例。

期刊名称：安徽司法公报

主办单位：

刊　　　　期：1946（特刊2）

页　　　　码：24 – 25

19. 题　　　　名：县司法处书记官任用规则

作　　　　者：

关　键　词：司法处　书记官　任用

摘　　　　要：县司法处书记官由高等法院院长会同首席检察官依照前规定，遴选依法任用并呈司法行政部备案。

期刊名称：安徽司法公报

主办单位：

刊　　　　期：1946（特刊2）

页　　　　码：84

（二）命令

1. 题　　　　名：煌字第八二九号（中华民国五月二十四日）（不另行文）：令各级法院首席检察官、各县县长兼司法处检察职务、兼理司法县长：案奉，最高法院检察署三十三年一月二十六日平字第一八五号第一九一号第一九二号训令

作　　　　者：

关　键　词：最高法院检察署　一体通缉

摘　　　　要：一体通缉逃犯张寅林等一百九十八名，又逃犯周福兴等一百一十

七名，及附逆犯吴赞周等一百四十六名，务获解案究办各等因奉此，除分令外，合行检发本通缉书，令仰转饬所属一体，严密协缉，务获归案究办。

期刊名称：安徽司法公报

主办单位：

刊　　　　期：1944（4 – 6）

页　　　　码：100 – 101

2. 题　　　　名：煌字第五五九号（中华民国三十三年四月八日）（不另行文）：令各级法院首席检察官、各县长兼司法处检察职务、兼理司法县长：案奉，最高法院检察署三十二年十一月十五日平字第三三零四号第三三三零号训令

作　　　　者：

关　键　词：最高法院检察署　通缉　撤销　汉奸

摘　　　　要：广东省政府前请通缉海丰县汕尾汉奸林玉冰等案，内丘瑞庭一名，经查明为曾充当汉奸，准予撤销通缉；又福建沙县县政府建设科长王奎深通缉一案，经查明该员所欠商店布款，系私人债务，现已清偿，并据该商店呈请销案，准予撤销通缉。

期刊名称：安徽司法公报

主办单位：

刊　　　　期：1944（4 – 6）

页　　　　码：98

3. 题　　　　名：煌字第五六一号（中华民国三十三年四月九日）（不另行文）：令各级法院首席检察官、各县县长兼司法处检察职务、兼理司法县长：案奉，最高法院检察处署三十二年九月二十八日平字第二零八号

作　　　　者：

关　键　词：最高法院检察署　通缉　附逆犯　潜逃犯

摘　　　　要：最高法院检察署转饬所属一体协缉附逆犯张振帆等八十名，及潜逃犯习习祖等一百一十名，务获解案究办，各等因奉此分令外，合行检发本处通缉书令仰转饬所

属一体严密协缉，务获归案
究办。

期刊名称：安徽司法公报

主办单位：

刊　　期：1944（4－6）

页　　码：98

4. **题　　名**：煌字第六六一号（中华民国三十三年四月二十五日）（不另行文）：令各兼司法处检察职务县长、各县兼理司法县政府、地方法院首席检察官：案奉，最高法院检察署本年二月二十六日平字第一八四号

作　　者：

关 键 词：最高法院检察署　通缉　撤销通缉

摘　　要：最高法院检察署训令以案犯余嘉荣、牛保全、黄国秦、姚玮卿等，前经分别令饬通缉，兹以各该犯有自行到案者，有已捕获执行死刑者，有经查明尚非畏罪逃匿且舞弊实据者，令饬撤销通缉。

期刊名称：安徽司法公报

主办单位：

刊　　期：1944（4－6）

页　　码：99

5. **题　　名**：煌字第七一六号（中华民国三十三年五月五日）（不另行文）：令各级法院首席检察官、各县县长兼司法处检察职务、兼理司法县长：案据全椒县政府三十二年十二月三十一日代电称前

作　　者：

关 键 词：奸匪案　私放投案　撤销通缉

摘　　要：被奸匪案私放司法已未决犯案内佘定魁、曹金仁二名兹据本县商民邵圣谟目状声明，佘定魁因诬告羁押被手榴弹将左腿炸伤，又因曹金仁因杀人嫌疑案羁押一年，将右腿跌伤，现由商负责具保一俟，伤愈即行投案，请予通缉各等情到处，据此除分令外，准予撤销通缉。

期刊名称：安徽司法公报

主办单位：

刊　　期：1944（4－6）

页　　码：100

6. **题　　名**：煌字第七六〇号（中华民国三十三年五月十二日）（不另行文）：令各级法院首席检察官、各县县长兼司法处检察职务、兼理司法县长：案据本处驻歙办事处书记室三十三年二月二十一日及同年三月十日先后分别转请通缉案犯

作　　者：

关 键 词：通缉案犯

摘　　要：通缉案犯朱希安等四十二名，并送通缉书一纸所属一体协缉，务获归案究办。

期刊名称：安徽司法公报

主办单位：

刊　　期：1944（4－6）

页　　码：100

7. **题　　名**：煌字第九三三号（民国三十三年六月九日）（不另行文）：令各级法院首席检察官、各县县长兼司法处检察职务、兼理司法县长：案据本处驻歙办事处书记室三十三年四月十日及同年五月六日先后分别转请通缉案犯程甫全等

作　　者：

关 键 词：通缉案犯

摘　　要：通缉案犯程甫全等三十名，并送通缉书一纸，所属一体协缉，务获归案究办。

期刊名称：安徽司法公报

主办单位：

刊　　期：1944（4－6）

页　　码：101

8. **题　　名**：煌字第九三二号（中华民国三十三年六月九日）（不另行文）：令各级法院首席检察官、各县县长兼司法处检察职务、兼理司法县长：案准本院刑庭三十三年四月二十五日函请通缉本院第四分院案犯杨学道等

作　　者：

关 键 词：通缉案犯　刑庭

摘　　要：本院刑庭函请通缉本院第四分院案犯杨学道等三名；桐城地检处呈请通缉案犯张蔼然一名；立煌

地方法院函请通缉案犯余民一名；桐城地方法院函请通缉案犯胡银才等二名；怀宁司法处呈请通缉案犯汪淮清一名；桐城地方法院函请通缉案犯朱廷太一名；阜阳地检处呈请通缉逃犯张绍武等五名；桐城地方法院函请通缉逃犯范斌一名；桐城地院函请通缉逃犯段来发一名；立煌地方法院函请通缉逃犯王敏初等二名；霍邱司法处呈请通缉逃犯林大华等三名；立煌地方法院函请通缉逃犯徐政等二名。合亟填发本处通缉书一纸，令仰饬警严密协缉，务获归案究办。

期刊名称：安徽司法公报
主办单位：
刊　　期：1944（4－6）
页　　码：101

9. 题　　名：煌字第六〇〇号（中华民国三十三年四月十五日）（不另行文）：令各级法院首席检察官、各县县长兼司法处检察职务、兼理司法县长：案据全椒县政府三十二年十二月二十日法字第一五九六号代电

作　　者：
关 键 词：通缉案犯　军事犯
摘　　要：通缉刑事已未结在逃犯万金等十三名，及军事犯王先进等十八名，并送通缉书到处。合亟填发本处通缉书，令仰遵照，即便遴派干警，按名严密通缉，务获解究。

期刊名称：安徽司法公报
主办单位：
刊　　期：1944（4－6）
页　　码：98－99

10. 题　　名：煌字第六六二号（中华民国三十三年四月二十五日）（不另行文）：令各级法院首席检察官、各县县长兼司法处检察职务等：案据本处驻歙办事处书记室三十三年一月十五日函请

作　　者：
关 键 词：通缉案犯

摘　　要：通缉被告程和甫等十七名，并附送通缉书文表一份到处，令仰遵照遴派干警协缉，务获归案究办。

期刊名称：安徽司法公报
主办单位：
刊　　期：1944（4－6）
页　　码：99

11. 题　　名：煌字第七一五号（中华民国三十三年五月五日）（不另行文）：仅各级法院首席检察官、各县县长兼司法处检察职务、兼理司法县长：案准桐城地方法院三十三年三月六日函请通缉逃犯吴韦奎一名

作　　者：
关 键 词：通缉案犯　刑庭
摘　　要：通缉逃犯吴韦奎一名；又据太湖分庭检察处呈请通缉逃犯黎宗衍一名；有准本院刑庭函请通缉高四分院逃匿犯韦国保一名；立煌地方法院函请通缉逃犯萧大林、余敦民二名；本院刑庭函请通缉犯宁镇中等三名；桐城地方法院函请通缉逃犯程召生一名，怀宁县司法处呈请通缉逃犯王南堂一名；桐城地方法院函请通缉逃犯倪绳文、王兴当二名；立煌地院函请通缉逃犯余科林一名；阜阳地检处呈请通缉逃犯闫国生一名；桐城地院函请通缉逃犯汪孔武等三名；庐江县司法处呈请通缉逃犯张仙仁一名；本院院长函请通缉逃犯金殿华、周治头二名；本院刑庭函请通缉杨栋华一名。合亟调谐通缉书一纸，令仰饬警协缉，务获归案究办。

期刊名称：安徽司法公报
主办单位：
刊　　期：1944（4－6）
页　　码：99－100

12. 题　　名：训人字第九四号（中华民国三十三年一月八日）：令安徽高等法院院长、首席检察官：查关于战区检察官考为普通检察官

一案前经本部呈准分期办理先将分发在前之甲种战区检察官归入

作　　者：

关 键 词：战区检察官　非常时期司法官叙补暂行办法　地方法院检察官

摘　　要：分发在前之甲种战区检察官，归入非常时期司法官叙补暂行办法第三条丙类，在分发本省依次叙补地方法院检察官，该省甲种战区检察官一俟补缺完毕，应即以乙种人员同样依法叙补地方法院检察官，补缺之后亦得遇缺，酌调后方各省不以战区省份为限。

期刊名称：安徽司法公报

主办单位：

刊　　期：1944（4－6）

页　　码：26

13. 题　　名：训人一字第二九五〇号（中华民国三十三年五月三日）：令安徽高等法院院长、首席检察官：查各省高等法院分院各地方法院及其检察处人事管理员大多均

作　　者：

关 键 词：人事管理员　机关首长指定书记官

摘　　要：各省高等法院分院、各地方法院及其检察处人事管理员，大多均由书记官长及主任书记官改派仍分别兼任原职，每因首长之迁调而时有更动殊非所宜，除已请派者外，嗣后此项人事管理员得由各该机关首长指定书记官一人办理，仍兼书记官事务，并呈部转请叙部核委，非有特别情形，不得更动，如必须更动时，亦应呈部核准，并将接办人员随案呈保，以凭转请核办而重职守。

期刊名称：安徽司法公报

主办单位：

刊　　期：1944（4－6）

页　　码：32

14. 题　　名：训人三字第二〇九九号（中华民国三十三年四月一日）：令安徽高等法院院长、首席检察官：各机关受训人事管理人员通讯办法

作　　者：

关 键 词：行政人员培训　人事管理人员通讯办法

摘　　要：党政军人事管理人员训练班，暨人事行政人员训练班调训各机关人事管理人员，业经前后办理七期，兹为加强受训人员与本部之联系，以利业务推行起见，特拟订各机关受训人事管理员通讯办法呈奉考试院。

期刊名称：安徽司法公报

主办单位：

刊　　期：1944（4－6）

页　　码：28－30

15. 题　　名：训人三字第二一〇号（中华民国三十三年四月一日）：令安徽高等法院院长、首席检察官：高等考试初试及格人员带薪受训办法

作　　者：

关 键 词：高等考试人员　带薪受训　带薪办法

摘　　要：现任公务员厅高等考试初试及格人员受训期间，各机关有准带全薪者，有准带半薪者，亦有不准带薪，既感失平，亦兹聚讼，为统一规定，解除受训困难期间，转饬所属会部，商定高等考试初试及格人员带薪受训。

期刊名称：安徽司法公报

主办单位：

刊　　期：1944（4－6）

页　　码：30－31

16. 题　　名：训人一字第一一二四号（中华民国三十三年二月二十六日）：令安徽高等法院院长、首席检察官：查近来各地交通困难旅费浩繁兼以本年度经费……

作　　者：

关 键 词：节约经费　司法官及其他人员

摘　　要：近来各地交通困难，旅费繁浩，兼以本年末经费紧缩不敷分配，高等法院对于所属司法官及其他人员非有不得已情形，呈部核准外，不得轻易调动职守而资节约。

期刊名称：安徽司法公报

主办单位：

刊　　期：1944（4－6）

页　　码：26－27

17. 题　　名：训人四字第二二八九号（中华民国三十三年四月十一日）：令安徽高等法院院长、首席检察官：查修正律师法施行细则第四条条文业经通知施行在案

作　　者：

关 键 词：补发律师证书　费用

摘　　要：补发律师证书，亦应酌加费用，以示限制，兹定自本年五月一日起，改收补给证书费一百元，印花五元。

期刊名称：安徽司法公报

主办单位：

刊　　期：1944（4－6）

页　　码：31

18. 题　　名：训字第二九四八号（中华民国三十三年五月）：令安徽高等法院院长、首席检察官：查本部前以公务员叙级条例施行后委任职司法人员

作　　者：

关 键 词：司法人员　俸级　公务员叙级条例

摘　　要：本部前以公务员叙级条例施行后，委任职司法人员铨定之级俸间有低，于暂行法官及其他司法人员官等官俸表规定，各该职务本职之低者，不无窒碍发。依变通改善司法官、书记官待遇办法施行后，叙支俸成案与铨叙部咨商变通支俸办法去后，兹准委任司法人员依公务员叙级条例核铨级，俸低于其本职最低俸级者，准其暂支本职最低俸级，仍俟依法晋至本职最低俸级时，再行级俸，

并晋唯准试用人员应俟试用期满，成绩审查合格实授时，如仍未晋至本职最低俸级，方得照上项规定办理。

期刊名称：安徽司法公报

主办单位：

刊　　期：1944（4－6）

页　　码：32

19. 题　　名：训总字第四四二六号（中华民国三十二年八月）：令安徽高等法院院长、安徽高等法院首席检察官：通令呈报交代案件务须遵照前令各令于呈部文内加其切实按语以重交案并随文检发会计部分之交代册举例仰遵照

作　　者：谢冠生　罗达观　居若霓

关 键 词：公务员交代条例　接收人员及监盘员　交代　限期

摘　　要：接收人员及监盘员应遵照交代限期，于前任未离任地时会同切实盘查所得情形，并呈报总册内详细声叙署名盖章，亦经出具交代清洁证明书后，该接收人员及监盘员应即同负责人。各主管长官呈报该项案件，并须将本案核明，经过于呈报文内，声叙加具，切实按语，如遇有卸任人员交代不清或逾限不交情事，该主管长官尤应依照交代条例及制裁各条例速迅严厉处理，不得稍有宽假。

期刊名称：安徽司法公报

主办单位：

刊　　期：1946（特刊2）

页　　码：29－40

20. 题　　名：煌人会训字第一一六二号（民国三十三年六月十二日）（不另行文）：令所属各级法院：推事检察官任用资格审查规则第五条第四项修正条文

作　　者：

关 键 词：推事检察官任用资格审查规则　修正

摘　　要：推事检察官任用资格审查规则第五条文，前经修正公布在案，

兹将该条第四项条文再加修正，应即通饬施行。

期刊名称：安徽司法公报
主办单位：
刊　　期：1944（4－6）
页　　码：86

21. 题　　名：法（参）字第十号（中华民国三十一年九月十一日）：修正县司法处律师执行职务办法
作　　者：
关 键 词：县司法处　律师执行职务办法
摘　　要：县司法处所在地之律师公会受兼理检察职务之县长直接监督。
期刊名称：安徽司法公报
主办单位：
刊　　期：1946（特刊2）
页　　码：142

22. 题　　名：煌文会训字第一○○九号（民国三十三年五月二十三日）（不另行文）：令所属各院处县：案奉，司法行政部三十二年六月十一日训
作　　者：
关 键 词：司法官　离职　律师职务
摘　　要：县司法处审判官及监理司法或备监检察职务之县长暨县政府承审员，均暂不受本案之限制。
期刊名称：安徽司法公报
主办单位：
刊　　期：1944（4－6）
页　　码：64

23. 题　　名：煌人会训字第一○八七号（民国三十三年六月五日）（不另行文）：令所属各级法院：案奉，司法行政部三十三年三月九日训（人三）字
作　　者：
关 键 词：首席检察官　因公出差　办公费
摘　　要：法院院长、首席检察官奉调受请，与因公出差情形相同。其在受调期间院检两方因公须开支特别办公费时，应仍以院长或首席检察官名义行之。代折代行人员无支领此项办公费之

必要，其由高等法院派人暂代职务者亦同。

期刊名称：安徽司法公报
主办单位：
刊　　期：1944（4－6）
页　　码：73－74

24. 题　　名：煌人会训字第一一○九号（民国三十三年六月七日）（不另行文）：令所属各级法院：案奉：司法行政部三十三年三月二十七日训（人一）字
作　　者：
关 键 词：检察官任用资格规则高等考试　司法官考试
摘　　要：推事检察官任用资格规则第一次审查合格，分发实习人员应准比照高等考试司法官考试及格分发，学习人员条例支给荐任补助俸，基本数额除分外合行知照并转饬所属一体知照。
期刊名称：安徽司法公报
主办单位：
刊　　期：1944（4－6）
页　　码：76

25. 题　　名：煌人会训字第一一四四号（民国三十三年六月十日）（不另行文）：令所属各级法院暨新监所：案奉，司法行政部三十三年二月二十一日训（人一）字
作　　者：
关 键 词：检察处　人事管理员
摘　　要：高等法院人事室主任，暨该院检察处人事管理员、四川高等法院第一分院、重庆地方法院，暨各该检察处人事管理员并各该佐理人员，分别比照原表委任人事室主任，暨人事管理员并各该佐理人员，叙俸各省高等法院分院、各地方法院，暨各该法院检察处，甲乙两种新监狱地方法院看守所之人事管理员并其助理人员分别比照原表。
期刊名称：安徽司法公报
主办单位：
刊　　期：1944（4－6）

页　　码：86

（三）金载

1. 题　　名：安徽高等法院检察处通缉逃犯一览表

作　　者：

关 键 词：通缉逃犯一览表　通缉书

摘　　要：安徽高等法院检察处通缉逃犯一览表。

期刊名称：安徽司法公报

主办单位：

刊　　期：1944（4－6）

页　　码：101－141

二、安徽司法月报

期刊简介：

《安徽司法月报》创刊于1911年，安徽提法司署印行，创刊地安徽，属于司法刊物。该刊刊登皇上发出谕旨，登载各大臣尚书章奏，发布公牍公文，公布法令、判词等。

（一）公牍

1. 题　　名：提法司详送法部宣统二年分司法统计表及审判检察各厅表册文

作　　者：

关 键 词：司法统计表

摘　　要：提法司详送法部宣统二年分司法统计表及审判检察各厅表册文。

期刊名称：安徽司法月报

主办单位：

刊　　期：1911（2）

页　　码：46－48

2. 题　　名：本省：提法司详请颁发省城及芜湖商埠各级审判检察厅印信文

作　　者：

关 键 词：提法司　检察厅　印信

摘　　要：提法司详请颁发省城及芜湖商埠各级审判检察厅印信。

期刊名称：安徽司法月报

主办单位：

刊　　期：1911（3）

页　　码：36－37

3. 题　　名：二、本省：提法司照会、照复高等审判、检察厅学习法官改为行走请分饬遵照文

作　　者：

关 键 词：检察厅　学习法官　行走法官

摘　　要：高等审判、检察厅学习法官改为

行走法官。

期刊名称：安徽司法月报

主办单位：

刊　　期：1911（7）

页　　码：113－114

（二）奏章

1. 题　　名：一、阁部院：法部奏遴员请补京师地方及初级检察厅检察官各员缺折

作　　者：

关 键 词：补缺　检察厅

摘　　要：法部奏请遴选补缺京师地方及初级检察厅检察官各员。

期刊名称：安徽司法月报

主办单位：

刊　　期：1911（7）

页　　码：65－66

三、安徽高等法院公报

期刊简介：

1929年12月由安徽高等法院公报处编辑，在安庆创刊并发行。该刊原为月刊（1929年12月至1930年12月），自2卷1931年3月起改为季刊，卷期续前，1933年6月停刊，共出五卷二期。该刊属于行政刊物。停刊原因不详。该刊的主要撰稿人有曾友豪、程天放、魏道明、田汝翼、诸寿康、吴醒亚、盛世弼、马福祥、钱谦、陈调元等。主要栏目有公牍、专件、金载、解释、命令、法规、别录等。该刊以"公布关于司法文件，借促司法进行"为宗旨。载文包括政府、司法院命令，法规，政府公文，该院所属民刑事重要裁判书等内容。其中较为重要的文章有《安徽清理各县积案暂行章程》《民法总则》《民法总则施行法》《安徽省各司法公署暂行章程》《整顿监所报告书》《县长考试暂行条例（十九年一月二十七日国民政府公布）》等，同时还颁布了一些法规，如《禁烟法》《已嫁女子追溯继承财产施行细则（十八年八月十九日公布）》《民事调解法（十九年一月二十日公布）》等。载文所涉及的法律法规、行政律令等内容，为研究民国时期安徽省的法制情况提供了资料。

（一）法规

1. 题　　名：司法行政部公布者：甘甯青新司法官任用暂行办法（二十一年五月十二日制定，二十二年二月四日修正）

作　　者：

关 键 词：司法官任用办法

摘　　要：《甘宁青新司法官任用暂行办法》规定了检察官的任用条件。

期刊名称：安徽高等法院公报

主办单位：

刊　　期：1933，5（1－2）

页　　码：38－40

2. 题　　名：高等考试司法官律师考试条例

作　　者：

关 键 词：司法官　律师

摘　　要：《高等考试司法官律师考试条例》对司法官和律师的考试科目、资格审查等方面进行了规定。

期刊名称：安徽高等法院公报

主办单位：

刊　　期：1931，2（1）

页　　码：36－38

3. 题　　名：考试院公布者：修正高等考试司法官考试条例（二十二年五月二十三日公布）

作　　者：

关 键 词：司法官考试　任用资格

摘　　要：《修正高等考试司法官考试条例》对司法官的考试科目、笔试和面试以及任用资格进行了规定。

期刊名称：安徽高等法院公报

主办单位：

刊　　期：1933，5（1－2）

页　　码：46－50

4. 题　　名：修正看守所暂行条例

作　　者：

关 键 词：看守所　造表　检察官

摘　　要：被告可就在看守所所受到的不当处遇于出庭时或是检察官视察看守所时陈述于检察官，检察官应即报告或知照法院院长。所长或所官应将每周羁押人数报告检察官，每月造表报告检察官。

期刊名称：安徽高等法院公报

主办单位：

刊　　期：1930，5－7

页　　码：161－163

（二）附刊

1. 题　　名：法官服务通令辑要：处务：司法行政部训令：训字第一五三一号（二十一年七月五日）：令最高法

院检察署检察长、最高法院东北分院院长、检察署检察长等：颁发再犯预防条例令

作　　者：

关 键 词：司法行政部　再犯预防

摘　　要：司法行政部颁发《再犯预防条例》。

期刊名称：安徽高等法院公报

主办单位：安徽高等法院

刊　　期：1932，3（1－2）

页　　码：239－240

2. 题　　名：法官服务通令辑要：司法行政部训令：训字第五五三号（二十一年三月五日）：令最高法院检察署检察长、江苏高等法院第二、三分院院长、首席检察官等：奉行政院令本院各部会暨所属机关职员无故离职者查明一律停职令

作　　者：

关 键 词：最高法院检察署　检察长　首席检察官

摘　　要：司法行政部训令最高法院检察署检察长，奉行政院令本院各部会及所属机关职员无辜离职者，一经查明一律停职。

期刊名称：安徽高等法院公报

主办单位：安徽高等法院

刊　　期：1932，3（1－2）

页　　码：209

3. 题　　名：法官服务通令辑要：处务：司法行政部训令：训字第一六零五号（二十一年七月十三日）：令最高法院检察署检察长、最高法院东北分院院长、检察署检察长等：各机关长官自中央或国府议决更调之日起不得增委人员滥增俸给令

作　　者：

关 键 词：最高法院检察署　检察长

摘　　要：司法行政部训令最高法院检察署检察长，各机关长官自中央或国府决议更调之日起，不得增委人员滥增俸给。

期刊名称：安徽高等法院公报

主办单位：安徽高等法院

刊　　期：1932，3（1－2）

页　　码：214

4. 题　　名：法官服务通令辑要：处务：司法行政部训令：训字第一七〇三号（二十一年七月二十五日）：令最高法院检察署检察长、最高法院东北分院院长、检察署检察长等：船舶违反船舶法处罚罚则应依其性质为刑事罚或行政罚分别由法院或主管航政官署处理

作　　者：

关 键 词：最高法院检察署　检察长　船舶违法

摘　　要：司法行政部训令最高法院检察署检察长等，船舶违反船舶法处罚罚则应依照其性质为刑事或行政处罚，分别由法院或主管部门处理。

期刊名称：安徽高等法院公报

主办单位：安徽高等法院

刊　　期：1932，3（1－2）

页　　码：226－228

5. 题　　名：法官服务通令辑要：处务：司法行政部训令：训字第一四四七号（二十一年六月二十三日）：令最高法院检察署检察长、最高法院东北分院长、检察署检察长等：凡奉部令有关法官职务者应卽将令文油印分送各推检以便恪遵令

作　　者：

关 键 词：最高法院检察署　检察长　法官注意事项

摘　　要：司法行政部训令最高法院检察署检察长等，凡有关法官职务者注意事项已经印发分送各推检，以便恪守执行。

期刊名称：安徽高等法院公报

主办单位：安徽高等法院

刊　　期：1932，3（1－2）

页　　码：226－228

6. 题　　名：法官服务通令辑要：司法行政部训令：训字第一八八一号（二十一年八月十八日）：令最高法院检察署检察长、最高法院东北分院院长、检察长等：奉行政院转奉国府令公务员对于政府设施认为不妥可用书面建议不得向外发

表达者得由主管长官分别交付惩戒等因转饬遵照令

作　　者：

关 键 词：最高法院检察署　检察长　公务员　惩戒

摘　　要：司法行政部训令最高法院检察署检察长等，奉行政院转奉国府令公务员对于政府设施如认为不妥，可用书面建议向长官提出，不得向外发表。违者由主管长官分别交付惩戒。

期刊名称：安徽高等法院公报

主办单位：安徽高等法院

刊　　期：1932，3（1－2）

页　　码：211－212

7. 题　　名：法官服务通令辑要：处务：司法行政部训令：训字第一七四八号（二十一年七月二十九日）：令最高法院检察署检察长、最高法院东北分院院长、检察署检察长等：为本部拟具民事诉讼法施行法第二条适用办法一案经呈奉行政院转咨立法院通过令遵抄发关系文件通令遵照并转令遵照

作　　者：

关 键 词：最高法院检察署　检察长　民事诉讼法

摘　　要：司法行政部训令最高法院检察署检察长等，民事诉讼法施行法第二条施行办法一案经呈送，奉行政院转咨立法院通过，现转发各处令行遵照。

期刊名称：安徽高等法院公报

主办单位：安徽高等法院

刊　　期：1932，3（1－2）

页　　码：223－224

8. 题　　名：法官服务通令辑要：司法行政部训令：训字第一零九九号（二十一年五月十七日）：令最高法院检察署检察长、东北分院院长等：奉行政院令为据司法行政部呈请重申禁令以杜奔竞一案令仰遵照等因仰遵照并饬所属遵照令

作　　者：

关 键 词：最高法院检察署　检察长

摘　　要：司法行政部训令最高法院检察署

检察长等，奉行政院令呈请重申禁令，以杜绝官员与王公拜谒以及私通书信等。

期刊名称：安徽高等法院公报

主办单位：安徽高等法院

刊　　期：1932，3（1－2）

页　　码：209－210

9. **题　　名**：法官服务通令辑要：处务：司法行政部训令：训字第二五三号（二十一年二月九日）：令各省高等法院首席检察官、江苏高等法院第二、三分院首席检察官：饬各省法院首检转饬所属律师应照指示三点恪遵令

作　　者：

关 键 词：首席检察官　检律关系　回避

摘　　要：司法行政部训令各省高等法院首席检察官，各省法院首席检察官转饬所属律师应遵照三点指示，注意推检与律师的回避，各法院首席检察官负责监督执行。

期刊名称：安徽高等法院公报

主办单位：安徽高等法院

刊　　期：1932，3（1－2）

页　　码：235

10. **题　　名**：法官服务通令辑要：处务：（三）检察：检厅对于刑事案件确定部分不得声请上诉令……（元年十月十二日至十八年七月三日）

作　　者：

关 键 词：检察厅　刑事案件　上诉　自诉制度

摘　　要：检察厅对于刑事案件确定部分不得声请上诉令；检察官与巡警各负职责令；刑事案件需厉行检举令；法院审决共党案件高级党部声明不服检察官应提起上诉令；厉行自诉制度值日应随时指令；因民事关系借刑事诉讼以相胁迫之案依法检举令。

期刊名称：安徽高等法院公报

主办单位：安徽高等法院

刊　　期：1932，3（1－2）

页　　码：225

11. **题　　名**：法官服务通令辑要：处务：（四）监所：检察官视察监狱应作成报告单呈部检阅令……（十六年十月至十九年二月十四日）

作　　者：

关 键 词：检察官　视察监狱　报告单　假释　保释

摘　　要：命令各高等法院筹设新监；检察官视察监狱应制作报告单；监狱假释保释案件应由检察官办理。

期刊名称：安徽高等法院公报

主办单位：安徽高等法院

刊　　期：1932，3（1－2）

页　　码：229

12. **题　　名**：法官服务通令辑要：司法行政部训令：训字第一八七九号（二十一年八月十八日）：令各省区高等法院院长、首席检察官等：饬查管辖内有无亲属迴避人员呈复核办令

作　　者：

关 键 词：法院　亲属关系　声请回避　惩戒

摘　　要：各法院监所职员与长官有姻亲关系者应声请回避，否则一经发现即提交惩戒。

期刊名称：安徽高等法院公报

主办单位：安徽高等法院

刊　　期：1932，3（1－2）

页　　码：211

13. **题　　名**：法官服务通令辑要：司法行政部训令：训字第一二三号（二十一年一月二十一日）：令各省高等法院院长、首席检察官：法官调任转任应遵照程限表令

作　　者：

关 键 词：官员赴任　逾期　撤换

摘　　要：所有奉派人员务须遵限赴任，如有正当阻碍赴任的理由应随时告知长官。如无正当理由逾期半月未赴任者应立即撤换。

期刊名称：安徽高等法院公报

主办单位：安徽高等法院

刊　　期：1932，3（1－2）

14. 题　　名： 法官服务通令辑要：司法行政部训令：训字第一四五号（二十一年一月十三日）：令各省高等法院等院长、首席检察官：法官厅专精职务砥砺廉隅令

　　作　　者：

　　关 键 词： 司法官自律　专精职务　砥砺廉隅　司法独立

　　摘　　要： 司法官员地位尊严，尤应律己自重。司法行政部令司法官员专精职务，砥砺廉隅，以维持司法独立。

　　期刊名称： 安徽高等法院公报
　　主办单位： 安徽高等法院
　　刊　　期： 1932，3（1－2）
　　页　　码： 207

15. 题　　名： 法官服务通令辑要：司法行政部训令：训字第二一七号（二十一年一月三十日）：令各省高等法院等院长、首席检察官：在职法官毋得与律师密迩往还令

　　作　　者：

　　关 键 词： 保障人权　法官尊严　律师交往

　　摘　　要： 法官与律师虽同有保障人权的职责，但所司职责处于对立地位。倘若平日接触过近，不免瓜田李下之嫌疑。为维持法官尊严，司法行政部令在职法官不得与律师交往过密。

　　期刊名称： 安徽高等法院公报
　　主办单位： 安徽高等法院
　　刊　　期： 1932，3（1－2）
　　页　　码： 207

16. 题　　名： 法官服务通令辑要：司法行政部训令：训字第二一八号（二十一年一月三十日）：令各省高等法院等院长、首席检察官：严禁司法官吏与地方人士及军政要人滥行厅酬及迎合干荣令

　　作　　者：

　　关 键 词： 司法威严　法官名誉　禁止不当应酬

　　摘　　要： 为保持司法威严和法官名誉，司法行政部严禁司法官员与地方人士及军政要人滥行应酬及迎合干荣。

　　期刊名称： 安徽高等法院公报
　　主办单位： 安徽高等法院
　　刊　　期： 1932，3（1－2）
　　页　　码： 207－208

17. 题　　名： 法官服务通令辑要：司法行政部训令：训字第二三四号（二十一年二月五日）：令各省高等法院等院长、首席检察官：各法院退职人员退职后一年内不得在原任法院管辖区内执行职务各处律师于撤销登录后一年内不得在原指定执行区域内充任法官令

　　作　　者：

　　关 键 词： 首席检察官　司法官　回避

　　摘　　要： 司法行政部训令各省高等法院，各法院退职人员退职后一年内不得在原任法院管辖区内执行律师职务，但学习推检除外。各处律师于撤销登陆后一年内不得在原制定区域内充任法官。

　　期刊名称： 安徽高等法院公报
　　主办单位： 安徽高等法院
　　刊　　期： 1932，3（1－2）
　　页　　码： 208

18. 题　　名： 法官服务通令辑要：司法行政部训令：训字第一七五七号（二十年七月三十日）：令各省区高等法院院长、首席检察官等：退职司法人员在一年内不得在同一律师公会区域内之法院执行律师职务令

　　作　　者：

　　关 键 词： 首席检察官　回避　律师职务

　　摘　　要： 司法行政部训令各省高等法院，退职司法人员在一年内不得在同一律师工会区域内之法院执行律师职务。

　　期刊名称： 安徽高等法院公报
　　主办单位： 安徽高等法院
　　刊　　期： 1932，3（1－2）
　　页　　码： 210－211

19. 题　　名： 法官服务通令辑要：处务：司

法行政部训令：训字第六一一
号（二十一年三月十七日）：
令各省高等法院院长、首席检
察官等：各省高院长官对于所
属各员不得无故呈请更调以示
限制而资保障令

作　　者：

关 键 词：首席检察官　司法人员职业
保障

摘　　要：司法行政部训令各省法院，各
省高院长官除对个别司法人员
因办事不力等原因外，其他人
员不得无故更调，以示限制而
资保障。

期刊名称：安徽高等法院公报

主办单位：安徽高等法院

刊　　期：1932，3（1－2）

页　　码：213

20. 题　　名：法官服务通令辑要：处务：司
法行政部训令：训字第一八四
七号（二十一年八月十二日）：
令各省区高等法院院长、首席
检察官等：饬填送考绩表评定
等须认真考核然后拟定令

作　　者：

关 键 词：审查法官资格及成绩办法　考
绩表　填表报送

摘　　要：司法行政部令各省高等法院院
长和首席检察官按照《审查法
官资格及成绩办法》的规定，
造送考绩表及评定，以备日后
升降考察。

期刊名称：安徽高等法院公报

主办单位：安徽高等法院

刊　　期：1932，3（1－2）

页　　码：214－215

21. 题　　名：法官服务通令辑要：处务：司
法行政部训令：训字第二一九
号（二十一年一月三十日）：
令各省区高等法院院长、首席检
察官等：开庭一经定期法官务
须依时莅庭令

作　　者：

关 键 词：法官　传讯日期　开庭日期
莅庭

摘　　要：法官承办案件应先斟酌案情分

别制定传讯时期，使当事人及
律师及时到庭保证诉讼顺利进
行。因此，法官一旦择期应准
时开庭。

期刊名称：安徽高等法院公报

主办单位：安徽高等法院

刊　　期：1932，3（1－2）

页　　码：217－218

22. 题　　名：法官服务通令辑要：处务：司
法行政部训令：训字第一二七八
号（二十一年六月四日）：令各
省区高等法院院长、首席检察
官等：关于勘验事项务须依法
慎审办理令

作　　者：

关 键 词：勘验　刑事案件　承办查勘
人员

摘　　要：勘验程序在调查证据中最为重
要，司法行政部在审查各省上
报的刑事案件中发现负责勘验
事项的承办人员多未尽职。为
此，司法行政部通令全国，勘
验事项务必依法慎重并将查勘
结果详细记录。

期刊名称：安徽高等法院公报

主办单位：安徽高等法院

刊　　期：1932，3（1－2）

页　　码：219－220

23. 题　　名：法官服务通令辑要：处务：司
法行政部训令：训字第一三四二
号（二十一年六月十一日）：令
各省区高等法院院长、首席检
察官等：颁发民事案件进行表
暨民事发回更审进行表令（附
表）

作　　者：

关 键 词：首席检察官　民事案件　司法
效率

摘　　要：司法行政部训令各省高等法院，
各法院办理案件应迅速及时，
严禁拖沓，县印发民事案件进
行表等以利办案效率。

期刊名称：安徽高等法院公报

主办单位：安徽高等法院

刊　　期：1932，3（1－2）

页　　码：220－222

24. 题　　名：法官服务通令辑要：处务：司法行政部训令：训字第八三三号（二十一年四月十四日）：令各省区高等法院院长、首席检察官等：律师唆使当事人将民事改用刑事投诉及蒙请法院滥发拘票者应从严举发依法办理令

作　　者：

关 键 词：首席检察官　律师　唆使　滥发拘票

摘　　要：司法行政部训令各省高等法院，律师唆使当事人将民事改用刑事投诉以及法院滥发拘票者应从严法办。

期刊名称：安徽高等法院公报

主办单位：安徽高等法院

刊　　期：1932，3（1-2）

页　　码：225－226

25. 题　　名：法官服务通令辑要：处务：司法行政部训令：训字第一〇四六号（二十一年五月二十日）：令各省区高等法院院长、首席检察官：各省区高院长官应督察各监所对于已未决人犯不得滥施戒具令

作　　者：

关 键 词：首席检察官　犯人　戒具

摘　　要：司法行政部令各省高等法院，各省区高院长官应监督各监所，对于已未决人犯不得滥施戒具。

期刊名称：安徽高等法院公报

主办单位：安徽高等法院

刊　　期：1932，3（1-2）

页　　码：233－234

26. 题　　名：法官服务通令辑要：处务：司法行政部训令：训字第一七〇二号（二十一年七月二十五日）：令各省高等法院院长、首席检察官等：颁发监狱官审查委员会规则及审查监狱官资格及成绩办法令

作　　者：

关 键 词：首席检察官　监狱官

摘　　要：司法行政部训令各省高等法院，颁发《监狱官审查委员会规则》

及《审查监狱官资格及成绩办法》。

期刊名称：安徽高等法院公报

主办单位：安徽高等法院

刊　　期：1932，3（1-2）

页　　码：234

27. 题　　名：法官服务通令辑要：处务：司法行政部训令：训字第一八零七号（二十一年八月五日）：令各省区高等法院院长、首席检察官：颁发县监所职员审查委员会规则及审查县监所职员资格及成绩办法令

作　　者：

关 键 词：首席检察官　监所

摘　　要：司法行政部训令各省高等法院，颁发《县监所职员审查委员会规则》及《审查县监所职员资格及成绩办法》。

期刊名称：安徽高等法院公报

主办单位：安徽高等法院

刊　　期：1932，3（1-2）

页　　码：234

28. 题　　名：法官服务通令辑要：处务：司法行政部训令：训字第三六六号（二十一年二月十八日）：令各省高等法院院长、首席检察官等：通饬各省高等法院长官条举司法现状以凭整顿令

作　　者：

关 键 词：司法弊端　整饬司法

摘　　要：鉴于司法委员会报告各省法院弊端颇多，司法行政部通令各省高等法院整饬司法现状。

期刊名称：安徽高等法院公报

主办单位：安徽高等法院

刊　　期：1932，3（1-2）

页　　码：235－236

29. 题　　名：法官服务通令辑要：处务：司法行政部训令：训字第一六二九号（二十一年七月十二日）：令各省区高等法院院长、首席检察官等：制定征集各省司法经验录规则通令遵照令

作　　者：

关 键 词：司法人才选拔　学习成绩　才

识经验 征集各省司法经验录

摘 要：司法人才的选拔不仅应注重学绩资格，更应注重才识和经验。因此，司法行政部特制定征集各省司法经验录规则，要求各省司法人员务必遵守此规则。

期刊名称：安徽高等法院公报

主办单位：安徽高等法院

刊 期：1932，3（1－2）

页 码：240

30. 题 名：法官服务通令辑要：处务：司法行政部训令：训字第一六二九号（二十一年七月十二日）：令各省区高等法院院长、首席检察官等：通饬各法院嗣后对于发售民刑状纸务须预为请领售状处在法定期间不得缺人并将各种状价长期牌示及设备笔墨以便当事人令

作 者：

关 键 词：首席检察官 状纸

摘 要：司法行政部训令各省高等法院，各法院嗣后对于发售民刑状纸务必事先请令售状处，在法定期间内不得缺人，并将各状纸价格长期公示，以方便当事人。

期刊名称：安徽高等法院公报

主办单位：安徽高等法院

刊 期：1932，3（1－2）

页 码：240－241

31. 题 名：法官服务通令辑要：处务：司法行政部训令：训字第一六四七号（二十一年七月十九日）：令各省区高等法院院长、首席检察官等：通饬各法院督饬承办交牍人员嗣后对于应行呈报及转行各公文厅随时办结毋得延搁令

作 者：

关 键 词：首席检察官 公文 办结

摘 要：司法行政部训令各省高等法院，各法院应督饬承办人员对于应行呈报及转行各公文应随时办结，不得拖延。

期刊名称：安徽高等法院公报

主办单位：安徽高等法院

刊 期：1932，3（1－2）

页 码：241－242

32. 题 名：法官服务通令辑要：处务：司法行政部代电：电字第一一号（二十一年一月十九日）：饬检举所属推检及监所长官办事不力或声名平常者密呈以闻令

作 者：

关 键 词：检举 推检 办事不力

摘 要：司法行政部令各省高等法院院长和首席检察官检举所属推事、检察官和监所长官办事不力或声名平常并以密呈上报。

期刊名称：安徽高等法院公报

主办单位：安徽高等法院

刊 期：1932，3（1－2）

页 码：213

33. 题 名：法官服务通令辑要：附录：司法官任用迴避办法（二十一年一月二十七日呈准）

作 者：

关 键 词：司法官 任用 回避办法 惩戒

摘 要：《司法官任用回避办法》规定了司法官员任用的回避办法及违反回避原则应受的惩戒等。

期刊名称：安徽高等法院公报

主办单位：安徽高等法院

刊 期：1932，3（1－2）

页 码：243

34. 题 名：法官服务通令辑要：附录：司法官任用暂行标准（二十一年三月二十六呈准）

作 者：

关 键 词：司法官 任用

摘 要：《司法官任用暂行标准》规定了司法官员的任用条件以及禁止性条件。

期刊名称：安徽高等法院公报

主办单位：安徽高等法院

刊 期：1932，3（1－2）

页 码：243－247

35. 题 名：法官服务通令辑要：附录：司法官审查委员会规则（二十一年四月十六日公布）

作　　者：

关 键 词：司法官成绩审查委员会　最高
　　　　　法院检察署　检察官

摘　　要：《司法官审查委员会规则》规定
　　　　　了司法官成绩审查委员会可以
　　　　　聘任最高法院检察署检察官为
　　　　　专门委员。

期刊名称：安徽高等法院公报

主办单位：安徽高等法院

刊　　期：1932，3（1－2）

页　　码：247－249

36. 题　　名：法官服务通令辑要：司法行政
　　　　　　部代电：电字第一九号（二十
　　　　　　一年一月二十三日）：申禁擅离
　　　　　　职守令

作　　者：

关 键 词：禁止　擅离职守

摘　　要：司法行政部规定各院院长首席
　　　　　检察官等来部面陈要件等必须
　　　　　经长官给假，不得擅离职守。

期刊名称：安徽高等法院公报

主办单位：安徽高等法院

刊　　期：1932，3（1－2）

页　　码：206

37. 题　　名：法官服务通令辑要：附录：视
　　　　　　察各省区司法规程（二十一年
　　　　　　五月七日公布）

作　　者：

关 键 词：视察各省区司法规程

摘　　要：《视察各省区司法规程》规定了
　　　　　各省区高等法院院长和首席检
　　　　　察官视察所属法院及监所的相
　　　　　关事项。

期刊名称：安徽高等法院公报

主办单位：安徽高等法院

刊　　期：1932，3（1－2）

页　　码：252－253

38. 题　　名：法官服务通令辑要：附录：荐
　　　　　　任司法官叙补办法（二十一年
　　　　　　五月三十一日公布）

作　　者：

关 键 词：荐任　司法官　叙补

摘　　要：《荐任司法官叙补办法》规定了
　　　　　荐任司法官员叙补条件等。

期刊名称：安徽高等法院公报

主办单位：安徽高等法院

刊　　期：1932，3（1－2）

页　　码：254－256

39. 题　　名：法官服务通令辑要：附录：征集
　　　　　　各省司法经验录规则（二十一
　　　　　　年七月十二日公布）

作　　者：

关 键 词：法官服务通令辑要　司法官
　　　　　经验

摘　　要：《法官服务通令辑要》规定了各
　　　　　省各级法院院长及首席检察官
　　　　　以下的司法官就其审判检察阅
　　　　　历撰写司法经验录的相关事项。

期刊名称：安徽高等法院公报

主办单位：安徽高等法院

刊　　期：1932，3（1－2）

页　　码：261－263

（三）解释

1. 题　　名：司法院训令：院字三二五号（十
　　　　　　九年八月二十日）：令署江苏高
　　　　　　等法院首席检察官王思默：解释
　　　　　　县法院初级再议案件管辖疑义训
　　　　　　令（附最高检察署函）

作　　者：

关 键 词：县法院　初级管辖　声请再议
　　　　　首席检察官

摘　　要：县法院初级管辖不起诉之案件声
　　　　　请再议的，由地方法院首席检察
　　　　　官受理。

期刊名称：安徽高等法院公报

主办单位：安徽高等法院

刊　　期：1931，2（1）

页　　码：199，16

2. 题　　名：司法院训令：院字第一六九号
　　　　　　（十八年十月三十二日）：令署福
　　　　　　建高等法院首席检察官张清泽：
　　　　　　解释检察官对于处刑命令可否声
　　　　　　请正式审判抑提起上诉疑义

作　　者：

关 键 词：检察官　处刑不当　被告　正式
　　　　　审判

摘　　要：检察官对于处刑命令不能提起上
　　　　　诉，即使处刑错误或不当，依照
　　　　　刑诉法的规定，非被告不得声请
　　　　　正式审判。

期刊名称：安徽高等法院公报

主办单位：安徽高等法院

刊　　　期：1929（1）

页　　　码：97，7

3. 题　　　名：司法院训令：院字第三三五号
（十九年九月十二日）：令四川高
等法院首席检察官：解释妨害公
务罪疑义训令（附最高法院检察
署函）

作　　　者：

关 键 词：检察官　验尸　妨害公务罪

摘　　　要：检察官莅验尸体时，如无强迫行
为不构成妨害公务罪。如行为人
以贴标语或组织昭雪团等形式企
图使检察官为或不为一定行为
时，行为人行为对检察官自由处
分权构成威胁的，即属于胁迫，
应以妨害公务罪论处。

期刊名称：安徽高等法院公报

主办单位：安徽高等法院

刊　　　期：1931，2（1）

页　　　码：207－208，16

4. 题　　　名：司法院训令：院字第二六零号
（十九年四月十二日）：令署山东
高等法院首席检察官周起风：解
释侦查程序疑义训令（附最高法
院检察署函）

作　　　者：

关 键 词：检察官　侦查　处分书　自诉人

摘　　　要：检察官依刑法相关规定，认为有
侦查必要的依程序办理。但侦查
后认为无须起诉的，不必将处分
书送达自诉人。

期刊名称：安徽高等法院公报

主办单位：安徽高等法院

刊　　　期：1930（8－10）

页　　　码：129－130，15

5. 题　　　名：司法院指令：院字第三四五号
（十九年十月一日）：令署安徽高
等法院首席检察官钱谦：呈为桐
城县法院首席检察官转请解释驳
回自诉之裁定检察官能否提起抗
告由

作　　　者：

关 键 词：自诉人　检察官　抗告

摘　　　要：自诉人之自诉既经法院裁定驳
回，无论适法与否，检察官既非
当事人，又非受裁定者，不得提

起抗告。

期刊名称：安徽高等法院公报

主办单位：安徽高等法院

刊　　　期：1931，2（2）

页　　　码：158－159

6. 题　　　名：司法院训令：院字第一六二号
（十八年十月二日）：令最高法院
检察署检察长郑烈：为令知事该
检察署本年第一二一二号公函致
最高等法请解释声请再议期限疑
义一案

作　　　者：

关 键 词：首席检察官　声请再议　期限

摘　　　要：对于上级法院首席检察官驳回处
分声请再议的，准用刑诉法所规
定的七日期限。

期刊名称：安徽高等法院公报

主办单位：安徽高等法院

刊　　　期：1929（1）

页　　　码：91－92

7. 题　　　名：司法院训令：院字第二九四号
（十九年六月十日）：令湖北高等
法院首席检察官何奇阳：解释徒
刑并科罚金能否单独宣告徒刑缓
刑而将罚金不予宣告缓刑训令
（附最高法院检察署函）

作　　　者：

关 键 词：首席检察官　徒刑　并处罚金
宣告缓刑

摘　　　要：司法院训令湖北高等法院首席检
察官，徒刑重于罚金，法院判处
徒刑并处罚金之案件，如判处缓
刑，徒刑与罚金应一并论知，而
不能单独论知徒刑。

期刊名称：安徽高等法院公报

主办单位：安徽高等法院

刊　　　期：1930（11－12）

页　　　码：153－154，15

8. 题　　　名：司法院训令：院字第三一〇号
（十九年七月十九日）：令署福建
高等法院首席检察官张清泽：解
释共党掳人勒赎案件管辖疑义训
令（附最高法院检察署函）

作　　　者：

关 键 词：共产党　牵连管辖　并案受理

摘　　　要：共产党在反革命行为外，又利用

势力掳人勒索赎金的，属于两个不同级别法院牵连管辖的，依刑诉法规定，由高等法院并案受理，检察官得并案起诉于该高等法院。

期刊名称：安徽高等法院公报
主办单位：安徽高等法院
刊　　期：1931，2（1）
页　　码：186－187，15

9. 题　　名：司法院训令：院字第三四八号（十九年十月四日）：令署河北高等法院首席检察官王泳：解释藏有制造金丹袋之机器应否论罪疑义训令（附最高法院检察署函）
作　　者：
关 键 词：金丹（鸦片）　犯罪
摘　　要：仅藏有制造金丹（鸦片）的机器，而没有实施其他帮助贩卖、运输或持有金丹的行为者，不构成犯罪。
期刊名称：安徽高等法院公报
主办单位：安徽高等法院
刊　　期：1931，2（2）
页　　码：161－162，14

10. 题　　名：司法院训令：院字第三六三号（十九年十一月五日）：令署安徽高等法院首席检察官钱谦：解释惩治土劣条例第二条第十一款后假疑义训令（附最高法院检察署函）
作　　者：
关 键 词：土豪劣绅　欺诈罪
摘　　要：土豪劣绅罪的犯罪主体与欺诈罪的犯罪主体存在区别。
期刊名称：安徽高等法院公报
主办单位：安徽高等法院
刊　　期：1931，2（2）
页　　码：176－177，15

11. 题　　名：国民政府司法院指令：院字第八五四号（二十二年二月六日）令署安徽高等法院首席检察官王树荣：呈一件为第二分院首席检察官转请解释刑诉法第三百一七条疑义由
作　　者：
关 键 词：免诉　被告到庭

摘　　要：应论知免诉的案件，无须被告到庭，可以径行判决。
期刊名称：安徽高等法院公报
主办单位：安徽高等法院
刊　　期：1933，5（1－2）
页　　码：386－387

12. 题　　名：司法院指令：院字第二三九号（十九年二月二十日）：令署河北高等法院首席检察官王泳：呈为保定地方法院首席检察官转请解释省立学校校长是否刑法第17条所称之公务员由
作　　者：
关 键 词：省立学校校长　公务员
摘　　要：省立学校校长如经中央或省政府任命应属公务员。
期刊名称：安徽高等法院公报
主办单位：安徽高等法院
刊　　期：1930（5－7）
页　　码：167－168

13. 题　　名：司法院训令：院字第二五八号（十九年四月七日）：令署福建高等法院首席检察官张清泽：解释告诉人声请再议疑义训令（附最高法院检察署函）
作　　者：
关 键 词：声请再议　告诉人　公务员　告发
摘　　要：刑诉法规定，不服起诉处分之声请再议以告诉人为限。如公务员在执行公务时所为的告发行为，与告诉人性质不同，不能声请再议。
期刊名称：安徽高等法院公报
主办单位：安徽高等法院
刊　　期：1930（8－10）
页　　码：127－128，15

14. 题　　名：司法院训令：院字第二六二号（十九年四日十二日）：令广西高等法院首席检察官：解释被诱人及教唆或帮助尊亲属自杀或受其嘱托或得其承诺而杀之行为论罪两项疑义训令（附最高法院检察署函）
作　　者：
关 键 词：首席检察官　帮助自杀

摘　　要：司法院训令广西高等法院首席检察官，教唆或帮助尊亲属自杀或受其嘱托而杀之的应加重处罚。

期刊名称：安徽高等法院公报
主办单位：安徽高等法院
刊　　期：1930（8－10）
页　　码：131－132，15

15. 题　　名：司法院训令：院字第二六九号（十九年四月廿五日）：令署湖南高等法院首席检察官曹瀛：解释电佐解职报任行政官吏触犯刑罪复潜往军队服务此种犯罪应由军法会审审判之训令（附最高法院检察署函）

作　　者：

关　键　词：首席检察官　行政官员　军法

摘　　要：司法院训令湖南高等法院首席检察官，行政官员在军役之中犯罪应依陆海空审判法办理。

期刊名称：安徽高等法院公报
主办单位：安徽高等法院
刊　　期：1930（8－10）
页　　码：137－138，15

16. 题　　名：司法院训令：院字第二八四号（十九年五月二十二日）：令署江苏高等法院首席检察官王思默：解释继续侦查仍应不起诉时应否再制作处分书疑义训令（附最高法院检察署函）

作　　者：

关　键　词：送达　不起诉处分书

摘　　要：刑事案件已经送达不起诉处分后出现继续侦查的理由的，经检察官查明确实不应起诉的，应将不起诉理由分别呈报上级机关或原告诉人，不必再为不起诉处分书。

期刊名称：安徽高等法院公报
主办单位：安徽高等法院
刊　　期：1930（8－10）
页　　码：146－148，16

17. 题　　名：司法院快邮代电：院字第三二六号（十九年八月二十一日）：解释原告诉人应否送达判决及声明不服检察官有无准驳权疑义代电（附原代电）

作　　者：

关　键　词：公诉案件　原告诉人　送达判决　声请上诉　检察官　自由裁量

摘　　要：公诉案件原告诉人无上诉之权，法院毋需向其送达判决。原告诉人请求检察官上诉的，检察官有酌量之权，并不受告诉人请求拘束。

期刊名称：安徽高等法院公报
主办单位：安徽高等法院
刊　　期：1931，2（1）
页　　码：199－200，16

18. 题　　名：司法院快邮代电：院字第三五五号（十九年十月十一日）：解释杀人及窃盗疑义代电（附最高法院检察署函）

作　　者：

关　键　词：杀人罪　盗窃罪

摘　　要：湖南高等法院检察官呈请最高法院检察署解释杀人及盗窃罪疑义。

期刊名称：安徽高等法院公报
主办单位：安徽高等法院
刊　　期：1931，2（2）
页　　码：168－169，15

19. 题　　名：司法院指令：院字第三六六号（十九年十一月十日）：令绥远高等法院首席检察官：解释因奸杀害本夫犯奸部分论罪疑义指令（附原呈）

作　　者：

关　键　词：相奸者　告诉乃论罪

摘　　要：因奸杀害本夫者，相奸者无论有无同谋，其犯奸部分未经本夫生前告诉，自不论罪。

期刊名称：安徽高等法院公报
主办单位：安徽高等法院
刊　　期：1931，2（2）
页　　码：180，15

20. 题　　名：司法院指令：院字第三六七号（十九年十一月十一日）：令署浙江高等法院首席检察官郑畋：呈为请解释反革命案被告送入反省院办法疑义由

作　　者：

关 键 词：反省院条例

摘　　要：反省院条例施行后，关于应受
　　　　　反省处分之人应以同条例第五
　　　　　条所列举者为限。

期刊名称：安徽高等法院公报

主办单位：安徽高等法院

刊　　期：1931，2（2）

页　　码：181－182

21. 题　　名：院字第七八九号（二十一年九
　　　　　月八日）：令署安徽高等法院首
　　　　　席检察官王树荣：解释军人犯
　　　　　罪管辖疑义由

作　　者：

关 键 词：军人犯罪　军法委员会　管辖

摘　　要：军人犯罪应由军法委员会审判。

期刊名称：安徽高等法院公报

主办单位：安徽高等法院

刊　　期：1932，4（3－4）

页　　码：394

22. 题　　名：司法院训令：院字第一七九号
　　　　　（十八年十二月十一日）：令署
　　　　　江苏高等法院首席检察官王思
　　　　　默：解释鸦片罪管辖问题疑义

作　　者：

关 键 词：禁烟法　地方法院　管辖权

摘　　要：禁烟法第六、八、十条最重主
　　　　　刑在五年以下有期徒刑，第一
　　　　　审应由地方法院管辖。

期刊名称：安徽高等法院公报

主办单位：安徽高等法院

刊　　期：1929（1）

页　　码：105，8

23. 题　　名：司法院快邮代电：院字第一八
　　　　　一号（十八年十二月十三日）：
　　　　　解释检察官以反革命起诉之案
　　　　　件经审明系属普通案件究应如
　　　　　何办理由

作　　者：

关 键 词：反革命案件　检察官起诉　管
　　　　　辖权疑义

摘　　要：检察官以反革命起诉之案件经
　　　　　高等法院开始审判后，即使查
　　　　　明此案应由地方法院管辖，仍
　　　　　由高等法院继续审判。

期刊名称：安徽高等法院公报

主办单位：安徽高等法院

刊　　期：1930（2－3）

页　　码：98－99，7

24. 题　　名：司法院快邮代电：院字第二四
　　　　　四号（十九年二月十四日）：解
　　　　　释特种刑事诬告罪管辖疑义代
　　　　　电（附最高法院检察署）

作　　者：

关 键 词：特种刑事诬告罪　管辖　地方
　　　　　法院

摘　　要：特种刑事案件诬告罪应由地方
　　　　　法院管辖。

期刊名称：安徽高等法院公报

主办单位：安徽高等法院

刊　　期：1930（5－7）

页　　码：172－173，18

25. 题　　名：司法院快邮代电：院字第二四
　　　　　六号（十九年二月廿四日）：解
　　　　　释禁烟法第六等条管辖疑义代
　　　　　电（附最高法院检察署函）

作　　者：

关 键 词：禁烟法　地方法院　管辖

摘　　要：禁烟法所涉之罪应由地方法院
　　　　　管辖。

期刊名称：安徽高等法院公报

主办单位：安徽高等法院

刊　　期：1930（5－7）

页　　码：174－175，18

26. 题　　名：司法院快邮代电：院字第二五
　　　　　七号（十九年四月七日）：解释
　　　　　牵连案件得并案受理代电（附
　　　　　最高法院检察署函）

作　　者：

关 键 词：并案处理　管辖权　检察官上
　　　　　诉　救济

摘　　要：犯反革命罪同时又触犯刑法上
　　　　　的罪可以并案处理。如就刑
　　　　　法上之罪误为无管辖权的判决，
　　　　　检察官可依法上诉以资救济。

期刊名称：安徽高等法院公报

主办单位：安徽高等法院

刊　　期：1930（8－10）

页　　码：127，14

27. 题　　名：司法院快邮代电：院字第二五
　　　　　四号（十九年四月七日）：解释
　　　　　询问被告应否检察官莅庭疑义

代电（附原代电）

作　　者：

关 键 词：询问被告　检察官莅庭

摘　　要：询问被告非经检察官请求到庭的，检察官无须莅庭。

期刊名称：安徽高等法院公报

主办单位：安徽高等法院

刊　　期：1930（8－10）

页　　码：125，14

28. 题　　名：司法院快邮代电：院字第三〇一号（十九年六月十六日）：解释第一审配置之检察官不合法院编制第二审应如何办理代电（附原代电）

作　　者：

关 键 词：检察官配置　第一审　第二审

摘　　要：推事仅由所隶属法院之院长临时指派办理检察官事务，则在其第一审所执行职务自属违法。

期刊名称：安徽高等法院公报

主办单位：安徽高等法院

刊　　期：1930（11－12）

页　　码：156，15

29. 题　　名：司法院训令：院字第三〇六号（十九年七月十二日）：令署福建高等法院首席检察官张清泽：解释刑诉法关于司法警察官侦查犯罪职权疑义训令（附原呈）

作　　者：

关 键 词：司法警察官　侦查权　检察官职权

摘　　要：县长等司法警察官在必要情况下享有与检察官相同，得侦查犯罪职权，但不享有检察官所专有的其他职权。

期刊名称：安徽高等法院公报

主办单位：安徽高等法院

刊　　期：1930（11－12）

页　　码：160－161，16

30. 题　　名：司法院指令：院字第三二一号（十九年八月十九日）：令甘肃高等法院首席检察官：呈据该法院第五分院首席检官转请解释恐吓民众乘机取物论罪疑义由

作　　者：

关 键 词：盗窃罪

摘　　要：恐吓民众乘机取物未使用暴力构成盗窃罪，但科刑时应予注意。

期刊名称：安徽高等法院公报

主办单位：安徽高等法院

刊　　期：1931，2（1）

页　　码：195－196

31. 题　　名：司法行政部训令：训令第二七五号（二十二年二月一日）：令署安徽高等法院院长陈福民、首席检察官王树荣：司法行政部令知解释公务人员可否兼任报社职务疑义仰知照由

作　　者：

关 键 词：公务员兼职　报社职务

摘　　要：报社属于商业机构之一，因此公务人员不得兼任报社职务。

期刊名称：安徽高等法院公报

主办单位：安徽高等法院

刊　　期：1933，5（1－2）

页　　码：386

32. 题　　名：司法院训令：院字第一六八号（十八年十月三十一日）：令署广东高等法院首席检察官廖愈謇：解释声请再议案件认为有理由者应否制作处分书抑仅用命令疑义

作　　者：

关 键 词：上级首席检察官　再议案件　处分书

摘　　要：上级首席检察官认为再议有理由的，命令继续侦查或起诉的，应说明理由，无须再制作处分书。

期刊名称：安徽高等法院公报

主办单位：安徽高等法院

刊　　期：1929（1）

页　　码：96－97，7

33. 题　　名：司法院快邮代电：院字第二七二号（十九年四月三十日）：解释双方被害人分别提起自诉或请求侦查之案件应如何办理一案代电（附最高法院检察署函）

作　　者：

关 键 词：斗殴案件　分别自诉　侦查

合并审理

摘　　要：斗殴案件双方均受轻伤或一方轻伤另一方重伤，一方提起自诉，他方请求检察官侦查时，依自诉公诉各规定办理，但法院可以合并审理。

期刊名称：安徽高等法院公报

主办单位：安徽高等法院

刊　　期：1930（8－10）

页　　码：140，15

34. **题　　名**：解释刑事自诉案件疑义由（院字第一八四号，十八年十二月十三日）

作　　者：

关　键　词：检察官　不起诉处分　被害人意思表示

摘　　要：检察官所为不起诉处分，以被害人不希望处罚为条件。如果被害人提起自诉希望施害人得到处罚，检察官不得为不起诉处分。

期刊名称：安徽高等法院公报

主办单位：安徽高等法院

刊　　期：1930（2－3）

页　　码：100－101

35. **题　　名**：司法院训令：院字第三四九号（十九年十月四日）：令东省特别区域高等法院院长：解释撤回自诉程序疑义训令（附原呈）

作　　者：

关　键　词：检察官公诉　撤回自诉

摘　　要：经检察官提起的公诉，检察官可以向法院撤回。被害人如向法院为撤回之声请，除案件乃告诉乃论之罪外可以视为撤回告诉。如被害人在检察官提起公诉外别有自诉，此撤回仅指自诉而言，应看自诉在公诉之前或后分别办理。

期刊名称：安徽高等法院公报

主办单位：安徽高等法院

刊　　期：1931，2（2）

页　　码：162－163，14

36. **题　　名**：司法院训令：院字第一六一号（十八年九月十一日）：令署福建高等法院院长王风雄：解释

自诉案件执行疑义

作　　者：

关　键　词：自诉案件　执行裁判　检察官指挥

摘　　要：自诉案件执行裁判仍由谕知该裁判之法院之检察官指挥，与公诉案件无差别。

期刊名称：安徽高等法院公报

主办单位：安徽高等法院

刊　　期：1929（1）

页　　码：91，7

37. **题　　名**：解释合于自诉规定案件原告诉人上诉程序疑义由（院字第一八七号，十八年十二月十四日）

作　　者：

关　键　词：自诉转公诉　检察官出庭　第三审上诉

摘　　要：合于自诉规定之案件，原告诉人既未声明自诉，在第二审法院又是检察官出庭执行原告职务，因此案件已经转为公诉，非检察官不能向第三审法院提起上诉。

期刊名称：安徽高等法院公报

主办单位：安徽高等法院

刊　　期：1930（2－3）

页　　码：102

38. **题　　名**：司法院训令：院字第二六四号（十九年四月十五日）：令署河南高等法院院长吴贞缵：解释自诉程序疑义训令（附原函）

作　　者：

关　键　词：自诉案件　第二审　检察官调送案卷

摘　　要：自诉案件的上诉审仍应按照自诉程序办理，不能因原裁决书未列自诉人及第二审检察官调送卷证而变更自诉程序。

期刊名称：安徽高等法院公报

主办单位：安徽高等法院

刊　　期：1930（8－10）

页　　码：132－133，15

39. **题　　名**：司法院训令：院字第三七五号（十九年十二月十七日）：令署湖北高等法院院长何奇阳：解释送达不起诉处分之逾法定期

限应否认为失效疑义训令（附原函）

作　　者：

关 键 词：不起诉处分书　逾期　效力

摘　　要：不起诉处分书应按照法律规定期限送达，但此项送达是针对检察官职务的规定，不能因为其逾期而影响其效力。

期刊名称：安徽高等法院公报

主办单位：安徽高等法院

刊　　期：1931，2（2）

页　　码：188－189，16

40. 题　　名：司法院指令：院字第三六四号（十九年十一月五日）：令署浙江高等法院郑文礼：呈为杭县律师公会转请解释告诉自诉疑义由

作　　者：

关 键 词：通奸　自诉限制　检察官公诉

摘　　要：有妇之夫与人通奸，本夫对于奸妇不得提起自诉，仅能依公诉程序向检察官告诉。

期刊名称：安徽高等法院公报

主办单位：安徽高等法院

刊　　期：1931，2（2）

页　　码：177－178

41. 题　　名：司法院训令：院字第三二八号（十九年八月二十二日）：令署江苏高等法院院长林彪：解释特种刑事撤回起诉及刑诉法第三百一十八条疑义训令（附原函）

作　　者：

关 键 词：特种刑事案件　撤回起诉　检察官

摘　　要：特种刑事案件在特种刑事临时法庭未取消前依照特种刑事案件程序办理，即不论何人均可以起诉，撤回起诉只有自特种刑事法庭取消后分别改由高等法院或地方法院依通常程序受理，第一审撤回起诉须由检察官为之。

期刊名称：安徽高等法院公报

主办单位：安徽高等法院

刊　　期：1931，2（1）

页　　码：201－202，16

42. 题　　名：解释刑事自诉案件疑义由：院字第一八四号

作　　者：

关 键 词：自诉　不起诉　公诉

摘　　要：在自诉案件中，证据不足或行为不构成犯罪时，被告不出庭，法院不得进行审判；检察官的不起诉决定是以被害人不予追究为前提；如果被害人要求追究被告的刑事责任，那检察官必须要提起诉讼。

期刊名称：安徽高等法院公报

主办单位：安徽高等法院

刊　　期：1930，2－3

页　　码：90－91

43. 题　　名：解释合于自诉规定案件原告诉人上诉程序疑义由：院字第一八七号

作　　者：

关 键 词：自诉　声明上诉　公诉

摘　　要：在自诉案件中，被害人未声明上诉的，在二审中则由检察官执行原告职务的，此时案件已经转为公诉，只有检察官可以向第三审法院提起上诉。

期刊名称：安徽高等法院公报

主办单位：安徽高等法院

刊　　期：1930，2－3

页　　码：93

44. 题　　名：解释刑事诉讼法第二十二条疑义由：院字第一九三号

作　　者：

关 键 词：移转管辖　指定管辖

摘　　要：移转或指定管辖不限于起诉以后。在起诉前，检察官也可申请改变管辖权。

期刊名称：安徽高等法院公报

主办单位：安徽高等法院

刊　　期：1930，2－3

页　　码：96

45. 题　　名：解释刑事诉讼程序疑义由：院字第一九八号

作　　者：

关 键 词：行政兼理司法　径行审判　不起诉处分

摘　　要：行政长官兼理司法的情况下，身兼检察和审判两种职能。对于案件证据较为确实充分的可径行审判。然而对于证据不足或是不成立犯罪的，行政长官应依照法律执行检察职能径为不起诉处分。

期刊名称：安徽高等法院公报

主办单位：安徽高等法院

刊　　期：1930，2－3

页　　码：99

（四）专件

1. 题　　名：刑事判决：安徽高等法院检察处处分书：二十一年度再字第一八二号（中华民国二十二年三月十四日）：安徽高等法院检察处对于马敦全诉王秀林营利略诱一案处分书

　　作　　者：

　　关键词：检察处分书　声请再议　驳回

　　摘　　要：安徽高等法院检察处分书认为，对于马敦全诉王秀林营利略诱一案，当事人声请再议无理由，予以驳回。

　　期刊名称：安徽高等法院公报

　　主办单位：安徽高等法院

　　刊　　期：1933，5（1－2）

　　页　　码：380，18

2. 题　　名：刑事判决：安徽高等法院检察处处分书：二十一年度再字第二零八号（中华民国二十二年四月二十九日）：安徽高等法院检察处对于何立文等诉何久持等劫物掳人勒赎一案处分书

　　作　　者：

　　关键词：检察处分书　声请再议　驳回

　　摘　　要：安徽高等法院检察处分书认为，对于何立文等诉何久持一案，原声请人之申请缺乏理由，予以驳回。

　　期刊名称：安徽高等法院公报

　　主办单位：安徽高等法院

　　刊　　期：1933，5（1－2）

　　页　　码：381，18

3. 题　　名：安徽高等法院刑事判决：二十年二字第三八号（中华民国二十年

三月四日）：本院检察官因唐二奀等强盗一案

作　　者：

关键词：检察官　上诉

摘　　要：本院检察官因唐二奀等强盗一案提起上诉，经安徽高等法院审理后，撤销原判，重新作出判决。

期刊名称：安徽高等法院公报

主办单位：安徽高等法院

刊　　期：1931，2（1）

页　　码：177－180，15

4. 题　　名：安徽高等法院刑事裁定：二十年声字第二号（中华民国二十年一月二十四日）：本院检察官因郝有谟勾串枪杀一案

　　作　　者：

　　关键词：检察官　声请　移转管辖

　　摘　　要：本院检察官因郝有谟勾串枪杀一案声请移转管辖，经安徽高等法院裁定本案移转管辖。

　　期刊名称：安徽高等法院公报

　　主办单位：安徽高等法院

　　刊　　期：1931，2（1）

　　页　　码：65，14

5. 题　　名：刑事判决：安徽高等法院检察官对于蒋昆山等掳人勒赎一案上诉书（中华民国二十二年四月二十五日）

　　作　　者：孙希衍

　　关键词：检察官　不服判决　上诉书

　　摘　　要：安徽高等法院检察官对于蒋昆山掳人勒赎一案部分不服并将不服理由列于上诉书中。

　　期刊名称：安徽高等法院公报

　　主办单位：安徽高等法院

　　刊　　期：1933，5（1－2）

　　页　　码：382－383，18

6. 题　　名：刑事判决：安徽高等法院检察官对于陶元宝掳人勒赎一案上诉书（中华民国二十二年四月二十六日）

　　作　　者：翁成球

　　关键词：检察官　不服判决　上诉书

　　摘　　要：安徽高等法院检察官对于陶元宝掳人勒赎一案部分不服并将不服理由列于上诉书中。

期刊名称：安徽高等法院公报
主办单位：安徽高等法院
刊　　期：1933，5（1－2）
页　　码：383－384，18

7. 题　　名：刑事判决：安徽高等法院检察官对于姚老二帮助掳人勒赎一案上诉理由书（中华民国二十二年一月十日）
作　　者：孙希衍
关 键 词：检察官　不服判决　上诉书
摘　　要：安徽高等法院检察官对于姚老二帮助掳人勒赎一案中姚老二部分提起上诉，并将上诉理由列于上诉书中。
期刊名称：安徽高等法院公报
主办单位：安徽高等法院
刊　　期：1933，5（1－2）
页　　码：381－382，18

8. 题　　名：安徽高等法院检察处处分书：孙查氏因诉陈小泉伤害一案声请再议处分书（中华民国十八年九月二十七日）
作　　者：
关 键 词：声请再议处分书
摘　　要：安徽高等法院检察处因孙查氏诉陈小泉伤害一案所作声请再议处分书。
期刊名称：安徽高等法院公报
主办单位：安徽高等法院
刊　　期：1929（1）
页　　码：84－85，7

9. 题　　名：检察官对于潜山县判决程永江强盗罪一案声明上诉理由书
作　　者：
关 键 词：上诉理由书
摘　　要：安徽高等法院刑二庭检察官对于潜山县判决程永江强盗罪一案提出上诉理由书。
期刊名称：安徽高等法院公报
主办单位：安徽高等法院
刊　　期：1930（5－7）
页　　码：153－154

10. 题　　名：刑事判决：安徽高等法院刑事判决：二十一年二字第一三七号（中华民国二十一年二月二日）：怀宁地方法院检察官王绍

祥等因渎职案不服怀宁地方法院第一审判决上诉一案
作　　者：袁士鉴　龚宗岳　翁成球
关 键 词：刑事判决　检察官上诉　渎职　不服判决
摘　　要：安徽高等法院就怀宁地方法院检察官王绍祥等因渎职案不服怀宁地方法院第一审判决上诉案所做判决书。
期刊名称：安徽高等法院公报
主办单位：安徽高等法院
刊　　期：1932，3（1－2）
页　　码：161－164，12

11. 题　　名：刑事判决：安徽高等法院刑事判决：二十一年二字第二二三号（中华民国二十一年五月三十日）：本院检察官因梁可荣诬告及伪造文书不服南陵县第一审判决上诉一案
作　　者：
关 键 词：安徽高等法院刑事判决　检察官上诉
摘　　要：安徽高等法院检察官因被告梁可荣诬告及伪造文书不服南陵县第一审判决提出上诉，安徽高等法院作出刑事判决。
期刊名称：安徽高等法院公报
主办单位：安徽高等法院
刊　　期：1932，3（1－2）
页　　码：188－191，12

12. 题　　名：刑事判决：安徽高等法院检察官对于程钱氏等诈财一案上诉意见书（中华民国二十二年二月二十二日）
作　　者：
关 键 词：检察官　上诉书
摘　　要：安徽高等法院检察官对被告程钱氏等诈财一案提出上诉意见。
期刊名称：安徽高等法院公报
主办单位：安徽高等法院
刊　　期：1933，5（1－2）
页　　码：385，19

13. 题　　名：刑事判决：安徽高等法院检察官对于舒城县政府呈送覆判黄宗香盗匪并脱逃一案意见书（中华民国二十二年二月二十一

日）

作　　　者：翁成球

关 键 词：检察官　意见书

摘　　　要：安徽高等法院检察官对于舒城县政府呈送覆判黄宗香盗匪并脱逃一案所作意见书。

期刊名称：安徽高等法院公报

主办单位：安徽高等法院

刊　　　期：1933，5（1－2）

页　　　码：384－385，18

14. 题　　　名：答辩书：文立清上诉答辩书（中华民国十八年十月五日）

作　　　者：盛世弼

关 键 词：检察官　答辩书

摘　　　要：检察官盛世弼对文立清上诉一案提出答辩书。

期刊名称：安徽高等法院公报

主办单位：安徽高等法院

刊　　　期：1929（1）

页　　　码：85－87，7

15. 题　　　名：安徽高等法院刑事判决：十八年二字第一八三号（中华民国十八年十月九日）：许自成等因强盗罪上诉一案

作　　　者：

关 键 词：检察官上诉　刑事判决

摘　　　要：安徽高等法院检察官对许自成等因强盗罪提出上诉，安徽高等法院作出刑事判决。

期刊名称：安徽高等法院公报

主办单位：安徽高等法院

刊　　　期：1929（1）

页　　　码：73－76，6

16. 题　　　名：安徽高等法院刑事判决：十八年二字第二〇三号（中华民国十八年十一月二十日）：海明甫等因恐吓等罪上诉一案

作　　　者：

关 键 词：检察官上诉　刑事判决　恐吓罪

摘　　　要：安徽高等法院检察官对海明甫等因恐吓罪提出上诉，安徽高等法院作出刑事判决。

期刊名称：安徽高等法院公报

主办单位：安徽高等法院

刊　　　期：1929（1）

页　　　码：76－83，6

17. 题　　　名：安徽高等法院刑事判决：十九年二字第六号：朱振声侵占公务上持有物罪上诉一案（中华民国十九年一月二十三日）

作　　　者：

关 键 词：检察官上诉　刑事判决

摘　　　要：怀宁地方法院检察官对朱振声侵占公务上持有物罪一案提起上诉，安徽高等法院作出刑事判决。

期刊名称：安徽高等法院公报

主办单位：安徽高等法院

刊　　　期：1930（2－3）

页　　　码：86－89，7

（五）本院公函

1. 题　　　名：本院公函：第一八二号（二十年一月二十二日）：函安徽省政府送本院检察处整理各县法警意见书由

作　　　者：

关 键 词：检察处　法警意见书

摘　　　要：安徽高等法院回复安徽省政府，并附本院检察处整理各县法警意见书。

期刊名称：安徽高等法院公报

主办单位：安徽高等法院

刊　　　期：1931，2（1）

页　　　码：124－125，13

2. 题　　　名：本院公函：第一一四七号（十九年十二月十七日）：函本院检察处请侦查涡阳县县长罗宝录与该县管狱员杨维东互诉一案由

作　　　者：

关 键 词：检察处　侦查

摘　　　要：安徽高等法院请本院检察处侦查涡阳县长与该县管狱员互诉一案。

期刊名称：安徽高等法院公报

主办单位：安徽高等法院

刊　　　期：1930（11－12）

页　　　码：117，13

3. 题　　　名：本院公函：第一〇七四号（十九年十一月二十九日）：函安徽反省院、本院检察处为奉令核示反省院条例疑义一案抄同原件请查

照由

作　　者：

关键词：反省院条例

摘　　要：司法院关于反省院条例规定办法疑义的指令送安徽反省院和安徽高等法院检察处查收并照办。

期刊名称：安徽高等法院公报

主办单位：安徽高等法院

刊　　期：1930（11－12）

页　　码：112－114，13

4. 题　　名：本院公函：第九三一号（十九年十月二十一日）：函安徽省政府、本院检察处为阜阳县看守所改为阜阳县法院看守所由

作　　者：

关键词：阜阳县法院看守所　在押犯口粮

摘　　要：安徽高等法院核准将阜阳县看守所改名为阜阳县法院看守所，在押犯口粮按月由阜阳县政府攒领。

期刊名称：安徽高等法院公报

主办单位：安徽高等法院

刊　　期：1930（11－12）

页　　码：109－110，13

5. 题　　名：本院公函：第五六四号（二十年六月八日）：函本院检察处为请侦查寿县监所人犯暴动越狱一案由

作　　者：

关键词：人犯越狱　检察官　侦办

摘　　要：关于寿县监所人犯暴动越狱一事，请本院首席检察官侦查法办。

期刊名称：安徽高等法院公报

主办单位：安徽高等法院

刊　　期：1931，2（2）

页　　码：99，11

6. 题　　名：本院检察处公函：第二九一六号（二十年六月二十六日）：函本院为秋浦县损失刑事状纸一案由

作　　者：王树荣

关键词：刑事状纸

摘　　要：关于秋浦县损失刑事状纸一事，如经核实，可以于收入计算书内据实说明。

期刊名称：安徽高等法院公报

主办单位：安徽高等法院

刊　　期：1931，2（2）

页　　码：108－109，11

7. 题　　名：安徽高等法院公函：第五三七号（中华民国十八年十月九日）：函怀院首席检察官为筹备合肥县法院请随时匡助由

作　　者：

关键词：合肥县法院　协助筹备

摘　　要：设立合肥县法院一事已经安徽省政府会议通过。现特致信怀宁地方法院首席检察官协助筹备合肥县法院事宜。

期刊名称：安徽高等法院公报

主办单位：安徽高等法院

刊　　期：1929（1）

页　　码：54

8. 题　　名：安徽高等法院呈：第一六六号（十九年四月二日）：呈请颁发合肥县法院院长及首席检察官印信官章由

作　　者：曾友豪　钱谦

关键词：官章印信　首席检察官

摘　　要：合肥县政府东面房屋全部改为县法院，完工后即开始办公，呈请颁发法院院长及首席检察官印信官章。

期刊名称：安徽高等法院公报

主办单位：安徽高等法院

刊　　期：1930（5－7）

页　　码：101，14

9. 题　　名：本院呈文：呈为准本院检察处函据巢县县长请示马鸿文侵占案误贴印纸应如何办理请核示由（附指令，二十二年二月二十二日）

作　　者：

关键词：检察处　侵占案　状纸误贴

摘　　要：安徽高等法院检察处就马鸿文侵占一案中状纸误贴一事向司法行政部请示处理办法。

期刊名称：安徽高等法院公报

主办单位：安徽高等法院

刊　　期：1933，5（1－2）

页　　码：243－245

10. 题　　名：本院呈文：安徽高等法呈（十月二十四日）：呈为遵令查明安

徽各级法院现有候补推检尚属供求相当据实折报祈鉴核由（附表）

作　　　者：陈福民　王树荣

关　键　词：候补推检　人数　供求

摘　　　要：司法行政部通令各法院悉心考察所属各院候补推检人数与现有事务比例是否供求相当，以便酌量分配。

期刊名称：安徽高等法院公报

主办单位：安徽高等法院

刊　　　期：1932，4（3－4）

页　　　码：348－352

11. 题　　　名：本院呈文：安徽高等法院呈（二十一年十二月二十日）：呈司法行政部本院院长视察皖北各属司法及监所状况由（附节录报告书）

作　　　者：陈福民

关　键　词：司法状况　检察官　人员支配

摘　　　要：司法行政部本院院长对皖北各属司法及监所状况时对安徽第一高等法院检察官及书记官人员支配情况进行视察。

期刊名称：安徽高等法院公报

主办单位：安徽高等法院

刊　　　期：1932，4（3－4）

页　　　码：316－346

12. 题　　　名：本院呈文：安徽高等法院呈：呈司法行政部送十月至十二月工作报告书由（二十二年二月三日）

作　　　者：陈福民

关　键　词：首席检察官　清查积案

摘　　　要：安徽高等法院院长陈长福向司法行政部报告中涉及本院首席检察官督促各院清查积案事项。

期刊名称：安徽高等法院公报

主办单位：安徽高等法院

刊　　　期：1932，4（3－4）

页　　　码：296－306

（六）本院训令

1. 题　　　名：本院训令：第一八八八号（二十年五月三十日）：令各县法院院长、首席检察官：令各县法院为刑事状纸不论在起诉前审理中概

为检察处发售缮写由

作　　　者：

关　键　词：县法院　刑事状纸　缮写　检察处

摘　　　要：浙江省各级法院刑事状纸概归检察处发售，所有缮写事件不论在起诉前还是在审理中均由检察处负责。此办法较为妥当，令其他各省县法院采用此法。

期刊名称：安徽高等法院公报

主办单位：安徽高等法院

刊　　　期：1931，2（2）

页　　　码：70－71

2. 题　　　名：本院训令：第三四〇六号（十九年十月廿二日）：令高等法院第一、二分院、怀宁、芜湖、合肥等地方法院院长、首席检察官：为嗣后以解缴印状纸工本费多寡为各院长首席检察官考成之一由

作　　　者：

关　键　词：首席检察官　状纸

摘　　　要：本院训令高等法院等，为日后以解缴印状纸工本费的多少作为各院长和首席检察官考试成绩的标准之一。

期刊名称：安徽高等法院公报

主办单位：安徽高等法院

刊　　　期：1930（11－12）

页　　　码：57－58，8

3. 题　　　名：本院训令：安徽高等法院训令：第一四四三号（十月二十五日）：令安徽高等法院第一、二分院院长、首席检察官、合肥、怀宁、芜湖地方法院院长、首席检察官等：令各法院、县长令发新定上诉案件管辖区域表仰遵照由（附表）

作　　　者：

关　键　词：首席检察官　管辖

摘　　　要：安徽高等法院训令合肥等地方法院，令各法院、县长发新定上诉案件管辖区域表。

期刊名称：安徽高等法院公报

主办单位：安徽高等法院

刊　　　期：1932，4（3－4）

页　　　码：197－202

4. 题　　　名： 安徽高等法院检察处训令：字第七零八八号（二十二年四月十五日）：令各院首席检察官、县县长：令各院首检、县县长奉部令凡案经判处被告以褫夺公权之从刑者于执行时应转行该被告所属乡镇公所知照由

作　　　者：

关　键　词： 检察处　首席检察官　褫夺公权　刑罚执行

摘　　　要： 安徽高等法院检察处训令各院首席检察官和县长，奉部令凡案经判处被告以褫夺公权之从刑者，应于执行时告知被告所属乡镇公所。

期刊名称： 安徽高等法院公报

主办单位： 安徽高等法院

刊　　　期： 1933，5（1－2）

页　　　码： 169－171

5. 题　　　名： 本院指令：第三○三一号（十九年九月一日）：令合肥县法院院长汤启、首席检察官江城：呈一件，请将检验吏一名薪俸移充录事庭丁薪水祈核示由

作　　　者：

关　键　词： 检验吏　检查

摘　　　要： 检验吏属于检查范围，因此其相关事务请院长与首席检察官协商后作出决定。

期刊名称： 安徽高等法院公报

主办单位： 安徽高等法院

刊　　　期： 1930（8－10）

页　　　码： 72

6. 题　　　名： 本院训令：第一七四一号（二十年五月廿一日）：令各院院长、首席检察官、司法公署：为令知危害民国紧急治罪法施行条例第五条条文明令酌加修正由

作　　　者：

关　键　词： 危害民国紧急治罪法　修正

摘　　　要： 危害民国紧急治罪法施行条例第五条条文修正，特此命令。

期刊名称： 安徽高等法院公报

主办单位： 安徽高等法院

刊　　　期： 1931，2（2）

页　　　码： 63，7

7. 题　　　名： 本院训令：第一七四二号（二十年五月二十一日）：令各院院长、首席检察官、司法公署：为令知公司法定本年七月一日施行由

作　　　者：

关　键　词： 公司法　施行日期

摘　　　要： 公司法于本年七月一日正式施行。

期刊名称： 安徽高等法院公报

主办单位： 安徽高等法院

刊　　　期： 1931，2（2）

页　　　码： 63－64，7

8. 题　　　名： 本院训令：第二一二九号（二十年六月廿三日）：令各院院长、首席检察官：为催送公务员甄拔等件由

作　　　者：

关　键　词： 公务员甄别

摘　　　要： 受甄别人员应依公务员甄别条例填表送审。

期刊名称： 安徽高等法院公报

主办单位： 安徽高等法院

刊　　　期： 1931，2（2）

页　　　码： 77，8

9. 题　　　名： 本院训令：第三七八八号（十九年十一月十九日）：令各法院院长、首席检察官、司法公署：为司法行政年度一案仰遵照由

作　　　者：

关　键　词： 司法行政年度

摘　　　要： 司法行政年度应与会计年度一致，特此通令。

期刊名称： 安徽高等法院公报

主办单位： 安徽高等法院

刊　　　期： 1930（11－12）

页　　　码： 66－67，9

10. 题　　　名： 本院训令：第四○二五号（十九年十一月廿七日）：令各县法院院长、首席检察官：为奉令查明各县法院缮状办法由

作　　　者：

关　键　词： 刑事状纸　缮写　争议　职院成例

摘　　　要： 关于刑事状纸在审理中由院方或检方缮写所引发的争议，暂可参照《职院成例》办理。

期刊名称： 安徽高等法院公报

主办单位：安徽高等法院

刊　　期：1930（11－12）

页　　码：72－73，9

11. 题　　名：本院训令：第三九二五号（十九年十一月二十九日）：令各院院长、首席检察官、司法公署等：为诉讼笔录须当庭朗读由

作　　者：

关 键 词：诉讼笔录　当庭朗读　更改

摘　　要：诉讼笔录必须当庭朗读，以使关系人得知笔录有无错误，有请求更改的机会。

期刊名称：安徽高等法院公报

主办单位：安徽高等法院

刊　　期：1930（11－12）

页　　码：73－74，9

12. 题　　名：本院训令：第三九八五号（十九年十二月三日）：令各院院长、首席检察官、司法公署：为令知矿业法施行日期由

作　　者：

关 键 词：矿业法　施行

摘　　要：《矿业法》于本年十二月一日施行。

期刊名称：安徽高等法院公报

主办单位：安徽高等法院

刊　　期：1930（11－12）

页　　码：75，9

13. 题　　名：本院训令：第四二七〇号（十九年十二月廿五日）：令各院院长首席检察官、司法公署：为商标法施行日期由

作　　者：

关 键 词：商标法　施行

摘　　要：《商标法》于民国二十年一月一日施行。

期刊名称：安徽高等法院公报

主办单位：安徽高等法院

刊　　期：1930（11－12）

页　　码：86－87，10

14. 题　　名：本院训令：第四一五一号（十九年十二月十六日）：令各院院长、首席检察官、司法公署等：为令知惩治盗匪暂行条例施行日期延长六个月由

作　　者：

关 键 词：惩治盗匪条例　施行日期延长

摘　　要：《惩治盗匪条例》施行日期延长六个月。

期刊名称：安徽高等法院公报

主办单位：安徽高等法院

刊　　期：1930（11－12）

页　　码：82－83，10

15. 题　　名：本院训令：第四三七三号（十九年十二月卅日）：令各院院长、首席检察官、司法公署：为令知船舶登记法由

作　　者：

关 键 词：船舶登记法

摘　　要：《船舶登记法》已命令公布。

期刊名称：安徽高等法院公报

主办单位：安徽高等法院

刊　　期：1930（11－12）

页　　码：93－94，11

16. 题　　名：本院训令：第四三七〇号（十九年十二月卅日）：令各院院长、首席检察官、司法公署：为令知海商法施行法由

作　　者：

关 键 词：海商法施行法

摘　　要：《海商法施行法》已命令公布。

期刊名称：安徽高等法院公报

主办单位：安徽高等法院

刊　　期：1930（11－12）

页　　码：93－94，11

17. 题　　名：本院训令：第四二七二号（十九年十二月廿五日）：令各法院院长、首席检察官、司法公署：为庙产纠纷解决办法一案由

作　　者：

关 键 词：庙产纠纷

摘　　要：《庙产纠纷解决办法》经安徽省政府通令施行。

期刊名称：安徽高等法院公报

主办单位：安徽高等法院

刊　　期：1930（11－12）

页　　码：87－88，10

18. 题　　名：本院训令：第二六三号（二十年一月二十七日）：令各院院长、首席检察官、司法公署：

为参加革命纪念时作因公请假
论由

作　　者：

关 键 词：革命纪念　因公请假

摘　　要：党员因参加革命纪念时应视作
因公请假。

期刊名称：安徽高等法院公报

主办单位：安徽高等法院

刊　　期：1931，2（1）

页　　码：78 – 79，8

19. **题　　名**：本院训令：第九三一号（二十
年三月二十六日）：令各院院
长、首席检察官、司法公署：
为奉发公司法施行法由

作　　者：

关 键 词：公司法施行法

摘　　要：《公司法施行法》现经制定命令
公布。

期刊名称：安徽高等法院公报

主办单位：安徽高等法院

刊　　期：1931，2（1）

页　　码：104 – 105，10

20. **题　　名**：本院训令：第四八八号（二十
年二月十三日）：令各院院
长、首席检察官、司法公署：
为规定解释办法由

作　　者：

关 键 词：法律解释　统一性

摘　　要：为保证法律解释的统一性，司
法行政部特规定解释法令办法
三项。

期刊名称：安徽高等法院公报

主办单位：安徽高等法院

刊　　期：1931，2（1）

页　　码：87 – 88，9

21. **题　　名**：本院训令：第六〇〇号（二十
年二月二十六日）：令各院院
长、首席检察官、司法公署：
为奉发民法亲属编施行法由

作　　者：

关 键 词：民法亲属编

摘　　要：《民法亲属编施行法》现经制定
命令公布。

期刊名称：安徽高等法院公报

主办单位：安徽高等法院

刊　　期：1931，2（1）

页　　码：92，9

22. **题　　名**：本院训令：第六九九号（二十
年三月五日）：令各院院长、首
席检察官、司法公署：为清乡
条例施行期间延长至本年六月
底止由

作　　者：

关 键 词：清乡条例

摘　　要：《清乡条例》施行期间延长至本
年六月底。

期刊名称：安徽高等法院公报

主办单位：安徽高等法院

刊　　期：1931，2（1）

页　　码：100，10

23. **题　　名**：本院训令：第七〇八号（二十
年三月五日）：令各院院长、首
席检察官、司法公署：为奉发
危害民国紧急治罪法由

作　　者：

关 键 词：危害民国紧急治罪法

摘　　要：《危害民国紧急治罪法》现经制
定命令公布。

期刊名称：安徽高等法院公报

主办单位：安徽高等法院

刊　　期：1931，2（1）

页　　码：101，10

24. **题　　名**：本院训令：第九三三号（二十
年三月二十六日）：令各院院
长、首席检察官、司法公署：
为本年五月五日起为民法亲属
继承编施行日期由

作　　者：

关 键 词：民法亲属编　继承编

摘　　要：本年五月五日《民法》亲属编
和继承编为施行日期。

期刊名称：安徽高等法院公报

主办单位：安徽高等法院

刊　　期：1931，2（1）

页　　码：106，10

25. **题　　名**：本院训令：第九二六号（二十
年三月二十六日）：令各院院
长、首席检察官、司法公署等：
奉发民法第四、五编亲属、继
承原条文由

作　　者：

关 键 词：民法亲属编　继承编

摘　　　要：《民法》亲属编和继承编现经制
定命令公布。

期刊名称：安徽高等法院公报

主办单位：安徽高等法院

刊　　　期：1931，2（1）

页　　　码：107－108，11

26. 类　　　别：其他

题　　　名：本院训令：第一一三八号（二
十年四月十三日）：令各院院
长、首席检察官、司法公署：
为嗣后对于共匪概称为赤匪由

作　　　者：

关 键 词：共匪　赤匪

摘　　　要：全国对于共匪一律改称赤匪而利
军事。

期刊名称：安徽高等法院公报

主办单位：安徽高等法院

刊　　　期：1931，2（2）

页　　　码：44－45，5

27. 题　　　名：本院训令：第一一五六号（二
十年四月十日）：令各县及各院
院长、首席检察官：令各院、
县协缉桐城看守所逃犯张炳文
等二十二名由

作　　　者：

关 键 词：首席检察官　追缉逃犯

摘　　　要：本院训令各县及各法院通缉桐
城看守所逃犯。

期刊名称：安徽高等法院公报

主办单位：安徽高等法院

刊　　　期：1931，2（2）

页　　　码：46－48，5

28. 题　　　名：本院训令：第一三二〇号（二
十年四月廿二日）：令各法院院
长、首席检察官，怀甯、芜湖
律师公会：令各院、律师公会
为自由职业团体组织一案由

作　　　者：

关 键 词：律师公会　自由职业团体　人
民团体组织方案

摘　　　要：律师公会属于自由职业团体，
适用人民团体组织方案；律师
公会主管官署为该公会所在地
的地方法院。

期刊名称：安徽高等法院公报

主办单位：安徽高等法院

刊　　　期：1931，2（2）

页　　　码：52，6

29. 题　　　名：本院训令：第一三二三号（二
十年四月二十二日）：令各法院
院长、首席检察官、司法公署：
令各院、署为对于铨叙部行文
程式由

作　　　者：

关 键 词：公文格式

摘　　　要：司法行政部命令统一往来公文
格式。

期刊名称：安徽高等法院公报

主办单位：安徽高等法院

刊　　　期：1931，2（2）

页　　　码：52－53，6

30. 题　　　名：本院训令：第一四一一号（二
十年四月二十八日）：令各法院
长、院首席检察官、司法公署：
为官吏惩戒委员会未成立以前
所有惩戒事件由国府办理由

作　　　者：

关 键 词：官吏惩戒委员会

摘　　　要：官吏惩戒委员会未成立以前所
有惩戒事件由国府办理。

期刊名称：安徽高等法院公报

主办单位：安徽高等法院

刊　　　期：1931，2（2）

页　　　码：56，6

31. 题　　　名：本院训令：第一六〇一号（二
十年五月八日）：令各院院长、
首席检察官、司法公署：令各
院、署为令知反省院组织条
例由

作　　　者：

关 键 词：反省院组织条例

摘　　　要：首都反省院组织条例现经制定
命令公布。

期刊名称：安徽高等法院公报

主办单位：安徽高等法院

刊　　　期：1931，2（2）

页　　　码：57－58，6

32. 作　　　者：

关 键 词：特种考试法　首席检察官

摘　　　要：司法院训令，《特种考试法》已
经制定，现行公布。

期刊名称：安徽高等法院公报

主办单位：安徽高等法院

刊　　期：1931，2（2）

页　　码：58，6

33. 题　　名：本院训令：第二一六八号（二十年六月廿五日）：令暂代安徽寿县法院院长周国华、首席检察官李圣期：为发该院本质关防及小章由

作　　者：

关 键 词：印信官章

摘　　要：司法部颁发印信官章令转发安徽寿县法院。

期刊名称：安徽高等法院公报

主办单位：安徽高等法院

刊　　期：1931，2（2）

页　　码：77，8

34. 题　　名：本院训令：第一七三七号（二十年五月廿一日）：令各院院长、首席检察官、司法公署：令各院、署、监为对于偷盗道钉等罪犯务须依照刑法公共危险罪从严惩办由

作　　者：

关 键 词：偷盗道钉　公共危险罪

摘　　要：司法部训令各法院对于偷盗铁路道钉等犯罪应依刑法公共危险罪从严办理。

期刊名称：安徽高等法院公报

主办单位：安徽高等法院

刊　　期：1931，2（2）

页　　码：60 – 62，7

35. 题　　名：命令类：本院训令：令各法院院长、首席检察官：奉司法行政部令拟定荐任司法官政署办法转饬遵照由

作　　者：

关 键 词：司法官派署

摘　　要：初任、升任或现任之荐任司法官一律改为派署以符合法制。

期刊名称：安徽高等法院公报

主办单位：安徽高等法院

刊　　期：1932，3（1 – 2）

页　　码：68 – 69

36. 题　　名：命令类：本院训令：令各法院院长、首席检察官：奉司法行政部令转知整饬官方杜防幸进

办法仰遵照由（中华民国二十一年）

作　　者：

关 键 词：整饬官风　官员干谒

摘　　要：司法行政部发文命令外省来京官员禁止与在京官员干谒。

期刊名称：安徽高等法院公报

主办单位：安徽高等法院

刊　　期：1932，3（1 – 2）

页　　码：70 – 71

37. 题　　名：本院训令：安徽高等法院训令：第一五七一号（十一月四日）：令各法院院长、首席检察官：令各法院转饬限期呈报关于审限各案之事项表册由

作　　者：

关 键 词：刑事案件报表　上报

摘　　要：刑事案件各项报表关系重大应及时上报。

期刊名称：安徽高等法院公报

主办单位：安徽高等法院

刊　　期：1932，4（3 – 4）

页　　码：210 – 212

38. 题　　名：本院训令：安徽高等法院训令：第一七二九号（十一月十五日）：令各法院院长、首席检察官：令各法院反革命人犯刑期已满开释时应通知党部查看应否移送反省院由

作　　者：

关 键 词：反革命人犯　刑满释放　中央党部　反省院

摘　　要：司法行政部训令各地方法院将反革命人犯刑期已满开释时，应通知中央党部查看是否应将该人犯移送反省院。

期刊名称：安徽高等法院公报

主办单位：安徽高等法院

刊　　期：1932，4（3 – 4）

页　　码：218

39. 题　　名：本院训令：安徽高等法院训令：第一九九六号（十二月九日）：令各县县长、院院长、首席检察官：令知事各院院长、首检统计法规业经明令公布由

作　　者：

关 键 词：统计法

摘 要：统计法规业经制定现命令公布。

期刊名称：安徽高等法院公报

主办单位：安徽高等法院

刊 期：1932，4（3-4）

页 码：227

40. 题 名：本院训令：安徽高等法院训令：
第一九九七号（十二月九日）：
令各院院长、首席检察官：令
各法院院长、首检将办理司法
统计人员姓名履历呈院转报由

作 者：

关 键 词：司法统计人员

摘 要：安徽高等法院令各地法院将司
法统计人员姓名履限期呈报。

期刊名称：安徽高等法院公报

主办单位：安徽高等法院

刊 期：1932，4（3-4）

页 码：227-228

41. 题 名：本院训令：安徽高等法院训令：
令各法院院长、首席检察官：
令各法院奉部令颁发法令施行
办法草案仰知照由（六月二十
五日）（附表）

作 者：

关 键 词：法律施行 国民政府委员会
决议

摘 要：法律法令的施行以国民政府委
员会决议公布施行为准。

期刊名称：安徽高等法院公报

主办单位：安徽高等法院

刊 期：1932，4（3-4）

页 码：119-123

42. 题 名：安徽高等法院训令：第号（二
十二年六月二日）：令各法院院
长、首席检察官：令各法院奉
部令湖北省蕲水县改名为浠水
县仰知照由

作 者：

关 键 词：蕲水县 浠水县

摘 要：奉内政部令，湖北省蕲水县改
名为浠水县。

期刊名称：安徽高等法院公报

主办单位：安徽高等法院

刊 期：1933，5（1-2）

页 码：152

43. 题 名：安徽高等法院训令：训字第号
（二十二年六月六日）：令所属
各级法院暨检察处：令各院监
奉部令为湖北省增设礼山县仰
知照由

作 者：

关 键 词：礼山县 匪患 检察处

摘 要：湖北省部分地区久遭匪患，司
法行政部增设礼山县以方便
治理。

期刊名称：安徽高等法院公报

主办单位：安徽高等法院

刊 期：1933，5（1-2）

页 码：154

44. 题 名：安徽高等法院训令：第号（二
十二年六月九日）：令各法院院
长、首席检察官：各法院受理
刑事案件应遵照部令勿稍违背
法定程序由

作 者：

关 键 词：芜湖法院 检察官莅庭 辩论
终结 违反程序

摘 要：安徽高等法院在视察中发现，
芜湖法院审理案件未经检察官
莅庭竟宣告辩论终结。因此发
文训令各地法院受理刑事案件
应遵照法定程序。

期刊名称：安徽高等法院公报

主办单位：安徽高等法院

刊 期：1933，5（1-2）

页 码：155-156

45. 题 名：安徽高等法院训令：第四七
六号（二十二年六月十七日）：
令各法院院长、首席检察官：
令各院监所奉部令各种飞机颜
色标志转饬知照由

作 者：

关 键 词：飞机颜色

摘 要：抗战期间对空警戒应严密关切，
所有中央军事民用飞机颜色应
调查后通报以便识别。

期刊名称：安徽高等法院公报

主办单位：安徽高等法院

刊 期：1933，5（1-2）

页 码：160-161

46. 题 名：安徽高等法院训令：第二五六

四号（二十二年一月十八日）：
令各院院长、首席检察官：令
各法院嗣后动用缮状费应专案
呈报转呈核办由

作　者：

关键词：缮状收入经费

摘　要：司法行政部训令称不得擅自动
用缮状收入费用。

期刊名称：安徽高等法院公报

主办单位：安徽高等法院

刊　期：1933，5（1－2）

页　码：196

47. 题　名：安徽高等法院训令：字第号令
各法院院长、首席检察官：令
各法院奉令公布法律施行日期
条例仰知照由

作　者：

关键词：法律施行日期条例

摘　要：法律施行日期条例现经制定，
命令公布。

期刊名称：安徽高等法院公报

主办单位：安徽高等法院

刊　期：1933，5（1－2）

页　码：106

48. 题　名：安徽高等法院训令：第○二七
二二号（二十二年一月日）：
令各法院院长、首席检察官：
令各法院奉令公布海上捕获条
例及捕获法院条例仰知照由

作　者：

关键词：海上捕获条例

摘　要：海上捕获条例及捕获法院条例
现经制定，命令公布。

期刊名称：安徽高等法院公报

主办单位：安徽高等法院

刊　期：1933，5（1－2）

页　码：99－100

49. 题　名：安徽高等法院训令：第二七二
三号（二十二年二月一日）：令
各法院院长、首席检察官：令
各法院奉令公布军机防护法仰
知照由

作　者：

关键词：军机防护法

摘　要：军机防护法现经制定，命令公布。

期刊名称：安徽高等法院公报

主办单位：安徽高等法院

刊　期：1933，5（1－2）

页　码：101－102

50. 题　名：安徽高等法院训令：训字第二
八四八号（二十二年二月八
日）：令各法院院长、首席检察
官：令各法院奉令公布法律施
行到达日期表仰知照由

作　者：

关键词：法律施行到达日期表

摘　要：法律施行到达日期表现经制定，
命令施行。

期刊名称：安徽高等法院公报

主办单位：安徽高等法院

刊　期：1933，5（1－2）

页　码：105

51. 题　名：安徽高等法院训令：训字第三
三九三号（三月二十二日）：令
各法院院长、首席检察官：令
各法院奉令广西省古化县改名
百寿县仰知照由

作　者：

关键词：古化县　白寿县

摘　要：广西省古化县改名为百寿县已
经内政部核准。

期刊名称：安徽高等法院公报

主办单位：安徽高等法院

刊　期：1933，5（1－2）

页　码：113

52. 题　名：安徽高等法院训令：第三三三
六号（中华民国十八年十二月
二日）：令各法院院长、首席检
察官、五十八县县长：为启用
铜质大印由

作　者：

关键词：启用印章　检察官

摘　要：司法行政部转发本院铜质大印
和铜质小章各两颗，于本月二
日启用。

期刊名称：安徽高等法院公报

主办单位：安徽高等法院

刊　期：1929（1）

页　码：43，5

53. 题　名：本院训令：第一二零三号（十
九年四月二十一日）：令合肥县
法院院长汤启、首席检察官江

城：发该院水质关防及小官
章由

作　　者：

关 键 词：合肥县法院　官章

摘　　要：合肥县法院已经成立开始办公，
刻制木制小章暂资使用。

期刊名称：安徽高等法院公报

主办单位：安徽高等法院

刊　　期：1930（5－7）

页　　码：59－60，8

54. 题　　名：本院训令：第一〇二六号（十
九年四月四日）：令各法院院
长、首席检察官：为奉部令转
发各种司法收入月报表格式及
造报办法由

作　　者：

关 键 词：司法收入　月报表

摘　　要：司法收入月报表格式从本年四
月份开始施行。

期刊名称：安徽高等法院公报

主办单位：安徽高等法院

刊　　期：1930（5－7）

页　　码：52－53，7

55. 题　　名：本院公函：第一〇八四号（十
九年十一月二十七日）：函本院
检察处抄送宿松县逸犯姓名表
请查照通缉由

作　　者：

关 键 词：通缉人犯　检察处

摘　　要：宿松县因黄梅共匪勾结红军攻
陷县城导致监所已未决犯尽被
释放，现将人犯名称呈报，请
本院检察处通缉人犯。

期刊名称：安徽高等法院公报

主办单位：安徽高等法院

刊　　期：1930（11－12）

页　　码：114－116，13

56. 题　　名：本院训令：第二五二六号（十
八年八月十六日）：令阜阳县法
院长李象贤、首席检察官汪先
烈：为令发木质关防及小官
章由

作　　者：

关 键 词：关防　官章

摘　　要：阜阳县法院已经成立开始办公，
刻制木质官章两枚。

期刊名称：安徽高等法院公报

主办单位：安徽高等法院

刊　　期：1930（8－10）

页　　码：48－49，6

57. 题　　名：本院训令：安徽高等法院训令：
第七六零号（九月二日）：令
各法院院长、首席检察官：令
各法院奉令转知凡关于党员犯
罪案件不得忽视前令违法审
讯由

作　　者：

关 键 词：党员犯罪　法定程序　司法机
关　审判

摘　　要：党员犯罪案件无论轻重，均应
依法定程序经司法机关审判，
而不能任意处置。

期刊名称：安徽高等法院公报

主办单位：安徽高等法院

刊　　期：1932，4（3－4）

页　　码：149－150

58. 题　　名：安徽高等法院训令：第二六七
八号（二十二年一月十九日）：
令各法院院长、首席检察官：
令各法院奉部令转知中央常会
订定在修正之民众团体法规未
全部公布前对于民众团体暂行
处理办法四项仰知照由

作　　者：

关 键 词：首席检察官　民众团体法

摘　　要：安徽高等法院训令各法院，奉
部令转知中央常会订定在修正
之民众团体法规未公布前，对
于民众团体暂行处理办法四项。

期刊名称：安徽高等法院公报

主办单位：安徽高等法院

刊　　期：1933，5（1－2）

页　　码：94－96

59. 题　　名：本院指令：第二二八三号（十
九年七月一日）：令第一分院院
长彭显廷、首席检察官柴宗澄：
呈一件，转报凤阳县长呈复募
款兴工情形并遵将指示各项分
别更正缮拟图说送核由

作　　者：

关 键 词：监所　图样

摘　　要：凤阳县长呈复监所图样更正

一事。

期刊名称：安徽高等法院公报

主办单位：安徽高等法院

刊　　期：1930（8－10）

页　　码：64－65

60. 题　　名：本院指令：第三三八九号（十九年九月二十四日）：令第一分院院长彭显廷、首席检察官柴宗滢：呈一件，为转据凤阳县长请拨发修建监所补助费由

作　　者：

关键词：看守所图样　凤阳县

摘　　要：凤阳县新建看守所图样上报以资核查。

期刊名称：安徽高等法院公报

主办单位：安徽高等法院

刊　　期：1930（8－10）

页　　码：76－77

61. 题　　名：本院训令：第四〇九四号（十九年十二月十日）：令各法院院长、首席检察官、司法公署等：为奉令本年九月以前任用人员限于本年内填送甄别等表件由

作　　者：

关键词：公务员任用条例　甄别审查表

摘　　要：公务员任用条例已经公布施行，除特殊情形外，所有公务任用人员应于本年内填具甄别审查表。

期刊名称：安徽高等法院公报

主办单位：安徽高等法院

刊　　期：1930（11－12）

页　　码：81－82，10

62. 题　　名：本院训令：第四三八六号（十九年十二月三十日）：令各院院长、首席检察官、司法公署：为奉令准禁烟会咨为经会决议凡被调验之公务员于接到通知后三日内未遵办者概以有瘾论由

作　　者：

关键词：首席检察官　公务员　烟瘾

摘　　要：凡被调验之公务员于接到通知后三日内未查验，概以有烟瘾论处。前来遵办。

期刊名称：安徽高等法院公报

主办单位：安徽高等法院

刊　　期：1930（11－12）

页　　码：94，11

63. 题　　名：本院训令：第四三八七号（十九年十二月卅日）：令各院院长、首席检察官、司法公署：为奉令中诚嗣后政军各机关务遵系统恪守职权督饬所属切实负责仰遵照由

作　　者：

关键词：恪守职权

摘　　要：司法院训令政军各机关应恪守职权。

期刊名称：安徽高等法院公报

主办单位：安徽高等法院

刊　　期：1930（11－12）

页　　码：95－96，11

64. 题　　名：本院指令：第四五一三号（十九年十二月三日）：令暂代阜阳县法院院长李象贤、首席检察官汪先烈：呈一件请示阜阳县政府咨请代换民刑状纸应如何办理之处乞示遵由

作　　者：

关键词：阜阳县政府　状纸　更换

摘　　要：安徽高等法院指令阜阳县政府，更换各状应即查明如数代换。

期刊名称：安徽高等法院公报

主办单位：安徽高等法院

刊　　期：1930，1（11－12）

页　　码：104

65. 题　　名：本院训令：第一二〇〇号（二十年四月十三日）：令各院院长、首席检察官、司法公署：令各院署为特种考试监所看守考试条例第三条第一款第四字"意"字系"义"字之误由

作　　者：

关键词：特种考试条例　笔误

摘　　要：特种考试监所看守考试条例第三条第一款第四字笔误。

期刊名称：安徽高等法院公报

主办单位：安徽高等法院

刊　　期：1931，2（2）

页　　码：48，5

66. 题　　名：本院训令：令怀甯地方法院院

长、首席检察官：厉行保释责
付转饬看守所妥慎待遇押犯由
（中华民国二十一年六月十七
日）

作　　　者：

关　键　词：改良状纸　保释　犯人待遇

摘　　　要：安徽高等法院训令怀宁地方法
院称，同意改良状纸以利书写，
同时命令该院厉行保释人犯并
提高在押犯人待遇等。

期刊名称：安徽高等法院公报

主办单位：安徽高等法院

刊　　　期：1932，3（1－2）

页　　　码：81

67. 题　　　名：本院训令：安徽高等法院训令：
第一三五〇号（十月十七日）：
令各法院院长、首席检察官：
令各法院准部设法医研究所函
知凡有关于须用检验民刑案件
均希送所施行检查仰知照由

作　　　者：

关　键　词：法医研究所　检验　民刑案件
鉴定

摘　　　要：司法行政部直辖法医研究所函
知所有实施检验机关对于民刑
案件的鉴定应遵守本所事先制
定之规则。

期刊名称：安徽高等法院公报

主办单位：安徽高等法院

刊　　　期：1932，4（3－4）

页　　　码：186－191

68. 题　　　名：本院训令：安徽高等法院训令：
第一七四五号（十一月十八
日）：令各法院院长、首席检察
官、县长新监典狱长：令各县
长、法院、监典严查监所有无
执行期满未放免及顶替执行人
犯仰遵照由

作　　　者：

关　键　词：首席检察官　刑满释放　顶替

摘　　　要：安徽高等法院转发司法行政部
训令，各法院等严查监所有无
执行期满而未予释放的犯人及
有无顶替执行人犯。

期刊名称：安徽高等法院公报

主办单位：安徽高等法院

刊　　　期：1932，4（3－4）

页　　　码：218－219

69. 题　　　名：本院训令：安徽高等法院训令：
第一九九四号（十二月九日）：
令各院院长、首席检察官：令
各法院院长、首检嗣后对于已
废弃之司法行政统计各年表毋
庸造假仰遵照由

作　　　者：

关　键　词：司法行政统计表　废弃　核查
上报

摘　　　要：部分司法行政统计年表已经废
弃，一些统计人员对于此项命
令并未注意，仍填报并上报这
些废弃的报表。安徽高等法院
特训令提请注意该项规定，认
真核查填制统计表。

期刊名称：安徽高等法院公报

主办单位：安徽高等法院

刊　　　期：1932，4（3－4）

页　　　码：226－227

70. 题　　　名：本院指令：安徽高等法院指令：
第九九九号（八月十三日）：令
寿县法院院长周国华、首席检
察官李圣期：呈一件为呈送监
犯吴兆庚等二十一名判决书祈
鉴核由

作　　　者：

关　键　词：判决书　核查书

摘　　　要：安徽高等法院指令寿县法院呈
送对监犯吴兆庚等判决书的核
查书。

期刊名称：安徽高等法院公报

主办单位：安徽高等法院

刊　　　期：1932，4（3－4）

页　　　码：267

71. 题　　　名：本院指令：安徽高等法院指令：
第三二三一号（十二月三日）：
令署安徽芜湖地方法院院长金
鹤年、首席检察官徐尔僖：呈
一件呈送十九年六月分司法收
入收支各款四柱及印纸等表请
核转由

作　　　者：

关 键 词：首席检察官 司法收入报表

摘 要：安徽高等法院指令芜湖地方法院，呈件收悉，查呈送的司法收入收支表存在错误和空白，望核查重新送报。

期刊名称：安徽高等法院公报

主办单位：安徽高等法院

刊 期：1932，4（3－4）

页 码：280

72. 题 名：本院训令：安徽高等法院训令：令各法院院长、首席检察官：令各法院奉令知嗣后各机关长官如有更调自经中央议决后即不得增委人员及加增俸给仰知照由（七月二十二日）

作 者：

关 键 词：机关长官 人士更调 增委人员

摘 要：各机关长官如有更调，自经中央决议后，不得增委人员及加增俸给，一经查处应受处分。

期刊名称：安徽高等法院公报

主办单位：安徽高等法院

刊 期：1932，4（3－4）

页 码：128－129

73. 题 名：安徽高等法院训令：第号（二十二年五月二十七日）：令所属各法院院长、首席检察官：令各法院奉部令惩治盗汇暂行条例施行期间再展六个月一案转饬知照由

作 者：

关 键 词：惩治盗匪暂行条例 延期

摘 要：《惩治盗匪暂行条例》的施行日期再延期六个月。

期刊名称：安徽高等法院公报

主办单位：安徽高等法院

刊 期：1933，5（1－2）

页 码：150

74. 题 名：安徽高等法院训令：训字第号（二十二年五月二十九日）：令各法院院长、首席检察官：令各法院奉部令安徽省增设立煌县仰转知照由

作 者：

关 键 词：立煌县

摘 要：为地方治安起见，安徽省增设立煌县。

期刊名称：安徽高等法院公报

主办单位：安徽高等法院

刊 期：1933，5（1－2）

页 码：150－151

75. 题 名：安徽高等法院训令：训字第号（二十二年五月二十九日）：令各法院院长、首席检察官：令各法院奉部令甘肃省红水县改名为景泰县并将县治移驻一条山转饬知照由

作 者：

关 键 词：洪水县 改名 景泰县

摘 要：甘肃省红水县改名为景泰县并将县治移驻一条山。

期刊名称：安徽高等法院公报

主办单位：安徽高等法院

刊 期：1933，5（1－2）

页 码：151

76. 题 名：安徽高等法院训令：第号（二十二年六月十日）：令各法院院长、首席检察官：令各法院奉部令各法院书记官厅当庭录供并分别朗读或令当事人阅览署名仰遵照由

作 者：

关 键 词：书记官 开庭 制作笔录 当庭朗读

摘 要：近查各法院书记官于开庭时多未能于庭上制作笔录而在退庭后方形成笔录，这与法定程序不符。嗣后各书记官应当庭制作笔录并分别朗读或供当事人阅览署名。

期刊名称：安徽高等法院公报

主办单位：安徽高等法院

刊 期：1933，5（1－2）

页 码：157－158

77. 题 名：安徽高等法院训令：训字第号（二十二年六月十日）：令所属各级法院院长、首席检察官：令各法院奉部令各法官问案须详阅文卷预为准备仰遵照由

作 者：

作　　者：

关键词：法官阅卷　审讯案件　纠正

摘　　要：各法院法官由于案多，事先不详阅案卷确定调查方针，导致开庭次数增多，危害颇深。现令各级法院长官对于推检审讯案件应严加纠正。

期刊名称：安徽高等法院公报

主办单位：安徽高等法院

刊　　期：1933，5（1－2）

页　　码：158

78. 题　　名：安徽高等法院训令：训字第四六六三号（六月十二日）：令安徽高等法第一、二分院院长、首席检察官、潜山等五十五县县长：令各院县为奉令饬各法院注意处理反动案件仰遵照由

作　　者：

关键词：证据不足　反动分子

摘　　要：各级法院常以证据不足为由放纵反动分子，为此司法行政部饬令各法院多加注意，勿放纵犯罪贻害将来。

期刊名称：安徽高等法院公报

主办单位：安徽高等法院

刊　　期：1933，5（1－2）

页　　码：158－159

79. 题　　名：安徽高等法院训令：训字第四八三六号（二十二年六月二十三日）：令所属各级法院、检察处暨新监：令各院监奉部令准实业部咨送修正度量衡标准与市用制折合表及市用制与标准制折合表请查照一案仰知照由（附表）

作　　者：

关键词：修正度量衡标准

摘　　要：安徽高等法院训令所属各法院、检察处及新监，令各院尊奉部令准实业部咨送修正度量衡标准等。

期刊名称：安徽高等法院公报

主办单位：安徽高等法院

刊　　期：1933，5（1－2）

页　　码：161－164

80. 题　　名：安徽高等法院训令（二十二年六月）：令各法院院长、首席检察官：令各院监所奉部令中央决议于总理纪念周条例第四条增唱党歌一案仰知照由

作　　者：

关键词：总理纪念周　党歌

摘　　要：中央决议于总理纪念周条例第四条增设唱党歌。

期刊名称：安徽高等法院公报

主办单位：安徽高等法院

刊　　期：1933，5（1－2）

页　　码：168

81. 类　　别：检察实务

题　　名：安徽高等法院训令：第号（六月日）：令院、县院长、首席检察官、县长：令各院县奉部令嗣后各推检对于刑事被告应否羁押应负责认定不得轻于羁押等因仰遵照由

作　　者：

关键词：推检　刑事被告　羁押

摘　　要：各院推检对于刑事被告应否羁押应慎重处理，负责认定；情节轻微之偶发犯不宜轻于羁押。

期刊名称：安徽高等法院公报

主办单位：安徽高等法院

刊　　期：1933，5（1－2）

页　　码：168－169

82. 题　　名：安徽高等法院训令：第二四三八号（二十二年一月十日）：令代理阜阳县法院院长李象贤、首席检察官汪先烈：令阜阳县法院奉部指令以转呈该院所送十九年十一月至二十年一月份法收月报表不无错误转饬知照由

作　　者：

关键词：司法月报表

摘　　要：安徽高等法院转呈司法部行政部指令，令阜阳县法院将司法收入月报表赶速报送。

期刊名称：安徽高等法院公报

主办单位：安徽高等法院

刊　　期：1933，5（1－2）

83. 题　　名：安徽高等法院训令：第二三八九号（二十二年一月五日）：令怀甯地方法院院长李祖庆、首席检察官柴宗溁：令怀甯地院所有桐城县法院已呈准改组为该院分院仰知照由

作　　者：

关 键 词：法院改组

摘　　要：安徽桐城县法院已经核准改为怀宁地方法院分院。

期刊名称：安徽高等法院公报

主办单位：安徽高等法院

刊　　期：1933，5（1 – 2）

页　　码：91 – 92

84. 题　　名：安徽高等法院训令：训字第号（二十二年一月五日）：令合肥地方法院院长俞仁愈、首席检察官许思麟：令合肥地院所有寿县阜阳两县法院已呈准改组为该院分院仰知照由

作　　者：

关 键 词：法院改组

摘　　要：安徽省寿县和阜阳两县法院已经核准改为合肥地方法院分院。

期刊名称：安徽高等法院公报

主办单位：安徽高等法院

刊　　期：1933，5（1 – 2）

页　　码：92

85. 题　　名：安徽高等法院训令：第二五七六号（二十二年一月十九日）：令高等法院第一、二分院院长、怀甯、芜湖合肥地方首席检察官：令各法院条陈法院组织法所定各项意见以便彙核具复由

作　　者：

关 键 词：法院组织法　自诉　推检员额

摘　　要：《法院组织法》施行以前应事先筹备，例如自诉范围扩张，将来刑庭不免增加，而在检察部分为之减少，而现有各法院原定之推检员额也应随之改变。

期刊名称：安徽高等法院公报

主办单位：安徽高等法院

刊　　期：1933，5（1 – 2）

86. 题　　名：安徽高等法院训令：第二五七七号（二十二年一月十九日）：令各法院院长、首席检察官：令各法院奉部令转知中央会议通过妇女会组织大纲施行细则仰知照由

作　　者：

关 键 词：妇女会组织大纲

摘　　要：中央会议通过妇女会组织大纲施行细则。

期刊名称：安徽高等法院公报

主办单位：安徽高等法院

刊　　期：1933，5（1 – 2）

页　　码：96

87. 题　　名：安徽高等法院训令：第二六八六号（二十二年一月三十日）：令各法院院长、首席检察官：令各法院为奉令关于禁烟委员会核定邮局破获毒品应将破获详情通知法院办法一案仰知照由

作　　者：

关 键 词：禁烟委员会　破获毒品　通知法院

摘　　要：司法行政部令各法院应遵守关于禁烟委员会核定的邮局破获毒品应将详情通知法院之规定。

期刊名称：安徽高等法院公报

主办单位：安徽高等法院

刊　　期：1933，5（1 – 2）

页　　码：98 – 99

88. 题　　名：安徽高等法院训令：第二七二一号（二十二年二月一日）：令各法院院长、首席检察官：令各法院奉公布修正国民政府组织法第三十条及第四十八条条文仰知照由

作　　者：

关 键 词：国民政府组织法

摘　　要：国民政府组织法第三十条及第48条现经制定，命令公布。

期刊名称：安徽高等法院公报

主办单位：安徽高等法院

刊　　期：1933，5（1 – 2）

页　　码：101

89. 题　　名：安徽高等法院训令：第号（二十二年二月二日）：令各法院院长、首席检察官：令各法院奉部令准内政部咨送各公署卫士服装条例第三条与附图式样有所错误奉准更正一案仰知照由

作　　者：

关 键 词：公署卫士服装条例

摘　　要：各公署卫士服装条例第三条与附图式样存在错误，特此更正。

期刊名称：安徽高等法院公报

主办单位：安徽高等法院

刊　　期：1933，5（1－2）

页　　码：102

90. 题　　名：安徽高等法院训令：第二八四九号（二十二年二月八日）：令各法院院长、首席检察官：令各法院奉令通饬遵照公务人员服用国货办法一案仰知照由

作　　者：

关 键 词：公务人员　服装　国货

摘　　要：全国行政人员及陆海空军人员所有服装一律改用国货。

期刊名称：安徽高等法院公报

主办单位：安徽高等法院

刊　　期：1933，5（1－2）

页　　码：102－105

91. 题　　名：安徽高等法院训令：训字第二九〇七号（二十二年二月十三日）：令各法院院长、首席检察官：令各法院为奉令法院嗣后对于公务员渎职案件须审慎处理不得轻纵仰遵照由

作　　者：

关 键 词：公务员渎职案件　审慎处理

摘　　要：司法行政部令各法院对公务员渎职案件须审慎处理，不得轻纵。

期刊名称：安徽高等法院公报

主办单位：安徽高等法院

刊　　期：1933，5（1－2）

页　　码：105－106

92. 题　　名：安徽高等法院训令：第〇三三一九号（二十二年三月十六

日）：令各法院院长、首席检察官：令各法院奉令转知中央政治会议函为监察院呈弹劾聘任人员祈核示送何机关惩戒经议决各项办法一案仰知照由

作　　者：

关 键 词：首席检察官　弹劾　公务员惩戒

摘　　要：安徽高等法院训令各法院，各法院奉令转之中央政治会议函为监察院呈送弹劾聘任人员由公务员惩戒委员会负责。

期刊名称：安徽高等法院公报

主办单位：安徽高等法院

刊　　期：1933，5（1－2）

页　　码：112－113

93. 题　　名：安徽高等法院训令：训字第三三九四号（二十二年三月二十二日）：令各法院院长、首席检察官：令各法院奉令云南省增设屏边县仰知照由

作　　者：

关 键 词：屏边县

摘　　要：根据内政部有关文件，云南省增设屏边县。

期刊名称：安徽高等法院公报

主办单位：安徽高等法院

刊　　期：1933，5（1－2）

页　　码：113－114

94. 题　　名：安徽高等法院训令：训字第三六六二号（二十二年四月十二日）：令各法院院长、首席检察官、县县长：令各法院、县政府奉部令准交通部咨此后查获邮包内违禁毒品宜将一部分仍留寄收件人以便证实一案仰遵照由

作　　者：

关 键 词：首席检察官　毒品犯罪　证据

摘　　要：安徽高等法院训令各法院，交通部咨此后查获邮报内有违禁毒品时，应预留一部分作为证据，其余给收件人。

期刊名称：安徽高等法院公报

主办单位：安徽高等法院

刊　　期：1933，5（1－2）
页　　码：117－120

95. 题　　名：安徽高等法院训令：第三六八九号（二十二年四月十三日）：令各法院院长、首席检察官：令各法院奉令转知县市参议会组织法及选举法均定自本年三月十二日起施行仰知照由

作　　者：

关 键 词：县市参议会组织法　选举法

摘　　要：县市参议会组织法及选举法定于本年三月十二日开始施行。

期刊名称：安徽高等法院公报
主办单位：安徽高等法院
刊　　期：1933，5（1－2）
页　　码：120－121

96. 题　　名：安徽高等法院训令：训字第三八四〇号（二十二年四月二十一日）：令各法院院长、首席检察官：令各法院奉豫鄂皖三省剿匪总司令东代电附发处理危害民国及贪污案件月报表令饬按月切实填报以凭考核仰遵照由（附表）

作　　者：

关 键 词：首席检察官　危害民国　贪污案件

摘　　要：安徽高等法院训令各法院，令各法院奉令危害民国及贪污案件月报表应如实填报，以资考核。

期刊名称：安徽高等法院公报
主办单位：安徽高等法院
刊　　期：1933，5（1－2）
页　　码：122－125

97. 题　　名：安徽高等法院训令：第三八八三号（二十二年四月二十四日）：令各法院院长、首席检察官：令各法院奉部令修正劳资争议处理法条文仰知照由

作　　者：

关 键 词：劳资争议处理法

摘　　要：司法行政部命令修正《劳资争议处理法》。

期刊名称：安徽高等法院公报

主办单位：安徽高等法院
刊　　期：1933，5（1－2）
页　　码：126－127

98. 题　　名：安徽高等法院训令：第三八八四号（二十二年四月二十四日）：令各法院院长、首席检察官：令各法院奉部令军机防护法规定自本年四月一日起施行其施行期间暂定为九个月一案仰知照由

作　　者：

关 键 词：军机防护法

摘　　要：安徽高等法院转发司法行政部训令各法院，《军机防护法》自本年四月一日起施行，施行期间暂定为九个月。

期刊名称：安徽高等法院公报
主办单位：安徽高等法院
刊　　期：1933，5（1－2）
页　　码：127－128

99. 题　　名：安徽高等法院训令：第三九三五号（二十二年四月二十七日）：令各法院院长、首席检察官：令各法院奉部令禁烟法第十一条条文已修正公布其关于各省所定禁止制贩毒品之各种单行条例应限期一律废止转饬遵照由

作　　者：

关 键 词：禁烟法

摘　　要：安徽高等法院训令转发司法行政部令各级法院，《禁烟法》第十一条已修正公布，其余各省所定禁止贩卖毒品的各种单行条例一律废止。

期刊名称：安徽高等法院公报
主办单位：安徽高等法院
刊　　期：1933，5（1－2）
页　　码：128－130

100. 题　　名：安徽高等法院训令：训字第三九三六号（二十二年四月二十七日）：令各法院院长、首席检察官：令各法院奉部令不兼理司法之县政府不得受理民刑诉讼案件如各法院查有此种情

事应请其移送法院办理仰遵
照由

作　　者：

关 键 词：县长兼理司法　首席检察官
移送案件

摘　　要：安徽高等法院转发司法行政部
训令各法院，兼理司法之县政
府不得受理民刑诉讼案件，如
果各法院查有此项情形应将案
件移送法院办理。

期刊名称：安徽高等法院公报

主办单位：安徽高等法院

刊　　期：1933，5（1－2）

页　　码：136

101. 题　　名：安徽高等法院训令：第三九三
七号（二十二年四月二十七
日）：令各法院院长、首席检
察官：令各法院奉部令各法院
应将裁判书原本依法保存仰遵
照由

作　　者：

关 键 词：裁判书　检察官处分书　原本
保存

摘　　要：所有法院民刑事裁判书及检察
官处分书必须用推检制作之原
本依法保存。

期刊名称：安徽高等法院公报

主办单位：安徽高等法院

刊　　期：1933，5（1－2）

页　　码：136－137

102. 题　　名：安徽高等法院训令：训字第三
九六四号（二十二年四月二十
八日）：令各法院首席检察官：
令各法院监所奉部令中央政治
会议通过自四月六日起所有公
私款项之收付及一切交易一律
改用银币不得再用银两一案仰
遵照由

作　　者：

关 键 词：首席检察官

摘　　要：安徽高等法院转发司法行政部
训令各法院，中央政治会议通
过自四月六日起，所有公私款
项之收付及一切交易一律改用
银币，不得再用银两。

期刊名称：安徽高等法院公报

主办单位：

刊　　期：1933，5（1－2）

页　　码：137－138

103. 题　　名：安徽高等法院训令：第三九
八号（二十二年五月二日）：
令各法院院长、首席检察官：
令各法院奉部令知统一官吏通
缉办法仰知照由

作　　者：

关 键 词：公务员　军人　通缉

摘　　要：公务员及军人犯通缉程序在我
国现行法上已经有明确规定，
应依法分别办理。

期刊名称：安徽高等法院公报

主办单位：安徽高等法院

刊　　期：1933，5（1－2）

页　　码：39－141

104. 题　　名：安徽高等法院训令：训字第四
零九六号（二十二年五月八
日）：令各法院院长、首席检
察官、监所典狱长、所长：令
各皖监奉部令关于公务员任用
法填表送审各要点一案转饬知
照由

作　　者：

关 键 词：公务员任用法　填表须知

摘　　要：司法行政部下发《公务员任用
法》即施行条例、资格审查表
并填表须知共五项。

期刊名称：安徽高等法院公报

主办单位：安徽高等法院

刊　　期：1933，5（1－2）

页　　码：141－142

105. 题　　名：安徽高等法院训令：第四一六
三号（五月十二日）：令各法
院院长、首席检察官、新监典
狱长：令各院监奉部令办理公
务员补习教育一案转饬遵照由

作　　者：

关 键 词：公务员补习教育

摘　　要：《公务员补习教育通则草案》
已经制定，提请核准。

期刊名称：安徽高等法院公报

主办单位：安徽高等法院

刊　　　期：1933，5（1－2）
页　　　码：143－145

106. 题　　　名：本院训令：第一五零四号（十九年五月十七日）：令各院院长、首席检察官：饬知华洋上诉案件已由外交部分咨各省政府各特别市政府转饬各交涉署遵照移交并照会各关系国公使由

作　　　者：

关 键 词：华洋上诉案件　高等法院　普通诉讼

摘　　　要：各省华洋上诉案件一律改由高等法院或分院依普通诉讼法令受理。

期刊名称：安徽高等法院公报

主办单位：安徽高等法院

刊　　　期：1930（5－7）

页　　　码：72，9

107. 题　　　名：本院训令：第二八三三号（十九年九月五日）：令第一分院院长彭显廷、首席检察官柴宗滢：为奉发核定新建看守所图样两张令饬转给凤阳县长查照酌办由

作　　　者：

关 键 词：看守所　监狱

摘　　　要：凤阳县长呈送募款修建看守所并修理监狱一事并附图纸以备核查。

期刊名称：安徽高等法院公报

主办单位：安徽高等法院

刊　　　期：1930（8－10）

页　　　码：55－56，7

108. 题　　　名：本院训令：第二八九六号（十九年九月十二日）：令各法院院长、首席检察官：为奉令公布公务员任用条例自民国二十年一月一日为施行日期由

作　　　者：

关 键 词：公务员任用条例　施行日期

摘　　　要：《公务员任用条例》现已制定，于民国二十年一月一日为施行日期。

期刊名称：安徽高等法院公报

主办单位：安徽高等法院

刊　　　期：1930（8－10）

页　　　码：57－58，7

109. 题　　　名：本院指令：安徽高等法院指令：第一六七〇号（九月十二日）：令芜湖地方法院院长：呈一件呈送二十年度司法行政各种统计年表由

作　　　者：

关 键 词：检察处　报表

摘　　　要：看守所报表以及检察处主办之表已函送至检察处核办。

期刊名称：安徽高等法院公报

主办单位：安徽高等法院

刊　　　期：1932，4（3－4）

页　　　码：269－270

（七）司法院训令

1. 题　　　名：司法院训令：院字第一八三号（十八年十二月十三日）：令署江苏高等法院院长林彪：解释刑事诉讼程序疑义两项由

作　　　者：诸寿康

关 键 词：无罪判决　检察官上诉

摘　　　要：对于法院所为之无罪判决，检察官可在上诉期间中提起上诉。如判决已经确定而且具备再审条件可请求再审。

期刊名称：安徽高等法院公报

主办单位：安徽高等法院

刊　　　期：1930（2－3）

页　　　码：100，7

2. 题　　　名：司法院训令：院字第一六一号

作　　　者：

关 键 词：自诉　案件执行　检察官指挥

摘　　　要：刑事案件判决的执行统一由作出裁判的法院的检察官进行执行。自诉案件虽由自诉人起诉经法院裁判，其执行仍由检察官指挥，与公诉案件同。

期刊名称：安徽高等法院公报

主办单位：安徽高等法院

刊　　　期：1929（1）

页　　　码：83

3. 题　　　名：司法院训令：院字第一六二号

作　　　者：

关　键　词：声请再议　审查期限　检察官
　　　　　　不起诉处分

摘　　　要：告诉人就检察官不起诉处分声请
　　　　　　再议的期限为七天，故而告诉人
　　　　　　对上级首席检察官所做的处分不
　　　　　　满声请再议的，仍应遵守七天的
　　　　　　期限限制。

期刊名称：安徽高等法院公报

主办单位：安徽高等法院

刊　　　期：1929（1）

页　　　码：83－84

4. 题　　　名：司法院训令：院字第一六八号
作　　　者：

关　键　词：再议审查　处分书　检察一体

摘　　　要：上级首席检察官认为再议无理由
　　　　　　的，应该制作处分书；若认为再
　　　　　　议有理由的，应该叙明理由，命
　　　　　　令下级检察官重新侦查或是重新
　　　　　　起诉，无须再制作处分书。

期刊名称：安徽高等法院公报

主办单位：安徽高等法院

刊　　　期：1929（1）

页　　　码：88－89

5. 题　　　名：司法院指令：院字第二一〇号
作　　　者：

关　键　词：移转管辖　检察官侦查　起诉

摘　　　要：对于移转司法机关管辖的案件，
　　　　　　因为法院不得对检察官未起诉的
　　　　　　案件进行审判，是否应由检察机
　　　　　　关重行侦查，或是重行起诉。从
　　　　　　实践考虑，应根据诉讼进行之程
　　　　　　度来确定管辖是否应先移转侦查
　　　　　　或是起诉。

期刊名称：安徽高等法院公报

主办单位：安徽高等法院

刊　　　期：1930（4）

页　　　码：83－84

6. 题　　　名：司法院训令：院字第二一七号
作　　　者：

关　键　词：告诉乃论　强奸案

摘　　　要：强奸案属于亲告罪，如果被害人
　　　　　　不愿告诉，导致缺乏追诉条件，
　　　　　　故而检察官不得有任何处分，也
　　　　　　不得径行侦查。

期刊名称：安徽高等法院公报

主办单位：安徽高等法院

刊　　　期：1930（4）

页　　　码：89

7. 题　　　名：司法院训令：院字第二一九号
作　　　者：

关　键　词：保证金　检察一体

摘　　　要：刑事案件中被告交纳保证金取
　　　　　　保，检察官依据法律规定认为被
　　　　　　告违背取保应遵守的规定没收保
　　　　　　证金。被告基于检察一体的原则
　　　　　　向上级检察官声请处理的，应根
　　　　　　据刑事诉讼法第四百二十八条程
　　　　　　序办理。

期刊名称：安徽高等法院公报

主办单位：安徽高等法院

刊　　　期：1930（4）

页　　　码：90－91

8. 题　　　名：司法院训令：院字第二二三号
作　　　者：

关　键　词：检察一体　不起诉处分

摘　　　要：基于检察一体原则，上级法院首
　　　　　　席检察官以职权检举犯罪后可以
　　　　　　命令下级检察官侦查案件或是起
　　　　　　诉，但下级检察官作出不起诉处
　　　　　　分后，除发现新事实新证据外，
　　　　　　上级首席检察官不得径行命令下
　　　　　　级检察官重新侦查或是起诉，下
　　　　　　级检察官也不得据此起诉。

期刊名称：安徽高等法院公报

主办单位：安徽高等法院

刊　　　期：1930（4）

页　　　码：94－95

9. 题　　　名：司法院指令：院字第二二四号
作　　　者：

关　键　词：反革命案件　检察官处分

摘　　　要：对于反革命案件中，因证据不足
　　　　　　不起诉或是判决无罪或是依法免
　　　　　　诉等不为罪的情况，认定为不良
　　　　　　分子的应送入反省院进行教育。
　　　　　　此类案件应由检察官径行处分。

期刊名称：安徽高等法院公报

主办单位：安徽高等法院

刊　　　期：1930（4）

页　　　码：95－96

10. 题　　　名：司法院指令：院字第二三六号

作　　者：

关键词：特种刑事法庭　案件移送　免
予置议　不起诉处分

摘　　要：经由特种刑事地方临时法庭移交
到普通法院的案件，若案卷中对
部分被告免予置议，应以移交为
限，对于未移交的部分视为检察
官的不起诉处分。未移交者若是
发现新事实或是新证据，检察官
可再行侦查或是起诉。

期刊名称：安徽高等法院公报

主办单位：安徽高等法院

刊　　期：1930（5－7）

页　　码：145

11. 题　　名：司法院快邮代电：院字第二五
四号

作　　者：

关键词：讯问被告人　检察官莅庭

摘　　要：讯问被告人除非经检察官请求
者，否则无须检察官莅庭。

期刊名称：安徽高等法院公报

主办单位：安徽高等法院

刊　　期：1930（8－10）

页　　码：125

12. 题　　名：司法院快邮代电：院字第二五
七号

作　　者：

关键词：牵连犯罪　管辖权　救济

摘　　要：反革命犯罪牵连普通犯罪的，
高等法院误为无管辖权而不受
理，检察官可提起上诉以资
救济。

期刊名称：安徽高等法院公报

主办单位：安徽高等法院

刊　　期：1930（8－10）

页　　码：14

13. 题　　名：司法院训令：院字第二六四号

作　　者：

关键词：自诉　调送案卷　上诉权

摘　　要：自诉案件不因一审裁决书未列
自诉人及二审检察官进行案卷
调送即变为公诉案件，自诉人
也不能因此丧失上诉权。

期刊名称：安徽高等法院公报

主办单位：安徽高等法院

刊　　期：1930（8－10）

页　　码：115－116

14. 题　　名：司法院快邮代电：院字第二七
二号

作　　者：

关键词：交叉案件　检察官侦查　自诉
合并审理

摘　　要：斗殴案件中，双方当事人均受
伤，其中一方提起自诉，另一
方请求检察官进行侦查。可以
同时提起自诉和要求公诉，但
法院在受理后将自诉案件和公
诉案件合并审理。

期刊名称：安徽高等法院公报

主办单位：安徽高等法院

刊　　期：1930（8－10）

页　　码：15

15. 题　　名：司法院训令：院字第二八四号

作　　者：

关键词：检察一体　不起诉处分　重新
侦查

摘　　要：检察官作出不起诉处分并送达
后，上级检察机关要求重新侦
查或是原告诉人以发现新事实
或新证据要求重新侦查的，检
察官重新侦查后发现无可起诉
之事实，只需将案件情况呈报
上级检察官或是通知原告诉人
即可，不必再作不起诉处分。

期刊名称：安徽高等法院公报

主办单位：安徽高等法院

刊　　期：1930（8－10）

页　　码：129－130

16. 题　　名：司法院指令：院字第三四五号

作　　者：

关键词：个人法益　驳回自诉　抗告

摘　　要：个人法益不同于国家法益和社
会法益，并不能以当事人人数
多寡来界定。检察官对此类涉
及个人法益的自诉案件，既非
当事人又非受裁定者，不能以
事涉多数为由提起抗告。

期刊名称：安徽高等法院公报

主办单位：安徽高等法院

刊　　期：1931，2（2）

页　　码：141－142

17. 题　　名：司法院训令：院字第三四九号

作　　者：

关 键 词：自诉　公诉合并自诉　撤回
　　　　　声请

摘　　要：如果案件符合公诉条件的同时
　　　　　又符合自诉条件的，但实际是
　　　　　由检察官提起公诉的，检察官
　　　　　可以撤回公诉；如果被害人提
　　　　　出撤回声请的，除了告诉乃论
　　　　　罪外，法院应驳回其撤回声请。
　　　　　如果案件既有自诉人的自诉又
　　　　　有检察官的公诉，若公诉在前，
　　　　　自诉在后，除告诉乃论之罪自
　　　　　诉人声请撤回视为撤回告诉外，
　　　　　法院应驳回自诉人的撤回声请。
　　　　　若自诉在前，公诉在后，则可
　　　　　视作撤回自诉。

期刊名称：安徽高等法院公报

主办单位：安徽高等法院

刊　　期：1931，2（2）

页　　码：145－146

18. 题　　名：司法院电：院字第四六七号

作　　者：

关 键 词：侦查处分　公务员

摘　　要：对于具有犯罪嫌疑的公务员，
　　　　　无论在职与否，检察官拥有立
　　　　　即实施侦查讯问的权利。

期刊名称：安徽高等法院公报

主办单位：安徽高等法院

刊　　期：1931，2（4）

页　　码：187－188

19. 题　　名：司法院快邮代电：院字第四七
　　　　　三号

作　　者：

关 键 词：土豪劣绅　管辖权上提　检察
　　　　　官侦查　审检关系

摘　　要：县政府对无管辖权的土豪劣绅
　　　　　案件进行审判被上级法院撤销
　　　　　后交由地方法院审判。无检察
　　　　　官的侦查起诉，法院不可以径
　　　　　行审判，并且法院判决不得超
　　　　　出起诉范围。

期刊名称：安徽高等法院公报

主办单位：安徽高等法院

刊　　期：1931，2（4）

页　　码：192－193

（八）安徽省政府公函

1. 题　　名：安徽省政府公函：祕字第七一〇
　　　　　号（二十年四月一日）：函复本
　　　　　院为本院及检察处并怀院修理房
　　　　　屋垣墙所需经费开支办法由

作　　者：陈调元

关 键 词：修复房屋　法院经费

摘　　要：关于修复房屋所需经费由法院结
　　　　　余经费开支，实报实销。

期刊名称：安徽高等法院公报

主办单位：安徽高等法院

刊　　期：1931，2（2）

页　　码：109－110，12

（九）司法行政部训令

1. 题　　名：司法行政部训令：训字第二〇四
　　　　　五号（十九年十一月二十五日）：
　　　　　令署、代理安徽高等法院院长曾
　　　　　友豪、首席检察官王树荣：为令
　　　　　知学习推事民刑及检察事务互
　　　　　相学习办法由

作　　者：

关 键 词：学习推事检察官

摘　　要：《学习推事检察官规则》第7条
　　　　　明确规定，学习推事检察官对于
　　　　　民刑庭事务以及检察事务应分期
　　　　　学习。

期刊名称：安徽高等法院公报

主办单位：安徽高等法院

刊　　期：1930（11－12）

页　　码：52－53，7

2. 题　　名：司法行政部训令：训字第九四六
　　　　　号（二十二年四月十三日）：令
　　　　　署安徽高等法院首席检察官王树
　　　　　荣：令知各级检察官所作之起诉
　　　　　或处分书除隽法送达外不得率行
　　　　　宣布由

作　　者：

关 键 词：检察处分书　披露案情　公开
　　　　　发表

摘　　要：检察官承办案件所作起诉或处分
　　　　　书除依法送达被告以及告诉人之
　　　　　外，不得私自披露，更不得在处
　　　　　分结果之前公开发表意见。

期刊名称：安徽高等法院公报

主办单位：安徽高等法院

刊　　期：1933，5（1－2）

页　　码：74

3. 题　　　名：司法行政部训令：训字第一八四〇号（十九年十月十六日）：令署安徽高等法院院长曾友豪、首席检察官钱谦：为奉发公布法官初试暂行条例由

作　　　者：

关 键 词：法官初试暂行条例

摘　　　要：法官初试暂行条例现经制定，命令公布，通饬全国。

期刊名称：安徽高等法院公报

主办单位：安徽高等法院

刊　　　期：1930（11－12）

页　　　码：50，7

4. 题　　　名：司法行政部训令：训字第一九八九号（十九年十一月十五日）：令署安徽高等法院院长曾友豪、首席检察官：为据湖南高等法院请示禁烟罚金充奖办法由

作　　　者：

关 键 词：烟案　罚金　充奖办法

摘　　　要：司法机关自行查获的烟案或因审理其他案件而附带讯出烟案所判处的罚金不属于禁烟罚金充奖规则的范围。

期刊名称：安徽高等法院公报

主办单位：安徽高等法院

刊　　　期：1930（11－12）

页　　　码：52，7

5. 题　　　名：司法行政部训令：训字第一八号（二十年一月六日）：令署安徽高等法院院长曾友豪、首席检察官王树荣：为令发政治犯大赦条例由

作　　　者：

关 键 词：政治犯大赦条例

摘　　　要：政治犯大赦条例现经制定命令公布。

期刊名称：安徽高等法院公报

主办单位：安徽高等法院

刊　　　期：1931，2（1）

页　　　码：52－53，6

6. 题　　　名：司法行政部训令：训字第九四号（二十年一月十九日）：令署、代理安徽高等法院院长曾友豪、首席检察官王树荣：为令饬注意办理政治犯大赦案件由

作　　　者：

关 键 词：高等法院委员会　大赦条例　保释

摘　　　要：各高等法院委员会委员对于大赦条例应严格执行，对保释事项负完全责任。

期刊名称：安徽高等法院公报

主办单位：安徽高等法院

刊　　　期：1931，2（1）

页　　　码：56，6

7. 题　　　名：司法行政部电令：电安徽高等法院院长、首席检察官：为赦免共产党徒除自首者外应依照大赦条例第八条办理由

作　　　者：

关 键 词：自首　共产党　大赦条例

摘　　　要：关于赦免共产党徒除自首者外，应依照大赦条例第八条办理。

期刊名称：安徽高等法院公报

主办单位：安徽高等法院

刊　　　期：1931，2（1）

页　　　码：61，7

8. 题　　　名：司法行政部电令：电安徽高等法院院长、首席检察官：为政治犯大赦条例第七条定明高等分院不能组织分会由

作　　　者：

关 键 词：政治犯　高等法院　分院

摘　　　要：审理政治犯应由高等法院委员会审核，不能组织分会进行审理。

期刊名称：安徽高等法院公报

主办单位：安徽高等法院

刊　　　期：1931，2（1）

页　　　码：61，7

9. 题　　　名：司法行政部命令：调派项强代理安徽高等法院第二分院检察处书记官此令……（十九年一月十四日至十九年二月十四日）

作　　　者：

关 键 词：任免令

摘　　　要：司法行政部任免令。

期刊名称：安徽高等法院公报

主办单位：安徽高等法院

刊　　　期：1930（2－3）

页　　　码：43

10. 题　　　名：司法行政部部令：派潘柱中暂

充安徽高等法院检察处学习书记官此令……（十九年七月一日至八月三十一日）

作　　者：

关 键 词：任免令

摘　　要：司法行政部任免令。

期刊名称：安徽高等法院公报

主办单位：安徽高等法院

刊　　期：1930（8－10）

页　　码：40－42

11. 题　　名：司法行政部训令：训字第二四六五号（十月十二日）：令署安徽高等法院院长陈福民、首席检察官王树荣：令将迴避管辖区域司法官应调任之法院先期酌拟报部备考由

作　　者：

关 键 词：推检　任用回避办法　回避管辖　报备

摘　　要：各省区各级法院推检人员根据司法官任用回避办法相关条款适用回避时，应调任回避管辖区域外法院，同时该域外法院应将该情况报司法行政部以备核查。

期刊名称：安徽高等法院公报

主办单位：安徽高等法院

刊　　期：1932，4（3－4）

页　　码：103－104

12. 题　　名：司法行政部训令：训字第一三四一号（六月十一日）：令署安徽高等法院院长陈福民、首席检察官王树荣：各省区如有应行调任及应迴避人员应遵照司法官调任办法办理由

作　　者：

关 键 词：司法官调任办法　成绩　回避

摘　　要：司法官调任办法应以本人成绩为根据。司法官任用回避办法已经公布，应遵照执行。

期刊名称：安徽高等法院公报

主办单位：安徽高等法院

刊　　期：1932，4（3－4）

页　　码：95

13. 题　　名：司法行政部训令：训字第一八七九号（八月十八日）：令署安

徽高等法院院长陈福民、首席检察官王树荣：各法院监所职员与该管长官有血亲姻亲关系者应自行声请迴避由

作　　者：

关 键 词：法院监所职员　亲属关系　回避

摘　　要：司法行政部重申各级法院监所职员应遵守司法官回避办法，否则一经发觉即交付惩戒。

期刊名称：安徽高等法院公报

主办单位：安徽高等法院

刊　　期：1932，4（3－4）

页　　码：99

14. 题　　名：司法行政部训令：训字第二四六六号（十月十二日）：令署安徽高等法院院长陈福民、首席检察官王树荣：令知呈保庭长等职继任人员及候补推检预送成绩各办法仰遵照由

作　　者：

关 键 词：推检　继任候补　司法官叙补　成绩

摘　　要：推事检察官继任者应依据司法官叙补及审查成绩资格办理。

期刊名称：安徽高等法院公报

主办单位：安徽高等法院

刊　　期：1932，4（3－4）

页　　码：103

15. 题　　名：司法行政部训令：训字第二〇九四号（十九年十二月五日）：令署、代理安徽高等法院院长曾友豪、首席检察官王树荣：为发新制民刑状面样张两种由

作　　者：

关 键 词：民刑状纸　编号

摘　　要：民刑状面改用青色，原编位号码过多不甚方便，现改用红色。

期刊名称：安徽高等法院公报

主办单位：安徽高等法院

刊　　期：1930（11－12）

页　　码：49，6

16. 题　　名：司法行政部训令：训字第一八一四号（十九年十月八日）：令署安徽高等法院院长曾友豪、首席检察官钱谦：为令知各法

院学习推检试办简易案件办法由

作　　者：

关 键 词：学习推检　试办　简易案件　法官训练所

摘　　要：学习推检经过一年后可试办简易案件，在法官训练所毕业者得缩短期限为三个月。

期刊名称：安徽高等法院公报

主办单位：安徽高等法院

刊　　期：1930（11－12）

页　　码：50，7

17. 题　　名：司法行政部训令：训字第一九七四号（十九年十一月十三日）：令署安徽高等法院院长曾友豪、首席检察官钱谦：为令知中央执行委员会议决开除党籍或停止党权之党员不得享有公权由

作　　者：

关 键 词：首席检察官　党员　开除党籍　公权

摘　　要：司法行政部训令安徽高等法院，令知中央执行委员会议界定开除党籍或停职党权之党员不得享有公权。

期刊名称：安徽高等法院公报

主办单位：安徽高等法院

刊　　期：1930（11－12）

页　　码：50－52，7

18. 题　　名：司法行政部训令：训字第二一〇八号（十九年十二月八日）：令署、代理安徽高等法院院长曾友豪、首席检察官王树荣：为制定各省法院监所状况统计表样式仰伇式填送由

作　　者：

关 键 词：监所情况　统计表　首席检察官　上报

摘　　要：司法行政部为明确各省法院监所情况，特制定统计表，令首席检察官依式填表上报。

期刊名称：安徽高等法院公报

主办单位：安徽高等法院

刊　　期：1930（11－12）

页　　码：54，7

19. 题　　名：司法行政部训令：训字第二一四三号（十九年十二月十三日）：令署、代理安徽高等法院院长曾友豪、首席检察官王树荣：为本年司法官书记官监所职员暨候补学习委任待遇人员进级办法由

作　　者：

关 键 词：首席检察官　司法官　晋级

摘　　要：司法行政部训令安徽高等法院，为本年司法官、书记官和监所支援及候补学习委任待遇人员晋级办法。

期刊名称：安徽高等法院公报

主办单位：安徽高等法院

刊　　期：1930（11－12）

页　　码：55，7

20. 题　　名：司法行政部训令：训字第二一七六号（十九年十二月十八日）：令署、代理安徽高等法院院长曾友豪、首席检察官王树荣：为奉发国民政府组织法修正案由

作　　者：

关 键 词：国民政府组织法

摘　　要：国民政府组织法修正案已经通过。

期刊名称：安徽高等法院公报

主办单位：安徽高等法院

刊　　期：1930（11－12）

页　　码：55－56，7

21. 题　　名：司法行政部训令：训字第一九号（二十年一月六日）：令署、代理安徽高等法院院长曾友豪、首席检察官王树荣：为令发政治犯赦免案一览表式由（附表）

作　　者：

关 键 词：政治犯大赦条例　委员会　开释　反省院

摘　　要：政治犯大赦条例已经制定，各高等法院应于规定日期内组成委员会将应行开释或移送反省院之人犯分别开释或移送并填表。

期刊名称：安徽高等法院公报

主办单位：安徽高等法院

刊　　　期：1931，2（1）

页　　　码：53 – 55，6

22. 题　　　名：司法行政部训令：训字第一五五号（二十年一月二十三日）：令署、代理安徽高等法院院长曾友豪、首席检察官王树荣：为令饬政治犯大赦条例所规定之宣告缓刑及许可保释各案件应报部由

作　　　者：

关　键　词：首席检察官　政治犯　大赦条例　缓刑　保释

摘　　　要：司法行政部训令安徽高等法院，政治犯大赦条例所规定之宣告缓刑及许可保释各案件应报司法行政部。

期刊名称：安徽高等法院公报

主办单位：安徽高等法院

刊　　　期：1931，2（1）

页　　　码：56，6

23. 题　　　名：司法行政部训令：训字第一六五号（二十年一月二十六日）：令署、代理安徽高等法院院长曾友豪、首席检察官王树荣：为令饬保障人民自由案内第一项甲款通令各欄关遵照由

作　　　者：

关　键　词：保障人民自由案

摘　　　要：保障人民自由案已由中央执行委员会通过，除原案第一项甲款外将原案交法律审查组审查并通令各机关遵照执行。

期刊名称：安徽高等法院公报

主办单位：安徽高等法院

刊　　　期：1931，2（1）

页　　　码：56 – 57，6

24. 题　　　名：司法行政部训令：训字第二〇四号（二十年一月三十日）：令署、代理安徽高等法院院长曾友豪、首席检察官王树荣：为令知凡土劣诬陷良民案件依法实行反坐由

作　　　者：

关　键　词：土劣　诬陷良民　反坐

摘　　　要：凡土劣诬陷良民案件依法实行反坐以维法纪。

期刊名称：安徽高等法院公报

主办单位：安徽高等法院

刊　　　期：1931，2（1）

页　　　码：57 – 59，7

25. 题　　　名：司法行政部训令：训字第二九〇号（二十年二月十日）：令署、代理安徽高等法院院长曾友豪、首席检察官王树荣：为令饬共产党人先准其自首赦免与否仍须详加审查由

作　　　者：

关　键　词：政治犯大赦　共产党员　重要职务　自首

摘　　　要：政治犯大赦条例已经施行，在共产党内执行重要职务能否自首并无明文规定。共产党员执行重要职务先准其自首赦免与否应详加审查。

期刊名称：安徽高等法院公报

主办单位：安徽高等法院

刊　　　期：1931，2（1）

页　　　码：59 – 60，7

26. 题　　　名：司法行政部指令：指字第八五一七号（二十年五月廿三日）：令署、代理安徽高等法院院长曾友豪、首席检察官王树荣：呈二件呈攘该院修理院屋电线及添置办公用具需款在十八年度节馀经费项下开支已经省政府议决通过检同估单图式请鉴核备案由

作　　　者：朱履和

关　键　词：首席检察官

摘　　　要：司法行政部指令安徽高等法院，呈送修理房屋及添置家具款项已经省政府决议通过。

期刊名称：安徽高等法院公报

主办单位：安徽高等法院

刊　　　期：1931，2（2）

页　　　码：43

27. 题　　　名：司法行政部指令：指字第八七八四号（二十年五月廿七日）：令署、代理安徽高等法院院长、首席检察官王树荣：会呈一件为报组织党义研究会拟具简章祈鉴核备案由

作　　者：朱履和

关 键 词：党义研究会

摘　　要：司法行政部指令安徽高等法院组织党义研究会拟定简章以备核查。

期刊名称：安徽高等法院公报

主办单位：安徽高等法院

刊　　期：1931，2（2）

页　　码：44

28. 题　　名：司法行政部令（任免令七十二道）：派王德涞充安徽阜阳县法院检察处候补书记官此令……（二十一年七月五日至十二月二十八日）

作　　者：

关 键 词：司法行政部　人事任免令

摘　　要：司法行政部发布任免令七十二道。

期刊名称：安徽高等法院公报

主办单位：安徽高等法院

刊　　期：1932，4（3-4）

页　　码：89-93，4

29. 题　　名：司法行政部训令：训字第九四五号（二十二年四月十三日）：令署安徽高等法院首席检察官王树荣：令为律师代人撰状不得预将状稿登报及以旧日职衔刊报榜门诬饰市招仰切实查禁以防流弊由

作　　者：

关 键 词：首席检察官　律师　代写诉状

摘　　要：司法行政部训令安徽高等法院首席检察官，律师代人撰写诉状不得预先将状稿登报等。

期刊名称：安徽高等法院公报

主办单位：安徽高等法院

刊　　期：1933，5（1-2）

页　　码：73

30. 题　　名：司法行政部训令：训字第一八零四号（中华民国十八年十一月九日）：令署安徽高等法院院长曾友豪、首席检察官钱谦：令选派妥员来部领取新铸铜质印章由

作　　者：魏道明

关 键 词：新铸　铜质印章

摘　　要：司法行政部令安徽高等法院选

派人员领取新铸铜质印章。

期刊名称：安徽高等法院公报

主办单位：安徽高等法院

刊　　期：1929（1）

页　　码：39-40

31. 题　　名：司法行政部指令：令署安徽高等法院院长曾友豪、首席检察官钱谦：会呈一件呈报筹设桐城等四县县法院拨用经费情形暨桐城县法院预定成立日期请先由职院刊发木质关防及小官章暂资应用由（中华民国十九年二月十日）

作　　者：魏道明

关 键 词：首席检察官

摘　　要：司法行政部指令安徽高等法院，桐城等四县法院预定成立日期，请先由职院刊发木质官防及小官章。

期刊名称：安徽高等法院公报

主办单位：安徽高等法院

刊　　期：1930（2-3）

页　　码：44

32. 题　　名：司法行政部指令：指字第六四二二号（十九年五月二十一日）：令署安徽高等法院院长曾友豪：呈报律师熊彙莹奉令暂代高二分院候补检察官声请撤销登录祈鉴核备查由

作　　者：

关 键 词：暂时代理　候补检察官

摘　　要：律师熊汇莹奉令暂代高二分院候补检察官。

期刊名称：安徽高等法院公报

主办单位：安徽高等法院

刊　　期：1930（5-7）

页　　码：52

33. 题　　名：司法行政部命令：调派项强代理安徽高等法院第二分院检察处书记官此令……（十九年一月十四日至十九年二月十四日）

作　　者：

关 键 词：检察处　书记官　调派令

摘　　要：司法行政部发布调派安徽高等法院第二分院检察处书记官的命令。

期刊名称：安徽高等法院公报
主办单位：安徽高等法院
刊　　期：1930（2－3）
页　　码：43

34. 题　　名：司法行政部部令：派潘柱中暂
充安徽高等法院检察处学习书
记官此令……（十九年七月一
日至八月三十一日）
作　　者：
关键词：检察处　学习书记官
摘　　要：司法行政部发布调派安徽高等
法院检察处学习书记官的命令。
期刊名称：安徽高等法院公报
主办单位：安徽高等法院
刊　　期：1930（8－10）
页　　码：40－42

35. 题　　名：司法行政部令（任免令七十二
道）：派王德涞充安徽阜阳县法
院检察处候补书记官此令……
（二十一年七月五日至十二月二
十八日）
作　　者：
关键词：任免令
摘　　要：司法行政部发任免令。
期刊名称：安徽高等法院公报
主办单位：安徽高等法院
刊　　期：1932，4（3－4）
页　　码：89－93，4

四、安徽司法公报半月刊

期刊简介：

《安徽司法公报半月刊》创刊于1934年，创刊
地安庆（安徽），半月刊，陈福民题字，属于地方
司法公报。该刊专载国民党政府公告，司法行政
公告、训令、指令等。后由《安徽司法公报》
继承。

（一）法规

1. 题　　名：司法行政部公布者：各省司法机
关支销留院法收暂行办法（二十
二年六月三十日）（附表）
作　　者：
关键词：支销留院法收　暂行办法
摘　　要：各省司法机关支销留院法收暂行
办法。
期刊名称：安徽司法公报半月刊
主办单位：

刊　　期：1934（1）
页　　码：10－12

2. 题　　名：民刑案件编号计数规程（二十二
年八月十七日）
作　　者：
关键词：民刑案件　计数规程
摘　　要：民刑案件编号计数规程。
期刊名称：安徽司法公报半月刊
主办单位：
刊　　期：1934（2）
页　　码：8－12

3. 题　　名：法院文卷保存期限规程（二十二
年十二月二十六日）
作　　者：
关键词：文卷　保存期限
摘　　要：经过保存前之文卷，应于各年度
由书记官造具简明清册，经各该
法院院长或首席检察官审核后定
期销毁。高等法院分院及地方法
院或其分院销毁文卷清册，并应
期呈由各该高等法院院长或首席
检察官核准。
期刊名称：安徽司法公报半月刊
主办单位：
刊　　期：1934（2）
页　　码：12－14

4. 题　　名：第二九五四号（中华民国二十三
年一月八日）：令各级法院院长、
首席检察官：奉部令为函覆小报
标准令知照由
作　　者：陈福民　王树荣
关键词：小报标准　取缔不良小报暂行
办法
摘　　要：中央前次通过之取缔不良小报暂
行办法六条，原系暂行性质，自
无庸修改至所称小报，系指内容
简陋篇幅短小，专刻琐闻碎事而
无国内外重要电讯记载之一类报
纸而言，奉交前由，相应函复查
照并希令行内政部及各省市政府
一体知照。
期刊名称：安徽司法公报半月刊
主办单位：
刊　　期：1934（2）
页　　码：56－57

5. 题　　名：第二九五六号：令各级法院院

长、首席检察官：奉部令为发修正公务员惩戒法第三条条文令知照由

作　者：陈福民　王树荣

关键词：修正　公务员惩戒法

摘　要：国民政府令发修正公务员惩戒法第3条条文，通饬施行，除原条文已见本年十二月二日第一三〇号国民政府公报，不另抄法外，合行令仰知照并转饬所属一体知照。

期刊名称：安徽司法公报半月刊

主办单位：

刊　期：1934（2）

页　码：57-58

（二）解释

1. 题　名：院字第九九九号（二十二年十一月九日）：令署河南高等法院院长凌士钧：呈请解释覆制暂行条例第六条第一款及其他适用法律各疑义由

作　者：

关键词：覆判暂行条例　监禁处分　第三审判决

摘　要：一、甲乙丙丁虽各别犯罪，但既在一案中判决，自应依覆判暂行条例第六条第一款办理；二、刑法第三十一条之监禁处分系刑事上特别处分之一种，不能认为刑事判决；三、第三审判决确定案之上诉，应由原第三审以裁定或其上级法院以判决驳回。

期刊名称：安徽司法公报半月刊

主办单位：

刊　期：1934（1）

页　码：93

2. 题　名：院字第一〇〇〇号（二十二年十一月九日）：令山东高等法院院长吴贞缵：呈为嘉祥县县长转请解释刑事诉讼审限疑义由

作　者：

关键词：刑事诉讼审限

摘　要：刑诉审限规则第11条即明定县知事兼理司法之审限，第一审为六十日，并不分侦查、预审、公判三种，与普通法院分别计算者

不同，自难就同规则第一条第一二三款各期间强为划分或予扣除，至侦查期间既包括于第一审期限之内，故不起诉案件仍应依第一审期限计算。

期刊名称：安徽司法公报半月刊

主办单位：

刊　期：1934（1）

页　码：93

3. 题　名：院字第一〇〇一号（二十二年十一月九日）：令署湖南高等法院首席检察官曹瀛：为令知事该首席检察官呈最高法院检察署请解释人民告发公务

作　者：

关键词：人民告发　公务员　吸毒　办理

摘　要：各级法院检察官受理人民告发公务员吸食鸦片案件，应依刑诉法所定程序办理，不受公务员调验规则之约束。

期刊名称：安徽司法公报半月刊

主办单位：

刊　期：1934（2）

页　码：116

（三）命令

1. 题　名：（任免令二道）：派李康濂暂代怀宁地方法院桐城分院检察处学习书记官此令（二十三年一月五日至九日）

作　者：

关键词：安徽高等法院检察处　任免令

摘　要：派李康濂暂代怀宁地方法院桐城分院检察处学习书记官；派陈效周暂充安徽合肥地方法院阜阳分院检察处学习书记官。

期刊名称：安徽司法公报半月刊

主办单位：

刊　期：1934（2）

页　码：82

2. 题　名：任免令八道：派锺文柏暂充安徽合肥地方法院阜阳分院检察处学习书记官此令……（二十二年九月十一日至二十二年十二月十三日）

作　者：

关键词：安徽高等法院检察处　任免令

摘　　要：派钟文柏暂充安徽合肥地方法院阜阳分院检察处学习书记官；派谈其奎暂代本检察处学习书记官；派张祝三暂充安徽怀宁地方法院桐城分院检察处学习书记官；派苏梧笙暂充安徽怀宁地方法院桐城分院检察学习书记官；调派马龙骧代理安徽合肥地方法院检察处书记官；调派陈士弼代理怀宁地方法院桐城分院检察处书记官；派陈景聚暂充安徽合肥地方法院检察处学习书记官。

期刊名称：安徽司法公报半月刊

主办单位：

刊　　期：1934（1）

页　　码：39，3

3. 题　　名：第二六七三号（中华民国二十二年十二月十六日）：令所属各级法院院长、所属各级法院首席检察官：奉部令为修正司法机关依印花税暂行条例科罚执行规则第四条条文一案令仰知照由

作　　者：陈福民　王树荣

关　键　词：印花税暂行条例　修正　科罚及执行规则

摘　　要：修正司法机关依印花税暂行条例科罚执行规则第四条条文。

期刊名称：安徽司法公报半月刊

主办单位：

刊　　期：1934（1）

页　　码：43－45

4. 题　　名：训字第三一二二号（二十二年十月十六日）：令安徽高等法院院长陈福民、安徽高等法院首席检察官王树荣：奉令知解释寺庙田产及住持疑义一案并转饬知照由

作　　者：

关　键　词：寺庙　田产　住持

摘　　要：一、僧人如仅租住寺庙，租种田产并未取得管理权则，无论其曾担任何种名义，仍属租赁关系，不得认为住持。二、凡对寺庙有管理权之僧道，皆认为住持监督寺庙条例第六条第二项，已有明文规定相应答复贵院查照。

期刊名称：安徽司法公报半月刊

主办单位：

刊　　期：1934（1）

页　　码：18－20

5. 题　　名：训字第三七二五号（二十二年十一月十七日）：令安徽高等法院院长陈福民、首席检察官王树荣：奉行政院令据内政部议复中华全国公教进行会呈请解释内地外国教会租用土地房屋暂行章程条文疑义一案情形除批示并分行外令仰知照等因令仰转饬知照由

作　　者：

关　键　词：外国教会　租用土地房屋暂行章程

摘　　要：内地外国教会租用土地房屋暂行章程原为保护主权，防制外人购地而设，如果该中华全国公教进行会住持负责者及入会信徒均为中华民国人民，并经中央或到地方最高级党部确认为本国宗教团体者，自可不受该暂行章程第一三二条之限制。唯倘有外国教徒假冒籍掺杂会中，购买土地，自应由地方政府严加取缔以保主权。

期刊名称：安徽司法公报半月刊

主办单位：

刊　　期：1934（2）

页　　码：21－22

6. 题　　名：训字第二一九五号（中华民国二十二年十二月）：令各法院院长、首席检察官：奉部令为关于制裁新闻纸编辑人适用法律一案令仰知照由

作　　者：陈福民

关　键　词：制裁　新闻纸编辑人　适用法律　出版法

摘　　要：制裁新闻纸编辑人适用法律一案。

期刊名称：安徽司法公报半月刊

主办单位：

刊　　期：1934（2）

页　　码：49－51

7. 题　　名：第三零二二号（中华民国二十三年一月十日）：令各级法院院长、首席检察官：奉部令为发修正民

事调解法施行规则通饬施行令知
照由

作　　者：陈福民　王树荣

关 键 词：修正　民事调解法　施行规则

摘　　要：修正民事调解法施行规则。

期刊名称：安徽司法公报半月刊

主办单位：

刊　　期：1934（2）

页　　码：59－63

8. 题　　名：第三〇一四号（中华民国二十三年一月十一日）：令各级法院院长、首席检察官：奉部令为颁发勋章条例业经立法院议决通过并议决此次勋章除得赠各国元首及官民外在国难期间只国府主席得予佩戴令遵照由

作　　者：陈福民　王树荣

关 键 词：勋章条例

摘　　要：颁发勋章条例，业经立法院决议通过，此次勋章除得赠各国元首及官民外，在国难期间只国府主席得予佩戴。

期刊名称：安徽司法公报半月刊

主办单位：

刊　　期：1934（2）

页　　码：64

9. 题　　名：第三〇三四号（中华民国二十三年一月十二日）：令各级法院院长、首席检察官：奉部令为发修正全国经济委员会组织条例第四条条文令知照由

作　　者：陈福民　王树荣

关 键 词：修正　全国经济委员会组织条例

摘　　要：修正全国经济委员会组织条例第四条条文。

期刊名称：安徽司法公报半月刊

主办单位：

刊　　期：1934（2）

页　　码：66－67

10. 题　　名：第三〇六三号（中华民国二十三年一月十三日）：令各级法院院长、首席检察官：奉部令为解释修正水陆地图审查条例第十条疑义一案令仰知照由

作　　者：陈福民　王树荣

关 键 词：修正　水陆地图审查条例

摘　　要：修正水陆地图审查条例第十条，本为概括的规定，违反同条例第七条、第八条之禁止事项，仍应查明内容，如有合于刑法第一百十一条第一项第四款及二、三两项，或第一百十四条至第一百十七条所载情形，自可适用各该条规定，分别处断，但并应注意军机防护法。

期刊名称：安徽司法公报半月刊

主办单位：

刊　　期：1934（2）

页　　码：67－70

11. 题　　名：任命李馥试署安徽合肥地方法院书记官此令……（二十二年十一月二十九日）

作　　者：

关 键 词：检察处　任免　书记官

摘　　要：派费乃荣暂充安徽高等法院检察处学习书记官；派赵宗海充安徽合肥地方法院阜阳分院检察处候补书记官

期刊名称：安徽司法公报半月刊

主办单位：

刊　　期：1934（2）

页　　码：18

12. 题　　名：任免令四十七道：派曹世傑代理安徽第三监狱主科看守长此令……（二十二年六月二十六日至十一月四日）

作　　者：

关 键 词：任免令　候补检察官　书记官

摘　　要：调派汪丐充安徽芜湖地方法院候补检察官等任免令四十七道。

期刊名称：安徽司法公报半月刊

主办单位：

刊　　期：1934（1）

页　　码：16－18，2

13. 题　　名：指字第一七八一七号（二十二年十一月二十三日）：令署安徽高等法院院长陈福民：呈一件呈复澈查杨孝和呈控芜湖地方法院推检违法偏颇一案情形附送报告书及笔录请核示由

作　　者：

关 键 词：检察官　违法

摘　　　要：除检察官江城、邓照銮、李绪林、汪溉等四员应受处分已分令饬知外，裴锡豫前于该芜湖地院学习检察官任内承办。

期刊名称：安徽司法公报半月刊

主办单位：

刊　　　期：1934（2）

页　　　码：26

14. 题　　　名：任免令四十七道：派曹世傑代理安徽第三监狱主科看守长此令……（二十二年六月二十六日至十一月四日）

作　　　者：

关 键 词：任免　检察官

摘　　　要：任免令四十七道。

期刊名称：安徽司法公报半月刊

主办单位：

刊　　　期：1934（1）

页　　　码：16－18，2

15. 题　　　名：第三七九三号（中华民国二十三年一月六日）：令各院首席检察官、各县县长：为通缉易培基归案讯办由（附表）

作　　　者：王树荣

关 键 词：侵占及妨害公务罪　通缉归案

摘　　　要：本院受理易培基等侵占等罪一案业已侦查终结，提起公诉并径呈报在案，关于被告侵占金器、金沙部分及现奉钧署令发，该被告妨害公务等罪部分均应一并继续侦查，唯被告易培基等之住址尚未查悉，经传唤并公示送达传票，迄未到案，拟请钧署令行上海、天津、北京各法院设法调查，各该被告等所在，勒令到案。

期刊名称：安徽司法公报半月刊

主办单位：

刊　　　期：1934（1）

页　　　码：66－67

16. 题　　　名：训字第六九二号（中华民国二十二年十二月二十八日）：令各院首席检察官、县县长：为奉令拿办陈铭枢等仰遵照由

作　　　者：王树荣

关 键 词：拿办　叛国害民

摘　　　要：陈鸣柜、李济琛、陈友仁乘内忧外患，国难严重之时，背叛国民残害人民，着即严行拿办，以安党国。

期刊名称：安徽司法公报半月刊

主办单位：

刊　　　期：1934（2）

页　　　码：82－83

17. 题　　　名：第二六六〇号（中华民国二十二年十二月十五日）：令所属各级法院院长、所属各级法院首席检察官：奉部令为对于盗窃路物人犯适用刑法第一百九十八条治罪一案转饬遵照由

作　　　者：陈福民　王树荣

关 键 词：盗窃　盗道钉垫板　危害生命安全

摘　　　要：对于盗道钉垫板等犯，实属破坏交通，妨害旅客生命安全，万一遇军事运输时发生变故，其关系尤为重大，不能与单纯盗窃罪视同一律。嗣后对于盗窃道钉垫板等人犯，应适用刑法第一百九十八条治罪。

期刊名称：安徽司法公报半月刊

主办单位：

刊　　　期：1934（1）

页　　　码：42－43

18. 题　　　名：训字第二七八九号（二十二年十二月四日）：令署安徽高等法院院长陈福民、首席检察官王树荣：奉行政院令准司法院咨复解释军人犯罪审判机关等疑义三点令仰知照等因抄同原咨令仰知照并转饬知照由

作　　　者：

关 键 词：军人犯罪　审判机关　越狱

摘　　　要：一、军人犯罪之审判机关依陆海空军审判法第九九六号之规定，既以发觉时是否在任官任役中为准则。已决普通监犯在徒刑执行中越狱入军，如发觉在入军以后自应由军法会审判，若入军前已经监狱发觉即不应由军法会审判。二、已决人犯在徒刑执行中越狱投军，

其徒刑之执行既尚未完毕，自不因投军而消减其余之刑期，但与应否适用军法会审判决之问题无涉。三、已决人犯在徒刑执行中更犯徒刑以上之罪，在更犯未决中自无碍于前犯已决徒刑之执行。

期刊名称：安徽司法公报半月刊

主办单位：

刊　　期：1934（2）

页　　码：22－23

19. 题　　名：合肥地方法院首席检察官许恩麟

作　　者：

关 键 词：高等法院检察处　指令

摘　　要：

期刊名称：安徽司法公报半月刊

主办单位：

刊　　期：1934（2）

页　　码：88－92

20. 题　　名：第三监狱，史鉴……：［表格］

作　　者：

关 键 词：高等法院检察处　指令

摘　　要：

期刊名称：安徽司法公报半月刊

主办单位：

刊　　期：1934（1）

页　　码：57－60

21. 题　　名：指字第一八三二九号（二十二年十二月四日）：令署安徽高等法院首席检察官王树荣：呈一件转报合肥地方法院检察处候补书记官余传辙任事日期附送履历并请核定津贴由

作　　者：

关 键 词：候补书记官　津贴

摘　　要：合肥地方法院检察处候补书记官余传辙任事日期，附送履历并请核定津贴。

期刊名称：安徽司法公报半月刊

主办单位：

刊　　期：1934（2）

页　　码：27

22. 题　　名：训字第三六八九号（二十二年十一月二十四日）：令署安徽高等法院陈福民、首席检察官王

树荣：通令准行政院秘书处函准考试院复称公务员之调任事先交付铨叙部审查惟可免缴证件等由一案令仰知照由

作　　者：

关 键 词：公务员　调任　铨叙部审查　免缴证件

摘　　要：行政院秘书处函准考试院复称公务员之调任，事先交付铨叙部审查，惟可免缴证件。

期刊名称：安徽司法公报半月刊

主办单位：

刊　　期：1934（2）

页　　码：20

23. 题　　名：训字第二三零五号（二十二年十月二十日）：令安徽高等法院院长陈福民、安徽高等法院首席检察官王树荣：奉嗣后各机关对于人民呈请之批示一律兼用文书送达一案令仰遵照由

作　　者：

关 键 词：人民呈请批示　文书送达

摘　　要：嗣后各机关对于人民呈请之批示，一律兼用文书送达。

期刊名称：安徽司法公报半月刊

主办单位：

刊　　期：1934（1）

页　　码：23－24

24. 题　　名：训字第三二二五号（二十二年十月二十三日）：令安徽高等法院院长陈福民、安徽高等法院首席检察官王树荣：奉令修改公文稿面一案令仰遵办由（附表）

作　　者：

关 键 词：公文改良办法　修正　公文稿面式样

摘　　要：修改公文稿面。

期刊名称：安徽司法公报半月刊

主办单位：

刊　　期：1934（1）

页　　码：24－26

25. 题　　名：第三五九九号（中华民国二十二年十二月二十三日）：令怀审律师公会会长汪绳武：呈一件，为呈报秋季总会，当选各职员，

应选就职日期由

作　　者：王树荣

关　键　词：秋季总会　就职日期　律师
公会

摘　　要：呈报秋季总会，当选各职员，
应选就职日期。连同改选情形，
函请院长，报部备案。

期刊名称：安徽司法公报半月刊

主办单位：

刊　　期：1934（2）

页　　码：85－86

26. 题　　名：训字第九五七号（中华民国二
十二年九月二日）：令各法院、
兼理司法县政府：令各院县奉
部令修订印状纸日报表格式及
拟订收入计算书表登记实例仰
遵照由

作　　者：

关　键　词：司法收入月报表　格式　司法
印纸收支

摘　　要：各院县奉部令修订印状纸月报
表格式及拟定收入计算书登记
实例。

期刊名称：安徽司法公报半月刊

主办单位：

刊　　期：1934（2）

页　　码：28－44

27. 题　　名：第三八四零号：令各院首席检
察官、县县长：令为撤销前张
家湾征收局长经元文通缉由

作　　者：

关　键　词：县局长　亏欠钱款　逾限未还
通缉究追

摘　　要：省政府呈据财政厅呈，各前县
局长交代案内，亏欠各款，逾
限仍未清缴，请转呈并令饬通
缉归案究追，将该前任张家湾
征收局长经元文通缉案撤销
此令。

期刊名称：安徽司法公报半月刊

主办单位：

刊　　期：1934（2）

页　　码：84－85

28. 题　　名：第三七四七号（中华民国二十
三年一月四日）：令各院首席检

察官、县县长：为通缉方文质
归案由

作　　者：王树荣

关　键　词：邮务佐　亏款潜逃　通缉

摘　　要：据贵州管理局呈报，该区绥阳
三等邮局长邮务佐方文质亏款
潜逃，检送相片，开其年貌清
单，呈请通缉等情，合行检发
印有相片通告，饬仰遵照分发
重要局所悬挂。并分送各侦缉
机关一体注意缉捕法办，一经
缉获，即行呈候核发奖金。

期刊名称：安徽司法公报半月刊

主办单位：

刊　　期：1934（2）

页　　码：83

29. 题　　名：第三七五二号（中华民国二十
三年一月四日）：令各院首席检
察官、县县长：为通缉孙其德
家被劫案真赃正盗由

作　　者：王树荣

关　键　词：通缉　被劫案　真赃正盗

摘　　要：通缉孙其德家被劫案真赃正盗
案由。

期刊名称：安徽司法公报半月刊

主办单位：

刊　　期：1934（2）

页　　码：84

30. 题　　名：安徽高等法院检察处令通缉各
案逸犯表

作　　者：

关　键　词：高等法院检察处　通缉　逃逸犯

摘　　要：安徽高等法院检察处通缉各案
逸犯表。

期刊名称：安徽司法公报半月刊

主办单位：

刊　　期：1934（2）

页　　码：92

31. 题　　名：安徽高等法院检察处令通缉各
案逸犯表（不另缮发）：泾县政
府，杨青山……：〔表格〕

作　　者：

关　键　词：高等法院检察处　通缉　逃
逸犯

摘　　要：安徽高等法院检察处令通缉各

案逸犯表。

期刊名称：安徽司法公报半月刊

主办单位：

刊　　　期：1934（1）

页　　　码：60－65

32. 题　　　名：第三〇三三号（中华民国二十三年一月十二日）：令各级法院院长、首席检察官：奉部令发法官服务通令辑要仰分别存发由

作　　　者：陈福民　王树荣

关　键　词：司法官　法官服务通令辑要

摘　　　要：司法官服务各项应守章则，历经本部以通令颁行在案。兹为法官便于临时检阅期间，复将关于风纪任用及与处务有关各令选辑成册，名曰法官服务通令辑要。

期刊名称：安徽司法公报半月刊

主办单位：

刊　　　期：1934（2）

页　　　码：65－66

33. 题　　　名：训字第三一八五号（二十二年十月二十日）：令安徽高等法院院长陈福民、安徽高等法院首席检察官王树荣：令发处理烟案罚金月报表格式及造报办法仰遵照由（附表）

作　　　者：

关　键　词：禁烟　罚金充奖　月报格式　造报办法

摘　　　要：处理烟案罚金月报表格式及造报办法。

期刊名称：安徽司法公报半月刊

主办单位：

刊　　　期：1934（1）

页　　　码：22－23

34. 题　　　名：第二六七五号（中华民国二十二年十二月十六日）：令各级法院院长、各级法院首席检察官、各律师公会：奉部令颁发律师各种声请书格式令仰知、遵照由

作　　　者：陈福民　王树荣

关　键　词：律师　声请书　格式

摘　　　要：各公会所订格式，既涉分歧而

又多与现行法之规定不尽相合，兹由本部制定划一格式，颁行遵照。以前曾自订格式，呈部核准者，应即按此次所发格式改正。如此用纸，由公会制就发售，欲记明公会名称、售价及贴用之印纸额者，并得由该公会酌量印入相当之处所。

期刊名称：安徽司法公报半月刊

主办单位：

刊　　　期：1934（1）

页　　　码：45－48

35. 题　　　名：指字第一七八一七号（二十二年十一月二十三日）：令署安徽高等法院院长陈福民：呈一件呈复彻查杨孝和呈控芜湖地方法院推检违法偏颇一案情形附送报告书及笔录请核示由

作　　　者：

关　键　词：侵占案　推事

摘　　　要：除检察官江城、邓照銮、李绪霖、汪溉等四员应受处分已分令伤知外，推事台肇基学习书记官鲁瑜承办杨孝和侵占案，不知远嫌，现任桐城地方分院后补推事裴锡豫前于该芜湖地院学习检察官任内承办魏氏强等妨害自由及黄璟等吸食鸦片案意气用事有亏职守，均应记过，又推事李述对于陈永祥与陈寿卿继产案一再谕令在外和解久延不判，应予申诫，仰即转伤知照。

期刊名称：安徽司法公报半月刊

主办单位：

刊　　　期：1934（2）

页　　　码：26

36. 题　　　名：安徽高等法院检察处训令：第三八四零号：令各院首席检察官、县县长：令为撤销前张家湾征收局长经元文通缉由

作　　　者：王树荣

关　键　词：检察官　通缉　盗匪

摘　　　要：检察官指示通缉盗匪。

期刊名称：安徽司法公报半月刊

主办单位：

刊　　期：1934（2）
页　　码：84－85

37. 题　　名：安徽高等法院检察处训令：第三七四七号（中华民国二十三年一月四日）：令各院首席检察官、县县长：为通缉方文质归案由

作　　者：王树荣

关 键 词：高等法院　县长　首席检察官　逃犯

摘　　要：安徽高等法院检察处通令各县长、首席检察官，通缉亏欠公款案的逃犯。

期刊名称：安徽司法公报半月刊

主办单位：

刊　　期：1934（2）

页　　码：83

38. 题　　名：解释：司法院训令：院字第一零零一号（二十二年十一月九日）：令署湖南高等法院首席检察官曹瀛：为令知事该首席检察官呈最高法院检察署请解释人民告发公务……

作　　者：

关 键 词：检察官　公务员　鸦片　刑事诉讼

摘　　要：检察官指示人民告发公务员吸食鸦片依刑事诉讼程序进行，不再以公务员检视程序进行。

期刊名称：安徽司法公报半月刊

主办单位：

刊　　期：1934（2）

页　　码：116

39. 题　　名：安徽高等法院检察处训令：第三七九三号（中华民国二十三年一月六日）：令各院首席检察官、各县县长：为通缉易培基归案讯办由（附表）

作　　者：

关 键 词：检察　侵占案　妨害公务案　逃犯

摘　　要：检察处发布通缉侵占案及妨害公务案逃犯。

期刊名称：安徽司法公报半月刊

主办单位：

刊　　期：1934（1）

40. 题　　名：安徽高等法院检察处训令：训字第六九二号（中华民国二十二年十二月二十八日）：令各院首席检察官、县县长：为奉令拿办陈铭枢等仰遵照由

作　　者：

关 键 词：检察官　严重犯罪　拿由

摘　　要：检察官指示拿办严重犯罪人犯令。

期刊名称：安徽司法公报半月刊

主办单位：

刊　　期：1934（2）

页　　码：82－83

41. 题　　名：安徽高等法院检察处训令：第三七五二号（中华民国二十三年一月四日）：令各院首席检察官、县县长：为通缉孙其德家被劫案真赃正盗由

作　　者：

关 键 词：检察官　盗匪

摘　　要：检察官指示通缉盗匪。

期刊名称：安徽司法公报半月刊

主办单位：

刊　　期：1934（2）

页　　码：84

42. 题　　名：安徽高等法院训令：第二九五六号：令各级法院院长、首席检察官：奉部令为发修正公务员惩戒法第三条条文令知照由

作　　者：

关 键 词：检察官　公务员　惩戒法

摘　　要：检察官发布修正公务员惩戒法。

期刊名称：安徽司法公报半月刊

主办单位：

刊　　期：1934（2）

页　　码：57－58

43. 题　　名：本院训令：安徽高等法院训令：第二六六〇号（中华民国二十二年十二月十五日）：令所属各级法院院长、所属各级法院首席检察官：奉部令为对于盗窃路物人犯适用刑法第一百九十八条治罪一案转饬遵照由

作　　者：陈福民　王树荣

关 键 词：检察官　盗匪

摘　　要：对于盗窃路物人犯适用刑法第
一百九十八条治罪。

期刊名称：安徽司法公报半月刊

主办单位：

刊　　期：1934（1）

页　　码：42－43

44. 题　　名：安徽高等法院训令：训字第二
一九五号（中华民国二十二年
十二月）：令各法院院长、首席
检察官：奉部令为关于制裁新
闻纸编辑人适用法律一案令仰
知照由

作　　者：陈福民　王树荣

关 键 词：检察官　复令

摘　　要：制裁新闻纸编辑人适用法律
一案。

期刊名称：安徽司法公报半月刊

主办单位：

刊　　期：1934（2）

页　　码：49－51

45. 题　　名：安徽高等法院检察处指令汇刊：
合肥地方法院首席检察官许恩
麟……

作　　者：

关 键 词：高等法院　检察处　首席检察
官　回复

摘　　要：安徽高等法院检察处收到合肥
地方法院首席检察官等呈报公
文，并附回复指令。

期刊名称：安徽司法公报半月刊

主办单位：

刊　　期：1934（2）

页　　码：88－92

46. 题　　名：安徽高等法院检察处指令汇刊：
第三监狱，史鉴……：〔表格〕

作　　者：

关 键 词：高等法院　检察处　第三监狱
呈报表

摘　　要：安徽高等法院检察处收到第三
监狱呈送的年度报表。

期刊名称：安徽司法公报半月刊

主办单位：

刊　　期：1934（1）

页　　码：57－60

47. 题　　名：安徽高等法院检察令：任免
令八道：派锺文柏暂充安徽合

肥地方法院阜阳分院检察处学
习书记官此令……（二十二年
九月十一日至二十二年十二月
十三日）

作　　者：

关 键 词：检察官　法院分院　书记员

摘　　要：检察官任命各地方法院、分院
检察处书记员的令。

期刊名称：安徽司法公报半月刊

主办单位：

刊　　期：1934（1）

页　　码：39

48. 题　　名：司法行政部指令：指字第一
八三二九号（二十二年十二月四
日）：令署安徽高等法院首席检
察官王树荣：呈一件转报合肥
地方法院检察处候补书记官余
传辙任事日期附送履历并请核
定津贴由

作　　者：

关 键 词：检察官　合肥地方法院　任事
日期　履历　津贴

摘　　要：检察官收到合肥地方法院检察
处候补书记员任事日期、履历
并指示核定其津贴。

期刊名称：安徽司法公报半月刊

主办单位：

刊　　期：1934（2）

页　　码：27

49. 题　　名：安徽高等法院检察处指令：第
三五九九号（中华民国二十二
年十二月二十三日）：令怀审律
师公会会长汪绳武：呈一件，
为呈报秋季总会，当选各职员，
应选就职日期由

作　　者：王树荣

关 键 词：检察官　逃犯

摘　　要：秋季总会当选职员就职日期由。

期刊名称：安徽司法公报半月刊

主办单位：

刊　　期：1934（2）

页　　码：85－86

（四）专件

1. 题　　名：陈静山等因伪造文书上诉案（中
华民国二十二年十二月十九日）

作　　者：叶旭瀛　贺扬武　罗灿

关 键 词：伪造文书　上诉

摘　　要：陈静山等因伪造文书上诉案。本案经检察官沈宝篆莅庭执行职务。

期刊名称：安徽司法公报半月刊

主办单位：

刊　　期：1934（1）

页　　码：108－111

2. 题　　名：管远连因故意致人重伤案件上诉由（中华民国二十二年十二月八日）

作　　者：

关 键 词：故意致人重伤　上诉

摘　　要：管远连因故意致人重伤案件上诉由。本案经检察官沈宝篆莅庭执行职务。

期刊名称：安徽司法公报半月刊

主办单位：

刊　　期：1934（2）

页　　码：130－132

3. 题　　名：郑济康因行使伪造文书案件上诉案（中华民国二十二年十二月十六日）

作　　者：

关 键 词：伪造文书　上诉

摘　　要：郑济康因行使伪造文书案件上诉。本案经检察官沈宝篆莅庭执行职务。

期刊名称：安徽司法公报半月刊

主办单位：

刊　　期：1934（2）

页　　码：132－134

4. 题　　名：赵爱春等因掘坟上诉案（中华民国二十二年九月十二日）

作　　者：叶旭瀛　吴宗歧　杨贻谷

关 键 词：掘坟　上诉

摘　　要：赵爱春等因掘坟上诉。本案经检察官孙希衍莅庭执行职务。

期刊名称：安徽司法公报半月刊

主办单位：

刊　　期：1934（1）

页　　码：101－104

5. 题　　名：卢有让因伪证上诉案（民国二十二年九月二十一日）

作　　者：殷日序　李朝燮　吴宗歧

关 键 词：伪证　上诉

摘　　要：卢有让因伪证上诉。本案经检察官翁成球莅庭执行职务。

期刊名称：安徽司法公报半月刊

主办单位：

刊　　期：1934（1）

页　　码：104－105

6. 题　　名：蒋鸿儒因略诱上诉案（民国二十二年九月二十五日）

作　　者：叶旭瀛　贺扬武　杨贻谷

关 键 词：略诱　上诉

摘　　要：蒋鸿儒因略诱上诉。本案经检察官孙希衍莅庭执行职务。

期刊名称：安徽司法公报半月刊

主办单位：

刊　　期：1934（1）

页　　码：105－108

五、北洋法政学报

期刊简介：

《法政杂志》1906年3月由日本东京法政杂志社创刊，张一鹏主编，月刊。刊物宗旨为饷普通人民以法政之知识。栏目有论丛、译汇、法政界琐闻、时事录要、讲演。1906年8月停刊。《北洋法政学报》系1906年8月袁世凯任直隶总督时的"北洋官报总局"所主办，系该局原来出版的《北洋学报》和《法政杂志》两刊物合并而成，旬刊，出版地天津。至1910年11月，该局改出《北洋法政学旬报》，此刊即告停止。《北洋法政学报》由北洋政学编辑部编辑，吴兴让主编。撰稿人有徐家驹、唐宝锷、修律大臣沈家本、吴兴让、〔日〕小野冢喜平次、〔日〕法学士松浦镇次郎等。栏目有编辑类、论丛、译汇等。《北洋法政学报》共出156册，属于政法综合性刊物。刊物宗旨为修明政治、巩我国基，主要宣传君主立宪制，介绍国外资产阶级的法学、法律和政治制度，其中以翻译国外尤其是日本报刊内容为主，促进宪政的实施。刊物发表有关经济、法律及各列强在华争夺方面的评书，研究中国的政治、经济、外交、军事、教育方面的历史和现状，并刊登清政府的各类法令，如徐家驹《列强大势概论》、吴兴让《中国财政调查书》《北洋公牍类纂序》《宪法研究书》。尤其是吴兴让翻译了大量日本人在法学、政治学方面的著作，如〔日〕小野冢喜平次《政治学大纲》、〔日〕法学士松浦镇次郎《市町村制讲义》等。

（一）法规

1. 题　　名：京师审判检察各厅员缺任用升补

章程

作　　者：

关 键 词：京师　审判检察各厅　员缺任用　升补　章程

摘　　要：京师审判检察各厅员缺任用升补章程。

期刊名称：北洋法政学报

主办单位：

刊　　期：1909（120）

页　　码：1－4

2. 题　　名：法部等酌拟司法警察职务章程

作　　者：

关 键 词：司法警察　检察庭　检察官　协助职责

摘　　要：凡司法警察人员有协助检察庭执行检察事务之责等。

期刊名称：北洋法政学报

主办单位：

刊　　期：1908（67）

页　　码：1－6

（二）讲义

1. 题　　名：检察讲义（续）

作　　者：

关 键 词：检察庭　管辖　职务管辖

摘　　要：检察庭管辖之刑事、民事、非讼、行政事项；检察庭之职务管辖。

期刊名称：北洋法政学报

主办单位：

刊　　期：1909（121）

页　　码：25－32

2. 题　　名：检察讲义（续）

作　　者：

关 键 词：检察庭　土地管辖　公诉

摘　　要：检察庭之土地管辖；公诉之准备。

期刊名称：北洋法政学报

主办单位：

刊　　期：1909（122）

页　　码：33－40

3. 题　　名：检察讲义（续）

作　　者：

关 键 词：移送　预审　公诉

摘　　要：送至当该官庭之办法；预审之开始；公诉之提起。

期刊名称：北洋法政学报

主办单位：

刊　　期：1909（123）

页　　码：41－48

4. 题　　名：检察讲义（续）

作　　者：

关 键 词：公诉　公诉定义　起诉办法　起诉自由

摘　　要：公诉之提起：公诉提起之定义；起诉之办法；检察官有无起诉不起诉之自由。

期刊名称：北洋法政学报

主办单位：

刊　　期：1909（124）

页　　码：49－56

5. 题　　名：检察讲义（续）

作　　者：

关 键 词：起诉效力　公诉实行

摘　　要：起诉效力；公诉之实行。

期刊名称：北洋法政学报

主办单位：

刊　　期：1909（125/126）

页　　码：57－60

6. 题　　名：检察讲义（续）

作　　者：

关 键 词：公判　上诉　控诉　上告　非常上告　抗告　再审　再诉

摘　　要：第一审公判；上诉通则；控诉；上告；非常上告；抗告；再审；再诉；大理院专管案件；裁判之执行；事务章程及监督。

期刊名称：北洋法政学报

主办单位：

刊　　期：1910（127/128）

页　　码：61－72

7. 题　　名：检察讲义（续）

作　　者：

关 键 词：检察官　监督　行刑

摘　　要：检察官之监督；行刑要论：通论、行刑之要件。

期刊名称：北洋法政学报

主办单位：

刊　　期：1910（129）

页　　码：73－80

8. 题　　名：检察讲义（续）

作　　者：

关 键 词：检察官　不能行刑理由　死刑　自由刑

摘　　要：行刑要论：不能行刑之理由，死刑，自由刑。

期刊名称：北洋法政学报

主办单位：

刊　　期：1910（130）

页　　码：81－92

9. 题　　名：检察讲义（续）

作　　者：

关 键 词：利害　附随　刑罚权　国家保护任务

摘　　要：行刑要论：附随于刑罚权之国家的保护任务。民事法与检察制度：总论之发达、意义、组织、权限、纲目；检事与民事诉讼之共力、人事诉讼。

期刊名称：北洋法政学报

主办单位：

刊　　期：1910（131）

页　　码：93－108

10. 题　　名：检察讲义（续）

作　　者：

关 键 词：民事法　检察制度　人事诉讼检事　非讼事件

摘　　要：民事法与检察制度：人事诉讼，检事与非讼事件。

期刊名称：北洋法政学报

主办单位：

刊　　期：1910（132）

页　　码：109－116

11. 题　　名：检察讲义（续）

作　　者：

关 键 词：检察制度　对外关系　英美法欧洲大陆法　日本法　检察庭组织　职权范围

摘　　要：检察制度与对外关系：检察一官比较对照诸国之法制分为英美法和欧洲大陆法及日本法两派。两派之检察官观念差异较大。在法国及仿法国之日德其他诸国其检察庭组织及职权范围互有相异之处。

期刊名称：北洋法政学报

主办单位：

刊　　期：1910（133）

页　　码：117－124

12. 题　　名：检察讲义（续）

作　　者：

关 键 词：混合裁判所　国际私法　国际刑法　国际民事诉讼法　国际刑事诉讼法　国际破产法

摘　　要：混合裁判所意义，混合裁判所编制及权限，在内国适用外国法与在外国适用内国法，国际私法，国际刑法，国际民事诉讼法，国际刑事诉讼法，国际破产法。

期刊名称：北洋法政学报

主办单位：

刊　　期：1910（135）

页　　码：137－144

13. 题　　名：检察讲义（续）

作　　者：

关 键 词：国际诉讼共助　犯罪人引渡

摘　　要：国际的诉讼共助及国际间之犯罪人引渡。

期刊名称：北洋法政学报

主办单位：

刊　　期：1910（136）

页　　码：145－152

14. 题　　名：检察讲义

作　　者：

关 键 词：弹劾式　纠问式　初级检察庭地方检察庭　高等检察庭　总检察庭　法国检察制度

摘　　要：刑事法与检察制度：刑事诉讼之方式与检察制度；检察庭之组织；法国检察制度之沿革。

期刊名称：北洋法政学报

主办单位：

刊　　期：1909（118）

页　　码：1－8

15. 题　　名：检察讲义（续）

作　　者：

关 键 词：国家代理者　公益保护　检事局组织　权限　检事　民事诉讼

摘　　要：民事法与检察制度：总论之发达、意义、组织、权限、纲目；检事与民事诉讼之共力、人事诉讼。

期刊名称：北洋法政学报

主办单位：

刊　　　期：1909（120）
页　　　码：17－24

（三）论文

1. 题　　　名：日本司法窥要（续）
   作　　　者：
   关 键 词：检察官　搜查　非现行犯　现行犯
   摘　　　要：检察官搜查非现行犯事件；检察官搜查现行犯事件。
   期刊名称：北洋法政学报
   主办单位：
   刊　　　期：1910（138）
   页　　　码：31－38

2. 题　　　名：日本司法窥要（续）
   作　　　者：
   关 键 词：裁判所　检察局　检察官　检察事
   摘　　　要：京东地方裁判所检察局检察官办检察事概要。
   期刊名称：北洋法政学报
   主办单位：
   刊　　　期：1910（137）
   页　　　码：19－30

3. 题　　　名：日本司法纲要（续）
   作　　　者：
   关 键 词：抗诉院　大审院　检事局　检事总长
   摘　　　要：各抗诉院之检事局置检事长。大审院有检事局，局有检事总长。检事总长一人管辖全国检事之事务。
   期刊名称：北洋法政学报
   主办单位：
   刊　　　期：1907（48）
   页　　　码：23－30

4. 题　　　名：日本司法窥要（续）
   作　　　者：
   关 键 词：地方裁判所　检察局
   摘　　　要：东京地方裁判所检察局书吏课分课事项。
   期刊名称：北洋法政学报
   主办单位：
   刊　　　期：1910（140）
   页　　　码：47－54

5. 题　　　名：日本司法纲要（续）
   作　　　者：

6. 题　　　名：日本司法窥要（续）
   作　　　者：
   关 键 词：地方裁判所　检事局　检事正　检事
   摘　　　要：地方裁判所：各地方裁判所之检事局置检事正，分配指挥及监督检事局之事务。但检事局其他之检事，关于事务处理不拘何事。虽不受特别之许可，皆有代理检事正之权。
   期刊名称：北洋法政学报
   主办单位：
   刊　　　期：1907（47）
   页　　　码：9－22

6. 题　　　名：日本司法窥要（续）
   作　　　者：
   关 键 词：东京地方裁判所　检察官　担当事件
   摘　　　要：东京地方裁判所办事情形之各刑事部检察官（人名）担当事件。
   期刊名称：北洋法政学报
   主办单位：
   刊　　　期：1910（136）
   页　　　码：7－18

7. 题　　　名：日本司法窥要（续）
   作　　　者：
   关 键 词：检察官　起诉　预审　公判　裁判执行
   摘　　　要：检察官与预审；检察官与公判；检察官与裁判执行。
   期刊名称：北洋法政学报
   主办单位：
   刊　　　期：1910（139）
   页　　　码：39－46

8. 题　　　名：日本司法纲要二（续）
   作　　　者：
   关 键 词：裁判所构成法　检事局官吏　必备资格
   摘　　　要：裁判所构成法之二，裁判所及检事局官吏之编第二。
   期刊名称：北洋法政学报
   主办单位：
   刊　　　期：1907（49）
   页　　　码：31－38

9. 题　　　名：日本司法窥要：自序
   作　　　者：
   关 键 词：日本　司法　立法　行政
   摘　　　要：日本司法窥要自序和纲要。

期刊名称：北洋法政学报

主办单位：

刊　　期：1910（135）

页　　码：1－4

10. 题　　名：日本司法窥要（续）

作　　者：

关 键 词：检察官　预审　讯问　监督

摘　　要：日本司法窥要：律师；承发吏；户籍；监狱。

期刊名称：北洋法政学报

主办单位：

刊　　期：1910（142）

页　　码：63－74

11. 题　　名：日本司法窥要（续）

作　　者：

关 键 词：检察官　检察事务

摘　　要：日本司法窥要：附录东京区裁判所检察局书记课分课事项。

期刊名称：北洋法政学报

主办单位：

刊　　期：1910（141）

页　　码：55－62

12. 题　　名：日本司法窥要

作　　者：唐宝锷

关 键 词：司法部　裁判所　司法大臣

摘　　要：日本司法窥要：司法大臣监督裁判所检察局指挥检察事务，管理民刑和非讼事件、户籍、监狱及保护出狱人并其余凡关司法之行政事务。

期刊名称：北洋法政学报

主办单位：

刊　　期：1910（135）

页　　码：1－6

13. 题　　名：日本司法纲要一：裁判所构成法之一

作　　者：

关 键 词：裁判所构成法　区裁判所

摘　　要：日本司法纲要一：裁判所构成法之一。

期刊名称：北洋法政学报

主办单位：

刊　　期：1907（46）

页　　码：1月8日

14. 题　　名：日本司法纲要二（续）

作　　者：

关 键 词：检事　书记　执达吏　廷丁

摘　　要：日本司法纲要二：检事；书记；执达吏；廷丁。

期刊名称：北洋法政学报

主办单位：

刊　　期：1907（50/51）

页　　码：39－47

（四）奏折

1. 题　　名：法部奏撰成第一次统计表册并规画司法统计大略折

作　　者：

关 键 词：京师高等地方初级审判庭　京师高等地方初级检察庭

摘　　要：奏设之京师高等地方初级各审判检察庭。

期刊名称：北洋法政学报

主办单位：

刊　　期：1908（82）

页　　码：1－4

2. 题　　名：法部等会奏各级审判厅成立酌拟司法警察及营翼地方办事章程折

作　　者：

关 键 词：四级审判　检察庭　监察裁判提起公诉　纠正辅翼

摘　　要：四级审判俱附设检察一庭，其要务在监察裁判提起公诉，有纠正辅翼之责。

期刊名称：北洋法政学报

主办单位：

刊　　期：1908（57）

页　　码：1－3

（五）访问录

1. 题　　名：司法访问录（续）

作　　者：

关 键 词：裁判官　终身官　检察官　行政官　抗告制度

摘　　要：日本检察官不能反其意而免其官矣；检察官得转行政官，此行政官任用令所定者也；刑事起诉之权一经归检察官，若法律之程序尚浅或司法官之信用未深，因昧于事理起诉不当或被制于势力不起诉，设有抗告制度。

期刊名称：北洋法政学报

主办单位：

刊　　期：1910（150）

页　　码：63－72

2. 题　　名：司法访问录（续）
   作　　者：
   关 键 词：检察官　审判官　行政官　关系
   摘　　要：日本检察官与审判官、行政官的关系。
   期刊名称：北洋法政学报
   主办单位：
   刊　　期：1910（149）
   页　　码：55－62

3. 题　　名：司法访问录（续）
   作　　者：
   关 键 词：刑衙门　附设　监狱　监督　通商地裁判所　检察官　律师　承发吏　外交　司法统一
   摘　　要：我国问刑衙门附设监狱归其长官监督。如何特设裁判所监狱应归裁判所监督抑或检察官监督；我国问如于通商地之裁判所先试设检察官律师承发吏之制渐行内地裁判所，于外交及司法统一有无妨碍否。
   期刊名称：北洋法政学报
   主办单位：
   刊　　期：1910（146）
   页　　码：35－42

4. 题　　名：司法访问录（续）
   作　　者：
   关 键 词：检察官　律师　承发吏　紧要理由　检察官不起诉
   摘　　要：我国问审判官外何以必须检察官律师承发吏等司法机关当时均完备否并请示其紧要之理由；检察官不起诉时人民可以直接起诉乎并各国有此例否。
   期刊名称：北洋法政学报
   主办单位：
   刊　　期：1910（148）
   页　　码：49－54

5. 题　　名：司法访问录（续）
   作　　者：
   关 键 词：独断主义　会审之制　司法警察监督
   摘　　要：我国旧制裁判评议自州县至按察俱独断主义，督抚裁判及法部大理院会议乃用会审之制，请问当

以何级以上为会审裁判所；我国向无司法警察，不过州县衙门设有捕役为司法警察之事，新设之警察只为保安行政之事，直隶民政部今如司法警察当如何归并及为其监督之事。
   期刊名称：北洋法政学报
   主办单位：
   刊　　期：1910（152）
   页　　码：81－90

六、当代法学

期刊简介：

创刊于1936年，创刊地为福建厦门。

论文

1. 题　　名：冤狱赔偿与我国司法
   作　　者：林自元
   关 键 词：冤狱赔偿　检察官任命　薪俸　司法独立　纪律
   摘　　要：冤狱案件应予赔偿。为防止冤狱，应改良司法，普设法院，选拔人才担任检察官和法官，提高检察官待遇，缓解事多薪少之局面，从而有效提高案件审理质量。进一步应实现司法经费之独立从而有效推进司法独立。同时要严惩违背纪律，贪赃枉法的司法官员，以儆效尤。
   期刊名称：当代法学
   主办单位：
   刊　　期：1936，1（2）
   页　　码：14

2. 题　　名：提审法评议
   作　　者：苏宗文
   关 键 词：逮捕　提审　赔偿　废除检察制度
   摘　　要：人民被逮捕之后可以向法院申请提审，即羁押必要性审查。对于错误逮捕的应该予以赔偿，检察官违反法律导致错误逮捕或是未能正确解除羁押也应承担刑事和民事赔偿责任。在现行制度下，由于检察权本身设置问题导致提审运行不畅，因此欲有效实施提审制度，应废除检察制度。
   期刊名称：当代法学

主办单位：

刊　　　期：1936，1（2）

页　　　码：53－57

七、法轨

期刊简介：

革命文献类期刊，1931年7月创刊于上海，上海复旦大学法律同学会编辑。董康题词。刊中有董康、张耀曾、张志让等人文章。

论著

1. 题　　　名：改良县政府兼理司法之协议

作　　　者：郭继泰

关 键 词：审检分立　行政兼理司法

摘　　　要：县知事兼理司法的制度存在诸多缺陷。首先，它导致检察审判两权混合。检察官的职权在于追诉犯罪，推事的职权在于对犯罪进行审判，县知事一人掌理检察、审判两种权力，违背审检分立的精神。而且审检两种职权集于一人，导致检察官的上诉权因此受到阻碍，易于舞弊。其次，推事行使检察官的职责不用回避导致审判不能公平，在公诉案件和自诉案件中，检察官不能有效地行使协助职责，不便于民。因此建议将审判检察两职权完全分开，检察官职责由法律法规明确规定。

期刊名称：法轨

主办单位：复旦大学法律学系同学会

刊　　　期：1935，2（2）

页　　　码：65－77

八、法界

期刊简介：

《法界》在福建省福州市创刊，创刊于1929年1月。栏目为法制、法例、著论、消息、调查等。

法例

1. 题　　　名：最高法院法律解释

作　　　者：

关 键 词：检察官　控告　抗诉　特种刑事临时法庭

摘　　　要：当事人误向上级检察官声明控告事由，该检察官转送第一审法院依现行修正诉讼律程序办理；第八号，预审终结裁决后之内乱不起诉案件在原裁决未确定时如有检察官抗诉，应由特种刑事临时法庭审判。

期刊名称：法界

主办单位：

刊　　　期：1929（1）

页　　　码：3－4

九、法部公报

期刊简介：

"中华民国临时政府"为1937年12月日本侵略者扶植汉奸王克敏、王揖唐等在北平成立的伪政权。1940年汪伪政权成立后被取消，改称"华北政务委员会"。1939年中华民国临时政府法部公报室为宣达司法行政及法制事宜，特印行《法部公报》。《法部公报》属日伪华北临时政府法部机关刊物，每月印行一册，发布该政府及法部的命令、法规，刊登该部一切公文函件，刊载关于法律的专著及译文、裁判要旨及调查统计资料。《法部公报》在必要时得出临时增刊或专刊。常设栏目为命令、法规、公牍、咨呈、公函、训令、指令、批、编纂、专载、裁判要旨、翻译、统计、杂录。

（一）批

1. 题　　　名：公牍：批：法部批：批字第一三四号（二十八年六月十五日）：原具呈人王维垣：呈一件呈为北京地方法院检察处违法延滞不尽职权请令饬依法办理由

作　　　者：

关 键 词：检察官　年龄　职业　籍贯

摘　　　要：检察官呈报具呈人未注明年龄职业籍贯与规定不符。

期刊名称：法部公报

主办单位：

刊　　　期：1939（3）

页　　　码：173

2. 题　　　名：公牍：批：法部批：批字第一三五号（二十八年六月十五日）：原具呈人郑李氏：呈一件呈为假冒律师诈欺良朴吁请令饬河北高等法院检察处依法办理由

作　　　者：

关 键 词：检察官　书状　不合

摘　　　要：检察官呈报所呈书状与规定不合，难以受理。

期刊名称：法部公报

主办单位：

刊　　期：1939（3）

页　　码：173

3.　题　　名：公牍：批：法部批：批字第二零六号（二十八年十月二十日）：具呈人李纪五：呈一件，为被诬伪造检察官渎职起诉上诉三审案悬三年不结请令迅予法办由

作　　者：

关 键 词：检察官　未捕具保　与法不合

摘　　要：检察官呈报未捕具保与相关法条不符。

期刊名称：法部公报

主办单位：

刊　　期：1939（7）

页　　码：232

4.　题　　名：公牍：批：法部批：批字第一六五号（二十八年八月五日）：具呈人王郑氏：呈一件为不服河北高等法院唐山分院就其诉王昶等遗弃附带民诉一案所为第二审判决请核办由

作　　者：

关 键 词：检察官　程式　上诉

摘　　要：来呈程式不合法已难受理，且所诉系属。本部核办亦不合法，尤难准行。

期刊名称：法部公报

主办单位：

刊　　期：1939（5）

页　　码：177

5.　题　　名：公牍：批：法部批：批字第二零六号（二十八年十月二十日）：具呈人李纪五：呈一件，为被诬伪造检察官渎职起诉上诉三审案悬三年不结请令迅予法办由

作　　者：

关 键 词：检察官　渎职

摘　　要：被伪造的检察官渎职案悬三年未结，需要抓紧办理。

期刊名称：法部公报

主办单位：

刊　　期：1939（7）

页　　码：232

（二）统计

1.　题　　名：统计：月报表：各省高等法院以下各级检察处刑事案件收结一览表（二十八年五月份）

作　　者：

关 键 词：检察处　刑事案件　收结一览表

摘　　要：各省高等法院以下各级检察处刑事案件收结一览表（二十八年五月份）。

期刊名称：法部公报

主办单位：

刊　　期：1939（2）

页　　码：264

2.　题　　名：统计：月报表：各省高等法院以下各级检察处刑事案件收结一览表（二十八年六月份）

作　　者：

关 键 词：检察处　刑事案件　收结一览表

摘　　要：各省高等法院以下各级检察处刑事案件收结一览表（二十八年六月份）。

期刊名称：法部公报

主办单位：

刊　　期：1939（3）

页　　码：192

3.　题　　名：统计：各省高等法院以下各级检察处刑事案件收结一览表（二十八年七月份）

作　　者：

关 键 词：检察处　刑事案件　收结一览表

摘　　要：各省高等法院以下各级检察处刑事案件收结一览表（二十八年七月份）。

期刊名称：法部公报

主办单位：

刊　　期：1939（4）

页　　码：198－199

4.　题　　名：统计：月报表：各省高等法院以下各级检察处刑事案件收结一览表（补二十八年七月份）

作　　者：

关 键 词：检察处　刑事案件　收结一览表

摘　　要：各省高等法院以下各级检察处刑事案件收结一览表（补二十八年七月份）。

期刊名称：法部公报

主办单位：

刊　　　期：1939（6）

页　　　码：166

5. 题　　　名：统计：月报表：各省高等法院以下各级检察处刑事案件收结一览表（二十八年八月份）

作　　　者：

关 键 词：检察处　刑事案件　收结一览表

摘　　　要：各省高等法院以下各级检察处刑事案件收结一览表（二十八年八月份）。

期刊名称：法部公报

主办单位：

刊　　　期：1939（6）

页　　　码：170－171

6. 题　　　名：统计：月报表：各省高等法院以下各级检察处刑事案件收结一览表（补二十八年八月份）

作　　　者：

关 键 词：刑事案件　收结一览表

摘　　　要：各省高等法院以下各级检察处刑事案件收结一览表（补二十八年八月份）。

期刊名称：法部公报

主办单位：

刊　　　期：1939（7）

页　　　码：255

7. 题　　　名：统计：月报表：各省高等法院以下各级检察处刑事案件收结一览表（二十八年九月份）

作　　　者：

关 键 词：检察处　刑事案件　收结一览表

摘　　　要：各省高等法院以下各级检察处刑事案件收结一览表（二十八年九月份）。

期刊名称：法部公报

主办单位：

刊　　　期：1939（7）

页　　　码：258－259

（三）训令

1. 题　　　名：公牍：训令：刑事：法部训令：训字第三六五号（二十八年七月六日）：令最高法院检察署检察长张孝杨、署河北高等法院首席检察官马彝德、署山东高等法院首席检察官温国璋等：通令为自

诉制度已奉明令废除仰督饬所属恪尽厥职以期有犯必惩由

作　　　者：

关 键 词：检察官　职责　权限　程序

摘　　　要：自诉制度已废除，检察官应恪尽职守以期有犯必惩。

期刊名称：法部公报

主办单位：

刊　　　期：1939（4）

页　　　码：94－95

2. 题　　　名：公牍：训令：文书：法部训令：训字第二四一号（二十八年五月十六日）：令最高法院检察署检察长张孝杨、署河北高等法院院长李栋、首席检察官马彝德等：为发修正律师登录章程仰知照并饬属知照由

作　　　者：

关 键 词：检察官　律师　登录章程

摘　　　要：修正律师登录章程。

期刊名称：法部公报

主办单位：

刊　　　期：1939（2）

页　　　码：86，3

3. 题　　　名：公牍：训令：文书：法部训令：训字第二五八号（二十八年五月二十五日）：令最高法院检察署检察长张孝杨、署河北高等法院院长李栋、首席检察官马彝德等：为发缮印法规格式仰知照并饬属知照由

作　　　者：

关 键 词：检察官　缮印格式

摘　　　要：令发缮印格式。

期刊名称：法部公报

主办单位：

刊　　　期：1939（2）

页　　　码：86－87，3

4. 题　　　名：公牍：训令：文书：法部训令：训字第二六九号（二十八年五月二十七日）：令最高法院检察署检察长张孝杨、署河北高等法院院长李栋、首席检察官马彝德等：为发修正法院学习候补书记官津贴表仰遵照并饬属遵照由

作　　　者：

关 键 词：检察官　法院　书记官　津贴表

摘　　　要：发修正法院学习候补书记官津
贴表。

期刊名称：法部公报

主办单位：

刊　　　期：1939（2）

页　　　码：87－88

5. 题　　　名：公牍：训令：文书：法部训令：
训字第二七零号（二十八年五月
二十九日）：令最高法院检察署
检察长张孝栘、署河北高等法院
院长李栋、首席检察官马彝德
等：为准财政部函开票照专用印
已于即日启用仰查照并饬属知
照由

作　　　者：

关 键 词：检察官　发票　专用印章

摘　　　要：财政部返开票照专用印即日
启用。

期刊名称：法部公报

主办单位：

刊　　　期：1939（2）

页　　　码：88

6. 题　　　名：公牍：训令：文书：法部训令：
训字第二七一号（二十八年五月
三十日）：最高法院检察署检察
长张孝栘、署河北高等法院院长
李栋、首席检察官马彝德等：为
承准行政委员会咨开各省公署及
特别市公署对各部行文改用咨呈
仰知照由

作　　　者：

关 键 词：检察官　公文程序　规则

摘　　　要：公文程序规则。

期刊名称：法部公报

主办单位：

刊　　　期：1939（2）

页　　　码：88－89

7. 题　　　名：公牍：训令：人事：法部训令：
训字第二四零号（二十八年五月
十五日）：最高法院检察署检察
长张孝栘、署河北高等法院院长
李栋、首席检察官马彝德等：为
司法官吏不容假借权力滥用职权
仰饬戒所属并随时密查由

作　　　者：

关 键 词：法部　命令　统计　释义

摘　　　要：法部下发"严禁司法官吏滥用职
权"等命令、要求山东法院上报
统计报表、解释相关法律疑义以
及下发整顿刑事被告羁押过多情
况的命令等。

期刊名称：法部公报

主办单位：

刊　　　期：1939（2）

页　　　码：91－90

8. 题　　　名：公牍：训令：文书：法部训令：
训字第二九二号（二十八年六月
九日）：令最高法院检察署检察
长张孝栘、署河北高等法院院长
李栋、署河北高等法院首席检察
官马彝德等：通令为司法官养成
所六月一日成立暂由总长兼任所
长仰知照并饬属知照由

作　　　者：

关 键 词：检察官　司法官　养成所

摘　　　要：司法官考试初试及格人员应进司
法官养成所受训。

期刊名称：法部公报

主办单位：

刊　　　期：1939（3）

页　　　码：84－85

9. 题　　　名：公牍：训令：文书：法部训令：
训字第二九三号（二十八年六月
九日）：最高法院检察署检察长
张孝栘、署河北高等法院院长李
栋、署河北高等法院首席检察官
马彝德：通令为印发各省高院刊
发委任铃纪办法仰遵照并饬属遵
照由（附办法）

作　　　者：

关 键 词：检察官　印信　条例

摘　　　要：印信条例现经修正公布。

期刊名称：法部公报

主办单位：

刊　　　期：1939（3）

页　　　码：85－87

10. 题　　　名：公牍：训令：文书：法部训令：
训字第三三七号（二十八年六
月二十八日）：令最高法院检察
署检察长张孝栘、署河北高等
法院院长李栋、署河北高等法

院首席检察官马彝德等：通令
为令知行政委员会改定夏令办
公时间仰遵照并饬属遵照由

作　　者：

关键词：检察官　夏令例　办公时间

摘　　要：办公时间夏令例应提前，从上
午八时到下午一时，下午到时
间没有办结的案件应延长时间
到办结为止，以免贻误。

期刊名称：法部公报

主办单位：

刊　　期：1939（3）

页　　码：87－88

11. 题　　名：公牍：训令：人事：法部训令：
训字第二一二号（二十八年五
月四日）：令最高法院检察署检
察长张孝杉、署河北高等法院
院长李栋、署河北高等法院首
席检察官马彝德等：通令为令
知填载公务员请恤事实表应注
意事项仰遵照并饬属遵照由

作　　者：

关键词：公务员　请恤事实表

摘　　要：填载公务员请恤事实表应注意
事项。

期刊名称：法部公报

主办单位：

刊　　期：1939（3）

页　　码：89－90

12. 题　　名：公牍：训令：文书：法部训令：
训字第三八六号（二十八年七
月十九日）：令最高法院检察署
检察长张孝杉、署河北高等法
院院长李栋、署河北高等法院
首席检察官马彝德等：通令为
令知所得税暂行条例及其施行
细则附征收须知由

作　　者：

关键词：所得税暂行条例

摘　　要：所得税暂行条例及其施行细则
已公布施行。

期刊名称：法部公报

主办单位：

刊　　期：1939（4）

页　　码：84－85

13. 题　　名：公牍：训令：文书：法部训令：

训字第三九九号（二十八年七
月二十七日）：令最高法院检察
署检察长张孝杉、署河北高等
法院院长李栋、署河北高等法
院首席检察官马彝德等：通令
为令发国旗条例仰知照并饬属
知照由

作　　者：

关键词：国旗条例

摘　　要：国旗条例已公布，令知照。

期刊名称：法部公报

主办单位：

刊　　期：1939（4）

页　　码：85－86

14. 题　　名：公牍：训令：刑事：法部训令：
训字第三九一号（二十八年七
月二十四日）：署河北高等法院
首席检察官马彝德、署山东高
等法院首席检察官温国璋、署
山西高等法院首席检察官陈宝
玺：为按月汇报及转报之刑事
案件报部办法第十一条所定各
案报部办法由

作　　者：

关键词：检察官　驳回起诉　不起诉

摘　　要：检察官指示对于有罪无罪及驳
回起诉不起诉的标准不同，需
要统一一标准。

期刊名称：法部公报

主办单位：

刊　　期：1939（4）

页　　码：95－96

15. 题　　名：公牍：训令：文书：法部训令：
训字第三五二号（二十八年七
月一日）：令最高法院检察署检
察长张孝杉、署河北高等法院
院长李栋、署河北高等法院首
席检察官马彝德等：通令为关
于自诉规定自七月一日起停止
适用由

作　　者：

关键词：自诉

摘　　要：自诉规定自民国二十八年七月
一日起停止适用。

期刊名称：法部公报

主办单位：

刊　　　期：1939（4）

页　　　码：83，2

16. 题　　　名：公牍：训令：文书：法部训令：
训字第四五四号（二十八年八
月三十一日）：令最高法院检察
署检察长张孝杉、署河北高等
法院院长李栋、署河北高等法
院首席检察官马彝德等：通令
为令知本部办公时间自九月一
日起恢复原状由

作　　　者：

关 键 词：检察官　办公时间

摘　　　要：检察官指示停止暑期提前办公
时间，从九月一日起恢复原办
公时间。

期刊名称：法部公报

主办单位：

刊　　　期：1939（5）

页　　　码：82，4

17. 题　　　名：公牍：训令：文书：法部训令：
训字第五零二号（二十八年九
月二十五日）：令最高法院检察
署检察长张孝杉、署河北高等
法院院长李栋、署河北高等法
院首席检察官马彝德等：通令
为印发司法机关依所得税暂行
条例科罚追缴执行规则仰遵
照由

作　　　者：

关 键 词：检察官　司法机关　所得税
暂行条例　执行规则

摘　　　要：司法机关依所得税暂行条例科
罚追缴执行规则印发执行。

期刊名称：法部公报

主办单位：

刊　　　期：1939（6）

页　　　码：55，3

18. 题　　　名：公牍：训令：刑事：法部训令：
训字第五五七号（二十八年十
月十三日）：令最高法院检察署
检察长张孝杉、署河北高等法
院院长李栋、首席检察官马彝
德等：为公务人员对于承办案
件发觉有犯罪嫌疑者应切实告
发以彰法纪由

作　　　者：

关 键 词：检察官　犯罪嫌疑　立即侦查

摘　　　要：对有犯罪嫌疑的人，应立即侦
查，公务人员不得漏查。

期刊名称：法部公报

主办单位：

刊　　　期：1939（7）

页　　　码：136－137

19. 题　　　名：公牍：训令：文书：法部训令：
训字第二一四号（二十八年五
月四日）：令署河北高等法院首
席检察官马彝德：为发天津地
院检察官小官章仰转发并将启
用日期及印模报部由

作　　　者：

关 键 词：检察官　印章

摘　　　要：检察官印章丢失及补救事宜。

期刊名称：法部公报

主办单位：

刊　　　期：1939（2）

页　　　码：81，3

20. 题　　　名：公牍：训令：人事：法部训令：
训字第四〇八号（二十八年八
月五日）：令最高法院检察署检
察长张孝杉：为该署书记官李
锡畦应进给委任十级俸部令附
发仰饬遵由

作　　　者：

关 键 词：书记官

摘　　　要：该署书记官李锡畦应进给委任
十级俸部令。

期刊名称：法部公报

主办单位：

刊　　　期：1939（5）

页　　　码：82－83

21. 题　　　名：公牍：训令：刑事：法部训令：
训字第二六四号（二十八年五
月二十七日）：令最高法院检察
署检察长张孝杉、署河北高等
法院院长李栋、首席检察官马
彝德等：为据河北高院转天津
地院请示天津统税分局函请补
送所得税罚金提成应如何处理
等情业准财政部函开办法到部
钞附原呈仰遵照并饬属遵办由

作　　　者：

关 键 词：检察官　税金　提成

摘　　要：河北高院转天津地院请示天津统税分局函请补送所得税罚金提成应如何处理。
期刊名称：法部公报
主办单位：
刊　　期：1939（2）
页　　码：104－109

22. 题　　名：公牍：训令：文书：法部训令：训字第四一一号（二十八年八月五日）：令最高法院检察署检察长张孝移、署河北高等法院院长李栋、署河北高等法院首席检察官马彝德等：通令为各机关及中国法人资格之公司对外函件用中国文字纪元如有故违即取消其资格停发经费仰即遵照并饬属遵照由
作　　者：
关 键 词：检察官　法人资格　公司　经费
摘　　要：检察官通令为各机关及中国法人资格之公司对外函件用中国文字纪元如有故违即取消其资格停发经费。
期刊名称：法部公报
主办单位：
刊　　期：1939（5）
页　　码：81，4

23. 题　　名：公牍：训令：刑事：法部训令：训字第四九零号（二十八年九月十九日）：令最高法院检察署检察长张孝移、署河北高等法院院长李栋、署河北高等法院首席检察官马彝德等：通令为准司法委员会咨请解释刑法第一百六十九条第一项所生疑义覆请转令知照等因仰遵照由
作　　者：
关 键 词：检察官　刑法　释义
摘　　要：通令为准司法委员会咨请解释刑法第一百六十九条第一项所生疑义。
期刊名称：法部公报
主办单位：
刊　　期：1939（6）
页　　码：61－64

24. 题　　名：公牍：训令：人事：法部训令：训字第五九四号（二十八年十月二十七日）：令最高法院检察署检察长张孝移、署河北高等法院院长李栋等：为准行政委员会咨科员何嗣谟曾因渎职拘禁保释在三年内不得谋官抄发该员籍贯年貌仰知照由
作　　者：
关 键 词：科员　渎职
摘　　要：科员何嗣谟因渎职等受追诉及处罚的案件。
期刊名称：法部公报
主办单位：
刊　　期：1939（7）
页　　码：131－132，4

25. 题　　名：公牍：训令：人事：法部训令：训字第五九七号（二十八年十月二十八日）：令最高法院检察长张孝移、署河北高等法院院长李栋、首席检察官马彝德等：为仰查明所属各职员有无新民学院官吏再教育班毕业学员及毕业后任事成绩如何迅速呈复由
作　　者：
关 键 词：检察官　职员　新民学院　再教育　成绩
摘　　要：检察官查明所属各职员有无新民学院官吏再教育班毕业学员及毕业后任事成绩如何迅速呈复由。
期刊名称：法部公报
主办单位：
刊　　期：1939（7）
页　　码：132－133，4

26. 题　　名：公牍：训令：文书：法部训令：训字第五九一号（二十八年十月二十七日）：令署河南高等法院院长黎炳文、首席检察官沈叔木：为令发该院及开封地院印信仰将启用日期及印模报部由
作　　者：
关 键 词：检察官　印章　数额
摘　　要：呈报印章数及分发情况。

期刊名称：法部公报

主办单位：

刊　　期：1939（7）

页　　码：129，4

27. 题　　名：公牍：训令：人事：法部训令：训字第五一六号（二十八年十月三日）：令署河南高等法院首席检察官沈叔木：为令饬会同该院院长迅将该院及开封地院筹备恢复并具报由

作　　者：

关键词：检察官　职位

摘　　要：检察官呈报河南高等法院暨开封地方法院亟待筹备恢复。

期刊名称：法部公报

主办单位：

刊　　期：1939（7）

页　　码：130，4

28. 题　　名：公牍：训令：文书：法部训令：训字第六零六号（二十八年十月三十一日）：令署河北高等法院院长李栋、首席检察官马彝德：为令知唐山分院暂设刑事临时庭及人员调用办法仰饬遵由

作　　者：

关键词：检察官　刑事临时庭　人员调用办法

摘　　要：呈报唐山分院暂设刑事临时庭及人员调用办法。

期刊名称：法部公报

主办单位：

刊　　期：1939（7）

页　　码：134－135，4

29. 题　　名：公牍：训令：文书：法部训令：训字第二一七号（二十八年五月五日）：令署河北高等法院院长李栋、首席检察官马彝德：为发河北法院监狱印信及小官章附开清单仰来部具领转发并将启用日期及印模报部由（附清单）

作　　者：

关键词：检察官　印信

摘　　要：呈报相关印信的使用及分送。

期刊名称：法部公报

主办单位：

刊　　期：1939（2）

页　　码：82－84，3

30. 题　　名：公牍：训令：文书：法部训令：训字第二二五号（二十八年五月八日）：令署河北高等法院院长李栋、首席检察官马彝德等：为本部公报室业已成立印发公报简章仰知照并饬属知照由

作　　者：

关键词：检察官　简章

摘　　要：呈报本部为宣达司法行政及法制事宜，已经制定简章公布实施。

期刊名称：法部公报

主办单位：

刊　　期：1939（2）

页　　码：85，3

31. 题　　名：公牍：训令：人事：法部训令：训字第二五一号（二十八年五月二十二日）：令署河北高等法院院长李栋、首席检察官马彝德等：为定法院职员请假扣除例假计算办法仰遵照并转饬遵照由

作　　者：

关键词：检察官　请假　扣俸

摘　　要：法院职员请假扣除例假计算法。

期刊名称：法部公报

主办单位：

刊　　期：1939（2）

页　　码：91－92，4

32. 题　　名：公牍：训令：刑事：法部训令：训字第二二八号（二十八年五月十一日）：令署河北高等法院院长李栋、首席检察官马彝德等：为刑事被告羁押过多仰遵令督饬办理由

作　　者：

关键词：检察官　看守所　拥挤

摘　　要：看守所人员拥挤，案件宜加快办理。

期刊名称：法部公报

主办单位：

刊　　期：1939（2）

页　　码：98－99，4

33. **题　　名：**公牍：训令：监狱：法部训令：训字第二五二号（二十八年五月二十三日）：令署河北高等法院首席检察官马彝德：为收容军人监狱人犯及吸毒人犯仍多仰分别依法救济径送治安部办理交付侦查仰将办理情形具报由

作　　者：

关 键 词：检察官　军人人犯　吸毒　无效

摘　　要：收禁军人监狱人犯，已经转办；关于收容吸毒及复吸人犯已经据该院呈报依照释放已决犯吸食烟毒人犯交保释放或交警察局发落者；首席检察官将犯罪情况中可疑之处应直接送军人到治安部法办；其余情况属于无效。

期刊名称：法部公报

主办单位：

刊　　期：1939（2）

页　　码：109 – 110，5

34. **题　　名：**公牍：训令：人事：法部训令：训字第二八九号（二十八年六月六日）：令河北高等法院院长李栋、署河北高等法院首席检察官马彝德等：为发进级人员表及部令仰转发由

作　　者：

关 键 词：检察官　晋职　上报

摘　　要：相关人员需晋职，列表上报。

期刊名称：法部公报

主办单位：

刊　　期：1939（3）

页　　码：90，3

35. **题　　名：**公牍：训令：人事：法部训令：训字第三一六号（二十八年六月二十三日）：令暂署山西高等法院院长徐步善、署山西高等法院首席检察官陈宝玺：为发进级人员表及部令仰转发由

作　　者：

关 键 词：检察官　晋级　上报

摘　　要：太原地方法院委任待遇以上人员任职八个月期满，需要晋升

一级，予以上报。

期刊名称：法部公报

主办单位：

刊　　期：1939（3）

页　　码：91，3

36. **题　　名：**公牍：训令：文书：法部训令：训字第三六四号（二十八年七月六日）：令署青岛高等法院院长戚运机、署青岛高等法院首席检察官李琴鹤：为抄发青岛法院监所职员补助津贴办法仰遵照由

作　　者：

关 键 词：检察官　津贴

摘　　要：制定青岛法院监所职员补助津贴办法。

期刊名称：法部公报

主办单位：

刊　　期：1939（4）

页　　码：84，3

37. **题　　名：**公牍：训令：人事：法部训令：训字第三六零号（二十八年七月六日）：令署河北高等法院首席检察官马彝德：为律师王业惩戒处分经过法定期间未据声明不服即为确定应予执行仰转令送达并通知律师公会由

作　　者：

关 键 词：检察官　律师　惩戒

摘　　要：律师因违反律师章程而予以惩戒，而交受罚金。且经法定期间没有不服而交付执行。

期刊名称：法部公报

主办单位：

刊　　期：1939（4）

页　　码：84，7

38. **题　　名：**公牍：训令：统计：法部训令：训字第三六七号（二十八年七月七日）：令署河北高等法院院长李栋、署河北高等法院首席检察官马彝德：为饬属造报上年度收入及经费状况年表由

作　　者：

关 键 词：检察官　年度收入　经费状况　上报

摘　　要：年度收入及经费状况如实上报。

期刊名称：法部公报

主办单位：

刊　　期：1939（4）

页　　码：92，3

39. 题　　名：公牍：训令：文书：法部训令：训字第三六二号（二十八年七月六日）令署青岛高等法院院长戚运机、署青岛高等法院首席检察官李琴鹤：为该院及地院印信在新印未铸发以前应准暂用旧印由

作　　者：

关 键 词：检察官　印章

摘　　要：青岛地方法院改组新印章未铸就前，应准暂用旧印章。

期刊名称：法部公报

主办单位：

刊　　期：1939（4）

页　　码：84，2

40. 题　　名：公牍：训令：刑事：法部训令：训字第五零四号（二十八年九月二十八日）：令署河北高等法院首席检察官马彝德：为据李毕氏呈河北高院检处等违法处分请求救济等情仰饬办具覆由

作　　者：

关 键 词：检察官　被告　违法　救济

摘　　要：被告称检察官违法处分，请求救济，如存在该情形，则需要核查。

期刊名称：法部公报

主办单位：

刊　　期：1939（6）

页　　码：63，4

41. 题　　名：公牍：训令：统计：法部训令：训字第五三七号（二十八年十月六日）：令署河北高等法院院长李栋、首席检察官马彝德等：为兼理司法各县之民刑案件等项月报表仍由高院分别存转仰饬遵由

作　　者：

关 键 词：检察官　刑事案件　月报表

摘　　要：各刑事案件月报表。

期刊名称：法部公报

主办单位：

刊　　期：1939（7）

页　　码：135－136，5

42. 题　　名：公牍：训令：监狱：法部训令：训字第五六零号（二十八年十月十六日）：令署河北高等法院首席检察官马彝德：为据滦县监犯李声远状请假释抄发原状仰饬查办由

作　　者：

关 键 词：检察官　人犯　在监　假释

摘　　要：人犯在监获得假释。

期刊名称：法部公报

主办单位：

刊　　期：1939（7）

页　　码：142－143，5

43. 题　　名：公牍：训令：刑事：法部训令：训字第二三一号（二十八年五月十二日）：令署河北高等法院院长李栋、首席检察官马彝德等：为关于变通上诉前最高法院民刑案件审理程序令查明遵令办理情形依限呈核由

作　　者：

关 键 词：检察官　办案期限

摘　　要：检察官呈报办案期限超过两个月须具报办理情形。

期刊名称：法部公报

主办单位：

刊　　期：1939（2）

页　　码：99－100，4

44. 题　　名：公牍：训令：监狱：法部训令：训字第四一八号（二十八年八月九日）：令署河北高等法院院长李栋、署河北高等法院首席检察官马彝德、暂理山东高等法院院长张超骥等：通令为转饬各县县知事整顿旧监所并勤加视察列表具报以资整饬由

作　　者：

关 键 词：检察官　监狱

摘　　要：县知事整顿旧监所并勤加视察。

期刊名称：法部公报

主办单位：

刊　　期：1939（5）

页　　码：91－92，5

45. 题　　名：公牍：训令：监狱：法部训令：

训字第四四五号（二十八年八
月二十五日）：令署河北高等法
院院长李栋、河北高等法院首
席检察官马彝德、暂署山东高
等法院院长张超骥等：通令为
整顿监犯之教诲教育并按月由
教诲师教师将处务情形作成日
记呈部备核由

作　　者：

关 键 词：检察官　监狱人员　管理

摘　　要：监狱人员管理情况需要呈部备核。

期刊名称：法部公报

主办单位：

刊　　期：1939（5）

页　　码：93－94，5

46. 题　　名：公牍：训令：监狱：法部训令：
训字第四四六号（二十八年八
月二十五日）：令署河北高等法
院院长李栋、署河北高等法院
首席检察官马彝德：为据天津
地院检马日电呈监所被水侵入
后移禁人犯情形仰饬妥慎戒
护由

作　　者：

关 键 词：检察官　监所　水侵　优先
移送

摘　　要：监所被水侵，优先移送在押
人员。

期刊名称：法部公报

主办单位：

刊　　期：1939（5）

页　　码：94，5

47. 题　　名：公牍：训令：人事：法部训令：
训字第五二四号（二十八年十
月三日）：令署青岛高等法院长
戚运机、首席检察官李琴鹤：
为该市胶县即墨两地院院长首
检官员缺业另派署仰饬该员等
迅即组织成立并具报由

作　　者：

关 键 词：检察官　胶县　即墨　院长
首席检察官

摘　　要：胶县、即墨两地方法院院长首
席检察官缺失，需另派员。

期刊名称：法部公报

主办单位：

刊　　期：1939（7）

页　　码：4，130

48. 题　　名：公牍：训令：文书：法部训令：
训字第二一八号（二十八年五
月五日）：令暂署、署山东高等
法院院长张超骥、首席检察官
温国璋：为发烟台各法院印信
及小官章附开清单仰来部具领
转发并将启用日期及印模报部
由（附清单）

作　　者：

关 键 词：检察官　印章　数额

摘　　要：印章数及分发情况。

期刊名称：法部公报

主办单位：

刊　　期：1939（2）

页　　码：84－85，3

49. 题　　名：公牍：训令：人事：法部训令：
训字第二二三号（二十八年五
月八日）：令署河北高等法院院
长李栋、首席检察官马彝德：
为该省各院监所委任待遇以上
人员截至本年五月任满八月者
应各予进级列表附发令仰遵照
并转发由

作　　者：

关 键 词：检察官　任职期满

摘　　要：有关人员任职期满需要上报。

期刊名称：法部公报

主办单位：

刊　　期：1939（2）

页　　码：89－90，3

50. 题　　名：公牍：训令：人事：法部训令：
训字第二二四号（二十八年五
月八日）：令山东高等法院院
长张超骥、首席检察官温国璋：
为该省各院监所委任待遇以上
人员截至本年五月任满八月者
应各予进级列表附发令仰遵照
并转发由

作　　者：

关 键 词：检察官　晋职　名单

摘　　要：呈报应晋职检察官人员名单，
并上报。

期刊名称：法部公报

主办单位：

刊　　　期：1939（2）

页　　　码：90，3－4

51. 题　　　名：公牍：训令：人事：法部训令：
　　　　　　　　训字第二六六号（二十八年五
　　　　　　　　月二十九日）：令署河北高等法
　　　　　　　　院院长李栋、首席检察官马彝
　　　　　　　　德等：为各院监所委任待遇以
　　　　　　　　上职员出缺应依限呈报附发出
　　　　　　　　缺人员表仰遵照并饬属遵照由
　　　　　　　　（附表式）

　　　作　　　者：

　　　关 键 词：检察官　出缺　上报　代派

　　　摘　　　要：各院监所委任待遇以上职员出
　　　　　　　　缺时以五日为限上报，不得代
　　　　　　　　派，而且一经查出惟该长官
　　　　　　　　是问。

　　　期刊名称：法部公报

　　　主办单位：

　　　刊　　　期：1939（2）

　　　页　　　码：93－94，4

52. 题　　　名：公牍：训令：人事：法部训令：
　　　　　　　　训字第二六七号（二十八年五
　　　　　　　　月二十九日）：令署河北高等法
　　　　　　　　院院长李栋、首席检察官马彝
　　　　　　　　德等：为发请假人员表旷职人
　　　　　　　　员表嗣后各院监所职员请假续
　　　　　　　　假销假旷职及代理应遵章依限
　　　　　　　　列表呈报仰遵照并饬属遵照由
　　　　　　　　（附表式）

　　　作　　　者：

　　　关 键 词：检察官　法院　监所　出缺
　　　　　　　　代派

　　　摘　　　要：各院监所职员请假续假销假旷
　　　　　　　　职及代理应遵章依限列表呈报。

　　　期刊名称：法部公报

　　　主办单位：

　　　刊　　　期：1939（2）

　　　页　　　码：94－96，4

53. 题　　　名：公牍：训令：刑事：法部训令：
　　　　　　　　训字第二四二号（二十八年五
　　　　　　　　月十七日）：令署河北高等法院
　　　　　　　　院长李栋、首席检察官马彝德
　　　　　　　　等：为民刑诉讼案件裁判之宣
　　　　　　　　示原正本之交付送达法律各有
　　　　　　　　规定所属院县是否恪遵仰认真
　　　　　　　　查察由

　　　作　　　者：

　　　关 键 词：裁判　送达

　　　摘　　　要：所属院县应严格遵循民刑诉讼
　　　　　　　　案件裁判交付送达法律。

　　　期刊名称：法部公报

　　　主办单位：

　　　刊　　　期：1939（2）

　　　页　　　码：100－101，4

54. 题　　　名：公牍：训令：刑事：法部训令：
　　　　　　　　训字第二五六号（二十八年五
　　　　　　　　月二十五日）：令署河北高等法
　　　　　　　　院院长李栋、首席检察官马彝
　　　　　　　　德等：为盗匪案件以令准之日
　　　　　　　　为确定日期嗣后应将本部分准
　　　　　　　　日期一并令知仰遵照并饬属遵
　　　　　　　　照由

　　　作　　　者：

　　　关 键 词：检察官　裁判　执行期日
　　　　　　　　令准

　　　摘　　　要：裁判除有特别原因外，执行盗
　　　　　　　　匪的案件期日按照本部令准
　　　　　　　　之日。

　　　期刊名称：法部公报

　　　主办单位：

　　　刊　　　期：1939（2）

　　　页　　　码：103，5

55. 题　　　名：公牍：训令：人事：法部训令：
　　　　　　　　训字第三四一号（二十八年六
　　　　　　　　月二十九日）：令署河北高等法
　　　　　　　　院院长李栋、署河北高等法院
　　　　　　　　首席检察官马彝德、暂署山东
　　　　　　　　高等法院院长张超骥等：通令
　　　　　　　　为令知此次考取司法官人员入
　　　　　　　　所训练期间仍支原薪八成并保
　　　　　　　　留原资由

　　　作　　　者：

　　　关 键 词：检察官　培训人员　薪俸
　　　　　　　　津贴

　　　摘　　　要：司法官培训人员按薪俸的八成
　　　　　　　　给薪，不再另给津贴。

　　　期刊名称：法部公报

　　　主办单位：

　　　刊　　　期：1939（3）

　　　页　　　码：91－92，3

56. 题　　　名：公牍：训令：人事：法部训令：
　　　　　　　　训字第三四二号（二十八年六

月二十九日）：令署河北高等法
院院长李栋、署河北高等法院
首席检察官马彝德等：为令知
本年度概算员额应暂照上年度
旧概算所定人数派用仰遵照并
饬属遵照由

作　　　者：

关 键 词：检察官　新收案件　推检员
　　　　　缓派

摘　　　要：新收案件尚无显著增加情形，
　　　　　推检员缓派，其他相关人员以
　　　　　上年度核准的为限。

期刊名称：法部公报

主办单位：

刊　　　期：1939（3）

页　　　码：92，3

57. 题　　　名：公牍：训令：人事：法部训令：
　　　　　训字第三四三号（二十八年六
　　　　　月二十九日）：令暂署山东高等
　　　　　法院院长张超骥、山东高等法
　　　　　院首检察官温国璋：为令知本
　　　　　年度概算员额应暂照上年度旧
　　　　　概算所定人数派用仰遵照并饬
　　　　　属遵照由

作　　　者：

关 键 词：检察官　新收案件　推检员
　　　　　缓派

摘　　　要：新收案件尚无显著增加情形，
　　　　　推检员缓派，其他相关人员按
　　　　　照上年度旧制办理。

期刊名称：法部公报

主办单位：

刊　　　期：1939（3）

页　　　码：29－93，3

58. 题　　　名：公牍：训令：统计：法部训令：
　　　　　训字第二八四号（二十八年六
　　　　　月五日）：令署河北高等法院院
　　　　　长李栋、署河北高等法院首席
　　　　　检察官马彝德、暂署山东高等
　　　　　法院院长张超骥等：为限期造
　　　　　报上年度拘役罚金刑罚一览
　　　　　表由

作　　　者：

关 键 词：检察官　拘役　罚金　一览表

摘　　　要：呈报拘役罚金案件一览表不得

拖延。

期刊名称：法部公报

主办单位：

刊　　　期：1939（3）

页　　　码：93－94，3

59. 题　　　名：公牍：训令：监狱：法部训令：
　　　　　训字第三四九号（二十八年六
　　　　　月三十日）：令署河北高等法院
　　　　　院长李栋、署河北高等法院首
　　　　　席检察官马彝德、暂署山东高
　　　　　等法院院长张超骥等：通令为
　　　　　钞发暂行假释补充条例仰遵照
　　　　　并饬属遵照由

作　　　者：

关 键 词：检察官　暂行假释补充条例

摘　　　要：抄发暂行假释补充条例。

期刊名称：法部公报

主办单位：

刊　　　期：1939（3）

页　　　码：94，7

60. 题　　　名：公牍：训令：人事：法部训令：
　　　　　训字第三六六号（二十八年七
　　　　　月六日）：令署青岛高等法院院
　　　　　长戚运机、署青岛高等法院首
　　　　　席检察官李琴鹤：为奉政府训
　　　　　令青岛高地两法院在本年七月
　　　　　一日以前判决案件一律追认为
　　　　　在效仰遵照并转饬知照由

作　　　者：

关 键 词：检察官　法院　改组事项

摘　　　要：呈报法院改组事项。

期刊名称：法部公报

主办单位：

刊　　　期：1939（4）

页　　　码：87－88，3

61. 题　　　名：公牍：训令：人事：法部训令：
　　　　　训字第三七三号（二十八年七
　　　　　月十一日）：令署河北高等法院
　　　　　院长李栋、署河北高等法院首
　　　　　席检察官马彝德：为令发该省
　　　　　各级法院本年七月份进级人员
　　　　　表及部令仰遵照并转发遵照由

作　　　者：

关 键 词：检察官　任职条件　进级

摘　　　要：指示满足任职条件的人进叙一级。

期刊名称：法部公报

主办单位：

刊　　期：1939（4）

页　　码：88，3

62. 题　　名：公牍：训令：人事：法部训令：训字第三七五号（二十八年七月十一日）：令暂署山西高等法院院长徐步善、署山西高等法院首席检察官陈宝玺：为令发该院及太原地院本年七月份进级人员表及部令仰遵照并转发遵照由

作　　者：

关 键 词：检察官　任职条件　进级

摘　　要：指示满足任职条件的人进叙一级。

期刊名称：法部公报

主办单位：

刊　　期：1939（4）

页　　码：89，3

63. 题　　名：公牍：训令：人事：法部训令：训字第三八三号（二十八年七月十七日）：令署河北高等法院院长李栋、署河北高等法院首席检察官马彝德、暂署山东高等法院院长张超骥等：为令发施行新概算补订办法仰遵照并转饬所属遵照由

作　　者：

关 键 词：检察官　经费扩充　标准

摘　　要：经费较上年扩充，需要统一核算标准。

期刊名称：法部公报

主办单位：

刊　　期：1939（4）

页　　码：89 - 91，3

64. 题　　名：公牍：训令：人事：法部训令：训字第四一九号（二十八年八月十日）：令署河北高等法院院长李栋、署河北高等法院首席检察官马彝德：为令发该省各法院监所本年八月份进级人员表及部令仰转发遵照由

作　　者：

关 键 词：检察官　任职　晋职

摘　　要：各法院监所任职满八个月应当

晋职。

期刊名称：法部公报

主办单位：

刊　　期：1939（5）

页　　码：83 - 84，4

65. 题　　名：公牍：训令：人事：法部训令：训字第四三二号（二十八年八月十八日）：令暂署山东高等法院院长张超骥、署山东高等法院首席检察官温国璋：为报青岛高院呈前山东高二分院受理平度等八县上诉未结各案准予移送办理由

作　　者：

关 键 词：检察官　管辖权

摘　　要：指示管辖权上交的，已无管辖权。

期刊名称：法部公报

主办单位：

刊　　期：1939（5）

页　　码：86，4

66. 题　　名：公牍：训令：人事：法部训令：训字第四三八号（二十八年八月二十三日）：令暂署山西高等法院院长徐步善、署山西高等法院首席检察官陈宝玺：为仰迅饬太原律师公会召集会员大会改选职员每月评议员会记录亦应呈部查核由

作　　者：

关 键 词：检察官　会员名册　修正大会

摘　　要：太原律师公会会员名册及修正大会是否召开，需要及时上报。

期刊名称：法部公报

主办单位：

刊　　期：1939（5）

页　　码：86 - 87，4

67. 题　　名：公牍：训令：人事：法部训令：训字第四三九号（二十八年八月二十三日）：令署河北高等法院院长李栋、署河北高等法院首席检察官马彝德、暂署山东高等法院院长张超骥等：为仰饬所属法院所在地各律师公会依章召开会员大会并改选职员由

作　　者：

关 键 词：检察官　律师　会员大会

摘　　要：律师会员人数未清，会员大会多未按期召开，请及时上报。

期刊名称：法部公报

主办单位：

刊　　期：1939（5）

页　　码：87，4

68. 题　　名：公牍：训令：会计：法部训令：训字第四七二号（二十八年九月十一日）：令署河北高等法院院长李栋、署河北高等法院首席检察官马彝德等：通令为令饬限于十月十五日前进行编制该院暨所属各院监所二十九年度支出概算送部核转由

作　　者：

关 键 词：检察官　监所　支出　概算

摘　　要：通令为令饬限于十月十五日前进行编制该院暨所属各院监所二十九年度支出概算。

期刊名称：法部公报

主办单位：

刊　　期：1939（6）

页　　码：59，4

69. 题　　名：公牍：训令：刑事：法部训令：训字第四八四号（二十八年九月十六日）：令署河北高等法院院长李栋、署河北高等法院首席检察官马彝德：为仰遵令将津地看守所移解唐山寄押之被告分别移转唐山法院管辖或处理由

作　　者：

关 键 词：检察官　水患　看守所

摘　　要：指示水患浸及看守所，需要尽快解决。

期刊名称：法部公报

主办单位：

刊　　期：1939（6）

页　　码：60－61，4

70. 题　　名：公牍：训令：监狱：法部训令：训字第四七七号（二十八年九月十四日）：令署河北高等法院院长李栋、署河北高等法院首

席检察官马彝德：为据天津监狱电陈董庆正冒名董立平及王玉廷漏未通缉各情仰分别办理具报由

作　　者：

关 键 词：检察官　脱逃人员

摘　　要：指示查脱逃人员中情况有误的记录。

期刊名称：法部公报

主办单位：

刊　　期：1939（6）

页　　码：64－65，4

71. 题　　名：公牍：训令：刑事：法部训令：训字第五八二号（二十八年十月二十日）：令署河北高等法院院长李栋、首席检察官马彝德等：为饬查各承办诉讼事件之书记官如有延搁事务应随时切实督促进行勿任搁滞由

作　　者：

关 键 词：检察官　办案程序　期日

摘　　要：指示办案有程序和期日，不得违反。

期刊名称：法部公报

主办单位：

刊　　期：1939（7）

页　　码：138－139

72. 题　　名：公牍：训令：人事：法部训令：训字第四四零号（二十八年八月二十三日）：令署青岛高等法院院长戚运机、署青岛高等法院首席检察官李琴鹤：为仰将青岛律师公会会则及现有职员会员名册呈核并该公会曾否召开会员大会及常任评议员会并仰查覆由

作　　者：

关 键 词：检察官　律师　会员　成立日期

摘　　要：青岛律师公会律师职员会员及选举和成立年月日，都没有记载，请及时呈核。

期刊名称：法部公报

主办单位：

刊　　期：1939（5）

页　　码：87－88，4－5

73. 题　　名：公牍：训令：人事：法部训令：训字第四五三号（二十八年八月三十一日）：令署河北高等法院院长李栋、署河北高等法院首席检察官马彝德、暂署山东高等法院院长张超骥等：通令为各级法院监所所呈请派人员及已经部派呈报就职应将有关叙俸证件呈验以凭核叙由

作　　者：

关 键 词：检察官　职务证明　俸津证明

摘　　要：指示提交职务证明及俸津证明。

期刊名称：法部公报

主办单位：

刊　　期：1939（5）

页　　码：89，5

74. 题　　名：公牍：训令：统计：法部训令：训字第三一八号（二十八年六月二十四日）：令署河北高等法院院长李栋、署河北高等法院首席检察官马彝德、暂署山东高等法院院长张超骥等：通令为转饬各县知事受理刑事案件应列入第三表具报整将侦查案件之数列入备考毋庸另造第三表由

作　　者：

关 键 词：检察官　填报表式

摘　　要：指示各县知事应将刑事侦查案件之数填报表式。

期刊名称：法部公报

主办单位：

刊　　期：1939（3）

页　　码：94，3

75. 题　　名：公牍：训令：人事：法部训令：训字第四三一号（二十八年八月十八日）：令署河北高等法院院长李栋、署河北高等法院首席检察官马彝德、暂署山东高等法院院长张超骥等：通令为本届司法官初试及格人员训练满六个月后得择尤派在地院学习依章不得执行律师职务如有现仍执行者应撤销登录仰遵照并转饬遵照由

作　　者：

关 键 词：检察官　司法官　养成所

摘　　要：司法官考试初试及格人员应进司法官养成所受训。

期刊名称：法部公报

主办单位：

刊　　期：1939（5）

页　　码：85－86，4

76. 题　　名：公牍：训令：统计：法部训令：训字第五三七号（二十八年十月六日）：令署河北高等法院院长李栋、首席检察官马彝德等：为兼理司法各县之民刑案件等项月报表仍由高院分别存转仰饬遵由

作　　者：

关 键 词：检察官　民事案件　刑事案件　月报表

摘　　要：民事案件迟延月报表及刑事案件收结及被告羁押月报表。

期刊名称：法部公报

主办单位：

刊　　期：1939（7）

页　　码：135－136，4－5

77. 题　　名：公牍：训令：人事：法部训令：训字第二四零号（二十八年五月十五日）：最高法院检察署检察长张孝杉、署河北高等法院院长李栋、首席检察官马彝德等：为司法官吏不容假借权力滥用职权仰饬戒所属并随时密查由

作　　者：

关 键 词：司法官　滥用职权

摘　　要：司法官不容假借权力滥用职权，并随时密查。

期刊名称：法部公报

主办单位：

刊　　期：1939（2）

页　　码：91－90，4

（四）指令

1. 题　　名：公牍：指令：刑事：法部指令：指字第三零三八号（二十八年五月四日）：令署河北高等法院首席检察官马彝德：呈一件，为转报天津地方法院检察处本年度第一季宣告缓刑案件报表判请鉴

核由

作　　　者：

关　键　词：检察官　公共危险罪　伪造公文案

摘　　　要：强盗一案无须再以公共危险罪追究；伪造公文案属于从一罪处断，但有赘漏。

期刊名称：法部公报

主办单位：

刊　　　期：1939（2）

页　　　码：163－164

2. 题　　　名：公牍：指令：刑事：法部指令：指字第三一八三号（二十八年五月九日）：令署山西高等法院首席检察官陈宝玺：呈一件，为转报太原地方法院检察处本年第一季宣告缓刑季报表判祈鉴核由

作　　　者：

关　键　词：检察官　说理

摘　　　要：检察官指示说理要简明不得冗赘。

期刊名称：法部公报

主办单位：

刊　　　期：1939（2）

页　　　码：167－168

3. 题　　　名：公牍：指令：刑事：法部指令：指字第三七零二号（二十八年五月二十三日）：令署河北高等法院首席检察官马彝德：呈一件，为转报天津分院检察处本年度第一季宣告缓刑季报表判祈鉴核由

作　　　者：

关　键　词：检察官　起算日期　笔误

摘　　　要：天津分院检察处宣告缓刑季报表起算日期有误。

期刊名称：法部公报

主办单位：

刊　　　期：1939（2）

页　　　码：186－187

4. 题　　　名：公牍：指令：刑事：法部指令：指字第三八六六号（二十八年五月二十六日）：令署山东高等法院首席检察官温国璋：呈一件，为转报该院烟台分院检察处本年第一季宣告缓刑案件表判祈鉴核由

作　　　者：

关　键　词：检察官　首页　年月日

摘　　　要：检察官送达判决正本未于首页记明送达年月日。

期刊名称：法部公报

主办单位：

刊　　　期：1939（2）

页　　　码：200

5. 题　　　名：公牍：指令：监狱：法部指令：指字第三四零八号（二十八年五月十三日）：令署河北高等法院首席检察官马彝德：呈一件，呈报本年三见份检察官视察天津监所月报表祈核由

作　　　者：

关　键　词：检察官　书籍　良知

摘　　　要：指令称在视察天津监狱过程中应增加富于艺术性的改造并增加道德类书籍，以改造罪犯良知；且称天津看守所押犯人数超容，天热有死亡现象，需清理案件。

期刊名称：法部公报

主办单位：

刊　　　期：1939（2）

页　　　码：207

6. 题　　　名：公牍：指令：监狱：法部指令：指字第三六八六号（二十八年五月二十三日）：令署山东高等法院首席检察官温国璋：呈一件，呈报本年三月份检察官视察烟台监所报告单祈鉴核由

作　　　者：

关　键　词：检察官　监狱　犯人

摘　　　要：视察烟台监狱里发现男监有屋漏，监房有倒塌，工房有损坏且已决未决犯人数超容。

期刊名称：法部公报

主办单位：

刊　　　期：1939（2）

页　　　码：207－208

7. 题　　　名：公牍：指令：人事：法部指令：指字第三八一九号（二十八年五月二十六日）：令署山西高等法院首席检察官陈宝玺：呈一件呈报太原地方法院检察处学习书记

官崔绣章销假日期祈鉴核由

作　　　者：

关 键 词：检察官　逾期　续假

摘　　　要：检察官呈报有官员请假逾期未归，没有续假。

期刊名称：法部公报

主办单位：

刊　　　期：1939（2）

页　　　码：117

8. 题　　　名：公牍：指令：统计：法部指令：指字第三四一八号（二十八年五月十五日）：令署山西高等法院首席检察官陈宝玺：呈一件，呈报本年四月份检察官视察太原地方法院看守所月报表祈核由

作　　　者：

关 键 词：检察官　男女监犯　病犯

摘　　　要：指示男女监犯人病犯数据两次不统一，应再查；另天热原因，卫生事项要予以加强。

期刊名称：法部公报

主办单位：

刊　　　期：1939（2）

页　　　码：124

9. 题　　　名：公牍：指令：统计：法部指令：指字第三八三一号（二十八年五月二十六日）：令署河北高等法院院长李栋、首席检察官马彝德：呈一件，呈报本院检察处二十七年度侦查案件年表请核由

作　　　者：

关 键 词：侦查案件年表

摘　　　要：关于侦查案件报表情况的汇报。

期刊名称：法部公报

主办单位：

刊　　　期：1939（2）

页　　　码：132

10. 题　　　名：公牍：指令：刑事：法部指令：指字第四六一二号（二十八年六月十七日）：令署河北高等法院首席检察官马彝德：呈一件为转报天津地方法院检察处遵令执行盗匪案犯赵歧山等死刑刑罚表请核由

作　　　者：

关 键 词：盗匪案　刑罚表

摘　　　要：核准死刑的命令。

期刊名称：法部公报

主办单位：

刊　　　期：1939（3）

页　　　码：139－140

11. 题　　　名：公牍：指令：刑事：法部指令：指字第四六六九号（二十八年六月二十日）：令署河北高等法院首席检察官马彝德：呈一件为转报天津分院检察处执行马曾起无期徒刑刑罚表及卷判请核由

作　　　者：

关 键 词：检察官　无期徒刑　刑罚表

摘　　　要：转报天津分院检察处马曾起无期徒刑刑罚表和案卷存在的问题。

期刊名称：法部公报

主办单位：

刊　　　期：1939（3）

页　　　码：141

12. 题　　　名：公牍：指令：监狱：法部指令：指字第四二四八号（二十八年六月七日）：令署河北高等法院首席检察官马彝德：呈一件转报滦县地方法院检察官四月份视察监所月报表祈鉴核由

作　　　者：

关 键 词：检察官　未决犯　保释　缓刑

摘　　　要：监所视察时发现未决人犯超容，清理积案分以缓刑、保释处理等事宜。

期刊名称：法部公报

主办单位：

刊　　　期：1939（3）

页　　　码：155

13. 题　　　名：公牍：指令：监狱：法部指令：指字第四二八九号（二十八年六月九日）：令署河北高等法院首席检察官马彝德：呈一件为呈报天津地方法院检察官本年四月份视察监所月报表请鉴核由

作　　　者：

关　键　词：检察官　监所　疫病

摘　　　要：检察官视察时发现监所人犯超容，天热拥挤，恐发生疫病，需要清理。

期刊名称：法部公报

主办单位：

刊　　　期：1939（3）

页　　　码：155 – 156

14. 题　　　名：公牍：指令：监狱：法部指令：指字第四七三八号（二十八年六月二十二日）：令署山东高等法院首席检察官温国璋：呈一件为呈报本年四月份烟台分院检察官视察监所月报表请鉴核由

作　　　者：

关　键　词：检察官　工房

摘　　　要：检察官呈报监房及三科两所房屋渗漏，工房毁损，雨季要来，需要修饬。

期刊名称：法部公报

主办单位：

刊　　　期：1939（3）

页　　　码：158

15. 题　　　名：公牍：指令：监狱：法部指令：指字第四八三三号（二十八年六月二十四日）：令署河北高等法院首席检察官马彝德：呈一件为呈报北京地方法院检察官四月份视察监所月报表请鉴核由

作　　　者：

关　键　词：检察官　未决犯　监舍

摘　　　要：检察官视察北京第一监狱及地方法院看守所发现未决人犯超容，监房拥挤，天热应清理。

期刊名称：法部公报

主办单位：

刊　　　期：1939（3）

页　　　码：158 – 159

16. 题　　　名：公牍：指令：统计：法部指令：指字第五零零一号（二十八年六月二十九日）：令署河北滦县地方法院检察官赵时雍：呈一件呈报五月份检察官结案计数表祈鉴核由

作　　　者：

关　键　词：检察官　候补　结案数字

摘　　　要：检察官经报表发现候补检察官付良弼虚构结案数字及报表，需要查清。

期刊名称：法部公报

主办单位：

刊　　　期：1939（3）

页　　　码：108 – 109

17. 题　　　名：公牍：指令：刑事：法部指令：指字第四零九二号（二十八年六月一日）：令署山东高等法院首席检察官温国璋：呈一件为送烟台地方法院检察处本年第一季宣告缓刑季报表判请核由

作　　　者：

关　键　词：检察官　法条　不符

摘　　　要：三起案件没有按法条规定办理的情况查报。

期刊名称：法部公报

主办单位：

刊　　　期：1939（3）

页　　　码：122 – 123

18. 题　　　名：公牍：指令：刑事：法部指令：指字第四一三四号（二十八年六月三日）：令署河北高等法院首席检察官马彝德：呈一件为转报北京地方法院检察处本年度第一季宣告缓刑季报表判请核由

作　　　者：

关　键　词：宣告缓刑报表

摘　　　要：北京第一法院检察处本年度一季度宣告缓刑报表。

期刊名称：法部公报

主办单位：

刊　　　期：1939（3）

页　　　码：125 – 126

19. 题　　　名：公牍：指令：监狱：法部指令：指字第五二七二号（二十八年七月十日）：令署河北高等法院首席检察官马彝德；呈一件，为呈报本年五月份检察官视察北京监所月报表请鉴核由

作　　　者：

关　键　词：检察官　监所月报表

摘　　　要：本年五月份检察官视察北京监
狱月报表。

期刊名称：法部公报

主办单位：

刊　　　期：1939（4）

页　　　码：150－151

20．题　　名：公牍：指令：监狱：法部指令：
指字第五三四零号（二十八年
七月十二日）：令署河北高等法
院首席检察官马彝德：呈一件，
为呈报天津分院检察官五月份
视察天津监所月报表请鉴核由

作　　　者：

关　键　词：检察官　监所月报表

摘　　　要：天津分院检察官五月呈报天津
监所报表。

期刊名称：法部公报

主办单位：

刊　　　期：1939（4）

页　　　码：151

21．题　　名：公牍：指令：监狱：法部指令：
指字第五四三九号（二十八年
七月十九日）：令署山东高等法
院首席检察官温国璋：呈一件，
为呈报五月份烟台分院检察官
视察监所月报表请鉴核由

作　　　者：

关　键　词：检察官　监房　渗漏　修理

摘　　　要：烟台分院检察官视察烟台监所
情况呈报表。

期刊名称：法部公报

主办单位：

刊　　　期：1939（4）

页　　　码：151－152

22．题　　名：公牍：指令：统计：法部指令：
指字第五八一二号（二十八年
七月二十九日）：令署河北高等
法院唐山分院首席检察官凌熙：
呈一件，呈报六月份检察官结
案计数表祈鉴核由

作　　　者：

关　键　词：检察官　结案计数

摘　　　要：呈报六月检察官结案计数表。

期刊名称：法部公报

主办单位：

刊　　　期：1939（4）

页　　　码：106

23．题　　名：公牍：指令：刑事：法部指令：
指字第五零七八号（二十八年
七月一日）：令署河北高等法院
首席检察官马彝德：呈一件，
为转报天津地方法院检察处本
年五月份刑事涉外案月报表
处分书请核由

作　　　者：

关　键　词：侵占案　鸦片一案　住居所

摘　　　要：河北检察官查宋木南侵占案未
写明被告职业，赵玉璋鸦片一
案未载被告职业及住居所。

期刊名称：法部公报

主办单位：

刊　　　期：1939（4）

页　　　码：119－120

24．题　　名：公牍：指令：刑事：法部指令：
指字第五四一六号（二十八年
七月十八日）：令署河北高等法
院首席检察官马彝德：呈一件，
为呈报天津地方法院检察处执
行盗匪案犯李汝堂死刑刑罚表
祈鉴核由

作　　　者：

关　键　词：天津地方法院　检察处　执行
死刑　刑罚表

摘　　　要：检察官呈报天津地方法院检察
处执行盗匪案件李汝堂死刑刑
罚表。

期刊名称：法部公报

主办单位：

刊　　　期：1939（4）

页　　　码：132

25．题　　名：公牍：指令：刑事：法部指令：
指字第六零八二号（二十八年
八月八日）：令署河北高等法院
首席检察官马彝德：呈一件为
转报天津地方法院检察处本年
第二季宣告缓刑季报表判祈鉴
核由

作　　　者：

关　键　词：天津地方法院　检察处　宣告
缓刑季报表

摘　　　要：天津地方法院检察处本年宣告
缓刑季报表。

期刊名称：法部公报

主办单位：

刊　　期：1939（5）

页　　码：126

26. 题　　名：公牍：指令：刑事：法部指令：指字第六一八四号（二十八年八月十一日）：令署河北高等法院首席检察官马彝德：呈一件为转报北京地方法院检察处执行盗匪郭文曜等死刑刑罚一览表祈鉴核由

作　　者：

关键词：检察处　执行死刑一览表

摘　　要：北京地方法院检察处执行盗匪郭文曜等死刑刑罚一览表。

期刊名称：法部公报

主办单位：

刊　　期：1939（5）

页　　码：132

27. 题　　名：公牍：指令：刑事：法部指令：指字第六一八八号（二十八年八月十一日）：令署河北高等法院首席检察官马彝德：呈一件为转报天津地方法院检察处执行掳人勒赎犯孟宪荣死刑刑罚表祈鉴核由

作　　者：

关键词：天津地方法院　检察处　掳人勒赎　死刑刑罚表

摘　　要：为转报天津地方法院检察处执行掳人勒赎犯孟宪荣死刑刑罚表。

期刊名称：法部公报

主办单位：

刊　　期：1939（5）

页　　码：133

28. 题　　名：公牍：指令：刑事：法部指令：指字第六二四一号（二十八年八月十二日）：令署河北高等法院首席检察官马彝德：呈一件为转报北京地方法院检察处执行五年以上有期徒刑刑罚表判请核由

作　　者：

关键词：北京地方法院　检察处　有期徒刑　刑罚表

摘　　要：检察官转报北京地方法院检察处执行五年以上有期徒刑刑罚表。

期刊名称：法部公报

主办单位：

刊　　期：1939（5）

页　　码：137－138

29. 题　　名：公牍：指令：刑事：法部指令：指字第六五二零号（二十八年八月二十二日）：令署河北高等法院首席检察官马彝德：呈一件为转报该院唐山分院检察处本年第二季宣告缓刑季报表判祈鉴核由

作　　者：

关键词：唐山分院检察处　宣告缓刑季报表

摘　　要：为转报该院唐山分院检察处本年第二季宣告缓刑季报表。

期刊名称：法部公报

主办单位：

刊　　期：1939（5）

页　　码：148

30. 题　　名：公牍：指令：刑事：法部指令：指字第六八四五号（二十八年八月三十一日）：令署河北高等法院首席检察官马彝德：呈一件为转报滦县地方法院检察处执行盗匪夏锦峯等死刑刑罚一览表祈鉴核由

作　　者：

关键词：盗匪案　死刑刑罚

摘　　要：检察官转报滦县地方法院检察处执行盗匪夏锦峯等死刑刑罚一览表。

期刊名称：法部公报

主办单位：

刊　　期：1939（5）

页　　码：162－163

31. 题　　名：公牍：指令：监狱：法部指令：指字第六一二七号（二十八年八月九日）：令署河北高等法院首席检察官马彝德：呈一件为呈报唐山分院检察官六月份视察看守所月报表请鉴核由

作　　者：

关 键 词：视察看守所月报表

摘 要：检察官呈报唐山分院检察官六月份视察看守所月报表。

期刊名称：法部公报

主办单位：

刊 期：1939（5）

页 码：164

32. 题 名：公牍：指令：统计：法部指令：指字第六二零六号（二十八年八月十一日）：令署北京地方法院首席检察官刘锐：呈一件呈报六月份检察官结案计数表祈鉴核由

作 者：

关 键 词：检察官结案计数表

摘 要：检察官呈报六月份检察官结案计数表。

期刊名称：法部公报

主办单位：

刊 期：1939（5）

页 码：104－105

33. 题 名：公牍：指令：刑事：法部指令：指字第七三九五号（二十八年九月十二日）：令署河北高等法院首席检察官马彝德：呈一件，为转报唐山分院检察官执行盗匪董福昌死刑一览表请核由

作 者：

关 键 词：执行死刑一览表

摘 要：检察官转报唐山分院检察官执行盗匪董福昌死刑一览表。

期刊名称：法部公报

主办单位：

刊 期：1939（6）

页 码：103

34. 题 名：公牍：指令：刑事：法部指令：指字第七八二九号（二十八年九月二十八日）：令署河北高等法院首席检察官马彝德：呈一件，为转报唐山地方法院检察官执行张树清死刑刑罚表请核由

作 者：

关 键 词：死刑刑罚表

摘 要：检察官转报唐山地方法院检察官执行张树清死刑刑罚表。

期刊名称：法部公报

主办单位：

刊 期：1939（6）

页 码：122

35. 题 名：公牍：指令：刑事：法部指令：指字第七九三八号（二十八年九月三十日）：令署山东高等法院首席检察官温国璋：呈一件，为送烟台地方法院检察官执行宫天宝渎职一案卷判请核由

作 者：

关 键 词：渎职案

摘 要：检察官为送烟台地方法院检察官执行宫天宝渎职一案卷。

期刊名称：法部公报

主办单位：

刊 期：1939（6）

页 码：125－126

36. 题 名：公牍：指令：刑事：法部指令：指字第七九四四号（二十八年九月三十日）：令署河北高等法院首席检察官马彝德：呈一件，为转报滦县地方法院检察官执行盗匪郑春死刑刑罚表一览表请核由

作 者：

关 键 词：死刑刑罚表

摘 要：检察官转报滦县地方法院检察官执行盗匪郑春死刑刑罚表一览表。

期刊名称：法部公报

主办单位：

刊 期：1939（6）

页 码：126－127

37. 题 名：公牍：指令：刑事：法部指令：指字第七九四五号（二十八年九月三十日）：令署河北高等法院首席检察官马彝德：呈一件，转战滦县地方法院检察官执行盗匪赵普卿死刑刑罚一览表请核由

作 者：

关 键 词：盗匪 死刑刑罚表

摘 要：检察官转战滦县地方法院检察官执行盗匪赵普卿死刑刑罚一览表。

期刊名称：法部公报

主办单位：

刊　　期：1939（6）

页　　码：127

38. 题　　名：公牍：指令：统计：法部指令：指字第六九零一号（二十八年九月一日）：令署山东高等法院首席检察官温国璋：呈一件，为呈报七月份检察官结案计数表祈鉴核由

作　　者：

关 键 词：检察官　结案计数表

摘　　要：检察官呈报七月份检察官结案计数表。

期刊名称：法部公报

主办单位：

刊　　期：1939（6）

页　　码：70，5

39. 题　　名：公牍：指令：刑事：法部指令：指字第七零二五号（二十八年九月四日）：令署河北高等法院首席检察官马彝德：呈一件，为转报滦县地方法院检察处本年度第二季宣告缓刑季报表判请核由

作　　者：

关 键 词：检察官　缓刑　季报表

摘　　要：检察院转报滦县地方法院检察处本年度第二季宣告缓刑季报表。

期刊名称：法部公报

主办单位：

刊　　期：1939（6）

页　　码：83－84

40. 题　　名：公牍：指令：刑事：法部指令：指字第七零六六号（二十八年九月四日）：令署河北高等法院首席检察官马彝德：呈一件，为转报北京地方法院检察处二十八年度第二季宣告缓刑季报表判请核由

作　　者：

关 键 词：检察官　缓刑　季报表

摘　　要：检察官转报北京地方法院检察处二十八年度第二季宣告缓刑季报表。

期刊名称：法部公报

主办单位：

刊　　期：1939（6）

页　　码：87

41. 题　　名：公牍：指令：刑事：法部指令：指字第七一二五号（二十八年九月五日）：令署河北高等法院首席检察官马彝德：呈一件，为转报唐山地方法院检察处本年第二季宣告缓刑季报表判祈鉴核由

作　　者：

关 键 词：检察官　缓刑　季报表

摘　　要：检察官转报唐山地方法院检察处本年第二季宣告缓刑季报表。

期刊名称：法部公报

主办单位：

刊　　期：1939（6）

页　　码：90

42. 题　　名：公牍：指令：刑事：法部指令：指字第七一九二号（二十八年九月七日）：令署河北高等法院首席检察官马彝德：呈一件，为呈转滦县地方法院检察官执行盗匪姬宾等死刑刑罚一览表祈鉴核由

作　　者：

关 键 词：检察官　死刑　刑罚一览表

摘　　要：检察官呈转滦县地方法院检察官执行盗匪姬宾等死刑刑罚一览表。

期刊名称：法部公报

主办单位：

刊　　期：1939（6）

页　　码：92－93

43. 题　　名：公牍：指令：刑事：法部指令：指字第七三八六号（二十八年九月十二日）：令最高法院检察署检察长张孝杉：呈一件，为送张树声诬告非常上诉一案卷判请核由

作　　者：张孝杉

关 键 词：检察官　非常上诉　案卷

摘　　要：检察官送张树声诬告非常上诉一案卷。

期刊名称：法部公报

主办单位：

刊　　期：1939（6）

页　　码：98－99

44. 题　　名：公牍：指令：刑事：法部指令：
指字第八零一九号（二十八年
十月三日）：令署山东高等法院
首席检察官温国璋：呈一件，
为转呈该院烟台分院检察处执
行杀人犯阎宝年无期徒刑一案
表判卷宗祈鉴核由

作　　者：

关 键 词：检察官　无期徒刑

摘　　要：检察官转呈该院烟台分院检察
处执行杀人犯阎宝年无期徒刑
一案表判卷宗。

期刊名称：法部公报

主办单位：

刊　　期：1939（7）

页　　码：177

45. 题　　名：公牍：指令：刑事：法部指令：
指字第八三四七号（二十八年
十月十一日）：令署河北高等法
院首席检察官马彝德：呈一件，
为转报天津地方法院检察处执
行盗匪案犯尤连升死刑刑罚表
请核由

作　　者：

关 键 词：检察官　死刑刑罚表

摘　　要：检察官转报天津地方法院检察
处执行盗匪案犯尤连升死刑刑
罚表。

期刊名称：法部公报

主办单位：

刊　　期：1939（7）

页　　码：190

46. 题　　名：公牍：指令：刑事：法部指令：
指字第八六零零号（二十八年
十月十七日）：令署河北高等法
院首席检察官马彝德：呈一件，
为转报该院天津分院检察处执
行掳人勒赎案犯鄳盈无期徒刑
刑罚表及卷判请核由

作　　者：

关 键 词：检察官　无期徒刑刑罚表

摘　　要：检察官转报该院天津分院检察
处执行掳人勒赎案犯鄳盈无期

徒刑刑罚表及卷判。

期刊名称：法部公报

主办单位：

刊　　期：1939（7）

页　　码：199－200

47. 题　　名：公牍：指令：刑事：法部指令：
指字第九一一五号（二十八年
十月三十日）：令署山东高等法
院首席检察官温国璋：呈一件，
为转呈济南地方法院检察处本
年九份刑事涉外案件月报表及
起诉书请核由

作　　者：

关 键 词：检察官　刑事涉外案件　月报
表　起诉书

摘　　要：检察官转呈济南地方法院检察
处本年九份刑事涉外案件月报
表及起诉书。

期刊名称：法部公报

主办单位：

刊　　期：1939（7）

页　　码：215－216

48. 题　　名：公牍：指令：刑事：法部指令：
指字第九一二一号（二十八年
十月三十日）：令署河北高等法
院首席检察官马彝德：呈一件，
为转报该院天津分院检察处执
行盗匪案犯张三死刑刑罚表请
核由

作　　者：

关 键 词：检察官　死刑刑罚表

摘　　要：检察官转报该院天津分院检察
处执行盗匪案犯张三死刑刑
罚表。

期刊名称：法部公报

主办单位：

刊　　期：1939（7）

页　　码：217

49. 题　　名：公牍：指令：监狱：法部指令：
指字第八零四五号（二十八年
十月三日）：令署河北高等法院
首席检察官马彝德：呈一件，
为呈报滦县地方法院检察官本
年八月份视察监所月报表祈鉴
核由

作　　者：

关　键　词：检察官　监所月报表

摘　　　要：检察官呈报滦县地方法院检察官本年八月份视察监所月报表。

期刊名称：法部公报

主办单位：

刊　　　期：1939（7）

页　　　码：220－221，14

50. 题　　　名：公牍：指令：监狱：法部指令：指字第八四一一号（二十八年十月十二日）：令署河北高等法院首席检察官马彝德：呈一件，为呈报北京地方法院检察官本年八月份视察监所月报表祈鉴核由

作　　　者：

关　键　词：监所月报表

摘　　　要：呈报北京地方法院检察官本年八月份视察监所月报表。

期刊名称：法部公报

主办单位：

刊　　　期：1939（7）

页　　　码：223－224

51. 题　　　名：公牍：指令：监狱：法部指令：指字第八八一七号（二十八年十月二十三日）：令署青岛高等法院首席检察官李琴鹤：呈一件，为呈报本年九月份检察官视察看守所月报表祈鉴核由

作　　　者：

关　键　词：检察官　看守所月报表

摘　　　要：检察官呈报本年九月份检察官视察看守所月报表。

期刊名称：法部公报

主办单位：

刊　　　期：1939（7）

页　　　码：228

52. 题　　　名：公牍：指令：统计：法部指令：指字第八零五一号（二十八年十月三日）：令最高法院检察署检察长张孝移：呈一件，为呈送八月份刑事案件月报表祈鉴核由

作　　　者：

关　键　词：检察官　刑事案件月报表

摘　　　要：检察官呈送八月份刑事案件月报表。

期刊名称：法部公报

主办单位：

刊　　　期：1939（7）

页　　　码：148－149

53. 题　　　名：公牍：指令：刑事：法部指令：指字第八三四零号（二十八年十月十一日）：令署河北高等法院首席检察官马彝德：呈一件，为转报滦县地方法院检察处二十七年度宣告无罪表判书状请核由

作　　　者：

关　键　词：检察官　宣告无罪表判书状

摘　　　要：检察官转报滦县地方法院检察处二十七年度宣告无罪表判书状。

期刊名称：法部公报

主办单位：

刊　　　期：1939（7）

页　　　码：187－188

54. 题　　　名：公牍：指令：刑事：法部指令：指字第三零三七号（二十八年五月四日）：令署山西高等法院首席检察官陈宝玺：呈一件，为转报太原地方法院检察处本年第一季执行五年以上有期徒刑表判请鉴核由

作　　　者：

关　键　词：检察官　刑事判决报表

摘　　　要：山西高等法院首席检察官陈宝玺转报太原地方法院检察处本年第一季执行五年以上有期徒刑表判。

期刊名称：法部公报

主办单位：

刊　　　期：1939（2）

页　　　码：163

55. 题　　　名：公牍：指令：刑事：法部指令：指字第三零六六号（二十八年五月五日）：令署河北高等法院首席检察官马彝德：呈一件，为转报天津分院检察处本年二月份关于刑事案件报部办法第十一条所列判决确定执行案件表判连同卷宗祈鉴核由

作　　　者：

关　键　词：检察官　刑事案件月报表

摘　　　要：河北高等法院首席检察官马彝德转报天津分院检察处本年二月份关于刑事案件报部办法第十一条所列判决确定执行案件表判连同卷宗。

期刊名称：法部公报

主办单位：

刊　　　期：1939（2）

页　　　码：164

56. 题　　　名：公牍：指令：刑事：法部指令：指字第三三八二号（二十八年五月十三日）：令署河北高等法院首席检察官马彝德：呈一件，为转呈天津地方法院检察处遵令更正二十七年度第二季执行五年未满有期徒刑刑罚表祈鉴核由

作　　　者：

关　键　词：检察官　刑罚执行

摘　　　要：李寿先窃盗案和季光明伤害案逾期数月未交付执行。

期刊名称：法部公报

主办单位：

刊　　　期：1939（2）

页　　　码：170－171

57. 题　　　名：公牍：指令：刑事：法部指令：指字第三六零二号（二十八年五月十九日）：令署河北高等法院首席检察官马彝德：呈一件，呈覆查明北京地方法院检察官李淮清承办毕福庆诉陈廷俊等吸食鸦片一案经过情形请核由

作　　　者：

关　键　词：检察官　吸食鸦片案

摘　　　要：北京地方法院检察官李淮清承办毕福庆诉陈廷俊吸食鸦片一案经过情形。

期刊名称：法部公报

主办单位：

刊　　　期：1939（2）

页　　　码：181

58. 题　　　名：公牍：指令：刑事：法部指令：指字第三七零三号（二十八年五月二十三日）：令署河北高等法院首席检察官马彝德：呈一

件，为转报天津地方法院检察处二十七年度第四季执行五年未满有期徒刑刑罚表判请核

作　　　者：

关　键　词：检察官　连续犯　量刑

摘　　　要：检察官对未按连续犯论处及量刑的一些失误之处的核报。

期刊名称：法部公报

主办单位：

刊　　　期：1939（2）

页　　　码：187－188

59. 题　　　名：公牍：指令：刑事：法部指令：指字第三七八九号（二十八年五月二十五日）：令署河北高等法院首席检察官马彝德：呈一件，为转报北京地方法院检察处本年第一季执行五年以上有期徒刑刑罚表判请核由

作　　　者：

关　键　词：检察官　共犯

摘　　　要：检察官列举公报中共犯的情形。

期刊名称：法部公报

主办单位：

刊　　　期：1939（2）

页　　　码：190－191

60. 题　　　名：公牍：指令：刑事：法部指令：指字第三七九二号（二十八年五月二十五日）：令署河北高等法院首席检察官马彝德：呈一件，为转报天津分院检察处本年度第一季执行五年以上有期徒刑刑罚表判请核由

作　　　者：

关　键　词：判决日期　执行日期

摘　　　要：李万庆强盗案判决日期与执行日期为同一时间，是错误的，应予以改正。

期刊名称：法部公报

主办单位：

刊　　　期：1939（2）

页　　　码：191－192

61. 题　　　名：公牍：指令：刑事：法部指令：指字第三七九七号（二十八年五月二十五日）：令署河北高等法院首席检察官马彝德：呈一件，转报北京地方法院检察处

二十七年第四季执行五年未满有期徒刑刑罚表判请核由

作　　　者：

关　键　词：检察官　记录错误

摘　　　要：检察官列举相关案件中记录上的错误。

期刊名称：法部公报

主办单位：

刊　　　期：1939（2）

页　　　码：192－196

62. 题　　　名：公牍：指令：刑事：法部指令：指字第三八六四号（二十八年五月二十六日）：令署河北高等法院首席检察官马彝德：呈一件，为转报该院唐山分院检察处本年度第一季执行五年以上有期徒刑刑罚表判并陈明核办情形仰祈鉴核由

作　　　者：

关　键　词：检察官　裁定　判决

摘　　　要：检察官裁定误为判决的错误核报。

期刊名称：法部公报

主办单位：

刊　　　期：1939（2）

页　　　码：199

63. 题　　　名：公牍：指令：刑事：法部指令：指字第三八九六号（二十八年五月二十七日）：令署河北高等法院首席检察官马彝德：呈一件，为转报北京地方法院检察处二十八年第一季宣告免刑季报表判祈鉴核由

作　　　者：

关　键　词：检察官　刑诉法条文

摘　　　要：检察官引用的刑诉法漏揭后段。

期刊名称：法部公报

主办单位：

刊　　　期：1939（2）

页　　　码：201

64. 题　　　名：公牍：指令：刑事：法部指令：指字第三九五二号（二十八年五月二十九日）：令署河北高等法院首席检察官马彝德：呈一件，为转报北京地方法院检察处本年三月份刑事涉外案件月报表及处分书祈鉴核由

作　　　者：

关　键　词：检察官　起诉书　刑诉法条文

摘　　　要：检察官指示起诉书未引用刑诉法相关条文。

期刊名称：法部公报

主办单位：

刊　　　期：1939（2）

页　　　码：202

65. 题　　　名：公牍：指令：刑事：法部指令：指字第三九七八号（二十八年五月二十九日）：令署山西高等法院首席检察官陈宝玺：呈一件，为转报太原地方法院检察处本年四月份刑事涉外案件月报表及起诉审祈鉴核由

作　　　者：

关　键　词：检察官　起诉书　书记官

摘　　　要：检察官指示起诉书所载年月日未有书记官签名，与刑事诉讼法相关条文不符。

期刊名称：法部公报

主办单位：

刊　　　期：1939（2）

页　　　码：204

66. 题　　　名：公牍：指令：监狱：法部指令：指字第三八七六号（二十八年五月二十六日）：令署山东高等法院首席检察官温国璋：呈一件，呈报本年四月份检察官视察济南地方法院看守所月报表祈鉴核由

作　　　者：

关　键　词：检察官　看守所　卫生事项

摘　　　要：山东高等法院检察官温国璋视察济南地方法院看守所人犯增多，卫生事项需要注意。

期刊名称：法部公报

主办单位：

刊　　　期：1939（2）

页　　　码：208

67. 题　　　名：公牍：指令：刑事：法部指令：指字第四六一一号（二十八年六月十七日）：令署山东高等法院首席检察官温国璋：呈一件为转呈济南地方法院检察处执

行盗匪案被告安小三等无期徒刑刑罚一览表连同卷判请鉴核由

作　　者：

关 键 词：检察官　无期徒刑　公权

摘　　要：检察官指示有两案均判决无期，但没有依法剥夺公权。

期刊名称：法部公报

主办单位：

刊　　期：1939（3）

页　　码：139

68. 题　　名：公牍：指令：刑事：法部指令：指字第五零二八号（二十八年六月三十日）：令署山西高等法院首席检察官陈宝玺：呈一件为转报太原地方法院检察处本年五月份刑事涉外案件表及起诉书祈鉴核由

作　　者：

关 键 词：检察官　法条

摘　　要：检察官指示引用法条是另外的法条规定，且填表有误。

期刊名称：法部公报

主办单位：

刊　　期：1939（3）

页　　码：153－154

69. 题　　名：公牍：指令：监狱：法部指令：指字第四六一六号（二十八年六月十七日）：令署山西高等法院首席检察官陈宝玺：呈一件为呈报本年五月份太原地方法院检察官视察监所月报表请鉴核由

作　　者：

关 键 词：检察官　看守所

摘　　要：检察官视察看守所发现房间尚未使用，恐入夏拥挤，督促清理。

期刊名称：法部公报

主办单位：

刊　　期：1939（3）

页　　码：157

70. 题　　名：公牍：指令：刑事：法部指令：指字第四二九七号（二十八年六月九日）：令署山东高等法院首席检察官温国璋：呈一件为

转报济南地方法院检察处本年四月份刑事涉外案件月报表暨起诉书祈鉴核由

作　　者：

关 键 词：检察官　地方法院　刑事涉外案件　月报表

摘　　要：检察官转报济南地方法院本年四月份刑事涉外案件月报表。

期刊名称：法部公报

主办单位：

刊　　期：1939（3）

页　　码：127－128

71. 题　　名：公牍：指令：刑事：法部指令：指字第四三八一号（二十八年六月十二日）：令署山东高等法院首席检察官温国璋：呈一件为转报烟台分院检察处本年四月份受理苏廷金等危害民国一案卷判等件请核由

作　　者：

关 键 词：检察官　危害民国案

摘　　要：检察官发现有关案件并未呈报且未来文声叙。

期刊名称：法部公报

主办单位：

刊　　期：1939（3）

页　　码：133

72. 题　　名：公牍：指令：刑事：法部指令：指字第四五一三号（二十八年六月十五日）：令署山东高等法院首席检察官温国璋：呈一件为转呈烟台分院检察处本年四月份属于刑事案件报部办法第十一条第二项所列不起诉案件连同处分书祈鉴核由

作　　者：

关 键 词：检察官　声叙

摘　　要：检察官发现有关案件并未呈报且未来文声叙。

期刊名称：法部公报

主办单位：

刊　　期：1939（3）

页　　码：135

73. 题　　名：公牍：指令：刑事：法部指令：指字第四五九八号（二十八年六月十七日）：令最高法院检察

署检察长张孝栘：呈一件为呈送本年第一季宣告缓刑案件季报表判等件并陈明本季并无免刑案件请鉴核由

作　　者：

关　键　词：检察官　缓刑　免刑案件

摘　　要：要求检察官呈送本季度缓刑案件并陈明本季并无免刑案件。

期刊名称：法部公报

主办单位：

刊　　期：1939（3）

页　　码：138

74. 题　　名：公牍：指令：刑事：法部指令：指字第五七四九号（二十八年七月二十七日）：令署山东高等法院首席检察官温国璋：呈一件，为转报济南地方法院检察处呈送本年第二季宣告缓刑案件季报表判并陈明核办情形祈鉴核由

作　　者：

关　键　词：检察官　判决正本

摘　　要：检察官发现判决正本未按相关办法办理。

期刊名称：法部公报

主办单位：

刊　　期：1939（4）

页　　码：140，6

75. 题　　名：公牍：指令：刑事：法部指令：指字第五七五八号（二十八年七月二十八日）：令署山东高等法院首席检察官温国璋：呈一件，为据济南地方法院首席检察官呈真业侵占处刑案卷事变遗失应如何办理检同附件转请核示由

作　　者：

关　键　词：检察官　刑事案卷

摘　　要：检察官请示刑事案件案卷遗失如何处理。

期刊名称：法部公报

主办单位：

刊　　期：1939（4）

页　　码：141－142

76. 题　　名：公牍：指令：刑事：法部指令：指字第五七六零号（二十八年

七月二十八日）：令署河北高等法院首席检察官马彝德：呈一件，为转报滦县地方法院检察处二十八年度第一季执行五年以上有期徒刑刑罚表判请核由

作　　者：

关　键　词：检察官　搁置呈报

摘　　要：检察官发现报表中规定每个季度半月后呈报情况，但实际却搁置三个月有余才呈报。

期刊名称：法部公报

主办单位：

刊　　期：1939（4）

页　　码：142－143

77. 题　　名：公牍：指令：刑事：法部指令：指字第五八二三号（二十八年七月三十一日）：令署河北高等法院首席检察官马彝德：呈一件，为转报该院天津分院检察处执行掳人勒赎案犯刘介民无期徒刑刑罚表连同卷判等件请鉴核由

作　　者：

关　键　词：检察官　无期徒刑刑罚表

摘　　要：检察官转报天津分院检察处执行掳人勒赎案犯刘介民无期徒刑刑罚表连同案卷判决等报送。

期刊名称：法部公报

主办单位：

刊　　期：1939（4）

页　　码：147

78. 题　　名：公牍：指令：刑事：法部指令：指字第五二二八号（二十八年七月八日）：令署河北高等法院首席检察官马彝德：呈一件，为转报滦县地方法院检察处本年度第一季无宣告免刑案件请备案由

作　　者：

关　键　词：检察官　免刑案件

摘　　要：检察官呈报该年第一季度无宣告免刑的案件。

期刊名称：法部公报

主办单位：

刊　　期：1939（4）

页　　码：126－127

79. 题　　名：公牍：指令：刑事：法部指令：指字第五三三〇号（二十八年七月十二日）：令署河北高等法院首席检察官马彝德：呈一件，为转报北京地方法院检察处本年五月份刑事涉外案件月报表及处分书请核由

作　　者：

关 键 词：检察官　刑法法条

摘　　要：检察官指示窃盗嫌疑一案引用刑法第三百二十一条第一款第一项有疏漏，转承办人。

期刊名称：法部公报

主办单位：

刊　　期：1939（4）

页　　码：130

80. 题　　名：公牍：指令：刑事：法部指令：指字第五五五五号（二十八年七月二十一日）：令署河北高等法院首席检察官马彝德：呈一件，为转报该院天津分院检察处本年五月份刑事案件报部办法第十一条所定宣告无罪案件月报表连同卷判请核由

作　　者：

关 键 词：检察官　卷宗日期　法定罪名

摘　　要：检察官呈报的卷宗日期及推事姓名不对，且填写的嫌疑罪名与法定罪名不符。

期刊名称：法部公报

主办单位：

刊　　期：1939（4）

页　　码：137

81. 题　　名：公牍：指令：刑事：法部指令：指字第五六零五号（二十八年七月二十四日）：令署河北高等法院首席检察官马彝德：呈一件，为转报滦县地方法院检察处本年度第一季宣告缓刑季报表及判决书祈鉴核由

作　　者：

关 键 词：检察官　宣告缓刑　暂不执行

摘　　要：检察官呈报查张氏妨害婚姻一案对于宣告缓刑未叙明，以暂不执行为适当之理由，与法

不符。

期刊名称：法部公报

主办单位：

刊　　期：1939（4）

页　　码：137－138

82. 题　　名：公牍：指令：刑事：法部指令：指字第六三二二号（二十八年八月十六日）：令署山西高等法院首席检察官陈宝玺：呈一件为转报太原地方法院检察处本年六月份刑事涉外案件月报表及起诉书请核由

作　　者：

关 键 词：检察官　起诉书

摘　　要：检察官呈报杨禄只等窃盗一案，起诉书漏载制作人所属法院。

期刊名称：法部公报

主办单位：

刊　　期：1939（5）

页　　码：138

83. 题　　名：公牍：指令：刑事：法部指令：指字第六三六四号（二十八年八月十七日）：令署山西高等法院首席检察官陈宝玺：呈一件为转报太原地方法院检察处本年第二季执行五年以上有期徒刑刑罚表判祈鉴核由

作　　者：

关 键 词：检察官　共同正犯

摘　　要：检察官呈报成富年强盗一案，与不知名罪犯五名为共同正犯，是法律有疏漏，宋金生等强盗一案依法无掠夺公权之必要而掠夺公权。

期刊名称：法部公报

主办单位：

刊　　期：1939（5）

页　　码：142

84. 题　　名：公牍：指令：刑事：法部指令：指字第六四三六号（二十八年八月十九日）：令署河北高等法院首席检察官马彝德：呈一件为转报天津地方法院检察处执行王墨林掳人勒赎一案无期徒刑刑罚表连同卷判祈鉴核由

作　　者：

关　键　词：检察官　犯罪情状　怜恕　减刑

摘　　　要：检察官呈表判掳人勒索案如犯罪情状确可怜恕，不得减刑。

期刊名称：法部公报

主办单位：

刊　　　期：1939（5）

页　　　码：143

85. 题　　　名：公牍：指令：刑事：法部指令：指字第六五一九号（二十八年八月二十二日）：令署河北高等法院首席检察官马彝德：呈一件为转报北京地方法院检察处本年六月份刑事涉外案件表及处分书请鉴核由

作　　　者：

关　键　词：检察官　不起诉处分

摘　　　要：检察官指示宋佩金侵占一案不起诉处分依刑事诉讼法无此规定。

期刊名称：法部公报

主办单位：

刊　　　期：1939（5）

页　　　码：148

86. 题　　　名：公牍：指令：刑事：法部指令：指字第六五二一号（二十八年八月二十二日）：令署山西高等法院首席检察官陈宝玺：呈一件为转报太原地方法院检察处二十八年度第二季宣告缓刑案件表判请核由

作　　　者：

关　键　词：检察官　缓刑报表

摘　　　要：检察官呈报唐山分院本年第二季度宣告缓刑报表。

期刊名称：法部公报

主办单位：

刊　　　期：1939（5）

页　　　码：148－149

87. 题　　　名：公牍：指令：刑事：法部指令：指字第六五四三号（二十八年八月二十三日）：令署山东高等法院首席检察官温国璋：呈一件为转报该院烟台分院检察处本年第二季执行五年以上有期徒刑刑罚表请核由

作　　　者：

关　键　词：检察官　罪名　姓名

摘　　　要：检察官呈报李天明盗窃一案与杀人一案判决姓名与罪名都不相同，为什么错误无法判断，只能根据相关法条上报。

期刊名称：法部公报

主办单位：

刊　　　期：1939（5）

页　　　码：149－150

88. 题　　　名：公牍：指令：刑事：法部指令：指字第六五四六号（二十八年八月二十三日）：令署河北高等法院首席检察官马彝德：呈一件为转报该院天津分院检察处本年六月份刑事案件报部办法第十一条所列案件不起诉处分书祈鉴核由

作　　　者：

关　键　词：检察官　不起诉处分书

摘　　　要：检察官指示王柱亭危害民国一案不起诉处分书所引刑事诉讼法条文有误，予以呈报。

期刊名称：法部公报

主办单位：

刊　　　期：1939（5）

页　　　码：151

89. 题　　　名：公牍：指令：刑事：法部指令：指字第六六二四号（二十八年八月二十六日）：令署河北高等法院首席检察官马彝德：呈一件为转报该院唐山分院检察处二十八年度第二季执行五年以上有期徒刑刑罚表判请核由

作　　　者：

关　键　词：检察官　判决　第一审

摘　　　要：检察官指示张德宽盗匪等罪判决是第一审判决缮本，为撤回之罪在备考栏备注。

期刊名称：法部公报

主办单位：

刊　　　期：1939（5）

页　　　码：151－152

90. 题　　　名：公牍：指令：人事：法部指令：指字第六六零号（二十八年八月二十五日）：令署河北高等

法院首席检察官马彝德：呈一件为呈送所属各法院检察处本年四月至六月份请假人员季报表请鉴核由

作　　者：

关 键 词：检察官　请假逾期

摘　　要：唐山地方法院人员请假人员逾期十日列入请假季报表，显然不属于合法。

期刊名称：法部公报

主办单位：

刊　　期：1939（5）

页　　码：98

91. 题　　名：公牍：指令：统计：法部指令：指字第六二零五号（二十八年八月十一日）：令署河北高等法院首席检察官马彝德：呈一件呈报河北滦县地方法院检察处二十七年度拘役罚金案件执行刑罚一览表祈鉴核由

作　　者：

关 键 词：检察官　罚金　劳役

摘　　要：检察官列举数件罚金无力缴纳以劳役抵之，若羁押日数已折抵全部罚金，则无法再行劳役。

期刊名称：法部公报

主办单位：

刊　　期：1939（5）

页　　码：103 – 104

92. 题　　名：公牍：指令：刑事：法部指令：指字第五九三六号（二十八年八月三日）：令署河北高等法院首席检察官马彝德：呈一件为转送北京地方法院检察处执行杀人案犯陈平无期徒刑刑罚一览表及卷判请核由

作　　者：

关 键 词：检察处　无期徒刑　刑罚一览表

摘　　要：检察官为转送北京地方法院检察处执行杀人案犯陈平无期徒刑刑罚一览表。

期刊名称：法部公报

主办单位：

刊　　期：1939（5）

页　　码：120

93. 题　　名：公牍：指令：刑事：法部指令：指字第七三八九号（二十八年九月十二日）：令署山东高等法院首席检察官温国璋：呈一件，为转报该院烟台分院检察处二十八年度第二季宣告缓刑案件表判并陈明核办情形请核由

作　　者：

关 键 词：检察官　一审　审判费

摘　　要：检察官呈报某恒窃盗一案第一审判决其附带民事诉讼部分于审判费外的诉讼被裁判遗漏。

期刊名称：法部公报

主办单位：

刊　　期：1939（6）

页　　码：100 – 101

94. 题　　名：公牍：指令：刑事：法部指令：指字第七三九零号（二十八年九月十二日）：令署山西高等法院首席检察官陈宝玺：呈一件，为转报太原地方法院检察处二十八年七月份刑事涉外案件月报表暨起诉书请核由

作　　者：

关 键 词：检察官　起诉书　刑法条文

摘　　要：检察官呈报李茂等共同窃盗一案起诉书没有引用刑法相应条文。

期刊名称：法部公报

主办单位：

刊　　期：1939（6）

页　　码：101

95. 题　　名：公牍：指令：刑事：法部指令：指字第七三九四号（二十八年九月十二日）：令署山东高等法院首席检察官温国璋：呈一件，为转报烟台地方法院检察处二十八年度第二季宣告缓刑案件表判并陈明核办情形请核由

作　　者：

关 键 词：检察官　缓刑案件

摘　　要：检察官呈报烟台地方法院检察处本年本季度宣告缓刑案件表。

期刊名称：法部公报

主办单位：

刊　　期：1939（6）

页　　码：102 - 103

96. 题　　名：公牍：指令：刑事：法部指令：指字第七三九七号（二十八年九月十二日）：令署河北高等法院首席检察官马彝德：呈一件，为转报北京地方法院检察处本年七月份刑事涉外案件月报表及处分书请核由

作　　者：

关 键 词：检察官　起诉书　证据

摘　　要：检察官呈报李张氏等侵占案起诉书犯罪证据栏所载已经洪宽指诉属实，并经查核，但如何查核没有说明。

期刊名称：法部公报

主办单位：

刊　　期：1939（6）

页　　码：104

97. 题　　名：公牍：指令：刑事：法部指令：指字第七四八五号（二十八年九月十四日）：令署山东高等法院首席检察官温国璋：呈一件，为转呈济南地方法院检察处本年七月份刑事涉外案件月报表及起诉书并陈明核办情形祈鉴核由

作　　者：

关 键 词：检察官　文理

摘　　要：检察官呈报郭兆祥窃盗一案起诉书记载的"被告连续窃盗应有犯刑法相应法条之罪嫌"等语文理不通顺，其中的"应有"和"罪嫌"各字样也不妥。

期刊名称：法部公报

主办单位：

刊　　期：1939（6）

页　　码：113 - 114

98. 题　　名：公牍：指令：刑事：法部指令：指字第七五九零号（二十八年九月十六日）：令署河北高等法院首席检察官马彝德：呈一件，为转报该院天津分院检察处二十八年度第二季执行五年以上有期徒刑案件表判请核由

作　　者：

关 键 词：检察官　犯罪之用　枪械子弹

摘　　要：检察官呈报查供给犯罪所用的枪械子弹为罪犯所用之物，而且也违禁物，宣告没收自然应该并用刑法相关法条及郝庆奎、郭世元等强盗各案原判关于没收枪械子弹部分漏引。

期刊名称：法部公报

主办单位：

刊　　期：1939（6）

页　　码：115 - 116

99. 题　　名：公牍：指令：监狱：法部指令：指字第七七七一号（二十八年九月二十六日）：令署河北高等法院首席检察官马彝德：呈一件，为呈报滦县地方法院检察官本年七月份视察监所月报表祈鉴核由

作　　者：

关 键 词：检察官　监狱房舍

摘　　要：检察官呈报县监狱房舍年久失修，经本部修饬、改建详图并招商投标在案，迄今没有根据。

期刊名称：法部公报

主办单位：

刊　　期：1939（6）

页　　码：136

100. 题　　名：公牍：指令：刑事：法部指令：指字第七零二三号（二十八年九月四日）：令署山西高等法院首席检察官陈宝玺：呈一件，为转报太原地方法院检察处本年一月至七月份均无刑事案件报部办法第十一条所列案件祈鉴核由

作　　者：

关 键 词：检察官　刑事案件

摘　　要：检察官呈报本年七月份无刑事案件上报。

期刊名称：法部公报

主办单位：

刊　　期：1939（6）

页　　码：82 - 83

101. 题　　名：公牍：指令：刑事：法部指令：指字第七一八八号（二十八年九月七日）：令署河北高等法院首席检察官马彝德：呈一件，

为转报滦县地方法院检察处本年第二季五年以上有期徒刑案件执行刑罚表判请核由

作　　者：

关 键 词：检察官　判决　上诉期间

摘　　要：检察官呈报判决都是正本也应记载上诉期间及提出上诉状的法院以备查，而相关案件判决并未记载前开事项。

期刊名称：法部公报

主办单位：

刊　　期：1939（6）

页　　码：90－91

102. 题　　名：公牍：指令：刑事：法部指令：指字第七三四六号（二十八年九月十一日）：令最高法院检察署检察长张孝栘：呈一件，为送本年第二季宣告缓刑案件季报表判请核并陈明本季无免刑案件请免造送由

作　　者：

关 键 词：检察官　缓刑案件　免刑案件

摘　　要：检察官呈报缓刑免刑性质不同，无论该季度有无这类案件都应分别专文呈报以便查核。

期刊名称：法部公报

主办单位：

刊　　期：1939（6）

页　　码：96－97

103. 题　　名：公牍：指令：刑事：法部指令：指字第七三四九号（二十八年九月十一日）：令署青岛高等法院首席检察官李琴鹤：呈一件，报前山东高等法院第二分院检察处进行中之诉讼案卷事变完全遗失请备案由

作　　者：

关 键 词：检察官　诉讼案卷　遗失

摘　　要：山东高等法院第二分院检察处进行中的诉讼案卷完全遗失。

期刊名称：法部公报

主办单位：

刊　　期：1939（6）

页　　码：98

104. 题　　名：公牍：指令：刑事：法部指令：

指字第八二五一号（二十八年十月七日）：令署青岛高等法院首席检察官李琴鹤：呈一件，为转报青岛地方法院检察处本年八月份刑事涉外案件月报表起诉书及不起诉处分书请核由

作　　者：

关 键 词：检察官　起诉书　日期

摘　　要：检察官呈报所述案件嫌疑不足，起诉书所载不合，日期不符。

期刊名称：法部公报

主办单位：

刊　　期：1939（7）

页　　码：182－183

105. 题　　名：公牍：指令：刑事：法部指令：指字第八二八一号（二十八年十月七日）：令署河北高等法院首席检察官马彝德：呈一件，为转报河北滦县地方法院检察处本年八月份无刑事案件报部办法第十一条规定有罪无罪及不起诉各案祈鉴核由

作　　者：

关 键 词：检察官　刑事案件

摘　　要：检察官呈报该处本年八月份无刑事案件报部。

期刊名称：法部公报

主办单位：

刊　　期：1939（7）

页　　码：185－186

106. 题　　名：公牍：指令：刑事：法部指令：指字第八四四二号（二十八年十月十三日）：令署山西高等法院首席检察官陈宝玺：呈一件，为转报太原地方法院检察处本年八月份刑事涉外案件月报表及处分书请核由

作　　者：

关 键 词：检察官　印章　签名　姓名

摘　　要：检察官呈报相关案件罪名应为恐怖却为欺诈；不起诉书正本未盖章又未有书记官签名；起诉书没有填写检察官姓名；且

模糊不清等问题。

期刊名称：法部公报

主办单位：

刊　　期：1939（7）

页　　码：192－193

107. 题　　名：公牍：指令：刑事：法部指令：指字第八五九九号（二十八年十月十七日）：令署山东高等法院首席检察官温国璋：呈一件，为转呈该院烟台分院检察处遵令查明更正本年第二季执行五年以上有期徒刑刑罚表判请核由

作　　者：

关键词：检察官　有期徒刑刑罚表

摘　　要：呈该院烟台分院检察处遵令查明更正本年第二季执行五年以上有期徒刑刑罚表判请核由。

期刊名称：法部公报

主办单位：

刊　　期：1939（7）

页　　码：199

108. 题　　名：公牍：指令：刑事：法部指令：指字第八六四七号（二十八年十月十八日）：令署河北高等法院首席检察官马彝德：呈一件，为转报北京地方法院检察处本年八月份刑事涉外案件月报表及处分书请核由

作　　者：

关键词：检察官　起诉书　嫌疑　用语错误

摘　　要：检察官呈报宛马氏诈欺一案既以不起诉处分则以被告犯罪为前提，然后再行酌量是否以不起诉为适当，乃原书以叙告诉人如何指控并未就被告诈欺嫌疑而论述，与法不合；沈德洪强盗一案起诉书所载"洗德洪"及"自难认其套勒定池于强奸之意思"；张万和窃盗一案不起诉处分所载"即不以前情鸣警送案"等语亦均显有错误，以期承办人注意。

期刊名称：法部公报

主办单位：

刊　　期：1939（7）

页　　码：201

109. 题　　名：公牍：指令：刑事：法部指令：指字第八七二六号（二十八年十月二十日）：令署河北高等法院院长李栋、首席检察官马彝德：呈一件，转报津监移禁北京第一监狱人犯董庆正冒名脱逃经北京地院检察官侦查起诉情形请核由

作　　者：

关键词：检察官　脱逃　承办人

摘　　要：检察官呈报起诉书是被告董庆脱逃，相关承办人有无串通情形需要审查。

期刊名称：法部公报

主办单位：

刊　　期：1939（7）

页　　码：203

110. 题　　名：公牍：指令：刑事：法部指令：指字第九零七九号（二十八年十月二十八日）：令署河北高等法院首席检察官马彝德：呈一件，为转报天津地方法院检察处二十八年九月份刑事涉外案件月报表起诉书暨不起诉处分书请核由

作　　者：

关键词：检察官　诈欺　督办

摘　　要：曹少廷诈欺一案侦讯五次迭传被告，仍未到案；历时四月，需要尽快破案。

期刊名称：法部公报

主办单位：

刊　　期：1939（7）

页　　码：213

111. 题　　名：公牍：指令：刑事：法部指令：指字第九一五四号（二十八年十月三十一日）：令署河北高等法院首席检察官马彝德：呈一件，为转报天津地方法院检察处二十八年度第三季执行五

年以上有期徒刑刑罚表判请核由。

作　　者：

关 键 词：检察官　有期徒刑刑罚表

摘　　要：为转报天津地方法院检察处二十八年度第三季执行五年以上有期徒刑刑罚表判请核由。

期刊名称：法部公报

主办单位：

刊　　期：1939（7）

页　　码：218－219

112. 题　　名：公牍：指令：监狱：法部指令：指字第八八零二号（二十八年十月二十一日）：令署山西高等法院首席检察官陈宝玺：呈一件，为呈报太原地方法院检察官九月份视察看守所月报表祈鉴核由

作　　者：

关 键 词：检察官　看守所

摘　　要：检察官呈报看守所女所房屋坍塌需要迅速修复；并且发棉衣棉被来御寒。

期刊名称：法部公报

主办单位：

刊　　期：1939（7）

页　　码：226－227

113. 题　　名：公牍：指令：人事：法部指令：指字第四七九九号（二十八年六月二十四日）：令署河北高等法院首席检察官马彝德：呈一件为转报天津地方法院检察处主任书记官边守铭办事勤奋着有劳绩拟请酌予奖励抵消前过祈鉴核示遵由

作　　者：

关 键 词：检察官　书记官　记过处分

摘　　要：检察官为转报天津地方法院检察处主任书记官边守铭办事勤奋着有劳绩拟请酌予奖励抵消前过。

期刊名称：法部公报

主办单位：

刊　　期：1939（3）

页　　码：101

114. 题　　名：公牍：指令：人事：法部指令：指字第五四九三号（二十八年七月二十日）：令署河北高等法院首席检察官马彝德：呈一件，为本院检察官周业巨平日任事异常勤奋屡经查办案件复能措置合宜拟请量予奖励抵消前过祈鉴核示遵由

作　　者：

关 键 词：检察官　记过　撤销

摘　　要：检察官受记过处分，准予奖励抵消前过。

期刊名称：法部公报

主办单位：

刊　　期：1939（4）

页　　码：97

115. 题　　名：公牍：指令：刑事：法部指令：指字第五九二一号（二十八年八月二日）：令署河北高等法院首席检察官马彝德：呈一件为转报天津地方法院检察处本年一至五月份无刑事案件报部办法第十一条所列不起诉处分确定案件暨六月份不起诉处分书并陈明核办情形请核由

作　　者：

关 键 词：检察官　不起诉处分

摘　　要：检察官呈报不起诉处分六月核定案件，需要按月报。

期刊名称：法部公报

主办单位：

刊　　期：1939（5）

页　　码：119－120

116. 题　　名：公牍：指令：刑事：法部指令：指字第七八二三号（二十八年九月二十八日）：令署河北高等法院首席检察官马彝德：呈一件，为转报北京地方法院检察处本年八月份刑事案件报部办法第十一条所列有罪案件执行刑罚表判不起诉案件处分书及卷宗并陈明八月份并无该条所列无罪案件请核由

作　者：

关 键 词：检察官　罚金　用语

摘　要：检察官呈报白映金诈欺等罪一案判决主文将并执行一语及罚金如易服劳役及徒刑等语未免先后倒置。希望办案人员以后注意。

期刊名称：法部公报

主办单位：

刊　期：1939（6）

页　码：119－120

117. 题　名：公牍：指令：刑事：法部指令：指令第五七九九号（二十八年七月二十九日）：令署河北高等法院首席检察官马彝德：呈一件，为转报北京地方法院检察处本年六月份执行刑事案件报部办法第十一条所列案件刑罚表判卷宗及并无前条宣告无罪案件请核由

作　者：

关 键 词：检察官　刑事案件刑罚表

摘　要：检察官呈报北京地方法院检察处本年六月份执行刑事案件报部办法第十一条所列案件刑罚表。

期刊名称：法部公报

主办单位：

刊　期：1939（4）

页　码：144－145

118. 题　名：公牍：指令：刑事：法部指令：指字第五九七一号（二十八年八月四日）：令署河北高等法院首席检察官马彝德：呈一件为转报该院天津分院检察处本年六月份刑事案件报部办法第十一条所列判决确定执行案件表判卷宗并陈明同月无前条宣告无罪案件等情祈鉴核由

作　者：

关 键 词：检察官　刑事案件

摘　要：检察官呈报天津分院检察处本年六月份刑事案件报部办法第十一条所列判决确定执行案件

表判卷宗并陈明同月无前条宣告无罪案件等情。

期刊名称：法部公报

主办单位：

刊　期：1939（5）

页　码：120－121

119. 题　名：公牍：指令：刑事：法部指令：指字第二九一五号（二十八年五月一日）：令署河北高等法院首席检察官马彝德：呈一件，呈报本年度第一季宣告缓刑季报表判请核由

作　者：

关 键 词：检察官　婚姻无效

摘　要：检察官呈报相关婚姻是否撤销，检察官对判决未注意；判决婚姻无效。

期刊名称：法部公报

主办单位：

刊　期：1939（2）

页　码：158－159

120. 题　名：公牍：指令：刑事：法部指令：指字第三零七五号（二十八年五月五日）：令署河北天津地方法院首席检察官孙润棣：呈一件，为呈报本年三月份刑事案件收结及被告羁押月报表请鉴核由

作　者：

关 键 词：检察官　被告　羁押清理

摘　要：检察官呈报历久未结各案及羁押已久的被告务必予以清理。

期刊名称：法部公报

主办单位：

刊　期：1939（2）

页　码：165

121. 题　名：公牍：指令：刑事：法部指令：指字第三四七三号（二十八年五月十六日）：令署河北高等法院院长李栋、首席检察官马彝德：呈一件，续报所属各监所并无应赦未释人犯连同清单请核由

作　者：

关　键　词：检察官　监所

摘　　　要：检察官呈报所属各监所并无应赦未释人犯，未报各处赶紧查明，勿延滞。

期刊名称：法部公报

主办单位：

刊　　　期：1939（2）

页　　　码：171－172

122. 题　　　名：公牍：指令：刑事：法部指令：指字第三五九三号（二十八年五月十九日）：令署河北高等法院天津分院首席检察官何连衡：呈一件，为呈覆签注刑事案件各项书类格式请鉴核由

作　　　者：

关　键　词：检察官　刑事案件　书类格式

摘　　　要：检察官呈报签注刑事案件各项书类格式。

期刊名称：法部公报

主办单位：

刊　　　期：1939（2）

页　　　码：178－179

123. 题　　　名：公牍：指令：刑事：法部指令：指字第三五九四号（二十八年五月十九日）：令署山西太原地方法院首席检察官吴景濒：呈一件，为呈送签注刑事案件各项书类格式请鉴核由

作　　　者：

关　键　词：检察官　刑事案件　签注格式

摘　　　要：检察官呈报签注刑事案件各项书类格式。

期刊名称：法部公报

主办单位：

刊　　　期：1939（2）

页　　　码：179

124. 题　　　名：公牍：指令：刑事：法部指令：指字第三五九五号（二十八年五月十九日）：令署山西高等法院首席检察官陈宝玺：呈一件，为呈报签注刑事案件书类格式请鉴核由

作　　　者：

关　键　词：检察官　刑事案件

摘　　　要：检察官呈报签注刑事案件各项书类格式。

期刊名称：法部公报

主办单位：

刊　　　期：1939（2）

页　　　码：179

125. 题　　　名：公牍：指令：刑事：法部指令：指字第三五九八号（二十八年五月十九日）：令兼河北唐山地方法院首席检察官凌熙：呈一件，为呈报本年三月份刑事案件收结及被告羁押月报表请鉴核由

作　　　者：

关　键　词：检察官　渎职案

摘　　　要：检察官呈报渎职案被告朱熙核与一二月各同表列之名不符，且字迹潦草，又多涂改。

期刊名称：法部公报

主办单位：

刊　　　期：1939（2）

页　　　码：180

126. 题　　　名：公牍：指令：刑事：法部指令：指字第三六零一号（二十八年五月十九日）：令署河北高等法院首席检察官马彝德：呈一件，转送天津监狱池秉义等脱逃一案起诉书请核由

作　　　者：

关　键　词：检察官　脱逃　判决

摘　　　要：检察官呈报逃犯马龙标一案判决情形。

期刊名称：法部公报

主办单位：

刊　　　期：1939（2）

页　　　码：181

127. 题　　　名：公牍：指令：刑事：法部指令：指字第三六二一号（二十八年五月二十日）：令署山东济南地方法院首席检察官黎遐龄：呈一件，为呈送本年三月份刑事案件收结及被告羁押表祈鉴核由

作　　　者：

关 键 词：检察官　清理结案　承办人

摘　　要：检察官呈报表格长久未结案的，通知各承办人予以清理。

期刊名称：法部公报

主办单位：

刊　　期：1939（2）

页　　码：182－183

128. 题　名：公牍：指令：刑事：法部指令：指字第三六二二号（二十八年五月二十日）：令署山东高等法院首席检察官温国璋：呈一件，呈报诸城等十一县并无论知死刑之确定案件附具简表请核由

作　　者：

关 键 词：检察官　死刑

摘　　要：呈报请城等十一县无论知死刑之确定案件。

期刊名称：法部公报

主办单位：

刊　　期：1939（2）

页　　码：183

129. 题　名：公牍：指令：刑事：法部指令：指字第三六二五号（二十八年五月二十日）：令署济南地方法院首席检察官黎遐龄：呈一件，为呈覆签注刑事案件各项书类格式请鉴核由

作　　者：

关 键 词：检察官　刑事案件　书类格式

摘　　要：呈覆签注刑事案件各项书类格式。

期刊名称：法部公报

主办单位：

刊　　期：1939（2）

页　　码：183

130. 题　名：公牍：指令：刑事：法部指令：指字第三六九九号（二十八年五月二十三日）：令署河北高等法院首席检察官马彝德：呈一件，呈报滦县地方法院雇员关寿锟在宿舍内自缢身死情形请核由

作　　者：

关 键 词：检察官　侦查终结

摘　　要：检察官呈报将侦查终结的案件交首席检察官查办。

期刊名称：法部公报

主办单位：

刊　　期：1939（2）

页　　码：185

131. 题　名：公牍：指令：刑事：法部指令：指字第三七八七号（二十八年五月二十五日）：令署山东高等法院首席检察官温国璋：呈一件，为呈送封相臣妨害国交一案卷判请鉴核由

作　　者：

关 键 词：检察官　刑事案件判决　有误

摘　　要：检察官呈报判决是四月应报，但来文没有说明月份，又查刑事案件判决正本并适用民事判决报部办法的规定，都未于前幅栏外上方记明受理及宣示等期日。

期刊名称：法部公报

主办单位：

刊　　期：1939（2）

页　　码：188－189

132. 题　名：公牍：指令：刑事：法部指令：指字第三八零三号（二十八年五月二十五日）：令署河北高等法院首席检察官马彝德：呈一件，呈报律师王治炜、韩桐彬等诈欺案起诉书请核由

作　　者：

关 键 词：检察官　起诉书

摘　　要：检察官呈报起诉书存档。

期刊名称：法部公报

主办单位：

刊　　期：1939（2）

页　　码：197

133. 题　名：公牍：指令：刑事：法部指令：指字第三八六三号（二十八年五月二十六日）：令署山东高等法院首席检察官温国璋：呈一件，为呈送奉发刑事案件各项书类格式签注意见请鉴核由

作　　　者：

关　键　词：检察官　案件核报表

摘　　　要：检察官呈报案件核报表。

期刊名称：法部公报

主办单位：

刊　　　期：1939（2）

页　　　码：198－199

134.题　　　名：公牍：指令：刑事：法部指令：指字第三八九七号（二十八年五月二十七日）：令署河北高等法院首席检察官马彝德：呈一件，为转报获鹿县执行盗匪王佩玉、何贞先等二名死刑刑罚表请核由

作　　　者：

关　键　词：检察官　死刑　刑罚表

摘　　　要：检察官呈报获鹿县执行盗匪王佩玉、何贞先等二名死刑刑罚表。

期刊名称：法部公报

主办单位：

刊　　　期：1939（2）

页　　　码：201

135.题　　　名：公牍：指令：刑事：法部指令：指字第三九七一号（二十八年五月二十九日）：令署河北高等法院首席检察官马彝德：呈一件，转报定县公署执行盗匪犯于东良死刑日期检同执行刑罚表请核由

作　　　者：

关　键　词：检察官　死刑　刑罚表

摘　　　要：检察官呈报定县公署执行盗匪犯于东良死刑日期检同执行刑罚表。

期刊名称：法部公报

主办单位：

刊　　　期：1939（2）

页　　　码：202

136.题　　　名：公牍：指令：刑事：法部指令：指字第三九七二号（二十八年五月二十九日）：令署河北高等法院首席检察官马彝德：呈一件，为转报刑台县本年第一

季宣告缓刑季报表判祈鉴核由

作　　　者：

关　键　词：检察官　伤害　强奸

摘　　　要：检察官呈报伤害案中情节与事实不符，被告强奸直系亲属等。

期刊名称：法部公报

主办单位：

刊　　　期：1939（2）

页　　　码：202－203

137.题　　　名：公牍：指令：刑事：法部指令：指字第三九七七号（二十八年五月二十九日）：令署河北高等法院首席检察官马彝德：呈一件，转报遵化县署执行盗匪孙德仓死刑刑罚表请核由

作　　　者：

关　键　词：检察官　死刑刑罚表

摘　　　要：检察官呈报遵化县署执行盗匪孙德仓死刑刑罚表。

期刊名称：法部公报

主办单位：

刊　　　期：1939（2）

页　　　码：203－204

138.题　　　名：公牍：指令：监狱：法部指令指字第二九二四号（二十八年五月一日）：令署河北高等法院首席检察官马彝德：呈一件，转报乐亭县本年三月份视察监所月报表祈核由

作　　　者：

关　键　词：检察官　监所　给养

摘　　　要：检察官呈报监所给养事项迭经本部令饬有案应即切实改善以重视人身，转院长办理。

期刊名称：法部公报

主办单位：

刊　　　期：1939（2）

页　　　码：204－205，16

139.题　　　名：公牍：指令：监狱：法部指令指字第二九三零号（二十八年五月一日）：令署河北高等法院首席检察官马彝德：呈一件，转报望都县本年二月份视察看

守所月报表祈核由

作　　者：

关 键 词：检察官　囚犯

摘　　要：检察官呈报囚犯餐需要改善；且需要发澡盆以保证卫生。

期刊名称：法部公报

主办单位：

刊　　期：1939（2）

页　　码：205

140. 题　　名：公牍：指令：监狱：法部指令：指字第三零零五号（二十八年五月四日）：令署河北高等法院首席检察官马彝德：呈一件，转报天津监狱整顿狱务情形并拟具补救办法钞录原呈祈鉴核由

作　　者：

关 键 词：检察官　监所　子女　女犯

摘　　要：检察官呈报监所收女犯的子女，应依法必须随母的，其母亲羁押未满三岁为限；该监收容女孩超四岁的，予以领回。

期刊名称：法部公报

主办单位：

刊　　期：1939（2）

页　　码：205－206

141. 题　　名：公牍：指令：监狱：法部指令：指字第三三六零号（二十八年五月十二日）：令署河北高等法院首席检察官马彝德：呈三件，转报昌黎县本年一二三月份视察监所月报表祈鉴核由

作　　者：

关 键 词：检察官　监所　卫生情况

摘　　要：检察官呈报监所应注意卫生。

期刊名称：法部公报

主办单位：

刊　　期：1939（2）

页　　码：206

142. 题　　名：公牍：指令：监狱：法部指令：指字第三三七六号（二十八年五月十三日）：令署河北高等法院首席检察官马彝德：呈一

件，转报顺义县本年三月份视察监所月报表祈核由

作　　者：

关 键 词：检察官　看守所　超容

摘　　要：检察官呈报看守所超容，需要整饬。

期刊名称：法部公报

主办单位：

刊　　期：1939（2）

页　　码：206－207

143. 题　　名：公牍：指令：统计：法部指令：指字第三四八五号（二十八年五月十六日）：令署河北高等法院首席检察官马彝德：呈一件，转报天津地检二十七年度执行刑罚一览表请核由

作　　者：

关 键 词：检察官　羁押日期

摘　　要：检察官呈报羁押日期栏均应明确填注并交行惩罚方式。

期刊名称：法部公报

主办单位：

刊　　期：1939（2）

页　　码：126

144. 题　　名：公牍：指令：统计：法部指令：指字第三八八零号（二十八年五月二十七日）：令河北高等法院院长李栋：呈一件，呈送北京地方法院检察处上年度死刑徒刑拘役执行年表请鉴核由

作　　者：

关 键 词：检察官　有期徒刑　拘役

摘　　要：检察官呈报有期徒刑及拘役数目与上年不符。

期刊名称：法部公报

主办单位：

刊　　期：1939（2）

页　　码：133

145. 题　　名：公牍：指令：刑事：法部指令：指字第四六六七号（二十八年六月二十日）：令河北高等法院院长李栋：呈一件为遵令查覆律师张宾文、李智生停止轨行职务职院检察处并未呈报情

形请核由

作　　　者：

关 键 词：检察官　律师　职业

摘　　　要：检察官呈报律师违反职业案，检察官未能在公诉后呈部备案，首席检察官就分别备案以供查考。

期刊名称：法部公报

主办单位：

刊　　　期：1939（3）

页　　　码：140－141

146. 题　　　名：公牍：指令：刑事：法部指令：指字第四六七二号（二十八年六月二十日）：令署山东济南地方法院首席检察官黎遐龄：呈一件为呈送本年四月份刑事案件收结及被告羁押表祈鉴核由

作　　　者：

关 键 词：检察官　长期未决案

摘　　　要：检察官呈报所有长期未决案应加快清理。

期刊名称：法部公报

主办单位：

刊　　　期：1939（3）

页　　　码：142

147. 题　　　名：公牍：指令：刑事：法部指令：指字第四七八三号（二十八年六月二十三日）：令署河北高等法院首席检察官马彝德：呈一件为呈报本年四月份刑事案件收结及被告羁押表请鉴核由

作　　　者：

关 键 词：检察官　刑事案件

摘　　　要：检察官呈报有关数目列表的问题。

期刊名称：法部公报

主办单位：

刊　　　期：1939（3）

页　　　码：147

148. 题　　　名：公牍：指令：刑事：法部指令：指字第四八四五号（二十八年六月二十六日）：令署山西高等法院首席检察官陈宝玺：呈

一件呈报执行盗匪赵六八则死刑刑罚表请核由

作　　　者：

关 键 词：检察官　被告

摘　　　要：检察官呈报被告年龄核查后不符，哪个正确还有待查明。

期刊名称：法部公报

主办单位：

刊　　　期：1939（3）

页　　　码：149

149. 题　　　名：公牍：指令：刑事：法部指令：指字第四八五一号（二十八年六月二十六日）：令署河北高等法院首席检察官马彝德：呈一件呈送律师陈步东伪造文书等情一案起诉书请鉴核由

作　　　者：

关 键 词：检察官　律师　伪造文书　起诉书

摘　　　要：检察官呈报律师伪造文书一案的起诉书。

期刊名称：法部公报

主办单位：

刊　　　期：1939（3）

页　　　码：149

150. 题　　　名：公牍：指令：刑事：法部指令：指字第四九一一号（二十八年六月二十七日）：令署山东高等法院首席检察官温国璋：呈一件呈报焦得胜等盗匪案执行死刑刑罚表请核由

作　　　者：

关 键 词：检察官　盗匪　死刑

摘　　　要：检察官呈报盗匪案执行死刑刑罚表。

期刊名称：法部公报

主办单位：

刊　　　期：1939（3）

页　　　码：149－150

151. 题　　　名：公牍：指令：刑事：法部指令：指字第五零二一号（二十八年六月三十日）：令署河北高等法院首席检察官马彝德：呈一件呈送执行盗匪案犯安得才等

刑罚表及卷判请核由

作　　者：

关 键 词：检察官　盗匪案件　刑罚表

摘　　要：检察官呈报执行盗匪案件刑罚表。

期刊名称：法部公报

主办单位：

刊　　期：1939（3）

页　　码：151－152

152. 题　　名：公牍：指令：刑事：法部指令：指字第五零二二号（二十八年六月三十日）：令署河北高等法院首席检察官马彝德：呈一件为转报望都县路瑞导渎职覆判一案执行刑罚表及卷判请核由

作　　者：

关 键 词：检察官　上诉期间　审判笔录

摘　　要：检察官呈报执行需要经过上诉期间翌日起而实际从当日起计算；另案卷所记笔录除审判笔录外，概误为侦查笔录，只有被告之陈述，没有承审员之讯问，与法不合。

期刊名称：法部公报

主办单位：

刊　　期：1939（3）

页　　码：152

153. 题　　名：公牍：指令：监狱：法部指令：指字第四一五零号（二十八年六月三日）：令署河北高等法院首席检察官马彝德：呈一件呈请假释北京第二监狱监犯朱光普等七名附送文件祈鉴核由

作　　者：

关 键 词：检察官　判决书　假释

摘　　要：检察官呈报案卷内未附判决书，被告身份簿内文件不全，是否经过裁判有可疑，另对一被告准于假释。

期刊名称：法部公报

主办单位：

刊　　期：1939（3）

页　　码：154

154. 题　　名：公牍：指令：监狱：法部指令：指字第四二三零号（二十八年六月六日）：令署河北高等法院首席检察官马彝德：呈一件为转报乐亭县本年四月份视察监所月报表请鉴核由

作　　者：

关 键 词：检察官　监所卫生

摘　　要：检察官呈报天热需注意人犯卫生，防止疫情，另外，视察员职责所在，需要将此情况转达。

期刊名称：法部公报

主办单位：

刊　　期：1939（3）

页　　码：154－155

155. 题　　名：公牍：指令：监狱：法部指令：指字第四三一八号（二十八年六月九日）：令署河北高等法院首席检察官马彝德：呈一件转报顺义县四月份视察监所月报表祈鉴核由

作　　者：

关 键 词：检察官　超容　案件

摘　　要：检察官呈报该所收押人犯超容，易生疫病，须注意卫生，清理案件。

期刊名称：法部公报

主办单位：

刊　　期：1939（3）

页　　码：156

156. 题　　名：公牍：指令：监狱：法部指令：指字第四九六四号（二十八年六月二十八日）：令署河北高等法院首席检察官马彝德：呈一件呈报永清县看守所押犯李春芳等暴动勒毙看守越狱脱逃情形祈鉴核由

作　　者：

关 键 词：检察官　看守长　人犯

摘　　要：检察官呈报对于看守长看守人犯逃逸案。

期刊名称：法部公报

主办单位：

刊　　　期：1939（3）

页　　　码：159

157. 题　　名：公牍：指令：刑事：法部指令：
指字第四零六一号（二十八年
六月一日）：令署北京地方法
院首席检察官李培华：呈一件
为呈报本年二月份刑事案件收
结及被告羁押月报表请鉴核由

作　　者：

关　键　词：检察官　羁押月报表

摘　　要：检察官呈报报表涉嫌造假。

期刊名称：法部公报

主办单位：

刊　　　期：1939（3）

页　　　码：121，6

158. 题　　名：公牍：指令：刑事：法部指令：
指字第四二八八号（二十八年
六月九日）：令署河北海等法
院首席检察官马彝德：呈一件
为呈报何广治盗匪判处无期徒
刑一案卷判暨执行刑罚表等件
祈鉴核由

作　　者：

关　键　词：检察官　盗匪　执行刑罚表

摘　　要：检察官呈报盗匪案判决及执行
刑罚表。

期刊名称：法部公报

主办单位：

刊　　　期：1939（3）

页　　　码：127

159. 题　　名：公牍：指令：刑事：法部指令：
指字第四三零零号（二十八年
六月九日）：令署河北高等法
院首席检察官马彝德：呈一件
为转报执行掳人勒赎犯吴敬堂
等死刑刑罚表祈鉴核由

作　　者：

关　键　词：检察官　刑罚执行表

摘　　要：检察官呈报房人勒赎案刑罚执
行表。

期刊名称：法部公报

主办单位：

刊　　　期：1939（3）

页　　　码：129

160. 题　　名：公牍：指令：刑事：法部指令：
指字第四三三二号（二十八年
六月十日）：令署河北高等法
院天津分院首席检察官何运衡：
呈一件为呈报本年四月份刑事
案件收结及被告羁押月报表请
鉴核由

作　　者：

关　键　词：检察官　刑事案件

摘　　要：检察官呈报栏目中填写同前不
便查考。

期刊名称：法部公报

主办单位：

刊　　　期：1939（3）

页　　　码：131

161. 题　　名：公牍：指令：刑事：法部指令：
指字第五六八一号（二十八年
七月二十五日）：令署河北高
等法院首席检察官马彝德：呈
一件，为呈覆查明武清县承审
员杨烈系由院委业已开去职务
祈鉴核由

作　　者：

关　键　词：检察官　承审员

摘　　要：呈报武清县承审员杨烈由院委
已经开去职务。

期刊名称：法部公报

主办单位：

刊　　　期：1939（4）

页　　　码：139

162. 题　　名：公牍：指令：刑事：法部指令：
指字第五七四八号（二十八年
七月二十七日）：令署山东高
等法院首席检察官温国璋：呈
一件，为呈报本年第二季执行
五年以上有期徒刑案件裁判
鉴核由

作　　者：

关　键　词：检察官　法条

摘　　要：检察官呈报判决所引刑法有误。

期刊名称：法部公报

主办单位：

刊　　　期：1939（4）

页　　　码：139－140

163. 题　　名：公牍：指令：刑事：法部指令：指字第五七五一号（二十八年七月二十七日）：令署北京地方法院首席检察官刘锐：呈一件，为呈报本年三月份刑事案件收结及被告羁押表祈鉴核由

作　　者：

关键词：检察官　羁押表

摘　　要：检察官呈报报表延误与规不合。

期刊名称：法部公报

主办单位：

刊　　期：1939（4）

页　　码：141

164. 题　　名：公牍：指令：刑事：法部指令：指字第五七五九号（二十八年七月二十八日）：令署河北高等法院首席检察官马彝德：呈一件，为转报香河县本年第二季宣告缓刑季报表判请核由

作　　者：

关键词：检察官　误填

摘　　要：检察官呈报侮辱尊亲一语不是法定罪名，又有无签名而只盖章和误填长官及承办员字样。

期刊名称：法部公报

主办单位：

刊　　期：1939（4）

页　　码：142

165. 题　　名：公牍：指令：刑事：法部指令：指字第五八零二号（二十八年七月二十九日）：令署河北高等法院首席检察官马彝德：呈一件，为据情补报律师张宾文、李智生等因触犯刑法应停止执行职务请核由

作　　者：

关键词：检察官　律师

摘　　要：检察官呈报律师违法应停职。

期刊名称：法部公报

主办单位：

刊　　期：1939（4）

页　　码：146－147

166. 题　　名：公牍：指令：监狱：法部指令：指字第五六零六号（二十八年

七月二十日）：令署河北高等法院首席检察官马彝德：呈一件，呈请假释兴隆办事处监犯周自有一名检同身份簿等件祈鉴核由

作　　者：

关键词：检察官　假释

摘　　要：检察官呈报准予假释。

期刊名称：法部公报

主办单位：

刊　　期：1939（4）

页　　码：152

167. 题　　名：公牍：指令：人事：法部指令：指字第五五二四号（二十八年七月二十一日）：令署山东高等法院首席检察官温国璋：呈一件，呈送本年四月至六月份审查上诉再议事件计等表请鉴核由

作　　者：

关键词：检察官　计等表

摘　　要：检察官呈报上诉事件计呈表及审查不起诉处分申请再议申请表分别订册呈送。

期刊名称：法部公报

主办单位：

刊　　期：1939（4）

页　　码：97－98，4

168. 题　　名：公牍：指令：刑事：法部指令：指字第五零七七号（二十八年七月一日）：令署河北高等法院院长李栋、署河北高等法院首席检察官马彝德：呈一件，续报迁安等十二县并无应赦未释人犯连同清单请核由

作　　者：

关键词：检察官　人犯

摘　　要：检察官呈报十二县并无应赦未释人犯连同清单。

期刊名称：法部公报

主办单位：

刊　　期：1939（4）

页　　码：119，6

169. 题　　名：公牍：指令：刑事：法部指令：

指字第五一三四号（二十八年七月四日）：令署山东高等法院首席检察官温国璋：呈一件，为呈报查覆益都等十六县并无判决论知死刑确定案件附送简表请核由

作　　者：

关 键 词：检察官　死刑

摘　　要：检察官呈报十六县并无判决论知死刑确定案件。

期刊名称：法部公报

主办单位：

刊　　期：1939（4）

页　　码：122

170. 题　　名：公牍：指令：刑事：法部指令：指字第五一六五号（二十八年七月五日）：令署河北高等法院首席检察官马彝德：呈一件，为呈报办理武清县承审员杨烈渎职一案情形检同起诉书及处分书请鉴核由

作　　者：

关 键 词：检察官　承审员

摘　　要：检察官呈报需要查清武清县承审员杨烈渎职一案情形。

期刊名称：法部公报

主办单位：

刊　　期：1939（4）

页　　码：122 – 123

171. 题　　名：公牍：指令：刑事：法部指令：指字第五二一一号（二十八年七月七日）：令署河北天津地方法院首席检察官孙润棣：呈一件，为呈报本年五月份刑事案件收结及被告羁押月报表请核由

作　　者：

关 键 词：检察官　刑事案件

摘　　要：检察官呈报相关文书填写有误。

期刊名称：法部公报

主办单位：

刊　　期：1939（4）

页　　码：124 – 125

172. 题　　名：公牍：指令：刑事：法部指令：指字第五二二七号（二十八年七月八日）：令署河北滦县地方法院检察官赵时雍：呈一件，为呈送本年二月份刑事案件收结及被告羁押月报表请核由

作　　者：

关 键 词：检察官　羁押月报表

摘　　要：呈送本年二月份刑事案件收结及被告羁押月报表。

期刊名称：法部公报

主办单位：

刊　　期：1939（4）

页　　码：125 – 126

173. 题　　名：公牍：指令：刑事：法部指令：指字第五三零九号（二十八年七月十一日）：令兼代山东烟台地方法院首席检察官石俊谷：呈一件，为呈报本年五月份刑事案件收结及被告羁押表请鉴核由

作　　者：

关 键 词：检察官　日数

摘　　要：检察官呈报相关文书"嫌疑重大无保"及日数有误。

期刊名称：法部公报

主办单位：

刊　　期：1939（4）

页　　码：129

174. 题　　名：公牍：指令：刑事：法部指令：指字第五四一七号（二十八年七月十八日）：令署山西高等法院首席检察官陈宝玺；呈一件，呈覆执行盗匪赵六八则死刑刑罚表年龄栏并未填载错误祈鉴核由

作　　者：

关 键 词：检察官　被告　年龄

摘　　要：检察官呈报被告年龄有误，承办人须注意。

期刊名称：法部公报

主办单位：

刊　　期：1939（4）

页　　码：132 – 133

175. 题　　名：公牍：指令：刑事：法部指令：
指字第五四三八号（二十八年
七月十九日）：令署河北高等
法院首席检察官马彝德：呈一
件，为呈报本年五月份刑事案
件收结及被告羁押月报表请
核由

作　　者：

关 键 词：检察官　日期　承办人

摘　　要：检察官呈报侵害坟墓案经过若
干，日栏多算一日，需要
注意。

期刊名称：法部公报

主办单位：

刊　　期：1939（4）

页　　码：134

176. 题　　名：公牍：指令：刑事：法部指令：
指字第五五二六号（二十八年
七月二十一日）：令署山东高
等法院首席检察官温国璋：呈
一件，为转报曲阜县本年五月
份未受理刑事涉外案件祈鉴
核由

作　　者：

关 键 词：检察官　刑事涉外案件

摘　　要：检察官呈报需要查明该县一月
到四月是否有刑事涉外案件。

期刊名称：法部公报

主办单位：

刊　　期：1939（4）

页　　码：136

177. 题　　名：公牍：指令：刑事：法部指令：
指字第六一二六号（二十八年
八月九日）：令兼河北唐山地
方法院首席检察官凌熙：呈一
件为呈报本年六月份刑事案件
收结及被告羁押表祈鉴核由

作　　者：

关 键 词：检察官　羁押表

摘　　要：检察官呈报相关填表疏漏问题。

期刊名称：法部公报

主办单位：

刊　　期：1939（5）

页　　码：128－129

178. 题　　名：公牍：指令：刑事：法部指令：
指字第六一八零号（二十八年
八月十一日）：令代理河北天
津地方法院首席检察官许恩麟：
呈一件为呈报本年六月份刑事
案件收结及被告羁押表祈鉴
核由

作　　者：

关 键 词：检察官　刑事案件

摘　　要：检察官呈报相关案件无定论。

期刊名称：法部公报

主办单位：

刊　　期：1939（5）

页　　码：131

179. 题　　名：公牍：指令：刑事：法部指令：
指字第六二三六号（二十八年
八月十二日）：令署河北高等
法院首席检察官马彝德：呈一
件为转报天津地方法院执行盗
匪刘庆云等死刑刑罚一览表祈
核由

作　　者：

关 键 词：检察官　法院　检察处

摘　　要：执行该管首席检察官填表呈报
首行所叙事由竟认为该院天津
分院检察处执行显属错误。

期刊名称：法部公报

主办单位：

刊　　期：1939（5）

页　　码：137

180. 题　　名：公牍：指令：刑事：法部指令：
指字第六三二四号（二十八年
八月十六日）：令署山东高等
法院首席检察官温国璋：呈一
件为转报嘉祥县公署本年第一
季并无宣告缓刑及免刑案件请
备案由

作　　者：

关 键 词：检察官　缓刑　免刑

摘　　要：检察官呈报缓刑及免刑文书没
有分别寄报。

期刊名称：法部公报

主办单位：

刊　　期：1939（5）

页　　码：139

181. 题　　名：公牍：指令：刑事：法部指令：
指字第六三二五号（二十八年
八月十六日）：令署河北高等
法院首席检察官马彝德：呈一
件为转报新海设治局本年第二
季宣告缓刑季报表判祈鉴核由

作　　者：

关 键 词：检察官　贩卖私盐案

摘　　要：检察官呈报贩卖私盐案漏引法
条相关规定。

期刊名称：法部公报

主办单位：

刊　　期：1939（5）

页　　码：139－140

182. 题　　名：公牍：指令：刑事：法部指令：
指字第六三二八号（二十八年
八月十六日）：令署河北高等
法院首席检察官马彝德：呈一
件为转报丰润县公署执行盗匪
张芳洲死刑刑罚表祈鉴核备
案由

作　　者：

关 键 词：检察官　盗匪案件　刑罚表

摘　　要：检察官呈报执行盗匪案件刑
罚表。

期刊名称：法部公报

主办单位：

刊　　期：1939（5）

页　　码：140－141

183. 题　　名：公牍：指令：刑事：法部指令：
指字第六四八九号（二十八年
八月二十一日）：令署河北高
等法院首席检察官马彝德：呈
一件为呈送傅敏斋杀人一案执
行无期徒刑刑罚表连同卷判事
件请鉴核由

作　　者：

关 键 词：检察官　无期徒刑　刑罚表

摘　　要：检察官呈报杀人案执行无期徒
刑刑罚表。

期刊名称：法部公报

主办单位：

刊　　期：1939（5）

页　　码：144－145

184. 题　　名：公牍：指令：刑事：法部指令：
指字第六六九六号（二十八年
八月二十八日）：令署河北高
等法院首席检察官马彝德：呈
一件为转报邯郸县公署本年四
月份无刑事涉外案件请备案由

作　　者：

关 键 词：检察官　刑事案件

摘　　要：检察官呈报应于翌年上旬刑事
案件月报表总注意事项，需按
时报未来三月案件。

期刊名称：法部公报

主办单位：

刊　　期：1939（5）

页　　码：158

185. 题　　名：公牍：指令：刑事：法部指令：
指字第六七四六号（二十八年
八月二十九日）：令署河北高
等法院首席检察官马彝德：呈
一件为转报丰润县公署本年第
二季宣告缓刑表判祈鉴核由

作　　者：

关 键 词：检察官　判决　证据

摘　　要：检察官呈报判决对于证据及理
由和犯罪事实未叙明，而宣告
缓刑与法不合。

期刊名称：法部公报

主办单位：

刊　　期：1939（5）

页　　码：159

186. 题　　名：公牍：指令：刑事：法部指令：
指字第六八零一号（二十八年
八月三十日）：令署北京地方
法院首席检察官刘锐：呈一件
为呈报本年四月份刑事案件收
结及被告羁押月报表请核由

作　　者：

关 键 词：检察官　报表　年龄　姓名

摘　　要：检察官呈报报表中案件所涉及
的姓名、案数、年龄不符。

期刊名称：法部公报

主办单位：

刊　　期：1939（5）

页　　码：160－161

187. 题　　名：公牍：指令：监狱：法部指令：指字第六二六二号（二十八年八月十四日）：令署山东高等法院首席检察官温国璋：呈一件为呈报博山县公署六月份视察监所月报表请鉴核由

作　　者：

关 键 词：检察官　监犯教育办法

摘　　要：检察官呈报监犯教育办法及公布实施事项。

期刊名称：法部公报

主办单位：

刊　　期：1939（5）

页　　码：164－165

188. 题　　名：公牍：指令：监狱：法部指令：指字第六五〇八号（二十八年八月二十二日）：令署山东高等法院首席检察官温国璋：呈一件呈报邹县本年六月份视察监所月报表祈鉴核由

作　　者：

关 键 词：检察官　人犯　劳役

摘　　要：检察官呈报监所所押人犯时间长，需要恢复基金以让人犯参加劳役。

期刊名称：法部公报

主办单位：

刊　　期：1939（5）

页　　码：167

189. 题　　名：公牍：指令：监狱：法部指令：指字第六五二〇号（二十八年八月二十二日）：令署青岛高等法院首席检察官李琴鹤：呈一件为呈报七月份视察看守所月报表请鉴核由

作　　者：

关 键 词：检察官　身份簿　感化

摘　　要：检察官呈报业已编写身份簿以资感化加以考核。

期刊名称：法部公报

主办单位：

刊　　期：1939（5）

页　　码：167－168

190. 题　　名：公牍：指令：刑事：法部指令：指字第五八六九号（二十八年八月一日）：令署河北高等法院首席检察官马彝德：呈一件为呈转清苑县署判决王福增盗匪案判处死刑执行刑罚表祈鉴核由

作　　者：

关 键 词：检察官　盗匪案　刑罚表

摘　　要：检察官呈报盗匪案处死刑刑罚表。

期刊名称：法部公报

主办单位：

刊　　期：1939（5）

页　　码：119，8

191. 题　　名：公牍：指令：刑事：法部指令：指字第五九七二号（二十八年八月四日）：令署山东高等法院首席检察官温国璋：呈一件为呈报二十八年度第二季宣告缓刑案件表判请核由

作　　者：

关 键 词：检察官　法警　伪造文书　缓刑

摘　　要：检察官呈报判决未依刑事案件规定，实属不合；有案竟派法警去查作为判决基础，鸦片案减刑未按减轻分数；被告充律师历任公职，伪造文书；不足以判决缓刑的判决了缓刑。

期刊名称：法部公报

主办单位：

刊　　期：1939（5）

页　　码：121

192. 题　　名：公牍：指令：刑事：法部指令：指字第五九七八号（二十八年八月四日）：令署河北高等法院首席检察官马彝德：呈一件为呈转丰润县执行匪犯王义廷死刑刑罚一览表祈鉴核由

作　　者：

关 键 词：检察官　匪犯　刑罚表

摘　　要：检察官呈报执行匪犯刑罚表。

期刊名称：法部公报

主办单位：

刊　　期：1939（5）

页　　码：121－122

193. 题　　名：公牍：指令：刑事：法部指令：指字第五九七九号（二十八年八月四日）：令署山东高等法院首席检察官温国璋：呈一件为呈报李金钟盗匪一案执行死刑刑罚一览表祈鉴核备案由

作　　者：

关 键 词：检察官　盗匪　刑罚表

摘　　要：检察官呈报执行盗匪案件刑罚表。

期刊名称：法部公报

主办单位：

刊　　期：1939（5）

页　　码：122

194. 题　　名：公牍：指令：刑事：法部指令：指字第五九九四号（二十八年八月四日）：令署河北高等法院首席检察官马彝德：呈一件为呈报丰润县盗匪冬树桐执行死刑刑罚一览表祈鉴核备案由

作　　者：

关 键 词：检察官　盗匪案件　死刑　刑罚表

摘　　要：检察官呈报执行盗匪死刑刑罚表。

期刊名称：法部公报

主办单位：

刊　　期：1939（5）

页　　码：122－123

195. 题　　名：公牍：指令：刑事：法部指令：指字第五九九五号（二十八年八月四日）：令署河北高等法院首席检察官马彝德：呈一件为呈报清苑县执行盗犯阎树三死刑刑罚一览表请鉴核备案由

作　　者：

关 键 词：刑罚一览表

摘　　要：呈报清苑县执行盗犯等刑罚一览表。

期刊名称：法部公报

主办单位：

刊　　期：1939（5）

页　　码：123

196. 题　　名：公牍：指令：刑事：法部指令：指字第六零三七号（二十八年八月五日）：令署河北高等法院首席检察官马彝德：呈一件为呈报二十八年度第二季执行五年以上有期徒刑刑罚表判请核由

作　　者：

关 键 词：检察官　罪名　刑期

摘　　要：检察官呈报罪名有误，少算刑期。

期刊名称：法部公报

主办单位：

刊　　期：1939（5）

页　　码：124

197. 题　　名：公牍：指令：刑事：法部指令：指字第六零三八号（二十八年八月五日）：令署河北高等法院首席检察官马彝德：呈一件为呈报二十八年度第二季宣告缓刑季报表判请核由

作　　者：

关 键 词：检察官　卷宗　判决

摘　　要：检察官呈报移送卷宗应在判决确定半年后与法不合。

期刊名称：法部公报

主办单位：

刊　　期：1939 年（5）

页　　码：124－125

198. 题　　名：公牍：指令：刑事：法部指令：指字第七三九二号（二十八年九月十二日）：令署山东高等法院首席检察官温国璋：呈一件，为转报峄县本年第二季宣告缓刑季报表判并陈明核办情形请核由

作　　者：

关 键 词：检察官　没收　与法不合

摘　　要：检察官呈报原告宣判没收之铁轨依法不应没收，没收与法不合。

期刊名称：法部公报

主办单位：

刊　　　期：1939（6）

页　　　码：101－102

199. 题　　　名：公牍：指令：刑事：法部指令；指字第七三九三号（二十八年九月十二日）：令署河北高等法院首席检察官马彝德：呈一件，为转报丰润县公署执行盗匪刘殿宽等死刑刑罚一览表祈鉴核由

作　　　者：

关 键 词：检察官　盗匪案件　刑罚表

摘　　　要：检察官呈报执行盗匪刑罚表。

期刊名称：法部公报

主办单位：

刊　　　期：1939（6）

页　　　码：102

200. 题　　　名：公牍：指令：刑事：法部指令：指字第七四四六号（二十八年九月十三日）：令署河北高等法院首席检察官马彝德：呈一件，为转报阜城县公署未能造报刑事案件报部办法第十一条所列各案情形请鉴核由

作　　　者：

关 键 词：检察官　刑事案件报部办法

摘　　　要：检察官呈报阜城县公署未能造报刑事案件报部办法。

期刊名称：法部公报

主办单位：

刊　　　期：1939（6）

页　　　码：106－107

201. 题　　　名：公牍：指令：刑事：法部指令：指字第七四四七号（二十八年九月十三日）：令署河北高等法院首席检察官马彝德：呈一件，为转报献县公署未能造刑事案件报部办法第十一条所列案件情形请鉴核由

作　　　者：

关 键 词：检察官　刑事案件报部办法

摘　　　要：献县公署未能造报刑事案件报部办法第十一条所列案件情形，需要按月呈报。

期刊名称：法部公报

主办单位：

刊　　　期：1939（6）

页　　　码：107

202. 题　　　名：公牍：指令：刑事：法部指令：指字第七四五七号（二十八年九月十四日）：令署北京地方法院首席检察官刘锐：呈一件，为呈报本年五月份刑事案件收结及被告羁押月报表请鉴核由

作　　　者：

关 键 词：检察官　拘传　督办

摘　　　要：检察官呈报被告姓名不符；案件逾期因被告未到、拘传无着和住址不明未结案；因证据不齐、人证未到等予以督办。

期刊名称：法部公报

主办单位：

刊　　　期：1939（6）

页　　　码：110

203. 题　　　名：公牍：指令：刑事：法部指令：指字第七四六一号（二十八年九月十四日）：令署河北高等法院首席检察官马彝德：呈一件，为转报丰润县公署执行盗匪案犯王连城死刑刑罚表请核由

作　　　者：

关 键 词：检察官　盗匪案件　刑罚表

摘　　　要：检察官呈报执行盗匪死刑刑罚表。

期刊名称：法部公报

主办单位：

刊　　　期：1939（6）

页　　　码：112－113

204. 题　　　名：公牍：指令：刑事：法部指令：指字第七五六五号（二十八年九月十六日）：令署青岛地方法院首席检察官张廷惠：呈一件，为呈送本年七月份刑事案件收结及被告羁押表祈鉴核由

作　　　者：

关 键 词：检察官　日期　有误

摘　　　要：检察官呈报填写相关日期

有误。

期刊名称：法部公报

主办单位：

刊　　期：1939（6）

页　　码：114

205. 题　　名：公牍：指令：刑事：法部指令：指第七五六六号（二十八年九月十六日）：令署山东济南地方法院首席检察官黎遐龄：呈一件，为呈送本年七月份刑事收结案件及被告羁押月报表请核由

作　　者：

关 键 词：检察官　未结案件

摘　　要：检察官呈报填写日期有误，且需要清理长期未结的案件。

期刊名称：法部公报

主办单位：

刊　　期：1939（6）

页　　码：114－115

206. 题　　名：公牍：指令：刑事：法部指令：指字第七五六七号（二十八年九月十六日）：令署河北高等法院首席检察官马彝德：呈一件，为报籍安杀人判处无期徒刑一案执行刑罚表连同卷判请核由

作　　者：

关 键 词：检察官　无期徒刑　刑罚表

摘　　要：检察官呈报执行无期徒刑刑罚表。

期刊名称：法部公报

主办单位：

刊　　期：1939（6）

页　　码：115

207. 题　　名：公牍：指令：刑事：法部指令：指字第七五九一号（二十八年九月十六日）；令署河北高等法院首席检察官马彝德：呈一件，为转报邯郸县公署本年五月份无刑事涉外案件请备案由

作　　者：

关 键 词：检察官　刑事涉外案件

摘　　要：检察官呈报邯郸县公署本年五

月份无刑事涉外案件。

期刊名称：法部公报

主办单位：

刊　　期：1939（6）

页　　码：116

208. 题　　名：公牍：指令：刑事：法部指令：指字第七五九二号（二十八年九月十六日）：令署河北高等法院首席检察官马彝德：呈一件，为报丰润县署执行盗匪赵宝林死刑一览表请核由

作　　者：

关 键 词：检察官　死刑一览表

摘　　要：检察官呈报执行死刑一览表。

期刊名称：法部公报

主办单位：

刊　　期：1939（6）

页　　码：116

209. 题　　名：公牍：指令：刑事：法部指令：指字第七八三零号（二十八年九月二十八日）：令署河北高等法院首席检察官马彝德：呈一件，为转报顺义县公署执行陈富烈等死刑刑罚表请核由

作　　者：

关 键 词：检察官　执行死刑　刑罚表

摘　　要：检察官呈报执行死刑刑罚表。

期刊名称：法部公报

主办单位：

刊　　期：1939（6）

页　　码：122

210. 题　　名：公牍：指令：刑事：法部指令：指字第七八四四号（二十八年九月二十八日）：令署山东高等法院首席检察官温国璋：呈一件，报查覆高苑等县并无判决谕知死刑确定案件附送简表请核由

作　　者：

关 键 词：检察官　判决　简表

摘　　要：检察官呈报无判决谕知死刑简表。

期刊名称：法部公报

主办单位：

刊　　　期：1939（6）

页　　　码：122 - 123

211. 题　　　名：公牍：指令：刑事：法部指令：
指字第七九四三号（二十八年
九月三十日）：令署河北高等
法院首席检察官马彝德：呈一
件转报丰润县公署执行盗匪于
庆澜死刑刑罚表请核由

作　　　者：

关　键　词：检察官　盗匪案件　死刑　刑
罚表

摘　　　要：检察官呈报执行盗匪死刑刑
罚表。

期刊名称：法部公报

主办单位：

刊　　　期：1939（6）

页　　　码：126

212. 题　　　名：公牍：指令：监狱：法部指令：
指字第六九九六号（二十八年
九月二日）：令署河北高等法
院院长李栋、署河北高等法院
首席检察官马彝德：宥代电一
件，为转报天津看守所移禁押
犯情形请鉴核由

作　　　者：

关　键　词：检察官　人犯　给养　戒护

摘　　　要：检察官呈报关于人犯的戒护及
给养、医药卫生事项。

期刊名称：法部公报

主办单位：

刊　　　期：1939（6）

页　　　码：128

213. 题　　　名：公牍：指令：监狱：法部指令：
指字第七二三八号（二十八年
九月八日）：令署山西高等法
院首席检察官陈宝玺：呈一件，
呈报山西榆次等县视察监所月
报表祈鉴核由

作　　　者：

关　键　词：检察官　视察监所月报表

摘　　　要：检察官呈报关于给看守所人犯
学习机会，使其出来也有用；
并修饬相关房屋。

期刊名称：法部公报

主办单位：

刊　　　期：1939（6）

页　　　码：131 - 132

214. 题　　　名：公牍：指令：监狱：法部指令：
指字第七三七二号（二十八年
九月十二日）：令署山东高等
法院首席检察官温国璋：呈一
件，呈报新泰县七月份视察监
所月报表祈鉴核由

作　　　者：

关　键　词：检察官　囚犯待遇

摘　　　要：检察官呈报狱所发给现金自购
食物与章不合，另外囚犯席地
而坐有碍健康应改善待遇。

期刊名称：法部公报

主办单位：

刊　　　期：1939（6）

页　　　码：133

215. 题　　　名：公牍：指令：监狱：法部指令：
指字第七三七三号（二十八年
九月十二日）：令署河北高等
法院院长李栋、署河北高等法
院首席检察官马彝德：呈一件，
呈请假释新乐县监犯王荣增一
名附送身份簿祈鉴核由

作　　　者：

关　键　词：检察官　身份簿　假释

摘　　　要：检察官呈报监犯身份簿，准予
假释。

期刊名称：法部公报

主办单位：

刊　　　期：1939（6）

页　　　码：133 - 134

216. 题　　　名：公牍：指令：监狱：法部指令：
指字第七五四八号（二十八年
九月十五日）：令署河北高等
法院院长李栋、署河北高等法
院首席检察官马彝德：佳代电
一件，报据唐山分院电报津犯
解到日期及人数祈鉴核备案由

作　　　者：

关　键　词：检察官　被告　名册

摘　　　要：检察官呈报被告名册以备核查。

期刊名称：法部公报

主办单位：

刊　　期：1939（6）

页　　码：134

217. 题　　名：公牍：指令：监狱：法部指令：指字第七六六九号（二十八年九月十九日）：令署河北高等法院首席检察官马彝德：呈一件，呈报派员查明保定分监监犯越狱脱逃情形钞录原呈并检同图卷祈鉴核由

作　　者：

关 键 词：检察官　人犯　终结案情

摘　　要：检察官呈报监所人犯脱逃案终结情形。

期刊名称：法部公报

主办单位：

刊　　期：1939（6）

页　　码：134－135

218. 题　　名：公牍：指令：文书：法部指令：指字第七四三九号（二十八年九月十三日）：令署青岛高等法院首席检察官李琴鹤：呈一件，为呈报接收各项文卷清册祈鉴核备案由

作　　者：

关 键 词：检察官　文卷　清册

摘　　要：检察官呈报接收各项文卷清册。

期刊名称：法部公报

主办单位：

刊　　期：1939（6）

页　　码：68

219. 题　　名：公牍：指令：统计：法部指令：指字第七三三五号（二十八年九月十一日）：令署河北高等法院首席检察官马彝德：呈一件，为转报天津分检二十八年七月份刑事案件见报表祈鉴核由

作　　者：

关 键 词：检察官　月报表　延续

摘　　要：检察官呈报九月报送的七月刑事案件月报表属于延缓。

期刊名称：法部公报

主办单位：

刊　　期：1939（6）

页　　码：71－72

220. 题　　名：公牍：指令：刑事：法部指令：指字第六八九零号（二十八年九月一日）：令署河北高等法院首席检察官马彝德：呈一件，呈报获鹿县公署执行匪犯申自芳等死刑刑罚表请核由

作　　者：

关 键 词：检察官　死刑刑罚表

摘　　要：检察官呈报死刑刑罚表。

期刊名称：法部公报

主办单位：

刊　　期：1939（6）

页　　码：82，7

221. 题　　名：公牍：指令：刑事：法部指令：指字第六九四零号（二十八年九月一日）：令署河北高等法院首席检察官马彝德：呈一件，为转呈新乐县公署执行盗匪默林中死刑刑罚一览表请核由

作　　者：

关 键 词：检察官　死刑一览表

摘　　要：检察官呈报死刑一览表。

期刊名称：法部公报

主办单位：

刊　　期：1939（6）

页　　码：82

222. 题　　名：公牍：指令：刑事：法部指令：指字第七一九四号（二十八年九月七日）：令兼河北唐山地方法院首席检察官凌熙：呈一件，为呈报本年七月份刑事案件收结及被告羁押月报表请核由

作　　者：

关 键 词：检察官　票传

摘　　要：检察官呈报票传不到数月未结案。

期刊名称：法部公报

主办单位：

刊　　期：1939（6）

页　　码：93－94

223. 题　　名：公牍：指令：刑事：法部指令：

指字第七二一四号（二十八年九月七日）：令署山东高等法院首席检察官温国璋：呈一件，为转报曲阜县公署遵令补报本年一至四月并无受理刑事涉外案件请核由

作　　者：

关 键 词：检察官　涉外刑事案件

摘　　要：检察官补报一月到四月没有涉外刑事案件。

期刊名称：法部公报

主办单位：

刊　　期：1939（6）

页　　码：94 – 95

224. 题　　名：公牍：指令：刑事：法部指令：指字第八零零八号（二十八年十月二日）：令署北京地方法院首席检察官刘锐：呈一件，为呈覆本年五月份刑事收结及被告羁押月报表错误情形祈鉴核更正由

作　　者：

关 键 词：检察官　被告　羁押　月报表

摘　　要：检察官呈报本年五月收结及被告羁押月报表。

期刊名称：法部公报

主办单位：

刊　　期：1939（7）

页　　码：177，9

225. 题　　名：公牍：指令：刑事：法部指令：指字第八零三三号（二十八年十月三日）：令署青岛高等法院首席检察官李琴鹤：呈一件，为呈送本年八月份刑事案件收结及被告羁押月报表祈鉴核由

作　　者：

关 键 词：检察官　天数

摘　　要：检察官呈报天数上报有误。

期刊名称：法部公报

主办单位：

刊　　期：1939（7）

页　　码：179 – 180

226. 题　　名：公牍：指令：刑事：法部指令：指字第八二四九号（二十八年

十月七日）：令署山东高等法院首席检察官温国璋：呈一件，为转报利津县公署本年八月份未受理刑事涉外案件并陈核办情形祈鉴核由

作　　者：

关 键 词：检察官　涉外刑事案件

摘　　要：检察官呈报本年八月份未受理涉外刑事案件。

期刊名称：法部公报

主办单位：

刊　　期：1939（7）

页　　码：182

227. 题　　名：公牍：指令：刑事：法部指令：指字第八二九三号（二十八年十月七日）：令署山东高等法院首席检察官温国璋：呈一件，为呈送执行盗匪苏传良无期徒刑刑罚表及卷判请核由

作　　者：

关 键 词：检察官　盗匪案　悯恕　减刑

摘　　要：检察官呈报盗匪重案若非犯罪情形确可以悯恕的不得减刑。

期刊名称：法部公报

主办单位：

刊　　期：1939（7）

页　　码：186

228. 题　　名：公牍：指令：刑事：法部指令：指字第八三三九号（二十八年十月十一日）：令署山东高等法院烟台分院首席检察官石俊谷：呈一件，为呈报本年八月份刑事案件收结及被告羁押月报表祈鉴核由

作　　者：

关 键 词：检察官　刑事案件

摘　　要：检察官呈报如栏目中无可填写的，就填写"无"。

期刊名称：法部公报

主办单位：

刊　　期：1939（7）

页　　码：187

229. 题　　名：公牍：指令：刑事：法部指令：指字第八三四五号（二十八年

十月十一日）：令署北京地方法院首席检察官刘锐：呈一件，为呈报本年六月份刑事案件收结及被告羁押月报表请核由

作　　者：
关 键 词：检察官　年龄　职业　籍贯
摘　　要：检察官呈报年龄职业籍贯有误。
期刊名称：法部公报
主办单位：
刊　　期：1939（7）
页　　码：189－190

230. 题　　名：公牍：指令：刑事：法部指令：指字第八三四八号（二十八年十月十一日）：令署青岛地方法院首席检察官张廷惠：呈一件，为呈送本年八月份刑事案件收结及被告羁押月报表祈鉴核由

作　　者：
关 键 词：检察官　刑事案件　被告羁押月报表
摘　　要：检察官收结刑事案件及被告羁押月报表。
期刊名称：法部公报
主办单位：
刊　　期：1939（7）
页　　码：190－191

231. 题　　名：公牍：指令：刑事：法部指令：指字第八四四一号（二十八年十月十三日）：令署河北高等法院唐山分院首席检察官凌熙：呈一件，为呈送本年八月份刑事收结及被告羁押月报表祈鉴核由

作　　者：
关 键 词：检察官　填表
摘　　要：检察官呈报表中没有情况的填写"无"。
期刊名称：法部公报
主办单位：
刊　　期：1939（7）
页　　码：192

232. 题　　名：公牍：指令：刑事：法部指令：指字第八四七八号（二十八年

十月十三日）：令署河北滦县地方法院首席检察官邓天锡：呈一件，为呈送本年五月份刑事案件收结及被告羁押月报表请核由

作　　者：
关 键 词：检察官　年龄
摘　　要：检察官呈报年龄有误。
期刊名称：法部公报
主办单位：
刊　　期：1939（7）
页　　码：194－195

233. 题　　名：公牍：指令：刑事：法部指令：指字第八四八七号（二十八年十月十三日）：令兼河北唐山地方法院首席检察官凌熙：呈一件，为呈报本年八月份刑事案件收结及被告羁押月报表祈鉴核由

作　　者：
关 键 词：检察官　时间
摘　　要：检察官呈报表中时间有误。
期刊名称：法部公报
主办单位：
刊　　期：1939（7）
页　　码：196－197

234. 题　　名：公牍：指令：刑事：法部指令：指字第八五五四号（二十八年十月十六日）：令署河北高等法院首席检察官马彝德：呈一件，为转送丰润县公署执行王立元盗匪一案死刑刑罚表请核由

作　　者：
关 键 词：检察官　盗匪　死刑刑罚表
摘　　要：检察官呈报盗匪案死刑刑罚表。
期刊名称：法部公报
主办单位：
刊　　期：1939（7）
页　　码：198

235. 题　　名：公牍：指令：刑事：法部指令：指字第八五五号（二十八年十月十六日）：令署河北高等法院首席检察官马彝德：呈一

件，为报郭元珍等盗匪一案执行无期徒刑刑罚表及卷判请核由

作　　者：

关 键 词：检察官　无期徒刑　刑罚表

摘　　要：检察官呈报执行无期徒刑刑罚表。

期刊名称：法部公报

主办单位：

刊　　期：1939（7）

页　　码：198

236. 题　　名：公牍：指令：刑事：法部指令：指字第八七三六号（二十八年十月二十日）：令兼山东烟台地方法院首席检察官石俊谷：呈一件，为呈报本年八月份刑事案件收结及被告羁押月报表请核由

作　　者：

关 键 词：检察官　时间

摘　　要：检察官呈报八月一日收案，八月五日结案，应经过四日，而填写十四日。

期刊名称：法部公报

主办单位：

刊　　期：1939（7）

页　　码：204

237. 题　　名：公牍：指令：刑事：法部指令：指字第八九一六号（二十八年十月二十五日）：令署河北高等法院首席检察官马彝德：呈二件，为转报邯郸县公署本年六七两月份无刑事案件祈鉴核由

作　　者：

关 键 词：检察官　刑事案件

摘　　要：检察官呈报无刑事案件。

期刊名称：法部公报

主办单位：

刊　　期：1939（7）

页　　码：206

238. 题　　名：公牍：指令：刑事：法部指令：指字第八九六五号（二十八年十月二十六日）：令署山西高

等法院首席检察官陈宝玺：呈一件，为报本年第三季执行五年以上有期徒刑刑罚表判请核由

作　　者：

关 键 词：检察官　有期徒刑刑罚表

摘　　要：检察官呈报本年第三季执行五年以上有期徒刑刑罚表。

期刊名称：法部公报

主办单位：

刊　　期：1939（7）

页　　码：209－210

239. 题　　名：公牍：指令：刑事：法部指令：指字第八九六六号（二十八年十月二十六日）：令署河北高等法院首席检察官马彝德：呈一件，为呈报执行盗匪案犯张汉民死刑刑罚一览表祈鉴核由

作　　者：

关 键 词：检察官　执行死刑　刑罚一览表

摘　　要：检察官呈报执行盗匪死刑一览表。

期刊名称：法部公报

主办单位：

刊　　期：1939（7）

页　　码：210

240. 题　　名：公牍：指令：刑事：法部指令：指字第八九六七号（二十八年十月二十六日）：令署河北高等法院首席检察官马彝德：呈一件，为呈报二十八年度第三季宣告免刑案件季报表判请核由

作　　者：

关 键 词：检察官　漏引法条

摘　　要：检察官呈报判决漏引相关法条。

期刊名称：法部公报

主办单位：

刊　　期：1939（7）

页　　码：210－211

241. 题　　名：公牍：指令：刑事：法部指令：指字第九零八五号（二十八年

十月二十八日）：令署山西高等法院首席检察官陈宝玺：呈一件，为呈报本年九月份刑事案件收结及被告羁押月报表祈鉴核由

作　　者：

关　键　词：检察官　填表

摘　　要：检察官呈报相关情况不存在。没有填写无字。

期刊名称：法部公报

主办单位：

刊　　期：1939（7）

页　　码：213－241

242. 题　　名：公牍：指令：刑事：法部指令：指字第九一二零号（二十八年十月三十日）：令署河北高等法院首席检察官马彝德：呈一件，为呈报二十八年度第三季执行五年以上有期徒刑刑罚表判请核由

作　　者：

关　键　词：检察官　有期徒刑刑罚表

摘　　要：检察官呈报执行五年以上有期徒刑刑罚表。

期刊名称：法部公报

主办单位：

刊　　期：1939（7）

页　　码：216－217

243. 题　　名：公牍：指令：刑事：法部指令：指字第九一五零号（二十八年十月三十一日）：令署河北高等法院首席检察官马彝德：呈一件，为覆李毕氏控刘燮芸等伪造文书等情一案经过情形祈鉴核由

作　　者：

关　键　词：检察官　伪造文书案

摘　　要：检察官呈报伪造文书案情形。

期刊名称：法部公报

主办单位：

刊　　期：1939（7）

页　　码：218

244. 题　　名：公牍：指令：刑事：法部指令：指字第九一六一号（二十八年

十月三十一日）：令署青岛高等法院首席检察官李琴鹤：呈一件，为报本年第三季执行五年以上有期徒刑刑罚表判请核由

作　　者：

关　键　词：检察官　人数

摘　　要：检察官呈报人数有误。

期刊名称：法部公报

主办单位：

刊　　期：1939（7）

页　　码：219－220

245. 题　　名：公牍：指令：监狱：法部指令：指字第八一六三号（二十八年十月五日）：令署河北高等法院院长李栋、首席检察官马彝德：呈一件，为呈送天津监狱呈报分移京津保各监人犯及刑满开释各犯清册祈鉴核由

作　　者：

关　键　词：检察官　刑期届满　分册开释

摘　　要：检察官呈报人犯刑期届满者为数众多，检察官需要分册开释。

期刊名称：法部公报

主办单位：

刊　　期：1939（7）

页　　码：221

246. 题　　名：公牍：指令：监狱：法部指令：指字第八一六五号（二十八年十月五日）：令署山西高等法院首席检察官陈宝玺：呈一件，为呈报寿阳县本年八月份视察监所月报表祈鉴核由

作　　者：

关　键　词：检察官　监狱　看守所　供给

摘　　要：检察官呈报监狱看守所须遵守相关规定分配给养，监狱供给给养；看守所对于不能供给给养的由看守所供，可以自供的自供。

期刊名称：法部公报

主办单位：

刊　　期：1939（7）

页　　码：222

247. 题　　名：公牍：指令：监狱：法部指令：指字第八三一八号（二十八年十月十一日）：令署河北高等法院首席检察官马彝德：呈一件，为呈报抚宁县本年八月份视察监所月报表祈鉴核由

作　　者：

关 键 词：检察官　监狱　筹建工场　人犯作业

摘　　要：检察官呈报该监狱有作业基金五百七十九元，需要筹设工场以供人犯作业。

期刊名称：法部公报

主办单位：

刊　　期：1939（7）

页　　码：223

248. 题　　名：公牍：指令：监狱：法部指令：指字第八四八八号（二十八年十月十三日）：令署河北高等法院首席检察官马彝德：呈一件，为呈复审核军监人犯有无情罪可疑或论科失当迟延缘由祈鉴核由

作　　者：

关 键 词：检察官　军监　人犯　情罪可疑　论科失当

摘　　要：检察官呈报审核军监人犯有无情罪可疑或论科失当迟延的情形。

期刊名称：法部公报

主办单位：

刊　　期：1939（7）

页　　码：224

249. 题　　名：公牍：指令：监狱：法部指令：指字第八五零一号（二十八年十月十四日）：令署河北高等法院院长李栋、首席检察官马彝德：呈一件，呈送新乐县假释监犯王荣增裁定书祈鉴核由

作　　者：

关 键 词：检察官　漏引法条

摘　　要：检察官呈报裁定书漏引相关法条。

期刊名称：法部公报

主办单位：

刊　　期：1939（7）

页　　码：224 - 225

250. 题　　名：公牍：指令：监狱：法部指令：指字第八六六零号（二十八年十月十八日）：令署山东高等法院首席检察官温国璋：呈一件，为呈报济阳县公署本年八月份视察监所月报表祈鉴核由

作　　者：

关 键 词：检察官　看守所

摘　　要：检察官呈报看守所破烂不堪，需要修护。

期刊名称：法部公报

主办单位：

刊　　期：1939（7）

页　　码：225

251. 题　　名：公牍：指令：监狱：法部指令：指字第八六六一号（二十八年十月十八日）：令署山东高等法院首席检察官温国璋：呈一件，为呈报博山县公署本年八月份视察监所月报表祈鉴核由

作　　者：

关 键 词：检察官　监狱　损坏

摘　　要：检察官呈报监狱因事损坏严重，需院长尽快修复。

期刊名称：法部公报

主办单位：

刊　　期：1939（7）

页　　码：225 - 226

252. 题　　名：公牍：指令：监狱：法部指令：指字第八八零三号（二十八年十月二十一日）：令署山西高等法院首席检察官陈宝玺：呈一件，为呈报平遥县本年八月份视察监所月报表祈鉴核由

作　　者：

关 键 词：检察官　县知事　兼理检察职务　非兼任检察官

摘　　要：检察官呈报县知事仅兼理检察职务，并非兼任检察官，且不准犯人自行另炊。

期刊名称：法部公报

主办单位：

刊　　期：1939（7）

页　　码：227

253. 题　　名：公牍：指令：监狱：法部指令：指字第八八零四号（二十八年十月二十一日）：令署山西高等法院首席检察官陈宝玺：呈一件，为呈报汾阳县本年八月份视察监所月报表祈鉴核由

作　　者：

关 键 词：检察官　已决犯　未决犯　羁押

摘　　要：检察官呈报看守所已决及未决犯应分别羁押，注意卫生。

期刊名称：法部公报

主办单位：

刊　　期：1939（7）

页　　码：227

254. 题　　名：公牍：指令：监狱：法部指令：指字第九一二六号（二十八年十月三十日）：令署山西高等法院首席检察官陈宝玺：呈一件，转报文水县看守所押犯成有义死亡证书祈鉴核由

作　　者：

关 键 词：检察官　死亡证书

摘　　要：检察官呈报看守所死刑证书应由原机关呈送。

期刊名称：法部公报

主办单位：

刊　　期：1939（7）

页　　码：229

255. 题　　名：公牍：指令：人事：法部指令：指字第八五四八号（二十八年十月十六日）：令署河北高等法院院长李栋、首席检察官马彝德：呈一件，为转呈北京地方法院雇役警役事务分配情形并分配表请鉴核由

作　　者：

关 键 词：检察官　工作人数

摘　　要：检察官呈报工作人员人数变化。

期刊名称：法部公报

主办单位：

刊　　期：1939（7）

页　　码：146－147，6

256. 题　　名：公牍：指令：统计：法部指令：指字第九零七七号（二十八年十月二十八日）：令署河北高等法院首席检察官马彝德：呈一件，转报临榆县二十七年度拘役罚金执行刑罚一览表请核由

作　　者：

关 键 词：检察官　罚金

摘　　要：检察官呈报罚金情况及脱逃情况。

期刊名称：法部公报

主办单位：

刊　　期：1939（7）

页　　码：165

257. 题　　名：公牍：指令：刑事：法部指令：指字第三三三三号（二十八年五月十二日）：令署河北高等法院院长李栋、首席检察官马彝德：呈一件，为前军人监狱人犯王通堂等声请援照军法机关成案准予分别减刑请核由

作　　者：

关 键 词：检察官　罪行

摘　　要：检察官呈报罪行等情况。

期刊名称：法部公报

主办单位：

刊　　期：1939（2）

页　　码：170

258. 题　　名：公牍：指令：文书：法部指令：指字第七四四零号（二十八年九月十三日）：令署青岛高等法院首席检察官李琴鹤：呈一件，为转呈前青岛地检处行政文卷清册并该处进行中之诉讼卷宗遗失情形祈鉴核备案由

作　　者：

关 键 词：检察官　卷宗　备案清查

摘　　要：检察官呈报遗失卷宗可备案清查。

期刊名称：法部公报

主办单位：

刊　　期：1939（6）

页　　码：68

259. 题　　名：公牍：指令：刑事：法部指令：

指字第三零三五号（二十八年五月四日）：令署河北高等法院院长李栋、首席检察官马彝德：呈二件，呈报天津地院续获看守所逃犯孟宪荣名单及同案犯李宝瑞判决书请核由

作　　者：

关 键 词：检察官　看守所　逃犯　判决书

摘　　要：检察官呈报天津地院续获看守所逃犯孟宪荣名单及同案犯李宝瑞判决书。

期刊名称：法部公报

主办单位：

刊　　期：1939（2）

页　　码：162

260. 题　　名：公牍：指令：刑事：法部指令：指字第三五五八号（二十八年五月十八日）：令署河北高等法院天津分院首席检察官何运衡：呈一件，为呈报本年三月份刑事案件收结及被告羁押月报表暨声明二月份同表错误请鉴核备案由

作　　者：

关 键 词：检察官　多押　更正

摘　　要：检察官呈报二月押人员多男一名，需要更正。

期刊名称：法部公报

主办单位：

刊　　期：1939（2）

页　　码：178

261. 题　　名：公牍：指令：刑事：法部指令：指字第三五九七号（二十八年五月十九日）：令兼代山东烟台地方法院首席检察官石俊谷：呈一件，为呈报本年三月份刑事案件收结及被告羁押月报表请鉴核由

作　　者：

关 键 词：检察官　伪造文书

摘　　要：检察官呈报伪造文书、脱逃案未并载法条。

期刊名称：法部公报

主办单位：

刊　　期：1939（2）

页　　码：179－180

262. 题　　名：公牍：指令：刑事：法部指令：指字第三六零四号（二十八年五月十九日）：令署河北滦县地方法院检察官赵时雍：呈一件，为遵令呈覆本年一月份刑事案件收结及被告羁押表列范隆川结案日期错误缘由祈鉴核更正由

作　　者：

关 键 词：检察官　刑事案件　收案结案表

摘　　要：检察官呈报本年一月刑事案件收案及结案表中有误。

期刊名称：法部公报

主办单位：

刊　　期：1939（2）

页　　码：182

263. 题　　名：公牍：指令：刑事：法部指令：指字第三七零一号（二十八年五月二十三日）：令署河北高等法院首席检察官马彝德：呈一件，为转报丰润本年度第一季执行五年以上有期徒刑刑罚表判祈鉴核由

作　　者：

关 键 词：检察官　起算时间

摘　　要：检察官呈报起算时间有误。

期刊名称：法部公报

主办单位：

刊　　期：1939（2）

页　　码：186

264. 题　　名：公牍：指令：刑事：法部指令：指字第三七九零号（二十八年五月二十五日）：令署河北高等法院院长李栋、首席检察官马彝德：呈一件，续报所属宁河县等六县监所并无应赦未释人犯连同清单请核由

作　　者：

关 键 词：检察官　应赦未释人犯

摘　　要：续报所属宁河县等六县监所并无应赦未释人犯。

期刊名称：法部公报

主办单位：

刊　　　期：1939（2）

页　　　码：191

265. 题　　　名：公牍：指令：刑事：法部指令：
指字第三八零零号（二十八年
五月二十五日）：令兼河北唐
山地方法院首席检察官凌熙：
呈一件，为呈报本年四月份刑
事案件收结及被告羁押见报表
请鉴核由

作　　　者：

关 键 词：检察官　填写表格

摘　　　要：检察官呈报表格潦草、有贴补。

期刊名称：法部公报

主办单位：

刊　　　期：1939（2）

页　　　码：196－197

266. 题　　　名：公牍：指令：刑事：法部指令：
指字第三八二八号（二十八年
五月二十六日）：令署山东高
等法院首席检察官温国璋：呈
一件，为呈送本年四月份属于
刑事案件报部办法第十一条所
列案件执行刑罚表判连同全卷
请鉴核由

作　　　者：

关 键 词：检察官　判决正本　罪名

摘　　　要：检察官呈报判决正本与罪名都
与法不合。

期刊名称：法部公报

主办单位：

刊　　　期：1939（2）

页　　　码：197

267. 题　　　名：公牍：指令：刑事：法部指令：
指字第三八二九号（二十八年
五月二十六日）：令署山东高
等法院首席检察官温国璋：呈
一件，为呈送本年四月份属于
刑事案件报部办法第十一条所
列案件执行刑罚表判连同全卷
请鉴核由

作　　　者：

关 键 词：检察官　刑事案件

摘　　　要：检察官依法呈报有无刑事
案件。

期刊名称：法部公报

主办单位：

刊　　　期：1939（2）

页　　　码：197－198

268. 题　　　名：公牍：指令：刑事：法部指令：
指字第四六二四号（二十八年
六月十九日）：令署山东高等
法院首席检察官温国璋：呈一
件，为呈送本年四月份属于刑
事案件报部办法第十一条所列
案件执行刑罚表判连同全卷请
鉴核由

作　　　者：

关 键 词：检察官　女犯　期间

摘　　　要：检察官指示女犯携带三岁以上
子女，需按照法条延长携带期
间以免困难。

期刊名称：法部公报

主办单位：

刊　　　期：1939（3）

页　　　码：157－158

269. 题　　　名：公牍：指令：刑事：法部指令：
指字第四二二二号（二十八年
六月六日）：令兼河北唐山地
方法院首席检察官凌熙：呈一
件为呈复本年三月份刑事案件
收结及被告羁押月报表所列渎
职案被告朱熙一名错误情形请
鉴核由

作　　　者：

关 键 词：检察官　渎职案　错误情形

摘　　　要：检察官指示渎职案朱熙错误
情形。

期刊名称：法部公报

主办单位：

刊　　　期：1939（3）

页　　　码：126

270. 题　　　名：公牍：指令：刑事：法部指令：
指字第四二九八号（二十八年
六月九日）：令河北高等法院
院长李栋、署河北高等法院首
席检察官马彝德：呈一件转呈
天津地方法院判决看守所逃犯
孟宪荣一名判决书请核由

作　　　者：

关　键　词：检察官　逃犯　判决书

摘　　　要：检察官收到看守所逃犯判决书。

期刊名称：法部公报

主办单位：

刊　　　期：1939（3）

页　　　码：128

271. 题　　　名：公牍：指令：刑事：法部指令：指字第四三三三号（二十八年六月十日）：令暂署山东高等法院院长张超骥、署山东高等法院首席检察官温国璋：呈一件转报济南地方法院焚毁鸦片毒品日期情形附送相片钞具原呈各二件请核由

作　　　者：

关　键　词：检察官　鸦片毒品　照片

摘　　　要：检察官呈报焚烧鸦片毒品情形及照片等。

期刊名称：法部公报

主办单位：

刊　　　期：1939（3）

页　　　码：131

272. 题　　　名：公牍：指令：刑事：法部指令：指字第四五九一号（二十八年六月十七日）：令署山东高等法院首席检察官温国璋：呈一件为呈报本年五月份执行刑事案件报部办法第十一条案件刑罚表及各案卷判请核由

作　　　者：

关　键　词：检察官　姓名栏　礼字号

摘　　　要：检察官指示姓名栏应填写"无"，但却写了礼字号，有误。

期刊名称：法部公报

主办单位：

刊　　　期：1939（3）

页　　　码：136－137

273. 题　　　名：公牍：指令：刑事：法部指令：指字第五七九七号（二十八年七月二十九日）：令署山东高等法院首席检察官温国璋：呈一件，为呈报本年六月份属于刑事案件报部办法第十一条所

列案件执行刑罚一览表连同各案卷判祈鉴核由

作　　　者：

关　键　词：检察官　案件一览表

摘　　　要：检察官呈报本年六月份属于刑事案件报部办法第十一条所列案件执行刑罚一览表连同各案卷。

期刊名称：法部公报

主办单位：

刊　　　期：1939（4）

页　　　码：143－144

274. 题　　　名：公牍：指令：人事：法部指令：指字第五八零四号（二十八年七月二十九日）：令署河北高等法院院长李栋、署河北高等法院首席检察官马彝德：呈一件，呈送本院所属各法院监所本年一月至三月份请假人员表并声明各职员均无旷职情事请鉴核由

作　　　者：

关　键　词：检察官　请假人员表　旷职情事

摘　　　要：检察官呈报本院所属各法院监所本年一月至三月份请假人员表并声明各职员均无旷职情事。

期刊名称：法部公报

主办单位：

刊　　　期：1939（4）

页　　　码：90－100

275. 题　　　名：公牍：指令：人事：法部指令：指字第五八五八号（二十八年七月三十一日）：令署河北高等法院院长李栋、署河北高等法院首席检察官马彝德：呈一件，为据北京地方法院看守所呈请派用额外主任看守四名所需饷项由薪饷项下匀支列表转请鉴核由

作　　　者：

关　键　词：检察官　看守所　薪饷

摘　　　要：检察官呈报北京地方法院看守所呈请派用额外主任看守四名

所需饷项由薪饷项下匀支。

期刊名称：法部公报

主办单位：

刊　　期：1939（4）

页　　码：100－101

276. 题　　名：公牍：指令：刑事：法部指令：指令第五四一五号（二十八年七月十八日）：令河北高等法院院长李栋：呈一件，呈为临榆看守所押犯王玉亭抗告一案卷宗据吾业送该院唐山分院检察处已由院函调由

作　　者：

关 键 词：检察官　押犯　抗告

摘　　要：检察官呈报案情迅速查明，并将依法查明情况上报。

期刊名称：法部公报

主办单位：

刊　　期：1939（4）

页　　码：132

277. 题　　名：公牍：指令：刑事：法部指令：指字第五四四零号（二十八年七月十九日）：令代理河北高等法院天津分院首席检察官孙润棣：呈一件，为呈送本年五月份刑事案件收结及被告羁押月报表祈鉴核由

作　　者：

关 键 词：检察官　事件表　诉讼　上诉

摘　　要：检察官所列事件表上多列四案，备查后是将自诉案件列入，如是检察官担当诉讼或上诉，则可列入。

期刊名称：法部公报

主办单位：

刊　　期：1939（4）

页　　码：134－135

278. 题　　名：公牍：指令：刑事：法部指令：指字第六零九零号（二十八年八月八日）：令署河北高等法院院长李栋、署河北高等法院首席检察官马彝德：呈一件续报所属涞源等五县并无应赦未释人犯开具清单请核由

作　　者：

关 键 词：检察官　应赦可释人员

摘　　要：检察官呈报并无应赦可释人员，查明妥办后上报。

期刊名称：法部公报

主办单位：

刊　　期：1939（5）

页　　码：128

279. 题　　名：公牍：指令：刑事：法部指令：指字第六一八九号（二十八年八月十一日）：令署河北高等法院首席检察官马彝德：呈一件为转报定县本年度第二季执行五年以上有期徒刑刑罚表判祈鉴核由

作　　者：

关 键 词：检察官　伙同行为　共同正犯　犯意　同一罪名

摘　　要：检察官呈报伙同行为是共同正犯，基于一个犯意，应属一个罪名。

期刊名称：法部公报

主办单位：

刊　　期：1939（5）

页　　码：133－134

280. 题　　名：公牍：指令：刑事：法部指令：指字第六二二四号（二十八年八月十二日）：令署北京地方法院院长陈元魁、署北京地方法院首席检察官刘锐：呈一件为遵电检送鹿九昌意图勒索而掳人一案全卷请核由

作　　者：

关 键 词：检察官　意图勒索　掳人

摘　　要：检察官呈报意图勒索而掳人一案全卷。

期刊名称：法部公报

主办单位：

刊　　期：1939（5）

页　　码：134－135

281. 题　　名：公牍：指令：刑事：法部指令：指字第六二二八号（二十八年八月十二日）：令兼代山东烟台地方法院首席检察官石俊谷：呈一件为呈本年六月份刑事案件收结及被告羁押月报表请

鉴核由

作　　者：

关 键 词：检察官　诈欺案　更正

摘　　要：检察官呈报诈欺一案经过日栏多填写一日，需要查明后更正。

期刊名称：法部公报

主办单位：

刊　　期：1939（5）

页　　码：136

282. 题　　名：公牍：指令：刑事：法部指令：指字第六四一零号（二十八年八月十八日）：令署河北高等法院首席检察官马彝德：呈一件为转报河北邢台县公署本年四月份无刑事案件报部办法第十一条所列执行刑罚案件请备案由

作　　者：

关 键 词：检察官　延期

摘　　要：检察官指示这类案件延期三月才呈报，与法不合。

期刊名称：法部公报

主办单位：

刊　　期：1939（5）

页　　码：143

283. 题　　名：公牍：指令：刑事：法部指令：指字第六五一五号（二十八年八月二十二日）：令署山西高等法院首席检察官陈宝玺：呈一件为呈报二十八年度第二季执行五年以上有期徒刑案件表判请核由

作　　者：

关 键 词：检察官　执行案件

摘　　要：检察官呈报有无执行案件未报，以第二季度报上，与法不合。

期刊名称：法部公报

主办单位：

刊　　期：1939（5）

页　　码：145 – 146

284. 题　　名：公牍：指令：刑事：法部指令：指字第六五九二号（二十八年八月二十四日）：令署山西太

原地方法院首席检察官吴景滨：呈二件为呈报本年六月份刑事案件收结及被告羁押表请鉴核由

作　　者：

关 键 词：检察官　刑事案件　羁押表

摘　　要：检察官呈报本年六月份刑事案件收结及被告羁押表。

期刊名称：法部公报

主办单位：

刊　　期：1939（5）

页　　码：151

285. 题　　名：公牍：指令：刑事：法部指令：指字第六六五五号（二十八年八月二十六日）：令署河北滦县地方法院首席检察官郑天锡：呈一件为呈送本年三月份刑事案件收结及被告羁押月报表祈鉴核由

作　　者：

关 键 词：检察官　姓名　羁押表

摘　　要：检察官呈报本年三月份刑事案件收结及被告羁押月报表。

期刊名称：法部公报

主办单位：

刊　　期：1939（5）

页　　码：155

286. 题　　名：公牍：指令：刑事：法部指令：指字第六六八七号（二十八年八月二十六日）：令署山东济南地方法院首席检察官黎遐龄：呈一件为呈送本年六月份刑事案件收结及被告羁押月报表祈鉴核由

作　　者：

关 键 词：检察官　被告

摘　　要：检察官指示被告接押年月日是收押年月日，系误。

期刊名称：法部公报

主办单位：

刊　　期：1939（5）

页　　码：157

287. 题　　名：公牍：指令：刑事：法部指令：指字第六七四五号（二十八年八月二十九日）：令署山西高

等法院首席检察官陈宝玺：呈一件为呈本年七月份并无执行刑事案件报部办法第十一条所列案件请备案由

作　　者：

关 键 词：检察官　刑事案件　案由

摘　　要：检察官呈报本年七月份并无执行刑事案件报部办法第十一条所列案件请备案由。

期刊名称：法部公报

主办单位：

刊　　期：1939（5）

页　　码：158－159

288. 题　　名：公牍：指令：刑事：法部指令：指字第六八零二号（二十八年八月三十日）：令署河北高等法院院长李栋、署河北高等法院首席检察官马彝德：呈一件呈报天津地方法院判决看守所脱逃人犯薛邦义一名判决书请核由

作　　者：

关 键 词：检察官　看守所　脱逃人犯　判决书

摘　　要：检察官呈报天津地方法院判决看守所脱逃人犯薛邦义一名判决书。

期刊名称：法部公报

主办单位：

刊　　期：1939（5）

页　　码：161

289. 题　　名：公牍：指令：刑事：法部指令：指字第六八零五号（二十八年八月三十日）：令署河北高等法院首席检察官马彝德：呈一件为转报新乐县公署本年七月份无执行刑事案件报部办法第十一条所列案件祈核由

作　　者：

关 键 词：检察官　刑事案件

摘　　要：检察官呈报本年七月份无执行刑事案件报部办法第十一条所列案件。

期刊名称：法部公报

主办单位：

刊　　期：1939（5）

页　　码：161－162

290. 题　　名：公牍：指令：刑事：法部指令：指字第六八零八号（二十八年八月三十日）：令兼河北唐山地方法院首席检察官凌熙：呈一件为呈覆本年六月份刑事案件收结及被告羁押月报表填载错误情形请予更正由

作　　者：

关 键 词：检察官　刑事案件　羁押月报表

摘　　要：检察官呈覆本年六月份刑事案件收结及被告羁押月报表填载错误情形请予更正。

期刊名称：法部公报

主办单位：

刊　　期：1939（5）

页　　码：162

291. 题　　名：公牍：指令：监狱：法部指令：指字第六二六四号（二十八年八月十四日）：令署青岛高等法院院长戚运机、署青岛高等法院首席检察官李琴鹤：呈一件为修正监犯保外服役暂行办法可否适用于青岛及看守所办理保外服役其审查会议人员以何人为限祈示遵由

作　　者：

关 键 词：检察官　保外服役

摘　　要：检察官呈为修正监犯保外服役暂行办法可否适用于青岛及看守所办理保外服役，其审查会议人员以何人为限。

期刊名称：法部公报

主办单位：

刊　　期：1939（5）

页　　码：166

292. 题　　名：公牍：指令：人事：法部指令：指字第六八五零号（二十八年八月三十一日）：令署河北高等法院院长李栋、署河北高等法院首席检察官马彝德：呈一件为遵令呈覆北京地方法院看守所主任看守孙毓灿超支薪资

经过情形请鉴核由

作　　者：

关 键 词：检察官　看守所　薪资

摘　　要：检察官呈覆北京地方法院看守所主任看守孙毓灿超支薪资经过情形。

期刊名称：法部公报

主办单位：

刊　　期：1939（5）

页　　码：98－99

293. 题　　名：公牍：指令：统计：法部指令：指字第六二一八号（二十八年八月十一日）：令署河北高等法院院长李栋、署河北高等法院首席检察官马彝德：呈一件转报东光县二十七年度拘役罚金执行刑罚一览表请核由

作　　者：

关 键 词：检察官　罚金　拘役

摘　　要：检察官指示各犯所报之罚金全部完纳，拘役人犯是否漏填需要查清。

期刊名称：法部公报

主办单位：

刊　　期：1939（5）

页　　码：106

294. 题　　名：公牍：指令：刑事：法部指令：指字第五九九六号（二十八年八月四日）：令署河北高等法院院长李栋、署河北高等法院首席检察官马彝德：呈一件呈报天津地方法院续获看守所逃犯薛邦义一名开单请核由

作　　者：

关 键 词：检察官　看守所　逃犯

摘　　要：检察官指示看守所发现逃犯一名，需要认真督缉。

期刊名称：法部公报

主办单位：

刊　　期：1939（5）

页　　码：123

295. 题　　名：公牍：指令：刑事：法部指令：指字第七三九六号（二十八年九月十二日）：令署河北高等法院首席检察官马彝德：呈一

件，为转报河北蓟县公署本年一月至七月份无刑事案件报部办法第十一条所列案件祈鉴核备案由

作　　者：

关 键 词：检察官　刑事案件

摘　　要：检察官指示河北蓟县公署本年一月至七月份无刑事案件报部办法第十一条所列案件。

期刊名称：法部公报

主办单位：

刊　　期：1939（6）

页　　码：103－104

296. 题　　名：公牍：指令：刑事：法部指令：指字第七四四一号（二十八年九月十三日）：令署青岛高等法院院长戚运机、署青岛高等法院首席检察官李琴鹤：呈一件，遵令具覆前山东高等法院第二分院上诉南京三审民刑各案俟查明底卷即补行通知请核由

作　　者：

关 键 词：检察官　上诉　三审

摘　　要：检察官指示山东高等法院第二分院上诉南京三审民刑各案情况。

期刊名称：法部公报

主办单位：

刊　　期：1939（6）

页　　码：104－105

297. 题　　名：公牍：指令：刑事：法部指令：指字第七六八五号（二十八年九月十九日）：令署河北高等法院院长李栋、署河北高等法院首席检察官马彝德：呈一件，转送天津地方法院看守所羁押被告孙安义等脱逃案起诉及不起诉书请核由

作　　者：

关 键 词：检察官　看守所　不起诉书

摘　　要：检察官转送天津地方法院看守所羁押被告孙安义等脱逃案起诉及不起诉书。

期刊名称：法部公报

主办单位：

刊　　期：1939（6）

页　　码：116－117

298. 题　　名：公牍：指令：刑事：法部指令：指字第七八二六号（二十八年九月二十八日）：令署河北高等法院院长李栋、署河北高等法院首席检察官马彝德：呈一件，为转报天津地方法院续获该院看守所脱逃人犯杜旭东等检同清单祈核由

作　　者：

关 键 词：检察官　看守所　逃犯

摘　　要：检察官转报天津地方法院续获该院看守所脱逃人犯杜旭东等。

期刊名称：法部公报

主办单位：

刊　　期：1939（6）

页　　码：121

299. 题　　名：公牍：指令：刑事：法部指令：指字第七八二七号（二十八年九月二十八日）：令署河北高等法院首席检察官马彝德：呈一件，为转报赞皇县公署未能造报刑事案件报部办法第十一条所列各案情形请核由

作　　者：

关 键 词：检察官　刑事案件　报部办法

摘　　要：检察官转报赞皇县公署未能造报刑事案件报部办法。

期刊名称：法部公报

主办单位：

刊　　期：1939（6）

页　　码：121

300. 题　　名：公牍：指令：刑事：法部指令：指字第七八二八号（二十八年九月二十八日）：令署河北滦县地方法院首席检察官邓天锡：呈一件，为呈覆本年三月份刑事案件收结及被告羁押月报表填载姓名错误缘由请鉴核由

作　　者：

关 键 词：检察官　刑事案件　月报表

摘　　要：检察官呈报本年三月份刑事案件收结及被告羁押月报表填载姓名错误缘由。

期刊名称：法部公报

主办单位：

刊　　期：1939（6）

页　　码：121－122

301. 题　　名：公牍：指令：监狱：法部指令：指字第六九三六号（二十八年九月一日）：令署河北高等法院院长李栋、署河北高等法院首席检察官马彝德：敬代电一件，为据天津分院院长孔嘉彰等养代电会呈监所人犯移禁分院后院拥挤情形拟具疏通办法据情转请鉴核由

作　　者：

关 键 词：检察官　已决人犯　未决人犯

摘　　要：检察官呈报已决人犯、未决人犯已经处理。

期刊名称：法部公报

主办单位：

刊　　期：1939（6）

页　　码：127－128

302. 题　　名：公牍：指令：监狱：法部指令：指字第七三六零号（二十八年九月十一日）：令署河北高等法院院长李栋、署河北高等法院首席检察官马彝德：呈一件，呈请假释北京第二监狱监犯甯全顺等十二名并附身份簿等件祈鉴核由

作　　者：

关 键 词：检察官　假释　身份簿

摘　　要：检察官呈请假释北京第二监狱监犯宁全顺等十二名并附身份簿。

期刊名称：法部公报

主办单位：

刊　　期：1939（6）

页　　码：132

303. 题　　名：公牍：指令：监狱：法部指令：指字第七三六一号（二十八年九月十一日）：令署河北高等法院院长李栋、署河北高等法

院首席检察官马彝德：呈一件，
呈请假释天津监狱监犯侯桐等
四十一名检同身份簿等件祈鉴
核由

作　　者：

关键词：检察官　假释　身份簿

摘　　要：检察官呈请假释天津监狱监犯
侯桐等四十一名检同身份簿。

期刊名称：法部公报

主办单位：

刊　　期：1939（6）

页　　码：132－133

304. 题　　名：公牍：指令：监狱：法部指令：
指字第七六八八号（二十八年
九月十九日）：令署河北高等
法院院长李栋、署河北高等法
院首席检察官马彝德：呈一件，
呈请假释抚甯县监犯王树棠等
四名附送身份簿祈鉴核由

作　　者：

关键词：检察官　假释　身份簿

摘　　要：检察官呈请假释抚甯县监犯王
树棠等四名附送身份簿。

期刊名称：法部公报

主办单位：

刊　　期：1939（6）

页　　码：135

305. 题　　名：公牍：指令：监狱：法部指令：
指字第七九三五号（二十八年
九月三十日）：令暂署山东高
等法院院长张超骥、署山东高
等法院首席检察官温国璋：呈
一件，呈送烟台监狱保外服役
人犯于应海等四名报告书等件
祈鉴核备案由

作　　者：

关键词：检察官　监狱　保外服役人犯

摘　　要：检察官呈送烟台监狱保外服役
人犯于应海等四名报告书。

期刊名称：法部公报

主办单位：

刊　　期：1939（6）

页　　码：136－137

306. 题　　名：公牍：指令：刑事：法部指令：
指字第七零二七号（二十八年

九月四日）：令署青岛高等法
院首席检察官李琴鹤：呈一件，
为呈报该处自本年七月一日起
奉令改组遵即造送该月份刑事
案件收结及被告羁押表请鉴
核由

作　　者：

关键词：检察官　被告　羁押

摘　　要：检察官查各被告均未被羁押，
与表中所填羁押情况不符。

期刊名称：法部公报

主办单位：

刊　　期：1939（6）

页　　码：84

307. 题　　名：公牍：指令：刑事：法部指令：
指字第七零六五号（二十八年
九月四日）：令署山西高等法
院首席检察官陈宝玺：呈一件，
为呈报执行郝秀山杀人一案无
期徒刑刑罚一览表连同全案卷
宗并附判决正本祈鉴核由

作　　者：

关键词：检察官　杀人案　无期徒刑
起诉书

摘　　要：检察官呈报执行郝秀山杀人一
案无期徒刑刑罚一览表连同全
案卷宗并附判决正本。

期刊名称：法部公报

主办单位：

刊　　期：1939（6）

页　　码：86－87

308. 题　　名：公牍：指令：刑事：法部指令：
指字第七一二四号（二十八年
九月五日）：令署河北天津地
方法院首席检察官许恩麟：呈
一件，为呈覆遵令查明本年六
月份刑事案件及被告羁押表错
误情形祈赐更正由

作　　者：

关键词：检察官　刑事案件　被告　羁
押表

摘　　要：检察官呈覆遵令查明本年六月
份刑事案件及被告羁押表错误
情形。

期刊名称：法部公报

主办单位：

刊　　期：1939（6）

页　　码：89－90

309. 题　名：公牍：指令：刑事：法部指令：指字第七一九零号（二十八年九月七日）：令署河北滦县地方法院首席检察官邓天锡：呈一件，为呈送本年四月份刑事案件收结及被告羁押月报表祈鉴核由

作　　者：

关 键 词：检察官　被告　已押日期

摘　　要：检察官指示被告年龄及已押日期填写有误。

期刊名称：法部公报

主办单位：

刊　　期：1939（6）

页　　码：91－92

310. 题　名：公牍：指令：刑事：法部指令：指字第七一九一号（二十八年九月七日）：令暂代山东高等法院烟台分院首席检察官兼代院长石俊谷：呈一件，为呈报本年六月份刑事案件收结及被告羁押月报表请鉴核由

作　　者：

关 键 词：检察官　刑事案件　被告　羁押表

摘　　要：检察官呈报本年六月份刑事案件收结及被告羁押月报表。

期刊名称：法部公报

主办单位：

刊　　期：1939（6）

页　　码：92

311. 题　名：公牍：指令：刑事：法部指令：指字第七三四三号（二十八年九月十一日）：令署河北高等法院首席检察官马彝德：呈一件，为转报武清县公署本年一月至七月份无刑事案件报部办法第十一条所列各案件祈鉴核由

作　　者：

关 键 词：检察官　刑事案件

摘　　要：检察官指示刑事案件应当按月

上报，不得积压。

期刊名称：法部公报

主办单位：

刊　　期：1939（6）

页　　码：95

312. 题　名：公牍：指令：刑事：法部指令：指字第八零二一号（二十八年十月三日）：令署北京地方法院首席检察官刘锐：呈一件，为呈覆查明本年四月份刑事案件收结及被告羁押月报表不符各节情形祈将原表更正由

作　　者：

关 键 词：检察官　刑事案件　羁押表

摘　　要：检察官呈覆查明本年四月份刑事案件收结及被告羁押月报表不符各节情形。

期刊名称：法部公报

主办单位：

刊　　期：1939（7）

页　　码：178

313. 题　名：公牍：指令：刑事：法部指令：指字第八零三二号（二十八年十月三日）：令署山东高等法院烟台分院首席检察官兼代院长石俊谷：呈一件，为呈报本年七月份刑事案件收结及被告羁押月报表请核由

作　　者：

关 键 词：检察官　刑事案件

摘　　要：检察官呈报本年七月份刑事案件收结及被告羁押月报表，以交通阻塞为理由未结案。

期刊名称：法部公报

主办单位：

刊　　期：1939（7）

页　　码：179

314. 题　名：公牍：指令：刑事：法部指令：指字第八零七四号（二十八年十月四日）：令署河北高等法院天津分院院长孔嘉彰、首席检察官孙润棣等：呈一件，为遵送天津监所移解唐山寄押之被告案由姓名及系属机关等项清册请核由

作　　者：

关　键　词：检察官　监所

摘　　要：指示为遵送天津监所移解唐山寄押之被告案由姓名及系属机关等项。

期刊名称：法部公报

主办单位：

刊　　期：1939（7）

页　　码：180

315. 题　　名：公牍：指令：刑事：法部指令：指字第八三零六号（二十八年十月十一日）：令署河北高等法院院长李栋、首席检察官马彝德：呈一件，转报天津地方法院判决看守所脱逃人犯孙二秃一名判决书请核由

作　　者：

关　键　词：检察官　判决日期

摘　　要：检察官指示判决书日期有误。

期刊名称：法部公报

主办单位：

刊　　期：1939（7）

页　　码：186－187

316. 题　　名：公牍：指令：刑事：法部指令：指字第八三四二号（二十八年十月十一日）：令署河北滦县地方法院首席检察官邓天锡：呈一件，为呈覆本年四月份刑事案件收结及被告羁押月报表错误缘由祈鉴核由

作　　者：

关　键　词：检察官　刑事案件　错误缘由

摘　　要：检察官呈覆本年四月份刑事案件收结及被告羁押月报表错误缘由。

期刊名称：法部公报

主办单位：

刊　　期：1939（7）

页　　码：188

317. 题　　名：公牍：指令：刑事：法部指令：指字第八三四九号（二十八年十月十一日）：令署山西太原地方法院首席检察官吴景滨：呈一件，为呈报本年八月份刑事案件收结及被告羁押月报表

请核由

作　　者：

关　键　词：检察官　被告年龄

摘　　要：检察官指示被告年龄无法考证。

期刊名称：法部公报

主办单位：

刊　　期：1939（7）

页　　码：191－192

318. 题　　名：公牍：指令：刑事：法部指令：指字第八四四九号（二十八年十月十三日）：令署山东高等法院首席检察官温国璋：呈四件，为转报博山县公署本年一月至四月份无受理刑事案件报部办法第十一条所列各罪案件请核由

作　　者：

关　键　词：检察官　刑事案件

摘　　要：检察官转报博山县公署本年一月至四月份无受理刑事案件报部办法第十一条所列各罪案件。

期刊名称：法部公报

主办单位：

刊　　期：1939（7）

页　　码：194

319. 题　　名：公牍：指令：刑事：法部指令：指字第八五五三号（二十八年十月十六日）：令署河北高等法院院长李栋、首席检察官马彝德：呈一件，为转报天津地方法院看守所脱逃人犯杜旭东一名判决书请核由

作　　者：

关　键　词：检察官　看守所　脱逃人员　判决书

摘　　要：检察官转报天津地方法院看守所脱逃人犯杜旭东一名判决书。

期刊名称：法部公报

主办单位：

刊　　期：1939（7）

页　　码：197

320. 题　　名：公牍：指令：刑事：法部指令：

指字第八九一五号（二十八年十月二十五日）：令署河北高等法院首席检察官马彝德：呈一件，为呈报二十八年八月份刑事案件收结及被告羁押月报表祈鉴核由

作　者：

关键词：检察官　结案期间

摘　要：检察官指示结案期间没有填写。

期刊名称：法部公报

主办单位：

刊　期：1939（7）

页　码：206

321. 题　名：公牍：指令：刑事：法部指令：指字第八九一九号（二十八年十月二十五日）：令署北京地方法院首席检察官刘锐：呈一件，为呈报本年七月份刑事案件收结及被告羁押月报表请核由

作　者：

关键词：检察官　被告　籍贯　结案理由

摘　要：检察官指示被告籍贯前后表不同，未结案原因需要进一步清理。

期刊名称：法部公报

主办单位：

刊　期：939（7）

页　码：208

322. 题　名：公牍：指令：刑事：法部指令：指字第九零一八号（二十八年十月二十七日）：令署山东济南地方法院首席检察官：呈一件，为呈报本年八月份刑事案件收结及被告羁押月报表祈鉴核由

作　者：

关键词：检察官　结案期间

摘　要：检察官指示结案期间不同，姓名有误。

期刊名称：法部公报

主办单位：

刊　期：1939（7）

页　码：211

323. 题　名：公牍：指令：监狱：法部指令：指字第八三零零号（二十八年十月十一日）：令暂署、署令署山东高等法院院长张超骥、首席检察官温国璋：呈一件，呈送烟台监狱监犯赵恒通一名保外服役报告书等件祈鉴核备案由

作　者：

关键词：检察官　刑期　期日

摘　要：检察官指示报告书刑期经过与期日不符。

期刊名称：法部公报

主办单位：

刊　期：1939（7）

页　码：222－223

324. 题　名：公牍：指令：监狱：法部指令：指字第八五二二号（二十八年十月十四日）：令署山西高等法院首席检察官陈宝玺：呈一件，为补送太原地方法院看守所呈请假释人犯郭思汾等二名实质条件等清册祈鉴核示遵由

作　者：

关键词：检察官　假释　身份簿

摘　要：检察官指示假释，办理身份簿。

期刊名称：法部公报

主办单位：

刊　期：1939（7）

页　码：225

325. 题　名：公牍：指令：人事：法部指令：指字第八八九三号（二十八年十月二十四日）：令署河北高等法院院长李栋、首席检察官马彝德：呈一件，为天津地方法院呈请该法院雇员执达员检验员法警等薪资拟比照高等法院薪资等级支给请鉴核示遵由

作　者：

关键词：检察官　检验员　薪资

摘　要：指示天津地方法院呈请该法院雇员执达员检验员法警等薪资拟比照高等法院薪资等级支给。

期刊名称：法部公报

主办单位：

刊　　期：1939（7）

页　　码：147－148

326. 题　　名：公牍：指令：统计：法部指令：指字第九零四零号（二十八年十月二十七日）：令暂署、署山东高等法院院长张超骥、首席检察官温国璋：快邮代电一件，为第五三七号训令对于第四三四号训令适用各表应如何办理请示遵由

作　　者：

关 键 词：检察官　办理情况

摘　　要：检察官为第五三七号训令对于第四三四号训令适用各表应如何办理请示。

期刊名称：法部公报

主办单位：

刊　　期：1939（7）

页　　码：163

327. 题　　名：公牍：指令：刑事：法部指令：指字第四八四三号（三十八年六月二十六日）：令暂署山东高等法院院长张超骥、署山东高等法院首席检察官温国璋：呈一件转呈烟台分院呈覆遵办变通上诉前南京最高法院民刑案件审判程序一案情形请核由

作　　者：

关 键 词：检察官　民刑案件

摘　　要：检察官转呈烟台分院呈覆遵办变通上诉前南京最高法院民刑案件审判程序一案情形。

期刊名称：法部公报

主办单位：

刊　　期：1939（3）

页　　码：148

328. 题　　名：公牍：指令：刑事：法部指令：指字第四一三二号（二十八年六月三日）：令暂署山西高等法院院长徐步善、署山西高等法院首席检察官陈宝玺：呈一件为遵办变通上诉前南京最高法院之民刑案件审判程序一案

本省无第三审未决民刑案件情形请核由

作　　者：

关 键 词：检察官　上诉　第三审

摘　　要：检察官变通上诉前南京最高法院之民刑案件审判程序一案，本省无第三审未决民刑案件情形。

期刊名称：法部公报

主办单位：

刊　　期：1939（3）

页　　码：124

329. 题　　名：公牍：指令：刑事：法部指令：指字第三九七三号（二十八年五月二十九日）：令署河北高等法院院长李栋、首席检察官马彝德：呈一件，为呈覆本院办理变通上诉前南京最高法院之民刑案件审判程序情形请核由

作　　者：

关 键 词：检察官　上诉　民刑案件

摘　　要：检察官呈覆本院办理变通上诉前南京最高法院之民刑案件审判程序情形。

期刊名称：法部公报

主办单位：

刊　　期：1939（2）

页　　码：203

330. 题　　名：公牍：指令：刑事：法部指令：指字第四一三一号（二十八年六月三日）：令暂署山东高等法院院长张超骥、署山东高等法院首席检察官温国璋：呈一件，为呈复遵办变通上诉前南京最高法院之民刑案件审判程序一案情形请核由

作　　者：

关 键 词：检察官　上诉　民刑案件

摘　　要：检察官呈复遵办变通上诉前南京最高法院之民刑案件审判程序一案情形。

期刊名称：法部公报

主办单位：

刊　　期：1939（3）

页　　码：123 – 124

331. 题　　名：公牍：指令：刑事：法部指令：指字第四五九二号（二十八年六月十七日）：令河北高等法院院长李栋、署河北高等法院首席检察官马彝德：呈一件呈覆津唐两分院办理前上诉南京最高法院案件情形检同单册请核由

作　　者：

关　键　词：检察官　上诉

摘　　要：检察官呈覆津唐两分院办理前上诉南京最高法院案件情形。

期刊名称：法部公报

主办单位：

刊　　期：1939（3）

页　　码：137

332. 题　　名：公牍：指令：刑事：法部指令：指字第九零二零号（二十八年十月二十七日）：令署青岛地方法院首席检察官张廷惠：呈一件，为呈覆前送本年七月份刑事案件收结及被告羁押表错误情形祈鉴核由

作　　者：

关　键　词：检察官　刑事案件　被告　羁押表

摘　　要：检察官呈覆前送本年七月份刑事案件收结及被告羁押表错误情形。

期刊名称：法部公报

主办单位：

刊　　期：1939（7）

页　　码：211 – 212

333. 题　　名：公牍：指令：刑事：法部指令：指字第九零八三号（二十八年十月二十八日）：令署河北高等法院院李栋、首席检察官马彝德：呈一件，为呈覆前转报天津地方法院判决看守所脱逃人犯孙二秃一名判决书原呈错误缘由请核由

作　　者：

关　键　词：检察官　判决书

摘　　要：天津地方法院判决看守所脱逃人犯孙二秃一名，判决书存在错误。

期刊名称：法部公报

主办单位：

刊　　期：1939（7）

页　　码：213

334. 题　　名：公牍：指令：刑事：法部指令：指字第九一六零号（二十八年十月三十一日）：令署山东高等法院首席检察官温国璋：呈一件，转请核示李元良诉李元龙侵南一案可否按照前济南地方法院判决执行以便饬遵由

作　　者：

关　键　词：检察官　被告　上诉

摘　　要：指示被告如不能提出上诉之证明，按原判决执行。

期刊名称：法部公报

主办单位：

刊　　期：1939（7）

页　　码：219

335. 题　　名：公牍：指令：刑事：法部指令：指字第六四九零号（二十八年八月二十一日）：令署河北高等法院首席检察官马彝德：呈一件，为呈复本年度第二季执行五年以上徒刑刑罚表所列崔起成等杀人一案刑期错误情形并拟将承办学习书记官李崇喜书记官刘宏继予以申诫请鉴核由

作　　者：

关　键　词：检察官　刑罚表　错误情形

摘　　要：检察官呈复本年度第二季执行五年以上徒刑刑罚表所列崔起成等杀人一案刑期错误情形并拟将承办学习书记官李崇喜书记官刘宏继予以申诫。

期刊名称：法部公报

主办单位：

刊　　期：1939（5）

页　　码：145

336. 题　　名：公牍：指令：刑事：法部指令：指字第六六四八号（二十八年八月二十六日）：令署山东高

等法院首席检察官温国璋：呈一件，为呈报本年七月份刑事案件报部办法第十一条所列执行刑罚及不起诉处分案件并陈明无宣告无罪及驳回再议案件连同表判书卷一并送请鉴核由

作　　　者：

关　键　词：检察官　刑事案件

摘　　　要：检察官呈报本年七月份刑事案件报部办法第十一条所列执行刑罚及不起诉处分案件并陈明无宣告无罪及驳回再议案件连同表判书卷一并送请鉴核。

期刊名称：法部公报

主办单位：

刊　　　期：1939（5）

页　　　码：152－153

337. 题　　　名：公牍：指令：监狱：法部指令：指字第六二六三号（二十八年八月十四日）：令署河北高等法院院长李栋、署河北高等法院首席检察官马彝德：呈及代电各一件呈报天津地方法院看守所押犯孙安义等十一名暴动图逃情形及该所负责人员应如何议处并附人犯姓名表祈鉴核示遵由

作　　　者：

关　键　词：检察官　监所职员　旷职

摘　　　要：检察官指示监所职员未请假以旷职论。

期刊名称：法部公报

主办单位：

刊　　　期：1939（5）

页　　　码：165－166

338. 题　　　名：公牍：指令：刑事：法部指令：指字第八五六号（二十八年十月十六日）：令署山西高等法院首席检察官陈宝玺：呈一件，为转报太原地方法院检察处本年八月份刑事案件报部办法第十一条所列渎职罪案件缓刑月报表判并陈明无该修所列其他案件请核由

作　　　者：

关　键　词：检察官　渎职　月报表

摘　　　要：检察官转报太原地方法院检察处本年八月份刑事案件报部办法第十一条所列渎职罪案件缓刑月报表。

期刊名称：法部公报

主办单位：

刊　　　期：1939（7）

页　　　码：198－199

（五）裁判要旨

1. 题　　　名：最高法院重要裁判要旨：刑事判决（四件）：二十七年度上字第八八号：刑事诉讼法第三百六十八条不得上诉于第三审法院之规定……

作　　　者：

关　键　词：检察官　被告　上诉

摘　　　要：检察官依被告不利益上诉受其限制。

期刊名称：法部公报

主办单位：

刊　　　期：1939（2）

页　　　码：241－242，19

十、法令汇刊（1933）

期刊简介：

《法令汇刊（1933）》创刊于1933年3月，创刊地吴县（江苏），吴县律师公会印行，不定期发行，属于法律刊物。刊有法规、命令、法令解释、最高法院判例等栏目，介绍法律条文，分析案例。

（一）法规

1. 题　　　名：修正高等考试司法官考试条例（考试院公布）

作　　　者：

关　键　词：修正高等考试司法官考试条例

摘　　　要：考试院公布修正高等考试司法官考试条例。

期刊名称：法令汇刊

主办单位：

刊　　　期：1933（2）

页　　　码：21－24

2. 题　　　名：修正司法机关依印花税暂行条例科罚及执行规则（二十二年十二月一日司法行政部会同财政部呈

准十二月八日通令各法院）

作　者：

关键词： 司法机关　印花税　科罚　执行规则

摘　要： 修正司法机关依印花税暂行条例科罚及执行规则。

期刊名称： 法令汇刊

主办单位：

刊　期： 1933（3）

页　码： 18－19

3. 题　名： 法院文卷保存期限规程（二十二年十二月二十六日司法行政部公布）

作　者：

关键词： 法院文卷　保存期限

摘　要： 民国二十三年司法行政部公布法院文卷保存期限规程。

期刊名称： 法令汇刊

主办单位：

刊　期： 1933（3）

页　码： 19－21

（二）命令

1. 题　名： 司法行政部训令：训字第二七五号（二十二年二月一日）：令最高法院检察署检察长，最高法院东北分院院长、检察署检察长，各省高等法院院长、首席检察官等：解释公务人员不能兼任报社职务

作　者：

关键词： 公务人员　兼任　报社职务

摘　要： 公务人员不得兼容商业及兼任新闻记者。而报社系一种出版业，出版社为商业之一。因此，报社不得谓非商业机关。

期刊名称： 法令汇刊

主办单位：

刊　期： 1933（1）

页　码： 34－35

2. 题　名： 司法行政部训令：训字第一四八三号（二十二年五月三十日）：令各省高等法院院长、首席检察官、江苏高等法院第二、三分院院长，首席检察官：凡情节轻微之偶发犯不宜轻于羁押检察官并应注意不起诉

作　者：

关键词： 偶发犯　羁押　检察官　不起诉

摘　要： 凡情节轻微之偶发犯不宜轻易羁押，检察官并应注意不起诉。

期刊名称： 法令汇刊

主办单位：

刊　期： 1933（2）

页　码： 59－60

3. 题　名： 司法行政部训令：训字第三二零五号（二十二年十月二十一日）：令最高法院检察署检察长，各省高等法院院长、首席检察官等：各机关嗣后对于人民呈请之批示一律兼用文书送达

作　者：

关键词： 批示　文书　送达

摘　要： 各机关嗣后对于人民呈请的批示一律兼用文书送达。

期刊名称： 法令汇刊

主办单位：

刊　期： 1933（3）

页　码： 36

4. 题　名： 司法行政部训令：训字第三四三六号（二十二年十一月八日）：令最高法院检察署检察长，各省高等法院院长、首席检察官等：公文标点限于明年一月一日起一律实行

作　者：

关键词： 公文　标点　实行

摘　要： 公文标点限于明年一月一日起一律实行。

期刊名称： 法令汇刊

主办单位：

刊　期： 1933（3）

页　码： 39－41

5. 题　名： 司法行政部训令：训字第一一七九号（二十二年五月四日）：令最高法院检察署检察长，各省高等法院院长、首席检察官等：汉口市银行业同业公会议决实行废两用元办法三条

作　者：

关键词： 汉口市银行业　同业公会　废两用元办法

摘　要： 汉口市银行业同业公会议决实行

废两用元办法。

期刊名称：法令汇刊

主办单位：

刊　　期：1933（2）

页　　码：56－58

6. 题　　名：司法行政部训令：训字第一九三二号（二十二年七月五日）：令最高法院检察署检察长、各省高等法院院长、首席检察官等：规定行政诉讼法自本年六月二十三日起施行令

作　　者：

关 键 词：行政诉讼法　施行

摘　　要：命令行政诉讼法自本年六月二十三日起施行。

期刊名称：法令汇刊

主办单位：

刊　　期：1933（2）

页　　码：68－69

7. 题　　名：司法行政部训令：训字第一一八零号（二十二年五月四日）：令最高法院检察署检察长，各省高等法院院长、首席检察官，江苏高等法院第二、三分院院长、首席检察官等：定四月六日起所有公私款项之收付及一切交易一律改用银币不得再用银两

作　　者：

关 键 词：公私款项　银两　银币

摘　　要：规定民国二十二年四月六日起所有公私款项之收付及一切交易一律改用银币不得再用银两。

期刊名称：法令汇刊

主办单位：

刊　　期：1933（2）

页　　码：58－59

8. 题　　名：司法行政部训令：训字第一八二一号（二十二年六月二十七日）：令最高法院检察署检察长，各省高等法院院长、首席检察官，江苏高等法院第二、三分院院长、首席检察官：修正内政部审核更名改姓及冠姓规则

作　　者：

关 键 词：内政部　更名改姓　冠姓

摘　　要：修正内政部审核更名改姓及冠姓

规则。

期刊名称：法令汇刊

主办单位：

刊　　期：1933（2）

页　　码：62－65

9. 题　　名：司法行政部训令：训字第二三五号（二十二年八月二日）：令最高法院检察署检察长，各省高等法院院长、首席检察官，江苏高等法院第二、三分院院长、首席检察官等：依期实行公文采用简单标点办法令

作　　者：

关 键 词：公文　简单标点办法

摘　　要：民国二十二年八月一日起实行公文采用简单标点办法令。

期刊名称：法令汇刊

主办单位：

刊　　期：1933（2）

页　　码：70－71

10. 题　　名：司法行政部训令：训字第二四七二号（二十二年八月十八日）：令最高法院检察署检察长，各省高等法院院长、首席检察官，江苏高等法院第二、三分院院长、首席检察官：凡各官署受理诉愿或再诉愿应依法作成决定书送达若仅以批示或命令行之得令限十日内补具决定书送达

作　　者：

关 键 词：受理诉愿　再诉愿　决定书送达

摘　　要：凡各官署受理诉愿或再诉愿应依法作成决定书送达。若仅以批示或命令行之得令限十日内补具决定书送达。

期刊名称：法令汇刊

主办单位：

刊　　期：1933（2）

页　　码：73－74

11. 题　　名：司法行政部训令：训字第二七二五号（二十二年九月九日）：令各高等法院院长、首席检察官，江苏高等法院第二、三分院院长、首席检察官：嗣后无

论何项机关不得再用刑讯通令

作　　者：

关键词：刑讯　告诉　告发　按律严惩

摘　　要：嗣后无论何项机关绝对不得再用刑讯。

期刊名称：法令汇刊

主办单位：

刊　　期：1933（3）

页　　码：28－29

12. 题　　名：司法行政部训令：训字第三四一八号（二十二年十一月七日）：令最高法院检察署检察长，各省高等法院院长、首席检察官等：关于制裁新闻纸编辑人适用法律

作　　者：

关键词：新闻纸　编辑人　违法　适用法律

摘　　要：查报社及通讯社系根据出版法之规定手续声请登记而成立。故新闻纸之编辑人非因个人行动有违犯普通民刑法之规定以及违反出版法第十九条之限制，依照同法第三十五条规定得依其他较重之法律以为制裁处罚外，其余凡有违反出版法之处，各级法院自应依照出版法规定处置，不得引用其他法律以为制裁。

期刊名称：法令汇刊

主办单位：

刊　　期：1933（3）

页　　码：37－39

13. 题　　名：司法行政部训令：训字第三八八六号（二十二年十二月十一日）：令各省高等法院院长、首席检察官，江苏高等法院第二、三分院院长、首席检察官：整饬律师风纪并纠正各律师公会会则通令

作　　者：

关键词：律师风纪　律师公会会则

摘　　要：整饬律师风纪并纠正各律师公会会则。

期刊名称：法令汇刊

主办单位：

刊　　期：1933（3）

页　　码：47－49

14. 题　　名：司法行政部训令：训字第九七八号（二十二年四月十五日）：令各省高等法院院长、首席检察官，江苏高等法院第二、三分院院长、首席检察官：各法院应将裁判书原本依法保存

作　　者：

关键词：民刑事裁判书　检察官处分书

摘　　要：嗣后所有法院民刑事裁判书及检察官处分书毋须用推检制作原本依法保存。

期刊名称：法令汇刊

主办单位：

刊　　期：1933（2）

页　　码：53－54

15. 题　　名：司法行政部训令：训字第三八四九号（二十二年十二月八日）：令最高法院检察署检察长，各省高等法院院长、首席检察官等：制定民、刑事阅卷声请书民、刑事变更期日声请书复代理委任书暨办护意旨书划一格式

作　　者：

关键词：阅卷申请书　变更期日申请书　代理委任书　格式

摘　　要：颁行制定民、刑事阅卷申请书，民、刑事变更期日申请书，代理委任书暨办护意旨书统一格式。

期刊名称：法令汇刊

主办单位：

刊　　期：1933（3）

页　　码：44－47

16. 题　　名：司法行政部训令：训字第四一二三号（二十二年十二月三十日）：令各省高等法院院长、首席检察官，江苏高等法院第二、三分院院长、首席检察官：各省法院及检察处设立之缮状处所流弊渐生务须详予查明切实整顿

作　　者：

关键词：缮状处　缮状生　代缮

摘　　要：各省法院及检察处设立缮状处，因渐生流弊，毋须详予查明切实整顿。

期刊名称：法令汇刊

主办单位：

刊　　期：1933（3）

页　　码：50－51

17. 题　　名：司法行政部训令：训字第二八三一号（二十二年九月十六日）：令最高法院检察署检察长，各省高等法院院长、首席检察官：关于各省临时军法会审裁撤后处理共党案件办法又临时军法会审移送未结案件毋庸再经侦查

作　　者：

关 键 词：临时军法会审组织大纲　未决各犯　未结案件

摘　　要：临时军法会审组织大纲废止后，未决各犯处理办法；另外，临时军法会审移送未结案件毋庸再经侦查。

期刊名称：法令汇刊

主办单位：

刊　　期：1933（3）

页　　码：29－32

18. 题　　名：司法行政部训令：训字第一四九二号（二十二年六月一日）：令各省高等法院院长、首席检察官，江苏高等法院第二、三分院院长、首席检察官：各法院书记官应当庭录供并分别朗读或令当事人阅览署名

作　　者：

关 键 词：书记官　当庭录供　阅览署名

摘　　要：各法院书记官应当庭录供并分别朗读或令当事人阅览署名。

期刊名称：法令汇刊

主办单位：

刊　　期：1933（2）

页　　码：60－61

19. 题　　名：司法行政部训令：训字第二一八号（二十二年一月二十六日）：令各省高等法院院长、首席检察官，江苏高等法院第二、

二分院院长、首席检察官：各法院嗣后对于公务员渎职案件务须审慎严办不得轻纵

作　　者：

关 键 词：公务员渎职案件　审慎严办

摘　　要：各法院嗣后对于公务员渎职案件务须审慎严办，不得轻纵。

期刊名称：法令汇刊

主办单位：

刊　　期：1933（1）

页　　码：34

20. 题　　名：司法行政部训令：训字第二九四九号（二十二年九月十七日）：令各省高等法院院长、首席检察官、江苏高等法院第二、三分院院长、首席检察官：具保责付事项各司法官应加注意不得假手于吏役

作　　者：

关 键 词：司法官　具保责付事项

摘　　要：各司法官应严加注意具保责付事项，不得假手于吏役。

期刊名称：法令汇刊

主办单位：

刊　　期：1933（3）

页　　码：32－33

21. 题　　名：司法行政部训令：训字第九四五号（二十二年四月十三日）：令各省高等法院首席检察官：律师代人撰状不得预将状稿登报及以旧日官衔刊报榜门夸饰市招以防流弊

作　　者：

关 键 词：律师　代人撰状

摘　　要：律师代人撰状不得预将状稿登报，或以旧日官衔刊报榜门、夸饰市招，以防流弊。

期刊名称：法令汇刊

主办单位：

刊　　期：1933（2）

页　　码：53

22. 题　　名：司法行政部训令：训字第一四八八号（二十二年五月三十一日）：令署安徽高等法院院长陈福民、首席检察官王树荣：嗣后审理刑事案件务依照法定程

序不得任意省略

作　　者：

关 键 词：刑事案件　审判日期　检察官
莅庭

摘　　要：刑事案件除适用自诉程序者外，
审判日期检察官应行出庭陈述
案件要旨，并为言辞辩论。

期刊名称：法令汇刊

主办单位：

刊　　期：1933（2）

页　　码：60

23. 题　　名：司法行政部训令：训字第一〇
九号（二十二年一月十六日）：
令各省高等法院院长、首席检
察官：严禁各级法院挪用民刑
案内当事人缴款

作　　者：

关 键 词：法院　挪用　缴款

摘　　要：严禁各级法院挪用民刑案内当
事人缴款。

期刊名称：法令汇刊

主办单位：

刊　　期：1933（1）

页　　码：32

24. 题　　名：司法行政部指令：指字第一一
三九号（二十二年一月二十五
日）：令署江苏高等法院第二分
院首席检察官王振南：律师事
务所内设地产部系以律师名义
经营商业应予查禁

作　　者：

关 键 词：律师事务所　地产部　查禁

摘　　要：律师事务所内设地产部系以律
师名义经营商业，应予查禁。

期刊名称：法令汇刊

主办单位：

刊　　期：1933（1）

页　　码：33－34

25. 题　　名：司法院咨：院字第八八五号
（二十二年四月十七日）：区乡
镇长对于居民触犯刑法得先拘
禁者以现行犯及准现行犯为限
但告诉乃论之罪非经告诉不得
拘禁

作　　者：

关 键 词：拘禁　现行犯　准现行犯

摘　　要：区乡镇长对于居民触犯刑法得
先拘禁者以现行犯及准现行犯
为限，但告诉乃论之罪非经告
诉不得拘禁。

期刊名称：法令汇刊

主办单位：

刊　　期：1933（2）

页　　码：95－96

26. 题　　名：司法院指令：院字第九四九号
（二十二年七月三十一日）：犯
罪行为如一方侵害个人法益则
被侵害之个人依刑事诉讼法第
二百十三条规定当然为告诉人

作　　者：

关 键 词：个人法益　被侵害之个人　告
诉人

摘　　要：犯罪行为如一方侵害个人法益，
则被侵害之个人依刑事诉讼法
第二百十三条规定当然为告
诉人。

期刊名称：法令汇刊

主办单位：

刊　　期：1933（3）

页　　码：97－98

（三）解释

1. 题　　名：司法行政部训令：训字第三七八
九号（二十二年十二月四日）：
令最高法院检察署检察长，各省
高等法院院长、首席检察官等：
解释军人犯罪审判机关等疑义
三点

作　　者：

关 键 词：已决监犯　越狱　入军　军法会
徒刑执行　更犯

摘　　要：已决监犯越狱入军，如发觉在入
军以后自应由军法会审判；已决
犯人在徒刑执行中越狱投军，其
徒刑之执行既尚未完毕，自不因
投军而消减；已决人犯在徒刑执
行中更犯徒刑以上之罪，在更犯
未决中自无碍于前犯已决之
徒刑。

期刊名称：法令汇刊

主办单位：

刊　　期：1933（3）

页　　码：42－44

2. 题　　名：司法行政部训令：训字第三七九
零号（二十二年十二月四日）：
令最高法院检察署检察长，各省
高等法院院长、首席检察官等：
对于盗窃路物人犯应适用刑法第
一百九十八条治罪

作　　者：

关 键 词：盗窃路物　窃盗犯　刑法

摘　　要：盗窃铁路道钉垫板等人犯不能与
单纯窃盗犯视同一律，应用刑法
第一百九十八条科断。

期刊名称：法令汇刊

主办单位：

刊　　期：1933（3）

页　　码：44

3. 题　　名：司法行政部训令：训字第九四六
号（二十二年四月十三日）：令
各省高等法院首席检察官，江苏
高等法院第二、三分院首席检察
官：检察官承办案件所作起诉或
不起诉之文书不得任意宣布

作　　者：

关 键 词：检察官　公诉案件　处分书
宣布

摘　　要：检察官就公诉案件执行原告职
务，其因侦查结果所作之处分
书，除依法应送达于被告或告诉
人外不得率行宣布。

期刊名称：法令汇刊

主办单位：

刊　　期：1933（2）

页　　码：53

4. 题　　名：司法行政部训令：训字第八八号
（二十二年一月十二日）：令最高
法院检察署检察长，各省高等法
院院长、首席检查官，江苏高等
法院第二、三分院院长、首席检
察官：解释党员犯罪处分程序

作　　者：

关 键 词：党员犯罪　处分程序

摘　　要：解释党员犯罪处分程序。

期刊名称：法令汇刊

主办单位：

刊　　期：1933（1）

页　　码：31

5. 题　　名：司法行政部训令：训字第一八四

六号（二十二年六月二十八日）：
令最高法院检察署检察长，各省
高等法院院长、首席检察官，江
苏高等法院第二、三分院院长、
首席检察官等：修正解剖尸体
规则

作　　者：

关 键 词：修正解剖尸体规则

摘　　要：民国二十二年司法行政部公布修
正解剖尸体规则。

期刊名称：法令汇刊

主办单位：

刊　　期：1933（2）

页　　码：65－68

6. 题　　名：司法行政部训令：训字第二一三
九号（二十二年七月十九日）：
令最高法院检察署检察长，各省
高等法院院长、首席检察官，江
苏高等法院第二、三分院院长、
首席检察官等：修正解剖尸体规
则第十条上半段宜改为执行解剖
之医学校院或医院应于每年一、
七两月将半年内所解剖尸体详细
造册汇报

作　　者：

关 键 词：执行解剖之医学院校　医院

摘　　要：修正解剖尸体规则第十条上半段
宜改为执行解剖之医学校院或医
院应于每年一、七两月将半年内
所解剖尸体详细造册汇报。

期刊名称：法令汇刊

主办单位：

刊　　期：1933（2）

页　　码：69－70

7. 题　　名：司法院训令：院字第一零零一号
（二十二年十一月九日）：令署湖
南高等法院首席检察官曹瀛：检
察官受理人民告发公务员吸食鸦
片案件应依刑事诉讼法所定程序
办理不受公务员调验规则之拘束

作　　者：

关 键 词：检察官　受理　告发　公务员吸
食鸦片案件

摘　　要：各级法院检察官受理人民告发公
务员吸食鸦片案件应依刑事诉讼
法所定程序办理，不受公务员调

151

验规则拘束。

期刊名称：法令汇刊

主办单位：

刊　　期：1933（3）

页　　码：145－146

8. 题　　名：司法院指令：院字第九五三号（二十二年八月八日）：检察官批示不受理不能认为侦查终结之不起诉处分

作　　者：

关 键 词：检察官　不起诉处分书　批示

摘　　要：检察官侦查后认为案件应不起诉者，依刑事诉讼法第二百四十六条应制作不起诉处分书。如仅用批示不受理，不能认为侦查终结之不起诉处分。

期刊名称：法令汇刊

主办单位：

刊　　期：1933（3）

页　　码：101－102

9. 题　　名：司法院指令：院字第九二九号（二十二年六月六日）：呈诉不服案件如已以检察官名义声明上诉虽未附加理由并不违法

作　　者：

关 键 词：检察官　呈诉不服　言辞辩论　陈述理由

摘　　要：检察官呈诉不服案件，于辩论中得以言辞陈述理由。故送审时如已以检察官名义声明上诉，虽未附加理由，并不违法。

期刊名称：法令汇刊

主办单位：

刊　　期：1933（3）

页　　码：78

10. 题　　名：司法院指令：院字第八二九号（二十一年十二月二十四日）：自诉人在第二审屡传不到得由检察官承担其诉讼

作　　者：

关 键 词：自诉案件　被告　自诉人　传唤　检察官　承担诉讼

摘　　要：自诉案件被告不服第一审有罪判决提起上诉后，自诉人对于第二审屡次合法传唤均无正当理由而不出庭者，得由配置检

察官承担起诉，执行原告职务。

期刊名称：法令汇刊

主办单位：

刊　　期：1933（1）

页　　码：56－57

11. 题　　名：司法院快邮代电：院字第八五三号（二十二年二月六日）：清乡局移送案件应先由检察官侦查起诉

作　　者：

关 键 词：盗匪案件　清乡局　讯问　移送法院　检察官　侦查起诉

摘　　要：盗匪案件虽经清乡局讯问，但无所谓辩论终结。移送法院后应依法先由检察官侦查起诉。

期刊名称：法令汇刊

主办单位：

刊　　期：1933（1）

页　　码：79－80

12. 题　　名：司法院快邮代电：院字第九五零号（二十二年七月三十一日）：兼理司法之县长对于承审员所办之初级案件如认其判决不当仍得依检察职权提起上诉至侦查程序应由县长以职权进行承审员无权处分

作　　者：

关 键 词：兼理司法之县长　承审员　检察职权　上诉　侦查程序

摘　　要：兼理司法之县政府县长兼有检察审判两种职权，设有承审员，各县属于初级管辖案件依县知事审理诉讼暂行章程第一条第二项虽归承审员独自审判，但县长如认为其判决为不当，仍得依检察职权提起上诉。至侦查程序应由县长以职权进行，承审员无权处分。

期刊名称：法令汇刊

主办单位：

刊　　期：1933（3）

页　　码：98－99

13. 题　　名：司法行政部训令：训字第二一三号（二十二年一月二十五日）：令各省高等法院院长、首

席检察官：各省高院推检如有第三审管辖区域与第二审不同者只须回避第二审管辖区域

作　　者：

关 键 词：第三审　推检人员　回避

摘　　要：各省初级管辖案件之第三审有全由高等法院管辖者，有由高等法院与高等分院分别管辖者，如高等法院第三审管辖区域与第二审不同，所有该院推检人员只须回避第二审管辖区域。

期刊名称：法令汇刊

主办单位：

刊　　期：1933（1）

页　　码：32－33

14. 题　　名：司法院指令：院字第九七二号（二十二年九月九日）：（一）刑法第一七零条第一项所称因人不问民事刑事凡被依法逮捕拘禁者均包括之；（二）修正县知事审理诉讼暂行章程第三十二条覆判审发回审判案件事实明确仅系从刑失入经检察官提起上诉者第二审得用书面审理仅将从刑改判

作　　者：

关 键 词：因人　覆判审　从刑　第二审书面审理

摘　　要：（一）刑法第一七零条第一项所称因人不问民事刑事，凡被依法逮捕拘禁者均包括之；（二）修正县知事审理诉讼暂行章程第三十二条覆判审发回审判案件事实明确仅系从刑失入，经检察官提起上诉者，第二审得用书面审理，仅将从刑改判。

期刊名称：法令汇刊

主办单位：

刊　　期：1933（3）

页　　码：119－120

15. 题　　名：司法行政部训令：训字第二七四八号（二十二年九月十三日）：令各省高等法院院长、首席检举官，江苏高等法院第二、三分院院长、首席检察官：本年九月一日第二六二六号训令

之效力不溯及既往所有退职人员于声请登录时其退职日期经登录法院查明在奉令之前者仍照本部十八年第二八五号训令规定办理

作　　者：

关 键 词：退职人员　执行律师职务　回避　不溯及既往

摘　　要：本年九月一日第二六二六号训令之效力不溯及既往，所有退职人员于声请登录时其退职日期经登录，法院查明在奉令之前者仍照本部十八年第二八五号训令规定办理。

期刊名称：法令汇刊

主办单位：

刊　　期：1933（3）

页　　码：29

16. 题　　名：司法行政部训令：训字第二六二六号（二十二年九月一日）：令各省高等法院院长、各省高等法院首席检察官、江苏高等法院第二分院院长等：各法院退职人员在原任法院区域执行律师职务迴避期间以三年为限

作　　者：

关 键 词：退职人员　执行律师职务　回避期间

摘　　要：各法院退职人员在原任法院区域执行律师职务，回避期间以三年为限。

期刊名称：法令汇刊

主办单位：

刊　　期：1933（3）

页　　码：27

17. 题　　名：司法院训令：院字第九七七号（二十二年九月十五日）：覆判审发回原县覆判之案件因正式县法院审判者无论处刑是否重于初判当事人均得上诉不受覆判条例第十一条第一项后半之限制

作　　者：

关 键 词：覆判审　发回原县覆审案件上诉

摘　　要：覆判审发回原县覆审之案件，

因正式县法院成立移经该县法院审判者，无论处刑是否重于初判，当事人均得上诉，不受覆判暂行条例第十一条第一项后半之限制。

期刊名称：法令汇刊
主办单位：
刊　　期：1933（3）
页　　码：123－124

18. 题　　名：司法院训令；院字第九二零号（二十二年六月六日）：初判判决因被告依法上诉上诉法院依覆判程序所为之判决无效

作　　者：
关 键 词：初判判决　上诉　第二审审判　覆判判决
摘　　要：初判判决既经被告依法上诉，应由上诉审法院径行第二审审判，其依覆判程序而为之判决自属无效。

期刊名称：法令汇刊
主办单位：
刊　　期：1933（3）
页　　码：71

19. 题　　名：司法院指令：院字第九二八号（二十二年六月六日）：地方管辖之无罪判决应送覆判

作　　者：
关 键 词：地方管辖　无罪判决　覆判
摘　　要：地方管辖之无罪判决应送覆判。

期刊名称：法令汇刊
主办单位：
刊　　期：1933（3）
页　　码：77－78

20. 题　　名：司法院指令：院字第九三五号（二十二年七月十七日）：（一）并合论罪之案件于一罪宣告缓刑确定后又将他一罪起诉只得就后判之一罪宣告刑罚毋庸定其应执行之刑；（二）同一事件既经就其中之一罪判决确定又将其他牵连之罪起诉者应为免诉之判决

作　　者：
关 键 词：并合论罪案件　检察官　起诉　牵连犯

摘　　要：（一）并合论罪之案件检察官先将一罪起诉，经判处徒刑宣告缓刑确定后又将他之一罪起诉，经审理结果仍须判处徒刑，如先判之一罪未经依法撤销缓刑，则只得就后判之一罪宣告刑罚，毋庸定其应执行之刑；（二）所谓牵连犯应从严认定，果可认为同一事件，检察官先就其中之一罪起诉，经判决确定后复就其他牵连之罪起诉者应依刑事诉讼法第三百一十七条第一款及第二百四十三条第二款为免诉之判决。

期刊名称：法令汇刊
主办单位：
刊　　期：1933（3）
页　　码：85－86

21. 题　　名：司法院快邮代电：院字第九二四号（二十二年六月六日）：地方征收官署如果按照法令或单行章程而有违法或不当处分致损害人民之权利或利益者固得对之提起诉愿但该征收官吏有违法捕押等情事涉及刑事范围者法院应依法办理

作　　者：
关 键 词：地方征收官署　违法处分　不当处分　提起诉愿
摘　　要：地方征收官署如果按照法令或单行章程而有违法或不当处分致损害人民之权利或利益者固得对之提起诉愿，但该征收官吏有违法捕押等情事涉及刑事范围者，法院应依法办理。

期刊名称：法令汇刊
主办单位：
刊　　期：1933（3）
页　　码：73－74

22. 题　　名：司法院咨：院字第八三三号（二十一年十二月二十四日）：县政府对于民刑事件误用行政处分仍愿依诉讼程序救济若原县不兼司法则其处分根本无效

作　　者：

关　键　词：蒙吞赈款　县兼理司法　通常诉讼程序　救济　县不兼理司法　无权处分

摘　　　要：关于蒙吞赈款应属刑事范围，如原县系兼理司法，即使误用行政处分形式仍应以民刑裁判或检察处分论，依通常诉讼程序予以救济；若原县不兼理司法，则系无权处分，根本无效，均不生诉愿法上主管庭管辖问题。

期刊名称：法令汇刊

主办单位：

刊　　　期：1933（1）

页　　　码：60－61

23. 题　　　名：司法院训令：院字第九四二号（二十二年七月二十二日）：因声请再议而发回续行侦查案件其羁押日数应另行计算

作　　　者：

关　键　词：不起诉处分　声请再议　续行侦查　羁押日数

摘　　　要：刑事案件经侦查终结为不起诉处分，因声请再议而发回续行侦查，其羁押日数应另行起算。

期刊名称：法令汇刊

主办单位：

刊　　　期：1933（3）

页　　　码：91－92

24. 题　　　名：司法院指令：院字第八五四号（二十二年二月六日）：刑诉法第三百一十七条应谕知免诉之案件无须被告到庭得径判决

作　　　者：

关　键　词：免诉案件　被告到庭　迳自判决

摘　　　要：刑诉法第三百一十七条应论知免诉之案件无须被告到庭得径判决。

期刊名称：法令汇刊

主办单位：

刊　　　期：1933（1）

页　　　码：80

25. 题　　　名：司法院公函：院字第九四八号（二十二年七月三十一日）：牵连案件一部分已判决者其他部

分应由有管辖权之法院另案审判

作　　　者：

关　键　词：牵连案件　并案受理　另案审判

摘　　　要：牵连案件在各案判决前始可并案受理。若一案已经判决，其他案件应由有管辖权之法院另案审判。

期刊名称：法令汇刊

主办单位：

刊　　　期：1933（3）

页　　　码：97

26. 题　　　名：司法院快邮代电：院字第九二一号（二十二年六月六日）：对于依法拘提之民事被告人如有便利脱逃之故意自应构成刑法第一七一条一项之罪

作　　　者：

关　键　词：拘提　民事被告人　脱逃

摘　　　要：对于依法拘提之民事被告人如有便利脱逃之故意自应构成刑法第一七一条一项之罪。

期刊名称：法令汇刊

主办单位：

刊　　　期：1933（3）

页　　　码：71－72

27. 题　　　名：司法院指令：院字第九四四号（二十二年七月二十二日）：一行为侵害数个法益虽所犯均为同一罪名仍应适用从重处断之例

作　　　者：

关　键　词：行为　法益　罪名　从重处断

摘　　　要：一行为侵害数个法益，虽所犯均为同一罪名，仍应适用刑法第七十四条一行为而犯数项罪名从重处断之规定。

期刊名称：法令汇刊

主办单位：

刊　　　期：1933（3）

页　　　码：92－93

28. 题　　　名：司法院指令：院字第九八五号（二十二年十月七日）：被处罪刑并未褫夺公权经宣告缓刑者在缓刑期内其享有公权问题除

别有关于消极资格之限制规定外不受影响

作　　者：

关 键 词：褫夺公权　宣告缓刑

摘　　要：被处罪行并未褫夺公权经宣告缓刑者，在缓刑期内其享有公权问题除别有关于消极资格之限制规定外，不受影响。

期刊名称：法令汇刊

主办单位：

刊　　期：1933（3）

页　　码：131－132

29. 题　　名：司法行政部训令：训字第九四四号（二十二年四月十三日）：令各省高等法院院长、江苏高等法院第二、三分院院长：法院受理案件对于当事人提出书状除依法送达或准许阅览钞录外禁止率行宣布

作　　者：

关 键 词：法院　书状　率行宣布

摘　　要：各级法院受理民刑案件，对于各当事人提出书状，除依法应将缮本送达当事人或关系人得请求阅览抄录外，概不得率行宣布。

期刊名称：法令汇刊

主办单位：

刊　　期：1933（2）

页　　码：47

30. 题　　名：司法院训令：院字第九四三号（二十二年七月二十二日）：炊事兵如合于陆海空军刑法第五条之规定自为军人但其犯罪发觉均在任役前应由普通法院审判

作　　者：

关 键 词：炊事兵　军人　役前　普通法院

摘　　要：炊事兵如合于陆海空军刑法第五条之规定自为军人，但起诉时尚系工人，是其犯罪及发觉均在役前，依陆海空军审判法第十六条之规定应由普通法院审理。

期刊名称：法令汇刊

主办单位：

刊　　期：1933（3）

页　　码：92

31. 题　　名：司法院训命院字第九五五号（二十二年八月八日）：（一）结婚之仪式及证人之身份法律本无限定若于除夕日举行拜祖或其他公开之仪式游有家族或其他二人以上在场可为证人即不能不认与结婚之条例相符；（二）已结婚之妻既有行为能力虽未满二十岁和诱之者不为罪

作　　者：

关 键 词：结婚仪式　证人身分　结婚条例　和诱

摘　　要：（一）结婚之仪式及证人之身分法律本无限定，若于除夕日举行拜祖或其他公开之仪式，又有家族或其他二人以上在场可为证人即不能不认与结婚之条例相符；（二）已结婚之妻既有行为能力，虽未满二十岁和诱之者不为罪。

期刊名称：法令汇刊

主办单位：

刊　　期：1933（3）

页　　码：102－103

十一、法令汇刊（1947）

期刊简介：

《法令汇刊（1947）》创刊于1947年7月，法令汇刊社编辑并发行，半月刊，居正题字，出版地南京。刊有法令、解释等栏目。

（一）法规

1. 题　　名：司法机关赌博案件罚金及没收钱财充奖办法（卅六年六月廿五日财政部司法行政部会同公布同日施行）

作　　者：

关 键 词：司法机关　赌博案件　罚金　没收钱财　充奖办法

摘　　要：司法机关赌博案件罚金及没收钱财充奖办法。

期刊名称：法令汇刊

主办单位：

刊　　　期：1947，1（4）

页　　　码：1

2. 题　　　名：司法机关办理减刑案件注意事项（三十三年七月十八日司法行政部训刑字第四六七三号训令各省高等法院）

作　　　者：

关 键 词：司法机关　减刑案件　注意事项

摘　　　要：司法机关办理减刑案件注意事项。

期刊名称：法令汇刊

主办单位：

刊　　　期：1947，1（5）

页　　　码：2

3. 题　　　名：罪犯减刑办法（三十六年二月二十日行政院司法院会同公布）

作　　　者：

关 键 词：罪犯　减刑办法

摘　　　要：民国三十六年行政院司法院会同公布罪犯减刑办法。

期刊名称：法令汇刊

主办单位：

刊　　　期：1947，1（5）

页　　　码：1

（二）解释

1. 题　　　名：院解字第三四五五号（三十六年四月廿八日）：关系法条：县司法处办理诉讼补充条例第十七条

作　　　者：

关 键 词：被害人　盗匪案件　清乡公所　县司法处　告诉　送达

摘　　　要：被害人对于盗匪案件报清乡公所究办后既经移送县司法处办理，即应认为已向司法机关告诉，依县司法处办理诉讼补充条例第十七条之规定自应将该案判决书送达告诉人。

期刊名称：法令汇刊

主办单位：

刊　　　期：1947，1（3）

页　　　码：25

（三）命令

1. 题　　　名：国民政府训令（处京字第四五二号，三十五年十二月十三日）：令直辖各机关：关于定期结束检举汉奸一案……

作　　　者：

关 键 词：汉奸案件　逾期告发　检察官不予置议

摘　　　要：人民或团体对于抗战期间汉奸案件之告发以三十五年十二月三十一日以前为限，逾期之告发检察官不予置议。但国家之追诉权及被害人之告诉权不因此而受影响。

期刊名称：法令汇刊

主办单位：

刊　　　期：1947，1（5）

页　　　码：1－2

十二、法律评论（北京）

期刊简介：

1923 年 7 月在北京由法律评论社创刊，抗战期间曾停刊，停刊于 1937 年共 727 期；复刊于 1947 年 7 月第 728/729 期，迁址南京，由南京朝阳大学法律评论社出版，再次停刊于 1948 年 8 月第 777/778 期。《法律评论（北京）》先为周刊后改为半月刊，属于法律类刊物。其主要作者有江庸、朱学曾、罗鼎、梁仁杰、石志泉、爱斯嘉拉、梅厂、陆鸿仪、蒋铁珍、周一粟等。栏目有法界消息、判例商榷、外国法制新闻、裁判小说、调查实录、参考资料，同时刊有英文内容，创刊号发表有梁启超的文章。《法律评论（北京）》是近代重要的刊物，其研讨法制现状，借鉴国外法律及审判制之特色，希望凭借言论界致力于本国司法建设，促成行政、司法、立法机关三权分立。《法律评论（北京）》刊登过的重要文章有《闻各国考察司法委员缓期来华敬告友邦》《合伙员之入伙退伙与合伙债务之关系》《美国之法院编制法官任免及其番判制之特色》《拿破仑法与以后私法之普通变迁》《民事判决记载事实之方法》《法国民法之解释及其判例》《刑事判决之反证及自白》《民法上成年问题》《论京师地番厅受理罗案之违法》等，这些都是研究近代司法史和社会史的重要史料来源。

（一）法规

1. 题　　　名：审理少年案件应行注意事项

作　　　者：

关 键 词：少年犯罪　感化　专门人员

摘　　　要：对于少年犯罪应本着让其回归社会的初衷办理，保障少年权益，并选派熟悉少年心理，性情温厚之检察官办理案件。

期刊名称：法律评论

主办单位：

刊　　期：1936，13（30）

页　　码：29－30

（二）论说

1. 题　　名：对于刑诉条例第五十八条第二项之研究

作　　者：裴锡晋

关 键 词：刑诉条例　高等检察长　检察一体

摘　　要：现行刑诉条例第五十八条第二项中规定通缉分阶段进行，在不同阶段由不同负责机关发布令状，仅在侦查阶段由检察官负责。较之原刑事诉讼律报请高等检察长发布通缉，在检察一体的情况下，全省范围内检察机关相互配合，捉拿犯人，现阶段之规定效率并不高。

期刊名称：法律评论

主办单位：

刊　　期：1926，4（19）

页　　码：14

2. 题　　名：检察官对处刑命令能否提起上诉之研究

作　　者：高维湝

关 键 词：特别程序　上诉　异议

摘　　要：法院依检察官之申请适用处刑命令，省却直接审判程序，实质为特别程序，不适用普通程序的上诉规则。这种特别程序与民诉中的督促程序之规定在立法精神上有相似之处，即被告如对处刑命令无异议，则应依法执行；如被告对检察官的请求提出异议，则此特别程序转化为普通程序。检察官也不享有上诉权，处刑命令乃依检察官之申请为之，若有错误应在声请书内记载。

期刊名称：法律评论

主办单位：

刊　　期：1930，7（28）

页　　码：4－6

3. 题　　名：我之检察制度观

作　　者：林琛

关 键 词：检察制度　检察独立　检察权

扩张

摘　　要：检察制度的存废问题，早已是法界之焦点。如欲保障人权，非但不能废除检察制度，而且应该扩大检察权，改善检察组织。具体的理由如下：检察制度为国家追诉主义而设，优于纠问式诉讼，并且有助于保护公共利益，保障被害人的告诉权利。并且废除检察制度并不会加快诉讼，减少司法经费，反而易导致人权保障不兴。因此，当前应该实现检察机关的独立，实行新的考核制度，并扩张其权力，使之有效检举犯罪，履行职责。

期刊名称：法律评论

主办单位：

刊　　期：1930，7（32）

页　　码：1－4

4. 题　　名：检察制度之革新策（一）

作　　者：若愚

关 键 词：废检论　控审分离　控辩平等　检察独立　国家追诉主义

摘　　要：（一）笔者从中外历史角度对检察制度进行考察：国外大陆法系国家大都采用检察制度，而且检察制度在我国也具有一定的历史渊源。（二）检察制度的存废之争：废检论认为：检察官不能主动检举犯罪，只待他人告发；同一案件既经法院又经检察官，手续较为烦琐；废检后可节约经费，扩充法院之需；检察官的权力大，有侵犯人权之虞；检察制度过于陈旧，可采英美法系制度；检察制度造成诉讼中原被告地位不平等；检察制度妨碍人民的起诉和上诉权；审检同僚不能充分发挥法院的功能；国家追诉主义不如人民自诉。笔者从检察权和国家追诉主义的角度，一一驳斥了废检论的观点：检察机关为专业机关，较之公民自诉，拥有较为专业的知识和手段，并且不易受到胁迫，效率高，手续简单，所费不多；由检察官侦查和提起公诉，实现了控审分离，检察独立，有利于保障人权；并且国家注重发展律师制度，实现控辩平等。

期刊名称：法律评论
主办单位：
刊　　期：1930，7（37）
页　　码：1－9

5. 题　　名：检察制度之革新策（二完）
作　　者：若愚
关 键 词：检察独立　扩大检察权
摘　　要：检察制度的优势以及适合我国的理由如下：检察官作为国家利益的代表者和捍卫者，可以对矫正社会恶习，锄强扶弱，打击土劣豪绅，检举贪墨，澄清吏治；并且检察官可以有效锄奸，镇压共党等隐患，检举官场舞弊等行为；检察权的独立有利于控审关系的平衡和司法三权分立局面的建立。因此，应从检察官的独立和扩大检察权的角度革新检察制度。应限制推检互调，保障人员独立；扩大检察官对贪墨官员的监督，替代监察院之职务。

期刊名称：法律评论
主办单位：
刊　　期：1930，7（38）
页　　码：1－7

6. 题　　名：论亲告罪
作　　者：曲释和
关 键 词：亲告罪　追诉条件　处罚条件
摘　　要：笔者认为亲告罪中被害人的告诉为追诉条件较为妥当，而不是处罚条件。亲告罪设立之目的乃在于尊重被害人之意思，故而由被害人选择是否启动追诉程序，再者亲告罪内容规定在刑法中乃在于规定之便利，且刑诉法中并无明文规定检察官可经被害人告诉直接提起公诉，若提起，法院应以不具备起诉条件不受理案件。所以，宜认为被害人之告诉为亲告罪的追诉条件较为妥当。

期刊名称：法律评论
主办单位：

刊　　期：1930，7（39）
页　　码：7－8

7. 题　　名：刑事诉讼法一得
作　　者：来嗣鹄
关 键 词：文书送达　羁押具保　上诉
摘　　要：法院的裁判文书除特别情形外，应送达作为当事人之一的检察官，但对于告诉人、证人等诉讼参加人，则恐法院无法送达裁判文书，导致抗告无门。对于检察官羁押具保或是扣押物返还的决定不服的，应明确异议救济程序。检察官和自诉人得为被告不利益上诉，检察官得为被告利益上诉，故亦应允许自诉人为被告之利益起见上诉。

期刊名称：法律评论
主办单位：
刊　　期：1930，7（41）
页　　码：9－11

8. 题　　名：最高法院第二一九号解释例之究研
作　　者：蔡肇璜
关 键 词：亲告罪　结果犯　分处科刑　故意
摘　　要：亲告罪中若无被害人之告诉，不得直接由检察官提起公诉。而对于亲告罪中导致严重结果的结果犯，现司法实践中多以杀伤结果提起公诉定罪处刑，此实为不妥也，易导致同罪不同判，强入人罪。再者结果犯中对于杀伤结果与杀伤犯罪中的故意实为不同，且其杀伤结果亦不同，二罪不可混用。严格执法，将因无合法告诉导致罪责不究。法制缺漏，宜修改刑法或另著优例。

期刊名称：法律评论
主办单位：
刊　　期：1930，7（43）
页　　码：10－12

9. 题　　名：吾人所希望于法院组织法起草诸公者
作　　者：高维溶
关 键 词：监察　检察署　检察权独立
摘　　要：法院组织法修改在即，应着力于

改善检察制度，扩大自诉范围。检察官已成为协助自诉或是担当自诉之监察机关，且从职权与五权分立的角度而言，检察职权应归于监察院。同时应设立检察署，以保障检察官之独立性。

期刊名称：法律评论
主办单位：
刊　　期：1930，7（50）
页　　码：3-5

10. 题　　名：专载－黑龙江高地法院检察官全体检察制度条陈

作　　者：

关 键 词：国家追诉主义　审检分立

摘　　要：刑事案件应采用国家追诉主义，在维护社会公益和独立性上较自诉更有优势。现实中，检察官因政治等多方面原因无法行使职权，检察官素质不能完全过关，但这些并不能成为废除检察制度的理由。再者检察官对案件作出不起诉处分对刑事案件进行了很大的分流，减轻了法院的压力。更重要的是对于反革命、贪墨等邪恶势力，必须有坚强的核心进行追诉，此类案件由检察官担当更为合适。为更好行使职权，审检应该分立，审判时应相互对峙，以保障人权。

期刊名称：法律评论
主办单位：
刊　　期：1930，7（50）
页　　码：28-31

11. 题　　名：对于起草法院组织法之新贡献

作　　者：高维溶

关 键 词：检察制度　扩张自诉

摘　　要：法院组织法的修改在于更好实现三民主义及五权宪法。关于改善检察制度，扩张自诉范围已经有详细论述，仅在于再次提醒。

期刊名称：法律评论
主办单位：
刊　　期：1930，7（51）
页　　码：2-5

12. 题　　名：第一审法院检察官对该法院准予上诉裁定抗告之研究

作　　者：袁柳

关 键 词：逾期上诉　抗告

摘　　要：关于自诉人逾期上诉，原审法院准许上诉并将案卷送交检察官，检察官可否就该裁定进行抗告。甲说认为检察官无须抗告，由二审法院判决驳回即可，并且法条中未有规定许其抗告；乙说认为逾期上诉不在不得抗告之情形中，检察官得抗告以救济之，更为简便；且检察官若不得抗告，将仅对上诉之案件为机械之案卷接受呈送之作用，与法律本旨不符。何说为优，尚待解说。

期刊名称：法律评论
主办单位：
刊　　期：1930，7（52）
页　　码：15-16

13. 题　　名：对于刑事判决上记载公诉人之我见

作　　者：高景川

关 键 词：公诉人　上诉人

摘　　要：在刑事判决上记载"公诉人本院检察官"，既无相应法律依据，也违背了基本法理，应以"检察官××"为宜。刑事判决重在记载检察官的姓名，以作为刑事案件当事人与被告相对应，而"公诉人"一词没有根据，且国家方为追诉之主体，及公诉人，检察官乃代国家行使追诉之职权，成为诉讼之当事人。上诉人与公诉人等不为同一概念，二者之道理不同，不可混用。故宜将"公诉人"三字去掉。

期刊名称：法律评论
主办单位：
刊　　期：1931，14（15-16）
页　　码：9-10

14. 题　　名：再论最高法院二一九号解释

作　　者：蔡肇璜

关 键 词：亲告罪　结果犯　被害人　分

处科刑

摘　　　要：亲告罪的设立本旨乃在于尊重被害人的意思，成其隐忍之意。若违背其意思起诉则破坏了被害人的隐忍之愿望，不足采也。再者，亲告罪之结果犯实为一罪，五被害人之告诉，不得起诉，若以结果犯之非故意另行起诉定罪，其起诉无据也。故而此制度亟待改进也。

期刊名称：法律评论
主办单位：
刊　　　期：1930，7（48）
页　　　码：12－13

（三）参考资料

1. 题　　　名：刑事政策论

作　　　者：平井彦三郎著　陈士诚译

关 键 词：不起诉处分　便宜主义　检察官裁量

摘　　　要：日本对于不起诉处分采绝对的便宜主义，由检察官对被告人的人身危险性等作出评估，认为起诉将恐难回归社会，则可不起诉；对于不起诉难绝其恶性者，恐其再犯者，应起诉之。不起诉之裁量完全由检察官依具体情形和政策掌握。

期刊名称：法律评论
主办单位：
刊　　　期：1930，7（51）
页　　　码：6－15

（四）法界消息

1. 题　　　名：法律解释（第六七九号）

作　　　者：

关 键 词：起诉　侦查　不起诉处分

摘　　　要：刑事案件已经送达不起诉处分后，上级机关以职权复令侦查或原告诉人以发现新事实或新证据为理由请求继续侦查，经检察官侦查结果认为不应起诉，依法院解释，不必再为不起诉处分。

期刊名称：法律评论
主办单位：
刊　　　期：1932，9（27/28）
页　　　码：37－38

2. 题　　　名：**附录－修正无领事裁判权国人民民刑诉讼章程**

作　　　者：

关 键 词：领事裁判权　审检合署

摘　　　要：对于没有领事裁判权国人民的民刑诉讼，其管辖权由高等审判厅检察厅，或都统署审判处，按具体情形，预先指定。

期刊名称：法律评论
主办单位：
刊　　　期：1926，4（22）
页　　　码：16

3. 题　　　名：最高法院分院处理事务暂行办法条款

作　　　者：

关 键 词：检察官任命　检察权　案件呈送公文书程式

摘　　　要：最高法院分院首席检察官、检察官等依据不同级别分别为简任或荐任。对于刑事案件中的死刑复核及其他类型案件应由分院首席检察官呈送；缓刑案件、涉外案件均应由分院首席检察官按月呈报司法行政部，已结未结案件还应具报最高法院。分院首席检察官对最高法院检察长有所陈时应用呈。

期刊名称：法律评论
主办单位：
刊　　　期：1930，7（28）
页　　　码：32

4. 题　　　名：新法规－陆海空军审判法

作　　　者：

关 键 词：军事检察官　逮捕　管辖权

摘　　　要：任何人对军人犯罪均可向军事检察官检举，司法警察发现军人犯罪应及时通知军事检察官。军事检察官由军法官、司令部成员等充任，对军人犯罪具有管辖权，有进行调查取证、审问、逮捕的权力；巡警进行逮捕须及时向军事检察官汇报。对于被调查之军人，应依管辖权进行管辖，呈报司令部或军政部等。

期刊名称：法律评论
主办单位：

刊　　　期：1930，7（31）

页　　　码：19－21

5. 题　　　名：别录：修正看守所暂行规则

作　　　者：

关　键　词：羁押监督　行政兼理司法

摘　　　要：检察官作为看守所的视察员，对于视察时自己发现或是刑事被告人受到的不当待遇的陈诉应独立询问，并及时知照法院院长。看守所应将被告人羁押日数每月造表报告检察官，依检察官之命令羁押的，应该有转专门令状，并每周具表汇报。对于被羁押被告病危或是死亡的，应该及时通知检察官。在没有法检系统的由当地政府代行视察员之责等。

期刊名称：法律评论

主办单位：

刊　　　期：1930，7（31）

页　　　码：28－32

6. 题　　　名：新法规：陆海空军审判法（二）

作　　　者：

关　键　词：军事检察官　管辖权移转

摘　　　要：对于非在军法官所在地的军人，可以嘱托当地的军事检察官或是司法检察官代为讯问，送达传票等；对于逃跑之罪犯，地方检察官可一体拘捕。对于非军人共犯，在讯问后应将该案件连同证据送交地方有管辖权的检察官之官署。

期刊名称：法律评论

主办单位：

刊　　　期：1930，7（32）

页　　　码：22－25

7. 题　　　名：学习推事检察官学习规则

作　　　者：

关　键　词：检察官任用

摘　　　要：检察官应进行学习，学习期间长短依成绩可有不同。检察官到法院学习后由监察官负责指导学习，并交办十件以上的文件让其拟办，对其拟办应进行指导，并将原文作为学习成绩呈报司法行政部。学习成绩优良者可直接作为候补检察官分发各地方法院任

用，学习显无成绩或行止不检，撤销其学习资格。

期刊名称：法律评论

主办单位：

刊　　　期：1930，7（41）

页　　　码：32

8. 题　　　名：别录：儿童法院组织大纲

作　　　者：

关　键　词：儿童犯罪　检察官起诉

摘　　　要：儿童犯罪案件中，推事所指定之检察员应对各种诉讼案件加以审查，决定是否有正式起诉之必要。在试验期内，检察员应每月进行核查通报，并收集相关法令。

期刊名称：法律评论

主办单位：

刊　　　期：1930，7（44）

页　　　码：32

9. 题　　　名：新法院组织法草案（二）

作　　　者：

关　键　词：检察官　简任　法官

摘　　　要：现为或曾任简任检察官等均可在符合一定级别或是年限后有资格接任法官。

期刊名称：法律评论

主办单位：

刊　　　期：1931，8（29）

页　　　码：29－30

10. 题　　　名：修正同泽新民储才馆司法班章程

作　　　者：

关　键　词：司法班　候补推检

摘　　　要：司法班学员在毕业实验中及格者由东北政务委员会呈明政府分发东北各省区法院以候补推事、检察官，成绩优异者可优先补用。

期刊名称：法律评论

主办单位：

刊　　　期：1931，8（29）

页　　　码：47－48

11. 题　　　名：日本检察厅法

作　　　者：吴学义译

关　键　词：日本检察厅法　检察制度

摘　　　要：日本检察厅法规定了日本检察

机关的级别与设置，并规定了检察官的级别、薪俸、任职资格、任免条件以及检察官的职权内容。并规定了检察长的指挥权及缺位时的代为指挥权。同时还安排了过渡以使原实践可以适用新的法律。

期刊名称：法律评论

主办单位：

刊　　期：1931，15（11）

页　　码：10－12

12. 题　　名：新法令：调度司法警察条例第一条及第二条修正条文

作　　者：

关 键 词：检警关系　侦查权　执行权

摘　　要：检察官因办理侦查执行案件，得指挥司法警察。其他如治局长、警察厅长、宪兵队营长以上长官等均应在检察官执行职务时给予协助。

期刊名称：法律评论

主办单位：

刊　　期：1931，15（11）

页　　码：18

13. 题　　名：新法令：检察官与司法警察机关执行职务联系办法

作　　者：

关 键 词：检警关系

摘　　要：检察机关和司法警察在执行职务时，应加强联系，可通过联络员或是会议交换意见，甚至双方可以列席对方的会议。对于执行过程中的疑义，司法警察可请求检察官予以解释。警察办理案件或是抓获犯罪嫌疑人均应及时将案卷或者是犯罪嫌疑人移送检察机关。检察官亦得出任警察训练课程制导师。

期刊名称：法律评论

主办单位：

刊　　期：1931，16（3）

页　　码：11－12

14. 题　　名：新解释：司法院快邮代电院字第二七二号

作　　者：

关 键 词：公诉　自诉　合并审理

摘　　要：在一起相互斗殴的案件中，一方提起自诉，另一方提请检察官侦查并提起公诉者，均可许之，照既定程序进行；但在法院审理阶段可合并审理。

期刊名称：法律评论

主办单位：

刊　　期：1930，7（32）

页　　码：28－29

15. 题　　名：新解释：司法院训令院字第二八四号

作　　者：

关 键 词：不起诉处分　继续侦查

摘　　要：对于检察机关已经作出不起诉处分的案件，若因为上级机关的督办继续侦查或是自诉人发现新事实、新证据后重新侦查，仍认为无起诉之必要。一观点认为凡刑事案件均应作出处分；另一观点认为非有新事实，仍为同一案件，不得再行作出处分。司法院认为继续侦查后无可以起诉之新事实、新证据，无须重新制作不起诉处分，只需将理由呈报上级机关或告知原告诉人。

期刊名称：法律评论

主办单位：

刊　　期：1930，7（36）

页　　码：22－23

16. 题　　名：新解释：司法院快邮代电院字第三〇一号

作　　者：

关 键 词：推事　检察职务　检察独立

摘　　要：法院院长临时指定推事代行检察职务，未有检察处之奉命，违背了检察权独立原则，导致审检不分，此种做法是为违法。对于由推事暂替检察官之职权审判的一审案件，若提起上诉，二审法院应将原判决撤销。

期刊名称：法律评论

主办单位：

刊　　期：1930，7（39）

页　　码：24－25

17. 题　　名：新解释：司法院训令院字第三

○六号

作　　　者：

关 键 词：侦查权　检察官　指挥权

摘　　　要：县长、公安局长、宪兵队长有侦查犯罪的职权，此与检察官同。此在于必要情形时，宜赋予这三类人必要侦查权，但这并不意味着其与检察官享有相同的权限。并且这三类人和政府之警卫队长在侦查犯罪应接受检察官之直接指挥。

期刊名称：法律评论

主办单位：

刊　　　期：1930，7（43）

页　　　码：25－27

18. 题　　　名：新解释：司法院训令院字第三一○号

作　　　者：

关 键 词：牵连案件　并案受理　级别管辖　并案起诉

摘　　　要：被告绑架人质同时又触犯反革命罪名，二罪分别由地方法院和高等法院管辖。就该牵连案件，甲说认为应绑架案并归反革命案由高等法院管辖，乙说则认为应待反革命案审判案件再由地方法院审判绑架案。为便宜和更好地处理案件，宜由高等法院合并管辖，检察官自得并案起诉至高等法院。

期刊名称：法律评论

主办单位：

刊　　　期：1930，7（43）

页　　　码：29

19. 题　　　名：新解释：司法院训令院字第三一三号

作　　　者：

关 键 词：案卷呈送　自诉案件

摘　　　要：公诉案件的上诉，应由原审法院将案卷交由原检察官，原检察官将案卷呈送上级法院检察官。自诉案件的上诉，其案卷移交也应经由检察官处理。

期刊名称：法律评论

主办单位：

刊　　　期：1930，7（45）

页　　　码：26－27

20. 题　　　名：新解释：司法院训令院字第三一五号

作　　　者：

关 键 词：不起诉处分　新事实　抗告

摘　　　要：检察官作出不起诉处分后，除有新事实新证据得再行起诉之外，没有别的救济方法，也不得再抗告等。

期刊名称：法律评论

主办单位：

刊　　　期：1930，7（46）

页　　　码：26－27

21. 题　　　名：专载：法院组织法立法原则

作　　　者：

关 键 词：检察制度改善　审检分立

摘　　　要：法院组织法修改在即，应着力于改善检察制度，并扩大自诉制度，缓解检察官阻隔诉讼的担忧。检察官协助自诉人自诉，并在自诉人撤诉后担当自诉。为独立起见，改善民众印象，宜在法院设立检察署，原先之检察官可在此进行独立工作。

期刊名称：法律评论

主办单位：

刊　　　期：1930，7（46）

页　　　码：29－32

22. 题　　　名：新解释：司法院训令院字第三二三号

作　　　者：

关 键 词：声请再议

摘　　　要：县法院审理之案件，原告诉人不服检察官之处分声请再议。究送高等法院首席检察官受理还是地方法院首席检察官受理，法院无明文规定引争议。司法院认为应由地方法院首席检察官受理。送卷程式准用上诉之规定。

期刊名称：法律评论

主办单位：

刊　　　期：1930，7（47）

页　　　码：26－27

23. 题　　　名：新解释：司法院训令院字第三二五号

作　　者：

关 键 词：不起诉　声请再议

摘　　要：县法院受理之初级管辖案件，检察官作出不起诉处分的，被告声明再议的，应由地方法院首席检察官受理。

期刊名称：法律评论

主办单位：

刊　　期：1930，7（47）

页　　码：28

24. 题　　名：新解释：司法院快邮代电院字第三二六号

作　　者：

关 键 词：原告诉人　当事人　上诉权

摘　　要：上诉以当事人为限，而当事人仅包括检察官、自诉人及被告，原告诉人不为当事人。故原告诉人无独立上诉权，仅得请求检察官为上诉。检察官是否提起上诉有准驳之权，不受原告诉人请求的制约。

期刊名称：法律评论

主办单位：

刊　　期：1930，7（48）

页　　码：28－29

25. 题　　名：新解释：司法院训令院字第三二八号

作　　者：

关 键 词：特种刑事案件　起诉权　撤回起诉

摘　　要：在特种刑事临时法庭未取消以前，任何人均得向法院起诉，且得准用撤回起诉规定。但在特种刑事临时法庭取消之后，特种刑事案件由高等法院或地方法院依通常程序受理时，起诉权应交由检察官，撤回起诉的权限亦仅得由检察官行使。

期刊名称：法律评论

主办单位：

刊　　期：1930，7（48）

页　　码：30－31

26. 题　　名：新解释：司法院训令院字第三三五号

作　　者：

关 键 词：妨害公务罪

摘　　要：检察官在莅验尸体或是指认尸体现场时，以强暴胁迫等行为干扰检察官执行公务的行为，构成妨害公务罪。

期刊名称：法律评论

主办单位：

刊　　期：1930，7（51）

页　　码：32

27. 题　　名：新解释：司法院指令院字第一五六七号

作　　者：

关 键 词：检察官声请　保安处分

摘　　要：保安处分由检察官进行声请处理，然罪犯被撤销假释后，其在假释期间所受的拘束自然消减，无须再由检察官声请。

期刊名称：法律评论

主办单位：

刊　　期：1931，14（15－16）

页　　码：47

28. 题　　名：司法院解释：司法院训令院解字第三六三一号

作　　者：

关 键 词：牵连案件　分别起诉　覆判上诉

摘　　要：对于普通案件和特种刑事案件经分别起诉适用不同程序判决后，检察官认为各罪之间具有牵连关系，应合并审理，遂声请并入覆判案件内适用特种刑事案件程序。

期刊名称：法律评论

主办单位：

刊　　期：1931，16（2）

页　　码：14

29. 题　　名：司法院解释：司法院训令院解字第三七三七号

作　　者：

关 键 词：诬告案　不起诉处分

摘　　要：对于诬告案件，一说认为其为妨碍国家审判之犯罪，并且损害个人利益，被诬告人既可提起自诉，自可对检察官不起诉处分声请再议；另一说认为声请再议权利仅属于被害人，被诬告人虽可自诉，但不为被害人，不得声请再议。司法院解释认为，为保护被诬告人的利益，自可对不起诉处分声请再议。

期刊名称：法律评论

主办单位：

刊　　期：1931，16（10）

页　　码：17

30. 题　　名：全国司法行政检讨会议重要提案

作　　者：

关　键　词：审检分立　行政兼理司法

摘　　要：设立检察署，以实现检察署和检察官职权的独立。将监所管理权限归于检察机关，并扩大检察官的职权。废除县长兼任检察官的制度，提高检察官的素质，彻底改革检察制度以期发挥效用。改善司法官的待遇，以期更加有效地提高工作效率。

期刊名称：法律评论

主办单位：

刊　　期：1931，15（11）

页　　码：29 - 32

31. 题　　名：专载：改善现行法院制度之要旨

作　　者：

关　键　词：检察制度改善　协助自诉　担当自诉　审检分立

摘　　要：检察制度曾遭受过存废之争，从现实出发，宜改革现行检察制度并扩张自诉范围。检察官协助自诉人自诉，并在自诉人撤诉后担当起诉。原仅于法院内设检察官，导致外界看来似为法院之附属，宜建立检察处以实现二者相互独立。

期刊名称：法律评论

主办单位：

刊　　期：1930，7（43）

页　　码：30 - 32

32. 题　　名：司法院解释：司法院快邮代电院字第二五四号

作　　者：

关　键　词：莅庭　询问被告

摘　　要：法院在询问被告时，除非是检察官请求莅庭，否则检察官无须莅庭。

期刊名称：法律评论

主办单位：

刊　　期：1930，7（29）

页　　码：28 - 29

33. 题　　名：法界消息：湖南司法界之新贵

作　　者：

关　键　词：检察厅　任命

摘　　要：高检厅长李况松已经任命并即将上任，其司法振兴可待也。且若湖南省表示接受中央管辖，则将来检察厅上诉之案件可由大理院管辖。

期刊名称：法律评论

主办单位：

刊　　期：1926，4（1）

页　　码：14

34. 题　　名：法界消息：县知事收受诉状须用新式状纸

作　　者：

关　键　词：行政兼理司法

摘　　要：司法部为统一形式整理卷宗，已经发行新式状纸。京内已采用新式状纸，京外审检各厅饬知诉讼当事人购买状纸，并通知各县知事遵办之，否则不合者将不受理案件。

期刊名称：法律评论

主办单位：

刊　　期：1926，4（2）

页　　码：9 - 10

35. 题　　名：法界消息：京地检长戴修瓒停职惩戒

作　　者：

关　键　词：不当羁押　检察一体　惩戒

摘　　要：京师地方检察厅在为不起诉处分后，仍继续羁押犯罪嫌疑人两月之久且家属请求保释不予准许。家属将此事上告高等检察厅，现接任司法部长改原部长之警告而直接将京师地方检察厅长停职以示惩戒。

期刊名称：法律评论

主办单位：

刊　　期：1926，4（3）

页　　码：5

36. 题　　名：法界消息：沪公廨案解决内容
上海十一日电

作　　者：

关　键　词：会审衙门　审检合署

摘　　要：关于收回会审衙门的规定：刑
事案件中缩小检察处的权限，
并附属于会审行政部门之一
部分。

期刊名称：法律评论

主办单位：

刊　　期：1926，4（3）

页　　码：6

37. 题　　名：法界消息：再志京师地方看守
所蹂躏人权

作　　者：

关　键　词：不当羁押　人权保障

摘　　要：京师地方审判厅对同一案件的
被告人判决有罪而开释，无罪
而仍为羁押，无罪之被告人向
审判厅请求不得的情况下向检
察厅请求开释，然因文书不详
且看守所未尽职责，导致无罪
被告人仍被羁押，地检厅查明
事实，惩戒看守所人员。

期刊名称：法律评论

主办单位：

刊　　期：1926，4（4）

页　　码：14－15

38. 题　　名：法界消息：羁押逾期案件与承
办推事

作　　者：

关　键　词：羁押　监督

摘　　要：承办推事办事与看守所办事之
失致无罪被告人仍被羁押，应
予惩戒。而检察厅作为对看守
所的监督机关也应究其原因，
引以为戒。

期刊名称：法律评论

主办单位：

刊　　期：1926，4（5）

页　　码：4－5

39. 题　　名：法界消息：法部将举行司法官
律师考试

作　　者：

关　键　词：司法官考试　补缺

摘　　要：司法官律师考试因战事等原因，
迄今六年未办。所有候补推事
和检察官均已陆续补缺，若再
不进行考试选拔将无以为继，
故司法部拟于战事稍有结束则
举行考试。

期刊名称：法律评论

主办单位：

刊　　期：1926，4（7）

页　　码：4

40. 题　　名：法界消息：公廨案近闻

作　　者：

关　键　词：检察处　司法独立　治外法权

摘　　要：检察处作为司法上一个重要机
关，从收回治外法权，实现司
法独立的角度而言，应完全收
回，郑重组织选拔人才，不再
假手外人。

期刊名称：法律评论

主办单位：

刊　　期：1926，4（8）

页　　码：10－11

41. 题　　名：法界消息：豫高检长注意整理
卷宗

作　　者：

关　键　词：卷宗整理

摘　　要：河南高检长认识到卷宗整理有
利于提高办事效率，饬各检察
官及书记官延长办公时间整理
卷宗。对于原先未有定式之卷
宗宜裁剪之使之同一，而既有
之新式用纸已规范统一，故不
再与原有案卷同一处理。

期刊名称：法律评论

主办单位：

刊　　期：1926，4（9）

页　　码：10

42. 题　　名：法界消息：豫高检厅筹设检验
吏习所续志

作　　者：

关　键　词：检验吏习所　人员选拔

摘　　要：河南高检厅欲筹办检验吏习
所，以选拔人才进行检验勘验
等工作，现制定章程和考试办
法选拔人才。

期刊名称：法律评论

主 办 单 位：

刊　　　期：1926，4（9）

页　　　码：10 - 11

43. 题　　　名：法界消息：豫检厅关于羁押未决被告问题集议未决

作　　　者：

关 键 词：未决被告人　羁押　提请解释

摘　　　要：对于一审法院宣告无罪，检察官提起上诉至终审判决之前这段期间，对于未决被告人的羁押于法无据，但被告人亦因无保证人或无法交纳保证金而无法适用保释，直接开释又恐将来执行之难。基于此难题，河南检察厅召开会议讨论未果，遂决定提请法部或是大理院予以解释。

期刊名称：法律评论

主 办 单 位：

刊　　　期：1926，4（9）

页　　　码：11

44. 题　　　名：法界消息：北京律师公会呈请改良收状办法

作　　　者：

关 键 词：检察厅收状　审查权

摘　　　要：北京律师公会针对京师地区检察厅收发处收受诉状之怪现状呈请该厅进行改良。检察厅职员仅有收受状词之责，而无实质内容审核之权，否则极易导致人民告状无门。再者，对于诉状用词上的"君"字称呼乃在于尊重人格尊严，检察厅职员涂去违背无罪推定原则，侵害人格尊严，应予改正之。

期刊名称：法律评论

主 办 单 位：

刊　　　期：1926，4（10）

页　　　码：11

45. 题　　　名：法界消息：东三省暂不适用法官序补规则

作　　　者：

关 键 词：审检合署　检察官任命

摘　　　要：东三省法院中所有的候补推事和检察官均已陆续补缺，然现在考试不开，人才无法选拔储

备，故序补政策将暂不适用，而另由他处调用。

期刊名称：法律评论

主 办 单 位：

刊　　　期：1926，4（11）

页　　　码：9

46. 题　　　名：法界消息：营口地检厅成立司法警察服务教练课

作　　　者：

关 键 词：检警关系　司法警察

摘　　　要：营口检察厅忧现有案件侦办服务程序复杂，司法警察非经训练恐难明晰，则由开设服务教练课，由检察厅成员分担教学任务，教授检察部分法条和司法警察服务规则等内容，并向奉天高等检察厅汇报在全省推广此课程。

期刊名称：法律评论

主 办 单 位：

刊　　　期：1926，4（13）

页　　　码：7 - 8

47. 题　　　名：法界消息：丁军文江之谈话

作　　　者：

关 键 词：审检合署　治外法权

摘　　　要：沪公廨收回，治外法权逐步收回。原公廨的检察处，其检察官改为书记官长，受庭长监督指挥。

期刊名称：法律评论

主 办 单 位：

刊　　　期：1926，4（15）

页　　　码：6

48. 题　　　名：储才馆消息续志

作　　　者：

关 键 词：司法人才储备检察官津贴

摘　　　要：储才馆招收储备人才，其学习我国各项法律制度，其中包括检察及司法警察事务。学员以优异成绩毕业的可根据成绩之高低享受不同等级的推事、检察官的津贴。

期刊名称：法律评论

主 办 单 位：

刊　　　期：1926，4（17）

页　　　码：5 - 9

49. 题　　　名：储才馆学员考试改为司法官考试

作　　　者：

关 键 词：检察官　司法官考试

摘　　　要：原储才馆的入学考试改为司法官考试，考试合格者进入现司法储才馆肄业进行学习，获得司法官资格。

期刊名称：法律评论

主办单位：

刊　　　期：1926，4（19）

页　　　码：7－8

50. 题　　　名：司法储才馆章程重加修正

作　　　者：

关 键 词：司法官考试

摘　　　要：司法储才馆主要为已经通过司法官考试或是免司法官考试的学员组成，若在学习中考试不合格者可取消其资格，逐出储才馆。

期刊名称：法律评论

主办单位：

刊　　　期：1926，4（19）

页　　　码：8

51. 题　　　名：法界消息：苏前民政厅长贿报案将依法检举

作　　　者：

关 键 词：渎职　检察处　检举

摘　　　要：苏原民政厅长作为公务人员贿赂上海小报以期影响舆论，实属违法渎职，由当地检察处依法检举。

期刊名称：法律评论

主办单位：

刊　　　期：1930，7（29）

页　　　码：20

52. 题　　　名：司法院解释：司法院训令院字第二六〇号

作　　　者：

关 键 词：不起诉　送达　自诉人

摘　　　要：检察官认为有侦察之必要而开启侦察，然侦察完毕后发现毋庸起诉，遂作出不起诉决定。此处分书不必送达自诉人。

期刊名称：法律评论

主办单位：

刊　　　期：1930，7（30）

页　　　码：26－27

53. 题　　　名：法界消息：苏高院添招法警

作　　　者：

关 键 词：检察处　法警　考试选拔

摘　　　要：苏高等法院检察处因法警人少，不堪重任，特举办考试选拔法警。

期刊名称：法律评论

主办单位：

刊　　　期：1930，7（31）

页　　　码：13

54. 题　　　名：法界消息：检察官衔名上不得冠以检察处名称

作　　　者：

关 键 词：检察权　检察处

摘　　　要：检察官在呈报或报告工作时，不应在其衔名前加检察处字样，此与现制不合，且与现今扩大检察权之趋势不合，宜去之。

期刊名称：法律评论

主办单位：

刊　　　期：1930，7（34）

页　　　码：20

55. 题　　　名：法界消息：保释期间人犯须依式表报

作　　　者：

关 键 词：首席检察官　监狱人犯　保释监督

摘　　　要：监狱人犯保释期间，监狱缺乏对保释人犯的监督，且极少将保释情况及终了情况告知首席检察官，导致检察官无法监督。依据法律规定，监狱应将保释情况依式造表呈由检察官，如有脱逃死亡的，应分别呈报，不可拖延。

期刊名称：法律评论

主办单位：

刊　　　期：1930，7（35）

页　　　码：17

56. 题　　　名：法界消息：高英上诉状尚未送达总检察署

作　　　者：

关 键 词：检察署　上诉　答辩书　三审

终审

摘　　要：高英一案中，被告人经二审判决后声明不服，但最高法院总检察署尚未收到上诉状。因上诉状须在法定期间内送呈原审机关，由其转知原检察官提出答辩书后送达总检察署，此手续尚在办理中，故而总检察署尚未收到上诉状。总检察署在收到上诉状后经过侦查后送最高法院发刑庭裁判。

期刊名称：法律评论

主办单位：

刊　　期：1930，7（39）

页　　码：16

57. 题　　名：法界消息：烟台地方法院设置鸣冤铃

作　　者：

关 键 词：鸣冤铃　检察处

摘　　要：烟台地方法院于检察处大门西墙上设一鸣冤铃。此铃主要在于服务贫困无具状能力者或是因事关紧急或事关检察处等恐无法公正处理者。对于鸣冤者，检察处设值日检察官率书记官开庭讯问，制作笔录，进行侦查，不得延滞误事。

期刊名称：法律评论

主办单位：

刊　　期：1931，14（18）

页　　码：16

58. 题　　名：全国司法行政检讨会议在京举行

作　　者：

关 键 词：扩大职权　审检分立

摘　　要：有效推进法律的实施，应有高素质的人员，故而应加强司法官员的储备和训练。应该加强检察制度，扩大检察机关的职权，设立单独检察署等，实现审检分立，经费独立；并且应将监所管理的权限重归于检察机关。

期刊名称：法律评论

主办单位：

刊　　期：1931，15（11）

页　　码：13－15

（五）外国法制新闻

1. 题　　名：外国法制新闻：日本设立改良司法研究委员会

作　　者：

关 键 词：司法改革　选拔任命

摘　　要：日本为推进国内司法改革，设立改良司法委员会。委员会的会员部分由优秀检察官中选派产生，并将选拔优秀人才充任职员。加强司法在职人员之间的相互联系和协作。设立裁判所吸收优秀检察官参与，并规定一年之内推荐的优秀检察官人数。

期刊名称：法律评论

主办单位：

刊　　期：1926，4（1）

页　　码：14－15

2. 题　　名：外国法制新闻：日本将改良狱制

作　　者：

关 键 词：减刑　检察官　权限缩小　责付

摘　　要：日本改良狱制，典狱长在一定程度上瓜分了检察官原有对监狱事项的权限。对于刑期之伸缩，典狱长将得经司法总长核准而以一己之意见决定之，无须再一一向检察官请示之；典狱长如得预审推事之谅解可即时为责付出狱之处分，而无须征询检察官之意见。

期刊名称：法律评论

主办单位：

刊　　期：1926，4（6）

页　　码：11－12

3. 题　　名：外国法制新闻：日本刑事事务及检察事务会议之提案

作　　者：

关 键 词：公诉权　异地执行

摘　　要：日本召集法界人员，讨论检察实务问题。其间提出诸多提案，如改革检察官之公诉权；检察官对于应移送他厅审讯的案件亦应先行进行调查；对于为不起诉之案件，嫌疑人不居当地，可否委托所在地之检察厅代行训诫；代为强制处分者，两检察厅之间如何进行案情开示等。

期刊名称：法律评论

主办单位：

刊　　期：1926，4（6）

页　　码：15－17

4. 题　　名：日本陪审法

作　　者：

关 键 词：日本陪审法　审检关系　出庭公诉　申请回避

摘　　要：日本陪审法规定：检察官对于有陪审员参与的刑事公诉案件应出庭支持公诉，行使申请陪审员回避、证据出示、讯问被告人、陈述量刑意见等职权。对于陪审员参加审判恐有不公的，有管辖权的法院之检察官可直接向上级法院申请移转管辖，法院作出移转决定亦应咨询原检察官之意见；对于撤回陪审请求的，检察官的移转管辖申请视为撤回。

期刊名称：法律评论

主办单位：

刊　　期：1926，4（11）

页　　码：16－27

（六）判例商榷及新判例

1. 题　　名：新判例：法院文件之送达乃书记员之职责

作　　者：

关 键 词：审检合署　检察官越权　送达

摘　　要：在审检合署的情况下，书记员的身份由交办事项的机关决定，由法院交办的事项则书记员为法院之书记员，同理适用于检察厅。对于法院判决文书，应由法院之书记官送达，上诉期限计算亦由此计算；检察官遣书记官送达文书实乃越权，不具送达之效力。

期刊名称：法律评论

主办单位：

刊　　期：1926，4（12）

页　　码：26

2. 题　　名：判决要旨：十九年非字第二三号

作　　者：

关 键 词：罚金　简易程序　普通程序

摘　　要：烟案之被告若声明愿意交纳罚

金，经首席检察官声请，法院院长核定，可依简易程序不经审判，径行执行。但在审判之后或未经声请核定者，不得再径行适用简易程序直接执行，审判开始之后即应适用普通程序。

期刊名称：法律评论

主办单位：

刊　　期：1930，7（48）

页　　码：26－27

3. 题　　名：判决要旨：十九年非字第二四号

作　　者：

关 键 词：起诉书　莅庭

摘　　要：检察官未在起诉书中列明之被告以外的人不受起诉书的约束，即使在检察官莅庭陈述意见时指证该人，要求法院进行惩处，法官亦不得对该被告以外之人径行审判，而应予驳回其审判之要求。

期刊名称：法律评论

主办单位：

刊　　期：1930，7（48）

页　　码：27

4. 题　　名：判决要旨：十九年非字第四三号

作　　者：

关 键 词：行政兼理司法　上诉人　当事人

摘　　要：原告诉人不服兼理司法事务县公署的判决，应向第二审检察官呈诉，请求检察官提起上诉，并以检察官为上诉人。一经提起上诉，即由检察官担当刑事案件当事人，原呈诉人不再为当事人。法院以呈诉人为当事人判决驳回上诉是违法的。

期刊名称：法律评论

主办单位：

刊　　期：1930，7（50）

页　　码：24

5. 题　　名：判决要旨：十九年非字第八〇号

作　　者：

关 键 词：部分上诉　覆判

摘　　要：检察官仅对被告的部分犯罪进行上诉的，对于未上诉部分实已生效，不得将第一审判决全部撤销更为判决，而应将未上诉部分适用覆判程序进行办理。

期刊名称：法律评论

主办单位：

刊　　期：1930，7（47）

页　　码：28－29

6. 题　　名： 判决要旨：十九年非字第九四号

作　　者：

关 键 词：上诉人　告诉人

摘　　要：案件既经检察官提起上诉，应列检察官为上诉人，原告诉人不再为案件上诉人。二审亦不得由原告诉人参与法庭调查和辩论，而应由检察官陈述案件要旨，参与辩论。

期刊名称：法律评论

主办单位：

刊　　期：1930，7（52）

页　　码：30

7. 题　　名： 最高法院刑事判例：二十五年五月八日上字第五三七〇号

作　　者：

关 键 词：牵连犯罪　部分起诉

摘　　要：对于牵连犯罪的情形，因其案件性质之不可分，即使在检察官就部分起诉至法院，法院仍应就全部审判。此种做法与未经起诉不得审判的原则并不相违背。

期刊名称：法律评论

主办单位：

刊　　期：1931，14（18）

页　　码：32

8. 题　　名： 新判例：婚姻事件之审判不得以检察官未莅庭而主张不服

作　　者：

关 键 词：检察官莅庭　婚姻事件

摘　　要：婚姻事件的审判，检察官应莅庭陈述意见原是出于检察官有维护公益之责而参加进来，即检察官对于此类案件有权参与审理陈述意见。但是不代表检察官不莅庭，法院就不得审判；当事人也不得以此为由主张不服。

期刊名称：法律评论

主办单位：

刊　　期：1926，4（7）

页　　码：23－24

十三、法令月刊

期刊简介：

《法令月刊》由江苏吴县律师公会印行，1929年11月15日发行第一期，月出二期。总目录为绪言、法规、命令、法令解释、最高法院判例。

（一）法规

1. 题　　名： 学习推事检察官学习规则（十九年七月四日公布）（六月三十日司法行政部呈准）

作　　者：

关 键 词：学习推事检察官学习规则

摘　　要：民国十九年公布的学习推事检察官学习规则。

期刊名称：法令月刊

主办单位：

刊　　期：1930（9）

页　　码：57－59

（二）法令

1. 题　　名： 训字第一二一一号（五月二十七日）：令最高法院检察署检察长，最高法院东北分院院长、检察署检察长等：嗣后法院存款所生利息应一列报部不得任意挪用

作　　者：

关 键 词：法院嗣后存款　利息　杂项收入

摘　　要：法院嗣后存款所生利息，如系公款，应一律列入司法杂项收入内，按月报部，未经呈部核准以前，不得任意挪用。

期刊名称：法令月刊

主办单位：

刊　　期：1932（29－32）

页　　码：34

2. 题　　名： 训字第五五四号（二十一年七月六日）：令最高法院检察署检察长，最高法院东北分院院长、检察署检察长等：颁发办理赦免案件一览表式并办理大赦案件注意事项

作　　者：

关 键 词：赦免　大赦条例　首席检察官

摘　　要：办理赦免案件一览表式，并办理大赦案件注意事项。

期刊名称：法令月刊

主办单位：

刊　　期：1932（29－32）

页　　码：38－39

3. 题　　名：训字第六一二号（二十一年三月十七日）：令最高法院检察署检察长，江苏高等法院第二、三分院等：附刑法第一百九十八条：沿铁路各法院对于盗窃道钉人犯采用刑法第一百九十八条办理

作　　者：

关键词：铁路　匪区　盗匪法

摘　　要：沿铁路各法院，对于盗窃道钉人犯，采用刑法第一百九十八条办理。

期刊名称：法令月刊

主办单位：

刊　　期：1932（29－32）

页　　码：27－30

4. 题　　名：训字第一二七八号（六月四日）：令各省区高等法院院长、首席检察官，江苏高等法院第二、三分院院长等：关于勘验事项务须依法慎审办理

作　　者：

关键词：勘验　依法慎审　缜密查勘　明白记载

摘　　要：各司法官嗣后实施勘验，务须依法慎审，将事检验伤痕固应详明，而对于犯所及犯罪情形或其他与案情有关之事项，亦均需缜密勘察，明白记载，以期发现真相。

期刊名称：法令月刊

主办单位：

刊　　期：1932（29－32）

页　　码：35－36

5. 题　　名：训字第一零四六号（五月十二日）：令各省区高等法院院长、首席检察官：各监所对于已未决人犯不得滥施戒具

作　　者：

关键词：监所　滥施戒具

摘　　要：各监所对于已未决人犯，不得滥施戒具。

期刊名称：法令月刊

主办单位：

刊　　期：1932（29－32）

页　　码：33

6. 题　　名：训字第八三三号（二十一年四月十四日）：令江苏高等法院第二、

三分院院长、各省区高等法院首席检察官：律师如有唆使当事人将民事改用刑事投诉及蒙请法院滥发拘票者应视情节轻重依法办理

作　　者：

关键词：律师　唆使　刑事

摘　　要：律师如有唆使当事人将民事改用刑事投诉及蒙请法院滥发拘票者，应视情节轻重依法办理。

期刊名称：法令月刊

主办单位：

刊　　期：1932（29－32）

页　　码：32

（三）命令

1. 题　　名：训字第二零二五号（二十一年九月二日）：令最高法院检察署检察长，最高法院东北分院院长、检察署检察长等：关于土地管辖应适用新民事诉讼法

作　　者：

关键词：土地管辖　新民事诉讼法

摘　　要：关于土地管辖应适用新民事诉讼法。

期刊名称：法令月刊

主办单位：

刊　　期：1932（33－39）

页　　码：14

2. 题　　名：训字第二二〇九号（二十一年九月十六日）：令最高法院检察署检察长，各省区高等法院院长、首席检察官等：大赦条例上之减刑疑义

作　　者：

关键词：大赦条例　减刑

摘　　要：大赦条例上之减刑疑义。

期刊名称：法令月刊

主办单位：

刊　　期：1932（33－39）

页　　码：15－18

3. 题　　名：训字第一六三〇号：令各省高等法院院长、首席检察官、最高法院检察署检察长等：凡有烟案人民故意行贿除将受贿人及行贿人依法惩办外并应追缴贿款（十九年九月四日）

作　　者：

关 键 词：行贿　受贿　追缴贿款　禁烟法

摘　　要：凡有烟案人民故意行贿，除将受贿人及行贿人依法惩办外，并应追缴贿款。如有不明禁烟法之规定，误认为违警罚款，并非故意行贿，能在官署据实陈明，暨提出确据者得依法不罚款。

期刊名称：法令月刊

主办单位：

刊　　期：1930（11）

页　　码：3 - 4

4. 题　　名：训字第二二三三号（二十一年九月十八日）：令最高法院检察署检察长，各省区高等法院院长、首席检察官：大赦条例减刑等事项疑义

作　　者：

关 键 词：大赦条例　减刑　疑义

摘　　要：大赦条例减刑等事项疑义。

期刊名称：法令月刊

主办单位：

刊　　期：1932（33 - 39）

页　　码：20 - 23

5. 题　　名：训字第一七七八号（二十一年八月二日）：令最高法院检察署检察长、各省区高等法院院长、首席检察官等：大赦条例适用疑义

作　　者：

关 键 词：大赦条例　减刑

摘　　要：大赦条例适用疑义各项查减刑之裁定与科刑判决有同等效力，如确定后发现其系属违法者，得依非常上诉程序办理；主刑既减后，原宣告之褫夺公权，亦应就各该条项范围内裁定；减刑既就宣告刑而言则依刑法或特别法宣告减轻或递减自亦应就宣告减定之刑再予减刑。

期刊名称：法令月刊

主办单位：

刊　　期：1932（33 - 39）

页　　码：10 - 12

6. 题　　名：训字第七一九号：令各省高等法院院长、首席检察官，最高法院检察署检察长等：抄发区乡镇坊

调解委员会权限规程（二十年四月十四日）

作　　者：

关 键 词：区乡镇坊调解委员会权限规程

摘　　要：区乡镇坊调解委员会权限规程。

期刊名称：法令月刊

主办单位：

刊　　期：1931（18/19）

页　　码：36 - 38

7. 题　　名：训字第二一八一号（十九年十二月十八日）：令各省高等法院院长、首席检察官，最高法院检察署检察长：凡被调验人于接到通知后三日内未遵办者概以有瘾论

作　　者：

关 键 词：禁烟法施行规则　调验所　就近调验

摘　　要：禁烟法施行规则之规定各地方得设立调验所，则各省公务员均应就近调验，凡被调验人于接到通知后三日内，未遵办者概以有瘾论。

期刊名称：法令月刊

主办单位：

刊　　期：1930（15）

页　　码：30 - 31

8. 题　　名：训字第二二六三号（二十一年九月二十一日）：令各省区高等法院首席检察官、江苏高等法院第二、三分院首席检察官：各检察官受理案件务须迅速侦查依法终结不得任意延搁

作　　者：

关 键 词：检察官　受理案件　迅予终结

摘　　要：各检察官受理案件，务须迅速侦查，依法终结，不得任意延搁。

期刊名称：法令月刊

主办单位：

刊　　期：1932（33 - 39）

页　　码：23 - 24

9. 题　　名：训字第三四号：令各省高等法院院长、首席检察官、最高法院检察署检察长等：抄发修正司法印纸规则条项（二十年一月九日）：附修正司法印纸规则条项

作　　者：

关　键　词：司法印纸规则

摘　　　要：修正司法印纸规则条项。

期刊名称：法令月刊

主办单位：

刊　　　期：1931（16/17）

页　　　码：1－2

10. 题　　　名：训字第二七二〇号：令各省高
　　　　　　　　等法院院长、首席检察官，最
　　　　　　　　高法院检察署检察长等：律师
　　　　　　　　章程所称公职系指公务员而言
　　　　　　　　各级党部委员不受限制（二十
　　　　　　　　年十一月五日）

作　　　者：

关　键　词：公职　公务员　党部委员

摘　　　要：律师章程所称，有俸给之公职
　　　　　　　系指公务员而言，各级党部委
　　　　　　　员不受限制。

期刊名称：法令月刊

主办单位：

刊　　　期：1931（22－27）

页　　　码：5

11. 题　　　名：训字第一七〇三号（二十一年
　　　　　　　　七月二十五日）：令最高法院检
　　　　　　　　察署检察长，最高法院东北分
　　　　　　　　院院长、检察署检察长：船舶
　　　　　　　　违反船舶法处罚罚则应依其性
　　　　　　　　质为刑事罚或行政罚分别由法
　　　　　　　　院或主管航政官署处理

作　　　者：

关　键　词：船舶法　刑事罚　行政罚

摘　　　要：船舶违反船舶法，处罚罚则应
　　　　　　　依其性质为刑事罚或行政罚，
　　　　　　　分别由法院或主管航政官署
　　　　　　　处理。

期刊名称：法令月刊

主办单位：

刊　　　期：1932（33－39）

页　　　码：6－8

12. 题　　　名：训字第二五三号（二十一年二
　　　　　　　　月九日）：令江苏高等法院第
　　　　　　　　二、三分院首席检察官，各省
　　　　　　　　高等法院首席检察官：律师回
　　　　　　　　避办法三点

作　　　者：

关　键　词：律师回避　血亲

摘　　　要：严予杜绝嗣后律师在登录指定

执行职务之区域内，如与地方
法院院长、首席检察官或县法
院院长，有四亲等内之血亲，
或三亲等内之姻亲者，应即声
请回避，不得在该区域内执行
职务。其因承办案件与庭长或
推事有上项亲等关系者，亦应
实行回避。

期刊名称：法令月刊

主办单位：

刊　　　期：1932（28）

页　　　码：9

13. 题　　　名：指字第九二六五号：令署江苏
　　　　　　　　高等法院第二分院院长徐维震
　　　　　　　　首席检察官王振南：上海律师
　　　　　　　　公会应兼受上海特区地院首席
　　　　　　　　检察官监督并准该分院组织律
　　　　　　　　师惩戒委员会（十九年七月三
　　　　　　　　十日）

作　　　者：

关　键　词：上海律师公会　地方法院首席
　　　　　　　检察官　监督

摘　　　要：上海律师公会，应兼受上海特
　　　　　　　区地院首席检察官监督。

期刊名称：法令月刊

主办单位：

刊　　　期：1930（10）

页　　　码：41－42

14. 题　　　名：训字第二一三四号：令各省高
　　　　　　　　等法院院长、首席检察官、江
　　　　　　　　苏高等法院第二分院院长等：
　　　　　　　　民事调解法及施行规则将届施
　　　　　　　　行法院应即筹备一切（十九年
　　　　　　　　十二月十二日）

作　　　者：

关　键　词：民事调解法　施行规则

摘　　　要：民事调解法及施行规则将届施
　　　　　　　行。法院应即筹备一切。

期刊名称：法令月刊

主办单位：

刊　　　期：1930（13/14）

页　　　码：2

15. 题　　　名：训字第一〇七六号：令署江苏
　　　　　　　　高等法院首席检察官王思默：
　　　　　　　　嗣后派员视察监所时务将保释
　　　　　　　　各案有无勒索情弊据实报告遇

有呈请保释案件尤须认真稽核
（十九年五月二十日）

作　　者：

关 键 词：监犯保释　勒索

摘　　要：嗣后派员视察监所时，务将保
释各案有无勒索情弊，据实报
告。遇有呈请保释案件尤须认
真稽核。

期刊名称：法令月刊

主办单位：

刊　　期：1930（8）

页　　码：60

16. 题　　名：训字第一六五八号（二十一年
七月二十日）：令各省区高等法
院院长、首席检察官，江苏高
等法院第二、三分院院长等：
指示大赦条例疑义七点

作　　者：

关 键 词：大赦条例

摘　　要：指示大赦条例疑义七点。

期刊名称：法令月刊

主办单位：

刊　　期：1932（33－39）

页　　码：2－5

17. 题　　名：指字第一七○六号：令署江苏
高等法院院长林彪、首席检察
官王思默：苏省监所人犯异常
拥挤拟由该院通令各新旧监狱
厉行假释（二十年一月二十九
日）

作　　者：

关 键 词：选择刑　择科　罚金刑　假释

摘　　要：刑法各条之选择刑，应由审判
官斟酌犯情予以择科。该院为
疏通监狱，拟通令厉行择科罚
金刑，不特有违刑法之主旨，
抑且易生误会。原呈第一项办
法，应毋庸议。至于第二项，
拟由该院通令各新旧监狱，查
明执行人犯有合于假释条例者，
随时呈报假释一节事属可行。

期刊名称：法令月刊

主办单位：

刊　　期：1931（16/17）

页　　码：6

18. 题　　名：训字第一八二一号（二十一年

八月八日）：令各省区高等法院
院长、首席检察官：临时法庭
判决人犯应减刑者庆由何机关
审查裁定疑义

作　　者：

关 键 词：临时法庭　减刑　大赦条例

摘　　要：临时法庭判决人犯，应减刑者，
由何机关审查依大赦条例办理。

期刊名称：法令月刊

主办单位：

刊　　期：1932（33－39）

页　　码：12－13

19. 题　　名：训字第二七二四号（二十一年
十一月七日）：令各省高等法院
首席检察官：为准铁道部函关
于铁道警察移送案件无论起诉
不起诉均请抄送处分书

作　　者：

关 键 词：路警管理局　移送刑事案件
侦查终结　处分书

摘　　要：铁道警察移送案件，无论起诉
与否，请抄送处分书。

期刊名称：法令月刊

主办单位：

刊　　期：1932（33－39）

页　　码：26

20. 题　　名：训字第二二三二号（二十一年
九月十八日）：令各省区高等法
院院长、首席检察官，江苏高
等法院第二、三分院院长等：
大赦减刑案件对于褫夺公权裁
定疑义

作　　者：

关 键 词：大赦减刑　褫夺公权

摘　　要：大赦减刑案件，对于褫夺公权
裁定疑义。

期刊名称：法令月刊

主办单位：

刊　　期：1932（33－39）

页　　码：18－19

21. 题　　名：训字第三二七九号（二十一年
十二月二十九日）：令各省高等
法院院长、首席检察官：法院
组织法即将施行关于增设高等
分院各项亟应预先准备

作　　者：

关 键 词：法院组织法 三级三审 管辖

摘 要：法院组织法即将施行，关于增设高等分院各项，亟应预先准备。

期刊名称：法令月刊

主办单位：

刊 期：1932（33－39）

页 码：28

22. 题 名：训字第八一二号：令各省高等法院院长、首席检察官：关于商标专用权诉讼案应先由主管机关评定（五月三十一日）：附原咨

作 者：

关 键 词：商标专用权 主管机关评决 诉讼程序

摘 要：关于商标专用权之事项有提出民事或刑事之诉讼案件，均应依法先由主管机关评决确定后，始得进行其诉讼程序。

期刊名称：法令月刊

主办单位：

刊 期：1929（1）

页 码：1－3

23. 题 名：训字第二三九二号（二十一年十月六日）：令各省区高等法院院长、首席检察官，江苏高等法院第二、三分院院长等：关于大赦条例并合论罪减刑疑义

作 者：

关 键 词：大赦 合并论罪 减刑

摘 要：原处之无期徒刑之因大赦而减为有期徒刑，自应与其他有期徒刑减得之刑，依刑法第七十条第三款定其执行刑期。其原处数个无期徒刑经减为有期徒刑者，亦同。

期刊名称：法令月刊

主办单位：

刊 期：1932（33－39）

页 码：24－25

24. 题 名：训字第四十三号：令代理司法行政部部长朱履和：通饬各省区检察官切实遵令刑诉法第二百六十一条各规定（二十年一月二十四日）

作 者：

关 键 词：数罪 检察官 起诉 停止审判

摘 要：通饬各省区检察官切实遵令刑诉法第二百六十一条各规定。

期刊名称：法令月刊

主办单位：

刊 期：1931（16/17）

页 码：3－4

25. 题 名：训字第六九〇号：令署江苏高等法院院长林彪、首席检察官王思默：支代电第二点绥靖区域均应认为剿匪区域（二十年四月十日）

作 者：

关 键 词：危害民国紧急治罪 剿匪清乡

摘 要：军政部覆查绥靖期间，剿匪清乡同时进行，所有绥靖区域均应认为剿匪区域。

期刊名称：法令月刊

主办单位：

刊 期：1931（18/19）

页 码：36

26. 题 名：训字第一〇〇三号：令江苏浙江江西等高等法院院长、首席检察官：各县法院缮写刑事状纸应照浙江各级法院办法（二十年五月十三日）

作 者：

关 键 词：县法院 刑事状纸

摘 要：各县法院缮写刑事状纸，应照浙江各级法院办法。

期刊名称：法令月刊

主办单位：

刊 期：1931（18/19）

页 码：42－43

27. 题 名：训字第一一六六号：令各省高等法院院长、首席检察官：准江苏省政府咨各县监所押犯充斥请通饬各该法院对于普通罪犯依缓刑假释切实办理（十九年六月四日）

作 者：

关 键 词：监所 押犯 普通罪犯 缓刑假释

摘 要：准江苏省政府咨各县监所押犯

充斥，请通饬各该法院对于普
通罪犯依缓刑、假释切实办理。

期刊名称：法令月刊
主办单位：
刊　　期：1930（8）
页　　码：62

28.**题　　名**：训字第七二一号：令各省高等
法院院长、首席检察官：各省
华洋上诉案件一律改由高等法
院或分院受理（十九年四月五
日）

作　　者：

关 键 词：交涉署　华洋上诉案件　高等
法院　普通诉讼

摘　　要：各省特派交涉业经一律裁撤，
所有各地交涉署受理未结之华
洋上诉案件，及以后新发生之
华洋上诉案件，应一律改由各
省高等法院或分院依普通诉讼
法令受理。除函请外交部转饬，
将从前各地交涉署未结案件送
交就近之高等法院或分院接受，
并分令最高法院。

期刊名称：法令月刊
主办单位：
刊　　期：1930（7）
页　　码：5

29.**题　　名**：训字第一七五七号（二十一年
七月三十日）：令各省区高等法
院院长、首席检察官，江苏高
等法院第二、三分院院长等：
凡退职司法人员在一年内不得
在同一律师公会区域内之法院
执行律师职务

作　　者：

关 键 词：退职司法人员　法院　执行
职务

摘　　要：凡退职司法人员在一年内不得
在同一律师公会区域内之法院
执行律师职务。

期刊名称：法令月刊
主办单位：
刊　　期：1932（33－39）
页　　码：9

30.**题　　名**：训字第一六三号（二十一年
七月二十三日）：令各省高等法

院院长、首席检察官，江苏高
等法院第二、三分院院长等：
已判决确定处有期徒刑者依大
赦条例减刑时应就宣告刑予以
照减

作　　者：

关 键 词：大赦条例　减刑　宣告刑

摘　　要：已判决确定处有期徒刑者，依
大赦条例减刑时，应就宣告刑
予以照减。

期刊名称：法令月刊
主办单位：
刊　　期：1932（33－39）
页　　码：6

31.**题　　名**：训字第一九七二号：令署江苏
高等法院第二分院院长徐维震、
首席检察官王振南、第三分院
院长梁仁杰等：上海公共租界
会审公廨与法租界会审公廨划
分管辖办法废止（二十年八月
十八日）

作　　者：

关 键 词：公共租界会审公廨　法租界会
审公廨　划分管辖办法　废止

摘　　要：上海公共租界会审公廨与法租
界会审公廨划分管辖办法废止。

期刊名称：法令月刊
主办单位：
刊　　期：1931（21）
页　　码：28

32.**题　　名**：训字第一八二二号（二十一年
八月八日）：令各省区高等法院
院长、首席检察官，江苏高等
法院第二、三分院院长等：各
军政机关对于党员不得借口紧
急处置任意侵害尤不得违法审
讯不经司法机关擅行处决

作　　者：

关 键 词：党员犯罪　司法审判

摘　　要：各军政机关对于党员，不得借
口紧急处置任意侵害，尤不得
违法审讯，不经司法机关擅行
处决。

期刊名称：法令月刊
主办单位：
刊　　期：1932（33－39）

页　　码：13

33. 题　　名：指字第五一三号：令代理司法
行政部部长朱履和：刑法分则
各罪适用自诉范围（二十年八
月十二日）

作　　者：

关 键 词：自诉　个人法益　告诉乃论

摘　　要：刑法第三百零九条第一项及第
二项后段之罪，以个人法益为
重，得适用自诉制度。至刑法
第三百七十六条第一、第二两
项之罪，于亲属间犯者，并无
告诉乃论之规定，亦在刑事诉
讼法第三百三十七第一款规定
范围之内。

期刊名称：法令月刊

主办单位：

刊　　期：1931（21）

页　　码：24 – 25

34. 题　　名：指字第一二四五六号：令署福
建高等法院院长王风雄：自诉
案件被告在逃应停止审判不能
作为已结（二十年七月二十八
日）

作　　者：

关 键 词：公判　宣告　终结日　自诉

摘　　要：公判以宣告终局判决之日为终
结日，规定至明。自诉案件被
告所在不明，除依法停止审判
外，不得作为已结。

期刊名称：法令月刊

主办单位：

刊　　期：1931（21）

页　　码：17

（四）判例

1. 题　　名：人事诉讼由检察官莅庭陈述意见
为检察官之职责（十七年上字一
五七号）

作　　者：

关 键 词：人事诉讼　检察官　莅庭

摘　　要：人事诉讼应由检察官莅庭陈述意
见，盖言检察官有此职责，非谓
检察官不莅庭法院不得为该事件
之审判。

期刊名称：法令月刊

主办单位：

刊　　期：1931（18 – 19）

页　　码：1

2. 题　　名：履行婚约之诉不得由检察官为当
事人出而起诉或提起上诉（十七
年上字一〇四七号）

作　　者：

关 键 词：履行婚约之诉　检察官　莅庭
起诉或上诉

摘　　要：履行婚约之诉，根本上既非修正
民事诉讼律第七百六十八条所定
之婚姻诉讼，其辩论且毋庸检察
官莅场陈述意见，复何得更由检
察官为当事人出而起诉或提起
上诉。

期刊名称：法令月刊

主办单位：

刊　　期：1930（5）

页　　码：2

（五）法令解释

1. 题　　名：院字第五八一号（二十年九月二
日）：令署江苏高等法院首席检
察官王思默：检察官陈明理由于
首席检察官时系在发押票后无须
复经准许至撤销押票许可停止羁
押可迳由检察官核定但首席仍有
指挥监督之权地方法院检察官办
事权限条例……：附最高法院检
察署函

作　　者：

关 键 词：检察官　办事权限　首席检察官
指挥监督权　过失　责任

摘　　要：检察官陈明理由于首席检察官
时，系在发押票后无须复经准许
至撤销押票许可停止羁押，可迳
由检察官核定，但首席仍有指挥
监督之权。地方法院检察官办事
权限条例所称，外行文件由首席
核定署名盖印者，指与其他机关
往复行文时而言，唯如首席检察
官怠于指挥监督或有不当对于所
属检察官职务上过失亦难谓毫无
责任。

期刊名称：法令月刊

主办单位：

刊　　期：1931（22 – 27）

页　　码：15 – 17

2. 题　　　名：院字第六二八号（二十年十一月二十一日）：令最高法院检察署检察长郑烈：告诉人状请撤回再议除检察官认再议之声请为有理由外毋须再制处分书更毋须送上级检察官核办：附最高法院检察署函

作　　　者：

关　键　词：告诉人　声请再议　撤回　再议

摘　　　要：告诉人于声请再议后，在原检察官办理间又复状请撤回再议，除原检察官认再议之声请为有理由已撤销其不起诉之处分仍依刑事诉讼法第二百四十八条第二项之规定办理外，毋须再制处分书，更毋须将原案卷宗及证据物件检送上级法院首席检察官核办。

期刊名称：法令月刊

主办单位：

刊　　　期：1931（22－27）

页　　　码：68－69

3. 题　　　名：院字第五九八号（二十年九月二十五日）：令署安徽高等法院首席检察官王树荣：以检察官办案偏颇为理由声请移转管辖经驳回后高院首席检察官仍得援用法院编制法移转于别院检察官侦查：附最高法院检察署函

作　　　者：

关　键　词：移转管辖　法院编制法

摘　　　要：以检察官办案偏颇为理由，声请移转管辖，经驳回后高院首席检察官仍得援用法院编制法，移转于别院检察官侦查。

期刊名称：法令月刊

主办单位：

刊　　　期：1931（22－27）

页　　　码：34－35

4. 题　　　名：院字第一六九号（十八年十月三十一日）：令署福建高等法院首席检察官张清泽：检察官对于处刑命令不能提起上诉即使处刑错误或不当非被告不得声请审判：附最高法院检察署函

作　　　者：

关　键　词：检察官　处刑命令　声请审判

摘　　　要：检察官对于处刑命令不能提起上诉。即使处刑错误或不当，非被告不得声请审判。

期刊名称：法令月刊

主办单位：

刊　　　期：1929（3）

页　　　码：2－3

5. 题　　　名：院字第三二五号（十九年八月二十日）：令署江苏高等法院首席检察官王思默：就县法院初级管辖不起诉之案件声请再议应由地方法院首席检察官受理：附最高法院检察署函

作　　　者：

关　键　词：县法院　初级管辖　不起诉案件　声请再议

摘　　　要：县法院初级管辖不起诉之案件，声请再议应由地方法院首席检察官受理。

期刊名称：法令月刊

主办单位：

刊　　　期：1930（11）

页　　　码：2－3

6. 题　　　名：院字第二一七号（十九年一月二十二日）：令广西高等法院首席检察官：告诉乃论之罪未经告诉者检察官不应有何处分：附最高法院检察署函

作　　　者：

关　键　词：告诉乃论犯罪　检察官　处分

摘　　　要：告诉乃论之罪，未经告诉者检察官不应有何处分。

期刊名称：法令月刊

主办单位：

刊　　　期：1930（6）

页　　　码：44－45

7. 题　　　名：院字第七七一号（二十一年六月十日）：令最高法院检察署检察长郑烈：诬告案件检察官处分不起诉被诬告人无声请再议之权

作　　　者：

关　键　词：诬告之罪　追诉权　告发　告诉

摘　　　要：诬告之罪被害法益，关系国家之审判权，被诬告人享有追诉权，公务员呈告被诬告之事实，只能谓之告发，不能谓之告诉。如检

察官不予起诉,当然无声请再议
之权。

期刊名称: 法令月刊

主办单位:

刊　　期:1932（33 – 39）

页　　码:9 – 10

8. **题　　名:** 院字第五二六号（二十年八月七
日）:令署浙江高等法院首席检
察官郑畋:上级法院检察官如认
下级检察官上诉理由欠缺得于上
诉审裁判前撤回上诉

　作　　者:

　关 键 词: 下级检察官　上诉　理由　上级
检察官　撤回上诉

　摘　　要: 下级法院检察官不服原审判决,
提起上诉后,上级法院检察官如
认上诉理由欠缺,得于上诉审判
前,撤回上诉。

期刊名称: 法令月刊

主办单位:

刊　　期:1931（21）

页　　码:41

9. **题　　名:** 院字第一六二号（十八年十月二
日）:令最高法院检察署检察长
郑烈:对于上级法院首席检察官
驳回处分声请再议准用刑诉法第
二百四十八条所定七日期限:附
原函

　作　　者:

　关 键 词: 驳回处分　声请再议　期限

　摘　　要: 上级法院首席检察官驳回处分,
声请再议备用刑事诉讼法第二百
四十八条所定七日期限。

期刊名称: 法令月刊

主办单位:

刊　　期:1929（2）

页　　码:7 – 8

10. **题　　名:** 院字第五三九号（二十年八月
八日）:令署山西高等法院首席
检察官汪兆彭:侦查中律师得检
察许可被告自得接见但非认为
有辩护人之资格

　作　　者:

　关 键 词: 侦查期间　被告接见律师

　摘　　要: 被告接见他人,除妨害羁押之
目的及押所之秩序外,别无限

制。则侦查中律师得主任检察
官之许可,被告自得接见,但
非认为有辩护人之资格。

期刊名称: 法令月刊

主办单位:

刊　　期:1931（21）

页　　码:51 – 52

11. **题　　名:** 院字第一五三号（十八年八月
二十三日）:令山西高等法院首
席检察官吴淞:一、党员背誓
条例自应有效;二、具体事实
请解释不拟答复:附最高法院
检察署函

　作　　者:

　关 键 词: 党员犯罪　背誓条例

　摘　　要: 党员背誓罪条例,既经国民政
府公布自应有效;就具体事实
请求解释不拟答复。

期刊名称: 法令月刊

主办单位:

刊　　期:1929（1）

页　　码:18 – 19

12. **题　　名:** 院字第二〇一号（十九年一月
十日）:令署浙江高等法院首席
检察官郑畋:孀妇再醮法所允
许老姑不能诉其遗弃:附最高
法院检察署函

　作　　者:

　关 键 词: 孀妇再醮法　遗弃

　摘　　要: 孀妇再醮法所允许老姑不能诉
其遗弃情形。

期刊名称: 法令月刊

主办单位:

刊　　期:1930（5）

页　　码:9 – 10

13. **题　　名:** 院字第八〇二号（二十一年十
月十七日）:令署广东高等法院
首席检察官廖愈簪:被告未出
庭不得开始审判检察官自得撤
回起诉

　作　　者:

　关 键 词: 被告缺席　撤回起诉

　摘　　要: 审判固以书记官朗读案由为开
始,惟朗读案由须向当事人为
之,被告既未出庭,除有特别
规定外不得开始审判,检察官

自得依规定撤回起诉。

期刊名称：法令月刊

主办单位：

刊　　期：1932（33－39）

页　　码：40－41

14. 题　　名：院字第八一二号（二十一年十一月三日）：令署四川高等法院首席检察官谢盛堂：告诉人不服县判请求提起上诉检察官有准驳之权

作　　者：

关 键 词：县判　告诉人　呈诉不服　上诉　检察官　准驳权

摘　　要：告诉人对于县判，虽得向第二审之检察官呈诉不服，请依上诉程序提起上诉，但依规定检察官为上诉人，故检察官对于告诉人提起上诉之请求，不得谓无准驳之权。

期刊名称：法令月刊

主办单位：

刊　　期：1932（33－39）

页　　码：48－49

15. 题　　名：院字第一四二号（十八年八月二十二日）：处分声请再议案件应适用刑诉法第二百五十条再议处分书由首席检察官署名盖章：附最高法院检察署函

作　　者：

关 键 词：声请再议　再议处分书　首席检察官　签章

摘　　要：处分声请再议案件，应适用刑诉法第二百五十条，再议处分书由首席检察官署名盖章。

期刊名称：法令月刊

主办单位：

刊　　期：1929（1）

页　　码：9

16. 题　　名：院字第三三五号（十九年九月十二日）：令四川高等法院首席检察官：刑法第一百四十二条第一、第二两项之犯罪均以施强暴胁迫为拘成要件若仅于检察官莅验尸体时当场评论或指摘尸伤自不成罪至遍贴标语或组织昭雪团……：附最高法院检察署函

作　　者：

关 键 词：妨害公务罪　强暴胁迫

摘　　要：刑法第一百四十二条第一、第二两项之犯罪，均以施强暴胁迫为构成要件。若仅于检察官莅验尸体时当场评论或指摘尸伤，自不成罪，至遍贴标语或组织昭雪团，如昭雪之方法及标语内容系威胁检察官，使不得自由处分即属胁迫，应成同条第二项之罪。

期刊名称：法令月刊

主办单位：

刊　　期：1930（12）

页　　码：16－17

17. 题　　名：院字第二一九号（十九年一月二十七日）：令署山东高等法院首席检察官周起凤：保证金原为声请具保而设检察官没入保证金时应认为包括具保处分之范围如有不服得依刑诉法第四百二十八条之程序办理：附最高法院检察署函

作　　者：

关 键 词：保证金　具保处分

摘　　要：保证金原为声请具保而设，检察官没入保证金时，应认为包括具保处分之范围。如有不服得依刑诉法第四二八条之程序办理。

期刊名称：法令月刊

主办单位：

刊　　期：1930（6）

页　　码：46－47

18. 题　　名：院字第三一三号（十九年七月二十四日）：令署福建高等法院首席检察官张清泽：参照刑诉法第三百五十一条及第三百六十一条之法意虽自诉案件其上诉时送交卷证之程序亦应经由检察官：附最高法院检察署函

作　　者：

关 键 词：自诉案件　上诉

摘　　要：上诉案件依刑诉法规定，应由原审法院以该案卷宗及证据物

件送交该法院之检察官，由该
检察官送交上级法院检察官。
虽系自诉案件，其送交卷宗及
证据物件之程序，亦经由检
察官。

期刊名称：法令月刊
主办单位：
刊　　期：1930（10）
页　　码：52－53

19. 题　　名：院字第三一〇号（十九年七月
　　　　　　十九日）：令署福建高等法院首
　　　　　　席检察官张清泽：共产党徒于
　　　　　　犯反革命罪外又掳人勒赎系属
　　　　　　于二以上不同级法院管辖之牵
　　　　　　连案件依刑诉法第十五条第一
　　　　　　项规定检察官自得并案起诉于
　　　　　　高等法院：附最高法院检察
　　　　　　署函
　　作　者：
　　关键词：共产党掳人勒赎案件　牵连案
　　　　　　件　合并管辖
　　摘　要：共产党徒如于暂行反革命罪法
　　　　　　所规定之反革命行为外，利用
　　　　　　共产党势力掳人勒赎，系属于
　　　　　　二以上不同级法院管辖之牵连
　　　　　　案件。依刑诉法第十五条第一
　　　　　　项规定得由高等法院并案受理，
　　　　　　检察官自得并案起诉于高等
　　　　　　法院。

期刊名称：法令月刊
主办单位：
刊　　期：1930（10）
页　　码：50－51

20. 题　　名：院字第二二三号（十九年一月
　　　　　　二十八日）：令湖北高等法院院
　　　　　　长：上级法院首席检察官以职
　　　　　　权检举犯罪命令下级检察官侦
　　　　　　查之案经下级检察官为不起诉
　　　　　　之处分后除发现新事实或新证
　　　　　　据外上级法院首席检察官不得
　　　　　　迳命续行侦查起诉：附原呈
　　作　者：
　　关键词：上级检察官　检举犯罪　下级
　　　　　　检察官　不起诉处分续行侦查
　　　　　　起诉
　　摘　要：上级法院首席检察官依职权检

举犯罪命令下级检察官侦查之
案，经下级检察官为不起诉之
处分后，除发现新事实或新证
据外，上级法院首席检察官不
得迳命续行侦查或起诉。下级
检察官亦不得据以起诉其据，
以起诉者为程序违背规定。

期刊名称：法令月刊
主办单位：
刊　　期：1930（6）
页　　码：49－50

21. 题　　名：院字第三四八号（十九年十月
　　　　　　四日）：令团河北高等法院首席
　　　　　　检察官王泳：仅藏有金丹袋之
　　　　　　机器无罪可科：附最高法院检
　　　　　　察署函
　　作　者：
　　关键词：禁烟法　鸦片
　　摘　要：禁烟法因持有器具而成罪者，
　　　　　　以专供吸食鸦片之器具为限。
　　　　　　至于藏有制造金丹袋之机器者，
　　　　　　除已制造金丹袋，并已实施或
　　　　　　帮助贩卖，持有或运输金丹，
　　　　　　应各就其犯行论罪外，仅止藏
　　　　　　有机器则无罪。

期刊名称：法令月刊
主办单位：
刊　　期：1930（12）
页　　码：28－29

22. 题　　名：院字第七八二号（二十一年七
　　　　　　月二十一日）：令最高法院检察
　　　　　　署检察长郑烈：声请再议经驳
　　　　　　回后不得再声请再议
　　作　者：
　　关键词：告诉人　声请再议　上级首席
　　　　　　检察官　驳回声请
　　摘　要：告诉人不服第一审法院检察官
　　　　　　所谓不起诉处分，声请再议，
　　　　　　经上级法院首席检察官驳回声
　　　　　　请之后，不得再向上级法院首
　　　　　　席检察官声请再议。

期刊名称：法令月刊
主办单位：
刊　　期：1932（33－39）
页　　码：23－24

23. 题　　名：院字第二〇二号（十九年一月

十日）：令广西高等法院首席检察官：刑法第十五条第二款母之胞姊妹不以在室为限：附最高法院检察署函

作　　者：

关 键 词：亲属范围　胞姊妹

摘　　要：母之胞姊妹不以在室为限。

期刊名称：法令月刊

主办单位：

刊　　期：1930（5）

页　　码：10－11

24．题　　名：院字第三四五号（十九年十月一日）：令署安徽高等法院首席检察官钱谦：自诉经法院裁定驳回无论适法与否检察官不得提起抗告：附原呈

作　　者：

关 键 词：个人法益　自诉　检察官　不得抗告

摘　　要：个人法益，原以别乎国家法益及社会法益而言，个人之数并不以一人为限。即数人共有财产亦属个人法益。惟自诉人之自诉，即经法院以裁定驳回无论适用法与否，检察官既非当事人，又非受裁定者，检察官自不得提起抗告。

期刊名称：法令月刊

主办单位：

刊　　期：1930（12）

页　　码：26

25．题　　名：院字第七五九号（二十一年六月七日）：原告诉人虽得撤销呈诉但既以检察官名义上诉则撤回应得检察官同意

作　　者：

关 键 词：原告诉人　检察官上诉　撤诉

摘　　要：原告诉人虽得撤销呈诉，但既经以检察官名义提起上诉，且未得检察官之同意，法院径准撤回上诉，不能认为合法。

期刊名称：法令月刊

主办单位：

刊　　期：1932（33－39）

页　　码：29

26．题　　名：院字第二六〇号（十九年四月

十二日）：令署山东高等法院首席检察官周起凤：检察官依刑诉法第三百五十条第二款于侦查后认为毋庸起诉不必送达处分书于自诉人又该案之三日期限于第二款情形系就侦查之开始而言……：附最高法院检察署函

作　　者：

关 键 词：侦查程序　期限

摘　　要：检察官依刑诉法第三百五十条第二款，认为有侦查之必要者应依公诉之侦查程序办理，但侦查后认为毋庸起诉，不必送达处分书于自诉人。又该条之三日期限于第二款情形，系就侦查之开始而言。若开始之后实施侦查，则不受此限制。

期刊名称：法令月刊

主办单位：

刊　　期：1930（7）

页　　码：22－23

27．题　　名：院字第三〇六号（十九年七月十二日）：令署福建高等法院首席检察官张清泽：一、刑法第二百二十七条所称县长公安局长宪兵队长有侦查犯罪之职权者系单指有侦查犯罪之职权与检察官同业非谓检察官应有之其他职权上开各员均得行使……：附原呈

作　　者：

关 键 词：司法警察官　侦查　检警关系　职权

摘　　要：刑法第二百二十七条所称，县长、公安局长、宪兵队长有侦查犯罪之职权者，系单指有侦查犯罪之职权与检察官同，并非谓检察官应有之其他职权上开各员均得行使；刑法第二百二十八条所称，左列各员系包括县政府之警卫队队长而言，检察官关于侦查犯罪自有直接指挥之权。

期刊名称：法令月刊

主办单位：

刊　　　期：1930（9）

页　　　码：9－11

28. 题　　　名：院字第三二三号（十九年八月二十日）：令署湖南高等法院首席检察官曹瀛：原告诉人就县法院初级案件声请再议应由地方法院首席检察官受理其送卷程序准用上诉送卷之办法：附最高法院检察署函

作　　　者：

关　键　词：县法院　初级管辖　声请再议　地方法院首席检察官　送卷程式

摘　　　要：县法院之组织与地方法院不同，原告诉人就其初级管辖案件声请再议，应由地方法院首席检察官受理送卷程序，准用上诉程序中送卷之办理。

期刊名称：法令月刊

主办单位：

刊　　　期：1930（11）

页　　　码：1

29. 题　　　名：院字第一六八号（十八年十月三十一日）：令署广东高等法院首席检察官廖愈簪：上级首席检察官认再议有理由命令续行侦查或起诉者应叙明理由毋庸另制处分书：附最高法院检察署函

作　　　者：

关　键　词：再议案件　续行侦查　起诉处分书

摘　　　要：上级首席检察官认再议有理由，命令续行侦查或起诉者，应叙明理由，毋庸另制处分书。

期刊名称：法令月刊

主办单位：

刊　　　期：1929（3）

页　　　码：1－2

30. 题　　　名：院字第七六五号（二十一年六月十日）：令署安徽高等法院首席检察官王树荣：高院首检将县府检察事务移于别院检察官或他县政府者应诉由该院或迳由他县府裁判

作　　　者：

关　键　词：县长兼理司法　移转管辖　检察一体

摘　　　要：县政府其组织与法院不同，如向高等法院声请移转管辖，经裁定驳回后，高等法院首席检察官若将原县政府检察职权之事务，移于管辖区域内，别院检察官或他县政府于侦查终结后，就应就近诉由该法院或径由他县政府依法受理。

期刊名称：法令月刊

主办单位：

刊　　　期：1932（33－39）

页　　　码：4－5

31. 题　　　名：院字第五一五号（二十年八月七日）：法院审理自诉案件毋庸通知检察官莅庭

作　　　者：

关　键　词：自诉案件　检察官　莅庭

摘　　　要：检察官于自诉程序，既毋庸陈述或辩论，法院审理自诉案件，自毋庸通知其莅庭。

期刊名称：法令月刊

主办单位：

刊　　　期：1931（21）

页　　　码：31－32

32. 题　　　名：院字第五四〇号（二十年八月八日）：检察官上诉案如法院允许原告诉人撤回仍属无效

作　　　者：

关　键　词：检察官　上诉　原告诉人　撤诉

摘　　　要：正式县法院所判决之刑事案件，如检察官为上诉人，自非检察官不得撤回上诉，原告诉人撤回上诉，显系不合，虽经法院允许，仍属无效，应由第二审继续审判。

期刊名称：法令月刊

主办单位：

刊　　　期：1931（21）

页　　　码：52

33. 题　　　名：院字第二五八号（十九年四月七日）：令署福建高等法院首席检察官张清泽：刑诉法第二百四十八条第一项规定不服不起

诉处分之声请再议以告诉人为限至公务员为告发时自不得声请再议：附最高法院检察署函

作　　者：

关键词：告诉人　不起诉处分　声请再议

摘　　要：刑诉法第三百四十八条第一项规定，不服不起诉处分之声请再议，以告诉人为限，至公务员为告发时，自不得声请再议。

期刊名称：法令月刊

主办单位：

刊　　期：1930（7）

页　　码：20－21

34. 题　　名：院字第二四二号（十九年二月二十二日）：令江西高等法院首席检察官：刑法第九十八条第一项前段所谓本刑即第二百九十三条第一项、第二百九十四条、第二百九十五条所规定之刑但对于直系遵亲属犯第二百九十四条及第二百九十五条之罪以刑为标准定法院之管辖……：附最高法院检察署函

作　　者：

关键词：刑事诉讼法　总则　分则　直系尊亲　管辖

摘　　要：刑诉法第十二条之规定并未分别刑法总则或分则。当然包括总分则而言。至刑法第二百九十八条第一项前段，所谓本刑者，即第二百九十三条第一项、第二百九十四条、第二百九十五条所规定之刑。但对于直系尊亲属犯第二百九十四条及第二百九十五条之罪者，固以刑为标准，定法院之管辖。而犯第二百九十三条第一项之罪者，则以罪为标准，定法院之管辖。

期刊名称：法令月刊

主办单位：

刊　　期：1930（7）

页　　码：6－7

35. 题　　名：院字第三八六号（十九年十二月三十日）：令代理江西高等法院首席检察官胡觉：扣他人所

卖之货抵债如无所有之意思又无暴胁行为不能构成犯罪：附最高法院检察署函

作　　者：

关键词：扣货抵债　所有之意　暴力胁迫　非罪

摘　　要：扣他人所卖之货抵债，如无所有之意思，又无暴胁行为，不能构成犯罪。

期刊名称：法令月刊

主办单位：

刊　　期：1930（15）

页　　码：46

36. 题　　名：院字第一五二号（十八年八月二十三日）：令山西高等法院首席检察官吴淞：一、专行贩运乳糖咖啡精不得认为犯罪；二、意图犯刑法第十九章各罪之用而持有高根安洛英者不得借于预备制药品免除罪责：附最高法院检察署函

作　　者：

关键词：贩运乳糖　贩运咖啡精　犯罪　免除罪责

摘　　要：一、专行贩运乳糖、咖啡精不得认为犯罪；二、意图犯刑法第十九章各罪之用，而持有高根安洛英者，不得借于预备制药品免除罪责。

期刊名称：法令月刊

主办单位：

刊　　期：1929（1）

页　　码：17－18

37. 题　　名：院字第五七○号（二十年八月二十四日）：令福建高等法院首席检察官：以强暴胁迫妨害或扰乱地方党部选举应成立刑法第一百五十三条之罪其于事前有阻止或扰乱集会之故意应适用第一百五十九条论科：附最高法院检察署函

作　　者：

关键词：妨害选举罪　强暴胁迫　阻止或扰乱合法集会

摘　　要：地方党部改选职员时，如以强暴胁迫等方法，妨害或扰乱选

举，以致党员纷纷离席，结果宣告散会，应成立刑法第一百五十三条之罪。其于事前具有阻止或扰乱合法集会之故意者，则应适用第一百五十九条论科。

期刊名称：法令月刊

主办单位：

刊　　期：1931（22－27）

页　　码：5－6

38. 题　　名：院字第二零四号（十九年一月十一日）：令署山东高等法院首席检察官周起风：白书侵入住宅行窃于刑法施行前起诉权既未因刑律上之时效归于消灭则自刑法施行后关于论罪及计算时效均应依刑法办理：附最高法院检察署函

作　　者：

关 键 词：加重窃盗罪　时效

摘　　要：白书侵入住宅行窃，在刑律有效时期系属加重窃盗罪，于刑法施行以前，起诉权既未因刑律上之时效归于消减，则自刑法施行后，关于论罪及计算时效，均应依刑法办理。

期刊名称：法令月刊

主办单位：

刊　　期：1930（5）

页　　码：11－12

39. 题　　名：院字第五六七号（二十年八月二十四日）：令最高法院东北分院检察署检察长：放款月利三分在该地未隶国府前自不负惩治土劣条例第二条第四款之责

作　　者：

关 键 词：惩治土豪劣绅条例　月利

摘　　要：银号放款月利虽为三分，若贷款之期，系在该地隶国民政府以前，而于隶属后复无盘剥之行为者，自不负惩治土豪劣绅条例第二条第四款之责。

期刊名称：法令月刊

主办单位：

刊　　期：1931（22－27）

页　　码：3

40. 题　　名：院字第二六九号（十九年四月二十五日）：令署湖南高等法院首席检察官曹瀛：军佐在任官任役前犯普通刑法之罪而审判若在任官任役中依陆海空军审判法应由军法会审审判：附最高法院检察署函

作　　者：

关 键 词：军佐　解职　管辖

摘　　要：原为准尉以上之军佐于解职后，任行政官吏，触犯普通刑法之罪，其后又往军队服务，是其犯罪虽在任官任役前，而审判则在任官任役中，依陆海空军审判法第十六条立法意旨，应由军法会审判。

期刊名称：法令月刊

主办单位：

刊　　期：1930（8）

页　　码：63

41. 题　　名：院字第六二七号（二十年十一月二十一日）：令署山西高等法院首席检察官汪兆彭：被告有正当理由一时不能到案受刑之执行者不应将其保证金遽予没入：附最高法院检察署函

作　　者：

关 键 词：被告人　不能到庭　保证金遽予没入

摘　　要：被告受死刑徒刑或拘役之谕，知因具保停止羁押，经传唤执行而不到者，依刑事诉讼法第四百八十七条第二项之规定，检察官固得为没入保证金之处分，但其不到之理由，果属正当，即与该条项规定之精神不合。

期刊名称：法令月刊

主办单位：

刊　　期：1931（22－27）

页　　码：67－68

42. 题　　名：院字第六一〇号（二十年十月三十日）：令代理山东高等法院首席检察官鲁师曾：刑法第三百三十八条第二款所谓毁越门扇墙垣指毁损或越进而言：附最高法院检察署函

作　　者：

关 键 词：刑法　毁越门扇墙垣

摘　　要：刑法第三百三十八条第二款，所谓毁越门扇墙垣指毁损或越进门扇墙垣者而言，毁而不越或越而不毁，均得依该条款处断。

期刊名称：法令月刊

主办单位：

刊　　期：1931（22－27）

页　　码：46

43. 题　　名：院字第五九五号（二十年九月二十五日）：令署湖北高等法院首席检察官钱谦：盗匪案件执行中提起抗告苟未经法院裁定停止执行自可依法执行：附最高法院检察署函

作　　者：

关 键 词：盗匪案　抗告　中止执行

摘　　要：查抗告无停止执行裁判之效力，刑事法第四百二十条第一项，定有明文，被告对于驳回上诉之裁定，提起抗告苟未经法院依照同条第一、二两项规定以裁定停止执行，自可依法执行。

期刊名称：法令月刊

主办单位：

刊　　期：1931（22－27）

页　　码：31

44. 题　　名：院字第七二二号（二十一年四月六日）：令高等法院检察署检察长郑烈：刑诉法第四百三十三条所称违法判决不包括裁定在内违法之裁定以未抗告而确定殊无救济之必要

作　　者：

关 键 词：违法裁定　非常上诉

摘　　要：刑诉法第四百三十三条所称，违法判决案件，系专指裁判中之判决违法而言，不包括裁定在内。又驳回上诉之裁定确定后，原判决亦因之确定，如原判决违法，可依非常上诉程序救济，若判决并不违法，总是裁定错误，仅关于上诉权问题，当事人对于错误之裁定未提起抗告，显有放弃上诉权之意思，事实上殊无救济之必要。

期刊名称：法令月刊

主办单位：

刊　　期：1932（29－32）

页　　码：86－87

45. 题　　名：院字第二六二号（十九年四月十二日）：令广西高等法院首席检察官：一、刑法第二百五十八条第二项之被诱人应以第二百五十七条之被诱人为限；二、教唆或帮助尊亲属使之自杀或受其嘱托或得其承诺而杀之刑法无特别加重处罚明文：附最高法院检察署函

作　　者：

关 键 词：被诱人　教唆　帮助　亲属　自杀

摘　　要：一、刑法第二百五十八条第二项之规定，就与同条第一项之关系上解释所谓被诱人，应以第二百五十七条之被诱人为限；二、教唆或帮助尊亲属，使之自杀或受其嘱托或得其承诺而杀之，刑法无特别加重处罚之条文，当然依第二百九十条第一项处断。

期刊名称：法令月刊

主办单位：

刊　　期：1930（7）

页　　码：24－25

46. 题　　名：院字第五七三号（二十年八月二十四日）：令署江苏高等法院首席检察官王思默：县政府直属之警察大队如非依陆军编制者不得视同陆海空军军人：附最高法院检察署函

作　　者：

关 键 词：县属警察大队　审判管辖

摘　　要：县长因所属地方土匪猖獗，召集警察大队分驻四乡，以备剿匪之用，仍由县长直接监督，如非依陆军编制训练者自属警察性质，不得视同陆海空军军人，若有犯罪应由法院审判。

期刊名称：法令月刊

主办单位：

刊　　期：1931（22－27）

页　　码：8－9

47. 题　　名：院字第四〇三号（二十年一月

十七日）：令署江苏高等法院院长林彪：一、被告受科刑之判决检察官得为被告利益而上诉；二、侦查结果无须传唤被告已足认为嫌疑不足或行为不成犯罪者可径为不起诉处分；三、初级案件经一审判决后检察官上诉……：附原函

作　　　者：

关 键 词：科刑判决　检察官　上诉　不起诉处分　送交程序

摘　　　要：一、被告受科刑之判决，检察官得为被告利益而上诉；二、侦查结果无须传唤被告已足认为嫌疑不足或行为不成犯罪者，可径为不起诉处分；三、初级案件经一审判决后检察官上诉，仍需按送交程序办理。

期刊名称：法令月刊

主办单位：

刊　　　期：1931（16/17）

页　　　码：7－8

48. 题　　　名：院字第三二六号（十九年八月二十一日）：一、公诉案件原告诉人无上诉权除另有特别规定外法院毋庸以职权向其送达判决。二、原告诉人请求检察官上诉除另有特别规定外检察官有酌量之权不受请求之拘束：附原代电

作　　　者：

关 键 词：公诉案件　原告诉人　判决送达　检察官　上诉　酌量权

摘　　　要：一、公诉案件原告诉人无上诉权，除另有特别规定外，法院毋庸以职权向其送达判决。二、原告诉人请求检察官上诉，除另有特别规定外，检察官有酌量之权，不受请求之拘束。

期刊名称：法令月刊

主办单位：

刊　　　期：1930（11）

页　　　码：3－4

49. 题　　　名：院字第七八七号（二十一年九月三日）：令署山东高等法院首席检察官鲁师曾：对于高分院

地方庭检察官就初级案件为不起诉处分声请再议应送高等法院首检核办

作　　　者：

关 键 词：高等分院　首席检察官　初级案件　不起诉案件　声请再议

摘　　　要：高等分院首席检察官既兼辖附设地方首席检察官之职务，若地方庭检察官就初级案件为不起诉处分，对于声请再议，认为无理由时，自应送达高等法院首席检察官核办。

期刊名称：法令月刊

主办单位：

刊　　　期：1932（33－39）

页　　　码：29－30

50. 题　　　名：院字第三六三号（十九年十一月五日）：令署安徽高等法院首席检察官：惩治土劣条例所谓敛财肥己之罪虽不必盘踞公共机关但亦必假借其名义者方能成立与刑法上诈欺罪有别：附最高法院检察署函

作　　　者：

关 键 词：土豪劣绅　敛财肥己　诈欺罪

摘　　　要：惩治土豪劣绅所称土豪劣绅即指第二条所列各款之犯罪者而言，其第十一款后段敛财肥己之罪，虽不必盘踞公共机关，但亦必假借其名义者，方能成立刑法上诈欺罪，显有区别。

期刊名称：法令月刊

主办单位：

刊　　　期：1930（13－14）

页　　　码：11－12

51. 题　　　名：院字第一七九号（十八年十二月十一日）：令署江苏高等法院首席检察官王思默：禁烟法第六、第八、第十各条之罪最重主刑均为五年以下有期徒刑不在刑讼法第八条第二款至第八款列举范围之内第一审应由地方法院管辖：附最高法院检察署函

作　　　者：

关 键 词：禁烟法　鸦片罪　管辖

摘　　要：依刑诉法第八条，初级法院管辖之第一审案件，原则上应以最重本刑为三年以下、拘役或专科罚金之罪为限，最重本刑超过三年而归初级法院管辖者，则以同条第二至第八各款为范围。禁烟法第六、第八、第十各条之罪，最重主刑，均为五年以下有期徒刑，又不在刑诉第八条第二款至第八款列举范围之内，第一审应由地方法院管辖。

期刊名称：法令月刊

主办单位：

刊　　期：1929（3）

页　　码：10－11

52. 题　　名：院字第二五七号（十九年四月七日）：犯反革命治罪法第七条之罪又牵连犯刑法之罪者得由高院依刑诉法第十五条规定受理如就该部分误为无管辖权之判决检察官自可依法上诉：附最高法院检察署函

作　　者：

关 键 词：反革命之罪　牵连犯　并案管辖

摘　　要：犯反革命罪第七条之罪，又牵连犯刑法之罪者得由高等法院依刑诉法第十五条规定，并案受理，如就该部分误认为无管辖权之判决，检察官自可依法上诉，以资救济。

期刊名称：法令月刊

主办单位：

刊　　期：1930（7）

页　　码：19－20

53. 题　　名：院字第二九四号（十九年六月十日）：令署湖北高等法院首席检察官何奇阳：法院判处徒刑并科罚金之案如谕知缓刑徒刑与罚金自应一并谕知不应单独将徒刑宣告缓刑：附最高法院检察署函

作　　者：

关 键 词：徒刑　并科　罚金　缓刑

摘　　要：徒刑重于罚金，法院判处徒刑并科罚金之案件，如拟谕知缓

刑，徒与罚金自应一并，谕知不应单独将徒刑宣告缓刑。

期刊名称：法令月刊

主办单位：

刊　　期：1930（9）

页　　码：2－3

54. 题　　名：院字第三〇三号（十九年七月八日）：令四川高等法院首席检察官：报纸登载法官受贿事后更正现行法无免责条文自不影响于罪之成立只得视为第七十六条科刑之标准：附最高法院检察署函

作　　者：

关 键 词：报纸登载　法官　受贿　成立罪行

摘　　要：报纸登载司法官受贿，除有刑法第三百二十六条、第三百二十七条情形外，应分别依同法第三百二十五条或第三百二十八条处断。至事后更正，因现行法律尚无免责之条文，自不影响于罪之成立，只得视为同法第七十六条科刑之标准。

期刊名称：法令月刊

主办单位：

刊　　期：1930（9）

页　　码：6－7

55. 题　　名：院字第一四九号（十八年八月二十三日）：令署浙江高等法院首席检察官郑文礼：以律师代行告诉者不能与辩护人视同一律司法行政部第七二二号指令与解释并无冲突：附最高法院检察署函

作　　者：

关 键 词：律师代行　告诉告发　辩护人

摘　　要：最高法院解字第二零二号解释，固认告诉告发得委律师代行，但已明言与律师出庭辩护性质不同，其一律师代行告诉者，自不能与辩护人视同一律，司法行政部指字第七二二号指令，否认告诉人延请律师出庭办法核与前开解释，尚无冲突。

期刊名称：法令月刊

主办单位：

主办单位：

刊　　期：1929（1）

页　　码：15

56. 题　　名：院字第二一三号（十九年一月二十日）：令署浙江高等法院首席检察官郑畋：贩运咖啡素如化验无毒质或虽有毒质而非与鸦片高根安洛因同类毒性之物法无处罚明文应不为罪：附最高法院检察署函

作　　者：

关　键　词：贩运　咖啡素　非鸦片代用品　不为罪

摘　　要：鸦片、高根安洛因同类毒性之物，无处罚明文，应不为罪。

期刊名称：法令月刊

主办单位：

刊　　期：1930（6）

页　　码：42

57. 题　　名：院字第五七二号（二十年八月二十四日）：检察长官之通缉行为可认系刑律第七十二条所称侦查上之强制处分中断起诉权之时效：附最高法院检察署函

作　　者：

关　键　词：检察长官　通缉行为　起诉权　时效

摘　　要：检察长通缉行为在刑律有效期间，自可于刑律第七十二条所称侦查上之强制处分，则起诉权之时效应即依律中断。原代电所称情形，如果于刑法施行时，刑律上之时效尚在中断或更行起算后仍未满期，当然依刑法条例第十一条办理。

期刊名称：法令月刊

主办单位：

刊　　期：1931（22－27）

页　　码：7－8

58. 题　　名：院字第二七二号（十九年四月三十日）：关于双方受伤之斗殴案件在一方提起自诉他方请求检察官侦查时得依自诉公诉分别办理但法院于自诉及公诉提起后得合并审理：附最高法院检察署函

作　　者：

关　键　词：斗殴案件　自诉　公诉　合并审理

摘　　要：斗殴案件双方受伤均轻微或一方受轻伤，一方受重伤，而一方提起自诉，他方请求检察官侦查时，得依自诉公诉各规定分别办理，但法院于自诉及公诉提起后，得合并审理。

期刊名称：法令月刊

主办单位：

刊　　期：1930（8）

页　　码：65－66

59. 题　　名：院字第二八四号（十九年二月二十二日）：令署江苏高等法院首席检察官王思默：刑事案件已经送达不起诉处分后上级机关复令侦查或原诉人于经过再议期限后以发见新事实或新证据为理由请求继续侦查究办……：附最高法院检察署函

作　　者：

关　键　词：不起诉处分　复令侦查　继续侦查

摘　　要：刑事案件已经送达不起诉处分后，上级机关复令侦查或原诉人于经过再议期限后，以发见新事实或新证据为理由，请求继续侦查究办，经检察官查明，并无可以起诉之新事实或新证据，只须将不起诉理由，分别呈请上级机关或通知原告诉人，均不必再写不起诉处分。

期刊名称：法令月刊

主办单位：

刊　　期：1930（8）

页　　码：75－76

60. 题　　名：院字第五二三号（二十年八月七日）：起诉经撤回后毋庸为不起诉之处分如依上级检察官命令再行起诉法院应为不受理之判决

作　　者：

关　键　词：起诉撤回　再行起诉　不受理判决

摘　　要：起诉经撤回后，毋须为不起诉

之处分，上级首席检察官因声请再议，命令起诉自属违背刑诉法第二百六十四条第二项规定，下级检察官依此命令起诉，法院应为不受理之判决。

期刊名称：法令月刊

主办单位：

刊　　期：1931（21）

页　　码：39

61.　题　　名：院字第二四四号（十九年二月二十四日）：关于特种刑事诬告案件依刑事诉讼法第九条之规定应由地方法院管辖：附最高法院检察署函

作　　者：

关 键 词：特种刑事诬告　地方法院管辖

摘　　要：关于特种刑事诬告案件，依刑诉法第九条之规定，应由地方法院管辖。

期刊名称：法令月刊

主办单位：

刊　　期：1930（7）

页　　码：8

62.　题　　名：院字第三六七号（十九年十一月十一日）：令署浙江高等法院首席检察官：受反省处分之人以反省院条例第五条所列举者为限：附原呈

作　　者：

关 键 词：反省条例　反省处分

摘　　要：受反省处分之人，以反省院条例第五条所列举者为限。

期刊名称：法令月刊

主办单位：

刊　　期：1930（13－14）

页　　码：15

63.　题　　名：院字第三六六号（十九年十一月十日）：令绥远高等法院首席检察官：因奸杀害本夫相奸者之犯奸部分未经告诉自不论罪：附原呈

作　　者：

关 键 词：相奸者　同谋　告诉论罪

摘　　要：因奸杀害本夫，相奸者无论有无同谋，其犯奸部分，未经本

夫生前告诉，自不论罪。

期刊名称：法令月刊

主办单位：

刊　　期：1930（13－14）

页　　码：14

64.　题　　名：院字第六七一号（二十一年二月十八日）：令署江苏高等法院首席检察官王思默：律师惩戒应向发生惩戒案件系属之所在地法院声请

作　　者：

关 键 词：特区律师　惩戒之诉　首席检察官　管辖

摘　　要：律师章程第三十五条，有声请所在地地方法院首席检察官将该律师付惩戒之规定，据来函所述，该律师发生声请惩戒案件系属之法院，既系上海第二特区法院，自应就该案件系属所在地之法院，声请由首席检察官提起惩戒。

期刊名称：法令月刊

主办单位：

刊　　期：1932（28）

页　　码：47－48

65.　题　　名：院字第四八五号（二十年三月二十八日）：令署福建高等法院首席检察官张清泽：意图重制伪制行使而尚未着手重制者不成罪

作　　者：

关 键 词：重制伪币　处罪

摘　　要：意图供行使之用，将收藏日久已成乌色之伪币重制银色，自成伪造货币罪，应视其银色已为制成，分别依刑法第二百一十一条第一项或第三项处断。若仅止意图重制银色，以供行使之用，而尚未着手重制，则不成罪。

期刊名称：法令月刊

主办单位：

刊　　期：1931（18－19）

页　　码：72－73

66.　题　　名：院字第六六二号（二十一年一月十八日）：令署安徽高等法院

首席检察官王树荣：合并论罪
一罪已裁判者应专就他一罪审
断并定其应执行之刑

作　　者：

关 键 词：合并执行

摘　　要：甲罪未裁判前，乙罪业已裁判
确定，自应专就甲罪审断，合
与乙罪原处之刑，依刑法第七
十条定其应执行之刑。

期刊名称：法令月刊

主办单位：

刊　　期：1932（28）

页　　码：39

67. 题　　名：院字第七七二号（二十一年六
月十日）：令署江苏高等法院首
席检察官王思默：监狱规则第
六十六条之许可保外其监督权
由高法院院长行之

作　　者：

关 键 词：监狱规则　保外监督权　高等
法院院长

摘　　要：监狱之监督权，依各省高等法
院院长办事权限暂行条例第四
条第十五款之规定，属于高等
法院院长，故监狱规则第六十
六条之许可保外，其监督权当
然由高等法院院长行之。各县
监狱对于执行人犯如呈请保外
医治，应经高等法院院长之
许可。

期刊名称：法令月刊

主办单位：

刊　　期：1932（33 – 39）

页　　码：10 – 11

68. 题　　名：院字第六六六号（二十一年一
月二十八日）：检察官认再议为
有理由者其继续侦查结果仍得
为不起诉处分但须依法送达

作　　者：

关 键 词：继续侦查　不起诉　依法送达

摘　　要：原检察官依刑事诉讼法第二百
四十八条第二项，继续侦查之
结果仍得为不起诉之处分，但
须依法送达，毋须将该案卷宗
及证据物件送交上级法院首席
检察官。

期刊名称：法令月刊

主办单位：

刊　　期：1932（28）

页　　码：42 – 42

69. 题　　名：院字第二三九号（十九年二月
二十日）：令署河北高等法院首
席检察官王泳：省立学校校长
如经中央或省政府任命当然包
括于刑法第十七条公务员范围
之内：附原呈

作　　者：

关 键 词：省立学校校长　公务员

摘　　要：省立学校校长如经中央或省政
府任命，即系依法从事公务之
职员，当然包括于刑法第十七
条公务员范围之内。

期刊名称：法令月刊

主办单位：

刊　　期：1930（7）

页　　码：3

70. 题　　名：院字第七五二号（二十一年六
月七日）：令署安徽高等法院首
席检察官王树荣：常任评议员
会得议决之事项如经总会议决
自属有效

作　　者：

关 键 词：常任评议员　总会决议　有效

摘　　要：总会为会中最高意思机关，常
任评议员会得议决之事项如经
总会决议，自属有效。

期刊名称：法令月刊

主办单位：

刊　　期：1932（33 – 39）

页　　码：24 – 25

71. 题　　名：院字第二四六号（十九年二月
二十四日）：犯禁烟法第六、第
八、第十等条之罪应由地方法
院管辖：附最高法院检察署函

作　　者：

关 键 词：禁烟法　地方法院　管辖

摘　　要：犯禁烟法第六、第八、第十等
条之罪，应由地方法院管辖。

期刊名称：法令月刊

主办单位：

刊　　期：1930（7）

页　　码：9 – 10

72. 题　　名：院字第六五四号（二十一年一月二十八日）：令署浙江高等法院首席检察官郑畋：合于危害民国紧急治罪法之犯罪在该法施行后依反革命治罪法判决者显系违法

作　　者：

关 键 词：危害民国紧急治罪　反革命治罪　上诉　非常上诉

摘　　要：危害民国紧急治罪已于二十年三月一日施行。在施行后合于该法规之罪犯而依反革命治罪法判决者，显系违法，应使其已未确定分别提起通行上诉或非常上诉以资救济。

期刊名称：法令月刊

主办单位：

刊　　期：1932（28）

页　　码：32

73. 题　　名：院字第七一一号（二十一年二月三十一日）：令署浙江高等法院首席检察官郑畋：院字第二八四号解释所谓复令侦查不包括刑诉法第二百五十条第一款情形

作　　者：

关 键 词：上级机关　复令侦查

摘　　要：上级机关复令侦查不包括刑事诉讼法第二百五十条第一款之情形，如系该条款之情形，应依院字第八二号及第六号后段解释办理。

期刊名称：法令月刊

主办单位：

刊　　期：1932（29－32）

页　　码：74－75

74. 题　　名：院字第七三一号（二十一年六月七日）：令署山东高等法院首席检察官鲁师曾：县法院应送覆判案件其认定管辖以判决所引法条为限

作　　者：

关 键 词：覆判案件　管辖标准

摘　　要：县法院判决之刑事案件应送覆判者，其认定管辖之标准应以判决时所引法条为断。

期刊名称：法令月刊

主办单位：

刊　　期：1932（33－39）

页　　码：5－6

75. 题　　名：院字第五三五号（二十年八月七日）：令山东高等法院首席检察官：缓刑前之犯罪在缓刑期内始发觉并宣告有期徒刑不能据以撤销缓刑之宣告

作　　者：

关 键 词：缓刑　有期徒刑　撤销缓刑

摘　　要：在缓刑期内始发现缓刑前之犯罪并宣告有期徒刑后，核与刑法第九十一条所列情形不合，不能据以撤销缓刑。

期刊名称：法令月刊

主办单位：

刊　　期：1931（21）

页　　码：48

76. 题　　名：院字第六五零号（二十一年一月二十五日）：令署江苏高等法院首席检察官王思默：夫对于妻之鸡奸行为如果具备强制条件自可构成猥亵罪

作　　者：

关 键 词：夫对妻之鸡奸　强制条件　猥亵罪

摘　　要：对于夫妻之鸡奸行为，如果具备强制条件，自可构成刑法第二百四十一条之猥亵罪。

期刊名称：法令月刊

主办单位：

刊　　期：1932（28）

页　　码：26

77. 题　　名：院字第五五二号（二十年八月十七日）：令四川高等法院首席检察官：出版文书图书在出版法施行前如有犯罪行为应分别适用刑法或出版法处断

作　　者：

关 键 词：出版品　刑法　出版法

摘　　要：出版法现已公布施行，前北京政府公布之出版法，早经废止不能援用，新出版法施行前出版之文书图书，如有犯罪行为，应分别适用普通刑法或出版法第六章规定处断。

期刊名称：法令月刊

主办单位：

刊　　期：1931（21）

页　　码：62

78. 题　　名：院字第一四零号（十八年八月
二十二日）：高等分院职权与本
院同自有受理反革命案件之权：
附最高法院检察署函

作　　者：

关 键 词：高等法院分院　管辖权

摘　　要：高等法院分院其职权与本院同，
自有受理反革命案件之权。

期刊名称：法令月刊

主办单位：

刊　　期：1929（1）

页　　码：8－9

79. 题　　名：院字第七三零号（二十一年六
月七日）：令署山东高等法院首
席检察官鲁师曾：庄长非公务
员其庇护贩卖鸦片不得依禁烟
法第十六条办理

作　　者：

关 键 词：庄长　庇护　非公务员

摘　　要：庄长既非职官吏员，又非依现
行法令从事于公务之职员及议
员，自不能认为公务员。即不
得依照禁烟法第十六条办理，
惟应注意有无帮助贩卖鸦片
情形。

期刊名称：法令月刊

主办单位：

刊　　期：1932（33－39）

页　　码：4－5

80. 题　　名：院字第四六七号（二十年三月
二十日）：在职公务员有犯罪嫌
疑检察官得实施侦查处分

作　　者：

关 键 词：公务员　停职　侦查处分

摘　　要：检察官知有犯罪嫌疑者，无论
该嫌疑人是否公务员及其已否
停职，均得实施侦查处分。

期刊名称：法令月刊

主办单位：

刊　　期：1931（18－19）

页　　码：56

81. 题　　名：院字第八一四号（二十一年十

一月三日）：令署浙江高等法院
首席检察官郑畋：公安局长虽有
侦查犯罪权但非刑法第一百三十
三条所称有诉追犯罪权之公务员

作　　者：

关 键 词：公安局长　公务员　追诉权

摘　　要：公安局长虽有侦查犯罪权，但
非刑法第一百三十三条第一项
之公务员，其无追诉犯罪之权。

期刊名称：法令月刊

主办单位：

刊　　期：1932（33－39）

页　　码：50

82. 题　　名：院字第六五三号（二十一年一
月二十八日）：令署山东高等法
院首席检察官鲁师曾：刑法第
九十条二年以下有期徒刑系指
宣告刑而言

作　　者：

关 键 词：有期徒刑　宣告刑

摘　　要：刑法第九十条，二年以下有期
徒刑，系指宣告刑而言。

期刊名称：法令月刊

主办单位：

刊　　期：1932（28）

页　　码：31－32

83. 题　　名：院字第六八一号（二十一年二
月二十日）：第三审法院所为判
决除卷宗在下级法院外应由该
判决法院检察官指挥执行

作　　者：

关 键 词：高等法院分院　第三审　检察
官　指挥执行

摘　　要：高等法院分院所为第三审刑事
判决，除卷宗在下级法院外，
应由该分院检察官指挥执行。

期刊名称：法令月刊

主办单位：

刊　　期：1932（29－32）

页　　码：44－45

84. 题　　名：院字第六五六号（二十一年一
月二十八日）：令署山东高等法
院首席检察官鲁师曾：重利而
无盘剥情形不构成土劣条例第
二条第四款之罪

作　　者：

关 键 词：重利　盘剥　土豪劣绅条例

摘　　要：重利而无盘剥情形，不构成土豪劣绅条例第二条第四款之罪。

期刊名称：法令月刊

主办单位：

刊　　期：1932（28）

页　　码：33 – 34

85. 题　　名：院字第七七六号（二十一年七月二日）：关于罚金之强制执行检察官对于民事执行处应嘱托为之

作　　者：

关 键 词：强制执行　检察官　指挥命令权

摘　　要：关于罚金之强制执行，其程序虽可准用执行民事裁判之规定，但检察官对于民事执行处，应嘱托为之，并无指挥命令之权。

期刊名称：法令月刊

主办单位：

刊　　期：1932（33 – 39）

页　　码：15 – 16

86. 题　　名：院字第四八一号（二十年三月二十五日）：令署河北高等法院首席检察官王泳：县长依税契条例处罚系行政处分

作　　者：

关 键 词：税契条例　行政处分

摘　　要：县长依税契条例处罚，系行政处分，自不应归法院受理。

期刊名称：法令月刊

主办单位：

刊　　期：1931（18 – 19）

页　　码：69

87. 题　　名：院字第八〇四号（二十一年十月十七日）：检察官未经侦查即行起诉法院自应受理

作　　者：

关 键 词：检察官　专案侦查　起诉受理

摘　　要：检察官对于被告未经专案侦查，即行起诉似属不当，但既违背起诉规则，法院自应受理。

期刊名称：法令月刊

主办单位：

刊　　期：1932（33 – 39）

页　　码：42 – 43

88. 题　　名：院字第七九七号（二十一年十月六日）：检察官续行侦查之案声请人自不得再提起自诉

作　　者：

关 键 词：声请再议　续行侦查　提起自诉

摘　　要：自诉案件应以未经检察官侦查终结者为限方得提起。检察官不起诉之处分，虽经上级法院首席检察官认为告诉人声请再议为有理由，命令下级检察官续行侦查，但既曾经侦查终结，依刑诉法第三百四十一条第一项，自不得再向法院自诉。

期刊名称：法令月刊

主办单位：

刊　　期：1932（33 – 39）

页　　码：38

89. 题　　名：院字第七三二号（二十一年六月七日）：令署湖南高等法院首席检察官曹瀛：管狱员擅许囚犯监外住宿夜构成刑法第一百三十四条第一项之罪

作　　者：

关 键 词：刑罚执行　执行吏

摘　　要：管狱员擅许囚犯监外住宿夜，构成刑法第一百三十四条第一项之罪；刑法第一百三十四条第二项之执行吏，不包括典狱长、管狱员在内。

期刊名称：法令月刊

主办单位：

刊　　期：1932（33 – 39）

页　　码：6

90. 题　　名：院字第七二九号（二十一年六月七日）：令江西高等法院首席检察官：监狱之监督权属于高等法院监犯因病请求保外医治应由监狱长官呈请高院核办

作　　者：

关 键 词：监犯　保外就医　高院核办

摘　　要：监狱之监督权，依各省高等法院院长办事权限。暂行条例第四条第十五款属之高等法院，人犯在执行中患病，如有须保外医治或移送病院时，应由监狱长官或旧监狱之管狱员呈请高等法院核办。

期刊名称：法令月刊

主办单位：

刊　　期：1932（33－39）

页　　码：4

91. 题　　名：院字第二五四号（十九年四月七日）：依刑诉法第四百九十七条第二项、第四百九十八条第二项询问被告非经检察官请求毋庸莅庭：附原代电

作　　者：

关 键 词：讯问被告　检察官莅庭

摘　　要：依刑诉法第四百九十七条第二项及第四百九十八条第二项，讯问被告非经检察官请求，毋庸其莅庭。

期刊名称：法令月刊

主办单位：

刊　　期：1930（7）

页　　码：18

92. 题　　名：院字第三二一号（十九年八月十九日）：令甘肃高等法院首席检察官：乘人惊惶之际诈称土匪前来相距不远追人惊走之后乘机取去财物应成立盗窃罪：附原呈

作　　者：

关 键 词：诈欺　盗窃罪

摘　　要：乘人惊惶之际，诈称土匪前来相距不远，追人惊走之后乘机取去财物，既未施行暴胁，应成立盗窃罪。

期刊名称：法令月刊

主办单位：

刊　　期：1930（10）

页　　码：59－60

93. 题　　名：院字第一九三号（十八年十二月二十三日）：移转或指定法院之管辖不限于起诉以后在起诉前果应指定或移转管辖检察官自可依法声请：附原代电

作　　者：

关 键 词：移转管辖　指定管辖　检察官依法声请

摘　　要：移转或指定法院之管辖，不限于起诉以后已于本年四月二十二日解释在案，在起诉前果应指定或移转管辖，检察官自可依法声请。

期刊名称：法令月刊

主办单位：

刊　　期：1930（5）

页　　码：3－4

94. 题　　名：院字第五三八号（二十年八月八日）：检察官撤回公诉并无限制亦毋庸制作不起诉处分书送达原告诉人自不能声请再议

作　　者：

关 键 词：检察官　撤回公诉　声请再议

摘　　要：检察官撤回公诉并无限制，亦毋庸制作不起诉处分书送达原告诉人，自不能声请再议。

期刊名称：法令月刊

主办单位：

刊　　期：1931（21）

页　　码：50－51

95. 题　　名：院字第二一〇号（十九年一月二十日）：令署浙江高等法院院长郑文礼：县政府于公诉案件兼有检察审判两种职权其行使两权之界限依诉讼进行之程度定之：附原呈

作　　者：

关 键 词：县政府　公诉　检察职权　审判职权

摘　　要：县政府于公诉案件兼有检察审判两种职权，其行使两权之界限，依诉讼进行之程度定之。于诉讼正在进行中，经移转于法院管辖，则应否先之以侦查抑应迳行审判，亦应以原诉讼进行之程度为断。

期刊名称：法令月刊

主办单位：

刊　　期：1930（6）

页　　码：39－40

96. 题　　名：院字第六七六号（二十一年二月二十日）：令署江西高等法院首席检察官张清泽：送审后通缉应由法院办理

作　　者：

关 键 词：侦查　通缉　检察官　法院

摘　　要：侦查中未予通缉，检察官即行起诉送审之后，其通缉应由法院办理。

期刊名称：法令月刊

主办单位：

刊　　期：1932（29－32）

页　　码：41

97. 题　　名：院字第三〇一号（十九年六月十六日）：推事仅由所隶属之法院院长临时指派办理检察官事务则其在第一审所执行之职务自属违法：附原代电

作　　者：

关 键 词：推事　检察官事务　上诉　非常上诉

摘　　要：推事仅由所隶属之法院院长临时指派办理检察官事务，则其在第一审所执行之职务自属违法。甲之部分既经提起上诉，则第二审法院应将原判决撤销，更为判决乙之部分判决，已经确定应以非常上诉程序救济。

期刊名称：法令月刊

主办单位：

刊　　期：1930（9）

页　　码：5－6

98. 题　　名：院字第五一六号（二十年八月七日）：令代理安徽高等法院首席检察官王树荣：军用枪炮取缔条例第二条之罪属初级管辖

作　　者：

关 键 词：军用枪炮取缔条例　最重本刑　初级管辖

摘　　要：军用枪炮取缔条例第二条之罪，其最重本刑既为三年以下有期徒刑，依刑诉法第八条第一款自属初级管辖案件。

期刊名称：法令月刊

主办单位：

刊　　期：1931（21）

页　　码：32

99. 题　　名：院字第四六八号（二十年三月二十日）：令署江苏高等法院首席检察官王思默：和诱未成年

娼妇不成立犯罪

作　　者：

关 键 词：和诱　未成年妇女　行为能力

摘　　要：未成年之妇女已结婚者，有行为能力，不因夫之死亡而随同丧失。其有和诱之者，不能成立犯罪。

期刊名称：法令月刊

主办单位：

刊　　期：1931（18－19）

页　　码：56－57

100. 题　　名：院字第七三三号（二十一年六月七日）：令署湖南高等法院首席检察官曹瀛：警官刑讯伤人应依刑法第一百四十条及伤害各本条处断

作　　者：

关 键 词：警察　刑讯伤人　伤害罪

摘　　要：警官无追诉犯罪权，如刑讯伤人，应依刑法第一百四十条及伤害罪各本条处断。

期刊名称：法令月刊

主办单位：

刊　　期：1932（33－39）

页　　码：6－7

101. 题　　名：院字第五一九号（二十年八月七日）：令山东高等法院首席检察官：惩治土豪劣绅条例第二条第四款之罪须有重利之事实更有盘剥之行为

作　　者：

关 键 词：惩治土豪劣绅条例　重利盘剥

摘　　要：惩治土豪劣绅条例第二条第四款之重利盘剥，必须有重利之事实，兼有盘剥之行为。如事实苟非于付本人之始，先行扣利或其他盘剥之行为，亦难成立该条款之罪。

期刊名称：法令月刊

主办单位：

刊　　期：1931（21）

页　　码：34－35

102. 题　　名：院字第二二四号（十九年一月二十八日）：令司法行政部部长魏道明：反革命案件内之被告应送入反省院者除共产党人

自首法第八条所定情形外应由检察官径行处分：附原呈

作　　者：

关 键 词：反革命案　被告　检察官　径行处分

摘　　要：反革命案内之被告，应送入反省院者，除共产党人自首法第八条所定情形外，应由检察官径行处分。

期刊名称：法令月刊

主办单位：

刊　　期：1930（6）

页　　码：50－51

103. 题　　名：院字第五一七号（二十年八月七日）：令署陕西高等法院院长余俊：一、自诉案件于审判中不必通知检察官莅庭；二、典权人将典物租与出典人时其约定之地租不得视为典价之利息但地租超过收获量法定成数者应减轻之

作　　者：

关 键 词：自诉　检察官莅庭　典物出租

摘　　要：一、自诉案件于审判中，不必通知检察官莅庭；二、典权人将典物租与出典人时，其约定之地租不得视为典价之利息，但地租超过收获量法定成数者，应减轻之。

期刊名称：法令月刊

主办单位：

刊　　期：1931（21）

页　　码：33－34

104. 题　　名：院字第三四九号（十九年十月四日）：令东省特别区域高等法院院长：合于自诉之案件被害人声请撤回如原系由检察官提起公诉者应予驳回若公诉之外别有自诉则应视自诉在公诉之前或后分别办理：附原函

作　　者：

关 键 词：自诉　被害人　申请撤回　检察官　提起公诉

摘　　要：合于自诉之案件，被害人声请撤回，如原系由检察官提起公诉者，应予驳回；若公诉之外别有自诉，则应视自诉在公诉之前或后分别办理。

期刊名称：法令月刊

主办单位：

刊　　期：1930（12）

页　　码：29－30

105. 题　　名：院字第七一二号（二十一年二月三十一日）：令署江苏高等法院首席检察官王思默：依镇江律师公会会则所定凡同一事件受原被告一方委托之律师不问其在诉讼上诉讼外及确定判决前后均不得再受他方之嘱托

作　　者：

关 键 词：江苏镇江律师公会暂行会则　律师　双方代理

摘　　要：江苏镇江律师公会暂行会则第三十六条所定，无论原被告之律师，既受一方委任，即不得再受他方之嘱托。致有不实不尽之弊，云者乃于同一事件而言，仅就受任之任务期间内设此限制，凡属同一事件原告或被告一方委任之律师，不问其在诉讼上或诉讼外及确定判决前或判决确定，均不得再受他方之嘱托。

期刊名称：法令月刊

主办单位：

刊　　期：1932（29－32）

页　　码：75－76

106. 题　　名：院字第七七三号（二十一年六月十日）：令署湖北高等法院首席检察官钱谦：一、未成年之童养媳及实际上别无亲权人监护人者得以家长为监护人；二、刑法上之监护人应依民法亲属编第四章之规定保佐人之制度民法已不采用

作　　者：

关 键 词：未成年　监护　保佐人

摘　　要：一、未成年之童养媳及实际上别无亲权人，监护人者得以家长为监护人；二、刑法上之监护人，应依民法亲属编第四章

之规定保佐人之制度，民法已不采用。

期刊名称：法令月刊

主办单位：

刊　　　期：1932（33－39）

页　　　码：11－12

107. 题　　　名：院字第八一三号（二十一年十一月三日）：令署福建高等法院首席检察官林炳勋：人民对于承包性质之盐务局所雇丁役因其搜查私盐启衅殴打不能成立妨害公务罪

作　　　者：

关 键 词：盐务局　妨害公务罪

摘　　　要：县盐务局如系私人承包性质，其雇佣之丁役不能视为公务员。人民因其搜查私盐寻衅入店殴打，自不能成立妨害公务之罪。

期刊名称：法令月刊

主办单位：

刊　　　期：1932（33－39）

页　　　码：49

108. 题　　　名：院字第七八五号（二十一年八月二十四日）：令署福建高等法院首席检察官林炳勋：一、阴谋预备其程度在着手以前如以阴谋或预备中止进行应不为罪；二、共同正犯教唆犯从犯预防止结果发生之效果发生始能依中止犯例处断；三、刑法第四十条但书所谓……

作　　　者：

关 键 词：阴谋预备　中止犯　教唆犯
共同犯罪　间接正犯　正当防御　紧急避险

摘　　　要：一、阴谋预备其程度在着手以前，如以阴谋或预备中止进行，应不为罪；二、共同正犯、教唆犯、从犯欲防止结果发生之效果发生，始能依中止犯例处断；三、刑法第四十条但书所谓方法指罪行为之方面而言；四、被教唆者、被帮助者苟不实行犯罪不发生教唆犯问题；五、刑法第四十六条

规定系表示，如无有共同犯罪之意思，不生共同正犯问题；六、刑法第四十五条与第二条无关；七、刑法仍认有间接正犯；八、从犯标准应采客观说中之形式说；九、凡为防卫权利处于必要限度者，应认为正当防御；十、在正当防御或紧急避难，其被侵害或所救护法益之价值不必相等或轻于因防御或救护所损害之法益。

期刊名称：法令月刊

主办单位：

刊　　　期：1932（33－39）

页　　　码：25－28

109. 题　　　名：院字第六八五号（二十一年二月二十四日）：令试署山东高等法院首席检察官鲁师曾：亲属伪造保状虽其图利犯人隐避部分应免除其刑而其伪造文书印章部分如具备损害条件自可论科

作　　　者：

关 键 词：亲属　伪造保状　伪造印章　论罪

摘　　　要：亲属伪造保状，虽其图利犯人隐避部分应免除其刑，而其伪造文书印章部分，如具备损害条件自可论科。

期刊名称：法令月刊

主办单位：

刊　　　期：1932（29－32）

页　　　码：48－49

110. 题　　　名：院字第五九四号（二十年九月二十五日）：令署湖北高等法院院长何奇阳：一、公务员滥用职权使人行无义务之事或妨害人行使权利如已达强暴胁迫程度应成立刑法第三百一十八条之罪二、乡民于不许调解之刑事案私行和解声请撤销者检察官撤回公诉与否……：附原函

作　　　者：

关 键 词：公务员　滥用职权　私行和解　检察官　撤回公诉

摘　　　要：一、公务员滥用职权，使人行

无义务之事或妨害人行使权利，如已达强暴胁迫程度，应成立刑法第三百一十八条之罪；二、乡民于不许调解之刑事案私行和解，声请撤销者，检察官撤回公诉与否不受其拘束。

期刊名称：法令月刊

主办单位：

刊　　期：1931（22－27）

页　　码：29－31

111. 题　　名：院字第六二六号（二十年十一月二十一日）：令试署陕西高等法院首席检察官张履谦：（一）窃盗罪之客体以动产为限私种他人之地被害人只能依民法救济如将管理他人之地坛卖得价入己应构成侵占罪（二）本夫杀死奸夫奸妇如非在奸所登时杀死者自无依刑法……

作　　者：

关 键 词：盗窃罪客体　侵占罪　毁坏死尸罪　有期徒刑　合并执行

摘　　要：（一）窃盗罪之客体，以动产为限。私种他人之地，被害人只能依民法救济，如将管理他人之地擅卖，得价入己，应构成侵占罪。（二）本夫杀死奸夫奸妇，如非在奸所登时杀死者，自无依刑法第二十八条但书处断之理，其割取死者之头携案自首，并应构成毁坏死尸罪，不适用刑法第七十四条。（三）有期徒刑执行中犯罪复处有期徒刑合并执行时仍不得超过二十年之限制。

期刊名称：法令月刊

主办单位：

刊　　期：1931（22－27）

页　　码：66－67

112. 题　　名：院字第七八九号（二十一年九月八日）：令署安徽高等法院首席检察官王树荣：军人犯罪及发觉均在任官任役中者无论开始侦查是否在免官免役后应归军法会审

作　　者：

关 键 词：军人犯罪　管辖　审判

摘　　要：民国革命军陆军审判条例业已失效。军人犯罪及发觉均在任官任役中者，无论开始侦查是否在免官免役以后，依陆海空军审判。

期刊名称：法令月刊

主办单位：

刊　　期：1932（33－39）

页　　码：31

113. 题　　名：院字第三二八号（十九年八月二十二日）：令署江苏高等法院院长林彪：一、自特种刑庭取销后特种刑事案件已改由高院或地院依通常程序受理第一审则撤回起诉须由检察官为之二、刑诉法第三百一十八条应谕知不受理各款均无须被告到庭径予判决：附原函

作　　者：

关 键 词：特种刑事案件　通常程序　撤回起诉　检察官

摘　　要：一、自特种刑庭取销后，特种刑事案件已改由高院或地院依通常程序受理第一审，则撤回起诉须由检察官为之；二、刑诉法第三百一十八条应谕知不受理各款，均无须被告到庭迳予判决。

期刊名称：法令月刊

主办单位：

刊　　期：1930（11）

页　　码：5－6

114. 题　　名：院字第三一五号（十九年八月二日）：令署湖北高等法院院长张孚甲：卫戍或警备地方之军事机关既有维持地方之责则在其职权范围内即为刑法第一百八十条之该管公务员某甲向其诬告某乙妨害秩序意图抢劫应成立诬告罪又检察官所为之不起诉处分……：附原函

作　　者：

关 键 词：诬告罪　不起诉处分　救济

摘　　要：卫戍或警备地方之军事机关，

既有维持地方之责，则在其职权范围内即为刑法第一百八十条之该管公务员。某甲向其诬告某乙妨害秩序，意图抢劫，应成立诬告罪。又检察官所为之不起诉处分，如经确定除发见新事实、新证据得再行起诉外，别无救济之法。

期刊名称：法令月刊

主办单位：

刊　　期：1930（10）

页　　码：54－55

115.题　　名：院字第二○三号（十九年一月十一日）：高等法院土地管辖范围内地方法院之案件如欲指定或移转于分院土地管辖范围内地方法院或兼理司法之县政府管辖应由最高法院裁定：附最高法院检察署函

作　　者：

关 键 词：指定管辖　移转管辖　裁定管辖

摘　　要：高等法院及其分院关于案件之土地管辖各有范围，不相统属高等法院十地管辖范围内，地方法院之案件如欲指定或移转于分院土地管辖范围内，地方法院或兼理司法之县政府管辖，依刑诉法第二十条、第二十一条应由最高法院裁定。

期刊名称：法令月刊

主办单位：

刊　　期：1930（5）

页　　码：11

116.题　　名：院字第七七四号（二十一年六月十日）：令署福建高等法院院长魏大同：一、被害人将连续犯之前行为向检察官告诉复将后行为提起自诉时应视侦查终结与自诉先后定其程序；二、将共犯中一人提起自诉复将他人告诉时应分别按自诉及公诉程序办理……

作　　者：

关 键 词：连续犯　自诉　公诉　反诉

摘　　要：一、被害人将连续犯之前行为

向检察官告诉，复将后行为提起自诉时，应视侦查终结与自诉先后定其程序；二、将共犯中一人提起自诉，复将他人告诉时，应分别按自诉及公诉程序办理；三、对于自诉人以外之第三人，不得提起反诉；四、刑法第一百六十条、第一百六十二条之妨害秩序，以自己之行为或不行为是否完成为标准，无处罚未遂之规定，至第二百九十条第一项之自杀以他人已死亡为既罪，未罪之标准；五、不得自诉之案，第一审误为判决，上诉审判应依刑诉法第三百八十五条、第三百四十三条各项办理。

期刊名称：法令月刊

主办单位：

刊　　期：1932（33－39）

页　　码：12－14

117.题　　名：院字第六三四号（二十年十二月三日）：令署福建高等法院首席检察官林炳勋：（一）凡在海上驾船意图施暴胁于他船而有具体的表现之行为即成立海盗罪不必有抢掠财物之动机；（二）合于刑诉法第四百一十条第二项之情形应由第三审法院就未经上诉……：附原抄呈

作　　者：

关 键 词：海盗罪　第三审　共同被告

摘　　要：（一）凡在海上驾船意图施暴胁于他船，而有具体的表现之行为，即成立海盗罪，不必有抢掠财物之动机；（二）合于刑诉法第四百一十条第二项之情形应由第三审法院就未经上诉之共同被告依法改判。

期刊名称：法令月刊

主办单位：

刊　　期：1931（22－27）

页　　码：74－75

118.题　　名：院字第六八三号（二十一年二月二十四日）：令署福建高等法院首席检察官林炳勋：保卫

团无受理普通刑事案件之权如假借职务上之权力机会或方法拘押嫌疑人应依刑法论科

作　　者：

关键词：保卫团　受理　普通刑事案件　侦查拘押

摘　　要：保卫团之职务在县保卫团法第四章规定甚详，除该章所列各条外，对于普通刑事案件并无侦查拘押之权。如保卫团之甲排长对于普通刑事案件明知其无权受理而擅于受理，并假借职务上之权力机会或方法拘押嫌疑人，自应依刑法第一百四十条、第三百一十六条第一项论科。

期刊名称：法令月刊

主办单位：

刊　　期：1932（29－32）

页　　码：46－47

119. 题　　名：院字第六九四号（二十一年二月二十七日）：令署江苏高等法院首席检察官王思默：和诱未成年之女尼其师尼或住持尼如曾受监护之委托者应认为法律上之监护人

作　　者：

关键词：和诱　未成年　监护人

摘　　要：未满二十岁之女尼被人和诱，其师尼或住持尼，如曾受该女尼父母委托行使监护之职务，即应认为法律上之监护人。

期刊名称：法令月刊

主办单位：

刊　　期：1932（29－32）

页　　码：57－58

120. 题　　名：院字第六九三号（二十一年二月二十七日）：令署河北高等法院首席检察官王泳：非被害人而对扣押之赃物有权利关系者祇得依民诉程序主张权利不得认为应受发还赃物之人

作　　者：

关键词：扣押赃物　利害关系人　民事诉讼程序　主张权利

摘　　要：扣押之赃物应发还被害人者，如被害人所在不明，经布告而未据声请发还，以其物归属国库。其非被害人而对赃物有权利关系者，只能依民事诉讼程序主张其权利，不得认为应受发还之人。

期刊名称：法令月刊

主办单位：

刊　　期：1932（29－32）

页　　码：56－57

121. 题　　名：院字第一四六号（十八年八月二十三日）：令署湖南高等法院院长陈长簇：一、检察官于自诉程序无庸于验伤之陆出庭；二、如验不成伤仍应谕知无罪之判决；三、同一案件已经侦查终结者即为不得自诉之一种应依法以裁定驳回：附原呈

作　　者：

关键词：检察官　自诉程序

摘　　要：一、检察官于自诉程序，毋庸于验伤之际出庭；二、如验不成伤仍应谕知无罪之判决；三、同一案件已经侦查终结者，即为不得自诉之一种，应依法以裁定驳回。

期刊名称：法令月刊

主办单位：

刊　　期：1929（1）

页　　码：12－13

122. 题　　名：院字第六九七号（二十一年二月二十七日）：令署浙江高等法院院长郑文礼、浙江高等法院首席检察官郑畋：在缓刑期内已另有相当之保证者其预缴之保证金自应发还

作　　者：

关键词：保证金　释放　缴纳　发还

摘　　要：刑事被告因缴纳保证金释放后，经宣告罪行并缓刑若干年，若在缓刑期内，已另有相当之保证者，其以前所缴之保证金，自应发还。

期刊名称：法令月刊

主办单位：

刊　　期：1932（29－32）

123. 题　　名：院字第一三九号（十八年八月二十二日）：凡陆军文官现服勤务之人无论名义如何均系陆军属其非现服陆军勤务者依陆军刑律第十条不得以陆军军属论（按陆刑律已因十八年九月二十五日公布陆海空军刑法而废止）：附最高法院检察署函

作　　者：

关 键 词：陆军属　犯罪　管辖

摘　　要：凡陆军文官现服勤务之人，无论名义如何，均系陆军属。其非现服陆军勤务者，依陆军刑律第十条，不得以陆军军属论。

期刊名称：法令月刊

主办单位：

刊　　期：1929（1）

页　　码：8

124. 题　　名：院字第八二零号（二十一年十一月十八日）：令署江苏高等法院首席检察官王思默：在民法施行前妻无继承夫遗产之权其提留膳产如赠与数子中一人非得他子同意不能有效

作　　者：

关 键 词：提留膳产　处分　继承权

摘　　要：对于夫妻之遗产，在民法施行前并无继承权，故其提留膳产与使用收益，非因生活上之迫切情形，不得处分。如妻以膳产赠与数子中之一人，未得他子之同意，自不生效。

期刊名称：法令月刊

主办单位：

刊　　期：1932（33－39）

页　　码：57－58

125. 题　　名：院字第三五五号（十九年十月十一日）：一、甲置毒饼内谋杀乙乙未食甲成立预谋杀人未遂罪至乙以饼饴送丙食及丁之尝食而病须视甲有无间接故意或过失分别定罪否则甲对丙丁即不成罪；二、以窃盗为常业

不得依并合之例论罪：附最高法院检察署函

作　　者：

关 键 词：预谋杀人未遂罪　间接故意　过失　窃盗罪

摘　　要：一、甲置毒饼内谋杀乙，乙未食，甲成立预谋杀人未遂罪。至乙以饼饴送丙食及、丁之尝食而病，须视甲有无间接故意或过失，分别定罪，否则甲对丙、丁即不成罪；二、以窃盗为常业不得依并合之例论罪。

期刊名称：法令月刊

主办单位：

刊　　期：1930（13－14）

页　　码：4－5

126. 题　　名：院字第七八四号（二十一年八月十五日）：令署江西高等法院首席检察官祝谏：一、犯渎职罪而其最高本刑为三年以下徒刑者应赦免；二、犯危害民国紧急治罪法第一条第二款或反革命治罪法第三、第四及第五条第二、三两款之罪者应认为与大赦条例第二条第一款……

作　　者：

关 键 词：渎职罪　大赦条例　危害民国紧急治罪法　反革命治罪法

摘　　要：一、犯渎职罪而其最高本刑为三年以下徒刑者，应赦免；二、犯危害民国紧急治罪法第一条第二款或反革命治罪法第三第四及第五条第二、三两款之罪者，应认为与大赦条例第二条第一款性质相同。

期刊名称：法令月刊

主办单位：

刊　　期：1932（33－39）

页　　码：24－25

127. 题　　名：院字第一九八号（十九年一月八日）：令署江西高等法院院长梁仁杰：县政府兼有审检两职之权者遇有刑诉法第二百四十五条各款情形得依该条办理：附原函

作　者：

关　键　词：县政府　审检职权　县长兼理司法

摘　　要：县政府兼有审检两职之权者，遇有刑事诉讼法第二百四十五条各款情形，得依该条办理。

期刊名称：法令月刊

主办单位：

刊　　期：1930（5）

页　　码：7

128. 题　名：院字第二二〇号（十九年一月二十七日）：令署湖南高等法院院长陈长簇：多数被害人于共同提起自诉后一部分之自诉人撤回自诉其影响不及于其他之自诉人：附原呈

作　者：

关　键　词：共同诉讼　独立自诉权

摘　　要：多数被害人各有独立之自诉权，于共同提起自诉后，一部分之自诉人撤回自诉，其影响不及于其他自诉人，法院应分别判决。

期刊名称：法令月刊

主办单位：

刊　　期：1930（6）

页　　码：47－48

129. 题　名：院字第八〇一号（二十一年十月十七日）：令署浙江高等法院院长郑文礼：自诉案件经覆判审发回自不得撤回自诉

作　者：

关　键　词：撤回自诉　覆判

摘　　要：撤回自诉应于第一审辩论终结前为之。既经第一审判决呈送覆判，于发回覆审后自不得撤回自诉。

期刊名称：法令月刊

主办单位：

刊　　期：1932（33－39）

页　　码：40

130. 题　名：院字第二六四号（十九年四月十五日）：令署河南高等法院院长吴贞缋：第一审判决之自诉案件上诉审仍应依自诉程序办理：附原函

作　者：

关　键　词：自诉　上诉

摘　　要：第一审判决之自诉案件上诉审，应依自诉程序办理，不能因原裁决书未列自诉人及由第二审检察官调送卷证即变更，其自诉程序认该自诉人对于第二审判决无上诉权。

期刊名称：法令月刊

主办单位：

刊　　期：1930（7）

页　　码：25－26

131. 题　名：院字第七四二号（二十一年六月七日）：令署浙江高等法院院长郑文礼：法院无处罚违警权惟既以窃盗自诉应予审判以裁定驳回自诉开庭与否均得为之

作　者：

关　键　词：法院　处罚违警权　自诉

摘　　要：法院无处罚违警权，惟既以窃盗自诉，应予审判。以裁定驳回自诉，开庭与否，均得为之。

期刊名称：法令月刊

主办单位：

刊　　期：1932（33－39）

页　　码：15－16

132. 题　名：院字第七九九号（二十一年十月八日）：家长听妻教唆将妾殴伤妾得提起自诉

作　者：

关　键　词：妾　妻　亲属关系　自诉

摘　　要：妾之于家长无亲属关系，如家长听从妻教唆，将妾殴伤，妾得提起自诉，不受刑事诉讼法第三百三十九条之限制。

期刊名称：法令月刊

主办单位：

刊　　期：1932（33－39）

页　　码：39

133. 题　名：院字第七六七号（二十一年六月十日）：令署江苏高等法院院长林彪：刑诉法第三百四十一条第一项之规定即有独立自诉权之人亦应同受限制

作　　者：

关 键 词：独立自诉权　被害人　告诉
　　　　　检察官　侦查终结

摘　　要：有独立自诉权之人，亦应同受。
　　　　　被害人告诉，由检察官侦查终
　　　　　结，被害人之配偶自不得再向
　　　　　法院自诉。

期刊名称：法令月刊

主办单位：

刊　　期：1932（33－39）

页　　码：5－6

134. 题　　名：院字第五三三号（二十年八月
　　　　　七日）：令署湖北高等法院院
　　　　　长何奇阳：未取得法人资格之
　　　　　外国公司委任代理人提起自诉
　　　　　应不受理

作　　者：

关 键 词：自诉人　外国公司　法人

摘　　要：刑诉法第三条所称自诉人以自
　　　　　然人或法人为限，未经依法注
　　　　　册之外国公司，既未取得法人
　　　　　资格，其以公司名义委任代理
　　　　　人提起自诉者，不应受理。

期刊名称：法令月刊

主办单位：

刊　　期：1931（21）

页　　码：46－47

135. 题　　名：院字第三五〇号（十九年十月
　　　　　七日）：令署江西高等法院院
　　　　　长梁仁杰：因伤害人而发生堕
　　　　　胎结果者应视其有无直接或间
　　　　　接故意处断堕胎罪不发生自诉
　　　　　问题：附原函

作　　者：

关 键 词：堕胎罪　直接故意　间接故意
　　　　　自诉

摘　　要：因伤害人而发生堕胎结果者，
　　　　　应视其有无直接或间接故意处
　　　　　断。堕胎罪不发生自诉问题。

期刊名称：法令月刊

主办单位：

刊　　期：1930（12）

页　　码：30

136. 题　　名：院字第五三二号（二十年八月
　　　　　七日）：令署浙江高等法院院
　　　　　长郑文礼：第二审认自诉人在

原审传唤不到之理由为正当者
应撤销不受理之原判决发回
审判

作　　者：

关 键 词：自诉人　传唤　撤诉　发回
　　　　　重审

摘　　要：自诉人经传唤未到，第一审视
　　　　　同撤销。谕知不受理之判决，
　　　　　自诉人上诉于第二审并提出不
　　　　　到之理由，经第二审认为正当
　　　　　者，则不到既非无正当理由，
　　　　　自应依刑诉法第三百八十五条
　　　　　第二款撤销原判决，发回原第
　　　　　一审法院审判。

期刊名称：法令月刊

主办单位：

刊　　期：1931（21）

页　　码：45－46

137. 题　　名：院字第六八二号（二十一年二
　　　　　月二十日）：自诉人上诉经判
　　　　　决发回更审后不许撤回

作　　者：

关 键 词：自诉案件　第三审　撤回上诉

摘　　要：撤回上诉应于裁判前为之，自
　　　　　诉案件自诉人对于第二审判决
　　　　　提起上诉，经第三审判决发回
　　　　　更审后，声请撤回上诉，自为
　　　　　法不许。

期刊名称：法令月刊

主办单位：

刊　　期：1932（29－32）

页　　码：45－46

138. 题　　名：院字第一六一号（十八年九月
　　　　　十一日）：令署福建高等法院
　　　　　院长王凤雄：就自诉案件执行
　　　　　裁判与公诉案件并无区别：附
　　　　　原函

作　　者：

关 键 词：自诉案件　执行

摘　　要：自诉案件执行裁判仍应由谕知，
　　　　　该裁判之法院之检察官指挥之
　　　　　与公诉案件并无区别。

期刊名称：法令月刊

主办单位：

刊　　期：1929（2）

页　　码：6－7

139. 题　　名：院字第三六四号（十九年十一月五日）：令署浙江高等法院院长：本夫对于奸妇及奸夫均仅得告诉不适用自诉程序：附原呈

作　　者：

关 键 词：通奸　公诉　告诉乃论之罪

摘　　要：有夫之妇与人通奸，本夫对于奸妇既属配偶，应受刑诉法第三百三十九条之限制，不许自诉，仅得向检察官告诉，依公诉程序办理。其对于奸夫，依告诉乃论之罪，告诉不可分之原则，亦仅得告诉不适用自诉程序。

期刊名称：法令月刊

主办单位：

刊　　期：1930（13－14）

页　　码：12－13

140. 题　　名：院字第一三六号（十八年八月二十二日）：一、依刑法第二条但书适用旧律较轻之刑时判决主文中不必记载刑等至折抵裁判确定前羁押日数既应适用新刑法不得再用旧刑律字样；二、被害人自诉案件得自向县司法公署及县政府起诉……：附原代电

作　　者：

关 键 词：折抵刑期　旧律

摘　　要：一、依刑法第二条但书适用旧律较轻之刑时，判决主文中不必记载刑等，至折抵裁判确定前羁押日数，既应适用新刑法，不得再用旧刑律字样；二、被害人自诉案件得自向县司法公署及县政府起诉；三、无罪判决不必叙述事实；四、被告即已依法撤回上诉，则诉讼即不存在，无须依刑诉法第三百七十七条加以裁定。

期刊名称：法令月刊

主办单位：

刊　　期：1929（1）

页　　码：5－6

141. 题　　名：院字第七五六号（二十一年六月七日）：告诉乃论之罪倘自诉人知悉犯人时起六个月内确有刑诉法第二百零八条情形得依同条至第二百一十一条规定办理

作　　者：

关 键 词：告诉乃论之罪　自诉程序

摘　　要：告诉乃论之罪，依刑诉法第三百三十七条第二款，依自诉程序办理，倘自诉人自知悉犯人之时起六月内，确有刑诉法第二百零八条之情形，得依同条至二百一十一条之规定办理。

期刊名称：法令月刊

主办单位：

刊　　期：1932（33－39）

页　　码：27

142. 题　　名：院字第一七二号（十八年十月三十一日）：令署湖南高等法院院长陈长簇：一、刑法上所谓依法逮捕拘禁之囚人即刑律上按律逮捕监禁之人；二、既为有权之公务员共逮捕审问系属职务行为不得谓为武断乡曲欺压平民但应注意刑法第一百三十三条之规定：附原函

作　　者：

关 键 词：逮捕　拘禁　脱逃罪　土豪劣绅条例

摘　　要：一、刑法上所谓依法逮捕拘禁之囚人，即刑律上按律逮捕监禁之人；二、既为有权之公务员共逮捕审问系属职务行为，不得谓为武断乡曲、欺压平民，但应注意刑法第一百三十三条之规定。

期刊名称：法令月刊

主办单位：

刊　　期：1929（3）

页　　码：4－5

十四、法令周报（重庆）

期刊简介：

《法令周报》（重庆）创刊于1944年1月，每周出版，创刊地重庆。

论文

1. 题　　名：论今后司法之建设

作　　　者：赵鉄

关 键 词：司法独立　审检分立　人才任用

摘　　　要：司法权须统一，并进一步加强司法独立。检察官代表国家，与法院属同等地位，但检察处设立于法院内部，似乎是隶属于各法院。因此，为确保公正，应实现审检分立，正名行事。

期刊名称：法令周报

主办单位：

刊　　　期：1945，3（12）

页　　　码：1－4

2. 题　　　名：如何为司法界储才与留才

作　　　者：徐福基

关 键 词：检察官任用　简任

摘　　　要：人才是实施制度的重要一环。现阶段司法官员待遇极低，生活艰苦，不利于挽留优秀检察官，也使现有检察官安心工作。荐任检察官十年以上优异者得简任之通道应有效打开，以留才。

期刊名称：法令周报

主办单位：

刊　　　期：1945，3（21）

页　　　码：1－5

十五、法令周报（上海）

期刊简介：

《法令周报》（上海）由上海法学书局创办，创刊于1935年1月，每周出版，创刊地上海，郭卫任主编。该报使命有三：一是刊布法令判解；二是公开研讨法律适用；三是贡献法律常识。版面分为法令研讨、命令公牍、法规、司法院解释四版。

（一）法规

1. 题　　　名：司法院会议规则

作　　　者：

关 键 词：司法院会议

摘　　　要：最高法院检察署检察长可以参加司法院会议，但司法院院长认为无须全体出席时，检察长等无须出席。司法院会议审议司法之法律案、概算案等事项。

期刊名称：法令周报

主办单位：

刊　　　期：1935（13）

页　　　码：8

2. 题　　　名：修正刑事诉讼审限规则第十条第十一条等条文

作　　　者：

关 键 词：检察官监督　律师惩戒

摘　　　要：对于律师接受催告之后仍然逾越期限的，由主任推事送高等法院首席检察官提交律师惩戒委员会进行惩戒。

期刊名称：法令周报

主办单位：

刊　　　期：1935（254）

页　　　码：173

3. 题　　　名：最高法院检察署处务规程

作　　　者：

关 键 词：检察一体

摘　　　要：最高法院检察署办公时间依司法行政部之规定，得延长之，文件以检察署名义或是检察长名义为之。检察长作为长官统领整个检察实务，得命令下级检察官，核办各种事项，指定检察官代行其他检察官之事项。检察官则负责具体核办各类事项，并由书记官负责初步分配案件。

期刊名称：法令周报

主办单位：

刊　　　期：1935（29）

页　　　码：296－297

4. 题　　　名：修正县监所协进委员会暂行章程

作　　　者：

关 键 词：监所管理

摘　　　要：地方法院或分院首席检察官或检察官当然成为监所协进委员会的委员，并应每两周视察监所一次，将所得情况书面或口头报告委员会。

期刊名称：法令周报

主办单位：

刊　　　期：1935（29）

页　　　码：306

5. 题　　　名：修正法院组织法第三十三条第三十七条、第三十八条条文

作　　　者：

关 键 词：检察官任用　简任

摘　　　要：非具备一定资质，如通过司法官考试并学习期满，或曾任学校法

律教授等专门性条件，不得任用为检察官。简任检察官亦应符合一定的资历和条件。

期刊名称：法令周报

主办单位：

刊　　　期：1935（31）

页　　　码：356

6. 题　　　名：公设辩护人条例

作　　　者：

关 键 词：公设辩护人　检察官

摘　　　要：现任或曾任检察官，及成绩优良的现任或曾任候补检察官可以成为公设辩护人。充任公设辩护人的工作经验可以视为曾任检察官的工作经验；但得独立于检察官行使职权。公设辩护人的薪俸、考绩亦比照检察官的薪俸、考绩。

期刊名称：法令周报

主办单位：

刊　　　期：1944，1（5）

页　　　码：23－25

7. 题　　　名：县司法处刑事案件覆判暂行条例

作　　　者：

关 键 词：重审　上诉

摘　　　要：发回重审的案件应将判决连同卷宗送达有管辖权的检察官，检察官于接受判决后在上诉期内可向相对应的法院提起第三审上诉或是二审上诉。原告诉人得向第二审检察官申诉不服，请求提起第三审上诉。

期刊名称：法令周报

主办单位：

刊　　　期：1936（314）

页　　　码：9－10

8. 题　　　名：律师法

作　　　者：

关 键 词：律师资格　职务回避

摘　　　要：曾任检察官通过检覆可为律师，律师公会应将公会会员名册等信息呈报地方法院首席检察官，接受监督；高等法院或地方法院首席检察官依职权将应受惩戒之律师交律师惩戒委员会处置。对于任检察官时处理之案件，作为律

师得为回避。

期刊名称：法令周报

主办单位：

刊　　　期：1945（1）

页　　　码：16－17

9. 题　　　名：法院组织法

作　　　者：

关 键 词：检察官职权　任职禁止　职业保障　检察一体

摘　　　要：检察官得独立行使职权，包括侦查公诉、协助自诉、担当自诉以及指挥刑事裁判的执行。检察官应服从监督长官之命令，做到上命下从。法院检察官的选拔和任用采用简任、荐任等方式，并得于退后获得退休金。检察官不得兼任其他公职或兼营商业等。检察官职业保障

期刊名称：法令周报

主办单位：

刊　　　期：1945，3（16）

页　　　码：9－20

10. 题　　　名：调度司法警察条例

作　　　者：

关 键 词：司法警察　检警关系

摘　　　要：检察官于侦查案件时得指挥司法警察。司法警察官和司法警察，或行使司法警察官、司法警察职务之人均得依检察官之命令行事。保安机关等应协助检察官。对于检察官之命令应迅速照办，并与检察官加强联系；于办事不力时检察官得呈报惩戒之。

期刊名称：法令周报

主办单位：

刊　　　期：1945，3（20）

页　　　码：1－2

11. 题　　　名：军法人员转任司法官审查成绩规则

作　　　者：

关 键 词：军法人员　转任司法官

摘　　　要：军法人员得转任司法官。由最高法院检察署检察长、检察官等组成委员会审核其成绩，合格者发给证明书，简任司法官

合格者送司法行政部备查。

期刊名称：法令周报

主办单位：

刊　　期：1945，3（24）

页　　码：1 - 2

12. 题　　名：司法官荐署荐审审查成绩办法

作　　者：

关 键 词：司法官　成绩审查　文书审查
　　　　　处分

摘　　要：出任司法官于呈请推荐检察署
　　　　　时，应送成绩审查，然高等法
　　　　　院首席检察官得免之。调任同
　　　　　等职务得免送审查。对于司法
　　　　　官之成绩，应就其制作的部分
　　　　　起诉书、不起诉处分书或其他
　　　　　文稿进行审查。然任期内受过
　　　　　处分的则不得呈请荐署。

期刊名称：法令周报

主办单位：

刊　　期：1945，3（25）

页　　码：17 - 18

（二）法令研讨

1. 题　　名：顾宋氏因告诉赵澍意图实施取供
　　　　　而施强暴胁迫再抗告案

作　　者：

关 键 词：检察官处分　抗告　勘验

摘　　要：对于检察官之处分，仅限于法律
　　　　　所规定之种类向法院提出抗告。
　　　　　而验伤为勘验处分之一种，属于
　　　　　可抗告，告诉人若对侦查中的勘
　　　　　验处分不服的，应叙述理由由上
　　　　　级检察机关核办。

期刊名称：法令周报

主办单位：

刊　　期：1935（39）

页　　码：31

2. 题　　名：吴刚等因其父吴绍唐侵占声请案

作　　者：

关 键 词：非常上诉　最高法院检察署　既
　　　　　判力

摘　　要：非常上诉仅能由最高法院检察署
　　　　　检察长向最高法院提起。当事人
　　　　　无权提起。故刑事案件判决确定
　　　　　后经检察长审核后认为毋庸提起
　　　　　非常上诉的，当事人不得向最高
　　　　　法院声请不服。

期刊名称：法令周报

主办单位：

刊　　期：1935（40）

页　　码：240 - 241

3. 题　　名：办理刑事诉讼案件应行注意事项

作　　者：

关 键 词：检察一体　侦查处分　协助自诉
　　　　　上诉

摘　　要：检察官代表国家行使侦查起诉等
　　　　　职权，在检察一体的基础上，上
　　　　　级检察官可以指挥下级检察官的
　　　　　活动。检察官得实施勘验，通缉
　　　　　等侦查处分活动；侦查终结检察
　　　　　官得提起公诉或作出不起诉处
　　　　　分，在一定条件下得重新起诉。
　　　　　检察官应协助自诉。检察官不服
　　　　　一审判决得提起上诉。案件判决
　　　　　确定后由检察官指挥执行。

期刊名称：法令周报

主办单位：

刊　　期：1935（37）

页　　码：49 - 66

（三）命令公牍

1. 题　　名：司法行政部训令（训字第二七五
　　　　　九号）：禁绝监狱柷头牢头恶习

作　　者：

关 键 词：牢头狱霸　检察官监督　视察

摘　　要：监狱内牢头狱霸现象较为严重，
　　　　　检察官得监督之。检察官对于监
　　　　　狱工作人员勾结牢头狱霸得从重
　　　　　法办，并随时派人视察监狱，以
　　　　　期遏制乃至禁绝牢头狱霸现象。

期刊名称：法令周报

主办单位：

刊　　期：1935（1 - 26）

页　　码：53 - 54

2. 题　　名：司法行政部训令：检察官得指挥
　　　　　属于海关之司法警察办法

作　　者：

关 键 词：海关司法警察　检警关系

摘　　要：海关的缉私人员、稽查人员及巡
　　　　　缉队均直属于各关税务司，可划
　　　　　归海关之司法警察，检察官于执
　　　　　行职务时可指挥之。

期刊名称：法令周报

主办单位：

刊　　　期：1935（18）

页　　　码：8 – 9

3. 题　　　名：司法行政部训令：依新刑法免其执行之囚犯于七月一日后停止执行

作　　　者：

关 键 词：刑法溯及力　刑罚执行

摘　　　要：新刑法实施后，对于未执行或是执行未完毕的案件，根据新刑法不处罚其行为者，应免其执行。检察官或是兼理检察职务的县长应审查原裁判，对于应免予执行的，同期监狱在七月一日后免予执行，即予释放。

期刊名称：法令周报

主办单位：

刊　　　期：1935（1 – 26）

页　　　码：73

4. 题　　　名：司法行政部训令：县长兼理司法条例草案

作　　　者：

关 键 词：行政兼理司法　司法独立

摘　　　要：县长兼理司法不利于司法独立，但在过渡时期实属不得已而为之的暂行办法：在行政公署内设置司法处，由行政官员兼理检察职务，县长甚至可以将检察职务委托审判官为之；县长兼理检察事务，应接受高等法院首席检察官之监督。

期刊名称：法令周报

主办单位：

刊　　　期：1935（29）

页　　　码：114 – 116

5. 题　　　名：不应送覆判案件由检察官发还原审照原判执行

作　　　者：

关 键 词：覆判　不受理判决

摘　　　要：不应送覆判案件，无须由法院作不受理判决，应由检察官发还原审法院照原判决执行即可。

期刊名称：法令周报

主办单位：

刊　　　期：1935（31）

页　　　码：125

6. 题　　　名：适用新刑诉法第一百二十一条之

疑义

作　　　者：

关 键 词：上诉　羁押逾限

摘　　　要：上诉期间，被告人羁押期限已逾判决刑期的，除检察官为被告之不利益上诉的，否则应立即停止羁押，释放被告。

期刊名称：法令周报

主办单位：

刊　　　期：1935（31）

页　　　码：12

7. 题　　　名：司法行政部训令修正形式条例包布办法及各项表式

作　　　者：

关 键 词：案卷报备　刑罚执行　非常上诉

摘　　　要：刑事案件办结后应将相应案卷报送或呈送上级法院或检察官。判处死刑和无期徒刑的，应由首席检察官或检察长专案呈报。缓刑考验、保安处分以及免除刑罚等均应依既定形式定期呈报。最高法院判决非常上诉的案件，最高法院检察署检察长应将案卷专案送呈司法行政部。

期刊名称：法令周报

主办单位：

刊　　　期：1935（33）

页　　　码：8 – 18

8. 题　　　名：司法行政部指令检察处侦查犯罪指挥区长得以命令行之

作　　　者：

关 键 词：警察职权　检警一体

摘　　　要：区长于区公所内代行警察职权，而检察官基于检警一体自得指挥警察，故而检察官亦得在侦查犯罪用令指挥区长。

期刊名称：法令周报

主办单位：

刊　　　期：1935（34）

页　　　码：9

9. 题　　　名：司法行政部指令县判上诉案件应由检察官转送法院

作　　　者：

关 键 词：案卷移送　上诉

摘　　　要：一般案件一审上诉直接由原审法院将案卷交第二审法院，无须检

察官转送。然县判上诉案件，应
由检察官先行审核，由检察官转
送第二审法院。

期刊名称：法令周报

主办单位：

刊　　期：1935（34）

页　　码：170

10. 题　　名：指令准将审查上诉案件表式说
明书备案

作　　者：

关键词：检察官　上诉

摘　　要：检察官提起上诉应定期将上诉
案件具表填报。

期刊名称：法令周报

主办单位：

刊　　期：1935（37）

页　　码：208－213

11. 题　　名：令知各高院检察官考绩表等报
部并卷宗及刑事二审以上卷宗
保存办法

作　　者：

关键词：考绩表　案卷保存　二审

摘　　要：为确保正确评测检察官，应建
立考绩表制度。检察官应将二
审以上卷宗、假释保释事件的
案卷进行有效保存。

期刊名称：法令周报

主办单位：

刊　　期：1935（37）

页　　码：214－215

12. 题　　名：令知上下级法院检察官互代职
务不必用代办名义

作　　者：

关键词：检察一体　上下级　互代职务

摘　　要：检察体系本为一体，上下级检
察官互代职务，径予处理即可，
不得指为违背法制，也不必用
代办名义。

期刊名称：法令周报

主办单位：

刊　　期：1935（37）

页　　码：217

13. 题　　名：司法行政部令发处理疏通监狱
暂行条例假释人犯办法

作　　者：

关键词：假释　高等法院首席检察官

复核

摘　　要：为了疏通监狱，对于符合假释
条件的人犯，经典狱长提出后，
监狱官委员会调查核实后交高
等法院首席检察官核办，检察
官复核后先行准许并同时报司
法行政部。

期刊名称：法令周报

主办单位：

刊　　期：1935（37）

页　　码：231－232

14. 题　　名：甲省候补推检派乙省推检毋庸
支给程期半俸

作　　者：

关键词：转任　补缺　俸禄

摘　　要：实缺补任实缺，为转任方得支
给程期半俸，但候补推事检察
官转任他省推事检察官的为补
缺，与转任不同，毋庸支给程
期半俸。

期刊名称：法令周报

主办单位：

刊　　期：1935（44）

页　　码：279

（四）司法院解释

1. 题　　名：司法院解释：院字第一二三二号

作　　者：

关键词：连续犯　告诉乃论　追诉时效

摘　　要：告诉乃论之罪，即便是连续犯，
其告诉期限亦应以告诉人知悉犯
人之时起依法在六个月内为之。
检察官之追诉时效则以连续犯终
结点起算。欠缺告诉要件的起诉
经告诉后检察官得重新起诉。

期刊名称：法令周报

主办单位：

刊　　期：1935（1－26）

页　　码：2－3

2. 题　　名：司法院解释：院字第一二六二号

作　　者：

关键词：告诉　不起诉处分

摘　　要：检察官所为之不起诉处分乃针对
有效告诉而言，对于逾越告诉期
限或是不得告诉的案件，检察官
得以批示或是其他方法驳回之，
不得为不起诉处分。检察官对告

诉人之告诉作出不起诉处分后，告诉人逾越声请再议期限，检察官应将案卷呈送上级法院首席检察官核办。对于告诉人撤回告诉后经不起诉处分后再行告诉的，检察官均应批示或其他方法驳回之。

期刊名称：法令周报
主办单位：
刊　　期：1935（1－26）
页　　码：96－97

3. 题　　名：司法院解释：院字第一二七三号
作　　者：
关 键 词：上诉　检察一体
摘　　要：检察官对一审法院赘引法条提起上诉，实与实体内容无涉，无上诉之必要。若已送达二审法院，二审法院的检察官自可将上诉撤回。

期刊名称：法令周报
主办单位：
刊　　期：1935（1－26）
页　　码：108－109

4. 题　　名：司法院解释：院字第一二八六号
作　　者：
关 键 词：起诉管辖
摘　　要：检察官援用地方管辖法条起诉，于第一审审判开始后变更起诉法条，改引初级管辖法院处断，不得认为变更起诉管辖。

期刊名称：法令周报
主办单位：
刊　　期：1935（1－26）
页　　码：121

5. 题　　名：司法院解释：院字第一二八八号
作　　者：
关 键 词：公安局长侦查　讯问笔录
摘　　要：公安局长侦查犯罪时，与检察官的职权同，因此讯问笔录的制作也应准据检察官的规定。然讯问笔录非依法定方式制作的，证据力将受到影响。

期刊名称：法令周报
主办单位：
刊　　期：1935（1－26）
页　　码：122－123

6. 题　　名：司法院解释：院字第一二八九号
作　　者：
关 键 词：停止羁押　当事人　抗告
摘　　要：法院在审判过程中为停止羁押之裁定，当事人得为抗告，虽检察官不为受裁定之当事人，也非有利害关系之人，但依据法律，检察官自得对法院所为之裁定进行抗告。

期刊名称：法令周报
主办单位：
刊　　期：1935（1－26）
页　　码：123

7. 题　　名：司法院解释：院字第一三〇六号
作　　者：
关 键 词：国家公益　不起诉处分　保安处分
摘　　要：检察官认为行为刑法上不罚者，虽应为不起诉处分，终结程序的，但是检察官为代表国家公益，认为行为人有付保安处分之必要的，也可以声请法院裁决之。

期刊名称：法令周报
主办单位：
刊　　期：1935（37）
页　　码：139

8. 题　　名：司法院解释：院字第二四一七号
作　　者：
关 键 词：覆判　二审上诉
摘　　要：对于覆判案件，第三审法院撤销发回重审的，第二审法院又误发回县司法处重审的，处分均为无效。第二审法院检察官接受县司法处的案卷，也不能视同为上诉，仍应由原审法院依通常程序进行审判。

期刊名称：法令周报
主办单位：
刊　　期：1944，1（2）
页　　码：8

9. 题　　名：司法院解释：院字第二四三一号
作　　者：
关 键 词：律师法　县司法处
摘　　要：律师法第一条第一项第一款所称推事或检察官，不包括县司法处的审判官。

期刊名称：法令周报

主办单位：

刊　　期：1944，1（4）

页　　码：13

10. 题　　名：司法院解释：院字第二四一零号

作　　者：

关键词：并罪起诉　分别上诉　无罪处分

摘　　要：检察官对子丑两罪并罪起诉，然一审法院仅判决一罪。若两罪为牵连犯罪，则检察官以一罪未予处理为由上诉自属无据。若两罪非不可分，则一罪未判，虽判决内可能叙明该诉不构成犯罪或不应处罚，检察官上诉不成立，然法院判决亦属违法，应撤销之，论知无罪。

期刊名称：法令周报

主办单位：

刊　　期：1944，1（2）

页　　码：5

11. 题　　名：司法院解释要旨：院字第二八一七号

作　　者：

关键词：管辖错误　移送管辖　重新起诉

摘　　要：对于管辖错误的刑事案件，经移送到有管辖权的法院后，法院得径自为裁判，无须再经同级之检察官重新起诉。

期刊名称：法令周报

主办单位：

刊　　期：1945，3（20）

页　　码：203

12. 题　　名：司法院解释要旨：院字第二八三四号

作　　者：

关键词：司法警察　拘提　检警关系

摘　　要：司法警察仅有协助检察官或听检察官之指挥侦查犯罪或执行拘提职权。如发现犯罪嫌疑人有拘提之必要，应由检察官签发拘票交司法警察执行，司法警察无自行发票的权利。

期刊名称：法令周报

主办单位：

刊　　期：1945，3（22）

页　　码：209－210

13. 题　　名：司法院解释要旨：院字第二八五六号

作　　者：

关键词：行政督察专员　逮捕　检举犯罪　检察官

摘　　要：行政督察专员兼区保安司令虽得于特定事项行使司法警察官之职权，但其并无审检职权，不得径行逮捕人民，除现行犯或通缉人外，应请检察官签发拘票。另行政督察专员无审检职权，故于犯罪检举应交有管辖权机关办理。

期刊名称：法令周报

主办单位：

刊　　期：1945，3（26）

页　　码：218

14. 题　　名：司法院解释：院字第一一五三号

作　　者：

关键词：二审　级别担当　上诉

摘　　要：法院审理案件应该由同级检察官行使相应职权，即若案件已隶属二审，则应该由第二审法院检察官担当刑事检察职权，由第二审检察官决定是否上诉，第一审检察官不得直接向第三审法院上诉。

期刊名称：法令周报

主办单位：

刊　　期：1935（1－26）

页　　码：8－9

15. 题　　名：司法院解释：院字第二四一零号

作　　者：

关键词：并罪起诉　分别上诉　无罪处分

摘　　要：检察官对子丑两罪并罪起诉，然一审法院仅判决一罪。若两罪为牵连犯罪，则检察官以一罪未予处理为由上诉自属无据。若两罪非不可分，则一罪未判，虽判决内可能叙明该诉不构成犯罪或不应处罚，检察官上诉

不成立，然法院判决亦属违法，
应撤销之，论知无罪。

期刊名称：法令周报

主办单位：

刊　　期：1944，1（14）

页　　码：25

十六、法令周刊

期刊简介：

《法令周刊》创刊于1930年7月，上海法学编译社出版，总编辑郭卫，会文堂新记书局总发行，周刊。栏目有特辑（主要刊登中央执行委员会政治会议先决审查意见、立法原则等）、法令杂谈（时人论者）、法规、命令、法律解释、判例、统计。

（一）法规

1. 题　　名：司法官任用暂行标准

　　作　　者：

　　关键词：司法官任用　任职资格　任职
　　　　　　方式

　　摘　　要：司法官任用可通过简任、荐任等方式，但不同方式的任职资格有所差异。学习推事、检察官须司法官考试合格者方得充任候补推事、检察官，候补司法官之补缺、司法官之升迁亦应遵守相应规则。

　　期刊名称：法令周刊

　　主办单位：

　　刊　　期：1932（93）

　　页　　码：3 - 5

2. 题　　名：司法官审查委员会规则

　　作　　者：

　　关键词：司法官审查委员会

　　摘　　要：司法官审查委员会聘任最高法院检察署检察官和其他人，且至多不超过七人组成委员会，就司法官之各项资格文件进行审查，并就其所做之法律文书等文件进行成绩审查并作出结论。

　　期刊名称：法令周刊

　　主办单位：

　　刊　　期：1932（93）

　　页　　码：6 - 7

3. 题　　名：监犯保外服刑暂行办法

　　作　　者：

　　关键词：保外服役　审核程序　检察官

监督

　　摘　　要：需保外服役的人犯由典狱长提出申请，交地方法院检察官审核后呈报高等法院首席检察官核准后呈报司法行政部备案。保外服役人员所服劳役由人民团体指定并呈报该管高等法院首席检察官备案。

　　期刊名称：法令周刊

　　主办单位：

　　刊　　期：1932（95）

　　页　　码：5

4. 题　　名：大赦条例

　　作　　者：

　　关键词：大赦　检察官审查　具报表示

　　摘　　要：符合大赦案件的由各地检察官进行审查，并经高等法院首席检察官核准后再传案论知开释并免除具保责任。对于办理的大赦案件，高等法院首席检察官应填表具报。

　　期刊名称：法令周刊

　　主办单位：

　　刊　　期：1932（106）

　　页　　码：9 - 10

5. 题　　名：视察各省区县司法规程

　　作　　者：

　　关键词：监所管理

　　摘　　要：最高法院检察署检察官和各省区高等法院首席检察官应视察其所属地区监所，并就监所状况等作出报告书送呈司法行政部部长，并可提出相应意见。

　　期刊名称：法令周刊

　　主办单位：

　　刊　　期：1932（107）

　　页　　码：9 - 10

6. 题　　名：征集各省司法经验录规则

　　作　　者：

　　关键词：司法经验录

　　摘　　要：各省各级检察官任职一年以上者，应就某一实践问题加以研究并撰写司法经验录，并可再有新的体会后进行增补。此类司法经验录作成后应送达上级法院和检察官。

期刊名称：法令周刊

主办单位：

刊　　期：1932，3（1－2）

页　　码：240

7. 题　　名：司法官叙补及审查资格成绩办法

作　　者：

关　键　词：司法官补缺　资格审查

摘　　要：司法官补缺以五缺为一轮，实现递补。司法官叙补的一般均应进行资格成绩审查，且每半年或一年应将相应司法官的办案结果送交成绩审查。之前未进行成绩审查的应继续审查。

期刊名称：法令周刊

主办单位：

刊　　期：1932，（1－6）

页　　码：1－2

8. 题　　名：法院组织法

作　　者：

关　键　词：人员配置　审检分立　检察官任职

摘　　要：各级法院依法规定配置相当数额的检察官。检察官得独立于法院行使其侦查起诉协助自诉和执行之职能。检察官得以简任、荐任等方式任命，并得依普通公务员之俸禄规定获得俸禄和退休后的退休金。

期刊名称：法令周刊

主办单位：

刊　　期：1932，11（1）

页　　码：2－3

9. 题　　名：捕获法院条例

作　　者：

关　键　词：捕获法院　检察官职权

摘　　要：捕获法院条例规定：捕获法院检察官由对应级别检察官兼充。捕获法院检察官于接收拿捕渔船后得提出释放或羁押之意见，若提出释放并得认可即应释放拿捕渔船和人员。检察官得提出起诉并参加法院审判，对判决不服的可提起上诉。判决执行由检察官负责。

期刊名称：法令周刊

主办单位：

刊　　期：1933（131）

页　　码：8－11

10. 题　　名：民刑案件编号计数规程

作　　者：

关　键　词：民刑案件　卷宗管理

摘　　要：检察官所办理之刑事案件依据门类不同应作出区分，如侦查事件、声请再议事件等。同一案件经多次有效处理者，卷宗虽同卷但件数应分别计算；但原检察官提起上诉、抗告、答辩或因被害人声请撤销不起诉处分等仍应视为一事件。

期刊名称：法令周刊

主办单位：

刊　　期：1933（166）

页　　码：1－3

11. 题　　名：高等考试司法官考试初试及格人员学习规则

作　　者：

关　键　词：后备司法官

摘　　要：司法官考试等及格人员分配到各地法院进行为期两年的学习。应指派推事和检察官指导学员，并训练其制作处分书等文书。学习人员得于一年学习后为其他实务锻炼。指导推事和检察官应就学习情况形成报告书交备案审查。

期刊名称：法令周刊

主办单位：

刊　　期：1933（17）

页　　码：2－3

12. 题　　名：江苏上海特区各级法院司法官补助俸津办法

作　　者：

关　键　词：检察官　俸禄津贴

摘　　要：检察官依不同级别俸禄和津贴具体数额略有差异。表现优异者，得适量增加，但不得超过最高级之差额。

期刊名称：法令周刊

主办单位：

刊　　期：1934（183）

页　　码：2－3

13. 题　　名：中华民国刑事诉讼法修正案

作　　者：

关 键 词：法律修正案　管辖　回避　笔录　送达　传讯

摘　　要：刑事诉讼法修正案第十五条规定：法案第六条所规定之案件得由一检察官合并侦查或合并起诉，如有不同意见，由二者的直接上级命令之。第十六条：检察官侦查时也可适用第十三、十四条关于域外执行的规定。第二十六条规定：检察官的回避由首席检察官或检察长决定，首席检察官的回避由上级首席检察官或检察长决定。第四十四条规定：书记官应将法庭活动记成笔录，其中包括检察官所为之意见陈述和辩论并由参加人签名。第五十八条规定：对检察官之送达应向其办公处所为之。第七十一条规定：传票于侦查中由检察官签字。

期刊名称：法令周刊
主办单位：
刊　　期：1935（236）
页　　码：3－12

14. 题　　名：中华民国刑事诉讼法修正案（续）
作　　者：

关 键 词：法律修正案　拘提通缉　检警关系

摘　　要：刑事诉讼法修正案第八十二条规定：检察官得开具拘票记载事项嘱托被告所在地之检察官拘提被告。第八十五条规定：通缉被告得通缉书在侦查中应由检察长或首席检察官签名。第九十二条规定：司法警察逮捕或接受现行犯后应立即解送检察官。

期刊名称：法令周刊
主办单位：
刊　　期：1935（236）
页　　码：3－12

15. 题　　名：中华民国刑事诉讼法
作　　者：

关 键 词：刑事诉讼法　检察官职权

摘　　要：中华民国刑事诉讼法对于检察官的侦查权、处分权、协助自诉权、上诉权、提起附带民事诉讼的权力、监督判决的执行权等都做出了规定。

期刊名称：法令周刊
主办单位：
刊　　期：1935（238）
页　　码：59－90

16. 题　　名：高等法院及分院处务规程
作　　者：

关 键 词：检察一体　首席检察官

摘　　要：首席检察官得指挥命令属下检察官，或将职务交由其他检察官办理，并考察其成绩和操行。检察官接受分配办理案件和其他事务。

期刊名称：法令周刊
主办单位：
刊　　期：1935（263）
页　　码：24－27

17. 题　　名：看守所法草案
作　　者：

关 键 词：视察监所　报告　接见被告

摘　　要：检察官得视察监所，并就被告等受到的不当处遇进行报告。检察官认为接见可能引发危险的，可不允许相关人员接见被告。被告的要求、申诉等应及时转送检察官。

期刊名称：法令周刊
主办单位：
刊　　期：1935（283）
页　　码：11－14

18. 题　　名：最高法院检察署考绩委员会办事细则
作　　者：

关 键 词：委员会成员　初步审查　加具意见

摘　　要：检察署考绩委员会的成员由检察官组成，检察长为主席。对检察官的考绩由主席指定的若干人先行进行初步审查，后交主席审查加具意见呈部。

期刊名称：法令周刊
主办单位：

刊　　　期：1936（289）

页　　　码：8 – 9

19. 题　　　名：推事检察官任用资格审查规则

作　　　者：

关 键 词：检察官资格审查　文件

摘　　　要：任用检察官须依法就其任职资格及其他相关文件进行审查，以确定是否符合任职资格标准。

期刊名称：法令周刊

主办单位：

刊　　　期：1936（291）

页　　　码：14 – 15

20. 题　　　名：县司法处刑事案件覆判暂行条例

作　　　者：

关 键 词：覆判　径予覆判上诉　发回重审

摘　　　要：应行覆判的案件，原县司法处应在上诉期间届满或撤回上诉后五日内，将判决正本、案件卷宗和证物送该管高院或分院检察官，并由其送请覆判。然检察官认为有提起上诉必要的，可提起上诉，但撤回上诉或上诉法院认为上诉不合法未经第二审为实体上审判者，高等法院或分院应径予覆判。覆判后发回重审的，检察官可重新上诉。

期刊名称：法令周刊

主办单位：

刊　　　期：1936（314）

页　　　码：9 – 10

21. 题　　　名：修正司法官官俸发给细则

作　　　者：

关 键 词：官俸　退职　转任　半俸

摘　　　要：司法官的官俸定期发给司法官本人，但可代领。退职或死亡时仍给全月，转任等情形支半俸。

期刊名称：法令周刊

主办单位：

刊　　　期：1936（315）

页　　　码：10 – 11

22. 题　　　名：浙江各县县司法处处务规程

作　　　者：

关 键 词：兼埋检察职务

摘　　　要：兼理检察职务。县长室应就侦查案件及刑事执行案件分簿登记。县长为侦查、拘提或传讯被告，为起诉或不起诉处分，告诉人得声请再议。每月月终应就未侦查终结的案件开具理由呈报高等法院首检核阅。

期刊名称：法令周刊

主办单位：

刊　　　期：1936（337）

页　　　码：2 – 5

23. 题　　　名：修正监犯保外服役暂行办法

作　　　者：

关 键 词：保外服役　首席检察官

摘　　　要：保外服役须呈报该管高等法院首席检察官核准，并报司法行政部备案。保外服役人员在期间终了，或期间脱逃、死亡，撤销保外服役时，由该管法院首检将其事由呈报司法行政部。

期刊名称：法令周刊

主办单位：

刊　　　期：1937（339）

页　　　码：18 – 19

24. 题　　　名：修正候补推事检察官津贴暂行规则

作　　　者：

关 键 词：候补检察官　津贴　四级官俸

摘　　　要：候补检察官津贴的核给由司法行政部部长行之。候补检察官之津贴分四级进行核给。

期刊名称：法令周刊

主办单位：

刊　　　期：1937（364）

页　　　码：1

25. 题　　　名：特种刑事案件诉讼条例

作　　　者：

关 键 词：移送审判　检察官出庭　上诉　覆判　抗告

摘　　　要：司法警察官署移送案件于法院时，以提起公诉论，法院得径行审判案件，审判期日检察官不得出庭。此类案件检察官不得上诉，但得声请覆判，对于依本条例所为之裁定仅得抗告，但不得再抗告。覆判之判决应于七日内送达检察官。

期刊名称：法令周刊

主办单位：

刊　　期：1945（2）

页　　码：12 – 13

26. 题　　名：保障人民身体自由办法

作　　者：

关 键 词：逮捕　讯问　释放

摘　　要：各机关非依法具有检察、审判职权者，不得逮捕、拘禁、惩罚或审问人民。依法逮捕后，经讯问认为错误逮捕，或嫌疑不足的，应即释放，亦不应要求具保。受检察机关嘱托执行逮捕的，应在逮捕后两日内移送。逮捕须出示逮捕证和身份证件，不当逮捕的应承担责任。

期刊名称：法令周刊

主办单位：

刊　　期：1945（2）

页　　码：12 – 13

27. 题　　名：保障人民身体自由办法实施事项

作　　者：

关 键 词：逮捕权　检察机关　造册呈报

摘　　要：各级检察机关及兼理检察权机关均有逮捕权，依特别法律的军法部门或是行使司法警察职权的亦得逮捕人民。逮捕应详细记载被逮捕人之信息并造册呈报。

期刊名称：法令周刊

主办单位：

刊　　期：1945（2）

页　　码：20

28. 题　　名：复员后办理刑事诉讼补充条例

作　　者：

关 键 词：确定力　溯及力　处刑命令

摘　　要：复员后，原非法组织所为之行为，后告诉人等向非法组织所为之行为，依其行为的确定力来确定是否溯及适用。已经判决并执行的继续有效，原已经侦查起诉的移交检察官侦查起诉，告诉人之告诉仍可开启侦查等。检察官可以声请进行命

令处刑。对于声请再议或是命令处刑，卷宗遗失的，推定合法。

期刊名称：法令周刊

主办单位：

刊　　期：1946，9（1）

页　　码：2 – 4

29. 题　　名：实验地方法院办理民刑诉讼补充办法

作　　者：

关 键 词：暂缓起诉　保护管束　自诉

摘　　要：检察官侦查案件应注意时机，迅速进行必要勘验和搜索，避免非必要先行传讯被告。检察官认为可适用暂缓起诉的，得为暂缓起诉，并要求被告道歉、立悔过书、支付抚慰金等。若告诉人不服，可声请再议，若被告不服，检察官应立即撤销原处分，依法起诉。被告在缓起诉期间有故意犯罪等情形，检察官得撤销缓起诉处分，随时起诉。自诉案件的撤回应得检察官同意。自诉案件审判期日，得不通知检察官。自诉案件经告诉者，检察官应即移送法院，按自诉程序办理，但告诉人有明白反对表示或侦查已经终结者不在此限。承办自诉案件的推事发现自诉人确系故意诬告，而未经被告提起反诉者，应移送检察官侦查。

期刊名称：法令周刊

主办单位：

刊　　期：1946，9（2）

页　　码：6 – 8

30. 题　　名：公设辩护人条例

作　　者：

关 键 词：公设辩护人　资格　待遇　职权

摘　　要：国家设立公设辩护人为无力聘请律师的贫穷人提供辩护。曾担任检察官或候补检察官的人，可成为公设辩护人。公设辩护人的待遇俸给比照推事检察官的俸给，但公设辩护人得独立

于法院及检察官行使其职务。

期刊名称：法令周刊

主办单位：

刊　　期：1946，9（2）

页　　码：8－9

31. 题　　名：修正法院组织法第三十三条、第三十五条、第四十八条、第五十一条、第五十四条及第九十一条条文

作　　者：

关　键　词：检察官资格　任用　检警关系

摘　　要：检察官应从满足实践经验或教学经验中的人中遴任之。初任检察官，应试署地方法院或分院之检察官，若无缺，则可暂任候补检察官。其他任用程序则另定规则规范之。检察官得指挥司法警察。

期刊名称：法令周刊

主办单位：

刊　　期：1946，9（3）

页　　码：12－13

32. 题　　名：修正刑事诉讼法条文

作　　者：

关　键　词：羁押逾期　传讯　不起诉处分　担当自诉

摘　　要：检察官致羁押逾期的，亦应注意撤销羁押，释放被告。检察官侦查案件宜迅速，并非必要，不得先行传讯被告。检察官侦查终结可为不起诉处分，并接受告诉人之声请再议。检察官亦得在自诉案件中担当自诉。

期刊名称：法令周刊

主办单位：

刊　　期：1946，9（4）

页　　码：5－9

33. 题　　名：修正法院组织法第十六条、第十九条、第三十四条、第三十六条、第四十五条条文及第五十条条文

作　　者：

关　键　词：任命方式　任职资格　荐任　简任

摘　　要：不同级别和地域的检察官任命方式和任职资格不同，如任地

检或分院检察官为荐任，然高院首检为简任，检察官为简任等。地检首检或高院检察官应满足相应的实践经验。

期刊名称：法令周刊

主办单位：

刊　　期：1946，9（5）

页　　码：1

34. 题　　名：监狱行刑法

作　　者：

关　键　词：刑罚执行　相验

摘　　要：检察官得随时考察监狱。受刑人在监死亡时，监狱长官应通知检察官相验，并通知其家属等。

期刊名称：法令周刊

主办单位：

刊　　期：1946，9（8）

页　　码：3－7

35. 题　　名：羁押法

作　　者：

关　键　词：监外就医　释放

摘　　要：检察官得随时视察看守所，被告可就看守所之不当处遇向检察官申诉，检察官接受申诉后应报告院长或首席检察官。被告须于所外就医时，应交由检察官裁定之；且无检察官之通知，看守所不得释放被告。被告对检察官有所呈请时，看守所应及时转达。被告死于所内，应通知检察官勘验尸体。

期刊名称：法令周刊

主办单位：

刊　　期：1946，9（8）

页　　码：7－8

36. 题　　名：推事检察官任用资格审查规则

作　　者：

关　键　词：资格审查　审查文件　再行审查

摘　　要：任用检察官应进行资格审查。其应由首席检察官出具操行优良证明书，并就其所为之裁判文书，成绩报告书等文件进行审查。审查不合格者，可再一年后再行审查。

期刊名称：法令周刊

主办单位：
刊　　期：1946，9（12）
页　　码：5－6

37. 题　　名：司法机关人员甄用办法
    作　　者：

    关 键 词：甄用　资格

    摘　　要：申请甄用司法机关人员，应具
    有一定的实践经验和理论知识
    等条件，并且曾背叛中华民国
    者不得申请甄用。申请甄用者，
    应将个人履历和基本情况等信
    息详细报告以供审查。

期刊名称：法令周刊
主办单位：
刊　　期：1946，9（43）
页　　码：5－6

38. 题　　名：战争罪犯审判条例
    作　　者：

    关 键 词：战犯　军法检察官　侦查　公
    诉　不起诉处分

    摘　　要：办理战犯案件，由军事法庭所
    在地之高等法院及所配属之军
    事机关分别指定检察官，进行
    办理，其人员由国防部编制之。
    军法检察官于告诉告发后应予
    侦查并得进入犯罪地办理案件，
    并提起公诉。军法检察官得为
    不起诉处分，报请国防部核准，
    国防部有疑义者，得命令续行
    侦查或发回覆审。检察官等出
    席法庭应着军装。

期刊名称：法令周刊
主办单位：
刊　　期：1946，9（450）
页　　码：1－3

39. 题　　名：检察官与司法警察机关执行职
    务联系办法
    作　　者：

    关 键 词：交换意见　列席会议　解答
    指示

    摘　　要：检察官和司法警察在侦查案件
    时应加强交换意见，并互列对
    方会议，警察有法律之疑义得
    随时请检察官解答或指示。司
    法警察侦讯案件后得移送检察
    官，检察官得将拘捕之执行交

警察。检警交换工作人员名册，
并开设训练班邀请对方人员进
行训练。

期刊名称：法令周刊
主办单位：
刊　　期：1948，11（6）
页　　码：3

40. 题　　名：军法人员转任司法官审查成绩
    规则

    作　　者：

    关 键 词：军法人员　司法官　审查委
    员会

    摘　　要：军法人员得转任司法官，应将
    其学历经历及登记合格之证明
    文件等交审查委员会审查。经
    初次审查和再次审查过半数合
    格者可转任司法官。

期刊名称：法令周刊
主办单位：
刊　　期：1948，11（33）
页　　码：1

41. 题　　名：刑事诉讼法修正要旨
    作　　者：

    关 键 词：刑事诉讼法修正案　检察官
    职权

    摘　　要：刑事诉讼法修正案第二十一条、
    第二十六条规定检察官依法适
    用回避制度。第一百零六条规
    定检察官得随时视察被告羁押
    之处所。第一百零九条规定除
    检察官为被告不利益上诉外，
    应在判处刑期范围内撤销羁押。
    第二百零八条规定司法警察官
    认为被拘提或者逮捕的嫌犯有
    羁押必要的，应于二十四小时
    内移送检察官，而不是旧法所
    规定的三日。第二百四十条对于
    犯罪是否成立或刑罚应否免除以
    民事法律关系为断者在民事诉讼
    前检察官能否停止侦查做了规
    定。第二百四十四条规定检察官
    于起诉后一审辩论终结前得就与
    本案相牵连犯罪或者本罪之诬告
    罪追加起诉。第二百四十八条、
    第二百四十九条规定了检察官不
    起诉处分，一改旧法之检察官提

起公诉后任意撤回的弊端。第三百二十三条、第三百二十四条对检察官协助自诉和担当自诉做出了规定。第三百五十五条、第三百七十七条对检察官在一审、二审中卷宗、证据移交做了规定。

期刊名称：法令周刊

主办单位：

刊　　　期：1935（249）

页　　　码：85－88

42. 题　　名：关于上海租界内设置中国法院之协定

作　　者：

关 键 词：治外法权　检察官设置　莅庭

摘　　要：在上海租界内设立的法院应设立检察官若干人，由其执行检察职权，但案件已经租界行政当局或被害人起诉的除外，然此类案件检察官仍得莅庭陈述意见。

期刊名称：法令周刊

主办单位：

刊　　　期：1931（59）

页　　　码：1－3

43. 题　　名：国营铁路押解罪犯乘车减价办法

作　　者：

关 键 词：押解罪犯　国营铁路　减价

摘　　要：检察官等押解罪犯乘坐国营铁路凭借正式公文可以享受半价待遇，由铁路处负责安排座位等事宜。

期刊名称：法令周刊

主办单位：

刊　　　期：1936（328）

页　　　码：16

44. 题　　名：县司法处审判官学习规则

作　　者：

关 键 词：检察官指导　案件拟办　核阅评价

摘　　要：检察官对于分配到本处的学习审判官进行指导，并将拟办案件交由其作出初步判断，检察官对其不合格者进行指导改正。指导检察官就学习审判官的品行学术每月呈院长首席检察官

核阅并报本省高等法院。

期刊名称：法令周刊

主办单位：

刊　　　期：1937（339）

页　　　码：32

45. 题　　名：上海地方法院检察处申告铃使用暂行规则

作　　者：

关 键 词：申告铃　告诉告发　莅庭讯问

摘　　要：上海地方法院检察处设置申告铃，凡告诉告发、自首者可使用申告铃，值班检察官应立即同书记官莅庭讯问之。

期刊名称：法令周刊

主办单位：

刊　　　期：1937（335）

页　　　码：14

（二）法讯

1. 题　　名：广西改进县长兼理司法

作　　者：

关 键 词：行政兼理司法　独立性　侦查不起诉处分

摘　　要：行政兼理司法因其独立性和缺少制约而备受质疑。应提高承审员之待遇以加强其独立性；并且县长行使检察权欲为不起诉处分时应由审判官副署。

期刊名称：法令周刊

主办单位：

刊　　　期：1935（238）

页　　　码：2－3

2. 题　　名：办理易案检察官留署办事

作　　者：

关 键 词：借调　检察一体

摘　　要：最高法院检察署为办理案件特调皖高法之检察官办事。于事结后留署办事。

期刊名称：法令周刊

主办单位：

刊　　　期：1935（241）

页　　　码：2

3. 题　　名：检察指挥证会印办法

作　　者：

关 键 词：检警关系　指挥证　侦查权

摘　　要：检察得在侦查时使用指挥证指挥司法警察。

期刊名称：法令周刊

主办单位：

刊　　期：1935（245）

页　　码：2

4. 题　　名：羁押逾期人犯应自新刑诉法施行日释放

作　　者：

关 键 词：不利益上诉　撤销羁押　延长羁押

摘　　要：除检察官为被告不利益上诉的，否则羁押期限已逾所判处刑期的应撤销羁押。同时，最高刑为三年徒刑以下的，在新法施行前后延期羁押已逾三次的亦应撤销羁押，予以释放。

期刊名称：法令周刊

主办单位：

刊　　期：1935（255）

页　　码：1

5. 题　　名：法界消息：先后同一案件不起诉处分前羁押日数应折抵法部对高检处之解答

作　　者：

关 键 词：同一案件　不起诉处分　羁押折抵刑期

摘　　要：被告羁押后，因犯罪嫌疑不足而检察官为不起诉处分。后因新事实、新证据，检察官续行侦查起诉的，进而判处刑期的，其于不起诉处分之前的羁押，应系属同一案件，应予折抵刑期。

期刊名称：法令周刊

主办单位：

刊　　期：1948，11（26）

页　　码：11

6. 题　　名：法界消息：对于法院之易科裁定检察官无权变更

作　　者：

关 键 词：刑罚执行　易科

摘　　要：如原裁定认为执行困难，准予易科。纵其认定不尽适当，既经确定，检察官自应受其拘束。即第一审判决主文，未宣告易科罚金标准，检察官提起上诉后，经被告声请，原刑庭裁定准予变更罚金并定易科标准。第二审判决

将检察官上诉驳回。

期刊名称：法令周刊

主办单位：

刊　　期：1948，11（28）

页　　码：12

7. 题　　名：法界消息：司法行政部整饬官箴通令十六点

作　　者：

关 键 词：监所人员犯罪　侦查秘密　对质

摘　　要：检察官侦查人犯告诉告发监所员守犯罪案件，应注意保密，尽量避免人员与员守对质。因管理职责，人犯诬告并不在少数，然贸然对质，纵论所告为真，而监所威信受到影响，不利管理，遑论诬告之损害。故检察官办理此类案件应注意避免两方对质。

期刊名称：法令周刊

主办单位：

刊　　期：1948，11（33）

页　　码：11－12

8. 题　　名：法界消息：逆产异议案被告不限于原办检察官

作　　者：

关 键 词：汉奸案件　没收财产　异议之诉　检察一体原则

摘　　要：对没收汉奸财产主张权利而提起的以原办检察官为被告的异议之诉，基于检察一体原则，首席检察官得应诉或指定其他检察官应诉，并不以原办检察官为限。

期刊名称：法令周刊

主办单位：

刊　　期：1948，11（34）

页　　码：9

9. 题　　名：法界消息：县长检察职务已呈准由审判官代理后在未经呈明兼理前不能遽以执行职务

作　　者：

关 键 词：检察权兼理　审判官代理　执行职务

摘　　要：兼理检察职务的县长因行政事务繁杂，而将检察职务整体呈准由主任审判官及审判官代理的，则在未经呈明自行兼理以前，县长不得径以原兼检察职务名义执行

职务。

期刊名称：法令周刊

主办单位：

刊　　期：1948，11（34）

页　　码：10

（三）解释

1. 题　　名：解释：二十五年院字第一六〇三号

   作　　者：

   关键词：上诉　非常上诉　合并审理

   摘　　要：被告上诉经二审法院误为不受理判决，经非常上诉撤销后即恢复未判决状态，此时检察官上诉，应由法院合并审理。

   期刊名称：法令周刊

   主办单位：

   刊　　期：1930（341）

   页　　码：46

2. 题　　名：司法院解释要旨：院字第二五五〇号

   作　　者：

   关键词：侦查终结　处分

   摘　　要：侦查终结应以实质作出起诉或不起诉处分为终结，不能以在案卷内记载终结字样论。对于检察官的侦查终结的起诉或不起诉处分只须对外表示即可，并不要求以处分书的制作为条件。

   期刊名称：法令周刊

   主办单位：

   刊　　期：1930，9（7）

   页　　码：12

3. 题　　名：司法院解释要旨：院字第二五八三号

   作　　者：

   关键词：民事部分　特种刑事案件

   摘　　要：（1）检察官侦查刑事案件涉及民事部分，自可调查认定作为起诉或不起诉之准据。如果以民事诉讼程序处理更为便利的，可停止侦查，然民事部分当事人拖延者可继续侦查。（2）对于普通法院无权管辖的特种刑事案件，检察官仍得代表国家进行检举。

   期刊名称：法令周刊

   主办单位：

   刊　　期：1944，1（26）

   页　　码：88－89

4. 题　　名：司法院解释要旨：院解字第二八三九号

   作　　者：

   关键词：并案起诉　共犯　起诉裁量

   摘　　要：检察官对于本夫起诉奸夫和其妻子妨碍名誉一案自得并案起诉。本夫告诉奸夫自应及于共犯，然起诉与否由检察官裁量。

   期刊名称：法令周刊

   主办单位：

   刊　　期：1930，9（16）

   页　　码：7

5. 题　　名：司法院解释要旨：院解字第二八五三号

   作　　者：

   关键词：司法警察官　移送案件　不受理判决

   摘　　要：司法警察官径自移送法院审理案件不为补正者或误认为普通犯罪者，法院谕知不受理判决后，移送检察官侦查起诉。检察官负责判决之执行。

   期刊名称：法令周刊

   主办单位：

   刊　　期：1930，9（16）

   页　　码：8

6. 题　　名：司法院解释要旨：院解字第二八六八号

   作　　者：

   关键词：特种刑事案件　上诉　覆判

   摘　　要：检察官认为案件属特种刑事案件，而法院按普通刑事案件审理的，检察官不服提起上诉。二审法院认为确系特种刑事案件，如原审法院认定事实并无不当，则应将原判决撤销，指定第一审法院按特种刑事案件审理。对于一审行为不构成犯罪，检察官上诉者，亦应认为声请覆判，依覆判程序办理。

   期刊名称：法令周刊

   主办单位：

刊　　　期：1930，9（16）

页　　　码：9

7. 题　　　名：司法院解释要旨：院解字第二八九〇号

作　　　者：

关 键 词：检警关系　特种刑事案件　司法警察官　罚金执行

摘　　　要：对于特种刑事案件，司法警察官得斟酌情况后将案件选择交付检察官侦查。司法警察官径向法院移送案件违背程式而不补正者，法院不受理并交由检察官侦查。检察官可将罚金之执行交由民事执行处进行。

期刊名称：法令周刊

主办单位：

刊　　　期：1930，9（16）

页　　　码：12

8. 题　　　名：司法院解释要旨：院解字第二九一五号

作　　　者：

关 键 词：特种刑事案件　司法警察官　检察官侦查

摘　　　要：司法警察官将特种刑事案件径送法院审判，违背程式而不补正导致犯罪人和罪刑不清，或非为警察的军事机关移送的案件，法院自应不受理，而直接交由检察官侦查。

期刊名称：法令周刊

主办单位：

刊　　　期：1930，9（16）

页　　　码：14

9. 题　　　名：司法院解释要旨：院解字第二九四四号

作　　　者：

关 键 词：送达　检察官　办公处所

摘　　　要：送达检察官之文书送交检察官办公处所即可。如已经主任书记官签收则视为已送达办公处所，具有合法送达效力。

期刊名称：法令周刊

主办单位：

刊　　　期：1930，9（17）

页　　　码：12

10. 题　　　名：司法院解释要旨：院解字第二九五〇号

作　　　者：

关 键 词：监所管理　检察权兼理　公函

摘　　　要：检察官非监狱或看守所的监督长官，县监狱或看守所若非县政府所属机关，则兼理检察官的县长与其公文往复应用公函。

期刊名称：法令周刊

主办单位：

刊　　　期：1930，9（17）

页　　　码：13

11. 题　　　名：司法院解释要旨：院解字第二九七一号

作　　　者：

关 键 词：司法警察官　移送案件　通知送达　检察官出庭

摘　　　要：司法警察官直接移送法院审判的案件，检察官得不出庭，但应由法院通知检察官并送达判决正本。

期刊名称：法令周刊

主办单位：

刊　　　期：1930，9（17）

页　　　码：14

12. 题　　　名：司法院解释要旨：院解字第二九八一号

作　　　者：

关 键 词：检警关系　公诉

摘　　　要：检察官根据司法警察之侦查结果或其他方面所得证据，认定被告有犯罪嫌疑的，而提起公诉的，不能谓违背规定，法院不得不为不受理判决。

期刊名称：法令周刊

主办单位：

刊　　　期：1930，9（17）

页　　　码：15

13. 题　　　名：解释：院字第三七五号

作　　　者：

关 键 词：不起诉处分　逾期送达　检察官职务

摘　　　要：不起诉处分书的送达期限为检察官职务，非因逾期而影响其效力，被告或告诉人不得认为处分为无效。

期刊名称：法令周刊

主办单位：

刊　　期：1931（29）

页　　码：56

14. 题　　名：解释：院字第四〇三号

作　　者：

关 键 词：被告利益　上诉　不起诉处分
送交程序

摘　　要：检察官得为被告利益为上诉。
对于告诉告发，检察官侦查结
果认为无须传唤被告即可认定
嫌疑不足或行为不成立犯罪可
直接为不起诉处分。检察官与
一审上诉后仍应依送交程序
办理。

期刊名称：法令周刊

主办单位：

刊　　期：1931（31）

页　　码：45－47

15. 题　　名：解释：院字第四六七号

作　　者：

关 键 词：公务员　犯罪　侦查

摘　　要：公务员如有犯罪嫌疑的，无论
是否停职，检察官均得检举并
进行侦查处分。

期刊名称：法令周刊

主办单位：

刊　　期：1931（40）

页　　码：29

16. 题　　名：解释：院字第五一五号

作　　者：

关 键 词：自诉　检察官出庭　撤回自诉
独立上诉

摘　　要：自诉案件虽依法应将判决结果
送达检察官并得由其提起独立
上诉，且自诉案件的撤回应咨
询检察官的意见，但自诉案件
中无须检察官出庭。

期刊名称：法令周刊

主办单位：

刊　　期：1931（60）

页　　码：19

17. 题　　名：解释：院字第五一七号

作　　者：

关 键 词：自诉　检察官出庭　陈述辩论

摘　　要：自诉案件中由自诉人行使陈述
和辩论的权利，无须通知检察
官出庭。

期刊名称：法令周刊

主办单位：

刊　　期：1931（60）

页　　码：21

18. 题　　名：解释：院字第五二三号

作　　者：

关 键 词：撤回起诉　不起诉处分　重新
起诉　不受理判决

摘　　要：检察官公诉之后又撤回起诉的
无须为不起诉处分，上级检察
官经声请再议审核后命令起诉
自属违法，法院应为不受理
判决。

期刊名称：法令周刊

主办单位：

刊　　期：1931，8（48）

页　　码：37

19. 题　　名：解释：院字第五二六号

作　　者：

关 键 词：检察一体　撤回上诉

摘　　要：上级检察官若认为下级检察官
提起上诉理由欠缺，得于上诉
审判前撤回上诉。

期刊名称：法令周刊

主办单位：

刊　　期：1931（136）

页　　码：31

20. 题　　名：解释：院字第五三八号

作　　者：

关 键 词：撤回起诉　不起诉处分　再行
起诉　声请再议

摘　　要：检察官撤回公诉并无限制，亦
无须制作不起诉处分书，但撤
回后不得再行起诉，告诉人也
不得声请再议。

期刊名称：法令周刊

主办单位：

刊　　期：1931（61）

页　　码：29－30

21. 题　　名：解释：院字第五三九号

作　　者：

关 键 词：律师　辩护人资格

摘　　要：侦查过程中除有妨害羁押行为或有碍羁押场所秩序稳定外，律师得主任检察官许可，被告得接见律师，但此举并不意味律师获得辩护人身份。

期刊名称：法令周刊

主办单位：

刊　　期：1931，137（24）

页　　码：4

22. 题　　名：解释：院字第五四〇号

作　　者：

关 键 词：告诉人　撤回上诉　无效

摘　　要：正式县法院所判决的案件，若检察官为上诉人，则告诉人不具备当事人身份，自不得撤回上诉，虽经法院允许亦属无效。

期刊名称：法令周刊

主办单位：

刊　　期：1931，137（25）

页　　码：4

23. 题　　名：解释：院字第五七二号

作　　者：

关 键 词：通缉　强制处分　起诉时效

摘　　要：检察官在有效时期内为侦查上之通缉行为，自可认为强制处分。起诉时效中断。若时效尚在中断中或更行起算后仍未满的自应依法办理。

期刊名称：法令周刊

主办单位：

刊　　期：1931（139）

页　　码：23

24. 题　　名：解释：院字第五八一号

作　　者：

关 键 词：羁押处分　检察一体　押票　职务过失

摘　　要：检察一体的情况下，检察官可独立行使职权，但首席检察官自得监督指挥下级检察官的行为，如监督检察官的羁押决定和撤销押票以及其他侦查行为；并就检察官之职务过失在自身监督懈怠范围内承担责任。

期刊名称：法令周刊

主办单位：

刊　　期：1931，9（3）

页　　码：33－36

25. 题　　名：解释：院字第六二八号

作　　者：

关 键 词：声请再议　处分书

摘　　要：检察官对于告诉人声请再议后又状请撤回再议的，除认为再议有理由的已依法办理外，无须制作处分，更无须将卷宗送交上级核办。

期刊名称：法令周刊

主办单位：

刊　　期：1931（151）

页　　码：29

26. 题　　名：解释：院字第六六六号

作　　者：

关 键 词：再议声请　不起诉处分　送达

摘　　要：检察官认为再议声请有理由的，可就继续侦查，但仍得就侦查结果为不起诉处分，并将处分依法送达告诉人等，然无须将卷宗送交上级法院首席检察官。

期刊名称：法令周刊

主办单位：

刊　　期：1932（5）

页　　码：8－9

27. 题　　名：解释：院字第六六九号

作　　者：

关 键 词：不起诉处分　送达　声请再议

摘　　要：检察官所为之不起诉处分，告诉人当庭声请再议的，因不起诉处分书在送达前，告诉人声请再议的不合程式，然应予补送处分书内晓论之，不得遽予驳回。

期刊名称：法令周刊

主办单位：

刊　　期：1932（5）

页　　码：11

28. 题　　名：解释：院字第六一七号

作　　者：

关 键 词：上海特区　律师惩戒

摘　　要：上海特区律师发生声请惩戒案件，隶属法院自应将案件声请由首席检察官提起惩戒。

期刊名称：法令周刊

主办单位：

刊　　期：1932（97）

页　　码：9

29. 题　　名：解释：院字第六七六号

作　　者：

关 键 词：起诉送审　通缉

摘　　要：侦查中未予通缉，检察官起诉
送法院审判后，虽检察官未将
人犯移送，刑庭尚未开始审理，
人犯的通缉应由法院办理。

期刊名称：法令周刊

主办单位：

刊　　期：1932（97）

页　　码：13 – 14

30. 题　　名：解释：院字第六七九号

作　　者：

关 键 词：不起诉处分

摘　　要：送达不起诉处分书后，上级检
察官复令侦查或是原告诉人请
续行侦查的，侦查后认为不应
起诉的不必再为不起诉处分；
然因声请再议之结果已发还原
检察官续行侦查的则应为不起
诉处分。

期刊名称：法令周刊

主办单位：

刊　　期：1932（97）

页　　码：15 – 16

31. 题　　名：解释：院字第六八六号

作　　者：

关 键 词：告诉乃论　逾期告诉　诉讼
时效

摘　　要：告诉乃论之罪，被害人应在知
悉犯人后六个月内向检察官为
告诉。逾期告诉的，检察官不
得再为提起公诉，被害人亦不
得再据此提起自诉，此类诉讼
法院应裁定驳回。

期刊名称：法令周刊

主办单位：

刊　　期：1932（8）

页　　码：84 – 85

32. 题　　名：解释：院字第七四二号

作　　者：

关 键 词：自诉　违警罪

摘　　要：自诉案件中，若被告所诉案件
仅为违警罪，法院应裁定驳回，
并可采便宜形式通知检察官，
并无一定形式。

期刊名称：法令周刊

主办单位：

刊　　期：1932（14）

页　　码：15 – 16

33. 题　　名：解释：院字第七五九号

作　　者：

关 键 词：告诉人　非正式法院　撤回
上诉

摘　　要：原告诉人对于非正式法院的判
决呈请上诉的可以撤销，然检
察官方为上诉人，故不得检察
官之同意，法院不得准许撤回。

期刊名称：法令周刊

主办单位：

刊　　期：1932（12）

页　　码：45

34. 题　　名：解释：院字第七六五号

作　　者：

关 键 词：案件移转　检察一体　侦查
起诉

摘　　要：前政府所移转管辖之案件，经
法院裁定驳回后，高等法院首
席检察官可将原县政府之检察
职权移转于区域内其他检察官
或其他县政府，其他检察官侦
查终结后应救济起诉之法院，
法院应予受理。

期刊名称：法令周刊

主办单位：

刊　　期：1932（26）

页　　码：15 – 16

35. 题　　名：解释：院字第七六七号

作　　者：

关 键 词：被害人告诉　自诉

摘　　要：同一案件既经被害人告诉后由
检察官侦查终结，被害人家属
不得再行向法院提起自诉。

期刊名称：法令周刊

主办单位：

刊　　　期：1932（27）

页　　　码：32

36. 题　　　名：解释：院字第七七一号

作　　　者：

关　键　词：诬告罪　公诉　告发

摘　　　要：诬告罪主要侵害的是国家法益，应由检察官进行侦查提起公诉，被诬告人向有追诉权之人陈述被诬告之事实实为告发，自无申请再议之权。

期刊名称：法令周刊

主办单位：

刊　　　期：1932（109）

页　　　码：37－38

37. 题　　　名：解释：院字第七七六号

作　　　者：

关　键　词：罚金强制执行　民事执行处

摘　　　要：关于刑事案件罚金的强制执行，检察官可委托民事执行处进行执行，然检察官对其并无指挥命令的权力。

期刊名称：法令周刊

主办单位：

刊　　　期：1932（110）

页　　　码：39－40

38. 题　　　名：解释：院字第七八二号

作　　　者：

关　键　词：声请再议　不起诉处分　再行声请

摘　　　要：检察官所为之不起诉处分，告诉人向上级法院声请再议遭驳回后，不得再向上级法院检察官请再议。

期刊名称：法令周刊

主办单位：

刊　　　期：1932（112）

页　　　码：37－38

39. 题　　　名：司法院、最高法院解释分类提要：刑事诉讼法

作　　　者：郭衡

关　键　词：司法解释　检察官

摘　　　要：根据最高法院、司法院发布的关于刑事诉讼方面的司法解释进行归类，涉及检察制度和实务方面的有：检察官的诉讼地

位、管辖权、侦查权、起诉权以及上下级检察官的关系等。

期刊名称：法令周刊

主办单位：

刊　　　期：1932（114）

页　　　码：35－43

40. 题　　　名：司法院、最高法院解释分类提要：刑事诉讼法

作　　　者：郭衡

关　键　词：司法解释　检察官

摘　　　要：最高法院、司法院的司法解释还对检察官在自诉、上诉、抗告、非常上诉、再审、执行中的职权进行了规定。

期刊名称：法令周刊

主办单位：

刊　　　期：1932（115）

页　　　码：33－42

41. 题　　　名：解释：院字第七八七号

作　　　者：

关　键　词：检察官兼任　不起诉处分

摘　　　要：高等法院分院首席检察官兼任地方庭首席检察官职务的，告诉人对于地方庭检察官所为之不起诉处分的再议声请无理由时，自应送高等法院首席检察官核办。

期刊名称：法令周刊

主办单位：

刊　　　期：1932（36）

页　　　码：6－7

42. 题　　　名：解释：院字第七九七号

作　　　者：

关　键　词：侦查终结　不起诉处分　自诉

摘　　　要：案经检察官侦查终结即不得再提起自诉。检察官侦查终结后为不起诉处分。告诉人不服声请再议的经上级检察官命令下级检察官续行侦查的，告诉人亦不得再行提起自诉。

期刊名称：司法院公报

主办单位：

刊　　　期：1932（41）

页　　　码：27

43. 题　　　名：解释：院字第八〇二号

作　　　者：

关　键　词：朗诵案由　缺席审判　撤回
起诉

摘　　　要：朗诵案由须向当事人为之。被
告不出庭的，除有特别规定自
不得开始审判。此时法院尚未
开始审判，检察官发现有不起
诉之理由自得撤回自诉。

期刊名称：法令周刊

主办单位：

刊　　　期：1932（123）

页　　　码：43－44

44.题　　　名：解释：院字第八〇四号

作　　　者：

关　键　词：传案侦查

摘　　　要：检察官未对被告为传案侦查手
续而起诉虽有不当，但确非违
背起诉规定，法院仍应受理。

期刊名称：法令周刊

主办单位：

刊　　　期：1933，6（5）

页　　　码：104－112

45.题　　　名：最高法院刑事判决：二十一年
六月十五日上字第一〇〇七号

作　　　者：

关　键　词：公诉庭审笔录

摘　　　要：除自诉案件外，其他案件应由
检察官以起诉书提起公诉，并
由检察官出庭支持公诉，执行
职务，于庭审笔录中签字确
认。既无检察官之起诉书笔录
又无检察官之签名之诉讼程序
自属违背法律规定。

期刊名称：法令周刊

主办单位：

刊　　　期：1932（124）

页　　　码：39－40

46.题　　　名：解释：院字第八一二号

作　　　者：

关　键　词：行政兼理司法　上诉人

摘　　　要：对于兼理司法的县政府判决的
案件以检察官为上诉人提起上
诉，故告诉人若声请上诉，检
察官自有准驳之权。

期刊名称：司法公报

主办单位：

刊　　　期：1932（45）

页　　　码：

47.题　　　名：解释：院字第八二九号

作　　　者：

关　键　词：自诉案件　担当自诉

摘　　　要：自诉人对一审判决不服提起上
诉后，经二审法院屡次合法传
唤均无正当理由不出庭的，得
由配置之检察官担当自诉，行
使原告权利。

期刊名称：法令周刊

主办单位：

刊　　　期：1933（52）

页　　　码：17－18

48.题　　　名：解释：院字第八五三号

作　　　者：

关　键　词：盗匪案　清乡局　检察官侦查

摘　　　要：盗匪案件虽经清乡局为讯问，
然非辩论终结。清乡局即使移
送法院审判，亦应先交由检察
官侦查起诉。

期刊名称：法令周刊

主办单位：

刊　　　期：1933（140）

页　　　码：17－18

49.题　　　名：解释：院字第九二九号

作　　　者：

关　键　词：呈诉不服　上诉理由

摘　　　要：检察官对于呈诉不服的案件于
辩论中以言词陈述理由的，则
可无须在上诉时附加理由。检
察官将案件送法院审判时，若
已经声明上诉，虽未具理由亦
不违法。

期刊名称：法令周刊

主办单位：

刊　　　期：1933（157）

页　　　码：26－27

50.题　　　名：解释：院字第九四二号

作　　　者：

关　键　词：不起诉处分　再议　续行侦查
羁押期限　续行计算

摘　　　要：检察官之不起诉处分因声请再
议，而为上级检察官命令续行

侦查的，被告之羁押期限亦应
继续计算。

期刊名称：法令周刊

主办单位：

刊　　期：1933（163）

页　　码：26－27

51. 题　　名：解释：院字第九五〇号

作　　者：

关 键 词：检察权兼理　承审员　检察权

摘　　要：兼理司法的县长兼有审判和检
察两种职权，得进行侦查，起
诉和上诉。承审员得独任审判
初级案件，无侦查之权力，县
长得以检察职权提起上诉。

期刊名称：法令周刊

主办单位：

刊　　期：1933（164）

页　　码：15

52. 题　　名：解释：院字第九五一号

作　　者：

关 键 词：管辖错误　撤销判决　重新
审理

摘　　要：对于法院级别管辖错误的案件，
不管检察官是否依据适当管辖
的法条进行起诉，都应将判决
予以撤销，将案件交由管辖法
院重新审理。

期刊名称：法令周刊

主办单位：

刊　　期：1933（164）

页　　码：15－16

53. 题　　名：解释：院字第九五三号

作　　者：

关 键 词：侦查终结　检察官批示　不起
诉处分书

摘　　要：检察官于告诉、告发之始开始
侦查，于侦查终结时须为正式
不起诉处分书方为处分，批示
不能被视为侦查终结之不起诉
处分。

期刊名称：法令周刊

主办单位：

刊　　期：1933（165）

页　　码：14

54. 题　　名：解释：院字第一〇〇〇号

作　　者：

关 键 词：行政兼理司法　期限

摘　　要：县知事兼理司法之审限为六十
日，并未区分侦查、预审和审
判三种，不能人为进行划分或
予扣除。侦查期间包括于一审
期限之内，且不起诉案件仍应
依一审期限计算。

期刊名称：法令周刊

主办单位：

刊　　期：1935（264）

页　　码：1－4

55. 题　　名：解释：院字第一〇〇一号

作　　者：

关 键 词：公务员犯罪　法律适用

摘　　要：检察官受理人民告发的公务员
吸食鸦片的犯罪案件，应依据
刑事诉讼法所定程序进行办理，
不受公务员调验规则之拘束。

期刊名称：法令周刊

主办单位：

刊　　期：1933（105）

页　　码：1－2

56. 题　　名：解释：院字第一一四号

作　　者：

关 键 词：覆判　上诉意见书

摘　　要：县政府呈送覆判的案件，检察
官可以附具意见书依覆判程序
办理，亦可在接受卷宗后十日
内附具上诉意见书提起上诉。

期刊名称：法令周刊

主办单位：

刊　　期：1934（188）

页　　码：13

57. 题　　名：解释：院字第一〇三四号

作　　者：

关 键 词：军人　管辖　强制措施

摘　　要：军人在入伍前的犯罪已经检察
官侦查或起诉的，自可由普通
法院继续审理，若无正当理由
传唤不到庭的，检察官和推事
自可为拘提或是通缉。

期刊名称：法令周刊

主办单位：

刊　　期：1934（192）

页　　码：25

58. 题　　名：解释：院字第一〇六〇号

作　者：

关键词：告诉乃论　逾期告诉　县长兼理司法　侦查权

摘　要：检察官对告诉乃论之罪中的告诉人逾期告诉的，不应有任何处分。非兼理司法的县长虽有侦查犯罪的权力，但并非检察官，违法不为移送亦无处罚依据。

期刊名称：法令周刊

主办单位：

刊　期：1934（207）

页　码：13 – 15

59. 题　名：解释：院字第一〇六四号

作　者：

关键词：牵连犯罪　单独起诉　合并审理

摘　要：牵连犯罪，检察官仅就其中一罪起诉的，法院亦得合并审理，并从一重处断。

期刊名称：法令周刊

主办单位：

刊　期：1935（13）

页　码：22

60. 题　名：解释：院字第一〇九四号

作　者：

关键词：自诉　传唤不到　担当自诉

摘　要：自诉人经合法传唤后不出庭的或是所在不明无从传唤的，检察官得担当自诉，行使原告职务。

期刊名称：法令周刊

主办单位：

刊　期：1934（214）

页　码：17

61. 题　名：解释：院字第一〇九八号

作　者：

关键词：侦查　冒名顶替　起诉

摘　要：丁顶替甲，以甲之名义为自认，检察官以甲为被告提起公诉。虽甲不在案，但甲之案件已经以甲的名义侦查起诉，检察官亦得向法院起诉，无须撤回起诉另行侦查。

期刊名称：法令周刊

主办单位：

刊　期：1934，11（43）

页　码：33 – 34

62. 题　名：解释：院字第一一四五号

作　者：

关键词：行政兼理司法　审判程序　重新侦查

摘　要：兼理司法的县知事受理的刑事案件已经进入刑事审判程序时，县法院正式设立。此时可将案件移交法院审判，无须交由检察官重新侦查。

期刊名称：法令周刊

主办单位：

刊　期：

页　码：161 – 165

63. 题　名：司法院解释例：司法院指令院字第一一五九号

作　者：

关键词：行政移送案件　普通程序

摘　要：行政移送法院审判之刑事案件，应适用刑事诉讼普通程序，由检察官侦查起诉。当事人有不服的亦得依通常程序上诉或抗告。

期刊名称：法令周刊

主办单位：

刊　期：1935（236）

页　码：34

64. 题　名：司法院解释例：二十三年院字第一一七六号

作　者：

关键词：军人犯罪　普通犯罪　分别执行

摘　要：军人犯陆海空军刑法之罪和普通犯罪的，应分别科刑，并分别执行。除死刑外，应在执行完前罪特殊犯罪后，由检察官就后罪之普通犯罪之刑罚指挥执行。

期刊名称：法令周刊

主办单位：

刊　期：1935（239）

页　码：1 – 4

65. 题　名：司法院解释例：二十三年院字第一一八四号

作　者：

关　键　词：越级上诉　级别担当

摘　　　要：下级法院检察官认为上级法院
之判决违法的，仅得出具理由
呈请上级检察官提起上诉，而
无越级上诉之权。

期刊名称：法令周刊

主办单位：

刊　　　期：1935（240）

页　　　码：22－23

66. 题　　　名：司法院解释例：二十四年院字
第一一八六号

作　　　者：

关　键　词：量刑不当　二审终局

摘　　　要：刑事诉讼法三百八十七条规定
的不得上诉于第三审法院的案
件，同时约束检察官和自诉人。
即使是二审法院量刑不当，检
察官亦不得再提起三审上诉。

期刊名称：法令周刊

主办单位：

刊　　　期：1935（240）

页　　　码：25－26

67. 题　　　名：司法院解释例：二十四年院字
第一一八九号

作　　　者：

关　键　词：连续犯　再审　刑罚停止执行

摘　　　要：对于连续犯，检察官就先发现
之犯罪起诉判决确定后，应依
据刑诉法规定，不得就后续发
现的部分再行起诉，应为不起
诉处分。提起再审后并不必然
导致刑罚的停止执行，是否停
止执行由检察官决定。

期刊名称：法令周刊

主办单位：

刊　　　期：1935（240）

页　　　码：27

68. 题　　　名：司法院解释例：二十四年院字
第一一九一号

作　　　者：

关　键　词：特别刑法　自诉　检察官起诉

摘　　　要：公司法第二百三十一条至第二
百三十三条所规定之罚金和徒
刑实为特别刑法，可由被害人
提起自诉外，应由检察官侦查
起诉。

期刊名称：法令周刊

主办单位：

刊　　　期：1935（240）

页　　　码：28－29

69. 题　　　名：司法院解释例：二十四年院字
第一一九八号

作　　　者：

关　键　词：税务机关　告发　声请再议

摘　　　要：仅有告诉人得对检察官之不起
诉处分为声请再议。税务机关
发现上任伪造税票而举报的实
为告发，无声请再议之权。

期刊名称：法令周刊

主办单位：

刊　　　期：1935（241）

页　　　码：28－29

70. 题　　　名：司法院解释例：二十四年院字
第一二四四号

作　　　者：

关　键　词：告诉乃论　撤回告诉　不起诉
处分　声请再议

摘　　　要：告诉乃论之罪，告诉人撤回告
诉后或经请求经检察官为不起
诉处分后，仍可声请再议，但
上级法院首席检察官应驳回之。

期刊名称：法令周刊

主办单位：

刊　　　期：1935（249）

页　　　码：1－4

71. 题　　　名：司法院解释例：二十四年院字
第一二四五号

作　　　者：

关　键　词：正式法院　兼理司法　侦查权

摘　　　要：正式法院设立之地，县长不再
兼理司法，但仍得以司法警察
官的身份侦查犯罪。此职权与
检察官同。县长查获犯罪嫌疑
人后应在三日内移送检察官
侦查。

期刊名称：法令周刊

主办单位：

刊　　　期：1935（25）

页　　　码：1－6

72. 题　　　名：司法院解释例：二十四年院字
第一三〇八号

作　　　者：

关　键　词：告诉人　检察官　上诉人

摘　　　要：若告诉人向第二审检察官提请依上诉程序提起上诉，其与自诉人自行上诉有别，应以检察官为上诉人。

期刊名称：法令周刊

主办单位：

刊　　　期：1935（273）

页　　　码：57

73. 题　　　名：司法院解释例：二十四年院字第一三一一号

作　　　者：

关　键　词：不利益上诉　逾期羁押　检察官　自诉人　撤销羁押

摘　　　要：羁押期限已逾判决刑期，除检察官为被告不利益上诉的，应撤销羁押，释放被告。自诉人虽与检察官都为原告地位，但自诉人为被告不利益上诉的亦应撤销羁押。

期刊名称：法令周刊

主办单位：

刊　　　期：1935（273）

页　　　码：59

74. 题　　　名：司法院解释例：二十四年院字第一三二八号

作　　　者：

关　键　词：言词　自诉状　移送自诉

摘　　　要：自诉人提起自诉，应向管辖法院提出自诉状，其以言词向检察官申请移送自诉不符合法律规定。如果自诉人提出自诉状，并经检察官移送法院，法院应依法受理。

期刊名称：法令周刊

主办单位：

刊　　　期：1935（282）

页　　　码：50

75. 题　　　名：司法院解释例：二十四年院字第一三四五号

作　　　者：

关　键　词：行为不成犯罪　告诉乃论犯罪　不起诉处分　送达

摘　　　要：行为不构成犯罪或告诉乃论的犯罪，未经告诉或告诉不合法或依法不得告诉者，检察官不

应作出起诉处分。例如，告诉或请求乃论的犯罪因其告诉或请求已经撤回或已逾告诉期间的，应为不起诉处分并叙述不起诉理由。该不起诉处分应以正本送达告诉人。

期刊名称：法令周刊

主办单位：

刊　　　期：1935（285）

页　　　码：32－33

76. 题　　　名：解释：二十四年院字第一三五六号

作　　　者：

关　键　词：有期徒刑　拘役　易科罚金

摘　　　要：对于最高刑期为三年以下有期徒刑的犯罪，被告被判以六月以下有期徒刑或拘役的，被告因身体、教育、职业或家庭关系等因素，执行显有困难的，可变更为罚金。对此，被告和检察官均有申请权。

期刊名称：法令周刊

主办单位：

刊　　　期：1936（288）

页　　　码：1－7

77. 题　　　名：解释：二十四年院字第一三六三号

作　　　者：

关　键　词：发回重审　撤回上诉　检察官送审　继续审理

摘　　　要：案件经第三审法院发回重审的，不允许被告撤回上诉为原则。例外情形为如果第二审法院在发回重审中允许被告撤回上诉，但被告的上诉部分已由检察官送审并经第二审列为上诉人，则不因被告撤回上诉而消减，自得请求继续审理。

期刊名称：司法公报

主办单位：

刊　　　期：1935（88）

页　　　码：27－28

78. 题　　　名：解释：二十四年院字一三八零号

作　　　者：

关　键　词：诬告　起诉　不起诉处分

摘　　　要：检察官侦查刑事案件时，发现

原告诉人为诬告时，可直接就诬告起诉，无须对被诬告人为不起诉处分。检察官对于被告为不起诉处分，如果检察官认为告诉人为诬告人，检察官可以直接起诉，无须经过再议期间。

期刊名称：法令周刊

主办单位：

刊　　期：1936（292）

页　　码：73－74

79. 题　　名：解释：二十五年院字第一三九九号

作　　者：

关 键 词：被害人　兼理司法县长　自诉　检察职权　当事人资格

摘　　要：被害人向兼理司法的县长以书状申请自诉，而本案未经县长依照检察职权为侦查起诉的，应认定该被害人具有当事人资格。

期刊名称：法令周刊

主办单位：

刊　　期：1936（295）

页　　码：54－55

80. 题　　名：解释：二十五年院字第一四一九号

作　　者：

关 键 词：盗匪案件　检察官上诉

摘　　要：盗匪案件在剿匪区域和剿匪期内经县判后，检察官不得据原告诉人之请求代提上诉，上级法院亦不得进行实体审判。

期刊名称：司法公报

主办单位：

刊　　期：1936（299）

页　　码：41－42

81. 题　　名：解释：二十五年院字第一四五七号

作　　者：

关 键 词：自诉人　行为能力　不受理判决

摘　　要：自诉人以有行为能力为限。若自诉人无行为能力，则法院应为不受理判决，并将案件交检察官依法办理。

期刊名称：法令周刊

主办单位：

刊　　期：1936（105）

页　　码：43－44

82. 题　　名：解释：二十五年院字第一四六八号

作　　者：

关 键 词：自诉案件　不予受理　管辖错误　不起诉处分　提起公诉

摘　　要：检察官接受自诉案件不受理或管辖错误判决书后，认为依据自诉程序所得证据足以为不起诉处分或毋庸处分时，与检察官认为应提起公诉开始或续行侦查不同。

期刊名称：法令周刊

主办单位：

刊　　期：1936（305）

页　　码：1－10

83. 题　　名：解释：二十六年院字第一六一六号

作　　者：

关 键 词：诬告　国家法益　个人利益　自诉　不起诉处分　申请再议

摘　　要：诬告同时侵害国家法益和个人合法权益的案件，被诬告人可提起自诉。被害人向检察官告诉，检察官作出不起诉处分后，可申请再议。

期刊名称：法令周刊

主办单位：

刊　　期：1937（164）

页　　码：17－18

84. 题　　名：解释：二十六年院字第一六三五号

作　　者：

关 键 词：自诉程序　担当诉讼

摘　　要：检察官在自诉程序中担当诉讼，法院在判决书当事人一栏中除应列自诉人外，应并列担当诉讼人即检察官。

期刊名称：法令周刊

主办单位：

刊　　期：1937（349）

页　　码：55－56

85. 题　　名：解释：二十六年院字第一六三

九号

作　　者：

关 键 词：告诉乃论犯罪　代行告诉人
　　　　　利害关系人

摘　　要：告诉乃论犯罪，如没有可为告
　　　　　诉的人，检察官得指定代行告
　　　　　诉人。如被害人年幼不理解告
　　　　　诉的意义而其法定代理人又系
　　　　　被告，或因与被告存在亲属关
　　　　　系而不为告诉者。告诉乃论犯
　　　　　罪，无得为告诉之人者，该管
　　　　　检察官得依利害关系人申请指
　　　　　定代行告诉人。利害关系人指
　　　　　依普通观念在财产上或精神上
　　　　　有直接利害关系而言。

期刊名称：法令周刊

主办单位：

刊　　期：1937（350）

页　　码：41－42

86. 题　　名：解释：二十六年院字第一六六
　　　　　九号

作　　者：

关 键 词：告诉乃论犯罪　利害关系人
　　　　　指定代行告诉

摘　　要：告诉乃论之罪如无告诉人告诉，
　　　　　亦无利害关系人申请检察官指
　　　　　定代行告诉之人，则检察官不
　　　　　得为任何处分。

期刊名称：法令周刊

主办单位：

刊　　期：1937（360）

页　　码：70

87. 题　　名：解释：二十六年院字第一六七
　　　　　一号

作　　者：

关 键 词：自诉　判决书　送达

摘　　要：自诉案件的判决书应送达于该
　　　　　管检察官。该管检察官是指原
　　　　　受理自诉法院所配置的检察官。

期刊名称：司法公报

主办单位：

刊　　期：1937（188）

页　　码：33

88. 题　　名：解释：二十六年院字第一六八
　　　　　六号

作　　者：

关 键 词：不起诉处分书　期限　书状
　　　　　声请再议

摘　　要：告诉人接受不起诉处分书后，
　　　　　得于七日内以书状叙述不服理
　　　　　由，经由原检察官向直接上级
　　　　　法院首席检察官或检察长申请
　　　　　再议。告诉人未在七日内向原
　　　　　检察官叙明不服理由，经原检
　　　　　察官驳回后，告诉人即使再补
　　　　　提理由，也不发生声请再议之
　　　　　效力。

期刊名称：法令周刊

主办单位：

刊　　期：1937（365）

页　　码：1－4

89. 题　　名：司法院解释要旨：院字第二二
　　　　　三六号

作　　者：

关 键 词：首席检察官　主办检察官　签
　　　　　章　逾期上诉

摘　　要：地方首席检察官在上诉期间内
　　　　　致片刑庭声明上诉，该片内盖
　　　　　章与一般公文盖章同，则视为
　　　　　有效签名，上诉已属合法。即
　　　　　使主办检察官在上诉期外提出
　　　　　上诉理由书，亦不影响原上诉
　　　　　有效性。

期刊名称：法令周刊

主办单位：

刊　　期：1946，9（1）

页　　码：20

90. 题　　名：司法院解释要旨：院字第二二
　　　　　七一号

作　　者：

关 键 词：不受理判决　覆判　发回重审
　　　　　撤回起诉

摘　　要：检察官或自诉人撤回起诉或自
　　　　　诉，而初审法院为不受理判决
　　　　　后，转送覆判。覆判法院将案
　　　　　件发回重审，此时检察官或自
　　　　　诉人已经撤回起诉，法院自毋
　　　　　庸重新审判。

期刊名称：法令周刊

主办单位：

刊　　期：1946，9（2）

页　　码：19

91. 题　　名：司法院解释要旨：院字第二二七五号

作　　者：

关 键 词：国家追诉主义　告诉追诉　告发　再行起诉　申请再议

摘　　要：刑事诉讼，除自诉案件外，均由检察官代表国家追诉。犯罪的被害人得为告诉。国家的法益被害时，由检察官代表国家追诉，其他机关不能代为告诉。监务机关缉获嫌疑犯，由该管公务员函送县司法处侦查，此属于告发，并非代表国家所为的告诉。该案经检察官为不起诉处分后，原告发公务员得请求检察官再行起诉，但依法不得申请再议。

期刊名称：法令周刊

主办单位：

刊　　期：1946，9（2）

页　　码：20

92. 题　　名：司法院解释要旨：院字第二二八九号

作　　者：

关 键 词：自诉　公诉　侦查　不起诉处分　申请再议　撤销

摘　　要：被害人依法得提起自诉之案件，兼理检察职权的县长误认为公诉案件而为侦查，并为不起诉处分。后经被害人声请再议，上级法院首席检察官应撤销该不起诉处分，该案仍由原县司法处依自诉程序办理。

期刊名称：法令周刊

主办单位：

刊　　期：1946，9（3）

页　　码：16

93. 题　　名：司法院解释要旨：院字第二二九二号

作　　者：

关 键 词：告诉乃论犯罪　撤回告诉　再行告诉　不起诉处分

摘　　要：告诉乃论犯罪，告诉人向检察官告诉后又撤回的，该告诉人不得再行告诉。嗣后如再向检察官告诉，检察官得为不起诉

处分。

期刊名称：法令周刊

主办单位：

刊　　期：1946，9（3）

页　　码：17

94. 题　　名：司法院解释要旨：院字第二二九七号

作　　者：

关 键 词：宪兵长官　检察职权　军司法案件　传讯被告

摘　　要：宪兵长官执行军事检察职务，因侦查军中司法案件，如认为有传讯被告之必要时，其虽无签发传票的权力，但得请求长官令命其到案。

期刊名称：法令周刊

主办单位：

刊　　期：1946，9（3）

页　　码：17

95. 题　　名：司法院解释要旨：院字第二三〇四号

作　　者：

关 键 词：公示送达　检察官许可

摘　　要：刑事诉讼文书应送达于受送达人。然受送达地区属沦陷区，邮寄送达或直接送达均有困难者，得为公告送达。公告送达，应经委托法院检察长、首席检察官或检察官许可。

期刊名称：法令周刊

主办单位：

刊　　期：1946，9（3）

页　　码：18

96. 题　　名：司法院解释要旨：院字第二三〇六号

作　　者：

关 键 词：共同被害人　告诉　再行告诉　不起诉处分　声请再议

摘　　要：若一犯罪行为侵害数个被害人法益的，仅视为一案。一个或数个被害人已经告诉后，无论判决是否确定，其余被害人不得再行告诉。如检察官已为不起诉处分，其余被害人声请再议，亦得驳回之。

期刊名称：法令周刊

主办单位：

刊　　期：1946，9（3）

页　　码：18

97. 题　　名：司法院解释要旨：院字第二三四七号

作　　者：

关 键 词：覆判审　核准上诉　撤销原判　发回重审　通常程序

摘　　要：检察官对于覆判审，核准判决上诉的，经第三审撤销原判发回重审的，依通常程序办理。

期刊名称：法令周刊

主办单位：

刊　　期：1946，9（4）

页　　码：17

98. 题　　名：司法院解释要旨：院字第二三八三号

作　　者：

关 键 词：检警关系

摘　　要：司法警察仅有协助检察官侦查犯罪职权，仅得逮捕现行犯或通缉犯，若需拘提者应由检察官签发拘提票。

期刊名称：法令周刊

主办单位：

刊　　期：1946，2（3）

页　　码：14－15

99. 题　　名：司法院解释要旨：院字第二三九三号

作　　者：

关 键 词：部分起诉　合并审判

摘　　要：检察官就实质上或审判上一罪之犯罪事实起诉一部分者，其效力应及于全部。惟其已起诉事实，如不构成犯罪，即与未起诉的其他事实不发生所称犯罪事实一部与全部的关系，法院不得就未经起诉的其他事实并于审判。

期刊名称：法令周刊

主办单位：

刊　　期：1946，9（5）

页　　码：9

100. 题　　名：司法院解释要旨：院字第二三九五号

作　　者：

关 键 词：检警关系

摘　　要：实施新县制的县警察局长与旧制的警察局长职权相当，有协助检察官侦查犯罪之职权，但不是应听从检察官指挥。检察官不得以命令指挥警察局长，其公文往来应用公函。

期刊名称：法令周刊

主办单位：

刊　　期：1946，9（5）

页　　码：9

101. 题　　名：司法院解释全文：院解字第三〇二六号

作　　者：

关 键 词：普通案件　特种刑事案件　上诉　撤销原判

摘　　要：检察官认为某普通案件系特种刑事案件提起第二审上诉的。上级法院认为确系犯特种刑事罪的，应以检察官上诉为有理，撤销原判，并在理由内说明。

期刊名称：法令周刊

主办单位：

刊　　期：1946，9（6）

页　　码：7－8

102. 题　　名：司法院解释要旨：院字第二五一〇号

作　　者：

关 键 词：数罪　漏判　上诉

摘　　要：检察官就被告之犯数罪起诉后，法院仅就部分罪行判决，原检察官以漏判为由提起上诉。若所犯数罪本质为一罪的，应认为原检察官就数罪均提起上诉；若所犯数罪本质为两罪以上，而审判上并无不可分之关系，未上诉罪行之判决已经确定，第二审仅得上诉之漏判部分审判。

期刊名称：法令周刊

主办单位：

刊　　期：1946，9（6）

页　　码：14

103. 题　　名：司法院解释要旨：院字第二六三四号

作　　者：

作　　　者：

关 键 词：侦查终结　自诉　继续侦查
　　　　　处分

摘　　　要：自诉人在检察官侦查终结前，
　　　　　均得提起自诉。检察官在自诉
　　　　　提起后，仍继续侦查并作出处
　　　　　分的，无论检察官是否知道有
　　　　　自诉存在，均不影响自诉效
　　　　　力。如果检察官所为的处分是
　　　　　不起诉，应认为该处分无效；
　　　　　如果检察官所为的处分是起
　　　　　诉，法院应依法谕知不受理，
　　　　　并就自诉案件继续审理。

期刊名称：法令周刊

主办单位：

刊　　　期：1946，9（9）

页　　　码：15

104. 题　　名：司法院解释要旨：院字第二六
　　　　　六一号

作　　　者：

关 键 词：检察权兼理　勘验　委托

摘　　　要：兼理检察权的县长无暇勘验尸
　　　　　体的，可将勘验权力委托给审
　　　　　判官代行，不得委派他人为勘
　　　　　验。代为勘验后，如不生损害
　　　　　公众或他人利益者，在勘验书
　　　　　内记载"亲验"，并不须负
　　　　　刑责。

期刊名称：法令周刊

主办单位：

刊　　　期：1946，9（10）

页　　　码：14

105. 题　　名：司法院解释要旨：院字第二七
　　　　　四五号

作　　　者：

关 键 词：上诉　答辩书　告诉乃论之罪

摘　　　要：第二审检察官和被告分别提起
　　　　　上诉后，检察官应对被告所提
　　　　　上诉理由提出答辩书。告诉人
　　　　　告诉之后，检察官侦查后发现
　　　　　案件性质变成告诉乃论之罪
　　　　　后，除告诉人明确表示不告诉
　　　　　的，则检察官可继续侦查
　　　　　起诉。

期刊名称：法令周刊

主办单位：

刊　　　期：1945，2（26）

页　　　码：164

106. 题　　名：司法院解释要旨：院字第二七
　　　　　九〇号

作　　　者：

关 键 词：管辖　指定管辖

摘　　　要：除法令有特别规定外，检察官
　　　　　只能在其所配置法院管辖区域
　　　　　内执行职务。指定管辖并不限
　　　　　于起诉以后。

期刊名称：法令周刊

主办单位：

刊　　　期：1946，9（13）

页　　　码：15－16

107. 题　　名：司法院解释全文：院解字第三
　　　　　一四九号

作　　　者：

关 键 词：特种刑事　普通刑事　合并起
　　　　　诉　覆判　分别办理

摘　　　要：被告先后犯特种刑事与普通刑
　　　　　事数罪，其非属于同一诉讼程
　　　　　序案件。检察官合并起诉的，
　　　　　并由第一审法院依特种刑事诉
　　　　　讼程序审判，并援用特种刑事
　　　　　法令与普通刑法分别判决。覆
　　　　　判法院仍应专就特种刑事部分
　　　　　判决予以覆判。关于普通刑事
　　　　　部分，应视其有无不服之声
　　　　　明，应依通常诉讼程序分别
　　　　　办理。

期刊名称：法令周刊

主办单位：

刊　　　期：1946，9（37）

页　　　码：6

108. 题　　名：最高法院裁判要旨

作　　　者：

关 键 词：起诉书　逃匿　停止审判　不
　　　　　起诉处分　确定力

摘　　　要：检察官应在起诉书内载明几名
　　　　　被告及其犯罪等情况，若未依
　　　　　法律规定载明则违背程序。被
　　　　　告在审判过程中逃匿，应停止
　　　　　审判，待抓获后直接审判，无
　　　　　须经检察官再行起诉。检察官
　　　　　对犯罪嫌疑不足的案件应为不
　　　　　起诉处分，以维护社会安定。

判决在未经覆判机关撤销前，具有确定力，兼理检察权之县长不得重行起诉。

期刊名称：法令周刊

主办单位：

刊　　期：1948，11（31）

页　　码：4

109. 题　　名：最高法院裁判要旨

作　　者：

关 键 词：自诉　侦查终结　续行侦查　不起诉处分　检察官莅庭

摘　　要：检察官侦查终结后，被害人不得再提起自诉。告诉人可就检察官之不起诉处分声请再议，有理由的应续行侦查。然检察官侦查过程中自诉人自诉的，并不能导致检察官之不起诉处分无效。检察官对于撤回自诉案件可继续侦查起诉，亦得在自诉案件中出庭陈述意见。非被害人无权提起自诉。

期刊名称：法令周刊

主办单位：

刊　　期：1948，11（32）

页　　码：4

110. 题　　名：最高法院裁判要旨

作　　者：

关 键 词：上诉书状　撤回上诉　回避　检察官莅庭　担当诉讼

摘　　要：检察官以当事人资格提出上诉时，应在上诉书状内签名。自诉案件自诉人撤回上诉，应经检察官同意。自诉人于第二审审理中，当庭声称撤回上诉，依法自应征得检察官同意，始能生效。原判决上诉人在第二审期日，曾以言辞撤回上诉，法院在审判期日外咨询检察官而得其同意，发生撤回上诉的效力。检察官担当诉讼后第二审不再传自诉人。检察官调任推事对其曾办理侦讯案件应予回避。自诉案件检察官得莅庭陈述意见，亦得不出庭。自诉人及被告均未到庭，须通知检察官担当诉讼。

期刊名称：法令周刊

主办单位：

刊　　期：1947，10（50）

页　　码：12

111. 题　　名：司法院解释全文：院解字第三一八四号

作　　者：

关 键 词：拘票　检察官签发

摘　　要：侦查中拘提被告所用拘票，应由检察官签发。

期刊名称：法令周刊

主办单位：

刊　　期：1946，9（40）

页　　码：4－8

112. 题　　名：最高法院裁判要旨

作　　者：

关 键 词：责付处分　非常上诉　撤回上诉

摘　　要：对于检察官责令具保责付等处分有不服者，得申请所属法院撤销或变更。自诉人撤回上诉未经检察官同意而法院据以驳回上诉时，得提起非常上诉。国家机关如因犯罪而受损害，仍应以该机关长官代表起诉，地方检察官因未受合法委任，无代表国家机关为民事原告资格。

期刊名称：法令周刊

主办单位：

刊　　期：1948，11（31）

页　　码：4

113. 题　　名：最高法院裁判要旨

作　　者：

关 键 词：覆判程序　附具意见　上诉

摘　　要：检察官发现县判有不当时，得自行提起上诉。如检察官认为无上诉必要时，检察官可附具意见转送覆判程序。告诉人对于覆审判决不服时，得向第二审法院检察官申诉不服，请求上诉时，以处刑轻于初判时为限。

期刊名称：法令周刊

主办单位：

刊　　期：1948，11（32）

114. 题　　名：最高法院裁判要旨：关于修正县知事审理诉讼暂行章程者

作　　者：

关 键 词：县判案件　覆审判决　呈诉不服　期间

摘　　要：告诉人不服县政府判决，提出书状于县政府呈诉不服，请为转送，自不能以其未向第二审检察官直接提出而谓为不合程式。告诉人对于县政府覆审判决得呈诉不服，请求上诉者，以处刑轻于初判时为限。兼理司法之县政府，虽在判决中误列告诉人为自诉人，然告诉人已向检察官呈诉不服，检察官提起上诉的，自应认检察官为上诉人，进行审理。检察官如认为县判不当，应在接受卷宗后十日内提起上诉。

期刊名称：法令周刊

主办单位：

刊　　期：1946，9（44）

页　　码：13

115. 题　　名：最高法院裁判要旨：关于县司法处办理诉讼补充条例者

作　　者：

关 键 词：申诉权　舍弃申诉　检察官上诉

摘　　要：告诉人得向二审法院检察官申诉不服，此种申诉权与当事人之上诉权相似，均为不服下级法院裁判而为之救济，故亦应可以舍弃。告诉人舍弃申诉权后，不得再向检察官申诉不服，检察官亦不得仅依此提起上诉。

期刊名称：法令周刊

主办单位：

刊　　期：1946，9（44）

页　　码：14－15

116. 题　　名：司法院解释全文：院解字第三二五六号

作　　者：

关 键 词：汉奸案件　私人法益　告诉声请理由　声请再议

摘　　要：触犯汉奸罪名，同时直接侵害私人法益者，被害人得为告诉，并得对不起诉处分声请再议。对于高院或其分院管辖案件，其声请再议，原检察官认为无理由者，应将案卷送最高法检察署检察长。凡属汉奸犯罪所供给之物质，不论权属均应先予没收。检察官声请之理由应限于实体。

期刊名称：法令周刊

主办单位：

刊　　期：1946，9（48）

页　　码：13

117. 题　　名：司法院解释全文：院解字第三四一三号

作　　者：

关 键 词：自诉人死亡　担当诉讼

摘　　要：自诉人于自诉案件审判过程中死亡的，应由检察官担当自诉。

期刊名称：法令周刊

主办单位：

刊　　期：1947，10（18）

页　　码：14－15

118. 题　　名：司法院解释全文：院解字第三四一九号

作　　者：

关 键 词：汉奸案件　管辖权　不起诉处分

摘　　要：汉奸案件本应归军法审判，普通法院对之无管辖权，检察官应依法为不起诉处分。

期刊名称：法令周刊

主办单位：

刊　　期：1947，10（19）

页　　码：15

119. 题　　名：司法院解释全文：院解字第三四三三号

作　　者：

关 键 词：告诉乃论之罪　代行告诉人指定告诉

摘　　要：对于告诉乃论之罪，除非无告诉人或告诉人无法告诉，检察官始得指定代行告诉人。然告诉人任军职非为告诉之障碍。

告诉人之父未受检察官之指
定，其告诉自然无效。

期刊名称：法令周刊

主办单位：

刊　　期：1947，10（20）

页　　码：12－13

120. 题　　名：司法院解释全文：院解字第三
四五九号

作　　者：

关键词：汉奸案件　期限　国家追诉权

摘　　要：人民或团体于政府明令期限之
后告发汉奸案件的，告发无
效，检察官自可不予置议。然
此不影响国家追诉权。

期刊名称：法令周刊

主办单位：

刊　　期：1947，10（22）

页　　码：12

121. 题　　名：司法院解释全文：院解字第三
四七七号

作　　者：

关键词：汉奸案件　死亡　没收财产

摘　　要：未经通缉的汉奸在裁判前死亡
而罪证确实的，检察官可声请
宣告没收其全部财产。

期刊名称：法令周刊

主办单位：

刊　　期：1947，10（24）

页　　码：16

122. 题　　名：司法院解释全文：院解字第三
四七八号

作　　者：

关键词：汉奸案件　逃匿　死亡　没收
财产

摘　　要：犯汉奸罪，罪证确实，虽未经
通缉又未获案而已死亡者，其
财产仍得由有权侦讯之机关分
别报请行政院或中央最高军事
机关核准先行查封，并得声请
有权裁判之机关单独宣告没
收；在逃汉奸起诉后避不到
案，如罪证确实，其已查封财
产得依法单独宣告没收。

期刊名称：法令周刊

主办单位：

刊　　期：1947，10（24）

页　　码：15－16

123. 题　　名：司法院解释全文：院解字第三
六六六号

作　　者：

关键词：没收财产　执行赦免

摘　　要：检察官已经执行没收财产的，
不因赦免而再行发还。然尚未
执行的，除违禁品依法得单独
宣告没收外，其他供犯罪所
之物及因犯罪所得之物自应予
以发还。

期刊名称：法令周刊

主办单位：

刊　　期：1948，11（3）

页　　码：8－11

124. 题　　名：司法院解释全文：院解字第三
六六九号

作　　者：

关键词：特种刑事案件　声请覆判　非
常上诉

摘　　要：告诉人对特种刑事案件判决不
服，声请检察官覆判，检察官
仅在原状上批示移送刑庭，而
未另具声请书，不能认为检察
官已经声请覆判。如果覆判法
院误认为检察官已为覆判声
明，予以覆判并撤销原判发回
更审。由于该覆判判决违背法
令，检察官得提起非常上诉撤
销之。

期刊名称：法令周刊

主办单位：

刊　　期：1948，11（3）

页　　码：9

125. 题　　名：司法院解释全文：院解字第三
六七一号

作　　者：

关键词：汉奸财产　没收财产　程序终
结　发还

摘　　要：没收财产程序终结前，第三人
对汉奸财产主张权利并证明确
系其所有，检察官得不待程序
终结，在侦查中以命令发还
之，审判中刑庭得以裁定发
还之。

期刊名称：法令周刊

主办单位：

刊　　　期：1948，11（3）

页　　　码：9 - 10

126. 题　　　名：司法院解释全文：院解字第三
七三四号

作　　　者：

关 键 词：军律　特种刑事案件诉讼程序
非常上诉

摘　　　要：案件在军律有效期内经高等法
院检察官提起公诉，而高等法
院于该军律废止后谕知不受
理，其判决仍属违法，此时应
适用特种刑事案件诉讼程序。
上述判决如经确定，检察官得
依非常上诉程序救济。

期刊名称：法令周刊

主办单位：

刊　　　期：1948，11（8）

页　　　码：10

127. 题　　　名：司法院解释全文：院解字第三
八二一号

作　　　者：

关 键 词：汉奸案件　没收财产　发还

摘　　　要：被告仅任伪职别而无其他罪刑
的，如按其所任职之任务性
质、执行手段及其他一切情
形，不足以认为成立汉奸罪，
被告死亡的，自不能单独宣告
没收其财产，其已查封财产应
由检察官发还之。

期刊名称：法令周刊

主办单位：

刊　　　期：1948，11（18）

页　　　码：10

128. 题　　　名：司法院解释全文：院解字第三
八八七号

作　　　者：

关 键 词：禁戒处分　免予执行

摘　　　要：对于烟毒案件，被告罪刑较为
轻微的，应勒令禁戒，根除断
瘾。检察官可于禁戒处分之后
或同时执行者，声请免其刑之
执行。

期刊名称：法令周刊

主办单位：

刊　　　期：1948，11（24）

页　　　码：8 - 9

129. 题　　　名：司法院解释全文：院解字第三
八八九号

作　　　者：

关 键 词：告诉乃论之罪　不起诉处分
新证据　再行起诉

摘　　　要：告诉乃论之罪，告诉人于不起
诉处分确定后，不得以发现新
颁布法令为新证据，申请检察
官再行起诉。

期刊名称：法令周刊

主办单位：

刊　　　期：1948，11（24）

页　　　码：9

130. 题　　　名：司法院解释全文：院解字第三
八九六号

作　　　者：

关 键 词：特种刑事案件　声请覆判　县
判案件　正式法院

摘　　　要：特种刑事案件因基层是否设立
正式法院而声请覆判权人有所
差异。对于县判案件，高等法
院首席检察官不得声请覆判，
而告诉人得声请之；然正式法
院判决之案件，声请覆判的权
利则归属于检察官，告诉人无
声请覆判之权。

期刊名称：法令周刊

主办单位：

刊　　　期：1948，11（24）

页　　　码：12

131. 题　　　名：司法院解释全文：院解字第三
九四九号

作　　　者：

关 键 词：没收财产　诉愿程序　返还
声明异议　起诉

摘　　　要：在裁判没收汉奸财产前，误将
汉奸亲属财产一并查封，若系
由行政机关所为，其亲属可依
诉愿程序提起诉愿；若系检察
官或法院为之，其亲属可要求
返还。若案件已经裁判没收确
定，其亲属可声明异议或向法
院起诉。若因执行人员之故意
或过失导致财物损毁的，应予
赔偿。

期刊名称：法令周刊

主办单位：

刊　　期：1948，11（27）

页　　码：11－12

132. 题　　名：司法院解释全文：院解字第三九八一号

作　　者：

关 键 词：律师惩戒　批示　驳回　抗告　惩戒委员会

摘　　要：人民违法提起对律师的惩戒申请时，首席检察官认为不应交付惩戒的，可直接批示驳斥之，毋须移送惩戒委员会，对此批示亦不得抗告之。

期刊名称：法令周刊

主办单位：

刊　　期：1948，11（29）

页　　码：7

133. 题　　名：司法院解释全文：院解字第三九九三号

作　　者：

关 键 词：汉奸财产　没收财产　异议之诉

摘　　要：第三人就没收汉奸财产主张权利所提起的诉讼并非强制执行法上的异议之诉。没收汉奸财产裁判由高等法院检察官执行者，提起此项诉讼亦应向地方法院为之。

期刊名称：法令周刊

主办单位：

刊　　期：1948，11（30）

页　　码：4

134. 题　　名：司法院解释全文：院解字第三九九九号

作　　者：

关 键 词：上诉期间　起算

摘　　要：检察官对于县司法处刑事判决上诉期间应自其接收原卷宗后起算。第二审检察官因告诉人申诉不服提起上诉的，其上诉期间应自该检察官第二次接受卷宗后起算。

期刊名称：法令周刊

主办单位：

刊　　期：1948，11（30）

页　　码：7

135. 题　　名：司法院解释全文：院解字第四〇一五号

作　　者：

关 键 词：盐政条例　处罚或不处罚裁定　抗告

摘　　要：法院依据盐政条例所为的处罚或不处罚的裁定，原检察机关或移送起诉的税局均不得提起抗告。

期刊名称：法令周刊

主办单位：

刊　　期：1948，11（31）

页　　码：3

136. 题　　名：司法院解释全文：院解字第四〇六九号

作　　者：

关 键 词：检察一体　声请覆判　合并审判　上诉期限

摘　　要：基于检察一体，法院将由不同检察官先后提起公诉的同一案件合并审理，由一检察官莅庭执行职务并作出裁判后，分送检察官。此做法并无不妥，且检察官之上诉期限以先收到判决书一方为准。故于一方未声明不服上诉且上诉期限已过后，另一方不得以法院裁判有误申请覆判。

期刊名称：法令周刊

主办单位：

刊　　期：1948，11（33）

页　　码：4

（四）判例

1. 题　　名：最高法院刑事裁定：二十一年一月十九日抗字第三号

作　　者：

关 键 词：不利益再审　自诉人　告诉人

摘　　要：为保障被告利益，平衡两方利益，为被告不利益起见提起再审的权利，仅属于管辖法院的检察官和自诉案件中的自诉人。非自诉案件中的普通告诉人不得为被告之不利益提起再审。

期刊名称：法令周刊

主办单位：

刊　　期：

刊　　　期：1932（102）
页　　　码：10－11

2. 题　　　名： 最高法院刑事判决二十一年六月
二日非字第八四号

作　　　者：

关 键 词：呈诉　上诉人　撤回

摘　　　要：告诉人对于县政府所判决之案件
结果呈诉不服的，应以检察官为
上诉人。告诉人欲撤回呈诉申请
的，亦应取得检察官的同意，否
则不生效力。

期刊名称：法令周刊
主办单位：
刊　　　期：1932（119）
页　　　码：9－10

3. 题　　　名： 最高法院刑事裁定：二十二年一
月五日抗字第二号

作　　　者：

关 键 词：检察权兼理　不起诉处分　救济

摘　　　要：县政府兼有检察和审判两种职
权，故基于检察职权所为之不起
诉处分，告诉人如有不服，别无
法律救济之途径。

期刊名称：法令周刊
主办单位：
刊　　　期：1933（154）
页　　　码：8－9

4. 题　　　名： 最高法院刑事判决：孟庆生等预
谋杀人上诉案

作　　　者：

关 键 词：上诉书　逾期上诉　记载期限

摘　　　要：检察官未在法定上诉期限内提交
上诉书状的，即使其书状内记载
的期限并不逾期，其上诉亦不能
认为合法。

期刊名称：法令周刊
主办单位：
刊　　　期：1933（169）
页　　　码：6－7

5. 题　　　名： 最高法院刑事判决：孙景全杀人
上诉案

作　　　者：

关 键 词：上诉书　上诉逾期

摘　　　要：检察官上诉书虽在上诉法定期限
内作成，但未在法定期限内提
出，上诉亦为逾期而不合法。

期刊名称：法令周刊
主办单位：
刊　　　期：1933（169）
页　　　码：7－8

6. 题　　　名： 最高法院刑事判决：马毅然诬告
上诉案

作　　　者：

关 键 词：诬告案件　公诉

摘　　　要：诬告案件系为侵害公益之公诉案
件，侦查明白即可起诉。无须被
诬告人处分不起诉后，再由检察
官提起公诉之限制。

期刊名称：法令周刊
主办单位：
刊　　　期：1934，2
页　　　码：6－7

7. 题　　　名： 最高法院刑事案件判决：刘顺功
恐吓使人交付所有物上诉案

作　　　者：

关 键 词：不告不理　起诉　审判违法

摘　　　要：检察官未为起诉申请法院判决的
事项，法院不得进行审判，审判
亦为违法。

期刊名称：法令周刊
主办单位：
刊　　　期：1934（205）
页　　　码：36－37

8. 题　　　名： 最高法院刑事判决：吕守舟等伤
害上诉案

作　　　者：

关 键 词：行政兼理司法　检察处分　上
诉权

摘　　　要：兼理司法的县政府虽同时兼有审
判和检察两种职权，然其所为之
堂论为出于判决之性质，纵用语
不当亦应认为是判决，不能认为
是检察处分，而影响当事人的上
诉权。

期刊名称：法令周刊
主办单位：
刊　　　期：1934（223）
页　　　码：8－9

9. 题　　　名： 最高法院刑事判决：刘天奇等略
诱上诉案

作　　　者：

关 键 词：管辖权　呈诉　检察一体

摘　　要：诉讼程序不因法院无管辖权而归于无效。故告诉人以此为由向二审检察官呈诉不服的，可由该检察官将案件移送有管辖权之法院的检察官。告诉人之呈诉仍属有效。

期刊名称：法令周刊

主办单位：

刊　　期：1934（225）

页　　码：8－9

10. 题　　名：最高法院刑事判决：贺延龄侵占公务上持有物上诉案

作　　者：

关 键 词：呈诉　上诉

摘　　要：告诉人对于县政府判决呈诉不服的，得申请检察官提起上诉，此上诉多为实体上的上诉。而告发之人无呈诉之权。

期刊名称：法令周刊

主办单位：

刊　　期：1934（226）

页　　码：8－10

11. 题　　名：最高法院刑事裁定：李元娃等抢夺上诉案

作　　者：

关 键 词：越级上诉

摘　　要：检察官对案件判决结果不服的得提起上诉。然此上诉以同级法院为限。下级检察官不得因对上级法院之判决不服的而越级提起上诉。

期刊名称：法令周刊

主办单位：

刊　　期：1934（229）

页　　码：14

12. 题　　名：刑事判决：朱全福行劫而故意伤害二人以上上诉案

作　　者：

关 键 词：不起诉处分　撤回起诉　行政兼理司法　程序倒流

摘　　要：检察官侦查终结后可为不起诉处分，然进入审判程序后仅能为撤回起诉。兼有检察和审判两种职能的县政府在案件进入审判后亦只能撤回起诉，不能回复检察职权而为不起诉处分。

期刊名称：法令周刊

主办单位：

刊　　期：1935（237）

页　　码：5－6

13. 题　　名：刑事判决：莫虬成等妨害自由等罪上诉案

作　　者：

关 键 词：口头起诉　起诉书状　违背规定　不受理判决

摘　　要：出庭检察官对被告之外的另外一人仅在出庭时提起口头起诉，而未为起诉书状的。此类口头起诉违背规定，法院应为不受理判决，二审法院更不能进行实体判决。

期刊名称：法令周刊

主办单位：

刊　　期：1935（237）

页　　码：6－8

14. 题　　名：最高法院裁判：二十三年度抗字第二〇九号

作　　者：

关 键 词：检察官处分　勘验　抗告

摘　　要：对于检察官所为处分得向法院声请撤销或变更者仅限于刑事诉讼法所列举之事项。对于属于勘验的验伤，告诉人认为不当的仅得叙述理由声请上级检察官核办，而不能向法院抗告。

期刊名称：法令周刊

主办单位：

刊　　期：1935（273）

页　　码：7－8

15. 题　　名：最高法院裁判：二十三年度声字第七号

作　　者：

关 键 词：非常上诉

摘　　要：提起非常上诉的权力专属于最高法院检察署检察长所有。故刑事判决确定后的案件既经检察长核查后认为无提起非常上诉之必要，则告诉人等不得再向最高法院声明不服。

期刊名称：法令周刊

主办单位：

刊　　期：1935（274）

页　　码：4－5

（五）法令杂谈

1. 题　　名：对于县司法处组织暂行条例草案
　　　　　　及理由书之刍议
　　作　　者：蒋应枸
　　关 键 词：委托检察职务　委托书　候补检
　　　　　　察官
　　摘　　要：县长委托审判官办理行政事务和
　　　　　　检察职务，应由县长分别提出委
　　　　　　托书。如果是概括委托，应提出
　　　　　　概括委托书，并呈由高等法院转
　　　　　　司法行政部备案；如果是个案委
　　　　　　托，应提出个案委托书二份，一
　　　　　　份交审判官，一份编订入卷。另
　　　　　　外，满足一定条件的推检，可以
　　　　　　由高等法院首席检察官呈请司法
　　　　　　行政部分配候补推事和检察官。
　　期刊名称：法令周刊
　　主办单位：
　　刊　　期：1935（285）
　　页　　码：1－3

2. 题　　名：法律质疑之解答：质疑二十六
　　作　　者：
　　关 键 词：国家追诉主义　撤回起诉　不起
　　　　　　诉处分
　　摘　　要：检察官代表国家和社会利益追诉
　　　　　　犯罪，若能随便撤回起诉，是否
　　　　　　会侵害法院的定罪权，并且若不
　　　　　　应起诉而起诉亦违背无罪推定原
　　　　　　则。因检察官认为证据不确实或
　　　　　　无处罚之必要可不必起诉并得于
　　　　　　审判前撤回以免法院之累，故审
　　　　　　判开始后自得撤回，法院为不受
　　　　　　理之判决。此判决具有既判力，
　　　　　　不得无端请求再审。
　　期刊名称：法令周刊
　　主办单位：
　　刊　　期：1930（22）
　　页　　码：4－5

3. 题　　名：研究及析疑：析疑一〇六三
　　作　　者：
　　关 键 词：更定刑罚　合并执行　分别执行
　　　　　　检察官指挥
　　摘　　要：检察官指挥刑事案件判决的执
　　　　　　行。对于罪犯先后在不同地方不
　　　　　　同时间段内犯罪的应由检察官申

请更定刑罚，合并执行。然因罪
犯隐名之原因至无从更定的，则
由检察官分别执行即可，罪犯对
于检察官的执行指挥的异议声请
无理由。
　　期刊名称：法令周刊
　　主办单位：
　　刊　　期：1930（294）
　　页　　码：14

4. 题　　名：研究及析疑：析疑一〇六四
　　作　　者：
　　关 键 词：告诉人　上诉
　　摘　　要：告诉人在其直系亲属受害人死后
　　　　　　提出告诉，因法院量刑过轻申请
　　　　　　检察官上诉，检察官认为一审法
　　　　　　院判决无不当不予上诉的，告诉
　　　　　　人无他救济之途。
　　期刊名称：法令周刊
　　主办单位：
　　刊　　期：1930（294）
　　页　　码：14

5. 题　　名：研究及析疑：析疑一〇七三
　　作　　者：
　　关 键 词：告诉人　上诉
　　摘　　要：告诉人不服判决仅能申请检察官
　　　　　　提起上诉，检察官得自主判断。
　　期刊名称：法令周刊
　　主办单位：
　　刊　　期：1930（294）
　　页　　码：16

6. 题　　名：研究及析疑：析疑一五六一
　　作　　者：
　　关 键 词：自诉　勘验
　　摘　　要：自诉程序中自诉人申请勘验，无
　　　　　　须报检察官勘验侦查起诉，应由
　　　　　　推事实施勘验。
　　期刊名称：法令周刊
　　主办单位：
　　刊　　期：1930（318）
　　页　　码：11

7. 题　　名：研究及析疑：析疑一五六二
　　作　　者：
　　关 键 词：轻微刑事案件　勘验　自诉人
　　摘　　要：轻微刑事案件经检察官勘验依自
　　　　　　诉程序径送法院刑庭审判的，则
　　　　　　此时被害人补陈状词应为自

诉人。

期刊名称：法令周刊

主办单位：

刊　　期：1930（318）

页　　码：12

8. 题　　名：法律质疑之解答：质疑一一一

作　　者：

关 键 词：家庭内部　告诉乃论　自诉　公诉

摘　　要：家庭成员内部之间的窃盗、奸非等案件为告诉乃论之罪，但必须由检察官侦查起诉，不适用自诉程序。家庭内部之间的犯罪虽属家庭不幸，亦事关社会公益得由检察官公诉。且侦查多不公开，亦可能为不起诉处分，于名誉无多大损伤。

期刊名称：法令周刊

主办单位：

刊　　期：1931（38）

页　　码：8-9

9. 题　　名：法律质疑之解答：质疑一五〇

作　　者：

关 键 词：自诉　告诉　侦查终结　处分

摘　　要：被害人于告诉后又向法院提出自诉，若侦查尚未终结，则检察官应停止侦查进入自诉程序。若检察官已侦查终结，应为起诉或不起诉处分，此时法院应驳回自诉，以避免检察与审判之职权冲突。

期刊名称：法令周刊

主办单位：

刊　　期：1931（43）

页　　码：1-5

10. 题　　名：法律质疑之解答：质疑一七七

作　　者：

关 键 词：不起诉处分　检察一体　再行侦查

摘　　要：检察官作出不起诉处分后，经声请再议后再行侦查，认为声请无理由的应予维持并送交上级检察官；若有理由则应撤销不起诉处分即予起诉。

期刊名称：法令周刊

主办单位：

刊　　期：1931（47）

页　　码：1-2

11. 题　　名：法律质疑之解答：质疑一八〇

作　　者：

关 键 词：不起诉处分　声请再议　检察一体

摘　　要：告诉人对于检察官不起诉处分得声请再议，检察官审查后认为无起诉之必要维持者应送交上级检察官核办。上级检察官驳回者，告诉人无再救济之途径。

期刊名称：法令周刊

主办单位：

刊　　期：1931（47）

页　　码：3-4

12. 题　　名：法律质疑之解答：质疑第二〇八

作　　者：

关 键 词：不起诉处分　声请再议　二次再议

摘　　要：告诉人对于检察官所为之不起诉处分可经由原检察官向上级检察官申请再议，上级检察官驳回后无二次再议的救济途径。

期刊名称：法令周刊

主办单位：

刊　　期：1931（51）

页　　码：1-4

13. 题　　名：法律质疑解答：第二二五则

作　　者：

关 键 词：公诉　和解　撤回起诉

摘　　要：案件告诉之后经检察官提起公诉，检察官可在未开始审判时撤回起诉，若检察官不予撤回的，告诉人不得和解。

期刊名称：法令周刊

主办单位：

刊　　期：1931（54）

页　　码：2

14. 题　　名：法律质疑解答：第二八二则

作　　者：

关 键 词：非常上诉　违法判决　声请权

摘　　要：案件审判系属违法的，应有原审检察官出具意见书声请最高法院检察署首席检察官提起非常上诉。然实践中，检察官多不愿推翻有罪判决。可由被告向最高法院检察官陈述案情而为提起之请求，但是否提起非常上诉仍由最高法院检察官决定。

期刊名称：法令周刊

主办单位：

刊　　期：1931（65）

页　　码：1－2

15. 题　　名：法律质疑解答：第三一七则

作　　者：

关 键 词：行政兼理司法　审检不分

摘　　要：县政府兼理司法案件若被害人不起诉又无检察官代为侦查起诉，恐无法实现有效检举和打击犯罪。然县政府兼理司法原无审检之分，遇到自首、告诉、告发或由司法警察官移送的案件，得径为审判。

期刊名称：法令周刊

主办单位：

刊　　期：1931（72）

页　　码：1

16. 题　　名：法律质疑解答：第四〇九则

作　　者：

关 键 词：停止审判　通缉　侦查　渎职

摘　　要：被告在审判过程中逃逸致使法院宣告停止审判，虽检察官未奉行知通缉有案，然既为公诉后被告已成为明知有罪之人，辖区内司法警察官有侦查犯罪之职权，据人报告而不理实为渎职，应成立犯罪。

期刊名称：法令周刊

主办单位：

刊　　期：1932（97）

页　　码：1－2

17. 题　　名：法律质疑解答：第四四八则

作　　者：

关 键 词：上诉　二次上诉　裁量权

摘　　要：告诉人对一审裁判不满申请检察官上诉后，告诉人对二审法院作出的裁判仍为不满，得又请求上诉，然检察官对于起诉与否不受告诉人声请之拘束。

期刊名称：法令周刊

主办单位：

刊　　期：1932（104）

页　　码：1－3

18. 题　　名：法律质疑解答：第四五七则

作　　者：

关 键 词：县长兼理司法　检察制度　上诉

摘　　要：县长兼理司法因县政府未适用检察制度，故县长对未经检举之案得依职权审判，非为身兼审检两职而不能上诉也。

期刊名称：法令周刊

主办单位：

刊　　期：1932（107）

页　　码：5－8

19. 题　　名：法律质疑解答：第四六二则

作　　者：

关 键 词：县厅审判　送达　声请上诉

摘　　要：告诉人得请求检察官上诉，因此兼理司法的县厅做出的初审案件的判决书应送达告诉人。然第二审则告诉人无请求上诉之权，故无须送达判决书。

期刊名称：法令周刊

主办单位：

刊　　期：1932（107）

页　　码：5－8

20. 题　　名：法律质疑解答：第五一八则

作　　者：

关 键 词：治外法权　渎职罪　管辖

摘　　要：根据上海公共租界内中国法院之协定，检察官仅对公务员的渎职犯罪具有起诉权。普通犯罪如诈欺，公务员虽加重处罚，检察官无管辖之权力。法院若为审判亦为违背法令。

期刊名称：法令周刊

主办单位：

刊　　期：1932（118）

页　　码：3－4

21. 题　　名：法律质疑解答：第五九一则

作　　者：

关 键 词：行政兼理司法　审检关系　羁押逾期

摘　　要：县政府兼理司法，审检职能并

无严格的区分。被告羁押已逾两月尚未判决的，可否以检察官之羁押逾期请求撤销羁押。因审检未能清晰界分，故尚未判决实已属于审判阶段，则满三月方为逾期。

期刊名称：法令周刊

主办单位：

刊　　期：1933（132）

页　　码：2

22. 题　　名：法律质疑解答：第五九二则

作　　者：

关 键 词：上诉权　声请再议

摘　　要：告诉人无上诉之权，仅能声请检察官提起上诉。案件经被告人上诉后，二审法院撤销原判，宣告无罪后，原告诉人请求检察官上诉的，检察官认为其请求不当的不予上诉的，原告诉人不得声请再议。

期刊名称：法令周刊

主办单位：

刊　　期：1933（132）

页　　码：2

23. 题　　名：法律质疑解答：第五九七则

作　　者：

关 键 词：诬告罪　案件撤回

摘　　要：诬告罪非属轻微，但侵害的是国家社会法益，既经检察官侦查，则不得由原告诉人随意撤回。

期刊名称：法令周刊

主办单位：

刊　　期：1933（133）

页　　码：3－4

24. 题　　名：法律质疑解答：第七〇五则

作　　者：

关 键 词：告诉乃论　大赦　连续犯
　　　　　时效

摘　　要：对于告诉乃论之罪，告诉人向检察官为告诉之后，适逢大赦，检察官不再侦查追究刑责。而犯罪人继续犯罪的，告诉人得于大赦之后继续告诉，时效以犯罪终止之日计算，然告诉人知悉犯罪人后亦应适用六个月

之规定。

期刊名称：法令周刊

主办单位：

刊　　期：1933（157）

页　　码：2－4

25. 题　　名：法律质疑解答：第七一〇则

作　　者：

关 键 词：当事人　命令处刑　自诉人
　　　　　检察职权

摘　　要：检察官与自诉人均为刑事诉讼法上之当事人，然检察官所为之向法院声请径以命令处刑之处分，为检察官之职权，并非基于当事人之资格。故自诉人不得直接声请法院命令处刑。

期刊名称：法令周刊

主办单位：

刊　　期：1933（158）

页　　码：1－2

26. 题　　名：法律质疑解答：第七五五则

作　　者：

关 键 词：告诉乃论　撤回起诉

摘　　要：告诉乃论之罪，告诉人与一审辩论终结前得撤回告诉；然非告诉乃论之罪，检察官得径行起诉，告诉不得撤回。

期刊名称：法令周刊

主办单位：

刊　　期：1933（168）

页　　码：3－4

27. 题　　名：法律质疑解答：第八二一则

作　　者：

关 键 词：干涉主义　案件撤回

摘　　要：刑事诉讼法采干涉主义，限制当事人的撤案和私下和解。公诉案件除亲告罪外，检察官得在开始审判前撤回公诉，审判后则不得撤回。若为撤回则属违法，可以声请撤销，至于检察官是否承担个人责任则应视有无故意及目的而定。

期刊名称：法令周刊

主办单位：

刊　　期：1934（184）

页　　码：5－6

28. 题　　名：法律质疑解答：第八二二则

作　者：

关键词：行政兼理司法　私下和解　不起诉　文书形式

摘　要：县长兼理司法时兼有审判和检察两种职能。其对当事人私下和解的案件所为的处分性质依裁判之形式为区别：用批示不起诉的可以认为是处分，用判决宣告无罪的可以起诉之。

期刊名称：法令周刊

主办单位：

刊　期：1934（184）

页　码：5－6

29. 题　名：法律质疑解答：第八五三则

作　者：

关键词：司法官枉法　诉愿　声请上诉

摘　要：刑事案件中检察官和法官收受贿赂枉法为裁判不上诉的。告诉人除声请检察官上诉外，无其他救济之途，亦不得对司法官行为提起诉愿。

期刊名称：法令周刊

主办单位：

刊　期：1934（184）

页　码：5－6

30. 题　名：法律质疑解答：第八五四则

作　者：

关键词：被害人　附带民事诉讼　公益

摘　要：附带民事诉讼仅得由被害人及其家属提起。在无人提起时，可由代表公益的检察官提起。然同乡人非被害人，仅得于起诉前催促检察官提起附带民事诉讼。

期刊名称：法令周刊

主办单位：

刊　期：1934（192）

页　码：13

31. 题　名：法律质疑解答：第八七〇则

作　者：

关键词：检察一体　舍弃上诉权　非常上告

摘　要：办案检察官对一审判决无不服之意，以批示直接为舍弃上诉权。在检察一体的制度下，一检察官之事务可由他检察官执

行，若其他检察官不服可否上诉，亦或者检察一体下，意志应为统一，无分歧之说，若告诉人不服可提起非常上告。对此问题，说法不一。本答复认为：检察官不得在法定期限内以批示舍弃上诉权。

期刊名称：法令周刊

主办单位：

刊　期：1934（196）

页　码：1－2

32. 题　名：法律质疑解答：院字第九九〇则

作　者：

关键词：管辖错误　上诉　非常上诉

摘　要：法院级别管辖错误之案件，二审驳回上诉。告诉人不得状请检察官提起三审上诉，只得请求最高法院检察官提起非常上诉。

期刊名称：法令周刊

主办单位：

刊　期：1934（223）

页　码：1

33. 题　名：法律质疑解答：第一〇一三则

作　者：

关键词：舍弃上诉权　处分　回复上诉期

摘　要：二审判决确定后，同级检察官舍弃上诉权的，纵经上级检察官处分者，其已过的上诉期间不能回复。

期刊名称：法令周刊

主办单位：

刊　期：1934（227）

页　码：1－2

34. 题　名：析疑六十七

作　者：

关键词：自诉　检察官独立上诉

摘　要：检察官发现兼理司法的县政府判决不当时，有权提起上诉。自诉案件中，检察官亦得独立提起上诉，自诉人对一审判决不服提起上诉的，一审法院误将案卷送上级检察官，致二审法院以公诉程序审理之。此不

为检察官独立上诉，自诉人之上诉并不失其效力，若自诉人不服可再提起上诉。

期刊名称：法令周刊
主办单位：
刊　　期：1935（242）
页　　码：1－2

35. 题　　名：析疑七十六
作　　者：
关键词：追诉时效　侦查终结　停止审判
摘　　要：犯人不明时，于起诉权消灭前检察官不得终结侦查。而犯罪嫌疑人已经他人指名告诉的，则虽侦查中未为检察官列明，不生追诉时效消灭之效果，亦不适用停止审判程序。

期刊名称：法令周刊
主办单位：
刊　　期：1935（243）
页　　码：13

36. 题　　名：析疑八十四
作　　者：
关键词：检警关系　司法警察官　滥用职权
摘　　要：司法警察官知有犯罪者，应立即通知检察官或兼理司法知县长，进行侦查。若司法警察官羁押犯罪嫌疑人而无所作为的，实为滥用职权。

期刊名称：法令周刊
主办单位：
刊　　期：1935（243）
页　　码：3－6

37. 题　　名：析疑二一〇
作　　者：
关键词：特区法院　诬告案　公诉　自诉
摘　　要：上海特区法院因涉及租界内事项，故其规定与全国其他地方而略有差异。如诬告案因涉及公益而为公诉案件，由检察官执行职务；但于特区法院内可由关系人提起自诉。

期刊名称：法令周刊
主办单位：

刊　　期：1937（346）
页　　码：1－7

38. 题　　名：析疑二二九
作　　者：
关键词：声请再议　新事实　新证据　补呈理由
摘　　要：告诉人对检察官之裁定不服声请再议后经驳回，除非有新事实、新证据，否则无救济之途，但于再议期间内得向上级检察官补呈理由。

期刊名称：法令周刊
主办单位：
刊　　期：1935（252）
页　　码：18

39. 题　　名：析疑三一九
作　　者：
关键词：非常上诉　最高法院检察官　分院
摘　　要：在判决确定后得由且仅由最高法院检察官提起非常上诉，最高法院无分院亦无分院院长提起非常上诉之一说。

期刊名称：法令周刊
主办单位：
刊　　期：1935（258）
页　　码：17

40. 题　　名：析疑四四八
作　　者：
关键词：撤回起诉　不起诉处分　不受理判决
摘　　要：检察官撤回起诉与不起诉处分有同一效力，以其撤回书为不起诉处分书，即撤回起诉视同为不起诉。不起诉无须再经法院为不受理判决。

期刊名称：法令周刊
主办单位：
刊　　期：1935（265）
页　　码：18

41. 题　　名：析疑四六二
作　　者：
关键词：检察职权　搜捕　执行职务
摘　　要：具有检察职权的公务员进行搜捕人犯或是违禁品而为无所获时，公务员为依法执行职务，不负刑责。

期刊名称：法令周刊

主办单位：

刊　　期：1935（266）

页　　码：13

42. 题　　名：析疑四八九

作　　者：

关 键 词：撤回起诉　溯及力　不受理

摘　　要：检察官于旧刑事诉讼法施行期间撤回起诉的，法院应为不受理判决。若检察官虽为撤回起诉，然法院未为判决，至新刑事诉讼法施行，此时法院亦不能将案卷退还。旧法施行期间撤回起诉即为程序终结，不因新法施行而能重新起诉。

期刊名称：法令周刊

主办单位：

刊　　期：1935（266）

页　　码：19

43. 题　　名：析疑五六二

作　　者：

关 键 词：牵连犯罪　追加起诉　另案起诉　反诉

摘　　要：检察官如果认为告诉人有诬告嫌疑或认为有其他牵连犯罪，可以追加起诉。而被告如果认为告诉人有诬告嫌疑或与本案有相牵连犯罪，只能另案起诉，但在自诉案件中可以提起反诉。

期刊名称：法令周刊

主办单位：

刊　　期：1935（270）

页　　码：20

44. 题　　名：析疑五六八

作　　者：

关 键 词：复行告诉　新事实　新证据　重新侦查

摘　　要：对于检察官所为的不起诉处分，告诉人可以在发现新事实、新证据时请求检察官侦查并行起诉。

期刊名称：法令周刊

主办单位：

刊　　期：1935（270）

页　　码：21－22

45. 题　　名：析疑五七八

作　　者：

关 键 词：送达　自诉人　告诉人　上诉　抗告　呈诉不服

摘　　要：如果是法院受理的自诉案件，判决应送达至自诉人，自诉人对于该判决可以提起上诉。如果第二审以裁定驳回自诉人的上诉，自诉人可以提出抗告；如果第二审以判决驳回，自诉人可以提起第三审上诉。公诉案件中的被害人仅处于告诉人的地位，确定判决送达告诉人后，告诉人可依照上诉期限向检察官呈诉不服，请求检察官提起上诉。

期刊名称：法令周刊

主办单位：

刊　　期：1935（270）

页　　码：23

46. 题　　名：析疑六〇九

作　　者：

关 键 词：自诉　停止侦查　不受理判决　管辖错误判决

摘　　要：案件经检察官侦查但尚未终结时，被害人向法院提起自诉声明，此时检察官应停止侦查，将案件移送法院，待法院作出不受理或管辖错误判决后，方可开始或继续侦查。值得注意的是，无论被害人提起的自诉是否符合法律规定，检察官均应暂停侦查，虽有可能迟延诉讼，但应保障自诉权利。

期刊名称：法令周刊

主办单位：

刊　　期：1935（271）

页　　码：10－11

47. 题　　名：析疑六七二

作　　者：

关 键 词：当场传问　不起诉处分书

摘　　要：检察官在告诉人递交诉状时当场传问告诉人，认为案件无须起诉，无须开庭侦查，即可依职权作出不起诉处分书，并送达当事人。

期刊名称：法令周刊

主办单位：

刊　　期：1935（275）

页　　码：19

48. 题　　名：析疑六八一

　　作　　者：

　　关键词：上下级检察关系

　　摘　　要：上级检察官认为下级检察官的上诉无理由，可以撤回上诉，且下级检察官不得声明再议。

期刊名称：法令周刊

主办单位：

刊　　期：1935（276）

页　　码：1－4

49. 题　　名：析疑八一〇

　　作　　者：

　　关键词：不起诉处分　声请再议

　　摘　　要：对于地方检察处作出的不起诉处分提起再议申请的，原地方检察处认为申请无理由，将卷宗送交高级检察处，高等检察处也认为无理由从而驳回再议，告诉人无权再向最高检察署申再议。

期刊名称：法令周刊

主办单位：

刊　　期：1935（282）

页　　码：1－4

50. 题　　名：析疑八一一

　　作　　者：

　　关键词：撤回自诉　检察官

　　摘　　要：自诉人撤回自诉无须通知检察官。

期刊名称：法令周刊

主办单位：

刊　　期：1935（282）

页　　码：16

51. 题　　名：析疑八六二

　　作　　者：

　　关键词：申请上诉　独立上诉　告发人

　　摘　　要：对于县判案件，上级检察官根据告发人的申请提起上诉，第二审法官不能因告发人的申请无依据而驳回检察官的上诉。即检察官有独立上诉的权力，若检察官的上诉具备独立上诉的要件，第二审法院须进行实体审判。

期刊名称：法令周刊

主办单位：

刊　　期：1935（284）

页　　码：11

52. 题　　名：析疑九五〇

　　作　　者：

　　关键词：申请上诉　上诉人

　　摘　　要：对于兼理司法的县政府判决，告诉人只得于上诉期限内申请检察官提起上诉，检察官认为上诉有理由的，应即上诉。检察官为上诉人，而非告诉人为上诉人。

期刊名称：法令周刊

主办单位：

刊　　期：1936（289）

页　　码：1－4

53. 题　　名：析疑九五一

　　作　　者：

　　关键词：自诉案件　担当诉讼　莅庭陈述意见

　　摘　　要：刑事自诉案件，依法得请求检察官担当诉讼，并应将审判期日通知检察官。检察官可以莅庭陈述意见，但非强行必须莅庭。在调查庭，辩护人也得出庭，根据事实为辩护准备。

期刊名称：法令周刊

主办单位：

刊　　期：1936（288）

页　　码：21

54. 题　　名：析疑一〇九〇

　　作　　者：

　　关键词：判决违法　自行更正　上诉

　　摘　　要：判决经宣判并送达后，法官即使知道裁判有不符合法律规定之处的，也不能自行收回更改判决，只能由检察官或被告以上诉改正。

期刊名称：法令周刊

主办单位：

刊　　期：1936（295）

页　　码：13

55. 题　　名：析疑一一三三

　　作　　者：

关 键 词：告诉 自诉 侦查终结 处分
有效

摘 要：告诉人向检察官告诉后，又向
法院提起自诉，并未通知检察
官，致检察官无从知道自诉情
况，检察官在侦查终结时作出
的处分决定有效。

期刊名称：法令周刊

主办单位：

刊 期：1936（297）

页 码：1－5

56. 题 名：析疑一一四九

作 者：

关 键 词：不起诉处分 申请再议

摘 要：告诉人在接到检察官不起诉处
分后，可以在规定期日内请求
原检察官向上级法院首席检察
官或检察长再议，然再议经上
级检察官驳回后无再次救济
途径。

期刊名称：法令周刊

主办单位：

刊 期：1936（298）

页 码：22

57. 题 名：析疑一二四九

作 者：

关 键 词：口头告诉 收状处 检察处

摘 要：法院仅设有收状处，但法律规
定刑事案件可以向检察官口头
申请。故以言辞为告诉、告发
或自首者，告诉人可以请求法
院检察处值日的司法警察报请
检察官依法办理。

期刊名称：法令周刊

主办单位：

刊 期：1936（303）

页 码：13－14

58. 题 名：析疑一二五四

作 者：

关 键 词：自诉 不受理判决 上诉 公
诉 开始或续行侦查

摘 要：法院对自诉案件作出不受理判
决后，检察官如果认为应提起
公诉的，可以开始或续行侦查，
如果当事人已对该判决提起上
诉，但尚未确定时，检察官可

待上诉判决确定后再行侦查。

期刊名称：法令周刊

主办单位：

刊 期：1936（303）

页 码：14

59. 题 名：析疑一三八〇

作 者：

关 键 词：上诉 告诉人 申明理由

摘 要：检察官为被告利益上诉，此时
告诉人虽得申明理由请求检察
官为被告不利益上诉，检察官
有上诉的斟酌权力，自得为被
告利益上诉。

期刊名称：法令周刊

主办单位：

刊 期：1936（309）

页 码：18

60. 题 名：析疑一三八八

作 者：

关 键 词：告诉 自诉 莅庭 社会或国
家法益

摘 要：刑事犯罪的被害人若向检察官
告诉，检察官自应开始侦查。
告诉案件如果符合自诉的法律
规定，检察官可指示其自诉以
简约程序。就自诉案件，检察
官得于审判期日出庭陈述意见，
不出庭亦不违反法律规定。但
如果该案有事实上或法律上意
见，或者认为与社会或国家的
法益有重大关系，检察官必须
于审判期日出庭。

期刊名称：法令周刊

主办单位：

刊 期：1936（310）

页 码：18

61. 题 名：析疑一三九〇

作 者：

关 键 词：自诉 审判期日 莅庭 调卷
核阅

摘 要：自诉人向法院提出自诉的，由
法院将案件审判期日通知检察
官。检察官认为有必要莅庭陈
述意见的，可调卷核阅以资
准备。

期刊名称：法令周刊

主办单位：
刊　　　期：1936（310）
页　　　码：18

62. 题　　　名：析疑一四一五
作　　　者：

关 键 词：覆判　送达　判决确定

摘　　　要：覆判以未经声明上诉或撤回上
诉或上诉不合法并未经二审实
体上审判者为限。如果判决未
向当事人合法送达，判决并未
确定。如果经检察官发觉，检
察官应将该案卷宗发回原县，
依法送达并待判决确定后，再
送覆判。

期刊名称：法令周刊
主办单位：
刊　　　期：1936（311）
页　　　码：18

63. 题　　　名：析疑一五七五
作　　　者：

关 键 词：没收保证金处分　声明不服
声请撤销

摘　　　要：对检察官没收保证金的处分，
当事人声明不服的，应向所属
的法院声请撤销。

期刊名称：法令周刊
主办单位：
刊　　　期：1936（319）
页　　　码：12

64. 题　　　名：析疑一五七九
作　　　者：

关 键 词：诬告　公诉　不起诉处分

摘　　　要：告诉人诬告被告诉人的，检察
官可直接对该诬告人提起诬告
公诉，对于被诬告人应为不起
诉处分。

期刊名称：法令周刊
主办单位：
刊　　　期：1936（319）
页　　　码：13

65. 题　　　名：析疑一五八一
作　　　者：

关 键 词：不起诉处分　徇私枉法　告发

摘　　　要：检察官徇私枉法，使有罪之人
不受追诉或处罚，触犯刑法。
此类犯罪，当事人等仍应通常

程序向所属法院检察官告发请
求侦查。

期刊名称：法令周刊
主办单位：
刊　　　期：1936（319）
页　　　码：13

66. 题　　　名：析疑一五九一
作　　　者：

关 键 词：申请再议　裁定　不起诉处
分书

摘　　　要：上级法院检察官以申请再议无
理由而驳回之情形，应制作裁
定书送达于申请人，而不应制
作不起诉处分书。

期刊名称：法令周刊
主办单位：
刊　　　期：1936（320）
页　　　码：12

67. 题　　　名：析疑一五九三
作　　　者：

关 键 词：侦查程序　勘验　移送自诉状
补行送达

摘　　　要：自诉案件不经侦查程序进行，
因此应由法院勘验。只有在当
事人请求公诉并经检察官勘验
后认为该案合于自诉程序，该
案应送由法院依自诉程序进行。
自诉状未送达者，可请求补行
送达。

期刊名称：法令周刊
主办单位：
刊　　　期：1936（320）
页　　　码：12

68. 题　　　名：析疑一六四一
作　　　者：

关 键 词：国家追诉主义　公诉　告诉或
请求乃论犯罪　自诉

摘　　　要：刑事以国家追诉主义为原则，
由检察官代表国家提起公诉。
但告诉或请求乃论的犯罪，非
有合法告诉或请求，不得进行
追诉。自诉属于国家追诉主义
之例外，允许有行为能力的被
害人直接提起诉讼，但侵害国
家法益或社会法益的犯罪不得
自诉。

期刊名称：法令周刊
主办单位：
刊　　期：1936（322）
页　　码：14

69. 题　　名：析疑一九〇八
作　　者：
关 键 词：反诉　自诉　公诉
摘　　要：提起自诉的被害人犯罪，而被告为其被害人，可以对自诉之被害人提起反诉。然检察官公诉的案件中，告诉人非为当事人，被告仅得另行起诉，而无法提起反诉。

期刊名称：法令周刊
主办单位：
刊　　期：1936（336）
页　　码：15

70. 题　　名：析疑一九八八
作　　者：
关 键 词：告诉状　送达　侦查　答辩　伪造毁灭证据
摘　　要：公诉案件告诉人提出告诉状后，检察官接受告诉后应开始侦查，认为有犯罪嫌疑的事实，命令被告答辩。无须由告诉人按被告人数提出告诉状缮本送达被告，防止被告勾串证人或伪造、毁灭证据。

期刊名称：法令周刊
主办单位：
刊　　期：1937（340）
页　　码：11

71. 题　　名：析疑二〇二九
作　　者：
关 键 词：自诉　不受理判决　公诉　开始或续行侦查
摘　　要：法院对自诉案件为不受理判决后，应将判决送达检察官。检察官认为应提起公诉的，应开始或续行侦查，毋庸将全案并为移送。

期刊名称：法令周刊
主办单位：
刊　　期：1937（342）
页　　码：11

72. 题　　名：析疑二零九四

作　　者：
关 键 词：检察一体原则　越级上诉　非常上诉
摘　　要：检察官代表国家为原告追诉犯罪，对法院判决不服的可以上诉，也可以在自诉案件中独立上诉。然基于检察一体原则，下级检察官认为上级法院判决有错误的，只能呈请上级检察官提起上诉，而不能越级上诉。提起非常上诉的职权属于最高法院检察长，下级检察官如果发现确定判决违背法令，只得呈请最高法院检察长提起非常上诉。

期刊名称：法令周刊
主办单位：
刊　　期：1937（345）
页　　码：11

73. 题　　名：析疑二一五二
作　　者：
关 键 词：告诉案件　民事问题　批驳不起诉处分　申请再议　抗告
摘　　要：告诉案件经兼理司法的县长认为属于民事问题而为批驳者，关于刑事部分显已为不起诉处分，告诉人如有不服得申请再议，而不能抗告。

期刊名称：法令周刊
主办单位：
刊　　期：1937（348）
页　　码：10－11

74. 题　　名：析疑一二九八
作　　者：
关 键 词：批示　驳斥　不起诉处分　声请再议
摘　　要：兼理县司法处检察事务的县长以批示驳斥刑事告诉案件，属于法无据。但如果批示内明确表示不起诉之意，则告诉人自得声请再议。

期刊名称：法令周刊
主办单位：
刊　　期：1937（350）
页　　码：11

75. 题　　名：析疑二二二六

作　者：

关键词：告诉乃论案件　无告诉人　代
行告诉　另行指定

摘　要：告诉乃论案件，无告诉人，检
察官可依利害关系人的申请指
定代行告诉人。然代行告诉
人不愿承担代行告诉之责，则检
察官可另行指定。检察官指定
代行告诉人并无资格限制，如
检察官认为其资格相当即可指
定其代行告诉。

期刊名称：法令周刊

主办单位：

刊　　期：1937（352）

页　　码：1－5

76. 题　　名：析疑二二三四

作　者：

关键词：检察侦查事务　委托代行

摘　要：兼理检察职权的县长不能将检
察侦查事务委托秘书或科长
代行。

期刊名称：法令周刊

主办单位：

刊　　期：1937（352）

页　　码：8

77. 题　　名：析疑二三二五

作　者：

关键词：公诉　自诉　告诉　当事人范
围　原告地位

摘　要：被害人向检察官或司法警察官
申诉请求侦查起诉者为告诉，
检察官依侦查结果起诉为公诉，
被害人自行起诉的为自诉。刑
事诉讼法上的当事人包括检察
官、自诉人和被告，没有原告
名称，不过检察官和自诉人处
于原告地位。

期刊名称：法令周刊

主办单位：

刊　　期：1937（356）

页　　码：1－7

78. 题　　名：析疑二三三七

作　者：

关键词：告诉乃论犯罪　指定告诉人

摘　要：告诉乃论犯罪，无可为告诉人
者，检察官可指定代行告诉人。

孀妇与人通奸不构成刑事犯罪，
无指定代行告诉之余地。

期刊名称：法令周刊

主办单位：

刊　　期：1937（357）

页　　码：9

79. 题　　名：析疑二三九八

作　者：

关键词：羁押期限　超期羁押　继续侦
查　申请再议

摘　要：被告之羁押期限届满自应予以
释放，不得超期羁押。但检察
官认为仍有继续侦查之必要的，
自可续行侦查。告发人对检察
官之不起诉处分无再议之权，
上级检察官可径行批驳。

期刊名称：法令周刊

主办单位：

刊　　期：1937（360）

页　　码：8

80. 题　　名：析疑二五〇四

作　者：

关键词：不起诉处分　申请再议　续行
侦查　撤回再议

摘　要：告诉人对检察官之不起诉处分
声明再议的，如果原检察官认
为有理由的，应撤销原处分而
续行侦查，侦查结果仍为嫌疑
不足时，仍应为不起诉处分。
告诉人得再为声请再议，如果
检察官认为申请再议无理由的，
应将案卷证物送交上级法院首
席检察官核办。对于再议申请，
可以撤回，但原检察官先已认
为有理由从而撤销原不起诉处
分，而继续侦查的，不受撤回
影响。

期刊名称：法令周刊

主办单位：

刊　　期：1937（365）

页　　码：6

81. 题　　名：析疑二五八二

作　者：

关键词：告诉乃论犯罪　未经告诉　不
起诉处分

摘　要：告诉乃论犯罪，未经告诉，检

察官不应有何处分，此处分既
包括不起诉处分，也包括命其
交保或是责付。

期刊名称：法令周刊
主办单位：
刊　　期：1937（369）
页　　码：4

82. 题　　名：析疑二六四五
作　　者：
关键词：告诉人　当事人　声请上诉
　　　　检察官上诉
摘　　要：告诉人非为案件之当事人，即
　　　　使一审判决有错误，亦仅得声
　　　　请检察官提起上诉。而检察官
　　　　对于是否上诉有酌量之权，不
　　　　受请求之约束。

期刊名称：法令周刊
主办单位：
刊　　期：1937（373－374）
页　　码：4

83. 题　　名：析疑二六五五
作　　者：
关键词：自诉　莅庭　陈述意见
摘　　要：法院应将自诉案件的审判期日
　　　　通知检察官，检察官得莅庭陈
　　　　述意见。而对于检察官已经终
　　　　结侦查之案件，自诉人不得再
　　　　为自诉。

期刊名称：法令周刊
主办单位：
刊　　期：1937（373－374）
页　　码：6

84. 题　　名：公共研究栏：答问五
作　　者：
关键词：告诉乃论之罪　撤回告诉　再
　　　　行告诉　不起诉处分
摘　　要：告诉乃论之罪，经告诉人向检
　　　　察官告诉后，如检察官认为告
　　　　诉不合法，告诉人可撤回告诉。
　　　　后告诉人再向检察官告诉时，
　　　　检察官应依法为不起诉处分。

期刊名称：法令周刊
主办单位：
刊　　期：1946，9（8）
页　　码：3

85. 题　　名：公共研究栏：答问一四五

作　　者：
关键词：汉奸案件　没收财产　执行异
　　　　议诉讼
摘　　要：汉奸财产系专指属于汉奸之财
　　　　产而言。对于没收财产主张权
　　　　利之利害关系人所提证据，检
　　　　察官认为不充分的，利害关系
　　　　人得向地方法院以原检察官为
　　　　被告提起执行异议之诉。

期刊名称：法令周刊
主办单位：
刊　　期：1947，10（26）
页　　码：17

86. 题　　名：检察官对于巡警违法捉奸应予
　　　　侦查起诉
作　　者：平午
关键词：告诉乃论　无夫奸　司法警察
　　　　逮捕　追诉
摘　　要：检察官代表国家作为刑事原告，
　　　　除亲告罪以外，应对一切犯罪
　　　　实施侦查和检举。在亲告罪的
　　　　案件中，必须有人告诉才能检
　　　　举。以刑警抓奸一事来说，对
　　　　于无夫奸案件，本不成立犯罪，
　　　　司法警察径行逮捕移送检察官
　　　　侦查起诉。虽检察官可为不起
　　　　诉处分，但司法警察对于无夫
　　　　奸妇女的移送实属刑法规定的
　　　　"使其受追诉"，因此对于司法
　　　　警察此种违法捉奸的行为，检
　　　　察官应予侦查起诉。

期刊名称：法令周刊
主办单位：
刊　　期：1930（3）
页　　码：3－4

87. 题　　名：对某君所评最高法院二一〇号
　　　　解释之意见
作　　者：平午
关键词：告诉乃论　结果加重犯　强奸
　　　　罪　故意伤害
摘　　要：强奸罪属告诉乃论之罪，强奸
　　　　行为造成被害人死亡或者重伤
　　　　的，如无被害人之告诉，检察
　　　　官不得指定代行告诉人，仅能
　　　　依照杀伤各罪起诉。

期刊名称：法令周刊

主办单位：

刊　　期：1930（7）

页　　码：3－4

88. 题　　名：刑事自诉制度弊害之一斑

作　　者：平午

关 键 词：国家追诉主义　自诉

摘　　要：各国多采国家追诉主义由检察官代表国家追诉犯罪，被害人一般仅得提起请求赔偿之私诉，无过问刑责之可能。如允许私人自诉，则私人无充分之证据，无须经过检察官的审查而为自诉，不但会增加法院的刑事诉讼案件，更会使得人人自危，导致社会秩序不稳。

期刊名称：法令周刊

主办单位：

刊　　期：1930（9）

页　　码：3－4

89. 题　　名：修正刑事诉讼法条文研究

作　　者：蒋应枸

关 键 词：刑事诉讼法　传讯被告　告诉　不起诉处分　送达

摘　　要：新修正的《刑事诉讼法》第二百零七条规定：检察官实施侦查，非有必要不得先行传讯被告；必要与否，由检察官或者司法警察裁量。此条修正，一改往日动辄传讯之弊病。第二百二十一条规定：检察官或司法警察在侦查中发现告诉乃论之犯罪的，于告诉人到案陈述的，应讯问其是否告诉，证明笔录。此条乃新增条款，但实用起来，颇具难度，应增加但书条款。第二百三十二条规定：检察官得经过告诉人同意，被告人道歉、悔过并支付赔偿金后，作不起诉处分，并将具结悔过行为附于不起诉决定书内。此新增条款，可谓情法兼顾。第二百三十五条规定：对于前项告诉人反悔又行起诉的，应予限制。第三百零六条规定：判决正本，应送达告诉人，并由告诉人向检察官陈述意见。

增设此条，实乃进步。

期刊名称：法令周刊

主办单位：

刊　　期：1946，9（15）

页　　码：16

90. 题　　名：公共研究栏：研究十六

作　　者：

关 键 词：检察官　处分　抗告

摘　　要：检察官依第二百三十二条第二项所为之不起诉处分不得声请再议。对于符合法律规定的驳回自诉的裁定亦不得抗告。

期刊名称：法令周刊

主办单位：

刊　　期：1930，9（24）

页　　码：17

91. 题　　名：台湾法院接收民刑事案件处理条例之批评

作　　者：谢怀轼

关 键 词：刑事案件接收　判决执行　指挥书

摘　　要：台湾法院接收刑事案件，若刑事案件已经判决但尚未执行完毕的，或是其他在押人员，原指挥书都已失效，应由检察官另发指挥书。此种做法不利于判决的确定性，同时实践中可行性亦不高。

期刊名称：法令周刊

主办单位：

刊　　期：1930，9（25）

页　　码：1

92. 题　　名：公共研究栏：35 论自诉之利弊

作　　者：方俊杰

关 键 词：国家追诉主义　自诉效率　限制自诉

摘　　要：现我国扩大自诉范围，乃基于保护被害人，同时省却检察官侦查起诉步骤，提高诉讼效率。这自诉制度之利。而自诉制度之弊在于：自诉制度易成为健讼之工具。因此，为趋利避害应规定：凡已经检察官侦查者，不论是否终结，均不得提起自诉。

期刊名称：法令周刊

主办单位：

刊　　期：1947，10（6）

页　　码：16－17

93. 题　　名：对于司法改良之意见

作　　者：郑天锡

关 键 词：国家追诉主义　扩大自诉　简
化程序　审检会合并

摘　　要：检察官作为国家利益的代表者，
追诉犯罪自不可以废除。然现
实积弊可以试行扩大自诉范围，
简化检察官的程序，如三审案
件检察官无须再加具意见书等，
减省经费并将审检之会计合并
计算以期便捷。

期刊名称：法令周刊

主办单位：

刊　　期：1933（145）

页　　码：1－11

94. 题　　名：新刑事诉讼法第三百六十八条
之解释及刑法上妨害国交罪上
诉权问题之商榷

作　　者：

关 键 词：二审终局　妨害国交罪　三审
上诉

摘　　要：刑诉法对某一类或几类案件限
制三审上诉的乃出于各种考虑。
但妨碍国交案件，检察官基于
客观义务可为被告之利益和不
利益上诉，实不应对三审上诉
进行限制。

期刊名称：法令周刊

主办单位：

刊　　期：1935（265）

页　　码：1－5

95. 题　　名：关于改良司法之我见

作　　者：俞承修

关 键 词：审检合署　陪审制度

摘　　要：近年来，虽自诉制度不断扩张，
但检察制度尚存检察官与法官
合署办公，法官难免不在刑事
审判中对被告怀有成见。为确
保司法公正，可以考虑设立陪
审制度，从而使得由众多陪审
员判断被告有无犯罪事实。

期刊名称：法令周刊

主办单位：

刊　　期：1935（282）

页　　码：1－5

96. 题　　名：二十四年法坛大事撮要

作　　者：蔡肇璜

关 键 词：废检论自诉

摘　　要：如果检察制度被废除，那么刑
事犯罪处罚就要依赖自诉制度，
而自诉得于言辞辩论终结前自
行撤回。故国家不能达到有罪
必罚的目的，刑法不能发挥消
减犯罪的作用。

期刊名称：法令周刊

主办单位：

刊　　期：193（288）

页　　码：1－8

97. 题　　名：监狱法草案中恳及视察部分之
检讨

作　　者：朱楚臣

关 键 词：视察职责　侦查犯罪　转呈
监督

摘　　要：《草案》规定检察官得视察监
所，即检察官自由行使视察职
权，法律未作强制规定。作者
认为上述规定不利于监所监督，
因此提出应要求检察官定期视
察监所，并得就监所犯罪进行
侦查，对违法行为转呈监督
官署。

期刊名称：法令周刊

主办单位：

刊　　期：1936（289）

页　　码：7

98. 题　　名：监狱法看守所法草案之商榷

作　　者：望平

关 键 词：检察官　视察监所　监外就医
转送呈请

摘　　要：检察官视察监所，须就受刑者
处遇、疾病、卫生、给养等是
否合适密切关注，必要时可以
询问受刑者，命令其陈述详情，
并将视察情形报告司法行政部。
被告因患病请求在外就医的，
应转法院或检察官裁定或核定，
被告病情好转后应通知家属并
呈报法院或检察官备查。被告
对法院、检察官或其他官署有

所呈请时，监所应及时转送。

期刊名称：法令周刊

主办单位：

刊　　期：1936（293）

页　　码：1－6

99. 题　　名：关于自诉及废检之我见

作　　者：李祖虞

关 键 词：自诉制度　公诉制度　国家追诉主义　废除检察制度

摘　　要：自诉制度原本是由我国现有公诉制度的流弊所产生。检察官追诉犯罪致程序烦琐，且不利于保护被害人利益，以及检察制度实施存在理论和实践上的障碍等原因，所以我国宜废除检察制度。

期刊名称：法令周刊

主办单位：

刊　　期：1936（303）

页　　码：1－3

100. 题　　名：对于改进检察制度的管见

作　　者：理箴

关 键 词：加强检察官能力　检察独立性　检察官职权

摘　　要：现今我国检察制度除少自动检举外，在侦查、莅庭等方面均有缺失。这种缺失并不仅仅是检察官的素质问题，也与现今检察官地位、考绩、司法费用以及环境等方面有关。因此须从加强检察官的能力和独立性方面改进检察制度，加强检察官的职权。

期刊名称：法令周刊

主办单位：

刊　　期：1936（311）

页　　码：1－3

101. 题　　名：从法院组织法施行上发生几点疑问之商榷

作　　者：

关 键 词：候补推检　首席检察官　指挥

摘　　要：候补推检，其多为暂充行之，分办事务，不在法院检察官员额范围内，故首席检察官之设置应注意之。未设首席检察官之检察处，检察官职权与首检

同，可指挥候补检察官。

期刊名称：法令周刊

主办单位：

刊　　期：1936（321）

页　　码：5

102. 题　　名：对于现行司法制度的几个补充意见

作　　者：

关 键 词：检察机关裁撤　审检分离

摘　　要：因现有经费所限，加之检察机关自身职权行使不佳，可直截了当裁撤检察机关，仅设立部分检察官，由法院院长监督指挥，检方行政事务亦由院长掌理，但院长不行使检察官职权。对内，检察官得以个人名义独立于推事行使职权，对外则以院长名义为之。

期刊名称：法令周刊

主办单位：

刊　　期：1937（365）

页　　码：1－2

103. 题　　名：对于现行司法制度的几个补充意见（续）

作　　者：

关 键 词：检察侦查　查明事实　谈话式

摘　　要：检察官侦查案件，其内部设置与法院审判庭类似，不同之处在于检察侦查更像不允许旁听的法庭而已。侦查在于明确事实真相，查其嫌疑有无，宜改为谈话式侦查模式，且对于明显不构成犯罪的嫌疑人可免传讯。

期刊名称：法令周刊

主办单位：

刊　　期：1937（366）

页　　码：1－2

104. 题　　名：修改刑事诉讼法发回检察效能之管见

作　　者：谢濂

关 键 词：国家追诉主义　自动检举　自诉

摘　　要：检察官之设立乃在于惩戒大奸大恶，侵害国家法益，而民众私人不能或不愿起诉之人。然

今日之检察官端坐庙堂，少自动检举，反失其道。故可令犯罪之被害人提起自诉。

期刊名称：法令周刊

主办单位：

刊　　期：1937（366）

页　　码：2

105. 题　　名：修改刑事诉讼法发回检察效能之管见（续）

作　　者：谢濂

关 键 词：移送审判　公诉

摘　　要：除原定检察官提起公诉外，增加警察或宪兵长官逮捕现行犯时得径移送审判，以该长官为公诉人等三种情形。

期刊名称：法令周刊

主办单位：

刊　　期：1937（367）

页　　码：1－2

106. 题　　名：肃奸与循法

作　　者：俞钟骆

关 键 词：汉奸案件　便宜起诉主义　检察官侦查　羁押

摘　　要：对于汉奸案件，应全部移交给检察官进行侦查，不容其他机关插手侦查。并且检察官在侦查期间得于严格限定的情况下羁押被告。侦查终结，所有案件均应由检察官提起公诉，禁止他机关迳送审判，并且应赋予检察官便宜起诉的权力。

期刊名称：法令周刊

主办单位：

刊　　期：1946，9（2）

页　　码：1－2

107. 题　　名：肃奸与循法（续）

作　　者：俞钟骆

关 键 词：汉奸案件　特种刑事案件诉讼条例

摘　　要：汉奸案件自新法颁布后，原特种刑事案件诉讼条例不再适用于此类案件。如废除其中的司法警察等的移送审判程序，检察官不再出庭支持公诉，检察官应于必要时允许被告接见及通信以保障人权。对于汉奸

财产的没收，实应视为扣押程序。若检察官为不起诉处分，或证明与案件无关，即应解押发还。

期刊名称：法令周刊

主办单位：

刊　　期：1946，9（3）

页　　码：1－2

108. 题　　名：对于汉奸案件起诉程序之商榷

作　　者：祝宗海

关 键 词：汉奸案件　司法警察　移送审判　军法机关

摘　　要：特种条例中的移送审判条款与处理条例中的交检察官侦查条款并不矛盾。汉奸案件不得由司法警察官径以移送书提起公诉，仅指军政机关不能直接不经检察官侦查而将汉奸案件移送审判；普通司法警察官仍得侦讯后移送法院审判。

期刊名称：法令周刊

主办单位：

刊　　期：1946，9（10）

页　　码：2

109. 题　　名：论复员后司法之改善

作　　者：朱志奋

关 键 词：司法经费　国家追诉主义　审检分立　经费独立

摘　　要：检察官代表国家对犯罪进行侦查追诉。为了更有效实施检察制度，应将各法院检察处改为检察署，实现审检机构的分立，进而实现经费的独立。同时，为了促进检察官行使勘验、调查等职权，应增加检察官的经费。

期刊名称：法令周刊

主办单位：

刊　　期：1946，9（11）

页　　码：1－2

110. 题　　名：论复员后司法之改善（三）

作　　者：朱志奋

关 键 词：四级薪俸　生活补助　保障住房

摘　　要：为使检察官和推事更好地履行职权，应提高司法官的待遇，

并严厉整顿司法风纪，打击徇私枉法行为。检察官之俸给自荐任四级起叙，并根据当地生活水平发给生活补助，筹设保障住房；同时打击徇私枉法行为，整顿风纪。

期刊名称：法令周刊
主办单位：
刊　　期：1946，9（13）
页　　码：1－2

111. 题　　名：公共研究栏：31 改进司法之建议
作　　者：赵宝卿
关 键 词：检察制度存废　审检分立　经费　自诉扩张　加强职权
摘　　要：因审检合署易给民众审检职权不独立的认知，加之司法经费紧张且审检不分，自诉制度不断扩张。因此欲实施检察制度，应扩大检察官职权，加强其机构和经费的独立性，使与审判机构划分对立。

期刊名称：法令周刊
主办单位：
刊　　期：1946，9（42）
页　　码：3

112. 题　　名：公共研究栏：48 关于检察官以不起诉为适当之商榷
作　　者：黄苏宁
关 键 词：不起诉处分　被告异议权　起诉　上诉
摘　　要：检察官所为不起诉处分仅允许告诉人声请再议。然不起诉处分所认定之事实并非无错之可能，且被告之名誉地位等均受到影响，故而应赋予被告异议的权利。检察官得因此起诉，使被告得答辩并就判决不服时提起上诉。

期刊名称：法令周刊
主办单位：
刊　　期：1947，10（19）
页　　码：3

113. 题　　名：公共研究栏：111 自诉制度存废之磋商
作　　者：李刚

关 键 词：自诉存废　扩张自诉　滥用自诉　延滞诉讼　发现真实
摘　　要：自诉制度的扩张虽可能导致自诉权滥用、延滞诉讼、阻碍真实发现，然公诉案件亦有滥用告诉，不若由推事吸收检察职权；且自诉免侦查程序，证据亦非不足，上诉等相应减少反致程序俭省；再者真实之发现不在于自诉与否，而在于自诉人是否信任检察官。故自诉扩张并非不可控，且被害人对其自身权利最为重视，应保护其救济的权利。

期刊名称：法令周刊
主办单位：
刊　　期：1948，11（28）
页　　码：3

114. 题　　名：司法经验录
作　　者：张毓泉
关 键 词：改善检察制度
摘　　要：永嘉地区民恶事杂，欲有效行使职权，宜从各方面改善检察制度。办理案件时应注意取缔讼棍，改良收案办法，注意奸诱案件。于司法行政上须注意整理会计制度、卷宗、清理赃物，修建房屋等，并注意督办案件，疏通监所人犯，取缔法警和检验吏，提高效率。

期刊名称：法令周刊
主办单位：
刊　　期：1934（205）
页　　码：2－5

115. 题　　名：司法经验录
作　　者：潘振扬
关 键 词：传唤被告　侦查终结　不起诉处分
摘　　要：检察官如认为不传唤被告，现有证据已足以表明被告行为不构成犯罪或不足以定罪的，则可径为不起诉处分。

期刊名称：法令周刊
主办单位：
刊　　期：1934（213）
页　　码：2－3

116. 题　　名：司法经验录

作　　者：骆永昌

关 键 词：检警关系　自诉

摘　　要：检察官得于侦查时指挥司法警察，然司法警察对指挥并不熟悉，宜由检察官指挥司法警察长官并扩张之。检察官对合于自诉的案件，可直接移送法院以加快诉讼程序，对自诉略有瑕疵的得补正后重新自诉。

期刊名称：法令周刊

主办单位：

刊　　期：1935（236）

页　　码：1－3

117. 题　　名：司法经验录

作　　者：何立言

关 键 词：侦查　检举红丸　惩治盗匪　罚金执行

摘　　要：检察官侦查案件宜迅速进行，以提高效率。红丸吸食对人有害应加大对红丸犯罪的检举和打击；盗匪杀人越货更应厉行惩治。科处罚金的检察官应加强强制执行。检察官作成处分书、起诉书后应予以公示。

期刊名称：法令周刊

主办单位：

刊　　期：1935（238）

页　　码：1－3

118. 题　　名：司法经验录

作　　者：张逸民

关 键 词：侦查　讯问被告

摘　　要：侦查中讯问被告应迅速及时。在传唤被告或是逮捕被告之后，应立即开始详加讯问，以突破被告防线，防止串供。

期刊名称：法令周刊

主办单位：

刊　　期：1935（241）

页　　码：1－3

119. 题　　名：对于全国律师协会修改刑事法典委员会所收各提案之意见

作　　者：郭衡

关 键 词：废除检察制度　国家追诉主义

摘　　要：律师公会对于修改刑事诉讼法的提案从三民主义出发，从国家政体、法律系统、民族思想和诉讼实务四个方面论证，要求司法部废除检察制度，并将检察官的侦查、起诉和执行三种职权分别由不同主体进行担当。笔者则认为此提案多为书斋之论，检察制度理应保留，具体理由如下：民事采私人追诉主义，而刑事应该采取国家追诉主义；检察官代表国家对犯罪进行追诉能够保证公正；检察制度有利于保障人权；政体革新与诉讼制度并无必然联系；废检之后增加起诉等机关实属浪费开支；微罪不起诉原则非但不是检察官的特权，而是检察制度之利益所在。

期刊名称：法令周刊

主办单位：

刊　　期：1932（111）

页　　码：1－8

120. 题　　名：对于全国律师协会修改刑事法典委员会所收各提案之意见（二）

作　　者：郭衡

关 键 词：废除检察制度　弹劾主义　起诉主体

摘　　要：律师公会的提案认为废除检察制度并由五类不同主体承担起诉职能，笔者认为此种提案实为无意义之论。

期刊名称：法令周刊

主办单位：

刊　　期：1932（112）

页　　码：1－6

121. 题　　名：读修正刑事诉讼法草案之我见

作　　者：付勤清

关 键 词：扣押　罚金　执行　强制措施

摘　　要：对于修正刑事诉讼法草案，笔者的意见如下：刑事诉讼法第四百三十四条应修正为：检察官所为扣押时，欲对扣押物的所有人、保管人等科处罚金的，亦应由法院裁定之。第四百九十五条修正为：判处五年徒刑以上的重罪和拘役之轻罪应区别对待，重罪得于执行时，径行拘提；而轻罪，检察官于执行应先行传唤，传唤不到始能拘提。

期刊名称：法令周刊

主办单位：

刊　　期：1934（228）

页　　码：1－7

122. 题　　名：公共研究栏：研究问题十五

作　　者：

关 键 词：自诉人　担当自诉

摘　　要：自诉人经合法传唤而不到庭的，必要情况下可由检察官担当自诉。现自诉人由于服役而无法传唤到庭，应可援引担当自诉规定。上述是关于自诉问题的研究，期待相关法律可以采纳。

期刊名称：法令周刊

主办单位：

刊　　期：1930，9（24）

页　　码：17

123. 题　　名：解释：院字第三七五号

作　　者：

关 键 词：不起诉处分　逾期送达　检察官职务

摘　　要：不起诉处分书的送达期限为检察官职务，非因逾期而影响其效力，被告或告诉人不得认为处分为无效。

期刊名称：法令周刊

主办单位：

刊　　期：1931（29）

页　　码：56

124. 题　　名：解释：院字第四〇三号

作　　者：

关 键 词：被告利益上诉　不起诉处分　送交程序

摘　　要：检察官得为被告利益为上诉。对于告诉告发，检察官侦查结果认为无须传唤被告，即可认定嫌疑不足或行为不成立犯罪可直接为不起诉处分。检察官与一审上诉后仍应依送交程序办理。

期刊名称：法令周刊

主办单位：

刊　　期：1931（31）

页　　码：45－47

125. 题　　名：解释：院字第五七二号

作　　者：

关 键 词：通缉　强制处分　起诉时效

摘　　要：检察官在有效时期内为侦查上之通缉行为，自可认为为强制处分，起诉时效中断。若时效尚在中断中或更行起算后仍未满的自应依法办理。

期刊名称：法令周刊

主办单位：

刊　　期：1931（63）

页　　码：19－20

126. 题　　名：解释：院字第一〇〇〇号

作　　者：

关 键 词：行政兼理司法　期限

摘　　要：县知事兼理司法之审为六十日，并未区分侦查、预审和审判三种，不能人为进行划分或予扣除。侦查期间包括于一审期限之内，且不起诉案件仍应依一审期限计算。

期刊名称：法令周刊

主办单位：

刊　　期：1933（178）

页　　码：24－25

127. 题　　名：县司法处组织暂行条例草案及理由书

作　　者：

关 键 词：县长兼理司法　检察职务　司法监督

摘　　要：县司法处行政事务及检察职务均由县长兼理，但亦可委托审判官行使，委托事项出现是由于县长事务繁忙难以完全兼理，可由审判官分担。符合要求的审判官可由高等法院呈请司法行政部以候补推事检察官。县司法处关于检察职务受高等法院或其分院首席检察官监督，相较于县长检察职务的监督，增订高分院长及首席检察官监督，保证司法进步。

期刊名称：法令周刊

主办单位：
刊　　期：1935（285）
页　　码：1－3

（六）命令公牍

1. 题　　名：核示关于刑事审限规则各项疑
　　　　　　义令
　　作　　者：
　　关 键 词：期限　理由书　上诉理由书
　　摘　　要：检察官提出理由书送首席检察官
　　　　　　核办期间，与提出理由书于原审
　　　　　　法院期限不同，且送首席检察官
　　　　　　期限起算按规定照办。检察官向
　　　　　　法院声明上诉后补送理由书与原
　　　　　　审法院期间与审限不同。
　　期刊名称：法令周刊
　　主办单位：
　　刊　　期：1936（294）
　　页　　码：1－2

2. 题　　名：核示检察官声请法院裁定宣告缓
　　　　　　刑人犯负保护管束疑义电
　　作　　者：
　　关 键 词：缓刑　保安处分
　　摘　　要：检察官作为国家公益的代表，认
　　　　　　为宣告缓刑的人犯有负保安处分
　　　　　　的必要可以向法院申请裁定。至
　　　　　　于保安处分的理由，则属于事实
　　　　　　问题，由检察官根据客观情况
　　　　　　办理。
　　期刊名称：法令周刊
　　主办单位：
　　刊　　期：1930（294）
　　页　　码：27

3. 题　　名：法院收受自诉书状后应将案由随
　　　　　　时录送检察官查照令
　　作　　者：
　　关 键 词：自诉书状
　　摘　　要：因推事与检察官之间信息沟通不
　　　　　　畅，导致自诉案件出现种种问
　　　　　　题，极易导致讼累。然由检察官
　　　　　　统一收受书状亦非属现实，故法
　　　　　　院收受自诉书状后应就将案由录
　　　　　　送检察官。
　　期刊名称：法令周刊
　　主办单位：
　　刊　　期：1930（318）
　　页　　码：1

4. 题　　名：指示自诉之疑义
　　作　　者：
　　关 键 词：自诉状　补正　停止侦查
　　摘　　要：检察官侦查之案件合于自诉者，
　　　　　　确认告诉人之意思后可将自诉案
　　　　　　件移送法院审判并停止侦查。然
　　　　　　自诉须向管辖法院提出自诉状或
　　　　　　以言词为要件，故而检察官应将
　　　　　　告诉状等改为自诉状或以其他方
　　　　　　式补正，以期便民。
　　期刊名称：法令周刊
　　主办单位：
　　刊　　期：1930，11（49－50）
　　页　　码：8

5. 题　　名：特刑庭之违法判决可以提起非常
　　　　　　上诉
　　作　　者：
　　关 键 词：特种刑事法庭　非常上诉
　　摘　　要：高等特种刑事法庭无权受理之案
　　　　　　件误为判决，虽不得提起上诉但
　　　　　　得由中央特种刑事法庭之首席检
　　　　　　察官提起非常上诉。
　　期刊名称：法令周刊
　　主办单位：
　　刊　　期：1948，11（49－50）
　　页　　码：8

6. 题　　名：规定司法官任用回避办法
　　作　　者：
　　关 键 词：地域回避　亲等回避　分期调换
　　摘　　要：司法官任用实行地域回避和亲等
　　　　　　回避以保障司法公正。除特殊情
　　　　　　形外，本省区人不得担任省区县
　　　　　　司法官，上下级法院检察官或推
　　　　　　事互有亲等血亲或是姻亲关系的
　　　　　　亦应回避。本省区回避人员由司
　　　　　　法行政部酌定分期调换。
　　期刊名称：法令周刊
　　主办单位：
　　刊　　期：1932（83－86）
　　页　　码：3－4

7. 题　　名：高等分庭及地检官对县府行文
　　　　　　程序
　　作　　者：
　　关 键 词：行政兼理司法　监督权
　　摘　　要：对于行政兼理司法的县府所处理
　　　　　　的案件，若涉及检察方面，则上

级检察官自得监督县府。上级检察官就声请再议案件所为之续行侦查或起诉的命令，公文往来得用令。

期刊名称：法令周刊

主办单位：

刊　　期：1932（118）

页　　码：1－2

8. 题　　名：指示大赦条例疑义（三十一）

作　　者：

关键词：大赦条例　减刑　上诉

摘　　要：大赦条例颁布后的未为减刑实为违法，应提起上诉或非常上诉。大赦条例所称确定判决指条例公布前已确定判决，公布后未为减刑的系为判决违法，应由检察官提起上诉，若因未上诉而致判决确定的，应提起非常上诉，而不能适用大赦条例。

期刊名称：法令周刊

主办单位：

刊　　期：1932（118）

页　　码：9－10

9. 题　　名：各省高院推检回避之指示

作　　者：

关键词：地域回避　高等法院

摘　　要：一般地域回避指管辖区域内的回避，然高等法院推事和检察官作为三审法院时仅需回避二审管辖范围之案件。

期刊名称：法令周刊

主办单位：

刊　　期：1933（2）

页　　码：29

10. 题　　名：起诉或不起诉之文书不得任意宣布

作　　者：

关键词：侦查终结结果　送达　宣布

摘　　要：检察官侦查终结之结果，起诉或不起诉处分仅需送达被告和告诉人等，无须对外宣布。

期刊名称：法令周刊

主办单位：

刊　　期：1933（148）

页　　码：2－3

11. 题　　名：情节轻微之偶发犯不宜轻予羁

押及起诉

作　　者：

关键词：情节轻微　羁押必要　起诉

摘　　要：对于情节轻微的偶发犯，检察机关应注意案件性质和被告的危险性，慎重评估其危险性和羁押必要性。侦查终结后亦应综合考量，慎为起诉。

期刊名称：法令周刊

主办单位：

刊　　期：1933（156）

页　　码：14

12. 题　　名：检察官视察监所言语态度之应注意

作　　者：

关键词：监所管理

摘　　要：检察官视察监所乃在于检察监所奉行法令是否认真适当，而非无端任性意气用事干涉监所活动。故检察官视察时应注意其语言态度。

期刊名称：法令周刊

主办单位：

刊　　期：1934（210）

页　　码：8

13. 题　　名：指示高分院首检与所在地新监典狱长行文程式令

作　　者：

关键词：监督　上下级　公函　法院院长

摘　　要：不相隶属机关行文应用公函。上下级机关和不相隶属机关以有无监督权为界限。对于监所，仅高等法院院长和高等法院分院院长有监督权，高分院首检无监督之权，行文往来自不能用令，应用公函。

期刊名称：法令周刊

主办单位：

刊　　期：1935（244）

页　　码：7

14. 题　　名：更正检察官指挥司法警察证条文错误

作　　者：

关键词：检警关系　指挥证　侦查权

摘　　要：检察官得在侦查时使用指挥证

指挥司法警察。之前所印指挥证未有盖印，应缴毁重发。

期刊名称：法令周刊

主办单位：

刊　　期：1935（247）

页　　码：6

15. 题　　名：指示地院首检关于指挥执行对县府行文疑义令

作　　者：

关 键 词：检察权兼理　检察一体　指挥执行　公函

摘　　要：上级检察官对兼理检察官的县政府并非完全的上下级关系。上级检察官就指挥执行仍应用公函。

期刊名称：法令周刊

主办单位：

刊　　期：1935（249）

页　　码：3

16. 题　　名：院检经费划分月终仍应合并造报令

作　　者：

关 键 词：审检经费划分　合并造表

摘　　要：检察处和法院的经费可以进行划分，并由检察处在月初就经费划分之后进行支取，然月终检察处仍需将费用明细报法院以便合并造表。

期刊名称：法令周刊

主办单位：

刊　　期：1935（254）

页　　码：4

17. 题　　名：法院增加书记官应就被裁之检察处书记官优先调用令

作　　者：

关 键 词：审检合署　行政事务　调用

摘　　要：法院内的行政事务一应归于法院之书记官处理，导致检察处书记官相应裁撤，然法院书记官增加，故宜调用检察处之书记官。

期刊名称：法令周刊

主办单位：

刊　　期：1935（264）

页　　码：47

18. 题　　名：核示刑事被告羁押疑义电

作　　者：

关 键 词：不利益上诉　撤销羁押

摘　　要：羁押期限已逾判决刑期，除检察官为被告不利益上诉的，否则应由法院裁定或检察官命令为具保或其他替代方式，即行释放。案件上诉后由仍控制卷宗的法院进行裁决。

期刊名称：法令周刊

主办单位：

刊　　期：1935（265）

页　　码：2－3

19. 题　　名：颁发刑事案件报部办法等令

作　　者：

关 键 词：死刑　非常上诉　案卷呈送

摘　　要：高等法院以下各级检察官应将指挥执行的案件报部呈送或转报。死刑案件应专案呈报。非常上诉的案件，该检察署检察长应将案卷和判决专案呈送。

期刊名称：法令周刊

主办单位：

刊　　期：1935（267）

页　　码：5－15

20. 题　　名：检察官侦查犯罪得以命令指挥区长令

作　　者：

关 键 词：区长　检警关系　命令

摘　　要：区长得行使司法警察官的职权侦查犯罪，则检察官因侦查犯罪自得指挥区长，并以命令行之。

期刊名称：法令周刊

主办单位：

刊　　期：1935（268）

页　　码：5

21. 题　　名：检验员任免章程应由首检会同院长办理令

作　　者：

关 键 词：检验员任免　首席检察官　院长

摘　　要：首席检察官得会同法院院长任免检验员。

期刊名称：法令周刊

主办单位：

刊　　期：1935（269）

页　　码：5

22. 题　　名：核示检察官职权疑义令

作　　者：

关 键 词：首席检察官　检察官设置　检察权

摘　　要：分院未设首席检察官的，其检察官职权与首席检察官职权同。若地方法院未设首席检察官，则其检察官之职权可准用分院之规定，与首席检察官职权同。

期刊名称：法令周刊

主办单位：

刊　　期：1935（269）

页　　码：5

23. 题　　名：法官及其他司法人员资格审查办法准予备案令

作　　者：

关 键 词：资格审查　检察官　法院组织法　公务员任用法

摘　　要：在二十四年七月一日《法院组织法》施行前，各省高等法院院长或首席检察官资格审查事宜依《公务员任用法》呈请司法行政部请派的人员，仍照《公务员任用法》办理。

期刊名称：法令周刊

主办单位：

刊　　期：1935（271）

页　　码：1－2

24. 题　　名：核示法医任免奖惩由院长及首席检察官会同行之令

作　　者：

关 键 词：法医　任免奖惩　首席检察官

摘　　要：核示该院法医的任免奖惩由法定并发院长及首席检察官会同决定。

期刊名称：法令周刊

主办单位：

刊　　期：1935（276）

页　　码：2

25. 题　　名：检察官没收之保证金应由法院保管及报解令

作　　者：

关 键 词：保证金　案内款项

摘　　要：在侦查中刑事被告缴纳的保证金和地方法院检察官没收的保

证金都属于案内款项，为法院会计科执掌范围内，应由法院保管及报解。

期刊名称：法令周刊

主办单位：

刊　　期：1935（277）

页　　码：2－3

26. 题　　名：核示首席检察官出差旅费应单独呈请核办令

作　　者：

关 键 词：出差旅费　特别支出　增员加俸

摘　　要：首席检察官因公出差旅费属特别支出，不属于处务规程规定的增员加俸范围内，应由首检单独呈请。

期刊名称：法令周刊

主办单位：

刊　　期：1935（277）

页　　码：6

27. 题　　名：重申高分院院长及首席检察官与新监行文程式令

作　　者：

关 键 词：监督隶属　公函　令

摘　　要：仅有在具有监督隶属关系时，上级对下级机关行文可用令，其余行文应用公函。除高等法院及其检察处对新监具有监督隶属关系行文得用令外，其他各分院或检察处均无此等关系，行文应用公函。

期刊名称：法令周刊

主办单位：

刊　　期：1935（277）

页　　码：7

28. 题　　名：颁发高等以下各级法院推检结案标准令

作　　者：

关 键 词：结案标准　职权

摘　　要：根据职权内容的不同和参与的程度不同，检察官行使职权办理案件的结案标准不同。

期刊名称：法令周刊

主办单位：

刊　　期：1935（283）

页　　码：3－4

29. 题　　　名：刑事三审上诉如应先由检察官核办者应将卷宗径送检察署令

作　　　者：

关 键 词：三审上诉　检察署　案卷呈送

摘　　　要：三审上诉应先由检察官核办者，应由原检察官将该案卷宗及证物送交最高法院检察署，而不是迳送法院，增繁手续。

期刊名称：法令周刊

主办单位：

刊　　　期：1935（285）

页　　　码：20－21

30. 题　　　名：励行不起诉处分及检察官起诉送案分案办法令

作　　　者：

关 键 词：轻微案件　感化

摘　　　要：对于轻微刑事案件，犯罪人多出于艰难而犯罪，社会危险性低，且处罚不利于回归社会。检察官应厉行感化政策，作出不起诉处分。然对于恶性大，易再犯的案件则应打击之。检察官起诉之案件可径行送刑事庭，由该庭庭长审核分类。

期刊名称：法令周刊

主办单位：

刊　　　期：1936（288）

页　　　码：5－7

31. 题　　　名：合于自诉案件应由检察官遵照前令指示自诉令

作　　　者：

关 键 词：微罪不检举主义　推检互调　自诉

摘　　　要：检察官应厉行微罪不检举主义，施行推检互调办法。检察官对合于自诉案件的告诉得指示被害人向法院提起自诉，并告知相应法律规定，以提高整体效率。检察官并得令被害人将原书状改为自诉状后迳送法院进行审判，法院不得因状纸之更改而拒受。

期刊名称：法令周刊

主办单位：

刊　　　期：1936（288）

页　　　码：7－8

32. 题　　　名：核示法院书记官办理收发统计各有贻误由首席检察官函知院长呈请惩戒令

作　　　者：

关 键 词：检察官指挥　贻误　惩戒

摘　　　要：法院书记官办理收发统计等事项不服检察官指挥或有贻误，由首席检察官函请该法院院长进行惩戒，并影响最终考绩。

期刊名称：法令周刊

主办单位：

刊　　　期：1936（291）

页　　　码：7－8

33. 题　　　名：法院院长首席检察官等嗣后均须办案令

作　　　者：

关 键 词：积案不清

摘　　　要：因司法经费不足而人员过少，积案不清，除继续督促推事、检察官勤勉办案外，亦应由法院院长和首席检察官参与到日常办案过程中，以期倡导。

期刊名称：法令周刊

主办单位：

刊　　　期：1936（293）

页　　　码：1－2

34. 题　　　名：核示设置首席检察官各项条件令

作　　　者：

关 键 词：首席检察官配置　职权

摘　　　要：仅在有二人以上检察官（候补检察官不在此列）的各级法院置首席检察官一职。未设置首检的检察处，检察官的职权与首检相同，并且其地位亦非低于法院院长。

期刊名称：法令周刊

主办单位：

刊　　　期：1936（299）

页　　　码：2－3

35. 题　　　名：嘱托拘提应向检察官为之令

作　　　者：

关 键 词：拘提　委托拘提

摘　　　要：若法院或检察处为之拘提，应嘱托被告所在地之检察官拘提被告，若被告不在该地者，该检察官得转嘱托被告所在地之检察官。此嘱托执行适用于法院和检察处，凡拘提者皆应现交检察厅执行。

期刊名称：法令周刊

主办单位：

刊　　期：1936（299）

页　　码：7 - 8

36. 题　　名：院方职员对于检方长官检方职员对于院方长官毋庸回避令

作　　者：

关　键　词：审检合署　职权独立　隶属关系　亲等关系　回避

摘　　要：审检虽合署办公，然审判机关的法院和检察机关职权相对独立，系统各别。若检方职员与院方长官，或检方长官与院方职员存在亲等关系，因不属隶属或同级自不受亲等回避之规定限制。

期刊名称：法令周刊

主办单位：

刊　　期：1936（301）

页　　码：5

37. 题　　名：法院无审判权论知不受理之案件应由检察官移送有管辖权之机关办理令

作　　者：

关　键　词：管辖权　不予受理　移送管辖

摘　　要：法院因无管辖权裁定不予受理的案件，检察官应将该犯罪嫌疑人移送有管辖权的机关办理。

期刊名称：法令周刊

主办单位：

刊　　期：1936（302）

页　　码：45

38. 题　　名：第一审刑事公诉案件判决书首栏被告姓名前应加列公诉人本院检察官八字令

作　　者：

关　键　词：判决书　公诉人　本院检察官

摘　　要：检察官与被告均为刑事案件的当事人，其地位不应有高低之别。故在判决后记载检察官莅庭，似与法院处于同一地位，不若在被告姓名前加列公诉人

本院检察官八字，以显示司法威信。

期刊名称：法令周刊

主办单位：

刊　　期：1936（305）

页　　码：9

39. 题　　名：贪污公务员应由检察官自动检举令

作　　者：

关　键　词：公务员　营私舞弊　自动检举

摘　　要：公务员贪污营私舞弊的，对社会危害巨大，且人民告发、告诉恐难以实现，应由检察官自动检举。

期刊名称：法令周刊

主办单位：

刊　　期：1936（305）

页　　码：9 - 10

40. 题　　名：检察官自行检举案件应于月报年报表备考栏内详叙令

作　　者：

关　键　词：自行检举　方便稽核　明确统计　备考栏

摘　　要：对于检察官自行检举案件，为明确统计及方便稽核，宜在备考栏内详细将件数、案由及结果等分别详叙。

期刊名称：法令周刊

主办单位：

刊　　期：1936（305）

页　　码：13

41. 题　　名：自诉扩张后审检两方刑案增减数目应列表专报令

作　　者：

关　键　词：自诉扩张　案件增减　检察官配置

摘　　要：自诉扩张后，则法院案件之增加与检察官案件减少应列表专报，以期以此为标准重新进行检察官和推事的配置。

期刊名称：法令周刊

主办单位：

刊　　期：1936（311）

页　　码：5

42. 题　　名：审检两方刑事案件增减情形列表填报令

作　　者：

关 键 词：自诉　书状改正　自诉范围

摘　　要：各地法院检察处于收案时遇有合乎自诉的案件，必须随时指示告诉人自行向法院起诉并得将原书状改正后径送法院。法院不得因状纸临时更改而拒绝收受。自诉范围扩张后导致法院和检察官的案件增减的，应填表报告。

期刊名称：法令周刊

主办单位：

刊　　期：1936（314）

页　　码：1 – 2

43. 题　　名：刑事案件第二审判决违法得提起非常上诉令

作　　者：

关 键 词：检察官侦查　撤销判决　非常上诉

摘　　要：案件未经检察官侦查起诉即由一审法院判决，后经二审法院撤销判决，为不受理判决；上级检察官命令下级检察官重新侦查，检察官不必为重新侦查。因二审判决违法，检察官得提起非常上诉。

期刊名称：法令周刊

主办单位：

刊　　期：1936（317）

页　　码：5

44. 题　　名：不起诉处分未确定前得声请再议令

作　　者：

关 键 词：不起诉处分　声请再议　继续侦查　重新起诉

摘　　要：检察官为不起诉处分，经声请再议后，上级检察官命令继续侦查，重新起诉的，检察官应重新起诉，并不违背法律，法院亦不得为不受理判决。

期刊名称：法令周刊

主办单位：

刊　　期：1936（319）

页　　码：6 – 7

45. 题　　名：调度司法警察章程

作　　者：

关 键 词：检警关系　拘提　勘验　鉴定

摘　　要：检察官得以书面或口头方式指挥司法警察官及执行司法警察职权的区长等司法警察。司法警察对检察官的指挥应优先尽力完成。司法警察得在检察官指挥下为侦查、拘提、搜查、扣押、勘验、鉴定等。并由首检考察函请奖励惩办。

期刊名称：法令周刊

主办单位：

刊　　期：1936（320）

页　　码：1 – 4

46. 题　　名：各省高等法院首席检察官应于文到半月内将各该省市县之律师公会职员及其经历会员姓名及其从事年期依式查填呈报令

作　　者：

关 键 词：首席检察官　律师公会

摘　　要：各省高院首检应将其省内之律师公会会员及其职员的经历等基本信息进行收集并填表呈报。

期刊名称：法令周刊

主办单位：

刊　　期：1936（321）

页　　码：12 – 13

47. 题　　名：核示检察官对于受处罚人得予管收令

作　　者：

关 键 词：受处罚人　管收　指挥执行

摘　　要：检察官得对受处罚人进行管收，其执行可准用管收民事被告人规则。对于受处罚财产嘱托民事执行为之。若受处罚人无力缴纳罚金可易科劳役。

期刊名称：法令周刊

主办单位：

刊　　期：1936（323）

页　　码：4

48. 题　　名：核示检察官勘验案件应厉行初报办法并不以命案为限令

作　　者：

关 键 词：勘验　初报　命案

摘　　要：检察官为勘验应厉行初报办法，制作勘验初报，并不以命案为限。

273

期刊名称：法令周刊

主办单位：

刊　　期：1936（323）

页　　码：4－5

49. 题　　名：核示关于检察官没入保证金疑义令

作　　者：

关 键 词：没收保证金　检察官命令　没收事由

摘　　要：被告具保后，逃匿或不在所的，检察官可以命令没收保证金，法院亦得以裁定为之。

期刊名称：法令周刊

主办单位：

刊　　期：1936（324）

页　　码：7

50. 题　　名：核示县长执行检察职务之变通办法令

作　　者：

关 键 词：移送自诉　审检职能分立　盗匪案件

摘　　要：兼理检察职务的县长，在接到被害人的告诉后认为合于自诉的，可将文书改称自诉状迳送审判员进行审判。侦查和公判的职能应分属不同人行使。遇到盗匪等特殊案件，是否增员应交军法机关处理。

期刊名称：法令周刊

主办单位：

刊　　期：1936（335）

页　　码：2

51. 题　　名：县司法处刑事裁判书应送达于县长并得提起上诉电

作　　者：

关 键 词：县判案件判决书　送达　上诉告诉人

摘　　要：县长兼理检察职权，故县判案件的判决书自应送达县长，如有不服，自得提起上诉。而告诉人非当事人，无须送达。

期刊名称：法令周刊

主办单位：

刊　　期：1936（335）

页　　码：2－3

52. 题　　名：县长除因事故不能执行检察职

务时外不得遽将一切刑事案件送审判官代办令

作　　者：

关 键 词：审检分立原则　概括委托

摘　　要：县长因事故不能执行检察职务时，得由审判官代办。但"事故"是指县长请假或临时发生事故。如果县长仅以政务繁忙为由将一切刑事案件送由审判官代为侦讯则不符合法律规定。基于审检分立的原则，县长不得概括将检察职务交由审判官办理。

期刊名称：法令周刊

主办单位：

刊　　期：1936（338）

页　　码：43

53. 题　　名：第二审法院检察官声请移转管辖经裁定驳回最高法院声请者应由原检察官移送文卷令

作　　者：

关 键 词：移转管辖　案卷移送

摘　　要：第二审法院检察官认为有移转管辖必要时，向同院刑庭申请移转管辖，同院刑庭裁定以其管辖区域内无同级法院，如欲移送管辖应向最高法院申请为由驳回后，原检察官应移送相关文卷另向最高法院申请。

期刊名称：法令周刊

主办单位：

刊　　期：1937（34）

页　　码：3－4

54. 题　　名：无检察官为当事人或自诉人三审上诉案件应将卷宗径送最高法院令

作　　者：

关 键 词：上诉　原审法院　第三审法院　自诉案件　卷宗移送

摘　　要：无检察官为当事人的上诉案件，应由原审法院将卷宗证物径送第三审法院。故自诉案件三审上诉，其卷宗应直接送最高法院。

期刊名称：法令周刊

主办单位：

刊　　期：1937（340）

页　　码：35－36

55. 题　　名：核示县长兼理之检察职务未便以县军法承审员代行令

作　　者：

关 键 词：兼理检察职务　军法承审员　军政分立

摘　　要：兼理检察职务的县长不能以自身行政事务过于繁忙不能实施侦查，而将检察职权委托给军法承审员代行，以期保证军政分开。

期刊名称：法令周刊

主办单位：

刊　　期：1937（342）

页　　码：4－5

56. 题　　名：解答县长派员代行检察职务疑义令

作　　者：

关 键 词：兼理检察职权　委托执行　审判官

摘　　要：兼理检察权的县长可委托审判官代行检察官职务，然另行派员执行则于法无据。

期刊名称：法令周刊

主办单位：

刊　　期：1937（358）

页　　码：2

57. 题　　名：修正高等以下各级法院推检结案计数标准令

作　　者：

关 键 词：结案标准　检察职权

摘　　要：检察官的结案计算标准根据检察职权的不同而不同。为使程序有效简便，则侦查。自行提起上诉均按件计算，而自诉莅庭、被告上诉、覆判案件而两件作一件，而声请案件、勘验、协助案件计算标准亦不同。

期刊名称：法令周刊

主办单位：

刊　　期：1937（364）

页　　码：5－6

58. 题　　名：厘定高等以上法院检察官审查不起诉处分表示令

作　　者：

关 键 词：检察一体　不起诉处分　审查卷宗移送

摘　　要：高等以上法院检察官应就下级检察官所填报的不起诉处分表进行审查，并审查其移送的卷宗。

期刊名称：法令周刊

主办单位：

刊　　期：1937（367）

页　　码：17－18

59. 题　　名：首都高首检转呈首都地检处拟定捺印指纹办法

作　　者：

关 键 词：笔录签名　捺印指纹

摘　　要：检察官于讯问、搜索、扣押、勘验等现场制作笔录。此类笔录应由受讯人或在场人签名捺指印。实践中做法不一，故统一捺印左手拇指三面指纹，因左手使用较少，而拇指短而不易损伤，故为宜。若有损伤，则可依右拇指、左食指等顺序捺印。捺印指纹两份，以待备查。

期刊名称：法令周刊

主办单位：

刊　　期：1947，10（2）

页　　码：1

60. 题　　名：执行没收汉奸财产应注意事项

作　　者：

关 键 词：没收汉奸财产　敌伪产业处理局　委托执行　免予执行

摘　　要：没收汉奸财产由检察官会同敌伪产业处理局执行之，财产不在该地，则委托当地检察官会同处理局或无处理局之政府执行之。受委托检察官不得拒绝。检察官可对财产进行评估，并对汉奸家属生活必需的财产部分免予执行。

期刊名称：法令周刊

主办单位：

刊　　期：1947，10（2）

页　　码：2－3

61. 题　　名：推检对警宪机关于特定事项有指挥命令权令

作　者：

关键词：检警关系　公文往来　指挥权
命令权

摘　要：检察官或推事对于警察分局长、
宪兵连长，依法关于特定事项
之案件，既有指挥权，也有命
令权。法院与警察分局、宪兵
机关公文往来仍应用函。

期刊名称：法令周刊

主办单位：

刊　期：1947，10（18）

页　码：9

62. 题　名：准予修正执行没收财产应注意
事项第一项、第四项条文

作　者：

关键词：执行异议诉讼　免予执行

摘　要：没收汉奸财产由检察官会同敌
伪产业处理局执行，然实践中
该局亦多为检察官兼充，故可
委托该局执行。对没收财产主
张权利之人应以检察官为被告
提起执行异议诉讼，而不是行
政诉讼。检察官对于汉奸家属
必要生活用品和费用的免予执
行不应再加斟酌，免生流弊。
没收汉奸地产后应移交地方财
政机关，不应迟疑。

期刊名称：法令周刊

主办单位：

刊　期：1947，10（24）

页　码：14

63. 题　名：县长因事不能兼理检察职务时
审判官可以代行侦讯

作　者：

关键词：兼理检察权　勘验讯问　审检
分立

摘　要：司法处审判官如在二人以上者，
县长因事故不能兼理检察职务
时，自可嘱托审判官代理，审
判官不得拒绝，但应呈报高等
法院备案。然审检职能应该分
立，县长不能商请指定一人专
职勘验讯问等事项。

期刊名称：法令周刊

主办单位：

刊　期：1947，10（33）

页　码：9

64. 题　名：合于自诉案件检察官得片送法
院办理

作　者：

关键词：自诉　停止侦查　移送法院
受理

摘　要：合于自诉案件，被害人在检察
官侦查过程中提起自诉的，检
察官得停止侦查，片送法院进
行审理，法院应予受理。

期刊名称：法令周刊

主办单位：

刊　期：1948，11（5）

页　码：7

65. 题　名：检举战犯截止后国家追诉权不
受限制

作　者：

关键词：战犯　检举期限　国家追诉权

摘　要：人民团体于检举期限后告诉告
发战犯的，检察官可不予理会，
然此并不影响国家追诉权。

期刊名称：法令周刊

主办单位：

刊　期：1948，11（8）

页　码：3

66. 题　名：法院单独宣告没收汉奸财产毋
须检察官再为声请

作　者：

关键词：汉奸案件　没收财产　声请
异议

摘　要：检察官已经起诉，而法院又不
能为任何判决，如不受理判决
等，法院作出单独宣告没收汉
奸财产之裁定时，不须经检察
官声请异议。

期刊名称：法令周刊

主办单位：

刊　期：1948，11（19）

页　码：5

67. 题　名：指示没收汉奸财产案件检察官
为被告时之办法

作　者：

关键词：汉奸案件　财产没收　执行异
议之诉　诉讼费

摘　要：利害关系人对没收财产主张权
利而不被检察官认可的，可以

检察官为被告提起执行异议之诉。检察官代表国家应诉，故其诉讼费，应在没收财产收入中拨付司法补助费内支报。而检察官出庭得以通知方式为之，其地位类似被告代理律师同。

期刊名称：法令周刊
主办单位：
刊　　期：1948，11（20）
页　　码：6－7

68. 题　　名：执行没收汉奸财产异议之诉以检察官应诉为原则

作　　者：

关 键 词：没收财产　执行异议之诉　应诉

摘　　要：对汉奸没收财产主张权利的人不获检察官之认可，得以检察官为被告提起执行异议之诉。异议之诉，以检察官应诉为原则。仅有在该财产为其他机关代为查封保管的，得为便捷计，委托该机关相当人员为代理人员应诉。

期刊名称：法令周刊
主办单位：
刊　　期：1948，11（26）
页　　码：2－3

69. 题　　名：交付保护管束案件应由检察官声请法院裁定

作　　者：

关 键 词：保护管束

摘　　要：对于不满十四周岁的行为不罚。然如有交付保护管束的，应由检察官声请并经法院裁定。

期刊名称：法令周刊
主办单位：
刊　　期：1948，11（27）
页　　码：8

70. 题　　名：吉林高检所拟办理刑事执行案件应注意事项已经部备案

作　　者：

关 键 词：指挥执行　审查裁判　死刑　自由刑　假释

摘　　要：自诉和公诉案件判决均由检察官执行。检察官于收到判决后应通知书记官并审查裁判是否

恰当，以决定是否上诉或声请覆判。待判决确定，应开始执行。执行时检察官应注意是否有停止执行事项，于死刑执行应确认被告已死亡。检察官指挥执行自由刑、罚金等，并得对被告执行训诫，负责假释执行。

期刊名称：法令周刊
主办单位：
刊　　期：1948，11（29）
页　　码：1－4

71. 题　　名：县司法处适用刑事诉讼法第二百九十八条之办法

作　　者：

关 键 词：检察权兼理　出庭　辩论

摘　　要：案件不待被告陈述径行判决之情形，仍应经检察官或自诉人一造之辩论终结程序。然县判案件，兼理检察权的县长多不出庭，而被告经传拘也不到庭，导致案件无法查清审结。故县判案件县长非绝对不出庭，有出庭之必要时仍应出庭。

期刊名称：法令周刊
主办单位：
刊　　期：1948，11（40）
页　　码：12

72. 题　　名：指示自诉程序之疑义
作　　者：

关 键 词：自诉　移送自诉　补正诉状

摘　　要：自诉须由自诉人以书面或言语的方式向法院为之。检察官在侦查过程中，认为案件合于自诉，得停止侦查将案件片送刑庭进行审判，此时虽未将告诉状改为自诉状，然笔录明载被害人愿意自诉者，法院得要求自诉人或检察官补正诉状，以期便民。

期刊名称：法令周刊
主办单位：
刊　　期：1948，11（49－50）
页　　码：8

73. 题　　名：检察官与司法警察机关执行职务联系办法

作　　者：

关　键　词：检警关系　交换意见　侦查
执行拘捕

摘　　　要：检察官和司法警察在侦查案件
时应加强交换意见，并可互列
对方会议，且警察有法律之疑
义得随时请检察官解答或指示。
司法警察侦讯案件后应移送检
察官，检察官得将拘捕之执行
交与警察。检警交换工作人员
名册，以便检察官使用指挥司
法警察。双方并开设训练班邀
请对方人员进行训练。

期刊名称：法令周刊

主办单位：

刊　　　期：1948，11（30）

页　　　码：2

74. 题　　　名：特刑案件第二审只可提审或发
回不能依照通常程序

作　　　者：

关　键　词：特种刑事判决　检察官　非常
上诉　覆判程序

摘　　　要：违背法令之特种刑事判决确定
后经提起非常上诉，由第三审
撤销原判决，发交第二审更为
审判者，应依上诉程序仰依覆
判程序办理。

期刊名称：法令周刊

主办单位：

刊　　　期：1948，11（37）

页　　　码：11

75. 题　　　名：犯人自备解费请求解回原籍执
行未便率予照准

作　　　者：

关　键　词：已执行人犯　原籍执行　检察
官　首席检察官

摘　　　要：已执行人犯声请解回原籍执行，
如有特殊情况，呈请该管高院
院长核准，报部备案，牵涉检
察官执行职务范围时，应会同
首席检察官办理。

期刊名称：法令周刊

主办单位：

刊　　　期：1948，11（37）

页　　　码：11

（七）特辑专载

1. 题　　　名：办理刑事诉讼案件应行注意事项

作　　　者：

关　键　词：审判与检察共同注意事项　检察

摘　　　要：审判与检察共同注意事项：高等
法院首席检察官在高等法院裁定
驳回申请移转管辖后，仍可将原
检察官相关事务移转于管辖区域
内其他法院检察官或其他县司法
机关。申请指定管辖或移转管
辖，须由当事人为之。如果原告
诉人或告发人无申请权，可以请
求检察官申请。告诉人对于县司
法机关作出的第一审判决不服，
从而向第二审呈请时，可由检察
官依法移送有管辖权的法院。笔
录、起诉书、不起诉处分书及裁
判书，检察官、审判长、推事
注意签名不得疏漏。检察官接到
通缉书时，应立即通知附近司法
警察官署，在必要时可登载报纸
或布告周知。上诉第二审时，应
由原审法院将上诉案件卷宗及证
物送交第二审法院，无须由检察
官转送；但上诉第三审时，应由
原审法院送交第三审法院检察官
转送第三审法院，无检察官为当
事人上诉的案件，仍由原审法院
送交第三审法院。检察注意事
项：检察一体以不可分为原则；
以言辞告诉告发自首的案件，检
察官制作笔录的要求；告诉乃论
犯罪案件的检察要点；告诉或告
发经申请撤回案件的处理；检察
官侦查案件的要点；检察官侦查
案件以不公开为原则；证人、鉴
定人等在侦查过程中违法行为的
处理；立即讯问原则；检察官于
监狱及看守所视察指挥职责；公
诉不可分原则；检察官撤回起诉
视为不起诉处分；检察官起诉与
否自由裁量权；上下级检察官职
权关系；检察官协助自诉义务；
检察官上诉与否自由裁量权；非
常上诉；检察官指挥监督判决执
行义务。

期刊名称：法令周刊

主办单位：

刊　　　期：1935（271）

页　　　码：75－85

2. 题　　　名：县司法处处务规程私案

作　　者：蒋应杓

关键词：委托书　职权委托　诉讼及执行

摘　　要：兼理司法的县长得以委托书的形式将检察职权委托审判官进行处理。审判官、县长应该将诉讼及执行未结的案件开具理由，分送高等法院及首席检察官核阅。

期刊名称：法令周刊

主办单位：

刊　　期：1936（311）

页　　码：9 – 12

3. 题　　名：上海法学编译社法律问题座谈会谈论问题摘要

作　　者：

关键词：逮捕拘禁　移送提审

摘　　要：警局逮捕拘禁非现行犯于二十四小时内不移送检察官的，应申请法院提审或者检察院移提。对于现行犯应于二十四小时内移送检察官，无延迟之理也。若延误可申请检察官命其移送，若不当拘捕可申请法院提审。

期刊名称：法令周刊

主办单位：

刊　　期：1930，9（17）

页　　码：18

4. 题　　名：上海法学编译社法律问题座谈会谈论问题摘要

作　　者：

关键词：汉奸财产　确权诉讼　执行异议之诉

摘　　要：对汉奸财产主张权利的人仅以汉奸为被告提起确认所有权的诉讼，法院判决财产归其所有。后经原判检察官发觉此财产系汉奸所有，于此场合利害关系人可以检察官为被告提起执行异议之诉。

期刊名称：法令周刊

主办单位：

刊　　期：1947，10（17）

页　　码：18

5. 题　　名：上海法学编译社法律问题座谈会谈论问题摘要

作　　者：

关键词：起诉　变更法条

摘　　要：法院可就起诉之犯罪事实变更检察官所应适用之法条。检察官于起诉后，可自动更正其法条。

期刊名称：法令周刊

主办单位：

刊　　期：1947，10（26）

页　　码：18

6. 题　　名：上海法学编译社法律问题座谈会谈论问题摘要

作　　者：

关键词：处刑命令　声请正式审判　签章

摘　　要：对于法院的处刑命令仅被告得声请正式审判，是否赋予检察官、告诉人声请审判的权利属于立法问题，而非法律适用问题。县长委托审判官代为执行检察职务，其起诉不起诉处分，除县长盖章外，审判官也须在承办人处签章。

期刊名称：法令周刊

主办单位：

刊　　期：1948，11（36）

页　　码：14

7. 题　　名：行政院关于司法行政之工作报告

作　　者：

关键词：扩大自诉　自动检举

摘　　要：欲制定规则使检察官充分行使职权。可扩大自诉，并减少检察官的行政内勤工作，使检察官有更多精力着重于自动检举工作。

期刊名称：法令周刊

主办单位：

刊　　期：1946，9（5）

页　　码：4

8. 题　　名：全国司法会议特辑：省会商埠各高院宜配置思想推检又商埠各法院宜配置通晓商事之推检

作　　者：

关键词：商埠法院　检察官配置

摘　　要：省会商埠各高院和商埠各法院的检察官配置应当和当地的实践紧密结合，配备思想检察官和通晓商事的检察官。

期刊名称：法令周刊

主办单位：

刊　　　期：1935（274）

页　　　码：35 – 36

9. 题　　　名：全国司法会议特辑：关于检察改进意见案

作　　　者：

关 键 词：缩小自诉经费划分　监督监所

摘　　　要：为检察制度的有效实施，应从四个方面改善检察制度。自诉虽有其便利性，但反易增繁程序，导致滥诉，故应缩小自诉范围；应提高高等法院首席检察官的地位以有效领导全省检察官独立行使职权；更应注重审检经费划分，真正实现审检独立；并将监所监督权划归高法首检，以便执行等。

期刊名称：法令周刊

主办单位：

刊　　　期：1935（274）

页　　　码：38 – 39

10. 题　　　名：全国司法会议特辑：整顿县长兼理司法案

作　　　者：

关 键 词：县长兼理司法　审检关系

摘　　　要：县长兼理司法虽有违权力分立的思想，但在中国有其存在合理性。然应注意界分县长的检察职能和审判职能，并和承审员进行明确的职能界分，加强司法的独立。

期刊名称：法令周刊

主办单位：

刊　　　期：1935（274）

页　　　码：39

11. 题　　　名：全国司法会议特辑：各法院推检员额宜按案件多寡平均配置按

作　　　者：

关 键 词：检察官配置

摘　　　要：检察官的配置宜按照地区等案件数量不同进行配置。

期刊名称：法令周刊

主办单位：

刊　　　期：1935（274）

页　　　码：40

12. 题　　　名：全国司法会议特辑：整顿检察制度厉行检察官侦查犯罪职务

作　　　者：

关 键 词：国家追诉主义　检警关系

摘　　　要：检察官作为国家公益的代表者，代表国家对犯罪实施侦查起诉。司法警察因掌握了较多的资源而能有效地开展犯罪侦查，但仍应接受检察官的指挥。

期刊名称：法令周刊

主办单位：

刊　　　期：1935（274）

页　　　码：42 – 43

13. 题　　　名：全国司法会议特辑：各级法院检察署或检察官应改称某检察署或某检察处删除所冠法院字样案

作　　　者：

关 键 词：审检合署　审检分立

摘　　　要：法院和检察署虽相对独立，但二者合署仍然对检察官的独立造成一定的影响。宜实现审检分立，并从名称上改变检察署的地位。

期刊名称：法令周刊

主办单位：

刊　　　期：1935（274）

页　　　码：45 – 46

14. 题　　　名：地方检察处首席检察官应得自行呈请或由高等首席检察官随时呈请调任案

作　　　者：

关 键 词：检察官调任

摘　　　要：首席检察官得自行呈请或由上级首席检察官呈请调任。

期刊名称：法令周刊

主办单位：

刊　　　期：1935（274）

页　　　码：46

十七、法律周刊

期刊简介：

The Law Weekly，法学专业刊物，1923 年创办于北京，由法律周刊社出版，共 58 期，1924 年 11 月更名为《法律学报》，出版周期变为两个月。内容主要评论中国当时的司法制度；比较英、法等国的

法律与司法制度；介绍并研究各国法学理论、宪法、法规及案例；刊登有关法律的文件、裁决书等。

（一）论著

1. 题　　名：论检察官于国家之责任

作　　者：高朔

关 键 词：国家追诉主义　国家弹劾主义　国家代表

摘　　要：检察官为国家代表，居原告地位，有检举犯罪、实行论告、提起公诉、自行搜检、不服上诉、当庭论辩等责任。

期刊名称：法律周刊

主办单位：

刊　　期：1923（1）

页　　码：3－5

2. 题　　名：劝军人勿干涉司法说

作　　者：马德润

关 键 词：司法独立　军人　强权

摘　　要：欲行司法独立必先除其障碍，一去私情牵制，二去金钱利诱，三去强权压迫。军人通过手中强权，动辄干涉地方司法，实为司法独立之大碍，应去之，使军权有其界，司法得其道。

期刊名称：法律周刊

主办单位：

刊　　期：1923（2）

页　　码：2－4

3. 题　　名：审判制度议（续）

作　　者：吴炳枞

关 键 词：国家追诉主义　私诉　控辩平等　审判监督

摘　　要：设立检察官制度法人的目的在于替代私诉，代表国家追诉犯罪。私诉易导致诬陷和脱漏犯罪。然检察官作为国家机关，高居庙堂，与被告地位不平等，再加之检察官莅庭对推事进行监督，导致检察官追诉犯罪并不能有效保障人权。

期刊名称：法律周刊

主办单位：

刊　　期：1923（4）

页　　码：4－6

4. 题　　名：审判制度议（续）

作　　者：吴炳枞

关 键 词：废除检察制度　侦查　程序　羁押　司法经费

摘　　要：我国采检察制度未得其利，反受其害。检察官于侦查后即羁押被告，提起公诉后由公判庭重新进行侦查，反致程序繁杂，而被告羁押日久，苦不堪言。此情形实非所欲，宜废检察制度，并将裁撤节省之费用用于扩张法院。

期刊名称：法律周刊

主办单位：

刊　　期：1923（5）

页　　码：5－6

5. 题　　名：对于未决羁押之研究

作　　者：金殿选

关 键 词：未决羁押　不起诉处分　宣告无罪　国家赔偿

摘　　要：对被告未决羁押，对被告的人身权益和名誉均有重大的影响，因此检察官为羁押应为审慎。且在侦查或审判后为不起诉处分或是宣告无罪的，被告可就所受损害提出国家赔偿。

期刊名称：法律周刊

主办单位：

刊　　期：1923（1）

页　　码：33－34

6. 题　　名：未决羁押之研究又一议

作　　者：何镇寰

关 键 词：抗告　告诉或告发　附带民诉请求　无罪滥押　公诉　覆判审核

摘　　要：承审官吏须就羁押详载笔录，人民就滥刑羁押可随时抗告。案结之后，如果为无罪滥押，准许人民对于原审官吏为渎职告诉或告发，并为附带民诉请求。另外，检察官应就羁押笔录进行考核。待案结后，若无滥押，则由专门考核之检察官作成报告呈部核阅；若有无罪滥押，则考核之检察官应对之提起公诉。并且案经覆判的，应由高等法院检察官进行审核，以督促羁押之慎用。

期刊名称：法律周刊

主办单位：

刊　　期：1923（13）

7. 题　　名：捷克斯拉夫之司法制度（续）

　　作　　者：张志让

　　关 键 词：公诉　私诉　辅佐起诉人

　　摘　　要：在奥律之下，公诉由公诉人提起，
　　　　　　　而私诉则可由私诉人提起。在匈
　　　　　　　律下，公诉人无论何时，均可执
　　　　　　　行私诉人之职权。然公诉人拒绝
　　　　　　　起诉或是中止进行时，被害人得
　　　　　　　以辅佐起诉人资格继续进行，但
　　　　　　　是公诉人仍可重新加入。

　　期刊名称：法律周刊

　　主办单位：

　　刊　　期：1923（18）

　　页　　码：15－16

8. 题　　名：论县知事兼理司法之弊害

　　作　　者：吴嘉猷

　　关 键 词：三权分立　领事裁判权　审检分
　　　　　　　立　检察职权

　　摘　　要：县知事兼理司法易导致行政司法
　　　　　　　不分，影响司法独立，且于具体
　　　　　　　职权行使颇多不便。县知事兼理
　　　　　　　司法，导致推检不分，不利于控
　　　　　　　审分离和被告权利保障，且县知
　　　　　　　事多无侦查起诉之能力，反致检
　　　　　　　察职权不能有效行使。

　　期刊名称：法律周刊

　　主办单位：

　　刊　　期：1923（24）

　　页　　码：34－37

9. 题　　名：婚姻诉讼程序

　　作　　者：

　　关 键 词：婚姻案件　陈述意见　撤销婚姻
　　　　　　　诉讼

　　摘　　要：婚姻案件事涉公益，故检察官作
　　　　　　　为国家公益之代表，可在婚姻案
　　　　　　　件中陈述意见，提出事实和证
　　　　　　　据，甚至提起撤销婚姻之诉。检
　　　　　　　察官应在婚姻案件中苌庭陈述意
　　　　　　　见，若法院故意剥夺其权力则其
　　　　　　　判决无效；检察官可提出独立于
　　　　　　　当事人的事实和证据；并且在严
　　　　　　　重损害公益情况提起撤销婚姻
　　　　　　　之诉。

　　期刊名称：法律周刊

　　主办单位：

　　刊　　期：1923（25）

　　页　　码：2－7

10. 题　　名：论东省特区法院制度当推行于
　　　　　　　各省

　　　作　　者：

　　　关 键 词：检察官配置　审检分立

　　　摘　　要：于法院内设置对等检察厅并配
　　　　　　　　置相应检察官，且审检经费相
　　　　　　　　对独立。然审检两方合署办公，
　　　　　　　　导致各项收支混杂，故不如将
　　　　　　　　经费预算等收归法院统一规划。

　　　期刊名称：法律周刊

　　　主办单位：

　　　刊　　期：1923（25）

　　　页　　码：22－24

11. 题　　名：婚姻诉讼程序（续）

　　　作　　者：

　　　关 键 词：婚姻案件　撤销婚姻之诉独立
　　　　　　　　起诉

　　　摘　　要：检察官、婚姻当事人和第三人
　　　　　　　　均可提起撤销婚姻之诉，且各
　　　　　　　　方均得独立起诉，互不妨碍。
　　　　　　　　检察官与第三人之起诉权并无
　　　　　　　　先后优劣之分，但各得为对
　　　　　　　　手人地位，而不可能为共同起
　　　　　　　　诉。且婚姻当事人死亡的，则
　　　　　　　　婚姻关系不再存续，无起诉之
　　　　　　　　可能。

　　　期刊名称：法律周刊

　　　主办单位：

　　　刊　　期：1923（26）

　　　页　　码：2－6

12. 题　　名：论东省特区法院制度当推行于
　　　　　　　各省（续）

　　　作　　者：

　　　关 键 词：主任检察官　任命权

　　　摘　　要：检察官独立行使其职权，并且
　　　　　　　　主任检察官可将同僚之奖惩和
　　　　　　　　叙级事宜呈法部核阅。东省特
　　　　　　　　区高等审判庭配置主任检察官，
　　　　　　　　分配各级检察官、书记官、翻
　　　　　　　　译官任免，并呈请司法部行使。
　　　　　　　　因主任检察官有用人职权似与
　　　　　　　　审判庭长处于相同地位，建议
　　　　　　　　删除此项规定，改由司法部统
　　　　　　　　一令派所有司法官书记等职。

期刊名称：法律周刊

主办单位：

刊　　期：1923（26）

页　　码：14－15

13.　题　　名：婚姻诉讼程序（续）

　　作　　者：

　　关键词：婚姻案件　重婚　撤销婚姻之
　　　　　　诉　既判力

　　摘　　要：以重婚为由提起撤销婚姻之诉
　　　　　　的，因前婚不成立而为驳斥的，
　　　　　　既判力主观范围仅及于参加诉
　　　　　　讼之人。故后配偶人、检察官
　　　　　　或第三人提起撤销婚姻之诉的，
　　　　　　其前驳斥之确定力不及于未参
　　　　　　加诉讼之人。

期刊名称：法律周刊

主办单位：

刊　　期：1924（3）

页　　码：2－5

14.　题　　名：婚姻诉讼程序（续）

　　作　　者：

　　关键词：婚姻案件　撤销婚姻之诉　宣
　　　　　　告婚姻无效之诉　反诉　共同
　　　　　　当事人　担当诉讼

　　摘　　要：检察官可以夫妻双方为被告提
　　　　　　起撤销婚姻之诉，然基于撤销
　　　　　　婚姻之标的特殊性，故不得与
　　　　　　宣告婚姻无效合并，亦不得提
　　　　　　起反诉；但检察官参加夫妻一
　　　　　　方提起的撤销之诉，为共同当
　　　　　　事人，于原告撤诉后可担当诉
　　　　　　讼。并得以其他参加人为被告
　　　　　　声明上诉，再审等。

期刊名称：法律周刊

主办单位：

刊　　期：1924（32）

页　　码：2－6

15.　题　　名：论我国检察制度之可废

　　作　　者：薛遗生

　　关键词：国家公益代表　控审不分

　　摘　　要：检察官乃作为国家公益的代表，
　　　　　　代替国家进行追诉犯罪活动而
　　　　　　设立，然我国检察制度非有益
　　　　　　于公益，反害之。且检察官和
　　　　　　推事难免官官相护、狼狈舞弊，
　　　　　　导致控审不分。建议废检察官

制度，将检察官职权赋予审判
推事行使，而将检察官提起诉
讼的职权赋予告诉人与告发人。

期刊名称：法律周刊

主办单位：

刊　　期：1924（32－33）

页　　码：20－21

16.　题　　名：刑诉费用负担问题

　　作　　者：苏希洵

　　关键词：诉讼费用　负担　私诉人
　　　　　　被告

　　摘　　要：检察庭起诉之时，诉讼费用由
　　　　　　国家垫支，私诉人起诉之时，
　　　　　　诉讼费用由私诉人垫支。垫支
　　　　　　费用，得向败诉人取偿（被判
　　　　　　罪者、私诉人或民事上负责
　　　　　　人）。关于轻罪及违警事项，私
　　　　　　诉人对于国库均负偿还责任，
　　　　　　但被告如败诉，私诉人得向其
　　　　　　要求赔偿。

期刊名称：法律周刊

主办单位：

刊　　期：1924（48）

页　　码：1－3

17.　题　　名：预审制度宜废除之理由

　　作　　者：刘树瑶

　　关键词：预审制度　检察机关　侦查
　　　　　　职能

　　摘　　要：预审制度宜废除的理由在于：
　　　　　　预审制度有背设立检察机关本
　　　　　　旨；预审制度有损检察机关威
　　　　　　信；预审制度与检察机关的侦
　　　　　　查职能有重叠之处；重大案件
　　　　　　在于审慎而不在于预审制度。

期刊名称：法律周刊

主办单位：

刊　　期：1924（48）

页　　码：14

（二）判例

1.　题　　名：罗案（续）

　　作　　者：

　　关键词：法人　起诉　撤销起诉　告诉

　　摘　　要：下级检察官虽有听从上级检察官
　　　　　　之命令义务，然错误命令因不合
　　　　　　法者，检察官不应遵奉。国家系
　　　　　　法人，一切行为必由代表人为

之，则检察官之起诉合法，上级
检察官错误命令撤销起诉的，下
级检察官仍得起诉。

期刊名称：法律周刊

主办单位：

刊　　期：1923（2）

页　　码：39－44

（三）法界新闻

1. 题　　名：国内法律及法院新闻：检察官须
切实检举之训令

作　　者：

关键词：国家公益代表　检举

摘　　要：检察官为国家公益的代表，遇有
犯罪等案件，应以职权开始侦
查，依法检举。

期刊名称：法律周刊

主办单位：

刊　　期：1924（32－33）

页　　码：13－14

（四）法律解释

1. 题　　名：大理院复总检察厅函（统字第一
二八〇号）

作　　者：

关键词：起诉　预审　撤回起诉

摘　　要：起诉包括两种情形：第一，检察
官侦查终结后直接起诉；第二，
由预审推事预审裁决后交由检察
官起诉。检察官起诉案件得于第
一审审判开始前撤回刑事诉讼的
规定仅适用于第一种情形。

期刊名称：法律周刊

主办单位：

刊　　期：1923（1）

页　　码：18－19

2. 题　　名：复总检察厅函（统字第一八二三
号）

作　　者：

关键词：预审　起诉裁决　不起诉裁决
抗告

摘　　要：预审推事所为之起诉裁决，检察
官不得抗告。预审推事所为之不
起诉裁决，检察官可以抗告，然
起诉裁决因法律无明文规定可抗
告，且纵令起诉裁决认定事实错
误等，亦得通过上诉纠正。故检
察官不得对起诉裁决抗告。

期刊名称：法律周刊

主办单位：

刊　　期：1923（2）

页　　码：25－26

3. 题　　名：复总检察厅函（统字第一八一八
号）

作　　者：

关键词：诉讼费用　负担　执行

摘　　要：检察官为调查案件所支出之费用
应属于诉讼费用。除不起诉即宣
告无罪等案外，应由被告负担诉
讼费用。然被告于上诉后，下级
检察官不得先行执行诉讼费用，
而应待判决确定后，由上级检察
官执行。

期刊名称：法律周刊

主办单位：

刊　　期：1923（3）

页　　码：28－29

4. 题　　名：覆总检察厅函（统字第一八三零
号）

作　　者：

关键词：再审　停止执行　宣告无罪

摘　　要：再审并不能停止执行。案经再审
后宣告无罪，除原判尚未执行的
部分可不再执行之外，然已由检
察官执行之刑罚无从恢复。

期刊名称：法律周刊

主办单位：

刊　　期：1923（4）

页　　码：24－25

5. 题　　名：覆奉天高等审检两厅函（统字第
一八三五号）

作　　者：

关键词：告诉乃论之罪　指定告诉　代行
告诉人　声请指定

摘　　要：告诉乃论之罪，无被害人之亲属
得以告诉者，检察官得依关系人
之申请指定代行告诉人。然被害
人不知告诉且无亲属得以告诉，
复无关系人声请指定，检察官自
不得指定代行告诉人。

期刊名称：法律周刊

主办单位：

刊　　期：1923（7）

页　　码：26

6. 题　　名：覆总检察厅函（统字第一八三八号）

作　　者：

关 键 词：抗告　呈诉不服　上诉人　驳斥裁决

摘　　要：当事人对于法院之裁决有不服者得抗告于上级法院。证人、鉴定人、通译及其他非当事人受裁决者亦得抗告。当事人指检察官、私诉人及被告等。原告诉人不属于当事人，因此不能适用当事人抗告规定。县判案件，原诉人对判决不服的可呈诉不服，由检察官作为上诉人提起上诉。法院无权对此类请求直接为驳斥裁决。若为之，告诉人可抗告之。

期刊名称：法律周刊

主办单位：

刊　　期：1923（7）

页　　码：26－27

（五）法令及公文

1. 题　　名：司法部部令第七七三号——修正律师暂行章程

作　　者：

关 键 词：律师回避　检察官监督　惩戒

摘　　要：律师就其担任检察官时处理之案件不能执行职务。律师接受该地检检察长或分庭监督检察官监督。检察官得出席律师公会并作评议，对于律师违背法规的，可由地检检察长呈请高等检察长提起惩戒之诉。对于惩戒裁判不服的，被惩戒人和高等检察长得提出覆判请求。

期刊名称：法律周刊

主办单位：

刊　　期：1923（8）

页　　码：28－32

2. 题　　名：东省特别区域高等审判厅检察所筹拟改进事务议决案（续）

作　　者：

关 键 词：探访局　法院辅助机关

摘　　要：检察官认为有照相留印指纹之必要时，可随时请探访局协助办理。检察官办事迅速，且设置问事簿反增程序，故无须设

立之。

期刊名称：法律周刊

主办单位：

刊　　期：1924（36）

页　　码：23－25

3. 题　　名：东省特别区域高等审判厅检察所筹拟改进事务议决案（续）

作　　者：

关 键 词：通缉　自动通缉　受动通缉　检警关系

摘　　要：通缉分为自动通缉和受动通缉。自动通缉是指本区法院因在案逃犯而分函通缉者。受动通缉是指由总检庭及各省区高检庭令函通知者。受动通缉应将通缉人犯姓名、犯罪情节、请求通缉机关、接到请求日期、应行解送处所等信息详细记载。另外，检察官有调度司法警察的职权。

期刊名称：法律周刊

主办单位：

刊　　期：1924（38）

页　　码：25

4. 题　　名：东省特别区域高等审判厅检察所筹拟改进事务议决案（续）

作　　者：

关 键 词：释放　驱逐出境　检警关系

摘　　要：检察官认为必要时可不允许被告接见他人，负责判决执行并对释放监犯进行必要监督，可于必要时驱逐罪犯出境。检察官可指挥司法警察进行勘验鉴定等侦查活动。检察官应将办案案卷进行分类归档。

期刊名称：法律周刊

主办单位：

刊　　期：1924（39）

页　　码：19－23

5. 题　　名：东省特别区域高等审判厅检察所筹拟改进事务议决案（续）

作　　者：

关 键 词：审检关系　检察独立　经费划分

摘　　要：检察所与审判厅职能不同，经费需求亦不同，故应将检察所和审判厅经费由主任检察官与审判庭长会商决定划分，以实现经费

独立。

期刊名称：法律周刊

主办单位：

刊　　期：1924（41）

页　　码：25

6. 题　　名： 东省特别区域高等审判厅检察所筹拟改进事务议决案（续）

作　　者：

关 键 词：审检关系　经费　送押　提讯

摘　　要：检察所所需之经费依现有法律办理，如有需要可要求审判厅给付。检察官送押或提讯被告的，由法警一人持送押票或提票并提前一日通知。指派一书记官专办执行事务。凡应执行的案件命该书记官查明案卷，请示承办检察官办理，并将附案证据物品即时处分。

期刊名称：法律周刊

主办单位：

刊　　期：1924（42）

页　　码：24 – 25

7. 题　　名： 东省特别区域高等审判厅检察所筹拟改进事务议决案（续）

作　　者：

关 键 词：点名单　文书　卷宗

摘　　要：检察官侦查犯罪讯问被告用点名单似无不法之处，然可改为应讯人名单。为检察官制作之处分文书可置备新油印机。卷宗应依法进行归档整理。

期刊名称：法律周刊

主办单位：

刊　　期：1924（47）

页　　码：28 – 29

（六）收回法权关系文件

1. 题　　名： 司法部对于上海租界会审公堂调查报告书

作　　者：

关 键 词：治外法权　签发传拘票　收受诉状　执行　分配案件

摘　　要：在上海租界内，检察处原名签票处（俗称牌票间），除签发民刑传拘各票外，兼司收押及发解人犯。检察处可收状收费，并执行民刑事判决、分配案件并指派审

判期日等。

期刊名称：法律周刊

主办单位：

刊　　期：1923（11）

页　　码：18 – 19

2. 题　　名： 司法部对于上海租界会审公堂调查报告书（续）

作　　者：

关 键 词：命盗案件　检察厅　会审　主权

摘　　要：我检察厅对命盗案件虽按约力争，然结果终至徒劳，且检察官成橡皮图章，而致主权旁落，司法权操之外国人之手。实非我国之幸也。

期刊名称：法律周刊

主办单位：

刊　　期：1923（12）

页　　码：17 – 19

3. 题　　名： 法权讨论会民国十年所拟审理上海租界民刑诉讼办案议案（续）

作　　者：

关 键 词：咨议　辅助检察官　委托侦查

摘　　要：咨议应辅佐检察官进行职权活动。咨议之分配由检察长决定。咨议应就外国人受违法之逮捕或羁押者应通知检察官，并就特别法院管辖刑事案件所知悉的情形报告检察官。咨议得就检察官所为案件咨询时陈述意见，并接受检察官的委托实施侦查，行使检察职权。然检察官得随时撤销委托。

期刊名称：法律周刊

主办单位：

刊　　期：1923（18）

页　　码：16

十八、法律专刊

期刊简介：

《法律专刊》创刊于1924 年的北京。

（一）论著

1. 题　　名： 刑事诉讼费负担问题

作　　者：苏希洵

关 键 词：法国刑事诉讼法　诉讼费用

摘　　要：法国刑事诉讼案件诉讼法规定：若被告人宣告无罪，则检察官起

诉不当，诉讼费用由国库支付；若被告有罪，则检察官起诉适当，国库垫付之费用应由被告人负担。

期刊名称：法律专刊

主办单位：

刊　　期：1924（51）

页　　码：2－7

2. **题　　名**：现代司法制度之隐蔽与改良之设施

作　　者：黄敬

关键词：家庭法庭　职权审理

摘　　要：美国对于家庭法庭审理刑事案件，采职权审理模式，保护未成年人的利益。检察官着便服，参加家庭法庭的审理。

期刊名称：法律专刊

主办单位：

刊　　期：1924（56）

页　　码：3

（二）法界新闻

1. **题　　名**：国内法律及法院新闻：上海地检厅之新设施

作　　者：

关键词：地检厅　验尸

摘　　要：上海市地检厅同上海同济大学医科缔结合同，凡以后验尸工作交由同济大学医科进行，而不再由原先之就件作。地检厅对犯罪者拓其指模以防范逃跑再犯。

期刊名称：法律专刊

主办单位：

刊　　期：1924（54）

页　　码：4

2. **题　　名**：国外法律新闻：日本保护受不起诉处分者之办法

作　　者：

关键词：不起诉处分　社区矫正

摘　　要：日本对移送检事局的罪犯应调查其性格年龄及境遇等情况，综合评估其社会危险性，若属情有可原的应为不起诉处分。并由警察机关对其在五年之内进行保护监督，实现社区矫正，以免重入迷途。

期刊名称：法律专刊

主办单位：

刊　　期：1924（57）

页　　码：9

（三）法令及公文

1. **题　　名**：东省特别区域高等审判厅检察所筹拟改进事务决议案

作　　者：

关键词：用纸同一　发还更审　登记簿

摘　　要：为统一案卷尺寸，检察所及其下辖机构监所应采用与法院同一尺寸的用纸。对于二审、三审发还更审的案件按照审计设立登记簿以记录，以便查询。

期刊名称：法律专刊

主办单位：

刊　　期：1924（54）

页　　码：21

2. **题　　名**：东省特别区域高等审判厅检察所筹拟改进事务决议案（二）

作　　者：

关键词：卷宗保护

摘　　要：对于涉案证据物品应由承办检察官确认后交书记官收存，若因故不能及时收存，由主任检察官先行处理交书记官暂行保存待承办检察官确认后收存。对呈送远方之卷宗应以白布包裹之以免损坏。未结案件若分他检察官办理时，承办书记官应通知收发室更改登记簿以供查询。

期刊名称：法律专刊

主办单位：

刊　　期：1924（57）

页　　码：22－23

3. **题　　名**：东省特别区域高等审判厅检察所筹拟改进事务决议案（续）

作　　者：

关键词：档案保存

摘　　要：档案保存由记录书记官登记在簿后直接交审厅保存。审检两家前因诉讼期日时间等多发生龃龉，其因可能在于双方所用之表有出入，故宜校准一以行之。

期刊名称：法律专刊

主办单位：
刊　　期：1924（58）
页　　码：28

十九、法律知识

期刊简介：

《法律知识》创刊于 1947 年，创刊地为北平，李宜琛任主编，半月刊，属于法律时报性质的杂志。该刊随时介绍最新的法令，报告法界的动态，不仅向社会普及法律知识，而且可以向从事法律的人士提供新的材料，内容偏重于新的法律知识。

（一）法令

1. 题　　名： 汉奸财产没收后之处理办法

作　　者：

关 键 词： 执行没收　起诉检察官　免予执行　执行不当异议

摘　　要： 对于汉奸财产，若价值较少者，由检察官会同敌伪产案件处理局执行之，或者委托所在地机关执行。对于汉奸财产主张权利的，若检察官认为不充分的，可以检察官为被告起诉之；同样的，若当事人及家属对执行人员或是其指挥行为不当的得提出异议。对于汉奸家属必需的生活费得由检察官指定之以免予执行。

期刊名称： 法律知识

主办单位：

刊　　期： 1947，1（2）

页　　码： 17

2. 题　　名： 特种刑事法庭组织条例

作　　者：

关 键 词： 法庭组织　检察官　检察事务

摘　　要： 设立特种刑事法庭处理特殊时期特殊案件。法庭组织，法官、检察官、书记官等均应予配置，检察官一至三人，均简任或荐任。检察官承担检察事务，多人承担检察职责，任命一人为首席检察官。

期刊名称： 法律知识

主办单位：

刊　　期： 1948，2（1－2）

页　　码： 16

3. 题　　名： 检察官与司法警察机关执行职务联络办法

作　　者：

关 键 词： 检警关系　案件移送　人员交换　保安处分

摘　　要： 检察官和司法警察机关在执行职务时应加强意见交流，列席对方会议，司法警察机关有疑义的，可请检察官解释之。司法警察机关应将侦查的案件或抓捕的犯罪嫌疑人及其资料移送检察官，若有必要可继续侦查；检察官亦得将传票等交由警察执行，保安处分应由警察采取。双方得在一定时期内进行人员交换，开设课程聘请各方人员讲课，以期加强交流。

期刊名称： 法律知识

主办单位：

刊　　期： 1948，2（1－2）

页　　码： 28

（二）论著

1. 题　　名： 申论司法独立精神

作　　者： 丁作韶

关 键 词： 司法独立精神　检察官独立　社会舆论

摘　　要： 司法独立精神是司法独立的重要部分，检察官、法官都应有独立之精神，依照法律办事，不为外界评论所影响和干涉。同时社会上的"名人"也不要随意借助自己的地位干涉检察官、法官的司法决定，如检察官的起诉与否应由其独立作出，社会舆论不得无端干涉。更重要的是，应该提高司法官的待遇，以促使检察官逐步独立。

期刊名称： 法律知识

主办单位：

刊　　期： 1947，1（5）

页　　码： 4

2. 题　　名： 没收汉奸财产问题

作　　者： 杞人

关 键 词： 解除查封　财产执行　起诉检察官　免予执行

摘　　要： 对于查封的财产，若检察官作出不起诉处分或是法院作出无罪判决，应予发还，不得私自占用。对于确定有罪需没收财产的，检察官得会同机关或是委托其他机关执行没收。对于检察官得指定汉奸之家属的必须生活费用并免予执行。对于检察官执行不当可提出异议，对被执行财产提出主张不被接受者，可以检察官为被告提起诉讼。

期刊名称：法律知识

主办单位：

刊　　期：1947，1（6）

页　　码：4－7

3. 题　　名：奸非罪问题

作　　者：李朋

关 键 词：奸非罪　告诉乃论　告诉人　结果犯

摘　　要：对于强奸一类的犯罪，很多均为告诉乃论的犯罪，没有被害人或其亲属等告诉人在六个月内进行告诉，即使司法警察官将嫌疑人拘送到案，检察官亦不得起诉，法官也不得审判。即使是可能判处死刑的极为严重的结果犯，无合法告诉亦不得起诉，致使实践中多以杀伤结果部分单独起诉，引起较大争议。因此，对于此类案件，应修改"告诉乃论"的规则，赋予普通民众告发权，以打击犯罪，维护妇女权益。

期刊名称：法律知识

主办单位：

刊　　期：1947，1（7）

页　　码：2－3

4. 题　　名：论检察制度的利弊

作　　者：李朋

关 键 词：检察制度　改革

摘　　要：检察制度可以有效促进审判公正，减轻法院负担和人民讼累，并有效维护国家利益。但是现实中也存在检察官很少自动检举犯罪，又不负责任将案件推给法官，滥用职权等行为。因此检察制度之改革应扬长避短。

期刊名称：法律知识

主办单位：

刊　　期：1947，1（12）

页　　码：2－3

5. 题　　名：检察制度存废论战

作　　者：李朋

关 键 词：国家追诉主义　检察制度　存废

摘　　要：一方从国情和当前检察制度存在的问题出发，主张废除检察制度。而主张保留检察制度的一方则认为，检察制度坚持国家追诉主义，实现控申分离，有利于实现公正审判，于国于民大有利益。其实，检察制度本身无可厚非，当前关于检察制度存废的争议上，多集中于人事问题上。因此，应增加检察官的名额配置，加大检察官检举和侦查犯罪的职权，改善检察官的待遇，有效实现检察独立。

期刊名称：法律知识

主办单位：

刊　　期：1948，2（1－2）

页　　码：10－11

（三）判例

1. 题　　名：诉讼实例－叶启明妨害风化案

作　　者：

关 键 词：告诉乃论　公诉　追诉条件　撤诉

摘　　要：强奸罪属于告诉乃论之罪，没有被害人或是被害人的亲属的告诉，检察官不得为任何处分，法官也不得误判，并且被害人亲属表示撤诉的应尊重其意愿。在此案中，被害人之父王怀德实无向检察机关告诉之意思，检察机关也未有制作相应笔录，在此情形下检察官提起公诉是违法的，法官对缺乏追诉条件的案件进行审判也是违法的。

期刊名称：法律知识

主办单位：

刊　　期：1947，1（2）

页　　码：14

（四）特辑

1. 题　　名：全国司法行政会议特辑本刊
   作　　者：
   关 键 词：检察制度　检察权兼理　检察独立　检察署
   摘　　要：英美国家无检察制度，日本采用检察制度，由检察官行使检察权。为完善检察制度，应废除县长兼理检察的制度，并普设法院，建立专门的检察官队伍，同时应在法院之外设立检察署，实现检察独立，进一步实现司法独立。
   期刊名称：法律知识
   主办单位：
   刊　　期：1947，1（12）
   页　　码：25－26

（五）法界新闻

1. 题　　名：法界点滴：重庆地方法院院长被诉妨碍名誉案难销
   作　　者：
   关 键 词：妨害名誉　和解　撤销案件
   摘　　要：重庆地方法院院长被人以妨碍名誉嫌疑控告于检察处，负责的检察官表示，若被害人愿意和解，此案可以撤销。
   期刊名称：法律知识
   主办单位：
   刊　　期：1947，1（4）
   页　　码：16

2. 题　　名：推广公设辩护人制
   作　　者：
   关 键 词：公设辩护人　适用范围　资格
   摘　　要：公设辩护人即国家律师，乃是为贫苦无力聘请律师的人而设立，为其在重大刑事案件中免费提供辩护。公设辩护人由现任或曾任推事、检察官或是优秀的候补推事、检察官担任。公设辩护人独立行使职务，不受任何拘束。
   期刊名称：法律知识
   主办单位：
   刊　　期：1947，1（10）
   页　　码：20

（六）司法院解释

1. 题　　名：司法院解释要旨：院解字第三

○○六号
   作　　者：
   关 键 词：特种刑事程序　覆判　程式
   摘　　要：对于特种刑事案件，检察官误以普通案件程序起诉，法院也误以普通程序审理，案件上诉对对种刑事案件有覆判的法院得直接变更判决，若上诉法院无覆判权，则应撤销原判决，发回以特种刑事程序审理之。对于违背法律上之程式，上诉法院先酌定期间，令其改之，若不补正者，方可驳回。对程式违反应严格限定之，如起诉书违背法定方式并不为违背程式。
   期刊名称：法律知识
   主办单位：
   刊　　期：1947，1（1）
   页　　码：26

2. 题　　名：司法院解释要旨：院解字第三○一五号
   作　　者：
   关 键 词：保证金　提存　图利罪
   摘　　要：刑事被告缴纳的保证金应依提存法交提存所。若在侦查期间，保证金应交由检察官，该保证金所有权并不归于国库，检察官对该保证金也无主管权限。若检察官将此保证金据为己有或其他图利情形，构成图利罪，即使事后将保证金归还，也不得免除刑事处罚。
   期刊名称：法律知识
   主办单位：
   刊　　期：1947，1（1）
   页　　码：27

3. 题　　名：司法院解释要旨：院解字第三○五六号
   作　　者：
   关 键 词：特种刑事案件　侦查权　案件移送　人犯移送
   摘　　要：对于特种刑事案件，可以省略检察官起诉的环节。司法警察官在侦查特种刑事案件时，与检察官享有同样的侦查权，但其不享有其他的职权，如认为不构成犯罪

自可不必移送检察官，但不得为
不起诉处分。对于办结的案件，
司法警察官可直接将案件移送法
院审判，但须将侦查结果移送该
管检察官，人犯移送检察官。同
样的被害人向政府告诉的，政府
捕获人犯也可直接移送法院审
判，无须经过检察官的起诉。

期刊名称：法律知识

主办单位：

刊　　期：1947，1（2）

页　　码：9 – 10

4. 题　　名：司法院解释要旨：院解字第三〇
六〇号

作　　者：

关 键 词：检察官起诉书　变更起诉罪名
参照适用

摘　　要：对于检察官依照特种刑事法令起
诉的案件，法官认为是普通案件
而变更起诉法条，或是法官认为
起诉的普通案件为特种刑事案件
的而变更起诉法条的，依照司法
院解释第二八五七号办理。

期刊名称：法律知识

主办单位：

刊　　期：1947，1（2）

页　　码：20 – 21

5. 题　　名：司法院解释要旨：院解字第三〇
二六号

作　　者：

关 键 词：特种刑事案件　指挥执行　死刑
执行　宣布罪状

摘　　要：特种刑事案件的执行由检察官指
挥，对于死刑案件，其执行方法
除另有规定外，依照司法行政部
所定办理。案件执行时，检察官
得选择为或不为宣布罪状。

期刊名称：法律知识

主办单位：

刊　　期：1947，1（3）

页　　码：23

6. 题　　名：司法院解释要旨：院解字第三〇
六四号

作　　者：

关 键 词：特种刑事案件　提起公诉　不
受理

摘　　要：司法警察误将普通案件作为特种
刑事案件移送法院，仍作为提起
公诉看待，但是法院应为不受理
判决，将案件重新交由检察官
侦查。

期刊名称：法律知识

主办单位：

刊　　期：1947，1（3）

页　　码：23

7. 题　　名：司法院解释要旨：院解字第三〇
六六号

作　　者：

关 键 词：检察官　部分起诉　便宜起诉

摘　　要：检察官仅就被告人的部分犯罪进
行起诉，法官应受到检察官起诉
范围的限制，仅得就起诉之犯罪
进行审判。

期刊名称：法律知识

主办单位：

刊　　期：1947，1（3）

页　　码：23

8. 题　　名：司法院解释要旨：院解字第三〇
九五号

作　　者：

关 键 词：提起公诉　不起诉处分　请求侦
查　羁押移送

摘　　要：司法警察官得直接移送特种刑事
案件，此以提起公诉论，但其不
得直接为不起诉处分；若告诉人
对司法警察官之处理不服，仍得
向检察官请求侦查。对于有羁押
必要之被告人，司法警察官应于
二十四小时内将被告人移送检察
官，不得迟延。

期刊名称：法律知识

主办单位：

刊　　期：1947，1（4）

页　　码：28

9. 题　　名：司法院解释要旨：院解字第三一
一七号

作　　者：

关 键 词：特种刑事案件　法律溯及力　再
行起诉

摘　　要：对于特种刑事案件，在原特种刑
事法令未生效前，应由军法机关
审判，法令生效后，案件尚未移

送的，应交由普通法院审判。对于原确定的判决，若发现新事实，得依再行起诉。

期刊名称：法律知识

主办单位：

刊　　期：1947，1（5）

页　　码：21

10．题　　名：司法院解释要旨：院解字第三一三〇号

作　　者：

关 键 词：不起诉处分　羁押移送　检察官出庭

摘　　要：司法警察官认为被告无犯罪嫌疑时，不必为不起诉处分。对于有羁押必要之被告，司法警察官应将犯罪嫌疑人二十四小时内移送检察官，不得拖延。对于司法警察官移送审判的案件，检察官可不出庭，但司法警察官亦不得以此为理由而出庭参加陈述。

期刊名称：法律知识

主办单位：

刊　　期：1947，1（6）

页　　码：25

11．题　　名：司法院解释要旨：院解字第三二一四号

作　　者：

关 键 词：告诉人　上诉期间　上诉

摘　　要：告诉人并非刑事诉讼法上的当事人，没有上诉权。告诉人在收到判决后，表示不服，仅得向检察官请求上诉。检察官在收到判决后未在上诉期内声明不服，即使告诉人因未在上诉期内收到判决而未能及时请求上诉，检察官也不能因此准许其自行上诉。

期刊名称：法律知识

主办单位：

刊　　期：1947，1（12）

页　　码：18－19

（七）法律问题解答

1．题　　名：法律解答：公诉案件检察官未莅庭其判决为违法

作　　者：

关 键 词：公诉　检察官莅庭　救济

摘　　要：公诉案件中，检察官代表原告，告诉人无须就刑事部分再聘请律师。检察官应出庭主张事实、提出证据、参加辩论，若检察官未莅庭，法院即为判决为违法程序，判决自为违法。书记官伪造检察官签名触犯伪造文书罪。告诉人对判决不满的，仅得请求检察官为上诉，别无他救济之途径。

期刊名称：法律知识

主办单位：

刊　　期：1948，2（3－4）

页　　码：34

2．题　　名：法律问题问答：检举汉奸及程序问题

作　　者：李朋

关 键 词：追诉时效　逮捕　羁押期限

摘　　要：对于汉奸案件，自民国三十六年（1947年）一月一日之后，普通民众检举，检察官可不予理会。但对于检察官的检举和被害人的告发在二十年内均具有追诉的时效。对于匿名检举的情形，检察官应首先查明确有其人并有一定证据方可逮捕，并且羁押期限不得逾两月，若无延长羁押之裁定，则视为撤销羁押。

期刊名称：法律知识

主办单位：

刊　　期：1947，1（1）

页　　码：19

二十、法声新闻

期刊简介：

1947年创刊于南京，法声新闻社编辑并发行，日刊，法律刊物。该刊以"沟通各地司法界消息"为主旨，有专载法规、司法建议、社评、司法行政公牍、司法消息、总统令、来论、司法新闻、法令解释、司法行政部命令、最高法院判例，也刊有关于司法界的小品短文等内容。其承载的信息量极大，综合性强，覆盖面广。本刊刊载的一些社评较有现实意义，如《监狱行刑中的严重问题》、《论犯罪人的再社会化》、《现行刑法体系的批判》、《各级法院应遵部令厉行司法宣传》、《承办涉外案件之掣肘

（附照片）》等。本刊刊载的公文，如《首都地元法人登记费提高二十倍征收》、《币制改革交代清册编造之指示》、《监狱改制后对于受刑人成绩记载疑义之指示》等。本刊刊载的最高法院判例，如《山西杨明亮等汉奸声请复判案》、《广东谢以修因汉奸声请复判一案》等。本刊的内容还会涉及有关国外（印度、美国）法律文献的内容和国内当时的考试制度。

（一）司法消息

1. 题　　名： 最高法院民刑庭会议录

作　　者：

关 键 词： 检察官　特别诉讼程序　通常诉讼程序　覆判　非常上告

摘　　要： 第一审检察官适用特别法，依特种诉讼程序，提起公诉，经第一审法院认为系普通罪行的，变更起诉法条，适用通常诉讼程序审理判决，原检察官不服判决，声请覆判，第二审法院未视声请为上诉，竟认为声请为不合程式，依特种刑事案件诉讼条例十九条，以判决将申请驳回，案件经确定，本院检察长又依通常诉讼程序，提起非常上告，应该将原判决撤销。

期刊名称： 法声新闻

主办单位：

刊　　期： 1948（486）

页　　码： 7－8

2. 题　　名： 执行没收逆产案件不能以刑期部分依法执行视为结案

作　　者：

关 键 词： 没收逆产　检察官　执行

摘　　要： 关于执行没收逆产案件，查核售逆产，事实上由敌伪产业处理机关办理，但是依刑事诉讼法和执行汉奸财产应注意事项的规定，仍应该以检察官为执行主体，检察官不特对于敌产处理机关，有督促责任，遇有执行中提出异议之诉者，并为法定被告人。

期刊名称： 法声新闻

主办单位：

刊　　期： 1948（475）

页　　码： 1

（二）司法行政公牍

1. 题　　名： 解释特刑庭之法律与人事疑义三点

作　　者：

关 键 词： 首席检察官　职权　特种刑庭

摘　　要： 首席检察官的职权，对于配置首席检察官的书记官、录事和法警长以及法警等的进退奖惩、拒绝副署时，应附加理由。

期刊名称： 法声新闻

主办单位：

刊　　期： 1948（479）

页　　码： 3

（三）司法行政命令

1. 题　　名： 移用账款处置办法

作　　者：

关 键 词： 移用账款　贪污　渎职

摘　　要： 移用账款经营商业，赞助其他私人事业或套取孳息，直接间接图利的，移送法院，依惩治贪污条例从重处断；扣留账款，充作他项公务费用，或充公营事业资金的，除责令如撤清外，移送法院，依刑罚渎职罪处断。

期刊名称： 法声新闻

主办单位：

刊　　期： 1948（487）

页　　码： 5

2. 题　　名： 兼理检察职务之县长于必要时务须出庭执行职务

作　　者：

关 键 词： 兼理检察职务之县长　出庭

摘　　要： 公诉案件上，兼理检察职务的县长可以不出庭，事实上也多不肯出庭，给诉讼造成诸多不便。因此，现在规定县长不出庭，并非绝对可不出庭，如果事实上有出庭必要，仍然应该出庭，以便结案。

期刊名称： 法声新闻

主办单位：

刊　　期： 1948（488）

页　　码： 4

3. 题　　名： 修正监犯保外服役办法再展限六月

作　　者：

关 键 词：监犯　保外服役　期限　首席检
　　　　　察官

摘　　　要：监犯保外服役期限展现六个月，
　　　　　嗣后办理该案件要经该高等法院
　　　　　首席检察官核准后，应由各该监
　　　　　所，通知原指挥执行检察官，如
　　　　　有撤销保外服役情形的也按此
　　　　　规定。

期刊名称：法声新闻

主办单位：

刊　　　期：1948（495）

页　　　码：4

4. 题　　　名：修正检察官与司法警察机关执行
　　　　　职务联系办法

作　　　者：

关 键 词：检察官　司法警察机关　合作联
　　　　　系　指挥

摘　　　要：该办法对各级法院检察官与司法
　　　　　警察机关办理该管辖区域内的刑
　　　　　事案件的合作联系进行了规定。
　　　　　司法警察受检察官指挥进行侦
　　　　　查。根据刑事案件多寡，依照警
　　　　　察机关申请，由法院酌情派检察
　　　　　官在警察局设立办公处或者由警
　　　　　官在法院设立刑事警察联络处。
　　　　　另外，对于相互的交流具体方
　　　　　式、法律疑义的解决、案件移送
　　　　　的方法及其他相关事项进行了
　　　　　规定。

期刊名称：法声新闻

主办单位：

刊　　　期：1948（496）

页　　　码：5－6

5. 题　　　名：特刑庭首席检察官对外行文之
　　　　　释示

作　　　者：

关 键 词：首席检察官　侦查　机关名称
　　　　　检察处

摘　　　要：侦查事项，可由首席检察官单独
　　　　　为之，至于公文上机关名称，不
　　　　　用添注"检察处"字样。

期刊名称：法声新闻

主办单位：

刊　　　期：1948（491）

页　　　码：4

6. 题　　　名：特刑庭侦查案件之文件由首席检

察官开拆封发

作　　　者：

关 键 词：侦查案件　文件　首席检察官

摘　　　要：为了保持侦查案件的机密起见，
　　　　　对于来文封面，仅载明检察官的
　　　　　收文，可以送由首席检察官开
　　　　　拆，有关侦查的发文，也可由首
　　　　　席检察官封固交发。

期刊名称：法声新闻

主办单位：

刊　　　期：1948（496）

页　　　码：3－4

7. 题　　　名：经二审法院判决确定之案件易科
　　　　　裁定由何审检察官声请

作　　　者：

关 键 词：易科罚金　检察官　指挥

摘　　　要：法院判决确定案件，易科罚金的
　　　　　裁定，应该由裁判法院检察官指
　　　　　挥，其上诉经驳回后或撤回的，
　　　　　由上级法院检察官指挥；判决漏
　　　　　未论知，经由二审法院终结的应
　　　　　由二审检察官声请同级法院
　　　　　裁定。

期刊名称：法声新闻

主办单位：

刊　　　期：1948（498）

页　　　码：2

8. 题　　　名：特刑庭之违法判决可以提起非常
　　　　　上诉

作　　　者：

关 键 词：特种刑事法庭　违法判决　首席
　　　　　检察官　非常上诉

摘　　　要：高等法院特种刑事法庭的违法判
　　　　　决，依法可以提起非常上诉，唯
　　　　　有特种刑事法庭的最高级法院即
　　　　　中央特种刑事法庭，其非常上
　　　　　诉，应该由中央特种刑事法
　　　　　庭的首席检察官，向中央特种刑事法
　　　　　庭提起。

期刊名称：法声新闻

主办单位：

刊　　　期：1948（504）

页　　　码：3

9. 题　　　名：司法行政部命令

作　　　者：

关 键 词：自诉　告诉　县司法处　检察官

摘　　要：训字第三三六零号表示对于自诉书状由法院直接收受，但遇新案应将案由随时送达该院检察官检察，以保证告诉与自诉的合理协调。县司法处办理诉讼补充条例规定检察官对县长回避的申请或自觉回避有决定权；犯罪勘验由检察官施行；判决书及卷宗物证应该呈送检察官；判决的上诉或核准更正提审的判决由检察官进行上诉，负担相应职责。

期刊名称：法声新闻

主办单位：

刊　　期：1947（17）

页　　码：62

二十一、法学丛刊

期刊简介：

1930 年 3 月创刊，月刊，中华民国律师协会法学丛刊社出版，出版地为上海和南京。该刊自语创立于"国难关头"和"荆天棘地之中"，其发刊词公告天下："国难亟、民生蹙、纲纪坠、正义亡。是时也，中华民国律师协会法学丛刊，呱呱一声，偕忧患以堕此荆天棘地中。起脆士纪，息争杜乱，涤旧染而启新规，靖横流而开盛治，斯哲人志士、党国名贤，奔走呼号、孜孜不倦以求之者。兹刊曷敢后人哉。懔兹使命，若涉春冰。披历薪向，告我袍泽。"以如此泣泪滴血而又豪迈雄壮的言语来宣告一杂志的诞生，在中外学术杂志史上可能亦属罕见。该刊主要包括法学论著、专载、法典、评论、研究材料、法令、判解要旨等栏目。

（一）论著

1. 题　　名：日本视察谈：陪审制多摩少年院东京市社会设施

作　　者：谭比辉

关 键 词：陪审员　回避

摘　　要：陪审团选定时，检察官和被告可提出回避事由要求陪审员回避，并就根据案件审理情况选定一到二人补充之。

期刊名称：法学丛刊

主办单位：

刊　　期：1930，1（5）

页　　码：10－28

2. 题　　名：监察制度与监察院

作　　者：李次山

关 键 词：司法检察官　劳动检察官　检察官配置　检察官职权

摘　　要：苏联分别设立司法检察官和劳动检察官监督司法和劳动的进行。司法检察官拥有侦查起诉权力，并以打击犯罪，维护秩序为己任。各加盟共和国设立检察官，受苏维埃检察长指挥。

期刊名称：法学丛刊

主办单位：

刊　　期：1931，1（6）

页　　码：1－33

3. 题　　名：修正刑事诉讼法之商榷

作　　者：俞钟骆

关 键 词：废除检察制度　侦查　起诉　执行　非常上诉

摘　　要：检察官设立原在于主动检举犯罪，保障人权，然实践皆去之甚远。故检察官可废也。原属职权可分由各机关代替之：其侦查事务可由司法警察为之，强制处分由法院决定之；其起诉可由国家律师代替之；其裁判执行可由裁判之推事为之；而非常上诉可由司法行政部为之。故检察职权实无存在的必要也。

期刊名称：法学丛刊

主办单位：

刊　　期：1933，2（2）

页　　码：1－24

4. 题　　名：司法所予人民的苦痛

作　　者：阮毅成

关 键 词：滥行上诉　羁押

摘　　要：检察官滥行上诉，导致被告饱受羁押之苦。检察官固执己见，且与推事不能和衷共济，导致上诉。再者检察官的考绩，和民众对法院失之过宽的评价都使检察官易滥用上诉。

期刊名称：法学丛刊

主办单位：

刊　　期：1934（13）

页　　码：10－13

（二）法律解释

1. 题　　名：解释：院字第一〇一六号

作　　者：

关 键 词：伪证罪　国家法益　告发　不起
　　　　　诉处分　声请再议
摘　　　要：伪证罪侵害的法益是国家审判
　　　　　权，故被伪证人仅为告发人，检
　　　　　察官为告诉人，故对检察官之不
　　　　　起诉处分不能声请再议。
期刊名称：法学丛刊
主办单位：
刊　　　期：1934，2（8）
页　　　码：18－19

2. 题　　　名：刑事判例要旨：抗字第一号
作　　　者：
关 键 词：上诉　越级上诉
摘　　　要：检察官得就法院刑事判决提起上
　　　　　诉，但必须以同级法院刑事判决
　　　　　为限，下级检察官不服判决的，
　　　　　不得越级上诉。
期刊名称：法学丛刊
主办单位：
刊　　　期：1936，4（1）
页　　　码：90

3. 题　　　名：刑事判例要旨：上字第一三八
　　　　　九号
作　　　者：
关 键 词：县长兼理司法　不起诉处分　撤
　　　　　回起诉
摘　　　要：检察官侦查终结制作不起诉处分
　　　　　书属于开始审判前的程序。若案
　　　　　件经起诉，除得依法撤回外，检
　　　　　察官不得为不起诉处分。
期刊名称：法学丛刊
主办单位：
刊　　　期：1936，4（4）
页　　　码：98－102

（三）议案专载

1. 题　　　名：刑事诉讼法草案
作　　　者：俞钟骆
关 键 词：废除检察制度　私诉　国家律师
　　　　　预审
摘　　　要：废除检察制度，代之以被害人追
　　　　　诉，并恢复预审制度，防止滥
　　　　　诉，保障人权。由司法警察进行
　　　　　侦查，设立国家律师代行出庭支
　　　　　持诉讼，并由推事负责裁判
　　　　　执行。
期刊名称：法学丛刊

主办单位：
刊　　　期：1933，2（2）
页　　　码：22－178

2. 题　　　名：刑事简易程序暂行条例草案
作　　　者：
关 键 词：刑事简易程序　书状　命令处刑
　　　　　通常程序　移送案件　指挥执行
摘　　　要：现有证据已足以认定犯罪者，检
　　　　　察官得迳以书状声请法院命令处
　　　　　刑，法院应立即处分。然法院认
　　　　　为不宜或被告异议的应依通常程
　　　　　序审判。检察官可就司法警察官
　　　　　移送之案件迳为起诉，无须续行侦
　　　　　查，但须讯问被告。审判时，检察
　　　　　官得不出庭。检察官对于被告认可
　　　　　之拘役或罚金可当庭指挥执行。
期刊名称：法学丛刊
主办单位：
刊　　　期：1934，11（34）
页　　　码：27－29

3. 题　　　名：请求改善法律制度建议案
作　　　者：
关 键 词：行政兼理司法　巡回裁判　检察
　　　　　官配置　法院定罪权
摘　　　要：县政府兼理司法导致行政司法不
　　　　　分，法院威信下降，故根据实际
　　　　　情况可设立巡回裁判制度，配置
　　　　　检察官执行职务。检察官可侦查
　　　　　起诉，然定罪权仍应归属于法
　　　　　院，即检察官认为应为不起诉处
　　　　　分的亦应由法院进行裁决，以避
　　　　　免检察官侦查之秘密性和救济之
　　　　　匮乏。
期刊名称：法学丛刊
主办单位：
刊　　　期：1930，1（1）
页　　　码：126－132

4. 题　　　名：法院编制改良刍议
作　　　者：罗文干
关 键 词：废除检察制度　侦查　起诉　公
　　　　　开审判
摘　　　要：重大案件由地方检察官侦查，事
　　　　　多人少且地远不便，其侦查起诉
　　　　　非必须检察官不可。再者检察官
　　　　　之不公判与公开审判、上诉等制
　　　　　度相悖甚远。故可撤检察官制

度，案件侦查由初级厅兼办，或
是由人民自诉，以节省经费。

期刊名称：法学丛刊

主办单位：

刊　　　期：1930，1（3）

页　　　码：1－32

5. 题　　名：最高法院推检应慎重人选案（第
九九号）

作　　　者：

关　键　词：最高法院　裁判　推检　考覆

摘　　　要：最高法院裁判一经发表即为定
例，裁判失当则全国法治受其影
响。故任用资格应就全国各高等
法院推检中考覆成绩最优者升
任，循名核实可资为模范。

期刊名称：法学丛刊

主办单位：

刊　　　期：1936，4（1）

页　　　码：66－67

6. 题　　名：刑事起诉不可过滥案（第一○六
号）

作　　　者：

关　键　词：轻微案件　不起诉处分　滥刑
起诉

摘　　　要：检察官对于轻微案件认为不起诉
为恰当的，应为不起诉处分，不
得滥行起诉。

期刊名称：法学丛刊

主办单位：

刊　　　期：1936，4（1）

页　　　码：71

7. 题　　名：提议建议司法行政部裁撤检察处
变更司法区域遍设全国地方法院
以完成司法制度案

作　　　者：

关　键　词：裁撤检察处　配置　司法经费

摘　　　要：裁撤检察处，并将检察官直接配
置于法院行使其检察职权，以节
省司法经费。

期刊名称：法学丛刊

主办单位：

刊　　　期：1936，4（2－3）

页　　　码：91－93

8. 题　　名：法院检察处对犯罪嫌疑不足之告
诉案件应依法从速处分以维法
纪案

作　　　者：

关　键　词：犯罪嫌疑不足　不起诉处分　程
序终结

摘　　　要：对于犯罪嫌疑不足案件，检察官
应为不起诉处分，以终结程序，
不能久拖不决，甚至不了了之，
损害被告的利益。

期刊名称：法学丛刊

主办单位：

刊　　　期：1936，4（2－3）

页　　　码：95

9. 题　　名：建议呈请行政院通令各省市转饬
所属嗣后对于纯粹普通刑事案件
嫌疑人应于廿四小时内移送不得
故意滥押以重人道而符法律案

作　　　者：

关　键　词：拘提　逮捕　羁押　移送

摘　　　要：司法警察官接受被拘提或是逮捕
之犯罪嫌疑人，认为有羁押之必
要的，应在二十四小时内移送检
察官决定，以防止滥押。

期刊名称：法学丛刊

主办单位：

刊　　　期：1936，4（2－3）

页　　　码：105－106

10. 题　　名：依法院组织法第三十三条第五
项请政府从速实施审查认真任
用推检案

作　　　者：

关　键　词：检察官任命　资格审查　司法
会议

摘　　　要：检察官任命亦应谨慎，并认真
审查其资格，必要时召开司法
会议审查其资格，以确保检察
官的素质。

期刊名称：法学丛刊

主办单位：

刊　　　期：1936，4（2－3）

页　　　码：125

二十二、法学新报

期刊简介：

The Legal News，周刊，创刊于1927年，出版地
奉天，法学研究会刊物。《法学新报》是以研究法
学、普及法律知识、促进收回法权为宗旨的法学研
究会创办的刊物。主要研究当时的法律与司法制度，

介绍日本等国的法律、分析案例，常设栏目有：学说、日本判例、论评、法律常识、资料、记录、杂俎、法界逸话等。

（一）纪录

1. 题　　名：司法考查纪录（续）
   作　　者：
   关 键 词：县管狱员　任用方法　俸给等级
   摘　　要：司法人员之各县管狱员之任用方法及俸给之等级。
   期刊名称：法学新报
   主办单位：
   刊　　期：1928（21）
   页　　码：24－25

2. 题　　名：司法考查纪录（续）
   作　　者：
   关 键 词：审判厅　人员编制　人员配置
   摘　　要：司法人员之各厅人员之现在员额及其配置。
   期刊名称：法学新报
   主办单位：
   刊　　期：1927（11）
   页　　码：24－25

3. 题　　名：司法考查纪录（续）
   作　　者：
   关 键 词：监督检察官　候补检察官　人员编制
   摘　　要：司法人员之各厅人员之现在员额及其配置。
   期刊名称：法学新报
   主办单位：
   刊　　期：1927（12）
   页　　码：23－25

4. 题　　名：司法考查纪录（未完）
   作　　者：
   关 键 词：检察厅　人员编制　人员配置
   摘　　要：司法人员之各厅人员之现在员额及其配置。
   期刊名称：法学新报
   主办单位：
   刊　　期：1927（4）
   页　　码：24－25

5. 题　　名：司法考查纪录（续）
   作　　者：
   关 键 词：县管狱员　任用方法　俸给等级
   摘　　要：司法人员之各县管狱员之任用方法及俸给之等级。

期刊名称：法学新报
主办单位：
刊　　期：1928（20）
页　　码：25

6. 题　　名：司法考查纪录（续）
   作　　者：
   关 键 词：地检厅
   摘　　要：厅监之设置之各厅之构造整理。
   期刊名称：法学新报
   主办单位：
   刊　　期：1928（28）
   页　　码：24－25

7. 题　　名：司法考查纪录（续二十一期）
   作　　者：
   关 键 词：检察厅　看守所　设置
   摘　　要：厅监之设置之现在之设置及将来计划。
   期刊名称：法学新报
   主办单位：
   刊　　期：1928（23）
   页　　码：25

8. 题　　名：刑诉权与刑诉手续之进化
   作　　者：
   关 键 词：形式公诉权　实质公诉权　审判请求权
   摘　　要：在刑事诉讼手续未开始以前，有要求进行及终止的权限，即谓之形式的公诉权。确定有罪与无罪的时候，可适用判罪的权限，即谓之实质的公诉权。凡是对于有犯罪嫌疑人的审判请求权，亦可谓之形式上的公诉权。
   期刊名称：法学新报
   主办单位：
   刊　　期：1927（7）
   页　　码：19－21

（二）论评

1. 题　　名：检察官律师与推事的关系
   作　　者：欣
   关 键 词：检察官职责　刑事诉讼　民事案件
   摘　　要：检察官是国家的代表官，为刑事诉讼行为的当事人，从事犯罪有无的搜查、检视、公诉的提起，掌管判决或决定的执行，监视对于判决执行得当否。在民事案件上，于必要时也可以请求通知，干预裁判。

期刊名称：法学新报

主办单位：

刊　　期：1927（2）

页　　码：11

（三）业报

1. 题　　名： 日大审院遣派七检事监视总选

作　　者：

关键词： 检事　监视　总选

摘　　要： 日法相为使检察事务严正公平，发挥普通之真面目，保全司法权之威信起见。特派七检事及书记官共八人分赴各县。监视总选，藉得正确之判断，以期普选法之彻底实行。

期刊名称：法学新报

主办单位：

刊　　期：1928（21）

页　　码：23

2. 题　　名： 日本东京区裁判所检事之辞职：因愤慨日政府过于干涉选举

作　　者：

关键词： 检事　干涉总选　辞职

摘　　要： 日政府东京区裁判所检事，顷因日本内阁，对于此次之总选举，藐视司法权之独立，极力实行干涉政策，异常愤慨，逐向日司法部辞去检事之职。

期刊名称：法学新报

主办单位：

刊　　期：1928（23）

页　　码：22

3. 题　　名： 司法部之施政方针（未完）

作　　者：

关键词： 审检厅问事所规则

摘　　要： 诉讼程序及法院办事手续，人民多有为谙。奸黠之徒，乘隙而肆欺罔，实于法院信威，人民便利，两有所妨。本部特于上年十一月订定审检厅问事所规则，通令实行，使人民得正当咨询之路，而诈冒刺探等弊，借以防止。现据各厅呈报，已先后遵办，成绩显著。

期刊名称：法学新报

主办单位：

刊　　期：1928（24）

页　　码：20 – 21

（四）演讲文稿

1. 题　　名： 检察官与人民之关系

作　　者： 魏大同

关键词： 司法权独立　公诉　上诉　司法公正

摘　　要： 检察官为执行国家司法权的官员，有权提起公诉，救济被害人；检察官不知犯罪时，被害人可以自己告发，第三人可检举，犯人可自首；检察官对法院推事适用法律享有监督权。对于检察官认为证据不足不予起诉的案件，被害人认为有理可以请求上级检察官再议，上级检察官认为合理的可以起诉，认为无理的予以驳斥。检察官保护被害人法益，更要维持国家安全秩序。检察官任职须具备一定的条件，并需要政府给予任职保障。

期刊名称：法学新报

主办单位：

刊　　期：1930（130 – 131）

页　　码：16 – 18

二十三、法学月刊（汉口）

期刊简介：

《法学月刊（汉口）》由中华民国法学会湖北分会主办，于1947年6月（中华民国三十六年六月十五日）在汉口创刊，居正题名，月刊。《法学月刊（汉口）》标注创刊地汉口，是为了区别于1925年在北京创刊的《法学月刊（北京）》和1934年在上海创刊的《法学月刊（上海）》。《法学月刊（汉口）》设论著、译述、判解研究、疑问研讨、附载等栏目。

（一）法规

1. 题　　名： 司法机关赌博案件罚金及没收财产充奖办法

作　　者：

关键词： 赌博案件　比例奖赏　国库

摘　　要： 赌博案件若由人民告发，司法机关办理，则告发人、办案员警、司法机关按比例分成；若由公安机关自行破获，侦查员警、协助人员与司法机关案比例分成。制作单据，按月报司法行政部审核。对于充奖外和无人受领的财产归国库。

期刊名称：法学月刊
主办单位：
刊　　期：1947（1）
页　　码：55

2. 题　　名：修正执行没收汉奸财产应注意事项
作　　者：检察官　执行权
关 键 词：检察官　执行权
摘　　要：对于汉奸财产的没收，由检察官会同敌伪产业处理局执行，财产不在当地的，首席检察官命令或委托当地检察官或兼理检察实务人员会同或委托敌伪产业处理局执行；若无敌伪产业处理局，则由地方政府执行之。

期刊名称：法学月刊
主办单位：
刊　　期：1947（2）
页　　码：68－69

（二）论著

1. 题　　名：从学理历史法例各观点论宪法中的司法制度
作　　者：刘陆民
关 键 词：检察制度　监察院
摘　　要：从历史来看，古代中央检察官的选任与现在同，御史台、监察院监督百官可为今日之检察官，历史变迁中检察制度一直存在。从比较法角度来看，芬兰检察官可监督官员、弹劾总统，苏联检察官亦对各共和国检察官有任命权。司法制度、检察制度一直都存在，但应加以完善。可以取消最高法院检察署及各级地方法院之检察处，设置监察院来执行检察事务。

期刊名称：法学月刊
主办单位：
刊　　期：1947（3－4）
页　　码：1－6

2. 题　　名：战前德法意三国司法官之训练任用升迁与保障
作　　者：渔叟
关 键 词：检察官任用　保障
摘　　要：德法意三国采法曹一元制，检察官与司法官采用相似乃至相同的方法进行培养。整体来说，三国都要求检察官应现在实务部门进行训练学习服务，然后通过考试，但德国须通过两次考试，方得任命为正式法官、检察官的升迁综合考虑各种因素后进行，检察官多有较为完整的任职保障。

期刊名称：法学月刊
主办单位：
刊　　期：1947（3－4）
页　　码：10－14

3. 题　　名：中国司法制度史序
作　　者：刘陆民
关 键 词：检察制度　御史台　都察院　行政司法混合
摘　　要：检察制度在我国历史上一直存在。检察机关乃在于检举不法，我国古代的御史台和都察院均为检举不法而设，可看待为我国的检察机关，御史、都察院成员均是我国古代的检察官。而且我国古代实无行政兼理司法的情况，仅有行政与司法混合的情况。

期刊名称：法学月刊
主办单位：
刊　　期：1947（3－4）
页　　码：40－41

4. 题　　名：判解研究：前大理院统字第三〇四号解释与现行刑事诉讼法相关条文之检讨
作　　者：左开瀛
关 键 词：强制措施变更　溯及力　程序倒流禁止
摘　　要：检察机关不能直接变更法院决定的强制措施，但可以请求法院变更该强制措施。前大理院统字第三〇四号解释虽已颁布很久，历经刑事诉讼法律修改，但其解释法条未有变化，故其理念仍可适用于现有之情况。因程序不能倒流，即检察机关只能变更警察的强制措施，一旦侦查阶段结束，检察机关职权仅为实行公诉与指挥裁判之执行，则其无权变更法院决定的强制措施，而法院可以变更检察机关决定的强制措施；同理，二审法院可以变更一审法院决定的强制措施。

期刊名称：法学月刊

主办单位：

刊　　期：1947（2）

页　　码：47

（三）法界消息

1. 题　　名：司法行政部指令：京（三十六）指参字第一一〇七五号，三十六年五月七日：令四川高等法院院长苏兆祥、首席检察官徐尔僖：三十六年四月十九日牍字第四〇六号代电一件转请核示财务罚锾应向何机关缴解由

作　　者：

关键词：财务罚锾　办案经费　财务机关

摘　　要：财务罚锾除提留司法机关办案经费外，应归原财务机关处理。

期刊名称：法学月刊

主办单位：

刊　　期：1947（2）

页　　码：69

（四）法律解释

1. 题　　名：判解研究：院解字第三一四九号与第三一五三号

作　　者：

关键词：特种刑事案件　分别起诉　覆判　牵连关系

摘　　要：对于被告人同时被检察官指控犯有特种刑事案件和普通刑事案件，若两个案件没有牵连关系，检察官应分别起诉，适用不同的程序对案件进行审理。法院对两案的上诉也应采取不同的程序进行之，对于特种刑事案件采覆判，普通案件视其有无不服部分，分别处理。

期刊名称：法学月刊

主办单位：

刊　　期：1947（1）

页　　码：38

2. 题　　名：司法院最近法令解释要旨：院解字第三五〇四号

作　　者：

关键词：免诉判决　声请异议

摘　　要：对收买汉奸财产之被告人，法院作出了免诉的判决，但对于汉奸案件判决尚未确定财产没收之时，对于检察官认为确系汉奸财产仍为扣押者，不服的，收买汉奸财产之被告人仅得请求撤销该查封，不得声请异议。

期刊名称：法学月刊

主办单位：

刊　　期：1947（1）

页　　码：44

3. 题　　名：司法院最近法令解释要旨：院解字第三五三〇号

作　　者：

关键词：烟毒罪犯　情节　不起诉处分

摘　　要：烟毒罪犯符合收复地区肃清烟毒办法第三条情节的，情节轻微的，检察官应作出不起诉处分，法官应作出无罪判决。

期刊名称：法学月刊

主办单位：

刊　　期：1947（1）

页　　码：46

4. 题　　名：司法院最近法令解释要旨：院解字第三五四六号

作　　者：

关键词：告诉　追诉时效　通缉　不起诉处分

摘　　要：对于民国三十五年（1946年）十二月三十一日以前告发的汉奸案件，虽然没有被害人的告诉，但检察官依然可以依法侦查，作出起诉或不起诉处分。对于仍在通缉中的汉奸，除非侦查认为无犯罪嫌疑，作出不起诉处分外，其余情形不得撤销通缉。

期刊名称：法学月刊

主办单位：

刊　　期：1947（1）

页　　码：47

5. 题　　名：司法院最近法令解释要旨：院解字第三四一九号

作　　　者：

关　键　词：汉奸　军法审判　不起诉处分

摘　　　要：被告人在光复后进入军事机关充任军职后方发现其为汉奸，此时案归军法审判，普通法院无管辖权，检察官应依法为不起诉处分。

期刊名称：法学月刊

主办单位：

刊　　　期：1947（2）

页　　　码：49

6. 题　　　名：司法院最近法令解释要旨：院解字第三四二七号

作　　　者：

关　键　词：无效审判　重新侦查　提讯被告　起诉

摘　　　要：被告人经非法组织之法院判决科刑，在三审上诉中，该地光复，管辖该案的二审法院检察官于光复后重新侦查，虽未提讯被告人，但其起诉书内容与法定应记载内容并无区别，检察官之起诉应为有效，法院不得拒绝受理。

期刊名称：法学月刊

主办单位：

刊　　　期：1947（2）

页　　　码：50

7. 题　　　名：司法院最近法令解释要旨：院解字第三四三五号

作　　　者：

关　键　词：告诉　追诉条件

摘　　　要：对于曾为敌伪政权中的重要自治或社会团体成员，以势迫人，因为这类情形均有重大汉奸嫌疑，准其经人告发，检察官即可起诉，无须被害人之告诉，法院不得以缺乏追诉条件拒绝受理案件。

期刊名称：法学月刊

主办单位：

刊　　　期：1947（2）

页　　　码：51

8. 题　　　名：司法院最近法令解释要旨：院解字第三四五九号

作　　　者：

关　键　词：告发期限　追诉权

摘　　　要：在告发期限之后的人民或团体告发汉奸的文件，检察官可不予理会，但检察官的追诉权不受影响。

期刊名称：法学月刊

主办单位：

刊　　　期：1947（2）

页　　　码：53

9. 题　　　名：司法院最近法令解释要旨：院解字第三四七四号

作　　　者：

关　键　词：诬告　自诉　审判中止　再审

摘　　　要：甲向检察官告发乙之犯罪行为，检察官认为甲为诬告遂将甲羁押，甲遂提起自诉，检察官提起公诉。检察官起诉甲诬告的案件不因自诉案件尚未审结而中止，法院可独立判断并判决。待自诉案件确定后确认原诬告案件确有错误，甲可申请再审救济。

期刊名称：法学月刊

主办单位：

刊　　　期：1947（2）

页　　　码：55

10. 题　　　名：司法院最近法令解释要旨：院解字第三五三二号

作　　　者：

关　键　词：共犯　特种刑事案件　分别判决　覆判

摘　　　要：特种刑事案件的共犯先后抓获归案，先后分别判决，后抓获者声请覆判，不及于前未声请覆判的被告人。

期刊名称：法学月刊

主办单位：

刊　　　期：1947（1）

页　　　码：46

二十四、法学月刊（上海）

期刊简介：

上海持志学院法律学会以研究法律为目的，王去非、王效文、汪翰章、周定枚、施霖等担任学会导师。该会于1934年在上海创办《法学月刊》，每月出版一次。

论著

1. **题　　名**：民事诉讼法采不干涉主义为原则
干涉主义为例外　刑事诉讼法采
干涉主义为原则不干涉主义为例
外说

作　　者：李增煊

关 键 词：刑事诉讼　干涉主义　公诉权
起诉裁量权

摘　　要：刑事诉讼在于适用公法，实现国
家追诉权，因此采干涉主义为原
则，经由检察官对犯罪提起公
诉。除自诉外，案件经由检察官
之手后，不得因当事人之意思为
进退。检察官拥有对案件的起诉
裁量权，不受当事人意志的
左右。

期刊名称：法学月刊

主办单位：上海持志学院

刊　　期：1934，1（1）

页　　码：34－40

二十五、法学杂志

期刊简介：

《法学杂志》的前身为《法学季刊》，由上海东吴大学法律学院于1922年2月创刊。此杂志由中英文两部分构成，中文部分名为《法学季刊》，英文部分名为《The China Law Review》，以符合比较中西法律、法学的包含。时任中华民国正式政府（广州）大理院院长徐谦书写刊名，并致发刊词云："中国南部之讲比较法学者，当于东吴法科大学首屈一指。"亦相信：《法学季刊》"必能有所裨益于法学"。《法学季刊》自5卷1931年10月起改用《法学杂志》一名，并改为双月刊，卷期续前，英文部分仍为季刊，停刊于1941年1月或4月。《法学杂志》系东吴大学法科在校学生主办，东吴法学杂志社编辑并出版，邱汉平、孙晓楼先后担任主编，吴经熊、盛振为、董康等人参与其事。该杂志可能是近代唯一以中英文同时印刷的法学杂志，其形式和学术水准，赢得了国内外的广泛赞誉。吴经熊曾指出：此刊"逐渐地不仅在国内，而且在国外取得了一定的地位"。美国罗宾吉大法官也说 The China Law Review "掀开了中国法律文献的新篇章"，它反映了20世纪初30年左右的时间里中国法律的变化情况。它"还刊登着对法律颇有见地的评论、关于法律问题的讨论以及有关法律史与哲学方面的论文……它是唯一的一份以一种以上语言发行的致力于比较法学的定期刊物。"该刊研究关于法律的具体问题，介绍法学上的重要学说，分析比较研究中外同种类法学问题，翻译各国法学名著，报道国内法律重要消息和法律解释。主要内容包括宪法学、各国宪政鸟瞰、行政法学、法理学、刑法学、犯罪学、诉讼法学、司法制度研究、全国司法会议提案摘要、民法学、商事法学、婚姻法研究、继承法研究、劳动法研究、公司法研究、破产法研究、国际法学、法史学、法律教育研究、法规和解释等。

法律解释

1. **题　　名**：法律解释（六七一号）

作　　者：

关 键 词：律师　惩戒之诉　管辖　首席检
察官

摘　　要：对于上海特区律师提起惩戒之诉
管辖疑义，根据律师章程第三十
五条，由申请所在地地方法院首
席检察官将该律师交付惩戒的规
定，惩戒案件所属法院即上海第
二特区法院应该具有由首席检察
官提起惩戒的权限。

期刊名称：法学杂志

主办单位：上海东吴大学法律学院

刊　　期：1932，5（5）

页　　码：55－86

2. **题　　名**：法律解释（六七六号）

作　　者：

关 键 词：侦查　通缉　检察官

摘　　要：侦查中未予通缉检察官即行起
诉，送审之后，其通缉应由法院
办理。

期刊名称：法学杂志

主办单位：上海东吴大学法律学院

刊　　期：1932，5（5）

页　　码：60

3. **题　　名**：法律解释（第六八一号）

作　　者：

关 键 词：高等法院分院　第三审　刑事判
决　检察官

摘　　要：高等法院分院所为第三审刑事判
决除卷宗在下级法院外应由该分
院检察官指挥执行。

期刊名称：法学杂志

主办单位：上海东吴大学法律学院

刊　　　期：1932，5（5）

页　　　码：64

4. 题　　　名：法律解释（司法院训令院字第六
八六号）

作　　　者：

关　键　词：检察官　自诉　告诉　公诉

摘　　　要：不得提起自诉之地方管辖事件，
县法院认为可以自诉而误为受
理，若经上诉于地方法院，该法
院将该部分之判决撤销，另以裁
定将其自诉驳回。又告诉乃论之
罪，被害人应于知悉犯人后六个
月内向检察官告诉，逾期告诉，
检察官尚不得据以提起公诉，则
被害人提起自诉更应受六个月期
间之限制，如被害人逾期始向法
院起诉，法院应依法以裁定驳
回之。

期刊名称：法学杂志

主办单位：上海东吴大学法律学院

刊　　　期：1932，5（5）

页　　　码：69－70

5. 题　　　名：法律解释（六七九号）

作　　　者：

关　键　词：起诉　侦查　不起诉处分

摘　　　要：刑事案件已经送达不起诉处分
后，上级机关以职权复令侦查或
原告诉人以发现新事实或新证据
为理由请求继续侦查，经检察官
侦查结果认为不应起诉，依法院
解释，不必再为不起诉处分。

期刊名称：法学杂志

主办单位：上海东吴大学法律学院

刊　　　期：1932，5（5）

页　　　码：62

二十六、法医月刊

期刊简介：

　　月刊，1934 年 1 月创刊，出版地上海，主办单
位司法行政部法医研究所第一届研究员研究会，法
医学研究会出版，总编辑林几。从 1936（23）期开
始改为三个月一期。包括报告、论著、综说、检验、
化验、问答、译述等栏目。

（一）消息

1. 题　　　名：医界消息：浙高检察处请法部法

知委任职

作　　　者：

关　键　词：选拔　委任

摘　　　要：呈请司法行政部将法医改为委任
职，于民国十八年在医药专门学
校内设法医专修班，选拔医药毕
业生专习法医六个月分配法院，
法医职位与书记员职位相当，同
享受晋升待遇。

期刊名称：法医月刊

主办单位：

刊　　　期：1935（15）

页　　　码：83－84

2. 题　　　名：消息：司法行政部法医研究所检
验班章程

作　　　者：

关　键　词：检验效率　检验班

摘　　　要：为增进检验效率设置检验班，有
高中毕业年满十八岁以上二十三
岁以下考试合格者三十名为限不
收学费，各项其他用品学员自
备，入考科目：体格、国文、物
理、数学。一年六个月为一学
期，除例假无寒假，工作在研究
室或法院遵守章程。法院服务不
及格者留级一学期重新参加
考试。

期刊名称：法医月刊

主办单位：

刊　　　期：1935（17）

页　　　码：61－62

3. 题　　　名：消息：司法行政部法医研究所研
究员修正章程

作　　　者：

关　键　词：各项章程　研究员

摘　　　要：1. 为培育法医专门人才起见，招
收研究员来研究所深造；2. 在国
内外医科学毕业期满经本所考试
合格者入研究所；3. 研究人数暂
定为 20 名；4. 入所研究员不收
取学费，其他生活用具自备；
5. 招考日期及报名手册另订；
6. 测试科目体格测定、国文、内
科病理学，外科病理学；7. 一年
以六个月为限，除例假外无其他

假期；8. 不遵守一切纪律成绩，不良者惩戒除名。

期刊名称：法医月刊

主办单位：

刊　　期：1935（17）

页　　码：60－61

（二）检验鉴定

1. 题　　名：检骨：第三十四例：委托机关：最高法院检察署、湖南高等法院检察处（来文日期廿三年三月三十日及四月六日）：案由：为〇〇〇致死原因发生疑义检送〇〇〇尸骨等件请复验由（附照片）

作　　者：

关 键 词：血溢　伤痕

摘　　要：案查岳阳县公安局长拘押被害人致死一案，尚有重新检验必要，将尸体检验送至法医研究所，经验明该尸头部腐烂，前额有人字形褐色伤痕1—8公分裂痕，前头骨右侧呈紫棕色，本检验断为自缢，下颚骨腺状溢阴溢痕只有一道。

期刊名称：法医月刊

主办单位：

刊　　期：1934（9）

页　　码：34－44

2. 题　　名：物证文证伪据指纹及足迹检查：第六十六例：委托机关：湖北武昌地方法院检察处（来文日期二十二年七月廿一日）：鉴定事由：函请检验〇〇〇伪造一案证物图章笔迹等真伪由

作　　者：

关 键 词：伪造证物　笔迹鉴定

摘　　要：事例关于伪造证物笔迹真伪鉴定，存款抵押透支契约结论认识真实第2、3、4、10、11号及卷宗有图章真实涂改部分得到同意，该检验未得出伪证之结论。

期刊名称：法医月刊

主办单位：

刊　　期：1934（10）

页　　码：52－58

3. 题　　名：人证检验：第十八例：委托机

关：江苏上海地方法院检察官（来文日期二十二年十一月二十五日）：案由：为〇〇氏等妨害家庭案内〇〇〇一口是否杨张氏所亲生请检验由（附照片）

作　　者：

关 键 词：妨害家庭　鉴定血族

摘　　要：容貌解剖位置检查为遗传。凡属于直系亲属面部有相同点惟生儿育女必由双方父母，必得双方父母的遗传，本案单独考虑母亲证据事实尚欠缺。

期刊名称：法医月刊

主办单位：

刊　　期：1934（8）

页　　码：95－98

4. 题　　名：物证文证伪据指纹及足迹检查：第九十例下：委托机关：陕西南郑地方法院检察处（来文日期二十三年六月二十五日）：鉴定事由：送检银针一枚上面色痕是否有毒请鉴定由

作　　者：

关 键 词：尸体检验

摘　　要：预谋杀人一案申请再议，经检验书记载已死亡，咽喉用银针探入许久后取出银针呈现蓝红色用皂水洗不去，后对银针采取检验确认为硫化银。

期刊名称：法医月刊

主办单位：

刊　　期：1934（11）

页　　码：132－134

5. 题　　名：剖尸：第五十二例：委托机关：江苏上海地方法院检察处（来文日期二十二年七月十三日）：鉴定事由：函送检验〇〇〇氏系伤害身死抑患病身死由（附照片）

作　　者：

关 键 词：死因鉴定

摘　　要：鉴定属病死，殴打及身体不能直立至于本月十二日上午十时腹内小孩死亡，死因胎儿为女性死产，母体先死，后排出胎儿。如若因被暴力打击致发生子宫破

裂，则因立即发生便血继而流
产，况又来正常治疗，决不能延
生命致两月以后死亡，此产妇在
氧管支肺部有炎症促使早产，因
此属于正常死亡并非打击致死。

期刊名称：法医月刊

主办单位：

刊　　期：1934（9）

页　　码：156 – 167

6. 题　　名：物证文证伪据指纹及足迹检查：
第七十六例上：委托机关：天津
地方法院检察处（来文日期二十
三年三月二十八日）：鉴定事由：
送检红黑色药丸及救苦金丹是否
含有鸦片吗啡等毒质请鉴定由

作　　者：

关 键 词：化学检查

摘　　要：据检验送来救苦金丹为黑色物不
含有鸦片而为棉木渣、铁锈、燃
料混合物，按物理现象无鸦片烟
臭味，化学检查不含有阿片烟成
分，红色丸剂，安洛因代替鸦片
之用。

期刊名称：法医月刊

主办单位：

刊　　期：1934（10）

页　　码：117 – 121

7. 题　　名：剖尸：第三十八例：委托机关：
江苏上海地方法院检察处（来
文日期二十二年四月二十九日）：
鉴定事由：为○○○死因不明请
检验鉴定由（附照片）

作　　者：

关 键 词：尸体检剖

摘　　要：从鼻腔、口腔、食管、胃、氧
管、支氧管、肺内并无溺死成分
而是砒霜中毒，砒霜中毒大多数
出于毒害行为，也有可能是自
杀，但据胃内检查容饱满状分析
是死者甘愿饱餐，并无死意，希
望详加侦查，以作定论。

期刊名称：法医月刊

主办单位：

刊　　期：1934（9）

页　　码：69 – 76

8. 题　　名：检骨：第二十七例：委托机关：
河南洛阳地方法院检察处（来文
日期二十二年十月十七日）：鉴
定事由：送检○○○额颅骨一块
是否为生前击损及因此陨命请鉴
定由

作　　者：

关 键 词：瘀伤入骨　死因鉴定

摘　　要：经一般肉眼检查，紫外线激光分
析检查，人工损伤骨折试验被害
人前头骨上多处破裂，骨折部位
皆有瘀伤，此种伤瘀深入骨质洗
刷不去，说明生前遭受暴力致
伤部位血管破裂导致死亡。

期刊名称：法医月刊

主办单位：

刊　　期：1934（8）

页　　码：150 – 152

9. 题　　名：物证文证伪据指纹及足迹检查：
第九十例上：委托机关：甘肃高
等法院检察处（来文日期廿三年
五月三十一日）：鉴定事由：送
检银针一枚上有黑印两道是否毒
质请鉴定由

作　　者：

关 键 词：理学检查　化学检查　毒质

摘　　要：经理学检查，化学检查，内脏详
细化验证实使身体已腐烂，取
其胸，腹，糜烂部位骨质化验可
验出用银钗验毒变黑现象，也不
能断定死者毒毙或不是毒弊，根
据实验证实为硫化银实体腐败产
生硫化氢，硫化氢，证物银针的
银质化合物不是毒物。

期刊名称：法医月刊

主办单位：

刊　　期：1934（11）

页　　码：130 – 132

10. 题　　名：剖尸：第四十二例：委托机关：
江苏吴县地方法院检察处（来
文日期二十二年三月七日）：鉴
定事由：函送死者尸棺请检验
伤痕并是否因痢疾身死

作　　者：

关 键 词：监护人　证言

摘　　要：因原试验所与被告人供述人证
言有分歧确有研究之必要将尸
体全部予以详细检验，经尸体
外表检验死者为女性，七岁身
长一零四公分，出现尸斑营养
及发热，经前后身检查发现有
大量尸斑伤痕。经推定身前为
钝器物械打击后头部受伤，臀
部受伤较重。死者在近一年半
中营养不良影响健康，营养不
良，胃寒，肺炎及小肠炎发高
烧随即毙命。

期刊名称：法医月刊

主办单位：

刊　　期：1934（9）

页　　码：99－107

11. 题　　名：文证审查医术责任问题：第六
十例：委托机关：山东青岛地
方法院检察处（来文日期二十
三年六月十八日）：案由：函请
解释医生〇〇〇药方由

作　　者：

关 键 词：过失责任　禁忌药品

摘　　要：对三种药品超量实属不明医道，
对乳儿属禁忌药品，而又超过
一般用儿童用量，所致乳儿毙
命在法律中承担过失责任。

期刊名称：法医月刊

主办单位：

刊　　期：1934（10）

页　　码：45－48

12. 题　　名：剖尸：第四十八例：委托机关：
上海地方法院检察处（来文日
期二十一年十一月四日）：鉴定
事由：函请检验〇〇〇〇是否
因奸身死抑或另患他病身死

作　　者：

关 键 词：强奸　猥亵

摘　　要：根据尸体详细检验外部记录检
查，该幼女生前确实被强奸
猥亵。

期刊名称：法医月刊

主办单位：

刊　　期：1934（9）

页　　码：137－140

13. 题　　名：人证检验：第二例：委托机关：
江苏无锡县法院检察官（来文
日期二十二年五月八日）：鉴定
事由：检验〇〇〇，〇〇〇二
名有无吸用鸦片由

作　　者：

关 键 词：尿检

摘　　要：检查员经过提取被告人尿液检
验，检验出两名被告之前吸食
鸦片现在已戒。

期刊名称：法医月刊

主办单位：

刊　　期：1934（8）

页　　码：5－8

14. 题　　名：文证审查医术责任问题：第六
十三例：委托机关：长沙地方
法院检察处（来文日期二十二
年二月二十五日）：鉴定事由：
函请鉴定〇〇〇等杀人坠胎案
病历书（附图表）

作　　者：

关 键 词：事实责任

摘　　要：据医院所填病例得知病人在入
院时患结核性肺炎，并发有结
核性腹膜炎，同时六月身孕。
入院治疗第一日灌肠道脉后第
二日流产，产后衰竭而死。经
检验鉴定一般如有结核之症，
妊娠皆流产，因患有结核性肺
炎并发结核性腹膜炎，故不负
事实责任。

期刊名称：法医月刊

主办单位：

刊　　期：1934（10）

页　　码：38－44

15. 题　　名：剖尸：第四十三例：委托机关：
江苏上海地方法院检察处（来
文日期二十二年二月二十二
日）：鉴定事由：函送〇〇〇尸
体请鉴定致死原因（附照片）

作　　者：

关 键 词：剖验　尸外检验

摘　　要：于本月十二日发现一具尸体，
原因不明，相应鉴定，尸体已
经轻度腐烂，死斑均现身后，

左右耳根浮肿，经鉴定死者非由被告打伤即死，而是由于生前患有急性肾脏炎发高烧心力不胜而死。

期刊名称：法医月刊

主办单位：

刊　　期：1934（9）

页　　码：108－114

16. 题　　名：物证文证伪据指纹及足迹检查：第七十七例上：委托机关：武进县法院检察官（来文日期二十二年二月二十七日）：鉴定事由：函请化验○○○鸦片代用品案内毒粉一包究竟有何毒质

作　　者：

关 键 词：违禁麻醉毒品

摘　　要：检验题材为化验鸦片代用品为毒粉，经过一般化学性状检查得知检材中不含无机酸，化验所呈现阴性毒粉内不含一切植物性毒物，也不含有一切金属有机物、无机酸类，不含有银而是含有一种安眠剂，安眠剂并非麻醉违禁毒品。

期刊名称：法医月刊

主办单位：

刊　　期：1934（10）

页　　码：128－131

17. 题　　名：物证文证伪据指纹及足迹检查：第七十四例下：委托机关：江苏上海地方法院检察处（来文日期二十二年三月十七日）：鉴定事由：函请化验○○○○○○等烟丸海洛因由（附照片）

作　　者：

关 键 词：药物代替

摘　　要：经检验鉴定该某所携带丸剂，并非阿片或吗啡、海洛因等制成烟丸，而类似掺合阿片膏料子的一种，据鉴定所携带粉剂内，超高致死的毒质，此药非医生批准不得贩卖，可以用来戒烟或者自杀毒杀，或用来短暂代替红白药丸。

期刊名称：法医月刊

主办单位：

刊　　期：1934（10）

页　　码：101－105

18. 题　　名：剖尸：第四十四例：委托机关：江苏上海地方法院检察处（来文日期二十二年三月一日）：鉴定事由：函送○○○尸体请鉴定究竟因何致死（附照片）

作　　者：

关 键 词：挫伤　暴力

摘　　要：原告诉被告致死一案尸外检查由（一）（二）（六）鉴定该死者尸体偏左右表皮各有伤痕一处。左处为打击、右部较重为钝器所伤。据（二）（三）（四）的该因侧小腹部提挫伤致小肠破裂，粪溢于腹膜诱发浓性腹膜炎而死。

期刊名称：法医月刊

主办单位：

刊　　期：1934（9）

页　　码：115－118

19. 题　　名：剖尸：第五十五例：委托机关：江苏上海地方院检察官（来文日期二十二年十二月六日）：鉴定事由：函送检验○○○尸体请鉴定其死因由（附照片）

作　　者：

关 键 词：自缢

摘　　要：尸外检验颈部有浅绳痕一道，根据以上喉部检查似死后加勒绳现象，并非生前已死、溺死、中毒死或者病死，而是晚饭吃饱后在三五小时内被人打伤下腿，撞跪地上紧抱腹部，猛力摇摔肺脾肾胃腹内脏均受震荡，同时发生毛细血管出血，随即体力不支眩晕虚脱不起，而被扔河里后，又移尸至树上作自缢。

期刊名称：法医月刊

主办单位：

刊　　期：1934（9）

页　　码：181－193

20. 题　　　名：剖尸：第四十一例：委托机关：
　　　　　　上海地方法院检察处（来文日
　　　　　　期二十二年四月十三日）：鉴定
　　　　　　事由：检验○○氏身死原因并
　　　　　　化验血迹青菜等由（附照片）
　　作　　　者：
　　关　键　词：吸水溺死
　　摘　　　要：据（1）（2）（3）鉴定身体素
　　　　　　健，原无疾病却因生前入水而
　　　　　　呼吸未咽面部磕伤，在头部偏
　　　　　　前右方被利器刺伤三处，生前
　　　　　　被人用齿物械自身后打击头部
　　　　　　致发脑震荡晕倒，而疑似死亡
　　　　　　抛掷水中又触冷惊醒，吸入水
　　　　　　溺死。
　　期刊名称：法医月刊
　　主办单位：
　　刊　　　期：1934（9）
　　页　　　码：87－98

21. 题　　　名：人证检验：第十二例：委托机
　　　　　　关：江苏上海地方法院检察官
　　　　　　（来文日期二十三年二月十三
　　　　　　日）：案由送检：○○○即
　　　　　　○○○一名究竟有无伤痕请检
　　　　　　验由
　　作　　　者：
　　关　键　词：伤情鉴定
　　摘　　　要：某男性年二十五岁因在浦东招
　　　　　　商局码头小工发生口角被某小
　　　　　　工打击右头部、腰部，当时吐
　　　　　　血左腰发痛，后经浦东医院治
　　　　　　愈检验恢复正常。
　　期刊名称：法医月刊
　　主办单位：
　　刊　　　期：1934（8）
　　页　　　码：40－41

22. 题　　　名：剖尸：第三十九例：委托机关：
　　　　　　江苏上海地方法院检察官（来
　　　　　　文日期二十三年四月二十七
　　　　　　日）：鉴定事由：送检○○○尸
　　　　　　体究竟如何致死请鉴定由
　　作　　　者：
　　关　键　词：详行剖验
　　摘　　　要：根据尸检说明死者生前毫未受
　　　　　　伤，确有心脏瓣膜病，机械能
　　　　　　障碍猝死，同时肝肺有微毒，

左肺内瘤，肾炎促其体力减弱
致其死亡有助力作用。
　　期刊名称：法医月刊
　　主办单位：
　　刊　　　期：1934（9）
　　页　　　码：76－80

23. 题　　　名：检骨：第二十九例：委托机关：
　　　　　　浙江鄞县地方法院检察处（来
　　　　　　文日期二十二年八月八日）：鉴
　　　　　　定事由：函请检验○○○尸骨
　　　　　　生前是否被毒毙或因伤致死抑
　　　　　　系因病而死由
　　作　　　者：
　　关　键　词：依法侦办　开棺检验
　　摘　　　要：据前检验及说明鉴定被害人尸
　　　　　　体已干枯，在其前额及两头部
　　　　　　前下骨上皆为瘀伤。前额血瘀
　　　　　　特征两太阳穴后下方骨裂属于
　　　　　　致命伤，左九胫骨伤痕较轻，
　　　　　　内脏肌肉详行化验未任何毒害。
　　期刊名称：法医月刊
　　主办单位：
　　刊　　　期：1934（8）
　　页　　　码：163－169

24. 题　　　名：检骨：第二十四例：委托机关：
　　　　　　江苏上海地方法院检察官（来
　　　　　　文日期二十二年十二月一日）：
　　　　　　鉴定事由：送检○○○尸骨是
　　　　　　否病亡抑系因伤身死请鉴定由
　　作　　　者：
　　关　键　词：死因鉴定
　　摘　　　要：据前检验说明得鉴定死者尸骨
　　　　　　上并无伤型及毒质发现，惟在
　　　　　　锁骨内端有结核性骨伤病，肺
　　　　　　痨并发结核性脑膜炎，并非瘀
　　　　　　伤中毒，而为病死。
　　期刊名称：法医月刊
　　主办单位：
　　刊　　　期：1934（8）
　　页　　　码：134－139

25. 题　　　名：检骨：第二十二例：委托机关：
　　　　　　湖南高等法院第一分院附设沅
　　　　　　陵地方分庭检察处（来文日期
　　　　　　二十三年一月四日）：鉴定事
　　　　　　由：送检○○○尸骨是否受伤
　　　　　　致死抑服毒身死请鉴定由

作　　　者：

关　键　词：骨裂　死因鉴定

摘　　　要：经检验，死者枯骨上前头骨左顶上腑骨部均有血瘀，左顶骨边缘有一骨裂，均鉴定为前伤头骨受伤骨裂为致命伤，未证明又中毒迹象。

期刊名称：法医月刊

主办单位：

刊　　　期：1934（8）

页　　　码：121－126

26. 题　　　名：物证文证伪据指纹及足迹检查：第八十六例中：委托机关：湖北汉口地方法院检察处（来文日期廿三年五月十九日）：鉴定事由：送检尸体之内脏胃肠等八瓶其死因是否中毒抑系因病请鉴定由

作　　　者：

关　键　词：细密化验

摘　　　要：经鉴定死者脑溢血而死，与死前发病症状，内脏解剖无病理组织，送检结果内脏中不含任何毒质。

期刊名称：法医月刊

主办单位：

刊　　　期：1934（11）

页　　　码：82－95

27. 题　　　名：物证文证伪据指纹及足迹检查：第七十九例上：委托机关：上海地方法院检察处（来文日期二十二年五月二日）：鉴定事由：检验吐出物有无毒质由

作　　　者：

关　键　词：学理说明

摘　　　要：物证制毒谋案经化验吐物混土内含有多量硫酸葡萄糖及可溶性解释，经检验急性哮喘症，或误咽性窒息。

期刊名称：法医月刊

主办单位：

刊　　　期：1934（11）

页　　　码：1－5

28. 题　　　名：物证文证伪据指纹及足迹检查：第九十一例下：委托机关：山东高等法院检察处（来文日期

二十三年一月十九日）：鉴定事由：送检○○○等杀人案内证物二齿钩上血迹是否人血请鉴定由

作　　　者：

关　键　词：血迹鉴定

摘　　　要：据前血痕检查证明二齿锔右侧锔弯部沾染有少量血痕，确为人血，其他各处黄褐色斑迹，非血痕。

期刊名称：法医月刊

主办单位：

刊　　　期：1934（11）

页　　　码：144－147

29. 题　　　名：单检内脏：第五十八例：委托机关：江苏江宁○○法院检察处（来文日期二十二年九月十二日）：鉴定事由：函请鉴定过失致人死案内证物之大小肠数尺近盲肠部约一尺距离处之穿孔原因由（附照片）

作　　　者：

关　键　词：死因鉴定

摘　　　要：经检验死者大小盲肠处近一尺肠壁内有一穿孔，后经检验死者为伤寒症，并发肠穿孔诱发化脓性腹膜炎，治疗方法皆不违反现代医术，不负刑事责任。

期刊名称：法医月刊

主办单位：

刊　　　期：1934（10）

页　　　码：7－15

30. 题　　　名：剖尸：第五十六例：委托机关：上海地方法院检察处（来文日期二十二年九月五日）：鉴定事由：函请鉴定○○○尸体生前是否因伤致死抑落水身死由

作　　　者：

关　键　词：病理组织检验

摘　　　要：外表检验死者为男性尸长一五六公分，高度腐败经鉴定确为死后抛尸于水中，氧管，肺等无溺死液，致命伤为头部左右侧，左侧为钝器碰伤，右为钝器砍伤。

期刊名称：法医月刊

主办单位：

刊　　期：1934（10）

页　　码：1 - 4

31. 题　　名：剖尸：第四十例：委托机关：江苏上海地方法院检察处（来文日期二十二年五月六日）：鉴定事由：检验无名男尸一具是否生前被人殴伤身死（附照片）

作　　者：

关 键 词：血痕印纹

摘　　要：据（一）项检验死者死期至检验日期不足一个星期，（二）项检验死者致命伤为头后，脑膜出血，检验为钝器所伤并非撞伤，（三）据（三、四、五、六、九）项四十四道伤为生前反应，并非致命伤被人用右手举械加害者位置与死者位置正对。

期刊名称：法医月刊

主办单位：

刊　　期：1934（9）

页　　码：81 - 86

32. 题　　名：剖尸：第五十例：委托机关：江苏上海地方法院检察处（来文日期二十二年八月十六日）：鉴定事由：函请检验〇〇〇报验平凉路军工路口无名男尸一具因何致死由

作　　者：

关 键 词：尸体检验

摘　　要：检验各项该男尸属于无主尸体，因患先天性房心病，肾炎，又加天气炎热突发热射病（中暑）随即死亡。

期刊名称：法医月刊

主办单位：

刊　　期：1934（9）

页　　码：145 - 149

33. 题　　名：物证文证伪据指纹及足迹检查：第七十五例：委托机关：浙江吴兴地方分院检察处（来文日期二十二年六月二十一日）：鉴定事由：送检〇〇〇贩土案内料子一包是否含有鸦片烟土或其同类化合物请化验鉴定由

作　　者：

关 键 词：毒品检验

摘　　要：据前鉴定所检之物中含有阿片素，那两可丁为麻醉神经，吗啡即科代因毒质后掺有多量植物性、动物性以充当料子，如只吸该物代替不了阿片烟瘾、烟膏、吗啡，掺入自用或贩卖毒人。

期刊名称：法医月刊

主办单位：

刊　　期：1934（10）

页　　码：112 - 117

34. 题　　名：检骨：第二十一例：委托机关：江苏吴县地方法院检察处（来文日期二十二年六月三日及六月十日）：鉴定事由：检验伤害致死嫌疑一案已死被害人之枯骨其性别为何，年龄约几何，枯骨上有无伤痕，如有伤痕是否足以致命又死时推定尸体速行腐烂学理之说明由

作　　者：

关 键 词：尸体检验

摘　　要：据检查死者尸体死后不过四—六个星期，其腐化较快是因为腐尸已经雨水不断浸洗特容易腐烂化解，从尸虫也可以推定。

期刊名称：法医月刊

主办单位：

刊　　期：1934（8）

页　　码：117 - 121

35. 题　　名：物证文证伪据指纹及足迹检查：第八十一例上：委托机关：浙江鄞县地方法院临海分院检察官（来文日期二十三年二月十四日）：鉴定事由：送检〇〇〇诉〇〇〇谋害未遂案内证物包粟面内白色物质是否白砒及有无其他毒质请鉴定由

作　　者：

关 键 词：学理事实　检查

摘　　要：经检材（A）确含有雄黄亚砒酸，（B）中含有亚砒酸鸡冠石，毒性相当足以致人死亡，故砒酸用于毒杀事件，此毒物一般用来杀蝗及杀鼠之药，并非市面流通之药，需因追究药源。

期刊名称：法医月刊

主办单位：

刊　　期：1934（11）

页　　码：26 – 30

36. 题　　名：物证文证伪据指纹及足迹检查：第九十三例下：委托机关：广西苍梧地方法院检察处（来文日期二十二年三月十五日及四月七日）：鉴定事由：检验○○氏诉○○氏等杀人一案，内泥土及木板血迹是否人血或系其他动物之血若系人血（附照片）

作　　者：

关 键 词：血迹鉴定

摘　　要：检验中二号大门外木板，四号大门内第五号厨房门木片上都是血痕，且为人血，血状在飞溅状态下形成。

期刊名称：法医月刊

主办单位：

刊　　期：1934（11）

页　　码：166 – 171

37. 题　　名：物证文证伪据指纹及足迹检查：第八十八例上：委托机关：江苏上海地方法院检察处（来文日期二十二年四月十三日）：鉴定事由：检验○○○饭店销售鱼子致食客○○○（即○○○）等三名食后毙命案内鱼子半盆其中是否含毒服务人丧命请鉴定由

作　　者：

关 键 词：侦查　毒害责任

摘　　要：据前检验，种种动物试验并非不生中毒症状，惟化验结果鱼中含有少量腐败毒，但少量未必可以死人，以作定论全体发病，中毒责任仍需由贩卖人担负。

期刊名称：法医月刊

主办单位：

刊　　期：1934（11）

页　　码：110 – 115

38. 题　　名：物证文证伪据指纹及足迹检查：第八十三例上：委托机关：江苏高等法院检察官（来文日期三月十日）：鉴定事由：送检东台县服毒身死案内证物药水一瓶黑质物一块有无毒质能否致人于死请鉴定由

作　　者：

关 键 词：毒品检验

摘　　要：据检验两项结果中未检见任何毒质，故非毒物也非含有鸦片，吗啡，即其他成分。

期刊名称：法医月刊

主办单位：

刊　　期：1934（11）

页　　码：54 – 57

39. 题　　名：物证文证伪据指纹及足迹检查：第八十六例上：委托机关：湖北汉口地方法院检察处（来文日期二十二年三月二十一日及四月七日）：鉴定事由：检验血液有无毒质以及所开尸体状态有无受毒情形由

作　　者：

关 键 词：尸体检验

摘　　要：检验血液内并未发现有毒物存在，原血液检测死者发生症状，室外检验并非中毒。

期刊名称：法医月刊

主办单位：

刊　　期：1934（11）

页　　码：76 – 82

40. 题　　名：物证文证伪据指纹及足迹检查：第九十七例上：委托机关：浙江江山县法院检察处（来文日期廿三年四月十三、二十日）：鉴定事由：送○○○诉○○○等检杀人案内证物柴刀及小衫裤上指纹血迹并开列疑点请鉴定由（附照片）

作　　者：

关　键　词：指纹比对

摘　　　要：据前检验及说明送检证物（1）柴刀染有血痕确为人血，而褂裤污痕并非血痕刀柄中指纹一枚，与被告当庭比对并非同一人指纹，因此并非同一人所为。

期刊名称：法医月刊

主办单位：

刊　　　期：1934（11）

页　　　码：197－203

41. 题　　　名：物证文证伪据指纹及足迹检查：第九十四例上：委托机关：山东福山地方法院莱阳分庭检察处（来文日期二十二年八月四日）：鉴定事由：函请检验共同谋杀〇〇〇案内衣片，手巾，裤，腰带等上之污斑是否人血由

作　　　者：

关　键　词：检查　血痕

摘　　　要：据检验说明鉴定证物，确染血痕为人血，所检证物中都含为人血和一般污斑。

期刊名称：法医月刊

主办单位：

刊　　　期：1934（11）

页　　　码：171－177

42. 题　　　名：文证审查医术责任问题：第六十二例：委托机关：广西苍梧地方法院检察处（来文日期二十二年三月三十一日）：鉴定事由：关于〇〇〇死亡该主治医师之诊断及处方对于病者是否适合，如果适合则所用药量有无过重以及该〇〇〇所称病者系因热度高陷入窒息（附图表）

作　　　者：

关　键　词：死因鉴定

摘　　　要：检验药量过重所致病者窒息，及致死可能，静脉注射少许出血能否致命，据前检查及说明该鉴定被告并无业务忽略及学术错误情形。

期刊名称：法医月刊

主办单位：

刊　　　期：1934（10）

页　　　码：33－37

43. 题　　　名：检骨：第二十六例：委托机关：山东高等法院第二临时事分处（来文日期二十一年十二月二十二日）：鉴定事由：最高法院发回黄县农妇〇〇氏等杀人上诉更审一案（附表）

作　　　者：

关　键　词：死因鉴定

摘　　　要：经检验该死者骨伤未发现有吊死微象而见有被扼死或勒死现象。两侧观骨夹部均无受伤痕迹存在。

期刊名称：法医月刊

主办单位：

刊　　　期：1934（8）

页　　　码：144－149

44. 题　　　名：剖尸：第五十四例：委托机关：兼理司法昆山县政府（来文日期二十二年六月十二日）：鉴定事由：函请检验〇〇〇尸体生前是否中毒身尸由

作　　　者：

关　键　词：病理检验

摘　　　要：据前检验得死因实非于中毒，乃由年高主动脉及冠状动脉高度硬化，心力疲劳，血循环障碍窒息，心停致死。

期刊名称：法医月刊

主办单位：

刊　　　期：1934（9）

页　　　码：176－181

45. 题　　　名：物证文证伪据指纹及足迹检查：第九十二例上：委托机关：山东高等法院（司法行政部令转）（来文日期二十二年五月十八日）：鉴定事由：检验〇〇〇杀人一案案内血衣一件究系血迹抑系油迹，如为血迹是否人血抑系兽血由

作　　　者：

关　键　词：血痕

摘　　　要：据检验证物蓝布大褂上，有衣面后身两侧衣服所在身体前后

并肩，肾部都为人血，其余各斑迹，皆为血痕。

期刊名称：法医月刊

主办单位：

刊　　期：1934（11）

页　　码：147－152

46.题　　名：物证文证伪据指纹及足迹检查：第九十七例下：委托机关：兼理司法宝山县政府（来文日期廿三年〇月〇〇日）：案由：送检折裙菜刀及指纹等件是否为〇〇〇杀害〇〇氏之证据请检验由

作　　者：

关 键 词：血迹　指痕纹路

摘　　要：检验物证棉絮上有血迹，确认为人血，菜刀上无血迹自有铁锈，而血迹为 O 型，菜刀上无血迹故不可对比，故不能确定为血迹为死者血迹，壁灰有左手第 2、3、4 指痕，但未能提出纹路无法对比查明。

期刊名称：法医月刊

主办单位：

刊　　期：1934（11）

页　　码：203－210

47.题　　名：剖尸：第三十六例：委托机关：兼理司法如皋县政府（来文日期二十二年九月二十五日）：鉴定事由：函请检验尸身生前究竟因何致死由

作　　者：

关 键 词：死因鉴定

摘　　要：据检验证实该证物血迹上污迹确为血痕，且为人血，死者身体上血迹为 O 型，所印指纹有少量泥土，无法正确比对。

期刊名称：法医月刊

主办单位：

刊　　期：1934（9）

页　　码：51－62

48.题　　名：物证文证伪据指纹及足迹检查：第八十一例中：委托机关：浙江兼理司法玉环县政府（来文日期二十二年十月十九日）：鉴

定事由：函请检验潘陈氏诉潘青姆暗放毒物案内证物药水一罐是否含有毒质及能否致人于死请鉴定由

作　　者：

关 键 词：死因鉴定

摘　　要：所检材料有某种毒质，硫化砒、亚砒酸都为毒杀成分，因此本案为投毒杀人。

期刊名称：法医月刊

主办单位：

刊　　期：1934（11）

页　　码：30－38

（三）组织机构

1.题　　名：司法行政部法医研究所第一届研究员研究会简章

作　　者：

关 键 词：权利义务　宗旨

摘　　要：司法行政部法医研究所第一届研究员研究会简章。第一条名称，第二条宗旨，第三条会员资格，第四条组织，第五条会费，第六条权利及义务，第七条选举，第八条任期，第九条惩戒，第十条会期，第十一刊物，第十二条修改，编案。

期刊名称：法医月刊

主办单位：

刊　　期：1934（1）

页　　码：76－77

2.题　　名：司法行政部法医研究所第一届研究员分发服务机关一览表（附照片）

作　　者：

关 键 词：法医研究所　研究员　分发服务机关

摘　　要：（略）

期刊名称：法医月刊

主办单位：

刊　　期：1935（12/13）

页　　码：1

3.题　　名：司法行政部法医研究所成立一周年工作报告（附图表）

作　　者：林几

关 键 词：职务分配　预算

摘　　要：1. 缘起，2. 布置及设备，3. 职掌范围职务分配及系统，4. 经济预算及支配，5. 成立一年经办事项，6. 逐年进行计算。

期刊名称：法医月刊

主办单位：

刊　　期：1934（1）

页　　码：1－20

二十七、法政季刊

期刊简介：

Quarterly Journal of ShangHai College of Law and Political Science，上海法政学院主办，1933年7月发行第一卷第一期，刊物内容分为专著、研究、译述、书报批评、学术通讯等项，以研究法律、政治、经济、学术为主。

法规

1. 题　　名：修正高等考试司法官考试条例（中华民国二十二年五月二十三日考试院公布）

　　作　　者：

　　关键词：司法官考试条例

　　摘　　要：修正高等考试司法官考试条例，该条例规定了司法官的考试科目、面试和再试等。

期刊名称：法政季刊

主办单位：

刊　　期：1933，1（1）

页　　码：17－20

二十八、法制月刊

期刊简介：

月刊，1941年4月创刊，由中国法制月刊社编辑并发行，出版地上海。有论著、研究、法令、判解、杂丛等栏目。

（一）法令

1. 题　　名：江苏高等法院第三分院检察官原呈

　　作　　者：刘肇福

　　关键词：检察官　赃物保管

　　摘　　要：江苏高等法院第三分院检察官呈书司法行政部，请示赃物应由院方保管抑或检方保管。

期刊名称：法制月刊

主办单位：

刊　　期：1941，1（2）

页　　码：80－81

2. 题　　名：国民政府行政院司法行政部指令：刑指字第八六六号：令江苏高等法院第三分院首席检察官刘肇福

　　作　　者：

　　关键词：首席检察官　涉案物品　会计科

　　摘　　要：司法行政部指令江苏省高等法院第三分院首席检察官，涉案物品在未经检察官处分前，由院内会计科保管。

期刊名称：法制月刊

主办单位：

刊　　期：1941，1（2）

页　　码：80

3. 题　　名：国民政府行政院司法行政部指令：刑指字第八六六号：令江苏高等法院第三分院首席检察官刘肇福

　　作　　者：

　　关键词：首席检察官　赃物保管

　　摘　　要：司法部指令江苏高等法院第三分院，呈书已收悉，查案内赃物应由分院会计科保管。

期刊名称：法制月刊

主办单位：

刊　　期：1941，1（2）

页　　码：80

（二）论著

1. 题　　名：论检察制度

　　作　　者：刘肇福

　　关键词：检察制度　扩大职权

　　摘　　要：文章从三个方面论述应加强检察制度，扩大检察官职权范围。

期刊名称：法制月刊

主办单位：

刊　　期：1941（创刊号）

页　　码：9－10

2. 题　　名：上海两租界内中国法院检察官职权亟应扩张

　　作　　者：

　　关键词：上海租界　检察官　扩大职权

　　摘　　要：文章从五个方面阐述了上海两租界内法院及工部局捕房在追诉犯罪方面存在的问题，因此建议扩大检察官的职权。

期刊名称：法制月刊

主办单位：

刊　　　期：1941（创刊号）

页　　　码：13 - 16

3. 题　　　名：上海租界检察制度与刑事诉讼法
中之声请再议

作　　　者：龙厂

关 键 词：声请再议　检察职权　警务局
不起诉处分

摘　　　要：声请再议制度是为了限制检察官
的过大权限，保护人民的诉权。
但两租界警务当局违反相关法律
规定不制作不起诉书，使得当事
人无法伸冤。因此建议当局扩大
上海租界检察官职权，对于此类
型案件进行干预。

期刊名称：法制月刊

主办单位：

刊　　　期：1941，1（2）

页　　　码：19 - 20

（三）判解

1. 题　　　名：上海江苏高等法院第三分院刑事
判决（三十年度上字第一七五
号）：上诉人江苏上海第二特区
地方法院检察官

作　　　者：谭辛震　郭怀璞　王任（等）

关 键 词：刑事判决　检察官上诉

摘　　　要：上海江苏高等法院第三分院作出
刑事判决，驳回上海第二特区地
方法院检察官的上诉。

期刊名称：法制月刊

主办单位：

刊　　　期：1941，1（2）

页　　　码：83 - 84

二十九、法治周报

期刊简介：

周刊，1933 年 1 月创刊于南京，停刊于 1934 年
8 月 2 卷 35 期。南京司法行政部法官训练所同学会
主办，法制周报社出版，后由《法制周刊》替代。
主要栏目有论评、专著、译丛、解释、裁判、法令、
判牍选录、地方通讯、法海轮回、文艺等。撰稿人
有李棠、邓葆苏、郑天锡、赵菊芬、海平、刘志敏
等。该刊发表有关刑法、民法、检察制度等法律方
面的论著，介绍国外现行法律条例和理论，研讨民
事诉讼法条例规定，修正刑事诉讼法草案，刊载司
法院令令、训令、指令、司法界动态消息、最高法

院民事诉讼裁判，颁布新法令和裁判正谬。旨在
"榜标法治"，"灌输民众法律知识"。发表法律方面
的论著与译述，刊登法令、裁判、公函以及中外法
界新闻、消息，并报道一周大事记和地方法官办案
情况。也发表少量文学作品。《法治周报》是一份
面向大众，灌输群众法律意识的报刊。陈独秀在
《法治周报》发表过自己的意见，他希望政府能
"尊重民主之思想，言论自由之精神"，不要无故忽
视法律真正的意义。该刊登载文章，如郑天锡《视
察闽浙两省司法后对于司法改良之意见》、刘志敏
《论即时买卖之性质》、赵菊芬《被告之羁押问题》、
季平《法律质疑》、李英《改良〈缮状生〉制度之
管见》等。

（一）裁判

1. 题　　　名：（二十二年七月十四日指字第一
〇七〇七号）：令署安徽合肥地
方法院寿县分院首都检察官李圣
期：呈一件呈本年三四两月执行
五年以上徒刑判表

作　　　者：

关 键 词：大赦条例　减刑

摘　　　要：悉查大赦条例上之减刑应在刑法
减轻之先前，在案原判沈传新、
黄成廷两案，竟将上述减刑次序
先后倒置，未免不合，仰即知
照，判表存此令。

期刊名称：法治周报

主办单位：

刊　　　期：1933，1（31）

页　　　码：24

2. 题　　　名：（二十二年五月十一日指字第六
九七三号）：令署四川高等法院
首席检察官谢盛堂：呈一件转报
仁寿县政府执行大赦减处五年以
上及五年本满徒刑案件表册请
核由

作　　　者：

关 键 词：大赦条例　减刑

摘　　　要：悉查表内李治廷一名，系依刑律
判决褫夺公权，原裁定亦一并减
轻殊有未合；丁华周一名减刑后
刑期应自大赦条例施行之日
起算。

期刊名称：法治周报

主办单位：

刊　　　期：1933，1（23）

页　　码：18

3. 题　　名：（二十二年七月五日指字第一〇
二八一号）：令署江西高等法院
首席检察官祝谏：呈一件为转报
浮梁等县法院本年春季执行五年
未满徒刑案件祈鉴核由

作　　者：

关 键 词：抢夺罪　略诱罪

摘　　要：悉查浮梁县法院判决册内洪坤柏
抢夺一案，原判认为抢夺已有未
合且既认该被告为情尚可恕，予
以酌减又未引用第七十七条，亦
嫌疏漏；又鄱阳县法院判决册内
刘老六略诱一案，原判认为合并
论罪实有误会。

期刊名称：法治周报

主办单位：

刊　　期：1933，1（30）

页　　码：23

4. 题　　名：（二十二年八月十一日指字第一
二二九三号）：令署湖北沙市地
方法院首席检察官汪廉：呈一件
为送二十二年夏季执行人犯表册
乞钧核由

作　　者：

关 键 词：大赦条例　减刑

摘　　要：呈及表册均悉，应准备案，惟查
犯罪在二十一年三月五日以前按
照大赦条例减刑者，应就所犯法
条本刑上先予减轻；然后量刑册
内王家珍强盗一案原判先予量刑
期为二年六个月，再依大赦条例
减三分之一，已有未洽而又减处
有期徒刑一年六个月尤为不合。

期刊名称：法治周报

主办单位：

刊　　期：1933，1（37）

页　　码：28

5. 题　　名：（二十二年九月二日指字第一三
三〇三号）：令署河北高等法院
第一分院首席检察官林蔚章：呈
一件为呈报刘庆海杀人判处无期
徒刑一案检同卷判执行表赍请鉴
核由

作　　者：

关 键 词：加重情形适用　大赦条例　指定

辩护人

摘　　要：悉查本案原审认定该被告确为下
手实施之一人，则其为预谋杀人
之共同正犯允属灼然无疑；因被
害人触犯条例均属杀人罪之加重
规定，于适用时仍应择其最重者
先于次重者而适用，而原判未注
及此点援引刑法第二百八十三条
第二项处断并基此而依大赦条例
予以减刑殊属不合，惟念原判尚
非不利于被告；又查本案系应用
辩护人之案件，第一审未予指定
辩护人为其辩护，尚嫌疏漏，应
将无从指定之情形详晰叙明以备
稽考，亦不得任意缺略。

期刊名称：法治周报

主办单位：

刊　　期：1933，1（39）

页　　码：31

6. 题　　名：（二十三年三月二十六日指字第
四〇〇四号）：令署山东福山地
方法院首席检察官刘鸿枢：呈一
件呈送曲桂登杀人判处无期徒刑
一案卷判表请鉴核由

作　　者：

关 键 词：杀人案　卷判请核

摘　　要：原判认定事实略谓被告因事怀恨
等情形，是不无出于预谋情事，
一、二审均未切实审究，依刑法
第二百八十二条论科殊嫌粗疏，
转行承办人员知照，嗣后务须注
意原卷发还判表。

期刊名称：法治周报

主办单位：

刊　　期：1934，2（15）

页　　码：32

7. 题　　名：（二十二年九月六日指字第一三
六〇九号）：令署湖北高等法院
第二分院首席检察官涂浚源：呈
一件为呈报曾绍文掳人勒赎判处
无期徒刑一案检同卷判执行表赍
请鉴核由

作　　者：

关 键 词：掳人勒赎罪　惩治盗匪暂行条
例　褫夺公权　帮助犯　正犯

摘　　要：本案系按掳人勒赎罪依惩治盗匪

317

暂行条例第一条第一款处断，其褫夺公权自应以刑法第三百七十五条为宣告之根据，乃原判并未注意，及此率沿旧例依强盗罪引用褫夺法条亦有未合。

期刊名称：法治周报
主办单位：
刊　　期：1933，1（42）
页　　码：31－32

8. 题　　名：（二十二年五月十六日指字第七二五六号）：令署安徽高等法院首席检察官王树荣：呈一件为呈报徐四实强盗及掳人勒赎判处无期徒刑一案检同卷判执行表责请鉴核由

作　　者：

关 键 词：强盗罪　掳人勒索

摘　　要：原覆判决事实栏仅叙本案经过及供述情形，而于犯罪事实并未依法认定已属不合，况该被告结伴抢劫并将被害人媳妇掳去勒索，是否各别起意，及关于抢劫部分原覆审判决论罪无以，该被告所供伴同一共三十多人抢劫一语，为掳其所集之三十多人究系临时结伴，抑本有团体的组织复未分别研究，臻允当乃该主办检察官据予指挥执行殊属草率，仰伤嗣后注意并令原县知照判表存卷。

期刊名称：法治周报
主办单位：
刊　　期：1933，1（23）
页　　码：20

9. 题　　名：（二十二年九月十九日指字第一四三一四号）：令署江苏高等法院首席检察官胡诒古：呈一件为呈报浩门三行劫杀人判处无期徒刑一案检同卷判执行表责请鉴核由

作　　者：

关 键 词：勘验　证据　县知事审理诉讼暂行章程

摘　　要：勘验为实施调查证据程序中最重要处分。原县对于本案盗所及被害人尸体并不依规定勘验盗所、检验尸体，填具表呈复转报，而

该首席检察官于据报后，亦习为是不予指正均有未合，仰嗣后注意判表存卷发还。

期刊名称：法治周报
主办单位：
刊　　期：1933，1（42）
页　　码：32

10. 题　　名：（二十二年五月六日指字第六七一五号）：令署湖北高等法院首席检察官钱谦：呈一件呈报本处二十一年冬季执行五年未满徒刑表判请鉴核由

作　　者：

关 键 词：营利略诱案　大赦条例　减刑

摘　　要：悉查熊世隆营利略诱案，原判既以犯罪日期系在赦令以前，应予减刑，而理由未将大赦条例第二条揭出，不免疏漏。

期刊名称：法治周报
主办单位：
刊　　期：1933，1（22）
页　　码：32

11. 题　　名：（二十二年五月二十日指字第七五三〇号）：令四川高等法院第一分院首席检察官：呈一件呈报二十一年十一月份五年以上徒刑案件表判请核由

作　　者：

关 键 词：杀人罪　刑法　抵触

摘　　要：悉查表内徐海洲杀人一案，原判宣告有期徒刑八年乃褫夺公权十二年，显与刑法第五十七条第五项规定抵触。

期刊名称：法治周报
主办单位：
刊　　期：1933，1（24）
页　　码：23

12. 题　　名：（二十三年三月二十六日指字第三九九九号）：令署江苏高等法院首席检察官胡诒谷：呈一件呈本年二月份执行五年以上徒刑册表

作　　者：

关 键 词：刑法　量刑　惩治盗匪暂行条例　掳人勒索

摘　　要：刑法第三百四十八条第一项之

罪，其最重本刑为七年以上徒刑，金和尚等强盗一案关于陈洪章部分，原审竟处徒刑四年，殊出量刑范围之外；盗匪案件如因案情有可原，恕于依惩治盗匪暂行条例第二条第二款减刑后，不得再引刑法第七十七条递减，又于适用刑法时，依特别法优于普通法之原则，只须援引同条例第十条，毋须引用同法第九条，此乃当然解释；册内周喜掳人勒索一案，第一审依上开两种法条递减并引同法第九条，原审认为尚无不合，亦有未恰。

期刊名称：法治周报
主办单位：
刊　　　期：1934，2（15）
页　　　码：31－32

13. 题　　　名：（二十三年一月二十四日指字第九九八号）：令署河北高等法院第一分院首席检察官林蔚章：呈一件呈二十二年十二月分执行五年以上徒刑册表

作　　　者：

关键词：特别法　优先适用　上诉　覆判暂行条例

摘　　　要：一、特别法应优先于普通法而适用。二、刘焕德强奸及金鸿起强盗两案，均系县政府判决上诉不合法，未经第二审，为实体上审判案件，原承办检察官何以未依覆判暂行条例第一条第二项及第二条第三项后段，迳送覆判竟予执行，仰即查明呈复。

期刊名称：法治周报
主办单位：
刊　　　期：1934，2（8）
页　　　码：29

14. 题　　　名：（二十二年五月三日指字第六六三八号）：令署山西高等法院首席检察官李杭文：呈一件呈送二十一年秋季依大赦条例减处五年未满徒刑案件执行表暨裁定清册请鉴核由

作　　　者：

关键词：窃盗案　大赦条例　减刑

摘　　　要：窃盗一案犯弓玉魁所犯刑法第三百三十八条之罪，其法定最重本刑为满七年徒刑，依大赦条例仅应减刑三分之一，原裁定竟减刑二分之一，不免错误。

期刊名称：法治周报
主办单位：
刊　　　期：1933，1（21）
页　　　码：31－32

15. 题　　　名：（二十二年七月十三日指字第一零七六五号）：令四川高等法院第一分院首席检察官：呈一件呈本年二月份执行五年以上徒刑册表

作　　　者：

关键词：覆判暂行条例　主刑抵刑　更正判决　大赦条例　减刑

摘　　　要：一、刘宣三等杀人侵占一案，原审所认该部分应予更正，其主刑抵刑部分应予核准，亦应依同条例第六条第二款为全部更正之判决，乃原判竟于主文内分别为核准及更正之判决尤属违误；二、蔡润之杀人一案原判仅处徒刑八年，竟夺权十二年，显违规定，又原判认为犯罪情节尚可悯恕，自应先依大赦条例第二条减刑三分之一，再依刑法第七十七条递减二分之一，原判处刑虽在量刑范围以内，然将减刑次序先后倒置，究嫌未洽；三、杨水发等聚众抢夺一案，原判决竟论以惩治盗匪暂行条例第一条第三款之罪，显有违误，原覆判审未予纠正，仅以减刑失当为更正判决之理由，并将大赦条例上之减刑与惩治盗匪暂行条例上之刑次序先后倒置亦属违法；四、原呈各判均为依刑事案件造报规则第十三条载明主推事，仰即逐案查明，覆嗣后并应恪遵上项规则办理，不得疏漏。

期刊名称：法治周报

主办单位：
刊　　　期：1933，1（31）
页　　　码：23－24

16. 题　　　名：（二十二年五月十二日指字第七
　　　　　　　〇三九号）：令署江苏高等法院
　　　　　　　首席检察官王思默：呈一件为
　　　　　　　遵令检送季仲林及僧志静强盗
　　　　　　　二案第一审判决书请核由

作　　　者：
关 键 词：累犯　减刑
摘　　　要：悉查季仲林强盗一案，其因累
　　　　　　　犯之加重及酌减本刑，既同为
　　　　　　　二分之一，依刑法第八十六条
　　　　　　　第一项应相抵消，仍于所犯第
　　　　　　　三百一十八条七年以上有期徒
　　　　　　　刑范围内处刑，方为合法，第
　　　　　　　一审判决乃依该条第二项先加
　　　　　　　后减，因而仅处徒刑五年三个
　　　　　　　月，原判亦予纠正均有违误。

期刊名称：法治周报
主办单位：
刊　　　期：1933，1（23）
页　　　码：19－20

17. 题　　　名：（二十三年三月廿六日指字第四
　　　　　　　〇〇〇号）：令署陕西高等法院
　　　　　　　第二分院首席检察官郭德沛：
　　　　　　　呈一件呈本年一月分执行五年
　　　　　　　以上徒刑判表

作　　　者：
关 键 词：聚众行劫　惩治盗匪暂行条例
　　　　　　　刑事案件造报规则
摘　　　要：悉查高树兴行劫伤害二人以上
　　　　　　　一案，该受刑人既系仅听从康
　　　　　　　马驹等十余人行劫究与聚众，
　　　　　　　须有随时可增加之情形者不同，
　　　　　　　原审于援引惩治盗匪暂行条例
　　　　　　　第一条第十二款外，复引第十
　　　　　　　三款，殊有未合，又本案未依
　　　　　　　刑事案件造报规则第十三条于
　　　　　　　原判内载明主任推事，仰即查
　　　　　　　明，呈复嗣后务恪遵同规则办
　　　　　　　理，勿再疏漏判表。

期刊名称：法治周报
主办单位：
刊　　　期：1934，2（15）
页　　　码：32

18. 题　　　名：（二十二年八月二十九日指字第
　　　　　　　一三〇六八号）：令署河南高等
　　　　　　　法院首席检察官傅廷桢：呈一
　　　　　　　件呈二十一年九月分减刑人犯
　　　　　　　册表

作　　　者：
关 键 词：减刑　夺权
摘　　　要：一、原裁定理由内多未将原判
　　　　　　　所引法条揭出，又原判依刑律
　　　　　　　夺权部分原审均另予酌核裁定，
　　　　　　　均有未合；二、朱照祥等一案，
　　　　　　　原裁定理由内载有，朱照祥、
　　　　　　　吴顺因犯刑法第三百七十一条
　　　　　　　之掳人科所罪，判处无期徒刑
　　　　　　　等语，查上列刑法上之掳人勒
　　　　　　　赎条文，在惩治盗匪暂行条例
　　　　　　　及惩治绑匪条例有效期内当然
　　　　　　　停止适用，何以仍依上项法条
　　　　　　　论处罪刑；三、仝修及王黑鸡
　　　　　　　两案所定之执行，按之本部二
　　　　　　　十一（二零零二号训令）比例
　　　　　　　计算，尚有未合，与受刑人殊
　　　　　　　不利益；四、韩法言一案，原
　　　　　　　减定徒刑八年经夺权十二年，
　　　　　　　显与刑法第五十七条第五项
　　　　　　　抵触。

期刊名称：法治周报
主办单位：
刊　　　期：1933，1（38）
页　　　码：29

19. 题　　　名：（二十二年六月二十二日指字第
　　　　　　　九五三九号）：令湖北汉口地方
　　　　　　　法院应城分院首席检察官：呈
　　　　　　　一件呈送二十及二十一年度夏
　　　　　　　秋两季执行刑罚人犯表及判决
　　　　　　　册请鉴核由

作　　　者：
关 键 词：营利略诱案　大赦条例　减刑
摘　　　要：悉查册内列张大发、张喜祥、
　　　　　　　张孝贵、张廖氏意图营利略诱
　　　　　　　及李中保意图使妇女与自己结
　　　　　　　婚略诱一案，原判所引刑法第
　　　　　　　三百一十五条第二项、第一项，
　　　　　　　依大赦条例第二条均应减刑三
　　　　　　　分之一，乃竟减刑二分之一殊
　　　　　　　属错误。

期刊名称：法治周报

主办单位：

刊　　期：1933，1（28）

页　　码：38

20. 题　　名：（二十二年十一月九日指字第一七一〇三号）：令署察哈尔高等法院首席检察官王璥：呈一件为呈报范志义等掳人勒赎判处无期徒刑一案检同卷判执行表赍请鉴核由

作　　者：

关键词：审判权　覆判暂行条例　刑事案件造报规则

摘　　要：悉查本案关于郑相安部分，原县对于该被告既无审判权，纵经查讯无犯罪嫌疑，固不应逐依刑诉法第三百一十六条为谕知无罪之判决，惟此种情形核与覆判暂行条例第四条第一项第二款之规定，并不相当，乃原覆判审不连同范志义等，应核准部分依同条例第六条第一款为覆审之裁定，率按同条第二款为更正之判决，殊有未合；第念与范志义等执行刑无关，姑息备案转各承办员嗣后注意，又本案主任推检姓名未据，依刑事案件造报规则第十三条分别注明，亦嫌疏漏并仰查明，呈附备查判表存卷发还。

期刊名称：法治周报

主办单位：

刊　　期：1933，1（49）

页　　码：27

21. 题　　名：（二十二年九月卅日指字第一五〇〇二号）：令署江苏高等法院首席检察官胡诒谷：呈一件为呈报林顺发等掳人勒赎判处无期徒刑一案检同卷判执行表赍请鉴核由

作　　者：

关键词：入室行劫　犯意联络　帮助犯

摘　　要：被告当侵入李俊卿、李培根两家分头行动并将李永昌掳走，详阅卷判并不能证明系各别起意，原判认为两个行为已嫌无据，如谓该绑掳行为确系于入室行劫中临时起意，则该被告殷宝发之在外把风，于该行为有无犯意之联络，尚不无审究之余地，原判未注及此点，据予论罪尤难，谓非率断又关于殷宝发帮助部分适用法条，未引刑法第四十四条第一项及第三项但书，亦有未合。

期刊名称：法治周报

主办单位：

刊　　期：1933，1（43）

页　　码：26

22. 题　　名：（二十二年八月七日指字第一二〇七五号）：令署河南高等法院首席检察官傅延桢：呈一件呈送二十一年八月份执行减刑人犯书表请核由

作　　者：

关键词：褫夺公权

摘　　要：呈表裁定均悉，惟原法院将依刑律判决之褫夺公权亦并予酌核，裁定刘玄强强盗一案所犯三罪，既裁定各褫夺公权六年八个月，乃定执行褫夺公权八年，均有未合。

期刊名称：法治周报

主办单位：

刊　　期：1933，1（36）

页　　码：28

23. 题　　名：（二十二年七月十九日指字第一一〇九一号）：令署湖北高等法院第二分院首席检察官涂浚源：呈一件为呈报梁韩氏杀人判处无期徒刑一案检同卷判执行表赍请鉴核由

作　　者：

关键词：杀人罪　措辞失当　犯罪证明

摘　　要：准予备案惟查本案共同被告李正恺，既因所在不明，经第一审停止审判程序则其犯罪无谕有无证明，第二审要不得加以任何谕断，乃原判竟据梁占鳌等，所供毒药是韩氏从娘家带来的，不是李正恺买交的，李正恺虽与韩氏有奸不同谋，谓梁牛孺之死，为韩氏一人谋杀，与李正恺无关措词殊嫌失当，仰转该承办员知照，判表存卷发还。

期刊名称：法治周报
主办单位：
刊　　期：1933，1（32）
页　　码：27

24. 题　　名：（二十二年五月四日指字第六六五五号）：令署浙江高等法院首席检察官郑畋：呈一件呈送郑县地方法院临海分院本年三月份五年以上徒刑案件表判请核由

作　　者：

关键词：惩治盗匪暂行条例　减刑

摘　　要：悉查表内尹德标一名，所犯惩治盗匪暂行条例第一条第一款之罪，其本刑系死刑递减三分之一及二分之一，应为七年以上有期徒刑，原判乃将其所犯二罪各处有期徒刑六年，殊属错误。

期刊名称：法治周报
主办单位：
刊　　期：1933，1（21）
页　　码：32

25. 题　　名：（二十二年四月六日指字第五一七一号）：令代理山西高等法院第二分院首席检察官李生华：呈一件呈送本年二月份执行五年以上徒刑册表祈鉴核由

作　　者：

关键词：判决日　判决不当

摘　　要：悉查杨进山一案，最高法院系于本年一月十二日判决，自应以是日为确定日，来表误为同年二月六日，确定仰即查明更正；又李鸿钧等强盗一案，据原认事实系由李鸿钧将安国珍抱住，王承俊用绳绑在树上将安国珍所带用洋，悉数劫去，俟分其用绳绑在树上之行为，即系强盗之手段，初审除引刑法第三百一十六条第一项外，又引同法第三百十六条第一项

及第七十四条从重处断，覆判审复未纠正，属不合。

期刊名称：法治周报
主办单位：
刊　　期：1933，1（18）
页　　码：28

26. 题　　名：（二十二年五月四日指字第六六五八号）：令署江苏高等法院首席检察官王思默：呈一件转宿迁县政府本年一月份五年以上减刑裁定表祈鉴核由

作　　者：

关键词：刑期执行日期　大赦条例夺权

摘　　要：悉查高孝甲一案系由无期徒刑减为有期徒刑，最高度之刑其执行日期应自大赦条例公布之日起算，仰即转行知照；又徐绍祥一案，原减定刑仅九年四个月，竟夺权十五年，显与刑法第五十七条第五项抵触；王应全一案依刑律夺权部分，原审另予酌核裁定亦有未当。

期刊名称：法治周报
主办单位：
刊　　期：1933，1（22）
页　　码：32

27. 题　　名：（二十二年七月十九日指字第一一〇二三号）：令署山东高等法院首席检察官胡绩：呈一件为呈报徐士文杀人判处无期徒刑一案检同卷判执行表赍请鉴核由

作　　者：

关键词：杀人案　意思行为

摘　　要：准予备案惟关于该被告徐士文杀邢徐氏部分，既据认定系于预谋杀王金胜，后因邢徐氏向之理论始起，将其杀害，显非处于同一意思之一个行为，原判适用刑法第七十四条，从一重处断殊有未当，仰转各承办员知照；再邢老六、邢芳田部分，既经上诉最高法院发回更审判决并仰将该更审判决照抄一份，只部备查，判表存卷

发还。

期刊名称：法治周报

主办单位：

刊　　期：1933，1（32）

页　　码：27

28. 题　　名：（二十二年五月十九日指字第七四三四号）：令署湖南高等法院首席检察官曹瀛：呈一件呈送会同县政府依大赦减刑条件月报季报裁定及表请核由

作　　者：

关 键 词：窃盗案　大赦条例　减刑　执行日期

摘　　要：附件均悉查册列沈泽农窃盗一案，原判所引刑法第三百三十八条第二项及第七项，其最重主刑为七年以下有期徒刑，依大赦条例应减刑三分之一，乃减为二分之一殊有未合；又表列执行日期均系在原裁定日期之后，与大赦条例第六条后段之规定不合，原表发还，仰查明更正，送核余件。

期刊名称：法治周报

主办单位：

刊　　期：1933，1（24）

页　　码：22

29. 题　　名：（二十二年四月二十八日指字第六四三二号）：令署湖北汉口地方法院首席检察官盛世弼：呈一件呈送本年春季执行五年未满徒刑判表请核由

作　　者：

关 键 词：减刑

摘　　要：刑法第八十四条系法律上之减轻必法文，有减轻本刑而无若干分之几之规定者，始适用之，与同法第七十七条之酌减不同，册内李玉山、张爱子、何连之、王银汉七案，原判认为犯罪情状可悯，既依第十七条予以酌减，而有赘引第八十四条殊有未合。

期刊名称：法治周报

主办单位：

刊　　期：1933，1（19）

页　　码：23

30. 题　　名：（二十三年一月二十六日指字第一一三九号）：令署河南高等法院首席检察官傅廷桢：呈一件为呈报白金柱掳人勒赎判处无期徒刑一案检同卷判执行表赍请鉴核由

作　　者：

关 键 词：共同犯罪　帮助犯　竞合　盗匪暂行条例

摘　　要：被告于共同实施架票外，并为窝票，固不免另有帮助正犯之行为，但因其与实施竞合，已为其实施行为所吸收，无引用刑法第七十四条之必要，又盗匪案件因减刑夺权等使用刑法时，只应惩治盗匪暂行条例第十条，依据原判并引刑法第九条究嫌繁赘，该承办检察官，对于上述各点未予分别指正，亦有未合。

期刊名称：法治周报

主办单位：

刊　　期：1934，2（8）

页　　码：29

31. 题　　名：（二十二年九月五日指字第一三五二六号）：令署江苏高等法院第一分院首席检察官徐继祺：呈一件呈本年七月份执行五年以上减刑册表

作　　者：

关 键 词：大赦条例　减刑　缓刑

摘　　要：悉查大赦条例上之减刑所减者，当然以刑为限，宣告缓刑案件之缓刑期间，既不得谓之刑，即不生减之问题，自无庸随同本刑酌核裁定，又缓刑案件未经依法撤销其宣告，亦不生执行问题，该分院裁定徐瑞伦等一案，关于原宣告缓刑之薛景成等三名于减刑后，未将原宣告之缓刑期随同裁定，并无不合，乃该承办检察官竟认为有疑义，并将该薛景成等一名并列入执行表内造报，并注有执行监所，均不无误会。

期刊名称：法治周报

主办单位：

刊　　期：1933，1（42）

页　　码：31

32. 题　　名：（二十二年五月四日指字第六六五九号）：令署湖北汉口地方法院孝感分院首席检察官匡银汉：呈一件呈送二十一年四五六三个月执行五年未满徒刑人犯表册请鉴核由

作　　者：

关键词：未成年　行为能力　妨害婚姻及家庭

摘　　要：司法院解释，凡未成年人结婚，即有行为能力，若系略诱即为妨害自由，应依刑法分则第二十五章论科。

期刊名称：法治周报

主办单位：

刊　　期：1933，1（22）

页　　码：32

33. 题　　名：（二十二年五月十九日指字七四三五号）：令代理甘肃高等法院第五分院首席检察官罗洪：呈一件呈送张掖县暨临泽县政府大赦减刑案件判决裁定请核由

作　　者：

关键词：共同犯罪　强盗案　大赦条例

摘　　要：悉查册列张掖县司法公署判决王怀清共同强盗一案，既依刑法第七十七条予以酌减而又赘引同法第八十四条，殊有未合。仰转饬知照再所送附件缺表一份，并仰查照办理大赦条例注意事项第六款前段造表送核，余件存此令。

期刊名称：法治周报

主办单位：

刊　　期：1933，1（24）

页　　码：22

34. 题　　名：（二十二年四月二十一日指字第六〇七〇号）：令署安徽高等法院首席检察官王树荣：呈一件为宿县马正汉以该县县长兼军法官判决与事实不符上诉一案应如何救济请核示由

作　　者：

关键词：县长兼理军法官暂行条例

摘　　要：原判既系县长兼军法官名义判决，则关于判处海陆空军刑法上之罪刑部分，无论其事实是否相符，该被告马正汉既已经总司令行查，自应候总司令部核办，其持有枪炮及吸食鸦片各罪，既不在豫、鄂、赣、皖四省剿匪总司令加委县长兼军法官暂行条例第五条所规定之列，不能谓其非以兼理司法之县长资格，应为之判决，该管法院对于此部分之上诉，应依照通常程序办理。

期刊名称：法治周报

主办单位：

刊　　期：1933，1（22）

页　　码：26

35. 题　　名：（二十二年五月二十日指字第七五七四号）：令署山西高等法院首席检察官李杭文：呈一件为呈报张登科杀人判处无期徒刑一案检同卷判执行表责请鉴核由

作　　者：

关键词：撤销原判　没收

摘　　要：第一审判决关于没收部分，尚有赌具宝盒两个，系依刑法第六十条第一款并予没收，原判既将第一审判决撤销改判，而对于该赌具宝盒，何以不并予没收，未据叙明，尚嫌疏略，仰转知各承办员知照，判表存卷发还。

期刊名称：法治周报

主办单位：

刊　　期：1933，1（24）

页　　码：23

36. 题　　名：（二十二年十月二日指字第一五〇五七号）：令署江苏高等法院首席检察官胡诒谷：呈一件呈南通县法院本年八月份执行五年以上徒刑册表

作　　者：

关键词：褫夺公权　期间

摘　　要：刑法第七十条第六款所谓止执行其中最长期褫夺公权者，系指宣告多数期间不同之有期褫夺公权，应以其公权而言，至宣告多数期间相同之有期褫夺公权应以其中之一个夺权为最长期，其应执行之刑，业经院字第六百六十号解释有案册列，张金龙等案内关于阚小金部分原判强盗二罪，各夺权八年，竟依上列刑法条款定执行夺权九年，殊属误会。

期刊名称：法治周报
主办单位：
刊　　期：1933，1（43）
页　　码：26

37. 题　　名：（二十二年七月五日指字第一〇二五号）：令署河北天津地方法院首席检察官桂步骥：呈一件呈送二十一年秋冬两季执行五年未满有期徒形大赦减刑人犯表及裁定册请鉴核由

作　　者：
关 键 词：营利略诱案　窃盗案　减刑
摘　　要：李德志营利略诱及窃盗一案，原裁定理由内未将原判并和，各罪各科之刑分别叙明，仅叙原判处徒刑三年六个月殊欠明了，且主文记载李德志营利略诱妇女，减处有期徒刑二年，以窃盗为长业，减处有期徒刑八个月，应执行有期徒刑二年一个月十日，理由内则记载各减三分之一并处有期徒刑二年一个月十日，应执行有期徒刑二年四个月，究系如何错误，仰查明呈复。

期刊名称：法治周报
主办单位：
刊　　期：1933，1（30）
页　　码：23

38. 题　　名：（二十二年九月二日指字第一三三〇二号）：令署广东高等法院首席检察官廖愈簪：呈一件为呈报林陈氏杀人判处无期徒刑一案检同卷判执行表赍请鉴核由

关 键 词：杀人罪　法条竞合　从重处断
摘　　要：被告所犯杀人罪，虽据认定与刑法第二百八十四条第一项第二款及第二百八十五条第一项第二款之规定相当，但此系法条竞合，与想象上之数罪竞合，迥不相同，只应择其较重之规定予以适用无庸，依刑法第七十四条从重处断，原判见解尚嫌未洽。

期刊名称：法治周报
主办单位：
刊　　期：1933，1（38）
页　　码：30

39. 题　　名：（二十二年七月卅一日指字第二六九七号）：令署安徽高等法院第一分院首席检察官范韵珩：呈一件为呈报徐月敬等掳人勒赎判处无期徒刑一案检同卷判执行表赍请鉴核由

作　　者：
关 键 词：帮助犯　惩治盗匪暂行条例
摘　　要：被告等如果原判认定系本案直接及重要之帮助犯，自应刑法第四十四条第三项但书处以正犯之刑，第一审依同法第四十二条按共同正犯论罪科刑，见解上诚不无可议之处，乃原判理由内未显及此点，竟请原审依惩治盗匪暂行条例第一条第一款谕知，罪刑为无不合，而又以被告等在门口把风，系直接重要之帮助，原科以正犯之刑殊属违误。撤销第一审判决，更为判决之理由不惟论断，矛盾即对于所认之直接重要之帮助犯，且似有不应科正犯之刑。

期刊名称：法治周报
主办单位：
刊　　期：1933，1（34）
页　　码：32

40. 题　　名：（二十二年九月二日指字第一三三〇五号）：令署河南高等法院第一分院首席检察官刘道辅：

呈一件为呈报李洪福掳人勒赎判处无期徒刑一案检同卷判执行表赍请鉴核由

作　　者：

关键词：上诉　不合法　未审判　覆判

摘　　要：本案系因上诉不合法，未经第二审为实体上之审判而呈送覆判之件，乃原判案由栏竟叙为未据声明上诉，殊欠实在，仰转该承办员，嗣后注意。

期刊名称：法治周报

主办单位：

刊　　期：1933，1（39）

页　　码：31－32

41. 题　　名：（二十三年一月十八日指字第七一一号）：令代理山西高等法院第三分院首席检察官张庆瀚：呈一件呈二十二年一月份执行五年以上徒刑册呈

作　　者：

关键词：诬告免刑　赦免　免诉

摘　　要：李得胜一案关于诬告免刑及吸食鸦片赦免部分，原审不依刑诉法第三百十七条于主文内谕知免诉而载，为免除其刑或赦免用语，未免不当。

期刊名称：法治周报

主办单位：

刊　　期：1934，2（7）

页　　码：30

42. 题　　名：（二十二年四月二十八日指字第六四三一号）：令代理陕西高等法院第二分院首席检察官李藩侯：呈一件为呈报王苗氏杀人判处无期徒刑一案检同卷判赍请鉴核由

作　　者：

关键词：杀人证据　预谋　减刑　褫夺公权

摘　　要：被告杀人既据认定系听从马狗娃之言，则其是否处于预谋自不无审究之余地，乃原覆审判决并未注意，及此据依刑法第二百八十二条论处罪刑殊牵断；又查刑法第七十六条为列举科刑时，应注意之事项以法定刑

内科刑之标准，不得援为减轻本刑之根据，原判以该被告系年幼女流智识薄弱，竟依该条第七款酌减本刑三分之一，亦有未合；至刑法上之褫夺公权，只有有期、无期之分别，并无全部，一部分原判宣告夺权，仅夺其刑法第五十六条第一款、第四款公权两部，复不按同法第五十七条第三项称为无期，而沿旧律上之终身字样，及关于没收凶刀部分未注意刑法第六十二条第一项后段之规定，而引用同法第六十条第二款，又将第二款误判，既有不服，乃予收到卷判后二十余日始行提起上诉，其办事疲玩亦可概见。

期刊名称：法治周报

主办单位：

刊　　期：1933，1（19）

页　　码：22－23

43. 题　　名：（二十二年四月二十八日指字第六四四一号）：令署江苏高等法院首席检察官王思默：呈一件呈送阜宁县政府办理五年以上减刑案件书表请核由

作　　者：

关键词：合并论罪　一并裁定　褫夺公权

摘　　要：邓修桃掳人勒赎等罪一案系并合论罪，原裁定仅就其执行减轻，又依刑律判决各案，原县将其宣告褫夺公权之从刑，亦随主刑一并裁定均有未合。

期刊名称：法治周报

主办单位：

刊　　期：1933，1（19）

页　　码：22

44. 题　　名：（二十二年十月廿三日指字第一六一〇〇号）：令署河南高等法院第一分院首席检察官刘道辅：呈一件为呈送万有功掳人勒赎判处无期徒刑一案原审判笔录祈鉴核由

作　　者：

关　键　词：掳人勒赎罪　制作处分书　惩
　　　　　　治盗匪暂行条例
摘　　　要：呈一件为呈送万有功掳人勒赎
　　　　　　判处无期徒刑一案原审判笔录。
期刊名称：法治周报
主办单位：
刊　　　期：1933，1（45）
页　　　码：22

45. 题　　　名：（二十二年十二月二日指字第一
　　　　　　八二八八号）：令署广东高等法
　　　　　　院首席检察官廖愈簪：呈一件
　　　　　　为呈报张亚月抢夺杀人判处无
　　　　　　期徒刑一案检同卷判执行表赍
　　　　　　请鉴核由
作　　　者：
关　键　词：抢夺杀人　惩治盗匪暂行条例
摘　　　要：呈一件为呈报张亚月抢夺杀人
　　　　　　判处无期徒刑一案检同卷判执
　　　　　　行表。
期刊名称：法治周报
主办单位：
刊　　　期：1934，2（1）
页　　　码：31

46. 题　　　名：（廿二年八月三十日指字第一三
　　　　　　一五七号）：令署河北高等法院
　　　　　　第二分院首席检察官曾师孔：
　　　　　　呈一件为呈报何丙申杀人判处
　　　　　　无期徒刑一案检同卷判执行表
　　　　　　赍请鉴核由
作　　　者：
关　键　词：没收物品　犯人为限
摘　　　要：刑法第六十条第二款之物，依
　　　　　　同法第六十二条第一项后段规
　　　　　　定，应以属于犯人者为限，得
　　　　　　予没收，本案被告所持尖刀，
　　　　　　既据认定系向被害人夺取而又
　　　　　　另无证据可以证明为属于该被
　　　　　　告之物，原判据予没收有未当，
　　　　　　又引用刑法第二百八十二条未
　　　　　　揭第一项，亦嫌疏漏。
期刊名称：法治周报
主办单位：
刊　　　期：1933，1（38）
页　　　码：29－30

47. 题　　　名：（二十二年八月三十日指字第一
　　　　　　三一六六号）：令署北平地方法

院首席检察官祁耀川：呈一件
为送本年春季执行五年未满徒
刑案件及分庭表册请鉴核由
作　　　者：
关　键　词：掘坟取物　结合一罪　窃盗
　　　　　　案　亲权　帮助犯
摘　　　要：吴德禄一案据原判事实认定该
　　　　　　被告在皋村家坟发掘坟盗取殓
　　　　　　物，依法应结合为一罪，原判
　　　　　　于刑法第二百六十条第二项之
　　　　　　外，复引第二百六十三条分论
　　　　　　二罪，实欠允当；又纪成之等
　　　　　　一案，既认为以窃盗为常业，
　　　　　　依法只论一罪，原判否以窃盗
　　　　　　为常业及有无刑法第七十五条
　　　　　　之情形，原判未予推求，竟以
　　　　　　其行为数次论为十一罪，未免
　　　　　　率断；又涿县分庭册内张顺一
　　　　　　案，原判认定该被告将王瑞芝
　　　　　　及其幼女王小锭骗至涿县，意
　　　　　　图价卖，使王小锭尚未脱离等，
　　　　　　有亲权人之范围，乃依刑法第
　　　　　　二百五十七条第二项处断尚欠
　　　　　　妥，仰分别转行承办人员知照；
　　　　　　又册内许宽一案，该被告于二
　　　　　　日之内连窃两家，原判并未证
　　　　　　明其各别起意，论为二罪已有
　　　　　　未合，且所犯四罪总计合并刑
　　　　　　期为一年四个月，乃执行刑定
　　　　　　为一年六个月，尤为违法；又
　　　　　　册内杨永泰帮助掳人勒赎一案，
　　　　　　查刑法上之帮助犯必须对于犯
　　　　　　罪构成事实予以相当助力，始
　　　　　　能成立本件据认定事实，该被
　　　　　　告仅于伊子杨森结伴实施之前，
　　　　　　供给饭食，核与犯罪构成事实
　　　　　　尚无关系，原判竟依刑法第四
　　　　　　十四条论为从犯，显有违误。
期刊名称：法治周报
主办单位：
刊　　　期：1933，1（38）
页　　　码：30

48. 题　　　名：（二十二年三月七日指字第三三
　　　　　　七七号）：令署河北邢台地方法
　　　　　　院首席检察官徐步善：呈一件
　　　　　　呈送二十二年一月份执行五年

以上有期徒刑王兴邦贩卖毒品一案一览表判决书请核由

作　　者：

关键词：没收　禁烟法　贩卖毒品

摘　　要：原判没收面（鸦片代用品）及对于引火药、炸药等专科没收，未引用禁烟法第十四条及刑法第六十一条，不无疏漏，又带板凳、钳子等并非违禁物，虽可认为系供犯罪所用或预备之物，但韩连庆尚未就获从证明，系属于该韩连庆之物，亦不能于未科主刑前据予宣告没收。

期刊名称：法治周报

主办单位：

刊　　期：1933，1（16）

页　　码：34

49. 题　　名：（二十二年七月六日指字第一〇三三四号）：令署河南南阳县法院检察官李贻书：呈一件为呈报王运兴杀人处无期徒刑一案检同卷判执行表赍请鉴核由

作　　者：

关键词：检察官到庭　陈述案件

摘　　要：原判虽载有本案经检察官莅庭执行检察职务等字样，而详阅公判笔录并无检察官到庭陈述案件要旨及辩论之记载，按之刑诉法第二百七十七条、第三百条及第三百三十四条规定，尚有未合。

期刊名称：法治周报

主办单位：

刊　　期：1933，1（30）

页　　码：24

50. 题　　名：（二十二年八月十日指字第二一二三二号）：令代理山西高等法院第二分院首席检察官李生华：呈一件呈本年三月至六月五年以上减刑册表

作　　者：

关键词：合并减刑

摘　　要：高二映奎及颜双庆等两案，原裁定未将并和各罪，分别减刑后再定执行，均径就原执行刑减刑，殊有未合。

期刊名称：法治周报

主办单位：

刊　　期：1933，1（37）

页　　码：27

51. 题　　名：（二十二年五月六日指字第六七二三号）：令署河北高等法院第一分院首席检察官林蔚章：呈一件呈送二十二年春季执行五年以下刑罚人犯表判请鉴核由

作　　者：

关键词：使人为奴　使人为娼　引用法条错误　减刑不合法

摘　　要：北平地方法院判决马福忠等使人为奴隶一案，据原判事实认定马福忠经在逃霍振起介绍，典得赵翠关为娼，又刘张氏介绍李翠兰包典与霍郭氏为娼等语，如果所认非虚，则原判引用刑法第三百一十三条第一项显有违误，又赘引第八十四条减刑亦非合法。

期刊名称：法治周报

主办单位：

刊　　期：1933，1（23）

页　　码：18

52. 题　　名：（二十二年六月十六日指字第九一九八号）：令署湖北高等法院第二分院首席检察官曾师孔：呈一件为呈报葛保的等掳人勒赎判处无期徒刑一案检同卷判执行表赍请鉴核由

作　　者：

关键词：共同正犯　帮助犯

摘　　要：被告王春尼既仅为绑匪指领门户，并为入室共同实施绑掳，则无谕事是否参预谋议及时候有无导送移匪情事，按照现例只应论为实施中之直接重要之帮助犯，原判依共同正犯处断尚嫌未当。

期刊名称：法治周报

主办单位：

刊　　期：1933，1（28）

页　　码：38

53. 题　　名：（二十三年一月十七日指字第六八三号）：令署江苏高等法院首

席检察官胡诒谷：呈一件转无锡县法院二十二年七、八、九三个月执行五年以上徒刑册表

作　者：

关键词：共同犯罪　强盗案　共同正犯　惩治盗匪暂行条例　特别法优于普通法

摘　要：萧荣宝共犯强盗五罪一案，其于抢劫王翰臣及西萧不知姓名人家部分仅只在途看守贼船或事前同谋，未经同往实施乃据，论以共同正犯罪刑并基此以定执行刑，殊有未合；又徐飞等掳人勒赎一案，该被告等将被掳人抱回果系被绑人严加诘责且迫于桥下人多形势不佳所致，即与纯出自动者有别，原审未注意及以此竟依惩治盗匪暂行条例第二条第一款减等处断，并于适用刑法时不按特别法优于普通法之原则，援用同条例第十条而引刑法第九条均有未洽。

期刊名称：法治周报

主办单位：

刊　期：1934，2（7）

页　码：30

54. 题　名：（二十三年一月十八日指字第七一二号）：令代理山西高等法院第三分院首席检察官张庆瀚：呈一件呈二十二年三月份执行五年以上徒刑册表

作　者：

关键词：诈财案　构成要件　交付　诬告案　栽赃

摘　要：诈财案之成立以使人将所有物交付为构成要件之一。册内宋宝富等一案，该受刑人等假名稽查行旅，先后将张小群等包裹或身畔打样搜去，与使人交付之情形不同，原审不注意其是否成立他罪，据依刑法第363条第1项论处罪刑，殊有未合；又王洞峪诬告一案，受刑人因与常清旺、常清有口角，气愤意图报复，遂买吗啡等物分向

常清旺等栽赃后报经卡警搜获，原审未注意其具有概括之犯意，及所侵害者为国家一个审判权据予并和论处罪刑，亦有未当，再上开两案均系覆审判决，原承办检察官未经加意查核率予执行，殊属疏忽。

期刊名称：法治周报

主办单位：

刊　期：1934，2（7）

页　码：30

55. 题　名：（二十三年二月二日指字第一四五九号）：令署湖南高等法院首席检察官曹瀛：呈一件为呈报詹先保杀人判处无期徒刑一案检同卷判执行表责请鉴核由

作　者：

关键词：杀人预谋　大赦条例

摘　要：杀人案在实施前已本其杀意，具有一定之计划，即不得谓非出于预谋，本案被告詹先保于起杀意后往邀刘美轮携带菜刀预伏被害人屋前坍下，俟其归家回栏后砍毙，是其实施前显已具有一定之计划，乃原判竟谓第一审论以刑法第二百八十四条第一项第一款之罪，为有未当，改依同法第二百八十二条第一项处断，并基此而依大赦条例第二条予以减刑法律上之见解，尚嫌未洽。

期刊名称：法治周报

主办单位：

刊　期：1934，2（8）

页　码：30

56. 题　名：（二十二年八月一日指令第一一七五一号）：令署湖北黄岗地方法院首席检察官梁瑞麟：呈一件呈报二十二年夏季执行五年未满徒刑人犯表判请鉴核由

作　者：

关键词：大赦条例　减刑

摘　要：何群事干窃盗一案，既系犯刑法第三百三十八条第一项第七款之罪，依大赦条例应减刑三分之一，乃原判竟认七年未满，

减刑二分之一，殊属错误。

期刊名称：法治周报

主办单位：

刊　　期：1933，1（36）

页　　码：27

57. 题　　名：（二十二年七月卅一日指字第一一六九一号）：令署河北高等法院第二分院首席检察官曾师孔：呈一件呈本年六月份执行五年以上徒刑册表

作　　者：

关 键 词：大赦条例　掳人勒赎　特别刑事计算标准　褫夺公权　合议庭　主任推事

摘　　要：马九常一案原判赘引大赦条例第五条，其掳人勒赎部分，依惩治盗匪暂行条例第二款处断未叙明减刑等数引用特别刑事等计算标准条例相当，条文褫夺公权仍沿用全部字样，均有未合；又王国定及刘玉明等两案均系合议庭判决，并未依照刑事案件造报规则第十三条，于原判内载明主任推事。

期刊名称：法治周报

主办单位：

刊　　期：1933，1（34）

页　　码：31－32

58. 题　　名：（二十二年八月十四日指字第一二三九〇号）：令署湖南高等法院第二分院首席检察官陈塈：呈一件呈本年六月份执行五年以上徒刑判表

作　　者：

关 键 词：书状　声明不服　上诉有效

摘　　要：宋炳溪一案声明上诉究竟系以书状抑以口头，未据于原判内明白叙述，若以书状声明不服，仅未叙述理由，依刑诉法第三百六十四条但书，其上诉仍有效力，仰即调卷查明，依法办理；又原呈各判并装订成册及载明主任推事核与刑事案件造报规则第十条及第三条规定不合并，仰将逐案主任推事查明呈复嗣后务恪遵上项规则办理。

期刊名称：法治周报

主办单位：

刊　　期：1933，1（37）

页　　码：28

59. 题　　名：（二十二年八月二十二日指字第一二七七四号）：令山西高等法院第三分院首席检察官：呈一件为呈报李陈氏杀人判处无期徒刑一案检同

作　　者：

关 键 词：杀人案　预谋杀人　共同犯罪　从犯　正犯

摘　　要：本案卷判孟科则因与被告通奸恋奸情热，曾于上年八月上旬以深恨李有才，不让其来，欲将有才害死等语商诸该被告，无论该被告当时是否认为戏言，有无同意而其事前知有谋杀之情要可认定，迨同月十四日夜半孟料则撬门入室搂杀有才，该被告于有才拒喊救起跌在地时，又有为之按住两腿情事，其为预谋杀人之共犯，甚属显然原判谨以窑门非该被告开启，不令负预谋杀人罪，责尚嫌轻轻纵，又从犯就现行刑法解释应采客观说中之形式说，该被告于孟科则事实搂杀有才之际，果止为之按住两腿，并无其他实施加害行为，自只应论为正犯之刑，原判按共同正犯处断，法律上之见解亦有未当。

期刊名称：法治周报

主办单位：

刊　　期：1933，1（37）

页　　码：29－30

60. 题　　名：（二十二年八月五日指字第一二〇一二号）：令署湖北高等法院第二分院首席检察官涂浚源：呈一件为呈报马文元杀人判处无期徒刑一案检同卷判执行表赍请鉴核由

作　　者：

关 键 词：大赦条例　减刑

摘　　要：大赦条例上之减刑与刑法上之减轻性质不同，不得使用刑法

第八十六条互相抵消之规定，迳经本部与上年八月第一四一一一号及第一四一一七号指令内明白指示，并通令有案原判未注意及此，尚有未合，仰转各承办员嗣后注意。

期刊名称：法治周报

主办单位：

刊　　期：1933，1（36）

页　　码：28

61. 题　　名：（二十二年七月二十七日指字第一一五二二号）：令安徽合肥地方法院寿县分院首席检察官：呈一件呈送本年四、五、六各月执行徒刑人犯季报表判祈鉴核

作　　者：

关 键 词：大赦条例　减刑

摘　　要：依大赦条例减刑之案在刑法亦应减刑者，须先依大赦条例减刑，然后再依刑法论减，方为适法。

期刊名称：法治周报

主办单位：

刊　　期：1933，1（34）

页　　码：31

62. 题　　名：（二十二年八月四日指字第一一九二二号）：令署安徽高等法院第一分院首席检察官范韵珩：呈一件为呈报于小诚掳人勒赎判处无期徒刑一案检同卷判执行表赍请鉴核由

作　　者：

关 键 词：再犯　加重本刑

摘　　要：被告因窃盗罪受有期徒刑，执行完毕再犯强盗及掳人勒赎罪，既同为刑法第六十六条所列第十二款之罪，自应同条第二项为加重本刑之依据，原判引用第一项论处，尚不无违误。

期刊名称：法治周报

主办单位：

刊　　期：1933，1（36）

页　　码：27－28

63. 题　　名：（二十二年七月十三日指字第一○七一七号）：令署陕西高等法

院第一分院首都检察官杨鉴藻：呈一件呈报二十一年十二月份以上有期徒刑减刑案件书表请核由

作　　者：

关 键 词：褫夺公权　大赦条例

摘　　要：原裁定将依刑律判决个案之褫夺公权，亦并予酌核裁定，均有未合；又由无期徒刑减至有期徒刑，最高度之刑者，其刑期应自大赦条例施行之日期算，原表所填执行日期亦有错误。

期刊名称：法治周报

主办单位：

刊　　期：1933，1（31）

页　　码：23

64. 题　　名：（二十二年六月十六日指字第九一九六号）：令代理山西高等法院第一分院首席检察官阎人英：呈一件为呈报王有子行劫伤人判处无期徒刑一案检同卷表裁判赍请鉴核由

作　　者：

关 键 词：惩治盗匪暂行条例　大赦条例　褫夺公权

摘　　要：关于开枪袭伤团丁部分，其开枪至当时是否确无杀人之故意，原判未予推究明晰，按行劫伤人之例论处罪刑，已不无可议之处，况惩治盗匪暂行条例第一条第十二款之行劫，伤害二人以上之罪只须有二人以上受伤，无论财物入手与否，均为本罪之既遂，本案行劫虽未得财而枪伤团丁实已违二人以上，乃竟依同条例第二条第二款论为未遂犯，而承办检察官亦据予指挥执行法律上之见解，均属错误，至刑法上之褫夺公权只有有期徒刑之别，并无全部、一部之分，原判宣告夺权，仍沿用旧律上之全部终身字样，亦有未合；又查本案系并合论罪案件，该被告所犯刑法第三百三十八条第一项第七款之窃盗罪及惩治盗匪暂行条例第一

条第十二款之行劫伤人罪，按照大赦条例第二条均不在不予减刑之列，自应查照本部上年指令分别就原宣告刑减轻后再依刑法第七十条之规定，定其执行之刑。乃原判仅将行劫伤人一罪之宣告无期徒刑减轻三分之一，而于窃盗一罪宣告之有期徒刑二年，未予裁定，减轻殊属疏忽，应饬补裁定，仍依法定其应执行之刑报部查核，又原裁定主义内于叙述原处无期徒刑褫夺公权下并有"裁判确定前羁押日数以二日抵徒刑一日"等字样亦系赘误。

期刊名称：法治周报
主办单位：
刊　　期：1933，1（28）
页　　码：37－38

65. 题　　名：（二十二年六月二十二日指字第九五三二号）：令署山西高等法院首席检察官李杭文：呈一件呈本年五月份执行五年以上徒刑册表由

作　　者：
关 键 词：杀人弃尸　强盗案　帮助犯
摘　　要：王二小杀人弃尸案原判既依刑法第二百八十二条第一项及第二百六十二条于重处断，乃未引用同法第七十四条未免疏漏，又侯梦孔强盗一案，该被告既仅在外把风，自系于强盗实施中为直接重要之帮助，原审论以共同正犯，亦有未洽。

期刊名称：法治周报
主办单位：
刊　　期：1933，1（28）
页　　码：38

66. 题　　名：（二十二年六月十日指字第九一六四号）：令署山东高等法院首席检察官胡绩：呈一件为呈报孔宪明强盗杀人判处无期徒刑案检同卷判执行表赍请鉴核由

作　　者：
关 键 词：行窃杀人　强盗罪
摘　　要：被告于夜间携带凶器侵入刘训

家行窃，经李玉堂瞥见，向其该被告恐被发觉，即将李玉堂当场杀死灭口，依此事实是否合于刑法第三百四十七条之犯罪，已不无疑问，况该条所定之窃盗应以强盗论者，系以窃盗因防护赃物，脱免逮捕或灭减罪证而当场施强暴威胁者为限，若于施强暴胁迫后，再有盗取之行为，即不能依本条论科，本案被告对李玉堂扎死后复有盗取牛双情事，其不能仅以强盗论，尤极显明，原判并未注意及此，据以该条为论罪之依据法律上之见解，殊有未当。

期刊名称：法治周报
主办单位：
刊　　期：1933，1（28）
页　　码：37

67. 题　　名：（二十二年五月二十日指字第七五七三号）：令署江苏镇江地方法院首席检察官黄用中：呈一件为呈报罗富林预谋杀人判处无期徒刑一案检同卷判执行表请鉴核由

作　　者：
关 键 词：证据不足
摘　　要：原判事实栏既认定该被告窃取孙大善之稻，经被害人告知，孙大善查出返还一节为促成该被告杀人决心之原因，而理由内对该事实未叙明所凭之证据尚欠周密，又查本案审判笔录，审判长依刑诉法第五十九条讯问被告后，检察官未依同法第二百七十七条陈述案件之要旨，亦有未合。

期刊名称：法治周报
主办单位：
刊　　期：1933，1（24）
页　　码：23

68. 题　　名：（二十二年五月十九日指字第七四六七号）：令署浙江高等法院首席检察官郑畋：呈一件呈送本年春季江山县检处执行五年

未满徒刑人犯判表请核由

作　　　者：

关　键　词：吸食鸦片案　禁烟法

摘　　　要：悉查册列郑芝云吸食鸦片一案，主文既揭明红丸灰一小粒没收而未引用禁烟法第十四条，殊属疏漏。

期刊名称：法治周报

主办单位：

刊　　　期：1933，1（24）

页　　　码：22－23

69. 题　　　名：（二十二年五月十一日指字第七〇〇二号）：令署湖北沙市地方法院首席检察官汪廉：呈一件呈送本年春季执行未满五年徒刑案件判表请核由

作　　　者：

关　键　词：伤害致死　法条引用错误

摘　　　要：悉查册列杨价卿等一案，关于林吉山、林炳柱伤害致人死部分，原判不引用刑罚第二百九十六条而用同法第二百九十五条第一项，殊属违误，仰该首席检察官调卷查明，依法办理。

期刊名称：法治周报

主办单位：

刊　　　期：1933，1（23）

页　　　码：18－19

70. 题　　　名：（二十二年五月十八日指字第七三四三号）：令署高等法院首席检察官钱谦：呈一件呈送襄阳地方法院二十一年九月及十二月份宣告缓刑裁定减刑各案表册请鉴核

作　　　者：

关　键　词：吸食鸦片罪　大赦条例　赦免　减刑错误　叙明法条

摘　　　要：悉查十月份表册由黄汉卿、张文萱两名所犯吸食鸦片罪，其法定本刑按大赦条例应予赦免，原裁定仅予减刑，殊属错误，仰即依法办理；又九月份表册内李连毛、蔡辣子两名裁定内未叙明所犯法条，并仰查明，呈覆表册。

期刊名称：法治周报

主办单位：

刊　　　期：1933，1（23）

页　　　码：20

71. 题　　　名：（二十二年五月十一日指字第七〇〇一号）：令署浙江高等法院首席检察官郑畋：呈一件遵令抄送赦案内吴汝弼妨害公务等罪一案判决书请鉴核由

作　　　者：

关　键　词：妨害公务罪　大赦条例　赦免　减刑错误　伤害罪　合并执行

摘　　　要：悉查此案该犯吴汝弼所犯刑律第一百五十三条第一项，妨害公务罪之法定最重本刑为三年，未满徒刑依大赦条例应予赦免，原裁定竟予减刑，将其减定之刑与伤害罪刑合并定执行刑，殊属错误，仰即依法救济。

期刊名称：法治周报

主办单位：

刊　　　期：1933，1（23）

页　　　码：18

72. 题　　　名：（二十二年五月六日指字第六七二一号）：令署湖北汉口地主法院孝感分院首席检察官匡银汉：呈一件呈报二十一年三月份五年以上刑案郭继清一名表判请核由

作　　　者：

关　键　词：共同犯罪　恐吓取财　审核犯意　冒充军人　携带枪械

摘　　　要：该被告共同恐吓取财被害法益，虽有三人但既未查明，有各别之犯意，自应审核，其犯罪行为依刑法第七十四条或第七十五条论处，原判乃依同法第六十九条合并论罪，又原判事实及理由既载明该被告系犯恐吓取财三罪，分别处刑乃主文仅宣告两罪之刑，对其冒充军人携带枪械至之行为是否另犯他项罪名，而有牵连之关系，系亦置而未议，均有违误。仰即调查核依刑诉法第四百三十四条规定办理。

期刊名称：法治周报

主办单位：

刊　　期：1933，1（23）

页　　码：17

73. 题　　名：（二十二年五月十一日指字第七
〇〇三号）：令署湖北高等法院
首席检察官钱谦：呈一件呈送
沙市上年一月至七月又九月至
十月份缓刑判表请核由

作　　者：

关 键 词：大赦条例　伤害案　上诉

摘　　要：呈及判表均悉除二十一年十二
月份各判决准予备案外，其余
各案有犯罪在二十一年三月五
日以前，应减刑或应赦免者，
均为依照大赦条例办理，殊有
未合，兹另置指示仰即转饬，
依法办理具覆，并将十一月份
册内田吴氏伤害上诉一案第一
审原判，照抄一份送部核判表
存此令。

期刊名称：法治周报

主办单位：

刊　　期：1933，1（23）

页　　码：19

74. 题　　名：（二十二年四月廿八日指字第六
四二七号）：令署陕西高等法院
第一分院首席检察官杨鉴藻：
呈一件为呈报岳成德预谋杀人
判处无期徒刑一案检同卷判执
行表赉请鉴核由

作　　者：

关 键 词：自首　褫夺公权

摘　　要：被告杀人后即向区公所自首，
经区长派人送县，自与直接自
首于该管公务员者相同，初判
依刑法第三十八条减轻本刑，
未引第一项，固属疏漏，而覆
判审对于上述情形，竟认为该
条例第二项自首法律上见解亦
欠允洽，又刑法上之褫夺公权
只有有期、无期之别，并无一
部、全部之分，初判夺权仍沿
用旧律上之全部终身字样，覆
判审未予指正亦有未合。

期刊名称：法治周报

主办单位：

刊　　期：1933，1（19）

页　　码：22

75. 题　　名：（二十二年五月六日指字第六七
一九号）：令署湖北高等法院首
席检察官钱谦：呈一件呈送沙
市地方法院二十一年九月份依
大赦条例减刑缓刑案件月报表
及裁定请鉴核由

作　　者：

关 键 词：大赦条例　最高法定刑　减刑

摘　　要：表内犯刑法第二百五十七条第
二项妨害家庭罪之张氏、宋梅
氏、赵随章、刘允发、唐吴氏
及犯第二百八十条诬告罪之彭
兴甲、彭姓科、李象臣各犯其
法定最重本刑为满七年徒刑，
犯第三百一十五条第二项略诱
罪之陈松山、雷中贵及犯第三
百四十六条强盗罪之刘光炳各
犯其法定最重本刑为十年徒刑，
依大赦条例仅应减刑三分之一，
原各裁定均减刑二分之一殊属
不合；又李氏恐吓诈财陆吴氏
妨害自由，冯曹氏、关曹氏、
赵小云等妨害婚姻各案，原判
均处徒刑二个月，依大赦条例
应减为徒刑一个月，乃原各裁
定主文均载为减处拘役一个月，
亦显有错误。

期刊名称：法治周报

主办单位：

刊　　期：1933，1（23）

页　　码：17

76. 题　　名：（指字第四五三〇号）：令试署
湖南高等法院第一分院首席检
察官萧毅：呈一件呈送二十一
年十二月份执行五年以上徒刑
杨运纪等杀人一案表判请核由

作　　者：

关 键 词：杀人罪　褫夺公权　大赦条
例　减刑

摘　　要：原判认定事实杨国荣因见被害
人林安和与其妻杨谭氏在官坤
山上座谈，疑有奸情，大声喊
抓，杨连纪等闻声即率追赶

是杨国荣仅意在抓获被害人，并无将其杀害之表示，则杨连纪于追赶时将被害人刺伤，究竟有无杀人之故意，并是否为杨国荣、杨宏坤、杨宏寿等所预见于该被告等之应否负杀人及共同杀人罪责，至有关系，即杨连纪所持之小刀，系由何处而来，是何形状，当时追刺之情形如何，杨国荣等三人与之距离如何，有无帮助情形亦皆有详细推举之必要，原法院是否均已审究明晰，殊不无可疑且宣告十年未满有期徒刑者，其褫夺公权不得逾十年，又刑法第二百八十二条第一项之刑最低度为十年有期徒刑，依大赦条例减轻三分之一亦应六年八个月有期徒刑，原判乃将杨国荣宣告徒刑九年，褫夺公权十二年，将杨宏寿减处徒刑五年，尤属违误。

期刊名称：法治周报

主办单位：

刊　　期：1933，1（19）

页　　码：21

77. 题　　名：（二十二年十二月十一日指字第一八七二二号）：令署山东福山地方法院首席检察官刘鸿枢：呈一件呈本年十月份执行五年以上徒刑册表

作　　者：

关 键 词：上诉　三审判决　发回更审

摘　　要：上诉案件经第三审判决发回更审后，不得撤回上诉。谢德华更审案，原判关于窃盗部分准予撤回上诉，发由第一审依赦例减刑，又犯刑法第三百三十八条之窃盗罪，依七年以上之例减刑三分之一，第一审减二分之一均有未合，再刘春亭等杀刘景由一案，既据认定与史刘氏因续欢不便，遂商议贿匪，将其拉至村外杀死，其杀人显有出于预谋情形，原判竟依刑法第二百八十二条论罪刑，殊

嫌率断，至大赦条例第二条所列不准减刑，各款并不以实施正犯为限，上开刘春亭案，关于史刘氏同谋直系尊亲属部分，原判谓非实施正犯依赦例予以减刑，其见解尤不无误会。

期刊名称：法治周报

主办单位：

刊　　期：1934，2（1）

页　　码：31－32

78. 题　　名：（二十二年十一月十日指字第一七一七○号）：令代理四川高等法院第一分院首席检察官曹腾芳：呈一件为呈报田和清杀人判处无期徒刑一案并呈明未经提起上诉情形检同卷判抄供赍请鉴核由

作　　者：

关 键 词：杀人罪　未上诉

摘　　要：呈报田和清杀人判处无期徒刑一案，并呈明未经提起上诉情形检同卷判抄供，乃请鉴核由。

期刊名称：法治周报

主办单位：

刊　　期：1933，1（49）

页　　码：27－28

79. 题　　名：（二十二年十一月六日指字第一六九○七号）：令署河北天津地方法院首席检察官桂步骧：呈一件为呈报李荣春杀人减处无期徒刑一案检同卷表裁定赍请鉴核由

作　　者：

关 键 词：最后审理事实法院　最后裁判机关

摘　　要：大赦条例第七条所请最后审理事实之法院，系指最后审理事实所为裁判之机关而言，本案既系由塘大分庭又系与本院分离，另成一机关自应确定之件而塘大分庭为最后审理事实之法院，乃已属疏误，迨接到该项裁定已在河北高等法院首席检察官指正之后，仍不依法抗告，以资救济尤为不合。

期刊名称：法治周报

主办单位：

刊　　期：1933，1（47）

页　　码：27

80. 题　　名：（二十二年十一月三日指字第一六七四六号）：令署浙江高等法院首席检察官郑畋：呈一件为呈报沈六金专撬人勒赎判处无期徒刑一案检同卷判执行表责请鉴核由

作　　者：

关 键 词：盗匪暂行条例　刑法

摘　　要：原判依成之盗匪暂行条例第二条第三款酌减本刑，未揭明刑等尚嫌疏漏，又盗匪案件适用刑法，既应以惩治盗匪暂行条例第十条为依据，自无再引刑法第九条之必要，原判对此亦欠注意。

期刊名称：法治周报

主办单位：

刊　　期：1933，1（47）

页　　码：26

81. 题　　名：（二十二年十月二日指字第一○五五号）：令代理山西高等法院第二分院首席检察官李生华：呈一件为本年八月份执行五年以上徒刑册表

作　　者：

关 键 词：覆判案件　程序　效力

摘　　要：依法应送覆判案件，非经过覆判程序，不生确定力，册内何媚牛覆判一案，原判谓系经第一审判确定呈送覆判用语，未免不当，仰即知照。

期刊名称：法治周报

主办单位：

刊　　期：1933，1（43）

页　　码：26

82. 题　　名：（二十二年十一月九日指字第一七一一号）：令署河北高等法院第二分院首席检察官曾师孔：呈一件为呈报郝前任杀人判处无期徒刑一案检同卷判执行表责请鉴核由

作　　者：

关 键 词：杀人案　预谋　临时起意

摘　　要：被告于他人商量杀人时，既经被邀到场参预谋议并充分持凶器，同赴被害人家实施杀害行为，是其杀人显处于一时之冲动，无论其到场是否，被人诡邀，不能免预谋杀人之罪责，原判认为临时起意依刑法第二百八十二条第一项处断法律上之见解尚嫌未洽。

期刊名称：法治周报

主办单位：

刊　　期：1933，1（49）

页　　码：27

83. 题　　名：（二十二年八月十日指字第一二二三七号）：令署江西九江地方法院首席检察官陈焕阶：呈一件为送二十二年夏季执行五年未满徒刑人犯表册乞鉴核由

作　　者：

关 键 词：窃盗案　犯意同一　一罪论处

摘　　要：黄镇坤一案关于窃盗部分，该被告先后窃取三家财物，如果具有同一之意思，连续而犯同一之罪，依刑法第七十五条应以一罪论，原判未予讯明，据依被害家数分论二罪，尚嫌速断。

期刊名称：法治周报

主办单位：

刊　　期：1933，1（37）

页　　码：27－28

84. 题　　名：（廿二年五月二十日指字第七五七五号）：令署河北北平地方法院首席检察官祁耀川：呈一件为呈报智望杀人判处无期徒刑一案检同卷判执行表责请鉴核由

作　　者：

关 键 词：遗漏理由

摘　　要：获案凶刀并非属于该被告之物，原判据予某受殊属不合，又被害人所受刃物划砍各伤，以致命脑后一伤最关重要，原判理由栏叙述伤害独将该伤漏，未叙入，亦属疏忽。

期刊名称：法治周报

主办单位：

刊　　期：1933，1（24）

页　　码：23－24

85. 题　　名：（廿二年七月十二日指字第一〇六五五号）：令署陕西高等法院第一分院首都检察官杨鉴藻：呈一件呈廿一年十一月份五月以上减刑册表由

作　　者：

关　键　词：减刑　大赦条例　起算日期　执行刑期

摘　　要：原判依刑律夺权各案原审均另酌核裁定，未免不合，又无期徒刑减为徒刑十五年，其执行应自大赦条例公布之日起算，来表关于上项各案仍填原判执行日期，应即逐案查明更正，再并合论罪，减刑案件如依比例计算定执行之刑期，较减刑后各刑中最长审为短者，仍执行其最长之刑期，业经本部廿一年以第二二零九号训令饬知在案，册内叶贱娃部分，原裁定对此尚欠注意。

期刊名称：法治周报

主办单位：

刊　　期：1933，1（31）

页　　码：23

86. 题　　名：（二十二年九月十九日指字第一四三二四号）：令署四川高等法院首席检察官谢盛堂：呈一件转报万县地检处二十二年夏季执行减刑五年未满徒刑案件表判请鉴核由

作　　者：

关　键　词：减刑　大赦条例　声明理由　帮助犯

摘　　要：成文齐等帮助诬告一案，原判既认为触犯刑法第一百八十条第一项之罪，则依大赦条例减刑自应减三分之一，乃竟减二分之一殊属错误，再该案原判主文仅声明该被告等为重要之帮助，并未揭明系帮助何项犯罪，亦有未合。

期刊名称：法治周报

主办单位：

刊　　期：1933，1（42）

页　　码：32

87. 题　　名：裁判正谬（刑事）：司法行政部指令（二十二年五月十九日指字第七四二八号）：令署宁夏高等法院首席检察官陈宝玺：呈一件呈本年三月份执行五年以上徒刑表册

作　　者：

关　键　词：强盗案　共同正犯　收受赃物罪

摘　　要：司法行政部指令宁夏高等法院首席检察官，呈件收悉，查马占昌等强盗案案犯之一马占彪，其参与事前同谋和事后分赃，并未参与施行强盗行为，应以同谋强盗及收受赃物罪论处，原判决仅以强盗罪的共同正犯论罪，实有不当。

期刊名称：法治周报

主办单位：

刊　　期：1933，1（24）

页　　码：21－22

88. 题　　名：裁判正谬（刑事）：司法行政部指令（二十二年五月十九日指字第七四六六号）：令署湖南高等法院首席检察官曹瀛：呈一件呈送本年春季执行徒刑案件表判请鉴核由

作　　者：

关　键　词：大赦条例　减刑

摘　　要：司法行政部指令湖南高等法院首席检察官曹瀛，呈件收悉，查表内彭槐一案依大赦条例减刑实属不当，望嗣后注意。

期刊名称：法治周报

主办单位：

刊　　期：1933，1（24）

页　　码：22

89. 题　　名：裁判正谬（民事）：司法行政部指令（二十二年十一月四日指字第一六八三号）：令署山东泰安地方法院首席检察官黎世澄：呈一件呈送本年秋季执行刑罚人犯表册请鉴核由

作　　者：

关 键 词：抢夺案　漏引法律条款

摘　　要：司法行政部指令山东泰安地方法院首席检察官黎世澄：呈件收悉，查册内石玉寅等抢夺一案漏引法律条款，望嗣后注意。

期刊名称：法治周报

主办单位：

刊　　期：1933，1（47）

页　　码：27

90. 题　　名：裁判正谬（刑事）：司法行政部指令（二十二年五月九日指字第七四二九号）：令署陕西高等法院首席检察官张履谦：呈一件呈本年三月份五年以上徒刑月报册表由

作　　者：

关 键 词：强盗　初审并合论罪　覆判

摘　　要：司法行政部指令陕西高等法院首席检察官，呈件收悉，查张皂存强盗一案初审系合并论罪，覆判审既认为初审罪刑有出入竟予以核准，望依法核准。

期刊名称：法治周报

主办单位：

刊　　期：1933，1（24）

页　　码：22

91. 题　　名：裁判正谬（刑事）：司法行政部指令（二十二年五月十九日指字第七四二七号）：令署山西高等法院首席检察官李杭文：呈一件呈本年四月份五年以上徒刑册表由

作　　者：

关 键 词：原判违法

摘　　要：司法行政部指令山西高等法院首席检察官，呈件收悉，查田舍猴等案判决错误，望依法纠正。

期刊名称：法治周报

主办单位：

刊　　期：1933，1（24）

页　　码：21

92. 题　　名：裁判正谬（刑事）：司法行政部指令（二十二年十一月十三日指字第一七三二二号）：令署陕

西高等法院首席检察官张履谦：呈一件呈送本年九月份五年以上徒刑人犯表判请核由

作　　者：

关 键 词：共同伤害致人死亡　尊亲属犯罪　加重处罚　原判违法

摘　　要：司法行政部指令陕西高等法院首席检察官，呈件收悉，查刘雄雄故意伤害致人死亡一案被害人乃刘雄雄之堂叔，原判决按对旁系尊亲属犯罪对其进行加重处罚，实属错误，望依法纠正。

期刊名称：法治周报

主办单位：

刊　　期：1933，1（49）

页　　码：28

93. 题　　名：裁判正谬（刑事）：司法行政部指令（二十二年八月二十五日指字第一二九四五号）：令署河北高等法院首席检察官王泳：呈一件呈送赦免一览表

作　　者：

关 键 词：赦免

摘　　要：令署河北高等法院首席检察官王泳：呈一件呈送赦免一览表，悉查表内马洛德、王中中、孙步隋、孙步峰、张留氏等一案。

期刊名称：法治周报

主办单位：

刊　　期：1933，1（37）

页　　码：30

94. 题　　名：裁判正谬（刑事）：司法行政部指令（二十二年五月十一日指字第六九七四号）：令署江苏高等法院首席检察官王思默：呈一件呈送句容县政府办理减刑案件书表请核由

作　　者：

关 键 词：减刑

摘　　要：令署江苏高等法院首席检察官王思默：呈一件呈送句容县政府办理减刑案件书表，悉查表列各犯除吴恒方一名外。

期刊名称：法治周报

主办单位：

刊　　　期：1933，1（23）
页　　　码：18

95. 题　　　名：裁判正谬（刑事）：司法行政部
　　　　　　　指令（二十二年八月四日指字
　　　　　　　第一一九〇二号）：令署湖北汉
　　　　　　　口地方法院孝感分院首席检察
　　　　　　　官匡银汉：呈一件呈送孙老五
　　　　　　　等执行表暨裁判册请鉴核由
　　作　　　者：
　　关　键　词：绑架人口
　　摘　　　要：令署湖北汉口地方法院孝感分
　　　　　　　院首席检察官匡银汉：呈一件
　　　　　　　呈送孙老五等执行表，悉查孙
　　　　　　　老五帮助绑架人口一案。
期刊名称：法治周报
主办单位：
刊　　　期：1933，1（36）
页　　　码：27

96. 题　　　名：裁判正谬（刑事）：司法行政部
　　　　　　　指令（二十二年七月十四日指
　　　　　　　字第一〇七七八号）：令署河北
　　　　　　　高等法院首都检察官王泳：呈
　　　　　　　一件呈本年四月份五年以上减
　　　　　　　刑册表
　　作　　　者：
　　关　键　词：减刑
　　摘　　　要：令署河北高等法院首都检察官
　　　　　　　王泳：呈一件呈本年四月份五
　　　　　　　年以上减刑册表，悉兹将原册
　　　　　　　未合各点分列与后，仰知照册。
期刊名称：法治周报
主办单位：
刊　　　期：1933，1（31）
页　　　码：24－25

97. 题　　　名：裁判正谬（刑事）：司法行政部
　　　　　　　指令（二十二年五月三日指字
　　　　　　　第六六四四号）：令署山西高等
　　　　　　　法院首席检察官李杭文：呈一
　　　　　　　件呈本年三月份执行五年以上
　　　　　　　徒刑册表由
　　作　　　者：
　　关　键　词：强盗　刑事诉讼
　　摘　　　要：令署山西高等法院首席检察官
　　　　　　　李杭文：呈一件呈本年三月份
　　　　　　　执行五年以上徒刑册表，悉查
　　　　　　　李项昆一案。

期刊名称：法治周报
主办单位：
刊　　　期：1933，1（21）
页　　　码：32

98. 题　　　名：裁判正谬（刑事）：司法行政部
　　　　　　　指令：令署河北高等法院第二
　　　　　　　分院首席检察官曾师孔：呈一
　　　　　　　件为呈报张小田掳人勒赎判处
　　　　　　　无期徒刑一案检呈卷判执行表
　　　　　　　赍请鉴核由
　　作　　　者：
　　关　键　词：绑架　诈骗
　　摘　　　要：令署河北高等法院第二分院首
　　　　　　　席检察官曾师孔，呈一件为呈
　　　　　　　报张小田掳人勒赎判处无期徒
　　　　　　　刑一案检呈卷判执行表。
期刊名称：法治周报
主办单位：
刊　　　期：1934，2（1）
页　　　码：32

99. 题　　　名：裁判正谬（刑事）：司法行政部
　　　　　　　指令（指字第四五八〇号）：令
　　　　　　　署江苏高等法院首席检察官王
　　　　　　　思默：呈一件转金山县政府办
　　　　　　　理五年以上减刑裁定表祈鉴
　　　　　　　核由
　　作　　　者：
　　关　键　词：抗告　上诉程序
　　摘　　　要：令署江苏高等法院首席检察官
　　　　　　　王思默：呈一件转金山县政府
　　　　　　　办理五年以上减刑裁定表，悉
　　　　　　　查胡晋才、姚阿道两名裁定。
期刊名称：法治周报
主办单位：
刊　　　期：1933，1（19）
页　　　码：21

100. 题　　　名：裁判正谬（刑事）：司法行政
　　　　　　　部指令（二十二年九月二日指
　　　　　　　字第一三三七六号）：令广西
　　　　　　　高等法院第一分院首席检察
　　　　　　　官：呈一件呈本年六月份执行
　　　　　　　五年以上徒刑册表
　　作　　　者：
　　关　键　词：共同伤害致人死亡
　　摘　　　要：令广西高等法院第一分院首席
　　　　　　　检察官：呈一件呈本年六月份

执行五年以上徒刑册表，悉查罗似英等共同伤害致罗似丹死亡一案。

期刊名称：法治周报

主办单位：

刊　　期：1933，1（39）

页　　码：32

101. 题　　名：最高法院裁判：卢陈氏诬告抗告案

作　　者：

关 键 词：县长兼理司法　不起诉处分　抗告

摘　　要：县长兼有检察和审判两种职权。故对县长基于检察职权所谓之不起诉处分，告诉人如有不服，可在接受不起诉处分书后七日内以书状叙述不服理由，经由县长声请再议，告诉人不能对之抗告。

期刊名称：法治周报

主办单位：

刊　　期：1933（42）

页　　码：114－115

102. 题　　名：司法行政部指令（二十二年九月二日指字第一三三七五号）：令署浙江高等法院首席检察官郑畋：呈一件呈送兰溪县法院检察处本年夏季执行刑罚最表请核由

作　　者：

关 键 词：首席检察官　预备犯　盗窃未遂　判决错误

摘　　要：司法行政部指令浙江高等法院首席检察官，呈件收悉，查本案盗窃行为是预备阶段，不能以盗窃未遂论处。原判决于法不合，望能依法办理。

期刊名称：法治周报

主办单位：

刊　　期：1933，1（39）

页　　码：32

103. 题　　名：裁判正谬（刑事）：司法行政部指令（二十二年九月二日指字第一三四七号）：令署浙江高等法院首席检察官郑畋：呈一件呈送瑞安县法院检察处本

年夏季执行五年未满徒刑人犯表判请鉴核由

作　　者：

关 键 词：首席检察官　检察处　徒刑人犯

摘　　要：司法行政部指令浙江高等法院首席检察官，呈件收悉，查潘庆良盗窃等案件判决实有不当，望调卷依法查办。

期刊名称：法治周报

主办单位：

刊　　期：1933，1（39）

页　　码：32

104. 题　　名：裁判正谬（刑事）：司法行政部指令（二十二年四月二十八日指字第六四三四号）：令署江西高等法院首席检察官祝谏：呈一件汇呈各县法院检察官依大赦减处五年未满人犯裁定请核由

作　　者：

关 键 词：首席检察官　减刑处分

摘　　要：司法行政部指令江西高等法院首席检察官，呈件收悉，查报表中对于只列明减刑处分，并未列明应减刑的刑期。

期刊名称：法治周报

主办单位：

刊　　期：1933，1（19）

页　　码：23

105. 题　　名：裁判正谬（刑事）：司法行政部指令（二十二年九月二日指字第一三三四八号）：令署浙江高等法院首席检察官郑畋：呈一件为送海宁县法院检察处执行本年夏季五年未满徒刑人犯表乞核由

作　　者：

关 键 词：首席检察官　不知法　诱奸　判决不当

摘　　要：司法行政部指令浙江高等法院首席检察官，呈件收悉，查不知法是指犯人不知有此法令且行为无社会危害性，本案盗被告诱奸未满二十岁少女不属于不知法的范围，因此原判决不当。

期刊名称：法治周报

主办单位：

刊　　期：1933，1（39）

页　　码：32

106. 题　　名：裁判正谬（刑事）：司法行政部指令（二十二年七月二十七日指字第一一五五八号）：令署浙江高等法院首席检察官郑畋：呈一件呈送黄严县法院检察官本年六月份五年以上徒刑表册

作　　者：

关 键 词：首席检察官　强盗杀人罪　判决错误

摘　　要：司法行政部指令浙江高等法院首席检察官，呈件收悉，查王德标一案被告人应以强盗杀人罪论处，原审判决于法不合。

期刊名称：法治周报

主办单位：

刊　　期：1933，1（34）

页　　码：31

107. 题　　名：裁判正谬（刑事）：司法行政部指令（二十二年五月四日指字第六六五六号）：令署浙江高等法院首席检察官郑畋：呈一件转建德分院检察官本年三月份执行五年以上徒刑册表由

作　　者：

关 键 词：首席检察官　减刑

摘　　要：司法行政部指令浙江高等法院首席检察官，呈件收悉，查尹德标案一案犯减刑存在错误，望依法纠正。

期刊名称：法治周报

主办单位：

刊　　期：1933，1（21）

页　　码：32

108. 题　　名：裁判正谬（刑事）：司法行政部指令（二十三年一月二十七日指字第一一八五号）：令署河南高等法院第一分院首席检察官傅廷桢：呈一件转河南高等法院第一分院首席检察官呈报执行二十二年十一月份五年以上徒刑册表

作　　者：

关 键 词：首席检察官　强盗案　杀人案　原判错误

摘　　要：司法行政部指令河南高等法院第一分院首席检察官傅廷桢，呈件收悉，查郭得臣案应认定为强盗且故意杀人案，原判决错误，望依法纠正。

期刊名称：法治周报

主办单位：

刊　　期：1934，2（8）

页　　码：29－30

109. 题　　名：裁判正谬（刑事）：司法行政部指令（二十二年九月二日指字第一三二九九号）：令署浙江高等法院首席检察官郑畋：呈一件呈温岭县法院检察官本年七月份执行五年以上徒刑册表

作　　者：

关 键 词：首席检察官　合并论罪　判决违法

摘　　要：司法行政部指令浙江高等法院首席检察官，呈件收悉，查张庆安案强盗与强奸行为应合并论处，而原判决存在错误，望依法纠正。

期刊名称：法治周报

主办单位：

刊　　期：1933，1（38）

页　　码：30

110. 题　　名：裁判正谬（刑事）：司法行政部指令（二十二年五月十六日指字第七二六五号）：令署湖北高等法院首席检察官钱谦：呈一件呈送高一分院检察处本年二三月份宣告缓刑表判并声明一月份无缓刑案件请鉴核由

作　　者：

关 键 词：首席检察官　减刑错误

摘　　要：司法行政部指令湖北高等法院首席检察官，呈件收悉，查李大开一案减刑存在错误，望依法纠正。

期刊名称：法治周报
主办单位：
刊　　期：1933，1（23）
页　　码：20

111. 题　　名：裁判正谬（刑事）：司法行政部指令（二十二年五月十八日指字第七三三六号）：令陕西高等法院第二分院首席检察官：呈一件呈本处暨附地方庭检察官本年三月份五年以上减刑册表由
作　　者：
关 键 词：首席检察官　减刑　最高法院检察署检察长
摘　　要：司法行政部指令陕西高等法院第二分院首席检察官，呈件收悉，查张锁子等案卷所记载存在错误，令最高法院检察署检察长调卷查办。
期刊名称：法治周报
主办单位：
刊　　期：1933，1（24）
页　　码：21

112. 题　　名：裁判正谬（民事）：司法行政部指令（二十二年十一月二日指字第一六五四号）：令署安徽高等法院第一分院首席检察官范韵珩代行检察官马献图：呈一件为送本年秋季五年未满徒刑案件表册请鉴核由
作　　者：
关 键 词：过失致人死亡　因果关系　普通伤害案　承办检察官　上诉　判决违法
摘　　要：司法行政部指令安徽高等法院第一分院首席检察官范韵珩代行检察官马献图，呈件收悉，查表内所报郭开理案，郭开理的殴打行为与宋廷江死亡有直接因果关系，原判决却以普通伤害罪处断，承办检察官对此人命案件竟不予提起上诉，望各承办人员嗣后注意。
期刊名称：法治周报
主办单位：
刊　　期：1933，1（47）
页　　码：26

113. 题　　名：裁判正谬（刑事）：司法行政部指令（二十三年三月十七日指字第三五九三号）：令署湖南高等法院首席检察官曹瀛：呈一件呈送本年一月份宣告缓刑月报表判请鉴核由
作　　者：
关 键 词：首席检察官　遗弃案　判决有误
摘　　要：司法行政部指令湖南高等法院首席检察官，呈件收悉，查李万氏遗弃一案原判决有误，望依法纠正。
期刊名称：法治周报
主办单位：
刊　　期：1934，2（15）
页　　码：31

114. 题　　名：裁判正谬（刑事）：司法行政部指令（廿三年三月十七日指字第三五九二号）：令署山东高等法院首席检察官胡绩：呈一件呈本年一月份执行五年以上徒刑册表
作　　者：
关 键 词：首席检察官　同谋杀人案　判决有误
摘　　要：司法行政部指令山东高等法院首席检察官，呈件收悉，查金王氏同谋杀人一案判决有误。
期刊名称：法治周报
主办单位：
刊　　期：1934，2（15）
页　　码：31

（二）法规

1. 题　　名：刑事诉讼法修正案要旨
作　　者：
关 键 词：回避　侦查　起诉　协助自诉　上诉
摘　　要：检察官回避由所属法院审定，以免送请上级法院或上级检察官核办；对于检察官侦查，增设若干训示规定；删除检察官为微罪不起诉处分时，以被害人不希望罚为条件之一的规定；检察官起诉后，对于本案相牵连犯罪或本罪之诬告罪，许其追加起诉；检察官提起公诉，经撤回后，照不起诉处分之例办理；对于自诉案件，检察官得协助之等。

期刊名称：法治周报

主办单位：

刊　　期：1933，1（30）

页　　码：25－29

2. 题　　名： 修正刑事诉讼法草案（八续）

作　　者：

关 键 词：搜索扣押　委托执行　尸体检验

摘　　要：检察官执行搜索扣押时，可委托当地之检察官、司法警察官为之。遇有非正常死亡之尸体，检察官应为尸体检验。

期刊名称：法治周报

主办单位：

刊　　期：1933，1（44）

页　　码：33－36

3. 题　　名： 修正刑事诉讼法草案（十二续）

作　　者：

关 键 词：管辖　起诉　撤回起诉

摘　　要：提起公诉应由检察官向管辖法院提出起诉书为之；起诉之效力不及于检察官所指被告以外之人；检察官就犯罪事实一部分起诉者，其效力及于全部；法院仅能在检察官提起公诉的范围内审判，但牵连犯罪，部分起诉的亦可全部审判。检察官发现不需要起诉或不应当起诉的，可撤回起诉，其效果视同不起诉处分。

期刊名称：法治周报

主办单位：

刊　　期：1933，1（48）

页　　码：31－32

4. 题　　名： 修正刑事诉讼法草案（十三续）

作　　者：

关 键 词：审判　开庭期日　检察官出庭讯问

摘　　要：法院应将开庭的期日通知检察官，并由检察官出庭支持公诉。推事讯问被告时，应通知检察官在场。

期刊名称：法治周报

主办单位：

刊　　期：1933，1（49）

页　　码：29－30

（三）论著

1. 题　　名： 修正刑事诉讼草案之探讨

作　　者：黄景柏

关 键 词：无罪推定　客观义务　诉讼效率　扩大自诉

摘　　要：检察官办理案件应贯彻无罪推定原则，坚守客观义务，并对匿名举报等现象先行核实，谨慎启动侦查。扩大自诉，废除检察官起诉时声明以另案裁判结果为要件之规定，以及免除上诉时送卷须经过检察官转送的周折。

期刊名称：法治周报

主办单位：

刊　　期：1933，1（41）

页　　码：5－8

2. 题　　名： 论检察制度之存废

作　　者：玉斯

关 键 词：国家弹劾式　纠问式　废除检察制度　自动检举　协助自诉　担当自诉

摘　　要：加强检察官的自动检举、侦查犯罪和协助自诉的职能，而不是废除检察制度。国家设立检察官，代表国家追诉犯罪，然检察官少自动检举，此为人之错，而非制度之错，且新刑诉法扩大自诉并由检察官担当自诉和协助自诉。若使检察官忠于职责，不背国家采检察制度初衷，系监督长官监督范围。

期刊名称：法治周报

主办单位：

刊　　期：1933，1（45）

页　　码：1－3

3. 题　　名： 县长兼理司法之笑话百出

作　　者：吴廉存

关 键 词：县长兼理司法

摘　　要：湘潭县长李某生性粗率，法律知识浅薄，每每闹出笑话，可见县长兼理司法之简陋。

期刊名称：法治周报

主办单位：

刊　　期：1933，1（22）

页　　码：14

（四）训令

1. 题　　名：训字第三一二三号（二十二年十月十六日）：令各省高等法院院长、首席检察官：法部奉行政院令据全国航空建设会呈请通饬将公务员飞机捐款限期解会一案应准照办令仰饬属一体遵办由

作　　者：

关 键 词：全国航空建设会

摘　　要：本会第二次常务委员会议，决议呈请政府再予通令全国各机关，并转函中央执行委员会再予通令各级党部，飞机捐务须依照原定标准及实发薪额扣足六个月，连同捐册等件，限期解缴本会，以便集中保管，统筹支配。

期刊名称：法治周报

主办单位：

刊　　期：1933，1（43）

页　　码：21－22

2. 题　　名：训字第三四一八号（二十二年十一月七日）：令各省高等法院院长、首席检察官：法部奉行政院令及司法院函关于制裁新闻纸编辑人适用法律一案令各高院知照由

作　　者：

关 键 词：新闻纸编辑人　出版法

摘　　要：新闻纸之编辑人，非因个人行动，有违犯普通民刑法之规定，以及违犯出版法第十九条之限制，依照同法第三十五条之规定，得依其他较重之法律规定处罚外，其余凡有违反出版法之处，各级法院自应依照出版法之规定处置，不得引用其他法律。

期刊名称：法治周报

主办单位：

刊　　期：1933，1（47）

页　　码：20－22

3. 题　　名：训字第五五一号（二十三年二月十三日）：令各省高等法院院长、首席检察官：案查本部前准行政院秘书处函略开：奉院长谕，据上海市政府呈

作　　者：

关 键 词：罚金　处罚机关　工人福利经费

摘　　要：依据法理及现行事例，所有罚金，应以法院为处罚机关。至处之罚金，为谋工人福利计，可酌发罚金百分之四十交工会充办理工人福利事业之用。但工会于接到法院通知后，应将该款用途呈请主管官署核准，并将核准文件，附送法院，以凭领取。法院罚金用途之支配，得由司法行政最高机关酌办，工会法，工厂法，劳资争议处理法，及各该法施行细则，均无庸为补充之规定。实业部所请以罚金百分之四十，作为固定标准，事属可行。

期刊名称：法治周报

主办单位：

刊　　期：1934，2（10）

页　　码：33－34

4. 题　　名：法部为刑事案件报部办法第十五款所列各种案件专报办法酌予变通令各高院遵照并饬属遵照由：司法行政部训令：训字第二一七三号（二十二年七月二十日）：令各省高等法院院长、首席检察官

作　　者：

关 键 词：上诉　驳回再议　专案报部

摘　　要：各案件经侦查终结可以不起诉处分或经驳回再议等，一审判决后不论宣告有罪或无罪定何刑及提起上诉与否，均需由该受理机关专案报部，其上诉各该案受理上诉机关判决亦同。

期刊名称：法治周报

主办单位：

刊　　期：1933，1（31）

页　　码：31－32

5. 题　　名：法部通令各法官问案须详阅文卷预为准备由：司法行政部训令：训字第一四七一号（二十二年五月三十日）：令各省高等法院院长、首席检察官

作　　者：

关 键 词：法院长官　监督　推检　审讯

摘　　要：各该法院长官负有监督职责，此后对于各推检审讯案件，务须严加纠正，详阅文卷做准备。

期　刊　名　称：法治周报

主　办　单　位：

刊　　　　期：1933，1（24）

页　　　　码：25 – 26

6. 题　　　　名：司法行政部训令：训字第三二七三号（二十二年十月二十六日）：令各省高等法院院长、首席检察官：法部奉行政院令为各机关所用外籍职员或顾问为数颇多令仰填表报告等因令各高院遵办由

作　　　　者：

关　键　词：外籍职员　秘密

摘　　　　要：查近来各机关，因实事需要，所用外籍职员或顾问，为数颇多，国籍、职务都不一致，为便利侦查人员起见，制定信息统计表式一种。

期　刊　名　称：法治周报

主　办　单　位：

刊　　　　期：1933，1（45）

页　　　　码：20

7. 题　　　　名：法部修订印状纸月报格式及拟订收入计算书表登记实例令各高院遵照由：司法行政部训令：训字第二三五四号（二十二年八月四日）：令各省高等法院院长、首席检察官

作　　　　者：

关　键　词：司法收入

摘　　　　要：本部十九年二月二十日第三二一号训令颁发司法收入月报表格式十三种，文聊单两种，或因法令已有变更或事实上不易推行，特重加修订。

期　刊　名　称：法治周报

主　办　单　位：

刊　　　　期：1933，1（33）

页　　　　码：21 – 25

8. 题　　　　名：司法行政部训令：训字第三二四六号（二十二年十月二十四日）：令各省高等法院院长、首席检察官：法部令饬遵照前令查明各新监经常费及作业费是否由第一第三两科分别保管呈复核办由

作　　　　者：

关　键　词：监狱费用　典狱长

摘　　　　要：本部前因各省新监狱，对于经常费及作业费，当自不属第一科第三科保管，而应由典狱长自管，获派专员管。

期　刊　名　称：法治周报

主　办　单　位：

刊　　　　期：1933，1（45）

页　　　　码：20

9. 题　　　　名：中央政闻：司法行政部训令（第三七一训字一号）：令各省高等法院院长、首席检察官：案查前准贵部咨请接收上海地方法院因案没收械弹一案

作　　　　者：

关　键　词：械弹　没收

摘　　　　要：凡犯案械弹，应由最初送案机关，列明枪身号码，子弹数目，注载械弹情形，于判决后一定期限内，将各法院没收械弹，列数量表送部。

期　刊　名　称：法治周报

主　办　单　位：

刊　　　　期：1934，2（18）

页　　　　码：36

10. 题　　　　名：法部重申前令，限制遴保候补人员，令各高院恪遵办理由：司法行政部训令：训字第二八九二号（二十二年九月二十二日）：令各省高等法院院长、首席检察官

作　　　　者：

关　键　词：候补推检　考试分发

摘　　　　要：此后各省预算案内，如有候补推检空额，或新设法院需用候补人员时，应以考试分发各地方法院候补推检，优先派补。

期　刊　名　称：法治周报

主　办　单　位：

刊　　　　期：1933，1（40）

页　　　　码：23 – 24

11. 题　　　　名：法部为令准免作刑事案件进行期间表责成直接监督长官考核审限令各高院遵照并饬属遵照由：司法行政部训令：训字第二一六九号（二十二年七月二十日）：令各省高等法院院长、

首席检察官

作　　　者：

关　键　词：刑事诉讼　期间

摘　　　要：刑事诉讼除经审限者应按月将案情及审限事由期限造册上报外，准予免作刑事案件进行期间表，由直接监督长官考核审限。

期刊名称：法治周报

主办单位：

刊　　　期：1933，1（31）

页　　　码：30

12. 题　　　名：司法行政部训令（二十二年三月二十一日训字七三一号）：令署宁夏高等法院首席检察官陈宝玺：案准司法院本月十三日第五四号公函开据

作　　　者：

关　键　词：连续犯　大赦　减刑

摘　　　要：按刑法上的盈利略诱罪，只需以盈利为目的，非法使被诱人移于自己支配之下，即成立。某甲如系基于同一盈利之意思而屡次略诱妇女或未满二十岁男女即系连续犯，连续犯中最后行为终于二十一年三月五日后，不得依照大赦条款予以减刑。

期刊名称：法治周报

主办单位：

刊　　　期：1933，1（15）

页　　　码：33－34

13. 题　　　名：司法行政部训令（训字第三七二五号，二十二年十一月二十七日发）：令各省高等法院院长、首席检察官

作　　　者：

关　键　词：宗教　主权

摘　　　要：查内地外国教会租用土地房屋暂行章程，原为保证主权，防止外人侵犯而设。如果该教会主持负责者，及入会信徒，均确为中华民国人民，并经确认确为本国宗教的，自可不受该暂行章程的规定。

期刊名称：法治周报

主办单位：

刊　　　期：1933，1（51）

页　　　码：31－32

14. 题　　　名：中央政令：司法行政部训令（训字第九五零号，二十三年三月十九日发）：令各省高等法院院长、首席检察官：临案验伤应即改善之我见

作　　　者：

关　键　词：法医月刊　法院法医　检验官

摘　　　要：查所发行的法医月刊创刊号，有著有临案验伤应即改善之我见一篇，内容颇有见地，列举情形确为各处法院法医或检验吏及受伤者常见事实，所拟改良办法上合乎科学道理。

期刊名称：法治周报

主办单位：

刊　　　期：1934，2（14）

页　　　码：31－34

15. 题　　　名：院部要令：司法行政部训令（训字第二四三号，二十三年一月廿四日发）：令各省高等法院院长、首席检察官：案准审计部第五四七四号咨开

作　　　者：

关　键　词：会计制度　支出计算书

摘　　　要：按照中央统一会计制度办理，事实上颇多困难之处，经咨商审计部仍准照该省现行表式造报，以免困难而有利于进行案件处理。

期刊名称：法治周报

主办单位：

刊　　　期：1934，2（6）

页　　　码：33－34

16. 题　　　名：院部要令：司法行政部训令（训字第三九六九号，二十二年十二月十九日发）：令各省高等法院院长、首席检察官：案据山西第一监狱监犯王充之等呈称

作　　　者：

关　键　词：囚粮

摘　　　要：各监所一并遵照，此后粮食蔬菜，应即按照当地市价，核实发给，使犯人足量食饱，不得

任其饥饿，由该院稽核其开支，
不得任意节省。

期刊名称：法治周报

主办单位：

刊　　期：1934，2（1）

页　　码：41－42

17. 题　　名：国府院部要令：司法行政部训
令（训字第八八一号，二十三
年三月十日发）：令各省高等法
院院长、首席检察官：司法行
政部公文航空邮递标准（二十
三年二月十二日核准施行）

作　　者：

关 键 词：航空邮寄　文书

摘　　要：司法行政部公文航空邮递标准
四则。

期刊名称：法治周报

主办单位：

刊　　期：1934，2（13）

页　　码：33－34

18. 题　　名：院部要令：司法行政训令（训
字第三〇四号，二十三年一月
二十九日发）：令各省高等法院
院长、首席检察官：案准铨叙
部甄字第一九二一号咨略开

作　　者：

关 键 词：公务员　俸禄

摘　　要：担任公务员有年资者，应将证
明文件随文缴验，否则按初任
人员予以试属，并从最低俸
禄起。

期刊名称：法治周报

主办单位：

刊　　期：1934，2（8）

页　　码：33－34

19. 题　　名：中央政令：司法行政部训令（训
字第一一八六号，二十三年四
月九日发）：令各省高等法院院
长、首席检察官：查司法官，
法院书记官暨监所职员，各官
俸暂行条例第四条规定

作　　者：

关 键 词：书记官　监所人员　俸禄

摘　　要：法院书记官及监所人员，各官
俸暂行条例第四条规定，经部
派属后，职务满两年，除有该

条例但书情形外，其官俸即应
进一级。

期刊名称：法治周报

主办单位：

刊　　期：1934，2（17）

页　　码：30

20. 题　　名：中央政令：司法行政部训令（训
字第一一〇五号，二十三年四
月三日发）：令各省高等法院院
长、首席检察官：案查公务员
任用法第十一条

作　　者：

关 键 词：公务员　实习

摘　　要：公务员任用程序，分为实习及
正式，实习满一年始得正式，
实习人员实习终了时，应由主
管长官考察成绩，加具考语送
由审查后，分别呈请。

期刊名称：法治周报

主办单位：

刊　　期：1934，2（16）

页　　码：29－30

21. 题　　名：院部要令：司法行政部训令（训
字第三九二号，二十二年十
二月二十日发）：令各省高等
法院院长、首席检察官：案准审
计部第一五五二号公函开

作　　者：

关 键 词：岁入岁出　会计制度

摘　　要：于每年度开始收入核算核定后，
依照统一会计制度实例，编送
岁入预算分配表，以咨查存。

期刊名称：法治周报

主办单位：

刊　　期：1934，2（1）

页　　码：42

22. 题　　名：部令：司法行政部训令（训字
第一四〇〇号，二十六年三月
四日发）：令各省高等法院院
长、首席检察官等：案查各法
院二十五年十二月份民刑事案
件收结比较简表

作　　者：

关 键 词：收案　结案

摘　　要：各法院二十五年十二月份民刑
事案件收结比较简表，查其中

结案超于收及收结相抵者，固
居多数，其间亦有结案少于收
案十余件，除确因收案缴增或
有特殊情形，以致结不抵收，
不可避免的情形外，若因办案
松懈，以致少结，则将来案件
仍有积累之余，每月结收案件
是否相抵，仰各高院人员自行
检查。

期刊名称：法治周报

主办单位：

刊　　期：1937，复刊1（42）

页　　码：18

23. 题　　名：司法行政部训令（训字第四〇
四七号，中华民国二十二年十
二月二十五日发）：令各省高等
法院院长、首席检察官：查法
院组织法施行以前

作　　者：

关键词：检察官　法院

摘　　要：增设法院及配置改组后各院人
名名额，注意事项十则。

期刊名称：法治周报

主办单位：

刊　　期：1934，2（2）

页　　码：29

24. 题　　名：院部要令：司法行政部训令（训
字第四五七号，二十三年二月
六日发）：令各省高等法院院
长、首席检察官：查各省关于
编制国家岁入出概算

作　　者：

关键词：岁入岁出　主计处

摘　　要：查各省关于编制国家岁入岁出
概算，前因发生异议两点，经
本部电询主计处解释，并请电
回复到部，合将两原文抄发，
仰令该院查照，以咨参考。

期刊名称：法治周报

主办单位：

刊　　期：1934，2（8）

页　　码：34

25. 题　　名：法部要令：司法行政部训令（训
字第二五五七号，二十三年八
月六日发）：令各省高等法院院
长、首席检察官：修正各省司

法机关支销留院法收暂行办法

作　　者：

关键词：支销

摘　　要：各省司法机关支销留院法收，
前经本部理定支销留院法收暂
行办法，并将上项办法及说明
酌加修正，于上年六月间实施。

期刊名称：法治周报

主办单位：

刊　　期：1934，2（34）

页　　码：33－34

26. 题　　名：司法行政部训令（训字第四〇
三五号，二十二年十二月廿三
日发）：令各省高等法院及分院
院长、首席检察官：案准立法
院刑法委员会十二月十五日
函开

作　　者：

关键词：刑法　修正案

摘　　要：查本会奉令修改刑法，现在修
正案初稿已完成，为集思广益
起见，仍应博取意见，以期斟
酌完善，为此送修正案初稿三
百份，并转送各省级法院，加
以研究。

期刊名称：法治周报

主办单位：

刊　　期：1934，2（6）

页　　码：32－33

27. 题　　名：法部要令：司法行政部训令（训
字第二六一四号，二十三年八
月十一日发）：令各省高等法院
院长、首席检察官：修正改订
契税办法四项

作　　者：

关键词：契税

摘　　要：全国财政会议决定，议定契税
办法四项，拟作为各省市办理
契税纲要，请鉴核施行。

期刊名称：法治周报

主办单位：

刊　　期：1934，2（34）

页　　码：35－36

28. 题　　名：法部要令：司法行政部训令（训
字第二二一四号，二十三年六
月三十日发）：令各省高等法院

院长、首席检察官：职所因各级法院，各机关，各医院，各团体，各个人等研究法医上各问题

作　　者：

关 键 词：检查　包裹

摘　　要：职所因各级法院，各机关，各医院，各团体，各个人研究法医上各问题，及检验毒物、药品、尸骨等包裹免验办法三则。

期刊名称：法治周报

主办单位：

刊　　期：1934，2（29）

页　　码：35

29. 题　　名：部令：司法行政部训令（训字第五五三号，二十六年一月二十六日发）：令本部直辖第二监狱典狱长、各省高等法院院长、首席检察官等：规定脚镣最重斤两以示限制

作　　者：

关 键 词：脚镣　监所

摘　　要：兹经本部规定，脚镣最重不得超过三斤十二两，以示限制，并应恪遵前令办理，不准滥用，如不遵令者，即可从严惩处。

期刊名称：法治周报

主办单位：

刊　　期：1937，复刊1（39）

页　　码：12

30. 题　　名：法部要令：司法行政部训令（训字第一九九六号，二十三年六月十三日发）：令各省高等法院院长、首席检察官：查公有土地处理规则

作　　者：

关 键 词：公有土地

摘　　要：查公有土地处理规则，业经本院制定公布，应即通知实施，除分令外，抄发该规定，转告通知各所属机关，一并遵照实施。

期刊名称：法治周报

主办单位：

刊　　期：1934，2（26）

页　　码：37

31. 题　　名：国府院部要令：司法行政部训令（训字第八一五号，二十三年三月六日发）：令各省高等法院院长、首席检察官：顷奉常务委员交下浙江省执行委员会呈为

作　　者：

关 键 词：保释　假释

摘　　要：浙江省执行委员会转呈姚县第十次全县代表大会决议，疏通监狱实行保释及假释条例案，希望核转实施。

期刊名称：法治周报

主办单位：

刊　　期：1934，2（13）

页　　码：31－32

32. 题　　名：中央政令：司法行政部训令（训字第一〇九九号，二十三年四月二日发）：令各省高等法院院长、首席检察官：案准中央执行委员会函开，据天津肃反专员电称，所捕共党人犯

作　　者：

关 键 词：共产党　罪罚

摘　　要：查共产党徒，掩饰周密，狡诈多端，被捕后惯用伎俩，应付法律，以图免于罪罚，此后对于共党人犯，应遵照民国十八年国府第六四五号训令办理，并令河北高等法院遵办。

期刊名称：法治周报

主办单位：

刊　　期：1934，2（16）

页　　码：28－29

33. 题　　名：国府院部要令：司法行政部训令（训字第七九八号，二十三年五月五日发）：令各省高等法院院长、首席检察官：案奉国民政府第七九号训令内开：案准中央政治会议函开

作　　者：

关 键 词：国家收入　国库收支

摘　　要：兹拟二十二年度起，青城政府，遵限整理出纳，成立决算，无论何项支出，非先成立法案，擅行支发国家收入者，依法严

惩，其以前各年度国库收支，留限于本年六月三十日以前，整理完毕，其有法案未批之件一律截至本年四月三十日，提出请求核准，过期送刊者，主计处不得核准，审计部不得核销。

期刊名称：法治周报

主办单位：

刊　　期：1934，2（13）

页　　码：30－31

34. 题　　名：司法行政部训令：训字第三一八五号（二十二年十月二十日）：令各省高等法院院长、首席检察官：法部令发处理烟案罚金月报表格式及造报办法令各高院遵照并转饬所属遵照由

作　　者：

关键词：禁烟罚金

摘　　要：颁发禁烟罚金充奖成数表，兹经修订为处理烟案罚金月报表（十一则）。

期刊名称：法治周报

主办单位：

刊　　期：1933，1（44）

页　　码：27

35. 题　　名：法部要令：司法行政部训令（训字第一六一二号，二十三年五月十四日发）：令各省高等法院院长、首席检察官：查现在各省之高等法院分院及新监狱

作　　者：

关键词：分院　监狱

摘　　要：概述为某省高等法院第几分院及某省第几监狱，完善驻在何地，殊欠明了，应分别冠以所在地地点，以咨分别。

期刊名称：法治周报

主办单位：

刊　　期：1934，2（22）

页　　码：31－32

36. 题　　名：中央政令：司法行政部训令（训字第一○四一号，二十三年三月二十七日发）：令各省高等

法院院长、首席检察官：案查公务员资格审查表说明栏内第七项

作　　者：

关键词：公务员　资格审查

摘　　要：此后作各机关填送公务员资格审查表，务于年月上加盖官印，以昭慎重，而省周折。

期刊名称：法治周报

主办单位：

刊　　期：1934，2（15）

页　　码：33－34

37. 题　　名：中央政令：司法行政部训令（训字第一○一○、一○一一号，二十三年三月二十三日发）：令各省高等法院院长、首席检察官、反省院院长：查各法院监所应行造报各项表册格式

作　　者：

关键词：表式

摘　　要：现由本部就原定各种格式，按照实际需要及现行法令，重新审核，酌加修改，兹将经此次审订正之格式合刊一份，随令颁发。

期刊名称：法治周报

主办单位：

刊　　期：1934，2（15）

页　　码：34

38. 题　　名：法部要令：司法行政部训令（训字第二二六四号，二十三年七月四日发）：令各省高等法院院长、首席检察官：案查公务员登记条例及施行细则

作　　者：

关键词：公务员　登记

摘　　要：公务员登记条例及试行细则于本年四月二十三日及五月二十六日先后公布，本部为方便公务员，印制公务员登记条例及相关法规汇编。

期刊名称：法治周报

主办单位：

刊　　期：1934，2（29）

页　　码：35－36

39. 题　　名：法部要令：司法行政部训令
　　　　　　（训字第二五五六号二十三年八
　　　　　　月六日发）：令各省高等法院院
　　　　　　长、首席检察官：初任人员应
　　　　　　为试署
作　　者：
关 键 词：司法官任用
摘　　要：此后各官署任用人员，其所担
　　　　　　任职务，如在任用施行后，无
　　　　　　论时期久暂，概不承认有任用
　　　　　　法第十二条第一项但书的资格。
期刊名称：法治周报
主办单位：
刊　　期：1934，2（34）
页　　码：34

40. 题　　名：司法行政部训令：（训字第三〇
　　　　　　三九号，二十二年十月六日）：
　　　　　　令各省高等法院院长、首席检察
　　　　　　官：法部令发推检考绩表式及考
　　　　　　绩表造报及保管规则仰饬遵办由
作　　者：
关 键 词：表式　修订
摘　　要：兹查前颁两项表式，一则失之
　　　　　　繁琐，一则过于简略，且年度
　　　　　　亦无造报两次之必要，特将表
　　　　　　式加以改定，并另订推检考绩
　　　　　　表造报及保管规则，将原有成
　　　　　　绩表并入考绩表，报部之期，
　　　　　　以每年度终了后两个月为限。
期刊名称：法治周报
主办单位：
刊　　期：1933，1（42）
页　　码：27－29

41. 题　　名：中央政令：司法行政部训令
　　　　　　（训字第一〇四〇号，二十三年
　　　　　　三月二十七日发）：令各省高等
　　　　　　法院院长、首席检察官：为令
　　　　　　知事，查军机防护法施行期间
作　　者：
关 键 词：军机保护法
摘　　要：查军机保护法施行期间，现经
　　　　　　明令公布，展示限九个月。
期刊名称：法治周报
主办单位：
刊　　期：1934，2（15）

页　　码：33

42. 题　　名：法部要令：司法行政部训令
　　　　　　（训字第二六四三号，二十三年
　　　　　　八月十五日发）：令各省高等法
　　　　　　院院长、首席检察官：本会现
　　　　　　依修正公务员调验规则第十
　　　　　　三条
作　　者：
关 键 词：禁烟　调验
摘　　要：本部以修正规定，各机关公务
　　　　　　员有吸食鸦片及其代用品嫌疑，
　　　　　　业经检举调验者，应由各该机
　　　　　　关将检举调验情况，随时报告
　　　　　　禁烟委员会，以咨考察。特编
　　　　　　制调验员工烟者情况表。
期刊名称：法治周报
主办单位：
刊　　期：1934，2（35）
页　　码：23

43. 题　　名：院部要令：司法行政部训令
　　　　　　（训字第一一五号，二十三年一
　　　　　　月十五日发）：令各省高等法院
　　　　　　院长、首席检察官：案奉行政
　　　　　　院第六一五〇号训令内开
作　　者：
关 键 词：岁入岁出　行政收入
摘　　要：兹据建设委员会编追加二十二
　　　　　　年度岁入岁出临时概算，各四
　　　　　　千元，岁入所列，均系经常行
　　　　　　政收入，岁出所列，亦属寻常
　　　　　　营膳购置费用，均不照临时岁
　　　　　　入岁出名细，列报追加，系事
　　　　　　先短报收入，预留地步，此项
　　　　　　支出，本应不予核准，惟念统
　　　　　　一国库收支办法，尚在推行之
　　　　　　中，各机关类似情形，谅难书
　　　　　　免，故照数予核准。
期刊名称：法治周报
主办单位：
刊　　期：1934，2（6）
页　　码：31

44. 题　　名：法部要令：司法行政部训令
　　　　　　（训字第二二七一号，二十三年
　　　　　　七月四日发）：令各省高等法院
　　　　　　院长、首席检察官：查法院办

理诉讼暨执行应行注意之事项

作　　者：

关 键 词：诉讼

摘　　要：关于检查法院办理诉讼即执行应注意的事项用一个月时间学习，期满后考询，报司法行政部核备。

期刊名称：法治周报

主办单位：

刊　　期：1934，2（29）

页　　码：36

45. 题　　名：司法行政部训令（训字第三八四号，二十二年十二月八日发）：令各省高等法院院长、首席检察官：迭据各省高等法院转呈各律师公会

作　　者：

关 键 词：申请书　委任书

摘　　要：关于阅读申请书，事变更期日申请书，复代理委任书，及辩护意旨书格式由司法行政部统一格式，让院长和检察官知晓照用，并转发律师公会遵照。

期刊名称：法治周报

主办单位：

刊　　期：1933，1（52）

页　　码：26－28

46. 题　　名：法部要令：司法行政部训令（训字第七三〇号，二十三年三月一日发）：令各省高等法院院长、首席检察官：案查二成戒烟经费支销办法第三条规定

作　　者：

关 键 词：戒烟经费

摘　　要：各地戒烟经费应由市政府或县政府保管，不得移作别用。咨请省市政府设立戒烟所，在省市所在地设立戒烟医院。

期刊名称：法治周报

主办单位：

刊　　期：1934，2（11）

页　　码：37

47. 题　　名：中央政令：司法行政部训令（训字第一〇九八号，二十三年四月二日发）：令各省高等法院院长、首席检察官：案查监所

看守，不准由法院法官

作　　者：

关 键 词：看守员　法官　书记官　监所人员

摘　　要：重申监所看守员，不准由法院法官及书记官，视察监所人员介绍，如有此情形，应立即举发。

期刊名称：法治周报

主办单位：

刊　　期：1934，2（16）

页　　码：29

48. 题　　名：法部奉发私运邮件罚金充奖暂行规则令各高院遵照并转饬所属遵照：司法行政部训令：（训字第一八九〇号，二十二年七月三日）：令各省高等法院院长、首席检察官

作　　者：

关 键 词：罚金

摘　　要：私连邮件罚金充奖暂行规则五条。

期刊名称：法治周报

主办单位：

刊　　期：1933，1（29）

页　　码：33

49. 题　　名：院部要令：司法行政部训令（训字第二四四号，二十三年一月廿四日发）：令各省高等法院院长、首席检察官：案奉行政院第一九〇号训令内开

作　　者：

关 键 词：伤亡　病故

摘　　要：查关于明令派充的无给职员或非官员，非党员及其学术机关的职员。受有政府聘任，而有功于国家的，因公伤亡或病故时，应由何机关议恤。

期刊名称：法治周报

主办单位：

刊　　期：1934，2（6）

页　　码：33

50. 题　　名：法部要令：司法行政部训令（训字第二一三二号，二十三年六月十五日发）：令各省高等法院院长、首席检察官：各机关

遇有搜获邮包内夹带毒品案件

作　　者：

关 键 词：邮包　毒品

摘　　要：各机关遇有搜获邮包内夹带毒品案件，应酌留一部分，扔寄交原收件人照收，以便证实拘捕，而免抵赖。

期刊名称：法治周报

主办单位：

刊　　期：1934，2（28）

页　　码：35

51. 题　　名：院部要令：司法行政部训令（训字第四一二四号，二十二年十二月三十日发）：令各省高等法院院长、首席检察官：查各省法院执达员

作　　者：

关 键 词：甄试　公务员

摘　　要：改进方式，首在试行甄试，其现有人员，应分别予以甄别，先须调查操行，兼试以粗浅图文。高等分院以下法院及监所，举行上项甄别时，应由高等法院派员监视，籍昭郑重。

期刊名称：法治周报

主办单位：

刊　　期：1934，2（3）

页　　码：23－24

52. 题　　名：司法行政部训令（训字第三六八九号，二十二年十一月二十四日发）：令各省高等法院院长、首席检察官：案准行政院秘书处函开

作　　者：

关 键 词：公务员简易入职　审查

摘　　要：关于公务员简易入职手续，如果以前甄别审查合格，或经铨叙部（考试院）依公务员任用法审查合格的人，可通过简便程序任用。

期刊名称：法治周报

主办单位：

刊　　期：1933，1（51）

页　　码：31

53. 题　　名：院部要令：司法行政部训令（训字第四〇八四号，二十二年

十二月廿九日发）：令各省高等法院院长、首席检察官：案查各省高等法院前为考核所属各县司法狱政起见

作　　者：

关 键 词：视察

摘　　要：各法院院长首席检察官对于所属法院及监狱，应自行视察，遇有亟查案件，或其他调查事项，亦何分别情形。

期刊名称：法治周报

主办单位：

刊　　期：1934，2（3）

页　　码：22

54. 题　　名：院部要令：司法行政部训令（训字第三八八六号，二十二年十二月十一日发）：令各省高等法院院长、首席检察官：查国家之设律师制度

作　　者：

关 键 词：律师制度　诉讼当事人　职业道德　程序

摘　　要：查国家之设律师制度，特许其代理或辩护诉案，意在缺乏法律知识的诉讼当事人，因律师的帮助得以充分主张或保护其利益。而律师办理案件时，能将切实事实及法律资料，以正当程序及时期提出至法院，减少调查的劳力和时间，而早日结案。为律师者，自应自认此意，厚爱自重，执行业务时，毋忘其职。

期刊名称：法治周报

主办单位：

刊　　期：1934，2（1）

页　　码：39－40

55. 题　　名：司法行政部训令：（训字第三六二二号，二十二年十一月二十一日发）：令各省高等法院院长、首席检察官：案准建设委员会第五二一号公函开

作　　者：

关 键 词：民事

摘　　要：建设委员公布的电气事业人处理窃电规则，为民事上补充规

定。并于刑法无冲突，所以转发至各地法院，以为依据。

期刊名称：法治周报

主办单位：

刊　　期：1933，1（50）

页　　码：23－25

56. 题　　名： 院部要令：司法行政部训令（训字第一九九号，二十三年一月十九日发）：令各省高等法院院长、首席检察官：案准实业部工字第八八四九号咨开

作　　者：

关键词：报销单据　核销

摘　　要：此后造报销单据，应一律依法遵用新制。设有不合新制的单据，应特别申明理由，否则不予核销，责令更换，以免将来于审计机关的驳斥情形出现。

期刊名称：法治周报

主办单位：

刊　　期：1934，2（6）

页　　码：32

57. 题　　名： 院部要令：司法行政部训令（训字第二〇三四号，二十三年六月十八日发）：令各省高等法院院长、首席检察官：查监犯外役规则

作　　者：

关键词：监犯　外役

摘　　要：查监犯外役规则，业经本部制定公布，应即施行。发监犯外役规则两条。

期刊名称：法治周报

主办单位：

刊　　期：1934，2（27）

页　　码：31

58. 题　　名： 中央政令：司法行政部训令（训字第一〇九二号，二十三年四月二日发）：令各省高等法院院长、首席检察官：查法院组织法之施行

作　　者：

关键词：法院组织法

摘　　要：法院组织法之施行，必须各省事先有充分准备，始克收整计划之一效。

期刊名称：法治周报

主办单位：

刊　　期：1934，2（16）

页　　码：29

59. 题　　名： 院部要令：司法行政部训令（训字第四〇六号，二十二年十二月廿六日发）：令各省高等法院院长、首席检察官：行政院第五九一九号训令内开

作　　者：

关键词：取缔不良小报

摘　　要：查中央前次通过的取缔不良小报暂行办法六条、七条系暂行性质，自毋庸修改。至于所称小报系指内容简陋，篇幅短小，专刻琐碎事，而无国内外重要电讯记载的一类报纸。

期刊名称：法治周报

主办单位：

刊　　期：1934，2（3）

页　　码：19

60. 题　　名： 中央政令：司法行政部训令（训字第一四五三号，二十三年五月二日发）：令各省高等法院院长、首席检察官：查本部此次召开促进航业讨论会

作　　者：

关键词：航空

摘　　要：通令全国军政各机关，自后不得再令各轮强书减费或免费载客等业务。

期刊名称：法治周报

主办单位：

刊　　期：1934，2（20）

页　　码：37－38

61. 题　　名： 院部要令：司法行政部训令（训字第三九八七号，二十二年十二月廿日发）：令各省高等法院院长、首席检察官：案准铨叙部甄字第五七八号函开

作　　者：

关键词：著作　留存拓印

摘　　要：此后关于担任人员的著作，已出版的，应上缴一册留存拓印。未出版的，须缴副本以便抽存，所缴著作以中国文为原则，如

系外国文须译成中国文，若篇幅过多，则取其摘要。

期刊名称：法治周报

主办单位：

刊　　期：1934，2（1）

页　　码：42

62. 题　　名：中央政令：司法行政部训令（训字第一四〇八号，二十三年四月二十七日发）：令各省高等法院院长、首席检察官：县长办理盗匪案件考绩暂行条例浙省补充办法（附表）

作　　者：

关 键 词：盗匪　补充办法

摘　　要：县长办理盗匪案件考绩暂行案例浙江省补充办法。

期刊名称：法治周报

主办单位：

刊　　期：1934，2（20）

页　　码：35－37

63. 题　　名：国府院部要令：司法行政部训令（训字第九二二号，二十三年三月十六日发）：令各省高等法院院长、首席检察官：案据交通部呈称：查用政军机关印纸发私事官军电报

作　　者：

关 键 词：电报　电政

摘　　要：取缔私事官军电报，以防阻塞线路，贻误真正要电，也不可用印纸拍发私事官军电报，以维护电政。

期刊名称：法治周报

主办单位：

刊　　期：1934，2（13）

页　　码：34

64. 题　　名：法部颁订各省司法机关支销留院法收办法及动支留院法收一览表式令仰各高院遵照由：司法行政部训令：训令字第一八七一号：令各省高等法院院长、首席检察官

作　　者：

关 键 词：支销　留院法收

摘　　要：兹值二十二年度开始，特再订定支销留院法收办法十二项又

动支留院法收一览表式一份，说明九则。

期刊名称：法治周报

主办单位：

刊　　期：1933，1（28）

页　　码：34－36

65. 题　　名：司法行政部训令：训字第三六六〇号：令各省高等法院院长、首席检察官：查各省区应行编送二十三算度国家岁出入概算

作　　者：

关 键 词：计算　编制

摘　　要：各省应编送二十三年计算，关于编制办法，仍沿用二十二年度收入计算办法。

期刊名称：法治周报

主办单位：

刊　　期：1933，1（50）

页　　码：27－28

66. 题　　名：司法行政部训令（训字第三五五一号，二十二年十一月十六日）：令各省高等法院院长、首席检察官：案奉：行政院本年十五日第三七九号训令内开

作　　者：

关 键 词：展期　废止

摘　　要：惩治盗匪暂行条例施行期满，应否展期，抑予废止等。

期刊名称：法治周报

主办单位：

刊　　期：1933，1（48）

页　　码：29－30

67. 题　　名：法部令知填送委任书记官及监所委任职员资格审查表俸给一栏务须从严核拟填列以资核转由：司法行政部训令（训字第二〇五号）：令各省高等院院长、首席检察官

作　　者：

关 键 词：资格审查

摘　　要：各法院呈送委任书记官及监所委任职员资格审查表，漏填写时，各法院院长、首席检察官应核实。

期刊名称：法治周报

主办单位：

刊　　　期：1933，1（34）

页　　　码：29 - 30

68. 题　　名：法部通令各法院书记官应当庭录供并分别朗读或令当事人阅览署名由：司法行政部训令：（训字第一四九二号，二十二年六月一日）：令各省高等法院院长、首席检察官

作　　　者：

关　键　词：笔录　民诉　刑诉　朗读更正　被告署名

摘　　　要：查审训笔录依现行民、刑诉讼法在民事诉讼应于法庭向关系人朗读或令其阅读，如有异议得为更正或补充，在刑事诉讼中除朗读更正如民诉一样外，并需被告于其陈述记载末行署名或捺指纹。

期刊名称：法治周报

主办单位：

刊　　　期：1933，1（24）

页　　　码：27

69. 题　　名：司法行政部训令（训字第二九四九号廿二年九月廿七日）：令各省高等法院院长、首席检察官：法部为具保责付事项各司法官应加注意通令各高院知照由

作　　　者：

关　键　词：保证金

摘　　　要：凡保释人员须缴纳保证金，金额酌案情定，应适当。并由其他人出具保证书，通令法院不得滥用羁押。

期刊名称：法治周报

主办单位：

刊　　　期：1933，1（41）

页　　　码：28

70. 题　　名：法部为各省司法经费应量入为出统筹支配令各高院遵照由：司法行政部训令：（训字第一九五三号，二十年七月六日）：令各省高等法院院长、首席检察官

作　　　者：

关　键　词：司法经费

摘　　　要：兹值年度开始，特再综合各项有关法令，拟定补救办法，数端如后。

期刊名称：法治周报

主办单位：

刊　　　期：1933，1（29）

页　　　码：34 - 35

71. 题　　名：法部颁订各机关二十一年度司法收入分配数目表令各高院分饬查报由：司法行政部训令：（训字第二一〇六号，二十二年七月十八日）：令各省高等法院院长、首席检察官

作　　　者：

关　键　词：司法收入

摘　　　要：整理计书难以着手，即审编留院法收概算亦无标准，兹值二十一年度终了，特订定各机关二十一年度司法收入分配数目表两种，说明书一份，随令颁发。

期刊名称：法治周报

主办单位：

刊　　　期：1933，1（31）

页　　　码：27

72. 题　　名：法部训令两则：司法行政部训令：（训字第一二二二号，二十二年五月九日）：令各省高等法院院长、首席检察官：为令知事查法院学习候补书记官津贴

作　　　者：

关　键　词：官俸　候补　书记官

摘　　　要：令各省高等法院院长、首席检察官，查法院学习候补书记官津贴暂行规则第四条所采用的，法院书记官官俸暂行条例第十条十字系九字的错误予以更正。

期刊名称：法治周报

主办单位：

刊　　　期：1933，1（21）

页　　　码：14

73. 题　　名：司法行政部训令：（训字第三三六〇号，二十二年十一月三日）：令各省高等法院院长、首席检察官：法部令饬编送二十三年度岁入岁出第一级概算由

作　　　者：

关 键 词：岁入岁出

摘　　　要：预算章程第二十一条载各机关编送各该机关次年度岁入岁出概算书。

期刊名称：法治周报

主办单位：

刊　　　期：1933，1（47）

页　　　码：19－20

74. 题　　　名：司法行政部训令：（训字第三二六号，二十二年十月二三日）：令各省高等法院院长、首席检察官：法部以奉令中央政治会议核定二十一年度各省司法机关留院法收收支概算开单令各高院遵照由

作　　　者：

关 键 词：收支概算

摘　　　要：中央政治会议核定二十一年度各省司法机关留院法收收支概算开单。

期刊名称：法治周报

主办单位：

刊　　　期：1933，1（45）

页　　　码：19－20

75. 题　　　名：司法行政部训令：（训字第三三一〇号，二十二年十月三十日）：令各省高等法院院长、首席检察官：法部令催各省造具动支留院法收一览表呈部注册由

作　　　者：

关 键 词：预算

摘　　　要：关于动支留院法收暂行办法，凡动支留院法收如未经程序，无论所动支款项，是否已编入预算或奉本部核准，都不准核销。

期刊名称：法治周报

主办单位：

刊　　　期：1933，1（47）

页　　　码：19

76. 题　　　名：法部通令嗣后造送各项会计书表册报应如限办理由：司法行政部训令：训字第二六四号（二十二年九月一日）：令各省

高等法院院长、首席检察官

作　　　者：

关 键 词：收支

摘　　　要：各院署监所之收支实况不明，虽欲力图整理，亦若无从着手。兹拟定补救办法三则。

期刊名称：法治周报

主办单位：

刊　　　期：1933，1（37）

页　　　码：25

77. 题　　　名：司法行政部训令：训字第三〇三九号

作　　　者：

关 键 词：考绩表　首席检察官　加具意见

摘　　　要：检察官之考绩表由首席检察官填写并加具意见。该考绩表可用来审查检察官，优异者可优先晋升。

期刊名称：法治周报

主办单位：

刊　　　期：1933，1（42）

页　　　码：27－29

78. 题　　　名：（训字第一四四二号，二十三年四月三十日发）：令各省高等法院院长、首席检察官：据江苏高等法院第二分院院长沈家彝陈送视察江苏全省司法改良意见书内有：各监狱作业本均未发达

作　　　者：

关 键 词：监狱作业　司法收入　严禁挪用

摘　　　要：各监狱作业本均未发达。每月所得余利，自应归入作业基金项下，借某扩充。每月各监由作业余力发补经费之数，应即停止。而各监每月应得余利数目，则仍严定比较考核之法，并限制挪用。一俟作业余利发达，再由高院整数提发。为改良旧监所只用。作业余利，系指作业收入，除去作业一切开支，及应扩充作业款项而言。以作业余利，作为司法收入，弥补地方司法经费之不足，本

属可行。唯查各监狱作业基金，均极微薄，恒赖作业收入，以为周转。即于作业前途，大有影响。嗣后作业收入，除一应开支外，应悉数作为扩充作业之需。并严禁挪用基金，以免影响作业前途。一俟作业发达，余利较多，再由高院列入预算，发作改良旧监所之用。

期刊名称：法治周报

主办单位：

刊　　期：1934，2（20）

页　　码：37

79. 题　　名：（训字第一一六四号，二十三年四月七日发）：令各省高等法院院长、首席检察官：案据铁道部呈称，案据津浦铁路管理委员会呈，据该路工会理事会呈，以该路沿线

作　　者：

关 键 词：铁路警察　拘提逮捕　军警机关　路警会

摘　　要：国有各铁路均设有铁路警察，在铁路线区域以内，行使警察职权，与地方警察无异。凡铁路职工在铁路各局段站场所及沿线执行职务时，如地方政军警机关因案径行拘提，未及派人承替，必至贻误业务，关系甚钜。为安全计，遇有以上情形，似应由地方政军警机关，通知路局主管长官，饬路警会同办理，不得径行逮捕，以免妨害公务，至职工等在铁路线区域以外，因案被逮，应俟讯悉后通知路以资接洽，而维交通。

期刊名称：法治周报

主办单位：

刊　　期：1934，2（17）

页　　码：29－30

80. 题　　名：司法行政部训令（训字第四一二三号，二十二年十二月三十日发）：令各省高等法院院长、首席检察官：查各省法院及检察处

作　　者：

关 键 词：首席检察官　缮状处

摘　　要：司法行政部训令各省高等法院，查各省法院及检察处对该地缮状处或其他类似机构，有无非法行为，并切实整顿。

期刊名称：法治周报

主办单位：

刊　　期：1934，2（3）

页　　码：23

81. 题　　名：司法行政部训令（训字第一〇七五号，二十六年二月十八日发）：令法医研究所所长、最高法院检察署检察长等：为公务员代表其机关出席任何委员会或其他组织

作　　者：

关 键 词：最高法院检察署　检察长　公费开支

摘　　要：司法行政部训令法医研究所、最高法院检察署等，公务员代表其机关出席任何委员会或其他组织，不得接受出席费或其他类似费用。

期刊名称：法治周报

主办单位：

刊　　期：1937，复刊1（42）

页　　码：9－10

82. 题　　名：法部通令各法院凡情节轻微之偶发犯不宜轻于羁押检察官并注意不起诉等情由：司法行政部训令：训字第一四八三号（二十二年五月三十日）：令各省高等法院院长、首席检察官

作　　者：

关 键 词：首席检察官　偶发犯　羁押　不起诉

摘　　要：司法行政部训令各省高等法院，凡情节轻微之偶发犯不宜轻于羁押，检察官应予注意。

期刊名称：法治周报

主办单位：

刊　　期：1933，1（24）

页　　码：26－27

83. 题　　名：司法行政部训令（训字第二六一八号，二十六年四月三十日

发）：令最高法院检察署检察
长、首都地方法院院长、首席
检察官等；令发暂行法官及其
他司法人员官等官俸表施行后
旧有人员叙俸办法

作　　者：

关 键 词：司法人员　俸给

摘　　要：各级法院法官及其他司法人员
官俸表施行后，旧有人员俸给
依照新表执行。

期刊名称：法治周报

主办单位：

刊　　期：1937，复刊 1（51）

页　　码：22－24

84.题　　名：司法行政部训令（训字第一六
○七号，二十六年三月十九日
发）：令首都地方法院首席检察
官（江苏除外）、各省高等法院
首席检察官等：抄发上海地检
处申告铃使用暂行规则仰转饬
各地方法院检察处斟酌做行由

作　　者：

关 键 词：申告铃　告诉　自首

摘　　要：各地方法院如能学习上海地方
法院设置申告铃的做法，必定
有利于人民告诉，因此决定在
各地推行此法，制定申告铃适
用暂行规则。

期刊名称：法治周报

主办单位：

刊　　期：1937，复刊 1（45）

页　　码：23－24

85.题　　名：司法行政部训令（训字第一三
九八号，二十六年三月四日
发）：令最高法院检察署检察
长、首都地方法院院长、首席
检察官等：为奉派人员，应依
规定程限赴任或转任，不得借
故请假，违则撤免仰遵照并饬
属遵照由

作　　者：

关 键 词：司法官员　赴任　专任　逗留

摘　　要：赴任专任司法官员不得借故逗
留，误旷公务。

期刊名称：法治周报

主办单位：

刊　　期：1937，复刊 1（42）

页　　码：17－18

86.题　　名：司法行政部训令（训字第六五
二号，二十六年二月一日发）：
令最高法院检察署检察长、首
都地方法院院长、首席检察官：
令知法官补送审查办法已准铨
叙部咨复展期半年仰遵照由

作　　者：

关 键 词：最高法院检察署检察长　首席
检察官　法官补送审查办法
延期

摘　　要：司法行政部训令最高法院检察
署检察长和首都地方法院等，
《法官补送审查办法》施行期
限即将届满，但未能及时送审
者居多，特此将办法的施行期
限延展半年。

期刊名称：法治周报

主办单位：

刊　　期：1937，复刊 1（39）

页　　码：13－14

87.题　　名：司法行政部训令（训字第三八
四号，二十六年一月二十日
发）：令首都地方法院院长、首
席检察官、各省高等法院院长、
首席检察官：令各法院嗣后造
报检察处月表仍应遵照本部一
八二九号及三三一八号两令办
理由

作　　者：

关 键 词：检察处　刑事案件月报表　检
察官检举

摘　　要：司法行政部训令各省法院，各
法院检察处刑事案件月报表中，
如有检察官自行检举犯罪，应
将其件数和案由及结果等详细
列明。

期刊名称：法治周报

主办单位：

刊　　期：1937，复刊 1（36）

页　　码：19

88.题　　名：司法行政部训令（训字第一二
七六号，二十六年二月二十六
日发）：令最高法院检察署检察
长、首都地方法院院长、首席

检察官等：令知行政诉讼法修正后关于被告官署规定适用办法并仰转饬所属知照由

作　　者：

关 键 词：行政诉讼法

摘　　要：司法行政部转发司法院就行政诉讼法修正后法律的适用问题的训令。

期刊名称：法治周报

主办单位：

刊　　期：1937，复刊 1（42）

页　　码：12 - 13

89. 题　　名：司法行政部训令（训字第一三一四号，二十六年三月一日发）：令最高法院检察署检察长、首都地方法院院长、首席检察官等：为西班牙人民被诉民刑事件各主管司法机关，应即依法受理，通令遵照，并饬属遵照由

作　　者：

关 键 词：最高法院检察署　西班牙民刑案件

摘　　要：司法行政部训令最高法院检察署等，西班牙人民被诉民事刑事案件各主管机关，应即依法受理，并随时报部备查。

期刊名称：法治周报

主办单位：

刊　　期：1937，复刊 1（42）

页　　码：17

90. 题　　名：司法行政部训令（训字第一三九八号，二十六年三月四日发）：令最高法院检察署检察长，首都地方法院院长、首席检察官等：为奉派人员，应依规定程限赴任或转任，不得借故请假，违则撤免仰遵照并饬属遵照由

作　　者：

关 键 词：最高法院检察署　司法官赴任　请假

摘　　要：司法行政部训令最高法院检察署等，奉派人员，应依规定程限赴任或转任，不得借故请假，违则撤免。

期刊名称：法治周报

主办单位：

刊　　期：1937，复刊 1（42）

页　　码：16

91. 题　　名：司法院指令：院字第一六一三号（二六，一，十一）：令署浙江高等法院首席检察官宋孟年：二十三年十二月二十五日郑前首席检察官呈一件据丽水分院首席检察官转请解释刑事侦查中被告羁押期间计算疑义由

作　　者：

关 键 词：羁押期间　被告自由　更新

摘　　要：羁押期间之限制，原为保护被告自由而设置，不得因为被告更调而更新羁押时间。

期刊名称：法治周报

主办单位：

刊　　期：1937，复刊 1（42）

页　　码：20

92. 题　　名：司法行政部训令（训字第一三○二号，二十六年三月一日发）：令最高法院检察署检察长、首都地方法院院长、首席检察官等：准铨叙部咨复解释考绩法规疑义一案令仰知照由

作　　者：

关 键 词：最高法院检察署　公务员考绩法

摘　　要：司法行政部训令最高法院检察署等，就公务员考绩法施行细则疑问进行解释。

期刊名称：法治周报

主办单位：

刊　　期：1937，复刊 1（42）

页　　码：15 - 16

93. 题　　名：司法行政部训令（训字第二六○八号，二十五年五月二十九日发）：令最高法院检察署检察长、首都地方法院院长、首席检察官等：案查我国迩来各项法典，业已次第公布施行

作　　者：

关 键 词：最高法院检察署检察长　首席检察官　法律效果

摘　　要：司法行政部训令最高法院检察署检察长和首都地方法院等，建国以来各项法典次第公布，各法院推检运用法律，因此对于法律执行效果和社会期待效果多有经验，不妨将经验转呈本部，供司法院法规研究委员会参考。

期刊名称：法治周报

主办单位：

刊　　期：1936，复刊1（2）

页　　码：19

94. 题　　名：司法行政部指令（指字第二九八〇号二十六年二月六日）：令署江苏高等法院首席检察官孙鸿霖：二十六年一月二十七日第五四九号呈一件呈报上海地院检察处设置申告铃专备人民词告

作　　者：

关 键 词：首席检察官　检察处　申告铃　言词告诉

摘　　要：司法行政部指令江苏高等法院首席检察官，呈件收悉，查上海地方法院检察处为方便人民言词告发、告诉及自首，特设置申告铃，自属可行。但是依照刑事诉讼法，告诉、告发或自首应以书状或言词向检察官为之。

期刊名称：法治周报

主办单位：

刊　　期：1937，复刊1（45）

页　　码：24－25

95. 题　　名：司法行政部训令（训字第六八〇号，二十六年二月二日发）：令各省高等法院院长、首席检察官、江苏高等法院第二、三分院院长、首席检察官：令发各级法院司法官调查表，仰依式调查遵限呈报由

作　　者：

关 键 词：高等法院　推检　调查表

摘　　要：司法行政部训令各省高等法院等，为方便本部办理各级法院司法官登记，各级法院推检应

根据定式填表并附照片，送交各所属高等法院专管。

期刊名称：法治周报

主办单位：

刊　　期：1937，复刊1（39）

页　　码：15

96. 题　　名：司法行政部训令（训字第二三六四号，二十三年七月十二日发）：令各省高等法院院长、首席检察官：案查各省高等法院院长首席检察官，对于所属现任法官人员，如认为有改调他省必要时

作　　者：

关 键 词：高等法院院长　首席检察官　司法官派任

摘　　要：司法行政部训令各省高等法院等，高等法院院长和首席检察官认为现任司法官员有改调他省必要时，可以呈部令调，所遗员缺本部指令派调，各省不得指明请派。

期刊名称：法治周报

主办单位：

刊　　期：1934，2（30）

页　　码：33

97. 题　　名：司法行政部训令（训字第二五四号，二十六年一月十四日）：令本部直辖第二监狱典狱长、最高法院检察署检察长等：奉令为奉国府令抄发修正公务员考绩法施行细则及表暨须知等件一案通令知照由

作　　者：

关 键 词：最高法院检察署　检察长　公务员考绩施行细则　修正

摘　　要：司法行政部训令最高法院检察署检察长等，现将公务员考绩施行细则酌加修订，通令遵行。

期刊名称：法治周报

主办单位：

刊　　期：1937，复刊1（36）

页　　码：17

98. 题　　名：司法行政部训令（训字第五八〇号，二十六年一月二十七日发）：令首都地方法院院长、首

席检察官、各省高等法院院长、首席检察官等：令饬各法院于举行纪念周时应讲读总理遗教并饬曾经受训人员应轮流担任报告由

作　　者：

关 键 词：总理纪念周　受训法官

摘　　要：司法行政部训令，各院调京受训法官返回原职者，应于总理纪念周上报告五次以上。

期刊名称：法治周报

主办单位：

刊　　期：1937，复刊 1（39）

页　　码：12

99. 题　　名：司法行政部训令（训字第二〇九二号，二十六年四月十二日发）：令首都地方法院院长、首席检察官、各省高等法院院长、首席检察官等：令知司法官临时叙补办法施行程序暨日期仰遵照由

作　　者：

关 键 词：首席检察官　司法官叙补办法

摘　　要：司法行政部指令首都地方法院及各省高等法院等，呈件收悉，所附《司法官临时叙补办法》各条大致妥当，现抄发各法院，令行遵守。

期刊名称：法治周报

主办单位：

刊　　期：1937，复刊 1（48）

页　　码：20 - 21

100. 题　　名：法部奉行政院令准铨叙部函为公务员任用资格审查表拟叙等级俸级应：司法行政部训令：训字第二六二五号（二十二年九月一日）：令各省高等法院院长、首席检察官

作　　者：

关 键 词：首席检察官　公务员任用资格审查表

摘　　要：司法行政部训令各省高等法院，奉行政院令关于各机关公务员任用资格审查表拟叙等级俸级应详细填写，以咨核办。

期刊名称：法治周报

主办单位：

刊　　期：1933，1（37）

页　　码：25 - 26

101. 题　　名：院部要令：司法行政部训令（训字第三九五四号，二十二年十二月十六日）：令各省高等法院院长、首席检察官：国民政府主计处岁字第六七六号公函开

作　　者：

关 键 词：首席检察官　预算表

摘　　要：司法行政部训令各省高等法院，按照预算章程规定十一月三十日之前各机关应编制次年度入岁出概算书。

期刊名称：法治周报

主办单位：

刊　　期：1934，2（1）

页　　码：41

102. 题　　名：司法行政、内政部训令：令各省高等法院院长、首席检察官：司法内政两部令行转饬填报关于办理指纹应行报告各点由

作　　者：

关 键 词：首席检察官　指纹

摘　　要：司法行政部、内政部训令各省高等法院，关于转发办理指纹应行报告各点的规定。

期刊名称：法治周报

主办单位：

刊　　期：1933，1（44）

页　　码：25 - 26

103. 题　　名：训字第三〇二八号（二十二年十月六日）：令各省高等法院院长、首席检察官：法部通令转饬不得任意保释政治犯由

作　　者：

关 键 词：首席检察官　政治犯　保释　反省院条例

摘　　要：司法行政部训令各省高等法院院长和首席检察官，政治犯依照《修正反省院条例》办理，不得任意保释。

期刊名称：法治周报

主办单位：

刊　　　期：1933，1（42）
页　　　码：27

（五）法界新闻

1. 题　　　名：西班牙女子得任检察官
　　作　　　者：
　　关 键 词：西班牙　女子　检察官
　　摘　　　要：西班牙女子得在满足一定条件
　　　　　　　　下，任检察官。
　　期刊名称：法治周报
　　主办单位：
　　刊　　　期：1933，1（29）
　　页　　　码：32

2. 题　　　名：法海轮回：二、本社社员动静消
　　　　　　　　息：派董雅儒署河南开封地方法
　　　　　　　　院检察官此令
　　作　　　者：
　　关 键 词：检察官
　　摘　　　要：董雅儒署河南开封地方法院检
　　　　　　　　察官。
　　期刊名称：法治周报
　　主办单位：
　　刊　　　期：1934，2（10）
　　页　　　码：39

3. 题　　　名：法海轮回：二、本社社员动静消
　　　　　　　　息：孟洲调充江苏江都地方分院
　　　　　　　　候补检察官
　　作　　　者：
　　关 键 词：候补检察官
　　摘　　　要：孟洲调充江苏江都地方分院候
　　　　　　　　补检察官。
　　期刊名称：法治周报
　　主办单位：
　　刊　　　期：1934，2（33）
　　页　　　码：40

4. 题　　　名：立陶宛禁公诉员入党
　　作　　　者：
　　关 键 词：立陶宛　公诉员　司法不党
　　摘　　　要：立陶宛政府颁布新律，禁止法官
　　　　　　　　或公共起诉员，加入任何政党或
　　　　　　　　从事政治工作。
　　期刊名称：法治周报
　　主办单位：
　　刊　　　期：1933，1（38）
　　页　　　码：10

5. 题　　　名：沪美领驾车碾毙毛小龙案由驻华
　　　　　　　　法庭检察官侦查

　　作　　　者：
　　关 键 词：美国领事　交通肇事案　驻华法
　　　　　　　　庭　检察官　侦查
　　摘　　　要：沪美领驾车碾毙毛小龙案，由外
　　　　　　　　交部向美国公使交涉后，由美使
　　　　　　　　移交驻华法庭检察官侦查，并请
　　　　　　　　江苏省政府予以协助。
　　期刊名称：法治周报
　　主办单位：
　　刊　　　期：1934，2（14）
　　页　　　码：23－24

6. 题　　　名：最高法院纪念周郑检察长报告
　　作　　　者：
　　关 键 词：最高法院　检察长　故宫舞弊案
　　摘　　　要：最高法院检察长就故宫舞弊案进
　　　　　　　　行报告。
　　期刊名称：法治周报
　　主办单位：
　　刊　　　期：1933，1（45）
　　页　　　码：31－35

7. 题　　　名：本社社员动静消息：张凤藻派充
　　　　　　　　湖南岳阳县法院学习检察官
　　作　　　者：
　　关 键 词：检察官　任命
　　摘　　　要：张凤藻派充湖南岳阳县法院学习
　　　　　　　　检察官。
　　期刊名称：法治周报
　　主办单位：
　　刊　　　期：1933，1（44）
　　页　　　码：38

8. 题　　　名：本社社员动静消息：派陈如翼充安
　　　　　　　　徽寿县地方分院候补检察官
　　作　　　者：
　　关 键 词：候补检察官　任命
　　摘　　　要：派陈如翼充安徽寿县地方分院候
　　　　　　　　补检察官。
　　期刊名称：法治周报
　　主办单位：
　　刊　　　期：1933，1（13）
　　页　　　码：34

9. 题　　　名：法海轮回：二、本社社员动静消
　　　　　　　　息：李英派署湖北荆门分院首席
　　　　　　　　检察官
　　作　　　者：
　　关 键 词：首席检察官　任命
　　摘　　　要：李英派署湖北荆门分院首席检

察官。

期刊名称：法治周报

主办单位：

刊　　期：1934，2（8）

页　　码：40

10. 题　　名：本社社员动静消息：李启慧派署山东临沂地方分检察官

作　　者：

关键词：检察官　任命

摘　　要：李启慧派署山东临沂地方分检察官。

期刊名称：法治周报

主办单位：

刊　　期：1933，1（51）

页　　码：38

11. 题　　名：大事小记：二、大案调查录：金树仁危害民国等情一案业经江苏高等法院检察官提起公诉

作　　者：

关键词：检察官　公诉

摘　　要：大案调查录中报告，金树仁危害民国等情一案业经江苏高等法院检察官提起公诉。

期刊名称：法治周报

主办单位：

刊　　期：1934，2（7）

页　　码：37

12. 题　　名：一、大员起居注：最高法院检察署检察长郑烈

作　　者：

关键词：最高法院检察署　检察长　首席检察官

摘　　要：最高法院检察署检察长郑烈到赣后，新任江西高等法院首席检察官陪同视察。

期刊名称：法治周报

主办单位：

刊　　期：1934，2（5）

页　　码：37

13. 题　　名：一、大员起居注：最高法院检察署检察长郑烈公毕返京

作　　者：

关键词：最高法院检察署　检察长

摘　　要：最高法院检察署检察长郑烈公毕返京。

期刊名称：法治周报

主办单位：

刊　　期：1934，2（6）

页　　码：37

14. 题　　名：郑烈考察赣省法院检察处

作　　者：

关键词：最高法院检察署　检察长　检察处

摘　　要：最高法院检察署检察长郑烈考察赣省法院检察处，一周后即返回南京。

期刊名称：法治周报

主办单位：

刊　　期：1934，2（5）

页　　码：14

15. 题　　名：最高法院纪念周郑检察长报告

作　　者：

关键词：最高法院检察署　检察长　改进　检察制度　法治

摘　　要：九月二十五日，最高法院举行纪念周，郑检察长报告改进检察制度及有关法治各点。

期刊名称：法治周报

主办单位：

刊　　期：1933，1（40）

页　　码：31－32

16. 题　　名：大事小记：一、湖北高等法院首席检察官钱谦因公入京旋即返任

作　　者：

关键词：湖北高等法院　首席检察官

摘　　要：湖北高等法院首席检察官钱谦因公入京旋即返任。

期刊名称：法治周报

主办单位：

刊　　期：1934，2（30）

页　　码：39

17. 题　　名：本社社员动静消息：吴必达（湖北各地方法院候补检察官）调在湖北黄陂地方分院办事

作　　者：

关键词：候补检察官

摘　　要：吴必达（湖北各地方法院候补检察官）调在湖北黄陂地方分院办事。

期刊名称：法治周报

主办单位：

刊　　　期：1933，1（46）

页　　　码：38

18. 题　　　名：本社社员动静消息：赵傅家派充江苏各地方法院候补检察官

作　　　者：

关　键　词：候补检察官

摘　　　要：赵傅家派充江苏各地方法院候补检察官。

期刊名称：法治周报

主办单位：

刊　　　期：1933，1（42）

页　　　码：38

19. 题　　　名：法海轮回：二、本社社员动静消息：杨德麟调充江苏各地方法院候补检察官

作　　　者：

关　键　词：候补检察官

摘　　　要：杨德麟调充江苏各地方法院候补检察官。

期刊名称：法治周报

主办单位：

刊　　　期：1934，2（6）

页　　　码：39

20. 题　　　名：本社社员动静消息：斐树德派署山西太原地方法院检察官

作　　　者：

关　键　词：检察官

摘　　　要：斐树德派署山西太原地方法院检察官。

期刊名称：法治周报

主办单位：

刊　　　期：1933，1（48）

页　　　码：39

21. 题　　　名：法海轮回：二、本社社员动静消息：许介人调署河北天津地方法院检察官

作　　　者：

关　键　词：检察官

摘　　　要：许介人调署河北天津地方法院检察官。

期刊名称：法治周报

主办单位：

刊　　　期：1934，2（32）

页　　　码：40

22. 题　　　名：法讯：（二）本会会员动态：甲、司法官：沈兆铭署江苏淮阴地方法院检察官

作　　　者：

关　键　词：检察官

摘　　　要：沈兆铭署江苏淮阴地方法院检察官。

期刊名称：法治周报

主办单位：

刊　　　期：1937，复刊1（37）

页　　　码：32

23. 题　　　名：法海轮回：二、本社社员动静消息：甲、司法官：周经邦调充湖北宜昌地方法院候补检察官

作　　　者：

关　键　词：候补检察官

摘　　　要：周经邦调充湖北宜昌地方法院候补检察官。

期刊名称：法治周报

主办单位：

刊　　　期：1934，2（17）

页　　　码：40

24. 题　　　名：本社社员动静消息：汤汝修派充江苏吴县地方法院候补检察官

作　　　者：

关　键　词：候补检察官

摘　　　要：汤汝修派充江苏吴县地方法院候补检察官。

期刊名称：法治周报

主办单位：

刊　　　期：1933，1（15）

页　　　码：38

25. 题　　　名：法讯：（二）本会会员动态：甲、司法官：江苏各地方法院候补检察官罗笃志

作　　　者：

关　键　词：候补检察官

摘　　　要：江苏各地方法院候补检察官罗笃志调部办事在刑事司服务。

期刊名称：法治周报

主办单位：

刊　　　期：1937，复刊1（36）

页　　　码：32

26. 题　　　名：本社社员动静消息：牛连汉（湖北各地方法院候补检察官）调在湖北武穴地方分院办事

作　　　者：

关 键 词：候补检察官

摘　　要：牛连汉（湖北各地方法院候补检察官）调在湖北武穴地方分院办事。

期刊名称：法治周报

主办单位：

刊　　期：1933，1（35）

页　　码：39

27. 题　　名：法海轮回：二、本社社员动静消息：李金镜派署河南商邱县法院检察官

作　　者：

关 键 词：候补检察官

摘　　要：本社社员动静消息：李金镜派署河南商邱县法院检察官。

期刊名称：法治周报

主办单位：

刊　　期：1933，1（52）

页　　码：37

28. 题　　名：本社社员动静消息：杜家声调派充江苏吴县地方法院候补检察官

作　　者：

关 键 词：候补检察官

摘　　要：杜家声调派充江苏吴县地方法院候补检察官。

期刊名称：法治周报

主办单位：

刊　　期：1933，1（38）

页　　码：37

29. 题　　名：法海轮回：二、本社社员动静消息：徐式章派充湖北各地方法院候补检察官

作　　者：

关 键 词：候补检察官

摘　　要：徐式章派充湖北各地方法院候补检察官。

期刊名称：法治周报

主办单位：

刊　　期：1934，2（27）

页　　码：38

30. 题　　名：本社社员动静消息：孟庭柯（江苏各地方法院候补检察官）调回江苏江宁地方法院办事

作　　者：

关 键 词：候补检察官　调任

摘　　要：孟庭柯（江苏各地方法院候补检察官）调回江苏江宁地方法院办事。

期刊名称：法治周报

主办单位：

刊　　期：1933，1（23）

页　　码：38

31. 题　　名：法海轮回：二、本社社员动静消息：甲、司法官：黄景柏调署山东滕县地方分庭检察官

作　　者：

关 键 词：检察官

摘　　要：黄景柏调署山东滕县地方分庭检察官。

期刊名称：法治周报

主办单位：

刊　　期：1934，2（18）

页　　码：40

32. 题　　名：法海轮回：二、本社社员动静消息：甲、司法官：朱巍然派署山东济南地方法院检察官

作　　者：

关 键 词：检察官

摘　　要：朱巍然派署山东济南地方法院检察官。

期刊名称：法治周报

主办单位：

刊　　期：1934，2（16）

页　　码：40

33. 题　　名：大事小记：一、大员起居注：甘肃高等法院首席检察官许逢时病故遗缺部派林超南接署

作　　者：

关 键 词：首席检察官　遗缺

摘　　要：甘肃高等法院首席检察官许逢时病故遗缺部派林超南接署。

期刊名称：法治周报

主办单位：

刊　　期：1934，2（13）

页　　码：37

34. 题　　名：胡诒谷调任苏高院检察官

作　　者：

关 键 词：检察官　任命

摘　　要：胡诒谷调任苏高院检察官。

期刊名称：法治周报

主办单位：

刊　　　期：1933，1（33）

页　　　码：38

35. 题　　　名：司法经验录：署江苏高等法院首席检察官祝谏（中华民国二十二年十二月）

作　　　者：

关　键　词：首席检察官　司法经验

摘　　　要：司法行政部训令江苏高等法院首席检察官，办理司法事务经验与学识并重，如能将各司法官员的经验集结汇编，必将对后来者大有裨益。现特制定征集各省司法经验。

期刊名称：法治周报

主办单位：

刊　　　期：1934，2（6）

页　　　码：35－36

（六）法律文书

1. 题　　　名：江苏高等法院检察官起诉书

作　　　者：

关　键　词：江苏高等法院　检察官　公诉　起诉书

摘　　　要：金树仁案经江苏高等法院检察官沈秉谦二次赴京侦查完毕现提起公诉。起诉书原文附后。

期刊名称：法治周报

主办单位：

刊　　　期：1934，2（9）

页　　　码：21－26

2. 题　　　名：江苏上海第二特区地方法院检察官起诉书（二十一年度侦字第二四号）

作　　　者：

关　键　词：检察官　起诉书　渎职罪

摘　　　要：江苏上海第二特区地方法院检察官起诉被告犯渎职罪，现依法提起公诉，并附起诉书。

期刊名称：法治周报

主办单位：

刊　　　期：1933，1（10）

页　　　码：31－32

（七）司法院训令

1. 题　　　名：司法院指令：院字第八八六号（二十二年四月二十二日）：令署湖北高等法院首席检察官钱谦：为令知事该首席检察官呈最

高法院检察署

作　　　者：

关　键　词：首席检察官　妨害家庭罪

摘　　　要：父母合意价卖其未成年子女不成立妨害家庭罪。

期刊名称：法治周报

主办单位：

刊　　　期：1933，1（20）

页　　　码：13

2. 题　　　名：司法院训令：院字第九四二号（二十二年七月二十二日）：令署福建高等法院首席检察官林炳勋：为令知事该首席检察官呈最高法院检察署……：附最高法院检察署函

作　　　者：郑烈

关　键　词：首席检察官　侦查终结　不起诉处分　声请再议　羁押日期

摘　　　要：刑事案件经侦查终结为不起诉处分后，因声请再议而发回继续侦查的，其羁押天数应另行计算。

期刊名称：法治周报

主办单位：

刊　　　期：1933，1（33）

页　　　码：10－11

3. 题　　　名：司法院训令：院字第一〇四一号（二十三年二月十三日）：令代理广西高等法院首席检察官陈锡瑚：为令知事，该首席检察官呈最高法院检察署，为苍梧地方法院检察官转请解释

作　　　者：

关　键　词：自诉人　传唤　撤回自诉

摘　　　要：自诉人为当事人之一，审判时应出庭，经传唤一二次后仍不到案，其后仍应以其陈述为裁判，不得以自诉人撤回自诉论。

期刊名称：法治周报

主办单位：

刊　　　期：1934，2（11）

页　　　码：17－18

4. 题　　　名：司法院指令：院字第一〇四〇号（二十三年二月十三日）：令署浙江高等法院首席检察官郑畋：呈据江山县法院检察官转请解

释缓刑期内保证金疑义由

作　　者：

关 键 词：首席检察官　缓刑期　保证金

摘　　要：被告于侦查或审判期间所缴纳的保证金，在判决宣告缓刑后，保证金应予返还。

期刊名称：法治周报

主办单位：

刊　　期：1934，2（11）

页　　码：16－17

5. 题　　名：司法院训令：院字第九二〇号（二十二年六月六日）：令署青海高等法院首席检察官赵生谟：为令知事该首席检察官呈

作　　者：

关 键 词：首席检察官　初判　二审　覆判程序　无效

摘　　要：初判判决既经被告依法上诉，应由上诉法院进行第二审审判，依覆判程序作出的判决自属无效。

期刊名称：法治周报

主办单位：

刊　　期：1933，1（28）

页　　码：13

6. 题　　名：司法院训令：院字第一〇〇一号（二十二年十一月九日）：令署湖南高等法院首席检察官曹瀛：为令知事该首席检察官

作　　者：

关 键 词：首席检察官　人民告发　公务员　吸毒　刑诉法

摘　　要：司法院训令湖南高等法院首席检察官，各级法院检察官受理人民告发公务员吸食鸦片案件，应依刑诉法相关规定办理，不受公务员调验规则约束。

期刊名称：法治周报

主办单位：

刊　　期：1933，1（49）

页　　码：19

7. 题　　名：司法院指令：院字第九二三号（二十二年六月六日）：令署安徽高等法院首席检察官王树荣：呈为芜湖地方法院首席检察官转请解释移转管辖程序疑义由

作　　者：

关 键 词：管辖权移转　当事人声请　首席检察官

摘　　要：法院管辖权之指定或移转不以当事人声请为依据。

期刊名称：法治周报

主办单位：

刊　　期：1933，1（28）

页　　码：15

8. 题　　名：司法院快邮代电：院字第九三九号（二十二年七月十九日）：山东高等法院胡首席检察官览……：附最高法院检察署公函

作　　者：郑烈

关 键 词：赃物　典质　变卖

摘　　要：将赃物典质或者变卖所得的金钱均视为赃物。

期刊名称：法治周报

主办单位：

刊　　期：1933，1（32）

页　　码：12

9. 题　　名：司法院指令：院字第一〇一八号（二十三年一月十二日）：令署河南高等法院首席检察官傅廷桢：呈据开封地方法院首席检察官转请解释公务员犯罪后充任军佐审判管辖疑义由

作　　者：

关 键 词：公务员　普通刑法　管辖疑义　普通法院

摘　　要：公务员在任官任役前犯普通刑法之罪，应归法院审判。

期刊名称：法治周报

主办单位：

刊　　期：1934，2（6）

页　　码：19－20

10. 题　　名：司法院指令：院字第九四四号（二十二年七月二十二日）：令署安徽高等法院首席检察官王树荣：呈为第二分院首席检察官转请解释刑法第七十四条疑义由：附原呈

作　　者：王树荣

关 键 词：一行为　数法益　刑法法条

摘　　要：一行为侵犯数个法益，虽所犯均为同一罪名，仍适用刑法第七十四条。

期刊名称：法治周报

主办单位：

刊　　期：1933，1（33）

页　　码：11－12

11. 题　　名：司法院训令：院字第一〇一六号（二十三年一月十二日）：令署湖北高等法院首席检察官钱谦：为令知事

作　　者：

关键词：声请再议　伪证罪　首席检察官　告发　不起诉处分

摘　　要：声请再议的，依法既以告诉人为限。而伪证罪所侵害的法益是国家的审判权，故被伪证人向检察官申告的，仅居告发人的地位，对于不起诉处分，不能声请再议。

期刊名称：法治周报

主办单位：

刊　　期：1934，2（6）

页　　码：18－19

（八）最高法院通缉令

1. 题　　名：最高法院检察署令，通缉易培基：藏匿无迹迄今无从归案，严缉务获归案

作　　者：

关键词：最高法院检察署　首席检察官　故宫舞弊案　通缉

摘　　要：最高法院检察署通令全国各高等法院首席检察官，故宫博物院院长易培基侵占及妨害公务等罪已经侦查完毕提起公诉。查易培基无从拘获，现填发通缉令严加缉拿。

期刊名称：法治周报

主办单位：

刊　　期：1934，2（2）

页　　码：4

2. 题　　名：检察署严缉李宗侗：故宫舞弊案涉侵占嫌疑，通令各省一体严缉归案

作　　者：

关键词：最高法院检察署　首席检察官　故宫舞弊案　通缉

摘　　要：最高法院检察署训令各省高等法院首席检察官，故宫舞弊案

涉案人员李宗侗涉嫌侵占罪，现李逃匿，通令各省一体严缉归案。

期刊名称：法治周报

主办单位：

刊　　期：1934，2（6）

页　　码：28

三十、法治旬刊

期刊简介：

1934 年 1 月在南京出版，由中国法治励行社主办并发行。其发刊词曰："本社诸同志盱衡时局，审察社会，鉴诸环境，揆度需要，始有本刊之发行。然则今日之中国，极为需要者何耶？……际兹内忧外患纷起迭乘之时，需要之重且大者莫过法治。"该刊主要研讨法律问题，刊登司法解释，法治论著和译述，记载政府依法颁布之文告，政府各机关有关法治事实之讨论决议，记述国际法治谈判之经过，政府及各机关新颁法律规章，内外事实调查所得之真相，中国法治励行社专件，有关法治之特别文件等。

命令

1. 题　　名：任命徐慕尹试署浙江高等法院第一分院检察处书记官此令

作　　者：

关键词：任命令

摘　　要：任命徐慕尹试署浙江高等法院第一分院检察处书记官。

期刊名称：法治旬刊

主办单位：

刊　　期：1934，1（3）

页　　码：24－25

2. 题　　名：（训字第三九九一号）：令各省高等法院院长、各省高等法院首席检察官：案准内政部民字第二七九六号咨以青海省增设囊谦县一案

作　　者：

关键词：青海省　囊谦县

摘　　要：青海省增设囊谦县一案，奉令核准。

期刊名称：法治旬刊

主办单位：

刊　　期：1934（1）

页　　码：34

3. 题　　名：（训字第四〇五九号）：令各省高

等法院院长、各省高等法院首席检察官：查法院文卷保存期限规程

作　　者：

关键词：法院文卷保存期限规程　施行

摘　　要：法院文卷保存期限规程，业经本部制定公布，应即通饬施行，兹将该规程条文，随令抄发，仰即遵照。

期刊名称：法治旬刊

主办单位：

刊　　期：1934（1）

页　　码：31

4. 题　　名：训字第四〇四七号：令各省高等法院院长、各省高等法院首席检察官：查法院组织法施行以前，各该院应行准备事宜

作　　者：

关键词：法院及配置改组　各院员额

摘　　要：增设法院及配置改组后各院员额时，尚应注意下项：一、不设学习推检员额；二、少设后补推检员额；三、切实核减检察官员额；四、高分院推检，得以高等本院或地院推检兼任，或令临时代理；五、高分院应尽量增设，其与地院同置一处者，如经费不敷时，两院行政事务，得合并办理，其期节省。书记长官，书记官，录事及员警丁役等，均可兼办两院事务，高分院及地院院长，亦可兼任；六、分置民刑庭之高分院及地院，院长应兼庭长，其不设庭者，院长应兼推事，首席检察官应分配案件；七、执达员及司法警察薪饷，应按切实各地方实际生活程度拟定。

期刊名称：法治旬刊

主办单位：

刊　　期：1934（1）

页　　码：29－30

5. 题　　名：（训字第四〇四八号）：令各省高等法院院长、各省高等法院首席检察官：案查颁发勋章条例业经国民政府公布施行并通令饬遵

在案

作　　者：

关键词：颁发勋章条例　主席佩戴

摘　　要：国民政府训令，以该条例经立法院决议通过，并议决此项勋章，除得赠各国元首及官民外，在国难期间，只国民政府主席，得予佩戴。

期刊名称：法治旬刊

主办单位：

刊　　期：1934（1）

页　　码：29

6. 题　　名：（训字第四〇六六号）：令各省高等法院院长、各省高等法院首席检察官：案奉行政院第五九一九号训令内开：案查前据内政部呈请将审定小报标准

作　　者：

关键词：小报标准　小报范围　取缔不良小报暂行办法

摘　　要：呈请将审定小报标准，讯赐解释或可否改为取缔不良报纸暂行办法，转饬令遵，经函请中央执行委员会秘书处查明陈核办在案兹准，查中央前次通过之取缔不良小报暂行办法六条，原系暂行性质，自无庸修改至所称小报，系指内容简陋篇幅短小，专刻琐闻碎事，而无国内外重要讯记载之一类报纸而言，奉交前由，相应函复查照并希令行内政部及各省市政府一体知照。

期刊名称：法治旬刊

主办单位：

刊　　期：1934（1）

页　　码：31

7. 题　　名：（训字第三九六九号）：令各省高等法院院长、各省高等法院首席检察官：案据山西第一监狱监犯王充之等呈称，本监囚粮

作　　者：

关键词：囚粮用款　囚粮预算

摘　　要：囚粮节余，专款存储，原恐各省监狱，预算较宽者，至粮价低落时，一有盈余，借端挪用，甚或饱入私囊，是以限令存储，备作

粮贵时弥补只用。山西省囚粮，
预算规定，每月不过二元四角，
复按八成发放，月仅合洋一元九
角二分，全数发给，尚恐难以饱
食，如果再事节减，未免迹近克
扣，殊失本部前项通令之本旨。
且恐他省亦难免无此情弊，除分
令外，合亟仰该院长，即便转饬
所属各监所，一体遵照，嗣后粮
食菜蔬，应即按照当地市价，核
实备办发给，总使犯人尽量食
饱，毋任饥饿，并由该院严密稽
核其开支，是否实在，不得借口
节余，任意折减，以杜流弊，而
重给养。再囚粮用款四柱册表，
除新监所仍应送由该院详细核转
外，其余各县旧监所，即报由该
院核名备案，毋庸转部，以省手
续，并仰饬知。

期刊名称：法治旬刊
主办单位：
刊　　　期：1934（1）
页　　　码：32

8. 题　　　名：（训字第四一二四号）：令各省高
等法院院长、各省高等法院首席
检察官：查各省法院执达员，司
法警察，暨监所看守

作　　　者：

关 键 词：法院执达员　司法警察　监所看
守　施行甄试　提高薪资

摘　　　要：各省法院执达员，司法警察，暨
监所看守，地位虽似卑微，所司
均极重要，非因其材而器使之，
虽期收指臂之效。乃近经调查，
各院执达员之任用，间有经过考
试之员，而未经实验，学力薄弱
者，且居多数，选择既无标准，
任用只凭介绍，甚或以长官仆
从，暨旧日差役滥竽充数，故办
事多不得力，而需索之弊，遂所
时有。……改进之方，首在施行
甄试，其现有人员，应分期严予
甄别。次在提高薪资，值兹司法
经费普遍支绌之时，本难骤焉语
及。

期刊名称：法治旬刊

主办单位：
刊　　　期：1934（1）
页　　　码：32 - 33

9. 题　　　名：（训字第四〇七三号）：令各省高
等法院院长、各省高等法院首席
检察官：案奉行政院第五九五八
号训令内开，案查前据上海市政
府呈

作　　　者：

关 键 词：修正水陆地图审查条例　军机防
护法

摘　　　要：修正水陆地图审查条例第十条，
本为概括的规定，违反同条例第
七条、第八条之禁止事项，仍应
查明内容，如有合于刑法第一百
十一条第一项第四款及第二、三
两项，或第一百十四条至第一百
一十七条所载情形，自可适用各
该条规定，分别处断，但并应注
意军机防护法，相应咨复贵院
饬知。

期刊名称：法治旬刊
主办单位：
刊　　　期：1934（1）
页　　　码：35 - 37

10. 题　　　名：（训字第四〇八四号）：令各省
高等法院院长、各省高等法院
首席检察官：案查各省高等法
院前为考核所属各县司法狱政
起见

作　　　者：

关 键 词：设置　司法委员　视察员

摘　　　要：各省高等法院前为考核所属各
县司法狱政起见，多有呈请设
置视察司法委员或视察员暨调
查员等名额，专任视察事务，
本部体察各该院之需要，因暂
准如拟办理。本不在此次视察
司法部时，闻各省院派视察员
辄有借故需案情事，殊属违反
视察本旨。现在视察各省区司
法规程业已公布施行，其第2
条规定，各该院长首席检察官
对于所属法院及监所，既应自
行视察，即遇有交查案件，或
其他应行调查事项，亦可分别

情形，遴派现任推事检察官或书记官前往办理，似此前项视察或调查员已无专设之必要，合亟令饬各院如有此类人员之设置，应即一律裁撤，以节虚弥，而杜流弊。

期刊名称：法治旬刊
主办单位：
刊　　期：1934（1）
页　　码：37－38

11. 题　名：训字第四五七号令各高等法院院长、各高等法院首席检察官：查各省关于编制国家岁入出概算，前因发生疑义两点，经本部电询主计处解释

作　者：

关键词：编制国家岁出概算

摘　要：各省关于编制国家岁入出概算，前因发生疑义两点，经本部电询主计处解释，并准电复到部，合将文巧两代电原文抄发，令仰该院查照，以资参考。

期刊名称：法治旬刊
主办单位：
刊　　期：1934，1（4）
页　　码：28

12. 题　名：（八十八件）（一月二十九日至二月八日）：派袁青选署河北高等法院检察官

作　者：

关键词：任命令

摘　要：派袁青选署河北高等法院检察官此令等八十八件部令。

期刊名称：法治旬刊
主办单位：
刊　　期：1934，1（4）
页　　码：29－31

13. 题　名：训字第二四二号：令各省高等法院首席检察官：案查办理假释，除法定二条件外，尚有一实质上之条件

作　者：

关键词：假释办理条件　确保生计

摘　要：办理假释，除法定二条件外，尚有一实质上之条件，即证明本人出狱后之生计，或在足以

信任之境遇，而能确保其为良民生活者是也，若缺此条件，虽具备法定条件，亦不得谓假释之声请，现在各省办理假释，对于实质条件，多不切实声叙，殊有未合，除分令外，合行令仰该首席检察官，即便转饬监狱遵照，嗣后办理假释，务须将本人出狱后环境如何，并从事何业等项，切实调查明白，详细开列清册，连同身份簿册等件，并呈送核办。

期刊名称：法治旬刊
主办单位：
刊　　期：1934，1（5）
页　　码：21－22

14. 题　名：训字第五六二号：令各省高等法院院长、各省高等法院首席检察官：案奉行政院第五八一号训令开：案据福建省政府主席陈仪呈称：前奉明令福建省政府

作　者：

关键词：福州　省治

摘　要：福建省政府，暂设延平，现查福州业已克复，仍以福州为省治等情决议，仍以福州为省治，除呈报暨分令并指令外，合行令仰知照。

期刊名称：法治旬刊
主办单位：
刊　　期：1934，1（6）
页　　码：25

15. 题　名：训字第七三〇号：令各省高等法院院长、各省高等法院首席检察官：案准禁烟委员会烟字第一〇四号咨开案查二成戒烟经费支销办法第三条规定

作　者：

关键词：戒烟经费支销办法　禁烟罚金充奖规则

摘　要：二成戒烟经费支销办法第三条规定，各地戒烟经费，应归市政府或县政府保管，又第四条规定用途，不得移作别用。本会迭经咨请各省市政府通饬设

立结研所，又咨请与各省市所在地。设立戒烟医院，究竟各地方法院，县法院，或兼理司法之县政府，在禁烟罚金中，所提二成戒烟经费，积存若干，拟咨请通饬自禁烟罚金充奖规则施行之日起，至二十二年十二月底止，将所提二成烟经费总数，及依法支销之数目，报转到会，以便统筹，经提本会第一三零次委员会会议讨论，通过。

期刊名称：法治旬刊
主办单位：
刊　　期：1934，1（8）
页　　码：26

16. 题　　名：训字第八八一号令各省高等法院院长、各省高等法院首席检察官：查航空邮政，传递敏捷，近来本部对于航空线通行各省行文

作　　者：
关键词：航空邮寄　航空邮递标准
摘　　要：航空邮政，传递敏捷，近来本部对于航空线通行各省行文，凡紧要文件及有时间性者，均由航空邮寄，借资迅速，并定有本部文件航空邮递标准四则，合亟抄发原文，令仰知照，嗣后该院呈部文件，如有与标准内所列情形相同，及非普通快邮可以代替者，应即仿照办理。

期刊名称：法治旬刊
主办单位：
刊　　期：1934，1（9）
页　　码：22－23

17. 题　　名：行政院院长汪兆铭呈，据司法行政部部长罗文翰呈称，最高法院检察署书记官林伯钰呈请辞职

作　　者：
关键词：任命令
摘　　要：行政院院长汪兆铭呈，据司法行政部部长罗文翰呈称，最高法院检察署书记官林伯钰呈请辞职，请免本职，应照准，此

令。行政院院长汪兆铭呈，据司法行政部部长罗文翰呈，请任命郭酒琦为最高法院检察署书记官，应照准。行政院院长汪兆铭呈，据司法行政部部长罗文翰呈，请任命刘云为江苏反省院院长，应照准。行政院院长汪兆铭呈，据司法行政部部长罗文翰呈，请任命陈蕴奇为山市反省院院长，应照准。

期刊名称：法治旬刊
主办单位：
刊　　期：1934，1（9）
页　　码：20

18. 题　　名：训字第一〇一〇号、第一〇一一号令各省高等法院院长、各省高等法院首席检察官、各省反省院院长：查各法院监所应行造报各项表册格式

作　　者：
关键词：造报表册格式　新颁格式
摘　　要：各法院监所应行造报各项表册格式，经本部于二十一年五月间汇刊颁发以来，因情势迁移及法令更迭，曾将其中一部分加以修正，先后通令饬遵各在案。现复由本部就原定各种格式，按照实际需要及现行法令，重行审核，酌加修改，兹将经此次审定订正之格式，合刊一册，随令颁发。此次新颁发表册格式其中各项年报，概自本年度起实行，其余月季等报，应自二十三年度起，按照新颁格式办理。各该法院监所务须分别依限填造，毋得迟延。兹发去年各种年月报表册格式及造报规则一册，仰即依照后开分配数目分别转发各法院监所应用，其建立司法县政府缉旧监所之应报表册格式，应由该院依照各项表册造报规则，暨各法院监所应报表册一览及说明，分别制定印发，以便填报。

期刊名称：法治旬刊
主办单位：

刊　　　期：1934，1（10）

页　　　码：32－33

19. 题　　　名：第一〇四一号令各省高等法院院长、各省高等法院首席检察官：案准铨叙部甄字第二一一号咨开：案查公务员资格审查表说明栏内第七项

作　　　者：

关 键 词：公务员资格审查表　加盖官印

摘　　　要：中央及地方各机关，所送公务员资格审查表末行年月之上，未经盖用官印者，尚居多数，倘逐一送还补正，则文书往还，殊费时日，嗣后各机关填送此项审查表，务希于年月上加盖官印，以昭慎重，而省周折。

期刊名称：法治旬刊

主办单位：

刊　　　期：1934，1（10）

页　　　码：33－34

20. 题　　　名：训字第一〇九二号令各省高等法院院长、各省高等法院首席检察官：查法院组织法之施行，必须各省事先有充分之准备

作　　　者：

关 键 词：法院组织法　施行

摘　　　要：法院组织法之施行，必须各省事先有充分之准备，始克收整齐划一之效。而事项准备事宜，端来各该院按切地方实际情形，拟具详细计划，呈经本部核定，以为进行之依据。所有各该院应行注意事项，本部先后详加指示有案，乃阅时已久，该院迄未遵令具复，计划未立，准备末由，长此迁延，以致该组织法施行日期，无从确定，甚非所期。为此令仰该院长等，于文到一个月内，将该省因准备施行该组织法所必须增设或改组之法院，遵照先令各令，详加核拟，并造具人员经费细数表，一并呈候裁夺。事关通案，毋得再延。

期刊名称：法治旬刊

主办单位：

刊　　　期：1934，1（11）

页　　　码：19

21. 题　　　名：训字第一〇九八号令各省高等法院院长、各省高等法院首席检察官：案查监所看守，不准由法院法官及书记官

作　　　者：

关 键 词：监所看守　杜绝介绍

摘　　　要：监所看守不准由法院法官及书记官，暨视察监所人员介绍，以免弊病丛生，业经本部于二十一年四、九两月间，以第八二四号及二二三一号训令饬遵在案，乃近查各监所所用看守，仍不免有上列情弊，自应重申前令，以资警惕，为此令仰该院长、首席检察官转饬各该员等，切实遵照，并饬监所长官，嗣后如遇有前项情弊，应即举发。

期刊名称：法治旬刊

主办单位：

刊　　　期：1934，1（11）

页　　　码：19－20

22. 题　　　名：训字第一一〇五号令各省高等法院院长、各省高等法院首席检察官：案准铨叙部甄字第二一七〇号咨开：案查公务员任用法第十一条（附表）

作　　　者：

关 键 词：公务员任用法　任用程序　试署　实授

摘　　　要：公务员任用法第十一条：任用程序，分为试署及实授，试署满一年始得实授。又同法施行条例第十九条：试署人员于试署终了时，应由主管长官考察成绩，加具考语送由铨叙部审查后，分别呈请国民政府或通知该管长官，予以实授，其成绩不良者得降免之。依照上项条文，凡公务员试署满一年时，主管机关应填明成绩加具考语，送交本部审查，兹为填载格式划一期间，特制定公务员试署期满成绩审查表，附注

说明五项，依照说明栏分别办理，并可依式仿制。

期刊名称： 法治旬刊

主办单位：

刊　　期： 1934，1（11）

页　　码： 20－22

23. **题　　名：** （训字第三九八七号）：令各省高等法院院长、各省高等法院首席检察官：案准铨叙部甄字第五七八号函开：查公务员任用法第二条第五款、第三条第五款所载特殊著作及专门著作依同法施行条例第十条、第十一条之规定

作　　者：

关　键　词： 特殊著作　专门著作　中国文　外国文　译成中文

摘　　要： 嗣后关于拟任人员之著作已出版者，应缴一册存查，未出版者须缴副本，以备抽存，又所缴著作以中国文为原则，如系外国文须译成中国文，若篇幅过多未便全译者，可择要抽译，连同原著附缴以便审核。

期刊名称： 法治旬刊

主办单位：

刊　　期： 1934，1

页　　码： 34

24. **题　　名：** （训字第三九九二号）：令各省高等法院院长、各省高等法院首席检察官：案准审计部第一五五二号公开函：案准贵部咨字第二三二四号咨商所属司法机关逐月收入预算书可否免予编送等

作　　者：

关　键　词： 会计制度实例　岁入预算分配表

摘　　要： 中央各机关及所属统一会计制度实例内列载岁入预算分配表一式，系依照年度岁入预算数分则编列格式简括项目显明，前经本部认为各机关逐月造送收入预算书，手续繁复，无俾实益，咨商免造在案，兹准前由，合行令仰即便查照办理，

即于每年度开始收入概算核定后，依照统一会计制度实例，编送岁入预算分配表，以资查收。

期刊名称： 法治旬刊

主办单位：

刊　　期： 1934，1

页　　码： 34－35

25. **题　　名：** 训字第五五一号令各省高等法院院长、各省高等法院首席检察官：案查本部前准行政院秘书处函略开：奉院长谕，据上海市政府呈：请确定凡依工会法或工厂法应处罚金之处罚机关

作　　者：

关　键　词： 罚金　处罚机关　工人福利经费

摘　　要： 罚金应以法院为处罚机关，至所处之罚金为谋工人福利计，可酌发罚金百分之四十交工会办理工人福利事业之用，但工会于接到法院通知后，应将该款用途呈管官署核准，并将核准文件，附送法院，以凭领取。罚金用途之支配，既经立法院决议，得由司法行政最高机关酌办。

期刊名称： 法治旬刊

主办单位：

刊　　期： 1934，1（6）

页　　码： 24－25

26. **题　　名：** 训字第五六八号令各省高等法院院长、各省高等法院首席检察官：案奉行政院第五八二号训令开：案查前据湖南省政府呈请解释财神会捐产涉讼管辖疑义

作　　者：

关　键　词： 公益事业　捐助财产

摘　　要： 凡多数人为一定之公益事业，捐集财产，并推举管理，若不能视为各捐助人所共有者，则该财产即系为一定目的所设置之财产，断非少数人因管理不当，即可以之移充他项公益事

业之用，倘未得各捐助人全体之同意，径行禀官处分，除被害人得向行政官署请求撤销或废止其处分外，并得对于加害人向司法机关提起民事诉讼，以资救济。

期刊名称：法治旬刊

主办单位：

刊　　期：1934，1（6）

页　　码：25－26

27．题　　名：训字第八一四号：令各省高等法院院长、各省高等法院首席检察官：案奉行政院第九七零号训令内开：案查前据浙江省政府呈请解释各种行政法令规定罚金罚锾

作　　者：

关　键　词：行政执行法　单行章程　罚金范围

摘　　要：依行政执行法及其他省市县单行章程，科处罚金罚锾者，只得就其财产，强行执行，若无明文规定，不得易科拘留。

期刊名称：法治旬刊

主办单位：

刊　　期：1934，1（8）

页　　码：29－30

28．题　　名：训字第八一五号：令各省高等法院院长、各省高等法院首席检察官：案准中央执行委员会秘书处第二九六号公函内开：顷奉常务委员交下浙江省执行委员会呈为转呈余姚县第十次全县代表大会决议

作　　者：

关　键　词：疏通监狱　厉行保释　假释

摘　　要：顷奉常务委员交下浙江省执行委员会呈为转呈余姚县第十次全县代表大会决议：疏通监狱应厉行保释及假释条例案，祈核转施行。批交司法行政部，相应抄同原呈函达，即希查照核办为荷。查各省监犯拥挤，迭经通令厉行保释假释在案，准函前因，除分令外合行抄同原呈，令仰该院长、首席检察

官即便转饬所属切实遵办。

期刊名称：法治旬刊

主办单位：

刊　　期：1934，1（8）

页　　码：30－31

29．题　　名：训字第七九八号：令各省高等法院院长、各省高等法院首席检察官：案奉行政院第八五四号训令内开案奉国民政府第七九号训令内开：案准中央政治会议函：据本会议财政组提案称

作　　者：

关　键　词：会计法　出纳期限　预算

摘　　要：照民国三年颁布之会计法第二条规定，每年度出纳事务整理完结之期，不得逾次年度十二月三十一日，惟各机关每年度业经终了，并已逾整理出纳事务完结之期，仍以已往年度事实，纷纷补办追加须算程序者，若非规定时期，以为限制，势必各年度追加预算，永无截至之期，于推行预算，质疑良多，呈请规定期限。提经本会议第三九四次会议决议通过，相应录案函达，请烦查照办理。

期刊名称：法治旬刊

主办单位：

刊　　期：1934，1（9）

页　　码：20－22

30．题　　名：训字第九四四号：令各省高等法院院长、各省高等法院首席检察官：案准内政部民字第三五五号咨开，案奉行政院第八七八号训令内开：案查关于江西省增设平赤县一案

作　　者：

关　键　词：江西　增设　平赤县　废止缴县印

摘　　要：关于江西省增设平赤县一案，前经饬据该部议复，认为可行，经本院核准招办，并呈奉。国民政府指令准予备案，嗣据江西省政府呈报该县已经海陆空军总司令部营党政委员会决议

暂行停止工作请鉴核等情，国民政府指令准予备案。又前奉，国民政府训令以据军事委员会呈为划分江西省辖篡田等处，为四特别区，并设置政府局以应剿匪需要，而增行政效率，请察核备案一案，节即查照备案等因，当经本院查照备案，并通令知照，暨备文呈复，各在案，兹据该省政府呈为平赤县实际久已废止，名义自勿庸保留，检同县印，请核案，并将缴呈县印，予以销毁外，合行抄发原呈，令仰该部通行知照。

期刊名称：法治旬刊
主办单位：
刊　　期：1934，1（10）
页　　码：28－29

31. 题　　名： 训字第九九八号：令各省高等法院院长、各省高等法院首席检察官、各省反省院院长：案奉行政院三月十七日第一四六九号训令内开：案奉国民政府第一五零号训令开，查傀儡伪组织

作　　者：

关 键 词：维持国家统一　独立　挽回国难　严防汉奸

摘　　要：傀儡组织，僭号称帝，政府为维持国家之统一及独立，业经通告全国人民一致团结，挽回国难并严防汉奸在案。

期刊名称：法治旬刊
主办单位：
刊　　期：1934，1（10）
页　　码：29－30

32. 题　　名： 训字第九九九号：令各省高等法院院长、各省高等法院首席检察官：案奉行政院三月十七日第一四七〇号训令内开：案奉国民政府第一四七号训令内开，查伪组织僭号称帝

作　　者：

关 键 词：卖国行为　危害民国紧急治罪法　惩治盗匪条例

摘　　要：伪组织号称帝，甘为傀儡，即

其先后卖国行为，自应与危害民国同科其有汉奸符合伪组织，阴谋扰乱者，应即厉行制裁，按照危害民国紧急治罪法及惩治盗匪条例，从严处置，以重国法而杜奸究。

期刊名称：法治旬刊
主办单位：
刊　　期：1934，1（10）
页　　码：30

33. 题　　名： 训字第一〇〇〇号：令各省高等法院院长、各省高等法院首席检察官：案奉行政院一三六〇号训令内开：案准国民政府文官处第一一七五号公函开：三月七日奉国民政府令开：特派何应钦为蒙古地方自治指导长官

作　　者：

关 键 词：任命令　蒙古地方自治指导长官　副长官　蒙古地方自治政府委员会

摘　　要：特派何应钦为蒙古地方自治指导长官，赵戴文为蒙古地方自治指导副长官。任命云端旺楚克、索诺木喇布坦、沙克都尔扎布、德穆楚克栋鲁普、阿拉坦鄂齐尔、巴宝多尔济、那彦图、杨桑恩克巴图、白云梯、克与额、吴鹤龄、卓特巴扎普、贡楚克拉什、达理扎雅、图布升巴雅尔、荣祥、尼玛鄂特索尔、伊德钦、郭尔卓尔扎布、托克托胡、潘第恭察布、那木济勒色楞、阿育勒鸟贵为蒙古地方自治政务委员会委员，并指定云端旺楚克为委员长，索诺木喇布坦、沙克都尔此布为副委员长。

期刊名称：法治旬刊
主办单位：
刊　　期：1934，1（10）
页　　码：30－31

34. 题　　名： 训字第一〇〇九号：令各省高等法院院长、各省高等法院首席检察官：案奉行政院第一三

五九号训令内开：案奉国民政府第一二六号训令内开：案据考试院呈称：现据考选委员会呈，以上年首都北平两处举行高等考试

作　　者：

关 键 词：高等考试　普通考试　公务员　学校教职员　请假　投考请假办法

摘　　要：考选委员会呈，以上年首都北平两处举行高等考试，关于优待公务员及学校教职员，应试请假办法，曾经呈奉本院转奉钩府令准援例办理，并通令遵行在案。本年普通考试，业已奉令于四月二十日，开始举行，现在报名已于本月五日开始办理。关于京内外各机关现任公务人员以及学校教职人员，因应试请假者，自应一律援照二十年及二十二年两居高考成例办理，以示优遇。惟仍须限于能确实证明因应试而请假者，其他人员不能托故援例，借示限制。又查上年六月间，据应考人姚家瑞函呈，以党务工作人员，投考请假办法，是否与政治机关公务员，同样办理，当以党务工作人员，关于请假应试，似应援照优待现任公务人员，及学校教职员办法办理，以昭一律，经呈由本院转陈中央鉴核施行在案，自应一并遵照办理。对于请假应试之公务员及中等以上学校教职员，一律以因公请假论，照支原薪，并保留原职在案。本年举行首都普通考试，视同一律，自应援照成案办理，以示优遇。

期刊名称：法治旬刊

主办单位：

刊　　期：1934，1（10）

页　　码：31－32

35. 题　　名：训字第一〇九号：令各省高等法院院长、各省高等法院首席检察官：案准司法院三月二十一日

公字第六九号函开，案准中央执行委员会函开，据天津肃反专员电称，所捕共党人犯

作　　者：

关 键 词：处理共党人犯　司法院

摘　　要：共产党徒，掩节周密，狡诈多端，被捕后惯用伎俩，应付法律，以图免于罪刑，过去各省党部尽力捕获之共党人犯，每因法院偏重物证，轻予释放，以致遗毒甚深，赤焰仍炽，兹为加紧肃反工作，期绝根株起见，拟请函司法通令全国各级法院，此后对于处理共党人犯，应遵照民国十八年国府第六四五号训令办理，并令河北高等法院遵办。经陈奉常务委员批，交司法院。函达查照办理。

期刊名称：法治旬刊

主办单位：

刊　　期：1934，1（11）

页　　码：20

36. 题　　名：训字第一一六四号：令各省高等法院院长、各省高等法院首席检察官：案奉行政院三月二十四日第一六三三号令开，案据铁道部呈称，案据津浦铁路管理委员会呈据该路工会理事会呈，以该路沿线，近多匪患

作　　者：

关 键 词：提传在路职工　会同路警办理　知照路局

摘　　要：津浦铁路沿线，近多匪患，地方政军当局于治理盗案，每因盗匪诬指铁路职工与案有关，遂行逮捕，影响铁路业务，迨误行车，甚至发生惨剧事变，所关殊非浅鲜，通饬沿铁路各地政军警，嗣后铁路职工，除现行犯被逮，得俟讯悉通知路局外，尚有因案提传在路职工，应先知照路局，会同路警办理。国有铁路均设有铁路警察，在铁路线区域以内，行使警察职权，与地方警察无异。凡铁路职工在铁路各局段站场所及沿

线执行职务时，如地方政军警
机关因案迳行拘提，未及派人
承替，必至迳误业务，关系甚
剧。为安全计，遇有以上情形，
似应由地方政军警机关，通知
路局主管长官，饬路警会同办
理，不得迳行逮捕，以免妨害
公务，至职工等在铁路线区域
以外，因案被捕，应俟讯悉通
知路局，以资接洽，而维交通。

期刊名称： 法治旬刊
主办单位：
刊　　期： 1934，1（11）
页　　码： 23

三十一、法治周刊

期刊简介：

《法治周刊》前身是《法治周报》，1936 年 6 月
复刊于重庆，由司法院法官训练所同学会编辑并发
行。内容主要包括论著、译述、法令、解释、裁判、
法界消息等。

（一）部令

1. **题　　名：**（训字第一〇七五号，二十六年
二月十八日发）：令法医研究所
所长、最高法院检察署检察长
等：为公务员代表其机关出席任
何委员会或其他组织

　作　　者：

　关键词： 公务员　旅费　必要费用　报支

　摘　　要： 所有公务员代表其机关出席任何
委员会或其他组织，除应需之旅
费或其他必要费用，得向出席机
关或代表之机关报支外，不得接
受出席费，或任何类似费用，以
符合功令而重公帑。

期刊名称： 法治周刊
主办单位：
刊　　期： 1937，复刊 1（42）
页　　码： 9－10

2. **题　　名：**（训字第二六〇〇号，二十六年
四月二十九日发）：令法医研究
所所长、最高法院检察署检察长
等：奉令检发中央各机关所属机
关统计组织与办事通则转令知
照由

　作　　者：

关键词： 主计制度　中央各机关所属机关
统计组织与办事通则

摘　　要： 窃查本处推行主计制度，对于中
央各机关主办统计人员，均已次
第设置，兹为设置各该机关之所
属机关办理统计人员起见，特拟
订中央各机关所属机关统计组织
与办事通则十五条，提经本处第
一百次主计会议议决修正通过，
理合缮具前项通则，呈请鉴核
备案。

期刊名称： 法治周刊
主办单位：
刊　　期： 1937，复刊 1（52）
页　　码： 21－24

3. **题　　名：**（训字第二六一八号，二十六年
四月三十日发）：令最高法院检
察署检察长、首都地方法院院
长、首席检察官等：令发暂行法
官及其他司法人员等官俸表施行
后旧有人员叙俸办法

　作　　者：

　关键词： 官俸　叙俸

　摘　　要： 暂行法官及其他司法人员等官俸
表施行后，旧有人员叙俸办法。

期刊名称： 法治周刊
主办单位：
刊　　期： 1937，复刊 1（51）
页　　码： 22－24

4. **题　　名：**（训字第一六〇七号，二十六年
三月十九日发）：令首都地方法
院首席检察官（江苏除外）、各
省高等法院首席检察官等：抄发
上海地检处申告铃使用暂行规则
仰转饬各地方法院检察处斟酌放
行由

　作　　者：

　关键词： 申告铃　告诉　告发　自首

　摘　　要： 如能设置申告铃，遇有刑事案
件，人民以言辞告诉告发或自首
时，比较便利。

期刊名称： 法治周刊
主办单位：
刊　　期： 1937，复刊 1（45）
页　　码： 23－24

5. **题　　名：**（训字第一三九八号，二十六年

三月四日发）：令最高法院检察署检察长、首都地方法院院长、首席检察官等：为奉派人员，应依规定程限赴任或转任，不得借故请假，违则撤免仰遵照并饬属遵照由

作　　者：

关 键 词：奉派人员　赴任　转任　免职

摘　　要：部派人员，应依规定程限赴任或转任，不得借故逗留，远则准由该各院长首席检察官呈请免职另派。

期刊名称：法治周刊

主办单位：

刊　　期：1937，复刊1（42）

页　　码：17－18

6. 题　　名：（训字第六五二号，二十六年二月一日发）：令最高法院检察署检察长、首都地方法院院长、首席检察官：令知法官补送审查办法已准铨叙部咨复展期半年仰遵照由

作　　者：

关 键 词：补审法官　延期补审　展期

摘　　要：补审法官，依照原商办法第一项规定，系以二十五年六月以前委派为限。该项人员到职已久，再予延期补审，在铨叙及审计上均不无困难，兹为原全事实，酌予展期至二十六年六月底为止，此后拟不再展。惟请予通行时限令该项补审案件，在本年六月底以前送达本部。逾期送达者，即不以补送审查论，俾资结束，并请先将该项应行补审人员造具名册，咨送过部，以便转咨审计部。

期刊名称：法治周刊

主办单位：

刊　　期：1937，复刊1（39）

页　　码：13－14

7. 题　　名：（训字第三八四号，二十六年一月二十日发）：令首部地方法院院长、首席检察官、各省高等法院院长、首席检察官：令各法院嗣后造报检察处月表仍应遵照本

部一八二九号及三三一八号两令办理由

作　　者：

关 键 词：法院检察处　造报　检察官　自行检举

摘　　要：各级法院检察处每月造报之刑事案件，月报表遇有检察官自行检举案件，应将其件数案由及结果等项于备考栏内分别详叙。如无是项案件，亦应随文声明业经本部一八九二号及三三一八号令办。

期刊名称：法治周刊

主办单位：

刊　　期：1937，复刊1（36）

页　　码：19

8. 题　　名：（训字第一二七六号，二十六年二月二十六日发）：令最高法院检察署检察长、首都地方法院院长、首席检察官等：令知行政诉讼法修正后关于被告官署规定适用办法并仰转饬所属知照由

作　　者：

关 键 词：行政诉讼法修正　被告官署　适用旧法

摘　　要：凡行政法院在修正行政诉讼法施行前，已受理之案件，除其他诉讼程序，均应适用新法外，关于被告官署之规定，仍适用旧法，以利进行。

期刊名称：法治周刊

主办单位：

刊　　期：1937，复刊1（42）

页　　码：12－13

9. 题　　名：（训字第一三一四号，二十六年三月一日发）：令最高法院检察署检察长、首都地方法院院长、首席检察官等：为西班牙人民被诉民刑事件各主管司法机关，应即依法受理，通令遵照，并饬属遵照由

作　　者：

关 键 词：西班牙侨民　被诉案件　司法机关　依法受理

摘　　要：西班牙政变之后，驻我国使领，均已陆续去职，其领事裁判权，

在事实上既已自行放弃，所有该国侨民被诉案件，已无合法机关可予受理，我国为保护公安及法益起见，遇有在华西班牙人民被诉民刑事案件，各主管司法机关，应即一律依法受理，以资救济。

期刊名称：法治周刊

主办单位：

刊　　期：1937，复刊1（42）

页　　码：17

10. 题　　名：（训字第一三〇二号，二十六年三月一日发）：令最高法院检察署检察长、首都地方法法院院长、首席检察官等：准铨叙部咨复解释考绩法规疑义一案令仰知照由

作　　者：

关 键 词：修正公务员考绩法施行细则　简任　荐任

摘　　要：一、修正公务员考绩法施行细则第四条第二款，系专为各地方司法人员之考绩示其范围，同条第七款乃凡指服务其他机关者，其规定不适用于隔省互调之司法人员；二、考绩法施行细则中所称同官等仅以简荐委任职为其界限，故在同一高等法院管辖下，互调继续任简荐委任职务者，不问俸级之高低，其同为某一等官者，前后年资，均得合并计算。

期刊名称：法治周刊

主办单位：

刊　　期：1937，复刊1（42）

页　　码：15－16

11. 题　　名：（训字第二六〇八号，二十五年五月二十九日发）：令最高法院检察署检察长、首都地方法院院长、首席检察官等：案查我国迩来各项法典，业已次第公布施行

作　　者：

关 键 词：适用法律　法律适用经验　司法院法规研究委员会

摘　　要：我国迩来各项法典业已次第公布施行，实体法、程序法等无不灿然具备。各该法院审判案件，处理事务，法律所有规定必须与社会实际相适应，庶推行得以尽利，各该法院推检负运用法规之责，对于现行各法律实施后，其效用如何，是否适合社会之需要，不妨就其经验所及，尽量陈述，呈由各该法院长官转呈本部，汇送司法院法规研究委员会为参考之资。

期刊名称：法治周刊

主办单位：

刊　　期：1936，复刊1（2）

页　　码：19

12. 题　　名：（指字第二九八〇号，二十六年二月六日）：令署江苏高等法院首席检察官孙鸿霖：二十六年一月二十七日第五四九号呈一件呈报上海地院检察处设置申告铃专备人民词告

作　　者：

关 键 词：检察处　申告铃　言词　口头

摘　　要：上海地方法院检察处为便利人民言词告诉告发或自首，设置申告铃，自属可行。依刑诉法规定，告诉，告发，自首，应以书状或言词向检察官为之，并未限有某种情形始得以言词为之。

期刊名称：法治周刊

主办单位：

刊　　期：1937，复刊1（45）

页　　码：24－25

13. 题　　名：（训字第六八〇号，二十六年二月二日发）：令各省高等法院院长、首席检察官、江苏高等法院第二、三分院院长、首席检察官：令发各级法院司法官调查表，仰依式调查遵限呈报由

作　　者：

关 键 词：司法官登记　调查表

摘　　要：办理各级法院司法官登记，尚有应行调查事项，制定调查表式，检发样张，各级法院应即

查照定式，自分发实习暨候补推检以上人员，均需依限填报，送由该管高等法院汇转，并各附最近二寸半身相片二张，背面注明各该员姓名，以免混淆。

期刊名称：法治周刊
主办单位：
刊　　期：1937，复刊1（39）
页　　码：15

14. 题　　名：（训字第二五四号，二十六年一月十四日）：令本部直辖第二监狱典狱长、最高法院检察署检察长等：奉令为奉国府令抄发修正公务员考绩法施行细则及表暨须知等件一案通令知照由

作　　者：
关 键 词：修正　公务员考绩法施行细则
摘　　要：公务员考绩法施行细则，前经制定公布施行，兹将该施行细则酌加修正，应再通饬施行。

期刊名称：法治周刊
主办单位：
刊　　期：1937，复刊1（36）
页　　码：17

15. 题　　名：（训字第一二六二号，二十六年二月二十六日发）：令各省高等法院院长、首席检察官、江苏高等法院第二、三分院院长、首席检察官：饬将法院额设候补推检分年改为正缺令仰遵办具报由

作　　者：
关 键 词：候补推检　正缺
摘　　要：自二十六年度起所有各该省预算内候补员缺，分为三年，一律改为正缺，至每一年度，应改正几缺，由该院长等通筹安，拟列单呈核，嗣后遇有新设法院，并不再额设此项候补人员，以符法制。

期刊名称：法治周刊
主办单位：
刊　　期：1937，复刊1（42）
页　　码：12

16. 题　　名：（训字第五八〇号，二十六年一月二十七日发）：令首都地方法院院长、首席检察官、各省高等法院院长、首席检察官等：令饬各法院于举行纪念周时应讲读总理遗教并饬曾经受训人员应轮流担任报告由

作　　者：
关 键 词：总理纪念周　总理遗教　工作报告　中央施政方针
摘　　要：由曾经受训人员，每人继续担任纪念周报告五次以上，其同一法院已有受训人员二人以上者，得轮流担任，并将各该员所担任之逐次报告讲题，列表呈由各该高等法院转呈备查，嗣后各期受训人回院后，均应照此办理。

期刊名称：法治周刊
主办单位：
刊　　期：1937，复刊1（39）
页　　码：12－13

17. 题　　名：（训字第二〇九二号，二十六年四月十二日发）：令首都地方法院院长、首席检察官、各省高等法院院长、首席检察官等：令知司法官临时叙补办法施行程序暨日期仰遵照由

作　　者：
关 键 词：司法官　叙补办法　备案
摘　　要：叙补办法，既定以三缺为一轮，每轮分三种，嗣后各该省区，地方法院遇有应属某轮某种人员叙补之推检缺出，如系由该高等法院呈保继任人员，是得就该种应补人员内拟保三员，并将其年资及成绩，依照部颁表式，分别填明呈部备核。再该办法第六条规定，自公布之日施行。

期刊名称：法治周刊
主办单位：
刊　　期：1937，复刊1（48）
页　　码：20－21

18. 题　　名：（训字第一七八七号，二十六年三月二十七日发）：令首都地方

法院院长、首席检察官、各省高等法院院长、首席检察官等：为关于公务人员，有渎职及失职者，应从严整饬，通令遵照并饬属一体遵照由

作　　者：

关 键 词：公务员　渎职失职　整饬

摘　　要：为关于公务人员，有渎职及失职者，应从严整饬，通令遵照并饬属一体遵照由。

期刊名称：法治周刊

主办单位：

刊　　期：1937，复刊 1（46）

页　　码：22－23

19. 题　　名：（训字第一三〇三号，二十六年三月一日发）：令各省高等法院院长、首席检察官、江苏高等法院第二、三分院院长、首席检察官：准军委会函特定疏通烟毒人犯办法令仰知照由

作　　者：

关 键 词：禁烟禁毒　保释　疏通监狱

摘　　要：一、宣告五年以下有期徒刑之烟毒人犯，至二十六年二月底以前在监执行刑期已逾五年者，及宣告三年以下有期徒刑之烟毒人犯，至二十六年二月底以前在监行刑期已逾三月者得准保释；二、再犯吸用毒品者，虽宣告刑与已经执行刑期合于上开条件，不得保释；三、保释后如因犯罪，经该管审判机关判决确定者，得撤销保释。但因过失犯罪者不在此限。

期刊名称：法治周刊

主办单位：

刊　　期：1937，复刊 1（42）

页　　码：16－17

20. 题　　名：（训字第一四〇〇号，二十六年三月四日发）：令各省高等法院院长、首席检察官等：案查各法院二十五年十二月份民刑事案件收结比较简表

作　　者：

关 键 词：收结案件　两数相抵

摘　　要：各法院二十五年十二月份，民刑事案件收结比较简表。

期刊名称：法治周刊

主办单位：

刊　　期：1937，复刊 1（42）

页　　码：18

21. 题　　名：（训字第五五三号，二十六年一月二十六日发）：令本部直辖第二监狱典狱长、各省高等法院院长、首席检察官等：规定脚镣最重斤两以示限制

作　　者：

关 键 词：监所戒具　脚镣　重量

摘　　要：脚镣最重不得过三斤十二两，以示限制，并应恪遵前令办理，不准滥用，如有不遵禁令者，即予从严惩处。

期刊名称：法治周刊

主办单位：

刊　　期：1937，复刊 1（39）

页　　码：12

22. 题　　名：（训字第一七三五号，二十六年三月二十五日发）：令各省高等法院院长、首席检察官：准铨叙部咨复解答关于考绩疑义三项，令仰知照并转饬知照由

作　　者：

关 键 词：考绩　管狱人员　推检

摘　　要：一、管狱人员未经铨叙者，应不予考绩；二、推检为奉部派以前，曾经甄别登记或任用审查合格，继续在同一高等法院管辖下之同级法院任同官等职务，现职并经铨叙合格，其曾任职务得合并计算年资，如满一年者，予以考绩；三、推检互调，或推检调升院长或首席检察官，或首席检察官改为院长等，如系同官等职务，其前后任职务得合并计算年资，如满一年者，即合于修正公务员考绩法施行细则之规定，予以考绩。

期刊名称：法治周刊

主办单位：

刊　　期：1937，复刊 1（45）

页　　码：26

23. 题　　名：（训字第一九二〇号，二十六年四月三日发）：令各省高等法院院长、首席检察官（山东除外）：据山东高院遵令呈拟高分院长官兼任地院长官及法院额设候补推检改正办法均属切实可行抄发原呈令仰参考由

作　　者：

关 键 词：额设候补推检　预算

摘　　要：高分院长官兼任地院长官，及法院额设候补推检，改正办法均属切实可行。

期刊名称：法治周刊

主办单位：

刊　　期：1937，复刊 1（47）

页　　码：20－23

24. 题　　名：（训字第一四四六号，二十六年三月六日发）：令各省高等法院院长、首席检察官：令将所设各项司法人员训练班添设党义一门延聘省党部委员或党务工作人员担任教师

作　　者：

关 键 词：司法人员培训　党义

摘　　要：各省高等法院因应事实上需要，设立各项司法人员培训班，考其课程大都仅就职务上应用学科，党义一门多付缺如，殊属不合。嗣后无论训练何项司法人员必须将党义列为必修科目，就近延聘省党部委员或党务工作人员担任教师，俾各项司法人员，以符精神训练与学科训练并重之本意。

期刊名称：法治周刊

主办单位：

刊　　期：1937，复刊 1（42）

页　　码：19

25. 题　　名：（训字第一一四二号，二十六年二月二十日发）：令首都地方法院院长、首席检察官等：准铨叙部咨复关于修正公务员考绩法施行细则第四条疑义令仰遵照由

作　　者：

关 键 词：修正　公务员考绩法施行细则

摘　　要：高等法院推事，调升庭长；庭长调升地院院长或首检；地方法院推事调本院庭长；高分院推事调为地院庭长。又如高等法院主科书记官调为地方书记官长各情形，查修正公务员考绩法施行细则第四条第二款之规定，上述调动人员均应认为同等职务予以考绩。但更调时，须报动态登记，以便查考。

期刊名称：法治周刊

主办单位：

刊　　期：1937，复刊 1（41）

页　　码：22

26. 题　　名：（训字第一七六五号，二十六年三月二十六日发）：令各省高等法院院长、首席检察官：令知各省法院执达员司法警察暨监所看守应严行甄别考试以资整顿由

作　　者：

关 键 词：执达员　司法警察　监所看守　甄试

摘　　要：各省法院执达员，司法警察暨监所看守，所嗣均关重要。将现有人员未经甄别者，严行甄别，以定去留。遇有缺额，立即公开考试，严格录取，并于举行时，先期呈由上级法院，派员监考，以昭郑重。其法院职员，尤不得因仍旧习，滥予介绍，如敢故违，一经查出，或被控揭，定即予以严惩，不稍宽假。

期刊名称：法治周刊

主办单位：

刊　　期：1937，复刊 1（46）

页　　码：22

27. 题　　名：（训字第一二六一号，二十六年二月二十六日发）：令各省高等法院院长、首席检察官（察青宁新四省除外）：令饬原定高分院长官兼任地院长官办法应予改正仰遵办具报由

作　　者：

关 键 词：高分院长官　兼任　办法
　　　　　员额

摘　　要：各地地院情形不一致，然以就
原有员额改设者居多，其须增
设员额外，仅属少数例外，所
费尚不甚远，应由该院长等按
切本省实际情形，依照上述办
法，以次正改，嗣后遇有新设
高分院，不再采用此项兼任办
法。至分地两院行政事务，仍
不妨合并办理。

期刊名称：法治周刊

主办单位：

刊　　期：1937，复刊1（42）

页　　码：14－15

28. 题　　名：（训字第一九八号，二十六年一
月十二日发）：令首都地方法院
院长、首席检察官等：奉司法
院令奉令为抄发劳动契约法一
案仰知照等因仰知照并转饬所
属知照由

作　　者：

关 键 词：劳动契约法

摘　　要：奉司法院令奉，令为抄发劳动
契约法一案仰知照等，因仰知
照并转饬所属知照由。

期刊名称：法治周刊

主办单位：

刊　　期：1937，复刊1（35）

页　　码：23

29. 题　　名：各省候补推检分年改为正缺

作　　者：

关 键 词：初任推事　初任检察官　候补
推事　额设人员

摘　　要：自二十六年度起，所有各该省
预算内候补员缺，分为三年，
一律改为正缺。至每一年度新
设法院并不再额设此项候补
人员。

期刊名称：法治周刊

主办单位：

刊　　期：1937，复刊1（41）

页　　码：21－22

30. 题　　名：（训字第一九二一号，二十六年
四月三日发）：令首都、各省

反省院院长、部辖第二监狱典
狱长等：饬知司法机关同项经
费上下月移用限制办法，仰遵
照由

作　　者：

关 键 词：经费　移用　限制办法

摘　　要：本年度内同项余款，准予弥补
以后月分之不足，余支出计算
书内声明。但各监狱因人费用，
反省人费用及看守所被告费用，
不得挹注于他项用途。

期刊名称：法治周刊

主办单位：

刊　　期：1937，复刊1（47）

页　　码：23－24

31. 题　　名：司法院院字第一六四〇号至一
六四四号（廿六、二、廿七至
廿六、三、廿六）

作　　者：

关 键 词：上诉程序　非常上诉　数罪
部分不受理　不起诉　新证据

摘　　要：一、被告上诉，由第二审误为
不受理之判决，经非常上诉撤
销后，即恢复未判决前之状
态，如发见第一审检察官亦提
起上诉，自应由管辖之法院一
并审理。二、一案中之被告，
一人犯数罪并无方法结果之关
系，或数人共犯一罪或数罪，
或数人同时在同一处所各别犯
罪，其中如有不得对之自诉之
人，或不得提起自诉之罪，应
依刑诉法规定，就该部分为不
受理之判决，移送检察官侦
查，其他部分，仍应依法审
判，不得一并谕知不受理。
三、不起诉部分确定后，因传
讯证人发见新证据者，依刑诉
法第二百三十九条第一款规
定，与同法第四百一十三条第
一项第六款，所谓确实之新证
据，其情形不同。

期刊名称：法治周刊

主办单位：

刊　　期：1937，复刊1（48）

页　　码：22－28

32. 题　　名：司法行政部训令（训字第一四七六号，二十六年三月十日发）：令本部直辖第二监狱典狱长、法医研究所所长等：奉司法院令转奉国府令抄发本部所属各机关办理会计人员暂行规程（附表）

作　　者：

关 键 词：主计制度　会计法　会计人员暂行规程

摘　　要：各机关办理会计人员暂行规程。

期刊名称：法治周刊

主办单位：

刊　　期：1937，复刊1（43）

页　　码：16－18

33. 题　　名：司法行政部训令（训字第一九九六号，二十六年四月七日发）：令首都、各省反省院院长、本部直辖第二监狱典狱长等：令颁办理统计人员调查表格饬于文到三日内填送由

作　　者：

关 键 词：统计事务　统计人员　调查表

摘　　要：办理统计人员调查表格，于文到三日内呈部。

期刊名称：法治周刊

主办单位：

刊　　期：1937，复刊1（48）

页　　码：21

34. 题　　名：司法行政部训令（训字第五五〇号，二十六年一月二十六日发）：令部辖第二监狱典狱长、首都、各省反省院院长等：通令嗣后呈送任用审查表数目并粘贴相片办法仰遵照由

作　　者：

关 键 词：司法人员　审查任用　任用审查表

摘　　要：法官及其他司法人员，于呈请审查任用时，应填送任用审查表，并粘贴二寸半身照片。

期刊名称：法治周刊

主办单位：

刊　　期：1937，复刊1（39）

页　　码：11－12

35. 题　　名：司法行政部训令（训字第五五

〇号，二十六年一月二十六日发）：令部辖第二狱监典狱长、首都、各省反省院院长等：通令嗣后呈送任用审查表数目并粘贴相片办法仰遵照由

作　　者：

关 键 词：司法人员　审查任用　任用审查表

摘　　要：法官及其他司法人员，于呈请审查任用时，应填送任用审查表，并粘贴二寸半身照片。

期刊名称：法治周刊

主办单位：

刊　　期：1937，复刊1（37）

页　　码：18

36. 题　　名：（训字第六八一号，二十六年二月二日发）：令首都反省院院长、本部直辖第二监狱典狱长等：奉令，二十四年度国库收支结束办法第四、五两条规定期限，各予延长一个月，等因，转令遵照由

作　　者：

关 键 词：二十四年度国家普通概率　二十四年度国库收支办法

摘　　要：二十四年度国库收支结束办法第四、五两条规定期限，各予延长一个月。

期刊名称：法治周刊

主办单位：

刊　　期：1937，复刊1（39）

页　　码：14－15

37. 题　　名：（训字第八七号，二十六年一月六日发）：令部辖第二监狱典狱长、反省院院长等：令发铨叙部新编之公务员考绩法及关系法令汇编仰即遵照依限办理由

作　　者：

关 键 词：公务员

摘　　要：铨叙部新编之公务员考绩法及关系法令汇编。

期刊名称：法治周刊

主办单位：

刊　　期：1937，复刊1（35）

页　　码：22－23

（二）解释

1. 题　　名：院字第一六一三号（二六，一，十一）：令署浙江高等法院首席检察官宋孟年：二十三年十二月二十五日郑前首席检察官呈一件据丽水分院首席检察官转请解释刑事侦查中被告羁押期间计算疑义由
   作　　者：
   关 键 词：刑事侦查　羁押期间
   摘　　要：羁押期间之限制，原为保护被告自由而设，不得因承该人员之更调而更新起算。
   期刊名称：法治周刊
   主办单位：
   刊　　期：1937，复刊 1（42）
   页　　码：20

2. 题　　名：院字第一六一四号（廿六，一，十一）：令河南高等法院院长凌士钧：上年十一月十八日呈一件请解释覆审判决保安处分能否上诉疑义由
   作　　者：
   关 键 词：保安处分　科刑判决　伤害罪　覆判暂行条例　上诉
   摘　　要：保安处分之判决因得提起上诉，但两判决一为科刑判决，一为保安处分，虽覆审判决保安处分之期间与初判处刑相等，依覆判暂行条例规定，不得上诉。
   期刊名称：法治周刊
   主办单位：
   刊　　期：1937，复刊 1（42）
   页　　码：21

3. 题　　名：司法院院字第一六一六号至一六二一号（二六，一，十一至二六，一，二十二）
   作　　者：
   关 键 词：诬告罪　被诬告人　自诉　告诉　不起诉处分　声请再议
   摘　　要：诬告罪以有使他人受刑事或惩戒处分之意图为其构成要件，于侵害国家法益外，同时具有侵害个人法益之故意，被诬告人可提起自诉。其向检察官告诉，经检察官为不起诉处分者，亦得声请

再议。
   期刊名称：法治周刊
   主办单位：
   刊　　期：1937，复刊 1（43）
   页　　码：20 - 24

4. 题　　名：司法院院字第一六〇一号至一六〇四号（二五，十二，二二 - 二五，十二，二五）
   作　　者：
   关 键 词：上诉　非常上诉
   摘　　要：被告上诉，由第二审误为不受理之判决，经非常上诉撤销后，即恢复未判决前之状态，如发现第一审检察官亦提起上诉，自应由管辖之法院一并审理。
   期刊名称：法治周刊
   主办单位：
   刊　　期：1937，复刊 1（37）
   页　　码：19 - 22

5. 题　　名：院字第一四五七号（廿五、三、二十）：令署河南高等法院院长凌士钧：上年七月二十七日呈一件据汲县地方法院转请解释刑事诉讼法第三百十一条疑义由
   作　　者：
   关 键 词：自诉　被害人　行为能力
   摘　　要：提起自诉，以有行为能力之被害人为限，如无行为能力，以刑诉法第三百二十六条应谕知不受理之判决，并将判决书送达检察官依法办理。
   期刊名称：法治周刊
   主办单位：
   刊　　期：1936，复刊 1（2）
   页　　码：21

（三）判例

1. 题　　名：姚扣子等窃盗等罪上诉案：最高法院刑事判决（二十四年度上字第三二八三号）
   作　　者：
   关 键 词：盗窃罪　赃物罪　帮助犯
   摘　　要：刑法所定之从一重处断，其比较轻重系以法定主刑为标准。纵使数罪之中重罪应行减轻，轻罪无须减轻，减轻以后之刑罚重罪比轻罪为轻以法定主刑

为标准之当然解释。盗窃搬运赃物为盗窃罪之当然结果，在论处被告以盗窃罪外不能再依赃物罪论科，对于盗窃正犯既不另成赃物之罪，则盗窃之帮助犯，因从属关系之结果，自亦不能再依赃物罪论。

期刊名称：法治周刊
主办单位：
刊　　期：1936，复刊1（2）
页　　码：26－28

2. 题　　名：安兴发等诈欺未遂非常上诉案：最高法院刑事判决（二十五年度非字第二一七号，中华民国二十五年十二月二十九日）
作　　者：
关 键 词：欺诈未遂　非常上诉　着手者
摘　　要：已着手犯罪行为之实行而未遂者为未遂犯。所谓着手者指开始实行犯罪行为而言，若在犯罪应为而尚未开始实行以前，其行为系为预备行为，未远于着手程度，即不得以未遂犯罪。

期刊名称：法治周刊
主办单位：
刊　　期：1937，复刊1（39）
页　　码：26－28

3. 题　　名：赵发其妨害公务上诉案：最高法院刑事判决（二十五年度非字第一八八号，中华民国二十五年十二月九日）
作　　者：
关 键 词：妨害公务　非常上诉　封印
摘　　要：公务员所施之封印，虽与同条所谓查封之标示别为一事，亦必公务员以禁止物之遄逸，适用或其他之任意处置无目的所施封缄之印，文始当。

期刊名称：法治周刊
主办单位：
刊　　期：1937，复刊1（35）
页　　码：28－29

4. 题　　名：周连铭诬告上诉案：最高法院刑事判决（二十五年度上字第三九二四号，中华民国二十六年一月二十五日）

作　　者：
关 键 词：诬告　累犯　加重处断
摘　　要：累犯之成立，其前犯之罪如处有期徒刑者，要以执行完毕或执行一部而赦免者为限。

期刊名称：法治周刊
主办单位：
刊　　期：1937，复刊1（42）
页　　码：24－26

5. 题　　名：倪仙根窃盗上诉案：最高法院刑事判决（二十五年度非字第一九二号，中华民国二十五年十二月十六日）

作　　者：
关 键 词：盗窃　非常上诉　犯罪所得　没收
摘　　要：因犯罪所得之物，没收之者须以属于犯人者为限。故虽因犯罪所得之物，若不属于犯人者，自不得予以没收，否则即属违法。

期刊名称：法治周刊
主办单位：
刊　　期：1937，复刊1（35）
页　　码：29－30

6. 题　　名：顾常氏等杀人上诉案：最高法院刑事判决（二十五年度字上第三七八九号，中华民国二十六年一月二十日）

作　　者：
关 键 词：兼理司法　县政府　初判决　覆判　上诉
摘　　要：县政府初判决应先依法送达，经过上诉期间后未据声明上诉，始得呈送覆判，覆判审依覆判程序办理。若初判决未经送达，则上诉期间即无从起算，覆判审误予受理其以后所谓之裁判均应归无效。因而当事人亦毋庸声明不服，如对该无效判决提起上诉，应认为违背法律上之程序以驳回。

期刊名称：法治周刊
主办单位：
刊　　期：1937，复刊1（40）
页　　码：28－29

7. 题　　名：李丙文帮助杀人非常上诉案：最

高法院刑事判决（二十五年度非字第一九五号，中华民国二十五年十二月九日）

作　　者：

关键词：非常上诉　帮助犯　共同正犯

摘　　要：旧刑法第四十四条第三项所谓实施犯罪行为之际为直接及重要之帮助者，亦仅为其帮助之行为较重要而已。若对于构成犯罪之事实先既已同谋临时又复参与实施者，则为共同正犯，在旧刑法有效时期，应依同法第四十二条处断，不能援引第四十四条，否则即属违法。

期刊名称：法治周刊

主办单位：

刊　　期：1937，复刊1（37）

页　　码：23－25

（四）新闻

1. 题　　名：（二）本会会员动态：甲，司法官：沈兆铭署江苏淮阴地方法院检察官

作　　者：

关键词：司法官

摘　　要：（略）

期刊名称：法治周刊

主办单位：

刊　　期：1937，复刊1（37）

页　　码：32

2. 题　　名：（二）本会会员动态：甲，司法官：江苏各地方法院候补检察官罗笃志

作　　者：

关键词：司法官　书记官

摘　　要：（略）

期刊名称：法治周刊

主办单位：

刊　　期：1937，复刊1（36）

页　　码：32

3. 题　　名：战时司法及战时司法官应该具有的精神和责任

作　　者：张知本

关键词：战时司法　司法独立　战时精神　战时责任

摘　　要：文章讨论了抗战时期司法及司法官要做到"平时要作战时的准

备，战时如平时的秩序"等观点。

期刊名称：法治周刊

主办单位：

刊　　期：1938，复刊（1）

页　　码：3－6

4. 题　　名：司法官应有之认识及今后之努力：戴院长在司法院法官训练所讲述

作　　者：

关键词：检察职务　制裁

摘　　要：院长在司法院法官训练所讲述法律是根据人民生命财产而有的，无论个人社会或国家的生命财产，很显明的无一不是需要法律来保障等司法官应有的认识及今后的努力。

期刊名称：法治周刊

主办单位：

刊　　期：1937，复刊1（44）

页　　码：12－16

5. 题　　名：抗战建国纲领与司法

作　　者：林廷柯

关键词：政治纲领　非常法庭　司法人员

摘　　要：（略）

期刊名称：法治周刊

主办单位：

刊　　期：1938（2）

页　　码：6－8

三十二、法政杂志（1906）

期刊简介：

《法政杂志（1906）》1906年3月由日本东京法政杂志社创刊，张一鹏曾任主编，月刊。主要栏目有时事要录、论丛、译汇、讲演、法令一斑、法政琐闻等。1906年8月停刊。后《法政杂志》与北洋官报局出版的《北洋学报》合并，改名为《北洋法政学报》继续出版。《法政杂志（1906）》是清末出版的政法杂志之一，它以"备当局者着手之方针"，"饷普通人民以法政之知识"为宗旨，介绍"东西大家学说及本国名人著作"，以期使中国"返弱为强，转败为胜"。《法政杂志（1906）》属于政法综合性刊物，是研究中国近代政治、经济、外交、军事，尤其是法律方面的重要资料。主要撰稿人有日本学者久松义典、松井茂、石门朱绍濂、高山圭三等；还有中国学者朱景圻、沈秉衡、林鹍翔、蔡承

焕、许同莘等。刊物载文比较丰富，介绍国外资产阶级的法学、法律和政治制度，其中以翻译国外尤其是日本报刊内容为主，以促进宪政的实施。其中发表有关经济、法律及各列强在华争夺方面的评书。该刊登载过《支那贸易之现状》、《法典论》、《日本矿业法》、《英国宪法正文》、《论礼与法》、《读大清商律》、《法治国主义》等文章。

法政琐闻

1. 题　　　名：法政界琐闻：法律格言拔萃

作　　　者：

关　键　词：检察一体　法律监督

摘　　　要：两条格言分别阐述了检察一体原则和检察官作为法律的监督者，应负有真实客观义务。

期刊名称：法政杂志

主办单位：

刊　　　期：1906，1（4）

页　　　码：167

三十三、法政杂志（1911）

期刊简介：

上海法政杂志社于1911年2月在上海编辑发行，月刊，每月25日发行。刊物宗旨为参证学理，以促进群治。陶保霖主编，有社说、杂纂、资料、专件、记事、论说、译丛、杂录、名著、选论等栏目。

（一）论丛

1. 题　　　名：论提法使为司法上必要之机关否耶

作　　　者：陈时夏

关　键　词：提法使　废除

摘　　　要：提法使作为我国历史特有的产物，其现有的监督职能、职务、司法事务筹备、法律解释以及经费五个层面均不适合现状，宜废之。检察体系内监督体制完备，且提法使不能对检察官有所询问，无监督之实；提法使的各项职务，如对检察官的任免建议，并不娴熟；而至于检察官提请司法解释须经提法使详拟文书则徒增手续，且分割大理院之权；种种方面，提法使无存在之必要，宜废之。

期刊名称：法政杂志

主办单位：

刊　　　期：1911，1（1）

页　　　码：1-6

2. 题　　　名：大清新刑律释义绪论

作　　　者：秦瑞玠

关　键　词：微罪不起诉

摘　　　要：检察官应在现有刑律的限度内实行刑事政策，对于可不起诉的轻微犯罪，由检察官根据案情对其进行裁定。对于在执行过程中，监狱发现罪犯为累犯的，应及时告知检察官。

期刊名称：法政杂志

主办单位：

刊　　　期：1911，1（9）

页　　　码：109-119

（二）法令一斑

1. 题　　　名：巴西民主国宪法

作　　　者：

关　键　词：巴西宪法　检察长任命

摘　　　要：巴西共和国检事长由共和国总统于联邦最高裁判所成员中任命，其职务由法律规定之。检事长可以请求复审。

期刊名称：法政杂志

主办单位：

刊　　　期：1913，2（7）

页　　　码：131-156

2. 题　　　名：瑞士阿奔塞尔州宪法

作　　　者：

关　键　词：瑞士宪法　预审法官　审检委员会

摘　　　要：对于含有仲裁性质的裁决在法定条件下仍得由检察机关和法院处理之。法律可以将检察官的职权授予预审法官。市议院选举产生审检委员会。

期刊名称：法政杂志

主办单位：

刊　　　期：1913，2（9）

页　　　码：185-206

3. 题　　　名：安徽各州县征税追租及查禁烟赌暂行章程

作　　　者：

关　键　词：检警关系

摘　　　要：安徽各州县凡设立审检两厅的地区，检察厅协助州县长官进行征税、查禁烟赌等活动。州县长官对于征税过程和查禁烟赌过程中，对于构罪的交由检察厅办理，检察厅可以调度司法警察。

期刊名称：法政杂志
主办单位：
刊　　期：1911，1（4）
页　　码：78－82

4. 题　　名：北京律师公会暂行会则
作　　者：
关键词：律师阅卷　检察官称谓
摘　　要：律师承办案件时，可以到检察厅抄阅一应文卷。称呼检察官用敬称"贵检察官"等。

期刊名称：法政杂志
主办单位：
刊　　期：1913，2（7）
页　　码：19－23

（三）时事要录

1. 题　　名：记事：商埠外国人诉讼办法
作　　者：
关键词：司法独立　涉外诉讼
摘　　要：司法权应独立于行政权。外国人诉讼其欲提起诉讼，则依照我国法律受理审判之，由就近的审判厅和检察厅处理。但由于外国领事裁判权对我国司法的干涉，外国人并不欲适用我国的诉讼制度，而要求观审，仍由理事委员会处理案件，司法行政不分，导致检察厅无法介入诉讼。

期刊名称：法政杂志
主办单位：
刊　　期：1911，1（2）
页　　码：13－14

2. 题　　名：记事：杭州地方审判厅与检察厅异议事件
作　　者：
关键词：级别管辖　检察官起诉
摘　　要：杭州审判厅成立之初，在未经检察厅提起公诉的情况下即判决并将被告人交付执行，后将此案重新交由地方检察厅起诉。地方检察厅认为此案根据罪行条件应属初级检察厅管辖，再者此案各种

信息不明，无法作出判断，宜交由有关机关尽早查清真相。

期刊名称：法政杂志
主办单位：
刊　　期：1911，1（2）
页　　码：92

3. 题　　名：记事：流罪执行办法
作　　者：
关键词：检警关系
摘　　要：检察官有权按照流罪执行办法调度驻厅之司法警察和巡警。基于便宜之考虑，应将司法警察的调度升迁统归于检察厅。

期刊名称：法政杂志
主办单位：
刊　　期：1911，1（2）
页　　码：16

4. 题　　名：记事：江宁、上元两县仍收词讼
作　　者：
关键词：司法独立　行政兼理司法
摘　　要：虽然江宁、上元两县已经建立审判厅和检察厅，但行政机关仍受理词讼，尤其是奸情案多由县政府处理。检察官莅验检查尸体，各方均以无政府之文书等不予配合，检察权行使多有掣肘。

期刊名称：法政杂志
主办单位：
刊　　期：1911，1（3）
页　　码：20－21

5. 题　　名：记事：日本司法省分设民刑两局
作　　者：
关键词：日本司法　民刑独立
摘　　要：日本将司法省的民刑局分设为民刑两局，分别管理不同的事务。刑事局分管刑事之裁判事务与检察事务，刑罚执行等。

期刊名称：法政杂志
主办单位：
刊　　期：1911.1（3）
页　　码：24

6. 题　　名：记事：重庆法官尊重法权
作　　者：
关键词：治外法权　司法独立　观审
摘　　要：英领事所以和我国政府签订的合约要求观审卜内门一案。重庆审

检两厅极力上书阻止英领事所之观审。然政府指示重庆审检两厅依照双方合约将案件交由巴县审讯。重庆法官、检察官对我国法权丧失痛心不已。

期刊名称：法政杂志
主办单位：
刊　　期：1911，1（4）
页　　码：26

7. 题　　名：记事：宁波方得胜案
　　作　　者：
　　关 键 词：方得胜案　司法独立　审检合署
　　摘　　要：方得胜纠结同伙持械抢劫伤人一案，在经过检察官验伤并口头起诉开启预审程序和正式审判程序，并经审判厅依照刑律判决绞立决。然民众不明司法要求立即执行，并冲击审检厅，审检厅要求政府派员予以保护未果，且行政长官罔顾刑律对方得胜提讯立予政法。民众的冲击，尤其是行政机关的干涉和不配合，致司法权不彰，司法无法独立。审检两厅全体请辞，并请求将本审判检察长撤差惩戒。

期刊名称：法政杂志
主办单位：
刊　　期：1911，1（5）
页　　码：35－39

8. 题　　名：记事：宁波方得胜案之结束
　　作　　者：
　　关 键 词：方得胜案　司法独立　审检合署
　　摘　　要：方得胜一案中，行政长官将方得胜即行正法乃出于现时民众之激愤而为之的权宜之策，与司法权并非完全之侵害；而审检两厅全体请辞并且闭厅不开应予及时纠正。

期刊名称：法政杂志
主办单位：
刊　　期：1911，1（6）
页　　码：45－47

9. 题　　名：记事：四川法官与报馆
　　作　　者：
　　关 键 词：检察权　逮捕令状
　　摘　　要：报馆未经审查即刊登文章损毁他

人名誉，检察官在无任何令状的情形下逮捕了报馆负责人和编辑，且无证搜查了负责人的处所，并在无原告到庭的情形下由检察官起诉。报馆负责人从逮捕令状等十个方面对检察官和判决的不服，提起上诉。

期刊名称：法政杂志
主办单位：
刊　　期：1911，1（6）
页　　码：49－53

10. 题　　名：记事：温州审检两厅被莠民拆毁
　　作　　者：
　　关 键 词：哄闹法庭　保释
　　摘　　要：米价飞涨，民众对政府的调控力度不满，哄抢富户触犯刑律。政府将之交由检察厅起诉，然民众不满政府径自哄闹法庭，殴打检察官、法官，迫使审检两厅暂准保释哄抢犯事者。

期刊名称：法政杂志
主办单位：
刊　　期：1911，1（7）
页　　码：55

11. 题　　名：记事：奉天提法使与高等审检两厅冲突
　　作　　者：
　　关 键 词：提法使　检察官任命　俸禄
　　摘　　要：奉天提法使和审检两厅就人员任命和俸禄情况发生冲突。

期刊名称：法政杂志
主办单位：
刊　　期：1911，1（7）
页　　码：56

12. 题　　名：记事：比利时未成年者保护法
　　作　　者：
　　关 键 词：未成年人案件　检事所
　　摘　　要：设置少年课，对于未成年之案件，预审之后由检事所申请，或弃却或移送少年课判事处理。

期刊名称：法政杂志
主办单位：
刊　　期：1913，2（7）
页　　码：90－92

13. 题　　名：记事：江苏审检两厅协议

作　　　者：

关 键 词：司法独立　审检关系　事权统一

摘　　　要：江苏审检两厅由于权限不明，多有龃龉，特举行协议会议以期解决双方之权限冲突，实现事权统一。在检察厅将之视为限权之会议从而缺席的情况下，审判厅从法理的角度以及和日本的对比中明确检察权的界限，认为检察厅不应开庭讯问，无审判权更无直接宣告无罪的权力，写状亦应标注审判厅以实现事权统一。

期刊名称：法政杂志

主办单位：

刊　　　期：1911，1（1）

页　　　码：1－7

14. 题　　　名：记事：司法会议之议案

作　　　者：

关 键 词：检察厅设置　预审权

摘　　　要：一议案提议应在非通商口岸但商业繁茂之地设立初级法院和增设检事处理初级案。一议案争议预审权是否应该属于检察。

期刊名称：法政杂志

主办单位：

刊　　　期：1913，2（7）

页　　　码：87－88

15. 题　　　名：记事：地方审判检察厅之通告

作　　　者：

关 键 词：审判检察厅　法律适用

摘　　　要：江苏逐渐建立审判检察厅，受理案件词讼。应该有明确的判决依据即确定的法律，及早制定法律或规范性文件，减少对习惯和外国法律或决议的适用。

期刊名称：法政杂志

主办单位：

刊　　　期：1912，1（10）

页　　　码：80

16. 题　　　名：记事：司法部调查审判厅及监狱之通告

作　　　者：

关 键 词：司法独立

摘　　　要：司法部成立乃在于实现司法独立。借由此，司法部欲调查各省府厅州县之审判检察厅及监狱，以实现全面统筹规划。受调查部门宜自行照表填报。

期刊名称：法政杂志

主办单位：

刊　　　期：1912，1（10）

页　　　码：79

17. 题　　　名：各省筹办法院与馆部往来各电汇录

作　　　者：

关 键 词：检察官　待遇　贪污渎职

摘　　　要：检察官和法官的俸禄不及同等级官员，应及早制定官俸暂行章程。检察官如有贪污受贿或违法徇私行为的，谘议局可以援照局章办理，督抚也自可派员查办。

期刊名称：法政杂志

主办单位：

刊　　　期：1911，1（6）

页　　　码：21－28

18. 题　　　名：法部代奏会员徐谦等考察各国司法制度报告书折

作　　　者：

关 键 词：欧美检察制度　两大法系　检察权

摘　　　要：京师高等检察厅检察长徐谦与高等审判厅厅丞考察欧美各国的检察制度，认为英美和大陆两大法系由于对检察权的认识不同而形成不同的制度特色。英美国家多无检察制度，而大陆法系国家认为检察官为国家利益的代表人设立检察制度。检察官制度源于法国，后流行于大陆国家，但检察权多有限制，然仍享有侦查、提起公诉、上诉、重要案件莅庭和指挥司法警察等职权。

期刊名称：法政杂志

主办单位：

刊　　　期：1911，1（7）

页　　　码：105－120

19. 题　　　名：刑法改正案理由书

作　　　者：

关　键　词：上诉　刑期计算

摘　　　要：检察官上诉不分正当与否，其刑期计算由前盼宣告之日起算。为防止犯人借由上诉逃避或减轻惩罚，因此犯人上诉须属正当；而犯人有受不当之利益也，因此检察官之上诉不分正当与否。

期刊名称：法政杂志

主办单位：

刊　　　期：1906，1（2）

页　　　码：1－16

三十四、法律周报

期刊简介：

《法律周报》由阮性存（阮荀伯）主办，创刊于1914年1月，创刊地为杭州，为杭县律师公会会刊。《法律周报》以研究法律学说，记载中外法律新闻为主旨。常设栏目有社论、思潮、杂报、法令、法令解释、判决例等。

（一）判决例

1. 题　　　名：大理院民事判决三年上字第二十五号：第一审检证记录明确并无不法不当，第二审可以援用

　　作　　　者：

　　关　键　词：检证记录　援用

　　摘　　　要：第一审检证记录明确并无不法不当，第二审可以援用。

　　期刊名称：法律周报

　　主办单位：

　　刊　　　期：1915（64）

　　页　　　码：90－91

（二）法令解释

1. 题　　　名：县知事审理诉讼判决后如发现原判法律事实错误时可依检察职权提起上诉或再审（民国四年一月十四日大理院覆总检察厅函）（统字第一九九号）

　　作　　　者：

　　关　键　词：县知事　法律事实　检察职权　上诉　再审

　　摘　　　要：县知事审理诉讼判决后，如发现原判法律事实错误时，可依检察职权提起上诉或再审。

　　期刊名称：法律周报

主办单位：

刊　　　期：1915（58）

页　　　码：1

2. 题　　　名：原告诉人无声请移转管辖之权，检察官认为无理者得迳行驳斥（民国四年二月十九日大理院复总检察厅函）（统字第二一六号）

　　作　　　者：

　　关　键　词：原告诉人　移转管辖　检察官　迳行驳斥

　　摘　　　要：声请权在检察官与被告人，是原告诉人无声请移转管辖之权，其检察官认为无理由者，自毋庸代为声请送审判庭，得决定迳行驳斥。

　　期刊名称：法律周报

　　主办单位：

　　刊　　　期：1915（64）

　　页　　　码：4

3. 题　　　名：高等分庭既设有检察官则刑事起诉仍照高等本厅程序办理（民国四年七月二十九日大理院覆总检察厅函）（统字第三百号）

　　作　　　者：

　　关　键　词：高等分庭　检察官　推事　受理

　　摘　　　要：高等分院既设有检察官，则依事务之种类，从来往在高等本庭向系由检察官收受转送或批驳。若本庭向系由审判庭迳行受理者，亦应由推事直接受理。

　　期刊名称：法律周报

　　主办单位：

　　刊　　　期：1915（100）

　　页　　　码：1

4. 题　　　名：检察官提起控诉如程序合法自应受理（民国三年七月大理院覆甘肃高等审判厅电）（统字一三七号）

　　作　　　者：

　　关　键　词：普通刑诉　原判无罪　检察官控诉

　　摘　　　要：检察官提起控诉，如程序合法自应受理。

　　期刊名称：法律周报

　　主办单位：

　　刊　　　期：1914（31）

页　　码：100

5. 题　　名：重婚罪之解释（民国二年十一月大理院致总检察厅函）（二年统字第六十五号）

作　　者：

关 键 词：重婚罪　有夫再嫁者

摘　　要：刑律第二百九十一条所谓有配偶而重为婚姻，当然包括有夫再嫁者而言。

期刊名称：法律周报

主办单位：

刊　　期：1914（12）

页　　码：50

6. 题　　名：抗告之范围及期间又检察官得为口头起诉（民国二年七月大理院覆福建高等审判厅电）（二年统字第四十四号）

作　　者：

关 键 词：抗告　上诉　检察官　不起诉处分　亲告罪　口头起诉

摘　　要：决定、命令除如指挥诉讼等依据法理惯例，确难准其抗告者外，余均应受理。至抗告期间解释上，当然用上诉期间，又对于检察官不起诉处分，可向原庭声请再议仍被驳斥，不服可递呈于上级检察庭，请求按照编制法各条为一定处分。亲告罪案件，如亲告人在庭告诉检察官，即时依法为口头起诉者，自应受理，但应将情形记入公判笔录。

期刊名称：法律周报

主办单位：

刊　　期：1914（8）

页　　码：29

7. 题　　名：移送预审应由公判审判官咨询检察官决定（民国三年五月十五日大理院复江苏高等审判厅）（统字第一百二十七号）

作　　者：

关 键 词：移送预审　公判审判官　咨询检察官

摘　　要：移送预审之程序，既无明文规定，自应由公判审判官咨询检察官，以决定移送预审。

期刊名称：法律周报

主办单位：

刊　　期：1914（25）

页　　码：88

8. 题　　名：盐务缉私兵犯普通罪如非军籍之军人应归通常司法官裁判（民国三年十二月十八日大理院覆总检察厅函）（统字第一八八号）

作　　者：

关 键 词：盐务缉私兵　管辖　司法官署　军法官署

摘　　要：盐务缉私兵其性质系属警察之一种，其犯罪自应归通常司法官署管辖。若系以有军籍之军人充当者，则依其身份，仍应归军法官署管辖。

期刊名称：法律周报

主办单位：

刊　　期：1915（53）

页　　码：1

9. 题　　名：高等厅以逾期驳回检察官上诉不能作为再审受理（民国四年一月十九日大理院覆奉天高审判厅电）（统字第二〇一号）

作　　者：

关 键 词：高等厅　检察官上诉　逾期　再审

摘　　要：高等厅以逾期驳回检察官上诉，现行法制未经修改以前，不得作为再审受理。

期刊名称：法律周报

主办单位：

刊　　期：1915（58）

页　　码：2

10. 题　　名：关于羁押刑事被告人之审检两厅权限（民国四年八月六日大理院覆广东高审厅电）（统字第三〇四号）

作　　者：

关 键 词：吸食鸦片帖　印税　犯罪　羁押　取保　审检两厅

摘　　要：吸食贴有印税鸦片者仍构成犯罪。羁押或取保者于检厅不能撤销该命令，但检察厅得请求审判衙门撤销并得因其他案件羁押暂保释人。

期刊名称：法律周报

主办单位：

刊　　期：1915（100）

页　　码：2

11. 题　　名：原检厅能否提讯豫审或公判中被告人之区别（民国四年八月七日大理院覆广东高审厅函）（总字第三〇九号）

作　　者：

关 键 词：亲属犯　豫审　公判　预审推事　审判衙门

摘　　要：豫审或公判中检察厅认为应讯问被告人者，得随时请求豫审推事或审判衙门讯问。若系因侦查他案应行讯问者，得迳行讯问其笔录中足供豫审或公判案件之参考者，应送交豫审推事或审判衙门。

期刊名称：法律周报

主办单位：

刊　　期：1915（102）

页　　码：1

12. 题　　名：共犯将执行或病危可通知检厅迅先取供（民国四年七月二十八日大理院覆直隶高审厅函）（统字第二九九号）

作　　者：

关 键 词：审判厅试办章程　附带犯罪　共犯　一审漏判

摘　　要：一、审判厅试办章程所有附带犯罪，该章程虽无列举规定，而依诉讼通例以如诉讼事实罪质上有牵连密接之关系者为限。其情形可分为五种，本院三年上字，第二百九十六号判决已有先例可以参照；二、原详所称共犯将执行或病危情形，依刑诉法则本可以他案记录采为本案证据，如有必要亦可以通知该管检察厅迅先取供。此种情形不在刑诉草案所谓应急速审理之列，若虑检察官始终不为起诉处分，则与通常案件检察官应起诉而不为起

诉者，同事关检察职权自有相当之救济方法，更无碍于审限之进行；三、一案而第一审有漏未判罪之人，自应发交第一审审判机关提人犯等事，亦自有相当之办法，至第一审对于一人已起诉案件而有漏为判罪之部分，可由控告审并为审判。

期刊名称：法律周报

主办单位：

刊　　期：1915（99）

页　　码：1－2

三十五、法学会杂志

期刊简介：

1905 年，京师法律学堂在北京成立。1910 年北京法学会成立。1911 年 6 月 11 日（宣统三年五月十五日）北京法学会在北京创办《法学会杂志》，月刊，杨荫杭任主编，法律专业刊物。沈家本亲自为此刊作序，寄予极大期望："异日法学昌明，巨子辈出，得与东西各先进国媲美者，斯会实为先河矣。"1911 年 10 月停刊。《法学会杂志》以研究法制、法律、罪案为主要内容。常设栏目有论说、法制解释、外国法制、中国法制、问答录、判决录、译丛、监狱会报告、法学会报告等。1911 年 6 月至 10 月，《法学会杂志》共刊发 5 期，发表了沈家本的 8 篇文论、许世英和徐谦的《考察各国司法制度报告书》、杨荫杭的《英美契约法》、余绍宋的《累犯处分论》等。1912 年底，章宗祥、刘崇佑、许世英、江庸、汪有龄、曹汝霖、王宠惠等续办法学会事，并订《法学会章程》，拟复办《法学会杂志》。1913 年 2 月，该刊复刊，载有沈家本的名篇之一《法学杂志序》。其后各期刊发了汪荣宝、章宗祥、江庸、钟庚言、陈宗蕃、康有为、程树德、董康等人的文章，并登载了日本穗积陈重、有贺长雄的汉译论文。但历时不过两年，又迄于 1914 年 12 月。第 3 次续办则是 7 年后，即 1921 年。其时，江庸执掌修订法律馆。他在"发刊词"中总结了该刊前两次之所以不能维持于不坠的原因，认为法学会会员于文字无专责，每期论说译稿，皆以募化为事，材料必然匮乏，且敷衍塞责，文字亦无精彩，不待刊行。而续刊则可凭借修订法律馆的人才和材料，采用之，必使《法学会杂志》常新久存。但该刊至 1923 年初即告终结。

（一）法规

1. 题　　　名：县知事兼理司法事务暂行条例
作　　　者：
关 键 词：县知事　兼理司法
摘　　　要：《县知事兼理司法事务暂行条例》规定了县知事兼理司法事务的相关事项。
期刊名称：法学会杂志
主办单位：
刊　　　期：1914，2（1/2）
页　　　码：1-3

2. 题　　　名：司法部令各省高审检厅审检厅处理简易案件暂行细则九条仰分别饬遵文
作　　　者：
关 键 词：审检厅　简易案件
摘　　　要：司法部下发各省高审检厅处理简易案件暂行细则。
期刊名称：法学会杂志
主办单位：
刊　　　期：1914，2（1/2）
页　　　码：1

3. 题　　　名：审检厅处理简易案件暂行细则
作　　　者：
关 键 词：审检厅　简易案件　检察官
摘　　　要：《审检厅处理简易案件暂行细则》规定了检察官对于简易案件的处理时间和程序。
期刊名称：法学会杂志
主办单位：
刊　　　期：1914，2（1/2）
页　　　码：1-2

4. 题　　　名：刑事诉讼法第一次修正案
作　　　者：
关 键 词：回避　书记官　回避程序
摘　　　要：修正案将原刑事诉讼法草案中关于检察官回避的问题，与法院推事的回避合并为一章。同时修正案规定，检察厅书记官不必适用回避制度。检察官办理刑事案件适用回避制度。检察官与案件存在利害关系，经当事人申请或是自行回避，由检察长决定。
期刊名称：法学会杂志
主办单位：

刊　　　期：1921（1）
页　　　码：97-110

5. 题　　　名：刑事诉讼法草案（未定稿）
作　　　者：
关 键 词：回避　强制措施　侦查措施
摘　　　要：检察官是刑事诉讼的重要主体，为诉讼公正考量适用回避制度。检察官的回避由检察长决定，检察厅书记官的回避由所属监督的检察官或者检察长决定。检察官拥有较为广泛的侦查权，检察官可以签发拘提证，发布通缉令，决定对被告进行羁押，实施讯问被告，询问证人，搜查扣押等侦查活动。
期刊名称：法学会杂志
主办单位：
刊　　　期：1921（2）
页　　　码：115-158

6. 题　　　名：刑事诉讼法草案（续）
作　　　者：
关 键 词：不起诉裁定　抗告　预审　并案起诉　并案审理
摘　　　要：检察官对于不起诉裁定可以在三日内提起抗告；不起诉裁定确定后，案件没有新事实新证据的，检察官不得再行起诉。预审推事认为被告具有犯罪嫌疑的，应将起诉裁决和案卷等交给检察官，由检察官向管辖法院起诉；法院不得就检察官未经起诉的行为进行审判。被告犯数罪时，其中一罪已经或者应受重刑的，检察官认为其他犯罪应该起诉，但是对于另一重刑之罪无重大关系的，不得并案起诉；在前述情况下，如果其他罪行起诉在先，法院可以依照检察官的声请停止审判，检察官待重刑之罪审判后一个月内视他罪之情节要求对其进行审判。
期刊名称：法学会杂志
主办单位：
刊　　　期：1921（3）
页　　　码：97-129

7. 题　　　名：刑事诉讼法草案（续）

作　　　者：

关 键 词：上诉　舍弃上诉权

摘　　　要：检察官得为被告的利益提起上诉，但为被告利益上诉的不经被告同意不得撤回。

期刊名称：法学会杂志

主办单位：

刊　　　期：1921（3）

页　　　码：97－129

8. 题　　　名：刑事诉讼法草案（续）

作　　　者：

关 键 词：二审　案卷移送　三审

摘　　　要：被告或是检察官上诉后，原审法院应将案卷交由原审检察官，并由原审检察官转交二审检察官，二审检察官将案卷转交二审法院；被告在监狱或者看守所的，应由原审法院的检察官将被告解送到第二审法院所在地的监狱或者看守所。检察官得因审判活动违背法律提起第三审上诉。

期刊名称：法学会杂志

主办单位：

刊　　　期：1922（4）

页　　　码：109－120

9. 题　　　名：刑事诉讼法草案（续）

作　　　者：

关 键 词：预审　起诉　庭审

摘　　　要：检察官对于预审作出的不起诉处分可以提出抗告，检察官就合于条件的案件提起公诉，并得追加起诉等。

期刊名称：法学会杂志

主办单位：

刊　　　期：1921（4）

页　　　码：110－120

（二）论著

1. 题　　　名：论检察制度之不可废

作　　　者：

关 键 词：检察制度　废除

摘　　　要：文章从公诉专职、维护国家法律秩序等四大方面阐述了不可废除检察制度的理由。

期刊名称：法学会杂志

主办单位：

刊　　　期：1914，2（3/4）

页　　　码：1－7

2. 题　　　名：论豫审之应由检察厅掌管

作　　　者：冈田朝太郎

关 键 词：预审　检察厅

摘　　　要：文章从七大方面分别阐述了预审应由检察厅掌管的理由。

期刊名称：法学会杂志

主办单位：

刊　　　期：1913，1（1）

页　　　码：25－32

3. 题　　　名：司法制度刍议

作　　　者：季手文

关 键 词：检察制度　弹劾主义　废除

摘　　　要：检察制度发源于法国，是代表国家对犯罪进行追诉的制度。但是检察制度不适合我国国情，具体原因如下：检察制度难以阻止民间和解；检察制度导致诉讼拖沓，没有效率，检察官等或滥用职权或怠于行使职权，并未实现预先设定之目的；检察制度我国固有之私诉传统相违背。因此，不妨废止地方检察厅，只在审判厅中设置一名检察官，用以弹劾私人不愿或者不敢弹劾之罪等。其余犯罪均由被害人自诉，推事直接审判，这样可以节约司法经费，减少诉讼繁苛。

期刊名称：法学会杂志

主办单位：

刊　　　期：1921（3）

页　　　码：43－55

（三）杂录

1. 题　　　名：朝鲜总督府裁判所及检事局处务规程

作　　　者：

关 键 词：裁判所　检事局

摘　　　要：《朝鲜总督府裁判所及检事局处务规程》规定了裁判所及检事局的相关事项。

期刊名称：法学会杂志

主办单位：

刊　　　期：1913，1（9）

页　　　码：13－14

三十六、法制半月刊

期刊简介：

《法制半月刊》由国防部政工局编印，于1948年1月（中华民国三十七年一月十六日）创刊，法制刊物，半月刊。《法制半月刊》设论著、法令规章、法令解释、特载、转载等栏目。

法令解释

1. 题　　名：院解字第三七三〇号（三十六年十二月十六日补发）：令署湖南高等法院首席检察官汪廉：三十五年十二月二十四日呈一件，为据湖南邵阳地方法院首席检查官代电请解释停役军人就他职其犯罪应否归普通法院审判疑义，转请解释令遵由

   作　　者：

   关 键 词：首席检察官　军人停役　普通法院　管辖

   摘　　要：司法院指令湖南高等法院首席检察官，军人停役后就他职犯罪应归普通法院审判。

   期刊名称：法制半月刊

   主办单位：

   刊　　期：1948（1）

   页　　码：40－41

三十七、法官惩戒委员会汇刊

期刊简介：

1928年6月9日南京国民政府成立法官惩戒委员会，于右任担任法官惩戒委员会委员长，王开疆担任法官惩戒委员会秘书长。《法官惩戒委员会汇刊》由法官惩戒委员会于1928年在南京创办，为法官惩戒委员会机关刊物，于右任题名。常设栏目有图画、命令、会令、法规、议决书、公牍、编拟、撰拟等。

会批

1. 题　　名：（中华民国十七年七月二十二日）：原具呈人汕头商办电话股份有限公司股东周植亭等：呈一件为呈诉广东潮梅地方法院马首席检察官延搁要案恳乞察核依法惩戒由

   作　　者：于右任

   关 键 词：首席检察官　办案拖延　惩戒

   摘　　要：原具呈人呈诉广东潮梅地方法院马首席检察官拖延办案，要求依法惩戒。

   期刊名称：法官惩戒委员会汇刊

   主办单位：

   刊　　期：1928（1）

   页　　码：44

三十八、广东司法五日报

期刊简介：

《广东司法五日报》由广东高等裁判所于1912年在广州创刊，司法刊物，周刊。该刊以维持法界前途，公布裁判事件，使人民晓然裁判内容为宗旨。常设栏目有法令、公牍、批词、判词、司法纪闻、杂录、学说、选论、函件、告白。

命令公牍

1. 题　　名：呈报都督陈聊泰揭封官吏受贿一案业经预审咨送公判

   作　　者：

   关 键 词：检事局　预审　公诉　缺席审判

   摘　　要：陈聊泰揭封产屋官吏受贿一案，调取各项书类搜查嫌疑人，传及案内所有嫌疑人，开庭预审在案，有两位嫌疑人因故未到案使得诉讼进行无期，但此案为都督特交之案，因此只有将本案先行提起公诉，同时催促二人到案，逾期不到则缺席审判。

   期刊名称：广东司法五日报

   主办单位：

   刊　　期：1912，1（1）

   页　　码：12－13

2. 题　　名：高等检事局长李振翌呈覆司法司办理陈聊泰案情形

   作　　者：

   关 键 词：检事局　起诉　审检独立　意见陈述

   摘　　要：陈聊泰受贿一案案情复杂手续繁复，不同于普通诉讼，且案内最重要之人未到案。起诉将至，将办理情形和预审决定书按时呈报都督和司法司。审判独立，检事局不得干涉，其只能做意见陈述并于公开审前由局长咨送高等裁判所意见书。

   期刊名称：广东司法五日报

   主办单位：

   刊　　期：1912，1（1）

页　　码：10 – 11

3. 题　　名：咨送陆军司陈义等上诉勒收禾票不服判决案

作　　者：

关 键 词：检事局　上诉　军事裁判所管辖

摘　　要：陈义等上诉勒收禾票不服判决案，归军事裁判所范围，虽然所犯属于刑事，应作为司法裁判，但是军人犯罪不能由普通刑事裁判所审理，所以经广州地方检事局移送民团总局。该局解散移交陆军司转送民团总务兼督练处，由该处移还广州地方检事局，移同级裁判所判决。因查明存在管辖错误，应由陆军司受理。

期刊名称：广东司法五日报

主办单位：

刊　　期：1912，1（1）

页　　码：13

4. 题　　名：司法部为适用法律事照会高等审判厅

作　　者：

关 键 词：审检厅　刑事法律　新刑律　冈田朝太郎

摘　　要：广东各级审检厅于刑事法律，暂用冈田朝太郎所订新刑律，除特殊条款，其余都予以适用。

期刊名称：广东司法五日报

主办单位：

刊　　期：1912，1（1）

页　　码：1

5. 题　　名：广东司法呈报办理及进行之种种

作　　者：

关 键 词：审检厅　人员选任　检事局　检事

摘　　要：规定各级审检厅人才选任资格；广州增设民刑各一庭，于检事局内增设检事三人，分任职务；南海一县在初级裁检所局基础上，增设南海第二初级裁判所和检事局各一所。

期刊名称：广东司法五日报

主办单位：

刊　　期：1912，1（1）

页　　码：1 – 2

6. 题　　名：地方检事局检事长林熙筹呈报盛景睿案咨送地方裁判所受理文

作　　者：

关 键 词：受案范围　刑事性质　检察权限　民庭

摘　　要：盛景睿通同舞弊一案，属于商律范围，非刑事性质，不属于检事局受理权限。检事局不能越权起诉，应归裁判所民庭收受审理。经检事局将此案人证卷宗移送同级裁判所。

期刊名称：广东司法五日报

主办单位：

刊　　期：1912，1（2）

页　　码：47 – 48

7. 题　　名：番禺初级检事局呈请添设卫兵并领枪械文

作　　者：

关 键 词：番禺　检事局　卫兵

摘　　要：番禺初级检事局管辖范围内人繁事杂，且管理看守所，为保证司法威严与安全，需要请派卫兵四名，枪支器械若干。原有卫兵留名，使之专门执行传票拘票，逮捕犯人，搜查证据等。

期刊名称：广东司法五日报

主办单位：

刊　　期：1912，1（2）

页　　码：1 – 2

8. 题　　名：广州地方检事局检事长林熙筹呈请司法司变通相验章程文

作　　者：

关 键 词：卫生局　检事局　尸体检验　检验证书

摘　　要：广州地方检事局检察长呈请确定卫生局与检事局的地位关系以及检验报告书的性质。呈请书称，尸体检验由卫生局进行，但检验权应归属检事局而不在卫生局，刑事范围内的卫生局为检事局的辅助机构，受检事局制约；卫生局检验报告文书为一种辅助证书，检事局不受其制约。

期刊名称：广东司法五日报

主办单位：

刊　　　期：1912，1（2）
页　　　码：43－47

9. 题　　　名：南海第二初级检事局监督检事李应桂为局内员役与经费不能裁剪呈覆司法司文

作　　　者：

关　键　词：初级检事局　检事　人员裁汰

摘　　　要：南海第二初级检事局管辖范围广阔，司法事务繁多，检事以下至司法警兵人数由司法司派定，经费和人员不能裁汰。

期刊名称：广东司法五日报
主办单位：
刊　　　期：1912，1（3）
页　　　码：12－13

10. 题　　　名：广东司法司谕南海第二初级裁判所检事局迁置佛山文

作　　　者：

关　键　词：南海初级检事局　搬迁

摘　　　要：南海第二初级裁判所检事局用于审理地方民刑事案件而设，但是两个初级裁判所同在一城不适宜，因此将南海第二初级裁判所检事局搬至佛山，以帮助缓解佛山的司法审理压力。

期刊名称：广东司法五日报
主办单位：
刊　　　期：1912，1（4）
页　　　码：13

11. 题　　　名：广州地方检事局咨覆陈大年控罗庄等侵蚀猪捐一案应归地方裁判所受理文

作　　　者：

关　键　词：刑事性质　检事局　起诉

摘　　　要：司法司罗文干回复称，案件应查明裁检所局章程，如果为刑事案件由检事局受理，以检事局代表国家提起公诉。此案无刑事性质，属于民事案件，而且有原告陈大年，检事局不得越权起诉，因此将卷宗咨送同级裁判所查核。

期刊名称：广东司法五日报
主办单位：
刊　　　期：1912，1（4）
页　　　码：14－16

12. 题　　　名：番禺初级检事局呈覆司法司裁节糜费由文

作　　　者：

关　键　词：检事局　检事　书记　裁汰

摘　　　要：番禺初级检事局呈覆司法司称，番禺检事局管辖范围虽不广但人口稠密，在事物上管辖四种有期徒刑和三百元以下罚金，事务繁忙，但是仅有检事三人，人员不足，不可裁汰；同理，检事局书记也不可裁汰。

期刊名称：广东司法五日报
主办单位：
刊　　　期：1912，1（4）
页　　　码：17－19

13. 题　　　名：广东司法司通谕各级裁检所局及各县专审员清理讼狱文

作　　　者：

关　键　词：清理讼狱刑事案件　检事局搜集证据　惩戒

摘　　　要：司法司通谕称，所有民刑案件，应从速审理，限期审结，以免讼累。刑事案件，各检事局从速逮捕人贩，搜集证据。如果一个月以上还未搜集本案认证，没有提起公诉的，分别给予轻重记过撤任。

期刊名称：广东司法五日报
主办单位：
刊　　　期：1912，1（5）
页　　　码：11－12

14. 题　　　名：广东司法司通谕各级裁检所局设立考勤簿按月呈报察核文

作　　　者：

关　键　词：考勤簿　惩处

摘　　　要：司法司通谕称，为保证审检人员勤慎供职，履行职务，在各该长官办公室设置考勤簿，对审检人员进行监督。并规定对不得已事故要呈报司法司，呈报不实严加惩处。

期刊名称：广东司法五日报
主办单位：
刊　　　期：1912，1（5）
页　　　码：12－13

15. 题　　　名：高等检事局呈覆司法司本局各

员无可裁减文

作　者：

关键词：检事局　检事　人员裁汰

摘　要：广东高等检事局呈覆司法司称，司法司命令权衡缓急，裁汰冗员，节以靡费。但广东检事局设置检事长一员，主管全局，监督各级检事局；检事二员收案起诉莅庭诉讼；书记官管理其他相关事务。人员紧缺，一人兼数职，没有可以裁减的人员。

期刊名称：广东司法五日报

主办单位：

刊　期：1912，1（5）

页　码：18－19

16. 题　名：广州地方检事局呈覆司法司将盛景睿案咨送地方裁判所民庭收受理由文

作　者：

关键词：刑事性质　检事局　起诉权限　陈述意见

摘　要：广州地方检事局呈覆司法司称，公司总办盛景瑞是否把持舞弊，有无亏空，属于民事范围，并无刑事性质，非检事局起诉权限，不能越权。检事局仅有为公益目的而到庭陈述意见的义务。

期刊名称：广东司法五日报

主办单位：

刊　期：1912，1（6）

页　码：18－26

17. 题　名：广东联合检事局呈覆司法司本局业经遵谕裁撤并转谕各级检事局文

作　者：

关键词：联合裁判所　检事局　裁撤　大理院

摘　要：广东联合检事局呈覆司法司称，本局已经将权设的联合裁判所和检事局裁撤，以免有侵犯中央权限的嫌疑。所有不服高等裁判所判决的案件，应该等将来民国司法机关完备后，再分别赴中央大理院或大理分院上

诉。各级检事局和诉讼人一并遵照。

期刊名称：广东司法五日报

主办单位：

刊　期：1912，1（7）

页　码：25－26

18. 题　名：试署南海第一初级检事局监督检事催衍镰亲定探监时间之告示

作　者：

关键词：初级检事局　监狱管理　探监时间

摘　要：试署南海第一初级检事局监督检事催衍镰出示探监告示，每日由上午十时起至下午四时止为探监时间，而以星期一五日庭之探监。以维护监狱的正常管理秩序。

期刊名称：广东司法五日报

主办单位：

刊　期：1912，1（7）

页　码：31－32

19. 题　名：南海第二初级检事局呈送广州地方检事局核办孔亚牛、梁亚恒两案文

作　者：

关键词：初级检事局　地方检事局　管辖范围　越权起诉

摘　要：南海第二初级检事局呈送广州地方检事局称，此案被告三人均系诱拐盈利，罪行重大，按照暂行刑律，应该处三等以上有期徒刑，非南海第二初级检事局管辖范围，不能越权起诉，因此送往广州地方检事局。

期刊名称：广东司法五日报

主办单位：

刊　期：1912，1（8）

页　码：30－31

20. 题　名：四会县裁检所局专审员兼检事李曜藻开庭关防告示文

作　者：

关键词：专审员　兼任检事

摘　要：四会县裁检所专审员，并兼任检事，执行检验尸伤搜查证据提起公诉各职务，特此告示。

期刊名称：广东司法五日报

主办单位：

刊　　期：1912，1（9）

页　　码：27－28

21. 题　　名：四会县专审员李曜藻布告开庭理由并详细说明利益示文

作　　者：

关键词：司法独立　裁检所　专审员　兼任检事　公诉

摘　　要：民国采用三权分立制度，立法司法行政独立。司法上改设裁检，以专审员兼任检事，有提起公诉的职务。民间被害，进行侦查，不必问被害者的意愿而由该管检事提起诉讼。

期刊名称：广东司法五日报

主办单位：

刊　　期：1912，1（9）

页　　码：28－30

22. 题　　名：广东司法司谕广州地方检事局长会同南番各初级检事局监督检事按照司法警察刘炳杰等所禀是否可行商榷呈复核专文

作　　者：

关键词：检警关系　司法警察　检事局　司法研究馆　巡警教练　法权

摘　　要：广东司法司称，司法警察的设立是为辅助检事局行使法权，职位至为重要。现在各级检事局所用司法警察，所受教育不高，不利于司法作用的发挥。因此希望司法警察改为司法研究馆及巡警教练所毕业生，以辅助检事局行使法权。

期刊名称：广东司法五日报

主办单位：

刊　　期：1912，1（13）

页　　码：28－29

23. 题　　名：广州地方检事局呈请司法司专咨外交司移请香港总督将同文街三十五号被劫枪毙一案逸犯陈灿解省归案办理文

作　　者：

关键词：检察厅　外交部　管辖权　犯人引渡手续

摘　　要：广州地方检事局呈司法司称，

同文街三十五号被劫枪毙一案。按照试办章程，遇有交涉案件及于外国管辖区域内逮捕及搜查，由检察厅申行文外交官知照外国公署办理。因此咨请外交司按照犯人引渡手续，于陈灿刑期满日，解回送所核办。

期刊名称：广东司法五日报

主办单位：

刊　　期：1912，1（13）

页　　码：35－37

24. 题　　名：广东司法司通谕各级检事局如有诉讼人等因诉讼不直肆意诋毁承审判事若其事实绝无证据者应即指名按律起诉严行惩戒文

作　　者：

关键词：检事局　公益代表　诉讼不直　按律起诉

摘　　要：广东司法司通谕称，各级检事局为国家代表，又为公益代表。如有诉讼人等因诉讼不直肆意诋毁承审判事，若其事实绝无证据的扰乱国家妨碍公益的不法行为，检事官应该指名按律起诉。

期刊名称：广东司法五日报

主办单位：

刊　　期：1912，1（15）

页　　码：23－25

25. 题　　名：广东司法司通谕各县民政长专审员嗣后民刑上诉案件民事由人民自行上诉刑事准人民呈请专审员提起上诉无论理由若何均不得拒却如有任意拒却者准由县长代为提起文

作　　者：

关键词：专审员　检察权兼理　检事职务　上诉

摘　　要：广东司法司通谕称，各县专审员兼任检事事务，各县长也兼检事名称。所有民刑上诉，民事由人民自行上诉，刑事准人民呈请专审员提起上诉，专审员不得拒绝。如有拒绝的，准由该县长调齐全案卷宗代为提起上诉。以此保护人民的上诉途径，同时协调专审员和县长的检事职务。

期刊名称：广东司法五日报
主办单位：
刊　　期：1912，1（15）
页　　码：25－26

26. 题　　名：广州地方检事局呈覆司法司新安县陈素学告陈燮尧拘禁私刑一案不入本局管辖范围未便越权起诉文

作　　者：
关 键 词：司法独立　检事局　越权起诉
摘　　要：广州地方检事局呈覆司法司称，司法行政独立，该案属于民政司管辖，不受检事局管辖，检事局不得越权提起诉讼。

期刊名称：广东司法五日报
主办单位：
刊　　期：1912，1（16）
页　　码：37－39

27. 题　　名：番禺初级检事局代理监督检事林宝琦咨会番禺县令声明事务管辖文

作　　者：
关 键 词：管辖范围　刑事起诉
摘　　要：番禺初级检事局声明事务管辖文称，为区分各初级检事局管辖范围、简化起诉手续，所有番禺各乡镇一切刑事起诉案件归广州地方检事局暨番禺初级检事局接收办理，分别管辖。

期刊名称：广东司法五日报
主办单位：
刊　　期：1912，1（16）
页　　码：39－40

28. 题　　名：广州地方检事局呈司法司请咨商民政司暨各路绥靖广东警察厅通饬实行补助司法事务文

作　　者：
关 键 词：检事局　司法警察　辅助机关
摘　　要：检事代表国家保护公益，但是职务甚繁。根据相关法律法规，司法警察为辅助检事局的司法机关，检事局在检察事务上对其有指挥调度的权力，并对检

事局权限有规定。

期刊名称：广东司法五日报
主办单位：
刊　　期：1912，1（17）
页　　码：34－38

29. 题　　名：广东司法司咨请警察厅及各绥靖处通饬所属检察军人遇有检事调度办理检察事务时一体遵照定章切实辅助文

作　　者：
关 键 词：司法警察　检事局　调度　辅助机关　惩戒
摘　　要：司法警察应该遵照检事局调度司法警察章程，遇有检事局调度办理检察事务时，受检察官的调度指挥，为检事局的辅助司法机关。若司法警察执行职务不力，要受到检察官的惩戒。

期刊名称：广东司法五日报
主办单位：
刊　　期：1912，1（18）
页　　码：25－29

30. 题　　名：司法司具呈中央司法部有现在业经开办须加整顿有目前正待筹设而须酌分先后有应候中央核行以为各省之标准各缘由请示只遵文

作　　者：
关 键 词：裁检所　检事　总检察分厅
摘　　要：粤省高等裁检所局暨地方各级已经设立裁检所局规模狭小，办案不力，添办检事人员若干促进办案效率。任用各判检事及专审员。除前清曾任推检者，分别留用。司法拟采四级三审制度，拟请速定大理院分院及总检察分厅章程。

期刊名称：广东司法五日报
主办单位：
刊　　期：1912，1（19）
页　　码：21－32

31. 题　　名：合浦商埠地方检事局呈广东司法司文

作　　者：
关 键 词：检事局　司法警察　辅助机关　调度

摘　　　要：对于检事局与司法警察的关系，
有专章规定为调度关系，有试
办章程规定为辅助关系。辅助
关系具有一定自由性质，而调
度具有强制性质。对于未设立
巡警地方，凡驻扎境内的军队，
有为司法警察的资格，以帮助
检事局搜查逮捕。

期刊名称：广东司法五日报

主办单位：

刊　　　期：1912，1（20）

页　　　码：29－32

三十九、广西司法半月刊

期刊简介：

《广西司法半月刊》由广西高等法院公报处于
1936年在广西桂林创刊，司法刊物，半月刊。该刊
导扬法治，介绍最新法律政治学理，灌输法政常识
并布达法令，发表司法界消息，选辑审判实例及各
种解释文件，以期普及社会对于法律之正见正信，
促本党宪政之完成。该刊门类有法令、论著、司法
界消息、审判实例、法令解释、法政常识、现行法
律专载、金载等。

（一）法规

1. 题　　　名：县司法处组织暂行条例

作　　　者：

关 键 词：县长兼理司法　检察官任命
资质

摘　　　要：县司法处之检察职权由县长兼
理。修习法律或是有一定实践经
验经考察合格后可呈报司法行政
部任命为检察官。

期刊名称：广西司法半月刊

主办单位：

刊　　　期：1936，58

页　　　码：1－2

2. 题　　　名：国营铁路押解罪犯乘车减价凭证
填用办法

作　　　者：

关 键 词：押解罪犯　国营铁路　减价
凭证

摘　　　要：检察官押解罪犯乘坐国营铁路凭
借按规定填写的凭证可以半价乘
坐火车。

期刊名称：广西司法半月刊

主办单位：

刊　　　期：1936，328

页　　　码：16－17

（二）论著

1. 题　　　名：检察官职在侦查乎　在预审乎
（续）

作　　　者：同甫

关 键 词：侦查　强制处分　预审　人权保
障　控辩平等

摘　　　要：检察官作为国家利益代表侦查犯
罪并进行预审。检察官实居于原
告之位，与被告地位平等，因此
将侦查中强制处分决定权交由检
察官，并由检察官进行预审，实
为对被告权利的极大隐忧。此职
权之害应受重视也。

期刊名称：广西司法半月刊

主办单位：

刊　　　期：1937，77

页　　　码：25－30

2. 题　　　名：检察官职在侦查乎　在预审乎

作　　　者：同甫

关 键 词：国家追诉主义　自诉扩张　检察
官职权

摘　　　要：检察官作为国家利益的代表，对
犯罪进行追诉。限制检察制度并
不意味扩充自诉，且显示中国检
察官掌无源之权，实难有效检举
犯罪。

期刊名称：广西司法半月刊

主办单位：

刊　　　期：1937，76

页　　　码：30－32

（三）议案

1. 题　　　名：全国司法会议议案选载：对于刑
诉法第三百六十八条拟添"自诉
人"三字之意见

作　　　者：

关 键 词：第三审　法律审　自诉人　独立
上诉

摘　　　要：检察官对于自诉案件的判决既得
独立上诉。第三审属于法律审，
如第二审判决果系违背法令，则
上诉尽可由检察官提起，不必再
许自诉人为无益上诉，以免法院
及当事人均受其累。

期刊名称：广西司法半月刊

主办单位：
刊　　期：1936，50
页　　码：92

2. 题　　名：刑事案件交保及其他改进事项案
（第一三九号）
作　　者：
关 键 词：羁押逾期　具保责付
摘　　要：羁押期限已逾原审判决，经上级法院发回重审后，为保证被告及时到案，应根据案件的不同情况，由检察官决定是否具保或责付。
期刊名称：广西司法半月刊
主办单位：
刊　　期：1936，49
页　　码：15

3. 题　　名：民刑事案件交保及改进办法案
（第一七六号）
作　　者：
关 键 词：对人执行　管收　具保　保人监督
摘　　要：由于我国登记公证户籍等制度尚未普遍施行，再加上民事债务人隐匿财产不易查悉，故我国兼采对人执行办法，即管收民事被告；刑事被告具保通常以商铺负保人之责。当地警察机关对于保人及被告应随时加以视察；如遇刑事被告再有犯罪等情形应即时报告法院或检察官。
期刊名称：广西司法半月刊
主办单位：
刊　　期：1936，49
页　　码：18

4. 题　　名：考核羁押人犯标准以防滥押案
（第一七五号）
作　　者：
关 键 词：羁押　书面考核　调查
摘　　要：检察官对看守所的羁押进行相应的监督。对于不当押而押或者羁押已撤销而不释放等情形，高等法院院长、首席检察官，除由书面（表册）考核外，得随时派员调查以为考核成绩之一，是否有当提请公决。
期刊名称：广西司法半月刊

主办单位：
刊　　期：1936，49
页　　码：21

5. 题　　名：关于新制施行后各级法院增进司法效率案（第一四二号）
作　　者：
关 键 词：司法效率　微罪不起诉　微罪不检举　不起诉处分
摘　　要：检察官对轻微案件为增进效率计可为不起诉处分。然检察官须就案件之损失、被告之道歉、动机等各方面进行考察以衡量其社会危险性。
期刊名称：广西司法半月刊
主办单位：
刊　　期：1936，49
页　　码：37－38

6. 题　　名：全国司法会议议案选载：厉行刑事自诉案
作　　者：
关 键 词：厉行自诉　防止滥诉
摘　　要：检察官接收被害人告诉案件，应先告以自诉手续，令其迳行自诉。自诉人如确系明知所诉为虚伪而故意诬告，纵未经被告申告，法院应即时移送检察官侦查，借资惩处。
期刊名称：广西司法半月刊
主办单位：
刊　　期：1936，53
页　　码：90－91

7. 题　　名：全国司法会议议案选载：兼理司法县政府审理刑事案件不适用不起诉处分案
作　　者：
关 键 词：县长兼理司法　不起诉处分　覆判程序
摘　　要：兼理司法县长审理刑事案件适用不起诉处分宜予以废止，所有认为应不起诉或得不起诉之案件应分别情形迳行论知免刑、无罪免诉或不受理之判决，则覆判章程既足以救济之。
期刊名称：广西司法半月刊
主办单位：
刊　　期：1936，53

页　　码：93－94

8. 题　　名：全国司法会议议案选载：厉行不起诉处分以息讼累案

作　　者：

关 键 词：讼累　不起诉处分　暂缓起诉
　　　　　自诉

摘　　要：为减轻当事人的讼累，应厉行不起诉处分。扩张自诉虽可能减少检察官经手案件，然程序繁杂亦不为普通民众熟悉，反增负担。且检察官可对轻微案件为暂缓起诉或是起诉后由法院宣判无罪，从而减轻讼累。

期刊名称：广西司法半月刊

主办单位：

刊　　期：1936，53

页　　码：94－95

9. 题　　名：全国司法会议议案选载：检察官辅助自诉人侦查犯罪及自诉人提供担保提议案

作　　者：

关 键 词：辅助自诉　侦查　强制处分　滥诉　担保

摘　　要：自诉人虽可提起自诉，但侦查犯罪之能力欠缺，且无强制处分之权能。故侦查犯罪反而受制，检察官应辅助自诉人侦查犯罪，以提高自诉质量。为使被告免受被滥诉之损害，宜于自诉人提起自诉时命其提供担保或缴纳现金或提出保证书以备赔偿损害。

期刊名称：广西司法半月刊

主办单位：

刊　　期：1936，53

页　　码：95

10. 题　　名：全国司法会议议案选载：防止滥押案

作　　者：

关 键 词：滥行羁押　警告　惩戒

摘　　要：严防承办案件的推事、检察官滥行羁押。已经一次警告后，再被发现滥羁押的，可直接将承办检察官、推事交付惩戒。

期刊名称：广西司法半月刊

主办单位：

刊　　期：1936，61

页　　码：95

11. 题　　名：全国司法会议议案选载：关于新制施行后各级法院增进司法效率案

作　　者：

关 键 词：轻微刑事案件　微罪不检举主义　推检互调　不起诉　社会危险性

摘　　要：为增进刑事案件的效率，对轻微刑事案件，检察官可衡量其社会危险性作出不起诉处分。对于再犯危险性较大的不宜直接作出不起诉处分。

期刊名称：广西司法半月刊

主办单位：

刊　　期：1936，61

页　　码：97－98

（四）法律解释

1. 题　　名：最高法院判例要旨：二十二年上字第三〇七四号

作　　者：

关 键 词：不起诉处分　声明再议　确定力

摘　　要：检察官就刑事案件所为不起诉处分系对于刑事部分而言。而就该事件所牵涉民事事项不得因当事人或利害关系人就此处分未声明再议而生确定效力。

期刊名称：广西司法半月刊

主办单位：

刊　　期：1936，49

页　　码：75

2. 题　　名：最高法院判例要旨：二十年抗字第六四号

作　　者：

关 键 词：不起诉处分　声请再议　检审关系

摘　　要：告诉人对检察官不起诉处分声请再议，除原检察官认为其声请有理由者应撤销其处分外，应由上级法院首席检察官受理，处分非法院所得干预。

期刊名称：广西司法半月刊

主办单位：

刊　　期：1936，49

页　　码：75

3. 题　　名：最高法院判例要旨：二十年非字

第五三号

作　　者：

关　键　词：不起诉处分　新事实　新证据
　　　　　受理　实体裁判

摘　　要：刑事案件于不起诉后，如果有新
　　　　　事实或新证据，检察官仍得对于
　　　　　同一案件再行起诉。虽检察官所
　　　　　认之是否真确无误非经法院调查
　　　　　后不能确定，但既经检察官就其
　　　　　所发现者据以提起公诉，法院即
　　　　　应予以受理并为实体上裁判。

期刊名称：广西司法半月刊

主办单位：

刊　　期：1936，49

页　　码：75

4. 题　　名：最高法院判例要旨：十九年非字
　　　　　第二〇四号

作　　者：

关　键　词：一事不再理　再行起诉　不予
　　　　　受理

摘　　要：检察官对同一案件再行起诉的，
　　　　　法院应为不受理判决，再行审判
　　　　　即为违法。

期刊名称：广西司法半月刊

主办单位：

刊　　期：1936，51

页　　码：67

5. 题　　名：最高法院判例要旨：上诉编
作　　者：
关　键　词：共同上诉　越级上诉　独立上诉
摘　　要：检察官和被告同时上诉的，并列
　　　　　为上诉人。下级检察官无上级检
　　　　　察官的命令不得越级执行上级检
　　　　　察官的职务，即不能越级上诉。
　　　　　检察官对侵犯公益之案件独立上
　　　　　诉，告诉告发之人仅有声请上诉
　　　　　之权。

期刊名称：广西司法半月刊

主办单位：

刊　　期：1936，52

页　　码：57 - 58

6. 题　　名：司法院法令解释：浙江高等法院
　　　　　呈请解释撤回自诉疑义由（院字
　　　　　第一二一三号）

作　　者：

关　键　词：撤回自诉　告诉或请求乃论之罪

摘　　要：自诉人于诉讼已开始进行后，唯
　　　　　限于最重本刑七年未满之告诉或
　　　　　请求乃论之罪，在第一审辩论终
　　　　　结前得将自诉撤回。非告诉或请
　　　　　求乃论之罪不能准用关于公诉规
　　　　　定撤回自诉。

期刊名称：广西司法半月刊

主办单位：

刊　　期：1936，52

页　　码：60 - 61

7. 题　　名：司法院法令解释：院字第一三二
　　　　　三号

作　　者：

关　键　词：被害人　自诉程序　兼理司法县
　　　　　政府　声明上诉

摘　　要：刑事案件被害人如依自诉程序向
　　　　　兼理司法县政府提起自诉，判决
　　　　　后声明上诉的，应由县政府将卷
　　　　　宗迳送第二审法院。

期刊名称：广西司法半月刊

主办单位：

刊　　期：1936，53

页　　码：57

8. 题　　名：最高法院判例要旨（二十一年抗
　　　　　字第一八八号）

作　　者：

关　键　词：县长兼理司法　羁押处分　抗告

摘　　要：县长兼有检察和审判两种职权
　　　　　时，其基于检察职权而为之羁押
　　　　　处分如有不服，在法律上别有救
　　　　　济之途，不能对之抗告。

期刊名称：广西司法半月刊

主办单位：

刊　　期：1936，56

页　　码：57

9. 题　　名：司法院法令解释：院字第一三八
　　　　　〇号

作　　者：

关　键　词：不起诉处分　诬告　迳行起诉
　　　　　追诉权

摘　　要：检察官侦查刑事案件发现原告诉
　　　　　人为诬告者，得迳就诬告事件起
　　　　　诉，毋庸另对被诬告人为不起诉
　　　　　处分；设有正式法院地方的县长
　　　　　虽得侦查犯罪，但无追诉权，对
　　　　　于犯罪嫌疑人应移送该管检察官

侦查，不能自行起诉或为不起诉处分，其所为被告无罪之堂论或批示自不能认为检察官之不起诉处分；检察官对于被告为不起诉处分时，如认原告诉人为诬告者得迳行起诉，毋庸经过再议期间。

期　刊　名　称：广西司法半月刊

主　办　单　位：

刊　　　　　期：1936，58

页　　　　　码：64－65

10. 题　　　　　名：山东高等法院转请核示撤回自诉程序疑义由（院字第一三八三号）

作　　　　　者：

关　键　词：撤回自诉　裁判　驳回自诉

摘　　　　　要：自诉人依法撤回自诉时，应由书记官将撤回自诉事由通知被告，毋庸加以裁判；自诉人状请将其自诉撤回显属违法，法院应以裁定驳回。

期　刊　名　称：广西司法半月刊

主　办　单　位：

刊　　　　　期：1936，59

页　　　　　码：61－62

11. 题　　　　　名：司法院法令解释：院字第一五二四号

作　　　　　者：

关　键　词：婚姻家庭案件　告诉乃论　指定告诉

摘　　　　　要：对于婚姻家庭案件，仅限于特定之人提起告诉。若无告诉之人，检察官亦不得依利害关系人之申请指定告诉。

期　刊　名　称：广西司法半月刊

主　办　单　位：

刊　　　　　期：1937，73

页　　　　　码：60

（五）命令公牍

1. 题　　　　　名：广西高等法院训令：第四六六七号

作　　　　　者：

关　键　词：告诉告发　指示自诉　补正诉状　移送审判

摘　　　　　要：检察官对合于自诉的案件，应指示自诉人向法院提起自诉，而非

接受其告诉告发。检察官可协助补正书状移送法院审判，法院不得以书状瑕疵拒绝受理。

期　刊　名　称：广西司法半月刊

主　办　单　位：

刊　　　　　期：1936，49

页　　　　　码：2

2. 题　　　　　名：广西高等法院训令：第四六七一号

作　　　　　者：

关　键　词：不起诉处分　送案分案程序办法　案卷分类

摘　　　　　要：关于厉行不起诉处分及检察官起诉送案分案程序办法。

期　刊　名　称：广西司法半月刊

主　办　单　位：

刊　　　　　期：1936，49

页　　　　　码：37

3. 题　　　　　名：广西高等法院训令：第一二一四号

作　　　　　者：

关　键　词：首席检察官　高等法院及分院

摘　　　　　要：其他法院及分院置检察官若干人，以一人为首席检察官。检察官员额仅有一人时，不置首席检察官。高等法院及分院不置首席检察官时，其检察官职权与首席检察官同。

期　刊　名　称：广西司法半月刊

主　办　单　位：

刊　　　　　期：1936，56

页　　　　　码：6－7

4. 题　　　　　名：广西高等法院训令：第一二五九号

作　　　　　者：

关　键　词：检察官出庭　判决文书　控辩平等

摘　　　　　要：检察官出庭公诉的，实不应在判决书末尾签名，此有悖于控辩平等之精神。应饬令各法院在被告栏前加"公诉人本院检察官"八字。

期　刊　名　称：广西司法半月刊

主　办　单　位：

刊　　　　　期：1936，56

页　　　　　码：24

5. 题　　　名：广西高等法院训令：第一二六
　　　　　　　〇号

作　　　者：

关 键 词：合并程序　另案在押　系属法院

摘　　　要：承办员讯问被告时务于前科外并
　　　　　　　须注意其有无另案在押或系属法
　　　　　　　院计入笔录以免再有歧误发生。

期刊名称：广西司法半月刊

主办单位：

刊　　　期：1936，57

页　　　码：2

6. 题　　　名：广西高等法院训令：第一二六
　　　　　　　二号

作　　　者：

关 键 词：国家追诉主义　自动检举　渎职
　　　　　　　贪污类犯罪

摘　　　要：检察官作为国家利益的代表，代
　　　　　　　表国家对犯罪进行追诉，尤其是
　　　　　　　官员渎职贪污类的犯罪更需刚正
　　　　　　　不阿的检察官检举。检察官应加
　　　　　　　强自动检举犯罪，而不是坐等告
　　　　　　　诉告发。

期刊名称：广西司法半月刊

主办单位：

刊　　　期：1936，57

页　　　码：2 - 3

7. 题　　　名：广西高等法院训令：第三三四
　　　　　　　八号

作　　　者：

关 键 词：检察官上诉　加具理由　移送
　　　　　　　诉状

摘　　　要：原告诉人对正式法院判决得请求
　　　　　　　检察官提起上诉，但必经检察官
　　　　　　　采纳意见加具理由书始生效力。
　　　　　　　检察官将诉状检送刑庭并有依法
　　　　　　　办理而言，视为检察官已提起上
　　　　　　　诉，刑庭应函知该检察官加具
　　　　　　　理由。

期刊名称：广西司法半月刊

主办单位：

刊　　　期：1936，68

页　　　码：27

8. 题　　　名：第十一届国际刑罚及监狱会议之
　　　　　　　节略

作　　　者：

关 键 词：犯罪预防　保安处分　检察官

　　　　　　　意见

摘　　　要：从对犯罪进行有效防御期间，应
　　　　　　　将自由刑和保安处分的裁判事宜
　　　　　　　交由一种混合委员会全权办理。
　　　　　　　检察官至少应有贡献参考意见之
　　　　　　　表决权。

期刊名称：广西司法半月刊

主办单位：

刊　　　期：1937，76

页　　　码：96

四十、国立北平大学学报法学专刊

期刊简介：

　　《国立北平大学学报》第一卷第二期为法学专
刊，由国立北平大学法学院编辑，于1933年（中华
民国二十二年四月）由国立北平大学校长办公室出
版发行，设有发刊词、论著、学生毕业论文栏目、
附录等栏目。1931年（中华民国二十年），国立北
平大学改组。鉴于过去各学院所发行的刊物过于杂
乱，于是校方决定统筹办法，令各学院轮流分刊专
门论著，以求力量集中，发扬思想学术，而为青年
学子治学的引导。第一卷第一期为医学年刊，已由
医学院负责刊行；第一卷第二期为法学专刊，由法
学院负责刊行。

论著

1. 题　　　名：苏联及苏联宪法

作　　　者：王之相

关 键 词：苏联宪法　检察官　选任　职权

摘　　　要：苏联宪法第七章规定了苏联最高
　　　　　　　法院检察官相关内容。苏联最高
　　　　　　　法院检察官有权向最高法院提出
　　　　　　　各联邦共和国最高法院决定及民
　　　　　　　刑事判决与全联邦法规相抵触之
　　　　　　　处，或侵害其他各共和国利益之
　　　　　　　处；苏联最高法院检察官及副检
　　　　　　　察官由苏联中央执行委员会常务
　　　　　　　委员会任命。苏联最高法院检察
　　　　　　　官对于系属苏联最高法院审理的
　　　　　　　各项问题加以意见，维护最高法
　　　　　　　院审判中的刑诉案件。如对于苏
　　　　　　　联最高法院全体会议判决有不同
　　　　　　　意见时，即向苏联中央执行委员
　　　　　　　会常务委员会提出抗议，并且最
　　　　　　　高法院检察官对宪法四十三条规
　　　　　　　定各项问题有提议权。

期刊名称：国立北平大学学报法学专刊

主办单位：国立北平大学

刊　　期：1933，1（2）

页　　码：182－241

2.题　　名：最近苏联宪法的修改

作　　者：章友江

关 键 词：审检分立　法律监督权　检察官任命　检察所

摘　　要：苏联宪法修改使检察机关从法院独立出来，并扩大了检察官的职权。检察机关原附属于法院，现宪法决定设立检察所，将检察机关独立出来；检察官由苏联中央执行委员会任命并对其负责。扩大检察机关的职权范围，新设法律监督权，使之可以监督国家出台的法律法规的合宪性以及监督国家机关行为的合法性，保障法律的统一实施。

期刊名称：国立北平大学学报法学专刊

主办单位：国立北平大学

刊　　期：1935，5

页　　码：62－84

四十一、湖北司法月刊

期刊简介：

《湖北司法月刊》于 1934 年在湖北武昌创刊，司法刊物，月刊。主要登载 1934 年至 1938 年湖北省高级法院、监察院的各项法规、命令、训令以及司法行政部命令，并登有民事案件、刑事案件、各监狱逃脱犯人通缉报告与统计表。

（一）部令

1.题　　名：派鲁师曾署湖北高等法院首席检察官此令

作　　者：

关 键 词：司法行政部　任命令

摘　　要：司法行政部派鲁师曾等任命令。

期刊名称：湖北司法月刊

主办单位：

刊　　期：1936（29）

页　　码：18

（二）连载

1.题　　名：二十五年十一月二十三日念纪周鲁首席检察官莅任第一次参加演说

作　　者：

关 键 词：首席检察官　莅任　演说词

摘　　要：民国二十五年十一月二十三日纪念周，湖北高等法院首席检察官鲁师曾第一次参加演说辞。

期刊名称：湖北司法月刊

主办单位：

刊　　期：1936（29）

页　　码：56－57

（三）训令

1.题　　名：（二十五年十一月四日）：令本院分院院长：奉部令嗣后第二审卷宗应于法定期间汇送检察官参考由

作　　者：郗朝俊

关 键 词：第二审　卷宗　法定期间　送达　检察官

摘　　要：湖北高等法院奉司法部令各所属法院院长，第二审卷宗应于法定期间送检察官参考。

期刊名称：湖北司法月刊

主办单位：

刊　　期：1936（29）

页　　码：27－28

2.题　　名：第二九三七号（二十五年十一月十四日）：令各监狱、法院院长、首席检察官、县司法处：奉部令凡普通例行文件概登司法公报不另行文由

作　　者：郗朝俊

关 键 词：普通行文　司法公报

摘　　要：湖北高等法院奉司法部令各法院等，凡普通行文件概登司法公报不另行文。

期刊名称：湖北司法月刊

主办单位：

刊　　期：1936（29）

页　　码：38

3.题　　名：第三〇七二号（二十五年十一月二十日）：令各法院院长、首席检察官、监狱：奉部令各法院监所办理统计人员应查明具报由

作　　者：郗朝俊　鲁师曾

关 键 词：统计人员

摘　　要：湖北高等法院奉司法部令，各法院监所办理统计人员应查明具报。

期刊名称：湖北司法月刊

主办单位：

刊　　　期：1936（29）

页　　　码：45

4. 题　　　名：第三二〇二号（二十五年十一月
二十八日）：令各法院院长、首
席检察官：奉部令上诉判决无罪
案件应予开释者迳行依法办理由

作　　　者：郗朝俊　鲁师曾

关　键　词：上诉案件　无罪释放

摘　　　要：湖北高等法院令各所属法院，奉
司法部令，所有上诉案件无罪者
应立即开释。

期刊名称：湖北司法月刊

主办单位：

刊　　　期：1936（29）

页　　　码：49－50

5. 题　　　名：第三六四五号（二十五年十二月
二十一日）：令各法院院长、首
席检察官：奉部令解释海商法第
一条文意义见由

作　　　者：郗朝俊　鲁师曾

关　键　词：解释法律

摘　　　要：湖北高等法院院长奉部令解释海
商法第一条文意见，查本解释与
交通部解释并无不合，依此
办理。

期刊名称：湖北司法月刊

主办单位：

刊　　　期：1936（30）

页　　　码：39－43

6. 题　　　名：第二九三八号（二十五年十一月
十四日）：令各法院院长、首席
检察官：奉部令审检两方受理案
件数目应依前发表式填送由

作　　　者：郗朝俊　钱谦

关　键　词：审检　受理案件　发文格式

摘　　　要：司法行政部令审检两方受理案件
应依之前发表格式填写。

期刊名称：湖北司法月刊

主办单位：

刊　　　期：1936（29）

页　　　码：38－39

四十二、河北高等法院公报

期刊简介：

《河北高等法院公报》于1929年1月（中华民

国十八年一月）在天津创刊，法律政务刊物，月刊，
由河北高等法院编纂室刊行。该刊设法规、公牍、
判词等栏目，主要刊登各种法规及河北省报院公牍、
文件及案例统计等，并发表有关司法制度、监狱管
理方面的文章。

（一）法规

1. 题　　　名：覆判暂行条例（十七年九月十九
日公布）

作　　　者：

关　键　词：覆判

摘　　　要：（略）

期刊名称：河北高等法院公报

主办单位：

刊　　　期：1929（2）

页　　　码：61－65

2. 题　　　名：改进蒙古司法大纲

作　　　者：

关　键　词：蒙古地方　司法机关

摘　　　要：蒙古地方现已设立及将来筹设之
独立司法机关，须参用蒙人为推
事及检察官，并须设蒙文译员及
代缮诉状处，以期便利蒙人之诉
讼参用蒙人办法另定之。

期刊名称：河北高等法院公报

主办单位：

刊　　　期：1931（7）

页　　　码：46

3. 题　　　名：视察各省区司法规程（廿一年五
月十日公布）

作　　　者：

关　键　词：法院　监所

摘　　　要：（略）

期刊名称：河北高等法院公报

主办单位：

刊　　　期：1932（9）

页　　　码：60－62

4. 题　　　名：修正看守所暂行规则（十九年五
月二日司法行政部公布）

作　　　者：

关　键　词：看守所

摘　　　要：（略）

期刊名称：河北高等法院公报

主办单位：

刊　　　期：1930（5）

页　　　码：13－21

5. 题　　　名：司法官任用暂行标准（廿一年三

月廿六日呈准）

作　　者：

关 键 词：司法官　任用标准

摘　　要：（略）

期刊名称：河北高等法院公报

主办单位：

刊　　期：1932（9）

页　　码：43－48

6. 题　　名：司法官叙补及审查资格成绩办法
（廿一年九月一日部令公布）

作　　者：

关 键 词：司法官　叙补　审查成绩

摘　　要：（略）

期刊名称：河北高等法院公报

主办单位：

刊　　期：1933（10）

页　　码：45－48

7. 题　　名：征集各省司法经验录规则（二十
一年七月十二日部令公布）

作　　者：

关 键 词：司法经验

摘　　要：（略）

期刊名称：河北高等法院公报

主办单位：

刊　　期：1933（10）

页　　码：36－38

8. 题　　名：司法官任用回避办法（廿一年一
月十七日呈准）

作　　者：

关 键 词：司法官　任用　回避

摘　　要：（略）

期刊名称：河北高等法院公报

主办单位：

刊　　期：1932（9）

页　　码：28－29

9. 题　　名：修正高等考试司法官考试初试及
格人员学习规则（二十四年二月
五日部令公布）

作　　者：

关 键 词：司法官考试　学习规则

摘　　要：（略）

期刊名称：河北高等法院公报

主办单位：

刊　　期：1935（15）

页　　码：97－99

10. 题　　名：司法官任用暂行条例（呈奉行

政院第六次国务会议决议通过，
二十一年一月二十八日奉指令
准予备案）

作　　者：

关 键 词：司法官　任用

摘　　要：（略）

期刊名称：河北高等法院公报

主办单位：

刊　　期：1932（9）

页　　码：29－34

（二）公牍

1. 题　　名：三、关于整理诉讼事项：河北高
等法院训令：第三二三二号（十
八年七月三十一日）：令各级法
院及分庭、各县长：奉部令各级
法院应实行私人自诉制度仰遵
照由

作　　者：

关 键 词：自诉　报表

摘　　要：各该法院办理刑事案件，如查系
合于刑诉法第三百三十七条第一
款、第二款之情形，而并非有人
自行起诉者，应即责成值日检察
官随时指示，得像该管法院自行
起诉，并应将此项自诉制度关系
条文于公共场所摘要揭示，俾众
周知，除刑事案件自诉年表，仍
照章填报外，其造报刑事诉讼案
件月报表应将每月受理案件内有
无自诉之件及自诉案件数目若
干，于备考栏外详细填载，以资
考核。

期刊名称：河北高等法院公报

主办单位：河北高等法院

刊　　期：1929（3）

页　　码：144，5

2. 题　　名：三、关于法院管辖事项：指令赵
县请示上诉机关由（文字第二八
九号，十七年八月十五日）

作　　者：

关 键 词：上诉机关

摘　　要：该县第一审案件向日既归直隶高
等第一检察分庭处理，现在该机
关改隶河北第二高等分院，设有
高等分院之检察处，即前诣该院
上诉可也。

期刊名称：河北高等法院公报

主办单位：河北高等法院

刊　　期：1929（1）

页　　码：102

3. 题　　名：四、关于党务进行事项：河北高等法院训令：第三七○号（十八年八月二十九日）：令各级法院及分庭、各监狱及分监、各县长：奉部令颁布审查委员会原审查关于党部检举反动事件办法之理由书仰遵照由

作　　者：

关 键 词：党部　检举　反动　函拘

摘　　要：党部检举反动事件，法院传讯时如有讯问，应用函拘，抑或用传票，迳经各级党部呈请核示到会，经本会两次推定审查，委员详加审查，兹经第二十二次常委会议，根据王委员正庭等审查意见。法院受理本党各级党部告诉共产党党员之案件，不论在侦查或审判中均应比照现行刑诉法第二百六十五条之规定，通知莅庭，不得用传票传唤。

期刊名称：河北高等法院公报

主办单位：河北高等法院

刊　　期：1929（3）

页　　码：155 – 156，7

4. 题　　名：一、关于法院改组及筹备事项：呈司法行政部具报接收前高审、检厅全、一部分各清册并送各印信由（会字第八四七号，十七年十二月一日）

作　　者：

关 键 词：法院　改组　清册

摘　　要：法院改组及筹备事项，呈请司法行政部具报接收前高审、检厅全一部分各清册，并送各印信由。

期刊名称：河北高等法院公报

主办单位：河北高等法院

刊　　期：1929（1）

页　　码：46 – 50

5. 题　　名：九、关于规定律师事项：河北高等法院训令：第二八零九号（十八年七月八日）：令各级法院及分庭、监狱及分监：奉部令公布

推事等及律师服制仰遵照由

作　　者：

关 键 词：服制条例

摘　　要：司法院公布推事、检察官、书记官、律师服制条例，业经通令遵行在案，各制服领袖及襟之镶边阔度一律以三寸为率。

期刊名称：河北高等法院公报

主办单位：河北高等法院

刊　　期：1929（3）

页　　码：376 – 377，13

6. 题　　名：六、关于涉外诉讼事项：呈法部抄送俄人奥钮夫等一案不起诉处分书请鉴核由（呈字第六零号，十七年十月一日）

作　　者：

关 键 词：涉外诉讼　不起诉处分

摘　　要：呈法司部抄送俄人奥钮夫等一案不起诉处分书，请鉴核由。

期刊名称：河北高等法院公报

主办单位：河北高等法院

刊　　期：1929（1）

页　　码：146 – 149

7. 题　　名：九、关于司法会计事项：呈司法行政部奉令编送十八年度预算书除赶办外先呈报由（第二五号，十八年二月二十七日）

作　　者：

关 键 词：年度预算　编制

摘　　要：京内外各机关十八年度国家岁入、岁出预算书急应着手编制，凡下级机关之预算应于本年二月十五日以前编造完竣，送达各该主管机关，由各该主管机关审核汇编于本年三月十五日以前送达财政部，依例执行初步审查。

期刊名称：河北高等法院公报

主办单位：河北高等法院

刊　　期：1929（2）

页　　码：335

8. 题　　名：一、关于法院改组及筹备事项：呈司法部录送提议增设法院推进司法独立计划案请鉴核由（文字第一七号，十七年八月十八日）（附表）

作　　者：

关　键　词：司法独立　计划案

摘　　　要：呈司法部录送提议增设法院，推进司法独立计划案。

期刊名称：河北高等法院公报

主办单位：河北高等法院

刊　　　期：1929（1）

页　　　码：53－60

9. 题　　　名：三、关于法院管辖事项：河北高等法院训令：第一六四〇号（十八年五月四日）：令各法院院长、县长：奉司法行政部令禁止军事机关受理诉讼干涉司法仰知照由

作　　　者：

关　键　词：军事机关　严禁干涉司法

摘　　　要：司法行政部令禁止军事机关受理诉讼，干涉司法。

期刊名称：河北高等法院公报

主办单位：河北高等法院

刊　　　期：1929（2）

页　　　码：107，4

10. 题　　　名：七、关于司法会计事项：第四三四号（十八年九月十六日）：呈司法行政部奉令划一各种状价实行日期并将戳记式样及各机关旧存状纸数目表送请备查由

作　　　者：

关　键　词：状纸　价目

摘　　　要：自十八年八月八日起，按照民刑状纸发售。各价目实行加徵一成，全数解交最高法院检察署核收，以符原案；截至奉令之日，将该院及所属各机关现存各种状纸数目，列表呈报备查；奉此遵即，分别刊刻戳记加盖状面于八月一日，先由职院布告实行，仍将应解最高检察署一成之数，按照各状价目增加发售至各级法院，每次请领之数甚多，当酌量发给戳记纸条。

期刊名称：河北高等法院公报

主办单位：河北高等法院

刊　　　期：1929（3）

页　　　码：334－335

11. 题　　　名：一、关于法院改组及筹备事项：

会呈司法部遵报本院组织成立进行事务情形由（呈字第二号，十七年七月十六日）

作　　　者：

关　键　词：法院改组　组织情形

摘　　　要：在案伏念职院事务冗繁，未可稍事停顿，职等分别体察情形，暂照前隶高等审、检两厅之旧设民、刑各两庭，庭各置庭长一员，民庭各置推事三员，刑庭各置推事二员，配置检察官四员，各庭及检察部书记官称是分别酌留旧人，暨遴派合格之员，暂派代理已各到院任事，分令将诉讼事件积极进行，其书记室及各科，亦经分别编制酌留旧人，遴派妥员暂代书记长、书记官等职，各照职司分任事务，以期责有专属事无偏废，除将各庭、科及检察部分之人员配置事务分配，以及取具暂代各员履历。

期刊名称：河北高等法院公报

主办单位：河北高等法院

刊　　　期：1929（1）

页　　　码：44－45

12. 题　　　名：一、关于法院改组及筹备事项：呈覆司法部遵令拟议大名设立地方法院情形请察核由（呈字第一五号，十七年八月九日）

作　　　者：

关　键　词：法院改组　筹备事项　设立法院

摘　　　要：呈覆司法部遵令，拟议大名设立地方法院情形，请查核由。

期刊名称：河北高等法院公报

主办单位：河北高等法院

刊　　　期：1929（1）

页　　　码：52－53

13. 题　　　名：五、关于奉行法令事项：会令各县、县奉司法部令抄发看守所暂行规则仰遵照由（监字第三三三号，十七年八月三日）

作　　　者：

关　键　词：看守所　暂行规则　施行

摘　　　要：看守所暂行规则业经本部制定

公布，亟应通饬施行。

期刊名称：河北高等法院公报

主办单位：河北高等法院

刊　　期：1929（1）

页　　码：127

14. 题　　名：五、关于奉行法令事项：会令各院、监、县奉司法部令抄发处理逆产条例仰知照由（文字第三八四号，十七年八月六日）

作　　者：

关键词：逆产条例　施行

摘　　要：处理逆产条例现经制定明令公布，应即通饬施行。

期刊名称：河北高等法院公报

主办单位：河北高等法院

刊　　期：1929（1）

页　　码：127

15. 题　　名：五、关于奉行法令事项：会令各院、监奉司法部令转行禁烟委员会组织条例由（文字第三八九号，十七年八月六日）

作　　者：

关键词：全国禁烟会议组织条例　施行

摘　　要：全国禁烟会议组织条例均经本府制定，明令公布，应即通饬施行。

期刊名称：河北高等法院公报

主办单位：河北高等法院

刊　　期：1929（1）

页　　码：129

16. 题　　名：五、关于奉行法令事项：训令各院、县奉司法部令发法官惩戒条例仰知照由（文字第三〇七号，十七年七月二十日）

作　　者：

关键词：法官惩戒暂行条例　施行

摘　　要：法官惩戒暂行条例现经制定，明令公布，应即通饬施行。

期刊名称：河北高等法院公报

主办单位：河北高等法院

刊　　期：1929（1）

页　　码：139

17. 题　　名：一、关于改良法院事项：呈司法行政部拟设塘大分庭并赍预算书请鉴核由（第三九号，十八年一月二十九日）（附表）

作　　者：

关键词：法院分庭　预算书

摘　　要：呈司法行政部拟设塘大分庭，并赍预算书，请鉴核由。

期刊名称：河北高等法院公报

主办单位：河北高等法院

刊　　期：1929（2）

页　　码：76－78

18. 题　　名：十一、关于职员应付惩戒事项：呈司法部呈报河北第一分监监长疏脱人犯拟将该员交付惩戒由（监字第一六号，十七年八月九日）

作　　者：

关键词：监狱长　疏脱人犯　惩戒

摘　　要：河北第一分监监狱长疏脱人犯，拟将该员交付惩戒。

期刊名称：河北高等法院公报

主办单位：河北高等法院

刊　　期：1929（1）

页　　码：242－244

19. 题　　名：五、关于奉行法令事项：会令各院、县奉司法部令抄发县长办理盗匪案件考绩暂行条例仰遵照由（文字第四一三号，十七年七月二十一日）

作　　者：

关键词：县长　盗匪案件考绩暂行条例　施行

摘　　要：内政部、司法部会订县长办理盗匪案件考绩暂行条例，呈请鉴核施行等情，业经明令公布在案，自应通饬施行。

期刊名称：河北高等法院公报

主办单位：河北高等法院

刊　　期：1929（1）

页　　码：122－125

20. 题　　名：七、关于司法行政及民刑诉讼统计事项：河北高等法院训令：第一二八九号（十八年四月十七日）：令各法院：奉部令颁发统计表式用纸等项仰遵照由

作　　者：

关键词：案件月报表　表纸尺寸

摘　　要：刑诉案件月报表造报规则第十八条内，载表纸尺寸应依部定

格式，不得稍有变更。

期刊名称：河北高等法院公报
主办单位：河北高等法院
刊　　期：1929（2）
页　　码：158，8

21. 题　　名：十、关于厉行禁烟事项：河北高等法院训令：第一八四一号（十八年五月十四日）：令各法院院长县长：禁烟案件罚金应依司法行政部指令办理仰遵照由

作　　者：

关 键 词：禁烟案件　罚金　充赏办法

摘　　要：烟案罚金充奖规则本部正在修订，在该规则未公布前，凡罚金超过千元以上者，暂照千元以下充赏办法办理。

期刊名称：河北高等法院公报
主办单位：河北高等法院
刊　　期：1929（2）
页　　码：353－354，15

22. 题　　名：四、关于党务进行事项：河北高等法院训令：第七〇七号（十八年三月九日）：令各法院、各监狱、县长：奉司法行政部令抄发各级党部训练部考查各机关研究党义成绩暂行通则及证章式样等件仰遵照由（附表）

作　　者：

关 键 词：党部训练部　党义成绩暂行通则　证章式样

摘　　要：中央执行委员会训练部函开检送各级党部训练部考查政军警、各机关工作人员研究党义成绩暂行通则，及考查员证章式样，分别转饬所属各机关遵照办理。

期刊名称：河北高等法院公报
主办单位：河北高等法院
刊　　期：1929（2）
页　　码：126－130，4－5

23. 题　　名：十一、关于职员应付惩戒事项：第七三八号（十八年十二月五日）：呈司法行政部天津看守所疏脱押犯路长青一名拟议主管各员应得处分请示遵由

作　　者：

关 键 词：职员　惩戒

摘　　要：呈司法部天津看守所疏脱押犯路长青一名，拟议主管各员应得处分请示。

期刊名称：河北高等法院公报
主办单位：河北高等法院
刊　　期：1929（3）
页　　码：405－406

24. 题　　名：一、关于筹设法院及调查并指定管辖事项：第三八〇号（十八年八月三日）：呈司法行政部具报河北石门地院成立日期并缮具管辖区域清单暨请颁印信官章祈示遵由

作　　者：

关 键 词：石门地院　管辖区域

摘　　要：呈司法部、行政部具报河北石门地院成立日期并缮具管辖区域清单，暨请颁印信官章祈示。

期刊名称：河北高等法院公报
主办单位：河北高等法院
刊　　期：1929（3）
页　　码：103

25. 题　　名：一、关于筹设法院及调查并指定管辖事项：河北高等法院训令：第五三四八号（十八年十一月二十二日）：令平东各县县长：本院派员调查司法事宜仰知照由

作　　者：

关 键 词：派员调查　司法事宜

摘　　要：派本院检察官陈国钧、书记官陈培纪前往该县调查司法事宜。

期刊名称：河北高等法院公报
主办单位：河北高等法院
刊　　期：1929（3）
页　　码：109，4

26. 题　　名：三、关于整理诉讼事项：河北高等法院训令：第四五二六号（十八年十月九日）：令各级法院各分庭暨兼理司法、各县长（除各监）：奉部令颁发已嫁女子追溯继承财产施行细则仰知照由

作　　者：

关　键　词：已嫁女子　继承　财产

摘　　　要：已嫁女子追溯继承财产施行细则，现经制定明令公布，应即通饬施行。

期刊名称：河北高等法院公报

主办单位：河北高等法院

刊　　　期：1929（3）

页　　　码：148－149，6

27. 题　　　名：一、关于法院改组及筹备事项：呈司法行政部具报接收前高审检厅一部分各清册并送各印信由（会字第八四七号，十七年十二月一日）

作　　　者：

关　键　词：官印款项　民事状纸　清册

摘　　　要：司法行政部具报接受前高审、检厅全一部分各清册，并送各印信。

期刊名称：河北高等法院公报

主办单位：河北高等法院

刊　　　期：1929（1）

页　　　码：46－50

28. 题　　　名：四、关于党务进行事项：河北高等法院训令：第五一二号（十八年二月二十日）：令各法院、县长：奉中央政治会议北平临时分会公函各地方行政司法官吏对于党务人员滥用职权应依一定办法办理仰知照由

作　　　者：

关　键　词：司法官吏　滥用职权

摘　　　要：中央政治会议北平临时分会公函，各地方行政司法官吏对于党务人员滥用职权，依一定办法办理。

期刊名称：河北高等法院公报

主办单位：河北高等法院

刊　　　期：1929（2）

页　　　码：125－126，4

29. 题　　　名：公牍：三、关于法院管辖事项：代电会复北平地方法院暨检察处俄人奥钮夫案应由该地院依法办理由（十七年九月十二日）

作　　　者：

关　键　词：检察官　内乱罪　第一审　管辖　地方法院

摘　　　要：北平地方法院院长请示首席检察官内乱罪第一审管辖是高等法院，但俄罗斯人奥钮夫各案是否共产及反革命嫌疑，需要详细侦查，现在特种刑事地方临时法院还未成立，仍由报核的地方法院管辖。

期刊名称：河北高等法院公报

主办单位：河北高等法院

刊　　　期：1929（1）

页　　　码：120

30. 题　　　名：公牍：九、关于司法会计事项：训令各县状纸一项除有刑事字样向检察处请领外其余概归本院发行（会字第九六号，十七年七月二十八日）

作　　　者：

关　键　词：检察官　诉状　印张

摘　　　要：检察官呈报领用新印、禁止用旧印及私作诉状等事项做了规定。

期刊名称：河北高等法院公报

主办单位：河北高等法院

刊　　　期：1929（1）

页　　　码：237－238

31. 题　　　名：公牍：五、关于奉行法令事项：会令各县、监、县抄发各省高等法院院长办事权限暂行条例及高等法院检察官办事权限暂行条例仰遵照由（文字第二四二号，十七年七月二十八日）

作　　　者：

关　键　词：检察官　权限　看守所

摘　　　要：检察官呈报四个规定：处理逆产条例、看守所的规定、高等法院院长办事权限暂行条例及共产党人自首法。

期刊名称：河北高等法院公报

主办单位：河北高等法院

刊　　　期：1929（1）

页　　　码：126－127

32. 题　　　名：公牍：三、关于法院管辖事项：河北高等法院训令：第一九二号（十八年五月二十一日）：令各县县长：嗣后命盗案件应呈由本院检察处核办仰知照由

（附表）

作　　者：

关　键　词：军事机关　诉讼　司法

摘　　要：行政院就明令禁止军事机关受理诉讼干涉司法作出的规定。

期刊名称：河北高等法院公报

主办单位：河北高等法院

刊　　期：1929（2）

页　　码：107－124，4

33. 题　　名：公牍：七、关于司法会计事项：第四〇九五号（十八年十二月四日）：函本院检察处准省政府函送核减军政费表照抄司法经费应支数目请查照由（附表）

作　　者：

关　键　词：法院　军费　监所

摘　　要：河北法院核减军费并监所外各级法院核减经费一览表。

期刊名称：河北高等法院公报

主办单位：河北高等法院

刊　　期：1929（3）

页　　码：342－343

34. 题　　名：公牍：一、关于筹设法院及调查并指定管辖事项：河北高等法院训令：第二八八七号（十八年七月十一日）：令石门地方法院院长李培华、首席检察官秦超海：该院业已成立管辖区域应详为规定仰遵照由

作　　者：

关　键　词：检察官　指定管辖　立法目录

摘　　要：检察官呈报规定了法院设立及调查指定管辖的事项，并列出了九个立法目录。

期刊名称：河北高等法院公报

主办单位：河北高等法院

刊　　期：1929（3）

页　　码：100，2

35. 题　　名：公牍：一、关于筹设法院及调查并指定管辖事项：河北高等法院训令：第三三三八号（十八年八月五日）：令天津地方法院院长、首席检察官：奉部令拟设塘大分庭一案所需经费暂准在法收项下开支仰知照由

作　　者：

关　键　词：检察官　大分庭　经费

摘　　要：检察官呈报因增设塘大分庭的费用未到位，而使得这个事项暂时搁置的一个文件，以及此事的应对。

期刊名称：河北高等法院公报

主办单位：河北高等法院

刊　　期：1929（3）

页　　码：104－105，3

36. 题　　名：公牍：一、关于筹设法院及调查并指定管辖事项：第二四一〇号（十八年八月五日）：函最高法院暨检察署通知石门地院成立日期并送管辖清单及关防印式请备案由

作　　者：

关　键　词：检察官　院长　首席检察官　印章　启用日期　管辖

摘　　要：检察官呈报遴选院长及首席检察官的事项及诉讼费用的收取，印章等启用日期以及管辖等事项。

期刊名称：河北高等法院公报

主办单位：河北高等法院

刊　　期：1929（3）

页　　码：105－106

37. 题　　名：公牍：一、关于筹设法院及调查并指定管辖事项：河北高等法院训令：第四一〇号（十八年十月廿一日）：令石门地方法院院长李培华、首席检察官秦超海：仰将该院经费月支若干及员额如何编制列表呈送以凭转呈由

作　　者：

关　键　词：检察官　法院　管辖　经费

摘　　要：检察官呈报法院管辖事项及经费、诉讼事项的规定。

期刊名称：河北高等法院公报

主办单位：河北高等法院

刊　　期：1929（3）

页　　码：133，4

38. 题　　名：公牍：二、关于法院委任职员事项：指令：第四四九号（十八年十月十三日）：令天津地方法院院长周祖琛：呈一件

请将书记官姚祖诰免职以检察
处朱强调充由

作　　者：

关键词：检察官　书记官　证件

摘　　要：检察官呈报书记员请假回乡，
准予并交代证件等事项如何办
理等情况。

期刊名称：河北高等法院公报

主办单位：河北高等法院

刊　　期：1929（3）

页　　码：126

39. 题　　名：公牍：三、关于整理诉讼事项：
河北高等法院训令：第四三九
七号（十八年十月四日）：令本
院第一、二两分院院长、首席
检察官：奉部令抄发司法院解
释浙江党部呈请解释处理共党
救济办法原函仰知照由

作　　者：

关键词：检察官　救济办法　理由

摘　　要：检察官呈报对处理共党救济办
法疑义的一项中六个理由进行
了说明。

期刊名称：河北高等法院公报

主办单位：河北高等法院

刊　　期：1929（3）

页　　码：148，6

40. 题　　名：公牍：一、关于改良法院事项：
河北高等法院训令：第八二四
号（十八年三月十六日）：令天
津地方法院院长、首席检察官：
为令遵事查法院关防重要设置
门岗从前对于门禁漫无稽查殊
为缺点而尤以携带物件出院既
未（附表）

作　　者：

关键词：检察官　监所　不便

摘　　要：检察官呈报关于各法院分庭等
监所部署就绪再行办理，但有
些情况出现不便的情形的处理。

期刊名称：河北高等法院公报

主办单位：河北高等法院

刊　　期：1929（2）

页　　码：79－82

41. 题　　名：公牍：一、关于筹设法院及调
查并指定管辖事项：河北高等

法院委任令：第二二一号（十
八年十一月二十二日）：令本院
检察官陈国钧、书记官陈培纪：
调查各区司法事宜仰遵照由
（附）河北高等法院调查各县
关于司法事项

作　　者：

关键词：检察官　民事　监所　法收

摘　　要：检察官呈报就民事、监所、法
收等事项作出的规定。

期刊名称：河北高等法院公报

主办单位：河北高等法院

刊　　期：1929（3）

页　　码：110－113，4

42. 题　　名：公牍：三、关于整理诉讼事项：
河北高等法院训令：第四五七
三号（十八年十月二十六日）：
令各分院、各地方法院院长、
各地方法院首席检察官等：奉
部令抄发湖南党部请饬各县按
月检查在监人犯原呈仰遵照由：
（附）湖南党务指委原呈

作　　者：

关键词：检察官　辩护人　辅佐人　法
庭位置

摘　　要：检察官呈报就党部检举告发人
员法庭讯问的相关事项作出规
定，特别是对辩护人辅佐人的
法庭位置作出了具体规定。

期刊名称：河北高等法院公报

主办单位：河北高等法院

刊　　期：1929（3）

页　　码：150－151，6

（三）解释

1. 题　　名：解释覆判法院判决违法应如何救
济之疑义（院解字第三一五三
号，三十五年七月十八日）

作　　者：

关键词：覆判　非常上诉　救济　判决
违法

摘　　要：某甲贪污及私行拘禁两罪，依特
种刑事诉讼程序，以同一判决分
别科刑其审判程序自属错误，覆
判法院将初审判决关于私行拘禁
部分之判决撤销，谕知公诉不受
理，其判决显属违法，应另依非

常上诉程序救济。

期刊名称：河北高等法院公报
主办单位：河北高等法院
刊　　期：1947（1）
页　　码：122

2. 题　　名：训令各院庭监县局奉令行政院以军人犯罪审判机关等疑义三点咨请司法院解释一案附抄原咨仰知照由（第四八四三号，二十三年一月十二日）
作　　者：
关键词：军人犯罪　审判　军法会审审判
摘　　要：一、军人犯罪之审判机关，依陆海空军审判法第十六条之规定，既以发觉时是否在任官、任役中为准则，已决普通犯在徒刑执行中越狱入军，如发觉在入军以后，自应由军法会审判，若入军以前已经监狱发觉，不应由军法会审审判；二、已决人犯在徒刑执行中越狱投军，其徒刑之执行既尚未完毕，自不因投军而削减，其余之刑期但与应否用军法会审审判之问题无涉；三、已决人犯在徒刑执行中更犯徒刑以上之罪，在更犯未决中，自无碍于前犯已决徒刑之执行。

期刊名称：河北高等法院公报
主办单位：河北高等法院
刊　　期：1934（13）
页　　码：92－93

3. 题　　名：解释：司法院快邮代电本院检察处代电请解释被告死亡应否再送覆判疑义由（第一一七七号，二十三年十二月三十一日）
作　　者：
关键词：检察官　初审　覆判
摘　　要：检察官对于初审判决已经死亡的罪犯，是否再送覆判，认为应为公诉不受理而更正。

期刊名称：河北高等法院公报
主办单位：河北高等法院
刊　　期：1935（14）
页　　码：104

4. 题　　名：解释：训令各院庭奉部令学习推检于民刑庭及检察事务应分期学

习其试办案件仍可列入成绩仰遵照由（第五〇七八号，十九年十二月七日）
作　　者：
关键词：学习推检　期限　简易案件
摘　　要：检察官呈报学习推检于民刑庭及检察事务应分期学习其试办案件仍可列入成绩。

期刊名称：河北高等法院公报
主办单位：河北高等法院
刊　　期：1930（6）
页　　码：298－299

（四）命令

1. 题　　名：第二三七四四号（二十六年六月十日）：令各级法院：奉部令通令各法院对于上诉抗告或声请已逾期间或对于不得上诉抗告或声明不服之件而为上诉抗告或声明不服者应立予驳回并注意抗告无停止执行效力之规定律师为此项行为者应即函请提起惩戒之诉等因通令遵照由
作　　者：
关键词：上诉抗告　逾期　驳回
摘　　要：凡提起上诉抗告或声请已逾期间，或对于不得上诉抗告或声明不服之件，而为上诉抗告或声明不服者，原法院或审判长除应以裁定立予驳回外，并应注意抗告无停止执行效力之规定。俾案件得早日结束，以清讼累。如查明此项行为系由代理律师故意延滞诉讼之进行而为之者，应即函请高等法院首席检察官，对于该律师提起惩戒之诉，以正风纪而杜流弊。

期刊名称：河北高等法院公报
主办单位：河北高等法院
刊　　期：1937（4）
页　　码：45－46

2. 题　　名：司法行政部令（九件）：调派梅琳署河北高等法院第五分院推事此令（二十六年五月十五日）
作　　者：
关键词：任免令　检察处　书记官
摘　　要：任命万凤楼试署河北天津地方法

院检察处主任书记官，任命尹有光试署河北天津地方法院检察处书记官；派黄宝善充河北高等法院第五分院检察处学习书记官。

期刊名称：河北高等法院公报
主办单位：河北高等法院
刊　　期：1937（4）
页　　码：34，2

3. 题　　名：第二五三一七号（二十六年六月三十日）：令各县县长、各县承审员：奉令转饬二十五年度司法统计年表限于本年七月十五日以前编竣送院候核汇转由

作　　者：

关键词：司法年鉴　司法统计

摘　　要：奉令转饬二十五年度司法统计年表，限于本年七月十五日以前编竣送院，候核汇转。

期刊名称：河北高等法院公报
主办单位：河北高等法院
刊　　期：1937（4）
页　　码：90－91

4. 题　　名：关于整理诉讼者：训令各院县令各级法院司法处对于旧案认真清理对新收拘限结束循序渐进勿稍逡巡由（文字第四二三六号，中华民国三十五年九月十四日）

作　　者：

关键词：旧案清理　新案拘限

摘　　要：各院、县令各级法院司法处对于旧案，认真清理，对于新收拘限结束，循序渐进，勿稍逡巡。

期刊名称：河北高等法院公报
主办单位：河北高等法院
刊　　期：1947（1）
页　　码：101－102

5. 题　　名：关于整理诉讼者：训令各院县司法处令遵行刑事诉讼法第二百零七条第二项规定实施侦查非有必要不得先行讯问被告及厉行具保疏通监所由（文字第六五九一号，民国三十五年十二月二十日）

作　　者：

关键词：侦查　先行讯问

摘　　要：各院、县司法处令遵行刑诉法第

二百零七条第二项规定实施侦查，非有必要不得先行讯问被告及厉行具保疏通监所。

期刊名称：河北高等法院公报
主办单位：河北高等法院
刊　　期：1947（1）
页　　码：103－104

6. 题　　名：河北高等法院训令：第二四五八〇号（二十六年六月二十三日）：令各级法院院长（地院看守所）、各级法院首席检察官（检察官）、各监狱典狱长：令发二十六年度岁入出概算书类仰即遵令办理由

作　　者：

关键词：预算　核定　分配　垫付　手续

摘　　要：检察官呈报公款的分配、使用及其作用，而且还涉及一些手续的名称和关系。

期刊名称：河北高等法院公报
主办单位：河北高等法院
刊　　期：1937（4）
页　　码：58－60

7. 题　　名：河北高等法院训令：第二四八六〇号（二十六年六月二十四日）：令各级法院院长、各级法院首席检察官（检察官）、各监狱典狱长：奉令知续征公务员飞机捐准延期一年仰遵照由

作　　者：

关键词：公务员　捐赠飞机　期限

摘　　要：检察官呈报捐赠飞机的程序、期限及款项，另外还有一些附加手续。

期刊名称：河北高等法院公报
主办单位：河北高等法院
刊　　期：1937（4）
页　　码：64－65

8. 题　　名：河北高等法院训令：第二五二〇一号（二十六年六月二十八日）：令各级法院院长、各级法院首席检察官（检察官）、各监狱典狱长：准河北省府函开为更换章证门证函达查照等因仰知照由（附图）

作　　者：

关键词：新徽章　式样　颜色　要求

摘　　要：检察官呈报颁发新徽章的式样、
　　　　　要求、颜色等。

期刊名称：河北高等法院公报

主办单位：河北高等法院

刊　　期：1937（4）

页　　码：66－67

9. 题　　名：河北高等法院检察处训令：文法
　　　　　字第二八五四号（二十六年六月
　　　　　一日）：令冀县地方法院检察官：
　　　　　奉令解释警械使用条例第三条第
　　　　　三款所谓要犯意义仰知照由

作　　者：

关键词：警械　条例　要犯

摘　　要：检察官呈报对警械使用条例的解
　　　　　释，认为要犯就是依案情被认为
　　　　　重要人犯的人。以此文转发。

期刊名称：河北高等法院公报

主办单位：河北高等法院

刊　　期：1937（4）

页　　码：151

10. 题　　名：河北高等法院训令：第二三五
　　　　　四七号（二十六年六月九日）：
　　　　　令各级法院院长、各级法院首
　　　　　席检察官（检察官）：奉令颁发
　　　　　民事破产案件等表式，并饬按
　　　　　期造报，仰遵照由（附表）

作　　者：

关键词：破产　表格　检举罪犯

摘　　要：破产案表格的制式及填写要求，
　　　　　并附有破产案中检举罪犯的表
　　　　　格要求。

期刊名称：河北高等法院公报

主办单位：河北高等法院

刊　　期：1937（4）

页　　码：36－40

11. 题　　名：专件：训令津地院及检察处为
　　　　　制定高地两院庶务联合委员会
　　　　　章程仰知照由（第四九四八号，
　　　　　十九年十一月廿八日）

作　　者：

关键词：检察官　办公　联合委员会
　　　　　章程

摘　　要：检察官请示所有办公设施及庭
　　　　　院打扫都是非常重要的，因此
　　　　　制定高地两院庶务联合委员会
　　　　　章程。

期刊名称：河北高等法院公报

主办单位：河北高等法院

刊　　期：1930（6）

页　　码：369－370

12. 题　　名：河北高等法院训令：第二三六
　　　　　〇〇号（二十六年六月九日）：
　　　　　令各级法院院长、各级法院首
　　　　　席检察官（检察官）、各监狱典
　　　　　狱长：奉令各公务员代表其机
　　　　　关出席任何委员会或其他组织
　　　　　除应需之旅费或其他必需费用
　　　　　得报支外不得接受出席费或任
　　　　　何类似费申令仰遵照由

作　　者：

关键词：检察官　费用　津贴

摘　　要：检察官呈报因为一起开会给予
　　　　　参会人员致送差旅费及出席费
　　　　　的案件，特此命令以后政务官
　　　　　因政务上必要而兼职外，不得
　　　　　兼职，并且不得有支取津贴等
　　　　　类似费用的事项，开会除了必
　　　　　要差旅费外，不得接收组委会
　　　　　任何费用。

期刊名称：河北高等法院公报

主办单位：河北高等法院

刊　　期：1937（4）

页　　码：41－42

13. 题　　名：河北高等法院训令：第二五一
　　　　　八一号（二十六年六月二十八
　　　　　日）：令各级法院院长、各级法
　　　　　院首席检察官（检察官）、监狱
　　　　　典狱长：奉部令为奉令准中政
　　　　　会函据考试院转据铨叙部拟具
　　　　　各省市公务员铨叙补救办法五
　　　　　项经决议通过请查照通饬一案
　　　　　转行知照等因令仰知照由

作　　者：

关键词：检察官　中央　公务员　送
　　　　　审　期限　薪俸

摘　　要：检察官呈报中央公务员的登记、
　　　　　资格审查、送审期限及薪俸办
　　　　　法，不得以任何理由补救。

期刊名称：河北高等法院公报

主办单位：河北高等法院

刊　　期：1937（4）

页　　码：65－66

14. 题　　　名：河北高等法院训令：第二五〇八二号（二十六年六月）：令各级法院院长、各级法院首席检察官、各监狱典狱长（检察官及地院看守所）：为自二十六年度各院监所经费均按月由本院垫发，其经征清收及一切收入并须于翌月二十日以前项目报解，以及清理历年存亏款项办法，令仰遵照由

作　　　者：

关 键 词：检察官　表格　经费　收入

摘　　　要：检察官呈报监所经费收入及缴纳原则，以及制作表格等经费流程。

期刊名称：河北高等法院公报

主办单位：河北高等法院

刊　　　期：1937（4）

页　　　码：80－82

15. 题　　　名：河北高等法院训令：第二三六四四号（二十六年六月十日）：令各级法院院长、各级法院首席检察官、各监狱典狱长：奉部令为奉令抄发修正公务员任用法施行细则等因转令知照由

作　　　者：

关 键 词：检察官　公务员　细则

摘　　　要：检察官呈报关于公务员任用法的实施细则的规定颁布事宜。

期刊名称：河北高等法院公报

主办单位：河北高等法院

刊　　　期：1937（4）

页　　　码：44－45

16. 题　　　名：河北高等法院训令：第二四七七号（二十六年六月二十三日）：令各级法院院长、各级法院首席检察长：奉令为凡受理民刑事件应厉行新生活短期讯结免民受损等因仰遵照由

作　　　者：

关 键 词：检察官　诉讼时间

摘　　　要：检察官呈报有关案件在最短时间内结案，以避免人民诉讼时间及金钱的浪费的批复。

期刊名称：河北高等法院公报

主办单位：河北高等法院

刊　　　期：1937（4）

页　　　码：61－63

17. 题　　　名：河北高等法院训令：关于整理诉讼者：训令各院县为办理选举减少纷扰嗣后各法院暨检察官对于选举诉讼应迅速审理对于选举犯罪应认真检举令仰遵照由（第三九二号，三十五年二月）

作　　　者：

关 键 词：检察官　选举纠纷　相关责任

摘　　　要：检察官呈报关于办理选举纠纷时的有关规定，可依刑法追究相关责任。

期刊名称：河北高等法院公报

主办单位：河北高等法院

刊　　　期：1947（1）

页　　　码：98

18. 题　　　名：会计：训令各院庭准最高法院检察署函代征状费奉令废止欠解之款自应清结仰扫数解缴以资结束由（第一二六七号，廿一年九月十三日）

作　　　者：

关 键 词：检察官　会计　审计预算　管理工作

摘　　　要：检察官呈报关于会计及审计预算与相关金库管理工作的规定。

期刊名称：河北高等法院公报

主办单位：河北高等法院

刊　　　期：1933（10）

页　　　码：86－87

19. 题　　　名：训令第二分院、永年地方法院、大名等六县令知初地各审级规定管辖办法及实行日期同时废止邻县上诉仰遵照由（第八一七四号，二十年六月十三日）

作　　　者：

关 键 词：审级规定　管辖办法　实行日期

摘　　　要：第二分院、永年地方法院、大名等六县，令知初地各审级规定管辖办法及实行日期，同时废止临县上诉。

期刊名称：河北高等法院公报

主办单位：河北高等法院

刊　　　期：1931（7）

页　　　码：457

20. 题　　　名：训令各院庭奉令法院推检成绩
年表兹规定每半年造报一次与
本年颁发之司法官成绩表同时
呈送仰遵照由（第一〇六四号，
二十一年九月五日）

作　　　者：

关 键 词：推检成绩表　司法官成绩表
呈送

摘　　　要：法院推检成绩年表兹规定每半
年造报一次，与本年颁发之司
法官成绩表同时呈送。

期刊名称：河北高等法院公报

主办单位：河北高等法院

刊　　　期：1933（10）

页　　　码：204－205

21. 题　　　名：会令各院庭县嗣后各机关遇有
对外合同发生纠葛如进行司法
手续不得以国民政府或中华民
国代表名义向各国在华法庭起
诉由（第四四四八号，十九年
十一月九日）

作　　　者：

关 键 词：涉外诉讼　合同纠纷　起诉

摘　　　要：政府各机关遇有对外合同发生
纠葛，如进行司法手续，不得
向各国在华法庭起诉，或向其
本国法庭进行法律手续时，亦
应由原订合同经手人或机关呈
经主管部核准后，以原经手人
代表原订合同机关或迳以该机
关名义起诉，不得以民国政府
代表或中华民国代表名义起诉
相应咨请政府。

期刊名称：河北高等法院公报

主办单位：河北高等法院

刊　　　期：1930（6）

页　　　码：295－296

22. 题　　　名：会令所属令催历年司法收入计
算书由（第三〇二二号，十九
年七月十一日）

作　　　者：

关 键 词：司法收入计算书

摘　　　要：（略）

期刊名称：河北高等法院公报

主办单位：河北高等法院

刊　　　期：1930（6）

页　　　码：83

23. 题　　　名：第二三六六号（十九年五月廿
四日）：会令各院县：印发司法
收入月报表格式仰遵照办理由
（附格式）（附表）

作　　　者：

关 键 词：司法收入　月报表　实行

摘　　　要：关于司法收入各项月报表，前
经本部通令，暂依向例，按月
造报在案，兹将原有各项格式
从新厘定，即从本年四月起
实行。

期刊名称：河北高等法院公报

主办单位：河北高等法院

刊　　　期：1930（5）

页　　　码：44－48，50－69

24. 题　　　名：训令各院庭监县令准中央执委
会函各司法机关务须遵照定章
按月征解职员所得捐仰遵照由
（第六四五六号，二十年二月）

作　　　者：

关 键 词：职员　党款

摘　　　要：各省司法机关务须遵照定章，
按月解送本处会计科俾符定制
而重党款，并希勿延为荷。

期刊名称：河北高等法院公报

主办单位：河北高等法院

刊　　　期：1931（7）

页　　　码：110－111

25. 题　　　名：训令各院令催十八年度经征司
法收入清册仰各该院限文到十
日内造齐呈候汇转勿再延误由
（第八三三一号，二十年六月）

作　　　者：

关 键 词：司法收入清册

摘　　　要：催十八年度经征司法收入清册，
仰各该院限文到十日内，造齐
呈候汇转，勿再延误。

期刊名称：河北高等法院公报

主办单位：河北高等法院

刊　　　期：1931（7）

页　　　码：125－126

26. 题　　　名：训令各院庭监奉发各省司法机
关编制廿二年度留院法收收支

概算办法暨科目仰遵照由（第三六四七号，廿一年十二月廿三日）

作　　者：

关键词：收支概算办法

摘　　要：各省区司法机关经徽留院法收暨，由留院法收项下动支各款属于国家岁入岁出，应由各该高等法院编制第一级概算，呈部汇核，历经通令饬遵在案，兹查二十二年度概算已届编送之期，由本部修订各省区司法机关编制二十二年度留院法收，收支概算办法七项并概算科目四种随令颁发。

期刊名称：河北高等法院公报

主办单位：河北高等法院

刊　　期：1933（10）

页　　码：102－106

27. 题　　名：训令各县局制定河北省兼理司法各县动支缮状费暂行办法及证书式分配表式仰遵照由（第六九〇号，二十四年三月七日）

作　　者：

关键词：监所　缮状费

摘　　要：各县、局制定河北省兼理司法各县动支缮状费暂行办法及证书式分配表式。

期刊名称：河北高等法院公报

主办单位：河北高等法院

刊　　期：1935（15）

页　　码：417－418

28. 题　　名：训令各院县局奉令抄发各级法院缮状处通则暨河北省各级法院及兼理司法各县缮状处办事细则仰遵照由（第一〇六五号，二十四年六月二十九日）

作　　者：

关键词：缮状处通则

摘　　要：各级法院缮状处通则，业经本部制定公布应即通饬施行，兹将该通则条文虽令抄发，仰该首席检察官、院长遵照并转饬所属一体遵照。

期刊名称：河北高等法院公报

主办单位：河北高等法院

刊　　期：1935（15）

页　　码：423－424

29. 题　　名：训令各院庭暨各律师公会奉令凡退职之司法人员除应受原任法院限制外并不得于一年内在同一律师公会区域之法院管辖内执行律师职务仰遵照由（第六七七号，二十一年八月）

作　　者：

关键词：司法人员　任职限制

摘　　要：各院、庭暨各律师公会奉令，凡退职之司法人员除应受原任法院限制外，并不得于一年内在同一律师公会管辖区域之法院管辖内执行律师职务。

期刊名称：河北高等法院公报

主办单位：河北高等法院

刊　　期：1933（10）

页　　码：197－202

（五）判词

1. 题　　名：河北高等法院刑事裁定（中华民国十七年九月十二日）：本院刑二庭裁定唐秋秋因管束案不服晋县公署裁决提起抗告一案

作　　者：

关键词：抗告

摘　　要：抗告人因被告人杀人嫌疑一案呈诉人唐秋秋不服晋县公署裁决，提起抗告。

期刊名称：河北高等法院公报

主办单位：河北高等法院

刊　　期：1929（1）

页　　码：295－296，16

2. 题　　名：本院刑事诉讼案件：河北高等法院刑事裁定：二十二年度声字八一三号（中华民国二十三年七月十六日）：刑一庭裁定鞠善富因意图贩卖而持有鸦片等罪案件不服本院裁定提起抗告一案由

作　　者：沈家栋

关键词：鸦片罪　抗告

摘　　要：裁定鞠善富因意图贩卖而持有鸦片等罪案件，不服本院裁定提起抗告。

期刊名称：河北高等法院公报

主办单位：河北高等法院

刊　　期：1934（13）

页　　码：449 - 450，17

3. 题　　名：本院刑事诉讼案件：河北高等法院刑事判决：二十二年上字第六七〇号（中华民国二十四年六月二十五日）：临时刑事庭判决岳镜心因侵占案不服前河间县政府第一审判决提起上诉经本院判决后上诉最高法院发回更审一案由

作　　者：

关 键 词：临时刑事庭　侵占案　上诉　更审

摘　　要：临时刑事庭判决岳镜心因侵占案不服前河间县政府第一审判决提起上诉，经本院判决后上诉最高法院发回更审。

期刊名称：河北高等法院公报

主办单位：河北高等法院

刊　　期：1935（15）

页　　码：522 - 525，15

4. 题　　名：刑事诉讼案件：河北高等法院刑事判决（中华民国十七年十一月三十日）：本院刑一庭判决李永昌因强盗案不服第一审判决声明上诉一案

作　　者：刘惠明

关 键 词：强盗案　上诉

摘　　要：刑一庭判决李永昌因强盗案不服第一审判决声明上诉一案。

期刊名称：河北高等法院公报

主办单位：河北高等法院

刊　　期：1929（1）

页　　码：289 - 291，16

5. 题　　名：河北高等法院刑事判决（中华民国十七年十一月二十九日）：本院刑一庭判决王华堂因侵占案不服第一审判决提起上诉一案

作　　者：沈家栋

关 键 词：侵占案　上诉

摘　　要：刑一庭判决王华堂因侵占案不服，第一审判决提起上诉一案。

期刊名称：河北高等法院公报

主办单位：河北高等法院

刊　　期：1929（1）

页　　码：292 - 295，16

6. 题　　名：河北高等法院刑事判决（中华民国十七年九月十四日）：本院刑二庭判决曹云亭因杀人案不服第一审判决提起上诉一案

作　　者：

关 键 词：杀人案　上诉

摘　　要：刑二庭判决曹云亭杀人案不服第一审判决提起上诉。

期刊名称：河北高等法院公报

主办单位：河北高等法院

刊　　期：1929（1）

页　　码：297 - 300，16

7. 题　　名：二、刑事诉讼案件：河北高等法院刑事判决：十八年二字一三三号（中华民国十八年五月十四日）：本院刑一庭判决刘玉等因杀人案不服第一审判决提起上诉一案

作　　者：沈家栋

关 键 词：杀人案　上诉

摘　　要：刑一庭判决刘玉等因杀人案不服第一审判决提起上诉一案。

期刊名称：河北高等法院公报

主办单位：河北高等法院

刊　　期：1929（2）

页　　码：422 - 426，17

8. 题　　名：二、刑事诉讼案件：河北高等法院刑事判决：二字号七二号（中华民国十八年三月二十日）：本院刑二庭判决张玉森因侵占案不服静海县政府拟处罪刑提起上诉一案

作　　者：

关 键 词：侵占案　上诉

摘　　要：刑二庭判决张玉森因侵占案不服静海县政府拟处罪刑提起上诉一案。

期刊名称：河北高等法院公报

主办单位：河北高等法院

刊　　期：1929（2）

页　　码：429 - 431，17

9. 题　　名：二、刑事诉讼案件：河北高等法院刑事判决：十八年二字第二一八号（中华民国十八年六月十二日）：本院刑二庭判决张汉青等因伤害人致死案不服第一审判决

提起上诉一案

作　　者：孙凤瀛

关 键 词：伤害人致死案　　上诉

摘　　要：刑二庭判决张汉青等因伤害人致死案不服第一审判决提起上诉一案。

期刊名称：河北高等法院公报

主办单位：河北高等法院

刊　　期：1929（2）

页　　码：431 - 437，17

10. 题　　名：二、刑事诉讼案件：河北高等法院刑事判决十八年二字三二七号（中华民国十八年十月二十六日）：本院刑一庭判决常乐亭等因杀人案不服第一审判决提起上诉一案

作　　者：沈家栋

关 键 词：杀人案　　上诉

摘　　要：刑一庭判决常乐亭等因杀人案不服第一审判决提起上诉一案。

期刊名称：河北高等法院公报

主办单位：河北高等法院

刊　　期：1929（3）

页　　码：451 - 457，16

11. 题　　名：二、刑事诉讼案件：河北高等法院刑事判决十八年二字第六〇二号（中华民国十八年十月三十一日）：本院刑二庭判决郭锅因掳人勒赎案不服第一审判决提起上诉一案

作　　者：孙凤瀛

关 键 词：掳人勒索案　　上诉

摘　　要：刑二庭判决郭锅因掳人勒索案不服第一审判决提起上诉一案。

期刊名称：河北高等法院公报

主办单位：河北高等法院

刊　　期：1929（3）

页　　码：460 - 465，16

12. 题　　名：二、刑事诉讼案件：河北高等法院刑事判决：十九年二字三五〇号（中华民国十九年五月二十三日）：本院刑二庭判决张偶子因杀人案不服第一审判决提起上诉一案

作　　者：

关 键 词：杀人案　　上诉

摘　　要：刑二庭判决张偶子因杀人案不服第一审判决提起上诉一案。

期刊名称：河北高等法院公报

主办单位：河北高等法院

刊　　期：1930（5）

页　　码：247 - 251，7

13. 题　　名：二、刑事诉讼案件：河北高等法院刑事判决：十九年二字八八六号（中华民国十九年十一月二十二日）：本院刑二庭判决王八十因杀人案不服前任邱县第一审判决提起上诉一案

作　　者：

关 键 词：杀人案　　上诉

摘　　要：刑二庭判决王八十因杀人案不服前任邱县第一审判决提起上诉一案。

期刊名称：河北高等法院公报

主办单位：河北高等法院

刊　　期：1930（6）

页　　码：410 - 413，17

14. 题　　名：河北高等法院刑事判决：二十年上字第一七一号（中华民国二十年八月十八日）：本院刑一庭判决张锦端因掳人勒赎案不服蠡县第一审判决提起上诉一案由

作　　者：廖维栋

关 键 词：掳人勒索案　　上诉

摘　　要：刑一庭判决张锦端因掳人勒赎案不服蠡县第一审判决提起上诉一案。

期刊名称：河北高等法院公报

主办单位：河北高等法院

刊　　期：1932（8）

页　　码：427 - 433，12

15. 题　　名：河北高等法院刑事判决：二十年二字四七七号（中华民国二十年十月二十三日）：本院刑一庭判决张六指因奸杀案不服正定县第一审判决提起上诉一案由

作　　者：李世丰

关 键 词：奸杀案　　上诉

摘　　要：刑一庭判决张六指因奸杀案不服正定县第一审判决提起上诉。

期刊名称：河北高等法院公报
主办单位：河北高等法院
刊　　期：1932（8）
页　　码：60－61，4

16. 题　　名：本院刑事诉讼案件：河北高等法院刑事判决：二十三年度上字二一四一号（中华民国二十四年五月二十日）：刑一庭判决曾海亭因杀人案不服新城县政府第一审判决提起上诉一案由

作　　者：

关　键　词：杀人案　上诉

摘　　要：刑一庭判决曾海亭因杀人案不服新城县政府第一审判决提起上诉。

期刊名称：河北高等法院公报
主办单位：河北高等法院
刊　　期：1935（15）
页　　码：513－515，14

17. 题　　名：二、刑事诉讼案件：河北高等法院刑事判决：十八年二字一三九号（中华民国十八年五月二十七日）：本院刑一庭判决李子聘因侵占案不服第一审判决提起上诉一案

作　　者：邱廷举

关　键　词：侵占案　上诉

摘　　要：刑一庭判决李子聘因侵占案不服第一审判决提起上诉。

期刊名称：河北高等法院公报
主办单位：河北高等法院
刊　　期：1929（2）
页　　码：426－429，17

18. 题　　名：二、刑事诉讼案件：河北高等法院刑事判决：十九年二字一一九号（中华民国十九年三月二十二日）：本院刑一庭判决布连柏哥等因制造安洛音案不服第一审判决提起上诉一案

作　　者：刘惠明

关　键　词：制造安洛音案　上诉

摘　　要：刑一庭判决布连柏哥等因制造安洛音案不服第一审判决提起上诉一案。

期刊名称：河北高等法院公报
主办单位：河北高等法院

刊　　期：1930（5）
页　　码：233－247，7

19. 题　　名：一、民事诉讼案件：河北高等法院民事判决：十九年控字第一四号（中华民国十九年十二月十九日）：本院临时庭判决王士温等与王士奇等因继承涉讼不服新城县第一审判决提起上诉一案

作　　者：张丕例

关　键　词：继承　上诉

摘　　要：临时庭判决王士温等与王士奇等因继承涉讼不服新城县第一审判决提起上诉。

期刊名称：河北高等法院公报
主办单位：河北高等法院
刊　　期：1930（6）
页　　码：401－403，17

20. 题　　名：二、刑事诉讼案件：河北高等法院刑事判决：十九年二字七九一号（中华民国十九年十一月二十八日）：本院刑一庭判决刘银来因强奸案不服唐县第一审判决提起上诉一案

作　　者：沈家栋

关　键　词：强奸案　上诉

摘　　要：刑一庭判决刘银来因强奸案不服唐县第一审判决提起上诉。

期刊名称：河北高等法院公报
主办单位：河北高等法院
刊　　期：1930（6）
页　　码：406－410，17

21. 题　　名：河北高等法院民事判决：二十年控字第一三四号（中华民国二十年十二月二十三日）：本院民三庭判决刘永福与刘东俊等因继承涉讼不服玉田县第一审判决提起上诉一案由

作　　者：郭济成

关　键　词：继承　上诉

摘　　要：民三庭判决刘永福与刘东俊等因继承涉讼不服玉田县第一审判决提起上诉。

期刊名称：河北高等法院公报
主办单位：河北高等法院
刊　　期：1932（8）

法院刑事判决：二十二年度上字第九八三号（中华民国二十三年五月一日）：刑一庭判决吕文会等因侵占及行使伪造文书案不服津地院第一审判决提起上诉一案由

作　　者：尹耕耘

关键词：侵占案　伪造文书案　上诉

摘　　要：刑一庭判决吕文会等因侵占及行使伪造文书案不服津地院第一审判决提起上诉。

期刊名称：河北高等法院公报

主办单位：河北高等法院

刊　　期：1934（13）

页　　码：446－448，16－17

29. 题　　名：本院刑事诉讼案件：河北高等法院刑事判决：廿二年度临上学第四〇八号（中华民国二十三年三月六日）：临时刑事庭判决卢凤安等因预谋杀人及掳人勒赎案不服甯津县政府第一审判决提起上诉一案由

作　　者：官刘珍

关键词：预谋杀人　掳人勒赎案　上诉

摘　　要：临时刑事庭判决卢凤安等因预谋杀人及掳人勒赎案不服宁津县政府第一审判决提起上诉。

期刊名称：河北高等法院公报

主办单位：河北高等法院

刊　　期：1934（13）

页　　码：457－461，17

30. 题　　名：本院刑事诉讼案件：河北高等法院刑事判决：二十三年上字第一三五五号（中华民国二十三年十二月十五日）：刑二庭判决周永广因强盗等罪嫌疑不服滦县地方法院第一审判决提起上诉一案

作　　者：侯东鲁

关键词：强盗罪　嫌疑　上诉

摘　　要：刑二庭判决周永广因强盗罪嫌疑不服滦县地方法院第一审判决提起上诉。

期刊名称：河北高等法院公报

主办单位：河北高等法院

刊　　期：1935（14）

页　　码：435－438，16

31. 题　　名：本院刑事诉讼案件：河北高等法院刑事判决：二十三年度上字第一六六号（中华民国二十三年九月二十一日）：临时刑事庭判决于宾兰因杀人案不服天津地方法院第一审判决提起上诉一案由

作　　者：赵卓

关键词：杀人案　上诉

摘　　要：临时刑事庭判决于宾兰因杀人案不服天津地方法院第一审判决提起上诉。

期刊名称：河北高等法院公报

主办单位：河北高等法院

刊　　期：1935（14）

页　　码：438－442，16

32. 题　　名：本院刑事诉讼案件：河北高等法院刑事判决：二十三年度上字第二六一三号（中华民国二十四年五月三十日）：刑二庭判决高振邦因杀人等罪嫌疑案不服交河县政府第一审判决提起上诉一案由

作　　者：侯东鲁

关键词：杀人　嫌疑　上诉

摘　　要：刑二庭判决高振邦因杀人等罪嫌疑案不服交河县政府第一审判决提起上诉。

期刊名称：河北高等法院公报

主办单位：河北高等法院

刊　　期：1935（15）

页　　码：517－519，14

33. 题　　名：河北高等法院检察官处分书（中华民国二十六年六月四日）：声请人：陈王氏，女，年四十五岁宛平县人

作　　者：

关键词：检察官　妨害自由　核办

摘　　要：检察官呈报在这一起关于告诉妨害自由及伤害的案件中，被告不承认，有人证但无法提供证据，因此驳回起诉，对于侵占部分，另行核办。

期刊名称：河北高等法院公报

主办单位：河北高等法院

刊　　　期：1937（4）

页　　　码：170－171

34. 题　　　名：判词：二、刑事诉讼案件：河北高等法院刑事裁定：十九年抗字八一号（中华民国十九年十一月十三日）：本院刑一庭裁定津地院检察官因孙景星等伪造文书及诈财案不服津地院裁定提起抗告一案

作　　　者：

关　键　词：检察官　伪造文书　诈财案　抗告

摘　　　要：检察官呈报刑一庭裁定津地院检察官因孙景星等伪造文书及诈财案不服津地院裁定提起抗告一案。

期刊名称：河北高等法院公报

主办单位：河北高等法院

刊　　　期：1930（6）

页　　　码：404－406，17

35. 题　　　名：判词：河北高等法院刑事判决：二十一年二字一一八五号（中华民国二十一年五月）：本院刑一庭判决本院检察官诉邢光华因恐吓案不服安国县政府覆审判决提起上诉一案

作　　　者：

关　键　词：检察官　覆审　刑事判决书

摘　　　要：检察官呈报刑一庭判决本院检察官诉邢光华因恐吓案不服安国县政府覆审判决提起上诉一案。

期刊名称：河北高等法院公报

主办单位：河北高等法院

刊　　　期：1932（9）

页　　　码：477－480，17

36. 题　　　名：判词：本院刑事诉讼案件：河北高等法院刑事判决：二十二年特字第一六号（中华民国二十三年五月十四日）：刑二庭判决韩金太因危害民国案经本院检察官侦查起诉一案由

作　　　者：

关　键　词：检察官　危害民国案

摘　　　要：检察官呈报刑二庭判决韩金太因危害民国案经本院检察官侦

查起诉一案。

期刊名称：河北高等法院公报

主办单位：河北高等法院

刊　　　期：1934（13）

页　　　码：450－453，17

37. 题　　　名：判词：二、刑事诉讼案件：河北高等法院刑事判决：十九年二字第一○三○号（中华民国十九年十二月二十七日）：本院刑二庭判决本院检察官因牛春服杀人嫌疑案不服深县第一审判决提起上诉一案

作　　　者：

关　键　词：检察官　第一审判决　上诉

摘　　　要：检察官呈报刑二庭判决本院检察官因牛春服杀人嫌疑案不服深县第一审判决提起上诉一案。

期刊名称：河北高等法院公报

主办单位：河北高等法院

刊　　　期：1930（6）

页　　　码：413－416，17－18

38. 题　　　名：判词：河北高等法院刑事判决：二十年二字第三八四号（中华民国二十年十一月四日）：本院刑二庭判决本院检察官因吕胖小与张迈伤害及和奸案不服深泽县第一审判决提起上诉一案由

作　　　者：

关　键　词：检察官　第一审判决　上诉

摘　　　要：刑二庭判决本院检察官因吕胖小与张迈伤害及和奸案不服深泽县第一审判决提起上诉一案。

期刊名称：河北高等法院公报

主办单位：河北高等法院

刊　　　期：1932（8）

页　　　码：437－441，12

39. 题　　　名：判词：河北高等法院刑事判决：二十年三字第四六号（中华民国二十年十二月二十九日）：本院刑二庭判决保定地院检察官因黄小昂伤害案不服保定地院第二审判决提起上诉一案由

作　　　者：

关　键　词：检察官　第二审判决　上诉

摘　　　要：检察官呈报刑二庭判决保定地

院检察官因黄小昴伤害案不服
保定地院第二审判决提起上诉
一案。

期刊名称：河北高等法院公报
主办单位：河北高等法院
刊　　期：1932（8）
页　　码：441－443，12－13

40. 题　　名：判词：刑事诉讼案件：河北高
　　　　　　等法院刑事判决：二十年二字
　　　　　　一五一五号（中华民国二十年
　　　　　　四月二十九日）：本院刑一庭判
　　　　　　决津地院检察官诉高泽民因被
　　　　　　告侵占案不服津地院第一审判
　　　　　　决提起上诉一案

作　　者：
关 键 词：检察官　第一审判决　上诉
摘　　要：检察官呈报刑一庭判决天津地
　　　　　　院检察官诉高泽民因被告侵占
　　　　　　案不服天津地院第一审判决提
　　　　　　起上诉。

期刊名称：河北高等法院公报
主办单位：河北高等法院
刊　　期：1931（7）
页　　码：666－670，27

41. 题　　名：判词：刑事诉讼案件：河北高
　　　　　　等法院刑事判决：二十年二字
　　　　　　第一三二二号（中华民国二十
　　　　　　年三月二十四日）：本院刑二庭
　　　　　　判决本院检察官因被告崔少田
　　　　　　伤害人致死案不服文安县政府
　　　　　　第一审判决提起上诉一案

作　　者：
关 键 词：检察官　第一审判决　上诉
摘　　要：检察官呈报刑二庭判决本院检
　　　　　　察官因被告崔少田伤害人致死
　　　　　　案不服文安县政府第一审判决
　　　　　　提起上诉一案。

期刊名称：河北高等法院公报
主办单位：河北高等法院
刊　　期：1931（7）
页　　码：678－681，27

42. 题　　名：判词：河北高等法院刑事判决：
　　　　　　二十一年二字第四九〇号（中
　　　　　　华民国二十一年一月十五日）：
　　　　　　本院刑二庭判决本院检察官诉
　　　　　　孙鸿祥等结伙抢劫案不服新镇

县政府覆审判决提起上诉一案

作　　者：
关 键 词：检察官　覆审　上诉
摘　　要：检察官呈报刑二庭判决本院检
　　　　　　察官诉孙鸿祥等结伙抢劫案不
　　　　　　服新镇县政府覆审判决提起上
　　　　　　诉一案。

期刊名称：河北高等法院公报
主办单位：河北高等法院
刊　　期：1932（9）
页　　码：480－483，17－18

43. 题　　名：判词：河北高等法院刑事判决：
　　　　　　二十一年二字第五三六号（中华
　　　　　　民国廿一年一月廿七日）：本院
　　　　　　刑二庭判决本院检察官诉李景荣
　　　　　　因决水嫌疑案不服丰润县玖府第
　　　　　　一审判决提起上诉一案

作　　者：
关 键 词：检察官　决水　嫌疑　上诉
摘　　要：检察官呈报刑二庭判决本院检
　　　　　　察官诉李景荣因决水嫌疑案不
　　　　　　服丰润县玖府第一审判决提起
　　　　　　上诉一案。

期刊名称：河北高等法院公报
主办单位：河北高等法院
刊　　期：1932（9）
页　　码：483－487

44. 题　　名：判词：本院刑事诉讼案件：河
　　　　　　北高等法院刑事判决：廿三年
　　　　　　上字第一五二八号（中华民国
　　　　　　二十三年六月二十五日）：刑二
　　　　　　庭判决本院检察官因韩三等强
　　　　　　盗嫌疑案原告诉人不服沧县政
　　　　　　府第一审判决呈请提起上诉一
　　　　　　案由

作　　者：
关 键 词：检察官　强盗案　上诉
摘　　要：检察官呈报刑二庭判决本院检
　　　　　　察官因韩三等强盗嫌疑案原告
　　　　　　诉人不服沧县政府第一审判决
　　　　　　呈请提起上诉一案。

期刊名称：河北高等法院公报
主办单位：河北高等法院
刊　　期：1934（13）
页　　码：453－457

45. 题　　名：判词：本院刑事诉讼案件：河

北高等法院刑事判决：二十三年上字第八九六号（中华民国二十三年十月二十四日）：刑二庭判决河间地方法院检察官因被告预谋杀人嫌疑不服河间地方法院第一审判决提起上诉一案由

作　　　者：

关 键 词：检察官　预谋杀人　上诉

摘　　　要：检察官呈报刑二庭判决河间地方法院检察官因被告预谋杀人嫌疑不服河间地方法院第一审判决提起上诉一案。

期刊名称：河北高等法院公报

主办单位：河北高等法院

刊　　　期：1935（14）

页　　　码：433－435

46. 题　　名：判词：本院刑事诉讼案件：河北高等法院刑事判决：二十三年度临上字第二〇八号（中华民国二十三年九月二十七日）：临时刑事庭判决本院检察官因被告预谋杀人不服河间县政府覆审判决提起上诉一案由

作　　　者：

关 键 词：检察官　预谋杀人　履判　上诉

摘　　　要：检察官呈报临时刑事庭判决本院检察官因被告预谋杀人不服河间县政府覆审判决提起上诉一案。

期刊名称：河北高等法院公报

主办单位：河北高等法院

刊　　　期：1935（14）

页　　　码：442－445

（六）其他

1. 题　　名：中央公务员惩戒委员会议决前河北高等法院第一分院推事吴奉璋等违法废职一案应不受惩戒由（第一四五号，二十三年四月十八日）

作　　　者：石鸣秋

关 键 词：中央公务员　惩戒委员会　决议书

摘　　　要：中央公务员惩戒委员会，议决前河北高等法院第一分院推事吴奉

璋等违法废职一案，应不受惩戒由。

期刊名称：河北高等法院公报

主办单位：河北高等法院

刊　　　期：1934（13）

页　　　码：75－79

2. 题　　名：呈司法行政部呈报河间等地方法院先后成立日期由（第一四一九号，二十年四月七日）

作　　　者：

关 键 词：检察官　看守所　遴选

摘　　　要：呈司法行政部，呈报河间等地方法院先后成立日期由。

期刊名称：河北高等法院公报

主办单位：河北高等法院

刊　　　期：1931（7）

页　　　码：451－456

3. 题　　名：呈司法行政部呈报滦县地方法院暨唐山分庭成立日期缮具管辖区域清单暨刊发关防印模祈鉴核由（第一二六九号，二十年三月六日）

作　　　者：

关 键 词：地方法院　成立　管辖区域清单

摘　　　要：呈司法行政部呈报滦县地方法院，暨唐山分庭成立日期缮具管辖区域清单，暨刊发关防印模。

期刊名称：河北高等法院公报

主办单位：河北高等法院

刊　　　期：1931（7）

页　　　码：445－449

4. 题　　名：通缉：河北高等法院检察处通缉案件人犯表：中华民国三十五年二月至十二月份通缉案件人犯表

作　　　者：

关 键 词：通缉案件人犯表

摘　　　要：（略）

期刊名称：河北高等法院公报

主办单位：河北高等法院

刊　　　期：1947（1）

页　　　码：106－119

（七）专案

1. 题　　名：训令各院庭监县局新刑事诉讼法施行后覆判暂行条例未修正前凡新刑法六十一条所列各罪之案概准不呈送覆判仰遵照由（第一〇

六五六号，二十四年六月二十七日）

作　　者：

关　键　词：新刑诉法　施行　覆判

摘　　要：新刑诉法已根据组织法改为三级三审制，并无地方初级法院管辖之区分，覆判暂行条例系依照旧法所制定其中法条自有修正之必要，惟修正颁行尚需时日，本部为求适用起见，在新刑诉法施行后，前项条例未修正颁行前，凡新法第六十一条所列各罪之案件，概准不呈送覆判。

期刊名称：河北高等法院公报

主办单位：河北高等法院

刊　　期：1935（15）

页　　码：456

2. 题　　名：训令各院庭奉令各省法官倘有违法失职一经监察使提出弹劾定当依法严处仰遵照由（第九七八一号，二十四年五月三十日）

作　　者：

关　键　词：法官　失职　弹劾　严处

摘　　要：各省法官倘有违法失职，已经监察使提出弹劾，定当依法严处。

期刊名称：河北高等法院公报

主办单位：河北高等法院

刊　　期：1935（15）

页　　码：453－454

3. 题　　名：训令各分院奉令嗣后对于覆判案件务须厉行提审或莅审或提起上诉以期明慎仰遵照由（第六七六七号，二十四年三月四日）

作　　者：

关　键　词：覆判　提审　莅庭　上诉

摘　　要：对于覆判案件，务须例行提审或莅庭或提起上诉，以期明慎。

期刊名称：河北高等法院公报

主办单位：河北高等法院

刊　　期：1935（15）

页　　码：431－432

4. 题　　名：训令各院庭奉令各院现有候补推检人数与现有事务比例是否供求相当应据实呈复以便分配调剂由（第二三一七号，二十一年十一月五日）

作　　者：

关　键　词：候补　人员比例　调剂

摘　　要：考察所属各院现有候补推检人数与现有事务比例是否供求相当，如认为有人数过多之处，应即据实呈报，以便酌量调往需员省份候补借资调剂而备任使。

期刊名称：河北高等法院公报

主办单位：河北高等法院

刊　　期：1933（10）

页　　码：187

5. 题　　名：训令各院庭监奉令各地院额设候补学习推检有空额时务须依照部令办理毋得另以他员率请派充仰遵照由（第一七一七号，二十三年九月十三日）

作　　者：

关　键　词：候补推检人员

摘　　要：各该地方法院额设候补学习推检有空额时，务须查照部令办理，毋得另以他员率请派充。

期刊名称：河北高等法院公报

主办单位：河北高等法院

刊　　期：1935（14）

页　　码：349－350

6. 题　　名：训令各院庭奉令刑事诉讼卷宗其判决变更起诉法条者应以判决时适用法条最高主刑为准定其保存期限仰知照由（第五一五八号，二十三年十二月三十一日）

作　　者：

关　键　词：文卷　保存期限　起诉　变更

摘　　要：刑事诉讼卷宗其判决变更起诉法条者，应以判决时适用法条最高主刑为准，定其保存期限。

期刊名称：河北高等法院公报

主办单位：河北高等法院

刊　　期：1935（14）

页　　码：390－391

7. 题　　名：训令各院奉令各高法院院长及首检呈保司法官办法暂行停止仰遵照由（第七七九六号，二十三年五月三日）

作　　者：

关　键　词：呈保司法官办法　暂行停止

摘　　要：司法官任用标准暨司法官叙补及

审查资格成绩办法规定，各高等法院院长及首席检察官呈保司法程序，历据遵照办理在案。现在此项呈保人员经部审查候，予以存记者已属不少。而法官训练所毕业学员，分发各省候补者，亦逐年增加。叙补后有定限，安插实苦无多所有前次呈保办法自应暂行停止以维供求之均衡。

期刊名称：河北高等法院公报

主办单位：河北高等法院

刊　　期：1934（13）

页　　码：394－395

8. 题　　名：训令各院奉令颁发修正高等考试司法官考试初试及格人员学习规则仰知照由（第六七六六号，二十四年三月四日）

作　　者：

关键词：颁发　司法官考试　学习规则

摘　　要：颁发修正高等考试司法官考试初试及格人员学习规则。

期刊名称：河北高等法院公报

主办单位：河北高等法院

刊　　期：1935（15）

页　　码：430－431

9. 题　　名：训令各院庭监奉令检发全国司法会议规程仰遵照由（第九二六一号，二十四年五月二十二日）

作　　者：

关键词：全国司法会议规程

摘　　要：全国司法会议已定于本年九月十六日在首都开会，兹制定全国司法会议规程十三条，除由本院公布并分陈中央政治会议，暨民国政府备案外，合行检同照印原条文二份。

期刊名称：河北高等法院公报

主办单位：河北高等法院

刊　　期：1935（15）

页　　码：446－447

10. 题　　名：训令各院、庭奉发司法官审查委员会规则暨审查法官资格及成绩办法仰知照由（第四五九三号，廿一年五月三日）

作　　者：

关键词：司法官　资格

摘　　要：各院、庭奉发司法官审查委员会规则，暨审查法官资格及成绩办法。

期刊名称：河北高等法院公报

主办单位：河北高等法院

刊　　期：1932（9）

页　　码：194

11. 题　　名：训令各院庭监奉令抄发中央及各省市党部工作人员从事司法工作考试办法大纲及施行细则仰知照由（第八〇一六号，二十四年四月十八日）

作　　者：

关键词：党部工作人员　司法工作考试办法

摘　　要：奉令抄发中央及各省市党部工作人员，从事司法工作考试办法大纲及施行细则。

期刊名称：河北高等法院公报

主办单位：河北高等法院

刊　　期：1935（15）

页　　码：437

12. 题　　名：司法行政部训令法院组织法施行前各该院应行准备事宜尚有关于人员配置各事项应予指示仰并案核拟具复由（第四〇四七号，二十二年十二月二十五日）

作　　者：

关键词：人员配置

摘　　要：法院组织法施行前，各该院应行准备事宜，尚有关于人员配置各事项，应予指示。

期刊名称：河北高等法院公报

主办单位：河北高等法院

刊　　期：1934（13）

页　　码：348

13. 题　　名：训令各院庭监县局奉令抄发修正司法机关依印花税暂行条例科罚及执行规则附抄原会呈仰知照由（第四九四九号，二十三年一月十九日）

作　　者：

关键词：修正司法机关　印花税暂行条例　执行规则

摘　　要：抄发本部与财政部原会呈，暨

修正司法机关依印花税暂行条例科罚及执行规则。

期刊名称：河北高等法院公报

主办单位：河北高等法院

刊　　期：1934（13）

页　　码：352－354

14. 题　　名：训令各院县局奉令兼理司法县政府办理刑事案件务须依照县知事审理诉讼暂行章程刑事诉讼法及其他关系法令规定办理仰遵照由（第五一五九号，二十三年十二月三十一日）

作　　者：

关 键 词：诉讼记录　县知事审理诉讼暂行章程

摘　　要：刑事案件诉讼记录为诉讼程序之进行是否适法唯一之证明方法，关系至为重要。近查各兼理司法县政府办理之刑诉卷宗各项笔录有未经审理之县长或审承员及记录之书记员签名者，有未载明曾向供述人朗读并令其签名或捺指纹者，询问证人未有调查与被告有无刑诉法第九十八条所载之关系者，有未告以伪证处罚及命其结者勘验，有未制作笔录者，有笔录记载不详，且未经莅庭人员签字者判决，有迳行送达判决书而未履行谕知程序者，虽经谕知而不依法送达违判决书者，此等重要事项竟多任意漏误，殊有未合，为此令仰该首席检察官、院长转饬所属各兼司法之县政府，嗣后办理刑事案件对于上述各点务须依照县知事审理诉讼暂行章程、刑事法及其他关系法令规定办理，不得任意各省略受理，各该案件之第二审法院发见原审有上述违误情事，除随案纠正外，并应将纠正情形令行知照。

期刊名称：河北高等法院公报

主办单位：河北高等法院

刊　　期：1935（14）

页　　码：391－396

15. 题　　名：训令各院、庭监奉令司法官吏责任綦重允宜勤慎厥职为民服务毋得擅离职务仰遵照由（第五四二〇号，二十四年一月十四日）

作　　者：

关 键 词：司法官吏　责任

摘　　要：各院、庭监奉令司法官吏责任綦重，允宜勤慎厥职，为民服务，毋得擅离职务。

期刊名称：河北高等法院公报

主办单位：河北高等法院

刊　　期：1935（15）

页　　码：427－428

四十三、河北高等法院季刊

期刊简介：

《河北高等法院季刊》于1936年12月（中华民国二十五年十二月）在北平创刊，司法刊物，季刊，由河北高等法院文牍科编纂室编辑，邓哲熙题名。该刊设法规、命令、惩戒、律师、解释例要旨、判决例要旨、民刑诉讼裁判、法官须知、承审须知、监所人员须知等内容。

（一）处令

1. 题　　名：法规：县司法处审判官学习规则（二十五年十二月十二日公布）

作　　者：

关 键 词：司法处　审判官　学习规则

摘　　要：县司法处审判官学习规则十二条。

期刊名称：河北高等法院季刊

主办单位：

刊　　期：1937（2）

页　　码：8

2. 题　　名：法规：河北高等法院法院检察处令（二十五年九月十五日公布）司法警察出差给费规则

作　　者：

关 键 词：司法警察　出差给费

摘　　要：（略）

期刊名称：河北高等法院季刊

主办单位：

刊　　期：1936（1）

页　　码：54

3. 题　　名：法规：县司法处律师执行职务办法（二十五年九月七日公布）

作　者：

关　键　词：司法处　律师　执行职务

摘　　要：县司法处律师执行职务办法七则。

期刊名称：河北高等法院季刊

主办单位：

刊　　期：1936（1）

页　　码：53

4. 题　名：法规：县司法处刑事案件覆判暂行条例（二十五年六月二十七日公布）

作　者：

关　键　词：司法处　刑事案件　覆判

摘　　要：县司法处刑事案件覆判暂行条例十四则。

期刊名称：河北高等法院季刊

主办单位：

刊　　期：1936（1）

页　　码：22－25

5. 题　名：法规：县司法处书记官任用规则（二十五年六月二十二日公布）

作　者：

关　键　词：司法处　书记官　任用

摘　　要：县司法处书记官任用规则五条。

期刊名称：河北高等法院季刊

主办单位：

刊　　期：1936（1）

页　　码：17－18

6. 题　名：法规：县司法处办理诉讼补充条例（二十五年六月二十七日公布）

作　者：

关　键　词：司法处　诉讼补充条例

摘　　要：县司法处办理诉讼补充条例三十一条。

期刊名称：河北高等法院季刊

主办单位：

刊　　期：1936（1）

页　　码：18－21

7. 题　名：法规：修正司法行政部组织法第六条、第十七条条文（二十五年十一月三日公布）

作　者：

关　键　词：司法行政部组织法

摘　　要：（略）

期刊名称：河北高等法院季刊

主办单位：

刊　　期：1937（2）

页　　码：7

8. 题　名：法规：修正司法官官俸发给细则（二十五年六月二十二日公布）

作　者：

关　键　词：司法官　官俸

摘　　要：（略）

期刊名称：河北高等法院季刊

主办单位：

刊　　期：1936（1）

页　　码：14－17

9. 题　名：法规：修正司法院组织法第十条、第十四条条文（二十五年十月三十日公布）

作　者：

关　键　词：司法院组织法

摘　　要：（略）

期刊名称：河北高等法院季刊

主办单位：

刊　　期：1937（2）

页　　码：6

10. 题　名：各级法院会计暂行简章

作　者：

关　键　词：会计事务　法院　检察处

摘　　要：法院和检察处的会计事务总为一体，但首席检察官指示书记官负责检察处具体会计事务，核办和支给各项费用，首席检察官出席会议讨论编制出入。

期刊名称：河北高等法院季刊

主办单位：

刊　　期：1937（2）

页　　码：152－156

（二）裁判

1. 题　名：民刑诉讼裁判：河北高等法院刑事判决（二十五年度上字第四六一号）：北平地院检察官因逮明杀人案件不服北平地院第一审判决提起上诉案

作　者：卫权临

关　键　词：上诉　证据不足　撤销判决

摘　　要：上诉检察官认为，原审法院对被告犯罪的主要证据调查不足且尚有争议，对被告判处刑罚是错误判决。高院依法予以纠正：原判决撤销，被告无罪。

期刊名称：河北高等法院季刊

主办单位：

刊　　期：1936（1）

页　　码：36－40

2. 题　　名：民刑诉讼裁判：河北高等法院刑事判决（二十五年度抗字第三号）：陈光远因被诉伪造文书等罪嫌疑案件不服北平地院驳回声请推事回避之裁定提起抗告案

作　　者：张跃鸾

关 键 词：申请回避　裁定　抗告

摘　　要：当事人申请推事回避，应除有法定应自行回避而不回避者以外，有足以证其职务有偏颇的情形。

期刊名称：河北高等法院季刊

主办单位：

刊　　期：1936（1）

页　　码：48－50

（三）法规

1. 题　　名：各级法院会计暂行简章

作　　者：

关 键 词：检察处　会计事务　权限

摘　　要：各级法院及检察处会计事务由院长呈上级机关命令管理监督。各级法院首席检察官于检察处书记官中指定一员兼办检查会计事务，检察处书记官对规定事项有检查权限并采取相应措施。

期刊名称：河北高等法院季刊

主办单位：

刊　　期：1936（2）

页　　码：152－156

（四）会计

1. 题　　名：河北省廿五年度司法收入概况：[图表]

作　　者：河北高等法院会计科（制）

关 键 词：司法收入

摘　　要：（略）

期刊名称：河北高等法院季刊

主办单位：

刊　　期：1937（2）

页　　码：1

2. 题　　名：河北省二十五年度司法经费分配：[画图]

作　　者：河北高等法院会计科（制）

关 键 词：司法经费

摘　　要：河北省二十五年度司法经费分配图。

期刊名称：河北高等法院季刊

主办单位：

刊　　期：1937（2）

页　　码：1

（五）命令

1. 题　　名：命令：河北高等法院检察处处令：第七十号（二十六年一月二十五日）

作　　者：

关 键 词：共同犯罪　执行指挥书　刑事牵连案件　上诉　覆判　承办检察官

摘　　要：数人共同犯罪，处以徒刑，拘役，判决确定案件，应按受刑人数，填发执行指挥书，暨判决书各一份，送监执行。兼理司法各县政府判决之刑事牵连案件，经一部分被告或一被告对于一部分犯罪提起上诉，余部依法须送覆判者，应由承办检察官就上诉及应覆判两部分，同时核办。此类案件，仍按上诉及覆判两种性质计算结案数目，又向院方送卷时亦应分别备函，各自立卷。兼理司法县政府判决刑事案件，经被告提起上诉，或据告诉人呈诉不服，由检察官提起上诉后，嗣据被告撤回上诉，或检察官接据呈诉人声明撤回上诉，而依法应送覆判者，关于覆判程序，仍由原办检察官核办。

期刊名称：河北高等法院季刊

主办单位：

刊　　期：1937（2）

页　　码：180

2. 题　　名：命令：关于整理诉讼者：令各分院院长准最高法院检察署函嗣后自诉案件向第三审上诉者所有卷证应迳送最高法院等情仰遵照由（第一二一三五号，二十五年十二月）

作　　者：

关 键 词：上诉　卷宗证物　迳送　第三审

法院

摘　　要：查关于无检察官为当事人的上诉案件，应由原审法院将卷宗证物迳送第三审法院。

期刊名称：河北高等法院季刊

主办单位：

刊　　期：1937（2）

页　　码：39

3. 题　　名：命令：关于整理诉讼者：令各分院准最高法院检察署函请嗣后送上诉卷宗时务将各文件检齐并送等情仰遵照由（第一二一三四号，二十五年十二月）

作　　者：

关 键 词：上诉卷宗　检齐并送

摘　　要：送上诉卷宗时，务必将各文件检齐并送。

期刊名称：河北高等法院季刊

主办单位：

刊　　期：1937（2）

页　　码：38

4. 题　　名：命令：关于整理诉讼者：训令各级法院奉司法行政部令嗣后各级法院对于第二审卷宗务于法定期间内整理一并汇送检察官参考避免延误由（第八九〇一号，二十五年十一月六日）

作　　者：

关 键 词：第二审卷宗　法定期间　检察官

摘　　要：对于第二审卷宗，务必于法定期间内整理，一并汇送检察官参考，避免延误。

期刊名称：河北高等法院季刊

主办单位：

刊　　期：1937（2）

页　　码：36－37

5. 题　　名：命令：关于整理诉讼者：训令各级法院及兼理司法各县长奉司法行政部令各级法院各县司法处于判决裁定起诉书处分书内一律采用公文标点等因令仰遵照由（第一二八一五号，二十五年十二日二十一日）

作　　者：

关 键 词：公文标点　行文款式

摘　　要：所有各省各级法院各县司法处，

应奉命令之日起，均参照本部二十二年十一月第三四三六号训令颁布的《公文标点举例及行文款式》所定的七种标点，于判决裁定起诉书、处分书内，一律采用。

期刊名称：河北高等法院季刊

主办单位：

刊　　期：1937（2）

页　　码：39－40

6. 题　　名：命令：关于公布法令者：令各级法院兼理司法各县长奉司法行政部令发行政院咨交通部原呈单表各件饬令知照等因令仰知照由（第一二八六五号，二十五年十二月）：抄原呈

作　　者：朱家骅

关 键 词：航政局　组织

摘　　要：现为力谋改良起见，经本部将各航政局附属机关的组织酌予革新。

期刊名称：河北高等法院季刊

主办单位：

刊　　期：1937（2）

页　　码：29

7. 题　　名：命令：关于会计者：令各院县监奉令转知各省司法机关计算书类仍由高院核转仰知照由（第九四六一号，二十五年十一月）：司法行政部咨（六月十八日咨字第二三四四号）

作　　者：

关 键 词：高等法院　地方司法费　预算核准

摘　　要：各省高等法院为各省最高司法机关，地方司法费预算，向由高等法院统筹汇编司法机关计算书类，即应由高等法院核准。

期刊名称：河北高等法院季刊

主办单位：

刊　　期：1937（2）

页　　码：151－152

8. 题　　名：命令：关于公布法令者：令兼理司法各县长奉令自二十六年一月一日起应一律准用县司法处刑事案件覆判暂行执行条例由（字第

一三四三〇号，二十五年十二月）

作　　者：

关 键 词：刑事案件　覆判

摘　　要：兼理司法县政府自二十六年一月一日起应一律采用县司法处刑事案件覆判暂行条例。

期刊名称：河北高等法院季刊

主办单位：

刊　　期：1937（2）

页　　码：29

9. 题　　名：命令：关于统计者：未设立地方法院之司法机关及人员：［表格］

作　　者：

关 键 词：地方法院　司法机关

摘　　要：未设立地方法院之司法机关及人员的表格。

期刊名称：河北高等法院季刊

主办单位：

刊　　期：1937（2）

页　　码：80－91

10. 题　　名：命令：关于公布法令者：令各级法院兼理司法各县长奉司法行政部令发行政院咨交通部原呈单表各件饬令知照等因令仰知照由（第一二八六五号，二十五年十二月）：抄行政院原咨

作　　者：

关 键 词：船舶违法　船舶性质

摘　　要：在海上航行及在与海相通能供海船行使之水上航行之船舶，实系指在海上区域所航行之船舶，及在与海相通能供海船行使之水上区域所航行之船舶而言，与船舶之性质能力无关。

期刊名称：河北高等法院季刊

主办单位：

刊　　期：1937（2）

页　　码：25－28

11. 题　　名：命令：关于公布法令者：令各级法院兼理司法各县长奉司法行政部令发行政院咨交通部原呈单表各件饬令知照等因令仰知照由（第一二八六五号，二十五年十二月）：兹将改革各航政局组织及管辖范围办法缮单

恭呈鉴核

作　　者：

关 键 词：航政局　组织　管辖

摘　　要：改革各航政局组织及管辖范围办法。

期刊名称：河北高等法院季刊

主办单位：

刊　　期：1937（2）

页　　码：28

12. 题　　名：命令：关于整理诉讼者：训令视察员黄维时等派该员视察第一、二、三、四区各县司法状况随时具报毋稍偏徇由（第一五一一五号，二十六年一月二十日）：视察项目报告表

作　　者：

关 键 词：视察员　视察项目报告表

摘　　要：（略）

期刊名称：河北高等法院季刊

主办单位：

刊　　期：1937（2）

页　　码：42－44

13. 题　　名：命令：关于公布法令者：训令各法院奉令饬查照修正高等考试司法官考试初试及格人员学习规则规定提出分发学习人员操行能力成绩报告书以凭审查由（第一二四六三号，二十五年十二月）

作　　者：

关 键 词：司法官考试　初试　操行能力

摘　　要：现查二十四年高等考试司法官考试初试及格人员，分发各省地方法院学习，已将一年，应即查照前项规定，就各该学习人员之操行能力成绩提出切实报告。

期刊名称：河北高等法院季刊

主办单位：

刊　　期：1937（2）

页　　码：23－24

14. 题　　名：命令：关于公布法令者：奉部令饬发县司法处审判官学习规则等因仰遵照由（第一二八六三号，二十五年十二月）

作　　者：

关 键 词：司法处 审判官 学习规则

摘 要：训令各县县长抄发县司法处审判官学习规则等的命令。

期刊名称：河北高等法院季刊

主办单位：

刊 期：1937（2）

页 码：24

15. 题 名：命令：关于会计者：训令各法院监所奉令发经费限制流用暂行办法及经常费各项增减数目表仰遵由（第一三七六八号，二十六年一月）：司法行政部所属机关经费限制流用暂行办法

作 者：

关 键 词：经费限制流用暂行办法

摘 要：各法院监所奉令发经费限制流用暂行办法及经常费各项增减数目表及司法行政部所属机关经费限制流用暂行办法。

期刊名称：河北高等法院季刊

主办单位：

刊 期：1937（2）

页 码：166－167

16. 题 名：命令：关于整理官规者：令兼理司法各县县长转饬该承审帮审旧历年终不得借故回借由（第一五六五九号，二十六年一月）

作 者：

关 键 词：兼理司法 整理官规 承审员 帮审员

摘 要：通令该县长承审帮审各员，不得借故回借，应恪尽职守。

期刊名称：河北高等法院季刊

主办单位：

刊 期：1937（2）

页 码：48

17. 题 名：命令：关于整理官规者：训令兼理司法各县县长嗣后对于警吏工薪务须照章发给以免借端勒索并取缔严押积习由（第九三一七号，二十五年十一月七日）

作 者：

关 键 词：法警 工薪

摘 要：此后对于法警工薪，务须照

发给，以免借端勒索。

期刊名称：河北高等法院季刊

主办单位：

刊 期：1937（2）

页 码：45－46

18. 题 名：命令：关于整理诉讼者：训令视察员黄维时等派该视察第一、二、三、四区各县司法状况随时具报毋稍偏徇由（第一五一一五号，二十六年一月二十日）：视察注意事项

作 者：

关 键 词：视察员 司法状况 具保

摘 要：为切实整顿，力谋改善起见，特行制订视察区域，定视察注意事项及视察项目分别派员前往，切实视察以期着手改进。

期刊名称：河北高等法院季刊

主办单位：

刊 期：1937（2）

页 码：40－41

19. 题 名：命令：关于会计者：令各院县监奉令转知各省司法机关计算书类仍由高院核转仰知照由（第九四六一号，二十五年十一月）：国民政府主计处公函（二十五年九月二十四日岁字一〇八一号）

作 者：陈其采

关 键 词：司法费 预算 主管机关

摘 要：拟明定各省高院为该省司法费预算主管机关，其计算书类亦仍由高等法院核转，以免事实上发生困难。

期刊名称：河北高等法院季刊

主办单位：

刊 期：1937（2）

页 码：150－151

20. 题 名：命令：关于整理监狱者：训令天津地方法院为奉司法行政部令准外交部咨开准内政部咨覆外国人依约租用之土地可由该主管地政机关依法登记各地法院对于外国人申请为不动产登记可一律勿庸办理令仰遵照由（第一三一六七号，二十五

年十二月二十三日）

作　者：

关键词：不动产登记

摘　要：外国人依约租用的土地，可由各该主管地政机关依法登记，各地法院对于外国人申请为不动产登记，似可一律毋庸办理，以免纷歧。

期刊名称：河北高等法院季刊

主办单位：

刊　期：1937（2）

页　码：56－58

（六）训令

1. 题　名： 河北高等法院训令：关于整理监狱者：通令各院监县为奉令各县监所人犯呈诉或状诉须审慎办理仰遵照由（第一三一号，二十五年七月）

作　者：

关键词：监所　人犯　呈诉　状诉

摘　要：监所人犯呈诉或状诉所内员丁事件，应准先用行政手续，派员彻查，毋庸提同人犯对质。

期刊名称：河北高等法院季刊

主办单位：

刊　期：1936（1）

页　码：84

2. 题　名： 河北高等法院检察处训令：河北高等法院检察处指令（二十五年九月十六日法字第一〇三四号）：令顺义县县长冯荣绂：二十五年九月五日呈一件为呈送前顺义地院移交诉讼存款分户簿由

作　者：

关键词：保证金　担保　诉讼存款

摘　要：诉讼存款原系诉讼关系人所有，为供担保起见，或因执行所得，暂由司法机关收存，案件一经移结，除依法没入抵充罚金或交付债权人领取外，应立即如数返还。

期刊名称：河北高等法院季刊

主办单位：

刊　期：1936（1）

页　码：207－208

3. 题　名： 河北高等法院训令：关于整理官

规者：训令各级法院奉部令法院院长如果查觉法警有不法情事亦可自动会同首席检察官予以撤换或惩处等令仰遵办由（第六四〇一号，二十五年十月三日）

作　者：

关键词：司法警察　撤换　惩处　首席检察官

摘　要：法院司法警察的进退奖惩和训练等事，由首席检察官会同院长一同执行。

期刊名称：河北高等法院季刊

主办单位：

刊　期：1936（1）

页　码：72－74

4. 题　名： 河北高等法院训令：关于整理诉讼者：训令各级法院奉令据湖南高等法院首席检察官呈陈自诉案件补救意见到部酌定办法等因仰遵照由（第六九八号，二十五年七月）

作　者：

关键词：自诉　呈递书状　检察官

摘　要：自诉案件，其呈递书状，统一由检察官收受，移送法院办理。

期刊名称：河北高等法院季刊

主办单位：

刊　期：1936（1）

页　码：44－45

5. 题　名： 河北高等法院训令：关于统计者：训令各级法院首席检察官奉令发民事诉讼执行及非讼事件征收费用件数表式仰遵办由（字第一九七号，二十五年七月）

作　者：

关键词：民事诉讼　执行　征收费用

摘　要：民事诉讼执行及非诉案件等费用的收取，至关重要，为明确统计起见，特分订表式三种。

期刊名称：河北高等法院季刊

主办单位：

刊　期：1936（1）

页　码：139－140

6. 题　名： 河北高等法院训令：关于统计者：训令各级法院院长首席检察官奉令转饬所属地院将审检两方

刑事案件增减情形依所颁表式填送汇转备核等因仰迅即分别依式列表克日具报由（字第一三四七一号，二十五年六月）

作　　者：

关 键 词：自诉　刑事案件　审检

摘　　要：刑事案件，以自诉范围扩张的结果看，在审检两方必互有增减。

期刊名称：河北高等法院季刊

主办单位：

刊　　期：1936（1）

页　　码：138－139

7. 题　　名：河北高等法院训令：关于公布法令者：训令各兼理司法县政府令发区司法处办理诉讼补充条例及县司法处刑事案件覆判暂行执行条例仰知照由（第一一二二号，二十五年七月）

作　　者：

关 键 词：诉讼补充条例　刑事案件覆判暂行执行条例

摘　　要：县司法处办理诉讼补充条例及县司法处刑事案件覆判暂行执行条例，经制订明文公布，执行全体应立即实施。

期刊名称：河北高等法院季刊

主办单位：

刊　　期：1936（1）

页　　码：24

8. 题　　名：河北高等法院训令：河北高等法院训令：关于会计者：训令兼理司法各县为颁发各县缮状费罚没等款暂行办法由（第一三〇二号，二十五年七月）：丁、河北省兼理司法事务县政府解勘等费及逾额不敷囚粮暂行支销办法

作　　者：

关 键 词：罚没款

摘　　要：河北省兼理司法事务县政府解勘等费及逾额不敷囚粮暂行支销办法。

期刊名称：河北高等法院季刊

主办单位：

刊　　期：1936（1）

页　　码：183

9. 题　　名：河北高等法院训令：关于会计者：训令兼理司法各县为颁发各县缮状费罚没等款暂行办法由（第一三〇二号，二十五年七月）：乙、河北省兼理司法事务县政府支解缮状费暂行办法（附表）

作　　者：

关 键 词：缮状费

摘　　要：（略）

期刊名称：河北高等法院季刊

主办单位：

刊　　期：1936（1）

页　　码：177－180

10. 题　　名：河北高等法院训令：关于会计者：训令兼理司法各县为颁发各县缮状费罚没等款暂行办法由（第一三〇二号，二十五年七月）：丙、河北省兼理司法事务县政府支解罚金没入暂行办法（附表）

作　　者：

关 键 词：罚金

摘　　要：（略）

期刊名称：河北高等法院季刊

主办单位：

刊　　期：1936（1）

页　　码：181－182

11. 题　　名：河北高等法院训令：关于会计者：河北省司法调查旅费暂行支给规则（附表）

作　　者：

关 键 词：司法调查旅费

摘　　要：（略）

期刊名称：河北高等法院季刊

主办单位：

刊　　期：1936（1）

页　　码：202－203

12. 题　　名：河北高等法院训令：关于整理诉讼者：训令各级法院及兼理司法各县承审员通令办案务求迅速不得积压由（第一一六〇八号，廿五年五月十九日）

作　　者：

关 键 词：承审员　受理案件　迟延

摘　　要：特通令各级法院各县承审员，受理一切案件，务须随到随办，

随办随结，非确有万不得已之原因，不得稍事迟延。

期刊名称： 河北高等法院季刊

主办单位：

刊　　期： 1936（1）

页　　码： 39

13. **题　　名：** 河北高等法院训令：关于整理监狱者：在监人遵守事项（民国二年司法部颁行）

作　　者：

关 键 词： 监狱　在监人

摘　　要： 在监人遵守事项二十七则。

期刊名称： 河北高等法院季刊

主办单位：

刊　　期： 1936（1）

页　　码： 99 – 100

14. **题　　名：** 河北高等法院训令：关于会计者：训令兼理司法各县为开支勘验旅费不得稍涉浮滥由（第五七二五号，二十五年九月）

作　　者：

关 键 词： 兼理司法　调查取证　勘验旅费

摘　　要： 如非身受重伤或死亡的，该法令被害人自行上报复述，除此之外的案件，若非必须实地调查取证的，无须支出勘察旅费。

期刊名称： 河北高等法院季刊

主办单位：

刊　　期： 1936（1）

页　　码： 194

15. **题　　名：** 河北高等法院训令：关于公布法令者：训令各法院监狱奉令转知调度司法警察章程等因仰知照由（第三六九二号，二十五年九月三日）

作　　者：

关 键 词： 调度司法警察章程

摘　　要：（略）

期刊名称： 河北高等法院季刊

主办单位：

刊　　期： 1936（1）

页　　码： 33

16. **题　　名：** 河北高等法院训令：关于会计者：训令兼理司法各县为颁发各县缮状费罚没等款暂行办法

由（第一三○二号，二十五年七月）：县政府造送年月分解勘等费及逾额囚粮不敷清册

作　　者：

关 键 词： 缮状费　罚没

摘　　要：（略）

期刊名称： 河北高等法院季刊

主办单位：

刊　　期： 1936（1）

页　　码： 183 – 184

17. **题　　名：** 河北高等法院训令：关于公布法令者：训令各县县长奉令抄发县司法处书记官任用规则仰知照由（第一三○号，二十五年七月）

作　　者：

关 键 词： 司法处　书记官

摘　　要：（略）

期刊名称： 河北高等法院季刊

主办单位：

刊　　期： 1936（1）

页　　码： 22 – 23

18. **题　　名：** 河北高等法院训令：关于会计者：训令各院监所奉令抄发二十五年度国家普通岁入岁出总预算令仰知照由（第一八六七号）：中华民国二十五年度司法行政部主管国家经常岁入预算

作　　者：

关 键 词： 岁入岁出　预算

摘　　要：（略）

期刊名称： 河北高等法院季刊

主办单位：

刊　　期： 1936（1）

页　　码： 187 – 190

19. **题　　名：** 河北高等法院训令：关于整理官规者：训令各级法院兼理司法各县承审员通令严禁法官请托由（第一一七四○号，二十五年五月二十三日）

作　　者：

关 键 词： 整顿风纪　法官　请托　接受请托

摘　　要： 司法行政部颁明令整顿风纪，严禁法官有请托或接受请托之行为。

期刊名称：河北高等法院季刊

主办单位：

刊　　期：1936（1）

页　　码：66

20. 题　　名：河北高等法院训令：关于会计
者：训令兼理司法各县为令饬
认真整顿法收对于协征报告表
务须切实填列由（第五三〇
号，二十五年九月）

作　　者：

关 键 词：协征报告表

摘　　要：兼理司法各县县长承审员务须
随时整顿法收，对于协征报告
表务须切实填报。

期刊名称：河北高等法院季刊

主办单位：

刊　　期：1936（1）

页　　码：193

21. 题　　名：河北高等法院训令：关于整理
诉讼者：训令兼理司法各县县
长对于委托协助事项务须从速
办理由（第一二一六六号，二
十五年五月三十日）

作　　者：

关 键 词：兼理司法县长　委托协助事项

摘　　要：各级法院受理民刑事诉讼案件，
向原审或其他各县调取卷证，
委托送达文件、传唤证人、扣
押物件、拘提人犯及其他一切
协助事项，各该县自应迅速办
理，以致协助之责任利审判之
进行。

期刊名称：河北高等法院季刊

主办单位：

刊　　期：1936（1）

页　　码：39－40

22. 题　　名：河北高等法院训令：关于会计
者：训令兼理司法各县对于诉
讼存款应依法保管并须照章填
报诉讼存款月报表由（第五〇
四六号，二十五年九月）

作　　者：

关 键 词：诉讼存款　保管

摘　　要：各该县政府根据上项办法，查
明所保管诉讼存款，如为新收，
固定造报，即无新收，仅有旧

管，亦应逐月衔接填报。

期刊名称：河北高等法院季刊

主办单位：

刊　　期：1936（1）

页　　码：192－193

23. 题　　名：河北高等法院训令：关于整理
官规者：训令各监狱各级法院
兼理司法各县承审员和管狱员
通令屏除馈送礼品等不良习俗
由（第一一六〇号，二十五
年五月十九日）

作　　者：

关 键 词：监狱　承审员　管狱员

摘　　要：训令各监狱、各级法院、兼理
司法各县承审员和管狱员通令
屏除馈送礼品等不良习俗。

期刊名称：河北高等法院季刊

主办单位：

刊　　期：1936（1）

页　　码：65

24. 题　　名：河北高等法院训令：关于公布
法令者：训令各县县长奉令县
司法处审判官考试暂行条例公
布施行仰遵照由（第六九七号，
二十五年七月）

作　　者：

关 键 词：司法处审判官考试暂行条例

摘　　要：（略）

期刊名称：河北高等法院季刊

主办单位：

刊　　期：1936（1）

页　　码：23

25. 题　　名：河北高等法院训令：关于整理
诉讼者：训令各级法院各兼理
司法县政府奉令准最高法院咨
请通令所属对于笔录之词句及
意义务求明显切实等因仰遵照
办理由（字第三七七七号，二
十五年九月七日）

作　　者：

关 键 词：笔录词句

摘　　要：对于笔录之词句及意义务求明
显切实，少涉含混，以期减少
审理上的困难。

期刊名称：河北高等法院季刊

主办单位：

刊　　　期：1936（1）

页　　　码：50

四十四、监狱杂志

期刊简介：

The Prison Journal，季刊，创刊于 1929 年，刊登有关犯罪学、刑罚学及监狱学的研究论文、译著、监狱工作调查报告，刊载监狱法令并报道该协会消息。

公文

1.　题　　　名：河北高等法院检察处指令：第三五八号（中华民国十九年一月十七日）：令河北监狱协会：拟分期刊发监狱杂志恳准备案并转知河北各法院监所暨各县旧监一律订阅由

作　　　者：王泳

关 键 词：检察处　监狱杂志

摘　　　要：河北高等法院检察处指令河北监狱协会，河北各法院监所暨各县旧监一律订阅监狱杂志。

期刊名称：监狱杂志

主办单位：

刊　　　期：1930，1（2）

页　　　码：131

四十五、江西司法公报

期刊简介：

创刊于 1913 年，刊期不详，刊内载文主要有法制、命令、判词、文牍、暂行规程，以及国内外法学专家、司法衙门与法学会社之论著，法律政令与知识，以增进司法之进步。

（一）报告

1.　题　　　名：民国元年一月起至六月底各厅县司法收入决算表

作　　　者：

关 键 词：司法收入　杂录　管辖区域

摘　　　要：报告类：一月至六月底各庭县司法收入；杂录类：民法草案之研究；图书类：县、镇初级检庭管辖区域划分。

期刊名称：江西司法公报

主办单位：

刊　　　期：1913（4）

页　　　码：208－210，11

（二）呈文

1.　题　　　名：司法筹备处暨高等审判厅检察厅会呈司法部划定新建及吴城两初级厅管辖区域并更正名称文（二年七月十日）

作　　　者：

关 键 词：两初级庭　管辖区域

摘　　　要：为划分以前已上诉的案件无论何庭受理必须审结，不必移送以防止纷乱，布告新建县人民遵照本函，连本省民政护军使和本省各级审检庭遵照奉行。

期刊名称：江西司法公报

主办单位：

刊　　　期：1913（4）

页　　　码：102－104

（三）法制

1.　题　　　名：江西司法筹备处修正审检所代写诉状施行细则（二年七月五日）（附表）

作　　　者：

关 键 词：诉讼　缮写诉状

摘　　　要：各审检所代为诉状遵照修正细则办理。

期刊名称：江西司法公报

主办单位：

刊　　　期：1913（4）

页　　　码：61－65

2.　题　　　名：江西司法筹备处规定各县司法收入月报表册式（二年七月三日）（附表）

作　　　者：

关 键 词：取消预审

摘　　　要：江西司法筹备处请示司法部，应否取消预审二字。

期刊名称：江西司法公报

主办单位：

刊　　　期：1913（4）

页　　　码：49－60

（四）公电

1.　题　　　名：致南安地方检察厅催送换造报册电（二年七月二日）

作　　　者：

关 键 词：县知事　审检所　司法筹备处检察事务

摘　　　要：按照司法部颁发的《各县帮审员办事暂行章程》的相关规定，审检所既属于司法筹备处长的监督，

则兼理检察事务的县知事应由本
处予以委任。司法部颁发关于
《各县知事执行审检所检察事由》
审检所受司法筹借处长监督，筹
借处长委任县知事同时委任县知
事委任中增设帮审员书记员。

期刊名称：江西司法公报
主办单位：
刊　　期：1913（4）
页　　码：167

2. 题　　名：吉安地方检察长请派员暂代所官
　　　　　　电（二年七月七日到）
　　作　　者：
　　关 键 词：南安地方检察厅　司法报表
　　　　　　催送
　　摘　　要：南安地方检察厅鉴发上年十一月
　　　　　　报册电催仍未送还，以致十二月
　　　　　　并本一、二、三月报等不能复核
　　　　　　悬案，待望请速按月送核切勿
　　　　　　再延。
　　期刊名称：江西司法公报
　　主办单位：
　　刊　　期：1913（4）
　　页　　码：169

3. 题　　名：覆吉安地方检察长请派所官电
　　　　　　（二年七月十一日）
　　作　　者：
　　关 键 词：吉安地方检察厅　代理检察长
　　摘　　要：吉安地方检察厅已经开厅，但检
　　　　　　察长尚未到任，现致电请示是
　　　　　　否可以由他人暂时代理。司法筹
　　　　　　借所钧鉴已开庭，吉安县审检所
　　　　　　可否由监狱肄业黄经国暂代
　　　　　　覆电。
　　期刊名称：江西司法公报
　　主办单位：
　　刊　　期：1913（4）
　　页　　码：169

4. 题　　名：会昌县知事请示审检所检察事务
　　　　　　是否候新知事受任电（二年七月
　　　　　　十二日）
　　作　　者：
　　关 键 词：遵辩　委任
　　摘　　要：会昌知事请示审检所检察事务是
　　　　　　否新知事受任后来处理。
　　期刊名称：江西司法公报

主办单位：
刊　　期：1913（4）
页　　码：170

5. 题　　名：覆会昌县知事检察事务由旧任知
　　　　　　事暂兼电（二年七月十五日）
　　作　　者：
　　关 键 词：县知事　审检所　检察事务
　　摘　　要：会昌县知事请示，改组后的审
　　　　　　检所检察官尚未到任，审检所
　　　　　　的检察事务是否应等其到任后
　　　　　　再行处理。
　　期刊名称：江西司法公报
　　主办单位：
　　刊　　期：1913（4）
　　页　　码：170

6. 题　　名：吉安审检厅呈报开厅日期电（二
　　　　　　年七月五日到）
　　作　　者：
　　关 键 词：审检所　县知事　帮审员　权限
　　　　　　划分
　　摘　　要：各县审检所成立，知事和帮审员
　　　　　　权限清晰，审判与检察事务各有
　　　　　　所属。审检员须尽心职务，不得
　　　　　　有侵权越分之举。
　　期刊名称：江西司法公报
　　主办单位：
　　刊　　期：1913（4）
　　页　　码：168

7. 题　　名：呈司法部报告各县审检所暨抚吉
　　　　　　袁临广五处法厅成立并审检所管
　　　　　　狱员经已得财政审计分处同意
　　　　　　电（二年七月一日）
　　作　　者：
　　关 键 词：吉安初级审检厅　开厅日期
　　摘　　要：吉安初级审检厅报告开厅日期、
　　　　　　吉安审检庭呈报开庭日期。司法
　　　　　　筹检庭各职庭均与七月一日开庭
　　　　　　需先通知吉安地方初级审检庭
　　　　　　同意。
　　期刊名称：江西司法公报
　　主办单位：
　　刊　　期：1913（4）
　　页　　码：166－167

8. 题　　名：呈司法部请核准审检所管狱员经
　　　　　　费电（二年六月十七日）
　　作　　者：

关 键 词：审检所　司法部
摘　　要：北京司法部钧鉴赣省审检所管狱
员均批准七月一日实行，薪饷经
前司法司拟定数目由都督移交行
政公署核准，经职处考虑本省情
形详订追加预算统计办公等费，
繁县审检所六千一百三十六角，
简县审检所六千零一十三元六
角，各县留置所五千九百九十二
元二角，所得经费转财政司不得
截留当经费，此案未经国会通
过，以前须有司法部命令核准施
行方可照办。

期刊名称：江西司法公报

主办单位：

刊　　期：1913（4）

页　　码：163 – 164

9. 题　　名：司法部覆本处请核准审检所管狱
员经费电（二年六月二十三日
到）

作　　者：

关 键 词：司法筹备处　审检所

摘　　要：司法筹借处拟制条款，需民政长
和财政司同意，未经声明则无
效。司法部报名各县审检所，
抚、吉、袁、临、广五处法庭成
立审检所管狱员经费。

期刊名称：江西司法公报

主办单位：

刊　　期：1913（4）

页　　码：166

10. 题　　名：南康县审检所请示经费办法并
需款修葺捕署电（二年七月八
日到）

作　　者：

关 键 词：审检所　司法经费　修葺捕署

摘　　要：司法处长奉令开办筹费无着事
由现拟修葺三百上下表格记录
薪俸未涉及伙食电覆杜郭、
姜虞。

期刊名称：江西司法公报

主办单位：

刊　　期：1913（4）

页　　码：169

11. 题　　名：覆南康县审检所请示经费办法
并需款修葺捕署电（二年七月

十日）

作　　者：

关 键 词：南康县审检所　司法经费　修
葺捕署

摘　　要：南康县审检所就审检所经费无
着、修葺捕署所需款项及服务
人员薪俸伙食问题请示司法筹
备处。司法处长奉令开办筹费
无着事由现拟修葺三百上下表
格记录薪俸未涉及伙食电覆杜
郭、姜虞。

期刊名称：江西司法公报

主办单位：

刊　　期：1913（4）

页　　码：169

12. 题　　名：覆安义县将抢犯杨发勋等讯明
律拟送高等厅覆判电（二年六
月二十日）

作　　者：

关 键 词：逮捕核办

摘　　要：杨发勋等主谋纠抢害事主应速
说明，请准逮捕核办。

期刊名称：江西司法公报

主办单位：

刊　　期：1913（4）

页　　码：165

13. 题　　名：呈司法部请示支电内预审二字
应否取消电（二年七月五日）

作　　者：

关 键 词：预审

摘　　要：司法部请示应否取消预审二字。

期刊名称：江西司法公报

主办单位：

刊　　期：1913（4）

页　　码：168

14. 题　　名：司法部覆浙江高等审判厅律师
不得跨省执务电（二年六月十
二日）

作　　者：

关 键 词：律师　跨省执务

摘　　要：司法部回复浙江高等审判厅，
律师不得跨省执务。

期刊名称：江西司法公报

主办单位：

刊　　期：1913（4）

页　　码：162

15. 题　　　名：司法部致广东高等审判厅律师于一地方厅管辖区域内地方分厅得行职务电（二年六月十二日）

作　　　者：

关 键 词：地方法院分庭　律师职务

摘　　　要：司法部致广东高等审判厅，律师在地方厅管辖区域内的地方分厅有权执行律师职务。

期 刊 名 称：江西司法公报

主 办 单 位：

刊　　　期：1913（4）

页　　　码：162

（五）公函

1. 题　　　名：致高等审判厅、检察厅报告临江法厅成立划归两厅管理函（二年七月四日）

作　　　者：

关 键 词：划归两厅管理

摘　　　要：临江法庭职员依照司法筹借处办事章程，第十四条规定划归贵厅受高等审判厅，检察厅管理财政司转报告各县一、二、三、四、五各月份支销人犯口量办法由本厅核准，陆续报到各县核列清单。

期 刊 名 称：江西司法公报

主 办 单 位：

刊　　　期：1913（4）

页　　　码：120－121

2. 题　　　名：覆财政司送更正处司会衔通令稿二件请判行函（二年六月二十三日）

作　　　者：

关 键 词：律师　跨省执务　管辖

摘　　　要：司法部回复浙江高等审判厅称：律师不得跨省执行执务。司法部致广州厅所设置在厅所内律师当然行使职务，致电浙江高等审判厅律师不得跨省职务。

期 刊 名 称：江西司法公报

主 办 单 位：

刊　　　期：1913（4）

页　　　码：110

3. 题　　　名：覆行政公署上饶县司法科长方矩违法舞弊函（二年六月二十五日）

作　　　者：

关 键 词：违法舞弊　职权滥用

摘　　　要：上饶县留省代表余嘉勖请议司法违法一案，在共和时代依法律生存为三权之一。独立机关职权者不应违法滥用，司法科长方矩任职以来索诈违法乱纪，因此都督查照并将受贿确凿证据呈报核办。

期 刊 名 称：江西司法公报

主 办 单 位：

刊　　　期：1913（4）

页　　　码：112－114

4. 题　　　名：覆教育司法律专门学校学生津贴办法函（二年六月三十日）

作　　　者：

关 键 词：法律专门学校

摘　　　要：案查近日法律专门学校学生关于给每名津贴洋三十元等情况前来查法律专门学校，以二百名为定额由各县考送一百六十名，剩余四十名由司法筹借处就省城招考，学费和讲义费由各县学务公钦内拨，每年分三次学校开学前十日汇到学校，法律人才日形缺乏培养，归为当务之急。

期 刊 名 称：江西司法公报

主 办 单 位：

刊　　　期：1913（4）

页　　　码：117－118

5. 题　　　名：覆行政公署据莲花县自治会请查办司法汪昌发违法舞弊函（二年五月二十九日）

作　　　者：

关 键 词：行政公署　自治会　舞弊案

摘　　　要：行政公署致莲花县自治会请查辩汪昌发违法舞弊案。

期 刊 名 称：江西司法公报

主 办 单 位：

刊　　　期：1913（4）

页　　　码：104

6. 题　　　名：覆财政司请会衔通令各县自审检所成立之日起司法收入一律解处转司不得截留所内薪饷公费概从丁漕正项动支函（二年六月七日）

作   者：

关 键 词：诉费一律激交

摘   要：本年六月一日起各县经收罚金诉
费一律激交不准截留，在未规定
支销办法前一律按照前司法科长
公费知事帮审员核准开支，现拟
七月一日起各审检所支出预算，
实行在定额内减少，不准超出
定额。

期刊名称：江西司法公报

主办单位：

刊   期：1913（4）

页   码：105－110

（六）令文

1. 题   名：令各县知事执行审检所检察事务
文（二年六月十九日）

作   者：

关 键 词：监督　委任

摘   要：司法部颁发《关于各县知事执行
审检所检察事务》审检所受司法
筹借处长、监督筹借处长、委任
县知事同时，委任中增设帮审员
书记员。

期刊名称：江西司法公报

主办单位：

刊   期：1913（4）

页   码：132－133

2. 题   名：令各县审检所审检员须尽心职务
蠲除意见文（二年七月七日）

作   者：

关 键 词：职务蠲除　审检

摘   要：各县审检所成立审检员划清办事
细则，分清审判、检察权限，审
检员须尽心职务，不有侵权越分
之举，一体遵照勿违此令。

期刊名称：江西司法公报

主办单位：

刊   期：1913（4）

页   码：156

3. 题   名：令各县设置审检所实行遵章办理
文（二年六月十九日）

作   者：

关 键 词：司法科长验收　检所经费　报告
上诉　设置审检所

摘   要：司法部颁发各县帮审员办事章
程，帮审员考试暂行章程，从帮

审员考试合格人员中选派赴，各
县审检所成立司法科，同时财政
司将此开支纳入审检所经费，明
细员役薪饷由司法科长验收。

期刊名称：江西司法公报

主办单位：

刊   期：1913（4）

页   码：130－132

4. 题   名：令各县知事执行审检所检察事务
文（二年六月十九日）

作   者：

关 键 词：检察事务　监督　遵照部章

摘   要：司法部颁发《帮审员办事暂行章
程》，审检所属于司法筹借处长
的监督，县知事执行事务由本处
长委任，在委任知事中除发给委
任状外还需遵照部章，奉部章核
定办事、细则执行职务。

期刊名称：江西司法公报

主办单位：

刊   期：1913（4）

页   码：132－133

5. 题   名：令各县发给审检所职员委任状并
饬考送书记文（二年六月二十日）

作   者：

关 键 词：职员委任状

摘   要：由各县审检所开办，帮审检察员
应遵照章程委派并由本处填发一
二等帮审员委任状共三份。司法
知事科长遵照验收实行，任职期
间加派二等帮审员一名，各审检
所新增书记员二名，录用条件有
办案经验、会计事务统计、缮写
能熟通各县方言者为合格，本县
审检所就近简单实验录用，试卷
送至本处。

期刊名称：江西司法公报

主办单位：

刊   期：1913（4）

页   码：133－134

6. 题   名：令各县审检所代写诉状应照此次
修正细则各条办理文（二年七月
五日）

作   者：

关 键 词：代写诉状

摘   要：诉状代写办法于本省暂行诉费细

则内详细规定，自写者不准征收费用，七月以前为承领诉状尚未用完者均需要查照。

期刊名称：江西司法公报

主办单位：

刊　　期：1913（4）

页　　码：154

7. 题　　名：令各县审检所征收诉讼费应查照修正诉讼费细则施行条例办理文（二年七月五日）

作　　者：

关 键 词：审检所　代写诉状　收费

摘　　要：各审检所代写诉状应遵照修正细则办理，另诉讼人自缮之状不准收费。

期刊名称：江西司法公报

主办单位：

刊　　期：1913（4）

页　　码：155－156

8. 题　　名：令各县审检所嗣后刑民案件只须请示本处不必同时向其他行政官厅请示文（二年七月八日）

作　　者：

关 键 词：司法独立　保障人权　审判　检察　大理院

摘　　要：遵照司法独立保障人权时局，成立各级审判检察厅，关于法律解释应直接请示高等法厅，各县审检所遇有民刑案件凡在普通诉讼范围内者，除法律解释应遵部令。经请示高等审判厅，大理院核实外，其余各案有异议只须报请本处核准办理，不必分向其他官厅请示以免延误。

期刊名称：江西司法公报

主办单位：

刊　　期：1913（4）

页　　码：156－157

9. 题　　名：令各县关于司法收入各款遵照本处所定表册按月呈报文（二年七月三日）

作　　者：

关 键 词：司法收入

摘　　要：命令各县关于司法收入各遵照本处所定表册按月汇报。

期刊名称：江西司法公报

主办单位：

刊　　期：1913（4）

页　　码：152－153

10. 题　　名：司法筹备处财政司会衔通令各县自审检所成立起司法收入一律解处转司不得截留所内薪饷公费概从省库动支文（二年六月三十日）（附表）

作　　者：

关 键 词：司法收入

摘　　要：司法筹备处和财政司等通令各县各项司法收入转入，均不得截留动用，切记此令。

期刊名称：江西司法公报

主办单位：

刊　　期：1913（4）

页　　码：141－150

11. 题　　名：令进贤县司法科长徐步垣呈送调查设置法庭及留置所地点图式并估修清册文（二年六月十九日）

作　　者：

关 键 词：设置法庭　留置所图

摘　　要：据呈报各图法庭尚属合用，惟有留置所图过于简略，且留置所内一切必要建设未能布置完，介于疑难核准将新订留置所办法和原留置所一并交于等候核夺，其中标明地基详细，每间宽长尺寸、开门通路附以说明。

期刊名称：江西司法公报

主办单位：

刊　　期：1913（4）

页　　码：129－130

12. 题　　名：令金溪县知事暨司法科长谢守元重绘修缮狱所图式并估工呈核文（二年六月二十一日）

作　　者：

关 键 词：修缮狱所

摘　　要：金溪县司法科长谢守元重绘修缮狱所图并将监狱所内置结构细分。

期刊名称：江西司法公报

主办单位：

刊　　期：1913（4）

页　　码：135

13. 题　　　名：令莲花县知事转致该县议事参
事官司法收入不能拨充地方公
益费用文（二年六月三十日）

作　　　者：

关 键 词：公益事项　罚金　截留

摘　　　要：卸事县知事陈将任内所收各项
罚金暨前任移交之罚金造具清
册，全数提交本会存储，以作
前项公益之补助费。明知司法
具独立之精神，罚金一项无论
何事不得动用，即审检所亦并
不准截留。

期刊名称：江西司法公报

主办单位：

刊　　　期：1913（4）

页　　　码：140 – 141

14. 题　　　名：奉天高等审判厅据该厅呈称查
律师暂行章程第二十二条及修
正律师暂行章程

作　　　者：

关 键 词：律师公会　代理诉讼

摘　　　要：律师未加入公会不得执行职务，
地方审判厅管辖区域为限指令
加入地方公会，以暂行章程第
二十二条及修正律师暂行章程
第一条为限制，不得同时在两
地方厅区域内代理诉讼。

期刊名称：江西司法公报

主办单位：

刊　　　期：1913（4）

页　　　码：70 – 85，2

15. 题　　　名：司法总长许世英呈请任命陶铺为
浙江高等检察厅书记官长应照准
此令（二年六月八日）

作　　　者：

关 键 词：县知事兼理检察事宜

摘　　　要：（略）

期刊名称：江西司法公报

主办单位：

刊　　　期：1913（4）

页　　　码：66 – 70，2

16. 题　　　名：任命饶绍燊充丰城县二等帮审员
汤大猷充进贤县二等帮审员

作　　　者：

关 键 词：检察一体　监所

摘　　　要：（略）

期刊名称：江西司法公报

主办单位：

刊　　　期：1913（4）

页　　　码：85 – 101，2

17. 题　　　名：令万年县知事暂司法科长刘锐
估计修缮法庭留置所工程并另
择监狱地点估工一并呈核文
（二年六月二十四日）

作　　　者：

关 键 词：法庭留置所工程

摘　　　要：据该县司法科长刘锐拟定修缮
县地方分庭，初级庭及狱所地
点图式依照单开各节指定地点
分别配置绘具详图，两者间需
各自开门，划清墙界，将新觅
留置所与原有形式分绘两图预
计工程造册。

期刊名称：江西司法公报

主办单位：

刊　　　期：1913（4）

页　　　码：135 – 136

（七）判词

1. 题　　　名：大理院判决总检察厅检察长对于
通州知事判令吴铮汉递解回籍提
起非常上告一案（二年二月十四
日）

作　　　者：汪燨芝　沈家彝　张孝杉（等）

关 键 词：上告

摘　　　要：第一审本庭应认为正当控告人主
张第一审证明本庭刑诉法例以询
问笔录为证据，原审被告人未调
查证据直接逮捕属违法，所犯之
罪按照暂行刑律处断。

期刊名称：江西司法公报

主办单位：

刊　　　期：1913（4）

页　　　码：196 – 201

2. 题　　　名：大理院决定奉天高等检察厅检察
官杨名椿因朱殿奎伪证罪之部分
提起抗告一案（二年二月十四
日）

作　　　者：汪燨芝　潘昌煦　张孝杉（等）

关 键 词：伪证罪　抗告

摘　　　要：奉高等审判厅地方检察官对朱殿
奎伪证罪部分提起控告声明不
服，关于本案诉讼法理自可参

照，关于公判第一审辩论前检察官撤销公诉，请求当事人变更日期，请求传证人或者其他调查证据，随即此案经高等审判庭决定撤销。

期刊名称：江西司法公报

主办单位：

刊　　期：1913（4）

页　　码：201－203

3. 题　　名：京师高等审判厅判决地方检察官黄成霖因王玉标等冒充公差私办烟犯不服控告一案（二年二月二十九日）

作　　者：陈经　郁华　谭汝鼎（等）

关 键 词：合并刑期　撤销

摘　　要：依照刑律第二十三条第三款各刑合并最长刑期一年六个月。

期刊名称：江西司法公报

主办单位：

刊　　期：1913（4）

页　　码：203－207

4. 题　　名：南昌地方审判厅判决熊盛钰上诉刘兆文侵占阴基一案判词（二年六月二十八日）

作　　者：何绍休　谢振采　徐霖泰（等）

关 键 词：侵占阴基　无契之地　永不越界争占

摘　　要：因熊、刘两家山系交错相连，熊盛钰将亡夫灵柩安葬于相壤荒山，以此而发生争议乡邻辩论未能解决，后起诉至新建县初级审判庭，新庭让两姓无契可凭判令熊盛钰出钱十五钱立明界碑，后不服判决熊提起控告，经审判得出此山属无主之地，应永久定为官荒，均不得越界争占。

期刊名称：江西司法公报

主办单位：

刊　　期：1913（4）

页　　码：189－192

四十六、江苏省司法汇报

期刊简介：

创刊于1912年。

（一）法规

1. 题　　名：江苏律师暂行章程

作　　者：

关 键 词：律师行业管理　律师资格　律师事务所　律师会　检察长监督

摘　　要：暂行章程规定：推事、检察官没有律师资格；律师于所属地方审判厅或其管辖范围内初级审判厅所在地设立事务所，应呈报所在地审判厅的检察厅；律师可于所属地方审判厅设律师会，并受本厅检察长的监督，其会章必须经由检察长请提法司认可。

期刊名称：江苏省司法汇报

主办单位：

刊　　期：1912（2）

页　　码：1－2

2. 题　　名：法兰西治罪法

作　　者：

关 键 词：法兰西治罪法　司法警察　检察官职务代理　检察权

摘　　要：法兰西治罪法第一章第九条规定：检察官及其代理官得指挥司法警察；第三章第十七条规定：田野监守人和森林监守人执行司法警察职务时应听从检察官的指挥；第四章检察官及其代理官规定的内容包括：检察官的权限，即检察官的职务、行使职务的条件和职务代理情形；检察官行使职务所为处分的方法，即检察官行使职务的具体对象和具体方法。

期刊名称：江苏省司法汇报

主办单位：

刊　　期：1912（5）

页　　码：1

3. 题　　名：司法部制订律师暂行章程

作　　者：

关 键 词：律师暂行章程　律师公会　地方检察长　高等检察长　监督　律师惩戒

摘　　要：律师暂行章程分七章规定了律师的资格、权利义务、律师公会和律师惩戒等。律师公会受设立地地方检察长监督，其会则由地方检察长经高等检察长呈请司法总长批准，公会应将规定事项报告给地方检察长并经由高等检察长报告司法总长。关于律师惩戒，地方检察长可依申请或职权由其呈请高等检察长提起惩戒之诉。

期刊名称：江苏省司法汇报

主办单位：

刊　　期：1912（7）

页　　码：1－4

4. 题　　名：刑事诉讼律草案

　　作　　者：

　　关 键 词：刑事诉讼律草案　事务管辖　指定管辖　管辖权转移

　　摘　　要：刑事诉讼律草案规定：在事务管辖上，出现第九条合并管辖情形而没有合并管辖必要的，要由上级审判衙门咨询检察官后作出决定；在土地管辖上，出现第十四条和第十五条情形的，审判衙门要咨询检察官再做决定；指定管辖和管辖权转移由检察官向相应审判衙门申请指定或转移，特殊情形由检察厅厅丞向大理院申请移转管辖；指定或移转管辖之声请书应由配置管辖审判衙门之检察官付送；被告人之移转管辖声请书应经原审判衙门付送，审判衙门接受该声请书后应速付送配置审判衙门之检察官，检察官应速将该声请书付送配置管辖审判衙门之检察官并得附意见书。

期刊名称：江苏省司法汇报

主办单位：

刊　　期：1912（3）

页　　码：6－8

（二）译件

1. 题　　名：法兰西治罪法

　　作　　者：缄庐

　　关 键 词：属人管辖　属地管辖　管辖权转移　法兰西治罪法

　　摘　　要：法兰西治罪法规定：法兰西人在外国对于法兰西人或外国人犯轻罪时，检察官可以在法兰西裁判所起诉犯罪；刑事诉讼应由犯人住所地检察官或犯人所在地检察官提起，但复审院因检察官或本人请求可将管辖权转移给距犯罪

地更近的裁判所。

期刊名称：江苏省司法汇报

主办单位：

刊　　期：1912（5）

页　　码：1

（三）命令公牍

1. 题　　名：本省训令

　　作　　者：

　　关 键 词：监狱经费　司法经费　审检两厅　民政长

　　摘　　要：江苏省政府训令第十四号按照常州地方检察厅呈，监狱划入司法机关，一切监狱经费均在司法经费范围之内，需由民政长按月发放；训令第二十二号称因金坛审检厅司法经费入不敷出，指令该地民政长就该县公钦项下酌量筹发以表示对司法重视，并且遵守第四号府令；训令第二十五号介绍崇明县审检两厅选址事宜；训令第二十六号指令因靖江审检两厅经费紧张，由民政长就地酌量发放满足官员生活所需。

期刊名称：江苏省司法汇报

主办单位：

刊　　期：1912（1）

页　　码：1－2

2. 题　　名：上海检察厅批示

　　作　　者：

　　关 键 词：刑事和解　刑罚折抵　刑事辩护人　司法独立　检察权

　　摘　　要：刑事诉讼案件不得和解，须经起诉后等待审判；受五等有期徒刑或拘留的人在执行上确实有障碍的，可以一日折抵算一元罚金；被告人于被提起公诉后可随时委任辩护人，但不得委托代理人；司法独立，检察厅代表国家行使权力的行为不得被其他机关或者个人干涉。

期刊名称：江苏省司法汇报

主办单位：

刊　　期：1912（1）

页　　码：2

3. 题　　名：高等审判厅刑庭批示

　　作　　者：

关　键　词：高等法院批示　原案卷宗　检察厅

摘　　　要：汤聘芝为王兆祥等诉伪造契约案，被告委任律师提出控告，经同级检察厅移送本厅，现高等法院批示应将原案卷宗移还同级检察厅外，静候原审判衙门核办。

期刊名称：江苏省司法汇报

主办单位：

刊　　　期：1912（2）

页　　　码：1

4. 题　　　名：金坛地方审判厅批示

　　作　　　者：

关　键　词：起诉　检察厅　预审　审判厅

摘　　　要：对于壮定士呈诉爨产归于同室操戈案，金坛地方审判厅批示，只有所称的伤部血迹可以检验，否则不准向检察厅起诉。刑事案件不经检察厅预审的，审判厅可以驳回。

期刊名称：江苏省司法汇报

主办单位：

刊　　　期：1912（2）

页　　　码：48

5. 题　　　名：青浦地方检察厅批示

　　作　　　者：

关　键　词：刑事案件　不予受理　民事诉讼

摘　　　要：沈砚诉沈阿七盗卖树石一案，由于原告所控告事项没有刑事性质，青浦区检察厅决定不予受理；如果原告想要追回树石价值，可直接去审判厅提起民事诉讼。

期刊名称：江苏省司法汇报

主办单位：

刊　　　期：1912（3）

页　　　码：4

6. 题　　　名：上海地方检察厅批示

　　作　　　者：

关　键　词：检察厅　传讯　起诉

摘　　　要：王铨达即王秋屏为声明被诬求请鉴核释累一案，由于王铨达行为不当，违背民意，因此受上海地方检察厅传讯，如果有意见提出，可以去上海检察厅正式起诉请求核示。

期刊名称：江苏省司法汇报

主办单位：

刊　　　期：1912（3）

页　　　码：13

7. 题　　　名：宝应地方检察厅批示

　　作　　　者：

关　键　词：刑事诉讼律草案　审判衙门　土地管辖

摘　　　要：对于孙林书呈诉周广和等架抬勒据案，根据《刑事诉讼律（草案）》第十二条有关审判衙门土地管辖权的规定，被告户籍和犯事地均不在宝应地方检察厅的法定管辖区内，不属于该厅管辖。

期刊名称：江苏省司法汇报

主办单位：

刊　　　期：1912（5）

页　　　码：7

8. 题　　　名：附各厅函牍

　　作　　　者：

关　键　词：高等检察厅　地方检察厅　检察一体　检察权代理　上诉程序

摘　　　要：高等检察厅令行太仓地方检察厅，对于宋钦文偷盗声请上诉一案，由于二审有违法之处，检察官得为被告利益于法定期间内提起三审之诉。根据《刑事诉讼律》的规定，该令对提起上诉的主体、异厅、异级检察官之间的相互代理以及上诉程序进行了分析。

期刊名称：江苏省司法汇报

主办单位：

刊　　　期：1912（4）

页　　　码：43

9. 题　　　名：高等检察厅批示

　　作　　　者：

关　键　词：检察厅　抗告　民事诉讼

摘　　　要：高等检察厅指令常熟地方检察厅办理律师代理钱周氏诉钱挹清，如果有抗告情形，由钱周氏遵照《民事诉讼律》抗告程序声明抗告，也可以遵照通知该厅同级审判厅查照办理。

期刊名称：江苏省司法汇报

主办单位：

刊　　　期：1912（6）
页　　　码：1

10. 题　　　名：仪征地方检察厅批示
　　作　　　者：
　　关　键　词：刑事案件　检证　起诉
　　摘　　　要：仪征地方检察厅批示该案因公务管理问题，属于行政范围。因检察厅受理刑事案件，需被告人应系负刑事责任然后才可以检证预审，而该案由于证据不足，无法向检察厅起诉，等账目虚浮确有实据再向检察厅起诉。由于"汪延杰交出账本是否经核算"这一情节没有能够查实，因此没有起诉的必要。待该情节确实得到证据支持时再向检察厅起诉。
　　期刊名称：江苏省司法汇报
　　主办单位：
　　刊　　　期：1912（6）
　　页　　　码：8

11. 题　　　名：昆山地方检察厅批示
　　作　　　者：
　　关　键　词：司法　行政　越权受理
　　摘　　　要：胡家藩诉马孟和吴凤石藏匿告示价卖帐股一案不属司法范畴，属于行政范畴，检察厅不得越权受理，该公民要赴民政署呈请核办。
　　期刊名称：江苏省司法汇报
　　主办单位：
　　刊　　　期：1912（6）
　　页　　　码：8

12. 题　　　名：清河地方检察厅批示
　　作　　　者：
　　关　键　词：受理　预审　公诉
　　摘　　　要：对于王锡珍续控赵鸣泉畏究贿押一案，事关人命，本厅未便拒不受理，命令传赵鸣泉等预审以判虚实；赵鸣泉申诉王锡珍诬控情形一案，各局局长证明应候传集一干人证预审核实。三区公民孙昱等为赵鸣泉诉冤一案，经该公民证明事实等候预审后提起公诉。
　　期刊名称：江苏省司法汇报

　　主办单位：
　　刊　　　期：1912（8）
　　页　　　码：4

13. 题　　　名：吴县城外初级检察厅批示
　　作　　　者：
　　关　键　词：公诉　刑事和解
　　摘　　　要：沈吉安诉王济元无端凶殴案件，由初级检察厅验明并没有伤痕，没有提起公诉；王济元由于尊重亲谊而服从的行为与检察厅的公诉权成立与否没有关系，因其和解行为并不是在检察厅的要求下进行的。
　　期刊名称：江苏省司法汇报
　　主办单位：
　　刊　　　期：1912（8）
　　页　　　码：5

14. 题　　　名：本省府令
　　作　　　者：
　　关　键　词：检察长　审检分立　罚金诉讼制度
　　摘　　　要：江苏省府令规定：在组织上，司法机关根据审检分立地位对等的原则，按省暂行官制在每一行政区设一位检察长；罚金诉讼制度上，地方各县审检署须将罚金诉讼费数目呈报都督厅并随时公布总数。
　　期刊名称：江苏省司法汇报
　　主办单位：
　　刊　　　期：1912（1）
　　页　　　码：1

15. 题　　　名：本省公牍函电
　　作　　　者：
　　关　键　词：审检分立　司法机构设置　检察职责　检察厅
　　摘　　　要：咨会第六号文规定，省级司法组织实行审检分别编制，分别设置审判长、检察长一名。鉴于经费欠缺导致审检各机关用初级简单组织兼行地方职权使得员少事繁，遂决定江苏全省设高等一厅、高等分厅一厅、地方厅十二厅，就各县适当设置初级厅六十七厅、内吴县六厅、上海江宁各二厅，以便审判及相关司法事务的办理。复丹徒县民政审检各长：就乡绅周政齐枪毙五名盗者事件，检察厅有保护生命之责，经人民请求，获得确凿证据应将肇事者拿获。

期刊名称：江苏省司法汇报
主办单位：
刊　　期：1912（1）
页　　码：1 - 2

16. 题　　名：本省训令
　　作　　者：
　　关 键 词：检察厅长　刑事诉讼律　验尸
　　　　　　　初级检察厅　初级检察官
　　摘　　要：训令第六十三号委任张一鹏接任苏州地方检察厅长；训令第六十九号规定检验尸体应该按照《刑事诉讼律》第一百四十七条进行，由典狱官就近请所在地之初级检察厅的初级检察官进行检验。

期刊名称：江苏省司法汇报
主办单位：
刊　　期：1912（4）
页　　码：3

17. 题　　名：本省指令
　　作　　者：
　　关 键 词：检察厅　检察长　审检合署
　　　　　　　司法经费
　　摘　　要：如皋县由于经费紧缺，如皋县审检两厅均设置简单，检察厅典簿、主簿、录事、书记等人员经费按照第四号训令解决，检察长应据实酌用书记，不得多立名目；金山县审检两厅的所有经费应根据省省议会决定之数酌量开支。

期刊名称：江苏省司法汇报
主办单位：
刊　　期：1912（3）
页　　码：1

18. 题　　名：本省训令
　　作　　者：
　　关 键 词：检察分厅　检察长任命　行政
　　　　　　　兼理司法　司法便民
　　摘　　要：训令第一四四号表明，省议会议决开高等审判厅检察厅应各

设总厅一分厅二，管理各县之上诉事件。下设江宁第一分厅和清河第二分厅。之前高等审检厅仅在苏州设有一所分厅，承袭前清旧制即各县司法多半以县令兼权，导致江北司法事务非常不方便，有违便民原则，所以委任杨充升为江北高等检察厅检察长。

期刊名称：江苏省司法汇报
主办单位：
刊　　期：1912（4）
页　　码：3

19. 题　　名：本省指令
　　作　　者：
　　关 键 词：初级检察厅　司法经费　司法
　　　　　　　编制　乡镇审检厅
　　摘　　要：慎泽镇请设初级审检厅理由不充足，且该县吴江审检两厅经费紧缺，因此不予答应；常州请于孟河设立审检厅为解决诉讼便利问题，但是常州审检两厅经费紧缺，且该处虽然设有巡检一职但是未能接受词讼所有案件，因此不予答应。常熟司法编制由民政署议定司法长之外各设推检一员。本年全省所有乡镇审检厅拟暂从缓设置，故没有列入司法经费的预算。

期刊名称：江苏省司法汇报
主办单位：
刊　　期：1912（1）
页　　码：1

20. 题　　名：本省训令
　　作　　者：
　　关 键 词：执行死刑　检警关系　检察官
　　　　　　　任命
　　摘　　要：山阳审检厅呈送朱开发放火烧毙人命案已结，命令山阳检察厅三日内将该犯执行死刑；奉贤县检察厅因司法警察不足以抓捕犯罪分子，请求各司法机关相互合作，并且命令奉兵帮助共同追缉匪盗；委任张延厚为江宁检察分厅厅长，赵而枚

为江宁高等检察分厅检察官，
戈文澜为该厅预备检察官。

期刊名称：江苏省司法汇报

主办单位：

刊　　期：1912（4）

页　　码：3

21.**题　　名**：本省指令

作　　者：

关键词：审检厅　上诉　呈诉

摘　　要：指令第二四八号通告嘉定县审
检两厅建成，所有诉讼案件均
应向该管辖衙门呈诉判断，如
有不服可以请求原检察厅提起
上诉。

期刊名称：江苏省司法汇报

主办单位：

刊　　期：1912（5）

页　　码：1

22.**题　　名**：司法部令

作　　者：

关键词：上诉　再审　非常上告

摘　　要：司法部令规定，江宁地方检察
厅呈称同级审判庭移送判决土
匪李老四等抢劫一案存在错误
且上诉期间已满，应由江苏高
等检察厅检察官提起再审之诉
以资救济；对于犯罪原因解释
错误而处断过重的，判决确定
后应该由总检察厅提起非常上
告，送大理院审理。

期刊名称：江苏省司法汇报

主办单位：

刊　　期：1928（2）

页　　码：7－9

23.**题　　名**：本省府令

作　　者：

关键词：检察厅　起诉　不起诉

摘　　要：检察厅代表国家权力行事，对
于起诉与不起诉要严格遵守法
律规定，不可草率驳回人民对
检察厅不起诉的投诉。

期刊名称：江苏省司法汇报

主办单位：

刊　　期：1912（1）

页　　码：2

24.**题　　名**：本省训令

作　　者：

关键词：司法行政分立　审检机关　总
检察厅　大理院

摘　　要：训令第二一二号通告桃源县民
政长应该迅速筹集该项交与审
检两长筹备成立审检机关，以
使司法行政分立，早日开庭。
第二三一号指令通告江宁地方
检察厅呈称张得富奸谋杀本夫
一案，命令总检察厅遵照办理，
将该犯等照旧监禁在大理院，
等判决后再由本部覆准执行。

期刊名称：江苏省司法汇报

主办单位：

刊　　期：1912（4）

页　　码：3

25.**题　　名**：本省指令

作　　者：

关键词：初级检察厅　地方审检厅　尸
体检验

摘　　要：指令第二一三号规定，按照训令
第四号，应由省议会决议每县设
置初级审判厅检察厅各一所，检
察厅设检察长一名、检察官一
员；旧府治暨自州治所在地设地
方审检厅各一所，遵照英美制。
指令第二五三号规定按照《刑事
诉讼律（草案）》，检验尸体应
由所在地初级检察厅执行。

期刊名称：江苏省司法汇报

主办单位：

刊　　期：1912（5）

页　　码：1

26.**题　　名**：大总统令

作　　者：

关键词：总检察厅　检察长　检察官
任命

摘　　要：司法总长呈请任命朱深、李抗
文为总检察厅检察官，蒋学为
京师高等检察厅检察官，并请
求任命京师地方检察厅检察官
若干。现任命罗文干为总检察
厅检察厅检察长，刘番为京师
高等检察厅检察长，朱深暂行
署理京师地方检察厅长。

期刊名称：江苏省司法汇报

主办单位：

刊　　期：1912，1（6）

页　　码：1－2

27. 题　　名：本省训令

　　作　　者：

　　关　键　词：起诉　非常上告　检警关系

　　摘　　要：训令第二六〇号命令检察厅获得盗讯要按律起诉；训令第二六二号命令总检察长就张凤金照章向大理院提起非常上告，依法判决；训令第二九三号规定江苏省内所有民刑事诉讼由审判检察两厅处理，并在职权范围内负全责，司法警察受检察官调度，行政官不得干涉。

　　期刊名称：江苏省司法汇报

　　主办单位：

　　刊　　期：1912（7）

　　页　　码：5

28. 题　　名：本省指令

　　作　　者：

　　关　键　词：司法独立　审检机关　司法经费　监狱

　　摘　　要：指令第三一九号称，民政长委任李祖怡为南汇县检察长，且所有各县审检机关均应该建设该县司法事宜，使其早日独立，至于审检两厅经常费用由都督编列预算案交议；指令第三二二号称，由于司法经费紧张，各县乡镇审检机关拟暂缓设置；指令第三二三号规定审检机关成立的邑县，所有监狱交由司法机关接收。

　　期刊名称：江苏省司法汇报

　　主办单位：

　　刊　　期：1912（8）

　　页　　码：3

29. 题　　名：本省公牍函电

　　作　　者：

　　关　键　词：上诉　惩戒

　　摘　　要：如皋县戴二宝因盗取金佛纠纷，上诉遭到无理拒绝，该县审检厅未按法律履行职务，故分别惩戒该审检两厅厅长。

　　期刊名称：江苏省司法汇报

主办单位：

刊　　期：1912（4）

页　　码：1－2

30. 题　　名：大总统令

　　作　　者：

　　关　键　词：大总统令　人事任命　检察长　检察官

　　摘　　要：大总统令任命刘番为总检察厅检察长，周泽春为京师高等检察厅检察长，钱崇威为江苏高等检察厅检察长。另外，司法部长呈请对京师四级初级检察厅检察官进行任命，呈请对江苏第二检察分厅监督检察官、江苏吴县地方检察厅检察官进行任命。

　　期刊名称：江苏省司法汇报

　　主办单位：

　　刊　　期：1912，1（9）

　　页　　码：1－3

31. 题　　名：本省指令

　　作　　者：

　　关　键　词：刑事案件　追诉权　起诉权　司法经费　公诉　司法独立

　　摘　　要：指令第三六三号称，对于饥民抢食属于行政问题，但是在抢食过程中毁坏财物、殴辱妇女则属于刑事问题。被害人虽然并没有就该刑事问题来厅呈诉，但是并不能因为抢食属于行政问题放弃了国家对于刑事问题的追诉，此种国家追诉权并不因为被害人的意思而得以放弃，民政长应协助检察官搜查证据、缉捕究办。指令第三七〇号规定第三九号通令失效，民政长执行死刑之权已无根据。现要求所有两案人证应该移送检察厅实行起诉。指令第四一七号规定审检厅确定为地方制，每月经费按照地方厅案开支。指令第四二八号称，对于张智周一案，因江浦县审检厅已成立，应由民众缮具正式诉状请求该县检察厅提起公诉。民政长既非本案当事人，又非追诉机关，因此不得干涉。

期刊名称：江苏省司法汇报
主办单位：
刊　　期：1912（8）
页　　码：2

32. 题　　名：本省指令
作　　者：
关 键 词：司法经费　审检厅　帮办检察
　　　　　官　赦免
摘　　要：指令称第四四三号称仪征县司法
经费尚未公布，审检两厅经费仍
按照三个月预算额酌量分配；指
令第四五三号称地方审检两厅组
成已经议会议决，每厅设主簿一
员，并未设立典簿。准许六合县
检察厅以案件繁多为由，要求增
加人员编制，该新增检察员薪俸
也应纳入预算之内。指令第四五
五号称铜山地方要求添设帮办检
察官，须呈都督遴选。指令第四
六八号称泰县关于赦免问题应由
审检两厅办理。

期刊名称：江苏省司法汇报
主办单位：
刊　　期：1912（8）
页　　码：2

33. 题　　名：本省公牍函电
作　　者：
关 键 词：提法司　审检对立　检察权
　　　　　审检权限划分
摘　　要：提法司回复江北高等审判分厅称
江北高等审判厅与高等检察厅属
于对立机关，其权限自应按照法
律确定。为避免审检两厅的权限
划分不清引发争执，现对于审检
各自权限将法律逐条分析。对于
高等检察厅阅示文件和证据、刑
事控告、调查检证、莅庭陈述、
控告案准驳和配置控告审之检察
官等权限，进行了明确划分。按
照《刑事诉讼律》第三百七十七
条第二项配置控告审判衙门的检
察官有阅示文件和证据证物的权
利；按照同律第三百七十七条、
第三百八十一条、第三百八十二
条、第三百八十三条和第三百八

十七条分别从积极和消极两方面
规定高等检察厅的权限，高等检
察厅仅是刑事控告案的传达机
关，即其应阅示文件及证据证物
送交控告审判衙门，不得调查检
证，不得驳斥控告案，不得行使
侦查预审权。但是，配置控告审
的检察官的权限极为狭隘，并不
能行使配置第一审检察官的
特权。

期刊名称：江苏省司法汇报
主办单位：
刊　　期：1912（4）
页　　码：1－2

34. 题　　名：附各厅函牍
作　　者：
关 键 词：检察厅　审检关系　检察
　　　　　权限
摘　　要：该函牍对原告、决定、免诉、
论知等法律用语和手续等进行
解释。刑事原告为检察厅，刑
事原告职务由检察官执行；检
察厅无裁判权，不可为判决裁
定命令；检察厅没有论知的权
限；不起诉属于检察官职权，
免诉为审判厅职权。

期刊名称：江苏省司法汇报
主办单位：
刊　　期：1912（4）
页　　码：43

四十七、江苏高等法院公报

期刊简介：
　　创刊于1929年，月刊，"以刊布关于司法重要
事件，助专法务进行为宗旨"，主要刊登有关司法
性质之事件，各种规章制度，院部各项命令及本院
公文，解释法令文件，民刑事各种重要判决书及检
察官经办案件之重要书类，诉讼、监狱会计及其他
统计报表，改进司法之论著建议、司法消息等。

（一）别录
1. 题　　名：江苏高等法院第一分院民事判决
　　　　　（中华民国十九年五月十日）：判
　　　　　决：上诉人李振荣，住淮安县
　　　　　河北
作　　者：
关 键 词：检察官　莅庭　陈述意见

摘　　　要：检察官莅庭陈述意见。

期刊名称：江苏高等法院公报

主办单位：江苏高等法院

刊　　　期：1930（5）

页　　　码：128－131

2. 题　　　名：江苏上海地方法院刑事判决：十
八年诉字第三九号（中华民国十
九年五月十二日）：判决：上诉
人蔡有光男年二十八岁海门人前
海门县党部指导委员

作　　　者：

关 键 词：检察官　莅庭　执行职务

摘　　　要：检察官莅庭执行检察官职务。

期刊名称：江苏高等法院公报

主办单位：江苏高等法院

刊　　　期：1930（5）

页　　　码：131－133

3. 题　　　名：江苏司法概况

作　　　者：张君度

关 键 词：法院　审检庭　监狱

摘　　　要：江苏司法概况共分为四个部分：
绪言、沿革及现状、改进计划、
结论。

期刊名称：江苏高等法院公报

主办单位：江苏高等法院

刊　　　期：1929（1）

页　　　码：229－233

4. 题　　　名：一年来之江苏司法

作　　　者：林彪

关 键 词：司法党化　法官操守　实地调
查　承审员考试　县法院　法
医讲习所

摘　　　要：一年来之江苏司法共分为两个部
分：关于院县司法部分，关于新
旧监所部分。

期刊名称：江苏高等法院公报

主办单位：江苏高等法院

刊　　　期：1929（12）

页　　　码：174－177

5. 题　　　名：十九年苏省司法工作概况

作　　　者：林彪

关 键 词：县法院　监所

摘　　　要：十九年苏省司法工作概况共分为
两个部分：关于院县司法部分，
关于新旧监所部分。

期刊名称：江苏高等法院公报

主办单位：江苏高等法院

刊　　　期：1930（12）

页　　　码：109－110

6. 题　　　名：江苏高等法院司法公报编辑职
员表

作　　　者：

关 键 词：司法公报编辑职员表

摘　　　要：江苏高等法院司法公报编辑职
员表。

期刊名称：江苏高等法院公报

主办单位：江苏高等法院

刊　　　期：1930（2）

页　　　码：101

（二）法规

1. 题　　　名：学习推事检察官学习规则（十九
年七月部令公布）

作　　　者：

关 键 词：学习期间　监督长官　指导人
员　学习事务簿

摘　　　要：学习推事和学习检察官的学习
规则。

期刊名称：江苏高等法院公报

主办单位：江苏高等法院

刊　　　期：1930（7）

页　　　码：10－11

2. 题　　　名：检察官指挥司法警察证暂行细则
（十八年二月十四日部令公布）

作　　　者：

关 键 词：检察官指挥司法警察　指挥证
现行犯　急速处分　就近指挥

摘　　　要：检察官指挥司法警察证暂行
细则。

期刊名称：江苏高等法院公报

主办单位：江苏高等法院

刊　　　期：1929（3）

页　　　码：11－12

3. 题　　　名：推事检察官书记官律师服制条例
（十八年一月四日司法院令公布）
（附图）

作　　　者：

关 键 词：检察官　服制

摘　　　要：推事、检察官、书记官和律师的
服制要求。

期刊名称：江苏高等法院公报

主办单位：江苏高等法院

刊　　　期：1930（5）

令江苏高等法院第一分院首席检
察官、江甯地方法院首席检察
官、镇江地方法院首席检察官
等：转行指挥司法警察细则由

作　　者：

关键词：首席检察官　检察官指挥司法警
察证暂行细则

摘　　要：首席检察官遵照《检察官指挥司
法警察证暂行细则》填写转发以
备应用，并将所发各员职名和证
纸号数报司法行政部备案。

期刊名称：江苏高等法院公报

主办单位：江苏高等法院

刊　　期：1929（3）

页　　码：45－46

3. 题　　名：江苏高等法院检察官训令：第三
〇三号（中华民国十八年二月一
日）：令江苏第一高等分院院长、
首席检察官，各地方法院院长、
首席检察官，各县县长：转行最
高法院检察署启用印信日期由

作　　者：王思默

关键词：首席检察官　最高法院检察署印

摘　　要：国民政府颁发铜质大印，文曰最
高法院检察署印。最高法院检
察署检察长遵于本月二十五日敬谨
启用。除呈报分行并缴销旧印章
外，首席检察官知照并转所属一
体知照此令。

期刊名称：江苏高等法院公报

主办单位：江苏高等法院

刊　　期：1929（2）

页　　码：52

4. 题　　名：江苏高等法院检察官训令：第四
〇一二号（中华民国十八年十二
月）：令江苏各地方法院首席检
察官、江苏高等法院第一分院首
席检察官等：奉最高法院检察署
令凡服务人员应一律避免酬酢由

作　　者：王思默

关键词：酬酢　俭以养廉

摘　　要：令各地党部及政府服务人员与当
地外界酬酢，除与公务上必要者
外，应一律避免。恪守俭以养廉
精神，以身作则为社会表率。

期刊名称：江苏高等法院公报

主办单位：江苏高等法院

刊　　期：1929（12）

页　　码：51－52，4

5. 题　　名：江苏高等法院检察官训令：第四
〇三五号（中华民国十八年十二
月五日）：令江苏各地方法院首
席检察官、江苏高等法院第一分
院首席检察官等：奉最高法院检
察署训令协缉叛逆廖鸣欧、李卓
元、李定魁等由

作　　者：王思默

关键词：协缉　叛逆

摘　　要：奉最高法院检察署训令协缉叛逆
廖鸣欧、李卓元、李定魁等。

期刊名称：江苏高等法院公报

主办单位：江苏高等法院

刊　　期：1929（12）

页　　码：52－54，4

6. 题　　名：江苏高等法院训令：第九八一八
号（中华民国十九年十二月五
日）：令各法院院长、各法首席
检察官：公布电影检查法令仰知
照由

作　　者：林彪　王思默

关键词：国民政府公报　电影检查法

摘　　要：国民政府公布电影检查法。

期刊名称：江苏高等法院公报

主办单位：江苏高等法院

刊　　期：1930（12）

页　　码：16－17

7. 题　　名：江苏高等法院检察官训令：第一
三五一号（中华民国十九年四
月）：令各地方法院首席检察官、
江苏高等法院第一分院首席检察
长、兼理司法各县县长：本院检
察处训令各法院首席检察官各县
县长据江甯地方法院首席检察官
呈请取消吴德浑通缉一案由

作　　者：

关键词：首席检察官　通缉令

摘　　要：江苏高等法院检察官训令各法院
等，之前涉案被通辑的吴德浑，
已被取消通缉，请知照。

期刊名称：江苏高等法院公报

主办单位：江苏高等法院

刊　　期：1930（4）

页　　码：35，4

8. 题　　名：江苏高等法院检察处训令：第二三七八号（不另行文）：（中华民国十九年六月二十七日）：令江苏各县法院首席检察官、高等法院第一分院首席检察官、各地方法院首席检察官等：本院检察处训令所属各法院首席检察官准溧阳县度呈请通缉杀人犯李庚保仰一体协缉由

作　　者：王思默

关 键 词：首席检察官　通缉令

摘　　要：江苏高等法院检察处训令各院等，通缉杀人犯李庚保。

期刊名称：江苏高等法院公报

主办单位：江苏高等法院

刊　　期：1930（6）

页　　码：36 – 37，4

9. 题　　名：江苏高等法院检察官训令：第二二〇四号（中华民国十九年六月十八日）：令江苏各法院首席检察官、江苏高等法院第一分院首席检察官、兼理司法各县长：本院检察处训令所属各法院首席检察官准镇地院及兴化等县呈请通缉诱拐及命盗各案逸犯合行列表仰一体协缉由（不另行文）

作　　者：王思默

关 键 词：首席检察官　通缉令

摘　　要：江苏高等法院检察处训令各院等，通缉诱拐及命盗案逃逸人犯。

期刊名称：江苏高等法院公报

主办单位：江苏高等法院

刊　　期：1930（6）

页　　码：37，4

10. 题　　名：江苏高等法院检察官训令：第三四六七号（中华民国十八年九月十二日）：令各法院首席检察官、兼理司法各县长：转奉最高法院检察处训令通缉党犯陈魁梧等由

作　　者：

关 键 词：首席检察官　通缉令

摘　　要：江苏高等法院检察官训令，转最高法院检察处训令，通缉党

犯陈魁梧等。

期刊名称：江苏高等法院公报

主办单位：江苏高等法院

刊　　期：1929（9）

页　　码：66 – 67，5

11. 题　　名：江苏高等法院检察官训令：第九百一十号（中华民国十八年三月）：令各地方法院首席检察官、江苏高等法院第一分院首席检察官、各县县长：通缉案犯刘绶存等由

作　　者：

关 键 词：首席检察官　通缉令

摘　　要：江苏高等法院检察处训令各院等，通缉案犯刘绶存等。

期刊名称：江苏高等法院公报

主办单位：江苏高等法院

刊　　期：1929（3）

页　　码：44 – 45

12. 题　　名：江苏高等法院检察官训令：第一〇三四号（中华民国十八年三月二十七日）：令各地方法院首席检察官、江苏高等法院第一分院首席检察官、各县县长：通缉各县命盗案逸犯由

作　　者：

关 键 词：首席检察官　通缉令

摘　　要：江苏高等法院检察处训令各院等，通缉各县逃逸犯人。

期刊名称：江苏高等法院公报

主办单位：江苏高等法院

刊　　期：1929（3）

页　　码：45

13. 题　　名：江苏高等法院检察官训令：第三四六九号令各法院首席检察官、各县县长：通缉逃犯铜山县公安局课长朱立民由

作　　者：

关 键 词：首席检察官　通缉令　职务犯罪

摘　　要：江苏高等法院检察处训令各院等，查铜山县公安局课长朱立民违法滥权、刑讯逼供已构成犯罪，现朱立民潜逃，请协助通缉。

期刊名称：江苏高等法院公报

主办单位：江苏高等法院

刊　　期：1929（9）

页　　码：71－72，5

14. 题　　名：江苏高等法院检察官训令：第
　　　　　　二八三一号（中华民国十九年
　　　　　　八月五日）：令江苏各法院首席
　　　　　　检察官、高等法院第一分院首
　　　　　　席检察官、兼理司法各县县长：
　　　　　　所属各法院首席检察官、兼理
　　　　　　司法各县县长为据阜甯等县呈
　　　　　　请通缉各案逸犯仰一体严缉由
　　　　　　（附抄表）

　　作　　者：王思默

　　关 键 词：首席检察官　通缉令

　　摘　　要：江苏高等法院检察处训令各院
　　　　　　等，通缉逃逸犯人。

　　期刊名称：江苏高等法院公报

　　主办单位：江苏高等法院

　　刊　　期：1930（7）

　　页　　码：26－27，3

15. 题　　名：江苏高等法院检察官训令：第
　　　　　　一一九七号（中华民国十九年
　　　　　　四月十一日）：令各法院首席检
　　　　　　察官、各兼理司法县长：本院
　　　　　　检察处训令各法院首席检察官
　　　　　　各县县长据东台县县长呈请通
　　　　　　缉各案逸犯张文标等仰一体严
　　　　　　缉由（计抄发逸犯表一纸）

　　作　　者：王思默

　　关 键 词：首席检察官　通缉令

　　摘　　要：江苏高等法院检察处训令各院
　　　　　　等，通缉逃逸犯人张文标等。

　　期刊名称：江苏高等法院公报

　　主办单位：江苏高等法院

　　刊　　期：1930（4）

　　页　　码：35－36，4

16. 题　　名：江苏高等法院检察官训令：第五
　　　　　　八五三号（中华民国二十年二月
　　　　　　十六日）：令江苏各地方法院首
　　　　　　席检察官、江苏各县法院首席检
　　　　　　察官、江苏高等法院第一分院首
　　　　　　席检察官、兼理司法各县县长：
　　　　　　本院检察处训令所属各院县为据
　　　　　　金山淮安等县呈请通缉各案逸犯
　　　　　　仰一体严缉由（附表三份）

　　作　　者：王思默

关 键 词：首席检察官　通缉令

摘　　要：江苏高等法院检察处训令各院
　　　　　等，通缉各案逃犯。

期刊名称：江苏高等法院公报

主办单位：江苏高等法院

刊　　期：1931（3）

页　　码：64，6

17. 题　　名：江苏高等法院检察处训令：第
　　　　　　七二六八号（中华民国二十年
　　　　　　六月十七日）：令江苏各地方法
　　　　　　院首席检察官、江苏高等法院
　　　　　　第一分院首席检察官、江苏兼
　　　　　　理司法各县县长：本院检察处
　　　　　　训令为据各院县呈请通缉各案
　　　　　　逸犯一体严缉由

　　作　　者：王思默

　　关 键 词：首席检察官　通缉令

　　摘　　要：江苏高等法院检察处训令各院
　　　　　　等，通缉各案逃犯。

　　期刊名称：江苏高等法院公报

　　主办单位：江苏高等法院

　　刊　　期：1931（6）

　　页　　码：52－53，4

18. 题　　名：江苏高等法院检察官训令：第
　　　　　　一○六○号（中华民国二十年
　　　　　　六月十四日）：令江苏各地方法
　　　　　　院首席检察官、江苏各县法院
　　　　　　首席检察官、江苏高等法院第
　　　　　　一分院首席检察官等：据各院
　　　　　　县呈请通缉各案逸犯由（附表）

　　作　　者：王思默

　　关 键 词：首席检察官　通缉令

　　摘　　要：江苏高等法院检察处训令各院
　　　　　　等，通缉各案逃犯。

　　期刊名称：江苏高等法院公报

　　主办单位：江苏高等法院

　　刊　　期：1931（9）

　　页　　码：25－30

19. 题　　名：江苏高等法院检察官训令：第
　　　　　　一○六一号（中华民国二十年
　　　　　　七月）：令江苏各地方法院首席
　　　　　　检察官、江苏各县法院首席检
　　　　　　察官、江苏高等法院第一分院
　　　　　　首席检察官等：据各院县呈请
　　　　　　通缉命盗案逸犯由（附表）

　　作　　者：王思默

关　键　词：首席检察官　通缉令

摘　　　要：江苏高等法院检察处训令各院
等，通缉命盗案逃犯。

期刊名称：江苏高等法院公报

主办单位：江苏高等法院

刊　　　期：1931（9）

页　　　码：31－37

20. 题　　　名：江苏高等法院检察官训令：第
一〇六八号（中华民国二十年
八月）：令江苏各地方法院首席
检察官、江苏各县法院首席检
察官、江苏高等法院第一分院
首席检察官等：据各院县呈请
通缉各案逸犯由（附表）

作　　　者：王思默

关　键　词：首席检察官　通缉令

摘　　　要：江苏高等法院检察处训令各院
等，通缉各案逃犯。

期刊名称：江苏高等法院公报

主办单位：江苏高等法院

刊　　　期：1931（9）

页　　　码：37－42

21. 题　　　名：江苏高等法院检察官训令：第
二三五五号（中华民国二十年
十二月十六日）：令江苏各地方
法院首席检察官、江苏各县法
院首席检察官、江苏高等法院
第一分院首席检察官等：为各
院县呈请通缉各案逸犯仰一体
协缉由（计抄表一份载专件内）

作　　　者：王思默

关　键　词：首席检察官　通缉令

摘　　　要：江苏高等法院检察处训令各院
等，通缉各案逃犯。

期刊名称：江苏高等法院公报

主办单位：江苏高等法院

刊　　　期：1931（12）

页　　　码：17，2

22. 题　　　名：江苏高等法院检察官训令：第
一六〇三号（中华民国二十年
十月二十三日）：令江苏各地方
法院首席检察官、各县法院首
席检察官、高等法院第一分院
首席检察官等：通缉各县命盗
案逸犯由

作　　　者：王思默

关　键　词：首席检察官　通缉令

摘　　　要：江苏高等法院检察处训令各院
等，通缉各县命盗逃逸犯人。

期刊名称：江苏高等法院公报

主办单位：江苏高等法院

刊　　　期：1931（10）

页　　　码：24－25，2

23. 题　　　名：江苏高等法院检察官训令：第
一八二八号（中华民国二十年
十一月七日）：令江苏各地方法
院首席检察官、江苏各县法院
首席检察官、江苏高等法院第
一分院首席检察官等：转令阎
锡山免予通缉仰知照由

作　　　者：王思默

关　键　词：首席检察官　通缉令　阎锡山

摘　　　要：江苏高等法院检察处训令各院，
转国民政府令，免予通缉阎
锡山。

期刊名称：江苏高等法院公报

主办单位：江苏高等法院

刊　　　期：1931（11）

页　　　码：34，5

24. 题　　　名：江苏高等法院检察官训令：第
一八二九号（中华民国二十年
十一月七日）：令江苏各地方法
院首席检察官、江苏各县法院
首席检察官、江苏高等法院第
一分院首席检察官等：准宿迁
县长呈请通缉臧公懿等各案逸
犯十六名仰一体协缉解办由
（附通缉书五份）

作　　　者：王思默

关　键　词：首席检察官　通缉令

摘　　　要：江苏高等法院检察处训令各院
等，通缉臧公懿等各案逃逸
犯人。

期刊名称：江苏高等法院公报

主办单位：江苏高等法院

刊　　　期：1931（11）

页　　　码：34－35，5

25. 题　　　名：江苏高等法院检察官训令：第
一九〇九号（中华民国二十年
十一月十四日）：令江苏各地方
法院首席检察官、江苏各县法
院首席检察官、江苏高等法院

第一分院首席检察官等：准各院县长呈请通缉各案逸犯仰一体协缉解办由（附抄表六份）

作　　者：王思默

关 键 词：首席检察官　通缉令

摘　　要：江苏高等法院检察处训令各院等，通缉各案逃逸犯人。

期刊名称：江苏高等法院公报

主办单位：江苏高等法院

刊　　期：1931（11）

页　　码：35，5

26. 题　　名：江苏高等法院检察官训令：第六七四九号（中华民国二十年五月十三日）：令江苏各地方法院首席检察官、江苏各县法院首席检察官、江苏高等法院第一分院首席检察官等：为据各院县请通缉各案逸犯仰一体严缉由（附抄表二件）

作　　者：王思默

关 键 词：首席检察官　通缉令

摘　　要：江苏高等法院检察处训令各院等，通缉各案逃逸人犯。

期刊名称：江苏高等法院公报

主办单位：江苏高等法院

刊　　期：1931（5）

页　　码：40，6

27. 题　　名：江苏高等法院检察官训令：第八〇四号（中华民国二十年八月七日）：令江苏各地方法院首席检察官、县法院首席检察官，高等法院第一分院首席检察官等：通缉逸匪许凤祥等由

作　　者：王思默

关 键 词：首席检察官　通缉令

摘　　要：江苏高等法院检察处训令各院等，通缉逃逸犯人许凤祥。

期刊名称：江苏高等法院公报

主办单位：江苏高等法院

刊　　期：1931（8）

页　　码：72－73

28. 题　　名：江苏高等法院检察官训令：第三二六三号（中华民国十九年五月十六日）：令江苏各法院首席检察官、江苏高等法院第一分院首席检察官、江苏各县县

长：奉最高法院检察署通令准宁夏省咨请协缉逸犯金三玉为特转令一体严缉由（不另行文）（计发通缉书一件）（附表）

作　　者：王思默

关 键 词：首席检察官　通缉令

摘　　要：江苏高等法院检察处训令各院等，奉最高法院检察署协缉逃逸犯人金三玉。

期刊名称：江苏高等法院公报

主办单位：江苏高等法院

刊　　期：1930（5）

页　　码：56－57，4

29. 题　　名：江苏高等法院检察官训令：第四二〇六号（中华民国十九年十一月十七日）：令江苏高等法院首席检察官、江苏高等法院第一分院首席检察官、江苏兼理司法各县县长：各院首席检察官、兼理司法各县县长为据各院县请通缉各案逸犯仰一体严缉由（附抄表）

作　　者：王思默

关 键 词：首席检察官　通缉令

摘　　要：江苏高等法院检察处训令各院等，通缉各案逃逸人犯。

期刊名称：江苏高等法院公报

主办单位：江苏高等法院

刊　　期：1930（11）

页　　码：26，3

30. 题　　名：江苏高等法院检察官训令：第三四五〇号（中华民国十九年九月十七日）：令江苏各县法院首席检察官、江苏各地方法院首席检察官、江苏高等法院第一分院首席检察官等：案准本院院长函请饬缉反革命犯

作　　者：王思默

关 键 词：首席检察官　通缉令

摘　　要：江苏高等法院检察处训令各院等，通缉反革命犯人。

期刊名称：江苏高等法院公报

主办单位：江苏高等法院

刊　　期：1930（9）

页　　码：59

31. 题　　名：江苏高等法院检察官训令：第

一八三二号（中华民国十八年五月二十二日）：令各地方法院首席检察官、江苏高等法院第一分院首席检察官、各县县长：本院检察处训令各院县转知国民政府令开对于寄递各刊物一体注意检查由

作　　者：

关 键 词：反动刊物　检查　扣留烧毁

摘　　要：令各级党部并函国民政府转令各省政府及所属机关对于寄递各刊物应注意检查，一经查出即予扣留烧毁，以遏反动。

期刊名称：江苏高等法院公报

主办单位：江苏高等法院

刊　　期：1929（5）

页　　码：47，4

32. 题　　名：江苏高等法院检察官训令（中华民国十八年五月）：令各地方法院首席检察官、江苏高等法院第一分院首席检察官、兼理司法各县长：本院检察处训令各院县奉司法部令开协缉汉中区县局长等由（附逃犯一览表）

作　　者：王思默

关 键 词：首席检察官　通缉令

摘　　要：江苏高等法院检察处训令各院等，奉司法部令，通缉汉中区县局长。

期刊名称：江苏高等法院公报

主办单位：江苏高等法院

刊　　期：1929（5）

页　　码：48 - 49，4

33. 题　　名：江苏高等法院检察官训令：第三九九七号（中华民国十八年十二月三日）：令江苏各地方法院首席检察官、江苏高等法院第一分院首席检察官等：奉最高法院检察署训令严缉叛逆温树德、黄绍竑由

作　　者：

关 键 词：首席检察官　通缉令

摘　　要：江苏高等法院检察处训令各院等，奉最高法院检察署令，严缉叛逆温树德、黄绍竑。

期刊名称：江苏高等法院公报

主办单位：江苏高等法院

刊　　期：1929（12）

页　　码：50 - 51，4

34. 题　　名：江苏高等法院检察官训令：第三四六三号（中华民国十八年九月十二日）：令各法院首席检察官、兼理司法各县长：转知案奉司法行政部令通缉反动分子冯少山等由

作　　者：王思默

关 键 词：首席检察官　通缉令

摘　　要：江苏高等法院检察处训令各院等，转司法行政部令，通缉反动分子冯少山等。

期刊名称：江苏高等法院公报

主办单位：江苏高等法院

刊　　期：1929（9）

页　　码：61 - 62，5

35. 题　　名：江苏高等法院检察官训令：第三四六四号（中华民国十八年九月十二日）：令各法院首席检察官、兼理司法各县长：缉拿高邮县逃犯张荣藻等由

作　　者：王思默

关 键 词：首席检察官　通缉令

摘　　要：江苏高等法院检察处训令各院等，通缉高邮县逃犯张荣藻等。

期刊名称：江苏高等法院公报

主办单位：江苏高等法院

刊　　期：1929（9）

页　　码：62，5

36. 题　　名：江苏高等法院检察官训令：第三四六五号（中华民国十八年九月十二日）：令各法院首席检察官、各县长：准山东高等法院函请协缉共党逃犯李士安等七名由

作　　者：

关 键 词：首席检察官　通缉令

摘　　要：江苏高等法院检察处训令各院等，通缉共党逃犯李士安等。

期刊名称：江苏高等法院公报

主办单位：江苏高等法院

刊　　期：1929（9）

页　　码：63，5

37. 题　　名：江苏高等法院检察官训令：第三〇八〇号（中华民国十八年八月十九日）：令各法院首席检察官、兼理司法各县长：一体协缉卷款潜逃犯甘乃光一案由

作　　者：王思默

关 键 词：首席检察官　通缉令

摘　　要：江苏高等法院检察处训令各院等，通缉卷款潜逃犯甘乃光。

期刊名称：江苏高等法院公报

主办单位：江苏高等法院

刊　　期：1929（7）

页　　码：35－36，3

38. 题　　名：江苏高等法院检察官训令：第三四六六号（中华民国十八年九月十二日）：令各法院首席检察官、各县县长：准山东高等法院函请协缉第一师军官逃犯陈金城等由

作　　者：

关 键 词：首席检察官　通缉令

摘　　要：江苏高等法院检察处训令各院等，协助山东高等法院缉拿第一师军官逃犯陈金城等。

期刊名称：江苏高等法院公报

主办单位：江苏高等法院

刊　　期：1929（9）

页　　码：63－66，5

39. 题　　名：江苏高等法院检察官指令：第一八八七号（中华民国十八年五月七日）：令上海地方法院首席检察官沈秉谦：呈一件送李守法新律师证书请销由

作　　者：王思默

关 键 词：律师证书　涂销

摘　　要：令上海地方法院首席检察官沈秉谦呈李守法新律师证书送请涂销。

期刊名称：江苏高等法院公报

主办单位：江苏高等法院

刊　　期：1929（5）

页　　码：46－47

40. 题　　名：江苏高等法院检察官训令：第三〇八三号（中华民国十八年八月十九日）：令各法院首席检察官、兼理司法各县县长：转

司法行政部令通缉加拿大晨报主笔黄灼棠、马镜池由

作　　者：王思默

关 键 词：首席检察官　通缉令

摘　　要：江苏高等法院检察处训令各院等，转司法行政部令，通缉加拿大晨报主笔黄、马二人。

期刊名称：江苏高等法院公报

主办单位：江苏高等法院

刊　　期：1929（8）

页　　码：47，3

41. 题　　名：江苏高等法院检察官训令：第三〇八二号（中华民国十八年八月十九日）：令各法院首席检察官、兼理司法各县县长：转司法行政部令通缉湖南逃犯武冈县县长陈溉勤承审员孙达经由

作　　者：王思默

关 键 词：首席检察官　通缉令

摘　　要：江苏高等法院检察处训令各院等，转司法行政部令，通缉湖南武冈县长陈溉勤和承审员孙达经。

期刊名称：江苏高等法院公报

主办单位：江苏高等法院

刊　　期：1929（8）

页　　码：48，3

42. 题　　名：江苏高等法院检察官训令：第三〇八一号（中华民国十八年八月十九日）：令各法院首席检察官、各县县长：通缉吴县杀人强盗逸犯高祥麟、宓焕章等由（附通缉年貌书列后）

作　　者：王思默

关 键 词：首席检察官　通缉令

摘　　要：江苏高等法院检察处训令各院等，通缉吴县人犯高、宓二人。

期刊名称：江苏高等法院公报

主办单位：江苏高等法院

刊　　期：1929（8）

页　　码：52－53，4

43. 题　　名：江苏高等法院检察官训令：第一一三三号（中华民国十八年四月四日）：令江苏上海地方法院首席检察官：据上海律师公

会请予侦查庭为律师设席未便
准行由

作　　者：王思默

关 键 词：侦查程序　律师　设席

摘　　要：律师制度依法不适用于侦查程
序。律师受告诉人或告发人委
托代行告诉告发之职，与受当
事人委托执行法定职务不同，
律师公会请求于侦查庭为律师
设席不能准行。

期刊名称：江苏高等法院公报

主办单位：江苏高等法院

刊　　期：1929（4）

页　　码：36－37

44. 题　　名：江苏高等法院检察官指令：第
一六二四号（中华民国十八年
四月二十日）：令江苏高等法院
第一分院首席检察官钱纪龙：
呈一件为反革命案内土劣及普
通刑事如何办理请示由

作　　者：王思默

关 键 词：反革命案　牵连案件　并案
受理

摘　　要：反革命案内牵连案件，如合于
暂行反革命治罪法第八条规定，
得依刑诉法第十五条第一项由
上级法院并案受理。如无反革
命嫌疑，只有土劣或普通刑事
嫌疑者，应分交各该管辖第一
审机关受理。

期刊名称：江苏高等法院公报

主办单位：江苏高等法院

刊　　期：1929（4）

页　　码：37－38

45. 题　　名：江苏高等法院检察官训令：第
三四六八号（中华民国十八年
九月十二日）：令各法院首席检
察官、各县县长：转司法行政
部训令通缉逆犯邓世增等由、
案奉部令通辑前松江县知事张
衡由

作　　者：

关 键 词：首席检察官　通缉令

摘　　要：江苏高等法院检察处训令各院
等，转司法行政部训令，通缉
邓世增和松江县知事张衡。

期刊名称：江苏高等法院公报

主办单位：江苏高等法院

刊　　期：1929（9）

页　　码：67－70，5

46. 题　　名：江苏高等法院检察官训令：第
一四三五号（中华民国十八年
四月二十五日）：令各地方法院
首席检察官、江苏高等法院第
一分院首席检察官、各县县长：
解释声请再议案件疑义由

作　　者：王思默

关 键 词：不起诉案件　申请再议　效力

摘　　要：刑事初级管辖不起诉案件，经
当事人申请再议，已由地方法
院首席检察官依法分别处分，
告诉人并未声明不服，其处分
自应认为有效。

期刊名称：江苏高等法院公报

主办单位：江苏高等法院

刊　　期：1929（4）

页　　码：39

47. 题　　名：江苏高等法院检察官训令：第
一四三六号（中华民国十八年
四月二十六日）：令高等法院第
一分院首席检察官、各地方法
院首席检察官：刑案送达正本
由最高法院迳托原审法院办
理由

作　　者：王思默

关 键 词：送达正本　迳行函托

摘　　要：刑事案件送达正本由江苏高等
法院迳行函托原审法院办理。

期刊名称：江苏高等法院公报

主办单位：江苏高等法院

刊　　期：1929（4）

页　　码：39

48. 题　　名：江苏高等法院检察官训令：第
二四八四号（中华民国十八年
七月四日）：令各地方法院首席
检察官、江苏高等法院第一
院分院首席检察官、各县县长：本
一体协缉土劣高荫干一案由

作　　者：王思默

关 键 词：检举　拘传　避不到案　协辑

摘　　要：江苏高等法院检察处训令各院，
通缉高荫干。

期刊名称：江苏高等法院公报

主办单位：江苏高等法院

刊　　期：1929（7）

页　　码：33，3

49. 题　　名：江苏高等法院检察官训令：第
　　　　　　五二一二号（中华民国十九年
　　　　　　十二月二十九日）：令江苏各法
　　　　　　院首席检察处、江苏高等法院
　　　　　　第一分院首席检察官、兼理司
　　　　　　法各县县长：为据南汇等县呈
　　　　　　请通缉各案逸犯仰一体严缉由
　　　　　　（附抄表）

作　　者：王思默

关 键 词：首席检察官　通缉令

摘　　要：江苏高等法院检察处训令各院
　　　　　　等，通缉各案逃逸人犯。

期刊名称：江苏高等法院公报

主办单位：江苏高等法院

刊　　期：1931（1）

页　　码：12，2

50. 题　　名：江苏高等法院检察官训令：第
　　　　　　五二一一号（中华民国二十年
　　　　　　一月二十九日）：令江苏各地
　　　　　　方、县法院首席检察官、高等
　　　　　　法院第一分院首席检察官、兼
　　　　　　理司法各县县长：为据各院转
　　　　　　呈请通缉各案逸犯仰一体严缉
　　　　　　由（附抄表）

作　　者：王思默

关 键 词：首席检察官　通缉令

摘　　要：江苏高等法院检察处训令各院
　　　　　　等，通缉各案逃犯。

期刊名称：江苏高等法院公报

主办单位：江苏高等法院

刊　　期：1931（1）

页　　码：13，2

51. 题　　名：江苏高等法院检察官训令：第
　　　　　　五四〇〇号（中华民国二十年
　　　　　　二月十三日）：令江苏各地方、
　　　　　　县法院首席检察官、高等法院
　　　　　　第一分院首席检察官、兼理司
　　　　　　法各县县长：为据溧水等县呈
　　　　　　请通缉各案逸犯仰一体严缉由
　　　　　　（附抄表）

作　　者：王思默

关 键 词：首席检察官　通缉令

摘　　要：江苏高等法院检察处训令各院
　　　　　　等，通缉各案逃犯。

期刊名称：江苏高等法院公报

主办单位：江苏高等法院

刊　　期：1931（2）

页　　码：35，3

52. 题　　名：江苏高等法院检察官训令：等
　　　　　　三二六二号（中华民国十九年
　　　　　　五月十六日）：令江苏各地方法
　　　　　　院首席检察官、江苏高等法院
　　　　　　第一分院首席检察官、江苏兼
　　　　　　理司法各县县长：准丰县等县
　　　　　　呈请通缉命盗案逸犯仰一体协
　　　　　　缉由（不另行文）（计抄发表
　　　　　　七纸（见专件））

作　　者：王思默

关 键 词：首席检察官　通缉令

摘　　要：江苏高等法院检察处训令各院
　　　　　　等，通缉命盗案逃犯。

期刊名称：江苏高等法院公报

主办单位：江苏高等法院

刊　　期：1930（5）

页　　码：57，4

53. 题　　名：江苏高等法院检察官训令：第
　　　　　　三〇三四号（中华民国十九年
　　　　　　八月二十一日）：令各法院首席
　　　　　　检察官、江苏高等法院第一分
　　　　　　院首席检察官、各县县长：各
　　　　　　县县长通缉江阴等县命盗各案
　　　　　　逸犯由（不另行文）（附发表
　　　　　　五纸）

作　　者：王思默

关 键 词：首席检察官　通缉令

摘　　要：江苏高等法院检察处训令各院
　　　　　　等，通缉命盗逃犯。

期刊名称：江苏高等法院公报

主办单位：江苏高等法院

刊　　期：1930（8）

页　　码：10－11，2

54. 题　　名：江苏高等法院检察官训令：第
　　　　　　三八五六号（中华民国十八年
　　　　　　十一月二十一日）：令江苏各地
　　　　　　方法院首席检察官、江苏高等
　　　　　　法院第一分院首席检察官等：
　　　　　　各县县长通缉所属命盗逸犯由
　　　　　　（附抄计发清单五纸）

作　　者：王思默

关 键 词：首席检察官　通缉令

摘　　要：江苏高等法院检察处训令各院
等，通缉各县逃逸人犯。

期刊名称：江苏高等法院公报

主办单位：江苏高等法院

刊　　期：1929（11）

页　　码：53－54，4

55. 题　　名：江苏高等法院检察官训令：第
三八四一号（中华民国十八年
十一月二十一日）：令江苏各地
方法院首席检察官、江苏高等
法院第一分院首席检察官等：
各县县长通缉所属各院县逸犯
由（附抄表件四纸）

作　　者：王思默

关 键 词：首席检察官　通缉令

摘　　要：江苏高等法院检察处训令各院
等，通缉各县命盗逃犯。

期刊名称：江苏高等法院公报

主办单位：江苏高等法院

刊　　期：1929（11）

页　　码：54，4

56. 题　　名：江苏高等法院检察官训令：第
三八四〇号（中华民国十八年
十一月二十一日）：令江苏各地
方法院首席检察官、江苏高等
法院第一分院首席检察官等：
各县县长通缉阜宁溧阳等县命
盗各案逸犯呈请一体协缉由
（附抄表件四纸）

作　　者：王思默

关 键 词：首席检察官　通缉令

摘　　要：江苏高等法院检察处训令各院
等，通缉各县命盗逃犯。

期刊名称：江苏高等法院公报

主办单位：江苏高等法院

刊　　期：1929（11）

页　　码：54－55，4

57. 题　　名：江苏高等法院检察官训令：第
二〇一号（中华民国十九年一
月二十一日）：令各地方法院首
席检察官、江苏高等法院第一
分院首席检察官、兼理司法各
县县长：通缉泰兴等县令盗各
案逸犯呈请一体协缉由（附发

表五纸）

作　　者：王思默

关 键 词：首席检察官　通缉令

摘　　要：江苏高等法院检察处训令各院
等，通缉盗案逃犯。

期刊名称：江苏高等法院公报

主办单位：江苏高等法院

刊　　期：1930（2）

页　　码：31，4

58. 题　　名：江苏高等法院检察官训令：第
五八〇号（中华民国十九年二
月二十一日）：令各地方法院首
席检察官、高等法院第一分院
首席检察官、兼理司法各县县
长：通缉武进等县各案逸犯卢
仲英等呈请一体严缉由（附发
抄单六纸）

作　　者：王思默

关 键 词：首席检察官　通缉令

摘　　要：江苏高等法院检察处训令各院
等，通缉逃逸人犯卢仲英等。

期刊名称：江苏高等法院公报

主办单位：江苏高等法院

刊　　期：1930（2）

页　　码：32，4

59. 题　　名：江苏高等法院检察官训令：第
一六九八号（中华民国十八年
五月十四日）：令各地方法院首
席检察官、江苏高等法院第一
分院首席检察官、各县县长：
本院检察处训令各院县奉令通
缉反革命逸犯李耀国及土劣命
盗诈财等逸犯丁钧章等由（附
抄单）

作　　者：王思默

关 键 词：首席检察官　通缉令

摘　　要：江苏高等法院检察处训令各院
等，通缉逃逸人犯。

期刊名称：江苏高等法院公报

主办单位：江苏高等法院

刊　　期：1929（5）

页　　码：50，4

60. 题　　名：江苏高等法院检察官训令：第
二九〇七号（中华民国十八年
八月六日）：令各地方法院首席
检察官、江苏高等法院第一分

院首席检察官、各县县长：通
缉逸犯张裕成等由

作　　　者：王思默

关　键　词：首席检察官　通缉令

摘　　　要：江苏高等法院检察处训令各院
等，通缉逃犯张裕成等。

期刊名称：江苏高等法院公报

主办单位：江苏高等法院

刊　　　期：1929（8）

页　　　码：46－47，3

61. 题　　　名：江苏高等法院检察官训令：第
二九七七号（中华民国十八年
八月十二日）：令各地方法院首
席检察官、江苏高等法院第一
分院首席检察官、各县县长：
通缉镇江看守所逸犯傅七子等
由（附抄布告）

作　　　者：王思默

关　键　词：首席检察官　通缉令

摘　　　要：江苏高等法院检察处训令各院
等，通缉镇江看守所逃犯傅七
子等。

期刊名称：江苏高等法院公报

主办单位：江苏高等法院

刊　　　期：1929（8）

页　　　码：48－50，3

62. 题　　　名：江苏高等法院检察官训令第二
九三一号（中华民国十八年八
月七日）：令各地方法院首席检
察官、江苏高等法院第一分院
首席检察官、各兼理司法各县
县长：通缉逃逸犯武通等由

作　　　者：王思默

关　键　词：首席检察官　通缉令

摘　　　要：江苏高等法院检察处训令各院
等，通缉逃犯武通等。

期刊名称：江苏高等法院公报

主办单位：江苏高等法院

刊　　　期：1929（8）

页　　　码：51－52，4

63. 题　　　名：江苏高等法院检察官训令：第
三〇九三号（中华民国十八年
八月二十日）：令各地方法院首
席检察官、江苏高等法院第一
分院首席检察官、各县县长：
通缉各院呈请命监各犯由（附

表刊后）

作　　　者：王思默

关　键　词：首席检察官　通缉令

摘　　　要：江苏高等法院检察处训令各院
等，通缉命监各犯。

期刊名称：江苏高等法院公报

主办单位：江苏高等法院

刊　　　期：1929（8）

页　　　码：52，4

64. 题　　　名：江苏高等法院检察官训令：第
四〇八四号（中华民国十八年
十二月九日）：令江苏各地方法
院首席检察官、江苏高等法院
第一分院首席检察官等：通缉
溧阳县监所脱逃已未决人犯杨
向荣等由（附抄逃犯名册表）
（不另行文）

作　　　者：王思默

关　键　词：首席检察官　通缉令

摘　　　要：江苏高等法院检察处训令各院
等，通缉溧阳县监所脱逃已未
决人犯杨向荣等。

期刊名称：江苏高等法院公报

主办单位：江苏高等法院

刊　　　期：1929（12）

页　　　码：55，4

65. 题　　　名：江苏高等法院检察官训令：第
四〇九五号（中华民国十八年
十二月十日）：令江苏各地方法
院首席检察官、江苏高等法院
第一分院首席检察官等：通缉
高邮县命盗杂案逸犯由（附抄
各案逸犯由）（不另行文）

作　　　者：王思默

关　键　词：首席检察官　通缉令

摘　　　要：江苏高等法院检察处训令各院
等，通缉高邮县逃逸犯。

期刊名称：江苏高等法院公报

主办单位：江苏高等法院

刊　　　期：1929（12）

页　　　码：55，4

66. 题　　　名：江苏高等法院检察官训令：第
一〇二三号（中华民国十九年
三月二十八日）：令各法院首席
检察官、兼理司法各县县长：
本院检察处训令所属各院首席

检察官、兼理司法各县县长通缉阜宁等县命盗各案逸犯由（附抄表六纸）

作　　者：王思默

关 键 词：首席检察官　通缉令

摘　　要：江苏高等法院检察处训令各院等，通缉各案逃犯。

期刊名称：江苏高等法院公报

主办单位：江苏高等法院

刊　　期：1930（3）

页　　码：25－26，3

67. 题　　名：江苏高等法院检察官训令：第一三七四号（中华民国十八年四月二十日）：令各地方法院首席检察官、江苏高等法院第一分院首席检察官、各县县长：通缉安福馀孽朱深及各案逸犯由

作　　者：王思默

关 键 词：首席检察官　通缉令

摘　　要：江苏高等法院检察处训令各院等，通缉各案逃犯。

期刊名称：江苏高等法院公报

主办单位：江苏高等法院

刊　　期：1929（4）

页　　码：37

68. 题　　名：江苏高等法院检察官训令：江苏高等法院代电：第四〇八五号（中华民国十八年七月十四日）：请示罚金提赏分配办法由

作　　者：

关 键 词：罚金　提赏　留存

摘　　要：烟赌罚金充赏成数，应以七成赏给破获与报告人员，三成留存县政府，系指罚金提赏之一部分而言。

期刊名称：江苏高等法院公报

主办单位：江苏高等法院

刊　　期：1929（7）

页　　码：38－39

69. 题　　名：江苏高等法院训令：第六二八四号：令各法院院长、首席检察官：为部令党部检举反动案件法院应通知莅庭不得传唤转行令知由

作　　者：

关 键 词：党部告诉　共产党党员　通知

莅庭　传票传唤

摘　　要：法院受理本党各级党部告诉共产党党员案件，不论在侦查或审判中均应依法通知莅庭，不得用传票传唤。

期刊名称：江苏高等法院公报

主办单位：江苏高等法院

刊　　期：1929（8）

页　　码：20－21

70. 题　　名：本院检察处呈报司法行政部遵缴李守法新律师证书送请涂销由（中华民国十八年五月七日）

作　　者：王思默

关 键 词：律师证书　涂销

摘　　要：本院检察处呈报司法行政部遵缴李守法新律师证书送请涂销。

期刊名称：江苏高等法院公报

主办单位：江苏高等法院

刊　　期：1929（5）

页　　码：46，4

71. 题　　名：江苏高等法院训令：第七〇九二号：令各法院院长、首席检察官（不另行文）：转行公布商会法令知照由

作　　者：

关 键 词：商会法　公布

摘　　要：江苏高等法院检察处训令各院，转行公布商会法令。

期刊名称：江苏高等法院公报

主办单位：江苏高等法院

刊　　期：1929（9）

页　　码：26－27

72. 题　　名：江苏高等法院检察官训令：第一三七三号（中华民国十八年四月二十日）：令溧水县县长：饬监视句容县焚毁烟土由

作　　者：王思默

关 键 词：监视　焚毁烟土

摘　　要：江苏高等法院检察处训令溧水县县长，监视句容县焚毁没收烟土一事，并将情况及时报告。

期刊名称：江苏高等法院公报

主办单位：江苏高等法院

刊　　期：1929（4）

页　　码：38

73. 题　　名：江苏高等法院训令：第一四〇

三号（中华民国十八年三月五日）：令第一分院院长、首席检察官，江宁上海吴县镇江各地方法院院长、首席检察官：转部令撤销杨凛知等四人律师证书由

作　　者：张君度　王思默
关键词：文凭　函授　律师证书　注销
摘　　要：美国汉密尔敦学校属函授性质，学生取得的文凭已被政府依法注销作废。因此，学生依文凭取得的律师证书也应被注销。
期刊名称：江苏高等法院公报
主办单位：江苏高等法院
刊　　期：1929（3）
页　　码：29－30

74. 题　　名：江苏高等法院训令：第五三〇号（中华民国十八年七月二十三日）：令各法院院长、首席检察官：为转令受理刑事案件非由人民自诉者应责成值日检察官等随时指示得自向法院起诉令遵由

作　　者：林彪　王思默
关键词：自诉　值日检察官　指示自诉
摘　　要：被害人对于一定犯罪可向该管法院自诉。而法院受理刑事案件，对于非由人民自诉者外，应责成值日检察官等随时指示告诉人可向法院自诉。
期刊名称：江苏高等法院公报
主办单位：江苏高等法院
刊　　期：1929（7）
页　　码：26－27

75. 题　　名：江苏高等法院检察官训令：第二四六〇号（中华民国十八年七月二日）：令各地方法院首席检察官：准江苏省政府函咨湖北省政府咨请协缉逃犯湖北襄花汽车路管理局局长李星楼一案由

作　　者：
关键词：首席检察官　通缉令　职务犯罪
摘　　要：江苏高等法院检察处训令各院，查湖北襄花汽车路管理局局长李星楼擅离职守、携款潜逃，请各院通缉逃犯。
期刊名称：江苏高等法院公报
主办单位：江苏高等法院
刊　　期：1929（7）
页　　码：33－35，3

76. 题　　名：江苏高等法院训令：第一二六四一号（中华民国二十年三月十七日）：令江苏高等法院第一分院院长、首席检察官，上海、吴县、江甯、镇江四地方法院院长、首席检察官等：转部令各机关公款应存入中央银行并抄发国府行政院原令仰遵照办理由

作　　者：林彪　王思默
关键词：机关公款　中央银行
摘　　要：江苏高等法院检察官训令各院等，转司法行政部令各机关公款应存入中央银行。
期刊名称：江苏高等法院公报
主办单位：江苏高等法院
刊　　期：1931（3）
页　　码：61－63

77. 题　　名：江苏高等法院检察官训令：第二四三八号（中华民国十八年七月二日）：令各法院首席检察官、兼理司法各县县长：转司法行政部令准淞沪警备司令咨请协缉桂系徐蟄张定墦（即张伯璇）一案由

作　　者：
关键词：首席检察官　通缉令
摘　　要：江苏高等法院检察处训令各院等，转司法行政部令，通缉桂系逃犯张定墦。
期刊名称：江苏高等法院公报
主办单位：江苏高等法院
刊　　期：1929（7）
页　　码：36－38，3

78. 题　　名：江苏高等法院检察官训令：第一五一七号（中华民国十九年五月二日）：令各法院首席检察官、各县县长：准无锡县县长呈请通缉逸犯戴月波等一案仰一体协缉由（计发逸犯名单一纸）

作　　者：王思默

关 键 词：首席检察官　通缉令

摘　　要：江苏高等法院检察处训令各院等，通缉逃犯戴月波等。

期刊名称：江苏高等法院公报

主办单位：江苏高等法院

刊　　期：1930（5）

页　　码：58－59，4

79. 题　　名：第七〇七一号（中华民国十九年八月二十九日）：令各县法院院长、首席检察官：奉部核准各县法院及检察处酌定少数特别办公费实报实销需款暂在司法收入项下开支转令遵照由

作　　者：林彪　王思默

关 键 词：特别办公费　实报实销　司法收入项

摘　　要：各县法院及检察处酌定少数特别办公费实报实销，需款暂在司法收入项下开支。

期刊名称：江苏高等法院公报

主办单位：江苏高等法院

刊　　期：1930（8）

页　　码：9－10

80. 题　　名：江苏高等法院训令：第一八三三号（中华民国十八年五月二十二日）：令各地方法院首席检察官、江苏高等法院第一分院首席检察官、兼理司法各县长：本院训令各院县通缉谢立华归案由

作　　者：林彪　王思默

关 键 词：首席检察官　通缉令

摘　　要：江苏高等法院检察处训令各院等，通缉逃犯谢立华。

期刊名称：江苏高等法院公报

主办单位：江苏高等法院

刊　　期：1929（5）

页　　码：45－46，4

81. 题　　名：江苏高等法院训令（中华民国十八年五月二十三日）：令各地方法院首席检察官、江苏高等法院第一分院首席检察官、各新监狱典狱长等：本院训令各院县监转知国民政府令饬力持廉洁整饬官常由

作　　者：

关 键 词：贪污贿赂　反革命罪　主管长官　褫夺

摘　　要：贪污贿赂者，除治本人以反革命罪外，还应治其主管长官以同等之罪。如曾犯罪，经军法或法庭判决者应严厉执行，并褫夺公权永不录用。

期刊名称：江苏高等法院公报

主办单位：江苏高等法院

刊　　期：1929（5）

页　　码：47－48，4

82. 题　　名：江苏高等法院训令：第一四八八号（中华民国十八年三月七日）：令第一分院院长、首席检察官，江宁上海吴县镇江各地方法院院长、首席检察官（不另行文）：转知国籍法及施行条例已明令公布由

作　　者：张君度　王思默

关 键 词：国籍法　国籍法施行条例

摘　　要：国民政府令发国籍法及国籍法施行条例，并将前两项法例条文刊登公报。

期刊名称：江苏高等法院公报

主办单位：江苏高等法院

刊　　期：1929（3）

页　　码：30

83. 题　　名：江苏高等法院训令：第三四六号（中华民国十八年二月六日）：令江苏第一高等分院院长、首席检察官，各地方法院院长、首席检察官，各县县长：行知暂定土劣案件管辖区域由

作　　者：张君度　王思默

关 键 词：土豪劣绅案件　管辖

摘　　要：江苏省特种刑事地方临时法庭裁撤后暂定土豪劣绅案件的管辖区域。

期刊名称：江苏高等法院公报

主办单位：江苏高等法院

刊　　期：1929（2）

页　　码：

84. 题　　名：江苏高等法院训令：第五一二号（中华民国十八年二月二十五日）：令高等第一分院院长、首席检察官，各地方法院院长、

首席检察官，各新监等：行知
直隶湾改为渤海湾、直隶海峡
改为渤海海峡由

作　　　者：张君度　王思默

关　键　词：直隶湾　渤海湾　直隶海峡
渤海海峡

摘　　　要：直隶湾改为渤海湾，直隶海峡
改为渤海海峡。

期刊名称：江苏高等法院公报

主办单位：江苏高等法院

刊　　　期：1929（2）

页　　　码：58－59

85. 题　　　名：江苏高等法院训令：第九八九
号（中华民国十八年三月十一
日）：令各地方法院院长、首席
检察官，江苏高等法院第一分
院院长、首席检察官，兼理司
法各县县长：行知取消前二十
六军第二师副师长吴秉元通
缉由

作　　　者：

关　键　词：首席检察官　通缉令　取消

摘　　　要：江苏高等法院检察处训令各院
等，取消之前对二十六军第二
师副师长吴秉元的通缉。

期刊名称：江苏高等法院公报

主办单位：江苏高等法院

刊　　　期：1929（3）

页　　　码：42－43

86. 题　　　名：江苏高等法院训令：第九二九
九号（中华民国十九年十一月
二十日）：令各法院院长、各法
院首席检察官（不另行文）：奉
部转发国葬仪式仰知照由

作　　　者：林彪　王思默

关　键　词：国葬法　国葬仪式

摘　　　要：国葬法已制定并命令公布。国
葬仪式也以命令定之并公布
施行。

期刊名称：江苏高等法院公报

主办单位：江苏高等法院

刊　　　期：1930（12）

页　　　码：9－10

87. 题　　　名：江苏高等法院训令：第一二一
四七号（中华民国二十年二月
二十六日）：令各法院院长、首

席检察官：公布民法继承编施
行法令知照由（不另行文）

作　　　者：林彪　王思默

关　键　词：民法　继承编施行法

摘　　　要：民法继承编施行法业经制定并
命令公布。

期刊名称：江苏高等法院公报

主办单位：江苏高等法院

刊　　　期：1931（3）

页　　　码：37－38

88. 题　　　名：江苏高等法院训令：第七二〇
七号（中华民国十八年九月十
二日）：令各法院院长、首席检
察官（不另行文）：为转行营业
技术人员领照办法明令公布令
知照由

作　　　者：林彪　王思默

关　键　词：公营事业技术人员领照法

摘　　　要：公营事业技术人员领照法现经
制定并明令公布。

期刊名称：江苏高等法院公报

主办单位：江苏高等法院

刊　　　期：1929（9）

页　　　码：28

89. 题　　　名：江苏高等法院训令：第七二〇
八号（中华民国十八年九月十
二日）：令各法院院长、首席检
察官（不另行文）：转修正国军
编遣委员会点验组条例令行知
照由

作　　　者：林彪　王思默

关　键　词：国军编遣委员会点验组条例

摘　　　要：国军编遣委员会点验组条例前
经制定并命令公布。

期刊名称：江苏高等法院公报

主办单位：江苏高等法院

刊　　　期：1929（9）

页　　　码：28－29

90. 题　　　名：江苏高等法院训令：第七二〇
九号（中华民国十八年九月十
二日）：令各院院长、首席检察
官（不另行文）：转知公报应送
给省党部参阅令遵照

作　　　者：林彪　王思默

关　键　词：公报　党部　参阅

摘　　　要：国民政府公报及各部院公报应

送给各省市党部参阅。

期刊名称：江苏高等法院公报

主办单位：江苏高等法院

刊　　期：1929（9）

页　　码：29－30

91. 题　　名：江苏高等法院训令：第七三六六号（中华民国十八年九月十七日）：令各法院院长、首席检察官（不另行文）：转发修正最高法院组织法令知由

作　　者：林彪　王思默

关 键 词：最高法院组织法

摘　　要：最高法院组织法前经制定公布在案，兹将该组织法明修正，应即通令施行。

期刊名称：江苏高等法院公报

主办单位：江苏高等法院

刊　　期：1929（9）

页　　码：30

92. 题　　名：江苏高等法院训令：第七三六七号（中华民国十八年九月二十六日）：令各法院院长、首席检察官（不另行文）：为公布工商同业公会法转令知照由

作　　者：林彪　王思默

关 键 词：工商同业公会法

摘　　要：工商同业公会法现经制定并命令公布。

期刊名称：江苏高等法院公报

主办单位：江苏高等法院

刊　　期：1929（9）

页　　码：30－31

93. 题　　名：江苏高等法院训令：第七七〇八号（中华民国十八年九月二十六日）：令各法院院长、首席检察官（不另行文）：转发编遣期内暂行陆军师之给与令及审查报告令遵照由（附表）

作　　者：林彪　王思默

关 键 词：编遣期　给与令　审查报告令

摘　　要：转发编遣期内暂行陆军师之给与令及审查报告令。

期刊名称：江苏高等法院公报

主办单位：江苏高等法院

刊　　期：1929（9）

页　　码：31－34

94. 题　　名：江苏高等法院训令：第四八三八号（中华民国十九年六月九日）：令各法院院长、首席检察官：为各院监呈部公文应于衔名上填写或代理字样转令遵照由

作　　者：林彪　王思默

关 键 词：公文　衔名

摘　　要：各省高等法院院长、首席检察官呈部公文应于衔名上填明署或代理字样。

期刊名称：江苏高等法院公报

主办单位：江苏高等法院

刊　　期：1930（6）

页　　码：14

95. 题　　名：江苏高等法院训令：第四八三六号（中华民国十九年六月九日）：令各法院院长、首席检察官：为公布市组织法令仰知照由

作　　者：林彪　王思默

关 键 词：市组织法令

摘　　要：公布市组织法令。

期刊名称：江苏高等法院公报

主办单位：江苏高等法院

刊　　期：1930（6）

页　　码：15

96. 题　　名：江苏高等法院训令：第五〇七〇号（中华民国二十年十二月十四日）：令各法院院长、各法院首席检察官：令发京沪卫戍司令长官公令组织大纲转令知照由

作　　者：林彪　王思默

关 键 词：京沪卫戍司令长官公署组织大纲

摘　　要：令发京沪卫戍司令长官公署组织大纲。

期刊名称：江苏高等法院公报

主办单位：江苏高等法院

刊　　期：1931（12）

页　　码：6－7

97. 题　　名：江苏高等法院训令：第一〇四四七号（中华民国十九年十二月二十五日）：令各法院院长、各法院首席检察官（不另行

文）：令发国府组织法修正案由

作　　者：林彪　王思默

关　键　词：国府组织法修正案

摘　　要：令发国府组织法修正案。

期刊名称：江苏高等法院公报

主办单位：江苏高等法院

刊　　期：1930（12）

页　　码：35－36

98.题　名：江苏高等法院训令：第一〇四四九号（中华民国十九年十二月二十五日）：令各法院院长、各法院首席检察官（不另行文）：公布船舶登记法由

作　　者：林彪　王思默

关　键　词：船舶登记法

摘　　要：公布船舶登记法。

期刊名称：江苏高等法院公报

主办单位：江苏高等法院

刊　　期：1930（12）

页　　码：37－38

99.题　名：江苏高等法院训令：第一〇一四三号（中华民国十九年十二月十三日）：令各法院院长、各法院首席检察官、兼理司法各县县长：惩治盗匪条例再延长六个月由

作　　者：林彪　王思默

关　键　词：惩治盗匪条例　期间

摘　　要：惩治盗匪条例再延长六个月。

期刊名称：江苏高等法院公报

主办单位：江苏高等法院

刊　　期：1930（12）

页　　码：41

100.题　名：江苏高等法院训令：第七七〇九号（中华民国十八年九月二十六日）：令各法院院长、首席检察官（不另行文）：转知修正点验组织条例令知由

作　　者：林彪　王思默

关　键　词：国军编遣委员会　点验组织条例

摘　　要：公布修正国军编遣委员会点验组织条例。

期刊名称：江苏高等法院公报

主办单位：江苏高等法院

刊　　期：1929（9）

页　　码：35

101.题　名：江苏高等法院训令：第一三〇九七号（中华民国二十年四月二日）：令各法院院长、首席检察官（不另行文）：公布江浙丝业公债条例及还本付息表令知照由

作　　者：林彪　王思默

关　键　词：江浙丝业公债条例　还本付息表

摘　　要：公布江浙丝业公债条例及还本付息表。

期刊名称：江苏高等法院公报

主办单位：江苏高等法院

刊　　期：1931（4）

页　　码：15

102.题　名：国民政府司法行政部训令：训字第一三二号（中华民国十七年十二月二十日）：令署江苏高等法院院长张君度、首席检察官王思默：为变更上海地方法院管辖区域由

作　　者：魏道明

关　键　词：变更　上海地方法院　管辖

摘　　要：变更上海地方法院管辖区域。

期刊名称：江苏高等法院公报

主办单位：江苏高等法院

刊　　期：1929（1）

页　　码：66－68

103.题　名：国民政府司法部训令：训字第四一五号（中华民国十七年六月二十六日）：令江苏高等法院院长张君度、首席检察官王思默：为饬令整顿检验人员以去积弊由

作　　者：蔡元培

关　键　词：检验　改革办法

摘　　要：检验事项关系罪名出入，责成该院院长就所有检验事项斟酌情形，会商改革办法，切实整顿以去积弊。

期刊名称：江苏高等法院公报

主办单位：江苏高等法院

刊　　期：1929（1）

页　　码：70－72

104.题　名：司法行政部指令：指字第一一

二○号（中华民国十八年二月十五日）：令署江苏高等法院首席检察官王思默：呈一件为奉发刑事案件报部办法发生疑义仰祈鉴核示遵由

作　　者：魏道明

关 键 词：刑事案件报部办法　季报　年报

摘　　要：该院自上年一月起未经造报之五等有期徒刑案件应一并补入秋季季报内，不得再照旧章列入年报造报。

期刊名称：江苏高等法院公报

主办单位：江苏高等法院

刊　　期：1929（1）

页　　码：72－73

105. 题　　名：国民政府司法行政部训令：训字第五九号（中华民国十七年十一月三十日）：令署江苏高等法院院长张君度、首席检察官王思默：颁发刑事案件报部办法及刑事涉外案件报部办法由

作　　者：魏道明

关 键 词：刑事案件报部办法　刑事涉外案件报部办法

摘　　要：颁发刑事案件报部办法及刑事涉外案件报部办法。

期刊名称：江苏高等法院公报

主办单位：江苏高等法院

刊　　期：1929（1）

页　　码：74

106. 题　　名：江苏高等法院训令：第八○八八号（中华民国十八年十月八日）：令各法院院长、首席检察官（不另行文）：国府公布监察委员保障法令知照由

作　　者：林彪　王思默

关 键 词：监察委员会保障法令

摘　　要：国府公布监察委员保障法令。

期刊名称：江苏高等法院公报

主办单位：江苏高等法院

刊　　期：1929（10）

页　　码：23－24

107. 题　　名：江苏高等法院通令：第七三七号（中华民国十九年一月三十

日）：令各级法院院长、各级法院首席检察官：奉部核准自三月一日起民刑状纸照原价加征五成由

作　　者：林彪　王思默

关 键 词：民刑状纸　加价

摘　　要：民刑状纸照原价加征五成。

期刊名称：江苏高等法院公报

主办单位：江苏高等法院

刊　　期：1930（1）

页　　码：22

108. 题　　名：江苏高等法院训令：第五○九○号（中华民国十九年六月十七日）：令各法院院长、首席检察官：为令发国府公布矿业法知照由

作　　者：林彪　王思默

关 键 词：矿业法

摘　　要：国府公布矿业法。

期刊名称：江苏高等法院公报

主办单位：江苏高等法院

刊　　期：1930（6）

页　　码：16－17

109. 题　　名：江苏高等法院训令：第五○九一号（中华民国十九年六月十七日）：训令各法院院长、首席检察官：为令发杭州自来水公债条例及还本付息表由

作　　者：林彪　王思默

关 键 词：杭州自来水公债条例　还本付息表

摘　　要：为令发杭州自来水公债条例及还本付息表。

期刊名称：江苏高等法院公报

主办单位：江苏高等法院

刊　　期：1930（6）

页　　码：17

110. 题　　名：江苏高等法院训令：第五六○○号（中华民国十九年七月三日）：令各地方法院院长、首席检察官：国府通令对于官地亦应给价移充建设经费由

作　　者：林彪　王思默

关 键 词：官地　给价　建设经费

摘　　要：国府通令对于官地亦应给价移

充建设经费。

期刊名称：江苏高等法院公报

主办单位：江苏高等法院

刊　　期：1930（7）

页　　码：20－21

111. 题　　名：江苏高等法院训令：第一二
一四八号（中华民国二十年二月
二十六日）：令各法院院长、
首席检察官：公布民法亲属编
施行法令知照由（不另行文）

作　　者：林彪　王思默

关 键 词：民法　亲属编施行法令

摘　　要：公布民法亲属编施行法令。

期刊名称：江苏高等法院公报

主办单位：江苏高等法院

刊　　期：1931（3）

页　　码：38

112. 题　　名：江苏高等法院训令：第一二二
二一号（中华民国二十年三月
二日）：令各法院院长、首席
检察官：令饬关于应收诉讼费
条件务须照章征足认真办理由
（不另行文）

作　　者：林彪

关 键 词：民事诉讼费用　照章征足

摘　　要：对于民事诉讼标的价额或金额
须详细讯明并记载笔录。遇有
争执必须派员鉴定，照章征
足，认真办理。

期刊名称：江苏高等法院公报

主办单位：江苏高等法院

刊　　期：1931（3）

页　　码：38－39

113. 题　　名：江苏高等法院训令：第一二五
八四号（中华民国二十年三月
十六日）：令各法院院长、首
席检察官：通饬严查破获伪造
粤路公债机关依法究办由（不
另行文）

作　　者：林彪　王思默

关 键 词：严查破获　伪造粤路公债一案

摘　　要：再请咨行各省军政民政司法机
关通饬所属一体严查破获伪造
粤路公债一案。

期刊名称：江苏高等法院公报

主办单位：江苏高等法院

刊　　期：1931（3）

页　　码：39－40

114. 题　　名：江苏高等法院训令：第一二七
一一号（中华民国二十年三月
十九日）：令各法院院长、首
席检察官：奉部令知公务员调
验规则应一致实行转令知照由
（不另行文）

作　　者：林彪　王思默

关 键 词：禁烟　公务员调验规则

摘　　要：厉行禁烟应先从公务员着手，
通令全国按照公务员调验规则
一致施行。

期刊名称：江苏高等法院公报

主办单位：江苏高等法院

刊　　期：1931（3）

页　　码：42－43

115. 题　　名：江苏高等法院训令：第一二七
一〇号（中华民国二十年三月
十九日）：令各法院院长、首
席检察官：公布国库派遣地方
自治指导员暂行办法转令知照
由（不另行文）

作　　者：林彪　王思默

关 键 词：派遣地方自治指导员

摘　　要：国民政府令发国府派遣地方自
治指导员暂行办法。

期刊名称：江苏高等法院公报

主办单位：江苏高等法院

刊　　期：1931（3）

页　　码：43－44

116. 题　　名：江苏高等法院训令：第一二七
〇八号（中华民国二十年三月
十九日）：令各法院院长、首
席检察官：公布公司法施行法
转令知照由（不另行文）

作　　者：林彪　王思默

关 键 词：公司法施行法

摘　　要：公布公司法施行法。

期刊名称：江苏高等法院公报

主办单位：江苏高等法院

刊　　期：1931（3）

页　　码：45

117. 题　　名：江苏高等法院训令：第一二六
八九号（中华民国二十年三月
十九日）：令各法院院长、首

席检察官：公布危害民国紧急
治罪法令知照由（不另行文）

作　　者：林彪　王思默

关 键 词：危害民国紧急治罪法

摘　　要：公布危害民国紧急治罪法。

期刊名称：江苏高等法院公报

主办单位：江苏高等法院

刊　　期：1931（3）

页　　码：56－57

118. 题　　名：江苏高等法院训令：第一二六
九〇号（中华民国二十年三月
十九日）：令各法院院长、首
席检察官：为改定工厂法及工
厂法施行条例施行日期转令知
照由（不另行文）

作　　者：林彪　王思默

关 键 词：工厂法　工厂法施行条例　施
行日期

摘　　要：改定工厂法及工厂法施行条例
施行日期。

期刊名称：江苏高等法院公报

主办单位：江苏高等法院

刊　　期：1931（3）

页　　码：57－58

119. 题　　名：江苏高等法院训令：第一二六
九一号（中华民国二十年三月
十九日）：令各法院院长、首
席检察官：公布检定考试规程
令知照由（不另行文）

作　　者：林彪　王思默

关 键 词：检定考试规程

摘　　要：公布检定考试规程。

期刊名称：江苏高等法院公报

主办单位：江苏高等法院

刊　　期：1931（3）

页　　码：58

120. 题　　名：江苏高等法院训令：第一二六
九二号（中华民国二十年三月
十九日）：令各法院院长、首
席检察官：公布棉纱火柴水泥
统税条例令知照由（不另行
文）

作　　者：林彪　王思默

关 键 词：棉纱火柴水泥统税条例

摘　　要：公布棉纱火柴水泥统税条例。

期刊名称：江苏高等法院公报

主办单位：江苏高等法院

刊　　期：1931（3）

页　　码：59

121. 题　　名：江苏高等法院训令：第一二六
九三号（中华民国二十年三月
十九日）：令各法院院长、首
席检察官：公布农会法施行法
及导准委员会组织法令知照由
（不另行文）

作　　者：林彪　王思默

关 键 词：农会法施行法　导准委员会组
织法

摘　　要：公布农会法施行法及导准委员
会组织法。

期刊名称：江苏高等法院公报

主办单位：江苏高等法院

刊　　期：1931（3）

页　　码：59－60

122. 题　　名：江苏高等法院检察官指令：第
一七九〇号（中华民国十八年
四月三十日）：令代理江浦县
县长熊榘：呈一件段张氏等家
被劫杀人由

作　　者：

关 键 词：劫杀人案

摘　　要：检察官令江浦县县长呈一件段
张氏等家被劫杀人案件。

期刊名称：江苏高等法院公报

主办单位：江苏高等法院

刊　　期：1929（4）

页　　码：40

123. 题　　名：司法行政部训令：训字第四一
二号（中华民国十八年三月二
十七日）：令署江苏高等法院院
长张君度、首席检察官王思默：
部颁统计表之用纸及说明由

作　　者：魏道明

关 键 词：刑事诉讼案件月报表造报规则

摘　　要：部颁统计表之用纸及说明。

期刊名称：江苏高等法院公报

主办单位：江苏高等法院

刊　　期：1929（4）

页　　码：18－19

124. 题　　名：江苏高等法院训令：第五九〇
号（中华民国十八年一月二十
八日）：令各法院院长、各法

院首席检察官、各新监典狱长及分监长（不另行文）：转国府通令整饬官常由

作　　　者：张君度　王思默

关　键　词：整饬官常

摘　　　要：国府通令整饬公务员队伍。

期刊名称：江苏高等法院公报

主办单位：江苏高等法院

刊　　　期：1929（1）

页　　　码：96

125. 题　　　名：江苏高等法院训令：第五九一号（中华民国十八年一月二十八日）：令各法院院长、各法院首席检察官（不另行文）：转知国府颁发财政部领发票照铜印由

作　　　者：张君度　王思默

关　键　词：领发票照铜印

摘　　　要：国府颁发财政部领发票照铜印。

期刊名称：江苏高等法院公报

主办单位：江苏高等法院

刊　　　期：1929（1）

页　　　码：96－97

126. 题　　　名：江苏高等法院训令：第五九二号（中华民国十八年一月二十八日）：令各法院院长、各法院首席检察官（不另行文）：转行十八年赈灾公债条例及还本付息表由

作　　　者：张君度　王思默

关　键　词：赈灾公债条例

摘　　　要：查国民政府民国十八年赈灾公债条例业经制定明令公布应即通饬施行。

期刊名称：江苏高等法院公报

主办单位：江苏高等法院

刊　　　期：1929（1）

页　　　码：97－98

127. 题　　　名：江苏高等法院训令：第一四九八六号（中华民国二十年六月四日）：令各法院院长、各法院首席检察官：奉令凡当选为国民会议代表而停职之公务员应派员代理转令遵照由

作　　　者：林彪　王思默

关　键　词：国民会议代表　公务员　停职代理

摘　　　要：凡当选为国民会议代表的公务员停职后，应由政府派员代理其工作，但政务官除外。

期刊名称：江苏高等法院公报

主办单位：江苏高等法院

刊　　　期：1931（6）

页　　　码：11－12

128. 题　　　名：江苏高等法院训令：第一五二七号（中华民国二十年六月十一日）：令各法院院长、各法院首席检察官：奉部令知海关出口税则定自本年六月一日起施行转令知照由

作　　　者：林彪　王思默

关　键　词：海关出口税则

摘　　　要：奉部令知海关出口税则定自本年六月一日起施行。

期刊名称：江苏高等法院公报

主办单位：江苏高等法院

刊　　　期：1931（6）

页　　　码：12－13

129. 题　　　名：江苏高等法院训令：第七二号（中华民国二十年七月三日）：令各法院院长、首席检察官：令发盐法原条文及设治局组织条例令仰知照由

作　　　者：林彪　王思默

关　键　词：盐法　设治局组织条例

摘　　　要：国民政府令发盐法原条文及设治局组织条例。

期刊名称：江苏高等法院公报

主办单位：江苏高等法院

刊　　　期：1931（8）

页　　　码：20

130. 题　　　名：江苏高等法院训令：第六九号（中华民国二十年七月三日）：令各法院院长、首席检察官：令发民国二十年统税短期库券等条例由

作　　　者：林彪　王思默

关　键　词：统税短期库券条例　还本付息表　国道条例　全国经济委员会组织条例

摘　　　要：国民政府令发民国二十年统税

短期库券条例暨还本付息表及国道条例及全国经济委员会组织条例等。

期刊名称：江苏高等法院公报

主办单位：江苏高等法院

刊　　期：1931（8）

页　　码：20－21

131. 题　　名：江苏高等法院训令：第一七八〇号（中华民国二十年九月三日）：令各法院院长、首席检察官：令发银行兑换券发行税法及银行业收益税法转饬知照由

作　　者：林彪　王思默

关键词：银行兑换券发行税法　银行业收益税法

摘　　要：令发银行兑换券发行税法及银行业收益税法。

期刊名称：江苏高等法院公报

主办单位：江苏高等法院

刊　　期：1931（9）

页　　码：7

132. 题　　名：江苏高等法院训令：第五二七五号（中华民国十八年七月十八日）：令各法院院长、首席检察官（不另行文）：转令查禁反动刊物时兴潮一案由

作　　者：林彪　王思默

关键词：反动刊物　时兴潮

摘　　要：转令查禁反动刊物时兴潮一案。

期刊名称：江苏高等法院公报

主办单位：江苏高等法院

刊　　期：1929（7）

页　　码：22－23

133. 题　　名：江苏高等法院训令：第五二七七号（中华民国十八年七月十八日）：令各法院院长、首席检察官（不另行文）：转令查禁反动刊物混战一案由

作　　者：林彪　王思默

关键词：反动刊物

摘　　要：转令查禁反动刊物混战一案。

期刊名称：江苏高等法院公报

主办单位：江苏高等法院

刊　　期：1929（7）

页　　码：24

134. 题　　名：江苏高等法院训令：第五二七八号（中华民国十八年七月十八日）：令各法院院长、首席检察官（不另行文）：转令查禁共党溺情记

作　　者：林彪　王思默

关键词：溺情记　共党秘密组织

摘　　要：转令查禁共党溺情记一案。

期刊名称：江苏高等法院公报

主办单位：江苏高等法院

刊　　期：1929（7）

页　　码：24－25

135. 题　　名：江苏高等法院训令：第五二七九号（中华民国十八年七月十八日）：令各法院院长、首席检察官（不另行文）：转令查禁引擎月刊由

作　　者：林彪　王思默

关键词：引擎月刊

摘　　要：转令查禁引擎月刊。

期刊名称：江苏高等法院公报

主办单位：江苏高等法院

刊　　期：1929（7）

页　　码：25－26

136. 题　　名：江苏高等法院训令：第八〇八九号（中华民国十八年十月八日）：令各法院院长、各法院首席检察官（不另行文）：各院抄发管理药商规则令知照由

作　　者：林彪　王思默

关键词：管理药商规则

摘　　要：抄发管理药商规则。

期刊名称：江苏高等法院公报

主办单位：江苏高等法院

刊　　期：1929（10）

页　　码：24－25

137. 题　　名：江苏高等法院训令：第五六〇八号（中华民国十九年七月三日）：令各级法院院长、首席检察官（不另行文）：为奉发国民政府修正行政院组织法条文由

作　　者：林彪　王思默

关键词：国民政府修正行政组织法

摘　　要：发国民政府修正行政院组织法

条文。

期刊名称：江苏高等法院公报

主办单位：江苏高等法院

刊　　期：1930（7）

页　　码：12

138. 题　　名：江苏高等法院训令：第九三八六号（中华民国十九年十一月二十二日）：令各法院院长、各法院首席检察官（不另行文）：转发国府公布团体协约法令仰知照由

作　　者：林彪　王思默

关 键 词：团体协约法令

摘　　要：转发国府公布团体协约法令。

期刊名称：江苏高等法院公报

主办单位：江苏高等法院

刊　　期：1930（12）

页　　码：14

139. 题　　名：江苏高等法院训令：第一三七〇六号（中华民国二十年四月十八日）：令各法院院长、各法院首席检察官、新监典狱长分监长：部令转知首都反省院组织条例业经制定公布由

作　　者：林彪　王思默

关 键 词：首都反省院组织条例

摘　　要：部令转知首都反省院组织条例业经制定公布。

期刊名称：江苏高等法院公报

主办单位：江苏高等法院

刊　　期：1931（5）

页　　码：18

140. 题　　名：江苏高等法院训令：第一三七〇二号（中华民国二十年四月十八日）：令各法院院长、各法院首席检察官：转知修正军事参议院组织法附编制表略有笔误已更正由

作　　者：林彪　王思默

关 键 词：修正军事参议院组织法　附编制表　笔误

摘　　要：转知修正军事参议院组织法附编制表略有笔误，但已更正。

期刊名称：江苏高等法院公报

主办单位：江苏高等法院

刊　　期：1931（5）

页　　码：19 – 20

141. 题　　名：江苏高等法院训令：第一三七〇一号（中华民国二十年四月十八日）：令各法院院长、各法院首席检察官：转发管理英国退还庚款董事会章程暨条例令仰查照由

作　　者：林彪　王思默

关 键 词：管理英国退还庚款　董事会章程　民国二十年关税短期库券条例

摘　　要：转发管理英国退还庚款董事会章程暨民国二十年关税短期库券条例。

期刊名称：江苏高等法院公报

主办单位：江苏高等法院

刊　　期：1931（5）

页　　码：21

142. 题　　名：江苏高等法院训令：第一三六九九号（中华民国二十年四月十八日）：令各法院院长、各法院首席检察官：转知银行法由

作　　者：林彪　王思默

关 键 词：银行法

摘　　要：转知银行法。

期刊名称：江苏高等法院公报

主办单位：江苏高等法院

刊　　期：1931（5）

页　　码：22 – 23

143. 题　　名：江苏高等法院训令：第一三七〇四号（中华民国二十年四月十八日）：令各法院院长、各法院首席检察官等：令知修正民营公用事业监督条例第十四条由

作　　者：林彪　王思默

关 键 词：民营公用事业监督条例

摘　　要：令知修正民营公用事业监督条例第十四条。

期刊名称：江苏高等法院公报

主办单位：江苏高等法院

刊　　期：1931（5）

页　　码：24

144. 题　　名：江苏高等法院训令：第一三七一三号（中华民国二十年四月

十八日）：令各法院院长、各法院首席检察官、新监典狱长、分监长：公布危害民国紧急治罪法施行条例一案由

作　　者：林彪　王思默

关 键 词：危害民国紧急治罪法施行条例

摘　　要：公布危害民国紧急治罪法施行条例。

期刊名称：江苏高等法院公报

主办单位：江苏高等法院

刊　　期：1931（5）

页　　码：24－25

145. 题　　名：江苏高等法院训令：第一三七〇号（中华民国二十年四月十八日）：令各法院院长、各法院首席检察官：转知修正国民会议选举总事务所组织条例第五条由

作　　者：林彪　王思默

关 键 词：国民会议选举总事务所组织条例　修正

摘　　要：转知修正国民会议选举总事务所组织条例第五条。

期刊名称：江苏高等法院公报

主办单位：江苏高等法院

刊　　期：1931（5）

页　　码：25－26

146. 题　　名：江苏高等法院训令：第一四三三〇号（中华民国二十年五月九日）：令各法院院长、各法院首席检察官：抄发指道整理北平市文化委员会简章转令知照由

作　　者：林彪　王思默

关 键 词：指导整理北平市文化委员会简章

摘　　要：抄发指导整理北平市文化委员会简章。

期刊名称：江苏高等法院公报

主办单位：江苏高等法院

刊　　期：1931（5）

页　　码：27－28

147. 题　　名：江苏高等法院训令：第一四三三一号（中华民国二十年五月九日）：令各法院院长、各法院首席检察官、新监典狱长分

监长：为监察院制定调查证及使用规则转令知照由

作　　者：林彪　王思默

关 键 词：监察院　调查证

摘　　要：监察院得随时派员分赴各公署及其他公立机关调查档案和册籍。遇有疑问，该主管人员应负责为翔实答复。查职院派员应有凭证方能实施调查。兹经监察委员会提出，监察院会议议决，由职院制定调查证及规定使用规则。

期刊名称：江苏高等法院公报

主办单位：江苏高等法院

刊　　期：1931（5）

页　　码：28－29

148. 题　　名：江苏高等法院训令：第一五二七三号（中华民国二十年六月十一日）：令各法院院长、各法院首席检察官：奉部令取消通缉人员非有自新确据不得复用转令知照由

作　　者：林彪　王思默

关 键 词：取消通缉人员　自新确据　复用

摘　　要：奉部令取消通缉的人员，非有自新确据，不得复用。

期刊名称：江苏高等法院公报

主办单位：江苏高等法院

刊　　期：1931（6）

页　　码：13－15

149. 题　　名：江苏高等法院训令：第四二六二号（中华民国二十年十一月十九日）：令各法院院长、各法院首席检察官：令发陆军军队内务规则转饬知照由

作　　者：林彪　王思默

关 键 词：陆军军队内务规则

摘　　要：令发陆军军队内务规则。

期刊名称：江苏高等法院公报

主办单位：江苏高等法院

刊　　期：1931（11）

页　　码：13

150. 题　　名：江苏高等法院训令：第四二八七号（中华民国二十年十一月二十日）：令各法院院长、各

法院首席检察官：令发制定办
理振务公务员及在事人员奖励
暨惩罚条例转令知照由

作　　者：林彪　王思默

关 键 词：办振公务员奖励条例　团体及
在事人员奖惩条例

摘　　要：令发制定办理振务公务员奖励
条例，办振团体及在事人员奖
励暨办振人员惩罚条例。

期刊名称：江苏高等法院公报

主办单位：江苏高等法院

刊　　期：1931（11）

页　　码：13－14

151. 题　　名：江苏高等法院训令：第一四六
一九号（中华民国二十年五月
十九日）：令各法院院长、各
法院首席检察官：公布高等考
试种类日期报名期及地点转令
知照由

作　　者：林彪　王思默

关 键 词：高等考试　种类　报名期
地点

摘　　要：公布高等考试种类、日期、报
名期及地点。

期刊名称：江苏高等法院公报

主办单位：江苏高等法院

刊　　期：1931（6）

页　　码：17－19

152. 题　　名：江苏高等法院训令：第二二三
三号（中华民国二十年九月十
七日）：令各法院院长、首席
检察官：令发修正水陆地图审
查条例转知由

作　　者：林彪　王思默

关 键 词：水陆地图审查条例

摘　　要：令发修正水陆地图审查条例。

期刊名称：江苏高等法院公报

主办单位：江苏高等法院

刊　　期：1931（9）

页　　码：9－10

153. 题　　名：江苏高等法院训令：第二五三
〇号（中华民国二十年九月二
十六日）：令各法院院长、首
席检察官：令发修正海军服装
条例条文令知由

作　　者：林彪　王思默

关 键 词：海军服装条例

摘　　要：令发修正海军服装条例条文。

期刊名称：江苏高等法院公报

主办单位：江苏高等法院

刊　　期：1931（9）

页　　码：10

154. 题　　名：江苏高等法院训令：第二五六
〇号（中华民国二十年九月二
十六日）：令各法院院长、首
席检察官：令发陆军步炮工兵
各学校条例暨各编制表令仰知
照由

作　　者：林彪　王思默

关 键 词：令发陆军步炮工兵各学校条例
暨各编制表

摘　　要：令发陆军步炮工兵各学校条例
暨各编制表。

期刊名称：江苏高等法院公报

主办单位：江苏高等法院

刊　　期：1931（9）

页　　码：10－11

155. 题　　名：江苏高等法院训令：第二七六
八号（中华民国二十年十月二
日）：令各法院院长、首席检
察官：令发二十年赈灾公债条
例转饬知照由

作　　者：林彪　王思默

关 键 词：赈灾公债条例

摘　　要：令发民国二十年赈灾公债
条例。

期刊名称：江苏高等法院公报

主办单位：江苏高等法院

刊　　期：1931（9）

页　　码：11

156. 题　　名：江苏高等法院训令：第二七六
七号（中华民国二十年十月二
日）：令各法院院长、首席检
察官：令发第一届高等考试及
格人员任用规程暨分发规程转
饬知照由

作　　者：林彪　王思默

关 键 词：第一届高等考试及格人员任用
规程

摘　　要：令发第一届高等考试及格人员

任用规程暨分发规程。

期刊名称：江苏高等法院公报

主办单位：江苏高等法院

刊　　期：1931（9）

页　　码：12

157. 题　　名：江苏高等法院训令：第三五
　　　　　　　○○号（中华民国二十年十
　　　　　　　月二十六日）：令各法院院
　　　　　　　长、各法院首席检察官：令发
　　　　　　　修正疏浚河北省海河工程短期
　　　　　　　公债条例第十一条条文转饬知
　　　　　　　照由

作　　者：林彪　王思默

关键词：疏浚河北省海河工程短期公债
　　　　　条例

摘　　要：令发修正疏浚河北省海河工程
　　　　　短期公债条例第十一条条文。

期刊名称：江苏高等法院公报

主办单位：江苏高等法院

刊　　期：1931（10）

页　　码：16－17

158. 题　　名：江苏高等法院检察官训令：第
　　　　　　　二一七五号（中华民国二十年
　　　　　　　十二月三日）：令江苏兼理司
　　　　　　　法各县县长：为解释禁烟罚金
　　　　　　　充奖标准疑义转令遵照由

作　　者：王思默

关键词：禁烟罚金充奖规则　警察

摘　　要：司法机关自行查获烟案不得援
　　　　　用禁烟罚金充奖规则给奖，系
　　　　　指司法官、承审员、书记官
　　　　　等。至于警察给奖，该规则定
　　　　　有明文并无行政警察与司法警
　　　　　察之分，应一体办理以照公
　　　　　允。本案既据告发人报告因而
　　　　　破获，自应适用该规则，破获
　　　　　警察应认为破获者与协助破获
　　　　　者均包括在内。

期刊名称：江苏高等法院公报

主办单位：江苏高等法院

刊　　期：1931（12）

页　　码：16－17，2

159. 题　　名：江苏高等法院训令：第五○
　　　　　　　九号（中华民国二十年十二月
　　　　　　　十四日）：令各法院院长、各

法院首席检察官：令发财政委
员会组织大纲转令知照由

作　　者：林彪　王思默

关键词：财政委员会组织大纲

摘　　要：令发财政委员会组织大纲。

期刊名称：江苏高等法院公报

主办单位：江苏高等法院

刊　　期：1931（12）

页　　码：5－6

160. 题　　名：江苏高等法院训令：第五一
　　　　　　　七号（中华民国二十年十二月
　　　　　　　十五日）：令各法院院长、各
　　　　　　　法院首席检察官：令为解除入
　　　　　　　籍韩人方东奎所受国籍法限制
　　　　　　　一案转令知照由

作　　者：林彪　王思默

关键词：入籍　国籍法

摘　　要：令为解除入籍韩人方东奎所受
　　　　　国籍法限制一案。

期刊名称：江苏高等法院公报

主办单位：江苏高等法院

刊　　期：1931（12）

页　　码：7

161. 题　　名：江苏高等法院训令：第五一
　　　　　　　六号（中华民国二十年十二月
　　　　　　　十五日）：令各法院院长、各
　　　　　　　法院首席检察官：令发陆海空
　　　　　　　军勋刀规则转令知照由

作　　者：林彪　王思默

关键词：陆海空军勋刀规则

摘　　要：令发陆海空军勋刀规则。

期刊名称：江苏高等法院公报

主办单位：江苏高等法院

刊　　期：1931（12）

页　　码：7－8

162. 题　　名：江苏高等法院训令：第一四
　　　　　　　三三号（中华民国二十年五月
　　　　　　　九日）：令各法院院长、各法
　　　　　　　院首席检察官：修正县保卫团
　　　　　　　法及实业部林垦署组织法转令
　　　　　　　知照由

作　　者：林彪　王思默

关键词：县保卫团法　实业部林垦署组
　　　　　织法

摘　　要：修正县保卫团法及实业部林垦

署组织法。

期刊名称：江苏高等法院公报

主办单位：江苏高等法院

刊　　期：1931（5）

页　　码：30－31

163.题　　名：江苏高等法院训令：第一四三二九号（中华民国二十年五月九日）：令各法院院长、各法院首席检察官：奉令修正内政部组织法及内政部卫生署组织法转令知照由

作　　者：林彪　王思默

关 键 词：内政部组织法　内政部卫生署组织法

摘　　要：奉令修正内政部组织法及内政部卫生署组织法。

期刊名称：江苏高等法院公报

主办单位：江苏高等法院

刊　　期：1931（5）

页　　码：31

164.题　　名：江苏高等法院训令：第一四三二八号（中华民国二十年五月九日）：令各法院院长、各法院首席检察官、新监典狱长、分监长：抄发中央紧缩政策裁汰冗员一案原函令遵办由

作　　者：林彪　王思默

关 键 词：中央紧缩政策裁汰冗员

摘　　要：抄发中央紧缩政策裁汰冗员一案。

期刊名称：江苏高等法院公报

主办单位：江苏高等法院

刊　　期：1931（5）

页　　码：32－33

165.题　　名：江苏高等法院训令：第一三七一一号（中华民国二十年四月十八日）：令各法院院长、各法院首席检察官：令转知四川善后督办公署暂行组织大纲由

作　　者：林彪　王思默

关 键 词：四川善后督办公署暂行组织大纲

摘　　要：令转知四川善后督办公署暂行组织大纲。

期刊名称：江苏高等法院公报

主办单位：江苏高等法院

刊　　期：1931（5）

页　　码：13

166.题　　名：江苏高等法院训令：第三五三九号（中华民国二十年十月二十七日）：令各法院院长、各法院首席检察官：令发制定学生义勇军教育纲领九条转饬遵照由

作　　者：林彪　王思默

关 键 词：学生义勇军教育纲领

摘　　要：令发制定学生义勇军教育纲领九条。

期刊名称：江苏高等法院公报

主办单位：江苏高等法院

刊　　期：1931（10）

页　　码：17－20

167.题　　名：江苏高等法院训令：第五二二号（中华民国二十年十二月十九日）：令各法院院长、各法院首席检察官：奉令废止县长奖惩条例转行知照由

作　　者：林彪　王思默

关 键 词：废止　县长奖惩条例

摘　　要：奉令废止县长奖惩条例。

期刊名称：江苏高等法院公报

主办单位：江苏高等法院

刊　　期：1931（12）

页　　码：9－10

168.题　　名：江苏高等法院训令：第五二五四号（中华民国二十年十二月十九日）：令各法院院长、各法院首席检察官：令发救灾附加税征收条例转令知照由

作　　者：林彪　王思默

关 键 词：救灾附加税征收条例

摘　　要：令发救灾附加税征收条例。

期刊名称：江苏高等法院公报

主办单位：江苏高等法院

刊　　期：1931（12）

页　　码：10－11

169.题　　名：江苏高等法院训令：第五三三九号（中华民国二十年十一月二十三日）：令各法院院长、各法院首席检察官：令发驻赣

驻豫驻鄂转派绥靖主任公署组织大纲及附表转令知照由

作　　者：林彪　王思默

关 键 词：绥靖主任公署组织大纲　附表

摘　　要：令发驻赣驻鄂转派绥靖主任公署组织大纲及附表。

期刊名称：江苏高等法院公报

主办单位：江苏高等法院

刊　　期：1931（12）

页　　码：11

170.题　　名：江苏高等法院训令：第八一四号（中华民国二十年七月二十九日）：令各法院院长、首席检察官：为第一届普通考试之公布事项转令知照由

作　　者：林彪　王思默

关 键 词：第一届普通考试公布事项

摘　　要：为第一届普通考试公布事项。

期刊名称：江苏高等法院公报

主办单位：江苏高等法院

刊　　期：1931（8）

页　　码：40－41

171.题　　名：江苏高等法院训令：第八一三号（中华民国二十年七月二十九日）：令各法院院长、首席检察官：为更正二十年浙江省清理旧欠公债条例第八条原文仰即知照由

作　　者：林彪　王思默

关 键 词：浙江省清理旧欠公债条例

摘　　要：令为更正二十年浙江省清理旧欠公债条例第八条原文。

期刊名称：江苏高等法院公报

主办单位：江苏高等法院

刊　　期：1931（8）

页　　码：41－42

172.题　　名：江苏高等法院训令：第八一〇号（中华民国二十年七月二十九日）：令各法院院长、首席检察官，新监典狱长、分监长：令为国民政府启用荣典之玺日期令饬知照由

作　　者：林彪　王思默

关 键 词：荣典之玺

摘　　要：令为国民政府启用荣典之玺日期。

期刊名称：江苏高等法院公报

主办单位：江苏高等法院

刊　　期：1931（8）

页　　码：42－43

173.题　　名：江苏高等法院训令：第八一五号（中华民国二十年七月二十九日）：令各法院院长、首席检察官：令为国民会议维桑楚臣等提案抄录原文令仰知照由

作　　者：林彪　王思默

关 键 词：国民会议　提案

摘　　要：令为国民会议维桑楚臣等提案抄录原文。

期刊名称：江苏高等法院公报

主办单位：江苏高等法院

刊　　期：1931（8）

页　　码：43－45

174.题　　名：江苏高等法院训令：第八〇九号（中华民国二十年七月二十九日）：令各法院院长、首席检察官：令为国府主计处组织法第五条第九条酌加修正令饬知照由

作　　者：林彪　王思默

关 键 词：主计处组织法

摘　　要：令为国府主计处组织法第五条、第九条酌加修正。

期刊名称：江苏高等法院公报

主办单位：江苏高等法院

刊　　期：1931（8）

页　　码：46

175.题　　名：江苏高等法院训令：第一三〇九六号（中华民国二十年四月二日）：令各法院院长、首席检察官（不另行文）：考选委员会拟定普通考试分区举办办法令遵照由

作　　者：林彪　王思默

关 键 词：考选委员会　普通考试分区

摘　　要：考选委员会拟定普通考试分区举办办法。

期刊名称：江苏高等法院公报

主办单位：江苏高等法院

刊　　期：1931（4）

页　　码：14－15

176.题　　名：江苏高等法院训令：第二九二

五号（中华民国二十年十月八
日）：令各法院院长、各法院
首席检察官：令为工厂检查法
定于本年十一月一日为施行日
期转令知照由

作　　者：林彪　王思默

关 键 词：工厂检查法　施行日期

摘　　要：令为工厂检查法定于本年十一
月一日为施行日期。

期刊名称：江苏高等法院公报

主办单位：江苏高等法院

刊　　期：1931（10）

页　　码：11－12

177. 题　　名：江苏高等法院训令：第二九
二六号（中华民国二十年十月八
日）：令各法院院长、各法院
首席检察官：令发要塞堡垒地
带法转令知照由

作　　者：林彪　王思默

关 键 词：要塞堡垒地带法

摘　　要：令发要塞堡垒地带法。

期刊名称：江苏高等法院公报

主办单位：江苏高等法院

刊　　期：1931（10）

页　　码：12

178. 题　　名：江苏高等法院训令：第一三七
一〇号（中华民国二十年四月
十八日）：令各法院院长、各
法院首席检察官：部令转知国
民政府主计处组织法施行日
期由

作　　者：林彪　王思默

关 键 词：国民政府主计处组织法　施行
日期

摘　　要：部令转知国民政府主计处组织
法施行日期。

期刊名称：江苏高等法院公报

主办单位：江苏高等法院

刊　　期：1931（5）

页　　码：13－14

179. 题　　名：江苏高等法院训令：第一三七
〇九号（中华民国二十年四月
十八日）：令各法院院长、各
法院首席检察官：部令转知修
正省政府组织法由

作　　者：林彪　王思默

关 键 词：省政府组织法　修正

摘　　要：部令转知修正省政府组织法。

期刊名称：江苏高等法院公报

主办单位：江苏高等法院

刊　　期：1931（5）

页　　码：14－15

180. 题　　名：江苏高等法院训令：第一一八
七四号（中华民国二十年二月
十六日）：令各法院院长、首
席检察官：凡土劣诬陷良民案
件依法实行反坐转令知照由
（不另行文）

作　　者：林彪　王思默

关 键 词：土豪劣绅　诬告　反坐

摘　　要：凡土豪劣绅诬陷良民案件依法
施行反坐。

期刊名称：江苏高等法院公报

主办单位：江苏高等法院

刊　　期：1931（3）

页　　码：20－22

181. 题　　名：江苏高等法院训令：第九二九
八号（中华民国十九年十一月
二十日）：令各法院院长、各
法院首席检察官（不另行文）：
转发救灾准备金法令仰知照由

作　　者：林彪　王思默

关 键 词：救灾准备金法令

摘　　要：转发救灾准备金法令。

期刊名称：江苏高等法院公报

主办单位：江苏高等法院

刊　　期：1930（12）

页　　码：9

182. 题　　名：江苏高等法院训令：第一〇四
〇〇号（中华民国十九年十二
月二十四日）：令各法院院长、
各法院首席检察官（不另行
文）：奉令中央政务官不得兼
任地方行政转令遵照由

作　　者：林彪　王思默

关 键 词：中央政务官　兼任　地方行政

摘　　要：奉令中央政务官不得兼任地方
行政。

期刊名称：江苏高等法院公报

主办单位：江苏高等法院

刊　　期：1930（12）

页　　码：23－24

183. 题　　名：江苏高等法院训令：第一〇四四〇号（中华民国十九年十二月二十五日）：令各法院院长、各法院首席检察官（不另行文）：公布海商法施行法由

作　　者：林彪　王思默

关 键 词：海商法施行法

摘　　要：公布海商法施行法。

期刊名称：江苏高等法院公报

主办单位：江苏高等法院

刊　　期：1930（12）

页　　码：30

184. 题　　名：江苏高等法院训令：第一〇四四一号（中华民国十九年十二月二十五日）：令各法院院长、各法院首席检察官（不另行文）：抄发上海市公用度量衡划一规程由

作　　者：林彪　王思默

关 键 词：上海市公用度量衡划一规程

摘　　要：抄发上海市公用度量衡划一规程。

期刊名称：江苏高等法院公报

主办单位：江苏高等法院

刊　　期：1930（12）

页　　码：30－32

185. 题　　名：江苏高等法院训令：第一〇四四三号（中华民国十九年十二月二十五日）：令各法院院长、各法院首席检察官（不另行文）：令发主计处组织法饬知照由

作　　者：林彪　王思默

关 键 词：主计处组织法

摘　　要：令发主计处组织法。

期刊名称：江苏高等法院公报

主办单位：江苏高等法院

刊　　期：1930（12）

页　　码：33

186. 题　　名：江苏高等法院训令：第一〇四四四号（中华民国十九年十二月二十五日）：令各法院院长、各法院首席检察官（不另行文）：公布襄试法令知照由

作　　者：林彪　王思默

关 键 词：襄试法令

摘　　要：公布襄试法令。

期刊名称：江苏高等法院公报

主办单位：江苏高等法院

刊　　期：1930（12）

页　　码：33－34

187. 题　　名：江苏高等法院训令：第一〇四四六号（中华民国十九年十二月二十五日）：令各法院院长、各法院首席检察官（不另行文）：公布监试法令知照由

作　　者：林彪　王思默

关 键 词：监试法令

摘　　要：公布监试法令。

期刊名称：江苏高等法院公报

主办单位：江苏高等法院

刊　　期：1930（12）

页　　码：35

188. 题　　名：江苏高等法院训令：第一〇四九五号（中华民国十八年十二月二十七日）：令各法院院长、各法院首席检察官：度量衡讼案用标准制私人交易暂行市用制由

作　　者：林彪　王思默

关 键 词：公用度量衡划一办法　标准制　市用制

摘　　要：公用度量衡划一办法已完成，所有中央各机关应照案实施。自二十年一月起凡判决书及一切诉讼案件与度量衡有关者，应用标准制，其涉于私人买卖交易事项得暂行市用制。

期刊名称：江苏高等法院公报

主办单位：江苏高等法院

刊　　期：1931（1）

页　　码：11－12

189. 题　　名：江苏高等法院训令：第三二五号（中华民国二十年一月二十三日）：令各法院院长、首席检察官：转国府令发出版法仰知照由

作　　者：林彪　王思默

关 键 词：出版法

摘　　要：转国府令发出版法。

期刊名称：江苏高等法院公报

主办单位：江苏高等法院

刊　　　期：1931（2）

页　　　码：16－17

190. 题　　　名：江苏高等法院训令：第三二六号（中华民国二十年一月二十三日）：令各法院院长、首席检察官：转国府公布工厂法施行条例令知由

作　　　者：林彪　王思默

关　键　词：工厂法施行条例

摘　　　要：转国府公布工厂法施行条例。

期刊名称：江苏高等法院公报

主办单位：江苏高等法院

刊　　　期：1931（2）

页　　　码：17－18

191. 题　　　名：江苏高等法院训令：第三二八号（中华民国二十年一月二十三日）：令各法院院长、首席检察官：转国府公布国民会议选举法令仰知照由

作　　　者：林彪　王思默

关　键　词：国民会议选举法令

摘　　　要：转国府公布国民会议选举法令。

期刊名称：江苏高等法院公报

主办单位：江苏高等法院

刊　　　期：1931（2）

页　　　码：18

192. 题　　　名：江苏高等法院训令：第三二七号（中华民国二十年一月二十四日）：令各法院院长、首席检察官：转知国府公布十九年海关进口税则由

作　　　者：林彪　王思默

关　键　词：海关进口税则

摘　　　要：转知国府公布十九年海关进口税则。

期刊名称：江苏高等法院公报

主办单位：江苏高等法院

刊　　　期：1931（2）

页　　　码：18－19

193. 题　　　名：江苏高等法院训令：第三四五号（中华民国二十年二月十二日）：令各法院院长、首席检察官：抄发考试法施行细则

作　　　者：林彪　王思默

关　键　词：考试法施行细则

摘　　　要：抄发考试法施行细则。

期刊名称：江苏高等法院公报

主办单位：江苏高等法院

刊　　　期：1931（2）

页　　　码：19－20

194. 题　　　名：江苏高等法院训令：第三四四号（中华民国二十年二月十二日）：令各法院院长、首席检察官、新监典狱长、分监长：转发典试规程令知照由

作　　　者：林彪　王思默

关　键　词：典试规程令

摘　　　要：转发典试规程令。

期刊名称：江苏高等法院公报

主办单位：江苏高等法院

刊　　　期：1931（2）

页　　　码：20－21

195. 题　　　名：江苏高等法院训令：第一三〇九二号（中华民国二十年四月二日）：令各法院院长、首席检察官（不另行文）：转发全国一致追悼陆空军讨逆阵亡将士办法令遵照由

作　　　者：林彪　王思默

关　键　词：追悼　陆海空军讨逆阵亡将士办法令

摘　　　要：转发全国一致追悼陆海空军讨逆阵亡将士办法令。

期刊名称：江苏高等法院公报

主办单位：江苏高等法院

刊　　　期：1931（4）

页　　　码：10－12

196. 题　　　名：江苏高等法院训令：第四七三五号（中华民国十九年六月五日）：令各法院院长、首席检察官：为政务官之解释不必更改转令知照由

作　　　者：林彪　王思默

关　键　词：政治会议　议决　政务官

摘　　　要：凡须经政治会议议决任命之官吏为政务官。

期刊名称：江苏高等法院公报

主办单位：江苏高等法院

刊　　　期：1930（6）

页　　　码：13－14

197. 题　　　名：江苏高等法院训令：第一三七

○八号（中华民国二十年四月十八日）：令各法院院长、各法院首席检察官、新监典狱长、分监长：部令转知特种考试法由

作　　者：林彪　王思默

关 键 词：特种考试法

摘　　要：部令转知特种考试法。

期刊名称：江苏高等法院公报

主办单位：江苏高等法院

刊　　期：1931（5）

页　　码：15

198. 题　　名：江苏高等法院训令：第三四○六号（中华民国二十年十月二十三日）：令各法院院长、各法院首席检察官：转饬公务人员对于时局问题不得任意发表言论由

作　　者：林彪　王思默

关 键 词：公务人员　时事　发表言论

摘　　要：凡属国民政府所属机关公务员对于时事如有意见，应呈由各该机关主管人员，由其建议政府不得任意对外发表言论。

期刊名称：江苏高等法院公报

主办单位：江苏高等法院

刊　　期：1931（10）

页　　码：13，1

199. 题　　名：江苏高等法院训令：第四○八一号（中华民国二十年十一月十四日）：令各法院院长、各法院首席检察官：令为律师章程第十二条所指系公务员，凡各级党部委员职员不受其限制转令知照由

作　　者：林彪　王思默

关 键 词：律师　有俸给之公职　党部委员职员

摘　　要：现行律师章程第十三条载律师执行职务时不得兼任官吏或其他有俸给之公职。有俸给之公职系指公务员而言，各级党部委员和职员不能认为是公务员，自不受其限制。

期刊名称：江苏高等法院公报

主办单位：江苏高等法院

刊　　期：1931（11）

页　　码：8

200. 题　　名：江苏高等法院训令：第四三七七号（中华民国二十年十一月二十三日）：令各法院院长、各法院首席检察官：未经部定俸给人员一律照最低级支给由

作　　者：林彪　王思默

关 键 词：奉给　核定　最低级

摘　　要：各省法院监所委任以上职员所支俸给，在未经本司法行政部核定以前，应照各该俸给表最低级支给。

期刊名称：江苏高等法院公报

主办单位：江苏高等法院

刊　　期：1931（11）

页　　码：16－17

201. 题　　名：江苏高等法院训令：第四三七八号（中华民国二十年十一月二十三日）：令各法院院长、各法院首席检察官：公布测量设计委员会组织条例转令知照由

作　　者：林彪　王思默

关 键 词：测量设计委员会组织条例

摘　　要：公布测量设计委员会组织条例。

期刊名称：江苏高等法院公报

主办单位：江苏高等法院

刊　　期：1931（11）

页　　码：17

202. 题　　名：江苏高等法院训令：第四四○二号（中华民国二十年十一月二十四日）：令各法院院长、各法院首席检察官：党部选举案件须由党部检举送交法院办理由

作　　者：林彪　王思默

关 键 词：党部选举案件　党部检举　送交法院

摘　　要：党部选举，如有党员以外之人施用妨害等行为，党员与非党员涉及此项犯罪嫌疑者，均须由党部检举送交法院后始得受理。

期刊名称：江苏高等法院公报

主办单位：江苏高等法院

刊　　期：1931（11）

页　　码：18－19

203. 题　　名：江苏高等法院训令：第八〇〇三号（中华民国十九年九月二十七日）：令各法院院长、各法院首席检察官（不另行文）：奉部令厉行限制官吏兼职令遵照由

作　　者：林彪　王思默

关 键 词：限制　官员兼职

摘　　要：厉行限制官吏兼职。

期刊名称：江苏高等法院公报

主办单位：江苏高等法院

刊　　期：1930（10）

页　　码：17－19

204. 题　　名：江苏高等法院训令：第三三一号（中华民国二十年二月十二日）：令各法院院长、首席检察官：转饬各法规施行日期应特加注意其有应行先事筹备者着即筹备仰遵由

作　　者：林彪　王思默

关 键 词：公务员任用条例　民事调解法　海商法　商标法　施行日期

摘　　要：转饬公务员任用条例、民事调解法、海商法、商标法施行日期应特加注意其有应行先事筹备者并着即速筹备。

期刊名称：江苏高等法院公报

主办单位：江苏高等法院

刊　　期：1931（2）

页　　码：22－23

205. 题　　名：江苏高等法院训令：第一三二六一号（中华民国二十年四月七日）：令新旧各监狱：令将合于保释条例及原判刑期在三年以下执行已经过半人犯列表迳送本院检察处核办由（附表）

作　　者：林彪

关 键 词：保释条例　徒刑

摘　　要：令将合于保释条例及原判刑期在三年以下执行已经过半的人犯列表迳送本院检察处核办。

期刊名称：江苏高等法院公报

主办单位：江苏高等法院

刊　　期：1931（4）

页　　码：40

206. 题　　名：江苏高等法院训令：第一三〇九四号（中华民国二十年四月二日）：令各法院院长、首席检察官（不另行文）：公布海军服装条例及图说令知照由

作　　者：林彪　王思默

关 键 词：海军服装条例　图说

摘　　要：公布海军服装条例及图说。

期刊名称：江苏高等法院公报

主办单位：江苏高等法院

刊　　期：1931（4）

页　　码：12－13

207. 题　　名：江苏高等法院训令：第六八号（中华民国二十年七月三日）：令各法院院长、首席检察官，各新监典狱长、分监长：奉令转行国民会议删日通电令知照由

作　　者：林彪　王思默

关 键 词：国民会议　删日通电

摘　　要：奉令转行国民会议删日通电昭告全国维护和平统一。

期刊名称：江苏高等法院公报

主办单位：江苏高等法院

刊　　期：1931（8）

页　　码：22－24

208. 题　　名：江苏高等法院训令：第六七号（中华民国二十年七月三日）：令各法院院长、首席检察官：令发军事机关制发执照说明书规则第五条修正条文令知照由

作　　者：林彪　王思默

关 键 词：军事机关　制发执照说明书

摘　　要：令发军事机关制发执照说明书规则第五条修正条文。

期刊名称：江苏高等法院公报

主办单位：江苏高等法院

刊　　期：1931（8）

页　　码：24

209. 题　　名：江苏高等法院训令：第六五号（中华民国二十年七月三日）：令各法院院长、首席检察官：通缉浙江永嘉地院受理渎职诈财案被告安一天一名归案讯办由

作　　者：林彪　王思默

关　键　词：首席检察官　通缉令　渎职罪

摘　　要：江苏高等法院训令各院院长、首席检察官，通缉渎职诈财案被告安一天。

期刊名称：江苏高等法院公报

主办单位：江苏高等法院

刊　　期：1931（8）

页　　码：25－26

210. 题　　名：江苏高等法院训令：第一九二号（中华民国二十年七月七日）：令各法院院长、首席检察官：奉部颁发公务员惩戒法转饬知照由

作　　者：林彪　王思默

关　键　词：公务员惩戒法

摘　　要：奉部颁发公务员惩戒法。

期刊名称：江苏高等法院公报

主办单位：江苏高等法院

刊　　期：1931（8）

页　　码：26－27

211. 题　　名：江苏高等法院训令：第一九三号（中华民国二十年七月七日）：令各法院院长、首席检察官：令发公务员惩戒委员会组织法饬知由

作　　者：林彪　王思默

关　键　词：公务员惩戒委员会组织法

摘　　要：令发公务员惩戒委员会组织法。

期刊名称：江苏高等法院公报

主办单位：江苏高等法院

刊　　期：1931（8）

页　　码：27－28

212. 题　　名：江苏高等法院训令：第一九五号（中华民国二十年七月七日）：令各法院院长、首席检察官：奉令硝磺类专运护照规则第七条第二款略加修正饬知照由

作　　者：林彪　王思默

关　键　词：硝磺类专运护照规则

摘　　要：奉令硝磺类专运护照规则第七条第二款略加修正。

期刊名称：江苏高等法院公报

主办单位：江苏高等法院

刊　　期：1931（8）

页　　码：28

213. 题　　名：江苏高等法院训令：第一九四号（中华民国二十年七月七日）：令各法院院长、首席检察官：奉令转发国民会议第六次通过国民政府剿灭赤匪报告决议案饬知由

作　　者：林彪　王思默

关　键　词：国民会议　国民政府剿灭赤匪报告决议案

摘　　要：奉令转发国民会议第六次通过国民政府剿灭赤匪报告决议案。

期刊名称：江苏高等法院公报

主办单位：江苏高等法院

刊　　期：1931（8）

页　　码：28－29

214. 题　　名：江苏高等法院训令：第一九六号（中华民国二十年七月七日）：令各法院院长、首席检察官：奉布船舶法及船舶登记法施行日期令仰知照由

作　　者：林彪　王思默

关　键　词：船舶法　船舶登记法　施行日期

摘　　要：奉布船舶法及船舶登记法施行日期。

期刊名称：江苏高等法院公报

主办单位：江苏高等法院

刊　　期：1931（8）

页　　码：29－30

215. 题　　名：江苏高等法院训令：第八三一九号（中华民国十九年十月十一日）：令各法院院长、各院首席检察官（不另行文）：公布参谋本部陆海空军驻外武官条例令知照由

作　　者：林彪　王思默

关　键　词：参谋本部陆海空军驻外武官条例

摘　　要：公布参谋本部陆海空军驻外武官条例。

期刊名称：江苏高等法院公报

主办单位：江苏高等法院

刊　　期：1930（10）

页　　码：19－20

216. 题　　名：江苏高等法院训令：第九〇四号（中华民国十九年十一月十一日）：令各法院院长、各法院首席检察官（不另行文）：公布陆海空军惩罚法令知照由

作　　者：林彪　王思默

关 键 词：陆海空军惩罚法令

摘　　要：公布陆海空军惩罚法令。

期刊名称：江苏高等法院公报

主办单位：江苏高等法院

刊　　期：1930（11）

页　　码：16－17

217. 题　　名：江苏高等法院训令：第八九八二号（中华民国十九年十一月六日）：令各院院长、各院首席检察官：禁烟罚金提奖法院应随时拨给由

作　　者：林彪　王思默

关 键 词：禁烟罚金　提奖　拨给

摘　　要：禁烟罚金提奖，法院应随时拨给。

期刊名称：江苏高等法院公报

主办单位：江苏高等法院

刊　　期：1930（11）

页　　码：17－19

218. 题　　名：江苏高等法院训令：第九一二二号（中华民国十八年十一月）：令各法院院长、各法院首席检察官、各新监典狱长、分监长（不另行文）：禁止以番蛮等称加诸西藏民族转令知照由

作　　者：林彪　王思默

关 键 词：番蛮　称谓　西藏民族

摘　　要：禁止以番蛮等称谓加诸西藏民族。

期刊名称：江苏高等法院公报

主办单位：江苏高等法院

刊　　期：1929（11）

页　　码：29－30

219. 题　　名：江苏高等法院训令：第三二〇号（中华民国二十年一月二十三日）：令各法院院长、首席检察官：转国府令定工厂法施行条例施行日期仰知照由（不另行文）

作　　者：林彪　王思默

关 键 词：工厂法施行条例　施行日期

摘　　要：转国府令定工厂法施行条例施行日期。

期刊名称：江苏高等法院公报

主办单位：江苏高等法院

刊　　期：1931（2）

页　　码：12－13

220. 题　　名：江苏高等法院训令：第一一六七号（中华民国二十年二月十六日）：令各法院院长、首席检察官：转知改定国民政府会议及国务会议两名词西文音译令仰知照由

作　　者：林彪　王思默

关 键 词：国务会议

摘　　要：转知改定国民政府会议及国务会议两个名词西文音译。

期刊名称：江苏高等法院公报

主办单位：江苏高等法院

刊　　期：1931（3）

页　　码：27－28

221. 题　　名：江苏高等法院训令：第一二四四号（中华民国二十年二月二十六日）：令各法院院长林彪、首席检察官：公布高等考试普通行政人员考试条例转令知照由（不另行文）

作　　者：林彪　王思默

关 键 词：高等考试普通行政人员考试条例

摘　　要：公布高等考试普通行政人员考试条例。

期刊名称：江苏高等法院公报

主办单位：江苏高等法院

刊　　期：1931（3）

页　　码：35

222. 题　　名：江苏高等法院训令：第一二一四五号（中华民国二十年二月二十六日）：令各法院院长、首席检察官：公布应考人专门资格审查规则转令知照由（不另行文）

作　　者：林彪　王思默

关 键 词：应考人专门资格审查规则

摘　　要：公布应考人专门资格审查规则。

期刊名称：江苏高等法院公报

主办单位：江苏高等法院

刊　　期：1931（3）

页　　码：36

223. 题　　名：江苏高等法院训令：第一二一四六号（中华民国二十年二月二十六日）：令各法院院长、首席检察官：公布教育会法转令知照由（不另行文）

作　　者：林彪　王思默

关 键 词：教育会法

摘　　要：公布教育会法。

期刊名称：江苏高等法院公报

主办单位：江苏高等法院

刊　　期：1931（3）

页　　码：36－37

224. 题　　名：江苏高等法院训令：（中华民国二十年十一月）：令所属各法院院长、所属各法院首席检察官：奉部令转饬遵照由

作　　者：林彪　王思默

关 键 词：统计年表格式　填载方式

摘　　要：司法行政部为明了全国司法情况制定各项统计年表格式，颁发各省依式填报。各法院对于各表内容未经谙习，另颁填载方式逐项说明以资参考。承办人员若能悉心研究，则编制表册自无谬误。

期刊名称：江苏高等法院公报

主办单位：江苏高等法院

刊　　期：1931（11）

页　　码：26－27

225. 题　　名：江苏高等法院训令：第一九八号（中华民国二十年七月七日）：令各法院院长、首席检察官：奉颁国民政府组织法令仰知照由

作　　者：林彪　王思默

关 键 词：国民政府组织法令

摘　　要：奉颁国民政府组织法令。

期刊名称：江苏高等法院公报

主办单位：江苏高等法院

刊　　期：1931（8）

页　　码：31

226. 题　　名：江苏高等法院训令：第一九九

号（中华民国二十年七月七日）：令各法院院长、首席检察官：奉令修正典试规程条文饬知由

作　　者：林彪　王思默

关 键 词：典试规程条文　修正

摘　　要：奉令修正典试规程条文。

期刊名称：江苏高等法院公报

主办单位：江苏高等法院

刊　　期：1931（8）

页　　码：31－32

227. 题　　名：江苏高等法院训令：第二〇〇号（中华民国二十年七月七日）：令各法院院长、首席检察官：奉令修正襄试法条文饬知由

作　　者：林彪　王思默

关 键 词：襄试法　修正

摘　　要：奉令修正襄试法条文。

期刊名称：江苏高等法院公报

主办单位：江苏高等法院

刊　　期：1931（8）

页　　码：32－33

228. 题　　名：江苏高等法院训令：第七二一号（中华民国二十年七月二十五日）：令各法院院长、首席检察官：令知考试法施行细则第六条条文酌加修正仰知照由

作　　者：林彪　王思默

关 键 词：考试法施行细则　修正

摘　　要：令知考试法施行细则第六条条文酌加修正。

期刊名称：江苏高等法院公报

主办单位：江苏高等法院

刊　　期：1931（8）

页　　码：34－35

229. 题　　名：江苏高等法院训令：第七二〇号（中华民国二十年七月二十五日）：令各法院院长、首席检察官：为国民政府会议规程现制定公布行施令仰知照由

作　　者：林彪　王思默

关 键 词：国民政府会议规程

摘　　要：为国民政府会议规程现制定公布行施令。

期刊名称：江苏高等法院公报

主办单位：江苏高等法院

刊　　期：1931（8）

页　　码：35－36

230. 题　　名：江苏高等法院训令：第一四六一八号（中华民国二十年五月十九日）：令各法院院长、各法院首席检察官：转发陆海空军军官佐及士兵等级表由

作　　者：林彪　王思默

关 键 词：陆海空军军官佐　士兵等级表

摘　　要：转发陆海空军军官佐及士兵等级表。

期刊名称：江苏高等法院公报

主办单位：江苏高等法院

刊　　期：1931（6）

页　　码：19－20

231. 题　　名：江苏高等法院训令：第一四六二一号（中华民国二十年五月十九日）：令各法院院长、各法院首席检察官：公布国民会议组织法转令知照由

作　　者：林彪　王思默

关 键 词：国民会议组织法

摘　　要：公布国民会议组织法。

期刊名称：江苏高等法院公报

主办单位：江苏高等法院

刊　　期：1931（6）

页　　码：20－21

232. 题　　名：江苏高等法院训令：第一四六二二号（中华民国二十年五月十九日）：令各法院院长、各法院首席检察官：公布国民会议秘书处组织条例转令知照由

作　　者：林彪　王思默

关 键 词：国民会议秘书处组织条例

摘　　要：公布国民会议秘书处组织条例。

期刊名称：江苏高等法院公报

主办单位：江苏高等法院

刊　　期：1931（6）

页　　码：21－22

233. 题　　名：江苏高等法院训令：第七六五九号（中华民国十九年九月十七日）：令各法院院长、首席检察官（不另行文）：建造总理铜像应先将模型详呈中央审

核后举办令遵照由

作　　者：林彪　王思默

关 键 词：总理铜像　模型　中央审核

摘　　要：建造总理铜像应先将模型详呈中央审核后举办。

期刊名称：江苏高等法院公报

主办单位：江苏高等法院

刊　　期：1930（9）

页　　码：37－38

234. 题　　名：江苏高等法院训令：第八六三五号（中华民国十九年十月二十四日）：令各法院院长、各法院首席检察官（不另行文）：奉令公布检查邮件私递麻醉药品办法转令知照由

作　　者：林彪　王思默

关 键 词：检查邮件私递麻醉药品办法

摘　　要：奉令公布检查邮件私递麻醉药品办法。

期刊名称：江苏高等法院公报

主办单位：江苏高等法院

刊　　期：1930（11）

页　　码：11－12

235. 题　　名：江苏高等法院训令：第四四一七号（中华民国十八年六月二十日）：令各法院院长、首席检察官（不另行文）：转发关税库券条例及还本付息表由

作　　者：林彪　王思默

关 键 词：关税库券条例　还本付息表

摘　　要：转发关税库券条例及还本付息表。

期刊名称：江苏高等法院公报

主办单位：江苏高等法院

刊　　期：1929（6）

页　　码：47

236. 题　　名：江苏高等法院训令：第四七三八号（中华民国十八年六月二十九日）：令各法院院长、首席检察官（不另行文）：为公布监督慈善团体法令知照由

作　　者：林彪　王思默

关 键 词：监督慈善团体法令

摘　　要：为公布监督慈善团体法令。

期刊名称：江苏高等法院公报

主办单位：江苏高等法院

刊　　　期：1929（6）

页　　　码：50

237. 题　　　名：江苏高等法院训令：第一三〇九五号（中华民国二十年四月二日）：令各法院院长、首席检察官（不另行文）：公布海军礼节条例及修正军事参议院组织法及附表令知照由

作　　　者：林彪　王思默

关　键　词：海军礼节条例　军事参议院组织法

摘　　　要：公布海军礼节条例及修正军事参议院组织法及附表。

期刊名称：江苏高等法院公报

主办单位：江苏高等法院

刊　　　期：1931（4）

页　　　码：13－14

238. 题　　　名：江苏高等法院训令：第七〇九三号（中华民国十八年九月九日）：令各法院院长、首席检察官（不另行文）：为湖北裁撤夏口县治转令知照由

作　　　者：林彪　王思默

关　键　词：夏口县治　裁撤

摘　　　要：为湖北裁撤夏口县治。

期刊名称：江苏高等法院公报

主办单位：江苏高等法院

刊　　　期：1929（9）

页　　　码：27－28

239. 题　　　名：江苏高等法院训令：第七六六〇号（中华民国十九年九月十七日）：令各法院院长、首席检察官（不另行文）：公布查验外人入境护照规则及施行细则并表转令知照由

作　　　者：林彪　王思默

关　键　词：查验外人入境护照规则　施行细则

摘　　　要：公布查验外人入境护照规则及施行细则。

期刊名称：江苏高等法院公报

主办单位：江苏高等法院

刊　　　期：1930（9）

页　　　码：38－39

240. 题　　　名：江苏高等法院训令：第八六三六号（中华民国十九年十月二

十四日）：令各法院院长、各法院首席检察官（不另行文）：奉令公布法官初试暂行条例转令知照由

作　　　者：林彪　王思默

关　键　词：法官初试暂行条例

摘　　　要：奉令公布法官初试暂行条例。

期刊名称：江苏高等法院公报

主办单位：江苏高等法院

刊　　　期：1930（11）

页　　　码：12

241. 题　　　名：江苏高等法院训令：第七七八五号（中华民国十九年九月二十二日）：令各法院院长、首席检察官（不另行文）：转发度量衡器具营业条例令知照由

作　　　者：林彪　王思默

关　键　词：度量衡器具营业条例

摘　　　要：转发度量衡器具营业条例。

期刊名称：江苏高等法院公报

主办单位：江苏高等法院

刊　　　期：1930（9）

页　　　码：39

242. 题　　　名：江苏高等法院训令：第八八一七号（中华民国十七年十二月二十四日）：令各法院院长、各法院首席检察官、兼理司法各县县长：暂行取消特种刑事临时法庭办法六条由

作　　　者：张君度　王思默

关　键　词：特种刑事临时法庭办法

摘　　　要：暂行取消特种刑事临时法庭办法六条。

期刊名称：江苏高等法院公报

主办单位：江苏高等法院

刊　　　期：1929（1）

页　　　码：94－95

243. 题　　　名：江苏高等法院训令：第二九六四号（中华民国十八年五月二日）：令各法院院长、首席检察官（不另行文）：转知陕西朝邑华阴所属滩地设置平民县由

作　　　者：林彪　王思默

关　键　词：平民县

摘　　　要：转知陕西朝邑华阴所属滩地设

置平民县。

期刊名称：江苏高等法院公报

主办单位：江苏高等法院

刊　　期：1929（5）

页　　码：26－27

244. 题　　名：江苏高等法院训令：第三二六四号（中华民国十八年五月十四日）：令各法院院长、首席检察官（不另文行）：转知陆海空军留学条例已明令公布由

作　　者：林彪　王思默

关 键 词：陆海空军留学条例

摘　　要：转知陆海空军留学条例已明令公布。

期刊名称：江苏高等法院公报

主办单位：江苏高等法院

刊　　期：1929（5）

页　　码：28

245. 题　　名：江苏高等法院训令：第三二六五号（中华民国十八年五月十四日）：令各法院院长、首席检察官（不另行文）：转知国军编遣委员会点验组织条例已公布由

作　　者：林彪　王思默

关 键 词：国军编遣委员会点验组织条例

摘　　要：转知国军编遣委员会点验组织条例已公布。

期刊名称：江苏高等法院公报

主办单位：江苏高等法院

刊　　期：1929（5）

页　　码：28－29

246. 题　　名：江苏高等法院训令：第三二六六号（中华民国十八年五月十四日）：令各法院院长、首席检察官（不另行文）：转知国军编遣委员会编遣区经理分处条例已公布由

作　　者：林彪　王思默

关 键 词：国军编遣委员会编遣区经理分处条例

摘　　要：转知国军编遣委员会编遣区经理分处条例已公布。

期刊名称：江苏高等法院公报

主办单位：江苏高等法院

刊　　期：1929（5）

页　　码：29

247. 题　　名：江苏高等法院训令：第三二六七号（中华民国十八年五月十四日）：令各法院院长、首席检察官（不另行文）：转知府监督地方财政暂行法已公布由

作　　者：林彪　王思默

关 键 词：国府监督地方财政暂行法

摘　　要：转知国府监督地方财政暂行法已公布。

期刊名称：江苏高等法院公报

主办单位：江苏高等法院

刊　　期：1929（5）

页　　码：30－31

248. 题　　名：江苏高等法院训令：第三二六九号（中华民国十八年五月十四日）：令各法院院长、首席检察官（不另行文）：转行国籍法及附属法规由

作　　者：林彪　王思默

关 键 词：国籍法　附属法规

摘　　要：转行国籍法及附属法规。

期刊名称：江苏高等法院公报

主办单位：江苏高等法院

刊　　期：1929（5）

页　　码：32－33

249. 题　　名：江苏高等法院训令：第三四五三号（中华民国十八年五月二十一日）：令各法院院长、首席检察官、兼理司法各县县长：转知惩治盗匪条例再延长六个月由

作　　者：林彪　王思默

关 键 词：惩治盗匪条例　延长　时效

摘　　要：转知惩治盗匪条例再延长六个月。

期刊名称：江苏高等法院公报

主办单位：江苏高等法院

刊　　期：1929（5）

页　　码：35

250. 题　　名：江苏高等法院训令：第三六〇七号（中华民国十八年五月二十五日）：令各法院院长、首席检察官（不另行文）：转知甘肃永康县改名康县由

作　　者：林彪　王思默

关 键 词：永康县　康县

摘　　要：转知甘肃永康县改名康县。

期刊名称：江苏高等法院公报

主办单位：江苏高等法院

刊　　期：1929（5）

页　　码：36－37

251. 题　　名：江苏高等法院训令：第三六〇六号（中华民国十八年五月二十五日）：令各法院院长、首席检察官（不另行文）：转知修正续发卷烟税国库券条文由

作　　者：

关 键 词：续发　卷烟税　国库券　条文

摘　　要：转知修正续发卷烟税国库券条文。

期刊名称：江苏高等法院公报

主办单位：江苏高等法院

刊　　期：1929（5）

页　　码：37－38

252. 题　　名：江苏高等法院训令：第三六五九号（中华民国十八年五月二十七日）：令各法院院长、首席检察官：转知奉国府令保障人权确定法治基础由

作　　者：林彪　王思默

关 键 词：国府令　人权　法治

摘　　要：转知奉国府令保障人权确定法治基础。

期刊名称：江苏高等法院公报

主办单位：江苏高等法院

刊　　期：1929（5）

页　　码：38－39

253. 题　　名：江苏高等法院训令：第七〇九一号：令各法院院长、首席检察官：转知党务工作人员除刑事嫌疑犯由法院办理外不得任意逮捕伤害由

作　　者：

关 键 词：党务工作人员　逮捕　伤害

摘　　要：转知党务工作人员除刑事嫌疑犯由法院办理外，不得任意逮捕伤害。

期刊名称：江苏高等法院公报

主办单位：江苏高等法院

刊　　期：1929（9）

页　　码：26

254. 题　　名：江苏高等法院训令：第三二一号（中华民国二十年一月二十三日）：令各法院院长、首席检察官：转国府发布交通部航政局组织法令仰知照由

作　　者：林彪　王思默

关 键 词：交通部航政局组织法令

摘　　要：转国府发布交通部航政局组织法令。

期刊名称：江苏高等法院公报

主办单位：江苏高等法院

刊　　期：1931（2）

页　　码：13－14

255. 题　　名：江苏高等法院训令：第三二二号（中华民国二十年一月二十三日）：令各法院院长、首席检察官：准禁烟委员会咨达宣誓就职日期转令知照由

作　　者：林彪　王思默

关 键 词：准禁烟委员会　宣誓就职日期

摘　　要：准禁烟委员会咨达宣誓就职日期。

期刊名称：江苏高等法院公报

主办单位：江苏高等法院

刊　　期：1931（2）

页　　码：14

256. 题　　名：江苏高等法院训令：第三二四号（中华民国二十年一月二十三日）：令各法院院长、首席检察官：转中央刷新政治改善制度提高行政效率议决案乙第十一款遵由

作　　者：林彪　王思默

关 键 词：刷新政治改善制度　提高行政效率议决案

摘　　要：转中央刷新政治改善制度提高行政效率议决案乙第十一款。

期刊名称：江苏高等法院公报

主办单位：江苏高等法院

刊　　期：1931（2）

页　　码：15－16

257. 题　　名：江苏高等法院训令：第一一八七六号（中华民国二十年二月十六日）：令各法院院长、首

席检察官：公布总理陵园管理委员会条例等转知由（不另行文）

作　　者：林彪　王思默

关　键　词：总理陵园管理委员会条例

摘　　要：公布总理陵园管理委员会条例。

期刊名称：江苏高等法院公报

主办单位：江苏高等法院

刊　　期：1931（3）

页　　码：23

258.题　　名：江苏高等法院指令：第二〇七五号（中华民国十七年九月二十日）：令江甯地方法院院长、江甯地方法院首席检察官：为刑事送达文件刑事诉讼法规定司法警察执行能否由承发吏代行由

作　　者：

关　键　词：刑事文件　司法警察　送达

摘　　要：送达文件刑事诉讼法既规定由司法警察执行自难仍循旧例由承发吏分担办理。至原有警额不敷分配，审核虽属实情，但当法费支绌之时尚难逐行酌加。

期刊名称：江苏高等法院公报

主办单位：江苏高等法院

刊　　期：1929（1）

页　　码：116

259.题　　名：江苏高等法院训令：第八三二号（中华民国十八年二月六日）：令各法院院长、首席检察官（不另行文）：转发留俄归国学生处理办法由

作　　者：张君度　王思默

关　键　词：留俄归国学生处理办法

摘　　要：转发留俄归国学生处理办法。

期刊名称：江苏高等法院公报

主办单位：江苏高等法院

刊　　期：1929（2）

页　　码：45－46

260.题　　名：江苏高等法院训令：第八三三号（中华民国十八年二月六日）：令各法院院长、首席检察官（不另行文）：行知总理

奉安委员会章程已明令公布由

作　　者：张君度　王思默

关　键　词：总理奉安委员会章程

摘　　要：行知总理奉安委员会章程已明令公布。

期刊名称：江苏高等法院公报

主办单位：江苏高等法院

刊　　期：1929（2）

页　　码：46－47

261.题　　名：江苏高等法院训令：第一二〇六号（中华民国十八年二月二十六日）：令各法院院长、首席检察官（不另行文）：行知绥远临河设治局改升县缺由

作　　者：张君度　王思默

关　键　词：绥远临河设治局　县缺

摘　　要：绥远临河设治局改升县缺。

期刊名称：江苏高等法院公报

主办单位：江苏高等法院

刊　　期：1929（2）

页　　码：49－50

262.题　　名：江苏高等法院训令：第一二〇七号（中华民国十八年二月二十六日）：令各法院院长、首席检察官（不另行文）：行知国军编遣委员会启用印信日期由

作　　者：张君度　王思默

关　键　词：国军编遣委员会　印信　启用日期

摘　　要：行知国军编遣委员会启用印信的日期。

期刊名称：江苏高等法院公报

主办单位：江苏高等法院

刊　　期：1929（2）

页　　码：50

263.题　　名：江苏高等法院训令：第八八三号（中华民国十九年十一月三日）：令各法院院长、各法院首席检察官（不另行文）：令发人民团体理事监事就职宣誓规则令知照由

作　　者：林彪　王思默

关　键　词：人民团体　理事　监事　就职宣誓规则

摘　　要：令发人民团体理事监事就职宣

誓规则。

期刊名称：江苏高等法院公报

主办单位：江苏高等法院

刊　　期：1930（11）

页　　码：12－13

264. 题　　名：江苏高等法院训令：第八八八
四号（中华民国十九年十一月
三日）：令各法院院长、各法
院首席检察官（不另行文）：
公布威海卫管理公署组织条例
令知照由

作　　者：林彪　王思默

关 键 词：威海卫管理公署组织条例

摘　　要：公布威海卫管理公署组织条例。

期刊名称：江苏高等法院公报

主办单位：江苏高等法院

刊　　期：1930（11）

页　　码：13－14

265. 题　　名：江苏高等法院检察官指令：第
一九五四号（中华民国十八年
五月九日）：令代理武进县县
长章烈：呈一件金奔班船被劫
请指定管辖由

作　　者：王思默

关 键 词：地域管辖　被告所在地

摘　　要：尹正当等呈诉船伙倪源有等为
被告人，现已解由该县审理。
是该县即为被告所在地，依刑
诉法规定应归该县管辖。

期刊名称：江苏高等法院公报

主办单位：江苏高等法院

刊　　期：1929（5）

页　　码：49－50

266. 题　　名：本院检察处呈报司法行政部为
江苏第二监狱及武进宝山等县
请将监犯蒋福辰等办理保释由
（中华民国十八年五月七日）

作　　者：王思默

关 键 词：检察处　保释　刑罚执行

摘　　要：江苏高等法院检察处呈报司法
行政部为江苏监狱犯人办理
保释。

期刊名称：江苏高等法院公报

主办单位：江苏高等法院

刊　　期：1929（5）

页　　码：50－51，4

267. 题　　名：江苏高等法院训令：第六七二
七号（中华民国十八年八月三
十一日）：令各法院院长、首
席检察官（不另行文）：转知
公布典试委员会组织法令遵
照由

作　　者：林彪　王思默

关 键 词：典试委员会组织法令

摘　　要：转知公布典试委员会组织
法令。

期刊名称：江苏高等法院公报

主办单位：江苏高等法院

刊　　期：1929（8）

页　　码：22

268. 题　　名：江苏高等法院训令：第六七二
五号（中华民国十八年八月三
十一日）：令各法院院长、首
席检察官（不另行文）：转知
公布考选委员会组织法令遵
照由

作　　者：林彪　王思默

关 键 词：考选委员会组织法令

摘　　要：转知公布考选委员会组织
法令。

期刊名称：江苏高等法院公报

主办单位：江苏高等法院

刊　　期：1929（8）

页　　码：22－23

269. 题　　名：江苏高等法院训令：第六七二
四号（中华民国十八年八月三
十一日）：令各法院院长、首
席检察官（不另行文）：转知
公布考试法令仰遵照由

作　　者：林彪　王思默

关 键 词：考试法令

摘　　要：转知公布考试法令。

期刊名称：江苏高等法院公报

主办单位：江苏高等法院

刊　　期：1929（8）

页　　码：23

270. 题　　名：江苏高等法院训令：第六七二
六号（中华民国十八年八月三
十一日）：令各法院院长、首
席检察官（不另行文）：转知
公布电信条例通饬知照由

作　　者：林彪　王思默

关 键 词：电信条例

摘 要：转知公布电信条例。

期刊名称：江苏高等法院公报

主办单位：江苏高等法院

刊 期：1929（8）

页 码：24

271. 题 名：江苏高等法院训令：（中华民国十八年三月）：令江苏镇江地方法院院长黄用中、首席检察官徐世勋：行知嗣后取土和制戒烟丸药务先呈明核准由

作 者：

关 键 词：戒烟丸药 呈明核准

摘 要：行知嗣后取土和制戒烟丸药务先呈明核准。

期刊名称：江苏高等法院公报

主办单位：江苏高等法院

刊 期：1929（3）

页 码：43－44

272. 题 名：江苏高等法院训令：第一二七〇六号（中华民国二十年三月十九日）：令各法院院长、首席检察官：公布特种考试监所看守考试条例转令知照由（不另行文）

作 者：林彪 王思默

关 键 词：特种考试监所看守考试条例

摘 要：公布特种考试监所看守考试条例。

期刊名称：江苏高等法院公报

主办单位：江苏高等法院

刊 期：1931（3）

页 码：46－47

273. 题 名：江苏高等法院训令：第一二七〇五号（中华民国二十年三月十九日）：令各法院院长、首席检察官：抄发中国国民党出席国民会议代表选举施行程序转令知照由（不另行文）

作 者：林彪 王思默

关 键 词：中国国民党出席国民会议代表选举施行程序

摘 要：抄发中国国民党出席国民会议代表选举施行程序。

期刊名称：江苏高等法院公报

主办单位：江苏高等法院

刊 期：1931（3）

页 码：47－48

274. 题 名：江苏高等法院训令：第一二七〇四号（中华民国二十年三月十九日）：令各法院院长、首席检察官：公布高等考试财务行政人员等考试条例十五种令知照由（不另行文）

作 者：林彪 王思默

关 键 词：考试条例

摘 要：公布高等考试财务行政人员等考试条例十五种令。

期刊名称：江苏高等法院公报

主办单位：江苏高等法院

刊 期：1931（3）

页 码：48－49

275. 题 名：江苏高等法院训令：第一二七〇二号（中华民国二十年三月十九日）：令各法院院长、首席检察官：公布工厂检查法转令知照由（不另行文）

作 者：林彪 王思默

关 键 词：工厂检查法

摘 要：公布工厂检查法。

期刊名称：江苏高等法院公报

主办单位：江苏高等法院

刊 期：1931（3）

页 码：50

276. 题 名：江苏高等法院训令：第一二七〇一号（中华民国二十年三月十九日）：令各法院院长、首席检察官：公布应考人体格检验规则令知照由（不另行文）

作 者：林彪 王思默

关 键 词：应考人体格检验规则

摘 要：公布应考人体格检验规则。

期刊名称：江苏高等法院公报

主办单位：江苏高等法院

刊 期：1931（3）

页 码：50－51

277. 题 名：江苏高等法院训令：第一四六二三号（中华民国二十年五月十九日）：令各法院院长、各法院首席检察官：奉令修正威海卫管理公署组织条例令知照由

作　　者：林彪　王思默

关 键 词：威海卫管理公署组织条例

摘　　要：奉令修正威海卫管理公署组织
　　　　　条例。

期刊名称：江苏高等法院公报

主办单位：江苏高等法院

刊　　期：1931（6）

页　　码：22

278. 题　　名：江苏高等法院训令：第七一九
　　　　　号（中华民国二十年七月二十
　　　　　五日）：令各法院院长、首席
　　　　　检察官：令知高等及普通各项
　　　　　行政人员考试条例所列考试科
　　　　　目酌加修正公布知照由

作　　者：林彪　王思默

关 键 词：修正　考试科目

摘　　要：令知高等及普通各项行政人员
　　　　　考试条例所列考试科目酌加
　　　　　修正。

期刊名称：江苏高等法院公报

主办单位：江苏高等法院

刊　　期：1931（8）

页　　码：36－37

279. 题　　名：江苏高等法院训令：第一二〇
　　　　　三号（中华民国十八年二月二
　　　　　十六日）：令各法院院长、各
　　　　　法院首席检察官、各新监（不
　　　　　另行文）：转发医师药师暂行
　　　　　条例由

作　　者：张君度　王思默

关 键 词：医师药师暂行条例

摘　　要：转发医师药师暂行条例。

期刊名称：江苏高等法院公报

主办单位：江苏高等法院

刊　　期：1929（2）

页　　码：52

280. 题　　名：江苏高等法院检察官训令：第
　　　　　三八四号（中华民国十八年二
　　　　　月）：令兼理司法各县县长：
　　　　　为递解人犯应由原县派警直接
　　　　　解送由

作　　者：王思默

关 键 词：递解人犯　派警

摘　　要：递解人犯应由原县派警直接
　　　　　解送。

期刊名称：江苏高等法院公报

主办单位：江苏高等法院

刊　　期：1929（2）

页　　码：55－56

281. 题　　名：江苏高等法院训令：第二四七
　　　　　八号（中华民国十九年三月二
　　　　　十八日）：令各法院院长、各
　　　　　法院首席检察官、兼理司法各
　　　　　县县长：令饬通缉皖省反革命
　　　　　案被告强亚东一名由（附表）

作　　者：林彪

关 键 词：首席检察官　通缉令

摘　　要：江苏高等法院训令各院等，通
　　　　　缉安徽省反革命案被告。

期刊名称：江苏高等法院公报

主办单位：江苏高等法院

刊　　期：1930（3）

页　　码：21－22

282. 题　　名：江苏高等法院训令：第五〇九
　　　　　二号（中华民国十九年六月十
　　　　　七日）：令各法院院长、首席
　　　　　检察官：公布西医条例令知
　　　　　照由

作　　者：林彪　王思默

关 键 词：西医条例

摘　　要：公布西医条例。

期刊名称：江苏高等法院公报

主办单位：江苏高等法院

刊　　期：1930（6）

页　　码：17－18

283. 题　　名：江苏高等法院训令：第五一
　　　　　一号（中华民国十九年六月十
　　　　　七日）：令各法院院长、首席
　　　　　检察官：令各院为禁烟令通过
　　　　　施行规则第五章第十五条规定
　　　　　令仰遵照由

作　　者：林彪　王思默

关 键 词：禁烟令　施行规则

摘　　要：令各院为禁烟令通过施行规则
　　　　　第五章第十五条规定。

期刊名称：江苏高等法院公报

主办单位：江苏高等法院

刊　　期：1930（6）

页　　码：18－19

284. 题　　名：江苏高等法院训令：第五二七
　　　　　一号（中华民国十九年六月二
　　　　　十一日）：训令各法院院长、

首席检察官：为奉发国民政府
公布之公会法施行法令仰知
照由

作　　者：林彪　王思默

关 键 词：公会法施行法令

摘　　要：为奉发国民政府公布公会法施
行法令。

期刊名称：江苏高等法院公报

主办单位：江苏高等法院

刊　　期：1930（6）

页　　码：19－20

285. 题　　名：江苏高等法院训令：第五一六
九号（中华民国十九年六月十
九日）：令各法院院长、首席
检察官：为公布宣誓条例令知
照由

作　　者：林彪　王思默

关 键 词：宣誓条例

摘　　要：为公布宣誓条例。

期刊名称：江苏高等法院公报

主办单位：江苏高等法院

刊　　期：1930（6）

页　　码：20－21

286. 题　　名：江苏高等法院训令：第五一六
八号（中华民国十九年六月十
九日）：令各法院院长、首席
检察官：抄发民事调解法施行
规则令知照由

作　　者：林彪　王思默

关 键 词：民事调解法施行规则

摘　　要：抄发民事调解法施行规则。

期刊名称：江苏高等法院公报

主办单位：江苏高等法院

刊　　期：1930（6）

页　　码：21

287. 题　　名：江苏高等法院训令：第五一六
七号（中华民国十九年六月十
九日）：令各法院院长、首席
检察官：令转发古物保存法转
令知照由

作　　者：林彪　王思默

关 键 词：古物保存法

摘　　要：令转发古物保存法。

期刊名称：江苏高等法院公报

主办单位：江苏高等法院

刊　　期：1930（6）

页　　码：21－22

288. 题　　名：江苏高等法院训令：第五一六
六号（中华民国十九年六月十
九日）：令各法院院长、首席
检察官：令转发铁道军运条例
令知照由

作　　者：林彪　王思默

关 键 词：铁道军运条例

摘　　要：令转发铁道军运条例。

期刊名称：江苏高等法院公报

主办单位：江苏高等法院

刊　　期：1930（6）

页　　码：22

289. 题　　名：江苏高等法院训令：第五三二
五号（中华民国十九年六月二
十四日）：令各法院院长、首
席检察官：令发国民政府公布
之十九年浙江省赈灾公债条例
及还本付息表仰知照由

作　　者：林彪　王思默

关 键 词：浙江省赈灾公债条例　还本付
息表

摘　　要：令发国民政府公布之十九年浙
江省赈灾公债条例及还本付
息表。

期刊名称：江苏高等法院公报

主办单位：江苏高等法院

刊　　期：1930（6）

页　　码：23－24

290. 题　　名：江苏高等法院训令：第五三二
六号（中华民国十九年六月二
十四日）：令各法院院长、首
席检察官：令发国民政府公布
修正农矿部组织法仰知照由

作　　者：林彪　王思默

关 键 词：农矿部组织法　修正

摘　　要：令发国民政府公布修正农矿部
组织法。

期刊名称：江苏高等法院公报

主办单位：江苏高等法院

刊　　期：1930（6）

页　　码：25

291. 题　　名：江苏高等法院训令：第一二六
九九号（中华民国二十年三月
十九日）：令各法院院长、首
席检察官：公布广西善后督办

公署组织大纲令知照由（不另
行文）

作　　者：林彪　王思默

关 键 词：广西善后督办公署组织大纲

摘　　要：公布广西善后督办公署组织
大纲。

期刊名称：江苏高等法院公报

主办单位：江苏高等法院

刊　　期：1931（3）

页　　码：51－52

292. 题　　名：江苏高等法院训令：第一四六
二五号（中华民国二十年五月
十九日）：令各法院院长、各
法院首席检察官：修正硝磺类
专运护照规则第三条条文转令
知照由

作　　者：林彪　王思默

关 键 词：硝磺类专运护照规则　修正

摘　　要：修正硝磺类专运护照规则第三
条条文。

期刊名称：江苏高等法院公报

主办单位：江苏高等法院

刊　　期：1931（6）

页　　码：24－25

293. 题　　名：江苏高等法院训令：第一〇七
四五号（中华民国二十年五
月）：令各法院院长、各法院
首席检察官、各县县长：转令
通缉浙江泰顺县土劣案被告潘
介一名由（附表）

作　　者：林彪　王思默

关 键 词：首席检察官　通缉令

摘　　要：江苏高等法院训令各院等，转
令通缉浙江泰顺县土劣案
被告。

期刊名称：江苏高等法院公报

主办单位：江苏高等法院

刊　　期：1931（6）

页　　码：25－26

294. 题　　名：江苏高等法院训令：第八〇
二号（中华民国十八年十月八
日）：令各法院院长、各法院
首席检察官：转发交通部整顿
电报办法令知照由

作　　者：林彪　王思默

关 键 词：交通部整顿电报办法令

摘　　要：转发交通部整顿电报办法令。

期刊名称：江苏高等法院公报

主办单位：江苏高等法院

刊　　期：1929（10）

页　　码：27－28

295. 题　　名：江苏高等法院训令：第一二六
九八号（中华民国二十年三月
十九日）：令各法院院长、首
席检察官：公布人民团体职员
选举通则令知照由（不另行
文）

作　　者：林彪　王思默

关 键 词：人民团体职员选举通则

摘　　要：公布人民团体职员选举通则。

期刊名称：江苏高等法院公报

主办单位：江苏高等法院

刊　　期：1931（3）

页　　码：52

296. 题　　名：江苏高等法院训令：第一二六
九七号（中华民国二十年三月
十九日）：令各法院院长、首
席检察官：公布护照条例转令
知照由（不另行文）

作　　者：林彪　王思默

关 键 词：护照条例

摘　　要：公布护照条例。

期刊名称：江苏高等法院公报

主办单位：江苏高等法院

刊　　期：1931（3）

页　　码：53－54

297. 题　　名：江苏高等法院训令：第九八三
号（中华民国二十年八月五
日）：令各法院院长、首席检
察官，各新监典狱长、分监
长：令为交卸人员亡故给恤碍
难适用转令知照由

作　　者：林彪　王思默

关 键 词：官吏恤金　交卸人员　亡故

摘　　要：官吏恤金系指在职亡故者而
言，至于交卸人员亡故之给恤
碍难适用。

期刊名称：江苏高等法院公报

主办单位：江苏高等法院

刊　　期：1931（8）

页　　码：49－50

298. 题　　名：江苏高等法院训令：第九八二

号（中华民国二十年八月五日）：令各法院院长、首席检察官：令为中央执委会第三届第五次全体会议决议案转饬知照由

作　　者：林彪　王思默

关 键 词：会议决议案

摘　　要：为令中央执委会第三届第五次全体会议决议案。

期刊名称：江苏高等法院公报

主办单位：江苏高等法院

刊　　期：1931（8）

页　　码：50 – 51

299. 题　　名：江苏高等法院训令：第九八一号（中华民国二十年八月五日）：令各法院院长、首席检察官：令发修正稽核智利硝暂行办法转令知照由

作　　者：林彪　王思默

关 键 词：稽核智利硝暂行办法

摘　　要：令发修正稽核智利硝暂行办法。

期刊名称：江苏高等法院公报

主办单位：江苏高等法院

刊　　期：1931（8）

页　　码：51 – 52

300. 题　　名：江苏高等法院训令：第九八〇号（中华民国二十年八月五日）：令各法院院长、首席检察官：令发剿匪期内各级行政人员奖惩条例转饬知照由

作　　者：林彪　王思默

关 键 词：剿匪期　奖惩条例

摘　　要：令发剿匪期内各级行政人员奖惩条例。

期刊名称：江苏高等法院公报

主办单位：江苏高等法院

刊　　期：1931（8）

页　　码：52

301. 题　　名：江苏高等法院训令：第九七九号（中华民国二十年八月五日）：令各法院院长、首席检察官：令发修正兵工厂组织条例暨修正各项条文转令知照由

作　　者：林彪　王思默

关 键 词：兵工厂组织条例

摘　　要：令发修正兵工厂组织条例暨修

正各项条文。

期刊名称：江苏高等法院公报

主办单位：江苏高等法院

刊　　期：1931（8）

页　　码：53

302. 题　　名：江苏高等法院训令：第九七八号（中华民国二十年八月五日）：令各法院院长、首席检察官：令为公布褒扬条例暨修正铁道军运条例条文转令知照由

作　　者：林彪　王思默

关 键 词：褒扬条例　铁道军运条例

摘　　要：令为公布褒扬条例暨修正铁道军运条例条文。

期刊名称：江苏高等法院公报

主办单位：江苏高等法院

刊　　期：1931（8）

页　　码：53 – 54

303. 题　　名：江苏高等法院训令：第九七七号（中华民国二十年八月五日）：令各法院院长、首席检察官：令发修正检查舟车飞机私运鸦片及其他代用品办法转饬知照由

作　　者：林彪　王思默

关 键 词：检查舟车飞机私运鸦片及其他代用品办法

摘　　要：令发修正检查舟车飞机私运鸦片及其他代用品办法。

期刊名称：江苏高等法院公报

主办单位：江苏高等法院

刊　　期：1931（8）

页　　码：54 – 56

304. 题　　名：江苏高等法院训令：第九七六号（中华民国二十年八月五日）：令各法院院长、首席检察官：令为公布修正铁路运送公用物料收费办法及凭单式转令知照由

作　　者：林彪　王思默

关 键 词：修正铁路运送公用物料收费办法　凭单式

摘　　要：令为公布修正铁路运送公用物料收费办法及凭单式。

期刊名称：江苏高等法院公报

主办单位：江苏高等法院

刊　　期：1931（8）

页　　码：56－57

305. 题　　名：江苏高等法院训令：第一〇五三号（中华民国二十年八月六日）：令各法院院长、首席检察官：令为解除入籍韩民张元俊所受国籍法各款限制一案转令知照由

作　　者：林彪　王思默

关 键 词：解除入籍　国籍法

摘　　要：令为解除入籍韩民张元俊所受国籍法各款限制一案。

期刊名称：江苏高等法院公报

主办单位：江苏高等法院

刊　　期：1931（8）

页　　码：57－59

306. 题　　名：江苏高等法院训令：第一〇五四号（中华民国二十年八月六日）：令各法院院长、首席检察官：令为公务员甄别初审委员会组织条例转令知照由

作　　者：林彪　王思默

关 键 词：公务员甄别初审委员会组织条例

摘　　要：令为公务员甄别初审委员会组织条例。

期刊名称：江苏高等法院公报

主办单位：江苏高等法院

刊　　期：1931（8）

页　　码：59－60

307. 题　　名：江苏高等法院训令：第一三〇八号（中华民国二十年八月十八日）：令各法院院长、首席检察官：令发实业部国际贸易局组织条例转令知照由

作　　者：林彪　王思默

关 键 词：实业部国际贸易局组织条例

摘　　要：令发实业部国际贸易局组织条例。

期刊名称：江苏高等法院公报

主办单位：江苏高等法院

刊　　期：1931（8）

页　　码：60

308. 题　　名：江苏高等法院训令：第一四三四号（中华民国二十年八月二十二日）：令各法院院长、首席检察官：令发实业部农工矿技副登记条例转令知照由

作　　者：林彪　王思默

关 键 词：实业部农工矿技副登记条例

摘　　要：令发实业部农工矿技副登记条例。

期刊名称：江苏高等法院公报

主办单位：江苏高等法院

刊　　期：1931（8）

页　　码：60－61

309. 题　　名：江苏高等法院训令：第一四三三号（中华民国二十年八月二十二日）：令各法院院长、首席检察官：令为关于铁路员工违法行为逮捕或传讯办法转令知照由（附表）

作　　者：林彪　王思默

关 键 词：铁路员工违法行为逮捕或传讯办法

摘　　要：令为关于铁路员工违法行为逮捕或传讯办法。

期刊名称：江苏高等法院公报

主办单位：江苏高等法院

刊　　期：1931（8）

页　　码：61－62

310. 题　　名：江苏高等法院训令：第一四三二号（中华民国二十年八月二十二日）：令各法院院长、首席检察官，各新监典狱长、分监长：令为党旗国徽之制造及使用办法转令饬遵由（附表）

作　　者：林彪　王思默

关 键 词：党旗国徽　制造及使用办法

摘　　要：令为党旗国徽制造及使用办法。

期刊名称：江苏高等法院公报

主办单位：江苏高等法院

刊　　期：1931（8）

页　　码：62－67

311. 题　　名：江苏高等法院训令：第九〇一号（中华民国十九年十一月十一日）：令各法院院长、各法院首席检察官（不另行文）：为举行集会时须遵照民权初步实行令遵照由

作　　者：林彪　王思默

关 键 词：民权初步实行令　集会

摘　　要：举行集会时须遵照民权初步实行令。

期刊名称：江苏高等法院公报

主办单位：江苏高等法院

刊　　期：1930（11）

页　　码：14－15

312. 题　　名：江苏高等法院训令：第九〇九二号（中华民国十九年十一月十一日）：令各法院院长、各法院首席检察官（不另行文）：奉令转发修正民国十九年关税短期库券条例及还本付息表令知照由

作　　者：林彪　王思默

关 键 词：关税短期库券条例　还本付息表

摘　　要：奉令转发修正民国十九年关税短期库券条例及还本付息表。

期刊名称：江苏高等法院公报

主办单位：江苏高等法院

刊　　期：1930（11）

页　　码：15

313. 题　　名：江苏高等法院训令：第九〇九三号（中华民国十九年十一月十一日）：令各法院院长、各法院首席检察官（不另行文）：公布国葬法令知照由

作　　者：林彪　王思默

关 键 词：国葬法

摘　　要：公布国葬法。

期刊名称：江苏高等法院公报

主办单位：江苏高等法院

刊　　期：1930（11）

页　　码：15－16

314. 题　　名：江苏高等法院训令：第九八一七号（中华民国十九年十二月五日）：令各法院院长、各法院首席检察官（不另行文）：奉部令以浙江律师公会入会证书拒绝贴花转饬照贴由

作　　者：林彪　王思默

关 键 词：律师公会　入会证书　印花税

摘　　要：奉部令以浙江律师公会入会证书拒绝贴花转饬照贴。

期刊名称：江苏高等法院公报

主办单位：江苏高等法院

刊　　期：1930（12）

页　　码：15－16

315. 题　　名：江苏高等法院训令：第九八一九号（中华民国十九年十二月五日）：令各法院院长、各法院首席检察官（不另行文）：本年十二月一日为矿业法施行日期转令知照由

作　　者：林彪　王思默

关 键 词：矿业法　施行日期

摘　　要：中华民国十九年十二月一日为矿业法施行日期。

期刊名称：江苏高等法院公报

主办单位：江苏高等法院

刊　　期：1930（12）

页　　码：17

316. 题　　名：江苏高等法院训令：第一〇三九九号（中华民国十九年十二月二十四日）：令各法院院长、各法院首席检察官（不另行文）：公布考试覆核条例令饬知照由

作　　者：林彪　王思默

关 键 词：考试覆核条例

摘　　要：公布考试覆核条例。

期刊名称：江苏高等法院公报

主办单位：江苏高等法院

刊　　期：1930（12）

页　　码：22－23

317. 题　　名：江苏高等法院训令：第一一八七号（中华民国二十年二月十六日）：令各法院院长、首席检察官：令发中央训练部规定解释法令办法一案令知照由

作　　者：林彪　王思默

关 键 词：中央训练部　解释法令办法

摘　　要：令发中央训练部规定解释法令办法。

期刊名称：江苏高等法院公报

主办单位：江苏高等法院

刊　　期：1931（3）

页　　码：23－24

318. 题　　名：江苏高等法院训令：第一一八七八号（中华民国二十年二月十六日）：令各法院院长、首

席检察官：公布修正中山县训政实施委员会组织大纲令知照由（不另行文）

作　　者：林彪　王思默

关 键 词：中山县训政实施委员会组织大纲

摘　　要：公布修正中山县训政实施委员会组织大纲。

期刊名称：江苏高等法院公报

主办单位：江苏高等法院

刊　　期：1931（3）

页　　码：24－25

319. 题　　名：江苏高等法院训令：第一一八七九号（中华民国二十年二月十六日）：令各法院院长、首席检察官：令发保障人民自由案第一项甲款令一体遵照由（不另行文）

作　　者：林彪　王思默

关 键 词：保障人民自由案

摘　　要：令发保障人民自由案第一项甲款令。

期刊名称：江苏高等法院公报

主办单位：江苏高等法院

刊　　期：1931（3）

页　　码：25－26

320. 题　　名：江苏高等法院训令：第一一八八〇号（中华民国二十年二月十六日）：令各法院院长、首席检察官：转行认真实施检查舟车飞机私运鸦片办法令知照由（不另行文）

作　　者：林彪　王思默

关 键 词：检查舟车飞机私运鸦片办法

摘　　要：转行认真实施检查舟车飞机私运鸦片办法。

期刊名称：江苏高等法院公报

主办单位：江苏高等法院

刊　　期：1931（3）

页　　码：26－27

321. 题　　名：江苏高等法院训令：第二八七〇号（中华民国十八年五月一日）：令分院各地方法院院长、首席检察官（不另行文）：转知颁布国籍法规由

作　　者：林彪　王思默

关 键 词：国籍法规

摘　　要：转知颁布国籍法规。

期刊名称：江苏高等法院公报

主办单位：江苏高等法院

刊　　期：1929（5）

页　　码：24－25

322. 题　　名：江苏高等法院训令：第二九六五号（中华民国十八年五月二日）：令各法院院长、首席检察官：奉令禁止军事机关受理诉讼干涉司法转行知照由

作　　者：林彪　王思默

关 键 词：军事机关　受理　干涉司法

摘　　要：奉令禁止军事机关受理诉讼，干涉司法。

期刊名称：江苏高等法院公报

主办单位：江苏高等法院

刊　　期：1929（5）

页　　码：25

323. 题　　名：江苏高等法院训令：第五八八六号（中华民国十八年八月六日）：令各法院院长、首席检察官（不另行文）：转知严禁八月一日集会举动并随时消灭反动组织由

作　　者：林彪　王思默

关 键 词：严禁集会　消减　反动组织

摘　　要：转知严禁八月一日集会举动并随时消减反动组织。

期刊名称：江苏高等法院公报

主办单位：江苏高等法院

刊　　期：1929（8）

页　　码：17－18

324. 题　　名：江苏高等法院检察官指令：第一六二五号（中华民国十八年四月二十日）：令代理句容县县长于保民：呈一件请派员定期监视焚毁没收烟土由

作　　者：王思默

关 键 词：监视　焚毁没收烟土

摘　　要：呈一件请派员定期监视焚毁没收烟土。

期刊名称：江苏高等法院公报

主办单位：江苏高等法院

刊　　期：1929（4）

页　　码：38

325.题　　名：江苏高等法院训令：第一六〇二号（中华民国十八年三月十三日）：令各法院院长、首席检察官：转知法官呈保升迁办法由

作　　者：张君度　王思默

关 键 词：法官呈保升迁办法

摘　　要：转知法官呈保升迁办法。

期刊名称：江苏高等法院公报

主办单位：江苏高等法院

刊　　期：1929（3）

页　　码：32－33

326.题　　名：江苏高等法院训令：第四一九七号（中华民国十八年六月十三日）：令各级法院院长、首席检察官、各律师公会：行知法官书记官律师制服镶边阔度由

作　　者：林彪　王思默

关 键 词：司法官制服　镶边阔度

摘　　要：行知法官、书记官、律师制服镶边阔度。

期刊名称：江苏高等法院公报

主办单位：江苏高等法院

刊　　期：1929（6）

页　　码：34－35

327.题　　名：江苏高等法院训令：第三九〇〇号（中华民国十八年六月三日）：令各法院院长、首席检察官（不另行文）：转发修正续发卷烟税国库券条例及发行简章由

作　　者：林彪　王思默

关 键 词：续发卷烟税国库券条例　发行简章

摘　　要：转发修正续发卷烟税国库券条例及发行简章。

期刊名称：江苏高等法院公报

主办单位：江苏高等法院

刊　　期：1929（6）

页　　码：37－38

328.题　　名：江苏高等法院训令：第三九九六号（中华民国十八年六月六日）：令各法院院长、首席检

察官（不另行文）：为公布法规制定标准法令知照由

作　　者：林彪　王思默

关 键 词：法规制定标准法

摘　　要：为公布法规制定标准法。

期刊名称：江苏高等法院公报

主办单位：江苏高等法院

刊　　期：1929（6）

页　　码：38

329.题　　名：江苏高等法院训令：第三九九四号（中华民国十八年六月六日）：令各法院院长、首席检察官（不另行文）：转发县长履勘烟苗章程令知照由

作　　者：林彪　王思默

关 键 词：县长履勘烟苗章程

摘　　要：转发县长履勘烟苗章程。

期刊名称：江苏高等法院公报

主办单位：江苏高等法院

刊　　期：1929（6）

页　　码：39

330.题　　名：江苏高等法院训令：第三九九五号（中华民国十八年六月六日）：令各法院院长、首席检察官（不另行文）：为修正航空公司条例第八条转令知照由

作　　者：林彪　王思默

关 键 词：航空公司条例

摘　　要：为修正航空公司条例第八条。

期刊名称：江苏高等法院公报

主办单位：江苏高等法院

刊　　期：1929（6）

页　　码：39－40

331.题　　名：江苏高等法院训令：第一六一五号（中华民国十八年三月十三日）：令各法院院长、首席检察官（不另行文）：转知县长奖惩条例已修正公布由

作　　者：张君度　王思默

关 键 词：县长奖惩条例

摘　　要：转知县长奖惩条例已修正。

期刊名称：江苏高等法院公报

主办单位：江苏高等法院

刊　　期：1929（3）

页　　码：33

332.题　　名：江苏高等法院训令：第五八八

五号（中华民国十八年八月六日）：令各法院院长、首席检察官（不另行文）：为劳资争议处理法自本年六月九日起展期六月转知由

作　　者：林彪　王思默

关 键 词：劳资争议处理法　展期

摘　　要：为劳资争议处理法自本年六月九日起展期六月。

期刊名称：江苏高等法院公报

主办单位：江苏高等法院

刊　　期：1929（8）

页　　码：19

333. 题　　名：江苏高等法院训令：第四三二号（中华民国十八年六月十八日）：令各法院院长、首席检察官、新监（不另行文）：奉令公布弹劾法转令知照由

作　　者：林彪　王思默

关 键 词：弹劾法

摘　　要：奉令公布弹劾法。

期刊名称：江苏高等法院公报

主办单位：江苏高等法院

刊　　期：1929（6）

页　　码：43

334. 题　　名：江苏高等法院训令：第四三三号（中华民国十八年六月十八日）：令各法院院长、首席检察官、新监（不另行文）：奉令定六月三日为禁烟纪念日转令知照由

作　　者：林彪　王思默

关 键 词：禁烟纪念日

摘　　要：奉令定六月三日为禁烟纪念日。

期刊名称：江苏高等法院公报

主办单位：江苏高等法院

刊　　期：1929（6）

页　　码：43 – 44

335. 题　　名：江苏高等法院训令：第四三四号（中华民国十八年六月十八日）：令各法院院长、首席检察官、新监（不另行文）：奉令修正各机关放假日期表转令遵照由

作　　者：

关 键 词：机关　放假日期表

摘　　要：奉令修正各机关放假日期表。

期刊名称：江苏高等法院公报

主办单位：江苏高等法院

页　　码：44 – 45

336. 题　　名：江苏高等法院训令：第一六一六号（中华民国十八年三月十三日）：令各法院院长、首席检察官（不另行文）：转知神祠存废标准应即废止由

作　　者：张君度　王思默

关 键 词：神祠存废标准　废止

摘　　要：转知神祠存废标准应即废止。

期刊名称：江苏高等法院公报

主办单位：江苏高等法院

刊　　期：1929（3）

页　　码：34

337. 题　　名：江苏高等法院训令：第一四四一号（中华民国十八年三月十五日）：令各法院院长、首席检察官（不另行文）：转饬查禁光明周刊由

作　　者：张君度　王思默

关 键 词：光明周刊　查禁

摘　　要：转饬查禁光明周刊。

期刊名称：江苏高等法院公报

主办单位：江苏高等法院

刊　　期：1929（3）

页　　码：35 – 36

338. 题　　名：江苏高等法院训令：第一四四〇号（中华民国十八年三月十五日）：令各法院院长、首席检察官（不另行文）：转知新疆于阗县策勒村县佐改升县治由

作　　者：张君度　王思默

关 键 词：县佐　县治

摘　　要：转知新疆于阗县策勒村县佐改升县治。

期刊名称：江苏高等法院公报

主办单位：江苏高等法院

刊　　期：1929（3）

页　　码：36

339. 题　　名：江苏高等法院训令：第一四三九号（中华民国十八年三月十

九日）：令各法院院长、首席检察官（不另行文）：转知财政部卷烟统税条例已明令修正由

作　　者：张君度　王思默

关 键 词：卷烟统税条例

摘　　要：转知财政部卷烟统税条例已明令修正。

期刊名称：江苏高等法院公报

主办单位：江苏高等法院

刊　　期：1929（3）

页　　码：36－37

340. 题　　名：江苏高等法院训令：第一四三七号（中华民国十八年三月十九日）：令各法院院长、首席检察官、新监典狱长及分监长（不另行文）：转知中央采用梅花为各种徽饰由

作　　者：张君度　王思默

关 键 词：梅花　徽饰

摘　　要：转知中央采用梅花为各种徽饰。

期刊名称：江苏高等法院公报

主办单位：江苏高等法院

刊　　期：1929（3）

页　　码：38

341. 题　　名：江苏高等法院训令：第三九四二号（中华民国二十年十一月九日）：令各法院院长、各法院首席检察官：令为国府前发东北边防司令署之空白护照一律作废令仰知照由

作　　者：林彪　王思默

关 键 词：东北边防司令署　护照　作废

摘　　要：令为国府前发东北边防司令署之空白护照一律作废。

期刊名称：江苏高等法院公报

主办单位：江苏高等法院

刊　　期：1931（11）

页　　码：8－10

342. 题　　名：江苏高等法院训令：第一〇四四八号（中华民国十九年十二月二十五日）：令各法院院长、各法院首席检察官（不另行文）：令知国府限监察院于二十年一月成立由

作　　者：林彪　王思默

关 键 词：监察院　成立

摘　　要：令知国府限监察院于二十年一月成立。

期刊名称：江苏高等法院公报

主办单位：江苏高等法院

刊　　期：1930（12）

页　　码：36－37

343. 题　　名：江苏高等法院训令：第一〇四五〇号（中华民国十九年十二月二十五日）：令各法院院长、各法院首席检察官（不另行文）：转发刷新政治改善制度确立最短期内施政中心提高行政效率决议案内第七款第二项令遵照由

作　　者：林彪　王思默

关 键 词：施政中心　行政效率

摘　　要：转发刷新政治改善制度确立最短期内施政中心提高行政效率决议案内第七款第二项。

期刊名称：江苏高等法院公报

主办单位：江苏高等法院

刊　　期：1930（12）

页　　码：38－39

344. 题　　名：江苏高等法院训令：第一〇四五一号（中华民国十九年十二月二十五日）：令各法院院长、各法院首席检察官（不另行文）：奉令申诫嗣后政军机关务尊系统恪守职权不得再有泄沓偷惰纷歧割裂之恶习转令遵照由

作　　者：林彪　王思默

关 键 词：申诫　恶习

摘　　要：奉令申诫嗣后政军机关务尊系统恪守职权，不得再有泄沓偷惰分歧割裂之恶习。

期刊名称：江苏高等法院公报

主办单位：江苏高等法院

刊　　期：1930（12）

页　　码：39－40

345. 题　　名：江苏高等法院训令：第九三〇〇号（中华民国十九年十一月二十日）：令各法院院长、各法院首席检察官（不

另行文）：转令关于中央各部
会暨各省市县政府对于威海卫
管理公署行文办法令知照由

作　　者：林彪　王思默

关 键 词：威海卫管理公署行文办法

摘　　要：转令关于中央各部会暨各省市
县政府对于威海卫管理公署行
文办法。

期刊名称：江苏高等法院公报

主办单位：江苏高等法院

刊　　期：1930（12）

页　　码：10－11

346. 题　　名：江苏高等法院训令：第二七八
三号（中华民国十九年四月八
日）：令地方法院院长、地方
法院首席检察官：转知以后党
员犯罪案件无论轻重均应依法
定程序办理经司法机关之审
判由

作　　者：林彪　王思默

关 键 词：党员犯罪案件　司法审判

摘　　要：转知以后党员犯罪案件无论轻
重均应依法定程序办理，经司
法机关审判。

期刊名称：江苏高等法院公报

主办单位：江苏高等法院

刊　　期：1930（4）

页　　码：23－24

347. 题　　名：江苏高等法院训令：第五〇三
二号（中华民国十九年六月十
六日）：令各新监典狱长及分
监长，各法院院长、首席检察
官，兼理司法各县县长：奉部
令转饬关于普通案件应切实遵
用缓刑及假释办法以期疏通监
所令遵照办理由

作　　者：林彪　王思默

关 键 词：普通案件　缓刑　假释

摘　　要：关于普通案件应切实遵用缓刑
及假释办法以期疏通监所。

期刊名称：江苏高等法院公报

主办单位：江苏高等法院

刊　　期：1930（6）

页　　码：15－16

348. 题　　名：江苏高等法院训令：第一二七
一四号（中华民国二十年三月

十九日）：令各法院院长、首
席检察官：令知国民会议选举
总事务所办公地址及开始办公
启用关防日期由（不另行文）

作　　者：林彪　王思默

关 键 词：选举总事务所　办公地址　办
公日期

摘　　要：令知国民会议选举总事务所办
公地址及开始办公启用关防日
期。

期刊名称：江苏高等法院公报

主办单位：江苏高等法院

刊　　期：1931（3）

页　　码：40

349. 题　　名：江苏高等法院训令：第一二七
一三号（中华民国二十年三月
十九日）：令各法院院长、首
席检察官：奉令修正建设委员
会组织法及国民会议选举总事
务所组织条例转令知照由（不
另行文）

作　　者：林彪　王思默

关 键 词：建设委员会组织法　国民会议
选举总事务所组织条例

摘　　要：奉令修正建设委员会组织法及
国民会议选举总事务所组织
条例。

期刊名称：江苏高等法院公报

主办单位：江苏高等法院

刊　　期：1931（3）

页　　码：41

350. 题　　名：江苏高等法院训令：第一二七
一二号（中华民国二十年三月
十九日）：令各法院院长、首
席检察官：奉国库令中央地方
各种税捐等项设定及废止均应
先经中央政治会议决定原则立
法院审议内容始得成立等因转
令知照由（不另行文）

作　　者：林彪　王思默

关 键 词：税捐　设定　废止　决定
审议

摘　　要：奉国库令中央地方各种税捐等
项设定及废止均应先经中央政
治会议决定原则，立法院审议
内容始得成立。

期刊名称：江苏高等法院公报

主办单位：江苏高等法院

刊　　期：1931（3）

页　　码：41－42

351. 题　　名：江苏高等法院训令：第一二七
　　　　　　〇九号（中华民国二十年三月
　　　　　　十九日）：令各法院院长、首
　　　　　　席检察官：奉令修正外交等七
　　　　　　部组织法及国民会议代表选举
　　　　　　各省市事务所组织条例转令知
　　　　　　照由（不另行文）

作　　者：林彪　王思默

关 键 词：组织法　选举事务所组织条例

摘　　要：奉令修正外交等七部组织法及
　　　　　　国民会议代表选举各省市事务
　　　　　　所组织条例。

期刊名称：江苏高等法院公报

主办单位：江苏高等法院

刊　　期：1931（3）

页　　码：44－45

352. 题　　名：江苏高等法院训令：第一二七
　　　　　　〇七号（中华民国二十年三月
　　　　　　十九日）：令各法院院长、首
　　　　　　席检察官：奉部令知东省特区
　　　　　　行政长官公署函请转知中央各
　　　　　　机关凡通行文件请并分行一案
　　　　　　转令知照由（不另行文）

作　　者：林彪　王思默

关 键 词：通行文件　分行

摘　　要：奉部令知东省特区行政长官公
　　　　　　署函请转知中央各机关凡通行
　　　　　　文件请并分行一案。

期刊名称：江苏高等法院公报

主办单位：江苏高等法院

刊　　期：1931（3）

页　　码：45－46

353. 题　　名：江苏高等法院训令：第一二六
　　　　　　九五号（中华民国二十年三月
　　　　　　十九日）：令各法院院长、首
　　　　　　席检察官：奉部令知定于本年
　　　　　　四月一日起至六月底止为检定
　　　　　　考试日期，七月十五日为高等
　　　　　　考试开始举行日期转令知照由
　　　　　　（不另行文）

作　　者：林彪　王思默

关 键 词：检定考试日期　高等考试日期

摘　　要：奉部令知定于本年四月一日起
　　　　　　至六月底止为检定考试日期，
　　　　　　七月十五日为高等考试开始举
　　　　　　行日期。

期刊名称：江苏高等法院公报

主办单位：江苏高等法院

刊　　期：1931（3）

页　　码：54－56

354. 题　　名：江苏高等法院训令：第一二六
　　　　　　九四号（中华民国二十年三月十九
　　　　　　日）：令各法院院长、首席检察
　　　　　　官：奉部令知考试覆核委员会遵
　　　　　　令于二月一日组织成立启用关防
　　　　　　视事令知照由（不另行文）

作　　者：林彪　王思默

关 键 词：考试覆核委员会　关防视事

摘　　要：奉部令知考试覆核委员会遵令
　　　　　　于二月一日组织成立启用关防
　　　　　　视事。

期刊名称：江苏高等法院公报

主办单位：江苏高等法院

刊　　期：1931（3）

页　　码：56

355. 题　　名：江苏高等法院训令：第一二七
　　　　　　五五号（中华民国二十年三月
　　　　　　十九日）：令各法院院长、首
　　　　　　席检察官、各监：奉部令知甄
　　　　　　别审查合格人员如有转调、任
　　　　　　用、死亡、出缺、辞职、免
　　　　　　职、升级、降级、加俸、记
　　　　　　功、记过或其他处分均须函报
　　　　　　铨叙部转令知照由

作　　者：林彪　王思默

关 键 词：人事变动　铨叙部

摘　　要：奉部令知甄别审查合格人员如
　　　　　　有转任、调用、死亡、出缺、
　　　　　　辞职、免职、升级、降级、加
　　　　　　俸、记功、记过或其他处分均
　　　　　　须函报铨叙部。

期刊名称：江苏高等法院公报

主办单位：江苏高等法院

刊　　期：1931（3）

页　　码：17－18

356. 题　　名：江苏高等法院训令：第三四二
　　　　　　〇号（中华民国十八年九月十
　　　　　　一日）：令各法院院长、首席

检察官、兼理司法各县县长：
转知奉司法行政部令嗣后遇有
审理运售烟土案必须根究烟馆
主人姓名一并惩办由

作　　者：林彪　王思默

关键词：运售烟土案　烟馆主人　惩办

摘　　要：转知奉司法行政部令嗣后遇有
审理运售烟土案必须根究烟馆
主人姓名一并惩办。

期刊名称：江苏高等法院公报

主办单位：江苏高等法院

刊　　期：1929（9）

页　　码：60－61，5

357. 题　名：江苏高等法院训令：第九三八
四号（中华民国十九年十一月
二十二日）：令各法院院长、
各法院首席检察官（不另行
文）：转发国府公布民国十九
年善后短期库券条例及还本付
息表令知照由

作　　者：林彪　王思默

关键词：善后短期库券条例　还本付
息表

摘　　要：转发国府公布民国十九年善后
短期库券条例及还本付息表。

期刊名称：江苏高等法院公报

主办单位：江苏高等法院

刊　　期：1930（12）

页　　码：12

358. 题　名：江苏高等法院训令：第八〇七
号（中华民国二十年七月二十
九日）：令各法院院长、首席
检察官，各新监典狱长、分监
长：令为各机关服务人员如应
本届高等及普通考试请假者准
作因公请假论转令遵照由

作　　者：林彪　王思默

关键词：考试请假　因公请假

摘　　要：各机关服务人员如应本届高等
及普通考试请假者，准作因公
请假论。

期刊名称：江苏高等法院公报

主办单位：江苏高等法院

刊　　期：1931（8）

页　　码：48－49

359. 题　名：江苏高等法院训令：第九四八

号（中华民国二十年八月四
日）：令各法院院长、首席检
察官、各新监典狱长、分监
长：令为现任公务员甄别审查
条例施行期间展至二十年十二
月底截止转令知照由

作　　者：林彪　王思默

关键词：现任公务员甄别审查条例
展期

摘　　要：现任公务员甄别审查条例施行
期间展至二十年十二月底
截止。

期刊名称：江苏高等法院公报

主办单位：江苏高等法院

刊　　期：1931（8）

页　　码：49

360. 题　名：江苏高等法院训令：第七一号
（中华民国二十年七月三日）：
令法院院长、首席检察官、新
监典狱长、分监长：奉令转知
凡党政各机关学校嗣后所有随
从夫役人等应一律禁着军服及
类似军服之装束由

作　　者：林彪　王思默

关键词：禁着军装

摘　　要：奉令转知凡党政各机关学校嗣
后所有随从夫役人等应一律禁
着军服及类似军服之装束。

期刊名称：江苏高等法院公报

主办单位：江苏高等法院

刊　　期：1931（8）

页　　码：19－20

361. 题　名：江苏高等法院训令：第二三
〇号（中华民国二十年九月二
十一日）：令各监犯临时收容所
所长，法院院长、首席检察官、
新监典狱长、分监长：令为此次
水灾最钜财政艰窘，嗣后各机
关非切要之建筑一律停止，节
存费移作救灾之用饬属遵照由

作　　者：林彪　王思默

关键词：节存费用　移作救灾

摘　　要：此次水灾最钜，财政艰窘。嗣
后各机关非切要之建筑一律停
止。节存费移作救灾之用。

期刊名称：江苏高等法院公报

主办单位：江苏高等法院

刊　　期：1931（9）

页　　码：13－14

362. 题　　名：江苏高等法院训令：第二五二
九号（中华民国二十年九月二
十五日）：令各监犯临时收容
所所长，法院院长、首席检察
官，新监典狱长、分监长：令
发党旗国旗制造改正尺度表转
令遵照由

作　　者：林彪　王思默

关 键 词：党旗国旗制造　改正尺度表

摘　　要：令发党旗国旗制造改正尺
度表。

期刊名称：江苏高等法院公报

主办单位：江苏高等法院

刊　　期：1931（9）

页　　码：14－15

363. 题　　名：江苏高等法院训令：第二二九
五号（中华民国二十年九月十
八日）：令地方法院院长、首
席检察官：令为各机关每季填
送之职员进退名额薪额三种表
式不列名单之机关毋庸造送铨
叙部转令知照由（附表）

作　　者：林彪　王思默

关 键 词：表式　铨叙部

摘　　要：令为各机关每季填送之职员进
退名额、薪额三种表式。不列
名单之机关毋庸造送铨叙部。

期刊名称：江苏高等法院公报

主办单位：江苏高等法院

刊　　期：1931（9）

页　　码：15－17

364. 题　　名：江苏高等法院训令：第五二七
六号（中华民国十八年七月十
八日）：令各法院院长、首席
检察官（不另行文）：为台湾
人林永昌取消国籍所领内字第
一号许可执照应无效令知由

作　　者：林彪　王思默

关 键 词：国籍　许可执照　无效

摘　　要：台湾人林永昌取消国籍所领内
字第一号许可执照应无效。

期刊名称：江苏高等法院公报

主办单位：江苏高等法院

刊　　期：1929（7）

页　　码：23

365. 题　　名：江苏高等法院训令：第八四一
二号（中华民国十八年七月二
十三日）：令各法院院长、首
席检察官（不另行文）：为转
知关于共党第六次全国代表大
会议决案令严密防范由

作　　者：林彪　王思默

关 键 词：共党第八次全国代表大会议
决案

摘　　要：转知关于共党第六次全国代表
大会议决案，令严密防范。

期刊名称：江苏高等法院公报

主办单位：江苏高等法院

刊　　期：1929（7）

页　　码：27－30

366. 题　　名：江苏高等法院训令：第五六四
六号（中华民国十八年七月三
十日）：令各法院院长、首席检
察官（不另行文）：转知部令抄
发三届二中全会通过治权行使
之规律案转令一体遵照由

作　　者：林彪　王思默

关 键 词：治权行使规律案

摘　　要：转知部令抄发三届二中全会通
过治权行使之规律案。

期刊名称：江苏高等法院公报

主办单位：江苏高等法院

刊　　期：1929（7）

页　　码：31

367. 题　　名：江苏高等法院训令：第五六五
三号（中华民国十八年七月三
十一日）：令江苏高等法院第
一分院院长、江宁镇江上海吴
县地方法院首席检察官、江苏
各监狱署典狱长：转部令嗣后
造表人员各表务须详加校对无
讹始得具文呈报切勿错误由

作　　者：林彪

关 键 词：造表　校对

摘　　要：转部令嗣后造表人员各表务须
详加校对无讹，始得具文呈
报，切勿错误。

期刊名称：江苏高等法院公报

主办单位：江苏高等法院

刊　　期：1929（7）

页　　码：32，3

368. 题　　名：江苏高等法院训令：第五九二
六号（中华民国十九年七月十
六日）：令各法院院长、首席
检察官（不另行文）：为奉部
抄发中华图书馆协会执行委员
会原呈教育部审核意见书各一
件转饬遵办由

作　　者：林彪　王思默

关 键 词：中华图书馆协会执行委员会
审核意见书

摘　　要：抄发中华图书馆协会执行委员
会原呈教育部审核意见书各
一件。

期刊名称：江苏高等法院公报

主办单位：江苏高等法院

刊　　期：1930（7）

页　　码：12 – 17

369. 题　　名：江苏高等法院训令：第九三八
五号（中华民国十九年十一月
二十二日）：令各法院院长、各
法院首席检察官（不另行文）：
转令凡开除党籍或停止党权之
党员不得享有公民权及被选为
乡镇闾邻各长之权仰知照由

作　　者：林彪　王思默

关 键 词：开除党籍　停止党权　任职
资格

摘　　要：凡开除党籍或停止党权之党员
不得享有公民权及被选为乡镇
闾邻各长之权。

期刊名称：江苏高等法院公报

主办单位：江苏高等法院

刊　　期：1930（12）

页　　码：12 – 14

370. 题　　名：江苏高等法院训令：第九八一
六号（中华民国十九年十二月
五日）：令各法院院长、各法
院首席检察官（不另行文）：
为请领军用护照必须详细填具
说明书给领后不得率请换发转
令知照由

作　　者：林彪　王思默

关 键 词：军用护照　填具　说明书

摘　　要：请领军用护照必须详细填具说

明书，给领后不得率请换发。

期刊名称：江苏高等法院公报

主办单位：江苏高等法院

刊　　期：1930（12）

页　　码：14 – 15

371. 题　　名：江苏高等法院训令：第一三七
○三号（中华民国二十年四月
十八日）：令各法院院长、各
法院首席检察官：转知国民会
议代表选举法代表名额缅甸一
名缮发时误为二名由

作　　者：林彪　王思默

关 键 词：国民会议　代表选举法

摘　　要：转知国民会议代表选举法代表
名额缅甸一名，缮发时误为
二名。

期刊名称：江苏高等法院公报

主办单位：江苏高等法院

刊　　期：1931（5）

页　　码：18 – 19

372. 题　　名：江苏高等法院训令：第一三七
一二号（中华民国二十年四月
十八日）：令各法院院长、各
法院首席检察官、新监典狱
长、分监：转知官吏惩戒委
员会未成立以前所有惩戒事件
由国府办理由

作　　者：林彪　王思默

关 键 词：官吏惩戒委员会　国府

摘　　要：官吏惩戒委员会未成立以前，
所有惩戒事件由国府办理。

期刊名称：江苏高等法院公报

主办单位：江苏高等法院

刊　　期：1931（5）

页　　码：20 – 21

373. 题　　名：江苏高等法院训令：第一三七
○○号（中华民国二十年四月
十八日）：令各法院院长、各法
院首席检察官：转知北平实业
博览会筹委会组织大纲暨修正上
海市政公债条例还本付息表由

作　　者：林彪　王思默

关 键 词：北平实业博览会筹委会组织大
纲　修正上海市政公债条例
还本付息表

摘　　要：转知北平实业博览会筹委组

织大纲暨修正上海市政公债条
例还本付息表。

期刊名称：江苏高等法院公报
主办单位：江苏高等法院
刊　　期：1931（5）
页　　码：22

374.题　　名：江苏高等法院训令：第一三七
一五号（中华民国二十年四月
十八日）：令各法院院长、各
法院首席检察官、新监典狱
长、分监长等：转部令准铨叙
部咨送现职人员调查表请填送
一案须以经任命或部令派之法
官书记官
作　　者：林彪　王思默
关 键 词：现职人员调查表　铨叙部
摘　　要：转部令准铨叙部咨送现职人员
调查表请填送一案，须以经任
命或部令派之法官书记官。
期刊名称：江苏高等法院公报
主办单位：江苏高等法院
刊　　期：1931（5）
页　　码：23 – 24

375.题　　名：江苏高等法院训令：第一四三
三二号（中华民国二十年五月
九日）：令各法院院长、各法
院首席检察官：海关改收金本
位后政府按月多馀余款为节省
汇费起见各机关所有汇外款项
均由中央银行关金汇兑科照汇
转令遵照由
作　　者：林彪　王思默
关 键 词：汇费　关金汇兑科
摘　　要：海关改收金本位后政府按月多
馀余款为节省汇费，各机关所
有汇外款项均由中央银行关金
汇兑科照汇。
期刊名称：江苏高等法院公报
主办单位：江苏高等法院
刊　　期：1931（5）
页　　码：29

376.题　　名：江苏高等法院训令：第一五四
四四号（中华民国二十年六月
十七日）：令各法院院长、各
法院首席检察官、各新监典狱
长、分监长：奉部令转知国历

一月末日为总收解期由
作　　者：林彪　王思默
关 键 词：总收解期
摘　　要：奉部令转知国历一月末日为总
收解期。
期刊名称：江苏高等法院公报
主办单位：江苏高等法院
刊　　期：1931（6）
页　　码：15 – 16

377.题　　名：江苏高等法院训令：第一七八
一号（中华民国二十年九月三
日）：令各法院院长、首席检
察官：为令发民国二十年盐税
短期库券条例及还本付息表转
行知照由
作　　者：林彪　王思默
关 键 词：盐税短期库券条例　还本付
息表
摘　　要：为令发民国二十年盐税短期库
券条例及还本付息表。
期刊名称：江苏高等法院公报
主办单位：江苏高等法院
刊　　期：1931（9）
页　　码：7 – 8

378.题　　名：江苏高等法院训令：第一九
九二号（中华民国二十年九
月八日）：令各法院院长、首
席检察官：令为国会代表罗
桑楚臣等提议保障汉蒙藏佛
教徒约法上所许之国民权利
一案饬知由
作　　者：林彪　王思默
关 键 词：国会代表　教徒　国民权利
摘　　要：令为国会代表罗桑楚臣等提议
保障汉蒙藏佛教徒约法上所许
之国民权利一案。
期刊名称：江苏高等法院公报
主办单位：江苏高等法院
刊　　期：1931（9）
页　　码：8 – 9

379.题　　名：江苏高等法院训令：第四一二
九号（中华民国二十年十一月
十六日）：令各法院院长、各
法院首席检察官：令为地方自
治由各县组织县自治筹备会执
行之前制定派遣指导员暂行办

法即行撤销转饬知照由

作　　者：林彪　王思默

关 键 词：县自治筹备会　派遣指导员暂行办法

摘　　要：令为地方自治由各县组织县自治筹备会执行，之前制定派遣指导员暂行办法即行撤销。

期刊名称：江苏高等法院公报

主办单位：江苏高等法院

刊　　期：1931（11）

页　　码：12－13

380. 题　　名：江苏高等法院训令：第四二七九号（中华民国十九年五月二十三日）：令分院及各地方法院院长、分院及各地方法院首席检察官：抄发推检书官律师服制条例令饬遵办由

作　　者：林彪　王思默

关 键 词：推检书官律师服制条例

摘　　要：抄发推检书官律师服制条例。

期刊名称：江苏高等法院公报

主办单位：江苏高等法院

刊　　期：1930（5）

页　　码：38－39

381. 题　　名：江苏高等法院训令：第一〇六二〇号（中华民国二十年五月十九日）：令各法院院长、各法院首席检察官、各新监典狱长、分监长：奉令各机关服务人员所需物品应采用国货为原则转令遵照办理由

作　　者：林彪　王思默

关 键 词：公务用品　国货

摘　　要：奉令各机关服务人员所需物品应采用国货为原则。

期刊名称：江苏高等法院公报

主办单位：江苏高等法院

刊　　期：1931（6）

页　　码：16－17

382. 题　　名：江苏高等法院训令：第二三七九号（中华民国二十年九月二十一日）：令各监犯临时收容所所长、院长，各法院院长、首席检察官等：国府令此次水灾时艰凡机关人员当力捐无益之费节省宴会转令知照由

作　　者：林彪　王思默

关 键 词：水灾　节省费用

摘　　要：国府令此次水灾时艰，凡机关人员当力捐无益之费，节省宴会。

期刊名称：江苏高等法院公报

主办单位：江苏高等法院

刊　　期：1931（9）

页　　码：12－13

383. 题　　名：江苏高等法院训令：第四五二三号（中华民国二十年十一月二十八日）：令所属各法院院长、所属各法院首席检察官、兼理司法各县县长：转部令修正麻醉药品受理条例并已登二十年十一月九日国府公报不再另行抄发由

作　　者：林彪　王思默

关 键 词：麻醉药品受理条例　修正

摘　　要：转部令修正麻醉药品受理条例并已登二十年十一月九日国府公报。

期刊名称：江苏高等法院公报

主办单位：江苏高等法院

刊　　期：1931（12）

页　　码：15

384. 题　　名：江苏高等法院训令：第一三一三八号（中华民国二十年四月三日）：令各级法院：令各法院院长、各法院首席检察官：奉部令转知十九年度预算内不敷之款暂于留院法收项下借垫新增员额须俟与省府筹商拨足后再行呈请派委由

作　　者：林彪

关 键 词：不敷之款　借垫

摘　　要：奉部令转知十九年度预算内不敷之款暂于留院法收项下借垫，新增员额须俟与省府筹商拨足后再行呈请派委。

期刊名称：江苏高等法院公报

主办单位：江苏高等法院

刊　　期：1931（6）

页　　码：40

385. 题　　名：江苏高等法院训令：第一四九二七号（中华民国二十年五月

三十日）：令各法院院长、各法院首席检察官：奉令转发国民会议各委员会组织条例及国民会议议事规则并修正国民会议组织法第四条条文由

作　　者：林彪　王思默

关 键 词：国民会议各委员会组织条例　国民会议议事规则　国民会议组织法

摘　　要：奉令转发国民会议各委员会组织条例及国民会议议事规则，并修正国民会议组织法第四条条文。

期刊名称：江苏高等法院公报

主办单位：江苏高等法院

刊　　期：1931（6）

页　　码：11

386. 题　　名：江苏高等法院训令：（中华民国二十年十月七日）：令第三分监监长兼看守所所长、江苏高等法院第一分院院长、江苏高等法院第一分院首席检察官等：催造统计组织及工作情形调查项目由

作　　者：林彪　王思默

关 键 词：统计组织　工作情形调查项目

摘　　要：催造统计组织及工作情形调查项目。

期刊名称：江苏高等法院公报

主办单位：江苏高等法院

刊　　期：1931（10）

页　　码：21

387. 题　　名：江苏高等法院训令：第五一〇号（中华民国二十年十二月十五日）：令监犯临时收容所所长、各法院院长、各法院首席检察官等：令为第一届高等考试及格人员应尽先设法授补转令遵照由

作　　者：林彪　王思默

关 键 词：第一届高等考试　及格人员授补

摘　　要：令为第一届高等考试及格人员应尽先设法授补。

期刊名称：江苏高等法院公报

主办单位：江苏高等法院

刊　　期：1931（12）

页　　码：8－9

388. 题　　名：江苏高等法院训令：第八一七号（中华民国二十年七月二十九日）：令各法院院长、首席检察官：令发邮政储金法邮政国内汇兑法邮政储金业总局组织法及储金汇业总局组织条例令知由

作　　者：林彪　王思默

关 键 词：邮政储金法　邮政国内汇兑法　邮政总局组织法　储金汇业总局组织法　振务委员会组织条例

摘　　要：令发邮政储金法、邮政国内汇兑法、邮政总局组织法及储金汇业总局组织法暨修正振务委员会组织条例。

期刊名称：江苏高等法院公报

主办单位：江苏高等法院

刊　　期：1931（8）

页　　码：38

389. 题　　名：江苏高等法院训令：第八一六号（中华民国二十年七月二十九日）：令各法院院长、首席检察官：为令转韩民陈致业等取得国籍解除限制规则第八条之规定令仰知照由（附表）

作　　者：林彪　王思默

关 键 词：取得国籍　解除限制规则

摘　　要：为令转韩民陈致业等取得国籍解除限制规则第八条之规定。

期刊名称：江苏高等法院公报

主办单位：江苏高等法院

刊　　期：1931（8）

页　　码：39－40

390. 题　　名：江苏高等法院训令：第八一一号（中华民国二十年七月二十九日）：令各法院院长、首席检察官：修正民国二十年江浙丝业公债条例第九条条文及浙江省清理旧欠公债条例及还本付息表令伤知照由

作　　者：林彪　王思默

关 键 词：江浙丝业公债条例　浙江省清理旧欠公债条例　还本付息表

摘　　　要：修正民国二十年江浙丝业公债
　　　　　条例第九条条文及浙江省清理
　　　　　旧欠公债条例及还本付息表。
期刊名称：江苏高等法院公报
主办单位：江苏高等法院
刊　　　期：1931（8）
页　　　码：42

391. 题　　　名：江苏高等法院训令：第八〇八
　　　　　号（中华民国二十年七月二十
　　　　　九日）：令各法院院长、首席
　　　　　检察官，各新监典狱长、分监
　　　　　长：令规定公务员参加高等及
　　　　　普通考试优待办法转令遵照施
　　　　　行由
作　　　者：林彪　王思默
关 键 词：公务员参加高等及普通考试优
　　　　　待办法
摘　　　要：令规定公务员参加高等及普通
　　　　　考试优待办法。
期刊名称：江苏高等法院公报
主办单位：江苏高等法院
刊　　　期：1931（8）
页　　　码：46－48

392. 题　　　名：江苏高等法院训令：第三九四
　　　　　一号（中华民国二十年十一月
　　　　　九日）：令各法院院长、各法
　　　　　院首席检察官：令发二十年江
　　　　　苏省运河工程短期公债条例及
　　　　　还本付息表暨蒙古盟部旗组织
　　　　　法令仰知照由
作　　　者：林彪　王思默
关 键 词：江苏省运河工程短期公债条
　　　　　例　还本付息表　蒙古盟部
　　　　　旗组织法
摘　　　要：令发二十年江苏省运河工程短
　　　　　期公债条例及还本付息表暨蒙
　　　　　古盟部旗组织法。
期刊名称：江苏高等法院公报
主办单位：江苏高等法院
刊　　　期：1931（11）
页　　　码：10

393. 题　　　名：司法行政部训令：训字第七〇
　　　　　号（中华民国二十年一月十六
　　　　　日）：令署江苏高等法院院长
　　　　　林彪、署江苏高等法院首席检
　　　　　察官王思默：奉司法院令发改

进蒙古司法办法大纲抄发原件
仰遵照办理由
作　　　者：朱履和
关 键 词：改进蒙古司法办法大纲
摘　　　要：奉司法院令发改进蒙古司法办
　　　　　法大纲。
期刊名称：江苏高等法院公报
主办单位：江苏高等法院
刊　　　期：1931（1）
页　　　码：8－10

394. 题　　　名：江苏高等法院训令：第一一八
　　　　　七五号（中华民国二十年二月
　　　　　十六日）：令各法院院长、首
　　　　　席检察官：自本年一月起所有
　　　　　总司令部公文等件均用副司令
　　　　　张学良副署转知由（不另行
　　　　　文）
作　　　者：林彪　王思默
关 键 词：总司令部公文　张学良　副署
摘　　　要：自本年一月起所有总司令部公
　　　　　文等件均用副司令张学良
　　　　　副署。
期刊名称：江苏高等法院公报
主办单位：江苏高等法院
刊　　　期：1931（3）
页　　　码：22－23

395. 题　　　名：江苏高等法院训令：第一〇四
　　　　　〇号（中华民国十九年十二
　　　　　月二十四日）：令各法院院长、
　　　　　各法院首席检察官、新监典狱
　　　　　长、分监长（不另行文）：奉
　　　　　令刷新政治改善制度确立最短
　　　　　期内施政中心提高行政效率案
　　　　　通行遵照由
作　　　者：林彪　王思默
关 键 词：刷新政治改善制度　提高行政
　　　　　效率议决案
摘　　　要：奉令刷新政治改善制度确立最
　　　　　短期内施政中心提高行政效
　　　　　率案。
期刊名称：江苏高等法院公报
主办单位：江苏高等法院
刊　　　期：1930（12）
页　　　码：24－28

396. 题　　　名：江苏高等法院训令：第一〇四
　　　　　三九号（中华民国十九年十二

月二十五日）：令各法院院长、各法院首席检察官（不另行文）：为四中全会通过之刷新中央政治案丙项一、二、三款转令遵照由

作　　者：林彪　王思默

关 键 词：刷新中央政治案

摘　　要：为四中全会通过之刷新中央政治案丙项一、二、三款。

期刊名称：江苏高等法院公报

主办单位：江苏高等法院

刊　　期：1930（12）

页　　码：28－30

397.题　　名：江苏高等法院训令：第一〇四四二号（中华民国十九年十二月二十五日）：令各法院院长、各法院首席检察官（不另行文）：凡被调验之公务员于接到通知三日内未遵办者以有瘾论转令遵照由

作　　者：林彪　王思默

关 键 词：鸦片烟瘾者　调验　期间

摘　　要：有鸦片烟瘾者若经检举或告发而接受调验，被调验人须于接到通知后三日内就近接受调验。至陆海空各机关军官及驻外公使馆公务员有调验必要时，由该长官负责就近指定医师依照前项规定时间办理。

期刊名称：江苏高等法院公报

主办单位：江苏高等法院

刊　　期：1930（12）

页　　码：32

398.题　　名：江苏高等法院训令：第一〇四四五号（中华民国十九年十二月二十五日）：令各法院院长、各法院首席检察官（不另行文）：令知修正船舶法整理内外债委员会章程陆军大学组织法由

作　　者：林彪　王思默

关 键 词：船舶法　内外债委员会章程　陆军大学组织法

摘　　要：令知修正船舶法、整理内外债委员会章程、陆军大学组织法。

期刊名称：江苏高等法院公报

主办单位：江苏高等法院

刊　　期：1930（12）

页　　码：34－35

399.题　　名：江苏高等法院训令：第三三三号（中华民国二十年二月十二日）：令各法院院长、首席检察官、新监典狱长、分监长：转令对于党员因参加革命纪念会时作因公请假论仰知照由

作　　者：林彪　王思默

关 键 词：因公请假　参加革命纪念会

摘　　要：转令对于党员因参加革命纪念会时作因公请假论。

期刊名称：江苏高等法院公报

主办单位：江苏高等法院

刊　　期：1931（2）

页　　码：21

400.题　　名：江苏高等法院训令：第八〇〇〇号（中华民国十九年九月二十七日）：令各法院院长、各法院首席检察官、各新监典狱长、分监长（不另行文）：印发革命纪念日一览表令遵照由（附表）

作　　者：林彪　王思默

关 键 词：革命纪念日一览表

摘　　要：印发革命纪念日一览表。

期刊名称：江苏高等法院公报

主办单位：江苏高等法院

刊　　期：1930（10）

页　　码：7－12

401.题　　名：江苏高等法院训令：第八〇〇一号（中华民国十九年九月二十七日）：令各法院院长、各法院首席检察官（不另行文）：各机关建筑办公房屋可援引现行土地征收法到职员宿舍不能通行令知由

作　　者：林彪　王思默

关 键 词：扩充办公房屋　建筑职员宿舍　土地征收法

摘　　要：各机关凡扩充办公房屋可援用土地征收法，但建筑职员宿舍不得援用土地征收法。

期刊名称：江苏高等法院公报

主办单位：江苏高等法院

刊　　　期：1930（10）

页　　　码：13 – 14

402. 题　　　名： 江苏高等法院训令：第三一七一四号（中华民国二十年四月十八日）：令各法院院长、各法院首席检察官、新监典狱长、分监长：部令转知全国工商会议创办毛织工厂所出物品通令军政警学各机关职员一体采用由

作　　　者：林彪　王思默

关　键　词：毛织工厂　一体采用

摘　　　要：部令转知全国工商会议创办毛织工厂，其所出物品通令军政警学各机关职员一体采用。

期刊名称：江苏高等法院公报

主办单位：江苏高等法院

刊　　　期：1931（5）

页　　　码：16 – 17

403. 题　　　名： 司法院训令：院字第二〇一号（中华民国十九年一月十日）：令署浙江高等法院首席检察官郑畋：浙江高等法院转最高法院解释寡媳适人老姑诉其遗弃是否成罪一案由（附原函）

作　　　者：

关　键　词：寡媳　遗弃罪

摘　　　要：寡媳出嫁，老姑诉其遗弃，不成立犯罪。

期刊名称：江苏高等法院公报

主办单位：江苏高等法院

刊　　　期：1930（8）

页　　　码：26 – 27，3

404. 题　　　名： 江苏高等法院训令：第八〇〇二号（中华民国十九年九月二十七日）：令各法院院长、各法院首席检察官（不另行文）：抄发浙省执委会三次代表大会整饬吏治决议案及理由书令知照由

作　　　者：林彪　王思默

关　键　词：整饬吏治决议案　理由书

摘　　　要：抄发浙省执委会三次代表大会整饬吏治决议案及理由书。

期刊名称：江苏高等法院公报

主办单位：江苏高等法院

刊　　　期：1930（10）

页　　　码：15 – 17

405. 题　　　名： 江苏高等法院训令：第三三二号（中华民国二十年二月十二日）：令各法院院长、首席检察官、新监典狱长、分监长：转国府令准中央执行委员会函以四中全会改订总理纪念周条例仰遵照由

作　　　者：林彪　王思默

关　键　词：总理纪念周条例

摘　　　要：转国府令准中央执行委员会函以四中全会改订总理纪念周条例。

期刊名称：江苏高等法院公报

主办单位：江苏高等法院

刊　　　期：1931（2）

页　　　码：22

406. 题　　　名： 江苏高等法院训令：第三三〇号（中华民国二十年二月十二日）：令各法院院长、首席检察官：转工商部函为公用度量衡划一办法四项抄同标本器各种价目单仰遵照由

作　　　者：林彪　王思默

关　键　词：公用度量衡划一办法

摘　　　要：转工商部函为公用度量衡划一办法，抄同标本器各种价目单。

期刊名称：江苏高等法院公报

主办单位：江苏高等法院

刊　　　期：1931（2）

页　　　码：23 – 26

407. 题　　　名： 江苏高等法院训令：第一三〇九三号（中华民国二十年四月二日）：令各法院院长、首席检察官（不另行文）：二月十日为追悼阵亡将士大会之期各机关停止办公令转饬遵照由

作　　　者：林彪　王思默

关　键　词：追悼阵亡将士大会　停止办公

摘　　　要：二月十日为追悼阵亡将士大会之期，各机关停止办公。

期刊名称：江苏高等法院公报

主办单位：江苏高等法院

刊　　　期：1931（4）

页　　　码：12

408. 题　　名：江苏高等法院训令：第七〇号（中华民国二十年七月三日）：令各法院院长、首席检察官、各新监典狱长、分监长：铨叙部拟定每季填造职员进退名额薪额表凡名单未列之机关无庸分送铨叙部以符原案转令知照由

作　　者：林彪　王思默

关 键 词：职员进退名额表　薪额表　铨叙部

摘　　要：铨叙部拟定每季填造职员进退名额薪额表，凡名单未列之机关无庸分送铨叙部以符原案。

期刊名称：江苏高等法院公报

主办单位：江苏高等法院

刊　　期：1931（8）

页　　码：21－22

409. 题　　名：江苏高等法院训令：第六六号（中华民国二十年七月三日）：令各法院院长、首席检察官，各新监典狱长、分监长：奉令各机关公务人员叙俸不得超过法字级数又每年一人晋级不得一次转令遵照由

作　　者：林彪　王思默

关 键 词：叙俸　晋级

摘　　要：奉令各机关公务人员叙俸不得超过法字级数，每年一人晋级不得超过一次。

期刊名称：江苏高等法院公报

主办单位：江苏高等法院

刊　　期：1931（8）

页　　码：24－25

410. 题　　名：江苏高等法院训令：第八五〇号（中华民国十九年十月二十三日）：令各法院院长、各法院首席检察官（不另行文）：为管理成药规则第五条规定期限再展缓六个月令知照由

作　　者：林彪　王思默

关 键 词：管理成药规则　展缓

摘　　要：管理成药规则第五条规定期限再展缓六个月。

期刊名称：江苏高等法院公报

主办单位：江苏高等法院

刊　　期：1930（10）

页　　码：20

411. 题　　名：江苏高等法院训令：第一九七号（中华民国二十年七月七日）：令各法院院长、首席检察官、各新监典狱长、分监长：奉令规定本年六月十五日起为古物保存法施行日期令仰知照由

作　　者：林彪　王思默

关 键 词：古物保存法施行日期

摘　　要：本年六月十五日起为古物保存法施行日期。

期刊名称：江苏高等法院公报

主办单位：江苏高等法院

刊　　期：1931（8）

页　　码：30－31

412. 题　　名：江苏高等法院训令：第三一七号（中华民国二十年一月十六日）：令各法院院长、首席检察官、新监典狱长、分监长、兼理司法各县县长：为催送现任公务员甄别审查表一案令行遵办由（不另行文）

作　　者：林彪　王思默

关 键 词：现任公务员甄别审查表

摘　　要：催送现任公务员甄别审查表一案。

期刊名称：江苏高等法院公报

主办单位：江苏高等法院

刊　　期：1931（2）

页　　码：12

413. 题　　名：江苏高等法院训令：第一一八六八号（中华民国二十年二月十六日）：令各法院院长、首席检察官：转考试院核定自本年二月一日起至四月底止为考试覆核期限（不另行文）

作　　者：林彪　王思默

关 键 词：考试覆核期限

摘　　要：转考试院核定自本年二月一日起至四月底止为考试覆核期限。

期刊名称：江苏高等法院公报

主办单位：江苏高等法院

刊　　期：1931（3）

页　　码：28－29

414. 题　　名：江苏高等法院训令：第二〇一号（中华民国二十年七月七日）：令各法院院长、首席检察官：奉令饬将司法院组织法及监察院组织法内官吏字样一律修正为公务员一节饬知由

作　　者：林彪　王思默

关 键 词：司法院组织法　监察院组织法　官吏　公务员

摘　　要：奉令饬将司法院组织法及监察院组织法内官吏字样一律修正为公务员。

期刊名称：江苏高等法院公报

主办单位：江苏高等法院

刊　　期：1931（8）

页　　码：33－34

415. 题　　名：江苏高等法院训令：第二〇二号（中华民国二十年七月七日）：令各法院院长、首席检察官：奉颁营业税法暨高等考试典试委员会秘书处条例并蒙古喇嘛寺庙监督条例令知由

作　　者：林彪　王思默

关 键 词：营业税法　高等考试典试委员会秘书处条例　蒙古喇嘛寺庙监督条例

摘　　要：奉颁营业税法暨高等考试典试委员会秘书处条例并蒙古喇嘛寺庙监督条例。

期刊名称：江苏高等法院公报

主办单位：江苏高等法院

刊　　期：1931（8）

页　　码：34

416. 题　　名：江苏高等法院训令：第一三七〇号（中华民国二十年四月十八日）：令各法院院长、各法院首席检察官：转知中央地方一切对于人民强制之征收法原令内"专卖"二字缮发时误作"专买"已刊登国府公报更正由

作　　者：林彪　王思默

关 键 词：专卖　缮发　专买

摘　　要：中央地方一切对于人民强制之征收法原令内"专卖"二字缮发时误作"专买"已刊登国府公报更正。

期刊名称：江苏高等法院公报

主办单位：江苏高等法院

刊　　期：1931（5）

页　　码：17－18

417. 题　　名：江苏高等法院训令：第一四六一七号（中华民国二十年五月十九日）：令各法院院长、各法院首席检察官：奉令修正民国二十年江浙丝业公债条例及还本付息表厉禁烟案审查意见转令知照由

作　　者：林彪　王思默

关 键 词：江浙丝业公债条例　还本付息表　厉禁烟案审查意见

摘　　要：奉令修正民国二十年江浙丝业公债条例及还本付息表，厉禁烟案审查意见转令知照。

期刊名称：江苏高等法院公报

主办单位：江苏高等法院

刊　　期：1931（6）

页　　码：20

418. 题　　名：江苏高等法院训令：第七六五八号（中华民国十九年九月十七日）：令各法院院长、首席检察官，新监典狱长、分监长（不另行文）：为公布公务员任用条例自民国二十年一月一日实行转令知照由

作　　者：林彪　王思默

关 键 词：公务员任用条例　施行日期

摘　　要：公务员任用条例自民国二十年一月一日实行。

期刊名称：江苏高等法院公报

主办单位：江苏高等法院

刊　　期：1930（9）

页　　码：37

419. 题　　名：司法院快邮代电：院字第一〇〇号（十八年五月三十日）：代电江苏高等法院转最高法院检察署解释接收特庭未决反革命案究应重行侦查起诉抑迳送审判疑义一案由（附原函）

作　　者：

关 键 词：特庭未决反革命案件　普通程
　　　　　序　审理

摘　　　要：受移交法院接收特庭未决反革
　　　　　命案件应按照通常程序而为
　　　　　审判。

期刊名称：江苏高等法院公报
主办单位：江苏高等法院
刊　　　期：1930（2）
页　　　码：49－50，4

420. 题　　　名：司法院快邮代电：院字第二七
　　　　　二号（十九年四月三十日）：
　　　　　湖南高等法院转最高法院解释
　　　　　双方被告人分别提起自诉或请
　　　　　求侦查之案件应如何办理一案
　　　　　由（附最高法院检察署函）

作　　　者：

关 键 词：斗殴案件　自诉　公诉　分别
　　　　　办理　合并审理

摘　　　要：斗殴案件双方受伤轻微或一方
　　　　　受轻伤一方受重伤，而一方提
　　　　　起自诉他方请求检察官侦查
　　　　　时，得依自诉公诉各规定分别
　　　　　办理，但法院于自诉及公诉提
　　　　　起后得合并审理。

期刊名称：江苏高等法院公报
主办单位：江苏高等法院
刊　　　期：1930（11）
页　　　码：59－60，5

421. 题　　　名：江苏高等法院训令：第三二三
　　　　　号（中华民国二十年一月二十
　　　　　三日）：令各法院院长、首席检
　　　　　察官、新监典狱长、分监长：转
　　　　　令禁止官吏兼任商业机关职务
　　　　　及投机市场交易仰即遵照由

作　　　者：林彪　王思默
关 键 词：官吏　兼职
摘　　　要：禁止官吏兼任商业机关职务及
　　　　　投机市场交易。

期刊名称：江苏高等法院公报
主办单位：江苏高等法院
刊　　　期：1931（2）
页　　　码：14－15

422. 题　　　名：江苏高等法院训令：第八〇九
　　　　　一号（中华民国十八年十月八
　　　　　日）：令各法院院长、各法院
　　　　　首席检察官（不另行文）：转

知关于第三次全国代表大会未
及讨论各案之决议案令遵照由

作　　　者：林彪　王思默
关 键 词：第三次全国代表大会未及讨论
　　　　　各案之议决案
摘　　　要：关于第三次全国代表大会未及
　　　　　讨论各案之议决案。

期刊名称：江苏高等法院公报
主办单位：江苏高等法院
刊　　　期：1929（10）
页　　　码：25－26

423. 题　　　名：江苏高等法院训令：第七一八
　　　　　号（中华民国二十年七月二十
　　　　　五日）：令各法院院长、首席
　　　　　检察官：奉令转饬国民会议第
　　　　　二次关于政府政治总报告决议
　　　　　案令仰知照由

作　　　者：林彪　王思默
关 键 词：国民会议　第二次关于政府政
　　　　　治总报告决议案
摘　　　要：转饬国民会议第二次关于政府
　　　　　政治总报告决议案。

期刊名称：江苏高等法院公报
主办单位：江苏高等法院
刊　　　期：1931（8）
页　　　码：37－38

424. 题　　　名：江苏高等法院训令：第四五二
　　　　　号（中华民国十八年二月二十
　　　　　二日）：令镇江地方法院院长、
　　　　　首席检察官，江都、高邮、泰
　　　　　兴、仪征、东台、泰县、兴化等
　　　　　七县县长：为江都等七县土劣
　　　　　案件划归镇江地方法院管理由

作　　　者：张君度　王思默
关 键 词：土劣案件　地域管辖　级别
　　　　　管辖
摘　　　要：江都等七县土劣案件划归镇江
　　　　　地方法院管辖。

期刊名称：江苏高等法院公报
主办单位：江苏高等法院
刊　　　期：1929（2）
页　　　码：57－58

425. 题　　　名：江苏高等法院训令：第五二七
　　　　　三号（中华民国十九年六月二
　　　　　十一日）：令各法院院长、首
　　　　　席检察官、新监典狱长、分监

长、各县县长：转知更正现任
公务员甄别审查条例第六条第
三款由

作　者：林彪　王思默

关键词：现任公务员甄别审查条例

摘　要：更正现任公务员甄别审查条例
第六条第三款。

期刊名称：江苏高等法院公报

主办单位：江苏高等法院

刊　期：1930（6）

页　码：24－25

426. 题　名：江苏高等法院训令：第五二
七二号（中华民国十九年六月二
十一日）：令各法院院长、首
席检察官、新监典狱长、分监
长、各县县长：部令转铨叙部
咨送现任公务员甄别审查条例
暨施行细则令仰知照由

作　者：林彪　王思默

关键词：铨叙部　现任公务员甄别审查
条例　施行细则

摘　要：部令转铨叙部咨送现任公务员
甄别审查条例暨施行细则。

期刊名称：江苏高等法院公报

主办单位：江苏高等法院

刊　期：1930（6）

页　码：25－26

427. 题　名：江苏高等法院训令：一四六二
四号（中华民国二十年五月十
九日）：令各法院院长、各法
院首席检察官、各新监典狱
长、分监长：奉令建筑房屋以
及日常所用木器先尽用国产木
料转令遵照由

作　者：林彪　王思默

关键词：国产木料

摘　要：奉令建筑房屋以及日常所用木
器先用国产木料。

期刊名称：江苏高等法院公报

主办单位：江苏高等法院

刊　期：1931（6）

页　码：22－24

428. 题　名：江苏高等法院训令：第一二七
〇〇号（中华民国二十年三月
十九日）：令各法院院长、首
席检察官：公布民国二十年湖

北省善后公债条例及还本付息
表并倾销货物税法转令知照由
（不另行文）

作　者：林彪　王思默

关键词：湖北省善后公债条例　还本付
息表　倾销货物税法

摘　要：公布民国二十年湖北省善后公
债条例及还本付息表并倾销货
物税法。

期刊名称：江苏高等法院公报

主办单位：江苏高等法院

刊　期：1931（3）

页　码：52－53

429. 题　名：江苏高等法院训令：第一〇〇
五五号（中华民国十九年十二
月十一日）：令各法院院长、
各法院首席检察官、新监典狱
长、分监长（不另行文）：奉
部令如遇所属有经铨叙部审定
应降应免人员务照条例办理由

作　者：林彪　王思默

关键词：铨叙部　应降应免人员

摘　要：奉部令如遇所属有经铨叙部审
定应降应免人员，务照条例
办理。

期刊名称：江苏高等法院公报

主办单位：江苏高等法院

刊　期：1930（12）

页　码：17－18

430. 题　名：江苏高等法院训令：第一〇〇
五九号（中华民国十九年十二
月十一日）：令各法院院长、
各法院首席检察官、新监典狱
长、分监长（不另行文）：奉
部令各机关任用官吏须照程序
办理转令遵照由

作　者：林彪　王思默

关键词：任用官吏　程序

摘　要：奉部令各机关任用官吏须照程
序办理。

期刊名称：江苏高等法院公报

主办单位：江苏高等法院

刊　期：1930（12）

页　码：18－19

431. 题　名：江苏高等法院训令：第一〇〇
六〇号（中华民国十九年十二

月十一日）：令各法院院长、各法院首席检察官、新监典狱长、分监长（不另行文）：奉部令各官署已经审查合格人员有调动免职应通知铨叙部登记由

作　者：林彪　王思默

关键词：调动　免职　铨叙部

摘　要：奉部令各官署已经审查合格人员有调动、免职应通知铨叙部登记。

期刊名称：江苏高等法院公报

主办单位：江苏高等法院

刊　期：1930（12）

页　码：19-20

432. 题　名：江苏高等法院训令：第一〇三三九号（中华民国十九年十二月二十二日）：令各法院院长、各法院首席检察官（不另行文）：定于本年十一月二十五日为铁道军运条例施行日期转令知照由

作　者：林彪　王思默

关键词：铁道军运条例施行日期

摘　要：本年十一月二十五日为铁道军运条例施行日期。

期刊名称：江苏高等法院公报

主办单位：江苏高等法院

刊　期：1930（12）

页　码：20-21

433. 题　名：江苏高等法院训令：第一〇三四〇号（中华民国十九年十二月二十二日）：令各法院院长、各法院首席检察官（不另行文）：定于民国二十年一月一日起为海商法施行日期转令知照由

作　者：林彪　王思默

关键词：海商法施行日期

摘　要：民国二十年一月一日起为海商法施行日期。

期刊名称：江苏高等法院公报

主办单位：江苏高等法院

刊　期：1930（12）

页　码：21-22

434. 题　名：江苏高等法院训令：第一〇三四一号（中华民国十九年十二

月二十二日）：令各法院院长、各法院首席检察官（不另行文）：定于民国二十年一月一日起为商标法施行日期转令知照由

作　者：林彪　王思默

关键词：商标法　施行日期

摘　要：民国二十年一月一日起为商标法施行日期。

期刊名称：江苏高等法院公报

主办单位：江苏高等法院

刊　期：1930（12）

页　码：22

435. 题　名：江苏高等法院训令：第四三八一号（中华民国十八年六月十八日）：令各法院院长、首席检察官、新监（不另行文）：为禁烟委员会呈拟林则徐先生禁烟九十周年纪念办法一案令遵照由

作　者：林彪　王思默

关键词：禁烟委员会　林则徐先生禁烟九十周年纪念办法

摘　要：禁烟委员会呈拟林则徐先生禁烟九十周年纪念办法一案。

期刊名称：江苏高等法院公报

主办单位：江苏高等法院

刊　期：1929（6）

页　码：42-43

436. 题　名：江苏高等法院检察官训令：第二四六四号（中华民国十八年七月二日）：令崇明县县长梁自厚：案奉司法行政部指令崇明县县长误贴印纸姑念错误准予核销由

作　者：

关键词：罚金印纸　误贴　核销

摘　要：崇明县县长办理张清泉吸食鸦片烟一案误贴罚金印纸准予核销。

期刊名称：江苏高等法院公报

主办单位：江苏高等法院

刊　期：1929（9）

页　码：70-71，5

437. 题　名：江苏高等法院训令：第一二七〇三号（中华民国二十年三月十九日）：令各法院院长、首

席检察官：奉部令知主计处求成立前其应办事项由主计处筹备处先行办理转令知照由（不另行文）

作　　者：林彪　王思默

关 键 词：主计处　筹备处

摘　　要：奉部令知主计处求成立前其应办事项由主计处筹备处先行办理。

期刊名称：江苏高等法院公报

主办单位：江苏高等法院

刊　　期：1931（3）

页　　码：49

438. 题　　名：江苏高等法院训令：第四五三号（中华民国十八年二月二十二日）：令上海、吴县地方法院院长、首席检察官，兼理司法二十九县县长（除淮阴等二十五县）：为前特庭移交各县土劣旧案应仍由各该法院受理由

作　　者：张君度　王思默

关 键 词：土劣旧案　地域管辖　级别管辖

摘　　要：前特庭移交各县土劣旧案应仍由各该法院受理。

期刊名称：江苏高等法院公报

主办单位：江苏高等法院

刊　　期：1929（2）

页　　码：58

439. 题　　名：江苏兼理司法各县县长处理司法事务及惩奖暂行细则（十七年十月四日部令核准）

作　　者：

关 键 词：县长兼理司法　刑事案件　执行事务

摘　　要：江苏兼理司法各县县长处理刑事及执行等事务及奖惩的规定。

期刊名称：江苏高等法院公报

主办单位：江苏高等法院

刊　　期：1929（3）

页　　码：12－25

440. 题　　名：江苏高等法院训令：第一三五八八号（附表）（中华民国二十年四月十六日）：令各地法院、各县法院、各县兼理司法县长、各第一分院：奉部令颁

修订禁烟罚金充奖规则划定表式由（附表）

作　　者：林彪　王思默

关 键 词：县长兼理司法　禁烟罚金充奖规则

摘　　要：兼理司法事务之县长于每月烟案罚金执行完毕造送表册，多未能恪遵规则办理，而表式亦不划一，殊难稽考。兹由本部依照修订禁烟罚金充奖规则划定表式并附造报办法七项。

期刊名称：江苏高等法院公报

主办单位：江苏高等法院

刊　　期：1931（6）

页　　码：40－42

441. 题　　名：江苏高等法院训令（中华民国十九年三月）：令兼理司法县长：为通令各县县长对于检送卷宗须将证物妥置袋内并开证物单借便稽考由

作　　者：林彪

关 键 词：县长兼理司法　检送卷宗　证物单

摘　　要：通令各县县长对于检送卷宗须将证物妥置袋内并开具证物单以便稽考。

期刊名称：江苏高等法院公报

主办单位：江苏高等法院

刊　　期：1930（3）

页　　码：15－16

442. 题　　名：江苏高等法院训令：第一四一六号（中华民国二十年二月二日）：令兼理司法各县县长：令饬审理案件应依法朗读供词由

作　　者：林彪

关 键 词：民刑诉讼　当事人供词　当庭朗读

摘　　要：查民刑诉讼当事人之供词为审判上唯一根据，依照民刑诉讼法例之规定自应于记录后向当事人逐句朗读俾共闻知，并着原供人签字于后以昭郑重。

期刊名称：江苏高等法院公报

主办单位：江苏高等法院

刊　　期：1931（2）

443. 题　　名：江苏高等法院训令：第七六三
三号（中华民国十七年十一月
七日）：令兼理司法各县县长：
通令各县凡人命案件应由县长
或承审员亲自莅验以昭慎重由

作　　者：张君度　王思默

关 键 词：人命案件　县长　承审员
莅验

摘　　要：各县凡人命案件应由县长或承
审员亲自莅验以照慎重。

期刊名称：江苏高等法院公报

主办单位：江苏高等法院

刊　　期：1929（1）

页　　码：93－94

444. 题　　名：江苏高等法院训令：第八五二
三号（中华民国十八年十月二
十二日）：令各法院院长、兼
理司法各县县长：公布民法总
则施行法令知照由

作　　者：林彪　王思默

关 键 词：民法总则施行法令

摘　　要：公布民法总则施行法令。

期刊名称：江苏高等法院公报

主办单位：江苏高等法院

刊　　期：1929（10）

页　　码：36－37

445. 题　　名：江苏高等法院训令：第三七八
九号（中华民国十八年五月三
十日）：令各法院院长、兼理
司法各县县长：转饬所属厉行
禁止烟赌等恶习由

作　　者：林彪

关 键 词：司法人员　厉行禁止恶习

摘　　要：查鸦片流毒为害最列，凡属司
法人员应洁身自爱，正己正
人。此外赌博治游等事滥耗金
钱废时失事，尤应以败坏风纪
亦应互相戒勉保持司法尊严。
自此次通令之后倘敢沿染恶习
玷辱官箴定即予以撤惩。各该
长官有监督之责，宜认真随时
查禁，如有容隐连带负责。

期刊名称：江苏高等法院公报

主办单位：江苏高等法院

刊　　期：1929（5）

446. 题　　名：江苏高等法院训令：第五九三
九号（中华民国十七年九月五
日）：令兼理司法各县县长：
通令各县遇有应送上诉案件卷
证应迅由承审员负责办理由

作　　者：张君度

关 键 词：上诉案件　承审员　移送卷证

摘　　要：地方法院管辖各县对于当事人
不服判决在原县声明上诉者，
各县承审员务将该案卷证连同
原上诉状即时送交第二审法院
办理。关于送达文件并令收受
人于送达证书内填明收到日期
即行送院备查。

期刊名称：江苏高等法院公报

主办单位：江苏高等法院

刊　　期：1929（1）

页　　码：92－93

447. 题　　名：江苏高等法院训令：第四二八
六号（中华民国十八年六月十
五日）：令兼理司法各县县长：
行知各公安局孥获烟犯应即解
交司法机关依法讯办由

作　　者：林彪

关 键 词：公安局　烟犯　解送　司法机
关　讯办

摘　　要：各县公安局孥获烟犯应即解交
司法机关依法讯办。

期刊名称：江苏高等法院公报

主办单位：江苏高等法院

刊　　期：1929（6）

页　　码：42

448. 题　　名：江苏高等法院训令：第四三五
○号（中华民国十八年六月十
八日）：令各地方法院（除江
宁外）、兼理司法各县县长：
通缉江宁法院受理伤害案犯贾
云鹤、王考成二名由

作　　者：林彪　王思默

关 键 词：首席检察官　通缉令

摘　　要：江苏高等法院训令各院等，通
缉江宁法院受理伤害案犯
二人。

期刊名称：江苏高等法院公报

主办单位：江苏高等法院

刊　　　期：1929（6）

页　　　码：45

449. 题　　　名：江苏高等法院训令：第一三三四六号（中华民国二十年四月九日）：令兼理司法各县县长：饬将未决烟犯先送当地公立医院强制戒除俟戒绝后取具医士诊断书呈院核办

作　　　者：林彪　王思默

关　键　词：未决烟犯　公立医院　强制戒除　保释

摘　　　要：将未决烟犯先送当地公立医院强制戒除，俟戒绝后取具医士诊断书依据保释条例呈院核办。

期刊名称：江苏高等法院公报

主办单位：江苏高等法院

刊　　　期：1931（4）

页　　　码：39

450. 题　　　名：江苏高等法院训令：第一一二六一号（中华民国二十年一月二十七日）：令兼理司法各县县长：印发十九年度司法经费预算书仰自二十年一月起遵照办理由

作　　　者：林彪

关　键　词：司法经费预算书

摘　　　要：十九年度司法经费预算书仰自二十年一月起遵照办理。

期刊名称：江苏高等法院公报

主办单位：江苏高等法院

刊　　　期：1931（2）

页　　　码：28－29

451. 题　　　名：江苏高等法院、江苏省财政厅训令法字一五五五七号、财字一六四二号（中华民国二十年六月二十四日）：令兼理司法各县县长：训令兼理司法各县颁发司法收入月计表式仰按月填送由（附表）

作　　　者：

关　键　词：司法收入月计表式

摘　　　要：训令兼理司法各县颁发司法收入月计表式，按月填送。

期刊名称：江苏高等法院公报

主办单位：江苏高等法院

刊　　　期：1931（6）

页　　　码：37－39

452. 题　　　名：江苏高等法院训令：第一三四九五号（中华民国二十年四月十四日）：令兼理司法及监督监狱各县县长：为烟犯在院戒烟期内之刑期计算应依司法院令办理通行遵照

作　　　者：林彪

关　键　词：烟犯　戒烟期内　刑期计算

摘　　　要：吸食鸦片之人因年已衰老或吸食成瘾于徒刑执行中烟瘾发作恐其变成不治之重症且在监狱内不能施适当之医治者得依法送医院限期戒烟，在院期间仍算入刑期之内。但发作在未执行之前者应依法办理。

期刊名称：江苏高等法院公报

主办单位：江苏高等法院

刊　　　期：1931（4）

页　　　码：35－36

453. 题　　　名：江苏高等法院训令：第八一九八号（中华民国十七年十二月一日）：令各新监典狱长、分监长、高分院及各地方法院院长、兼理司法各县县长：为转行部令嗣后管理人犯应严加注意由

作　　　者：张君度

关　键　词：公务员　佐理人　过失　逮捕拘禁　脱逃

摘　　　要：公务员或其佐理人因过失致职务上依法逮捕拘禁之囚人脱逃者，依刑法办理。

期刊名称：江苏高等法院公报

主办单位：江苏高等法院

刊　　　期：1929（1）

页　　　码：107

454. 题　　　名：江苏高等法院训令：第九八九八号（中华民国十八年十二月五日）：令第一分院及各地方法院院长、兼理司法各县县长、各新监典狱长及分监长：为奉部令嗣后烟犯得依刑诉第四百八十五及四百八十六两条办理通行遵照由

作　　　者：林彪　王思默

关　键　词：烟犯　保释

摘　　　要：惟烟犯判决有罪，验系年老多病者，依刑诉法可办理假释，仰即会同该院首席检察官通行遵照。

期刊名称：江苏高等法院公报

主办单位：江苏高等法院

刊　　　期：1929（12）

页　　　码：34－35

455. 题　　　名：据江宁律师公会来呈以提起公诉权时效及反革命治罪法适用刑律问题请予解释由（十七年四月二十八日解字第七十号）

作　　　者：

关　键　词：公诉权　时效　法定原因

摘　　　要：提起公诉权时效，除法定原因外，审判官自无自由认定之余地。

期刊名称：江苏高等法院公报

主办单位：江苏高等法院

刊　　　期：1929（6）

页　　　码：80－81

456. 题　　　名：江苏高等法院：第一一七八号（中华民国十九年二月十三日）：令各法院：候补推检在兼代推检职务期内应照官俸发给细则各支半数转令遵照由

作　　　者：林彪　王思默

关　键　词：候补推检　官俸

摘　　　要：候补推检在兼代推检职务期内应照官俸发给细则各支半数。

期刊名称：江苏高等法院公报

主办单位：江苏高等法院

刊　　　期：1930（2）

页　　　码：12－13

457. 题　　　名：江苏高等法院训令：第八六二六号（中华民国十九年十月二十四日）：令各法院：学习推检试办简易案件办法由

作　　　者：林彪　王思默

关　键　词：推检　简易案件　试办办法

摘　　　要：学习推检试办简易案件办法。

期刊名称：江苏高等法院公报

主办单位：江苏高等法院

刊　　　期：1930（10）

页　　　码：22－23

458. 题　　　名：江苏高等法院训令：第五九七九号（中华民国十九年七月十七日）：令各地方法院：抄发学习推检学习规则由

作　　　者：林彪　王思默

关　键　词：推检学习规则

摘　　　要：抄发学习推事检察官学习规则。

期刊名称：江苏高等法院公报

主办单位：江苏高等法院

刊　　　期：1930（7）

页　　　码：21

459. 题　　　名：江苏高等法院训令：第九一六二号（中华民国十八年十一月十一日）：令各院、各监：公务人员沾染嗜好应由本省高级地方政府负责检举调验转令知照由

作　　　者：林彪　王思默

关　键　词：公务人员　沾染嗜好　检举调验

摘　　　要：公务人员沾染嗜好应由本省高级地方政府负责检举调验。

期刊名称：江苏高等法院公报

主办单位：江苏高等法院

刊　　　期：1929（11）

页　　　码：39－40

460. 题　　　名：江苏高等法院训令：第九二五四号（中华民国十八年十一月十五日）：令各法院：关于共党及反革命案件应由主管司法机关检举由

作　　　者：林彪　王思默

关　键　词：共党嫌疑犯　反革命案件　司法机关　检举　擅自刑讯　延期拘押

摘　　　要：通令各军政机关对于共党嫌疑犯及其他反革命案件应由主管司法检举。如系紧急处分亦应拘获后二十四小时内移交法院讯办，不得擅自刑讯或延期拘押。

期刊名称：江苏高等法院公报

主办单位：江苏高等法院

刊　　　期：1929（11）

页　　　码：42－44

461. 题　　　名：江苏高等法院训令：第九二五

三号（中华民国十八年十一月十五日）：令各法院：前次通令对于共党及其他反革命案件应由主管司法机关检举之由字应改为向字由

作　　者：林彪　王思默

关　键　词：共党嫌疑犯　反革命案件　司法机关　检举

摘　　要：前次通令对于共党及其他反革命案件应由主管司法机关检举之由字应改为向字，即向司法机关检举。

期刊名称：江苏高等法院公报

主办单位：江苏高等法院

刊　　期：1929（11）

页　　码：44

462. 题　　名：江苏高等法院训令：第一〇四五七号（中华民国十八年十二月二十三日）：令各法院、各新监：为各省中央直辖机关公务员仍由各省高级地方政府检举调验转令知照由

作　　者：林彪　王思默

关　键　词：中央直辖机关　公务员　省高级地方政府　检举　调验

摘　　要：各省中央直辖机关公务员仍由各省高级地方政府检举调验。

期刊名称：江苏高等法院公报

主办单位：江苏高等法院

刊　　期：1929（12）

页　　码：32－34

463. 题　　名：江苏高等法院训令：第三零一七号（中华民国十九年四月十六日）：令各法院、各县长：为华洋上诉案件一律改由高等法院或分院受理由

作　　者：林彪　王思默

关　键　词：华洋上诉案件　高等法院或分院　受理

摘　　要：华洋上诉案件一律改由高等法院或分院受理，令仰该院长和首席检察官遵照并转饬所属各高等分院遵照此令。

期刊名称：江苏高等法院公报

主办单位：江苏高等法院

刊　　期：1930（3）

页　　码：19

464. 题　　名：江苏高等法院指令：第三四五六号（中华民国十九年六月十八日）：令署江苏高等法院第一分院院长韩照：呈一件拟请将盐城等六县诉讼人赴分院上诉在途程期酌量修改以示体恤由

作　　者：林彪

关　键　词：诉讼人　上诉　在途程期　酌量修改

摘　　要：呈一件拟请将盐城等六县诉讼人赴分院上诉在途程期酌量修改以示体恤。

期刊名称：江苏高等法院公报

主办单位：江苏高等法院

刊　　期：1930（6）

页　　码：35－36

465. 题　　名：江苏高等法院司法收入各款新收细目表（十八年九月份）

作　　者：林彪　李兆铭

关　键　词：司法收入各款收细目表

摘　　要：江苏高等法院司法收入各款收细目表（十八年九月份）。

期刊名称：江苏高等法院公报

主办单位：江苏高等法院

刊　　期：1929（10）

页　　码：69－70

466. 题　　名：江苏高等法院司法收入各款新收细目表（十八年十月份）

作　　者：林彪　李兆铭

关　键　词：司法收入各款新收细目表

摘　　要：江苏高等法院司法收入各款新收细目表。

期刊名称：江苏高等法院公报

主办单位：江苏高等法院

刊　　期：1929（11）

页　　码：65－67

467. 题　　名：江苏高等法院司法收入各款新收细目表（十八年十二月份）

作　　者：林彪　李兆铭

关　键　词：司法收入各款新收细目表

摘　　要：江苏高等法院司法收入各款新收细目表。

期刊名称：江苏高等法院公报

主办单位：江苏高等法院

刊　　期：1930（1）

页　　码：40－41

468. 题　　名：江苏高等法院司法收入各款新
收细目表（十八年十一月份）

作　　者：林彪　李兆铭

关　键　词：司法收入各款新收细目表

摘　　要：江苏高等法院司法收入各款新
收细目表。

期刊名称：江苏高等法院公报

主办单位：江苏高等法院

刊　　期：1929（12）

页　　码：65－66

469. 题　　名：江苏高等法院司法收入各款新
收细目表（十八年七月份）

作　　者：林彪　李兆铭

关　键　词：司法收入各款新收细目表

摘　　要：江苏高等法院司法收入各款新
收细目表。

期刊名称：江苏高等法院公报

主办单位：江苏高等法院

刊　　期：1929（10）

页　　码：61－63

470. 题　　名：江苏高等法院司法收入各款新
收细目表（十八年八月份）

作　　者：林彪　李兆铭

关　键　词：司法收入各款新收细目表

摘　　要：江苏高等法院司法收入各款新
收细目表。

期刊名称：江苏高等法院公报

主办单位：江苏高等法院

刊　　期：1929（10）

页　　码：65－67

471. 题　　名：江苏高等法院司法收入各款新
收细目表（十九年三月份）

作　　者：林彪　李兆铭

关　键　词：司法收入各款新收细目表

摘　　要：江苏高等法院司法收入各款新
收细目表。

期刊名称：江苏高等法院公报

主办单位：江苏高等法院

刊　　期：1930（4）

页　　码：50－52

472. 题　　名：江苏高等法院司法收入各款新
收细目表（十九年一月份）

作　　者：林彪　李兆铭

关　键　词：司法收入各款新收细目表

摘　　要：江苏高等法院司法收入各款新
收细目表。

期刊名称：江苏高等法院公报

主办单位：江苏高等法院

刊　　期：1930（2）

页　　码：46－47

473. 题　　名：江苏高等法院司法收入各款新
收细目表（十九年二月份）

作　　者：林彪　李兆铭

关　键　词：司法收入各款新收细目表

摘　　要：江苏高等法院司法收入各款新
收细目表。

期刊名称：江苏高等法院公报

主办单位：江苏高等法院

刊　　期：1930（3）

页　　码：50－51

474. 题　　名：江苏高等法院训令：训字第五
二二号（中华民国十六年十一
月二十三日）：令各级法院：
嗣后司法收入非经呈准不得动
用由

作　　者：张君度

关　键　词：审检庭　预算　司法收入
呈准

摘　　要：嗣后司法收入非经呈准不得
动用。

期刊名称：江苏高等法院公报

主办单位：江苏高等法院

刊　　期：1929（1）

页　　码：99－100

475. 题　　名：江苏高等法院训令：第一一〇
四六号（中华民国二十年一月
二十二日）：令第一分院长、
各地、县法院长、各县县长：
奉部令抄发修正司法印纸规则
条项仰遵照办理由

作　　者：林彪　王思默

关　键　词：司法印纸规则

摘　　要：抄发修正司法印纸规则条项。

期刊名称：江苏高等法院公报

主办单位：江苏高等法院

刊　　期：1931（2）

页　　码：26－27

476. 题　　名：江苏高等法院训令：第九五五
八号（中华民国十八年十一月
二十六日）：令各法院：党员

犯罪应经司法机关审判军政机
关不得轻率处理由

作　　　者：林彪　王思默

关 键 词：党员犯罪　司法审判

摘　　　要：党员犯罪应经司法机关审判，
军政机关不得轻率处理。

期刊名称：江苏高等法院公报

主办单位：江苏高等法院

刊　　　期：1929（11）

页　　　码：40－41

477. 题　　　名：江苏高等法院训令：第一〇一
〇八号（中华民国十八年十二
月十二日）：令各级法院：转
饬造报十七年度司法收入清
册由

作　　　者：林彪　王思默

关 键 词：司法收入清册

摘　　　要：转饬造报十七年度司法收入
清册。

期刊名称：江苏高等法院公报

主办单位：江苏高等法院

刊　　　期：1929（12）

页　　　码：39－44

（四）解释

1. 题　　　名：司法院指令：院字第三四五号
（十九年十月一日）：令署安徽
高等法院首席检察官钱谦：呈为
桐城县法院首席检察官转请解释
驳回自诉之裁定检察官能否提起
抗告由

作　　　者：钱谦

关 键 词：个人法益　自诉　检察官　抗告

摘　　　要：个人法益与国家法益、社会法
益不同，个人数量并不以一人
为限，数人共有财产也属于个
人法益。自诉人的自诉既经法
院以裁定驳回，无论适法与否，
检察官既非当事人又非受裁定
者，法律又无检察官得提起独
立诉讼的特别规定，故检察官
不得提起抗告。

期刊名称：江苏高等法院公报

主办单位：江苏高等法院

刊　　　期：1931（2）

页　　　码：55－56

2. 题　　　名：司法院训令：院字第一六二号

（十八年十月二日）：令最高法
院检察署检察长郑烈：训令最高
法院检察署转最高法院解释声请
再议期限疑义一案由（附原函）

作　　　者：

关 键 词：首席检察官　驳回处分申请　再
议　期限

摘　　　要：对于上级法院首席检察官驳回处
分申请再议，准用刑事诉讼法第
二百四十八条所定七日期限。

期刊名称：江苏高等法院公报

主办单位：江苏高等法院

刊　　　期：1930（5）

页　　　码：85，6

3. 题　　　名：据湖北高等法院曹首席检察官为
县司法公署司法委员兼有审判检
察两种职权刑案判决未确定者原
告诉人能否准其上诉请解释由
（解字第三十一号，十七年二月
二十五日）

作　　　者：

关 键 词：县司法公署　司法委员　判决确
定　原告诉人　呈诉不服

摘　　　要：县司法公署司法委员兼有审判和
检察两种职权，其所作刑案判决
未确定时，原告诉人可根据
《县知事审理诉讼暂行章程》呈
诉不服。

期刊名称：江苏高等法院公报

主办单位：江苏高等法院

刊　　　期：1929（3）

页　　　码：77

4. 题　　　名：司法院训令：院字第二二号（十
八年三月七日）：令河南高等法
院首席检察官傅廷桢：河南高等
法院检察官转最高法院解释刑法
第十一条第四款疑义一案由（附
原呈）

作　　　者：

关 键 词：妻亲　夫亲

摘　　　要：二亲等内的妻亲并无夫亲的规
定，因妻既入夫家，则夫之四亲
等内宗亲自应视为妻之亲属。

期刊名称：江苏高等法院公报

主办单位：江苏高等法院

刊　　　期：1929（10）

页　　码：86－87，6

5. 题　　名：司法院指令：院字第二二四号
（十九年一月二十八日）：令司
法行政部部长魏道明：呈据浙江
高等法院首席检察官请解释送入
反省院人犯是否以判决或裁判行
之抑由检察官处分由

作　　者：

关 键 词：反革命案　反省院　检察官　迳
行处分

摘　　要：反革命案的被告应送入反省院
者，除《共产党人自首法》第八
条所定情形外，应由检察官径行
处分。

期刊名称：江苏高等法院公报

主办单位：江苏高等法院

刊　　期：1930（9）

页　　码：80－81

6. 题　　名：据湖北高等法院首席检察官代电
以徒刑人犯已判决确定检察官尚
未指挥执行又犯他罪应否成立再
犯请予解释由（解字第九四号十
七年五月）

作　　者：

关 键 词：徒刑人犯　检察官　指挥执行
再犯

摘　　要：所羁押的徒刑人犯于判决确定后
虽未经检察官指挥执行，但确已
执行。若其再犯徒刑以上的罪
行，依刑律第十九条属于再犯。

期刊名称：江苏高等法院公报

主办单位：江苏高等法院

刊　　期：1929（6）

页　　码：99－100

7. 题　　名：司法院训令：院字第三一〇号
（十九年七月十九日）：令署福
建高等法院首席检察官张清泽：
福建高等法院转最高法院解释共
党掳人勒赎管辖疑义由（附最
高法院检察署函）

作　　者：

关 键 词：牵连案件　并案受理　并案起诉

摘　　要：共产党犯《暂行反革命治罪法》
所规定的反革命行为外，利用共
党势力掳人勒赎，系属于两个以
上不同级别法院管辖的牵连案

件，得由高等法院并案受理，检
察官自得并案起诉。

期刊名称：江苏高等法院公报

主办单位：江苏高等法院

刊　　期：1931（1）

页　　码：21－22，3

8. 题　　名：司法院训令：院字第三八六号
（十九年十二月三十日）：令代
理江西高等法院首席检察官胡
觉：转最高法院解释扣货抵债是
否犯罪疑由（附最高法院检
察署函）

作　　者：

关 键 词：扣货抵债　民事关系　犯罪

摘　　要：扣货抵债者，如无所有的意思，
又无强暴胁迫的行为，属于民事
关系，不构成犯罪。

期刊名称：江苏高等法院公报

主办单位：江苏高等法院

刊　　期：1931（4）

页　　码：76，5

9. 题　　名：司法院指令：院字第三二一号
（十九年八月十九日）：令甘肃
高等法院首席检察官：呈据该法
院第五分院首席检察官转请解释
恐吓民众乘机取物论罪疑义由

作　　者：

关 键 词：罪行　盗窃罪

摘　　要：乘人惊慌之际诈称土匪前来，已
相距不远。待人惊走之后，乘机
取走财物，既未施行暴胁，应成
立窃盗罪。

期刊名称：江苏高等法院公报

主办单位：江苏高等法院

刊　　期：1931（1）

页　　码：30

10. 题　　名：司法院训令：院字第三二五号
（十九年八月二十日）：令署江
苏高等法院首席检察官王思默：
江苏高等法院转最高法院解释
县法院初级再议案件管辖疑
由（附最高法院检察署函）

作　　者：

关 键 词：县法院　初级管辖　不起诉
地方法院　首席检察官

摘　　要：县法院初级管辖不起诉的案件，

如申请再议，应由地方法院首席检察官受理。

期刊名称：江苏高等法院公报
主办单位：江苏高等法院
刊　　期：1931（1）
页　　码：33，4

11. 题　　名：司法院指令：院字第二三九号（十九年二月二十日）：令署河北高等法院首席检察官王泳：呈为保定地方法院首席检察官转请解释省立学校校长是否刑法第十七条所称之公务员由

作　　者：

关 键 词：省立学校校长　公务员

摘　　要：省立学校校长如经中央或省政府任命即系依法从事公务的职员。

期刊名称：江苏高等法院公报
主办单位：江苏高等法院
刊　　期：1930（10）
页　　码：41－42

12. 题　　名：司法院训令：院字第三三五号（十九年九月十二日）：令四川高等法院首席检察官：转最高法院解释妨害公务罪疑义由（附最高法院检察署函）

作　　者：

关 键 词：检察官　标语　昭雪　胁迫

摘　　要：检察官执行或不执行一定职务时，意图遍贴标语或组织昭雪团。如昭雪的方法及标语内容系威胁检察官，使其不能自由处分，即属胁迫。

期刊名称：江苏高等法院公报
主办单位：江苏高等法院
刊　　期：1931（2）
页　　码：45－46，3

13. 题　　名：司法院训令：院字第三四八号（十九年十月四日）：令署河北高等法院首席检察官王泳：转最高法院解释藏有制造金丹袋之机器应否论罪由（附最高法院检察署函）

作　　者：

关 键 词：金丹袋　机器　论罪

摘　　要：藏有制造金丹袋机器者，除已制造金丹袋并已实施或帮助贩卖或运输金丹（鸦片代用品），应就其犯行论罪外，仅藏有机器则无罪可科。

期刊名称：江苏高等法院公报
主办单位：江苏高等法院
刊　　期：1931（2）
页　　码：58，4

14. 题　　名：司法院训令：院字第二六〇号（十九年四月十二日）：令署山东高等法院首席检察官周起凤：山东高等法院转最高法院解释侦查程序疑义一案由（附最高法院检察署函）

作　　者：

关 键 词：检察官　侦查　不起诉　送达　自诉人

摘　　要：检察官依刑诉法认为有侦查必要者，依公诉侦查程序办理。但侦查后认为毋庸起诉者，则不必送达处分书于自诉人。

期刊名称：江苏高等法院公报
主办单位：江苏高等法院
刊　　期：1930（11）
页　　码：49－50，4

15. 题　　名：据河南高等法院代理首席检察官傅廷桢呈称据洛阳地方法院首席检察官电称洛阳习惯有买卖婚姻一种是否有效请解释由（解字第一六一号十七年九月十日）

作　　者：

关 键 词：买卖婚姻　合意　财礼

摘　　要：买卖妇女于人为妻，若经双方合意，虽出银两，实具有彩礼性质，应认为婚姻有效。

期刊名称：江苏高等法院公报
主办单位：江苏高等法院
刊　　期：1929（9）
页　　码：82

16. 题　　名：江苏高等法院首席检察官呈据上海地方法院首席检察官呈以前北京临时执政赦令应否有效请解释由（解字第一七〇号十七年九月十二日）

作　　者：

关 键 词：北京临时执政赦令　效力

摘　　要：前北京临时执政赦令，如与国
民政府法令抵触者，各省区隶
属国民政府领域以后自不能援
用。惟从前检察厅如已依当时
法令处分免予执行其处分，仍
应有效。

期刊名称：江苏高等法院公报

主办单位：江苏高等法院

刊　　期：1929（9）

页　　码：88－89

17. 题　　名：司法院训令：院字第一六九号
（十八年十月三十一日）：令署
福建高等法院首席检察官张清
泽：福建高等法院转最高法院
解释检察官对于处刑命令可否
声请正式审判抑提起上诉一案
由（附最高法院检察处函）

作　　者：

关 键 词：检察官　处刑命令　申请审判
提起上诉

摘　　要：检察官对于处刑命令不能提起
上诉，即使处刑错误或不当，
非被告不得声请正式审判。

期刊名称：江苏高等法院公报

主办单位：江苏高等法院

刊　　期：1930（7）

页　　码：45，4

18. 题　　名：据河南高等法院首席检察官来文
关于法律疑问四点请予解释由
（解字第九一号，十七年五月）

作　　者：

关 键 词：县知事兼理司法　上级检察官
上诉

摘　　要：县知事兼理诉讼案件，经上级
检察官发现其为不当者（不问
是否因送覆判而发现）得提起
上诉；上级检察官对于下级正
式法院（非县知事兼理司法）
的判决，除依刑诉律得为控告
外不得上诉。

期刊名称：江苏高等法院公报

主办单位：江苏高等法院

刊　　期：1929（6）

页　　码：96－97

19. 题　　名：司法院训令：院字第二一三号

（十九年一月二十日）：令署浙
江高等法院首席检察官郑畋：
浙江高等法院转最高法院解释
贩运咖啡素是否成立制造鸦片
代用品之未遂罪一案由（附最
高法院检察署函）

作　　者：

关 键 词：贩卖咖啡素　毒性　处罚明文

摘　　要：贩运咖啡素如经化验并无毒质
或虽有毒质而非与鸦片、高根、
安洛因同类毒性之物，法无处
罚明文，应不为罪。

期刊名称：江苏高等法院公报

主办单位：江苏高等法院

刊　　期：1930（9）

页　　码：72，4

20. 题　　名：据江苏高等法院张首席检察官
为上海地方首席检察官呈称盗
匪纠约三人以上或五六人持械
行刼因惩治盗匪条例有疑义转
请解释等情呈请解释令遵由
（解字第三十二号，十七年二月
二十七日）

作　　者：

关 键 词：大帮　聚众

摘　　要：结合大帮应指匪徒本有团体的
组织而言，与聚众情形除人数
比较多外，亦足为区别。

期刊名称：江苏高等法院公报

主办单位：江苏高等法院

刊　　期：1929（3）

页　　码：77－78

21. 题　　名：司法部训令：院字第二三号
（十八年三月七日）：令山东高
等法院首席检察官董玉墀：山
东高等法院检察官转最高法院
解释犯罪在刑法施行前可否采
用从轻准以易科罚金一案由
（附原函）

作　　者：

关 键 词：处刑　易刑　执行

摘　　要：犯罪时法律之刑较轻者适用较
轻之刑，而对于执行实有窒碍
者得易刑之规定与处刑无关。

期刊名称：江苏高等法院公报

主办单位：江苏高等法院

刊　　　期：1929（10）

页　　　码：87 - 88，6

22. 题　　　名：司法院训令：院字第一六八号（十八年十月三十一日）：令署广东高等法院首席检察官廖愈簪：广东高等法院转最高法院解释声请再议案件认为有理由者应否制作处分书抑仅用命令一案由（附最高法院检察处函）

作　　　者：

关　键　词：上级首席检察官　声请再议　叙明理由

摘　　　要：上级首席检察官认为再议有理由命令续行侦查或起诉者应叙明理由，毋庸另制处分书。

期刊名称：江苏高等法院公报

主办单位：江苏高等法院

刊　　　期：1930（7）

页　　　码：44 - 45，3 - 4

23. 题　　　名：司法院训令：院字第二一七号（十九年一月二十二日）：令广西高等法院首席检察官：广西高等法院转最高法院解释强奸犯罪由巡警拘送侦查被害人不愿告诉应如何办理一案由（附最高法院检察署函）

作　　　者：

关　键　词：强奸犯罪　告诉乃论之罪

摘　　　要：强奸犯罪由巡警拘送侦查，被害人不愿告诉者，应按照告诉乃论之罪未经告诉者检察官不应有何处分处理。

期刊名称：江苏高等法院公报

主办单位：江苏高等法院

刊　　　期：1930（9）

页　　　码：74 - 75，5

24. 题　　　名：司法院训令：院字第二一九号（十九年一月二十七日）：令署山东高等法院首席检察官周起凤：山东高等法院转最高法院解释被告请求撤销没入保证金处分应如何办理一案由（附最高法院检察处函）

作　　　者：

关　键　词：保证金　没入　具保处分

摘　　　要：保证金原为声请具保而设，检察官依法核定没入保证金时应认为包括具保处分的范围；如有不服得依法办理。

期刊名称：江苏高等法院公报

主办单位：江苏高等法院

刊　　　期：1930（9）

页　　　码：76 - 77，5

25. 题　　　名：司法院训令：院字第二二一号（十九年一月二十七日）：令署江苏高等法院首席检察官王思默：江苏高等法院转最高法院解释诬告反革命或土豪劣绅案件管辖疑义一案由（附原呈）

作　　　者：

关　键　词：诬告反革命或土豪劣绅案件　地方法院　管辖

摘　　　要：诬告反革命或土豪劣绅案件应由地方法院管辖。

期刊名称：江苏高等法院公报

主办单位：江苏高等法院

刊　　　期：1930（9）

页　　　码：78，5

26. 题　　　名：司法院训令：院字第二九四号（十九年六月十日）：令署湖北高等法院首席检察官何奇阳：湖北高等法院转最高法院解释徒刑并科罚金能否单独宣告徒刑缓刑而将罚金不予宣告缓刑由（附最高法院检察署函）

作　　　者：

关　键　词：徒刑　罚金　缓刑　并科

摘　　　要：徒刑重于罚金，法院判处徒刑并科罚金的案件，如拟论知缓刑，徒刑与罚金自应一并论知。

期刊名称：江苏高等法院公报

主办单位：江苏高等法院

刊　　　期：1930（12）

页　　　码：82，5

27. 题　　　名：司法院训令：院字第三〇三号（十九年七月八日）：令四川高等法院首席检察官：四川高等法院转最高法院解释报纸登载司法官受贿事后更正应否处刑疑义由（附最高法院检察署函）

作　　　者：

关　键　词：报纸登载　司法官受贿　更正

妨害公务罪

摘　　要：报纸登载司法官受贿，应对报馆依妨害公务罪处断。至事后更正，因现行法律尚无免责条文自不影响于罪成立。

期刊名称：江苏高等法院公报

主办单位：江苏高等法院

刊　　期：1930（12）

页　　码：85－86，5

28. 题　　名：院字第三一三号（十九年七月二十四日）：令署福建高等法院首席检察官张清泽：福建高等法院转最高法院解释自诉案件上诉时送交卷证程序疑义由（附最高法院检察署函）

作　　者：

关键词：自诉　上诉　卷宗　证物　检察官

摘　　要：自诉案件上诉时，原审法院以该案卷宗及证物送交该法院检察官，由该检察官送交上级法院检察官。

期刊名称：江苏高等法院公报

主办单位：江苏高等法院

刊　　期：1931（1）

页　　码：23－24，3

29. 题　　名：司法院训令：院字第三二三号（十九年八月二十日）：令署湖南高等法院首席检察官曹瀛：湖南高等法院转最高法院解释县法院初级管辖案件声请再议程序疑义（附最高法院检察署函）

作　　者：

关键词：声请再议　地方法院　送卷

摘　　要：县法院组织与地方法院不同，原告诉人就其初级管辖案件声请再议，应由地方法院首席检察官受理，送卷程式准用上诉程序中送卷办法办理。

期刊名称：江苏高等法院公报

主办单位：江苏高等法院

刊　　期：1931（1）

页　　码：31－32，4

30. 题　　名：司法院训令：院字第三六三号（十九年十一月五日）：令署安

徽高等法院首席检察官钱谦：训令安徽高等法院转最高法院解释惩治土豪劣绅条例第二条第十一款疑义由（附最高法院检察署函）

作　　者：

关键词：土豪劣绅　敛财肥己罪　诈欺罪

摘　　要：土豪劣绅敛财肥己罪不必盘踞公共机关，但必假借其名义者方能成立，其与刑法上诈欺罪显有区别。

期刊名称：江苏高等法院公报

主办单位：江苏高等法院

刊　　期：1931（3）

页　　码：99－100，8

31. 题　　名：司法院训令：院字第二四二号（十九年二月二十二日）：令江西高等法院首席检察官：江西高等法院转最高法院解释刑事诉讼法第十二条疑义一案由（附最高法院检察署函）

作　　者：

关键词：加重刑罚　减轻刑罚　管辖

摘　　要：查犯罪依刑法应加重或减轻本刑包括总分则；以刑为标准定法院管辖。

期刊名称：江苏高等法院公报

主办单位：江苏高等法院

刊　　期：1930（10）

页　　码：44－45，3

32. 题　　名：司法院训令：院字第二五八号（十九年四月七日）：令署福建高等法院首席检察官张清泽：福建高等法院转最高法院解释告诉人声请再议疑义一案由（附最高法院检察署函）

作　　者：

关键词：告诉人　不起诉处分　声请再议

摘　　要：告诉人不服不起诉处分声请再议时，以告诉人为限。公务员为告发时不得声请再议。

期刊名称：江苏高等法院公报

主办单位：江苏高等法院

刊　　期：1930（11）

33. 题　　名：司法院训令：院字第二六二号（十九年四月十二日）：令广西高等法院首席检察官：广东高等法院转最高法院解释被诱人疑义及教唆或帮助尊亲属自杀或受其嘱托或得其承诺而杀之行为论罪疑义一案由（附最高法院检察署函）

作　　者：

关 键 词：被诱人　教唆　帮助　自杀

摘　　要：被诱人界定以及教唆或帮助尊亲属自杀或受其嘱托或得其承诺而杀之的行为依法不作加重处理。

期刊名称：江苏高等法院公报

主办单位：江苏高等法院

刊　　期：1930（11）

页　　码：51－52，4

34. 题　　名：司法院训令：院字第二六九号（十九年四月二十五日）：令署湖南高等法院首席检察官曹瀛：湖南高等法院转最高法院解释军佐解职后犯罪潜往军队服务审判管辖疑义一案由（附最高法院检察署函）

作　　者：

关 键 词：军佐　行政官吏　普通刑法之罪　军法会　审判

摘　　要：原为准尉以上军佐，于解职后任行政官吏，触犯普通刑法之罪。其后又往军队服务，其犯罪应由军法会审判。

期刊名称：江苏高等法院公报

主办单位：江苏高等法院

刊　　期：1930（11）

页　　码：57，5

35. 题　　名：司法院训令：院字第二八四号（十九年五月二十二日）：令署江苏高等法院首席检察官王思默：江苏高等法院转最高法院解释继续侦查仍应不起诉时应否再制作处分书疑义一案由（附最高法院检察署函）

作　　者：

关 键 词：不起诉处分　继续侦查　不起

诉理由

摘　　要：刑事案件已经送达不起诉处分书后，上级机关复令侦查或原诉人于经过再议期限后以发现新事实或新证据请求继续侦查后，经检察官查明并无可以起诉的新事实或新证据，只须将不起诉理由分别呈报上级机关或通知原告诉人即可，不必再为不起诉处分。

期刊名称：江苏高等法院公报

主办单位：江苏高等法院

刊　　期：1930（11）

页　　码：66－67，6

36. 题　　名：据湖北高等法院邓首席检察官来电以在部令未到以前关于县知事判决惩治土豪劣绅案件应否认为有效请予解释由（十七年四月，解字第六八号）

作　　者：

关 键 词：土豪劣绅案件　县知事　特种刑事临时法庭　地方法院

摘　　要：惩治土豪劣绅案件应归特种刑事临时法庭审判，其暂由地方法院受理已属临时办法。县知事径行审判殊乏根据自属无效。

期刊名称：江苏高等法院公报

主办单位：江苏高等法院

刊　　期：1929（6）

页　　码：78－79

37. 题　　名：据浙江高等法院郑首席检察官来电以禁烟条例在登记期内执行颇有疑义请予解释由（十七年四月解字第七一号）

作　　者：

关 键 词：禁烟条例　登记领照　刑罚

摘　　要：查禁烟条例，凡在登记期内发觉吸食鸦片而尚未登记领照者，不能因后之登记领照予以免除刑罚。

期刊名称：江苏高等法院公报

主办单位：江苏高等法院

刊　　期：1929（6）

页　　码：81

38. 题　　名：据陕西高等法院余首席检察官来文以精神病人之监禁处分是

否限于在监执行请予解释由
（解字第八八号，十七年五月）

作　　者：

关 键 词：精神病人　监禁处分　在监
执行

摘　　要：精神病人的监禁处分不限于在
监执行。

期刊名称：江苏高等法院公报

主办单位：江苏高等法院

刊　　期：1929（6）

页　　码：93－94

39. 题　　名：司法院训令：院字第十七号
（十八年三月五日）：令广东
等法院首席检察官：广东高
等法院转最高法院解释对于奸杀
案件疑义一案由（附原呈）

作　　者：

关 键 词：奸杀案件　告诉乃论

摘　　要：犯强奸而故意杀被害人者依刑
法第二百四十条第六项规定，
其犯罪为告诉乃论之罪。则非
有合法告诉，自不得依该条该
项论科。而刑诉又无检察官得
依职权指定告诉人的规定。

期刊名称：江苏高等法院公报

主办单位：江苏高等法院

刊　　期：1929（10）

页　　码：83－84，6

40. 题　　名：据江西高等法院第一分院代电
以依新法制受理之刑事案件已
在审理中者应否再由检察官补
行起诉程序请予解释由（解字
第九五号，十七年五月）

作　　者：

关 键 词：检察官　补行起诉

摘　　要：依新法制受理之刑事案件已在
审理中，检察官不需再补行起
诉程序。该案可由刑庭继续审
理，至案件辩论终结时则由检
察官莅庭陈述意见即可。

期刊名称：江苏高等法院公报

主办单位：江苏高等法院

刊　　期：1929（6）

页　　码：100

41. 题　　名：司法院快邮代电：院字第三〇
一号（十九年六月十六日）：

甘肃高等法院转最高法院解释
第一审配置之检察官不合法院
编制第二审应如何办理疑义由
（附原代电）

作　　者：

关 键 词：法院编制　检察官　上诉　非
常上诉

摘　　要：不合法院编制的检察官，其在
一审所执行职务自属违法。甲
部分既经提起上诉，则第二审
应将原判决撤销更为判决；乙
部分判决已经确定应以非常上
诉程序救济。

期刊名称：江苏高等法院公报

主办单位：江苏高等法院

刊　　期：1930（12）

页　　码：84，5

42. 题　　名：据福建高等法院吴首席检察官
代电为对于上诉手续有疑义两
点请核示由（解字第四三号，
十七年三月二十二日）

作　　者：

关 键 词：上诉　告诉人　检察官　意
见书

摘　　要：上诉审以告诉人上诉不合程序
驳回之案件，可由原审配置的
检察官调阅卷宗依法办理；告
诉人呈诉不服，经检察官出具
意见书，可以检察官为上诉人
受理上诉。

期刊名称：江苏高等法院公报

主办单位：江苏高等法院

刊　　期：1929（4）

页　　码：64－65

43. 题　　名：司法院训令：院字第四二号
（十八年四月十三日）：令陕西
高等法院首席检察官余俊：转
最高法院解释再犯罪适用法律
疑义一案由（附原呈）

作　　者：

关 键 词：再犯罪　有期徒刑　合并执行

摘　　要：在有期徒刑执行中更犯有期徒
刑以上之罪，应以后罪所科之
刑与前科之刑合并执行。

期刊名称：江苏高等法院公报

主办单位：江苏高等法院

刊　　　期：1929（11）

页　　　码：70－71，4

44. 题　　　名：司法院训令：院字第四三号（十八年四月十三日）：令福建高等法院首席检察官张清泽：转最高法院解释易科罚金疑义一案由（附原呈）

作　　　者：

关　键　词：易科罚金　有期徒刑　拘役

摘　　　要：新刑法无易科罚金的规定，凡依刑律判处五等有期徒刑或拘役之案件，在刑法施行后即使执行实有窒碍，亦不适用旧刑律易科罚金。

期刊名称：江苏高等法院公报

主办单位：江苏高等法院

刊　　　期：1929（11）

页　　　码：71，4

45. 题　　　名：司法院训令：院字第四四号（十八年四月十七日）：令河南高等法院首席检察官傅廷桢：转最高法院解释掳人勒赎案件适用法律疑义一案由（附原呈）

作　　　者：

关　键　词：惩治盗匪暂行法律条例　诉讼系属　刑法

摘　　　要：查盗匪案件适用法律暂行细则，该掳人勒赎案件在条例颁行前已经第一审判决，现尚系属于上诉审者，仍适用已废止的刑法处断。

期刊名称：江苏高等法院公报

主办单位：江苏高等法院

刊　　　期：1929（11）

页　　　码：71－72，4－5

46. 题　　　名：司法院训令：院字第五〇号（十八年四月十七日）：令广东高等法院首席检察官廖愈簪：转最高法院解释声请再议案件疑义由（附原函）

作　　　者：

关　键　词：不起诉处分　声请再议　高等法院首席检察官　地方法院首席检察官

摘　　　要：地方法院检察官对于初级案件为不起诉处分后，对于声请再议认为无理由者，应将卷证迳送高等法院首席检察官。但粤省情形稍有不同。粤省各县已设有分庭受理初级案件，对于声请再议分庭检察官认为无理由者，应送地方法院首席检察官办理。

期刊名称：江苏高等法院公报

主办单位：江苏高等法院

刊　　　期：1929（11）

页　　　码：82－83，5

47. 题　　　名：司法院训令：院字第五二号（十八年四月十七日）：令江苏高等法院首席检察官王思默：转最高法院解释声请再议案件疑义由（附原函）

作　　　者：

关　键　词：初级管辖　不起诉处分　地方法院　首席检察官

摘　　　要：刑事初级管辖不起诉案件，经当事人申请再议，已由地方法院首席检察官依法分别处分，告诉人并未声明不服，其处分自应认为有效。

期刊名称：江苏高等法院公报

主办单位：江苏高等法院

刊　　　期：1929（11）

页　　　码：83－84，5

48. 题　　　名：司法院快邮代电：院字第二六号（十八年三月十六日）：江苏高等法院检察官转最高法院解释初级案件声请再议一案由（附原代电）

作　　　者：

关　键　词：兼理司法县政府　初级案件　不起诉处分　声请再议

摘　　　要：兼理司法之县政府就初级案件为不起诉处分后，对于声请再议认为无理由者，应将证卷送地方法院首席检察官办理。

期刊名称：江苏高等法院公报

主办单位：江苏高等法院

刊　　　期：1929（10）

页　　　码：89－90，6

49. 题　　　名：司法院训令：院字第二八号

（十八年四月八日）：令湖南高
等法院首席检察官曹瀛：湖南
高等法院转最高法院解释犯罪
起诉时效之适用疑义一案由
（附原函）

作　　者：

关 键 词：犯罪　起诉时效

摘　　要：刑法施行前的犯罪，于刑法施
行时，其起诉权未因刑律所定
时效期限消减者，自应适用刑
法规定。若起诉权已削减，即
不得因刑法施行改依刑法计算。

期刊名称：江苏高等法院公报

主办单位：江苏高等法院

刊　　期：1929（10）

页　　码：91－92，7

50. 题　　名：司法院快邮代电：院字第三一
号（十八年四月十二日）：湖北
高等法院检察官转最高法院解
释保卫团常练丁犯罪应否归陆
军审判一案由（附原代电）

作　　者：

关 键 词：保卫团　普通刑法案件　管辖

摘　　要：保卫团系警察性质，团内从事
职务之人，无论名目如何，皆
非陆军军人，其所犯普通刑法
案件不能归陆军审判。

期刊名称：江苏高等法院公报

主办单位：江苏高等法院

刊　　期：1929（10）

页　　码：94，7

51. 题　　名：司法院快邮代电：院字第三三
号（十八年四月十二日）：湖南
最高法院检察官转高等法院解
释军部秘书为刑事被告应属何
机关审判一案由（附原代电）

作　　者：

关 键 词：军部秘书　文官　军法会

摘　　要：军部秘书系军队所属文官，应
认为军属。如作为刑事被告，
应由军法会审判。

期刊名称：江苏高等法院公报

主办单位：江苏高等法院

刊　　期：1929（10）

页　　码：95，7

52. 题　　名：司法院训令：院字第八二号

（十八年五月六日）：令陕西高
等法院首席检察官余俊：转最
高法院解释声请再议案件疑问
一案由（附原呈）

作　　者：

关 键 词：声请再议　审级制度

摘　　要：凡未经专设办理初级案件检察官
的地方法院，应以高等法院首席
检察官为上级；其已经专设者，
应以该地方法院首席检察官为上
级。告诉人对于上级法院首席检
察官驳回声请再议的处分不服
时，得再向上级法院首席检察官
声请再议，至管辖该案之终审
法院首席检察官而止。

期刊名称：江苏高等法院公报

主办单位：江苏高等法院

刊　　期：1930（1）

页　　码：42－43，3

53. 题　　名：司法院训令：院字第一七九号
（十八年十二月十一日）：令署
江苏高等法院首席检察官王思
默：江苏高等法院解释鸦片罪
管辖疑义一案由（附原函）

作　　者：

关 键 词：鸦片罪　级别管辖

摘　　要：禁烟法第六、第八、第十各条之
罪最重主刑均为五年以下有期徒
刑，又不在刑事诉讼法第八条第
二款至第八款列举范围之内，第
一审应由地方法院管辖。

期刊名称：江苏高等法院公报

主办单位：江苏高等法院

刊　　期：1930（7）

页　　码：53，5

54. 题　　名：司法院快邮代电：院字第一八
一号（十八年十二月十三日）：
山东高等法院转最高法院解释
检察官以反革命起诉之案件经
审明系属普通案件应如何办理
一案由（附原代电）

作　　者：

关 键 词：检察官　反革命案件　级别
管辖

摘　　要：凡检察官以反革命起诉之案件，
经高等法院开始审判后，纵使

查明应归地方法院管辖，仍应由高等法院继续审判。

期刊名称：江苏高等法院公报
主办单位：江苏高等法院
刊　　期：1930（7）
页　　码：55－56，5

55. 题　　名：司法院训令：院字第一八六号（十八年十二月十四日）：令署江苏高等法院首席检察官王思默：江苏高等法院转最高法院解释阴谋预备杀人应否论罪一案由（附原函）

作　　者：

关 键 词：阴谋预备杀人　同谋杀人

摘　　要：同谋杀人指一方参与谋议，一方已着手杀人既遂或未遂情形。若仅止于计议杀人，即使达于预备程度，新刑法尚不处罚，则预备以前的阴谋行为更不能认为同谋杀人。

期刊名称：江苏高等法院公报
主办单位：江苏高等法院
刊　　期：1930（7）
页　　码：59－60，5

56. 题　　名：司法院训令：院字第四六八号（二十年三月二十日）：令署江苏高等法院首席检察官王思默：解释和诱未成年寡妇犯罪疑义由（附原函）

作　　者：

关 键 词：和诱　未成年寡妇　犯罪

摘　　要：未成年妇女已结婚者有行为能力，不因夫之死亡而随同丧失。其有和诱之者，不能成立犯罪。

期刊名称：江苏高等法院公报
主办单位：江苏高等法院
刊　　期：1931（10）
页　　码：53－54，3

57. 题　　名：司法院快邮代电：院字第三二六号（十九年八月二十一日）：四川高等法院转最高法院解释原告诉人应否送达判决及声明不服检察官有无准驳权由（附原代电）

作　　者：

关 键 词：公诉　原告诉人　上诉权

摘　　要：公诉案件原告诉人无上诉权，除另有特别规定外，法院毋庸以职权向其送达判决；原告诉人请求检察官上诉，除另有特别规定外，其应否提起上诉，检察官有酌量职权，并不受原告诉人请求拘束。

期刊名称：江苏高等法院公报
主办单位：江苏高等法院
刊　　期：1931（1）
页　　码：33－34，4

58. 题　　名：司法院训令：院字第四〇三号（二十年一月十七日）：令署江苏高等法院院长林彪：转最高法院解释刑诉法关于检察官职权疑义由（附原函）

作　　者：

关 键 词：检察官　被告利益　上诉　告诉　告发　不起诉处分　初级管辖　送交程序

摘　　要：检察官对于被告受科刑之判决，依法得为被告利益而提起上诉，检察官对于告诉或告发案件，侦查结果无须传唤被告已足认为所告事实为嫌疑不足或行为不成犯罪者，即可迳为不起诉处分；初级管辖案件经第一审判决后，检察官上诉仍须按照送交程序办理。

期刊名称：江苏高等法院公报
主办单位：江苏高等法院
刊　　期：1931（5）
页　　码：58－59，7

59. 题　　名：司法院快邮代电：院字第三五五号（十九年十月十一日）：代电湖南高等法院转最高法院解释杀人及窃盗罪疑义由（附最高法院检察署函）

作　　者：

关 键 词：杀人未遂　惯盗

摘　　要：(一) 甲起意杀乙，置毒饼内送乙，乙未食，甲对于乙自成预谋杀人未遂罪。如乙将饼贻送丙食及丁尝食，甲已预见而不违背本意，则甲对于丙丁亦有杀人间接故意，应成杀人未遂罪。若应注意而能注意而不注意或难预见而确信其不发生，丙丁既因食饼而病，则甲对于丙丁自属过失伤害，应与预谋杀乙未遂的行为依刑法处断。若无上述故意及过失，即对于丙丁不成罪。（二）以盗窃为常业，刑法有处罚专款，自不得依并和之例论罪。

期刊名称：江苏高等法院公报
主办单位：江苏高等法院
刊　　期：1931（3）
页　　码：91－92，7

60. 题　　名：司法院训令：院字第一四九号（十八年八月二十三日）：令署浙江高等法院首席检察官郑文礼：训令浙江高等法院转最高法院解释抵触一案由（附原函）

作　　者：
关 键 词：告诉告发　律师　代行　辩护
摘　　要：告诉告发得委托律师代行，但已明言与律师出庭辩护性质不同。其以律师代行告诉者，自不能与辩护人视同一律。

期刊名称：江苏高等法院公报
主办单位：江苏高等法院
刊　　期：1930（4）
页　　码：65－66，6

61. 题　　名：司法院训令：院字第一五三号（十八年八月二十三日）：令山西高等法院首席检察官吴淞：训令山西高等法院转最高法院解释党员犯罪适用法律疑义一案由（附原函）

作　　者：
关 键 词：党员背誓罪条例
摘　　要：（一）党员背誓罪条例既经国民政府公布自应有效；（二）就具体事实请求解释不拟答复。

期刊名称：江苏高等法院公报
主办单位：江苏高等法院
刊　　期：1930（4）
页　　码：68－69，6

62. 题　　名：司法院快邮代电：院字第二四四号（十九年二月二十四日）：

湖北高等法院转最高法院解释特种刑事诬告案件管辖疑义一案由（附最高法院检察署函）

作　　者：
关 键 词：特种刑事诬告案件　地方法院管辖
摘　　要：特种刑事诬告案件依刑诉法应由地方法院管辖。

期刊名称：江苏高等法院公报
主办单位：江苏高等法院
刊　　期：1930（10）
页　　码：46－47，3

63. 题　　名：司法院快邮代电：院字第二四六号（十九年二月二十四日）：江西高等法院转最高法院解释禁烟法第六、第八等条罪之管辖疑义一案由（附最高法院检察署函）

作　　者：
关 键 词：禁烟法　犯罪　地方法院管辖
摘　　要：犯禁烟法第六、第八、第十等条之罪应由地方法院管辖。

期刊名称：江苏高等法院公报
主办单位：江苏高等法院
刊　　期：1930（10）
页　　码：48，3

64. 题　　名：司法院指令：院字第三六六号（十九年十一月十日）：令绥远高等法院首席检察官：呈为五原县县长转请解释因奸杀害本夫犯奸部分论罪疑义由

作　　者：
关 键 词：奸杀案件　犯奸部分　告诉乃论犯罪
摘　　要：因奸杀害本夫，相奸者无论有无同谋，其犯奸部分未经本夫生前告诉，自不论罪。

期刊名称：江苏高等法院公报
主办单位：江苏高等法院
刊　　期：1931（3）
页　　码：102－103

65. 题　　名：司法院指令：院字第三六七号（十九年十一月十一日）：令署浙江高等法院首席检察官郑畋：呈为请解释反革命案被告送入

反省院办法疑义由

作　　者：

关 键 词：反省院条例　反省处分

摘　　要：关于应受反省处分之人，自以《反省院条例》第五条所列举者为限。

期刊名称：江苏高等法院公报

主办单位：江苏高等法院

刊　　期：1931（3）

页　　码：103－104

66. 题　　名：准福建高等法院代电以普通刑庭关于盗匪案件或军事犯迳送军事机关审理检察官无法救济请示遵由（解字第一〇四号，十七年六月）

作　　者：

关 键 词：普通刑事案件　普通法院

摘　　要：普通刑事案件应由普通法院受理审判。若被告人不属普通法院审判，依修正刑事诉讼律第三百三十八条第十四款、第三百三十九条第一项第三款及第三百四十一条，普通法院应以判决驳回公诉。至误送军事机关之卷宗应如何设法索回，不属解释范围。

期刊名称：江苏高等法院公报

主办单位：江苏高等法院

刊　　期：1929（8）

页　　码：54

67. 题　　名：准河南高等法院代电以刑事案件未经诉追或于诉追后依法撤销检察官应如何办理请予解释由（解字第一〇五号，十七年六月）

作　　者：

关 键 词：诉追　驳回公诉　一事不再理

摘　　要：刑事案件未经诉追或于诉追后依法撤销，法院应为驳回公诉之判决，不能继续审理。一事不再理系指法院依法受理之案件已为实体判决（如科判无罪之判决）后不得就同一事实再行审理。若原审仅就诉讼程序而为驳回公诉之判决，自不发生一事不再理问题。

期刊名称：江苏高等法院公报

主办单位：江苏高等法院

刊　　期：1929（7）

页　　码：54－55

68. 题　　名：据浙江高等法院第二分院童首席检察官来呈以禁烟条例不无疑义请予解释由（解字第一〇六号，十七年六月）

作　　者：

关 键 词：戒烟药膏　鸦片烟　伪指　犯罪行为

摘　　要：凡有贩卖戒烟药膏者须先呈请省禁烟总局检查化验并奉财政部核准方许出售，戒烟药膏自系与纯粹鸦片烟不同。若禁烟人员故意将鸦片烟伪指为戒烟药膏发给包卖人出售者，自系构成犯罪行为，应分别按律科断。

期刊名称：江苏高等法院公报

主办单位：江苏高等法院

刊　　期：1929（7）

页　　码：55－56

69. 题　　名：司法院训令：院字第一五三号（十八年八月二十三日）：令山西高等法院首席检察官吴淞：训令山西高等法院转最高法院解释党员犯罪适用法律疑义两点一案由（附原函）

作　　者：

关 键 词：党员背誓罪条例　事实问题

摘　　要：党员背誓罪条例既经国民政府公布，自应有效；就具体事实请求解释不予答复。

期刊名称：江苏高等法院公报

主办单位：江苏高等法院

刊　　期：1930（5）

页　　码：77－78，5

70. 题　　名：司法院训令：院字第二〇二号（十九年一月十日）：令广西高等法院首席检察官：广西高等法院转最高法院解释刑法上亲属范围疑义一案由（附原函）

作　　者：

关 键 词：亲属范围

摘　　要：广西高等法院转最高法院解释

刑法上亲属范围疑义。

期刊名称：江苏高等法院公报

主办单位：江苏高等法院

刊　　期：1930（8）

页　　码：27，3

71.**题　　名**：司法院训令：院字第二〇四号（十九年一月十一日）：令署山东高等法院首席检察官周起凤：山东高等法院转最高法院解释侵入窃盗罪计算时效疑义一案由（附原函）

作　　者：

关 键 词：侵入住宅行窃　加重窃盗罪　时效

摘　　要：侵入住宅行窃在刑律有效时期系属加重窃盗罪。于刑法施行以前起诉权既未因刑律上之时效归于消减，则自刑法施行后关于论罪及计算时效均应依刑法办理。

期刊名称：江苏高等法院公报

主办单位：江苏高等法院

刊　　期：1930（8）

页　　码：28－29，4

72.**题　　名**：司法院快邮代电：院字第二五四号（十九年四月七日）：四川高等法院转最高法院解释讯问被告应否请检察官莅庭一案由（附原代电）

作　　者：

关 键 词：询问被告　检察官　莅庭

摘　　要：询问被告，非经检察官请求，毋庸其莅庭。

期刊名称：江苏高等法院公报

主办单位：江苏高等法院

刊　　期：1930（11）

页　　码：45－46，3

73.**题　　名**：四川高等法院首席检察官电称女子有财产承继权吾国法律上保属创举今有女与抚子及女与抚异姓子暨已出嫁之女与未出嫁之女争产请解释由（解字一六三号，十七年九月）

作　　者：

关 键 词：女子　财产承继　嗣子

摘　　要：女子虽有财产承继，并无宗祧

承继权。其承受遗产在未嫁之前已有嗣子，固应与嗣子平分。即未立嗣亦应酌留其应继之份，不得主张全部承继；女子承继财产与嗣子本不相妨，抚异姓子以乱宗及所拟未嫁之女招夫生子仍从母姓以续后嗣均为法所不许。至义子酌分财产在现行律有明文尤不发生疑问。

期刊名称：江苏高等法院公报

主办单位：江苏高等法院

刊　　期：1929（9）

页　　码：83－84

74.**题　　名**：司法院快邮代电：院字第一五七号（十八年八月三十日）：代电江西高等法院转最高法院解释县政府判决之反革命案件检察官认为无效另行起诉应如何救济一案由（附原代电）

作　　者：

关 键 词：县判　反革命案件　管辖错误　判决确定　上诉　非常上诉

摘　　要：县政府判决之反革命案件，检察官认为无效另行起诉时应如何救济。县判如在特种刑事临时法庭取消以后即属管辖错误，并非当然无效。判决未确定前应依上诉程序办理。判决若已确定，应经非常上诉程序撤销，始得另行起诉，依通常程序审判。

期刊名称：江苏高等法院公报

主办单位：江苏高等法院

刊　　期：1930（5）

页　　码：81－82，5

75.**题　　名**：河南高等法院首席检察官电称设有运送石地年者经禁烟分局抓获照章科罚后被罚人不服呈诉到院此种案件普通法院是否可以受理请解释由（解字第一六七号，十七年九月）

作　　者：

关 键 词：修正吗啡治罪法　效力

摘　　要：前北京政府所颁行之修正吗啡治罪法依国民政府十六年八月十二日令文原准暂行援用。惟

现在刑法关于吗啡治罪法上犯罪已有规定，该治罪法自应失效。石地年在刑法并无科刑明文，如代验其质料与刑法第二百七十一条所列举之质料相同，仍得依该条文论罪。

期刊名称：江苏高等法院公报
主办单位：江苏高等法院
刊　　期：1929（9）
页　　码：86－87

76. 题　名：据福建高等法院首席检察官呈称甲因民事纠葛率请军队往办发生刼财害命结果应否共负罪责请解释示遵由（解字第一七五号，十七年九月十二日）

作　者：

关键词：教唆　军队　犯罪　造意犯

摘　要：人民唆使军队报其私仇，应就其教唆犯罪部分以造意犯论罪。若军队犯罪之行为出于其教唆以外者，该民自不负责。

期刊名称：江苏高等法院公报
主办单位：江苏高等法院
刊　　期：1929（9）
页　　码：91

77. 题　名：据江苏高等法院首席检察官电请解释共产党徒仅有宣传或信从之证据应否认为反革命案件归特种临时法庭审判由（解字第四号）

作　者：

关键词：反革命诉讼案件　特种刑事临时法庭

摘　要：系属反革命诉讼案件应归特种刑事临时法庭审判。

期刊名称：江苏高等法院公报
主办单位：江苏高等法院
刊　　期：1929（1）
页　　码：136

78. 题　名：据安徽高等法院电请解释当事人误向上级检察官声明控告可否转送第一审法院依现行修正刑事诉讼律办理由（解字第五号）

作　者：

关键词：上级检察官　声明控告　转送

摘　要：当事人误向上级检察官声明控告，可由该检察官转送第一审法院依修正刑事诉讼律第三百七十六条第一项或第三百七十七条第一项程序办理。

期刊名称：江苏高等法院公报
主办单位：江苏高等法院
刊　　期：1929（1）
页　　码：136

79. 题　名：准广西高等法院函以宗桃继承案件如请检察官莅庭应以何种法律为根据请予解释由（解字第一三一号，十七年七月）

作　者：

关键词：宗桃继承　检察官　公益代表人

摘　要：查修正民事诉讼律人事诉讼章第五嗣续程序专条，然宗桃承继案件依据向例仍以检察官为公益代表人。

期刊名称：江苏高等法院公报
主办单位：江苏高等法院
刊　　期：1929（8）
页　　码：66

80. 题　名：据吴县律师公会电称对于修正民刑诉讼草案关于内乱罪案件已经预审终结裁决后始奉院电在不起诉之裁决检察官能否抗告请解释由（解字第八号，十七年一月九日）

作　者：

关键词：内乱罪　检察官　抗告

摘　要：内乱罪诉讼属于反革命案件范围，依特种刑事临时法庭组织条例第二条应归该法庭受理。本案如经检察官抗告，原裁决尚未确定，即应仍由该法庭审判。

期刊名称：江苏高等法院公报
主办单位：江苏高等法院
刊　　期：1929（2）
页　　码：77

81. 题　名：覆江西高等法院首席检察官请解释修正刑诉律既准适用原告诉人有无上诉权由（解字第一一四号，十七年一月十二日）

作　　者：

关 键 词：原告诉人　当事人　上诉权

摘　　要：原告诉人既非刑事当事人，自无上诉权。

期刊名称：江苏高等法院公报

主办单位：江苏高等法院

刊　　期：1929（2）

页　　码：82

82. 题　　名：司法院训令：院字第六九号（十八年四月三十日）：令福建高等法院首席检察官张清泽：福建高等法院转最高法院解释妨害公务致人伤害罪适用法律疑义一案由（附抄原呈）

作　　者：

关 键 词：妨害公务致人伤害罪　从重处罚　并合论罪

摘　　要：（一）故意妨害公务因而致死或重伤者固应依刑法从重处断，即因而致普通伤害者亦应适用刑法第七十四条从重处断。但均应查照同法第二十九条以犯人能预见其发生者为限，否则只能依同法第七十六条审酌情形定科刑之轻重；（二）故意妨害公务并故意致人死或重伤或普通伤害者均应适用刑法第六十九条并合论罪。

期刊名称：江苏高等法院公报

主办单位：江苏高等法院

刊　　期：1929（12）

页　　码：73－74，5

83. 题　　名：司法院快邮代电：院字第一二〇号（十八年八月三日）：代电福建高等法院转最高法院解释特种刑庭移交已受理案件似毋庸实施侦查程序一案由（附最高法院检察署公函）

作　　者：

关 键 词：特种刑事临时法庭　侦查程序

摘　　要：取消特种刑事临时法庭后依其办法第四条移交之案件无庸再施侦查程序。

期刊名称：江苏高等法院公报

主办单位：江苏高等法院

刊　　期：1930（3）

页　　码：56－57，4

84. 题　　名：准河南高等法院首席检察官以李星文犯土劣罪名一案应归何处办理请予解释由（解字第一五八号，十七年九月一日）

作　　者：

关 键 词：土劣罪　县知事公署　普通刑律判决　特种刑事中央临时法庭　上诉

摘　　要：查惩治土豪劣绅条例上之犯罪，在民国十六年八月十八日该条例颁行前已经县知事公署依普通刑律判决者仍应有效。特种刑事中央临时法庭久经成立，应向该法庭上诉。

期刊名称：江苏高等法院公报

主办单位：江苏高等法院

刊　　期：1929（8）

页　　码：84－85

85. 题　　名：准湖北高等法院首席检察官公函以审判土劣委员会第二审判确定之案如无合法再审原因被告人能否请求再审请解释由（解字第一六〇号，十七年九月十日）

作　　者：

关 键 词：审判土劣委员会　审判组织　再审

摘　　要：审判土劣委员会于审判当时如其组织成立确有法律上之根据，则其判决自属有效。苟无法定再审原因，不得请求再审。

期刊名称：江苏高等法院公报

主办单位：江苏高等法院

刊　　期：1929（8）

页　　码：85－86

86. 题　　名：司法院训令：院字第八〇号（十八年五月四日）：令湖北高等法院首席检察官：湖北高等法院转最高法院解释易科监禁程序疑义一案由（附抄原呈）

作　　者：

关 键 词：科处罚金判决　易科监禁期间　检察官

摘　　要：科处罚金之判决未定易科监禁之期间，如不能执行罚金时，应由检察官声请同级法院依照刑法第五十五条第三项前半之规定裁定。

期刊名称：江苏高等法院公报

主办单位：江苏高等法院

刊　　期：1929（12）

页　　码：82－83，6

87. 题　　名：据浙江高等法院首席检察官呈称普通司法案件能否援引前北京政府赦令办理恳请解释由（解字第五四号，十七年三月二十八日）

作　　者：

关 键 词：前北京政府赦令　国民政府令　援用

摘　　要：前北京政府赦令与国民政府令抵触，在各省区归属国民政府领域以后即不能援用，非专指土豪劣绅案件而言。

期刊名称：江苏高等法院公报

主办单位：江苏高等法院

刊　　期：1929（4）

页　　码：72－73

88. 题　　名：准湖南高等法院函据常德地方法院呈称前法院收受未审理之刑事案件应否由检察官侦查起诉请解释由（解字第一四四号，十七年八月九日）

作　　者：

关 键 词：受理　检察官　侦查程序

摘　　要：前县法院或县司法公署仅受理而未开始审理之刑事案件，由正式法院接受后自应仍经检察官侦查程序。

期刊名称：江苏高等法院公报

主办单位：江苏高等法院

刊　　期：1929（8）

页　　码：75－76

89. 题　　名：司法院电：院字第五〇二号（二十年四月十四日）：甯夏高等法院陈首席检察官览一月寒电悉业经发交最高法院拟具解答案呈核前来内开查反革命治

罪法

作　　者：

关 键 词：反革命治罪法　危害民国紧急治罪法　刑法

摘　　要：查反革命治罪法第六条之罪重在宣传若仅购买共产书籍存置图书馆，并无宣传故意与行为，不能成立该条之犯罪。现在反革命治罪法业经废止，应查照新颁危害民国紧急治罪法第六条及刑法第二条规定办理。

期刊名称：江苏高等法院公报

主办单位：江苏高等法院

刊　　期：1931（11）

页　　码：68－69

90. 题　　名：据湖北高等法院曹首席检察官为未改四级三审制以前适用二级二审制案已判决而尚未确定及上诉案件二审正在审理中应如何办理请解释由（解字第二八号，十七年二月二十三日）

作　　者：

关 键 词：四级三审制　二级二审制

摘　　要：未改四级三审制以前适用二级二审制案已判决而未确定者，由检察官依法办理；上诉案件二审正在审理中，上诉既系在前，可继续审判。

期刊名称：江苏高等法院公报

主办单位：江苏高等法院

刊　　期：1929（3）

页　　码：74

91. 题　　名：准福建高等法院函据闽侯地方法院黄院长呈为广东军政府公布之刑诉律草案第二章第一节经修正于检察官之下加（及原告人）四字发生疑义请转呈解释由（解字第四四号，十七年三月二十二日）

作　　者：

关 键 词：原告人　检察官　公诉

摘　　要：原告人当系指刑事有告诉权之被害人或其家属而言。告诉人须向检察官告诉，由检察官提起公诉。

期刊名称：江苏高等法院公报

主办单位：江苏高等法院

刊　　期：1929（4）

页　　码：65－66

92. 题　　名：司法院训令：院字第三〇六号（十九年七月十二日）：令署福建高等法院首席检察官张清泽：福建高等法院转最高法院解释刑事诉讼法关于司法警察侦查犯罪职权疑义由（附原呈）

作　　者：

关 键 词：侦查犯罪职权　法律必要　事实必要　直接指挥权

摘　　要：(一)刑事诉讼法第二百二十七条所称县长、公安局长、宪兵队长官有侦查犯罪职权者系单指有侦查犯罪之职权，与检察官同。该条所称必要情形包括法律上必要和事实上必要。(二)刑事诉讼法第二百二十八条所称左列各员系包括县政府之警卫队队长而言，检察官关于侦查犯罪自有直接指挥之权。

期刊名称：江苏高等法院公报

主办单位：江苏高等法院

刊　　期：1930（12）

页　　码：88－89，5－6

93. 题　　名：司法院训令：院字第一八八号（十八年十二月十四日）：令署福建高等法院首席检察官张清泽：福建高等法院转最高法院解释以鸦片烟灰和佛手为药服食应否论罪一案由（附原函）

作　　者：

关 键 词：鸦片罪　鸦片烟灰　佛手违法

摘　　要：素无鸦片烟瘾，以烟灰和佛手为治病之药剂，其行为无违法性，不应论罪。

期刊名称：江苏高等法院公报

主办单位：江苏高等法院

刊　　期：1930（7）

页　　码：60－61，5

94. 题　　名：司法院训令：院字第一五二号（十八年八月二十三日）：令山

西高等法院首席检察官吴淞：训令山西高等法院转最高法院解释贩运或存留乳糖咖啡精等物应否论罪疑义一案由（附原函）

作　　者：

关 键 词：贩运　存留　乳糖　咖啡精　无罪

摘　　要：贩运或存留乳糖咖啡精等物质不能认为犯罪；意图供犯刑法第十九章各罪之用而持有高根安洛因应依刑法第二百七十七条第一项论科，不得借口于预备配置药品免除罪责。

期刊名称：江苏高等法院公报

主办单位：江苏高等法院

刊　　期：1930（4）

页　　码：68，6

95. 题　　名：司法院快邮代电：院字第一二一号（十八年八月三日）：代电四川高等法院转最高法院解释土豪劣绅案件现归地方法院受理，第一审是否仍由告诉告发人为原告抑由检察官侦查起诉一案由（附原代电）

作　　者：

关 键 词：土豪劣绅案件　通常程序　检察官　原告

摘　　要：依关于取消特种刑事临时法庭办法第四条移交之土豪劣绅案件无庸检察官再侦查起诉，但移交后一切均依通常程序办理，应以检察官为原告。

期刊名称：江苏高等法院公报

主办单位：江苏高等法院

刊　　期：1930（3）

页　　码：57，4

96. 题　　名：司法院指令：院字第一八四号（十八年十二月十三日）：令署浙江高等法院院长郑文礼：前院长殷汝熊呈据诸暨县法院请解释刑事自诉案件疑义由

作　　者：

关 键 词：自诉　检察官　不起诉处分　被害人

摘　　要：检察官依刑事诉讼法第二百四十五条所为不起诉处分应以被害人不希望处罚为条件。如果被害人提起自诉，其希望处罚之意至为明显。被害人希望处罚，在公诉案件检察官尚不能不予起诉，在自诉案件更不能免予判罪。

期刊名称：江苏高等法院公报

主办单位：江苏高等法院

刊　　期：1930（7）

页　　码：57－58

97. 题　　名：司法院快邮代电：院字第一八七号（十八年十二月十四日）：湖南高等法院转最高法院解释合于自诉规定案件原告诉人上诉程序疑义一案由（附原函）

作　　者：

关 键 词：自诉　公诉　检察官　上诉

摘　　要：合于自诉规定之案，原告诉人既未声明自诉，在第二审法院又系检察官出庭执行原告职务，是已成为公诉案件。非检察官不能向第三审法院上诉。

期刊名称：江苏高等法院公报

主办单位：江苏高等法院

刊　　期：1930（7）

页　　码：60，5

98. 题　　名：司法院训令：院字第一四六号（十八年八月二十三日）：令署湖南高等法院院长陈长簇：令湖南高等法院转最高法院解释自诉案件程序各疑义一案由（附原呈）

作　　者：

关 键 词：自诉程序　检察官　陈述　辩论　出庭

摘　　要：检察官于自诉程序无庸陈述或辩论，自亦无庸于验伤之际出庭。

期刊名称：江苏高等法院公报

主办单位：江苏高等法院

刊　　期：1930（4）

页　　码：62－63，6

99. 题　　名：司法院指令：院字第三六四号

（十九年十一月五日）：令署浙江高等法院院长郑文礼：呈为杭县律师公会转请解释告诉自诉疑义由

作　　者：

关 键 词：有夫之妇与人通奸　检察官　公诉

摘　　要：有夫之妇与人通奸，本夫对于奸妇既属配偶应属刑事诉讼法第三百三十九条之限制不许自诉，仅得向检察官告诉，依公诉程序办理。其对于奸夫依告诉乃论之罪告诉不可分之原则亦仅得告诉，不适用自诉程序。

期刊名称：江苏高等法院公报

主办单位：江苏高等法院

刊　　期：1931（3）

页　　码：100－101

100. 题　　名：司法院训令：院字第三四九号（十九年十月四日）：令东省特别区域高等法院院长：转最高法院解释撤回自诉程序疑义由（附原函）

作　　者：

关 键 词：自诉案件　检察官　公诉　被害人　声请撤回

摘　　要：查合于自诉案件经检察官提起公诉后，该公诉被害人声请撤回，除案件系告诉乃论之罪得认为撤回告诉外，法院应以裁定驳回。若被害人于检察官公诉之外别有自诉，所为撤回者系就自诉而言。

期刊名称：江苏高等法院公报

主办单位：江苏高等法院

刊　　期：1931（2）

页　　码：58－59，4

101. 题　　名：司法院训令：院字第一六一号（十八年九月十一日）：令署福建高等法院院长王风雄：训令福建高等法院转最高法院解释自诉案件执行疑义一案由（附原函）

作　　者：

关 键 词：自诉案件　检察官　指挥执行

摘　　要：自诉案件执行裁判仍应由谕知该裁判之法院检察官指挥。

期刊名称：江苏高等法院公报

主办单位：江苏高等法院

刊　　期：1930（5）

页　　码：84－85，5

102.题　　名：司法院训令：院字第二六四号（十九年四月十五日）：令署河南高等法院院长吴贞缵：河南高等法院转最高法院解释自诉程序疑义一案由（附原函）

作　　者：

关　键　词：第二审　自诉程序　上诉权

摘　　要：第一审判决之自诉案件，上诉审仍应依自诉程序办理。不能因原裁决书未列自诉人及由第二审检察官调送卷证即变更其自诉程序。该自诉人对于第二审判决无上诉权。

期刊名称：江苏高等法院公报

主办单位：江苏高等法院

刊　　期：1930（11）

页　　码：52－53，4

103.题　　名：司法院训令：院字第三一五号（十九年八月二日）：令署湖北高等法院院长张孚甲：湖北高等法院转最高法院解释诬告罪疑义及不起诉处分确定后如何救济由（附原函）

作　　者：

关　键　词：诬告罪　检察官　不起诉处分　救济方法

摘　　要：卫戍或警备地方之军事机关既有维持治安之责，则在其职权范围内即为刑法第一百八十条之该公务员诬告罪。另检察官所为不起诉处分如经确定，依现行刑诉法除发现新事实新证据得再行起诉外，别无救济之法。

期刊名称：江苏高等法院公报

主办单位：江苏高等法院

刊　　期：1931（1）

页　　码：24－25，3

104.题　　名：司法院训令：院字第三七五号

（十九年十二月十七日）：令署湖北高等法院院长何奇阳：转最高法院解释送达不起诉处分书逾法定期限应否认为无效由（附原函）

作　　者：

关　键　词：不起诉处分　法定期限　检察官职务

摘　　要：不起诉处分书固应依照刑诉法所定期限而为送达，但此项送达期限系对于检察官职务之规定，不能因其逾期，影响及于被告或告诉人而认其处分为无效。

期刊名称：江苏高等法院公报

主办单位：江苏高等法院

刊　　期：1931（4）

页　　码：67，4

105.题　　名：司法院训令：院字第二三六号（十九年二月十七日）：令署江苏高等法院院长林彪：江苏高等法院转最高法院解释共同被告中之数人经特种刑庭免予置议是否可认为不起诉处分一案由（附原函）

作　　者：

关　键　词：共同被告　免予置议　检察官　不起诉处分

摘　　要：地方法院受理特种刑事地方临时法庭移交案件，其被告人数应以该法庭所移交者为限。设有共同被告中之数人已经该法庭讯无关系，免予置议，并未移交法院，该法院即不能并案审理，但发现新事实或新证据者再行起诉。

期刊名称：江苏高等法院公报

主办单位：江苏高等法院

刊　　期：1930（10）

页　　码：39，2

106.题　　名：准河南高等法院函转代理洛阳地方法院院长呈称以刑诉律及审判厅试办章程关于预审及上诉期间之规定有出入请予解释转饬遵照由（解字第九三号）

十七年五月二十八日）

作　　　者：

关 键 词：预审　上诉期间

摘　　　要：查修正刑事诉讼律公布后，各级审判庭试办章程当然废止。关于预审及上诉期间均应依刑诉律办理。

期刊名称：江苏高等法院公报

主办单位：江苏高等法院

刊　　　期：1929（6）

页　　　码：98－99

107. 题　　　名：司法院快邮代电：院字第一七六号（十八年十二月十一日）：浙江高等法院转最高法院解释典当利息超过年利百分之二十经行政官署许以未将办法颁行以前应暂从各地习惯办理者其股东应否负惩治土豪劣绅条例第二条第四款罪刑责任又党部职员检举土劣案件出庭对质时是否与通常案件之告诉人告发人同一待遇一案由（附原代电）

作　　　者：

关 键 词：党部职员　检举　土劣案件　出庭对质　告发人

摘　　　要：党部职员检举土劣案件出庭对质时应与通常案件之告发人受同一待遇。

期刊名称：江苏高等法院公报

主办单位：江苏高等法院

刊　　　期：1930（7）

页　　　码：51，4

108. 题　　　名：准广西高等法院电以沿用刑事诉讼条例之省分可否由告诉人委任律师出庭代行告诉请解释由（解字第一五〇号，十七年八月）

作　　　者：

关 键 词：告诉人　律师　代行告诉

摘　　　要：告诉人可委任律师出庭代行告诉。

期刊名称：江苏高等法院公报

主办单位：江苏高等法院

刊　　　期：1929（8）

页　　　码：79－80

109. 题　　　名：司法院指令：院字第四三九号（二十年二月十七日）：令署湖南高等法院院长陈长簇：呈为邵阳地方法院转请解释告诉人声请恢复原状疑义由

作　　　者：

关 键 词：恢复原状　声请权　当事人　不起诉处分　再议期限

摘　　　要：恢复原状之声请权依法属于当事人。而当事人为检察官、自诉人及被告。原告诉人既非当事人，对于不起诉处分经过再议期限自不得向法院声请恢复原状。

期刊名称：江苏高等法院公报

主办单位：江苏高等法院

刊　　　期：1931（7）

页　　　码：46－47

110. 题　　　名：司法院训令：院字第二四五号（十九年二月二十四日）：令广西高等法院院长：广西高等法院转最高法院解释刑事诉讼传讯告诉人疑义一案由（附原函）

作　　　者：

关 键 词：公诉案件　公诉人　讯问　证人　传唤

摘　　　要：公诉案件之告诉人虽非当事人，如法院为证明事实起见认为有讯问之必要时，自得适用刑事诉讼法关于证人规定予以传唤。

期刊名称：江苏高等法院公报

主办单位：江苏高等法院

刊　　　期：1930（10）

页　　　码：47－48，3

111. 题　　　名：司法院训令：院字第四一三号（二十年一月二十二日）：令广东高等法院院长罗文庄：转最高法院解释奸淫罪告诉权疑义由（附原函）

作　　　者：

关 键 词：告诉乃论之罪　告诉权　独立告诉权

摘　　要：告诉乃论之罪其告诉权属于何人，在刑事诉讼法第二百、十三条以下已有列举规定。未满十六岁之女子被人奸淫，该女子及其行亲权之父母如均不愿告诉，他人无论是否亲属，无独立告诉之权，其告诉自属无效。

期刊名称：江苏高等法院公报
主办单位：江苏高等法院
刊　　期：1931（5）
页　　码：67－68，7

112. 题　　名：准江苏高等法院代电以收税机关长官因其属员有侵占税款嫌疑而举发是否系告诉人抑系告发人恳予解释由（解字第一二二号，十七年七月）

作　　者：
关 键 词：侵占　举发　告发人
摘　　要：收税机关长官因其属员有侵占税款嫌疑而举发，该长官系告发人。

期刊名称：江苏高等法院公报
主办单位：江苏高等法院
刊　　期：1929（7）
页　　码：67

113. 题　　名：司法院训令：院字第六二号（十八年四月二十二日）：令湖南高等法院院长陈长簇：湖南高等法院转最高法院解释告诉乃论之罪疑义一案由（附抄原呈）

作　　者：
关 键 词：告诉乃论之罪　合法告诉　检察官　提起公诉
摘　　要：告诉乃论之罪非有合法告诉，检察官自不得提起公诉。但如已违法提起公诉，经由第一审判决时仍得提起上诉或请求提起非常上诉。

期刊名称：江苏高等法院公报
主办单位：江苏高等法院
刊　　期：1929（12）
页　　码：68－69，5

114. 题　　名：准广西高等法院第一分院函案据义甯县呈以刑律补充条例废止后和奸和诱应否科罪及将子女许人作妾后被诱其生母有无告诉权请解释由（解字第五六号，十七年四月三日）

作　　者：
关 键 词：和奸　和诱　告诉
摘　　要：查和奸一节，刑律补充条例既经废止，除系刑律第二百九十条情形得由尊亲属告诉外不成立犯罪。查和诱一节，如经被诱人告诉或由利害关系人请求检察官指定代行告诉人，自可论罪。妾母虽仍不失为尊亲属，但其女如已成年，即非法定代理人不得独立告诉。

期刊名称：江苏高等法院公报
主办单位：江苏高等法院
刊　　期：1929（6）
页　　码：68－69

115. 题　　名：准浙江高等法院函开案据丽水分院呈称律师黄希宪为浙江省最近政纲多款不明及上诉前声请律师阅卷是否准许又预审中告诉人是否得延请律师出庭声请解释等由（解字第三五号，十七年二月二十八日）

作　　者：
关 键 词：预审　不起诉裁决　抗告　检察官　律师
摘　　要：预审中不起诉裁决抗告之权只限于检察官。设检察官怠于职务即乏救济之道，则告诉人得延请律师出庭。

期刊名称：江苏高等法院公报
主办单位：江苏高等法院
刊　　期：1929（4）
页　　码：57－59

116. 题　　名：准安徽特种刑事地方临时法庭电以特种法庭起诉人能否委律师出庭请解释由（解字第一七八号，十七年九月）

作　　者：
关 键 词：特种刑庭　检察官　委托　律师　代行告诉
摘　　要：特种刑庭不设检察官，应准许起诉人委律师代行告诉。

期刊名称：江苏高等法院公报

主办单位：江苏高等法院

刊　　期：1929（9）

页　　码：93

117. 题　　名：司法院训令：院字第二二三号
（十九年一月二十八日）：令湖北高等法院院长：湖北高等法院转最高法院解释刑事起诉程序疑义一案由（附原函）

作　　者：

关 键 词：指令侦查　不起诉处分　续行侦查　起诉

摘　　要：上级法院首席检察官以职权检举犯罪命令下级检察官侦查之案，经下级检察官为不起诉处分后，除发现新事实或新证据外，上级法院首席检察官不得迳命续行侦查或起诉，下级检察官亦不得据以起诉，其有据以起诉者为程序违背规定。

期刊名称：江苏高等法院公报

主办单位：江苏高等法院

刊　　期：1930（9）

页　　码：79－80，5

118. 题　　名：司法院训令：院字第三二八号
（十九年八月二十二日）：令署江苏高等法院院长林彪：江苏高等法院转最高法院解释特种刑事撤回起诉及刑诉法第三百一十八条疑义由（附原函）

作　　者：

关 键 词：特种刑事案件　高等法院
地方法院　通常程序　撤回起诉　检察官

摘　　要：自特种刑事临时法庭取消后，特种刑事案件已分别改由高等法院或地方法院依通常程序受理，第一审撤回起诉须由检察官为之。

期刊名称：江苏高等法院公报

主办单位：江苏高等法院

刊　　期：1931（1）

页　　码：35－36，4

119. 题　　名：司法院快邮代电：院字第二五七号（十九年四月七日）：湖北高等法院转最高法院解释两罪并案起诉刑庭不予受理一案

由（附原代电）

作　　者：

关 键 词：并案受理　无管辖权判决　检察官　上诉

摘　　要：犯反革命治罪法第七条之罪，又牵连犯刑法之罪者，得由高等法院依法并案受理。如就该部分（刑法上之犯罪）误为无管辖权之判决，检察官自可依法上诉以资救济。

期刊名称：江苏高等法院公报

主办单位：江苏高等法院

刊　　期：1930（11）

页　　码：47，4

120. 题　　名：准广东高等法院函以刑事诉讼法规定不起诉各项有疑义请予解释由（解字第一八八号，十七年九月二十日）

作　　者：

关 键 词：检察官　不起诉案件　实益标准　斟酌认定

摘　　要：查刑事诉讼法第二百四十五条检察官得不起诉案件必须具备该条左列各款情形，与第二百四十四条仅有该条左列情形之一即应不起诉者迥异。至于被害人虽告诉于前，而其后既不希望处罚，自仍合于该条第三款。其第二款所为不起诉有实益之标准如何，自应由检察官斟酌认定。

期刊名称：江苏高等法院公报

主办单位：江苏高等法院

刊　　期：1929（9）

页　　码：100－101

121. 题　　名：据安徽高等法院代电为向原审法院上诉是否违背法律程式请示遵由（解字第二二号，十七年二月六日）

作　　者：

关 键 词：声明上诉　具状　违背程式
呈送错误　同级检察官　转送

摘　　要：当事人声明上诉不依刑事诉讼条例第三百七十八条向原审法院具状，固系违背程式。惟若只因呈送错误，第二审法院可送回同级检察官转送原审法院依同条例第三百九十一条第一项或第三百九十二条第二项办理。

期刊名称：江苏高等法院公报

主办单位：江苏高等法院

刊　　期：1929（3）

页　　码：70

122. **题　　名**：准安徽省政府来电以地方特种刑庭判决案件如有错误或失当该庭能否上诉请电示由（十七年四月，解字第七二号）

　　　作　　者：

　　　关 键 词：告诉人　告发人　原告　上诉权　非常上诉

　　　摘　　要：查特种刑事临时法庭组织条例不设检察官，应依告诉人或告发人为原告，自亦有上诉权。如判决已经确定，依该组织条例第十三条并可准用刑诉条例关于非常上诉之规定办理。

　　　期刊名称：江苏高等法院公报

　　　主办单位：江苏高等法院

　　　刊　　期：1929（6）

　　　页　　码：81

123. **题　　名**：据最高法院广东分院为刑事诉讼律原告人为刑事当事人及代诉人得为上诉文有抵触请解释由（解字第二七号，十七年二月十七日）

　　　作　　者：

　　　关 键 词：原告　检察官　告诉人　独立上诉　呈诉不服

　　　摘　　要：原告职务由检察官执行，告诉人不得独立上诉。然告诉人可呈诉不服，但上诉名义仍属检察官。

　　　期刊名称：江苏高等法院公报

　　　主办单位：江苏高等法院

　　　刊　　期：1929（3）

　　　页　　码：73－74

124. **题　　名**：据安徽高等法院第一分院来电为上诉期间计算应以何为标准请迅赐解释由（十七年四月，解字第七四号）

　　　作　　者：

　　　关 键 词：上诉期间　程途期间　逾期

　　　摘　　要：查上诉期间计算应以法院收受上诉状之日为准。本件前安徽高等检察庭如在期间内收到该电，自不能谓逾期。其由椒至发电地之程途期间并应扣除。倘均已逾期应视其因病情形依声请恢复原状规定办理。

　　　期刊名称：江苏高等法院公报

　　　主办单位：江苏高等法院

　　　刊　　期：1929（6）

　　　页　　码：82

125. **题　　名**：司法院训令：院字第四○号（十八年四月十三日）：令浙江高等法院院长殷汝熊：浙江高等法院转最高法院解释刑事诉讼法上诉疑义一案由（附原函）

　　　作　　者：

　　　关 键 词：告诉乃论之罪　被害人　自诉　直系亲属　配偶　同财共居亲属　公诉

　　　摘　　要：告诉乃论之罪依刑诉法第三百三十七条被害人虽得自向该管法院起诉，但依同法第三百三十九条，该条规定于直系亲属、配偶或同财共居亲属之间不适用之。遇有此类案件发生，应由被害人向检察官告诉，依公诉程序办理，不适用自诉规定。

　　　期刊名称：江苏高等法院公报

　　　主办单位：江苏高等法院

　　　刊　　期：1929（10）

　　　页　　码：99，7

126. **题　　名**：准河南高等法院函开为关于从前上诉第三审之刑诉有三疑问请予解释由（解字第四二号，十七年三月十四日）

　　　作　　者：

　　　关 键 词：检察官　上诉　撤回上诉　上诉法院　原审法院

　　　摘　　要：检察官提起上诉尚不能谓为无效，惟现任检察官认为上诉必要得以撤回。至撤回上诉因事实障碍不能受理上诉法院声明者，可向原审法院行之。

期刊名称：江苏高等法院公报

主办单位：江苏高等法院

刊　　期：1929（4）

页　　码：63－64

127．题　　名：司法院快邮代电：院字第五一号（十八年四月十七日）：转最高法院解释诬告罪疑义一案由（附抄原代电）

作　　者：

关键词：诬告罪　公务员　刑事案件　侦查犯罪职权　受理审判职权

摘　　要：刑法第一百八十条之该管公务员，如系刑事案件，以有侦查犯罪或受理审判之职权者为限。

期刊名称：江苏高等法院公报

主办单位：江苏高等法院

刊　　期：1929（11）

页　　码：83，5

128．题　　名：司法院快邮代电：院字第四七三号（二十年三月二十一日）：解释土劣案件程序疑义由（附原代电）

作　　者：

关键词：土豪劣绅案件　无权管辖　撤销县判　地方法院　检察官移送侦查

摘　　要：土豪劣绅案件，上级法院因县政府无权管辖，以判决将县判撤销发交地方法院为第一审审判，地方法院应即进行审判，毋庸移送检察官侦查。

主办单位：江苏高等法院

刊　　期：1931（10）

页　　码：58－59，3

129．题　　名：司法院快邮代电：院字第八号（十八年二月十六日）：四川高等法院转最高法院解释同姓婚姻是否有考一案由（附原代电）

作　　者：

关键词：同姓婚姻　同姓不同宗

摘　　要：同姓不同宗之婚姻固为现行法律所不禁。

期刊名称：江苏高等法院公报

主办单位：江苏高等法院

刊　　期：1929（10）

页　　码：77，5

130．题　　名：司法院快邮代电：院字第三〇〇号（十九年六月十二日）：湖北高等法院转最高法院解释停止审判之裁定能否抗告疑义由（附原代电）

作　　者：

关键词：停止审判裁定　诉讼程序　抗告

摘　　要：停止审判之裁定属于诉讼程序之一种，依刑诉法第四百一十五条规定不得抗告。

期刊名称：江苏高等法院公报

主办单位：江苏高等法院

刊　　期：1930（12）

页　　码：83－84，5

131．题　　名：司法院快邮代电：院字第二七号（十八年三月十九日）：福建高等法院转最高法院解释法律上疑点五则由（附原代电）

作　　者：

关键词：县公署　原诉人　自诉　检察职权　上诉　呈诉不服　公诉

摘　　要：县公署受理刑事诉讼，除原诉人已声明自诉外，凡未经县长以检察职权侦查起诉者，如合于自诉规定，固可认为自诉案件。但原告诉人若不自行上诉而呈诉不服时仍应按照公诉程序办理。

期刊名称：江苏高等法院公报

主办单位：江苏高等法院

刊　　期：1929（10）

页　　码：90－91，7

132．题　　名：司法院快邮代电：院字第三〇号（十八年四月十二日）：湖北高等法院转最高法院解释刑法第一百七十九条疑义一案由（附原代电）

作　　者：

关键词：检察官　侦查　证人　供述不实

摘　　要：检察官侦查时证人供述不实，不能成立伪证罪。

期刊名称：江苏高等法院公报

主办单位：江苏高等法院

刊　　期：1929（10）

页　　码：93－94，7

133. 题　　名：司法院训令：院字第三二号（十八年四月十二日）：令湖南高等法院院长陈长簇：湖南高等法院转最高法院解释刑法第一七九号疑义一案由（附原函）

作　　者：

关键词：审判　起诉　检察　司法警察　侦查犯罪行为

摘　　要：所谓审判指起诉后法院之审判而言，检察暨司法警察之侦查犯罪行为不能包括在内。

期刊名称：江苏高等法院公报

主办单位：江苏高等法院

刊　　期：1929（10）

页　　码：94－95，7

134. 题　　名：司法院快邮代电：院字第三九号（十八年四月十三日）：山东高等法院转最高法院解释刑事诉讼法疑义一案由（附原代电）

作　　者：

关键词：刑事案件　卷宗　证据　处分　裁定

摘　　要：刑事案件之卷宗及证据物件在未送交第二审法院检察官以前，关于刑事诉讼法第八十四条规定撤销押票、停止羁押、没入保证金及退保等处分应由第一审法院裁定。

期刊名称：江苏高等法院公报

主办单位：江苏高等法院

刊　　期：1929（10）

页　　码：98－99，7

135. 题　　名：司法院快邮代电：院字第一三六号（十八年八月二十二日）：代电江西高等法院转最高法院解释刑法及刑事诉讼法各疑义一案由（附原代电）

作　　者：

关键词：自诉案件　被害人　起诉　县司法公署　侦查终结　检察官

摘　　要：关于自诉案件被害人得自向法院起诉。则对于县司法公署及县政府当亦可适用前项规定。在侦查终结前，自诉者检察官应停止侦查程序。对于被害人自诉之意思极为关注。

期刊名称：江苏高等法院公报

主办单位：江苏高等法院

刊　　期：1930（4）

页　　码：55－57，5

136. 题　　名：司法院训令：院字第一八三号（十八年十二月十三日）：令署江苏高等法院院长林彪：江苏高等法院转最高法院解释刑事诉讼程序疑义一案由（附原呈）

作　　者：

关键词：无罪判决　检察官　上诉　判决确定　再审

摘　　要：对于法院所为无罪判决，检察官得于上诉期间中提起上诉。判决如已确定，苟具备法定再审条件并得请求再审。

期刊名称：江苏高等法院公报

主办单位：江苏高等法院

刊　　期：1930（7）

页　　码：56－57，5

137. 题　　名：司法院电：院字第四六七号（二十年三月二十日）：解释在职公务人员有犯罪嫌疑能否即施侦讯疑义由（附原电）

作　　者：

关键词：检察官　犯罪嫌疑者　公务员　停职　实施侦查

摘　　要：检察官知有犯罪嫌疑者，无论该嫌疑人是否公务员及其已否停职，均得实施侦查。

期刊名称：江苏高等法院公报

主办单位：江苏高等法院

刊　　期：1931（10）

页　　码：53，3

138. 题　　名：司法院快邮代电：院字第一四二号（十八年八月二十二日）：代电湖南高等法院转最高法院解释处分声请再议案件疑义一案由（附原函）

作　　者：

关　键　词：告诉人　驳回声请再议　再再
　　　　　议处分书　首席检察官　署名
　　　　　盖章

摘　　要：告诉人对于上级法院首席检察
　　　　　官驳回声请再议之处分不服
　　　　　时，得再向上级法院首席检察
　　　　　官声请再议，至管辖该案之终
　　　　　审法院首席检察官为止，处分
　　　　　此项再再议案件时应援引刑诉
　　　　　法第二百五十条。再议或再再
　　　　　议处分书由首席检察官负责署
　　　　　名盖章。

期刊名称：江苏高等法院公报

主办单位：江苏高等法院

刊　　期：1930（4）

页　　码：59－60，5

139. 题　　名：司法院训令：院字第一五〇号
　　　　　（十八年八月二十三日）：令署
　　　　　福建高等法院院长王凤雄：训
　　　　　令福建高等法院转最高法院解
　　　　　释刑事诉讼程序各疑义一案由
　　　　　（附原函）

作　　者：

关　键　词：检察官　犯罪嫌疑者　被告所
　　　　　在不明　起诉

摘　　要：检察官认为被告有犯罪嫌疑者，
　　　　　纵被告所在不明尚应起诉。

期刊名称：江苏高等法院公报

主办单位：江苏高等法院

刊　　期：1930（4）

页　　码：66－67，6

140. 题　　名：司法院快邮代电院字第一九三
　　　　　号（十八年十二月二十三日）：
　　　　　广东高等法院转最高法院解释
　　　　　刑事诉讼法第二十二条疑义一
　　　　　案由（附原代电）

作　　者：

关　键　词：移转管辖　指定管辖　起诉
　　　　　检察官　依法声请

摘　　要：移转或指定法院管辖不限于
　　　　　起诉以后。在起诉前果应指
　　　　　定或移转管辖检察官自可依
　　　　　法声请。

期刊名称：江苏高等法院公报

主办单位：江苏高等法院

刊　　期：1930（8）

页　　码：21，3

141. 题　　名：司法院训令：院字第一九八号
　　　　　（十九年一月八日）：令署江西
　　　　　高等法院院长梁仁杰：江西高
　　　　　等法院转最高法院解释刑事诉
　　　　　讼程序适用疑义一案由（附原
　　　　　函）

作　　者：

关　键　词：县政府　审检职权　不起诉
　　　　　处分

摘　　要：县政府兼有审检两职之权者，
　　　　　遇有刑事诉讼法第二百四十五
　　　　　条各款情形得依该条办理。

期刊名称：江苏高等法院公报

主办单位：江苏高等法院

刊　　期：1930（8）

页　　码：24，3

142. 题　　名：司法院指令：院字第二一〇号
　　　　　（十九年一月二十日）：令署浙
　　　　　江高等法院院长郑文礼：前院
　　　　　长殷汝熊呈为吴兴地方分院转
　　　　　请解释移转管辖案件是否迳予
　　　　　审判由

作　　者：

关　键　词：县政府　公诉案件　检察审判
　　　　　职权

摘　　要：县政府于公诉案件兼有检察审
　　　　　判两种职权，其行使两权之界
　　　　　限依诉讼进行程度定之。于诉
　　　　　讼正在进行中经移转于法院管
　　　　　辖，则应否先以侦查抑应迳行
　　　　　审判，亦应以原诉讼进行程度
　　　　　为断。

期刊名称：江苏高等法院公报

主办单位：江苏高等法院

刊　　期：1930（9）

页　　码：69－70

143. 题　　名：司法院快邮代电：院字第六七
　　　　　号（十八年四月三十）：湖南
　　　　　高等法院转最高法院解释没收
　　　　　程序疑义一案由（附抄原代电）

作　　者：

关　键　词：专科没收之物　宣告　未起
　　　　　诉　不起诉　检察官　声请
　　　　　裁定

摘　　要：刑法第六十一条规定得专科没收之物及第二百三十七条所载不问属于犯人与应否没收之物已送审判者，应于判决内并予宣告。若案未起诉或不起诉，则应由检察官声请法院裁定。

期刊名称：江苏高等法院公报

主办单位：江苏高等法院

刊　　期：1929（12）

页　　码：71－72，5

144. 题　　名：司法院快邮代电：院字第一二八号（十八年八月七日）：代电浙江高等法院转最高法院解释土豪劣绅一案由（附原代电）

作　　者：

关 键 词：土豪劣绅案件　告诉人　上诉　检察官　提起上诉

摘　　要：土豪劣绅案件如告诉人上诉，在关于取消特种刑事临时法庭办法六条施行以前自属有效。若上诉在后，则依该办法第五条关于上诉应照通常程序办理，其上诉即非合法，但应注意有无检察官因请求而提起上诉情形。

期刊名称：江苏高等法院公报

主办单位：江苏高等法院

刊　　期：1930（3）

页　　码：62，5

145. 题　　名：司法院快邮代电：院字第六三号（十八年四月二十二日）：江苏高等法院转最高法院解释刑事诉讼法第二十一条、第二十三条及法院编制法第一百条后段疑义一案由（附抄原代电）

作　　者：

关 键 词：检察事务　侦查终结　管辖权　起诉

摘　　要：检察事务虽经移于别庭，但侦查终结。如原法院有管辖权，仍应起诉于原法院。

期刊名称：江苏高等法院公报

主办单位：江苏高等法院

刊　　期：1929（12）

页　　码：69－70，5

（五）图画

1. 题　　名：本院王首席检察官：［照片］

作　　者：

关 键 词：（略）

摘　　要：（略）

期刊名称：江苏高等法院公报

主办单位：江苏高等法院

刊　　期：1929（2）

页　　码：9

（六）专件

1. 题　　名：江苏高等法院检察处通缉各县命案逸犯表

作　　者：

关 键 词：检察处　通缉　逃犯表

摘　　要：江苏高等法院检察处通缉各县命案逃犯表。

期刊名称：江苏高等法院公报

主办单位：江苏高等法院

刊　　期：1929（4）

页　　码：154－156

2. 题　　名：本院检察处令缉及请缉各案逸犯表

作　　者：

关 键 词：检察处　通缉

摘　　要：本院检察处通令通缉各案逸犯表。

期刊名称：江苏高等法院公报

主办单位：江苏高等法院

刊　　期：1929（12）

页　　码：150－155

3. 题　　名：各属呈请通缉各案：［表格］

作　　者：

关 键 词：通缉

摘　　要：（略）

期刊名称：江苏高等法院公报

主办单位：江苏高等法院

刊　　期：1930（7）

页　　码：83－89

4. 题　　名：江苏高等法院检察处奉令及函请通令协缉各逸犯表

作　　者：

关 键 词：检察处　通缉

摘　　要：江苏高等法院检察处奉令及函请通令协缉各逸犯表。

期刊名称：江苏高等法院公报

主办单位：江苏高等法院

刊　　　期：1929（4）

页　　　码：152－153

5. 题　　　名：江苏高等法院检察处通缉各县盗案逸犯表（中华民国十八年第四期）

作　　　者：

关　键　词：检察处　通缉

摘　　　要：江苏高等法院检察处通缉各县盗案逸犯表。

期刊名称：江苏高等法院公报

主办单位：江苏高等法院

刊　　　期：1929（4）

页　　　码：156－164

6. 题　　　名：江苏高等法院检察处通缉各县盗案逸犯表（中华民国十八年第二期）

作　　　者：

关　键　词：检察处　通缉

摘　　　要：江苏高等法院检察处通缉各县盗案逸犯表。

期刊名称：江苏高等法院公报

主办单位：江苏高等法院

刊　　　期：1929（2）

页　　　码：155－160

7. 题　　　名：各院县呈请通缉各案逸犯表：江甯地院检察处，铜山：行为贪墨吸食鸦片：［表格多幅］

作　　　者：

关　键　词：检察处　通缉

摘　　　要：（略）

期刊名称：江苏高等法院公报

主办单位：江苏高等法院

刊　　　期：1929（11）

页　　　码：130－134

8. 题　　　名：江苏各级法院检察官所发指挥司法警察证各员职名及证纸号数一览表

作　　　者：

关　键　词：检察处　指挥　司法警察证

摘　　　要：（略）

期刊名称：江苏高等法院公报

主办单位：江苏高等法院

刊　　　期：1929（2）

页　　　码：112－114

9. 题　　　名：江苏高等法院刑事判决：二十年度诉字第四一四号（中华民二

十年七月三十一日）：本院刑一庭判决刘子林因杀人上诉一案

作　　　者：

关　键　词：检察官　莅庭　执行职务

摘　　　要：检察官莅庭执行检察官职务。

期刊名称：江苏高等法院公报

主办单位：江苏高等法院

刊　　　期：1931（9）

页　　　码：64－68，5

10. 题　　　名：江苏高等法院刑事判决：二十年度诉字第一二六号（中华民国二十年八月六日判决）：本院刑一庭判决张阿三因被告等奸诱嫌疑上诉一案

作　　　者：

关　键　词：检察官　上诉人　莅庭　执行职务

摘　　　要：检察官是上诉人，莅庭执行检察官职务。

期刊名称：江苏高等法院公报

主办单位：江苏高等法院

刊　　　期：1931（9）

页　　　码：71－73，5

11. 题　　　名：江苏高等法院刑事判决：二十年度诉字第一二八号（中华民国二十年八月六日）：本院刑一庭判决张厚泰因赌博鸦片等罪上诉一案

作　　　者：

关　键　词：检察官　莅庭　执行职务

摘　　　要：检察官莅庭执行检察官职务。

期刊名称：江苏高等法院公报

主办单位：江苏高等法院

刊　　　期：1931（9）

页　　　码：75－76，5

12. 题　　　名：江苏高等法院刑事判决：十年度诉字第一五〇号（中华民国二十年八月十二日）：本院刑一庭判决章兆翔因伤害致人死上诉一案

作　　　者：

关　键　词：检察官　莅庭　执行职务

摘　　　要：检察官莅庭执行检察官职务。

期刊名称：江苏高等法院公报

主办单位：江苏高等法院

刊　　　期：1931（9）

页　　码：76－78，5

13. 题　　名：江苏高等法院刑事判决：二十年度诉字第一七○号（中华民国二十年八月十五日）：本院刑一庭判决袁正法因恐吓取财不服上诉一案

作　　者：

关键词：检察官　莅庭　执行职务

摘　　要：检察官莅庭执行检察官职务。

期刊名称：江苏高等法院公报

主办单位：江苏高等法院

刊　　期：1931（9）

页　　码：79－81，5

14. 题　　名：江苏高等法院刑事判决：九年度诉字第一七三号（中华民国二十年八月十五日）：本院刑一庭判决振廷良因掳人勒赎不服上诉一案

作　　者：

关键词：检察官　莅庭　执行职务

摘　　要：检察官莅庭执行检察官职务。

期刊名称：江苏高等法院公报

主办单位：江苏高等法院

刊　　期：1931（9）

页　　码：81－83，5

15. 题　　名：江苏高等法院刑事判决：二十年度诉字第一七九号（中华民国二十年八月十八日判决）：本院刑一庭判决张春盛因抢夺不服上诉一案

作　　者：

关键词：检察官　莅庭　执行职务

摘　　要：检察官莅庭执行检察官职务。

期刊名称：江苏高等法院公报

主办单位：江苏高等法院

刊　　期：1931（9）

页　　码：83－85，5

16. 题　　名：江苏高等法院刑事判决：二十年度诉字第二六八号（中华民国二十年九月十四日）：本院刑二庭判决杨本清因掳人勒赎不服上诉一案

作　　者：

关键词：检察官　莅庭　执行职务

摘　　要：检察官莅庭执行检察官职务。

期刊名称：江苏高等法院公报

主办单位：江苏高等法院

刊　　期：1931（9）

页　　码：86－88，5

17. 题　　名：江苏高等法院刑事判决：二十年度诉字第二六五号（中华民国二十年九月十四日）：本院刑二庭判决顾立彭因毁损及诈财不服上诉一案

作　　者：

关键词：检察官　莅庭　执行职务

摘　　要：检察官莅庭执行检察官职务。

期刊名称：江苏高等法院公报

主办单位：江苏高等法院

刊　　期：1931（9）

页　　码：88－91，5

18. 题　　名：江苏高等法院刑事判决：二十年度诉字第二七五号（中华民国二十年九月十六日）：本院刑三庭判决黄锡康因行使伪造货币上诉一案

作　　者：

关键词：检察官　莅庭　执行职务

摘　　要：检察官莅庭执行检察官职务。

期刊名称：江苏高等法院公报

主办单位：江苏高等法院

刊　　期：1931（9）

页　　码：91－93，6

19. 题　　名：江苏高等法院刑事判决：二十年度诉字第一一一号（中华民国二十年七月二十八日）：判决，上诉人徐顺富男年二十四岁江都县人住张家湾种田

作　　者：

关键词：检察官　莅庭　执行职务

摘　　要：检察官莅庭执行检察官职务。

期刊名称：江苏高等法院公报

主办单位：江苏高等法院

刊　　期：1931（10）

页　　码：72－73

20. 题　　名：江苏高等法院刑事判决：二十年度诉字第一一六号（中华民国二十年七月三十日）：判决，上诉人徐唐氏女年四十五岁江宁县人住南京润德里洗衣

作　　者：

关键词：检察官　莅庭　执行职务

摘　　要：检察官莅庭执行检察官职务。

期刊名称：江苏高等法院公报

主办单位：江苏高等法院

刊　　期：1931（10）

页　　码：74－75

21. 题　　名：江苏高等法院刑事判决：二十年度诉字第二八号（中华民国二十年七月十日）：判决，上诉人陈晓鹏男三十二岁浙江鄞县人住甯波桂方桥五十九号前充中央银行蚌埠支行经理

作　　者：

关 键 词：检察官　莅庭　执行职务

摘　　要：检察官莅庭执行检察官职务。

期刊名称：江苏高等法院公报

主办单位：江苏高等法院

刊　　期：1931（10）

页　　码：68－72

22. 题　　名：江苏高等法院院长林彪提议复议：十年度司法经费案（中华民国十八年八月三十一日）：本院林院长提议复议十八年度司法经费案

作　　者：

关 键 词：司法经费案

摘　　要：十八年度江苏高等法院司法经费案。

期刊名称：江苏高等法院公报

主办单位：江苏高等法院

刊　　期：1929（9）

页　　码：131－135，9

四十八、苏北公安

期刊简介：

《苏北公安》于1949年创刊，由苏北公安处编辑出版。

命令公牍

1. 题　　名：司法行政部训令

作　　者：

关 键 词：高等法院　首席检察官　检察职权

摘　　要：《高等法院及分院处务规程》第五条增加规定"本院与分院不置首席检察官时其检察官之职权与首席检察官同"，以消除与原第五条的误会。《地方法院及分院处务规程》第五条修改为"分院不置院长本院及分院不置首席检察官时其推事检察官之职权与院长首席检察官同"。

期刊名称：苏北公安

主办单位：江苏高等法院

刊　　期：1949（8）

页　　码：190－192

四十九、时代公论（南京）

期刊简介：

《时代公论》由时代公论社编辑、发行，周刊，属于时事政治刊物。1932年4月在南京创刊，1935年3月停刊，共出版156期。撰稿人主要由自新、凌纯声、李熙谋、吴昆吾、杨公达、曹永扬、田炯锦等组成。设有时事述评、各地通讯、读者论坛、漫画、剧本等栏目。其中"时事述评"一栏涉及内容甚多，包括政局、名人动态、革命神童、风筝竞赛、交通近况、古物运英等。发表《时事述评：惝怳迷离的政局》、《时事述评：梅兰芳赴俄》等，对于全面把握当时的时事很有帮助。该刊供国人发表自由思想，商讨国内政治、经济、军事、教育生产等问题，刊有"战与和"，"实行民主政治的途径"，"教育的科学研究"及"国民代表会问题"专号等。该刊发表的关于当时国内社会的文章包括史美煊的《改革考试问题之结论》、李熙谋的《职业教育概观》等，从考试制度和职业教育的角度论述了当时的主要社会问题。此外，国外的相关问题也有记载，例如，程其保的《欧洲教育观察谈（三）》、崔宗埙的《罗斯福执政对于我们的影响》等，为今人了解当时国际概况提供了材料。该刊还发表《诗："九一八"周年有感》、《徐悲鸿先生慨时之作》等内容，图文并茂，诗歌增强了该刊的文字底蕴，著名画家的作品也为该刊增添了分量。此外，还登载顾一樵的《传记我的父亲》等文章，为读者展示自我提供了平台。该刊作为时事政治刊物，保存了众多当时的国内外珍闻，是后人了解当时世界局势的窗口，具有一定的参考价值。

（一）命令

1. 题　　名：司法部训令司法官不得滥交文

作　　者：

关 键 词：司法官　不得滥交

摘　　要：各院首席检察官、推检及承审员要恪尽职守，不得滥交应酬。

期刊名称：公论周报

主办单位：

刊　　　期：1921，1（2）

页　　　码：52－53

（二）时事述评

1. 题　　　名：如何训练司法官

作　　　者：李学灯

关 键 词：司法官训练　训练时间　训练费用

摘　　　要：现行司法官训练有两大弊端：一是训练时间太长；二是训练费用不由公费支出。因此应急需改善现行制度。

期刊名称：时代公论（南京）

主办单位：

刊　　　期：1934（95）

页　　　码：24－26

2. 题　　　名：司法官训练问题

作　　　者：胡长清

关 键 词：司法官　训练　法律系　法官学校

摘　　　要：为提升司法官训练水平，作者提出废止各大学法律系训练，由司法部设立法官学校等建议。

期刊名称：时代公论（南京）

主办单位：

刊　　　期：1932（20）

页　　　码：8－9

3. 题　　　名：时事述评：司法官回避本籍

作　　　者：

关 键 词：司法官　任职回避　司法舞弊

摘　　　要：司法官回避本籍并不能杜绝司法舞弊的发生，反增许多不必要的麻烦。况且司法的不完善并不是由于司法官员未能回避本籍所造成的。

期刊名称：时代公论（南京）

主办单位：

刊　　　期：1932（5）

页　　　码：8－9

4. 题　　　名：司法官之二难

作　　　者：章任堪

关 键 词：司法经费　升迁

摘　　　要：本文从司法经费和升迁难两个方面阐述了司法官之两难。

期刊名称：时代公论（南京）

主办单位：

刊　　　期：1936（13）

页　　　码：11－16

5. 题　　　名：现行司法制度之七个问题（六）

作　　　者：张远谋

关 键 词：检察官　上诉权　滥行　危害　限制　检警关系

摘　　　要：从三个方面阐述了检察官滥行上诉的原因及其造成的危害，呼吁对于检察官上诉权进行限制。同时对警察机关作为检察官的辅助机关进行了阐述。

期刊名称：时代公论（南京）

主办单位：

刊　　　期：1934（138）

页　　　码：16－21

五十、司法汇刊

期刊简介：

　　创刊于1929年，不定期出版，是湖北宜昌地方法院主办刊物。以汇辑司法文件，促进司法改良为宗旨。刊登法规、命令、地方法院令与委令、公牍、公函、布告及碑示、裁判专件、统计、会计报告与金载等，并附有院长和全体职员照片。

（一）档案

1. 题　　　名：湖北宜昌地方法院检察处职员录

作　　　者：

关 键 词：检察处　职员录

摘　　　要：（略）

期刊名称：司法汇刊

主办单位：

刊　　　期：1929（1928－1929年合刊）

页　　　码：236

（二）法规

1. 题　　　名：最高法院检察官办事权限暂行条例（十七年一月）

作　　　者：

关 键 词：最高法院　检察官　办事权限　暂行条例

摘　　　要：条例规定了最高法院检察官在刑事诉讼和民事诉讼中的职权，同时对于检察官指挥刑罚执行和司法警察等做出了规定。

期刊名称：司法汇刊

主办单位：

刊　　　期：1929（1928－1929年合刊）

页　　　码：28

2. 题　　　名：推事检察官书记官律师制服条例

作　　　者：

关　键　词：检察官　制服条例

摘　　　要：条例规定了推事、检察官、书记官和律师制服的不同颜色，并要求莅庭时必须着制服。

期刊名称：司法汇刊

主办单位：

刊　　　期：1929（1928－1929年合刊）

页　　　码：103

3. 题　　　名：各省高等法院检察官办事权限暂行条例

作　　　者：

关　键　词：高等法院　检察官　办事权限　暂行条例

摘　　　要：条例规定了各省高等法院检察官在刑事诉讼和民事诉讼中的职权，同时对于检察官指挥刑罚执行和高度司法警察等事项做出了规定。

期刊名称：司法汇刊

主办单位：

刊　　　期：1929（1928－1929年合刊）

页　　　码：29－30

4. 题　　　名：司法行政部组织法

作　　　者：

关　键　词：任免　惩戒　检察之行政

摘　　　要：司法行政组织法第六条第四项关于司法院及所属各机关职员之任免考成事项。第六条第五项关于司法院及所属各机关职员之付惩戒事项。第八条第一项关于刑事诉讼审判及检察之行政事项。

期刊名称：司法汇刊

主办单位：

刊　　　期：1929（1928－1929年合刊）

页　　　码：22－24

5. 题　　　名：司法院处务规程

作　　　者：

关　键　词：司法院　处务　规程

摘　　　要：规程规定了司法院处理事务的权限、机构设置等事项。

期刊名称：司法汇刊

主办单位：

刊　　　期：1929（1928－1929年合刊）

页　　　码：25－28

6. 题　　　名：修正司法院组织法

作　　　者：

关　键　词：修正　司法院　组织法

摘　　　要：本法规定了司法院的组织机构和职权范围等。

期刊名称：司法汇刊

主办单位：

刊　　　期：1929（1928－1929年合刊）

页　　　码：21

7. 题　　　名：湖北各县司法公署组织暂行章程（民国十八年九月十八日奉司法行政部核准）

作　　　者：

关　键　词：司法公署　组织　暂行章程

摘　　　要：该章程规定湖北省凡未设法院各县应设置司法公署独立办理检察官事务，并对司法公署实体职责做出规定。

期刊名称：司法汇刊

主办单位：

刊　　　期：1929（1928－1929年合刊）

页　　　码：108－109

8. 题　　　名：司法官任用考试暂行条例（十七年九月）

作　　　者：

关　键　词：司法官　任用　考试　暂行条例

摘　　　要：条例规定了司法官任用考试的参试条件、任用考试的程序等。

期刊名称：司法汇刊

主办单位：

刊　　　期：1929（1928－1929年合刊）

页　　　码：32－34

9. 题　　　名：司法官官俸暂行条例（附俸给表，十七年五月）（附表）

作　　　者：

关　键　词：检察官　官俸　暂行条例

摘　　　要：该条例规定了最高法院、最高法院分院、高等法院等司法机关中司法官官俸标准。

期刊名称：司法汇刊

主办单位：

刊　　　期：1929（1928－1929年合刊）

页　　　码：34－36

10. 题　　　名：司法机关依印花税暂行条例科罚及执行规则（十七年七月）

作　　　者：

关　键　词：司法机关　印花税　暂行条例　执行规则

摘　　要：规则对司法机关依照印花税科罚及执行规则进行了规定。

期刊名称：司法汇刊

主办单位：

刊　　期：1929（1928－1929 年合刊）

页　　码：51－52

11. 题　　名：国民政府司法部令：部字第七号（中华民国十七年九月十九日）：覆判暂行条例

作　　者：

关 键 词：覆判　暂行条例　分院检察官　检察职权

摘　　要：条例对兼程司法事务县政府等审判地方管辖刑事案件未经声明上诉等情形均应由高等法院覆判，并对覆判程方进行了具体规定。

期刊名称：司法汇刊

主办单位：

刊　　期：1929（1928－1929 年合刊）

页　　码：82－84

12. 题　　名：国民政府司法部令：部字第六号（中华民国十七年七月十四日）：看守所暂行规则

作　　者：

关 键 词：看守所　检察官　检验　暂行规则

摘　　要：看守所暂行规则第四十七条被告人死亡时所长或所官须据医生医治簿详叙死亡原由，报由法院派检察官检验。

期刊名称：司法汇刊

主办单位：

刊　　期：1929（1928－1929 年合刊）

页　　码：44－47

13. 题　　名：地方法院检察官办事权限暂行条例

作　　者：

关 键 词：地方法院　首席检察官　检察官　职务　奉薪

摘　　要：该暂行条例对地方法院首席检察官和检察官的职务进行详细规定。地方法院配置首席检察官一员和检察官若干独立行事。检察官依照刑事诉讼法及其他法令所定实行搜查、处分、提

起公诉、实行公诉并监督判决执行；依照民事诉讼法及其他法令所定为诉讼当事人或公益代表人实行特定事宜。地方法院首席检察官对上受最高法院首席检察官和高等法院首席检察官指挥管理，向下对所属检察官的职务履行行为具有指挥监督权，对检察官的任免调度惩戒具有决定权。另外，暂行条例对高等法院检察官奉薪也予以规定。

期刊名称：司法汇刊

主办单位：

刊　　期：1929（1928－1929 年合刊）

页　　码：31－32

（三）公牍

1. 题　　名：电：电贺最高法院郑检察长就职由（附复电）

作　　者：

关 键 词：最高法院　检察长　就职　祝贺

摘　　要：南京最高法院检察署郑检察长：勋鉴鹊报遥传欣闻，简命宏猷不焕法治行见修明发伏摘奸人权赖以保障，专肃电贺敬颂勋。

期刊名称：司法汇刊

主办单位：

刊　　期：1929（1928－1929 年合刊）

页　　码：172

2. 题　　名：本院公函：函复同院检察处派定李太朴等轮流代书由

作　　者：

关 键 词：检察处　状词　代书处

摘　　要：贵检察处函开查诉棍包揽词讼撰缮状词，淆乱黑白。为防止此种流弊计业经呈奉。

期刊名称：司法汇刊

主办单位：

刊　　期：1929（1928－1929 年合刊）

页　　码：163－164

3. 题　　名：布告及牌示：布告说明审检权限及不许请托关说由

作　　者：

关 键 词：审检权限　民刑案件　自由心证

摘　　要：国家设官分职各有专司，听诉折狱首重公平。本院长管理司法行

政，职在监督员司所有。民刑案件则由承审推检秉自由心证为公平裁判。至于审检权限业经政府命令划分。

期　刊名称：司法汇刊

主办单位：

刊　　期：1929（1928－1929年合刊）

页　　码：173

4. 题　　名：电：贺司法次长朱就职电

作　　者：

关　键　词：司法次长　就职　祝贺

摘　　要：南京国民政府司法部朱次长均鉴凤仰鸿仪时，深蚁慕倾读京报欣得佳音。敬谂我公简命荣膺法次晋秩杨清激浊，谋司法之革新弼教明刑纳斯民于轨物。谨电祝贺敬颂勋祺。

期　刊名称：司法汇刊

主办单位：

刊　　期：1929（1928－1929年合刊）

页　　码：168－169

5. 题　　名：电：电贺司法行政部魏部长兼代司法院长由（附复电）

作　　者：

关　键　词：司法行政部　司法院长　就职　祝贺

摘　　要：南京司法行政部长魏均鉴顷阅沪汉各报，欣悉钧座兼代司法院长风声所播遐迩腾钦。谨电驰贺敬颂勋安。

期　刊名称：司法汇刊

主办单位：

刊　　期：1929（1928－1929年合刊）

页　　码：172

6. 题　　名：本院呈文：呈湖北高等法院陈明鄂西各县司法经费困难情形将列简表请设法救济并派员考察司法状况由（附表）

作　　者：

关　键　词：司法经费　司法状况　救济　视察

摘　　要：呈为列表呈报鄂西各县司法经费困难情形，拟请转函湖北省政府暨财政厅查照成例按月拨发以维现状。一面请派廉干人员前往鄂西各县视察司法状况借资整理。

期　刊名称：司法汇刊

主办单位：

刊　　期：1929（1928－1929年合刊）

页　　码：146－148

7. 题　　名：本院呈文：呈湖北高等法院调查长阳远安巴东各县司法情形请鉴核备查由

作　　者：

关　键　词：高等法院　调查　司法情形

摘　　要：呈为遵令呈报调查鄂西各县司法情形。

期　刊名称：司法汇刊

主办单位：

刊　　期：1929（1928－1929年合刊）

页　　码：157－158

8. 题　　名：本院呈文：呈湖北高等法院转报巴东县司法经费困难请转函财厅饬拨以资救济由

作　　者：

关　键　词：司法经费　救济

摘　　要：呈为转呈巴东县司法经费万分困难情形。

期　刊名称：司法汇刊

主办单位：

刊　　期：1929（1928－1929年合刊）

页　　码：149

9. 题　　名：本院呈文：呈高院呈报调查鄂西各县司法情形以便着手筹备地方分院或分庭由（附指令）

作　　者：

关　键　词：司法情形　调查　筹备

摘　　要：呈为呈报拟先调查鄂西各县司法情形，以便着手筹备地方分院或分庭以清庶狱而免讼累。

期　刊名称：司法汇刊

主办单位：

刊　　期：1929（1928－1929年合刊）

页　　码：157

10. 题　　名：本院呈文：呈高院转送咸丰县司法公署十七年十与十一十二各月预算书册由

作　　者：

关　键　词：司法公署　预算书册

摘　　要：呈为转送咸丰县司法公署十七年十与十一十二各月支付预算书暨收支不敷细数清册。

期刊名称：司法汇刊

主办单位：

刊　　期：1929（1928－1929年合刊）

页　　码：161

（四）解释

1. 题　　名：湖北高等法院训令：令知解释地方法院检察官办事权限各种疑点由

作　　者：

关 键 词：解释　地方法院　检察官办事权限　疑点

摘　　要：为令行事案据本院程请解释地方法院检察官办事权限暂行条例各种疑点。

期刊名称：司法汇刊

主办单位：

刊　　期：1929（1928－1929年合刊）

页　　码：122－123

（五）训令

1. 题　　名：宜昌地方法院训令：令鄂西各县司法委员剔除司法积弊并发布告分地张贴由

作　　者：

关 键 词：司法积弊　行检　布告

摘　　要：除分令外合行检发布告令。仰该员即便遵照徒严禁革，嗣后倘有不法之徒仍蹈徒前覆辙无论假借何项名义均应随时惩治。即或涉及各该法署在职员役亦当一律严究以期革除弊端刷新法治。

期刊名称：司法汇刊

主办单位：

刊　　期：1929（1928－1929年合刊）

页　　码：136

2. 题　　名：宜昌地方法院训令：令行鄂西各县司法委员遵照财政厅通令造册请县转厅补发司法经费由

作　　者：

关 键 词：司法经费　补发　司法委员

摘　　要：为令行事案查鄂西各县司法经费前经本院分令调查情形。旋据远安长阳巴东舆山恩施利川姊归来凤等县先后列表呈复类皆极感困难，业经本院汇案列表呈请。

期刊名称：司法汇刊

主办单位：

刊　　期：1929（1928－1929年合刊）

页　　码：133

3. 题　　名：宜昌地方法院训令：令鄂西各县司法委员查明司法经费及幅员广阔具报由

作　　者：

关 键 词：司法公署管辖区域　司法监狱经费

摘　　要：为令行事查各县司法公署管辖区域之广狭及司法监狱经费各若干已否确定均为整顿司法所必须调查之点，自非先行查明不足以资规划而策进行。

期刊名称：司法汇刊

主办单位：

刊　　期：1929（1928－1929年合刊）

页　　码：134

4. 题　　名：湖北高等法院训令（一七，六）：令知司法官应谢绝应酬由

作　　者：

关 键 词：司法官　应酬　高等法院

摘　　要：国民政府除旧布新首重廉洁。凡在属僚自当遵奉矧，法官清苦凤昔著开。近来狱讼繁滋尤有加无已若复萦情微逐极意肥甘非特伤廉抑且害事。自令以往愿我同僚意志凝神恪公厥职一切应酬悉宜谢绝。为此通令遵照并仰转饬所属一体遵照勿达此令等因奉此除分行外亟令仰该院一体遵照切切此令。

期刊名称：司法汇刊

主办单位：

刊　　期：1929（1928－1929年合刊）

页　　码：112

5. 题　　名：湖北高等法院训令（一七，二）：令整顿司法由

作　　者：

关 键 词：整顿　司法

摘　　要：鄂省司法实利赖之倘或侵害人权贪污显著玩视职务，一经被害人告诉自应登诸白简执法以绳其。有提影捕风挟嫌诬告亦应援实究虚坐之例，按律惩办绝不姑宽。除分令外合亟检发布五十纸令。

期刊名称：司法汇刊

主办单位：
刊　　　期：1929（1928－1929年合刊）
页　　　码：112－113

6. 题　　　名：湖北高等法院训令（一七，七）：
令国民政府通令军政各机关不得干涉司法由（附宜昌地方法院原呈）

作　　　者：

关　键　词：军政机关　司法独立　干涉

摘　　　要：国民政府令行军事委员会暨省政府分饬所属军警各机关，不得干涉司法等情当经据情呈请核示在案。兹准前由合行令仰该院知照此令。

期刊名称：司法汇刊
主办单位：
刊　　　期：1929（1928－1929年合刊）
页　　　码：116－117

7. 题　　　名：宜昌地方法院训令（一七，二月十日）：令知鄂西各县法委裁撤宜昌司法公署成立本院并院长就职日期由

作　　　者：

关　键　词：地方法院　司法公署　就职

摘　　　要：湖北高等法院院长王令开派方仲颖代理宜昌地方法院院长，此令旋奉第三五二号训令内开为令遵事查宜昌组织地方法院业经呈请。

期刊名称：司法汇刊
主办单位：
刊　　　期：1929（1928－1929年合刊）
页　　　码：133

8. 题　　　名：宜昌地方法院训令：令知民刑诉讼人来院告状应嘱在候审室暂候，由售状员分报民刑推检即时讯问以免拖累由

作　　　者：

关　键　词：检察官　民刑诉讼人　告状

摘　　　要：自本八月起所有民刑诉讼当事人来院告状即由售状处明白指示该当事人在候审室暂候，分别民刑案件报由值日检察官或主办推事即时讯问以明真相。

期刊名称：司法汇刊
主办单位：

刊　　　期：1929（1928－1929年合刊）
页　　　码：134

（六）专件

1. 题　　　名：湖北宜昌地方法院检察官不起诉处分书

作　　　者：

关　键　词：检察官　不起诉处分书

摘　　　要：被告人因被告重婚一案经本检察官侦查认为应予不起诉。

期刊名称：司法汇刊
主办单位：
刊　　　期：1929（1928－1929年合刊）
页　　　码：194

2. 题　　　名：条陈：改革宜昌司法计划书

作　　　者：方仲颖

关　键　词：推检　资格　司法计划书　组织

摘　　　要：法院为保障民权之机关，故改组法院须慎选人才。愚见以为任高分院推检者必具以下之资格：（一）须为国民党忠实党员。（二）须在国内外法政专门学校毕业，曾充律师及法科教授三年以上或应司法官考试及格曾任地方法院法官三年以上。至地方法院推检亦须法政专门学校毕业曾任推检后律师一年以上者。

期刊名称：司法汇刊
主办单位：
刊　　　期：1929（1928－1929年合刊）
页　　　码：194－196

3. 题　　　名：条陈：改良司法意见书

作　　　者：方仲颖

关　键　词：司法意见书　检察制度

摘　　　要：我国刑诉法例自采国家追诉主义。故凡犯罪之侦查公诉多以检察官为原告。惟于侦查之后移付公判法院，推事又须传集相同之人证徒使人民多受一重之拖累。至于不起诉处分又有声请再议之规定。此外不经人民告诉告发直接检举之案更百分中难得一二使检察制度毫无实益。故各国趋势皆将废除。我国在此过渡期内似宜缩小范围，暂于各级法院酌设一二检察官，专为侵害国家法益及刑事案件未经人民告诉告发之

原告所有节省之。即移作筹设各县法院之经费化无益，为有用无善于此者应请改革。

期 刊 名 称：司法汇刊

主 办 单 位：

刊　　　期：1929（1928 – 1929 年合刊）

页　　　码：197 – 198

（七）指令

1. 题　　　名：国民政府司法部指令（十一月八日）：令湖北宜昌地方法院院长方仲颖呈一件呈送本年八月份民刑诉证表民事和解表及刑案进行期间表由

作　　　者：

关 键 词：民刑诉讼表　民事和解表　刑案进行期间表

摘　　　要：令湖北宜昌地方法院院长方仲颖，呈一件呈送本年八月民刑诉讼表、民事和解表及刑案进行期间表由。

期 刊 名 称：司法汇刊

主 办 单 位：

刊　　　期：1929（1928 – 1929 年合刊）

页　　　码：111

（八）委任令

1. 题　　　名：湖北高等法院检察处委任令：派程式代理宜昌地方法院检察处检察官此令

作　　　者：

关 键 词：高等法院　检察处　委任令

摘　　　要：湖北高等法院检察处派程式代理宜昌地方法院检察处检察官。

期 刊 名 称：司法汇刊

主 办 单 位：

刊　　　期：1929（1928 – 1929 年合刊）

页　　　码：112

2. 题　　　名：湖北宜昌地方法院检察处委令（十八，九）：派王耕馀徐小楼严卓云梅涤纷陈镇南

作　　　者：

关 键 词：检察处　委令

摘　　　要：派刘青绶周达五充本处检

期 刊 名 称：司法汇刊

主 办 单 位：

刊　　　期：1929（1928 – 1929 年合刊）

页　　　码：132 – 133

3. 题　　　名：国民政府司法部委令：派沈墀镛

署湖北宜昌地方法院庭长此令

作　　　者：

关 键 词：任命　地方法院　庭长

摘　　　要：派沈墀镛署湖北宜昌地方法院庭长此令。

期 刊 名 称：司法汇刊

主 办 单 位：

刊　　　期：1929（1928 – 1929 年合刊）

页　　　码：111

4. 题　　　名：司法行政部委令：派方仲颖试署湖北宜昌地方法院院长此令……

作　　　者：

关 键 词：任命　地方法院　院长

摘　　　要：派方仲颖署湖北宜昌地方法院院长此令。

期 刊 名 称：司法汇刊

主 办 单 位：

刊　　　期：1929（1928 – 1929 年合刊）

页　　　码：111

五十一、司法季刊

期刊简介：

创刊于 1947 年 1 月，由司法行政部主办，季刊。主要栏目有法令汇编（法规、公文、附录）、法令解释、国民政府令、司法行政部令等。

（一）法规

1. 题　　　名：台湾法院接收民事案件处理条例

作　　　者：

关 键 词：人事诉讼　检察官　中立

摘　　　要：1947 年台湾法院关于检察官在人事诉讼中的地位与作用的规定如下：检察官在人事诉讼中应处于中立者的地位，因此由原检察官提起诉讼的禁治产或者准禁治产案件，视同未起诉；人事诉讼以检察官为被告的，裁定驳回；在上诉或者抗告程序中，原检察官也不应该作为上诉方或者被上诉方；检察官提出的事实和证据，法官在作出判决时仍可采纳。

期 刊 名 称：司法季刊

主 办 单 位：

刊　　　期：1947，1（1）

页　　　码：3

2. 题　　　名：台湾法院接收刑事案件处理条例

作　　　者：

关 键 词：刑事案件　送达

摘　　要：侦查未结的案件由法院检察官接收办理；原法院或检察官司法警察官发布的召唤状、勾引状、勾留状或逮捕状于案件接收后失去效力；原法院或检察官所做的裁判命令或处分依当时法令应送达而未送达者于案件接收后补行送达，其依当时法令不送达的不用再送达。

期刊名称：司法季刊

主办单位：

刊　　期：1947，1（1）

页　　码：4

3. 题　　名：法院组织法第十六条第十九条第三十四条第三十六条第四十五条及第五十条条论

作　　者：

关 键 词：检察官遴选　简任　法院组织法

摘　　要：法院组织法第三十四条规定地方法院及其分院的推事及检察官担任，但首都及院辖市地方法院兼任院长的推事和首席检察官可以简任；高等法院兼任院长的推事和首席检察官简任，推事和检察官担任但充任庭长的推事可以简任；高等法院分院推事和检察官担任，最高法院检察署检察官简任。第三十六条规定兼任地方法院院长担任推事和地方法院担任首席检察官或者高等法院及其分院担任推事和担任检察官应该按资格条件进行遴选任用。

期刊名称：司法季刊

主办单位：

刊　　期：1947，1（1）

页　　码：6

4. 题　　名：台湾法院接收刑事案件处理条例

作　　者：

关 键 词：台湾法院　刑事案件　检察机关

摘　　要：台湾法院接收刑事案件处理条例规定：案件接受前，检察官决定不起诉的，不得声请再议。经检察官作出不起诉处分或者撤回公诉的，不得就同一案件再行起诉。对于侦查未终结或尚未审结

的案件，由检察机关依照现有规定接受处理。原先强制措施的令状失其效力，但已为羁押的时日仍计入折抵；令状文书尚未送达者应及时送达。对于已经判决者不得再议，但刑罚执行由检察官指挥，并均可减等处理。

期刊名称：司法季刊

主办单位：司法行政部

刊　　期：1947，1（1）

页　　码：3－6

5. 题　　名：法院组织法第十六条第十九条第三十四条第三十六条第四十五条及第五十条修文

作　　者：国民政府

关 键 词：检察官任命　简任　荐任

摘　　要：司法官的选任分特任、简任、荐任和委任四种。地方法院及其分院之检察官的选任实行简任；首都及院辖市地方法院之首席检察官和最高法院之检察官实行简任。检察官须从具有相应实践经验或荐任的岗位上选拔。

期刊名称：司法季刊

主办单位：司法行政部

刊　　期：1947，1（1）

页　　码：6

6. 题　　名：监狱行刑法

作　　者：

关 键 词：检察官　执行监督　监狱

摘　　要：检察官得随时考察监狱。受刑人若在监狱死亡，监狱长官应通知检察官相验。

期刊名称：司法季刊

主办单位：司法行政部

刊　　期：1947，1（1）

页　　码：7－13

7. 题　　名：羁押法

作　　者：

关 键 词：检察官　法律监督　申诉处理　羁押解除

摘　　要：检察官得随时视察看守所，就被告就看守所不当处遇所提出的申诉进行处理并立即报告法院院长或者首席检察官。对于刑事被告因疾病请求所外执行的，检察官

应予以核定。没有检察官或法院通知的，看守所不得释放被告。被告在看守所内死亡的，应通知检察官进行检验。被告书信往来受到监控，若有利于审判则应呈送法院或检察官。

期　刊　名　称：司法季刊

主　办　单　位：司法行政部

刊　　　　期：1947，1（1）

页　　　　码：13－15

8. 题　　　　名：惩治贪污条例第一条第二条第十一条及第十四条条文

作　　　　者：

关　键　词：贪污　惩治　主体　刑罚　审理程序

摘　　　　要：该条例对贪污的主体和刑罚以及审理程序进行规定。贪污主体为军人、公务员或受公务机关委托承办之人以及非以上主体的共犯。条例规定列举情形处以死刑、无期或十年以上有期徒刑。审理程序上，依特种刑事案件审判程序办理。

期　刊　名　称：司法季刊

主　办　单　位：

刊　　　　期：1947，1（1）

页　　　　码：1

9. 题　　　　名：台湾法院接收民事事件处理条例

作　　　　者：

关　键　词：案件接收　人事诉讼　原检察官

摘　　　　要：条例对原检察官进行了解释。人事诉讼中，条例对原检察官作为原告起诉，或者作为被告被起诉，或者作为前审当事人提起上诉，或由其提起抗告的规定不同。人事诉讼由原检察官依当时法令所提出之事实及证据于事件接收后为判决时认可斟酌。

期　刊　名　称：司法季刊

主　办　单　位：

刊　　　　期：1947，1（1）

页　　　　码：1－3

10. 题　　　　名：台湾法院接收刑事案件处理条例

作　　　　者：

关　键　词：案件接收　刑事诉讼　原检

察官

摘　　　　要：条例对台湾法院接收刑事案件进行规定，对原检察官进行解释。具体来说，侦查未结案件由管辖法院检察官接收；原检察官所为的刑事诉讼程序有效，刑事补偿除外；原检察官所发状令于案件接收后失效；原法院检察官所为裁判命令或处分依当时法令进行送达；案件接收前经检察官不起诉处分的不得申请再议；另外，条例对检察官在执行中的职责也予以规定。

期　刊　名　称：司法季刊

主　办　单　位：

刊　　　　期：1947，1（1）

页　　　　码：3－6

11. 题　　　　名：法院组织法第十六条第十九条第三十四条第三十六条第四十五条及第五十条条文

作　　　　者：

关　键　词：首席检察官　检察官　简任荐任　遴选

摘　　　　要：第三十四条规定各级法院检察官的职务担任，地方法院及分院的检察官为荐任但首都及院辖市地方法院首席检察官为简任；高等法院首席检察官为简任，高院及分院检察官为荐任。三十六条规定上述首席检察官和检察官的遴选资格条件。

期　刊　名　称：司法季刊

主　办　单　位：

刊　　　　期：1947，1（1）

页　　　　码：6

12. 题　　　　名：羁押法

作　　　　者：

关　键　词：看守所　羁押　检察官

摘　　　　要：检察官可随时视察看守所，被羁押者可向检察官申诉，检察官接收后应呈报首席检察官。对于被羁押者保外就医应转检察官核定，看守所没有检察官通知书不得释放被羁押者。

期　刊　名　称：司法季刊

主办单位：

刊　　期：1947，1（1）

页　　码：13－15

（二）法律解释

1. 题　　名：司法院公函院解字第三〇九五号

作　　者：

关 键 词：检察官　公诉权　不起诉　侦查羁押

摘　　要：司法警察官虽可以查办案件并移送审判，但其职能不同于检察官。司法警察官不可为不起诉决定，对其决定不服者仍可声请检察官侦办起诉。对于有羁押必要的被告，司法警察官应移送有管辖权的检察官进行处理。

期刊名称：司法季刊

主办单位：司法行政部

刊　　期：1947，1（1）

页　　码：44

（三）司法行政部训令

1. 题　　名：废止战区检察官服务规则由

作　　者：

关 键 词：战区检察官　服务规则　废止

摘　　要：战事结束，战区检察官已经补入额内，战区检察官服务规则没有继续存在必要，因此将其废止。

期刊名称：司法季刊

主办单位：

刊　　期：1947，1（1）

页　　码：28

五十二、司法评论

期刊简介：

创刊于1940年7月，不定期出版。由司法院法官训练所同学会成都分会主编。

论著

1. 题　　名：现行检察制度之回顾与前瞻

作　　者：蒋耀祖

关 键 词：检察机构　检察官　扩大职权

摘　　要：文章从健全检察机关机构和扩大检察官职权两个方面对现行检察制度进行回顾和展望。

期刊名称：司法评论

主办单位：

刊　　期：1940（创刊号）

页　　码：3－4

2. 题　　名：缓起诉制度与我国刑法思想

作　　者：王建今

关 键 词：缓起诉　便宜主义　感化刑　刑法思想

摘　　要：缓起诉制度是基于刑法上的便宜主义以及感化刑教育主义而产生的，对于法治大有裨益，因此实行缓起诉制度乃当务之急。

期刊名称：司法评论

主办单位：

刊　　期：1941，1（3）

页　　码：4－5

3. 题　　名：自诉制度之商榷

作　　者：胡松叔

关 键 词：改善　自诉制度

摘　　要：文章从三个方面对改善自诉制度进行了探讨。

期刊名称：司法评论

主办单位：

刊　　期：1941，1（3）

页　　码：9－10

五十三、司法月报

期刊简介：

创刊于1916年，月刊，浙江高等审判厅编发。主要刊登论说、译述、批评、法令、判例、法令解释、杂录等。

（一）论著

1. 题　　名：全国编设法院计划书

作　　者：范贤方

关 键 词：司法权独立　审检关系　审检合署

摘　　要：司法权的独立要求司法机关独立于行政机关，不能以人员和经费问题为理由反对司法独立。独立的司法机构应该遍布全国而不是局限于个别地区。在中央设大理院和总检察厅，地方在大理分院以下的法院内部设置检察处。开源节流，加强司法人才储备，保障司法权的独立。

期刊名称：司法月报

主办单位：

刊　　期：1916（1）

页　　码：1－12

（二）法律解释

1. 题　　名：试办章程第六十六条之检察官包括各级厅而言

作　　者：

关 键 词：检察官　上诉人　公诉权

摘　　要：审判厅试办章程第六十六条，上诉人除检察官外，其他人没有权利进行上诉。此因为检察官代表国家行使诉权，不允许其枉断事实法律，滥行起诉或者舍弃诉权。第六十六条所指检察官应该包括各级检察官。

期刊名称：司法月报

主办单位：

刊　　期：1916（1）

页　　码：85－86

五十四、司法杂志

期刊简介：

创刊于1929年2月，半月刊，由最高法院东北分院司法杂志编辑处编辑。

（一）法规

1. 题　　名：学习推事检察官学习规则（十九年七月四日司法行政部公布）（六月三十日呈准）

作　　者：

关 键 词：推事检察官学习规则

摘　　要：学习推事检察官学习规则。

期刊名称：司法杂志

主办单位：

刊　　期：1930（38）

页　　码：249－250

2. 题　　名：修正看守所规则（十九年五月三日司法行政部公布）

作　　者：

关 键 词：看守所规则　待遇不当　陈诉检察官

摘　　要：刑事被告人对于所中之待遇有不当者，得于出庭时陈诉于推事或检察官或在视察时陈诉于观察员，推事、检察官、视察员受理前项陈述后，应即分别报告或知照法院院长。

期刊名称：司法杂志

主办单位：

刊　　期：1930（33）

页　　码：154－155

3. 题　　名：国民政府令司法院在反革命案件

陪审制度未实行以前如党部对于共产嫌疑之判决有异议时不得释放仰即转饬遵办

作　　者：

关 键 词：共产党案件　高级党部　不服上诉

摘　　要：当地高级党部声明，不服检察官接到声明书，当然提起上诉。

期刊名称：司法杂志

主办单位：

刊　　期：1929（14）

页　　码：119

4. 题　　名：国民政府令司法院为中常会议决法院受理各级党部告诉共产党员案件应比照现行刑事诉讼法第二百六十五条之规定，国民政府训令第六〇六号（十八年七月十七日）

作　　者：

关 键 词：检举　反动事件　莅庭

摘　　要：法院受理本党各级党员部告诉共产党党员之案件，不论在侦查或审判中，均应比照现行刑诉法第二百六十五条之规定通知莅庭，不得用传票传唤。

期刊名称：司法杂志

主办单位：

刊　　期：1929（14）

页　　码：117－119

（二）公文

1. 题　　名：最高法院东北分院检察处指令吉林高等检察厅为张程氏伤害人致废疾一案检厅检察官未提起上诉殊属怠忽职务仰转令嗣后注意，最高法院东北分院检察处指令（第八三号）令吉林高等检察厅检察长萧露华

作　　者：

关 键 词：检察官　未提起上诉　怠忽职务

摘　　要：张程氏伤害人致废疾一案，检厅检察官未提起上诉殊属怠忽职务，嗣后注意。

期刊名称：司法杂志

主办单位：

刊　　期：1929（1）

页　　码：8

2. 题　　名：最高法院东北分院检察署训令东
北各省区高等法院检察处为检察
官与司法警察官合作办法前经呈
准通令遵办在案仰转令所属妥为
处理并限期将各处办理情形胪案
汇报由

作　　者：

关 键 词：检察官　司法警察官　合作办法

摘　　要：东北各省区高等法院检察处为检
察官与司法警察官合作办法，前
经呈准通令遵办在案仰转令所属
妥为处理并限期将各处办理情形
胪案汇报。

期刊名称：司法杂志

主办单位：

刊　　期：1931（59）

页　　码：96 - 97

3. 题　　名：最高法院东北分院检察署指令黑
龙江高等法院检察处呈送李耀廷
抢夺上诉一案卷状等件均悉并查
承办检察官对于承办案件矛盾支
离仰酌予处分具报由

作　　者：

关 键 词：抢夺　恐吓　上诉　检察官更审

摘　　要：检察官对于承办案件矛盾支离，
至于如此殊属有玷厥，酌予
处分。

期刊名称：司法杂志

主办单位：

刊　　期：1931（51/52）

页　　码：33 - 34

4. 题　　名：最高法院东北分院检察署训令东
北各省区高等法院检察处嗣后对
于犯罪证据务宜努力调查妥为保
管并为制定检察与司法警察合作
办法饬各就平日所感困难及应行
改进方法汇拟条款呈候采择

作　　者：

关 键 词：检察　司法警察　合作办法　严
禁刑讯　复查侦查

摘　　要：东北各省区高等法院检察处，嗣
后对于犯罪证据务宜努力调查妥
为保管，并为制定检察与司法警
察合作办法。

期刊名称：司法杂志

主办单位：

刊　　期：1930（33）

页　　码：50 - 51

5. 题　　名：最高法院东北分院检察处就孟昭
贤等赌博一案提起非常上诉理由
书（附奉天高等检察厅上本院检
察处呈一件）

作　　者：

关 键 词：常业赌博罪　普通赌博罪　非常
上诉

摘　　要：常业赌博罪必须犯人确系以赌博
为日常业，借此以谋生活者始能
成立。原判笔录所载被告均各有
正当职业，显非以赌为生者，说
明其适用法律显属失当，自应提
起非常上诉以资救济。

期刊名称：司法杂志

主办单位：

刊　　期：1929（1）

页　　码：5 - 6

6. 题　　名：附奉天高等检察厅呈一件

作　　者：

关 键 词：共同赌博　原判失当　非常上诉

摘　　要：判决确定后发现审判系属违法应
行提起非常上诉以资正当救济。
此案原判认定事实与适用法律实
属两歧，自系违法，可准予提起
自诉之处理。

期刊名称：司法杂志

主办单位：

刊　　期：1929（1）

页　　码：6 - 7

7. 题　　名：最高法院东北分院检察署指令吉
林高等法院检察处为呈送高云峰
诬告上诉一案卷状等件均悉查该
案承办检察官办理同一案件意见
矛盾有碍司法威信仰即查取该检
察官履历酌拟处分具报由

作　　者：

关 键 词：检察官　司法威信　处分

摘　　要：检察官办理同一案件意见矛盾，
有碍司法威信。

期刊名称：司法杂志

主办单位：

刊　　期：1931（51/52）

页　　码：35 - 36

8. 题　　名：最高法院东北分院检察署指令吉

林高等法院检察处据呈送胡匪绿林好一案全卷已悉仰严限阿城县长上紧缉获孙海峰（即绿林好）归案讯办由

作　　者：

关键词：剿匪司令部　不起诉处分

摘　　要：重大案件县长任意处理，实属不成事体，首席检察官负直接监督责任。

期刊名称：司法杂志

主办单位：

刊　　期：1930（24）

页　　码：132－133

9. 题　　名：最高法院东北分院检察署呈东北政务委员会请饬东北各省区严禁刑讯注重侦探学术以利刑案而符法制并附陈检察与司法警察应制定合作办法

作　　者：

关键词：严禁刑讯　检察与司法警察　合作办法

摘　　要：东北各省区严禁刑讯，应注重侦探学术，以利刑案而符法制。检察与司法警察应制定合作办法。

期刊名称：司法杂志

主办单位：

刊　　期：1930（33）

页　　码：48－50

10. 题　　名：最高法院东北分院检察署指令黑龙江高等法院检察处为邵鸿恩强盗杀人一案原检察官不依照期限移送上诉理由书以致迟误迨经第三审判决后又援已废判例请求救济未免疏忽嗣后务宜注意由

作　　者：

关键词：强盗杀人案　检察官　上诉日期

摘　　要：检察官提出上诉书于法院，日期已逾法定期限，则无论其上诉理由书所载日期是否在法定上诉期内而濡滞之过失，检察官不得有所诿卸。

期刊名称：司法杂志

主办单位：

刊　　期：1929（21）

页　　码：123－124

11. 题　　名：辽宁营口地方法院岫岩分庭检察处不起诉处分书为孙庆玉等因豫谋杀人一案侦查完毕应行不起诉

作　　者：

关键词：谋杀案　侦查完毕　不起诉

摘　　要：辽宁营口地方法院岫岩分庭检察处不起诉处分书，为孙庆玉等因预谋杀人一案侦查完毕应行不起诉。

期刊名称：司法杂志

主办单位：

刊　　期：1931（47）

页　　码：114－120

12. 题　　名：东北政务委员会指令为据呈将该院检察处依新制改组一案经会议决照准

作　　者：

关键词：新制改组　月支经费　收支预算

摘　　要：照中央新制改组，按照核定该院月支经费总数分划清楚，各编十八年度收支预算书，分呈本会审。

期刊名称：司法杂志

主办单位：

刊　　期：1929（14）

页　　码：46

13. 题　　名：司法行政部训令最高法院东北分院暨同院检察署为奉发保障人民自由案内第一项甲款转饬遵照由

作　　者：

关键词：保障人民自由案

摘　　要：最高法院东北分院暨同院检察署为奉发保障人民自由案内第一项甲款转饬遵照由。

期刊名称：司法杂志

主办单位：

刊　　期：1931（51/52）

页　　码：31－32

14. 题　　名：海龙地方法院东丰分庭检察处起诉书为张才等杀人一案侦查终结应行提起公诉由

作　　者：

关键词：杀人案 侦查终结 公诉 起诉书

摘　　要：海龙地方法院东丰分庭检察处起诉书：张才等杀人一案侦查终结应行提起公诉。

期刊名称：司法杂志

主办单位：

刊　　期：1931（59）

页　　码：97－104

15. 题　　名：司法行政部训令最高法院东北分院暨同院检察署奉令关于国民政府政治总报告一案令仰知照

作　　者：

关键词：国民会议 国民政府政治总报告

摘　　要：国民政府政治总报告。

期刊名称：司法杂志

主办单位：

刊　　期：1931（60）

页　　码：105－106

16. 题　　名：同泽新民储才馆司法班咨辽吉黑东特区河北察哈尔各高等法院暨检察处咨会分发人员请分派任事由

作　　者：

关键词：高等法院暨检察处 人员分派

摘　　要：本教育长呈为本班学员文人豪等，业已考试毕业，请分发各省区及咨部明令任用。

期刊名称：司法杂志

主办单位：

刊　　期：1931（51/52）

页　　码：78－79

17. 题　　名：辽宁营口地方法院岫岩分庭检察处起诉书为孙国祥杀害旁系尊亲属一案侦查完毕认为应行起诉

作　　者：

关键词：杀人案 侦查完毕 起诉 起诉书

摘　　要：辽宁营口地方法院岫岩分庭检察处起诉书：为孙国祥杀害旁系尊亲属一案，侦查完毕认为应行起诉。

期刊名称：司法杂志

主办单位：

刊　　期：1931（47）

页　　码：110－114

18. 题　　名：最高法院东北分院检察署指令黑龙江高等法院检察处呈送徐才等诬告上诉一案卷状等件均悉并饬令嗣后对于下级法院判决有不服者务宜遵照刑事诉讼法第三百五十八条办理由

作　　者：

关键词：诬告 上诉

摘　　要：黑龙江高等法院检察处呈送徐才等诬告上诉一案卷状等件均悉，并饬令嗣后对于下级法院判决有不服者，务宜遵照刑事诉讼法第三百五十八条办理。

期刊名称：司法杂志

主办单位：

刊　　期：1931（51/52）

页　　码：34－35

19. 题　　名：司法行政部训令最高法院东北分院暨同院检察署为奉令转发各省临时军法会审组织大纲及各省临时军法会审审判规则仰该院知照由

作　　者：

关键词：临时军法会审组织大纲 临时军法会审审判规则

摘　　要：各省临时军法会审组织大纲，及各省临时军法会审审判规则。

期刊名称：司法杂志

主办单位：

刊　　期：1931（53）

页　　码：84－87

20. 题　　名：司法行政部训令最高法院东北分院并同院检察署为饬知嗣后政府各机关遇有对外合同发生纠纷不得向各国在华法庭起诉即或须向其本国进行法律手续时亦不得以国府或中华民国代表名义起诉令仰遵照

作　　者：

关键词：领事裁判权 政府机关 起诉

摘　　要：政府各机关遇有对外合同发生纠葛，如进行司法手续，不得向各国在华法庭起诉，即或须向本国法庭进行法律手续时，亦应由原订合同经手人或机关呈送，以该机关名义起诉，不得以国民政府代表或中华民国代表名义起诉。

期刊名称：司法杂志

主办单位：

刊　　期：1930（39）

页　　码：97－98

21. 题　　名：司法行政部训令最高法院东北分院暨同院检察署为奉司法院令发改进蒙古司法办法大纲抄发原件仰即遵照由

作　　者：

关 键 词：蒙古会议　蒙古司法办法大纲

摘　　要：最高法院东北分院暨同院检察署，为奉司法令发改进蒙古司法办法大纲，抄发原件。

期刊名称：司法杂志

主办单位：

刊　　期：1931（51/52）

页　　码：29－31

22. 题　　名：司法行政部训令最高法院东北分院暨同院检察署为奉令交安徽省政府呈据临时军法会审处呈报办理郭子寿被方梁等诬告一案抄发原件令仰查照由

作　　者：

关 键 词：临时军法会审处　共匪机关判决

摘　　要：最高法院东北分院暨同院检察署，为奉令交安徽省政府呈据临时军法会审处军报，办理郭子寿被方梁等诬告一案抄发原件。

期刊名称：司法杂志

主办单位：

刊　　期：1931（51/52）

页　　码：25－29

23. 题　　名：司法行政部训令最高法院东北分院并同院检察署为准禁烟委员会咨开关于取缔公安机关人员贿纵烟犯办法请查照饬属遵行等由令仰遵照

作　　者：

关 键 词：行贿　受贿　追缴贿款　禁烟法

摘　　要：凡有烟案，人民故意行贿，除将受贿人及行贿人依法惩办外，并应追缴贿款。如有不明禁烟法之规定，误认为违警罚款，并非故意行贿，能在官署据实陈明，暨提出确据者得依法不罚款。

期刊名称：司法杂志

主办单位：

刊　　期：1930（39）

页　　码：96－97

24. 题　　名：司法行政部训令最高法院东北分院暨同院检察署为奉司法院令为申明请求解释法令限制等因转饬遵照由

作　　者：

关 键 词：公法人　职权　法令条文　抽象疑问

摘　　要：最高法院东北分院暨同院检察署，为奉司法院令为申明请求解释法令限制。

期刊名称：司法杂志

主办单位：

刊　　期：1931（51/52）

页　　码：32

25. 题　　名：最高法院东北分院函东北各省区高等法院暨检察处为本院奉令缓撤所有东北各省区管辖范围内上诉最高法院之案统由本院受理业经呈奉司法院照准请查照由

作　　者：

关 键 词：法院组织法　暂缓裁撤　最高法院上诉案件

摘　　要：暂行裁撤是受理新案已无限制，所有东北各省区管辖范围内上诉最高法院之案，自应统由本院受理以归一致，即经本院请最高法院之案将各案上诉状检交本院受理，并嗣后东北各省区之当事人遇有向最高法院声请上诉者，随时发交本院核办，以免分歧。

期刊名称：司法杂志

主办单位：

刊　　　期：1930（30）

页　　　码：29 – 30

26. 题　　　名：同泽新民储才馆司法班教育长签呈东北政务委员会为送毕业试验分数总表等件请求分发各省区以候补推检任用并咨部由

作　　　者：

关 键 词：司法班　推检　任用

摘　　　要：东北政务委员会为送毕业试验分数总表等件，请予分发各省区以候补推检任用。

期刊名称：司法杂志

主办单位：

刊　　　期：1931（51/52）

页　　　码：50 – 54

27. 题　　　名：最高法院东北分院签呈东北政务委员会为呈解本院同人及司法班学员慰劳防边将士捐款由：附件（一）：最高法院东北分院捐款清单

作　　　者：

关 键 词：慰劳捐款　防边将士

摘　　　要：（略）

期刊名称：司法杂志

主办单位：

刊　　　期：1930（23）

页　　　码：125 – 128

28. 题　　　名：东三省保安总司令电为统一告成政治亟应划一所有各级司法机关应即改法院名称

作　　　者：

关 键 词：东三省　司法机关　改称

摘　　　要：最高法院东北分院、各省署高等地方、各审检察厅、特区高等地方审检厅、省署审判处鉴统一告成政治亟应划一，除最高法院分院已遵国府制定组织外，所有各级司法机关应即改称法院，其长官亦即改称院长及首席检察官，名称照常办事，印信仍暂用旧印，另候秉承中央改组。

期刊名称：司法杂志

主办单位：

刊　　　期：1929（1）

页　　　码：1

29. 题　　　名：同泽新民储才馆司法班训令学员文人豪等一百零九名为奉东北政务委员会指令分发各省区以候补准检任用仰即遵照即日前往报到

作　　　者：

关 键 词：司法班　学员　候补推事　检察官

摘　　　要：同泽新民储才馆司法班训令学员文人豪等一百零九名，为奉东北政务委员会指令分发各省区，以候补准检任用。

期刊名称：司法杂志

主办单位：

刊　　　期：1931（51/52）

页　　　码：78

（三）解释

1. 题　　　名：上级检察官依职权检举犯罪命令下级检察官侦查之案经不起诉处分后除发现新事实或新证据外上级检察官不得迳命续行侦查或起诉下级检察官亦不得据以起诉（刑事）

作　　　者：

关 键 词：上级检察官　检举犯罪　不起诉处分　续行侦查　起诉

摘　　　要：上级检察官依职权检举犯罪，命令下级检察官侦查之案经不起诉处分后，除发现新事实或新证据外，上级法院首席检察官不得迳命续行侦查或起诉，下级检察官亦不得据以起诉。

期刊名称：司法杂志

主办单位：

刊　　　期：1930（31）

页　　　码：57 – 59

2. 题　　　名：复最高法院广东分院非常上告案送由本院首席检察官核办

作　　　者：

关 键 词：非常上告　送达　首席检察官

摘　　　要：非常上告案可送本院首席检察官核办。

期刊名称：司法杂志

主办单位：

刊　　　期：1929（1）

页　　　码：18

3. **题　　　名：** 复江西高等法院首席检察官原诉人非刑事当事人无上诉权

　　作　　　者：

　　关 键 词： 原告诉人　上诉权

　　摘　　　要： 当事人得为上诉原告诉人，既非刑事当事人自无上诉权。

　　期刊名称： 司法杂志

　　主办单位：

　　刊　　　期： 1929（1）

　　页　　　码： 9－10

4. **题　　　名：** 告诉乃论之罪未经告诉者检察官不应有何处分（刑事）

　　作　　　者：

　　关 键 词： 告诉乃论犯罪　检察官　处分

　　摘　　　要： 告诉乃论之罪，未经告诉者检察官不应有任何处分。

　　期刊名称： 司法杂志

　　主办单位：

　　刊　　　期： 1930（31）

　　页　　　码： 52

5. **题　　　名：**（一）检察官对于被告受科刑之判决得为被告利益而上诉（二）检察官对于告诉或告发案件侦查结果无须传唤被告已足认为嫌疑不足或行为不成犯罪者可迳为不起诉处分（三）初级案件经第一审判决后检察官上诉仍须照刑诉法第三百七十八条之送交程序办理（刑事）

　　作　　　者：

　　关 键 词： 检察官职权　上诉　不起诉处分　送交程序

　　摘　　　要：（一）检察官对于被告受科刑之判决得为被告利益而上诉。（二）检察官对于告诉或告发案件侦查结果无须传唤被告已足认为嫌疑不足或行为不成犯罪者可迳为不起诉处分。（三）初级案件经第一审判决后检察官上诉仍须照刑诉法第三百七十八条之送交程序办理（刑事）。

　　期刊名称： 司法杂志

　　主办单位：

　　刊　　　期： 1931（53）

　　页　　　码： 37－38

6. **题　　　名：** 复安徽高等法院当事人误向上级

检察官声明控告者可转送第一审法院依法办理

　　作　　　者：

　　关 键 词： 上级检察官　声明控告　转送

　　摘　　　要： 当事人误向上级检察官声明控告，可由该检察官转送第一审法院，依现行修正刑事诉讼律程序办理。

　　期刊名称： 司法杂志

　　主办单位：

　　刊　　　期： 1929（1）

　　页　　　码： 4

7. **题　　　名：** 依刑事诉讼法第四百九十七条第二项及第四百九十八条第二项讯问被告非经检察官请求毋庸其莅庭（刑事）

　　作　　　者：

　　关 键 词： 讯问被告　检察官莅庭

　　摘　　　要： 依刑诉法第四百九十七条第二项及第四百九十八条第二项，讯问被告，非经检察官请求，毋庸其莅庭。

　　期刊名称： 司法杂志

　　主办单位：

　　刊　　　期： 1930（33）

　　页　　　码： 93

8. **题　　　名：** 复江苏高等法院江苏陆军军事审判处违法审判普通人民盗匪案件应为无效该管检察官得重为侦查起诉

　　作　　　者：

　　关 键 词： 陆军审判处　普通盗匪案　违法审判

　　摘　　　要： 江苏陆军审判处对于普通人民所犯盗匪案件，系违法审判，自应认为无效。

　　期刊名称： 司法杂志

　　主办单位：

　　刊　　　期： 1929（1）

　　页　　　码： 19－21

9. **题　　　名：** 就县法院初级管辖不起诉之案件声请再议应由地方法院首席检察官受理（刑事）

　　作　　　者：

　　关 键 词： 县法院　初级管辖　不起诉　声请再议

摘　　　要：县法院初级管辖不起诉之案件，声请再议应由地方法院首席检察官受理。

期刊名称：司法杂志

主办单位：

刊　　　期：1930（39）

页　　　码：160－161

10. 题　　　名：反革命案内之被告应送入反省院者除共产党人自首法第八条所定情形外应由检察官迳行处分（刑事）

作　　　者：

关　键　词：反革命案　被告　反省院　检察官　迳行处分

摘　　　要：反革命案内之被告，应送入反省院者，除共产党人自首法第八条所定情形外，应由检察官迳行处分。

期刊名称：司法杂志

主办单位：

刊　　　期：1930（31）

页　　　码：59－60

11. 题　　　名：有夫之妇与人通奸本夫对于奸妇既属配偶应受刑诉法第三百三十九条之限制不许自诉仅得向检察官告诉其对奸夫依告诉乃论之罪告诉不可分之原则亦仅得告诉不适用自诉程序（刑事）

作　　　者：

关　键　词：奸妇　公诉　奸夫　自诉

摘　　　要：有夫之妇与人通奸，本夫对于奸妇既属配偶，应受刑诉法第三百三十九条之限制，不许自诉，仅得向检察官告诉，依公诉程序办理。其对于奸夫，依告诉乃论之罪告诉不可分之原则，亦仅得告诉，不适用自诉程序。

期刊名称：司法杂志

主办单位：

刊　　　期：1931（47）

页　　　码：210－211

12. 题　　　名：复广东高等法院修正刑诉律第三十九条第三项因其所援引之试办章程自身不存在该规定实等于空文至第二章当事人应解

为专指检察官而言

作　　　者：

关　键　词：修正刑诉律　试办章程　检察制度　检察官职权

摘　　　要：修正刑诉律第三十九条第三项，因其所援引之试办章程自身不存在该规定，实等于空文。至第二章当事人应解为专指检察官而言。

期刊名称：司法杂志

主办单位：

刊　　　期：1929（1）

页　　　码：18－19

13. 题　　　名：不起诉之处分书固应依照刑事诉讼法第二百四十七条第二项所定期限而为送达但此项送达之期限系对于检察官职务之规定不能因其逾期影响及于被告或告诉人而认其处分为无效（刑事）

作　　　者：

关　键　词：不起诉处分书　逾期送达　法律效力

摘　　　要：不起诉之处分书固应依照刑诉法第二百四十七条第二项所定期限而送达。但此项送达之期限系对于检察官职务之规定，不能因其逾期影响及于被告或告诉人而认其处分为无效。

期刊名称：司法杂志

主办单位：

刊　　　期：1931（51/52）

页　　　码：6－7

14. 题　　　名：检察官依刑诉法第八十二条第一项及第八十四条核定没入保证金时应为包括具保处分之范围如有不服得依刑诉法第四百二十八条办理（刑事）

作　　　者：

关　键　词：保证金　具保处分

摘　　　要：保证金原为声请具保而设，检察官没入保证金时，应认为包括具保处分之范围。如有不服得依刑诉法第四百二十八条之程序办理。

期刊名称：司法杂志

主办单位：

刊　　期：1930（31）
页　　码：54

15. 题　　名：县法院之组织与地方法院不同原告诉人就其初级管辖案件声请再议应由地方法院首席检察官受理送卷程式准用上诉程序中送卷办法（刑事）

作　　者：

关 键 词：县法院　初级管辖　声请再议　地方法院首席检察官　送卷程式

摘　　要：县法院之组织与地方法院不同，原告诉人就其初级管辖案件声请再议，应由地方法院首席检察官受理。送卷程式准用上诉程序中送卷办法办理。

期刊名称：司法杂志
主办单位：
刊　　期：1930（39）
页　　码：159－160

16. 题　　名：复安徽高等法院刑事上诉当事人应具状向原审法院为之如因呈送错误第二审法院可送回同级检察官转送原审法院

作　　者：

关 键 词：当事人上诉　呈送错误　转送原审法院

摘　　要：当事人声明上诉，不依刑诉条例第三百七十八条向原审法院具状，固系违背程式，惟若只因呈送错误，第二审法院可送回同级检察官转送原审法院，依同条例第三百九十一条第一项或第三百九十二条第二项办理。

期刊名称：司法杂志
主办单位：
刊　　期：1929（1）
页　　码：15－16

17. 题　　名：院字第一九八号（十九年一月八日）：令署江西高等法院院长梁仁杰：县政府兼有审检两职之权者遇有刑诉法第二百四十五条各款情形得依该条办理：附原函

作　　者：

关 键 词：县长兼理司法　刑事诉讼程序

摘　　要：县政府兼有审检两职之权者，遇有刑事诉讼法第二百四十五条各款情形，得依该条办理。

期刊名称：司法杂志
主办单位：
刊　　期：1930（30）
页　　码：34－35

18. 题　　名：县政府兼有审检两种职权其受理之案件正在诉讼进行中经移转于法院管辖者应否先之以侦查抑迳行审判当以原诉讼之程度为断（刑事）

作　　者：

关 键 词：县政府　公诉　检察　审判　职权界限

摘　　要：县政府于公诉案件兼有检察审判两种职权，其行使两权之界限，依诉讼进行之程度定之，于诉讼正在进行中，经移转于法院管辖，则应否先之以侦查抑应迳行审判，亦应以原诉讼进行之程度为断。

期刊名称：司法杂志
主办单位：
刊　　期：1930（30）
页　　码：44－45

19. 题　　名：盗匪案件在刑法施行前依刑律已经过公诉权之时效者其起诉权即归消灭不因刑法之施行而复活修正盗匪案件适用法律暂行细则第二条第一款及第四条系就法律变更后定应适用何法处断之标准与本问题无涉（刑事）

作　　者：

关 键 词：盗匪案　公诉权　时效

摘　　要：盗匪案件在刑法施行前依刑律已经过公诉权之时效者，其起诉权即归消减，不因刑法之施行而复活。

期刊名称：司法杂志
主办单位：
刊　　期：1931（51/52）
页　　码：21－22

20. 题　　名：正式法院判决之案件无论处刑轻重当事人均有上诉权不受覆判暂行条例之限制（刑事）

作　　者：

关 键 词：当事人　上诉权　覆判暂行
条例

摘　　要：正式法院判决之案件，无论处
刑轻重，当事人均有上诉权，
不受覆判暂行条例之限制。

期刊名称：司法杂志

主办单位：

刊　　期：1930（39）

页　　码：160

21. 题　　名：复安徽高等法院惩治盗匪暂行
条例第二条减处徒刑案件应送
覆判当事人亦有上诉权

作　　者：

关 键 词：减处徒刑　覆判　当事人　上诉
权

摘　　要：覆判当事人亦有上诉权，参照
盗匪案件适用法律划一办法。

期刊名称：司法杂志

主办单位：

刊　　期：1929（1）

页　　码：18

22. 题　　名：初判案件一部上诉后上诉法院
对于其余应覆判部分认为有合
并审理之必要时须先为覆审之
裁定覆判结果之判决应依提审
判决之程式（刑事）

作　　者：

关 键 词：初判　上诉　合并审理　覆判
结果

摘　　要：初判案件经一部分上诉后，上
诉法院对于其余应覆判部分认
为有合并审理之必要时，须先
为覆判之裁定覆判结果之判决，
应依提审判决之程式。

期刊名称：司法杂志

主办单位：

刊　　期：1931（53）

页　　码：36

23. 题　　名：解释自诉案件上诉时送交卷证
程序之疑义

作　　者：

关 键 词：自诉　上诉　送交卷证　检
察官

摘　　要：刑事上诉案件依刑诉法应由原
审法院以该案卷宗及证据物件

送交该法院之检察官，由该检
察官送交上级法院检察官，虽
系自诉案件其送交卷宗及证据
物件之程序，亦应经由检察官。

期刊名称：司法杂志

主办单位：

刊　　期：1930（38）

页　　码：150－151

24. 题　　名：复湖北高等法院因变更审级制
度解释关于上诉之各疑义

作　　者：

关 键 词：检察官　变更审级　上诉　继
续审判

摘　　要：第一审直接受理原告诉人告诉
之案件，未经检察官莅庭现已
判决，现二审正在审理，应由
检察官审查，依法办理。上诉
既系在前，可继续审判。

期刊名称：司法杂志

主办单位：

刊　　期：1929（1）

页　　码：19

25. 题　　名：恢复原状之声请权属于当事人
原告诉人既非当事人对于不起
诉处分经过再议期限自不得向
法院声请恢复原状（刑事）

作　　者：

关 键 词：声请权　当事人　期限

摘　　要：恢复原状之声请权依刑诉法之
规定属于当事人，而关于当事
人之定义又经同法规定为检察
官、自诉人及被告，其原告诉
人既非当事人，对于不起诉处
分经过再议期限，自不得向法
院声请恢复原状。

期刊名称：司法杂志

主办单位：

刊　　期：1931（54）

页　　码：82－83

26. 题　　名：侵入窃盗罪起诉权时效之计算
（刑事）

作　　者：

关 键 词：侵入盗窃罪　计算时效

摘　　要：侵入住宅行窃，在刑律有效时
期系属加重盗窃罪，于刑法施
行以前，起诉权既未因刑律上

之时效归于消减，则自刑法施行后，关于论罪及计算时效均应依刑法办理。

期刊名称：司法杂志

主办单位：

刊　　期：1930（30）

页　　码：39－40

27. 题　　名：告诉告发固得委律师出庭代行但与出庭辩护不同自不能与辩护人同视司法行政部指令否认告诉人延请律师出庭办法与此并无冲突（刑事）

作　　者：

关 键 词：告诉告发　律师代行

摘　　要：告诉告发得委律师代行，但已明言与律师出庭辩护性质不同，其以律师代行告诉者，自不能与辩护人视同一律，司法行政部指令否认告诉人延请律师出庭办法。

期刊名称：司法杂志

主办单位：

刊　　期：1929（20）

页　　码：149－150

28. 题　　名：高等法院土地管辖范围内地方法院之案件如欲指定或移转于高等法院分院管辖内地方法院或兼理司法之县政府管辖应由最高法院裁定（刑事）

作　　者：

关 键 词：指定管辖　移转管辖　最高法裁定

摘　　要：高等法院及其分院关于案件之土地管辖各有范围，不相统属。高等法院土地管辖范围内地方法院之案件，如欲指定或移转于分院土地管辖范围内地方法院或兼理司法之县政府管辖，依刑诉法第二十条、第二十一条应由最高法院裁定。

期刊名称：司法杂志

主办单位：

刊　　期：1930（30）

页　　码：38－39

（四）其他

1. 题　　名：东丰分庭检察处法警惩奖简章

作　　者：

关 键 词：检察处　法警　奖惩

摘　　要：该简章从惩戒和奖励两个方面对检察处的法警日常工作做出了规定。

期刊名称：司法杂志

主办单位：

刊　　期：1931（51/52）

页　　码：1－2

2. 题　　名：东丰分庭检察处法警训练简章

作　　者：

关 键 词：检察处　法警　训练简章

摘　　要：该简章规定了法警受训科目和受训频率。

期刊名称：司法杂志

主办单位：

刊　　期：1931（59）

页　　码：8－9

3. 题　　名：黑龙江各地方法院检察处暂行处务规程

作　　者：

关 键 词：地方法院　检察处　处务规程

摘　　要：该规程对黑龙江各地方法院的首席检察官、检察官、书记室的职权和义务做出规定。

期刊名称：司法杂志

主办单位：

刊　　期：1931（47）

页　　码：31－37

4. 题　　名：最高法院东北分院检察署布告为奉东北政务委员会令准按照中央新制改组由

作　　者：

关 键 词：最高法院东北分院　中央新制改组

摘　　要：最高法院东北分院检察处改称为最高法院东北分院检察署，首席检察官改称为检察长，署内一切组织均照新制改定就绪。

期刊名称：司法杂志

主办单位：

刊　　期：1929（14）

页　　码：5

5. 题　　名：最高法院东北分院布告为发现雇

员汪润序即汪巨川有刑事嫌疑已送沈阳地方法院检察处侦查凡查知其有不法行为者务驰赴该处陈述汇办由

作　　者：

关键词： 法院职员　招摇　发觉人　地方法院检察处　侦查起诉

摘　　要： 凡有法院职员在外招摇者，准由发觉之人随时函知，按法惩办。

期刊名称： 司法杂志

主办单位：

刊　　期： 1929（14）

页　　码： 5 – 6

6. 题　　名： 同泽新民储才馆司法班记事

作　　者：

关键词： 司法班　司法记事

摘　　要： 同泽新民储才馆司法班记事。呈准免试学员，罗拱辰一员系前清宣统三年毕业于吉林官立法政学堂，民国二年充和龙第二初级检察厅检察官，继复调任长春地方检察官。

期刊名称： 司法杂志

主办单位：

刊　　期： 1929（15）

页　　码： 5 – 12

7. 题　　名： 波兰之新法院组织法与我国司法制度

作　　者： 吴振源

关键词： 波兰　新法院组织法　我国司法制度

摘　　要： 文章从波兰新的法院组织法中法院之组织及法官之任免、法院之集会方面阐述与我国司法制度之不同。

期刊名称： 司法杂志

主办单位：

刊　　期： 1929（14）

页　　码： 127 – 134

8. 题　　名： 波兰之新法院组织法与我国司法制度（续第十四期）

作　　者： 吴振源

关键词： 波兰法院组织法　司法制度改革

摘　　要： 文章论述了波兰法律的特色及我国司法制度之改正。

期刊名称： 司法杂志

主办单位：

刊　　期： 1929（15）

页　　码： 135 – 143

（五）杂报

1. 题　　名： 本院检察署检察官增缺

作　　者：

关键词： 增置检察官

摘　　要： 因案件日增积累增置检察官以利公务。

期刊名称： 司法杂志

主办单位：

刊　　期： 1931（59）

页　　码： 109 – 110

2. 题　　名： 法部通令各级法院检察官不得于衔名上冠检察处名称

作　　者：

关键词： 检察处　名称　检察官　衔名

摘　　要： （略）

期刊名称： 司法杂志

主办单位：

刊　　期： 1930（33）

页　　码： 64

3. 题　　名： 本院检察署向法部请示刑事涉外月表填法

作　　者：

关键词： 刑事涉外案件月报表　自诉人　检察官

摘　　要： 刑事涉外月报表，检察官及自诉人均应填于原告人栏内，惟应于备考内将检察官姓名详细注明以便审核。

期刊名称： 司法杂志

主办单位：

刊　　期： 1931（60）

页　　码： 129

4. 题　　名： 法部对于废除检察制度征询各法院意见

作　　者：

关键词： 法部　废除　检察制度　征询意见

摘　　要： 中国实行检察制系仿效法国，但中国既无法国以上背景且民性温良，检察处之设置实无必要，将来法院势必扩充，拟即取消检察制，即将检察处经费移作扩充法院之用。

期刊名称：司法杂志

主办单位：

刊　　期：1929（19）

页　　码：106

5. 题　　名：辽宁高等法院检察处呈请将死刑之执行一律改用绞

作　　者：

关键词：盗犯执行　死刑　绞刑

摘　　要：执行死刑时拟一律均于监狱内，用绞以符立法之本旨，而免手续之繁杂。

期刊名称：司法杂志

主办单位：

刊　　期：1929（14）

页　　码：65－66

6. 题　　名：同泽新民储才馆司法班毕业学员任事地点续志

作　　者：

关键词：同泽新民储才馆司法班　毕业学员　任事地点

摘　　要：同泽新民储才馆司法班毕业学员任事地点续志。

期刊名称：司法杂志

主办单位：

刊　　期：1931（54）

页　　码：49－50

7. 题　　名：同泽新民储才馆司法毕业学员已奉部令分发任用

作　　者：

关键词：同泽新民储才馆司法班　毕业学员　任用

摘　　要：（略）

期刊名称：司法杂志

主办单位：

刊　　期：1931（51/52）

页　　码：15－16

8. 题　　名：同泽新民储才馆司法班定期开学：附表

作　　者：

关键词：同泽新民储才馆司法班　开学

摘　　要：（略）

期刊名称：司法杂志

主办单位：

刊　　期：1929（16）

页　　码：75－78

9. 题　　名：同泽新民储才馆司法班补试题文

作　　者：

关键词：同泽新民储才馆司法班　补试　试题

摘　　要：（略）

期刊名称：司法杂志

主办单位：

刊　　期：1930（39）

页　　码：97－98

10. 题　　名：同泽新民储才馆司法班毕业学员分发地点志详

作　　者：

关键词：同泽新民储才馆司法班　毕业学员　分发地点

摘　　要：（略）

期刊名称：司法杂志

主办单位：

刊　　期：1931（53）

页　　码：33－36

11. 题　　名：同泽新民储才馆司法班毕业试验试题

作　　者：

关键词：刑事审判实务　检察实务　刑事诉讼法规及判例

摘　　要：同泽新民储才馆司法班毕业试验试题。

期刊名称：司法杂志

主办单位：

刊　　期：1931（51/52）

页　　码：17－19

（六）专件

1. 题　　名：最高法院东北分院检察署中华民国十九年已结各省区人事上诉案件分类统计表

作　　者：

关键词：检察署　人事上诉案件　分类统计表

摘　　要：（略）

期刊名称：司法杂志

主办单位：

刊　　期：1931（51/52）

页　　码：35

2. 题　　名：最高法院东北分院检察署中华民国十九年一月至十二月份收结案件数目总表

作　　者：

关 键 词：收结案件　数目总表

摘　　要：（略）

期刊名称：司法杂志

主办单位：

刊　　期：1931（51/52）

页　　码：25－26

3. 题　　名：最高法院东北分院检察署中华民国十九年已结各省区刑事上诉案件分类统计表

作　　者：

关 键 词：检察署　刑事上诉案件　分类统计表

摘　　要：（略）

期刊名称：司法杂志

主办单位：

刊　　期：1931（51/52）

页　　码：27－30

4. 题　　名：最高法院东北分院检察署中华民国十九年已结各省区其他事件分类统计表

作　　者：

关 键 词：检察署　其他事件　分类统计表

摘　　要：（略）

期刊名称：司法杂志

主办单位：

刊　　期：1931（51/52）

页　　码：33－34

5. 题　　名：最高法院东北分院检察署收结案件月报表（中华民国二十年四月份）

作　　者：

关 键 词：检察署　收结案件　月报表

摘　　要：（略）

期刊名称：司法杂志

主办单位：

刊　　期：1931（59）

页　　码：1

6. 题　　名：最高法院东北分院检察署收结案件月报表（中华民国二十年一月份）

作　　者：

关 键 词：检察署　收结案件　月报表

摘　　要：（略）

期刊名称：司法杂志

主办单位：

刊　　期：1931（59）

页　　码：1

7. 题　　名：最高法院东北分院检察署收结案件月报表（中华民国二十年三月份）

作　　者：

关 键 词：检察署　收结案件　月报表

摘　　要：（略）

期刊名称：司法杂志

主办单位：

刊　　期：1931（59）

页　　码：1

8. 题　　名：最高法院东北分院检察署收结案件月报表（中华民国二十年二月份）

作　　者：

关 键 词：检察署　收结案件　月报表

摘　　要：（略）

期刊名称：司法杂志

主办单位：

刊　　期：1931（59）

页　　码：1

9. 题　　名：最高法院东北分院检察署中华民国十九年已结各省区声请再议案件分类统计表

作　　者：

关 键 词：检察署　声请再议案件　分类统计

摘　　要：（略）

期刊名称：司法杂志

主办单位：

刊　　期：1931（51/52）

页　　码：31－32

10. 题　　名：最高法院东北分院检察署民国十八年度收发文件号数一览表

作　　者：

关 键 词：检察署　收发文件号数　一览表

摘　　要：（略）

期刊名称：司法杂志

主办单位：

刊　　期：1930（25）

页　　码：1－2

11. 题　　名：最高法院东北分院检察署中华民国十九年已结各省区刑事上诉案件分类统计表

作　　者：

关 键 词：检察署　已结案件　刑事上诉

案件　分类统计表

摘　　要：（略）
期刊名称：司法杂志
主办单位：
刊　　期：1931（51/52）
页　　码：27 - 30

五十五、司法院公报

期刊简介：

　　1932 年 1 月 16 日创刊于南京，1934 年 10 月 27 日停刊，共发行 146 期，后并入《司法公报》。南京司法院秘书处编辑并发行，周刊，属于司法行政类刊物。设有法规、命令、裁判、解释等栏目。该刊主要公布国民政府及司法院的法规、命令、公文，同时也介绍司法行政事务，并刊登法令解释、诉讼案件、裁判文件等内容。该刊在"裁判"栏目中，一般按刑事、民事等分类公布最高法院审理的相关案件，如《刑事判决：林树秋等伤害上诉案（二十一年二月十一日刑事第二庭判决，上字第二〇〇号）》《民事判决：金厚基与卢海云因假扣押异议事件上诉案（二十二年一月九日民事第一庭判决，上字第六十九号）》《民刑诉讼裁判：刑事判决：高翔诬告上诉案（二十三年二月二十一日最高法院判决，上字第二九九五号）》等；在"法规"栏中刊有《国民政府公布者：修正劳资争议处理法（二十一年九月二十七日公布）》《国民政府公布者：大赦条例（二十一年六月二十五日公布）》《国民政府公布者：修正中华民国国民政府组织法第三十七条条文（二十一年三月十五日公布）》等文；在"解释"栏中登载对法律的相关司法解释，如《司法院指令：院字第七二四号（二十一年五月十八日）：令湖南高等法院院长：呈为常德地方法院转请解释确定祠庙财产所有权疑义由》《司法院咨：院字第九〇九号（二十二年五月三十一日）：解释会计师条例第一条疑义咨（附原咨）》《司法院咨：院字第七〇四号（二十一年三月三十一日）：解释诉愿法疑义咨（附原咨）》等文；在"命令"栏中则有《院令：司法院院令：书记官王剑三辞职应照准此令（二十一年五月十七日至二十一年五月二十六日）》《司法院令：派汪士成兼上海市地方公务员惩戒委员会委员由（二十三年二月二十四日）》等文。在"咨文"、"附录"、"公函"、"电文"、"惩戒议决书"等栏中，公布司法院日常行政工作及司法执行情况，如《最高法院民刑事裁判案件主文（二十一年三月十日至二十一年三月十六日）》《最高法院民刑事裁判案件主文（二十一年五月三日至九日）》《司法院快邮代电：电字第五六号（二十一年七月三十日）：电河北高等法院据代电请示大赦条例适用各疑义由》等。该刊物为研究南京国民政府时期司法院的司法、行政工作等方面提供了重要材料。

（一）裁判

1. 题　　名：裁判：范荣佩等诉廖景纯等毁损再抗告二十一年一月十九日刑事第三庭裁定（抗字第三号）

作　　者：

关 键 词：被告不利益之再审　原管辖法院　检察官　自诉人　告诉人

摘　　要：为被告不利益提起再审之权仅于原管辖法院之检察官或自诉人。若案件最初并非依自诉程序办理者，则以通常告诉人之地位无提起再审之权。

期刊名称：司法院公报
主办单位：
刊　　期：1932，2
页　　码：32 - 33

2. 题　　名：裁判：李金璧与朱惟杰伤害上诉案

作　　者：

关 键 词：告诉人　呈诉不服　上诉

摘　　要：告诉人对于兼理司法县政府第一审判决虽得向第二审检察官呈诉不服，请依上诉程序提起上诉，但一经第二审法院判决，原告诉人即无再行上诉之权。

期刊名称：司法院公报
主办单位：
刊　　期：1932，4
页　　码：22 - 24

3. 题　　名：裁判：岛现吉掳人勒索上诉案

作　　者：

关 键 词：县长　侦查职权　扣押

摘　　要：扣押应由公署或委托他人或以其他方法将扣押物件保管；县长于其管辖区域内为司法警察官有侦查犯罪职权，与检察官相同，但于查获犯罪嫌疑人后除有必要情形外应于三日内移送该管检察官侦查；犯人私藏枪弹既经有与检察官有相同侦查职权的县长基于扣押权发交警队，其饬令具领应用又不外保管时之一种利用方法，自不能以未经扣押论。

期刊名称：司法院公报

主办单位：

刊　　期：1932，17

页　　码：21－22

4. 题　　名：裁判：魏汉文与胡福元因给付债款涉讼上告案

作　　者：

关 键 词：检察官处分书　民刑分离　证据

摘　　要：检察官处分书旨在刑事诉讼是否成立，并不注重对民事关系之认定。当事人可以之作为证据主张，但采信与否应由法院判定。

期刊名称：司法院公报

主办单位：

刊　　期：1932，22

页　　码：24－25

5. 题　　名：裁判：杜小昌伤害人致死上诉案

作　　者：

关 键 词：侦查　勘验　医师　检验吏　督同之责

摘　　要：侦查中之勘验应由检察官为之，检验尸体为实施勘验之一种处分，由医师或检验吏参与其事，仍应由检察官负督同检验之责。如果专委医师或检验吏单独检验，则为法所不许，基于违法勘验所得之资料，自不得采为判决基础。

期刊名称：司法院公报

主办单位：

刊　　期：1932，3

页　　码：21－24

6. 题　　名：裁判：杨金芝等杀人上诉案

作　　者：

关 键 词：告诉人　县判案件　呈诉不服撤回呈诉

摘　　要：告诉人对县判案件呈诉不服的，应以检察官为上诉人。告诉人欲撤回呈诉声请的，应取得检察官的同意，否则不生法律效力。

期刊名称：司法院公报

主办单位：

刊　　期：1932，36

页　　码：26－28

7. 题　　名：裁判：吴选才等杀人抗告案

作　　者：

关 键 词：勘验　侦查　制作笔录　署名盖章

摘　　要：为查看证据及其他犯罪情形起见，应实施勘验。勘验侦查中由检察官、审判中由法院或受命推事行之。勘验应制作笔录，记明实施之年、月、日、处所及其他必要事项，笔录应由勘验之检察官或推事署名盖章。检验尸体，如未发现验断书显有瑕疵不足凭信之情形，即无再行覆验或尸体之必要。

期刊名称：司法院公报

主办单位：

刊　　期：1933，94

页　　码：17－19

8. 题　　名：裁判：刘顺功恐吓使人交付所有物上诉案

作　　者：

关 键 词：不告不理原则　检察官起诉　迳行论科

摘　　要：法院不得就未经起诉之行为审判，若对于未受请求之事项予以判决即属违法。如甲诬告乙部分并未经第一审法院检察官起诉，有原起诉书可按，依法自不得迳予论科，致违不告不理之原则。

期刊名称：司法院公报

主办单位：

刊　　期：1934，124

页　　码：14－16

9. 题　　名：裁判：张作屏等伤害致人于死上诉案

作　　者：

关 键 词：上诉书状　递交书状　书状作成日　逾期上诉

摘　　要：检察官应于上诉期内将作成之上诉书状向原审法院提出，否则不生上诉之效力。书状之作成系为内部关系，不能阻却上诉期限之进行。检察官于上诉期内作成书状于期满后提出亦为逾期上诉，不生上诉之效力。

期刊名称：司法院公报

主办单位：

刊　　　期：1934，135

页　　　码：12－14

（二）命令公牍

1. 题　　　名：司法院指令：院字第六五八号
   作　　　者：
   关　键　词：罚金执行　易科刑罚　指挥执行　通缉
   摘　　　要：罚金于完纳期满应经强制执行无效之后方得执行易科监禁。对于签发捕票而不能到案的被告，业已逃亡或藏匿的，指挥执行之检察官可报首席检察官发布通缉令。
   期刊名称：司法院公报
   主办单位：
   刊　　　期：1932，4
   页　　　码：10－12

2. 题　　　名：司法院快邮代电：院字第六八一号
   作　　　者：
   关　键　词：第三审判决　指挥执行
   摘　　　要：高等法院分院所为之第三审判决除案卷卷宗在下级法院外，应由分院检察官指挥执行。
   期刊名称：司法院公报
   主办单位：
   刊　　　期：1932，6（12－13）
   页　　　码：1

3. 题　　　名：司法院指令：院字第七六六号
   作　　　者：
   关　键　词：牵连关系　并合论罪　逐予审理
   摘　　　要：掳人、勒赎与强盗如有牵连关系，检察官起诉书内虽仅引用掳人勒赎法条，法院得就强盗部分而为判决其应并合论罪者。检察官既未就强盗罪提起公诉，法院自不能逐予审理。
   期刊名称：司法院公报
   主办单位：
   刊　　　期：1932，27
   页　　　码：8－9

4. 题　　　名：司法院咨：院字第八三三号
   作　　　者：
   关　键　词：侵吞公款　县长兼理司法　县长不兼理司法　民刑裁判　检察处分　诉愿
   摘　　　要：侵吞公款为刑事案件，如原县系

兼理司法，即使误用行政处分形式，仍应以民刑裁判或检查处分论，依通常诉讼程序予以救济；若原县不兼理司法，则系权处分根本无效，均不生诉愿之效力。
   期刊名称：司法院公报
   主办单位：
   刊　　　期：1933，52（21－22）
   页　　　码：3

5. 题　　　名：司法院快邮代电：电字第九八号
   作　　　者：
   关　键　词：国民党员　党纪处分　刑事处罚　检察官侦查
   摘　　　要：对于国民党员的党纪处分和刑事处罚可同时并行，并不冲突。对于检察官发现党员有违反刑法嫌疑的，无论党部是否办理，及办理后是否通知，检察官可径自侦查起诉。
   期刊名称：司法院公报
   主办单位：
   刊　　　期：1933，54（40－41）
   页　　　码：4

6. 题　　　名：司法院咨：院字第八八五号
   作　　　者：
   关　键　词：拘禁　现行犯　准现行犯　告诉乃论之罪
   摘　　　要：区乡镇长对于区民或乡镇居民触犯刑法或与刑法性质相同之特别法者，得先行拘禁，以现行犯及准现行犯为限；告诉乃论之罪，其现行犯非经告诉不得拘禁；区乡镇长对于现行犯以外之嫌疑人不得拘禁。
   期刊名称：司法院公报
   主办单位：
   刊　　　期：1933，68（9－10）
   页　　　码：2

7. 题　　　名：司法院指令：院字第九三五号
   作　　　者：
   关　键　词：并合论罪　牵连犯罪
   摘　　　要：并合论罪之案件，检察官先将一罪起诉，经判处徒刑宣告缓刑确定后，又将他一罪起诉，经审理，结果仍须判处徒刑，如先判

之一罪未经依法撤销缓刑，则只得就后刑之一罪宣告刑罚，毋庸定其应执行之刑；所谓牵连犯应从严认定，如可认为同一事件，检察官先就其中一罪起诉，经判决确定后，复就其他牵连之罪起诉者，应依法为免诉之判决。

期刊名称：司法院公报

主办单位：

刊　　期：1933，81

页　　码：12

8. 题　　名：司法院指令：院字第九七二号

作　　者：

关 键 词：覆判审　发回覆审　上诉　书面审理

摘　　要：对于覆判审发回覆审判决案件，事实明确仅系从刑失入，经检察官提起上诉者，第二审得用书面审理仅将从刑改判。

期刊名称：司法院公报

主办单位：

刊　　期：1933，48

页　　码：98－99

9. 题　　名：司法院训令：院字第一〇九三号

作　　者：

关 键 词：牵连犯罪　自诉　公诉　合法传唤　担当诉讼

摘　　要：牵连犯罪，系指同一事件而言，自诉案内如确含有其他应经公诉之牵连罪，即不得提起自诉，第一审就自诉人所起诉属于初级管辖之罪判决后，经第二审发现该罪之方法或结果上尚有牵连，应经公诉且属地方管辖之罪者，应依法撤销原判，论知不受理；自诉案件经第一审判处罪行，被告上诉后，自诉人对第二审法院合法传唤不出庭者，得由配置检察官莅庭承担其诉讼，执行原告职务。

期刊名称：司法院公报

主办单位：

刊　　期：1934，132（8－9）

页　　码：2

10. 题　　名：司法院指令：院字第一〇九六号

作　　者：

关 键 词：吸食鸦片　另行起诉　累犯　再行起诉

摘　　要：检察官对吸食鸦片之犯罪提起公诉后，被告在候审期间继续吸食的，起诉之效力自然及之，无须另行起诉。然于前判决确定后再行吸食的，符合条件的为累犯，检察官可再行起诉。

期刊名称：司法院公报

主办单位：

刊　　期：1934，135

页　　码：8－9

11. 题　　名：司法院指令：院字第一〇九九号

作　　者：

关 键 词：特别刑法　侦查起诉　迳行审判　不告不理

摘　　要：出版法第六章所载之罚则为特别刑法，应经检察官侦查起诉，法院不能迳行罚办。

期刊名称：司法院公报

主办单位：

刊　　期：1934，137

页　　码：6

五十六、山东司法公报

期刊简介：

《山东司法公报》由山东高等法院书记处发行，创刊年代1939年，创刊地山东济南，停刊时间不详。本刊主要内容包括公文类、法规类、解释类、判词类、专件类、检察处文件类。

公文

题　　名：山东高等法院检察官训令第九号

作　　者：

关 键 词：通缉协助　不起诉　申请　驳回

摘　　要：辽宁沈阳地方法院检察处首席检察官呈请山东各级法院检察处协助通缉案内被告；各案申请人不服地方法院检察官不起诉处分状请再议，检察处查处后认为不起诉并无不妥，对申请予以驳回。

期刊名称：山东司法公报

主办单位：

刊　　期：1939，8

页　　码：81－89

五十七、司法公报增刊

期刊简介：

1928 年创刊于南京，司法部公报处发行。

法规

1. 题　　名： 刑事诉讼法

作　　者：

关 键 词： 刑事诉讼法　检察权

摘　　要： 刑事诉讼法第三十四条规定：检察官和检察处书记官准用法院推事的回避制度且应申请所属首席检察官核定，首席检察官回避应申请上级法院首席检察官核定。第四十四条规定：侦查中发拘传票之权属于检察官。第五十条、第五十三条规定：侦查中的通缉由首席检察官发出；之后检察官对被告可进行拘提或逮捕，再进行讯问。第六十七条规定：侦查中检察官可以羁押罪犯。第八十七条、第九十六条等规定：检察官在侦查中可以传唤证人、向法院申请拘提证人、向法院申请对证人罚款及赔偿费用。第一百五十七条规定了检察官的勘验勘察权。第二百一十七条、第二百二十四条规定：公诉中，检察官可依利害关系人的申请指定代行告诉人，告诉告发应向检察官或司法警察为之。第二百四十六条、第二百四十八条对检察官的不起诉权，以及对于不起诉处分的声请再议做了规定。第二百六十一条对被告犯数罪，检察官声请停止审判做了规定。第三百五十八条规定：检察得为被告之利益提起上诉。第三百六十一条规定：检察官对于自诉判决提起独立上诉。第四百三十四条规定：判决确定后发现裁判违法者，最高法院首席检察官可以提起非常上诉。第四百四十六条规定了检察官得为被告之利益而提起再审申请。第四百六十一条规定了轻微刑罚下，法院得依检察官声请而直接适用简易程序。第四百七十七条

规定：执行裁判由论知裁判的法院之检察官指挥之，因上诉抗告之裁判或因撤回上诉抗告而应执行下级法院之裁判者由上级法院之检察官指挥之，前两项情形卷宗在下级法院者由该法院之检察官指挥执行。第四百八十二条规定：执行死刑应由检察官莅视。第四百八十五条、第四百八十六条规定：受徒刑或拘役者有特殊情形的检察官应在特殊情形消失前停止执行，检察官应将犯人送医或者其他特殊场所。第四百八十七条规定：受死刑或者拘役而未羁押者，检察官执行时传唤不到的应发捕票，如已经逃亡的不需传唤即发捕票。第四百九十二条规定：罚金的执行由检察官负责。第五百零五条规定：法院对于执行异议应在咨询检察官后做出裁定。

期刊名称： 司法公报增刊

主办单位：

刊　　期： 1928，17

页　　码： 87－104

五十八、上海律师公会报告书

期刊简介：

《上海律师公会报告书》由张家镇、李昌、张一鹏、吴建等编辑，上海律师公会出版。创刊时间于 1921 年，停刊时间于 1936 年，共出版 34 期。主要内容包含本会纪事、法令、解释、杂录等栏目。该公报为非卖品。

纪事

1. 题　　名： 通告各会员函

作　　者：

关 键 词： 首席检察官　退职　律师职务

摘　　要： 退职法官一年内不得在原任区域充当律师。各法院首席检察官暨推检学习候补各员退职后一年内不得在原任法院管辖区域内执行律师职务，以防微杜渐，整饬法纪。

期刊名称： 上海律师公会报告书

主办单位： 上海律师公会执行委员会

刊　　期： 1929，29

五十九、上海市政府公报

期刊简介：

《上海市政府公报》由上海市政府秘书处创办，上海市政府新闻处编辑，上海市政府发行。创刊时间为1930年，停刊时间为1949年。《上海市政府公报》每七日发行一次。主要刊登政府命令（训令、指令、批令等）、布告、法规、公牍（咨、公函、电等）、市政会议决录、附录及专载等，以供上海市所属各机关职员及一般市民浏览。

法规

1. 题　　名：县司法处组织暂行条例
   作　　者：国民政府
   关 键 词：行政兼理司法　首席检察官　司法官任命
   摘　　要：县司法处检察职务由县长兼任，检察职务受高等法院或其分院首席检察官的监督。任用期满二年成绩优良的审判官经高等法院院长呈报司法行政部，可以被任命为推事或检察官。
   期刊名称：上海市政府公报
   主办单位：
   刊　　期：1933，13
   页　　码：67

2. 题　　名：中华民国刑法
   作　　者：
   关 键 词：刑法　起诉　时效　期限
   摘　　要：中华民国刑法对起诉权的时效消灭期限、起诉权时效期限最高度的计算，应加重或减轻刑罚的起诉时效期间的计算、起诉时效遇情况应该停止的期间计算进行了规定。
   期刊名称：上海市政府公报
   主办单位：
   刊　　期：1935，153
   页　　码：65－109

六十、四川高等法院公报

期刊简介：

《四川高等法院公报》由四川高等法院公报室编辑，四川高等法院发行。创刊时间于1935年，停刊时间于1938年，共出版33期。该刊是法院刊物，以阐扬法治精神，普及法律知识为宗旨。主要内容包含法规、命令、公文、专载、统计、杂录等栏目。本公报每月出版一期，每册法币五角。

（一）法规

1. 题　　名：高等法院分院考绩委员会办事细则
   作　　者：
   关 键 词：考绩委员会　检察官　分级考绩
   摘　　要：由首席检察官、法院院长等组成考绩委员会对法院检察官依据级别等分别进行考绩。
   期刊名称：四川高等法院公报
   主办单位：
   刊　　期：1936，1
   页　　码：38－39

2. 题　　名：修正县司法处书记官任用规则第三条条文
   作　　者：
   关 键 词：县司法处　书记官　首席检察官　遴选
   摘　　要：县司法处书记官，由高等法院院长，会同首席检察官，依照前条规定，遴选委派并呈报司法行政部备案。
   期刊名称：四川高等法院公报
   主办单位：
   刊　　期：1937，3
   页　　码：19－20

3. 题　　名：修正监犯保外服役暂行办法
   作　　者：
   关 键 词：保外服役　监所　管狱员　首席检察官
   摘　　要：保外服役，新监狱由监狱长官提出监狱官会议（旧监狱由管狱员提出监所协进委员会）审查后，呈报该高等法院首席检察官核准转报司法行政部备案，监所协进委员会未成立县分由县长承审员（或审判官）管狱员会议审查。
   期刊名称：四川高等法院公报
   主办单位：
   刊　　期：1937，32
   页　　码：12－14

（二）命令公牍

1. 题　　名：司法院训令（院字第一六三九号）
   作　　者：

关 键 词：检察官 指定 告诉乃论犯罪
告诉人 代行告诉人

摘 要：检察官如果为告诉乃论犯罪指定
代行告诉人，以不存在告诉人为
限。如果被害人年幼不知告诉的
意义，而其法定代理人又系被
告，或因与被告有亲属关系而不
为告诉，而且又不存在刑事诉讼
法第二百一十四条后段所示的告
诉人，检察官仅可以审查情形对
于被害人晓以告诉意义，仍不能
遂以职权指定代行告诉人。

期刊名称：四川高等法院公报
主办单位：
刊 期：1938，32
页 码：109－110

2. 题 名：司法院指令（院字第一六四一
号）

作 者：

关 键 词：刑事诉讼法 自诉 检察官
侦查

摘 要：一案中之被告，一人犯数罪，并
无方法结果之关系，或数人共犯
一罪或数罪，或数人同时在同一
处所各别犯罪，其中如有不得对
之自诉之人，或不得提起自诉之
罪，应依刑事诉讼法第三百二十
六条，就该部分为不受理之判
决，移送检察官侦查，其他部
分，仍应依法审判，不得一并论
之不受理。

期刊名称：四川高等法院公报
主办单位：
刊 期：1938，32
页 码：110－110

3. 题 名：四川高等法院检察处训令（符字
第二二八号）

作 者：

关 键 词：县长 兼理司法 不起诉 批处
处分

摘 要：县长兼理司法事务，如遇应不起
诉案件，县长自可准用县司法处
办理诉讼补充条例规定，径以批
处处分。

期刊名称：四川高等法院公报
主办单位：

刊 期：1937，25
页 码：55

4. 题 名：四川高等法院检察处训令（符字
第二六号）

作 者：

关 键 词：刑事诉讼法 酌情不起诉 诉讼
成本 侦查权 检察官

摘 要：刑事诉讼法第二百三十二条规定
检察官可以酌情不起诉，该条
立法意旨认为轻微犯行没有处罚必
要，给予犯人改过自新机会减少
诉讼成本，执行侦查权的检察官
应该适当应用，落实刑事政策。

期刊名称：四川高等法院公报
主办单位：
刊 期：1937，26
页 码：67

5. 题 名：四川省高等法院检察处训令（第
四八二号）

作 者：

关 键 词：法院职员 请假 给假规则

摘 要：各级法院职员，承办诉讼行政事
件，有事请假应该按照部定法院
职员给假规则办理，公事公办。

期刊名称：四川高等法院公报
主办单位：
刊 期：1937，26
页 码：69

6. 题 名：四川高等法院检察处训令（第二
零九号）

作 者：

关 键 词：县司法处 不起诉处分 逾期声
请 检察官 再令侦查

摘 要：县司法处不起诉处分案件，原诉
人逾期声请再议，可由上级检察
官依职权再令侦查，但应该注意
司法院二十一年第六七九号及第
七一一号解释规定。

期刊名称：四川高等法院公报
主办单位：
刊 期：1937，27
页 码：61－62

7. 题 名：四川省高等法院会令（牍字第二
八四六号）

作 者：

关 键 词：首席检察官 遴选 县司法处

书记官

摘　　要：为改变县司法处书记官处理检察事务而其遴选与首席检察官无关的局面，就要落实首席检察官的监督权。为此，应修改县司法处书记官任用规则第三条，将原规定的书记官由高等法院院长遴选改为由高等法院院长会同首席检察官遴选。

期刊名称：四川高等法院公报

主办单位：

刊　　期：1937，30

页　　码：37

8. 题　　名：四川高等法院检察处训令（符字第六七一号）

作　　者：

关 键 词：检察官　汉奸　检举

摘　　要：检察官有检举犯罪的义务，对于汉奸类犯罪，应该随时注意，认真举发。

期刊名称：四川高等法院公报

主办单位：

刊　　期：1937，3

页　　码：55－56

9. 题　　名：四川高等法院会令

作　　者：谢盛堂　林超南

关 键 词：检察处　造报　隶属

摘　　要：呈请核示成都地区检察处各项年月季报造报隶属问题一案，属于检察处各表应该依照《地方法院及分院处务规程》规定由检察处书记官送由编制，保安处分月报和宣告无罪季报、年报的造报应该按照刑事案件报部办法第二条规定办理。

期刊名称：四川高等法院公报

主办单位：

刊　　期：1937，25

页　　码：34－35

10. 题　　名：四川高等法院检察处训令

作　　者：

关 键 词：检察署　通缉　人犯

摘　　要：高等法院检察署训令通缉各案人犯，暨本院第一分院检察处，巴县、泸县地方法院检察处，协助通缉各案人犯。

期刊名称：四川高等法院公报

主办单位：

刊　　期：1935，1

页　　码：72－80

11. 题　　名：四川高等法院会令

作　　者：谢盛堂　林超南

关 键 词：推检互调　院长　首席检察官　年资

摘　　要：推检互调，或推检调升院长或首席检察官改为院长等如此同管等职务，前职务曾经分别登记或用任审查合格，现职务合格，其前后任职合并计算年资。

期刊名称：四川高等法院公报

主办单位：

刊　　期：1937，25

页　　码：34－35

12. 题　　名：四川高等法院会令（陕字第一六九号）

作　　者：谢盛堂　林超南

关 键 词：案卷　送卷文　最高法院检察署

摘　　要：呈诉最高法院案件送卷注意事项。公诉案件应送最高法院检察署，经最高法院检察署发回查询或补取文件的，应该在送卷文内说明缘由。并对审检各卷、上诉理由、辅具理由、通知检察官答辩函等文件是否齐全或附入。

期刊名称：四川高等法院公报

主办单位：

刊　　期：1937，27

页　　码：36－38

13. 题　　名：四川高等法院会令（陕字第五零八号）

作　　者：谢盛堂　林超南

关 键 词：合并高分院　检察官改设　首席检察官

摘　　要：各省高分院长官兼理地方院长官改为专任，以合并高分院办理为原则，仅就固有推事检察官予以改设，改设以后各该推事兼理院长首席检察官或不设首席地院的检察官。每月办理案件，仍应该与其他推事检察官平均分配。

期刊名称：四川高等法院公报

主办单位：

刊　　期：1937，27

页　　码：46－47

14. 题　　名：四川高等法院会令（牍字第二六三四号）

作　　者：

关 键 词：自诉程序　公诉程序　检察官　县司法处

摘　　要：刑事诉讼法规定，自诉由当事人提起，公诉由检察官向管辖法院提起；县长侦查案件认为应行起诉者，填明移送后，送至审判官办理。然而事实上，县司法处并不严格遵照自诉程序和公诉程序的规定，造成诸多错误，因此要按照法律法规予以改正。

期刊名称：四川高等法院公报

主办单位：

刊　　期：1937，3

页　　码：45

15. 题　　名：四川高等法院会令（牍字第五六二一号）

作　　者：

关 键 词：司法人员　首席检察官　推事　检察官　任用

摘　　要：非常时期各省司法人员任用暂行办法规定，各级法院院长、首席检察官、推事、检察官及候补推事、候补检察官的任用，仍照向例办理。各级法院正缺书记官，由该管高等法院院长、首席检察官就已经铨叙合格者转调任用。

期刊名称：四川高等法院公报

主办单位：

刊　　期：1937，33

页　　码：16－17

16. 题　　名：四川高等法院训令（统字第五三〇号）

作　　者：谢盛堂

关 键 词：收结案件　计数标准　检察官　诉讼效率

摘　　要：修正高等以下各级法院推荐收

结案件计数标准，检察官部分：侦查案件按件计算，自诉案件出庭陈述意见的两件算一件，对被告提起上诉案件、自行提起上诉案件、覆判案件、声请案件、勘验案件、协助案件的计算方式分别作出规定。以此清理案件，考核法官成绩，提高诉讼效率。

期刊名称：四川高等法院公报

主办单位：

刊　　期：1937，27

页　　码：56－59

17. 题　　名：四川高等法院检察处训令（符字第三六六号）

作　　者：

关 键 词：首席检察官　申告铃　方便原则

摘　　要：上海地方法院首席检察官呈称拟于院内设置申告铃，用于人民以言辞告诉告发或自首，并规定申告铃使用暂行规则。本省指令各地方法院检察处仿照上海办法，设置申告铃，有利于刑事案件的告诉告发自首，体现方便原则。

期刊名称：四川高等法院公报

主办单位：

刊　　期：1936，24

页　　码：60－63

六十一、吴县律师公会会务报告

期刊简介：

《吴县律师公会会务报告》由薄铸编辑，吴县律师公会出版发行。创刊时间于1936年，共发行一期。主要内容包含序言、职员摄影、会议记录、公文摘要、会计报告、会员进退、藏书目录、特载。该公报为非卖品。

（一）纪事

1. 题　　名：地院徐首席检察官希望能铲除不良分子，张一鹏说保障人权与营业观念须平均发展

作　　者：

关 键 词：律师　宣誓典礼纪事

摘　　要：吴县律师公会第三届新职员宣誓典礼纪事：地院徐首席检察官希

望能铲除不良分子，张一鹏说保
障人权与营业观念须平均发展。

期刊名称：吴县律师公会会务报告

主办单位：

刊　　期：1936（1）

页　　码：204－207

（二）公文摘要

1. 题　　名：呈江苏高等法院首席检察官、吴
县地方法院首席检察官文（二
四，一〇，一二发）：为疏通监
狱条例规定易科罚金程序仰祈鉴
核办理由

作　　者：吴曾善

关　键　词：监狱　易科罚金

摘　　要：为疏通监狱条例规定易科罚金
程序。

期刊名称：吴县律师公会会务报告

主办单位：

刊　　期：1936（1）

页　　码：169－171

2. 题　　名：呈吴县地方法院首席检察官文
（二四，七，二六发）：为呈送
会员董梦梅原函鉴核办理由

作　　者：吴曾善

关　键　词：律师公会　律师　违背职务案

摘　　要：由吴县律师公会向吴县地方法院
首席检察长呈文：关于董梦梅律
师违背职务案的审查核定理由。

期刊名称：吴县律师公会会务报告

主办单位：

刊　　期：1936（1）

页　　码：122－123

3. 题　　名：呈吴县地方法院首席检察官文
（二四，七，二四发）：为呈复
会员沈楚青恢复职务由

作　　者：吴曾善

关　键　词：律师公会　律师　恢复职务

摘　　要：因律师沈楚青涉嫌猥亵，案经上
诉，未经确定前，请求制止被告
恢复职务。本会议决应暂时停止
其职务，呈复地检处。

期刊名称：吴县律师公会会务报告

主办单位：

刊　　期：1936（1）

页　　码：144－146

4. 题　　名：呈吴县地方法院首席检察官文
（二四，八，二〇发）：为呈报
令准律师沈楚青恢复职务仰祈鉴
核备查由

作　　者：吴曾善

关　键　词：律师公会　律师　恢复职务

摘　　要：经法院第三审审理，判决律师沈
楚青猥亵罪名不成立。本会议决
恢复沈楚青律师职务。

期刊名称：吴县律师公会会务报告

主办单位：

刊　　期：1936（1）

页　　码：146－147

5. 题　　名：致沈楚青会员函（二四，八，一
九发）：为函复令准恢复职务并
已转呈吴县地方法院检察处由

作　　者：吴县律师公会（启）

关　键　词：律师公会　律师　恢复职务

摘　　要：准许沈楚青律师恢复职务，并转
呈吴县地方检察处。

期刊名称：吴县律师公会会务报告

主办单位：

刊　　期：1936（1）

页　　码：147－149

6. 题　　名：致中华民国律师协会函（二四，
八，三〇发）：为汉口公会改选
职员由首席检察官郑汉非法办理
请查案办理由

作　　者：吴县律师公会（启）

关　键　词：律师公会　改选职员　首席检察
官　非法办理行为

摘　　要：汉口律师公会改选职员，首席检
察官郑汉改定日期，另刻圆章，
不许召集评议会，其已退会者竟
当选职员，如此非法办理行为应
请中华民国律师协会审查并核定。

期刊名称：吴县律师公会会务报告

主办单位：

刊　　期：1936（1）

页　　码：163－164

7. 题　　名：呈吴县地方法院首席检察官文
（二四，一，二二发）：为呈报
会员蒋有遇判决无罪应即恢复职
务由

作　　者：吴曾善

关　键　词：律师公会　律师　恢复职务

摘　　要：会员蒋有遇因伪造文书及欺诈

一案，经审查无罪，应立即恢复职务。

期刊名称：吴县律师公会会务报告

主办单位：

刊　　期：1936（1）

页　　码：81 – 85

8. 题　　名：呈吴县地方法院首席检察官文（二四，三，六发）：为会员蒋有遇续称不能停止职务仰祈鉴核令遵由

作　　者：吴曾善

关键词：律师　惩戒未决　停止职务

摘　　要：会员蒋有遇续称惩戒未决，议前不能停止职务。

期刊名称：吴县律师公会会务报告

主办单位：

刊　　期：1936（1）

页　　码：86 – 89

9. 题　　名：致江苏高等法院首席检察官电（二四，三，三〇发）：为宜兴县县长钟竟成擅用非刑请鉴核办理由

作　　者：吴县律师公会会务报告

关键词：擅用非刑　刑讯逼供

摘　　要：宜兴县县长钟竟成采用非刑，用老虎凳等手段刑讯逼供，且受此刑者不在少数，请求高检依法核办。

期刊名称：吴县律师公会会务报告

主办单位：

刊　　期：1936（1）

页　　码：116 – 117

10. 题　　名：呈吴县地方法院首席检察官文（二四，六，一八发）：为呈覆董梦梅与吴荣南订立第一审委任契约无从调取由

作　　者：吴曾善

关键词：律师　委任契约　调取

摘　　要：呈覆董梦梅与吴荣南订立第一审委任契约无从调取案。

期刊名称：吴县律师公会会务报告

主办单位：

刊　　期：1936（1）

页　　码：121 – 122

11. 题　　名：呈江苏高等法院首席检察官文（二四，五，一五发）：为靖江

日报编辑刘剑凡被代理靖江县县长李晋芳非法逮捕勒逼停版请查案核办由

作　　者：吴曾善

关键词：非法逮捕

摘　　要：靖江日报编辑刘剑凡被代理靖江县县长李晋芳非法逮捕，勒令逼停出版社出版，请高院首席检察官查案核办。

期刊名称：吴县律师公会会务报告

主办单位：

刊　　期：1936（1）

页　　码：123 – 125

12. 题　　名：呈吴县地方法院首席检察官文（二四，六，一八发）：为周兆麟律师业已报退仍蒙混出庭应请依法提付惩戒由

作　　者：吴曾善

关键词：律师　蒙混出庭　惩戒

摘　　要：周兆麟非本律师公会会员，仍蒙混出庭，应请县法院首席检察官依法提付惩戒。

期刊名称：吴县律师公会会务报告

主办单位：

刊　　期：1936（1）

页　　码：129 – 131

13. 题　　名：呈吴县地方法院首席检察官文（二四，八，二三发）：为律师王培源诈骗财物嫌疑有碍律师风纪仰祈严行撤究由

作　　者：吴曾善

关键词：律师　诈骗财物　律师风纪

摘　　要：律师王培源有诈骗财物嫌疑，有碍律师风纪，呈请吴县地方法院检察官严行撤究。

期刊名称：吴县律师公会会务报告

主办单位：

刊　　期：1936（1）

页　　码：158 – 159

14. 题　　名：呈吴县地方法院首席检察官文（二四，一二，二六发）：为呈报本会干事员宋铭鋆病故出缺递补缘由仰祈鉴核由

作　　者：吴曾善

关键词：职位空缺　递补

摘　　要：本会干事员宋铭鋆因病故使得职

位空缺，现应以得票多者递补。

期刊名称：吴县律师公会会务报告
主办单位：
刊　　期：1936（1）
页　　码：186－187

15. 题　　名：呈吴县县党部、吴县地方法院
　　　　　　检察处、吴县县政府文（二三，
　　　　　　一二，一〇发）：为本届职员定
　　　　　　期补行宣誓请派员监督由
　　作　　者：吴曾善
　　关 键 词：律师　宣誓就职　派员监督
　　摘　　要：本届全体职员宣誓典礼，请县
　　　　　　政府、地方法院检察处、县党
　　　　　　部派员监督。

期刊名称：吴县律师公会会务报告
主办单位：
刊　　期：1936（1）
页　　码：77－78

16. 题　　名：呈江苏高等法院、吴县县党部、
　　　　　　江苏高等法院首席检察官等文
　　　　　　（二四，五，二四发）为本会定
　　　　　　期举行冤狱赔偿运动请派员参
　　　　　　加由
　　作　　者：吴曾善
　　关 键 词：冤狱赔偿运动　派员监督
　　摘　　要：本会定期举行冤狱赔偿运动，
　　　　　　请县地方法院、江苏高法首席
　　　　　　检察官、江苏高法、县政府、
　　　　　　地方法院检察处、县党部派员
　　　　　　到场参加。

期刊名称：吴县律师公会会务报告
主办单位：
刊　　期：1936（1）
页　　码：93

17. 题　　名：呈江苏高等法院、吴县县党部、
　　　　　　江苏高等法院检察处等文（二
　　　　　　四，五，一发）：为呈报本会贫
　　　　　　民法律扶助会成立恳请莅会指
　　　　　　导由
　　作　　者：吴曾善
　　关 键 词：贫民法律扶助会　派员指导
　　摘　　要：本会贫民法律扶助会正式成立，
　　　　　　恳请县地方法院、江苏高法首
　　　　　　席检察官、江苏高法、县政府、
　　　　　　地方法院检察处、县党部莅临
　　　　　　指导。

期刊名称：吴县律师公会会务报告
主办单位：
刊　　期：1936（1）
页　　码：99－100

18. 题　　名：呈江苏高等法院、吴县县党部、
　　　　　　江苏高等法院检察处等文（二
　　　　　　四，五，二一发）：为本会贫民
　　　　　　法律扶助会正式成立开始受理
　　　　　　扶助事件请鉴核存查由
　　作　　者：吴曾善
　　关 键 词：贫民法律扶助会　派员指导
　　摘　　要：本会贫民法律扶助会正式成立，
　　　　　　开始受理扶助案件，呈请县地
　　　　　　方法院、江苏高法首席检察官、
　　　　　　江苏高法、县政府、地方法院
　　　　　　检察处、县党部莅临指导。

期刊名称：吴县律师公会会务报告
主办单位：
刊　　期：1936（1）
页　　码：100－102

19. 题　　名：致上海律师公会函（二四，三，
　　　　　　二八发）：为本会会员夏喆烑被
　　　　　　人诬告检察处派员搜查结果捏
　　　　　　造请向司法院建议通令各法院
　　　　　　应慎重将事由
　　作　　者：吴县律师公会（启）
　　关 键 词：律师　诬告　告诉人　侦查
　　　　　　交保
　　摘　　要：本会会员夏喆烑被人诬告，经
　　　　　　检察院派人搜查，结果事实是
　　　　　　捏造的，通令法院应当谨慎，
　　　　　　事先要将告诉人侦查交保，再
　　　　　　行核办。

期刊名称：吴县律师公会会务报告
主办单位：
刊　　期：1936（1）
页　　码：109－110

20. 题　　名：致司法行政部电（二三，一一，
　　　　　　二七发）：为电请召集司法会议
　　　　　　应准律师公会推派代表出席由
　　作　　者：
　　关 键 词：司法会议　律师代表
　　摘　　要：为集思广益、期收实效，电请
　　　　　　召集司法会议应准律师公会推
　　　　　　派1－2名代表出席参加。

期刊名称：吴县律师公会会务报告

主办单位：

刊　　期：1936（1）

页　　码：63

21. 题　　名：致司法行政部电（二四，一，九发）：为电贺司法行政部王部长洪次长谢次长就职由

作　　者：

关 键 词：贺电　就职

摘　　要：吴县律师公会致司法行政部贺司法行政部王部长、洪次长、谢次长就职，为发展气象刷新法治精神。

期刊名称：吴县律师公会会务报告

主办单位：

刊　　期：1936（1）

页　　码：80－81

22. 题　　名：致全体会员函（二四，五，二二发）：为奉令转送司法院解释汇编通告由

作　　者：吴县律师公会（启）

关 键 词：转送　司法解释汇编

摘　　要：江苏高等法院向律师公会各会员转送司法院解释汇编。

期刊名称：吴县律师公会会务报告

主办单位：

刊　　期：1936（1）

页　　码：126－127

23. 题　　名：致芜湖、江甯律师公会、各律师公会函（二四，六，一八发）：为对于全国司法会议推派代表产生方法征求同意由

作　　者：吴县律师公会（启）

关 键 词：司法会议　律师公会　推选会议代表方法

摘　　要：关于全国司法会议，律师公会推派代表产生方法征求全会意见。

期刊名称：吴县律师公会会务报告

主办单位：

刊　　期：1936（1）

页　　码：133－135

24. 题　　名：致中华民国律师协会函（二四，七，二七发）：为函报司法会议律师代表团本会当选代表姓名由

作　　者：吴县律师公会（谨启）

关 键 词：司法会议　推选代表　无记名票选

摘　　要：本会召集开会推选全国司法会议代表，用无记名票选方法开票，结果陆鸿仪等当选代表。

期刊名称：吴县律师公会会务报告

主办单位：

刊　　期：1936（1）

页　　码：135－137

25. 题　　名：致陆鸿仪会员、吴曾善会长函（二四，七，二七发）：为函知推选全国司法会议出席代表当选代表由

作　　者：吴县律师公会（启）

关 键 词：司法会议　推选代表　无记名票选

摘　　要：致会长函：推选会议代表用无记名投票方式推选出陆鸿仪、吴曾善。

期刊名称：吴县律师公会会务报告

主办单位：

刊　　期：1936（1）

页　　码：137

26. 题　　名：致各会员函（二四，七，二七发）：为对于参加司法会议律师代表团如有提案希于十日内送会由

作　　者：吴县律师公会（启）

关 键 词：司法会议　提案

摘　　要：致代表团会员函：为对于参加司法会议律师代表团如有提案，希于十日内送会。

期刊名称：吴县律师公会会务报告

主办单位：

刊　　期：1936（1）

页　　码：137－138

27. 题　　名：致中华民国律师协会函（二四，八，三〇发）：为函送全国司法会议提案录及本会会员姓名录由

作　　者：吴县律师公会（谨启）

关 键 词：会议提案

摘　　要：1. 全国未能遍设地方法院以前应准律师在兼理司法之县府出庭执行职务；2. 公设辩护人制度应请严格实行；3. 律师在兼

理司法县政府区域应该允许受聘法律顾问；4. 诉讼费用不得加征；5. 法院审理及侦查案件应另订审理及侦查规则；6. 候补推检不应办理重大案件。

期刊名称：吴县律师公会会务报告

主办单位：

刊　　期：1936（1）

页　　码：138 – 142

28. 题　　名：致司法院电（二四，八，一二发）：为高二分院办理杜重远案剥夺上诉曲解法条电请明令该院严予纠正由

作　　者：

关 键 词：剥夺上诉　曲解法条　驳回上诉

摘　　要：在"经第二审判决者"和"第二审法院判决者"之间的差别及"最高法院审判不服高等法院第一审判决可使用第三审"上有争议，所以经会议讨论：曲解法院有失司法尊严，纠正曲解法院驳回当事人上诉请求。

期刊名称：吴县律师公会会务报告

主办单位：

刊　　期：1936（1）

页　　码：157 – 158

29. 题　　名：致司法行政部电（二四，三，三〇发）：为准湖北沙市公会代电会员游锦章被少市地院推事尹作胃私禁侮辱电请鉴核查办由

作　　者：

关 键 词：私禁侮辱　律师　推事

摘　　要：1. 尹作胃当庭辱骂、逮捕游锦章、滥用职权事情的细节，由湖北沙市公会代表会员致司法行政部；2. 向江苏高等法院致电：代会员起诉宜兴县承审员何鸿藻执行违法的诉讼请求。

期刊名称：吴县律师公会会务报告

主办单位：

刊　　期：1936（1）

页　　码：113 – 115

（三）会议记录

1. 题　　名：民国二十四年七月二十五日下午

二时选举全国司法会议律师代表团吴县出席代表纪录

作　　者：章世钧（记录）

关 键 词：全国司法会议　律师代表团记录

摘　　要：1. 选举代表人数；2. 选举代表应用何种方案；3. 对于出席代表应否提出方案；4. 投票结果。

期刊名称：吴县律师公会会务报告

主办单位：

刊　　期：1936（1）

页　　码：45 – 46

2. 题　　名：民国二十四年八月二十八日下午三时召集全国司法会议律师代表团提案审查委员会纪录

作　　者：章世钧（记录）

关 键 词：律师职权　裁判依据　诉讼费用　辩护人

摘　　要：提案主要有：1. 律师职权范围；2. 法院审理案件依据准则；3. 诉讼费用不得加征；4. 设立辩护人制度。

期刊名称：吴县律师公会会务报告

主办单位：

刊　　期：1936（1）

页　　码：51

六十二、新法学

期刊简介：

《新法学》1948年在上海创刊，由上海新法学社编辑、发行，月刊，属于法律刊物。主要撰稿人有黄应荣、杨兆龙、孙晓楼、陈文藻、李浩培、荫垣等。主要栏目有法律史话、判解评述、中国名案考、世界名法家介绍、法律漫画等。《新法学》旨在革新或改造旧的法学，内容有关于国内外法律问题的研究，司法机构的评论，介绍各法律流派的主张，与百姓生活相关的法律问题的讲解，世界名法家介绍，中国著名案例剖析以及反映当年时代特色的法律漫画，对了解和研究法律发展史具有参考价值。上海实业家朱先生，为纪念其尊翁斐章先生，并为奖励法学人才，提倡新法学起见，特在该社设新法学奖学金数名，撰补助各大学研究法学有特殊心得，品学兼优的学生，此消息在该刊的第一卷第三期发表。曾刊载的文章有《世界名法家介绍（附照片）》、《十九世纪的国际私法学》、《中国法律教育的出路》、《形势政策之新趋势》、《民法之史的发

展》等，是研究法律各方面发展的重要资料。

论著

1. 题　　名：律师立法精神

　　作　　者：赵琛

　　关 键 词：律师　惩戒　首席检察官

　　摘　　要：曾任推事或检察官并经检覆合格者得充任律师，律师对于其曾任推事或检察官时办理的案件不得行其职务；律师与执行职务区域内法院院长、首席检察官有配偶五亲等内血亲或三亲等内姻亲之关系者，不得在该法院登记，已登记者，应行回避，注销登记；律师与办理案件的推事或检察官有前项亲戚关系者，就其案件应回避。律师应付惩戒的，除由高等法院或其分院或地方法院首席检察官依职权送请惩戒外，可依申请由所在地方法院首席检察官转送惩戒。

　　期刊名称：新法学

　　主办单位：

　　刊　　期：1949，2（1）

　　页　　码：4－6

2. 题　　名：中国检察制度史的研究

　　作　　者：李朋

　　关 键 词：检察制度　监察　外来说　固有说　历史记载

　　摘　　要：文章从检察制度起源和历史记载证明两个方面研究并论证中国检察制度的历史。检察制度起源有外来说，根本作用是国家公诉权的合理运用；固有说，证明中国古代存在检察制度的萌芽。历史记载，检察制度在中国历史记载上虽然没有显著根据但是存在片段记载，可供参考。因而，中国古代有检察制度的雏形，与监察易混，然而现行检察制度由御史台制度演变，参考西欧近制发展而来。

　　期刊名称：新法学

　　主办单位：

　　刊　　期：1949，2（1）

　　页　　码：19－23

六十三、现代司法

期刊简介：

《现代司法》1935年创刊于南京，月刊，至1937年7月第2卷第10期抗战爆发，共发行2卷22期。该刊初由南京司法行政部出版委员会编辑，自第2卷起改为司法行政部编查处编辑。该刊初由司法行政部总务司第二科发行，第2卷第一期改由司法行政部编查处发行，其后由司法行政部总务司第五科发行。该刊均由江苏第一监狱负责印刷，月刊，属于司法类刊物。其主要撰稿人有徐恭典、杨兆龙、张企泰、陈训炯、赵长敏、邓克愚、刘伯英等。主要栏目有摄影、论著、译述、报告、统计、重要法令、法制消息、专载、附录等。该杂志稿件主要来源为司法行政部各司处室及职员，外来稿件也予以吸收。稿件主要采用普通文言，但演说稿件等采用白话文。该刊作为南京民国政府司法行政部的官办刊物，研究三十年代全国及各省司法事务和执行草案，颁布重要政府法令，评论司法执行情况，报告司法会议内容，以沟通上下之情，刊登有关国际公法及各国法令的译述。该刊具有权威性，是认识中国二十世纪三十年代中期的司法实践活动，司法理论探索、司法体系构建具体情况的有益参考。在司法活动方面，该刊保存了许多有价值权威的材料。该刊为推动中国司法进步，刊登有大量关于司法建设的论著与译著，将国外法律条文予以翻译介绍。此外，该刊每期均配有多幅与司法活动相关照片，是不可多得的原始资料。

（一）报告

1. 题　　名：对于中国律师工会组织与律师惩戒意见书

　　作　　者：宝道

　　关 键 词：律师　惩戒　检察职权

　　摘　　要：针对律师惩戒，文章认为法国的制度，即由地方法院首席检察官依申请或职权向高等法院首席检察官呈请对律师的惩戒，该制度过于复杂，不适宜中国。另一方面，由于检察官检举事件似带有刑事犯罪性质，而律师违纪只是小事，因此建议在可能范围内缩减首席检察官对律师惩戒事件的职权。

　　期刊名称：现代司法

　　主办单位：

　　刊　　期：1935，1（11）

　　页　　码：155－180

2. 题　　名：司法行政部二十五年七月份工作报告概要

　　作　　者：

　　关键词：司法行政部工作报告　司法经费　县长兼理司法　检察职权　处分书

　　摘　　要：司法行政部的工作报告称，在司法经费方面应注意各级司法机关的经费收入和支出应依据预算法案执行，实行会计独立核算。对于湖南省行政督查员提出的要求增加县政府兼理司法的经费以及无罪之刑事案件，检察官应依职权作出处分书的建议，司法行政部的回复称，应酌量增加县政府兼理司法的费用。同时县长兼理司法，具有审判检察两方面，遇刑事案件，依侦查程序终结时，应该属于检察范围，可以处分方式行之。

　　期刊名称：现代司法

　　主办单位：

　　刊　　期：1935，1（11）

　　页　　码：61－68

3. 题　　名：本部中心工作计划草案之一部（一）

　　作　　者：

　　关键词：司法行政部工作计划　改革县长兼理司法　推检员　名额配置　自诉　司法教育　法官考试

　　摘　　要：司法行政部工作计划称，关于第一审机关逐渐改设方面，以三年为限，改设县司法处，而后将县司法处改为正式法院。关于各地方法院推检员名额的重新核定方面，推事与检察官员名额配置，与自诉案件数量和检察制度增长有密切关系。检察制度需要经过仔细研讨而非一时所能改变，而自诉范围的扩大导致各院审检两方刑事案件互有增减，根据诉讼案件繁简，从而确定各院推检人员名额的重新配置。关于司法教育与法官考试建议方面，于初试增设审检实务，保持再试时试拟检察官处分书。

期刊名称：现代司法

主办单位：

刊　　期：1936，1（12）

页　　码：69－76

4. 题　　名：司法行政部二十五年十月份施政工作概况

　　作　　者：

　　关键词：积压上诉　程序欠缺　驳斥

　　摘　　要：司法行政部施政工作概况称，山西高等法院呈复王殿龙诉检察官积压上诉一案中，原告诉人对正式法院裁判可得请求检察官予以上诉，必须经过检察官采纳意见，加具理由书，才得生效；如果检察官不提起上诉，也应该批示论知。如果上诉程序有欠缺，应该函知检察官补正，如果置之不理，任期确定，则法院不得因程序欠缺给与驳斥。因此，司法行政部通令各法院对于刑事案件之办理，不得因程序欠缺径行予以驳斥。

　　期刊名称：现代司法

　　主办单位：

　　刊　　期：1936，2（3）

　　页　　码：109－120

5. 题　　名：视察贵州司法报告

　　作　　者：

　　关键词：检察职务　首席检察官　检察权　行政兼理司法

　　摘　　要：在视察贵州过程中发现的贵州县司法的弊病，建议将县长兼理的检察职务由高院长及首席检察官分别加委。原因在于县长对检察职务大部分是放弃状态，而且有不知道高等法院首席检察官为其上级机关的。为改变此情形，由高等法院首席检察官加委县长担任，明确界定权限，对其进行监督，参与年终考核，以期保证司法权威。

　　期刊名称：现代司法

　　主办单位：

　　刊　　期：1936，2（4）

　　页　　码：107－117

6. 题　　名：司法行政部二十五年十一月施政

工作概况

作　　者：

关 键 词：检察处　司法统计　年表　呈报

摘　　要：各省法院检察处迅速呈报二十四年度司法统计年表。少数检察处不自造报也不将材料移送法院，导致二十四年检察部分各种年表，如侦查案件、罚金执行、死刑徒刑拘役执行、保安处分四种数据不齐全，影响工作进行。因此各省高等法院首席检察官命令所属各检察处迅速编造呈报。

期刊名称：现代司法

主办单位：

刊　　期：1936，2（4）

页　　码：119－126

7. 题　　名：司法行政部二十六年二月份施政工作概要

作　　者：

关 键 词：司法行政部　司法官俸给　司法经费

摘　　要：司法行政部施政工作概要称，行政事项方面，推事检察官俸给适用普通公务员俸给规定。各法院将额设候补推检分年改为正缺，由于经费问题，将所有该省预算内候补员缺分为三年改为正缺，不再额设此项候补人员。规定高分院同处的地方法院，院长首席检察官由分院院长首席检察官分别兼任，并且规定采用此办法各地院原设推事检察官额的改正办法。

期刊名称：现代司法

主办单位：

刊　　期：1937，2（7）

页　　码：107－114

8. 题　　名：司法行政改革消息

作　　者：明庵辑

关 键 词：司法行政改革　福建地方法院　广西高等法院

摘　　要：闽北司法行政改革消息从组织、经费、人事、案件、监狱五个方面概述了福建相关地方的司法改革情况，在实行了司法改革以后，福建各地方案件积压情况得

到很大改善。广西司法改行新制之一斑的消息称，广西高等法院奉行中央四级三审制实行改组，如将贺县分庭改组为贺县地方法院，设置推事、检察官、书记员、法警职务。

期刊名称：现代司法

主办单位：

刊　　期：1937，2（7）

页　　码：142－150

9. 题　　名：司法行政部二十六年三月份施政工作概要

作　　者：

关 键 词：司法行政部工作概要　检察处申告铃　言辞告发　受训

摘　　要：司法行政部施政工作概要称，各省高等法院首席检察处转告所属各地方法院检察处适用申告铃使用暂行规则。设置申告铃，遇有刑事案件，人民以言辞告诉告发或者自首，以期便利。第四期受训检察官令单开列，随令附发各省高等法院首席检察官，按令到京报道受训。

期刊名称：现代司法

主办单位：

刊　　期：1937，2（8）

页　　码：91－98

（二）论著

1. 题　　名：司法会议后本部之责任

作　　者：王用宾

关 键 词：司法经费　司法独立　审检分立　县长兼理司法　司法协助　检警关系

摘　　要：笔者对于在全国司法会议结束后本部的责任进行了阐述。在司法经费方面，曾经规定中央机关之最高法院检察署每月十余万的经常费用，但国库未支出，使得司法机关经费短缺，造成了司法独立无法实现，因此国家需要重视司法建设，拨足司法经费。在司法制度方面，司法制度不健全。自从最高法院组织法规定配置检察署以来，各法院多设首席检察官，成为一个新的制度。但是根

据统计，全国县长兼理司法的情形竟占五分之四以上。县长兼理司法使得审判和检察集于一身，造成司法权无法独立。因此应该改革县长兼理司法制度。在司法协助方面，司法警察官有义务协助检察官侦查犯罪，听其指挥。

期 刊 名 称：现代司法
主 办 单 位：
刊　　　期：1935，1（2）
页　　　码：1 - 12

2. 题　　　名：二十五年来之司法行政
作　　　者：王用宾
关 键 词：检察制度　审检分立　审检合一　自诉
摘　　　要：本文从两汉开始论述司法与行政的关系，从而概括检察制度沿革，且明确指出明清都察院职权、国王代理原则与检察制度不相同。早期我国检察制度与审判制度分离，审检两厅独立对立，但是检察制度不完善，作用甚微。后来将检察厅裁撤，配置于各级法院之中，原检察人员重新编制，附属于法院。并且就检察制度的改善，将刑事诉讼自诉范围予以扩张，检察官予以协助。

期 刊 名 称：现代司法
主 办 单 位：
刊　　　期：1936，2（1）
页　　　码：1 - 45

3. 题　　　名：中国检察制度的改革
作　　　者：吴祥麟
关 键 词：检察制度　司法效率　检察权　审检分立　废检论　改革
摘　　　要：本文从学理和事实两方面考察检察制度，以期探讨增强司法效能的方法。中国现行检察制度为在法院设置检察厅，审检两厅对立，采诉讼主义，且检察官有提起公诉、预审处分权。但是此种检察制度使得检察官权力过盛，滥用检察权，破坏司法独立，因此众多学者主张彻底废除检察制度。本文认为检察制度有其存在的价值，从正反两方面给予论

述，主张改革检察制度。改革途径为取消检察官的预审权、限制检察官的公诉处分权、增加检察官的司法警察权、添设国立或公立辩护官，以保证检察制度的完善，增强司法效率。

期 刊 名 称：现代司法
主 办 单 位：
刊　　　期：1936，2（3）
页　　　码：1 - 22

4. 题　　　名：各国刑事赔偿法之比较
作　　　者：陈淑珠
关 键 词：刑事赔偿　检察官职权
摘　　　要：本文对各国刑事赔偿法进行了比较概括。在赔偿事件管辖上，各国立法不一，德国规定刑事被告基于法院赔偿决定，呈经检察官向司法部长申请赔偿；意大利对赔偿的准许和赔偿额应咨询检察官或当事人的意见。对于赔偿审理程序，匈牙利法院为确定赔偿，可以咨询检察官意见，检察官没有到庭陈述意见的必要，检察官经法院咨询意见的，法院不受其约束。赔偿的裁判上，德国和意大利检察官也具有相应职权。

期 刊 名 称：现代司法
主 办 单 位：
刊　　　期：1937，2（6）
页　　　码：1 - 19

（三）统计

1. 题　　　名：司法会议议案交部部分一览表
作　　　者：统计室
关 键 词：全国司法会议提案　司法制度　司法经费　司法协助　刑事诉讼　刑事自诉　刑事侦查
摘　　　要：在全国司法会议上所提的部分议案中在司法制度及人员配置方面，提案人认为对于危害民国的案件，各级法院应设置专门办理该案件的推事检察官。各法院推检员应按案件多寡进行平均配置。在司法经费收入及会计方面，提案人认为司法经费应由中央负担并实行会计独立。在司法

人员任用及待遇保障方面，提案人提出司法官员薪俸应与行政官员同一待遇。地方检察处首席检察官应得自行呈请或由高等法院首席检察官随时呈请调任。在司法协助及调度司法警察方面，提案人提出检察官指挥证由国民政府发放。废除县长兼理司法制度。在刑事自诉中，提案人提出可提起自诉的案件向检察官提起公诉的，由检察官指导被害人向法院提起自诉，以督促检察官行使检举评告义务。在刑事侦查中，提案人提出应整顿检察制度激励检察官侦查犯罪行为。

期 刊 名 称：现代司法
主 办 单 位：
刊　　　期：1935，1（2）
页　　　码：183 - 212

（四）译述

1. 题　　　名：比利时对于精神反常人及习惯犯之社会防卫法
   作　　　者：洪钧培
   关 键 词：比利时　精神反常　习惯犯　社会防卫　检察官
   摘　　　要：比利时法律规定，对于精神反常人以及习惯犯采取的措施中检察官负有重要职责：（一）对于被告的精神病查验，在裁判未确定前诉讼程序中经检察官或被告或其辩护人请求可以进行。检察官对于侦查庭及轻罪法院交付或拒绝查验命令，可以上诉。中央监狱精神院附设委员会的组成成员包括检察官。检察官及被收禁人得为更换处所及释放之声请。对释放有异议，可由所在区域检察官申请，重新收监。（二）累犯、习惯犯可经管辖区域类高等法院的首席检察官申请撤销，首席检察官应为必要之调查，并将调查结果记载于诉讼卷宗，连同声请一并移送高等法院刑庭。

   期 刊 名 称：现代司法
   主 办 单 位：
   刊　　　期：1935，1（2）

页　　　码：31 - 38

2. 题　　　名：未来之德国刑法
   作　　　者：张企泰
   关 键 词：德国刑法　刑事追诉　追诉时效　酌情裁量
   摘　　　要：德国刑法总则中对于追诉时效的规定：一定时期中，追诉为强制的，过该时期仍有追诉可能的，由检察官酌情裁量。

   期 刊 名 称：现代司法
   主 办 单 位：
   刊　　　期：1935，1（1）
   页　　　码：23 - 39

3. 题　　　名：日本检察制度之检讨
   作　　　者：施明
   关 键 词：日本检察制度　检察组织　检察官任职资格　检察官保障　检察一体　检察官职务　检察权
   摘　　　要：本文从历史沿革、检察处及检察官意义性质、检察处组织纲要、检察官任职准备及资格、检察官地位及保障、检察官职务上之义务及命令服从之关系、检察行政之职务及监督权、检察官之职务权限八个方面对日本检察制度展开论述。具体来说，日本诉讼从纠问主义转为诉讼主义，使得检察和审判两厅并列。检察处和检察官意义独特，检察处组织纲要为附设于各法院，名称也不独立，但检察官执行职务独立于审判官；检察处事务分配代理按照检察制度法规予以明确。检察官的任用准备和资格条件按照宪法规定，有积极条件和消极条件两个方面，确保司法主权。检察官任命分为特命、简任、荐任等方式，检察官任职后不能被随意免职。检察官服从其上官命令。检察官在刑事诉讼、民事诉讼以及司法行政诉讼中拥有相应的职权。

   期 刊 名 称：现代司法
   主 办 单 位：
   刊　　　期：1936，1（11）
   页　　　码：73 - 86

4. 题　　　名：德国那基斯刑事诉讼法之基调

作　　者：施明

关　键　词：德国那基斯　刑事诉讼　检察官　检察权

摘　　要：德国那基斯刑事诉讼法基调为保证国家权威，这与自由主义特征相对立。自由主义特征在于限制检察官的权限。而那基斯刑诉法中，检察官在搜查程序和起诉以前程序中居于指导地位，强化了检察官的权力；在诉讼上的强制权，需充分考虑被告人的利益，使得预审制度、私人诉追制度没有存在的必要。另外，由于检察官的强力，辩护人与被告人和检察官处于不同的特殊立场。但是以上权力存在被滥用的可能，因此德国那基斯刑事诉讼法不适宜我国学习借鉴。

期刊名称：现代司法

主办单位：

刊　　期：1936，2（1）

页　　码：59－69

5. 题　　名：德意志司法官养成规则

作　　者：鲍文

关　键　词：德国　检察官　司法考试　司法官

摘　　要：根据《德意志司法官养成规则》，专业检察官的培养，首先要参加国家第一次司法考试，通过者成为司法官候补者。在法院及检察院实际从事推事检察官职务的候补司法官，修习法律适用而非修习一切职务，修习书记处职务则具有特别意义。

期刊名称：现代司法

主办单位：

刊　　期：1935，1（1）

页　　码：41－70

6. 题　　名：法国修正刑法典草案初稿

作　　者：陈训炯

关　键　词：法兰西刑法　刑事追诉　追诉权

摘　　要：法国刑法对刑事管辖的各种追诉情形进行了规定，明确对于法兰西人民或外籍人民犯轻罪者，非经检察官的请求，不得提起追诉。

期刊名称：现代司法

主办单位：

刊　　期：1935，1（1）

页　　码：71－109

7. 题　　名：法国律师法

作　　者：陈训炯

关　键　词：法国律师法　首席检察官　律师公会　律师　惩戒

摘　　要：法国律师法规定，首席检察官对于律师违法行为有告发之权。对于律师的惩戒，惩戒委员会关于停职或除名的决议转送给首席检察官，由该首席检察官监督执行。首席检察官于必要时请求以前的警告或遣责决议善本。首席检察官可于任何情形提起控诉。律师公会的会则善本应该呈交首席检察官，其认为必要时，得依职权将公会会则提请高等法院修改。

期刊名称：现代司法

主办单位：

刊　　期：1936，1（12）

页　　码：29－40

8. 题　　名：比利时律师法

作　　者：洪钧培、张善微

关　键　词：比利时律师法　检察官　监督

摘　　要：比利时律师法规定，检察官对律师资格的取得具有相应职权，并对律师进行惩戒监督。具体来说，高等法院首席检察官应对欲取得律师资格的法学学士文凭与相关证书进行审阅；律师就职须经检察官报告，在法庭公开宣誓；未惩戒委员会时由检察官发放出庭实习证明。检察官及行使检察官职务人员应该监视律师对君主政体、法律法规的遵守行为。

期刊名称：现代司法

主办单位：

刊　　期：1935，1（11）

页　　码：41－47

9. 题　　名：日本律师法

作　　者：张育海

关　键　词：日本律师法　检事正　监督惩戒

摘　　要：日本律师法规定，日本检事正对律师的相关事项进行监督惩戒。具体来说，律师资格上，有推事检察官资格人员不需经过考试可当律师。律师公会方面，公会受所属地方裁判检事正（首席检察官）监督；公会制定会则须由检事正呈经司法大臣核准；公会某些人员选举结果须由工会向检事正报告。律师惩戒方面，律师违反法律或会则的决议应向检事正报告请求惩戒，检事正依报告或职权请求检事长（高等法院首席检察官）进行惩戒追诉。

期刊名称：现代司法
主办单位：
刊　　期：1936，1（12）
页　　码：49 - 54

10. 题　　名：德国修正行刑法及理由书
　　作　　者：朱清鹏　朱毅如
　　关 键 词：德国行刑法　裁判执行　检察职权

　　摘　　要：德国行刑法草案对应该执行的裁判之中的指挥执行官署规定为：案件第一审所在地法院的检察处，如最高法院检察处、高等法院检察处和地方法院检察处，但对于少年法院和普通官署执行军法会审裁判有特别规定。各联邦最高法院司法官署可以将指挥执行官署的权限委任给检察官之外的检察处官吏或法院书记处。另外，草案在第十一条和第十四条中涉及检察官在引渡犯人的行刑职权和犯人矫正及保安处分中的职权做了规定。

期刊名称：现代司法
主办单位：
刊　　期：1937，2（6）
页　　码：77 - 96

11. 题　　名：德国关于检察制度之法条
　　作　　者：张企泰
　　关 键 词：德国检察制度　检察处　民事诉讼　刑事诉讼　检察职权

　　摘　　要：德国法院组织法第十编检察处规定德国每一法院都设置检察处。对检察处职务行使人员、管辖权范围、各级检察处首席官员、对检察官员的监督和指挥权等进行了详细规定。民诉法中，检察官有权参与婚姻事件裁判，提起无效之诉，并进行上诉；禁治产事件，检察官有提起申请的权利，有权提起撤销之诉以及其他。刑诉法中，检察官在扣押与搜查，暂时逮捕与逮捕状、准备手续、卷宗阅览、上诉、自诉、行政官署之诉中具有相应职权。

期刊名称：现代司法
主办单位：
刊　　期：1936，1（11）
页　　码：33 - 44

12. 题　　名：法国检察制度
　　作　　者：洪钧培
　　关 键 词：法国检察制度　检察组织　检察职权

　　摘　　要：法国检察制度目的为监督法律，法国检察制度分组织和职权两章对检察制度进行规定。组织部分详述各机关检察处人员设置，组织原则，最高法院、高等法院、地方法院和违警法院检察处组织设置，每处设置一名检察官。第二章结合各相关法律详述检察官对民事案件、商事案件、刑事案件、检察处内部所负担的监督以及相关职权。

期刊名称：现代司法
主办单位：
刊　　期：1936，1（11）
页　　码：45 - 64

13. 题　　名：比利时检察制度
　　作　　者：洪钧培
　　关 键 词：比利时检察制度　检察组织　检察职权　监督

　　摘　　要：比利时检察制度法律规定了检察处的地位为直辖于政府而不属于司法部，职权为代理国王监督宪法和法律的实施，实施法律、命令、判决的职权，并提起违反公共秩序的公诉。具体来说，组织上各相关法院设置检察处，设检察官；任免方面，法院检察官由国王任免并对不同年龄人员做不同规定；监督方面，检察处人员受司法部长监督；职务上，刑事、民事和惩罚方面有不同职务；对工作分配和人员义务进行了详细规定。

期刊名称：现代司法
主办单位：
刊　　期：1936，1（11）
页　　码：65 – 72

14. 题　　名：意大利之司法组织（续）
作　　者：赖班亚
关 键 词：意大利司法组织　检察处　刑事管辖　检察权
摘　　要：意大利司法组织中检察处为保证刑事诉讼程序的公正，司法的独立发挥重要作用。刑事管辖中，治安裁判所并无检察处，其管辖范围内检察官职务由裁判官行使；侦查所得不能提起公诉时向地方法院首席检察官报告。检察官可请求启动预审程序，享有法庭上的辩驳权，首席检察官享有附带上诉权。对于法官的保障与惩戒，惩戒委员会和法官审查委员会需要首席检察官参加，根据法律担任职务。

期刊名称：现代司法
主办单位：
刊　　期：1936，1（11）
页　　码：173 – 183

15. 题　　名：法国劳工法院
作　　者：洪钧培
关 键 词：法国劳工法院　法官　检察官
摘　　要：法国劳工法院为特别法院之一。对于劳工法院法官的选举结果，省长收到此报告应于三日内将结果抄送高等法院首席检察官。选举或者补充选举当选的法官应由地方法院检察官邀请参加

就职典礼，治安裁判所则为高等法院总检察官制定一治安裁判官。法官宣誓特定人员变动须向地方检察官呈请，否则按照法律规定的程序进行。另外，法官的回避、法官的惩戒和劳工法院的撤销方面都规定检察官的职权。

期刊名称：现代司法
主办单位：
刊　　期：1937，2（5）
页　　码：63 – 97

16. 题　　名：比利时劳工法院组织法
作　　者：胡养蒙
关 键 词：比利时劳工法院　法官　总检察官　退职
摘　　要：比利时劳工法院组织法规定，法官的退职申请由法院议决，并将议决笔录移送给总检察官。法院议决申请法官退职时，应将通知送达当事法官，该法官接到通知可以向总检察官提起抗告。抗告经过审理后，高等法院总检察官可以向最高法院提起上诉。

期刊名称：现代司法
主办单位：
刊　　期：1937，2（5）
页　　码：99 – 146

17. 题　　名：日本刑务法预备草案
作　　者：施明
关 键 词：日本刑务法　检察官
摘　　要：日本刑务法预备草案规定，推事和检察官可以随时视察刑务所。对于收容者的死亡，属于自杀及其他病死时，应将情由通知检察官检验。对于未决拘禁者，没有法院或检察官的承诺不得移送医院。

期刊名称：现代司法
主办单位：
刊　　期：1937，2（6）
页　　码：43 – 76

18. 题　　名：集权国家之特别法院
作　　者：洪钧培
关 键 词：意大利特别法院　检察处　检

察权

摘　　要：意大利保护国家特别法院检察处的事务由首席检察官一人担任，首席检察官之下设置候补检察官一人或数人，候补检察官得为预审法官的助理人。对在特别法院的预审阶段、辩护阶段和再审阶段，检察官的职权进行了规定。

期刊名称：现代司法

主办单位：

刊　　期：1937，2（8）

页　　码：29－40

19. 题　　名：对于中华民国刑事诉讼法意见

作　　者：小野清一郎著　王建今译

关 键 词：刑事诉讼法　职权主义　检察权　废除预审　扩大自诉范围　上诉　不利变更

摘　　要：中华民国刑事诉讼法采职权主义或官权主义，这与日本刑事诉讼法所遵循的辩论主义的思想存在较大的区别。具体体现在以下几个方面：中华民国刑事诉讼法第三百三十六条规定检察官为被告之利益亦得上诉。本法又规定检察官于侦查上有强制处分及调查证据之权能，此种权能几与法院无异。本法将预审制度予以废除。笔者对于中华民国刑事诉讼法所采取的职权主义以及在这种思想指导下所采取的扩大检察官职权、取消预审制度的做法深表赞同，并且认为日本刑事诉讼法也应该由辩论主义转向职权主义。上述所列举是刑事诉讼法既有的规定，同时，为新法典所修正的条款也应引起注意。例如，应该尽量扩大自诉范围，注意自诉与公诉的关系；检察官不起诉处分之规定与刑法中的酌科和免除相关联；明文规定上诉的被告禁止为不利变更。

期刊名称：现代司法

主办单位：

刊　　期：1937，2（9）

页　　码：23－30

（五）法制消息

1. 题　　名：本部王部长视察冀绥晋陕豫七省司法情形

作　　者：

关 键 词：检察制度　审检分立　检察职权

摘　　要：本部王部长在视察七省司法情况时发现：包头李镇大同司法公署仅一位审判官兼理全部审检事务，不同于一般地方审检分别由推检担任，检察制度仍然具有重要作用。山西太原检察官每月每员结案四十余件，审检各自职权日益明确。铜山县地方法院成立时有首席检察官一人、检察官一人、候检一人，检察官及候检两人办理案件记录。

期刊名称：现代司法

主办单位：

刊　　期：1935，1（1）

页　　码：232－256

（六）重要法令

1. 题　　名：办理刑事诉讼案件应行注意事项

作　　者：

关 键 词：注意事项　刑事诉讼案件　检察权限

摘　　要：司法行政部训令规定，检察官为刑事诉讼法实施刑事诉讼程序的公务员。对于指定管辖以及移转管辖中检察官的职权以及检察权代理的情况进行了规定。对检察一体、言辞告发自首者、告诉之罪、侦查案件注意事项、侦查不予公开、提起公诉等一系列侦查、起诉和上诉等刑事诉讼程序的问题进行了规定，以期保证司法程序与结果的公正。

期刊名称：现代司法

主办单位：

刊　　期：1935，1（1）

页　　码：205－232

2. 题　　名：律师法草案

作　　者：

关 键 词：律师公会　首席检察官　风纪律师惩戒

摘　　要：在律师公会和风纪规则中，首席检察官具有重要作用。律师公会受所在地首席检察官监督，其在律师公会各种会议开会时应莅临监督巡视会议记录，律师公会不得提议属于首席检察官所咨询的事项。律师公会申请所在地法院首席检察官对违反风纪的律师交付惩戒，并立即呈请高等法院首席检察官转送高等法院提交律师惩戒委员会，高等法院首席检察官对于惩戒裁判不服的向司法行政部长提出复审请求。

期刊名称：现代司法

主办单位：

刊　　期：1935，1（2）

页　　码：73－82

3. 题　　名：监狱法草案

作　　者：

关 键 词：监狱法　检察官　视察检验

摘　　要：监狱法草案对于检察官对监狱履行监督职责做了规定。检察官可以视察监狱，停止假释的处分报由该管高等法院首席检察官转报司法行政部。受刑者死亡应由监狱长官会同检察官检验。执行死刑由检察官监视，非参与执行死刑人员经监视检察官许可可以进入刑场，执行死刑笔录应由监狱长官会同检察官签名。

期刊名称：现代司法

主办单位：

刊　　期：1935，1（2）

页　　码：83－108

4. 题　　名：看守所法草案条文

作　　者：

关 键 词：看守所法　刑事被告　监督管理　检察权

摘　　要：看守所法草案规定，检察官对于被告的申诉、入所、接见、外出就医、出所进行监督管理。刑事被告在出庭时对看守所中的遭遇向检察官进行申诉，检察官受申诉后应分别报告或知照法院院长。看守所收容被告应审查法院或检察官审押文件。被告请求外

出治病的，应立刻转给法院或检察官裁定或核定。对于接见申请，检察官可指明不许接见。看守所不具备法院或检察官正式公文不得释放被告。

期刊名称：现代司法

主办单位：

刊　　期：1935，1（2）

页　　码：121－128

5. 题　　名：县长兼理司法事务暂行条例草案

作　　者：

关 键 词：县长兼理司法　司法行政　检察职务　候补推检

摘　　要：县长兼理检察职务但检察职务可以委托审判官行使，县长行使检察职务受高等法院首席检察官监督。符合要求的审判官可由高等法院呈请司法行政部以候补推事检察官。

期刊名称：现代司法

主办单位：

刊　　期：1935，1（2）

页　　码：117－126

6. 题　　名：县司法处组织暂行条例草案及理由书

作　　者：

关 键 词：县长兼理司法　检察职务　司法监督

摘　　要：县司法处行政事务及检察职务均由县长兼理，但亦可委托审判官行使，委托事项出现是由于县长事务繁忙难以完全兼理，可由审判官分担。符合要求的审判官可由高等法院呈请司法行政部以候补推事检察官。县司法处关于检察职务受高等法院或其分院首席检察官监督，相较于县长检察职务的监督，增订高分院长及首席检察官监督，保证司法进步。

期刊名称：法令周刊

主办单位：

刊　　期：1935，285

页　　码：1－3

7. 题　　名：调度司法警察章程

作　　者：

关 键 词：调度司法警察章程　检警关系

调度 协助

摘　　要：调度司法警察章程总则规定，司法
警察或司法警察官关于犯罪侦查及
裁判执行等事项，应该依照刑事诉
讼法的规定听从检察官的调度。检
察官请求协助或指挥命令的形式采
书面或言辞方式，该指挥之事件与
其他机关相冲突时应以前者为准。
该章程分则从侦查解送犯人、奖惩
等方面详细规定了检察官对司法警
察的指挥或命令。

期刊名称：现代司法

主办单位：

刊　　期：1936，298

页　　码：2

8. 题　　名：司法行政部命令（部令法字第一
七号、一八号）

作　　者：

关 键 词：监犯　保外服役　首席检察官
司法行政部

摘　　要：《修正监犯保外服役暂行办法》
规定，保外服役新监狱的决议最
后需呈报高等法院首席检察官核
准；保外服役人员的保外期间终
了时、保外期内脱逃时、保外期
内死亡时、撤销保外服役期时，
应该由该管法院首席检察官将事
由呈报司法行政部。

期刊名称：现代司法

主办单位：

刊　　期：1936，2（5）

页　　码：183 – 191

9. 题　　名：司法行政法令

作　　者：王用宾

关 键 词：司法官考绩　推检互调　任职
资格

摘　　要：司法行政部训字第一七三五号关
于指示考绩规定推检未奉部派以
前的资格考核情形；推检互调或
推检调升院长或首席检察官或首
席检察官改为院长的资格审查
情形。

期刊名称：现代司法

主办单位：

刊　　期：1937，2（10）

页　　码：147 – 154

10. 题　　名：司法行政部二十六年四月份施
政工作概要

作　　者：

关 键 词：司法行政部工作概要　首席检
察官　任用资格　办公费

摘　　要：司法行政部施政工作概要称，
省高等法院首席检察官遵照地
方法院专任长官任用资格，至
于特别办公费，首席检察官以
院长定额百分之六十为标准；
各法院司法官临时叙补办法实
行程序和日期，对于叙补推检
的缺出，如果由该高等法院承
保继任人员时，要按照规定程
序进行。

期刊名称：现代司法

主办单位：

刊　　期：1937，2（9）

页　　码：119 – 126

11. 题　　名：司法行政法令

作　　者：

关 键 词：候补推事检察官　津贴　上诉
送卷　审查

摘　　要：《修正候补推事检察官津贴暂定
规则》规定，候补推事检察官的
每月津贴依照本规则由司法行政
部部长核对发放；《上诉最高法
院案件送卷注意事项表》规定，
公诉案件送最高法院检察署，由
其对案卷进行相关方面的审查。

期刊名称：现代司法

主办单位：

刊　　期：1937，2（8）

页　　码：119 – 120

六十四、政法月刊

期刊简介：

《政法月刊》由山西省立法学院政法月刊社编
辑、发行。创刊时间是1921年，停刊于1934年。属
于政法刊物，以研究政法、经济问题为主，建有论述
教育、财经等方面理论问题。介绍西方文化与民主政
治体制、外国宪法、中华民族在国际法上的贡献，中
国历史上经济、法律制度，苏俄国情概况、国际关系
与各项条约等，也发表研究孔孟学说的文章。

论著

1. 题　　名：检察制度存废之讨论

作　　者：张广贞

关　键　词：检察制度　存废理由　改良　限制公诉　扩大自诉

摘　　要：文章从检察制度的历史起源和正反两方面对检察制度的利弊进行论证，最终提出不能因为检察制度存在一定问题就将其废除，未来可对检察制度进行改良，如限制公诉范围、扩大自诉范围等。

期刊名称：政法月刊

主办单位：

刊　　期：1932，8（10）

页　　码：82－89

2. 题　　名：对于县长兼理司法之我见及贡献

作　　者：张广贞

关　键　词：县长兼理司法　审检职权　改良

摘　　要：县长虽为行政官吏，但兼理司法则有审检之职权，其责任重大。目前县长兼理司法情况不甚乐观，为此，文章从八个方面对县长执行审检职权提出改良意见，以期利于法制。

期刊名称：政法月刊

主办单位：

刊　　期：1932，8（8－9）

页　　码：93－99

六十五、浙江公报

期刊简介：

《浙江公报》由都督府印铸局发行。创刊时间是1912年，停刊于1927年，共出版5239期。属于政务刊物，本报发布关于公布通饬各文件及批牍、批示等，内容有法令、电牍、文牍、章程、表册、批示批牍、告谕、报告、附录，及行政机关和法定团体方面的广告。本刊原名为《浙江军政公报》。

法令

1. 题　　名：调度司法警察章程

作　　者：

关　键　词：检察官　司法警察　调度　指挥

摘　　要：该章程对检察官与司法警察之间的关系地位、工作调度进行了规定。司法警察关于犯罪侦查和裁判执行等事项受到检察官指挥调度，协助检察官执行其司法警官的职务。章程对检察官在侦查、搜查、扣押中指挥执行司法

警察官职务的内容、具体程序方法进行规定，并规定对其奖惩。

期刊名称：浙江公报

主办单位：

刊　　期：1912，131

页　　码：7－9

六十六、最高法院公报

期刊简介：

1928年创刊于南京，中华民国最高法院公报编辑处编辑，最高法院公报发行处发行，季刊。主要刊登法规、裁判、解释、金载等内容。

（一）裁判

1. 题　　名：江苏龙宝琛诬告罪上告一案

作　　者：

关　键　词：检察官　上诉日期　理由书

摘　　要：检察官上诉日期除曾用书面向原法院先行声明上诉外，自应以其上诉理由书所载日期为准。

期刊名称：最高法院公报

主办单位：中华民国最高法院

刊　　期：1928（创刊号）

页　　码：91

（二）法规

1. 题　　名：最高法院办事章程

作　　者：

关　键　词：办事章程　检察事务　首席检察官　检察官

摘　　要：最高法院办事章程对检察事务进行规定。最高法院首席检察官独立管理检察事项，可列席行政事务院务会议；首席检察官、推事检察官的考勤规则、请假规则。第三章专章规定检察官，对首席检察官的职务和检察官的处务进行了详细规定。

期刊名称：最高法院公报

主办单位：中华民国最高法院

刊　　期：1928（创刊号）

页　　码：81－90

2. 题　　名：最高法院检察官办事权限暂行办法

作　　者：

关　键　词：最高法院　首席检察官　检察官　职务　监督

摘　　要：该暂行条例对最高法院首席检察

官和检察官的职务进行详细规定。最高法院配置首席检察官一员和检察官若干独立行事。检察官刑事方面按照刑事诉讼法履行职责，民事及其他方面实行特定事宜。首席检察官对检察官的职务履行行为具有指挥监督权，对检察官的任免调度惩戒具有决定权。另外，暂行条例对检察官奉薪也予以规定。

期刊名称：最高法院公报
主办单位：中华民国最高法院
刊　　期：1928（创刊号）
页　　码：90 – 92

3. 题　　名：各省高等法院检察官办事权限暂行条例
作　　者：
关 键 词：高等法院　首席检察官　检察官　任职　奉薪
摘　　要：该暂行条例对高等法院首席检察官和检察官的职务进行详细规定。高等法院配置首席检察官一员和检察官若干独立行事。检察官依照刑事诉讼法及其他法令所定实行搜查、处分、提起公诉、实行公诉并监察判决之执行；依民事诉讼法及其他法令所定为诉讼当事人或公益代表人实行特定事宜。首席检察官对上受最高法院首席检察官指挥管理，向下对所属检察官的职务履行行为具有指挥监督权，对检察官的任免调度惩戒具有决定权。另外，暂行条例对高等法院检察官奉薪也予以规定。

期刊名称：最高法院公报
主办单位：中华民国最高法院
刊　　期：1928（创刊号）
页　　码：95 – 97

4. 题　　名：地方法院检察官办事权限暂行条例
作　　者：
关 键 词：地方法院　首席检察官　检察官　职务　奉薪
摘　　要：该暂行条例对地方法院首席检察官和检察官的职务进行详细规

定。地方法院配置首席检察官一员和检察官若干独立行事。检察官依照刑事诉讼法及其他法令所定实行搜查、处分、提起公诉、实行公诉并监察判决执行；依照民事诉讼法及其他法令所定为诉讼当事人或公益代表人实行特定事宜。地方法院首席检察官对上受最高法院首席检察官和高等法院首席检察官指挥管理，向下对所属检察官的职务履行行为具有指挥监督权，对检察官的任免调度惩戒具有决定权。另外，暂行条例对高等法院检察官奉薪也予以规定。

期刊名称：最高法院公报
主办单位：中华民国最高法院
刊　　期：1928（创刊号）
页　　码：99 – 101

5. 题　　名：刑事诉讼法
作　　者：
关 键 词：刑事诉讼法　检察官　诉讼地位　程序　执行
摘　　要：刑事诉讼法对检察官在刑事诉讼过程中的职务进行了规定，其代表国家权力，维护司法公正。该法分为八编，总则编对检察官的诉讼地位、案件受理及其回避与回避决定、侦查起诉前职务行为进行规定。审理程序中的公诉和其上诉由检察官提起。执行程序中相关刑罚由检察官指挥执行。

期刊名称：最高法院公报
主办单位：中华民国最高法院
刊　　期：1928，2
页　　码：3 – 78

6. 题　　名：刑事诉讼法施行条例
作　　者：
关 键 词：刑事诉讼法　检察官　预审　抗告　申请再议
摘　　要：该条例对刑事诉讼法施行以前开始侦查或审判之案件其以后之诉讼程序进行规定。刑诉法施行前的预审案件由检察官依刑诉法以侦查程序终结，已终结的由检察官依刑诉法起诉或不起诉；检察

官对前款预审推事所为不起诉裁
判在刑诉法施行后得自送达之日
起五日内提起抗告；刑诉法施行
以前已经申请再议的案件由上级
法院首席检察官依刑诉法处分。

期刊名称：最高法院公报
主办单位：中华民国最高法院
刊　　期：1928，2
页　　码：95－98

7. 题　　名：法官惩戒条例
　作　　者：
　关 键 词：检察官　法官　惩戒　惩戒委员
　　　　　　会　惩戒程序
　摘　　要：检察官为本条例所称法官。条例
　　　　　　对法官的违法情形进行了规定，
　　　　　　并给予四种惩戒处分：免职、降
　　　　　　等、停职、申诫。另外，对法官
　　　　　　惩戒委员会的组成、惩戒程序进
　　　　　　行了详细规定。

期刊名称：最高法院公报
主办单位：中华民国最高法院
刊　　期：1928，2
页　　码：95－98

（三）法律解释

1. 题　　名：解释误向上级检察官声明上诉是
　　　　　　否合法代电
　作　　者：
　关 键 词：上诉　检察官　刑事诉讼法
　摘　　要：当事人不向原审声明上诉，可由
　　　　　　第二审送回同级检察官转送原审
　　　　　　法院核办。参考刑事诉讼条例第
　　　　　　三百七十八条提起上诉应以书状
　　　　　　叙述不服理由，向原审法院为
　　　　　　之、第三百九十一条第一项原审
　　　　　　法院认为上诉违背法律程式或其
　　　　　　上诉权已经丧失者应以裁决驳斥
　　　　　　之、第三百九十二条第一项除前
　　　　　　条情形外原审法院应以该案卷宗
　　　　　　及证据物送交该法院之检察官，
　　　　　　该法院检察官应送交第二审法院
　　　　　　之检察官。

期刊名称：最高法院公报
主办单位：中华民国最高法院
刊　　期：1928（创刊号）
页　　码：225

2. 题　　名：解释非常上告可否由分院办理

代电

作　　者：
关 键 词：非常上告　首席检察官　大理院
摘　　要：非常上告送本院首席检察官办
　　　　　理。修正刑事诉讼律第四百六十
　　　　　条非常上告由总检察厅检察长向
　　　　　大理院为之。

期刊名称：最高法院公报
主办单位：中华民国最高法院
刊　　期：1928（创刊号）
页　　码：227

3. 题　　名：解释告诉人有无上诉权代电
　作　　者：
　关 键 词：原告　检察官　上诉
　摘　　要：原告职务由检察官执行，告诉人
　　　　　　不得独立上诉。修正刑事诉讼律
　　　　　　第三十九条第三项"刑事原告人
　　　　　　依各级审判厅试办章程办理"该
　　　　　　章程废止，因而原告人只能解释
　　　　　　为单指检察官，除非将来新律另
　　　　　　有规定。

期刊名称：最高法院公报
主办单位：中华民国最高法院
刊　　期：1928（创刊号）
页　　码：228

4. 题　　名：解释在采用直接告诉主义时之告
　　　　　　诉人有无上诉权其已上诉者能否
　　　　　　继续审理代电
　作　　者：
　关 键 词：直接告诉　声明上诉　检察官
　　　　　　审判
　摘　　要：在直接告诉时，告诉人声明上诉
　　　　　　者，由检察官审查，依法办理，
　　　　　　其已在上诉审理中者，可继续
　　　　　　审判。

期刊名称：最高法院公报
主办单位：中华民国最高法院
刊　　期：1928（创刊号）
页　　码：229

5. 题　　名：解释县公署刑事案件之原告诉人
　　　　　　能否上诉代电
　作　　者：
　关 键 词：县判　呈诉不服　告诉人　上诉
　　　　　　期间　检察官　上诉人
　摘　　要：告诉人对于县判得呈诉不服。参
　　　　　　考法条为县知事审理诉讼暂行章

程第二十五条告诉人对于县判得依上诉期限向第二审之检察官呈诉不服，请依上诉程序提起上诉，前项情形应以检察官为上诉人。

期刊名称：最高法院公报
主办单位：中华民国最高法院
刊　　期：1928（创刊号）
页　　码：231

6. 题　　名：解释刑事诉讼费应何时执行及传票应否征费函

作　　者：

关 键 词：诉讼费　判决确定　刑事传票征费

摘　　要：诉讼费由检察官于判决确定后执行，刑事传票不能征费。

期刊名称：最高法院公报
主办单位：中华民国最高法院
刊　　期：1928（创刊号）
页　　码：232

7. 题　　名：解释告诉在前应否由法院受理函
作　　者：

关 键 词：直接诉追　检察官　莅庭

摘　　要：依新法制，人民直接诉追案件，应由该法院受理，惟应请检察官莅庭。

期刊名称：最高法院公报
主办单位：中华民国最高法院
刊　　期：1928（创刊号）
页　　码：233

8. 题　　名：解释关于从前上告于北京大理院之公诉案件应如何办理函

作　　者：

关 键 词：上告　大理院　撤回上诉

摘　　要：上告于北京大理院案件如未送达裁判或将卷宗发还当事人，得撤回上诉；北京大理院判决如在该省归属，国民政府领域以前可照判办理；从前检察官上诉案件，现任检察官认为无必要者，得以撤回。

期刊名称：最高法院公报
主办单位：中华民国最高法院
刊　　期：1928（创刊号）
页　　码：236

9. 题　　名：解释上诉审以告诉人上诉不合程

序驳斥应如何办理及呈诉不服案件可否视为检察官上诉电

作　　者：

关 键 词：上诉　不合程序　检察官　上诉人

摘　　要：上诉审以告诉人上诉不合程序驳回案件可由原审配置的检察官调卷核办；呈诉不服案件可以检察官为上诉人。

期刊名称：最高法院公报
主办单位：中华民国最高法院
刊　　期：1928（创刊号）
页　　码：238

10. 题　　名：解释复判盗匪适用法律细则及上诉人各疑点代电

作　　者：

关 键 词：上级检察官　县判　从控告上诉

摘　　要：上级检察官发现县判为不当，得提起上诉；对于下级正式法院判决，除为从控告之外，不得上诉。

期刊名称：最高法院公报
主办单位：中华民国最高法院
刊　　期：1928，2
页　　码：237－238

11. 题　　名：解释依新法制受理之刑案是否继续受理代电

作　　者：

关 键 词：公诉　检察官　法不溯及既往　莅庭

摘　　要：依新法制提起公诉并不限于检察官受理既系在前，依法律不溯及既往原则，自可继续审判，惟辩论终结时由检察官莅庭陈述意见。

期刊名称：最高法院公报
主办单位：中华民国最高法院
刊　　期：1928，2
页　　码：239

12. 题　　名：编制中华民国刑事诉讼法理由书

作　　者：

关 键 词：检察官　刑事原告　国家追诉　告诉

摘　　要：我国法制以检察官代表国家作为

刑事原告，本法采国家追诉主义，被害者均需向检察官告诉。

期刊名称：最高法院公报
主办单位：中华民国最高法院
刊　　期：1928，2
页　　码：299－302

六十七、中华法学杂志

期刊简介：

《中华法学杂志》，*China Law Journal*，1930 年在南京创刊，由南京世界学院中华法学杂志社编，谢冠生曾任主编，北平研究院出版发行。1935 年中华民国法学会成立。因复兴中华法学之热忱与原《中华法学杂志》的刊名相表征，该刊物于 1936 年起成为中华民国法学会主办的学术刊物，由中华民国法学会编委会（后改为出版事业委员会）编辑，期另起，月刊。新编《中华法学杂志》第 1 号于 1936 年 9 月 1 日由正中书局出版发行。主要栏目有论说（阐明本会纲领并评论各项与法学有关之重要问题）、专著（专载法学有关之系统的研究文本）、译述（翻译各国有价值之法学论文或资料）、判例研究、专载、本国重要法学消息或国外法学消息、书报介绍、本会会报等。编辑委员会由 22 人组成，杨幼炯任编辑主任。为保证各期稿源充足，规定了分组集稿办法，特别分公法组、私法组、法律哲学组、法制史组、判例研究组、专载组。各组都有编辑委员专人负责，并在会外聘请专家担任撰述和编审。1937 年抗战爆发，刊物在出满 10 期后被迫停刊。1938 年复刊于重庆，卷期另起。出版内容侧重抗战及抗战以后两个时期的法律问题研究。个别栏目标题更改，原来的"论说"改称"论著"，"专著"改为"专载"。由于稿件寥寥，加之印刷经费、时间等困难，复刊后的杂志出版 6 期后又再度停刊。1944 年 1 月，刊物在重庆二次复刊，此后杂志运作渐入佳境。1946 年至 1948 年转迁上海（或南京），卷期续前，共出版 5 卷 48 期。刊物以中央大学、西南联合大学、武汉大学、东吴大学、中央政治学校教授及立法司法部门任职者为依托重视与发行部门接洽，聘请大东书局正副总编辑梅仲协、林纪东为编辑委员，与大东书局签订出版合同。杂志多次策划出版专号，3 卷 5 期的"宪政问题专号"，4 卷 6 期、7 期"国际法和国际问题专号"，4 卷 10 期"中国法治问题专号"，5 卷 2 期、3 期"宪法特辑"，5 卷 9 期、10 期"制宪专号"，主要是适应抗战后召开国民大会，建立民主国家的呼声，以及战后国际关系日益繁复，涉外问题尤其增多的情势。

中华民国法学会编委会，在不同阶段均由法政各学科的著名专家组成：夏勤（诉讼法学，曾任主任委员）、盛振为（民法学与证据法学，曾任副主任委员）、吴祥麟（即吴绂征，宪法学，曾任主任委员）、江一平（宪法学）、王龄希及燕树棠（法学理论）、卢峻（国际私法）、楼桐孙（法学理论与民法学）、管欧（行政法学）、费青（法学理论与罗马法）、何襄明（法学教授）、陈丕士及陈霆锐（英美法与商法等）、吴经熊（法哲学）、吴学义（诉讼法学）、吴传颐及李浩培（国际法）、史尚宽（民法学）、林纪东（宪法学）、芮沐（民法学）、洪兰友及洪文澜（民事诉讼法学）、张企泰（民法学）、张志让（法学理论与宪法学）、张庆桢（法制史与刑法学）、孙晓楼（法学教育与劳动法）、查良鉴（国际私法）、梅仲协（法学理论与民法学）、杨兆龙（法学理论）、杨幼炯（政治学与宪法学，曾任副主任委员）、戴修瓒（民法学）等。杂志各期所发表的文论，亦主要出自知名法学者（法学家）包括上述编委会成员的手笔。

《中华法学杂志》的宗旨"在阐扬三民主义之法学原理，研究我国固有法系之制度与思想，讨议现行立法之得失，并介绍各国最新之法律思想及制度。"并声明，为达其宗旨，其"论说"栏目文章旨在阐明上述纲领所定之思想，并评论各项与法学有关的问题；其"专著"栏目专登法学系统的研究文字；其"译述"栏目刊载翻译各国有价值的法学论文或资料。1938 年《中华法学杂志》复刊时，居正亦重申此旨："本刊发行之始，吾人即以培养国人法律观念、充实法制本身之质体、并作法学之深邃研究，以冀树立中华民国之新法系，进而谋法治精神之奠定诸点，悬为鹄的。"40 年代末所变更者，在于增加了"在目前并应注意（抗战）建国期中法治精神之发扬与法治基础之确立，以及复员后一切法律问答之探讨"。

（一）法规

1. **题　　名：**战时司法法规纪要

　　作　　者：洪钧培

　　关 键 词：审检职务　上诉　检察机关　检察官　叙补　登记

　　摘　　要：文章是关于战时司法法规的纪要。刑事方面，妨害兵役治罪条例规定了审判机关因犯罪主体而异；诉讼方面，规定不能执行审检职责法院之变更以及检察机关在上诉中的职权；司法行政方面，规定了司法行政合一下的司法人员（包括检察官）职权、叙补及登记办法。

期刊名称：中华法学杂志

主办单位：世界学院　中华法学杂志社　中华民国法学会

刊　　期：1940，3

页　　码：58－68

2. 题　　名：司法机关依财务法规科处罚锾支配办法

作　　者：财政部　司法行政部

关 键 词：罚锾支配　司法经费

摘　　要：法规主要规范了司法机关依据财务法规科处罚锾之后，财务与财政机关如何分配结算的问题。司法机关通过规范的收据，定期和财务部门结算，留下四成作为司法机关业务经费。

期刊名称：中华法学杂志

主办单位：世界学院　中华法学杂志社　中华民国法学会

刊　　期：1944，3（2）

页　　码：104

3. 题　　名：国府颁布保障人民身体自由办法

作　　者：国民政府

关 键 词：依法逮捕　保障人权

摘　　要：为了保障人权，国民政府颁布办法保障人民身体自由。凡拥有检察、审判职权的均有权实施逮捕、拘禁、处罚或审问，但必须依据相应的普通或特别法令。检察官应依法逮捕，并且严令禁止公器私用，违法逮捕，以重人权而维法治。

期刊名称：中华法学杂志

主办单位：世界学院　中华法学杂志社　中华民国法学会

刊　　期：1944，3（7）

页　　码：72

4. 题　　名：刑事赔偿法草案

作　　者：司法院法规研究委员会

关 键 词：检察机关　刑事赔偿　检察意见　再审

摘　　要：被告人被判无罪应予以刑事赔偿。进行刑事赔偿应听取检察机关的意见；在作出赔偿决定后，案件再审的，应暂缓赔偿程序；

若再审判决有罪，则已为之赔偿须退还。

期刊名称：中华法学杂志

主办单位：世界学院　中华法学杂志社　中华民国法学会

刊　　期：1948，7（50）

页　　码：1－2

5. 题　　名：监所协进委员会组织规程

作　　者：

关 键 词：监所协进委员会　监所检察

摘　　要：成立监所协进委员会的目的在于改良监所人犯的待遇、提高监所管理的水平。地方各级法院首席检察官或检察官是委员会的成员，每月定期或一定时间到监所视察，就发现的问题提出书面或口头报告并记入议事录，也可以对监所的建设和管理提出相应的提案。

期刊名称：中华法学杂志

主办单位：世界学院　中华法学杂志社　中华民国法学会

刊　　期：1944，3（7）

页　　码：78－79

（二）论著

1. 题　　名：现代德国司法制度

作　　者：萧文哲

关 键 词：司法制度　检察制度　德国公诉　检察官　检察权独立

摘　　要：德国检察制度包括公诉权原则上由检察官专属，私诉以胁迫、侮辱、身体伤害等罪为限；检察处配置于各级法院，但与法院保持独立，仅受本邦司法部之指挥、监督等内容。

期刊名称：中华法学杂志

主办单位：

刊　　期：1936，1（1）

页　　码：84－122

2. 题　　名：日本检察制度的回顾

作　　者：林寄华

关 键 词：日本检察制度　检察权独立　检察事务　公诉权

摘　　要：本文首先分别从国家事务与国权观点上对检察事务进行定义，并且依据日本法律的规定指出检察制度独立存在的理由；其次，以时间为线索，以检察权与司法权及司法警察行政权之间关系在公诉权和搜查权方面的历史变化为逻辑，重点阐述了日本检察制度的沿革，并指出建立在独立基础上的检察权才能严正、公平，并表达了对现有检察制度的认可。

期刊名称：中华法学杂志

主办单位：

刊　　期：1938，1（12）

页　　码：80－84

3. 题　　名：论军纪吏治督察团之设置研究报告

作　　者：司法院法规研究委员会

关 键 词：检察机关　法律监督　侦查　法治化

摘　　要：军纪吏治督察团并无检察机关的参与，但二者承担的监督权和实施监督的权能相通。在督察团中引入检察机关，既有利于更好地实施搜查逮捕等侦查行为，也有利于将督察团纳入法治轨道。

期刊名称：中华法学杂志

主办单位：世界学院　中华法学杂志社　中华民国法学会

刊　　期：1948，7（5）

页　　码：35－36

4. 题　　名：司法院法规委员会关于检察制度报告书

作　　者：民国三十五年二月十八日一次委员会决议

关 键 词：检察制度　机构组织　行为不良　职权加强

摘　　要：原改革意见认为现检察制度存在诸多不良，委员会从组织机构、职务权限、与有关机关切实联系三个方面审查报告提出观点。原商榷意见认为检察系统地位不独立、拟改革现行检察制度之意见，本委员会就以上各点分别审查提出报告，从组织机构、检察院与警察的关系、检察院内部体系以及检察官业务素质等方面给予回应。

期刊名称：中华法学杂志

主办单位：世界学院　中华法学杂志社　中华民国法学会

刊　　期：1947，6（3）

页　　码：41－43

5. 题　　名：宪法施行后之司法制度

作　　者：刘康德

关 键 词：审检分立　检察一体　检察权独立　国家诉追主义

摘　　要：在自诉盛行的情况下，检察机关为更好地行使职权，贯彻国家诉追主义，应着力改革。检察机关应从法院中独立出来，实现检察权与审判权的互相独立，并有权自主任命人员，实现检察一体，相应的讯问工作均交由法院进行，实现迅速有效的追诉，减少羁押，维护被告人权益和社会秩序，节省经费。

期刊名称：中华法学杂志

主办单位：世界学院　中华法学杂志社　中华民国法学会

刊　　期：1948，7（2－3）

页　　码：21－27

6. 题　　名：废除自诉制度论

作　　者：郑烈

关 键 词：自诉　弹劾主义　国家诉追

摘　　要：衍生于弹劾主义的自诉制度在我国不断发展壮大。尽管自诉制度是追诉犯罪的一种重要方式，但自诉范围不断扩大，使得国家诉追的范围不断萎缩；而自诉制度也存在着自诉权滥用延滞诉讼进行、妨碍客观真实的发现等缺陷，应予废除。

期刊名称：中华法学杂志

主办单位：世界学院　中华法学杂志社　中华民国法学会

刊　　期：1948，7（4）

页　　码：1－3

7. 题　　名：特种刑事案件覆判程序之改进

作　　者：柯凌汉

关 键 词：上诉　撤回上诉　限制上诉

摘　　要：地方管辖之普通刑事案件未经上诉，或撤回上诉或上诉不合法，应由该管高等法院或分院覆判。特种刑事案件，对于处刑较重案件一律不得上诉，依申请进行复审；对于死刑或无期徒刑，无申请则依职权移送覆审，原为补充上诉所不及之复审，现为以期限制上诉制度。

期刊名称：中华法学杂志

主办单位：世界学院　中华法学杂志社　中华民国法学会

刊　　期：1948，7（7）

页　　码：15－18

8. 题　　名：当前犯罪问题之透视

作　　者：林振镛

关 键 词：司法人才　司法处　检察官　检察长

摘　　要：犯罪问题频发的一个主要原因是司法人才缺乏。许多县仍保留司法处，由县长担任检察长，在组织上跟不上法治道路。解决之道是国家多培养司法人才。

期刊名称：中华法学杂志

主办单位：世界学院　中华法学杂志社　中华民国法学会

刊　　期：1948，7（7）

页　　码：31－33

9. 题　　名：乡镇调解与地方自治

作　　者：刘霈凌

关 键 词：乡镇调解　民刑调解事项

摘　　要：文章主要从乡镇调解的组织、职权和程序出发，规定了刑事调解的范围和限制，规定刑事案件如已经向检察处告诉，告诉人也应当向检察处撤回其告诉。

期刊名称：中华法学杂志

主办单位：世界学院　中华法学杂志社　中华民国法学会

刊　　期：1947，6（1）

页　　码：14－17

10. 题　　名：五院制度下司法行政之掌理机关

作　　者：最高法院全体推事

关 键 词：五院制度　司法院　行政院

摘　　要：关于审判部分的司法行政在宪法上的解释，应全部由司法院掌理，不可能将其下级法院的管理权归于行政院。具体说来，从五院制度实施以来，行政司

法两院分管司法行政有所失策，不符合立法原意和精神。宪法颁布以后，虽然没有司法行政由司法院掌管的明文规定，但是在解释上，有若干理由可以证明司法行政当然由司法院掌理。

期刊名称：中华法学杂志

主办单位：世界学院　中华法学杂志社中华民国法学会

刊　　期：1947，6（2）

页　　码：1－9

11. 题　　名：关于司法行政掌理机关及大法官任用资格之意见

作　　者：最高法院全体推事

关 键 词：司法行政隶属　五权制度　司法独立　宪法解释

摘　　要：文章从民国立法的沿革讲述司法院的地位以及其与司法行政的关系。政治协商会议提出司法院不掌管司法行政之后，司法行政隶属于行政院，严重损害了司法的独立性。根据对宪法的解释，司法行政应该归于司法院的职权范围。

期刊名称：中华法学杂志

主办单位：世界学院　中华法学杂志社中华民国法学会

刊　　期：1947，6（2）

页　　码：79－80

12. 题　　名：宪法中的司法权问题

作　　者：王惺伯

关 键 词：检察机关　司法院　行政院　权力隶属

摘　　要：各级法院及其不可分割的检察、监狱、看守所等机构都应该隶属于国家最高司法机关之下，而非最高行政机关之下。即司法行政绝对地隶属于司法院而非行政院，否则将降低司法效率、浪费司法资源，应该从程序上杜绝这种现象的发生。

期刊名称：中华法学杂志

主办单位：世界学院　中华法学杂志社中华民国法学会

刊　　期：1947，6（3）

页　　码：38－39

13. 题　　名：县司法处兼理检察职务县长之职责

作　　者：袁柳

关 键 词：检察官　检察权兼理制　出庭　上诉　检察文书

摘　　要：政府设立司法处兼理司法，县长代行检察官之职责，但兼理检察职务的县长在出庭、勘验、上诉和检察文书等诸多方面相较于独立设置于法院的检察官职责要轻。县长不得出庭支持一审；可将勘验交由法官为之；二审法院的检察官可就县司法处刑事案件提起上诉；县长得以简单移送书代替正式之起诉书提起公诉。县长在行使检察职责时享有诸多特权是因为尚未设立独立法院，这种做法不利于司法独立和公正，宜早日废除，限期设立法院。

期刊名称：中华法学杂志

主办单位：世界学院　中华法学杂志社　中华民国法学会

刊　　期：1948，7（10）

页　　码：13－15

14. 题　　名：论加强检察制度

作　　者：翁敬棠

关 键 词：国家诉追主义　审检关系　检察权独立

摘　　要：衍生于国家诉追主义的检察权不断弱化，鉴于其作用有必要加强现行检察制度。弹劾主义下发展起来的国家诉追主义，自清末设立检察制度以来一直为我国秉持，但伴随着审检关系的变化和权力配置的差异，检察权日益势微，自诉不断扩大。然检察官拥有更好的追诉犯罪的能力，应从检察权的独立和审检职权分立角度加强检察权。

期刊名称：中华法学杂志

主办单位：世界学院　中华法学杂志社　中华民国法学会

刊　　期：1948，7（2－3）

页　　码：1－3

15. 题　　名：汉奸财产之没收

作　　者：戴炳亚

关 键 词：没收财产　执行　异议之诉

摘　　要：检察机关依特定法律法规查封汉奸财产，有不服者仅得声请撤销，但法院作出裁判后对没收财产主张权利得提出异议之诉，法院决定不没收的，检察机关应就查封予以发还，但是对不并做宣告没收财产的，可依非常程序提出上诉以补救之。财产没收由财产所在地检察院进行，没收财产应对汉奸家属予以适当的照顾，再审期间没收暂缓执行。

期刊名称：中华法学杂志

主办单位：世界学院　中华法学杂志社　中华民国法学会

刊　　期：1948，7（2－3）

页　　码：41－46

16. 题　　名：司法院院字第六十三号解释之商榷

作　　者：明秋

关 键 词：检察一体　管辖权转移

摘　　要：司法院第六十三号解释认为：处在侦查期间的案件与已经起诉的案件一样，也可以改变管辖权，由受移转或指定管辖法院的检察官实施侦查。但对于检察机关来说，由于检察一体化的模式，对于侦查管辖并无严格要求。侦查阶段即改变管辖的案件仍必须向原有管辖权法院提起诉讼。因此，笔者认为，如果允许起诉之前进行指定管辖或管辖权转移，在实践中只能徒增麻烦，有悖于国家设定审判管辖之便宜性考量。建议出台新的司法解释解决此问题。

期刊名称：中华法学杂志

主办单位：世界学院　中华法学杂志社　中华民国法学会

刊　　期：1944，3（9）

页　　码：77－78

17. 题　　名：战时犯罪的原因及其对策之

研究

　　作　　者：张知本

　　关 键 词：司法　检察机关　犯罪　法律
　　　　　　　运用　法律制裁

　　摘　　要：保持司法独立可有效解决战时
　　　　　　　犯罪，因此检察制度也应保持
　　　　　　　其独立性，以适合战时环境为
　　　　　　　原则，区分其与政策的界限。

　　期刊名称：中华法学杂志

　　主办单位：世界学院　中华法学杂志社
　　　　　　　中华民国法学会

　　刊　　期：1940，3

　　页　　码：1 - 8

18. 题　　名：对于战时法规之认识

　　作　　者：陈顾远

　　关 键 词：公设辩护人条例　司法机关

　　摘　　要：文章从不同方面认识了战时法
　　　　　　　规，就战时法规的范围问题，
　　　　　　　列举了《公设辩护人条例》作
　　　　　　　为例子，就战时法规的本质问
　　　　　　　题，提到了司法机关对于战时
　　　　　　　法规的执行问题。

　　期刊名称：中华法学杂志

　　主办单位：世界学院　中华法学杂志社
　　　　　　　中华民国法学会

　　刊　　期：1940，3

　　页　　码：20 - 24

19. 题　　　名：刑法类推解释在战时适用之
　　　　　　　研究

　　作　　者：洪钧培

　　关 键 词：司法　审判　监察机关

　　摘　　要：罪刑擅断主义之弊端之一是导
　　　　　　　致司法审判无所适从，而解决
　　　　　　　方法之一是完善监察机关的设
　　　　　　　置，防止法官徇私舞弊。

　　期刊名称：中华法学杂志

　　主办单位：世界学院　中华法学杂志社
　　　　　　　中华民国法学会

　　刊　　期：1940，3

　　页　　码：30 - 36

20. 题　　名：对于几种战时刑罚法令之商榷

　　作　　者：何任清

　　关 键 词：执法者　法律统一　法律运用

　　摘　　要：对于惩治汉奸条例内罪名的统
　　　　　　　一，既可使执法者易于运用法
　　　　　　　律，又可使法律系统归于统一，

对于惩治贪污暂行条例内贪污
数目之划一标准同样可以达到
此种效果。

　　期刊名称：中华法学杂志

　　主办单位：世界学院　中华法学杂志社
　　　　　　　中华民国法学会

　　刊　　期：1940，3

　　页　　码：42 - 43

21. 题　　名：战时建国与司法

　　作　　者：谢冠生

　　关 键 词：战时司法　司法设施　司法建
　　　　　　　设　检察官

　　摘　　要：战时司法贡献于军事包括司法
　　　　　　　与政治、司法与经济、司法与
　　　　　　　教育。司法与政治包括设立巡
　　　　　　　回法院、派遣检察官分赴战区、
　　　　　　　整顿、扩充法院、统一司法经
　　　　　　　费、设立公设辩护人制度、救
　　　　　　　济失业司法人员、整饬司法人
　　　　　　　员纲纪。司法与教育包括法官
　　　　　　　与检察官的训练。

　　期刊名称：中华法学杂志

　　主办单位：世界学院　中华法学杂志社
　　　　　　　中华民国法学会

　　刊　　期：1940，3

　　页　　码：69 - 72

22. 题　　名：审判笔录之研究

　　作　　者：夏勤

　　关 键 词：审判笔录　检察官　起诉
　　　　　　　上诉

　　摘　　要：审判笔录有广义和狭义两种理
　　　　　　　解。狭义审判笔录与检察制度
　　　　　　　相关内容有检察官的官职、姓
　　　　　　　名、更易情况；检察官之起诉
　　　　　　　要旨；检察官之辩论要旨；上
　　　　　　　诉理由；检察官经法官许可记
　　　　　　　载之事项；其他检察官依职权
　　　　　　　的诉讼行为，起诉罪名，上诉
　　　　　　　要旨陈述，撤回或舍弃上诉。
　　　　　　　广义审判笔录则有准备审判中
　　　　　　　检察官的行为。

　　期刊名称：中华法学杂志

　　主办单位：世界学院　中华法学杂志社
　　　　　　　中华民国法学会

　　刊　　期：1940，3

　　页　　码：73 - 81

23. 题　　名：改进中国司法制度的具体方案

作　　者：吴祥麟

关 键 词：检察机关　检察权独立　检察职权　告劾式　纠问式　追诉犯罪

摘　　要：国民政府初期削减检察机关职权、废止检察机关独立设置的司法改进方案，不符合纠问式追诉要求，不利于发挥检察机关追诉犯罪的职能。在追诉犯罪的模式选择上，根据决斗的陈旧观念的告劾式远不如纠问式为优，削减检察官职权即是舍先进的纠问式而取落后的告劾式，不能改变中国司法制度的失败局面。取消检察机关的独立设置忽略了检察官与推事职务的不同，不利于其追诉犯罪活动的进行。

期刊名称：中华法学杂志

主办单位：世界学院　中华法学杂志社　中华民国法学会

刊　　期：1937，1（5 - 6）

页　　码：59 - 64

24. 题　　名：司法院院字第六十三号解释之商榷

作　　者：明秋

关 键 词：检察一体　立案管辖　指定管辖　起诉

摘　　要：司法院认为指定管辖和管辖权转移不限于起诉之后，但从法律和事实两方面来看，这种情况仅限于已起诉案件。法院审判案件须有管辖权，但由于检察一体化的模式，对于侦查管辖并无严格要求。侦查阶段即改变管辖的案件仍必须向原有管辖权的法院提起诉讼，如果允许起诉之前进行指定管辖或管辖权转移，在实践中只能徒增麻烦，有悖于国家设定审判管辖之考量。

期刊名称：中华法学杂志

主办单位：世界学院　中华法学杂志社　中华民国法学会

刊　　期：1944，3（9）

页　　码：77 - 78

25. 题　　名：最高法院刑事收案激增之探讨及其补救方案

作　　者：焦易堂

关 键 词：检察官　公诉　上诉权　担当自诉

摘　　要：本文针对最高法院第三审上诉案件数量激增的现象，从现行刑法以及新刑事诉讼法两个主要方面分析原因，并提出限制上诉、明确第三审理职权等解决措施。文章提出在公诉案件中，检察官只有在存在充足法律根据时方提起上诉，而新刑事诉讼法的规定使得自诉案件范围扩大，且第三审为法律审，故自诉案件的第三审上诉应由检察官担当为宜。

期刊名称：中华法学杂志

主办单位：中华民国法学会

刊　　期：1936，1（1）

页　　码：25 - 29

26. 题　　名：检察制度与五权宪法

作　　者：张知本

关 键 词：检察制度存废　五权宪法　检察官诉讼　自诉制度　检察官地位　检察权独立

摘　　要：主张废除检察制度的观点所持理由包括检察制度有碍司法行政统一、尚无必要单设检察权、为仿效外国强设检察制度违背民族心理等，但检察制度属五权宪法中最好的制度，符合权力分立要求、顺应社会分工细化潮流，有保证审判公正、防止犯人漏网、减少人民累讼等优点，因此应当保留检察制度。为更好地发挥检察制度的功能，应当在检察官恪职的基础上，提高检察官的地位。

期刊名称：中华法学杂志

主办单位：世界学院　中华法学杂志社　中华民国法学会

刊　　期：1936，1（3）

页　　码：1 - 5

27. 题　　名：司法院法规研究委员会研究

报告

作　　者：企泰

关　键　词：诉讼卷宗　传讯　被告　自诉人　检察官

摘　　要：本文是司法院法规研究委员会所做的研究报告，以下问题涉及检察制度：1. 第三审法院审查事实问题对待诉讼卷宗的态度；2. 慎重传讯被告，区分民刑诉讼之当事人；3. 强奸及强制猥亵致人重伤或死亡案件中检察官之职能。

期刊名称：中华法学杂志

主办单位：世界学院　中华法学杂志社　中华民国法学会

刊　　期：1947，6（4）

页　　码：52－54

28. 题　　名：中国司法制度的几个问题

作　　者：张知本

关　键　词：司法官资格　检察官　法院组织法

摘　　要：司法官包括推事和检察官，依法院组织法，任用推事和检察官，需以学识经验为标准，但对于执行律师和立法委员转任为司法官的规定尚欠斟酌。

期刊名称：中华法学杂志

主办单位：世界学院　中华法学杂志社　中华民国法学会

刊　　期：1937，1（5－6）

页　　码：1－6

29. 题　　名：中国司法制度之纵的观察

作　　者：杨右烱

关　键　词：检察制度　检察厅　检察职能　侦查处分　提起公诉

摘　　要：清末、民国初期和国民政府时期检察制度的变化是中国司法制度之纵的观察的一部分，反映了司法制度演进之趋势，更易于考察我国司法制度之利弊。宣统元年始引入检察制度，民国成立之初仍沿用清制，于各级审判衙门内设同级检察厅，承担刑事案件侦查处分、提起公诉等职能；国民政府建都南京后，裁撤各级检察厅，改定

检察长名称，扩充检察官职权，法院内成立检察署，借以表现其独立执行职务之精神。

期刊名称：中华法学杂志

主办单位：世界学院　中华法学杂志社　中华民国法学会

刊　　期：1937，1（5－6）

页　　码：1－28

（三）译述

1. 题　　名：哈萨克苏维埃社会主义共和国宪法

作　　者：张西曼

关　键　词：检察机关　检察官选任　检察官独立

摘　　要：作为苏联的成员国，哈萨克苏维埃社会主义共和国的宪法主要承袭苏联宪法对检察制度的规定，确认了检察机关的宪政地位，明确了检察官的选任任期，以保障检察官的独立性，指出最高检察权属于苏维埃最高检察官，在成员国内由哈萨克共和国检察长代行之。

期刊名称：中华法学杂志

主办单位：世界学院　中华法学杂志社　中华民国法学会

刊　　期：1944，3（9）

页　　码：63－76

2. 题　　名：北美共和国宪法

作　　者：邓克愚（译述）

关　键　词：自由　权利　法不溯及既往

摘　　要：美国宪法规定第三个自由为"不可通过事后追溯的法律"，确保在现行的法律之下，公民享有自由权利，限制司法机关和立法机关的权力。

期刊名称：中华法学杂志

主办单位：世界学院　中华法学杂志社　中华民国法学会

刊　　期：1947，6（1）

页　　码：50－60

3. 题　　名：苏联宪法（续）

作　　者：张西曼

关　键　词：苏联　宪政地位　任命检察官　检察权独立

摘　　要：苏联宪法确定了检察官的地位、

职权、任命程序和检察官的独立
性，明确最高检察权属于苏联检
察官，通过由苏维埃任命最高检
察官，再由最高检察官层层任命
相应级别检察官的方式实现检察
官的有效领导。苏联宪法还规定
了检察官的任期，并指出各级检
察官除受最高检察官领导外不受
地方机关之干涉，从而实现检察
权的独立和高度集权化。

期刊名称：中华法学杂志
主办单位：世界学院　中华法学杂志社
　　　　　中华民国法学会
刊　　期：1944，3（2）
页　　码：53－63

4. 题　　名：月即别苏维埃社会主义共和国
　　　　　宪法
作　　者：张西曼
关 键 词：检察机关　宪政地位　法律监
　　　　　督　检察官选任　检察官独立
摘　　要：月即别苏维埃社会主义共和国宪
　　　　　法确认了检察机关的宪政地位，
　　　　　明确了检察官的选任期。作为
　　　　　苏联的成员国，其宪法主要承袭
　　　　　苏联宪法对检察制度的规定，确
　　　　　认了检察官的选任方式以保障检
　　　　　察官的独立性，并指出最高检察
　　　　　权属于苏维埃最高检察官，在成
　　　　　员国内由月即别共和国检察长代
　　　　　行之。

期刊名称：中华法学杂志
主办单位：世界学院　中华法学杂志社
　　　　　中华民国法学会
刊　　期：1944，3（7）
页　　码：46－63

（四）专载

1. 题　　名：湖北汉口地方法院院长刘泽民条
　　　　　陈改良司法意见报告书
作　　者：司法院法规委员会
关 键 词：司法改良
摘　　要：司法院法规委员会对刘泽民的条
　　　　　陈作出以下回应。意见认为，应
　　　　　实行五权分治、以事定权，建议
　　　　　"司法行政院"应去"行政"二
　　　　　字的观点可以采用；而增强检察
　　　　　官个人权力，实现长官责任连

带，扩大自诉及移送范围减少检
察官内部事务加强其检举职权，
选举优秀检察官这几项建议则不
甚合理，因为加强检举事务乃在
于改革现有工作体制，扩大自诉
等徒增法院之压力。

期刊名称：中华法学杂志
主办单位：世界学院　中华法学杂志社
　　　　　中华民国法学会
刊　　期：1948，7（1）
页　　码：23－29

（五）法律解释

1. 题　　名：司法机关办理减刑案件注意事项
作　　者：
关 键 词：检察权兼理制　减刑　检察官
摘　　要：对于符合条件应予减刑的案件均
　　　　　应由检察官或兼理检察职务的县
　　　　　长负责查明启动减刑程序，并声
　　　　　请法院或审判官裁定。对于将被
　　　　　减刑之人犯，应采取相应减少羁
　　　　　押的措施。

期刊名称：中华法学杂志
主办单位：世界学院　中华法学杂志社
　　　　　中华民国法学会
刊　　期：1944，3（7）
页　　码：77－78

（六）国内要闻

1. 题　　名：国府颁布保障人民身体自由办法
作　　者：国民政府
关 键 词：逮捕权　人权　法治
摘　　要：人民身体自由应受法律保障。为
　　　　　了保障人权，国民政府颁布办法
　　　　　规范逮捕。逮捕必须有相应的普
　　　　　通或特别法令依据，依法逮捕，
　　　　　并且严令禁止公器私用，违法逮
　　　　　捕，实现逮捕的法治化。

期刊名称：中华法学杂志
主办单位：世界学院　中华法学杂志社
　　　　　中华民国法学会
刊　　期：1944，3（7）
页　　码：72

2. 题　　名：行政院军委会会衔公布有权逮捕
　　　　　人民之机关并指示应注意事项
作　　者：行政院军委会
关 键 词：最高法院检察署　逮捕权备案
　　　　　审检合一

摘　　　要：为了保障人民身体自由，仅有法定机关依照普通或特别法令方有权逮捕人民，最高法院检察署依法可逮捕人犯，并在逮捕后将人犯相关信息详细造册报行政院和军委会备案。

期刊名称：中华法学杂志

主办单位：世界学院　中华法学杂志社　中华民国法学会

刊　　　期：1944，3（8）

页　　　码：73 – 74

六十八、浙江经济月刊

期刊简介：

1946 年创刊于浙江杭州，停刊于 1948 年，前身为 1934 年（中华民国二十三年）发行的《浙光》杂志，由浙江地方银行经济研究室编印。内容主要有论述、经济动态、经济资料、经济法规特辑、调查统计等部分。

命令公牍

1. 题　　　名：本省府令

作　　　者：

关 键 词：预备推检　司法独立

摘　　　要：江苏省法院组织每厅在厅长推检之外设置预备推检，以期与推检通力合作，然而预备推检在履行职务过程中存在诸多问题，因此其要勤勉尽责，保证司法独立、维护司法利益。

期刊名称：浙江经济月刊

主办单位：

刊　　　期：1912，1（2）

页　　　码：45

六十九、浙江司法旬刊

期刊简介：

《浙江司法旬刊》由浙江高等法院编辑、发行。创刊时间于 1949 年 1 月，停刊于 1949 年 3 月，共出版 9 期。主要内容包括法规、命令、专载。

（一）公牍

1. 题　　　名：浙江高等法院检察处公函（函字第五六七号，十二月三十一日）：为函还李阿毛等窃盗一案通缉书请补书签名由

作　　　者：李祖庆

关 键 词：检察处　通缉书　签名盖章

摘　　　要：浙江高等法院检察处函致奉化地方法院，奉化院附送的通缉书尚未签名盖章，于法不合，现将原件函还请予补正。

期刊名称：浙江司法旬刊

主办单位：

刊　　　期：1949（2）

页　　　码：17

（二）命令

1. 题　　　名：浙江高等法院检察处训令（训字第三〇九号，中华民国三十八年二月二十三日）：令天台地方法院首席检察官周贻枋：为该院检察官章景和行动失检应予警告仰转饬知照由

作　　　者：李祖庆

关 键 词：检察处　贪污渎职　行动失检　警告处分

摘　　　要：浙江高等法院检察处训令，查天台地方法院检察官章景和被控贪污渎职，后查虽不属实，但平日与地方人士应酬确有实情，行动失检因此给予警告处分。

期刊名称：浙江司法旬刊

主办单位：

刊　　　期：1949（6）

页　　　码：3

2. 题　　　名：浙江高等法院检察处任免令（三十八年二月二十三日）：调派俞琦代理永康地方法院检察处书记官此令

作　　　者：

关 键 词：检察处　任免令

摘　　　要：浙江高等法院检察处任免令。

期刊名称：浙江司法旬刊

主办单位：

刊　　　期：1949（6）

页　　　码：1

3. 题　　　名：浙江高等法院检察处任免令（三十八年一月二十五日）：派余释迷代理黄岩地方法院检察处

作　　　者：

关 键 词：检察处　任免令

摘　　　要：浙江高等法院检察处任免令。

期刊名称：浙江司法旬刊

主办单位：

刊　　　期：1949（3）

页　　　码：3

4. 题　　　名：浙江高等法院检察处任免令（三十八年二月五日至二月八日）：调派俞乃恒代理本院检察官此令

作　　　者：

关 键 词：检察处　任免令

摘　　　要：浙江高等法院检察处任免令。

期刊名称：浙江司法旬刊

主办单位：

刊　　　期：1949（4）

页　　　码：5

5. 题　　　名：浙江高等法院检察处训令（训字第三〇八号，中华民国三十八年二月二十三日）：令嘉善地方法院首席检察官楼仁忠：为该首席被控案经查情形令仰遵办具报由

作　　　者：李祖庆

关 键 词：检察处　首席检察官　任用私人　警告处分

摘　　　要：浙江高等法院检察处训令嘉善地方法院，该首席检察官因被指控任用私人借机勒索被处以警告处分。

期刊名称：浙江司法旬刊

主办单位：

刊　　　期：1949（6）

页　　　码：3

6. 题　　　名：浙江高等法院检察处训令（训字第三五五号，民国三十八年三月一日）：令各级法院首席检察官、各县司法处：为令仰饬属协缉在逃犯杨坤相等由（附表）

作　　　者：李祖庆

关 键 词：检察处　协助通缉

摘　　　要：浙江高等法院检察处训令各级法院协助通缉在逃犯杨坤相等。

期刊名称：浙江司法旬刊

主办单位：

刊　　　期：1949（6）

页　　　码：3－5

7. 题　　　名：浙江高等法院检察处训令（训字第三三六号，民国三十八年二月二十五日）：令所属各级法院首席检察官：为通令所属下乡办案不得接受人民招待免招非议由

作　　　者：李祖庆

关 键 词：检察处　首席检察官　下乡办案　人民招待

摘　　　要：浙江高等法院检察处训令各级法院首席检察官下乡办案不得接受人民招待，以免招致非议。

期刊名称：浙江司法旬刊

主办单位：

刊　　　期：1949（6）

页　　　码：3

8. 题　　　名：浙江高等法院检察处训令（训字第九八号，中华民国三十八年一月十三日）：令黄岩地方法院首席检察官孟问道：为奉部令该员等警告暨记过处分仰知照由

作　　　者：李祖庆

关 键 词：检察处　首席检察官　处分书　错误　警告处分

摘　　　要：浙江高等法院检察处训令黄岩地方法院首席检察官，呈件收悉，办案检察官疏忽大意，误写处分书，应予以警告处分。又该首席检察官未能及时核查，望嗣后注意。

期刊名称：浙江司法旬刊

主办单位：

刊　　　期：1949（2）

页　　　码：14

9. 题　　　名：浙江高等法院检察处任免令（三十八年三月十二日至三月十八日）：派庞希武代理嘉善地方法院检察官此令

作　　　者：

关 键 词：检察处　任免令

摘　　　要：浙江高等法院检察处任免令。

期刊名称：浙江司法旬刊

主办单位：

刊　　　期：1949（8）

页　　　码：3

10. 题　　　名：浙江高等法院检察处任免令（三十八年一月八日至一月十八日）：派王天相代理永康地方法院检察官此令

作　　　者：

关 键 词：检察处　任免令

摘　　　要：浙江高等法院检察处任免令。

期刊名称：浙江司法旬刊

主办单位：

刊　　期：1949（2）

页　　码：3

11. 题　　名：浙江高等法院检察处训令（训字第三五六号，民国三十八年三月一日）：令各级法院首席检察官、各县司法处：为令发撤销周兆虎等通缉由（附表）

作　　者：

关 键 词：检察处　撤销通缉

摘　　要：浙江高等法院检察处令撤销周兆虎等通缉人犯一览表。

期刊名称：浙江司法旬刊

主办单位：

刊　　期：1949（6）

页　　码：3

12. 题　　名：浙江高等法院检察处指令（指字第八八八号，三十八年三月三十日）：令海宁、余姚、龙泉等地方法院首席检察官：呈一件呈送雇员以下人员动态表祈核备由

作　　者：李祖庆

关 键 词：检察处　首席检察官

摘　　要：浙江高等法院检察处指令海宁等地方法院首席检察官，呈件收悉，雇员以下人员动态表已存照。

期刊名称：浙江司法旬刊

主办单位：

刊　　期：1949（9）

页　　码：9

13. 题　　名：浙江高等法院检察处指令（指字第八五七号，三十八年三月二十四日）：令杭州地方法院首席检察官俞履安：本年三月十九日呈一件为呈送凌华贪污案处分书由

作　　者：李祖庆

关 键 词：检察处　首席检察官　处分书　证据采信　继续侦查

摘　　要：浙江高等法院指令杭州地方法院首席检察官，呈件收悉，查凌华贪污案处分书证据采信方面有欠妥当应继续侦查，望嗣

后注意。

期刊名称：浙江司法旬刊

主办单位：

刊　　期：1949（9）

页　　码：8

14. 题　　名：浙江高等法院训令（训字第六八号，民国三十八年一月十日）：令所属各法院院长、首席检察官等：为奉令制发法院检察部份应用各种文书格式转仰遵照由

作　　者：孙鸿霖　李祖庆

关 键 词：检察　文书　格式

摘　　要：司法行政部令制定法院检察部分应用各种文书应统一，并附各式文书一份。

期刊名称：浙江司法旬刊

主办单位：

刊　　期：1949（1）

页　　码：5－6

15. 题　　名：浙江高等法院检察处任免令（三十八年三月三日至三月八日）：派何松代理兰溪地方法院检察处主任书记官此令

作　　者：

关 键 词：检察处　任免令

摘　　要：浙江高等法院检察处任免令。

期刊名称：浙江司法旬刊

主办单位：

刊　　期：1949（7）

页　　码：2

16. 题　　名：浙江高等法院检察处指令（指字第三八六号，三十八年一月三十一日）：令本院永嘉、临海分院首席检察官等：呈一件为呈送三十七年十二月份职员请假月报表祈鉴核由（附表）

作　　者：

关 键 词：检察处　首席检察官　请假月报表

摘　　要：浙江高等法院检察处指令本院永嘉、临海分院首席检察官，其呈报的职员请假月报表已经收悉。

期刊名称：浙江司法旬刊

主办单位：

期 刊：1949（4）

页 码：8－10

17. 题 名：浙江高等法院检察处指令（指字第三四号，一月六日）：令新昌地方法院首席检察官方祖叔：三十七年十二月八日呈一件呈送潘太富盗匪案起诉书祈鉴核由

作 者：李祖庆

关 键 词：检察处 首席检察官 起诉书 连续犯

摘 要：浙江高等法院检察处指令新昌地方法院首席检察官，其呈报的潘太富盗匪案的起诉书已经收悉，查被告乃连续犯，无须重新起诉。

期刊名称：浙江司法旬刊

主办单位：

刊 期：1949（4）

页 码：7

18. 题 名：浙江高等法院检察处任免令（三十八年三月十九日至三月二十六日）：派蒋如水代理杭州地方法院检察处书记官此令

作 者：

关 键 词：检察处 任免令

摘 要：浙江高等法院检察处任免令。

期刊名称：浙江司法旬刊

主办单位：

刊 期：1949（9）

页 码：2

19. 题 名：浙江高等法院检察处任免令（三十八年二月十二日至二月十七日）：调派张耀海暂代海宁地方法院首席检察官此令

作 者：

关 键 词：检察处 任免令

摘 要：浙江高等法院检察处任免令。

期刊名称：浙江司法旬刊

主办单位：

刊 期：1949（5）

页 码：2

20. 题 名：浙江高等法院检察处指令（指字第一六九九号，三十七年十二月九日）：令鄞县地方法院首席检察官宋绍英、令奉化地方法院首席检察官赵佩瑶：本年九月三十日呈一件为呈送范少筠诉单爱如等杀人案起诉书祈鉴核由

作 者：李祖庆

关 键 词：检察处 首席检察官 起诉书

摘 要：浙江高等法院指令鄞县地方法院首席检察官，呈件收悉，查本案起诉书存在问题，应补正后起诉，望嗣后注意。

期刊名称：浙江司法旬刊

主办单位：

刊 期：1949（2）

页 码：16－17

21. 题 名：浙江高等法院检察处指令（指字第八八七号，中华民国三十八年三月三十日）：令本院永嘉、鄞县等分院首席检察官，杭州、吴兴等地方法院首席检察官：呈一件为呈送三十八年二月份职员请假月报表祈鉴核由

作 者：李祖庆

关 键 词：检察处 首席检察官 请假表

摘 要：浙江高等法院检察处指令本院永嘉等分院首席检察官，呈件收悉，职员请假表已存照。

期刊名称：浙江司法旬刊

主办单位：

刊 期：1949（9）

页 码：9

22. 题 名：浙江高等法院检察处指令（指字第七七四号，三十八年三月十一日）：令杭州地方法院首席检察官俞履安：本年三月七日第三三二号呈一件为呈复检察官吴文等办案滞迟原因祈鉴核由

作 者：李祖庆

关 键 词：检察处 首席检察官 办案拖延 警告处分 免职

摘 要：浙江高等法院检察处指令杭州地方法院首席检察官，其呈报的案卷已经收悉，查该院检察官办案拖延，不及时释放被告，对其处以警告处分，该院书记官处以免职处分。

期刊名称：浙江司法旬刊

主办单位：

刊　　期：1949（8）

页　　码：9

23. 题　　名：浙江高等法院检察处指令（指字第六六一号，三十八年二月二十八日）：令本院永嘉、鄞县等分院首席检察官，诸暨、萧山等地方法院首席检察官：呈一件为呈送三十八年一月份职员请假月报表祈鉴核由

作　　者：

关键词：检察处　首席检察官　任免令　更正

摘　　要：浙江高等法院检察处指令本院及其他所属分院首席检察官，呈件收悉，本刊第五期任免令名字有误，特此更正。

期刊名称：浙江司法旬刊

主办单位：

刊　　期：1949（6）

页　　码：6

24. 题　　名：司法行政部任免及奖惩令（三十八年一月十五日至一月二十二日）：派章恒和代理浙江丽水地方法院检察官此令

作　　者：

关键词：司法行政部　任免　奖惩令

摘　　要：司法行政部任免及奖惩令。

期刊名称：浙江司法旬刊

主办单位：

刊　　期：1949（3）

页　　码：3

25. 题　　名：浙江高等法院检察处指令（指字第三三五号，三十八年一月二十五日）：令本院丽水分院首席检察官徐祖荫：本年一月七日呈一件呈为转请尚殿福毁损上诉案罚金如何执行祈鉴核由

作　　者：李祖庆

关键词：检察处　首席检察官　上诉案　罚金执行

摘　　要：浙江高等法院检察处指令丽水分院首席检察官，其呈报的尚殿福损毁上诉案的罚金，法币和金元不能折抵。

期刊名称：浙江司法旬刊

主办单位：

刊　　期：1949（6）

页　　码：6

26. 题　　名：浙江高等法院检察处指令（指字第一六八二号，三十七年十二月八日）：令衢县地方法院首席检察官张逸民：本年九月六日呈一件为呈送金根福盗匪案处分书祈鉴核由

作　　者：李祖庆

关键词：检察处　首席检察官　起诉书　漏引法律条款

摘　　要：浙江高等法院检察处指令衢县地方法院首席检察官，其呈报的金根福盗匪一案起诉书漏引相关法律条款，望嗣后注意。

期刊名称：浙江司法旬刊

主办单位：

刊　　期：1949（2）

页　　码：16

27. 题　　名：浙江高等法院检察处指令（指字第一八四八号，三十七年十二月十五日）：令长兴地方法院首席检察官朱浩然：本年十二月六日呈一件为呈送陈兆元过失致死案起诉书祈鉴核由

作　　者：李祖庆

关键词：检察处　首席检察官　起诉书　适用法律

摘　　要：浙江高等法院检察处指令长兴地方法院首席检察官，其呈报的陈兆元过失致死案起诉书适用法律条款似有不妥，望嗣后注意。

期刊名称：浙江司法旬刊

主办单位：

刊　　期：1949（2）

页　　码：14

28. 题　　名：浙江高等法院检察处指令（指字第一六八〇号，三十七年十二月八日）：令瑞安地方法院首席检察官郑民：本年八月三十一日呈一件为呈报蔡业弟盗匪一案起诉书一份祈鉴核由

作　　者：李祖庆

关　键　词：检察处　首席检察官　起诉书
　　　　　漏引法律条款

摘　　　要：浙江高等法院检察处指令瑞安地方法院首席检察官，其呈报的蔡业弟盗匪一案起诉书漏引相关法律条款，望嗣后注意。

期刊名称：浙江司法旬刊

主办单位：

刊　　　期：1949（2）

页　　　码：17

29.题　　　名：浙江高等法院检察处指令（指字第一六八三号，三十七年十二月八日）：令青田地方法院首席检察官王谟：本年九月二日呈一件为呈送八月份盗匪案月报表祈鉴核由

作　　　者：李祖庆

关　键　词：检察处　首席检察官　不起诉处分书　漏引法律条款

摘　　　要：浙江高等法院检察处指令青田地方法院首席检察官，其呈报的案卷已经收悉，查邱奶妹等盗匪案应重新侦查以明真相；同时，不起诉处分书漏引相关法律条款，望嗣后注意。

期刊名称：浙江司法旬刊

主办单位：

刊　　　期：1949（2）

页　　　码：16

30.题　　　名：浙江高法等院检察处指令（指字第八二号，一月八日）：令象山地方法院首席检察官赵毓麟：三十七年十二月二十一日呈一件呈送赖昌钜等盗匪一案起诉书一份祈鉴核由

作　　　者：李祖庆

关　键　词：检察处　首席检察官　起诉书　事实不清

摘　　　要：浙江高等法院检察处指令象山地方法院首席检察官，其呈报的案卷已经收悉，查该起诉书所述事实不清，同时引用法律条款欠缺，望嗣后注意。

期刊名称：浙江司法旬刊

主办单位：

刊　　　期：1949（4）

页　　　码：7

31.题　　　名：浙江高等法院检察处指令（指字第一六九四号，三十七年十二月九日）：令温岭地方法院首席检察官陈庆粹：本年十一月十七日呈一件查祝得宽妨害国币一案业经侦查终结提起公诉在案理合检同起诉书报请察核

作　　　者：李祖庆

关　键　词：检察处　首席检察官　公诉书　引用法律条款有误

摘　　　要：浙江高等法院指令仙居地方法院首席检察官，呈件收悉，查本案起诉书中引用法律条款有误，望嗣后注意。

期刊名称：浙江司法旬刊

主办单位：

刊　　　期：1949（2）

页　　　码：15

32.题　　　名：浙江高等法院检察处指令（指字第二七二号，一月十九日）：令本院临海分院首席检察官施召愚：三十七年十二月二十五日呈一件呈报陈立三等诉陈从文等贪污案处分书祈鉴核由

作　　　者：李祖庆

关　键　词：检察处　首席检察官　处分书　漏引法律条款

摘　　　要：浙江高等法院检察处指令临海分院首席检察官，其呈报的陈立三等诉陈从文等贪污案处分书漏引相关法律条款，望嗣后注意。

期刊名称：浙江司法旬刊

主办单位：

刊　　　期：1949（4）

页　　　码：8

33.题　　　名：浙江高等法院检察处指令（指字第七二三号，三十八年三月七日）：令义乌地方法院首席检察官唐克昌：本年一月十九日呈一件为遵令呈送宋福同杀人案原卷祈鉴核由

作　　　者：李祖庆

关　键　词：检察处　首席检察官　起诉书　不起诉处分

摘　　要：浙江高等法院检察处指令义乌地方法院首席检察官，其呈报的案卷已经收悉，查宋福同杀人案中，原承办检察官对于人命案件未及时依法处理应予警告。

期刊名称：浙江司法旬刊

主办单位：

刊　　期：1949（7）

页　　码：11

34. 题　　名：浙江高等法院检察处指令（指字第三四三号，三十八年一月二十五日）：令仙居地方法院首席检察官朱金鸣：本年一月八日呈一件呈送陈毓华贪污案起诉书祈鉴核由

作　　者：李祖庆

关 键 词：检察处　首席检察官　起诉书　警告处分

摘　　要：浙江高等法院指令仙居地方法院首席检察官，经查陈毓华贪污案中办案人员疏忽大意，望嗣后注意。

期刊名称：浙江司法旬刊

主办单位：

刊　　期：1949（6）

页　　码：5

35. 题　　名：浙江高等法院检察处指令（指字第一一三号，一月十三日）：令永康地方法院首席检察官方维城：三十七年十二月二十一日呈一件呈报特种刑事案件陈永铭盗匪一案处分书并该被告获案情形祈鉴核由

作　　者：

关 键 词：检察处　首席检察官　漏引法律条款　错误判决

摘　　要：浙江高等法院指令永康地方法院首席检察官，呈件收悉，查陈永铭一案原判漏引、错引法律条款，望承办人员嗣后注意。

期刊名称：浙江司法旬刊

主办单位：

刊　　期：1949（4）

页　　码：8

36. 题　　名：浙江高等法院检察处指令（指字第三〇号，一月六日）：令浦江地方法院首席检察官王达：三十七年十二月二十一日呈一件为呈报办理张月堂张永来互诉贪污及伪造文书一案该张永来庭讯时目无法纪妨害公务及涉及匪嫌等情形祈鉴核由

作　　者：李祖庆

关 键 词：检察处　首席检察官　罪名有误　继续侦查

摘　　要：浙江高等法院检察处指令浦江地方法院首席检察官，呈件收悉，查本案被告罪名有误，应继续侦查，望嗣后注意。

期刊名称：浙江司法旬刊

主办单位：

刊　　期：1949（4）

页　　码：6－7

37. 题　　名：浙江高等法院检察处指令（指字第五七八号，民国三十八年二月二十三日）：令平湖地方法院首席检察官李载彭：本年一月二十六日呈一件为处理嘉师师生冲突案经过声复鉴核由

作　　者：李祖庆

关 键 词：检察处　首席检察官　申斥

摘　　要：浙江高等法院检察处指令平湖地方法院首席检察官，经查本院检察官承办嘉师师生冲突案件见解及做法均欠妥当，以致发生误会，应予申斥。

期刊名称：浙江司法旬刊

主办单位：

刊　　期：1949（6）

页　　码：5

38. 题　　名：浙江高等法院检察处指令（指字第八三号，一月八日）：令临海地方法院首席检察官徐林祚：三十七年十二月不列日呈一件呈送三十七年十一月份盗匪及烟毒案件结报表由

作　　者：李祖庆

关 键 词：检察处　首席检察官　起诉书　继续侦查

摘　　要：浙江高等法院检察处指令临海

地方法院首席检察官，呈送的案卷已经收悉。查原起诉书中杨何氏烟毒一案尚待继续侦查，以期发现真实。

期刊名称：浙江司法旬刊

主办单位：

刊　　期：1949（4）

页　　码：7

39. 题　　名：浙江高等法院检察处指令（指字第二五六号，一月十八日）：令玉环地方法院首席检察官卢肇琮：三十七年十二月二十七日呈一件呈送陈龙光贪污一案移送片请察核由

作　　者：李祖庆

关 键 词：检察处　首席检察官　引用法律条款

摘　　要：浙江高等法院检察处指令玉环地方法院首席检察官，其呈报的案卷已经收悉，查被告应被认定为侵占公有财务罪，原移送引用法律条款有误，望嗣后注意。

期刊名称：浙江司法旬刊

主办单位：

刊　　期：1949（4）

页　　码：7

40. 题　　名：浙江高等法院检察处指令（指字第七七五号，三十八年三月十二日）：令杭州地方法院首席检察官俞履安：本年一月二十日呈二件为呈送周之桢脱逃案处分书暨有贪污嫌疑呈请核示由

作　　者：李祖庆

关 键 词：检察处　首席检察官　过失脱逃罪　贪污嫌疑　继续侦查

摘　　要：浙江高等法院检察处指令杭州地方法院首席检察官，其呈报的案卷已经收悉，查对于被告应否负过失脱逃罪及贪污嫌疑，办案检察官未予注意，后续应合并继续侦查，现将原卷发回。

期刊名称：浙江司法旬刊

主办单位：

刊　　期：1949（8）

页　　码：9－10

41. 题　　名：浙江高等法院检察处指令（指字第六六号，中华民国三十八年一月七日）：令萧山地方法院首席检察官冯吉荪：三十七年十二月三十一日呈一件为呈复调查何伏中贪污案情形祈鉴核由

作　　者：李祖庆

关 键 词：检察处　首席检察官　职务犯罪　侦查权

摘　　要：浙江高等法院检察处指令萧山地方法院首席检察官，其呈报的案卷已经收悉，查该案事实尚欠明了，仍需切实详查。又查该院首席检察官仅派书记官执行调查任务，实属不当。

期刊名称：浙江司法旬刊

主办单位：

刊　　期：1949（1）

页　　码：7

42. 题　　名：浙江高等法院检察处指令（指字第一六八号，三十七年十二月十一日）：令江山地方法院首席检察官郑迈：本年九月十二日呈一件为呈送余小狗盗匪案件起诉处分书祈鉴核由

作　　者：李祖庆

关 键 词：检察处　首席检察官　不起诉处分书　漏引法律条款

摘　　要：浙江高等法院检察处指令江山地方法院首席检察官，其呈报的余小狗盗匪一案不起诉处分书漏引相关法律条款，望嗣后注意。

期刊名称：浙江司法旬刊

主办单位：

刊　　期：1949（2）

页　　码：17

43. 题　　名：浙江高等法院检察处指令（指字第三五一号，三十八年一月二十五日）：令金华地方法院首席检察官金绍伦：本年一月十一日呈一件为专报特种刑事赵贞俊妨害国币一案不起诉分书祈鉴核由

作　　者：李祖庆

关 键 词：检察处　首席检察官　起诉书

不起诉处分

摘　　　要：浙江高等法院检察处指令金华地方法院首席检察官，其呈报书件已经收悉，查起诉书中对被告的不起诉处分不成立，望办案检察官嗣后注意。

期刊名称：浙江司法旬刊

主办单位：

刊　　　期：1949（6）

页　　　码：6

44．题　　　名：浙江高等法院检察处指令（指字第一八四九号，三十七年十二月十七日）：令黄岩地方法院首席检察官陈庆粹：本年十一月十七日呈一件为呈报特种刑事案专报书件仰祈鉴核汇转祈鉴核由

作　　　者：李祖庆

关 键 词：检察处　首席检察官　起诉书　预备犯　未遂犯

摘　　　要：浙江高等法院检察处指令黄岩地方法院首席检察官，其呈报书件已经收悉，查起诉书中被告应成立预备犯，而非原书当中的未遂犯，望办案检察官嗣后注意。

期刊名称：浙江司法旬刊

主办单位：

刊　　　期：1949（2）

页　　　码：14

45．题　　　名：浙江高等法院检察处指令（指字第一六九二号，三十七年十二月九日）：令仙居地方法院首席检察官朱金鸣：本年八月二十六日呈一件为盗匪妨害自由毁损及杀人未遂一案经侦查终结认为应作不起诉处分祈鉴核由

作　　　者：李祖庆

关 键 词：检察处　首席检察官　不起诉处分　继续侦查

摘　　　要：浙江高等法院指令仙居地方法院首席检察官，呈件收悉，查本案因告诉人及证人均拒绝到庭而作出不起诉处分书，显见是由于侦查不完备而致，令首席检察官继续侦查。

期刊名称：浙江司法旬刊

主办单位：

刊　　　期：1949（2）

页　　　码：15

46．题　　　名：浙江高等法院检察处指令（指字第一六九三号，三十七年十二月九日）：令淳安地方法院首席检察官刘则行：本年十一月二十六日呈一件为查本处受理江作帆等陆长魁等互诉盗匪一案检同起诉书一份祈鉴核由

作　　　者：李祖庆

关 键 词：检察处　首席检察官　起诉书　牵连犯

摘　　　要：浙江高等法院指令仙居地方法院首席检察官，呈件收悉，查本案起诉书中被告究竟是构成独立犯罪抑或牵连犯，并未给予说明，望嗣后注意。

期刊名称：浙江司法旬刊

主办单位：

刊　　　期：1949（2）

页　　　码：15

47．题　　　名：浙江高等法院检察处指令（指字第一八四七号，三十七年十二月十七日）：令玉环地方法院首席检察官：本年十一月二十七日呈一件为呈送朱金来毒品一案移送片请察核祈鉴核由

作　　　者：李祖庆

关 键 词：检察处　首席检察官　漏引法律条款

摘　　　要：浙江高等法院检察处指令玉环地方法院首席检察官，该院司法处呈报的朱金来毒品一案移送漏引相关法律条款，望嗣后注意。

期刊名称：浙江司法旬刊

主办单位：

刊　　　期：1949（2）

页　　　码：14－15

48．题　　　名：浙江高等法院检察处指令（指字第一六九〇号，三十七年十二月九日）：令仙居地方法院首席检察官朱金鸣：本年八月二十六日呈一件为呈送陈世长等盗匪杀人

及妨害公务案起诉书暨陈良占等
盗匪杀人及妨害自由等不起诉处
分各一份祈鉴核由

作　　者：李祖庆

关 键 词：检察处　首席检察官　引用法
律条款有误

摘　　要：浙江高等法院指令仙居地方法
院首席检察官，呈件收悉，查
本案不起诉书中引用法律条款
有误，望嗣后注意。

期刊名称：浙江司法旬刊

主办单位：

刊　　期：1949（2）

页　　码：15－16

49. 题　　名：浙江高等法院检察处指令（指
字第五五四号，三十八年二月
二十一日）：令诸暨地方法院首
席检察官薛韦骧：三十八年一
月二十六日呈一件为呈报相验
郭文波尸体情形及鉴定书等祈
鉴核由

作　　者：李祖庆

关 键 词：检察处　首席检察官　检验尸
体　检察官到场

摘　　要：浙江高等法院检察处指令诸暨
地方法院首席检察官，其呈报
件已收悉。查该案中检验尸体
时检察官并未到场，于法不合，
望嗣后注意。

期刊名称：浙江司法旬刊

主办单位：

刊　　期：1949（6）

页　　码：6

50. 题　　名：浙江高等法院检察处指令（指
字第八八六号，三十八年三月
三十日）：令兰溪地方法院首席
检察官朱璧：本年三月二十二
日呈一件为查复罗绍尧贪污案
情形祈鉴核由

作　　者：李祖庆

关 键 词：检察处　首席检察官　案件事
实　证据

摘　　要：浙江高等法院检察处指令兰溪
地方法院首席检察官，其呈送
件已收悉，查该案事实证据欠
缺，现将原件发回，彻查后

上报。

期刊名称：浙江司法旬刊

主办单位：

刊　　期：1949（9）

页　　码：8－9

51. 题　　名：浙江高等法院检察处指令（指
字第一六九一号，三十七年十
二月九日）：令仙居地方法院首
席检察官朱金鸣：本年八月二
十六日呈一件为呈送盗匪杀人
及妨害自由一案业经侦查终结
认为应不起诉处分书祈鉴核由

作　　者：李祖庆

关 键 词：检察处　首席检察官　不起诉
处分书　漏引法律条款

摘　　要：浙江高等法院检察处指令仙居
地方法院首席检察官，呈件收
悉，查本案不起诉处分书漏引
特种刑事法律条款，望办案检
察官嗣后注意。

期刊名称：浙江司法旬刊

主办单位：

刊　　期：1949（2）

页　　码：15

52. 题　　名：浙江高等法院检察处指令（指
字第三二号，一月六日）：令永
康地方法院首席检察官方维城：
三十七年十二月八日呈一件呈
报特种刑事案件陈绍祖等贪污
一案起诉、处分书并核被告获
案情形祈鉴核分别存转由

作　　者：

关 键 词：检察处　首席检察官　漏引法
律条款　起诉书　处分书

摘　　要：浙江高等法院指令永康地方法
院首席检察官，呈件收悉，查
本案起诉书和处分书中漏引法
律条款，望嗣后注意。

期刊名称：浙江司法旬刊

主办单位：

刊　　期：1949（4）

页　　码：7

53. 题　　名：浙江高等法院检察处指令（指
字第七八八号，三十八年三月
十五日）：令临海地方法院首席
检察官徐林祚：本年三月一日

呈一件为法警吴镳遵令开革并
将老许提起公诉祈鉴核由

作　　者：李祖庆

关 键 词：检察处　首席检察官　案卷

摘　　要：浙江高等法院检察处指令临海
地方法院首席检察官，其呈报
的法警吴镳遵令开革并将老许
提起公诉处分书已收悉。

期刊名称：浙江司法旬刊

主办单位：

刊　　期：1949（8）

页　　码：10

54. 题　　名：浙江高等法院检察处指令（指
字第三四九号，三十八年一月
二十五日）：令定海地方法院首
席检察官黄勉：本年一月十日
呈一件呈送翁友生徐春林等毒
品处分书二件祈鉴核由

作　　者：李祖庆

关 键 词：检察处　首席检察官　不起诉
处分　持有毒品罪

摘　　要：浙江高等法院检察处指令定海
地方法院首席检察官，其呈送
的处分书已收悉，查该案被告
应构成持有毒品罪，而承办检
察官所作的不起诉处分显然不
当，令该检察官切实注意并继
续侦查。

期刊名称：浙江司法旬刊

主办单位：

刊　　期：1949（6）

页　　码：5－6

55. 题　　名：浙江高等法院检察处指令（指
字第一八四六号，三十七年十
二月十七日）：令平阳地方法院
首席检察官张夏：本年十二月
不列日呈一件为呈送董新民贪
污案处分书祈鉴核由

作　　者：李祖庆

关 键 词：检察处　首席检察官　处分书

摘　　要：浙江高等法院检察处指令平阳
地方法院首席检察官，其呈送
件收悉，查董新民贪污案处分
书认定事实属于《惩治贪污条
例》，而原起诉书中以普通侵占
罪起诉，似未合适，望嗣后

注意。

期刊名称：浙江司法旬刊

主办单位：

刊　　期：1949（2）

页　　码：15

56. 题　　名：浙江高等法院检察处指令（指
字第二〇八号，一月十七日）：
令仙居地方法院首席检察官朱
金鸣：三十七年十二月二十三
日呈一件呈送张洪万告发马澈
贪污一案不起诉处分书仰祈鉴
核备查由

作　　者：李祖庆

关 键 词：检察处　首席检察官　不起诉
处分　继续侦查

摘　　要：浙江高等法院检察处指令仙居
地方法院首席检察官，其呈报
的处分书已收悉，查该不起诉
书中事实及证据都欠周密，望
承办检察官嗣后注意，继续
侦查。

期刊名称：浙江司法旬刊

主办单位：

刊　　期：1949（4）

页　　码：8

57. 题　　名：浙江高等法院检察处指令（指
字第一七二五号，三十七年十
二月十三日）：令天台地方法院
首席检察官周贻协：本年十一
月十七日呈一件为呈送特种刑
事案件处分书祈鉴核由

作　　者：李祖庆

关 键 词：检察处　首席检察官　特种刑
事案件

摘　　要：浙江高等法院检察处指令天台
地方法院首席检察官，其呈送
的处分书已收悉，查该盗匪案
件应适用特种刑诉程序且原检
察官未引用特种刑事法律条款，
望嗣后注意。

期刊名称：浙江司法旬刊

主办单位：

刊　　期：1949（2）

页　　码：16

58. 题　　名：浙江高等法院检察处指令（指
字第九二号，一月十日）：令本

院鄞县分院首席检察官俞曹荣：三十七年十二月十六日呈一件为呈送潘正坤汉奸一案起诉书仰祈鉴核存转由

作　　者：李祖庆

关 键 词：检察处　首席检察官　案件事实　证据

摘　　要：浙江高等法院检察处指令鄞县地方法院首席检察官，其呈报的潘正坤一案起诉书叙述事实及引用证据方面存在问题，望嗣后注意。

期刊名称：浙江司法旬刊

主办单位：

刊　　期：1949（4）

页　　码：8

59. 题　　名：浙江高等法院检察处指令（指字第四一七号，三十八年二月十日）：令萧山地方法院首席检察官冯吉荪：本年一月十五日呈一件为呈报受理李宪等贪污一案特刑专报表等件仰祈鉴核由

作　　者：李祖庆

关 键 词：检察处　首席检察官　起诉书引用法律条款不当

摘　　要：浙江高等法院检察处指令萧山地方法院首席检察官，其呈报书件已经收悉，查起诉书中引用法律条款不当，望办案检察官嗣后注意。

期刊名称：浙江司法旬刊

主办单位：

刊　　期：1949（6）

页　　码：6

60. 题　　名：浙江高等法院检察处指令（指字第四一三号，三十八年二月十日）：令瑞安地方法院首席检察官郑民：三十七年十二月三十一日呈一件呈报蔡哲夫吸食烟毒一案不起诉书一份祈鉴核由

作　　者：李祖庆

关 键 词：检察处　首席检察官　漏引法律条款

摘　　要：浙江高等法院检察处指令瑞安地方法院首席检察官，其呈报

书件已经收悉，查起诉书中漏引特种刑事法律条款，同时，承办烟毒案件时除应调验外，还应调查人证物证，以期发现真实，望办案检察官嗣后注意。

期刊名称：浙江司法旬刊

主办单位：

刊　　期：1949（6）

页　　码：5

61. 题　　名：浙江高等法院检察处指令（指字第一七二四号，三十七年十二月十三日）：令仙居地方法院首席检察官朱金鸣：本年九月七日呈一件为呈送杨通尧等盗匪案起诉书祈鉴核由

作　　者：李祖庆

关 键 词：检察处　首席检察官　特种刑事程序

摘　　要：浙江高等法院检察处指令仙居地方法院首席检察官，该院呈报的杨通尧等盗匪一案起诉书等已收悉，查该案应适用特种刑事程序办理，而承办人员适用普通程序办理，对其予以警告处分。该院首席检察官指导疏忽，望嗣后注意。

期刊名称：浙江司法旬刊

主办单位：

刊　　期：1949（2）

页　　码：17

62. 题　　名：浙江高等法院训令（文会字第三二三号，中华民国第三十八年一月二十五日）：令所属各法院院长、首席检察官等：奉令抄发姓名使用条例，转仰知照由

作　　者：孙鸿霖　李祖庆

关 键 词：首席检察官　姓名使用条例

摘　　要：浙江高等法院训令所属各法院，奉行政院令抄发姓名使用条例。

期刊名称：浙江司法旬刊

主办单位：

刊　　期：1949（3）

页　　码：9

63. 题　　名：浙江高等法院训令（文会字第三七八号，中华民国三十八年二月三日）：令所属各级法院

长、首席检察官等：通令抄发
废止法规清单一份仰知照由

作　　者：孙鸿霖　李祖庆

关键词：首席检察官　废止法规

摘　　要：浙江高等法院训令所属各法院，
通令抄发废止法规清单一份。

期刊名称：浙江司法旬刊

主办单位：

刊　　期：1949（4）

页　　码：5－6

64. 题　　名：浙江高等法院训令（文会字第
六六三号，中华民国三十八年
三月十二日）：令所属各法院院
长、首席检察官、各监狱典狱
长等：奉令抄发金圆券存款兑
现办法令仰知照由

作　　者：孙鸿霖　李祖庆

关键词：浙江高等法院　金圆券存款兑
现办法

摘　　要：浙江高等法院训令各所属地方
法院，《金圆券存款兑现办法》
已经行政院通过，现奉令抄发。

期刊名称：浙江司法旬刊

主办单位：

刊　　期：1949（8）

页　　码：4

65. 题　　名：浙江高等法院训令（文会字第
三一四号，中华民国三十八年
一月二十五日）：令所属各法院
院长、首席检察官等：奉令抄
发粮食消费节约办法通饬遵
照由

作　　者：孙鸿霖　李祖庆

关键词：浙江高等法院　粮食消费节约
办法

摘　　要：浙江高等法院训令各所属地方法
院，《粮食消费节约办法》已经
行政院通过，现奉令抄发。

期刊名称：浙江司法旬刊

主办单位：

刊　　期：1949（3）

页　　码：7

66. 题　　名：浙江高等法院训令（文会字第
一六九号，民国三十八年一月
十四日）：令所属各法院院长、
首席检察官等：奉令地政机关

应协助敌伪产业处理机关绘制
有关图状仰知照由

作　　者：孙鸿霖　李祖庆

关键词：浙江高等法院　敌伪产业

摘　　要：浙江高等法院训令所属各法院，
奉司法行政部令地政机关协助
敌伪产业处理机关绘制有关
图状。

期刊名称：浙江司法旬刊

主办单位：

刊　　期：1949（2）

页　　码：9－10

67. 题　　名：浙江高等法院训令（文会字第
二三五号，三十八年一月十九
日）：令各法院院长、首席检察
官等：令为本院刊登旬刊文件
应行注意各点仰遵照办理由

作　　者：孙鸿霖　李祖庆

关键词：刊登旬刊文件

摘　　要：浙江高等法院训令各法院，刊
登旬刊文件应行注意各点。

期刊名称：浙江司法旬刊

主办单位：

刊　　期：1949（2）

页　　码：10

68. 题　　名：浙江高等法院训令（文会字第
三一三号，中华民国三十八年
一月二十五日）：令所属各法院
院长、首席检察官等：奉令抄
发饮食消费节约办法仰遵照由

作　　者：孙鸿霖　李祖庆

关键词：首席检察官　饮食消费节约
办法

摘　　要：浙江高等法院训令所属各法院，
奉行政院令抄发饮食消费节约
办法。

期刊名称：浙江司法旬刊

主办单位：

刊　　期：1949（3）

页　　码：6

69. 题　　名：浙江高等法院训令（文会字第
三〇六号，中华民国三十八年
一月二十四日）：令所属各法院
院长、首席检察官等：奉令承
购敌伪产业非经核准不得自行
移转通饬遵照由

作　　者：孙鸿霖　李祖庆

关 键 词：首席检察官　敌伪产业

摘　　要：浙江高等法院训令所属各法院，奉行政院令承购敌伪产业非经核准不得自行移转。

期刊名称：浙江司法旬刊

主办单位：

刊　　期：1949（3）

页　　码：4

70. 题　　名：浙江高等法院训令（文会字第四七七号，中华民国三十八年二月十五日）：令所属各法院院长、首席检察官等：奉令公布国库法令仰知照并转知照由

作　　者：孙鸿霖　李祖庆

关 键 词：首席检察官　国库法令

摘　　要：浙江高等法院训令所属各法院，奉行政院令公布《国库法令》。

期刊名称：浙江司法旬刊

主办单位：

刊　　期：1949（5）

页　　码：3

71. 题　　名：浙江高等法院检察处指令（指字第一九九号，一月十七日）：令三门县司法处：三十七年十二月二十四日呈一件为呈请通缉奚杏梅盗匪案内被告奚杏梅归案究办由

作　　者：李祖庆

关 键 词：检察处　县司法处　通缉书　主任审判官

摘　　要：浙江高等法院检察处指令三门县司法处，其呈报件已收悉，查该通缉书未经主任审判官签名或盖章，于法不合，望该主任审判官嗣后注意。

期刊名称：浙江司法旬刊

主办单位：

刊　　期：1949（4）

页　　码：8

72. 题　　名：浙江高等法院训令（文会字第一四二号，三十八年一月十三日）：令所属各法院院长、首席检察官等：奉令各机关使用敌伪占用民地一案应赶速清理转令遵照由

作　　者：孙鸿霖　李祖庆

关 键 词：首席检察官　敌伪占用民地

摘　　要：浙江高等法院训令所属各法院，奉行政院令各机关使用敌伪占用民地无论有无使用情形，应迅即查明具报。

期刊名称：浙江司法旬刊

主办单位：

刊　　期：1949（2）

页　　码：9

73. 题　　名：浙江高等法院训令（文会字第七三一号，中华民国三十八年三月二十一日）：令所属各法院院长、首席检察官、各县司法处主任审判官：奉令抄发修正高等以下各级法院推检结案计数标准及修正高等以下各级法院推检每月办案最低数目令仰遵照由

作　　者：孙鸿霖　李祖庆

关 键 词：首席检察官　推检　结案

摘　　要：浙江高等法院训令所属各法院和县司法处，奉司法行政部令抄发《修正高等以下各级法院推检结案计数标准》及《修正高等以下各级法院推检每月办案最低数目》。

期刊名称：浙江司法旬刊

主办单位：

刊　　期：1949（9）

页　　码：2

74. 题　　名：浙江高等法院训令（文会字第八三五号，中华民国三十八年三月三十一日）：令所属各法院院长、首席检察官、各县司法处主任审判官：奉令抄发战区撤退司法人员救济办法仰知照由

作　　者：孙鸿霖　李祖庆

关 键 词：首席检察官　战区撤退司法人员救济办法

摘　　要：浙江高等法院训令所属各地方法院，奉令抄发《战区撤退司法人员救济办法》。

期刊名称：浙江司法旬刊

主办单位：

刊　　期：1949（9）

页　　码：5

75．题　　名：浙江高等法院指令（文会字第
一二五一号，中华民国三十八
年二月二十三日）：令临海地方
法院院长郑式康、首席检察官
徐林祚：三十八年二月十二日
文会字第四号代电一件：为非
政治犯经法院判决后覆判法院
谕知不受理之案件以后应如何
办理祈核示由
　作　　者：孙鸿霖　李祖庆
　关 键 词：非政治犯案件　检察官　侦查
终结　起诉
　摘　　要：非政治犯由普通法院受理，经
检察官侦查终结后提起诉讼。
期刊名称：浙江司法旬刊
主办单位：
刊　　期：1949（6）
页　　码：2

76．题　　名：浙江高等法院训令（文会字第
六六四号，中华民国三十八年
三月十二日）：令所属各法院院
长、首席检察官、各监狱典狱
长等：奉令李副总统视事代行
总统职权日期令仰知照由
　作　　者：孙鸿霖　李祖庆
　关 键 词：首席检察官　代行总统职权
　摘　　要：浙江高等法院训令所属各法院，
奉行政院令李副总统视事代行
总统职权日期。
期刊名称：浙江司法旬刊
主办单位：
刊　　期：1949（8）
页　　码：4

77．题　　名：浙江高等法院训令（文会字第
三二号，民国三十八年一月五
日）：令所属各法院院长、首席
检察官等：奉令饬知戡乱时期
危害国家紧急治罪条例施行于
全国并经呈奉总统指令准予备
案各等因，转仰知照由
　作　　者：孙鸿霖　李祖庆
　关 键 词：首席检察官　法律备案
　摘　　要：浙江高等法院训令所属各法院，
奉行政院令，《戡乱时期危害国
家紧急治罪条例》已实行，并

应备案。
期刊名称：浙江司法旬刊
主办单位：
刊　　期：1949（1）
页　　码：5

78．题　　名：浙江高等法院训令（文会字第
二七二号，中华民国三十八年
一月二十二日）：令所属各法院
院长、首席检察官等：为嗣后
各院处监所呈送各项报表暨例
行呈报文件除核有错误随时指
令外，其无不合之件，即予分
别存转一律不再指令仰知照由
　作　　者：孙鸿霖　李祖庆
　关 键 词：首席检察官　报表　指令
　摘　　要：浙江高等法院训令所属各法院，
以后各院处监所呈送各项报表
暨例行呈报文件，除核有错误
随时指令外，其无不合之件，
即予分别存转一律不再指令。
期刊名称：浙江司法旬刊
主办单位：
刊　　期：1949（3）
页　　码：3－4

79．题　　名：浙江高等法院指令（文会字第
一四四六号，中华民国三十八
年二月二十八日）：令开化县司
法处主任审判官陈宗徽、县长
兼检察职务朱文达：三十八年
二月四日审字第十七号呈一件
为遵令检送徐达杨等窃占等案
卷证祈鉴核由
　作　　者：孙鸿霖　李祖庆
　关 键 词：县长兼理检察职务　判决错误
依法改判
　摘　　要：浙江高等法院指令开化县司法
处主任审判官和县长兼检察职
务，呈件收悉，查本案判决不
当，应查明证据后重新依法
判决。
期刊名称：浙江司法旬刊
主办单位：
刊　　期：1949（6）
页　　码：2

80．题　　名：浙江高等法院训令（文会字第三
一五号，中华民国三十八年一月

二十五日）：令所属各法院院长、首席检察官等：奉令抄发监察院调查证使用规则暨监察委员监察证使用规则仰知照由

作　　者：孙鸿霖　李祖庆

关 键 词：首席检察官　监察院调查证使用规则

摘　　要：浙江高等法院训令所属各法院，奉行政院令抄发监察院调查证使用规则暨监察委员监察证使用规则。

期刊名称：浙江司法旬刊

主办单位：

刊　　期：1949（3）

页　　码：8

81. 题　　名：浙江高等法院训令（文会字第六六二号，中华民国三十八年三月十二日）：令所属各法院院长、首席检察官、各监狱典狱长等：奉令抄发修正金圆券发行办法及修正人民所有金银外币处理办法令仰知照由

作　　者：孙鸿霖　李祖庆

关 键 词：首席检察官

摘　　要：浙江高等法院训令所属各法院和监狱，奉行政院命令抄发《修正金圆券发行办法》等，望切实遵行。

期刊名称：浙江司法旬刊

主办单位：

刊　　期：1949（8）

页　　码：3－4

82. 题　　名：浙江高等法院训令（会监字第六六六号，中国民国三十八年三月十四日）：令所属各法院院长、首席检察官、各监狱典狱长等：奉令抄发修正监所协进委员会组织规程，并废止出狱人保护会组织规程仰遵照由

作　　者：孙鸿霖　李祖庆

关 键 词：首席检察官

摘　　要：浙江高等法院训令所属各法院及监狱，奉行政院令抄发《修正监所协进委员会组织规程》，并废止《出狱人保护会组织规程》，望切实遵行。

期刊名称：浙江司法旬刊

主办单位：

刊　　期：1949（8）

页　　码：4－5

83. 题　　名：浙江高等法院训令（文会字第七五七号，中华民国三十八年三月二十二日）：令所属各法院院长、首席检察官、各县司法处主任审判官：奉令逾期缴纳土地税应依照土地法之规定处罚并比照土地法第一百七十九条之法意按缴纳前一月之物价指数调整其税额一案转仰知照由

作　　者：孙鸿霖　李祖庆

关 键 词：首席检察官

摘　　要：浙江高等法院训令所属各法院和县司法处，奉行政院令逾期缴纳土地税应依照土地法之规定处罚，并比照土地法第一百七十九条之法意按缴纳前一月之物价指数调整其税额。

期刊名称：浙江司法旬刊

主办单位：

刊　　期：1949（9）

页　　码：4

84. 题　　名：浙江高等法院训令（文会字第三〇九号，中华民国三十八年一月二十五日）：令所属各法院院长、首席检察官等：奉令废止国府军用运输护照规则及施行细则仰知照由

作　　者：孙鸿霖　李祖庆

关 键 词：首席检察官　废止　国府军用运输护照规则

摘　　要：浙江高等法院训令所属各法院，奉行政院令废止国府军用运输护照规则及实施细则。

期刊名称：浙江司法旬刊

主办单位：

刊　　期：1949（3）

页　　码：4

85. 题　　名：浙江高等法院训令（文会字第七七八号，中华民国三十八年三月二十三日）：令所属各法院院长、首席检察官、各县司法处主任审判官等：令饬所属司法人员应严

守办公时间并不得任意请假或旷职，各机关长官亦须负责监督以资整饬仰遵照由

作　　者：孙鸿霖　李祖庆

关键词：首席检察官　司法人员　遵守时间

摘　　要：浙江高等法院训令所属各法院和县司法处，奉行政院令所属司法人员应严守办公时间，并不得任意请假或旷职，各机关长官须负责监督以资整饬。

期刊名称：浙江司法旬刊

主办单位：

刊　　期：1949（9）

页　　码：4－5

86. 题　　名：浙江高等法院训令（文会字第六七四号，中华民国三十八年三月十四日）：令所属各法院院长、首席检察官、各监狱典狱长等：为奉令王祖德等五员逾期办理田粮交代应准停止任用一案令仰知照由（附表）

作　　者：孙鸿霖　李祖庆

关键词：首席检察官

摘　　要：浙江高等法院训令所属各法院及监狱奉行政院令王祖德等五员逾期办理田粮交代应准停止任用。

期刊名称：浙江司法旬刊

主办单位：

刊　　期：1949（8）

页　　码：5

87. 题　　名：浙江高等法院训令（总字第七八一号，民国三十八年三月）：令所属各法院院长、首席检察官、各监狱典狱长等：令知此次汇拨本年二至六月份薪饷及办公经费因现钞缺乏暂时改用信汇嗣后仍当商用电汇以期迅捷由

作　　者：孙鸿霖　李祖庆

关键词：首席检察官

摘　　要：浙江高等法院训令所属各法院和监狱，奉行政院令此次汇拨本年二至六月份薪饷及办公经费因现钞缺乏暂时改用信汇，

嗣后仍当商用电汇以期迅捷。

期刊名称：浙江司法旬刊

主办单位：

刊　　期：1949（7）

页　　码：3

88. 题　　名：浙江高等法院训令（文会字第七二八号，中华民国三十八年三月十九日）：令所属各法院院长、首席检察官、各监狱典狱长等：为奉令饬知币制改革后公务员退休抚恤金按月俸实支金圆并按待遇比例增给由

作　　者：孙鸿霖　李祖庆

关键词：检察处

摘　　要：浙江高等法院训令所属各法院和监狱，奉行政部令币制改革后公务员退休后，抚恤金按月俸实支金圆并按待遇比例增给。

期刊名称：浙江司法旬刊

主办单位：

刊　　期：1949（8）

页　　码：6

89. 题　　名：浙江高等法院训令（文会字第三〇八号，中华民国三十八年一月二十五日）：令所属各法院院长、首席检察官等：奉令全国各省市除新疆等四省及西藏外均宣告戒严仰遵照由

作　　者：孙鸿霖　李祖庆

关键词：首席检察官　戒严

摘　　要：浙江高等法院训令所属法院，奉行政院令全国各省市除新疆等四省及西藏外均宣告戒严。

期刊名称：浙江司法旬刊

主办单位：

刊　　期：1949（3）

页　　码：4

90. 题　　名：浙江高等法院训令（文会字第二四七号，中华民国三十八年一月二十日）：令所属各法院院长、首席检察官等：奉令关于敌伪产业清理处因处理逆产而生之诉讼费用，应由该清理处于处理费内匀支一案仰知照由

作　　者：孙鸿霖　李祖庆

关键词：首席检察官　敌伪产业　诉讼

费用

摘　　要：浙江高等法院训令所属法院，奉行政院令，关于敌伪产业清理处因处理逆产而生之诉讼费用，应由该清理处于处理费内匀支。

期刊名称：浙江司法旬刊

主办单位：

刊　　期：1949（2）

页　　码：10

91. 题　　名：浙江高等法院训令（文会字第四七六号，中华民国三十八年二月十五日）：令所属各法院院长、首席检察官等：奉令宣布现行公库法中关于国库条文应予停止适用令仰知照并转知照由

作　　者：孙鸿霖　李祖庆

关 键 词：首席检察官　公库法　国库条文

摘　　要：浙江高等法院训令所属各法院，奉行政院令宣布现行公库法中关于国库条文应予停止适用。

期刊名称：浙江司法旬刊

主办单位：

刊　　期：1949（5）

页　　码：2 - 3

92. 题　　名：浙江高等法院训令（文会字第六三二号，中华民国三十八年三月九日）：令所属各法院院长、首席检察官、各监狱典狱长等：奉令废止《边疆从政人员奖励条例》并公布边远地区服务人员奖励条例令仰知照由

作　　者：孙鸿霖　李祖庆

关 键 词：首席检察官　废止

摘　　要：浙江高等法院训令所属各法院和监狱，奉行政院令废止《边疆从政人员奖励条例》等。

期刊名称：浙江司法旬刊

主办单位：

刊　　期：1949（7）

页　　码：3

93. 题　　名：浙江高等法院训令（文会字第三二〇号，中华民国三十八年一月二十六日）：令所属各法院

院长、首席检察官等：为奉令转知公务员因公伤病核给医药费办法及雇员给恤办法疑义由

作　　者：孙鸿霖　李祖庆

关 键 词：公务员因公伤病　核给医药费办法

摘　　要：浙江高等法院训令，奉行政院令发公务员因公伤病核给医药费办法及雇员给恤办法。

期刊名称：浙江司法旬刊

主办单位：

刊　　期：1949（3）

页　　码：8 - 9

94. 题　　名：浙江高等法院检察处指令（指字第一七一三号，三十七年十二月十三日）：令崇德县司法处：本年十一月二十日呈一件为呈送王子堂违反限价议价及陆廷荣囤积居奇等卷宗处分书件祈鉴核由

作　　者：李祖庆

关 键 词：检察处　司法处　特种刑事法庭

摘　　要：浙江高等法院检察处指令崇德县司法处，呈件收悉，查王子堂一案违反了相关军事法令，应由特种刑事法庭审理。

期刊名称：浙江司法旬刊

主办单位：

刊　　期：1949（2）

页　　码：16

（三）专载

1. 题　　名：浙江高等法院检察处任免令（三十八年二月五日至二月八日）：调派俞乃恒代理本院检察官此令

作　　者：

关 键 词：检察处　任免令

摘　　要：浙江高等法院检察处任免令。

期刊名称：浙江司法旬刊

主办单位：

刊　　期：1949（4）

页　　码：5

2. 题　　名：法院检察部分应用各种文书格式：司法行政部指定（续上期）

作　　者：

关 键 词：司法行政部　检察　文书格式

摘　　要：司法行政部制定法院检察部分应
用各种文书格式。

期刊名称：浙江司法旬刊

主办单位：

刊　　期：1949（2）

页　　码：19－24

七十、震旦法律经济杂志

期刊简介：

Droite Et Economie，由震旦法律经济杂志社于
1944年在上海编辑发行，月刊。该刊为上海震旦大
学法学院学术研究刊物，侧重于经济法律方面的研究
论述，关注比较法学及比较经济学，旨在通过社会科
学的研究，达到推动社会进步的目的。该刊注重对外
国法律的介绍，如法国新宪法、法国新人权宣言、苏
联民法、美国各州的离婚法律以及美国股份有限公司
等内容。该刊也注重对本国法治（法制）的研究，
如刊载《我国之法治精神》、《吾国古代刑法考》
等相关文章。孙彼德还在《法言集锦》中摘录古
今中外一些较著名的法律精神和条例。该刊设置
"法令"和"每月笔谈"栏目。"法令"栏目主要
发布法规信息，包括民事诉讼费用、非讼事件征收
费用以及股份公司运行的相关法规。"每月笔谈"
栏目则集中对一个话题展开论述，刊载文章如《证
交复业》、《纽兰堡德国战争罪犯的审判》、《山下奉
文一案》、《特种刑事诉讼条例》等。此外，该刊还
讨论国际法问题，如外国人适用本国法律等。

司法考试试题

1. 题　　名：三十五年度第二次司法官考试
试题

作　　者：

关 键 词：司法官考试　刑诉　不起诉处分

摘　　要：中华民国三十六年度司法官考试
试题中刑诉部分涉及检察官不起
诉处分方面的试题。

期刊名称：震旦法律经济杂志

主办单位：

刊　　期：1946，2（12）

页　　码：12

2. 题　　名：三十六年度司法官考试试题

作　　者：

关 键 词：司法官考试　刑诉　告诉　效力

摘　　要：中华民国三十六年度司法官考试
试题中刑诉部分涉及告诉的效力
方面的试题。

期刊名称：震旦法律经济杂志

主办单位：

刊　　期：1947，3（7）

页　　码：15

七十一、浙江司法半月刊

期刊简介：

创刊于1930年，半月刊，浙江高等法院编辑发行，
出版地为浙江，主要刊登各类法律法规和章程等。

（一）代电

1. 题　　名：命令：浙江高等法院训代电：各
级法院院长、首席检察官览七八
两月暑期内法院办公时间前经电
知在案

作　　者：

关 键 词：办公时间

摘　　要：各级法院院长、首席检察官览，
自九月一日起，法院办公时间改
为：上午八时至十二时；下午一
时至五时。

期刊名称：浙江司法半月刊

主办单位：

刊　　期：1930，1（17）

页　　码：19

2. 题　　名：命令：浙江高等法院暨检察处代
电：第六号：代电各院处十八年
度法院设置一览表先期造送由

作　　者：

关 键 词：法院设置一览表

摘　　要：令各级法院院长、首席检察官，
先期造送各院处十八年度法院设
置一览表。

期刊名称：浙江司法半月刊

主办单位：

刊　　期：1930，1（2）

页　　码：55

3. 题　　名：命令：浙江高等法院暨检察处代
电：第一二号：为转令《司法行
政年表》关于各职员及薪津级数
一律照现在人数及实在数目记
载由

作　　者：

关 键 词：检察处司法行政年表　职员　薪
津级数

摘　　要：浙江高等法院暨检察处转司法行
政部训令：《司法行政年表》关
于各职员及薪津级数的填写，一

律照现在人数及实在数目记载。

期刊名称：浙江司法半月刊

主办单位：

刊　　期：1930，1（3）

页　　码：31

（二）法规

1. 题　　名：法规：司法行政部公布者：学习推事检察官学习规则（十九年七月四日公布）

   作　　者：

   关键词：推事检察官学习规则

   摘　　要：司法行政部公布于民国十九年七月四日公布的《学习推事检察官学习规则》，其内容包括了学习推事检察官的学习期间、学习任务和考核等内容。

   期刊名称：浙江司法半月刊

   主办单位：

   刊　　期：1930，1（14）

   页　　码：34－35

2. 题　　名：司法院公布者：最高法院检察署处务规程

   作　　者：

   关键词：最高法院检察署处务规程

   摘　　要：司法院公布的《最高法院检察署处务规程》，其主要内容包括检察长、检察官、书记室等内容。

   期刊名称：浙江司法半月刊

   主办单位：

   刊　　期：19??

   页　　码：173－176

3. 题　　名：司法行政部公布者：推事检察官任用资格审查规则（二十五年一月九日公布）

   作　　者：

   关键词：推事检察官任用资格审查规则

   摘　　要：司法行政部于民国二十五年一月九日公布的《推事检察官任用资格审查规则》，其主要内容包括了推事检察官任用的资格条件、证明文件和审查等内容。

   期刊名称：浙江司法半月刊

   主办单位：

   刊　　期：19??

   页　　码：370－371

4. 题　　名：征集各省司法经验录规则（司法

行政部二十一年七月十八日令发）

作　　者：

关键词：司法经验　规则

摘　　要：各省司法经验录规则。

期刊名称：浙江司法半月刊

主办单位：

刊　　期：19??

页　　码：39－41

5. 题　　名：司法院公布者：司法官临时叙补办法（二十六年三月十八日公布）

   作　　者：

   关键词：司法官　临时叙补办法

   摘　　要：各区地方法院推事检察官员缺，以三缺为一轮，依出缺之先后顺次，以甲乙丙三种表列候补人员遴补之。

   期刊名称：浙江司法半月刊

   主办单位：

   刊　　期：1937，8（8）

   页　　码：1－2

6. 题　　名：司法官审查委员会规则（二十一年四月十六日公布）

   作　　者：

   关键词：司法官成绩　聘任　检察官

   摘　　要：司法行政部部长为审查司法官成绩于必要时，得聘任法官训练所教员、最高法院庭长或推事、司法院参事、最高法院检察署检察官以及其他富有法律学识经验之专家。

   期刊名称：浙江司法半月刊

   主办单位：

   刊　　期：19??

   页　　码：394－396

7. 题　　名：视察各省区司法规程（二十一年五月十日公布）

   作　　者：

   关键词：司法规程

   摘　　要：视察各省区司法规程。

   期刊名称：浙江司法半月刊

   主办单位：

   刊　　期：19??

   页　　码：422－423

8. 题　　名：浙江司法半月刊编辑及发行章程

作　　　者：

关键词：浙江司法半月刊　编辑及发行
　　　　章程

摘　　　要：浙江司法半月刊编辑及发行
　　　　章程。

期刊名称：浙江司法半月刊

主办单位：

刊　　　期：1930（创刊号）

页　　　码：42－43

9. 题　　　名：浙江高等法院公布者：浙江高等
　　　　法院司法年鉴编辑处暂行规则

作　　　者：

关键词：司法年鉴　编辑处暂行规则

摘　　　要：编辑处主任以本院统计科主任书
　　　　记官兼充编辑员，由本院及检察
　　　　处书记官中指拨充任。

期刊名称：浙江司法半月刊

主办单位：

刊　　　期：1930（创刊号）

页　　　码：43－44

10. 题　　　名：再犯预防条例（二十一年七月
　　　　六日公布）

作　　　者：

关键词：赦免人犯　再犯　检察官

摘　　　要：赦免人犯有无再行犯之虞，由
　　　　高等法院首席检察官认定，其
　　　　军事人犯由该管军事官署认定，
　　　　其已在监执行者，该管监狱长
　　　　官应将其身份簿送交审查。

期刊名称：浙江司法半月刊

主办单位：

刊　　　期：19？？

页　　　码：19－20

11. 题　　　名：县监所职员审查委员会规则
　　　　（二十一年八月五日公布）

作　　　者：

关键词：县监所　职员委员会　规则

摘　　　要：县监所职院审查委员会设委员
　　　　长四人，委员长以高等法院院
　　　　长充之，委员以首席检察官、
　　　　庭长、书记官长及当地新监之
　　　　典狱长充之。

期刊名称：浙江司法半月刊

主办单位：

刊　　　期：19？？

页　　　码：76－77

12. 题　　　名：县监所协进委员会暂行章程
　　　　（二十年四月十七日公布）

作　　　者：

关键词：监所　检察官　当然委员

摘　　　要：本会委员会分当然委员与聘任
　　　　委员，地方法院或县法院院长
　　　　及检察官、未设法院者承审员
　　　　为当然委员。

期刊名称：浙江司法半月刊

主办单位：

刊　　　期：19？？

页　　　码：231－233

13. 题　　　名：修正县监所协进委员会暂行章
　　　　程（二十年十月十四日公布）

作　　　者：

关键词：监所　检察官　当然委员

摘　　　要：本会委员会分当然委员与聘任
　　　　委员，地方法院或县法院院长
　　　　及检察官、未设法院者承审员
　　　　为当然委员。

期刊名称：浙江司法半月刊

主办单位：

刊　　　期：19？？

页　　　码：299－300

14. 题　　　名：监犯保外服役暂行办法（二十
　　　　一年三月二十一日公布）

作　　　者：

关键词：保外服役人犯　暂行办法

摘　　　要：凡人民团体保外服役人犯在旧
　　　　监应由典狱官提出监所协进委
　　　　员会审查，呈由该长官转报
　　　　新监，由典狱长提出，地方法
　　　　院首席检察官审核，呈报该管
　　　　高等法院首席检察官核准，并
　　　　呈报司法行政部备案。保外服
　　　　役人犯所服劳役，得由该人民
　　　　团体就该项人犯住居附近地点
　　　　指定，并呈报该管高等法院首
　　　　席检察官备案。

期刊名称：浙江司法半月刊

主办单位：

刊　　　期：19？？

页　　　码：377－378

15. 题　　　名：各级法院缮状处通则（二十四
　　　　年四月十九日公布）

作　　　者：

关　键　词：缮状　首席检察官　指挥监督

摘　　　要：缮状人应服从各法院院长、首席检察官之指挥监督。

期刊名称：浙江司法半月刊

主办单位：

刊　　　期：19??

页　　　码：157 – 158

16. 题　　　名：修正刑事诉讼审限规则第十条、第十一条等条文（二十四年四月二十七日公布）

作　　　者：

关　键　词：修正　刑诉审限　催告　首席检察官　惩戒

摘　　　要：律师于同一案件接受第八条之催告，仍复逾限者，得由主任推事送高等法院首席检察官提付律师惩戒委员会惩戒。

期刊名称：浙江司法半月刊

主办单位：

刊　　　期：19??

页　　　码：140 – 141

（三）公牍

1. 题　　　名：呈司法行政部为添设律师公会请核示由（中华民国十九年一月十六日）

作　　　者：

关　键　词：律师制度　律师公会

摘　　　要：为添设律师公会，请核示由。

期刊名称：浙江司法半月刊

主办单位：

刊　　　期：1930，1（2）

页　　　码：1 – 2

2. 题　　　名：文会字第六四七号（中华民国三十六年二月一日）：奉令为盗匪案件应移送司法机关办理函请查照饬知由

作　　　者：郑文礼　王秉彝

关　键　词：盗匪案　移送　司法机关　审理

摘　　　要：在匪乱未肃清前，将绑匪案件仍暂划归军法审判饬核办迳复等，因查前冀热察绥鲁及东北九省临时紧急军政施措办法，暨现行绥靖区及东北九省临时紧急军政措施办法均不适用，于浙江省政府所请未便，准行所有盗匪案件应依法移送司法机关审理。

期刊名称：浙江司法半月刊

主办单位：

刊　　　期：1947，复刊1（2）

页　　　码：1 – 2

（四）会令

1. 题　　　名：命令：浙江高等法院会令：第五一四七号（中华民国二十二年十一月九日）：令各兼理司法县长、各级法院院长、各级法院首席检察官等：为转发高等考试及格人员分发规程仰知照由

作　　　者：郑文礼　郑畎

关　键　词：高等考试及格人员分发规程

摘　　　要：转发高等考试及格人员分发规程，仰知照。

期刊名称：浙江司法半月刊

主办单位：

刊　　　期：1933，4（22）

页　　　码：1 – 4

2. 题　　　名：命令：浙江高等法院会令：第五三七六号（中华民国二十二年十一月十四日）：令各级法院院长、各级法院首席检察官、各兼理司法县长：为制裁新闻纸编辑人适用法律一案奉令转行知照由

作　　　者：郑文礼　郑畎

关　键　词：新闻纸编辑人　出版法

摘　　　要：制裁新闻纸编辑人，凡有违反出版法之处，应以出版法规定处理。

期刊名称：浙江司法半月刊

主办单位：

刊　　　期：1933，4（22）

页　　　码：4 – 6

3. 题　　　名：命令：浙江高等法院会令：第三七八五号（中华民国二十三年十月六日）：令各级法院院长、各级法院首席检察官：为奉司法行政部令奉行政院令为本院呈请令考试院转饬铨叙部遵照凡依登记条例声请登记之简任荐任人员如从前任命手续不完备准其免缴任状以示变通一案经奉指令照准等因令仰知照由

作　　　者：郑文礼　郑畎

关　键　词：简任荐任人员　任命手续任状

摘　　　要：令各级法院院长、各级法院首席

检察官知照：凡依登记条例声请登记之简任荐任人员，如从前任命手续不完备，其所任职务确系简任荐任，准其免缴任状以示变通。

期刊名称：浙江司法半月刊

主办单位：

刊　　期：1934，5（20）

页　　码：3 - 5

4. 题　　名：命令：浙江高等法院会令：第四一〇三号（中华民国二十三年十月十五日）：令各级法院院长、各级法院首席检察官、各兼理司法县长：为奉令以取缔棉花搀水搀杂暂行条例自本年十月一日起施行等因令仰知照由

作　　者：郑文礼　郑畋

关 键 词：以取缔棉花搀水搀杂暂行条例

摘　　要：令各级法院院长、各级法院首席检察官、各兼理司法县长知照：《以取缔棉花搀水搀杂暂行条例》自民国二十三年十月一日起施行等。

期刊名称：浙江司法半月刊

主办单位：

刊　　期：1934，5（20）

页　　码：9 - 10

5. 题　　名：命令：浙江高等法院会令：第四三三八号（中华民国二十三年十月十九日）：令金华等法院院长、首席检察官：为准省府函以办理清乡未了事宜期限经委员会议决准再延长六个月请查照并转饬等由令仰一体知照由

作　　者：郑文礼　郑畋

关 键 词：清乡事宜期限　匪患

摘　　要：令金华等法院院长、首席检察官知照：准省府函以办理清乡未了事宜期限，因各县匪患仍未肃清，经委员会议决准再延长六个月。

期刊名称：浙江司法半月刊

主办单位：

刊　　期：1934，5（20）

页　　码：10 - 11

6. 题　　名：命令：浙江高等法院会令：第一

一一三号（中华民国二十三年十月六日）：令各级法院院长、各级法院首席检察官、各兼理司法县长：为令发省政府函送递解人犯办法仰遵照由

作　　者：郑文礼　郑畋

关 键 词：递解人犯办法

摘　　要：（略）

期刊名称：浙江司法半月刊

主办单位：

刊　　期：1934，5（20）

页　　码：1 - 3

7. 题　　名：命令：浙江高等法院会令：第四一〇四号（中华民国二十三年十月十五日）：令各级法院院长、各级法院首席检察官、各兼理司法县长：为奉令转发取缔棉花搀水搀杂暂行条例施行细则令仰一体知照由

作　　者：郑文礼　郑畋

关 键 词：取缔棉花搀水搀杂暂行条例

摘　　要：奉令转发《〈取缔棉花搀水搀杂暂行条例〉施行细则》，令仰一体知照。

期刊名称：浙江司法半月刊

主办单位：

刊　　期：1934，5（20）

页　　码：10

8. 题　　名：命令：浙江高等法院会令：第七八六一号（中华民国二十五年一月三十日）：令各级法院院长、各级法院检察官、各新监狱典狱长：为奉部令发铨叙部造送审计部任用审查合格公务员名册办法及登记简表一案转令遵照由（附表）

作　　者：郑文礼　郑畋

关 键 词：审计部任用审查合格公务员名册办法

摘　　要：（略）

期刊名称：浙江司法半月刊

主办单位：

刊　　期：1936，7（3）

页　　码：18 - 22

9. 题　　名：命令：浙江高等法院会令：第七九〇号（中华民国二十五年一

月三十一日）：令各兼理司法县
长、各级法院院长、各级法院检
察官等：为奉令发五全大会关于
李振殿等提议尽量录用华侨人才
案到院仰知照由

作　　者：郑文礼　宋孟年

关 键 词：五全大会　华侨人才

摘　　要：奉令发第五次全国代表大会关于
李振殿等二十一人提议，政府应
尽量录用华侨人才案，仰知照。

期刊名称：浙江司法半月刊

主办单位：

刊　　期：1936，7（3）

页　　码：23－24

10. 题　　名：命令：浙江高等法院会令：第
七六八〇号（中华民国二十五
年一月二十三日）：令各级法院
院长、各级法院检察官：为奉
令改定平时办公时间每日为八
小时等因仰遵照由

作　　者：郑文礼　宋孟年

关 键 词：办公时间

摘　　要：奉司法行政部令，平时办公时
间改为每日为八小时，以增进
办公效率，仰遵照。

期刊名称：浙江司法半月刊

主办单位：

刊　　期：1936，7（3）

页　　码：11－12

11. 题　　名：命令：浙江高等法院会令：第
七七〇九号（中华民国二十五
年一月二十五日）：令永金鄞、
嘉华县高等第一二三分院院长、
首席检察官：为奉部令饬将审
查上诉计等填报等因仰遵照由

作　　者：郑文礼　宋孟年

关 键 词：案件计等表

摘　　要：令永金鄞、嘉华县高等第一二
三分院院长、首席检察官，将
案件计等表，以式据实填报，
仰遵照。

期刊名称：浙江司法半月刊

主办单位：

刊　　期：1936，7（3）

页　　码：12

12. 题　　名：命令：浙江高等法院会令：第

七四二一号（中华民国二十五
年一月十七日）：令各级法院院
长、各级法院检察官、各新监
狱典狱长：为奉部令以厉行考
绩法奖惩条例第八条一案令仰
一体遵照由

作　　者：郑文礼　宋孟年

关 键 词：考绩法奖惩条例　司法机关
职员

摘　　要：令各级法院院长、各级法院检
察官、各新监狱典狱长，厉行
《考绩法奖惩条例》第八条规
定，对于不称职之司法机关职
员，应予降免、更换。

期刊名称：浙江司法半月刊

主办单位：

刊　　期：1936，7（3）

页　　码：2－4

13. 题　　名：命令：浙江高等法院会令：第
七九〇九号（中华民国二十五
年一月三十一日）：令各兼理司
法县长、各级法院院长、各级
法院检察官等：为奉令转发辅
币条例仰知照由

作　　者：郑文礼　宋孟年

关 键 词：辅币条例

摘　　要：（略）

期刊名称：浙江司法半月刊

主办单位：

刊　　期：1936，7（3）

页　　码：25－26

14. 题　　名：命令：浙江高等法院会令：第
七七一〇号（中华民国二十五
年一月二十五日）：令永金鄞、
嘉华县高等第一、二、三分院
院长、首席检察官：为奉部令
县政府办理之刑事案件其计等
表应由法院查填检察处可毋庸
另报又高等分院计等表应照推
检考绩表呈送手续由高等法院
暨检察处转报等因仰遵照

作　　者：郑文礼　宋孟年

关 键 词：刑事案件　计等表

摘　　要：令永金鄞、嘉华县高等第一、二、
三分院院长、首席检察官遵照，
县政府办理之刑事案件，其计等

表应由法院查填，检察处可毋庸另报。又高等分院计等表，应照推检考绩表呈送手续，由高等法院暨检察处转报等。

期刊名称：浙江司法半月刊

主办单位：

刊　　期：1936，7（3）

页　　码：13

15. 题　　名：命令：浙江高等法院会令：第七九九八号（中华民国二十五年二月四日）：令各兼理司法县长、各级法院院长、各级法院检察官等：为奉令转发技术人员任用条例施行细则仰知照由

作　　者：郑文礼　宋孟年

关 键 词：技术人员任用条例

摘　　要：（略）

期刊名称：浙江司法半月刊

主办单位：

刊　　期：1936，7（3）

页　　码：27－28

16. 题　　名：命令：浙江高等法院会令：第七九○二号（中华民国二十五年一月三十一日）：令各兼理司法县长、各级法院院长、各级法院检察官等：为奉令以边违省份公务员任用资格暂行条例自本年一月十日施行定期三年暂定新疆等六省为适用省份等因仰知照由

作　　者：郑文礼　宋孟年

关 键 词：边违省份公务员任用资格暂行条例

摘　　要：令各兼理司法县长、各级法院院长、各级法院检察官知照：边违省份公务员任用资格暂行条例自民国二十五年一月十日施行，定期三年，暂定新疆等六省为适用省份等。

期刊名称：浙江司法半月刊

主办单位：

刊　　期：1936，7（3）

页　　码：22－23

17. 题　　名：命令：浙江高等法院会令：第七五六○号（中华民国二十五年一月二十一日）：令各级法院

院长、各级法院首席检察官、各新监狱典狱长：为奉部令以废止二十二年九月二十三日公布之修正公务员任用施行条例一案仰知照由

作　　者：郑文礼　宋孟年

关 键 词：公务员任用施行条例

摘　　要：令各级法院院长、各级法院首席检察官、各新监狱典狱长知照：民国二十二年九月二十三日公布之修正《公务员任用施行条例》，已废止。

期刊名称：浙江司法半月刊

主办单位：

刊　　期：1936，7（3）

页　　码：6－7

18. 题　　名：命令：浙江高等法院会令：第七四一二号（中华民国二十五年一月十七日）：令各级法院院长、各级法院检察官：为奉部令各级法院院长、首席检察官等嗣后均须办案以资倡率等因令仰一体遵照由

作　　者：郑文礼　宋孟年

关 键 词：首席检察官　办案

摘　　要：令各级法院院长、各级法院检察官遵照：为增加各级法院办事效率，各级法院院长、首席检察官等嗣后均须依法办案，以资倡率。

期刊名称：浙江司法半月刊

主办单位：

刊　　期：1936，7（3）

页　　码：1－2

19. 题　　名：命令：浙江高等法院会令：第七九六七号（中华民国二十五年二月三日）：令各兼理司法县长、各级法院院长、各级法院检察官等：为奉部令禁止法官赌博倘仍习非成是不知自新一经发觉定当执法相绳严予惩戒等因令仰遵照由

作　　者：郑文礼　宋孟年

关 键 词：法官　赌博　惩戒

摘　　要：奉司法行政部令，令各兼理司法县长、各级法院院长、各级

法院检察官等知照：禁止法官赌博，倘仍习非成是不知自新，一经发觉定当执法相绳，严予惩戒等。

期刊名称：浙江司法半月刊

主办单位：

刊　　期：1936，7（3）

页　　码：26－27

20. 题　　名：命令：浙江高等法院会令：第七七四○号（中华民国二十五年一月二十七日）：令各级法院院长、各级法院首席检察官、各新监狱典狱长：为奉部令以赴任转任人员嗣后如逾程限表限期非先呈准有案准由院长首席呈请免职另派由

　　作　　者：郑文礼　宋孟年

　　关键词：司法官　赴任转任程限表

　　摘　　要：奉司法行政部令，令各级法院院长、各级法院首席检察官、各新监狱典狱长知照：赴任转任司法官，非有特别事故，不得率尔请假，如逾程限表限期未到，而又未事先呈准有案，准由各该院长、首席检察官呈请免职另派。

期刊名称：浙江司法半月刊

主办单位：

刊　　期：1936，7（3）

页　　码：13－14

21. 题　　名：命令：浙江高等法院会令：第七八三五号（中华民国二十五年一月二十九日）：令各兼理司法县长、各级法院院长、各级法院检察官等：为奉部令印发五全大会关于严惩贪污二案到院转令查照办理由

　　作　　者：郑文礼　宋孟年

　　关键词：五全大会　贪污

　　摘　　要：奉司法行政部令，印发五全大会关于严惩贪污二个提案，转令查照办理。

期刊名称：浙江司法半月刊

主办单位：

刊　　期：1936，7（3）

页　　码：15－18

22. 题　　名：命令：浙江高等法院会令：第七六五二号（中华民国二十五年一月二十三日）：令各级法院院长、各级法院检察官、各兼理司法县长：为奉令转发运输银币银类请领护照及私运私带处罚办法又修正缉获私运银类银币处罚给奖办法仰知照由

　　作　　者：郑文礼　宋孟年

　　关键词：运输银币银类请领护照及私运私带处罚办法　修正缉获私运银类银币处罚给奖办法

　　摘　　要：（略）

期刊名称：浙江司法半月刊

主办单位：

刊　　期：1936，7（3）

页　　码：9－11

23. 题　　名：命令：浙江高等法院会令：第七五五九号（中华民国二十五年一月二十一日）：令各级法院院长、各级法院首席检察官、各新监狱典狱长：为奉部令以公务员登记请求复审人员均须于本年三月底以前检齐证件送部逾限概不审查等因令仰知照由

　　作　　者：郑文礼　宋孟年

　　关键词：公务员登记　复审

　　摘　　要：令各级法院院长、各级法院首席检察官、各新监狱典狱长及所属一体知照：奉司法行政部令，以公务员登记请求复审人员，均须于本年三月底以前检齐证件送部，逾限概不审查等。

期刊名称：浙江司法半月刊

主办单位：

刊　　期：1936，7（3）

页　　码：5－6

24. 题　　名：命令：浙江高等法院会令：第七五○七号（中华民国二十五年一月二十日）：令各兼理司法县长、各级法院院长、各级法院检察官等：为奉令转发司法院法规研究委员会规程仰知照由

　　作　　者：郑文礼　宋孟年

关 键 词：司法院法规研究委员会规程
摘　　要：（略）
期刊名称：浙江司法半月刊
主办单位：
刊　　期：1936，7（3）
页　　码：4－5

25. 题　　名：命令：浙江高等法院会令：第
七七八〇号（中华民国二十五
年一月二十八日）：令各级法院
院长、各级法院检察官：为奉
部令嗣后每月收结案件务须两
数相抵以作考成等因仰遵照由
作　　者：郑文礼　宋孟年
关 键 词：收结案件数　考成
摘　　要：奉司法行政部令，令各级法院
院长、各级法院检察官知照：
各法院无积案者，每月收结案
件务须两数相抵，以作考成等。
期刊名称：浙江司法半月刊
主办单位：
刊　　期：1936，7（3）
页　　码：14－15

26. 题　　名：命令：浙江高等法院会令：第
七九〇三号（中华民国二十五
年一月三十一日）：令各级法院
院长、各级法院检察官、各新
监狱典狱长：奉为部令嗣后遇
有去职或出缺人员应即报部请
派不得先自派代等因仰遵照由
作　　者：郑文礼　宋孟年
关 键 词：法院　去职　出缺　请派
摘　　要：令各级法院院长、各级法院检
察官、各新监狱典狱长遵照，
奉司法行政部令，各法院、监
所委任以上人员，遇有去职或
出缺人员，应即报部请派，不
得先自派代等。
期刊名称：浙江司法半月刊
主办单位：
刊　　期：1936，7（3）
页　　码：24－25

27. 题　　名：命令：浙江高等法院会令：第
一〇三四九号（中华民国二十
六年四月十六日）：令各县长兼
理县司法处行政事务、各级法
院院长、各级法院检察官等：

为奉令发五届三中全会刘湘等
提议请集中人才经决议交府参
考一案到院令仰知照由
作　　者：
关 键 词：人才　国力
摘　　要：奉司法行政部令，发五届三中
全会刘湘等提案：国民党应集
中人才，使人才均有效忠之路，
则国力日光。
期刊名称：浙江司法半月刊
主办单位：
刊　　期：1937，8（8）
页　　码：8－11

28. 题　　名：命令：浙江高等法院会令：第
一〇三四八号（中华民国二十
六年四月十六日）：令各县县长
兼理县司法处行政事务、各级
法院院长、各级法院检察官等：
为奉令转发修正主计人员任用
条例第五条条文仰知照由
作　　者：郑文礼　宋孟年
关 键 词：主计人员任用条例
摘　　要：奉令转发《修正〈主计人员任
用条例〉》第五条条文，仰
知照。
期刊名称：浙江司法半月刊
主办单位：
刊　　期：1937，8（8）
页　　码：7－8

29. 题　　名：命令：浙江高等法院会令：第
一〇〇八五号（中华民国二十
六年四月九日）：令各级法院院
长、各级法院检察官：为奉令
饬知公务员送审著作每人以一
种为限由
作　　者：郑文礼　宋孟年
关 键 词：公务员　著作
摘　　要：令各级法院院长、各级法院检
察官知照，公务员任用资格，
其荐任职以上人员，有著作者，
送司法行政部审查时，每人以
一种为限。
期刊名称：浙江司法半月刊
主办单位：
刊　　期：1937，8（8）
页　　码：4－5

30. 题　　名：命令：浙江高等法院会令：第一〇五三二号（中华民国二十六年四月二十一日）：令各县县长兼理县司法处行政事务、各级法院院长、各级法院检察官等：为奉令转发标点总理遗嘱仰遵照由

作　　者：郑文礼　宋孟年

关 键 词：总理遗嘱

摘　　要：（略）

期刊名称：浙江司法半月刊

主办单位：

刊　　期：1937，8（8）

页　　码：14－15

31. 题　　名：命令：浙江高等法院会令：第一〇二四四号（中华民国二十六年四月十四日）：令各县县长兼理县司法处行政事务、各级法院院长、各级法院检察官等：为全国各级公务机关嗣后报缴公务人员薪酬所得税应如期办理各机关新旧交接时并应列入移交一案奉令转饬遵照由

作　　者：郑文礼　宋孟年

关 键 词：公务机关　薪酬所得税

摘　　要：令各县县长兼理县司法处行政事务、各级法院院长、各级法院检察官遵照，全国各级公务机关嗣后报缴公务人员薪酬所得税，应如期办理，各机关新旧交接时，并应列入移交一案，奉令转饬遵照。

期刊名称：浙江司法半月刊

主办单位：

刊　　期：1937，8（8）

页　　码：6－7

32. 题　　名：命令：浙江高等法院会令：第一〇〇八六号（中华民国二十六年四月九日）：令各县县长兼理县司法处行政事务、各级法院院长、各级法院检察官等：为奉令饬知中西医药研究社地址由

作　　者：郑文礼　宋孟年

关 键 词：中西医药研究社　地址

摘　　要：奉令饬知中西医药研究社地址。

期刊名称：浙江司法半月刊

主办单位：

刊　　期：1937，8（8）

页　　码：5－6

33. 题　　名：第三七八六号（中华民国二十三年十月六日）：令各监狱、各级法院、各兼理司法县长：为奉令发修正中央党部工作人员从事政治工作考试办法大纲及施行细则令仰一体知照由

作　　者：郑文礼　郑畋

关 键 词：中央党部工作人员　政治工作考试办法　大纲　施行细则　修正

摘　　要：本会曾为使中央党部工作人员，得实际从事政治工作起见，曾经订定中央党部工作人员从事政治工作考试办法大纲十二条，并经函达在案。兹复经本会第一百三十七次常会将原大纲第一、三、七等条加以修正，并订定施行细则二十一条，除分函外，相应检同修正条文及施行细则，函达查照等因。查中央党部工作人员从事政治工作考试办法大纲，前奉中央执行委员会函达到府，经通行饬知在案。兹奉前因，除函复应分行外，合行抄发原附件，令仰知照，并转饬所属一体知照。

期刊名称：浙江司法半月刊

主办单位：

刊　　期：1934，5（20）

页　　码：5－9

34. 题　　名：第七六三〇号（中华民国二十五年一月三十一日）：令各兼理司法县长、各级法院院长、各监所：为奉令自二十五年元旦起一律购用党国旗制销总局承制之党国旗以期整齐等因令仰遵照由

作　　者：郑文礼　宋孟年

关 键 词：党国旗　购用

摘　　要：（略）

期刊名称：浙江司法半月刊

主办单位：

刊　　　期：1936，7（3）
页　　　码：8－9

（五）解释

1. 题　　名：解释：解释贩运咖啡素是否成立制造鸦片代用品之未遂罪：十九年一月司法院训令本院首席检察官院字第二一三号

作　　者：

关　键　词：咖啡素　鸦片代用品　法无明文不为罪

摘　　要：关于贩运咖啡素是否成立制造鸦片代用品之未遂罪，最高法院解释为，如贩运咖啡素经化验并无毒质或虽有毒质但并非与鸦片高根安洛因为同类毒性的物质，由于法无处罚明文，因此不应为罪。

期刊名称：浙江司法半月刊

主办单位：

刊　　　期：1930，1（4）

页　　　码：10－11

2. 题　　名：解释：解释并科罚金能否单独宣告徒刑缓刑而将罚金不予宣告缓刑（十九年六月司法院训令湖北高等法院首席检察官字第二九四号）

作　　者：

关　键　词：罚金　缓刑　徒刑

摘　　要：徒刑重于罚金，法院判处徒刑并科罚金的案件，如拟判徒刑缓刑，则包括徒刑与罚金，不能单独将徒刑宣告缓刑。

期刊名称：浙江司法半月刊

主办单位：

刊　　　期：1930，1（14）

页　　　码：1

3. 题　　名：解释：解释送入反省院人犯应由检察官处分（十九年一月司法院指令司法行政部长院字第二二四号）

作　　者：

关　键　词：反革命案件　共产党人自首法检察官处分

摘　　要：反革命案件之被告应送入反省院者，除共产党人自首法第八条规定的情形外，其余送入反省院人犯应由检察官处分。

期刊名称：浙江司法半月刊

主办单位：

刊　　　期：1930，1（5）

页　　　码：6

4. 题　　名：解释：解释继续侦查仍应不起诉时应否再制作处分书疑义（十九年五月司法院训令江苏高等法院首席检察官院字第二八四号）

作　　者：

关　键　词：刑事案件　不起诉处分　期间检察官　原告诉人

摘　　要：刑事案件已经送达不起诉处分后，如果上级机关复令侦查或原诉人于经过再议限期后，以发现新事实或新证据为理由，请求继续侦查究办，但经检察官查明无可以起诉之新事实或新证据，只须将不应起诉之理由分别呈报上级机关或通知原告诉人，均不必再为不起诉之处分。

期刊名称：浙江司法半月刊

主办单位：

刊　　　期：1930，1（12）

页　　　码：5－6

5. 题　　名：解释：解释以鸦片烟灰和佛手为药服食应否论罪（十八年十二月司法院令福建高等法院首席检察官院字第一八八号）

作　　者：

关　键　词：鸦片烟灰　佛手　违法性　罪

摘　　要：以鸦片烟灰和佛手为药服食无违法性，不论罪。

期刊名称：浙江司法半月刊

主办单位：

刊　　　期：1930，1（2）

页　　　码：7－8

6. 题　　名：解释：解释第一审配置之检察官不合法院编制第二审应如何办理疑义（十九年六月司法院代电甘肃高等法院院字第三〇一号）

作　　者：

关　键　词：检察官　职务

摘　　要：如果推事仅由所隶属之法院院长临时指派办理检察官事务，则其在第一审所执行之职务自属违法。该检察官所办案件，如果甲之部分既经提起上诉，则第二审法院应将原判决撤销更为判决；如果乙之部分判决已经确定，应以非常上诉程序救济。

期刊名称：浙江司法半月刊
主办单位：
刊　　期：1930，1（14）
页　　码：3－4

7. 题　　名：解释：解释检察官对于处刑命令可否声请正式审判抑提起上诉（十八年十月司法院训令福建高等法院院字第一六九号）

作　　者：
关 键 词：检察官　处刑命令　上诉
摘　　要：检察官对于处刑命令不得声请正式审判，也不能提起上诉，即使处刑错误或不当，依刑事诉讼法第四百六十七条第二项规定，非被告不得声请正式审判。

期刊名称：浙江司法半月刊
主办单位：
刊　　期：1930（创刊号）
页　　码：2

8. 题　　名：解释：解释刑法上亲属范围疑义：十九年一月司法院训令广西高等法院首席检察官院字第二〇二号

作　　者：
关 键 词：刑法　亲属范围
摘　　要：刑法上亲属范围为：（一）刑法第十五条第二款母之胞姊妹不以在室为限；（二）已见院字第二十二号解释。

期刊名称：浙江司法半月刊
主办单位：
刊　　期：1930，1（4）
页　　码：2－3

9. 题　　名：解释：解释侦查程序疑义（十九年四月司法院训令山东高等法院首席检察官院字第二六〇号）

作　　者：
关 键 词：公诉之侦查程序　送达　处分书　自诉人
摘　　要：检察官依刑诉法第三百五十条第二款认为有侦查之必要者，应依公诉之侦查程序办理。但侦查后

认为无庸起诉，则不必送达处分书于自诉人。又该条之三日期限于第二款之情形，系就侦查之开始而言，若开始之后实施侦查则不受此限制。

期刊名称：浙江司法半月刊
主办单位：
刊　　期：1930，1（10）
页　　码：2－3

10. 题　　名：解释：解释省立学校校长是否刑法第十七条所称之公务员（十九年二月司法院指令河北高等法院首席检察官院字第二三九号）

作　　者：
关 键 词：省立学校校长　刑法　公务员
摘　　要：省立学校校长如经中央或省政府任命，即系依法从事公务之职员，当然包括于刑法第十七条公务员范围之内。

期刊名称：浙江司法半月刊
主办单位：
刊　　期：1930，1（6）
页　　码：12－13

11. 题　　名：解释：解释诬告反革命或土豪劣绅案件管辖疑义（十九年一月司法院训令江苏高等法院首席检察官院字第二二一号）

作　　者：
关 键 词：暂行特种刑事诬告治罪法　刑事诉讼　地方法院
摘　　要：犯暂行特种刑事诬告治罪法第一条之罪者，依刑事诉讼法第九条之规定应由地方法院管辖。

期刊名称：浙江司法半月刊
主办单位：
刊　　期：1930，1（5）
页　　码：3－4

12. 题　　名：解释：解释刑事诉讼法第十二条疑义（司法院训令江西高等法院首席检察官院字第二四二号）

作　　者：
关 键 词：刑事诉讼法　管辖
摘　　要：刑事诉讼法第十二条之规定并未分别刑法总则或分则，当然

包括总分则。至刑法第二百九十八条第一项前段所谓本刑者即第二百九十三条第一项、第二百九十四条、第二百九十五条所规定之刑；但对于直系尊亲属犯第二百九十四条及第二百九十五条之罪者固以刑为标准定法院之管辖，而犯第二百九十三条第一项之罪者则以罪为标准定法院之管辖。

期刊名称：浙江司法半月刊
主办单位：
刊　　期：1930，1（6）
页　　码：15－16

13. 题　　名：解释：解释被告请求撤销没入保证金处分如何办理（十九年一月司法院训令山东高等法院首席检察官院字第二一九号）
作　　者：
关 键 词：保证金　检察官　刑事诉讼法
摘　　要：保证金原为声请具保而设，检察官依刑事诉讼法第八十二条第一项及第八十四条核定没入保证金时，应认为包括具报处分之范围，如有不服得依刑事诉讼法第四百二十八条之程序办理。

期刊名称：浙江司法半月刊
主办单位：
刊　　期：1930，1（5）
页　　码：2

14. 题　　名：解释：解释寡媳适人老姑诉其遗弃是否成罪：十九年一月司法院训令本院首席检察官院字第二〇一号
作　　者：
关 键 词：遗弃罪
摘　　要：寡媳适人老姑诉其遗弃是否成罪，因媚妇再醮法所允许，不成立遗弃之罪。

期刊名称：浙江司法半月刊
主办单位：
刊　　期：1930，1（4）
页　　码：1－2

15. 题　　名：解释：解释指定或移转管辖案件裁定疑义：十九年一月司法

院代电本院首席检察官院字第二〇三号
作　　者：
关 键 词：土地管辖指定管辖　移转管辖
摘　　要：高等法院及其分院关于案件之土地管辖各有范围，不相统属。高等法院土地管辖范围内，地方法院之案件如欲指定或移转于分院土地管辖范围内地方法院或监理司法之县政府管辖，依刑事诉讼法第二十条、第二十一条，应由最高法院裁定。

期刊名称：浙江司法半月刊
主办单位：
刊　　期：1930，1（4）
页　　码：3

16. 题　　名：解释：解释刑事诉讼程序适用疑义（十九年一月司法院训令江西高等法院检察处院字第一九八号）：令署江西高等法院院长梁仁杰
作　　者：
关 键 词：刑事诉讼程序
摘　　要：最高法院对刑事诉讼程序适用疑义的解释如下：县政府兼有审检两职之权者，遇有刑事诉讼法第二百四十五条各款情形，得依该条办理。

期刊名称：浙江司法半月刊
主办单位：
刊　　期：1930，1（3）
页　　码：6－7

17. 题　　名：解释：解释阴谋预备杀人应否论罪（十八年十二月司法院令江苏高等法院首席检察官院字第一八六号）
作　　者：
关 键 词：同谋杀人　既遂　未遂　计议杀人　预备
摘　　要：同谋杀人指一方参与谋议，一方已着手杀人既遂或未遂之情形。若仅止计议杀人，即使达到预备程度，新刑法尚不处罚，则预备以前之阴谋行为更不能认为同谋科以第二百八十八条之罪。

期刊名称：浙江司法半月刊
主办单位：
刊　　　期：1930，1（2）
页　　　码：6－7

18. 题　　　名：解释：解释讯问被告应否请检
　　　　　　　察官莅庭（十九年四月司法院
　　　　　　　代电四川高等法院院字第二五
　　　　　　　四号）

　　作　　　者：

　　关 键 词：讯问被告　检察官　莅庭

　　摘　　　要：对于讯问被告应否请检察官莅
　　　　　　　庭的问题，据最高法院解释：
　　　　　　　依刑事诉讼法第四百九十七条
　　　　　　　第二项，及第四百九十八条第
　　　　　　　二项之规定，讯问被告非经检
　　　　　　　察官请求，检察官不用莅庭。

期刊名称：浙江司法半月刊
主办单位：
刊　　　期：1930，1（9）
页　　　码：2

19. 题　　　名：解释：解释检察官以反革命起
　　　　　　　诉案件审明系属普通案件如何
　　　　　　　办理（十八年十二月司法院代
　　　　　　　电山东高等法院院字第一八一
　　　　　　　号）

　　作　　　者：

　　关 键 词：检察官　反革命案件　普通案
　　　　　　　件管辖

　　摘　　　要：对于检察官以反革命起诉案件
　　　　　　　审明系属普通案件如何办理问
　　　　　　　题，据最高法院解释：据刑事
　　　　　　　诉讼法第三百零八条载，审判
　　　　　　　开始后，法院虽认为该案件应
　　　　　　　属下级法院管辖，仍应继续审
　　　　　　　判之此项规定，依同法第四百
　　　　　　　条为第三审所准用。故凡检察
　　　　　　　官以反革命起诉之案件，经高
　　　　　　　等法院开始审判后，纵使查明
　　　　　　　应归地方法院管辖，仍由高
　　　　　　　等法院继续审判。

期刊名称：浙江司法半月刊
主办单位：
刊　　　期：1930，1（2）
页　　　码：2－3

20. 题　　　名：解释：解释被诱人及教唆或帮
　　　　　　　助尊亲属自杀或受其嘱托或得
　　　　　　　其承诺而杀之行为论罪两项疑
　　　　　　　义（十九年四月司法院训令广
　　　　　　　西高等法院首席检察官院字第
　　　　　　　二六二号）

　　作　　　者：

　　关 键 词：被诱人　尊亲属　自杀

　　摘　　　要：针对被诱人疑义及教唆或帮助
　　　　　　　尊亲属自杀，或受其嘱托，或
　　　　　　　得其承诺而杀之行为论罪疑义。
　　　　　　　最高法院解释如下：（一）刑法
　　　　　　　第二百五十八条第二项之规定
　　　　　　　就其于同条第一项之关系上解
　　　　　　　释，所谓被诱人应以第二百五
　　　　　　　十七条之被诱人为限；（二）教
　　　　　　　唆或帮助尊亲属使之自杀或受
　　　　　　　其嘱托或得其承诺而杀之，
　　　　　　　刑法无特别加重处罚之条文，
　　　　　　　当然依第二百九十条第一项
　　　　　　　处断。

期刊名称：浙江司法半月刊
主办单位：
刊　　　期：1930，1（10）
页　　　码：4－5

21. 题　　　名：解释：解释禁烟法第六条等罪
　　　　　　　之管辖疑义（十九年二月司法
　　　　　　　院代电江西高等法院首席检察
　　　　　　　官院字第二四六号）

　　作　　　者：

　　关 键 词：禁烟法　管辖

　　摘　　　要：据最高法院解释：犯《禁烟法》
　　　　　　　第六、第八、第十等条之罪，
　　　　　　　应由地方法院管辖（参照院字
　　　　　　　第一七八号、第一七九号、第
　　　　　　　二一二号及第二一四号解释，
　　　　　　　载司法公报第五十号及第五十
　　　　　　　六号）。

期刊名称：浙江司法半月刊
主办单位：
刊　　　期：1930，1（6）
页　　　码：18－19

22. 题　　　名：解释：解释侵入窃盗罪计算时
　　　　　　　效疑义：十九年一月司法院训
　　　　　　　令山东高等法院首席检察官院
　　　　　　　字第二〇四号

　　作　　　者：

　　关 键 词：白昼　窃盗罪　时效　起诉权

刑法

摘　　要：针对侵入窃盗罪计算时效疑义，最高法院解释如下：白昼侵入住宅行窃，在刑律有效时期系属加重窃盗罪，于刑法施行以前起起诉权既未因刑律上之时效归于消灭，则自刑法施行后关于论罪及计算时效均应依刑法办理。

期刊名称：浙江司法半月刊

主办单位：

刊　　期：1930，1（4）

页　　码：3-4

23. 题　　名：解释：解释刑法第三百三十八条第二款毁越二字适用疑义训令

作　　者：

关　键　词：刑法　毁越

摘　　要：刑法第三百三十八条第二款"毁越"二字适用的解释为：所谓毁越门樘墙垣，指毁损或越进门樘墙垣者而言，毁而不越或越而不毁均得依该条款处断。

期刊名称：浙江司法半月刊

主办单位：

刊　　期：1931，2（23）

页　　码：2-3

24. 题　　名：解释：解释复令侦查疑义指令

作　　者：郑畋

关　键　词：复令侦查

摘　　要：针对复令侦查疑义之解释：所谓上级机关复令侦查不包括刑事诉讼法第二百五十条第一款之情形，如系该款之情形，应依院字第八二号及第六七九号后段解释办理。

期刊名称：浙江司法半月刊

主办单位：

刊　　期：1932，3（12）

页　　码：1

25. 题　　名：解释：解释违法之裁定确定应依何种程序纠正疑义训令：院字第七七二号（二十一年四月六日）

作　　者：最高法院检察署

关　键　词：判决　裁定　上诉权

摘　　要：针对违法之裁定确定应依何种程序纠正疑义之解释如下：刑诉法第四百三十三条所称违法判决案件系专指裁判中之判决违法而言，不包括裁定在内。又，驳回上诉之裁定确定后原判决亦因之确定，如原判决违法可依非常上诉程序救济；若判决并不违法，纵使裁定错误，仅关系于上诉权问题，当事人对于错误之裁定既未提起抗告，显有放弃上诉权之意思，事实上殊无救济之必要。

期刊名称：浙江司法半月刊

主办单位：

刊　　期：1932，3（12）

页　　码：12-13

26. 题　　名：解释：解释江苏镇江律师公会暂行会则第三十六条疑义训令：院字第七一二号（二十一年三月三十一日）

作　　者：

关　键　词：江苏镇江律师公会暂行会则

摘　　要：针对江苏镇江律师公会暂行会则第三十六条疑义之解释：江苏镇江律师公会暂行会则第三十六条所定，无论原被告之律师既受一方委任，即不得再受他方之嘱托。对此理解，应是对同一事件而言，非仅就受任之任务期间内设此限制。凡属同一事件受原告或被告一方委任之律师，不问其在诉讼上或诉讼外，及确定判决前或判决确定，均不得再受他方之嘱托。

期刊名称：浙江司法半月刊

主办单位：

刊　　期：1932，3（12）

页　　码：1-2

27. 题　　名：解释：解释刑法第二百六十六条第一项疑义训令：院字第一三七一号（二十四年十一月三十日）

作　　者：

关　键　词：刑法　公共场所法令

摘　　要：解释刑法第二百六十六条第一项疑义之训令，刑法第二百六十六条第一项所谓"公共场所"或"公众得出入之场所"，不以法令所容许者为限。如，供赌博用之花会场、轮盘赌场等，亦仍属于公众得出入之场所，赌博花会之人，难不亲自赴场，而由跑风者转送押赌，但既系基于自己犯罪之意思，即应依照正犯处断。

期刊名称：浙江司法半月刊
主办单位：
刊　　期：1936，7（3）
页　　码：2－3

28.　题　　名：解释：解释声请回复原状疑义训令：院字第一三七二号（二十四年十二月五日）

　　作　　者：最高法院

　　关 键 词：刑事诉讼上诉人　上诉期间回复原状

　　摘　　要：针对"声请回复原状"疑义之解释训令，刑事诉讼第三审上诉人补提上诉理由书，系完成上诉之诉讼行为，迟误此项期间，与迟误上诉期间同，如具有非因遇失之条件，自得声请回复原状。

期刊名称：浙江司法半月刊
主办单位：
刊　　期：1936，7（3）
页　　码：3－4

29.　题　　名：解释被告犯强盗与掳人勒赎两罪检察官仅引掳人勒赎法条法院能否就强盗罪审判疑义指令（院字第七六六号，二十一年六月十日）

　　作　　者：

　　关 键 词：强盗罪　掳人勒赎罪　牵连关系

　　摘　　要：针对被告犯强盗与掳人勒赎两罪检察官仅引掳人勒赎法条，法院能否就强盗罪审判疑义之司法解释：掳人勒赎与强盗如有牵连关系，合于刑法第七十四条之规定，检察官起诉书内虽仅引用掳人勒赎法条，法院得就强盗部分而为判决；其应

并和论罪者，检察官既未就强盗罪提起公诉，法院自不能逐予审理。

期刊名称：浙江司法半月刊
主办单位：
刊　　期：19??
页　　码：15－16

30.　题　　名：解释检察官对于呈诉应否加附理由书疑义指令（院字第九二九号，二十二年六月六日）

　　作　　者：

　　关 键 词：检察官　呈诉　理由书

　　摘　　要：针对检察官对于呈诉应否加附理由书疑义之司法解释：检察官对于呈诉不服案件，于辩论中得以言辞陈述理由，故送审时，如已以检察官名义声明上诉，虽未加附理由，并不违法。

期刊名称：浙江司法半月刊
主办单位：
刊　　期：19??
页　　码：185

31.　题　　名：解释兼理司法之县政府声请移转检察事务疑义指令（院字第七六五号，二十一年六月十日）

　　作　　者：

　　关 键 词：兼理司法之县政府　检察事务移转管辖

　　摘　　要：针对兼理司法之县政府声请移转检察事务疑义之司法解释：兼理司法之县政府其组织与法院不同，如向高等法院声请移转管辖，经裁定驳回后，高等法院首席检察官若将原县政府检察职权之事务移于管辖区域内别院检察官，或他县政府，于侦查终结后，应就近诉由该法院，或迳由他县政府依法受理裁判。

期刊名称：浙江司法半月刊
主办单位：
刊　　期：19??
页　　码：15

32.　题　　名：解释检察官对于呈送覆判案件能否提起上诉疑义代电（院字第一〇一四号，二十三年一月

（十二日）

作　者：

关键词：县政府　检察官　覆判案件
　　　　上诉

摘　要：针对检察官对于呈送覆判案件
能否提起上诉疑义之司法解释：
县政府呈送覆判案件，检察官
除仅附具意见书转送法院者，
应依覆判程序办理外，亦得于
接受卷宗后十日内作成上诉理
由书，向法院提起上诉。

期刊名称：浙江司法半月刊

主办单位：

刊　期：19??

页　码：267－268

33. 题　名：解释诬告案件经检察官处分不
起诉者被诬人能否声请再议疑
义训令（院字第七七一号，二
十一年六月十日）

作　者：

关键词：诬告案件　检察官　不起诉
　　　　被诬人　声请再议

摘　要：针对诬告案件经检察官处分不
起诉者，被诬人能否声请再议
疑义之司法解释：诬告罪之被
害法益系国家之审判权，被诬
告人向有追诉权之公务员呈告
被诬之事实，只能谓之告发，
不能谓之告诉，如检察官不予
起诉，当然无声请再议之权。

期刊名称：浙江司法半月刊

主办单位：

刊　期：19??

页　码：21

34. 题　名：解释罚金之强制执行检察官对
于民事执行处能否迳行指挥命
令疑义（院字第七七六号，二
十一年七月二日）

作　者：

关键词：罚金　强制执行　检察官

摘　要：针对罚金之强制执行，检察官
对于民事执行处能否迳行指挥
命令疑义之司法解释：关于罚
金之强制执行，其程序虽可准
用执行民事裁判之规定，但检
察官对于民事执行处应嘱托为

之，并无指挥命令之权。

期刊名称：浙江司法半月刊

主办单位：

刊　期：19??

页　码：29－30

35. 题　名：解释检察官对于自诉案件有无
独立抗告等疑义训令（院字第
七八一号，二十一年七月十六
日）

作　者：

关键词：检察官　自诉案件　独立抗告

摘　要：针对检察官对于自诉案件有无
独立抗告等疑义之司法解释：
（一）刑诉法第四百三十二条
系指得抗告者而言，既不得抗
告即无准用可言；（二）数罪
中有一罪宣告之刑超过两年，
纵其他各罪之刑在两年以下，
不可宣告缓刑；若数罪之刑均
在两年以下，其一罪经宣告缓
刑者该缓刑之宣告如撤销时，
自应依刑法第七十二条定其应
执行之刑；（三）缓刑之刑系指
主刑并包括从刑而言；（四）甲
乙两罪既有结果方法之关系，
自属牵连犯，对于乙罪之判决
虽未声明不服，应认为与已经
上诉之甲罪有关系之部分亦为
上诉，论至甲乙二人则各得独
立上诉，若甲上诉而乙不上诉，
第二审应就甲部分审判，如乙
部分合于再审或非常上诉之规
定，仍得予以救济。

期刊名称：浙江司法半月刊

主办单位：

刊　期：19??

页　码：35－37

36. 题　名：解释检察官续行侦查之案声请
人复提起自诉应否准驳代电
（院字第七九七号，二十一年十
月六日）

作　者：

关键词：检察官　续行侦查　提起自诉

摘　要：针对检察官续行侦查之案声请
人复提起自诉应否准驳的解释
如下：自诉案件应以未经检察

官侦查终结者为限方得提起，检察官不起诉之处分，虽经上级法院首席检察官认告诉人声请再议为有理由，命令下级检察官续行侦查，但既曾经侦查终结，依刑事诉讼法第三百四十一条第一项自不得再向法院自诉。

期刊名称：浙江司法半月刊
主办单位：
刊　　期：19??
页　　码：54－55

37. 题　　名：解释检察官未经侦查即行起诉法院应否受理疑义公函（院字第八〇四号，二十一年十月十七日）
作　　者：
关键词：检察官　侦查　起诉　法院
摘　　要：针对检察官未经侦查即行起诉法院应否受理疑义之司法解释：刑事诉讼法第三百一十八条第一款系指起诉之程序违背规定而言，检察官对于被告未经传案侦查即行起诉似属不当，但既未违背起诉规定，法院自应受理。

期刊名称：浙江司法半月刊
主办单位：
刊　　期：19??
页　　码：59－60

38. 题　　名：解释检察官对于告诉人提起上诉之请求有无准驳之权疑义训令（院字第八一二号，二十一年十一月三日）
作　　者：
关键词：检察官　告诉人　上诉　准驳之权
摘　　要：针对检察官对于告诉人提起上诉之请求，有无准驳之权疑义之司法解释：依修正《县知事审理诉讼暂行章程》第二十五条第一项之规定，告诉人对于县判虽得向第二审之检察官呈诉不服，请依上诉程序提起上诉，但依同条第二项规定系以检察官为上诉人，故检察官对

于告诉人提起上诉之请求不得谓无准驳之权。

期刊名称：浙江司法半月刊
主办单位：
刊　　期：19??
页　　码：66－67

39. 题　　名：解释自诉案件上诉时送交卷证疑义：院字第三一三号（十九年七月二十四日）
作　　者：
关键词：自诉案件　上诉　程序　检察官
摘　　要：刑事上诉案件依刑诉法第三百七十八条第一项及第三百九十八条第一项，应由原审法院以该案卷宗及证据物件送交该法院之检察官，由该检察官送交上级法院检察官，虽系自诉案件，而参照同法第三百五十一条及第三百六十一条之法意，其送交卷宗及证据物件之程序，亦应经由检察官。

期刊名称：浙江司法半月刊
主办单位：
刊　　期：1930，1（16）
页　　码：4－5

40. 题　　名：解释自诉程序疑义（十九年四月司法院训令河南高等法院院字第二六四号）
作　　者：
关键词：一审自诉案件　上诉程序　上诉权
摘　　要：第一审判决之自诉案件，上诉审仍应依自诉程序办理，不能因原裁决书未列自诉人及由第二审检察官调送卷证，即变更其自诉程序，认该自诉人对于二审判决无上诉权。

期刊名称：浙江司法半月刊
主办单位：
刊　　期：1930，1（10）
页　　码：5－6

41. 题　　名：解释合于自诉规定案件原告诉人上诉程序疑义（十八年十二月司法代电湖南高等法院院字第一八七号）

作　　者：

关 键 词：自诉规定案件　　未声明自诉
　　　　　公诉案件　检察官　不得上诉

摘　　要：自诉规定之案，原告诉人既未
　　　　　声明自诉，在第二审法院又系
　　　　　检察官出庭执行原告职务，是
　　　　　已成为公诉案件，非检察官不
　　　　　能向第三审法院上诉。

期刊名称：浙江司法半月刊

主办单位：

刊　　期：1930，1（2）

页　　码：7

42. 题　　名：解释刑事自诉案件疑义（十八
　　　　　年十二月司法院指令浙江高等
　　　　　法院院字第一八四号）

作　　者：

关 键 词：自诉　不构成犯罪　不得审判
　　　　　不起诉处分　公诉　检察官
　　　　　起诉

摘　　要：自诉之刑事案件，即使犯罪嫌
　　　　　疑不足或行为不成犯罪，如不
　　　　　合于刑诉法第三百一十一条之
　　　　　情形，依同法第二百七十一条
　　　　　非被告出庭不得审判，又检察
　　　　　官依刑诉法第二百四十五条为
　　　　　不起诉之处分，以被害人不希
　　　　　望处罚为条件，如果被害人提
　　　　　起自诉，其希望处罚之意至明
　　　　　显被害人希望处罚，在公诉案
　　　　　件检察官尚不能不予起诉，在
　　　　　自诉案件更不能免予判罪。

期刊名称：浙江司法半月刊

主办单位：

刊　　期：1930，1（2）

页　　码：4－5

43. 题　　名：解释自诉人在第二审屡传不到
　　　　　应如何办理疑义指令（院字第
　　　　　八二九号，二十一年十二月二
　　　　　十四日）

作　　者：

关 键 词：自诉案件　被告上诉　无正当
　　　　　理由不出庭　检察官承担

摘　　要：自诉案件之被告不服第一审有
　　　　　罪判决，提起上诉后，自诉人
　　　　　对于第二审屡次合法传唤均无
　　　　　正当理由而不出庭者，由配置

检察官承担其诉讼执行原告之
职务。

期刊名称：浙江司法半月刊

主办单位：

刊　　期：19？？

页　　码：87－88

44. 题　　名：解释自诉人无正当理由屡传不
　　　　　到案件如何办法疑义指令（院
　　　　　字第一〇二七号，二十三年一
　　　　　月三十日）

作　　者：

关 键 词：自诉人上诉　无正当理由不到
　　　　　庭　撤诉

摘　　要：自诉人不服第一审判决提起上
　　　　　诉，迭经第二审合法传唤，该
　　　　　自诉人如无正当理由而不到庭，
　　　　　应依刑诉法第三百七十九条，
　　　　　准用第三百四十七条第二项，
　　　　　以撤回上诉论。

期刊名称：浙江司法半月刊

主办单位：

刊　　期：19？？

页　　码：278－279

45. 题　　名：解释连续犯及自诉公诉程序等
　　　　　各疑义训令（院字第七七四号，
　　　　　二十一年六月十日）

作　　者：

关 键 词：连续犯　自诉　公诉　程序

摘　　要：一、前之行为与后之行为其意
　　　　　思结果为连续系属同一案件，
　　　　　在侦查终结前已经自诉检察官，
　　　　　若不停止侦查程序仍行提起公
　　　　　诉，应依刑诉法第三百一十八
　　　　　条第二款为不受理之判决，而
　　　　　就自诉部分进行，否则自诉之
　　　　　前已经检察官侦查终结，应依
　　　　　同法第三百四十三条第一款第
　　　　　一项以裁定将自诉驳回；二、
　　　　　应按照自诉及公诉之程序分别
　　　　　办理；三、提起反诉以对于自
　　　　　诉人为限，若对于自诉人以外
　　　　　之第三人提起，自不合法应依
　　　　　同法第三百五十五条、第三百
　　　　　四十三条第三款第一项办理；
　　　　　四、刑法第一百六十条、第一
　　　　　百六十二条之妨害秩序，以自

己之行为或不行为是否完成为标准，并无未遂罪处罚之规定，至第二百九十条第一项之自杀，以他人之行为有无结果即已否死亡为既遂、未遂之标准；五、应依刑诉法第三百八十五条第一项程序，再依同法第三百四十三条第二款第一项及第二项办理。

期刊名称：浙江司法半月刊
主办单位：
刊　　期：19??
页　　码：26－27

46. 题　　名：解释诬告罪疑义及不起诉处分确定后如何救济：院字第三一五号（十九年八月二日）

作　　者：

关键词：诬告罪　不起诉处分　新证据　再行起诉

摘　　要：卫戍或警备地方之军事机关，既有维持治安之责，则在其职权范围内即为刑法第一百八十条之该管公务员某甲向其诬告某乙妨害秩序意图抢劫，应成立诬告罪，又检察官所为之不起诉处分，如经确定，依现行刑诉法除发现新事实、新证据，得再行起诉外，别无救济之法。

期刊名称：浙江司法半月刊
主办单位：
刊　　期：1930，1（17）
页　　码：1

47. 题　　名：解释共同被告中之数人经特种刑庭免予置议是否可认为不起诉处分（十九年二月司法院训令江苏高等法院院字第二三六号）

作　　者：

关键词：地方法院　特种刑事地方临时法庭　移交　新证据　再行起诉

摘　　要：地方法院受理特种刑事地方临时法庭移交案件，其被告人数应依该法院所移交者为限，设有共同被告中之数人已经该法院庭训无关系，免予置疑，并

未移交法院，该法院即不能并案审理，但发现新事实或新证据者得再行起诉。

期刊名称：浙江司法半月刊
主办单位：
刊　　期：1930，1（6）
页　　码：10－11

48. 题　　名：解释不起诉处分疑义指令（院字第九五三号，二十二年八月八日）

作　　者：

关键词：检察官　不起诉　不起诉处分书

摘　　要：检察官侦查后认为案件应不起诉者，依刑诉法第二百四十六条应制作不起诉处分书，如仅用批示不受理，不能认为侦查终结之不起诉处分。

期刊名称：浙江司法半月刊
主办单位：
刊　　期：19??
页　　码：209－210

49. 题　　名：解释覆审判决后发现被告对于初判曾经合法上诉如何办理疑义指令（院字第八八九号，二十二年四月二十二日）

作　　者：

关键词：覆判　上诉　无效

摘　　要：覆判审裁定发回覆审案件于覆审判决确定后，发现被告对于初判曾有合法之上诉者，其依覆判程序之裁定，自归无效，应由直接上级法院进行第二审审判。

期刊名称：浙江司法半月刊
主办单位：
刊　　期：19??
页　　码：148－149

50. 题　　名：解释甲推事裁判案件经乙推事审核盖章是否认为参与审判疑义指令（院字第一〇五二号）

作　　者：

关键词：独任推事　裁判　参与审判

摘　　要：属于独任推事之案件，于甲推事裁判后，乙推事赘在原本签核盖章，本属不合，自不得认

为参与审判。

期刊名称：浙江司法半月刊
主办单位：
刊　　期：19??
页　　码：305－306

51. 题　　名：解释刑事起诉程序疑义（十九年一月司法院训令湖北高等法院院字第二二三号）

作　　者：

关 键 词：首席检察官　检举　不起诉　新证据　不得续行侦查或起诉

摘　　要：上级法院首席检察官以职权检举犯罪，命令下级检察官侦查之案件，经下级检察官为不起诉处分后，除发现新事实或新证据外，上级法院首席检察官不得迳命续行侦查或起诉，下级检察官亦不得据以起诉，其有据以起诉者为程序违背规定。

期刊名称：浙江司法半月刊
主办单位：
刊　　期：1930，1（5）
页　　码：4－5

52. 题　　名：解释诬告事件起诉程序疑义指令：院字第一三八〇号（二十四年十二月二十八日）：令山东高等法院院长吴贞缵：二十二年八月十一日呈据泰安地方法院阳谷分庭转请解释诬告事件起诉程序疑义由

作　　者：

关 键 词：诬告罪　不起诉处分　地方县长　追诉权　再行起诉

摘　　要：一、检察官侦查刑事案件发现原告诉人为诬告者，得迁就诬告事件起诉，毋庸另对被诬告人为不起诉处分；二、设有正式法院地方之县长，虽得侦查犯罪，但无追诉之权，对于犯罪嫌疑人，应移送该管辖检察官侦查，不能自行起诉；三、检察官对于被告为不起诉处分时，如认原告诉人为诬告者，得迳行起诉，毋庸经过再议之期间。

期刊名称：浙江司法半月刊
主办单位：
刊　　期：1936，7（3）
页　　码：12－14

53. 题　　名：解释被告在起诉时系工人判决时已充军部炊事兵应否由普通法院审判疑义训令（院字第九四三号，二十二年七月二十二日）

作　　者：

关 键 词：炊事兵　工人　普通法院

摘　　要：炊事兵如合于陆海空军刑法第五条之规定自为军人，但起诉时尚系工人是其犯罪及发觉均在任役前，依陆海空军审判法第十六条之规定，应由普通法院审判。

期刊名称：浙江司法半月刊
主办单位：
刊　　期：19??
页　　码：199－200

54. 题　　名：解释告诉人声请再议疑义（十九年四月司法院训令福建高等法院院字第二五八号）

作　　者：

关 键 词：不起诉处分　声请再议　告诉人

摘　　要：刑诉法第二百四十八条第一项规定，不服不起诉处分之声请再议，以告诉人为限，至公务员告发时，自不得声请再议。

期刊名称：浙江司法半月刊
主办单位：
刊　　期：1930，1（9）
页　　码：4

55. 题　　名：解释刑事诉讼传讯告诉人疑义（十九年二月司法院训令广西高等法院院字第二四五号）

作　　者：

关 键 词：公诉案件　告诉人　适用证人规定　传唤

摘　　要：公诉案件之告诉人虽非当事人，然如法院证明事实起见，认为有讯问之必要时，自得适用刑诉法关于证人之规定，予以传唤。

期刊名称：浙江司法半月刊

主办单位：

  刊　　期：1930，1（6）

  页　　码：18

56. 题　　名：解释强奸罪犯由巡警拘送侦查被害人不愿告诉如何办理：十九年一月司法院训令广西高等法院院字第二一七号

作　　者：

关 键 词：未经告诉　检察官　不应处分

摘　　要：告诉乃论之罪，未经告诉者，检察官不应有何处分。

期刊名称：浙江司法半月刊

主办单位：

  刊　　期：1930，1（4）

  页　　码：13

57. 题　　名：解释告诉与告发如何区分疑义指令（院字第九四九号，二十二年七月三十一日）

作　　者：

关 键 词：侵害法益　被侵害人　告诉人　告发人

摘　　要：犯罪行为如一方侵害个人法益，则被侵害之个人依刑诉法第二百一十三条规定，当然为告诉人。

期刊名称：浙江司法半月刊

主办单位：

  刊　　期：19??

  页　　码：205－206

58. 题　　名：解释刑事诉讼法关于司法警察官关于侦查犯罪疑义（十九年九月司法院训令福建高等法院院字第三〇六号）

作　　者：

关 键 词：侦查权　必要情形　期限　警卫队长　检察官　指挥侦查权

摘　　要：一、刑诉法第二百二十七条所称县长、公安局长、宪兵队长官有侦查犯罪职权者，系单指有侦查犯罪之职权，与检察官同，并非检察官应有之其他职权，上述各员均得行使。至该条所称必要情形，无论法律上之必要及事实上之必要，均包括之前者，例如证据即将灭减，共犯即将逃亡，非共同嫌疑人实行搜索不能，获得时后者，例如嫌疑人忽罹重病或交通有阻碍时，凡此之类关于移送均得不拘三日期限，惟此种例外应从严格解释，且不得因此而牵涉羁押权之行使问题；二、刑诉法第二百二十八条所称左列各员，系包括县政府之警卫队长而言，检察官关于侦查犯罪自有直接指挥之权。

期刊名称：浙江司法半月刊

主办单位：

  刊　　期：1930，1（15）

  页　　码：3－5

59. 题　　名：解释禁烟法公布前之犯罪办法（十八年十二月司法院代电浙江高等法院院字第一七七号）

作　　者：

关 键 词：禁烟法

摘　　要：禁烟法已于本年七月二十五日公布，其第二十二条规定，本法自公布之日施行，则凡七月二十五日以后未经判决之烟案，自应依禁烟法之规定处断。

期刊名称：浙江司法半月刊

主办单位：

  刊　　期：1930（创刊号）

  页　　码：8

60. 题　　名：解释鸦片罪管辖问题疑义（十八年十二月司法院训令江苏高等法院院字第一七九号）

作　　者：

关 键 词：初级法院　管辖　一审案件　禁烟法

摘　　要：刑诉法第八条初级法院管辖之第一审案件，原则上应依本刑为三年以下有期徒刑、最重本刑超过三年而归拘役或专科罚金之罪为限，初级法院管辖者则以同条第二至第八各款为范围，禁烟法第六、第八、第十各条之罪重主刑均为五年以下有期徒刑，又不在刑诉法第八条第二款至第八款列举范围内，第一审应由地方法院管辖。

期刊名称：浙江司法半月刊

主 办 单 位：

刊　　　期：1930（创刊号）

页　　　码：9－10

61. 题　　　名：解释暂行反革命治罪法适用疑义（十八年十二月司法院代电安徽高等法院院字第一九四号）

作　　　者：

关 键 词：反革命治罪法

摘　　　要：暂行反革命治罪法于十七年三月七日公布，凡犯罪在该法公布前无论何时所犯，如公布时未经确定审判，依该法第十三条之规定，均应据该法处断，至处理逆产条例第一条，系就财产应否视为逆产而为规定与犯罪行为应否适用暂行反革命治罪法之问题无关。

期刊名称：浙江司法半月刊

主 办 单 位：

刊　　　期：1930，1（3）

页　　　码：4

62. 题　　　名：解释报纸登载法官受贿事后更正应否处罚疑义（十九年七月司法院训令四川高等法院院字第三〇三号）

作　　　者：

关 键 词：受贿　事后更正　处刑

摘　　　要：以报纸登载司法官受贿，除有刑法第三百二十六条、第三百二十七条情形外，应分别依同法第三百二十五条或第三百二十八条处断，至事后更正，因现行法律尚无免责之条文，自不影响于罪成立，只得视为同法第七十六条科刑之标准。

期刊名称：浙江司法半月刊

主 办 单 位：

刊　　　期：1930，1（15）

页　　　码：1－2

63. 题　　　名：解释声请再议案件认为有理由者应否制作处分书（十八年十月司法院训令广东高等法院院字第一六八号）

作　　　者：

关 键 词：上级首席检察官　再议　处分书

摘　　　要：上级首席检察官认再议有理由，命令续行侦查或起诉者，应叙明理由，毋庸另制处分书。

期刊名称：浙江司法半月刊

主 办 单 位：

刊　　　期：1930（创刊号）

页　　　码：1－2

64. 题　　　名：解释出版法能否援用（十九年二月司法院代电四川高等法院院字第二三五号）

作　　　者：

关 键 词：出版法　废止

摘　　　要：出版法已经废止，不能援用。

期刊名称：浙江司法半月刊

主 办 单 位：

刊　　　期：1930，1（6）

页　　　码：10

65. 题　　　名：解释停止审判之裁定能否抗告疑义（十九年六月司法院代电湖北高等法院院字第三百号）

作　　　者：

关 键 词：停止审判　诉讼程序　抗告

摘　　　要：停止审判之裁定属于诉讼程序裁定之一种，依刑诉法第四百一十五条规定，不得抗告。

期刊名称：浙江司法半月刊

主 办 单 位：

刊　　　期：1930，1（14）

页　　　码：2－3

66. 题　　　名：解释共同被告中之数人经特种刑庭免予置议是否可认为不起诉处分（十九年二月司法院训令江苏高等法院院字第二三六号）

作　　　者：

关 键 词：特种刑事地方临时法庭　共同被告　新证据　起诉

摘　　　要：地方法院受理特种刑事地方临时法庭移交案件，其被告人数应依该法院所移交者为限，设有共同被告中之数人已经该法庭讯无关系免予置议，并未移交法院该法院既不能并案审理，但发现新事实或新证据者，再行起诉。

期刊名称：浙江司法半月刊

主办单位：

刊　　期：1930，1（6）

页　　码：10 - 11

（六）批示

1. 题　　名：附录：浙江高等法院检察处批
示：具状人来楮氏：状一件呈为
承发吏徐熊等查封鉴定骆驼桥东
河下房屋确有舞弊情事请求查办
由（九月二十三日）

作　　者：

关键词：承发吏　舞弊　原审　执行处

摘　　要：来楮氏房屋因案查封标卖，如其
对承发吏的鉴定认为确有不实，
可向原审执行处请求核办。

期刊名称：浙江司法半月刊

主办单位：

刊　　期：1930，1（18）

页　　码：24

2. 题　　名：附录：浙江高等法院检察处批
示：具状人宋葆庭：状一件为不
服朱如发等抢夺伪造一案第二审
判决请求上诉由（五月六日）

作　　者：

关键词：抢夺　伪造　二审判决　检察处

摘　　要：针对宋葆庭不服朱如发等抢夺伪
造一案第二审判决请求上诉由，
由于判决尚未送达检察处，送达
后调卷核夺。

期刊名称：浙江司法半月刊

主办单位：

刊　　期：1930，1（9）

页　　码：28

3. 题　　名：附录：浙江高等法院检察处批
示：具状人平湖辜孝宽：状一件
为称前予吴锦明互诉渎职一案请
并案侦查由（七月三十日）

作　　者：

关键词：渎职案　检察处

摘　　要：平湖辜孝宽状一件为称前予吴锦
明互诉渎职一案，由浙江高等法
院检察处调阅后，令发杭县地方
法院一并侦查核办。

期刊名称：浙江司法半月刊

主办单位：

刊　　期：1930，1（15）

页　　码：27

4. 题　　名：附录：浙江高等法院检察处批
示：具状人临安陶文忠：状一件
为因被诉伤害人致死一案前已撤
回告诉请令县释放由（九月十
二日）

作　　者：

关键词：伤害致死　告诉乃论　撤回告诉

摘　　要：临安陶文忠状一件为因被诉伤害
人致死一案，因其所犯乃刑法第
二百九十六条之罪，既非告诉乃
论自不得撤回告诉；针对羁押日
久请求释放一节，实情如何令临
安县长查明后依法办理。

期刊名称：浙江司法半月刊

主办单位：

刊　　期：1930，1（18）

页　　码：21

5. 题　　名：附录：浙江高等法院检察处批
示：具状人郑章娜：状一件为不
服本院胡炫寿判决等杀人一案提
起上诉由（六月九日）

作　　者：

关键词：杀人　无罪　检察官上诉

摘　　要：郑章娜状一件为不服本院胡炫寿
判决等杀人一案提起上诉由。此
案原判关于刘老六无罪部分经承
办检察官认为不当，已提起上
诉；除此之外，其余各部分原判
均无不当之处。

期刊名称：浙江司法半月刊

主办单位：

刊　　期：1930，1（12）

页　　码：24

6. 题　　名：附录：浙江高等法院检察处批
示：具状人鲍小大：状一件为延
案不办请饬县从速法办由（五
月十七日）

作　　者：

关键词：延案不办

摘　　要：鲍小大状一件为延案不办请饬县
从速办由，令临安县长迅速
依法查究此案。

期刊名称：浙江司法半月刊

主办单位：

刊　　期：1930，1（10）

页　　码：27

7. 题　　名：附录：浙江高等法院检察处批
示：具状人显庐：状一件为诉蒋
正宸扣侵公款案请县迅予呈覆由
（六月十日）

作　　者：

关 键 词：扣侵公款

摘　　要：显庐状一件为诉蒋正宸扣侵公款
案请县迅予呈覆由，候令催促原
县核办此案。

期刊名称：浙江司法半月刊

主办单位：

刊　　期：1930，1（12）

页　　码：25

8. 题　　名：附录：浙江高等法院检察处批
示：具状人何其信：状一件为诉
何上忠贿警湮没赌具不服原院检
察处不起诉处分提起抗告由
（五月十六日）

作　　者：

关 键 词：贿警　湮没赌具　告诉人　不起
诉处分

摘　　要：何其信状一件为诉何上忠贿警湮
没赌具不服原院检察处不起诉处
分提起抗告由。报告人系告发
人，并非是告诉人，故该民对于
本案没有声请再议的权利。

期刊名称：浙江司法半月刊

主办单位：

刊　　期：1930，1（10）

页　　码：27

9. 题　　名：附录：浙江高等法院检察处批
示：具状人龙泉张醉六：状一件
为诉该县县长违法拘捕勒索巨款
一案请咨行停职依法检举由
（五月二十三日）

作　　者：

关 键 词：违法拘捕　勒索巨款　首席检
察官

摘　　要：龙泉张醉六状一件为诉该县县长
违法拘捕勒索巨款一案请咨行停
职依法检举由。已令龙泉县法院
首席检察官查明实情，等候回复
后再行核办。

期刊名称：浙江司法半月刊

主办单位：

刊　　期：1930，1（10）

页　　码：28

10. 题　　名：附录：浙江高等法院检察处批
示：具状人吴琛等：状一件为
诉鲍思信盗易禁品等情一案请
求民政厅迅予移送依法审究由
（五月十三日）

作　　者：

关 键 词：盗易禁品

摘　　要：吴琛等状一件为诉鲍思信盗易
禁品等情一案请求民政厅迅予
移送依法审究由。仰候检状再
函民政厅查案核覆。

期刊名称：浙江司法半月刊

主办单位：

刊　　期：1930，1（10）

页　　码：26

11. 题　　名：附录：浙江高等法院检察处批
示：具状人李溶：状一件为林
礼尚捏事诬陷请撤办由（一月
九日）

作　　者：

关 键 词：捏事诬陷　故意　检察处　刑
事责任

摘　　要：李溶状一件为林礼尚捏事诬陷
请撤办由。刑法第二十四条规
定，非故意的行为不予处罚，
该案由原审法院呈明属于录事
误填，浙江高等法院检察处察
核也难令其负刑事责任。

期刊名称：浙江司法半月刊

主办单位：

刊　　期：1930，1（2）

页　　码：17－18

12. 题　　名：附录：浙江高等法院检察处批
示：具状人兰溪李溶：状一件
为诉余名铭等诬告一案请移转
管辖由（十一月十三日）

作　　者：

关 键 词：诬告　检察处　移转管辖

摘　　要：兰溪李溶状一件为诉余名铭等
诬告一案，浙江高等法院检察
处查此案第二审应属本院第二
分院管辖，由该分院查明依法
核办。

期刊名称：浙江司法半月刊

主办单位：

刊　　期：1930，1（10）

主办单位：

刊　　　期：1930，1（22）
　　页　　　码：24

13. 题　　　名：附录：浙江高等法院检察处批
　　　　　　　　示：具代电温岭县民潘景韶：
　　　　　　　　电一件为呈请通令购缉匪共林
　　　　　　　　尧臣等务获法办等情由（八月
　　　　　　　　十二日）
　　作　　　者：
　　关　键　词：缉匪　检察处
　　摘　　　要：温岭县民潘景韶电一件为呈请
　　　　　　　　通令购缉匪共林尧臣等情由。
　　　　　　　　省政府转令就地驻军侦缉，并
　　　　　　　　令温岭县法院检察处将余匪侦
　　　　　　　　缉讯办。
　　期刊名称：浙江司法半月刊
　　主办单位：
　　刊　　　期：1930，1（16）
　　页　　　码：23

14. 题　　　名：附录：浙江高等法院检察处批
　　　　　　　　示：具状人王金如等：状一件
　　　　　　　　为声明上诉补叙理由请吊卷提
　　　　　　　　讯昭雪由（五月三日）
　　作　　　者：
　　关　键　词：上诉　检察处
　　摘　　　要：王金如等状一件为声明上诉补
　　　　　　　　叙理由请吊卷提讯昭雪由案，
　　　　　　　　浙江高等法院检察处候调卷
　　　　　　　　核办。
　　期刊名称：浙江司法半月刊
　　主办单位：
　　刊　　　期：1930，1（9）
　　页　　　码：27

15. 题　　　名：附录：浙江高等法院检察处批
　　　　　　　　示：具状人在押被告项雷声：
　　　　　　　　状一件请先移送反省院反省由
　　　　　　　　（五月二十一日）
　　作　　　者：
　　关　键　词：在押被告　反省院　最高法院
　　摘　　　要：在押被告项雷声状一件请先移
　　　　　　　　送反省院反省案，在押被告项
　　　　　　　　雷声已幡然悔悟，但移送反省
　　　　　　　　院需按照定例办理，此案尚未
　　　　　　　　终结，应待最高法院判决后
　　　　　　　　核夺。
　　期刊名称：浙江司法半月刊
　　主办单位：

刊　　　期：1930，1（10）
　　页　　　码：28

16. 题　　　名：附录：浙江高等法院检察处批
　　　　　　　　示：具状人林得郎：状一件为
　　　　　　　　被诬绑匪原县徇情滥押请饬释
　　　　　　　　由（三月二十一日）
　　作　　　者：
　　关　键　词：徇情滥押　饬释
　　摘　　　要：林得郎被诬陷为绑匪，原县徇
　　　　　　　　情滥押，请求饬释一案，所称
　　　　　　　　是否实在候检状令县依法秉公
　　　　　　　　办理。
　　期刊名称：浙江司法半月刊
　　主办单位：
　　刊　　　期：1930，1（6）
　　页　　　码：25

17. 题　　　名：附录：浙江高等法院检察处批
　　　　　　　　示：具状人吴昌茂：状一件为
　　　　　　　　诉桐乡县县长马成骥诈财私禁
　　　　　　　　请移转管辖由（七月十四日）
　　作　　　者：
　　关　键　词：诈财私禁　管辖
　　摘　　　要：吴昌茂状一件为诉桐乡县县长
　　　　　　　　马成骥诈财私禁请移转管辖案，
　　　　　　　　该民向民政厅具诉候函，民政
　　　　　　　　厅查复后再行核办，所请移转
　　　　　　　　管辖暂毋庸议。
　　期刊名称：浙江司法半月刊
　　主办单位：
　　刊　　　期：1930，1（14）
　　页　　　码：21

18. 题　　　名：附录：浙江高等法院检察处批
　　　　　　　　示：具状人第一监狱犯罗应氏：
　　　　　　　　状一件为请发回原县执行由
　　　　　　　　（八月六日）
　　作　　　者：
　　关　键　词：刑罚执行
　　摘　　　要：第一监狱犯人罗应氏请求发回
　　　　　　　　原县执行一案，前经明白批示，
　　　　　　　　所请未便照准。
　　期刊名称：浙江司法半月刊
　　主办单位：
　　刊　　　期：1930，1（16）
　　页　　　码：21

19. 题　　　名：附录：浙江高等法院检察处批
　　　　　　　　示：具状人德清屠万华：状一

件为诉屠阿掌等伤害伊妻一案
请令县依法惩办由（七月三十
日）

作　　者：

关 键 词：伤害案　县长兼理司法

摘　　要：德清县屠万华状屠阿掌等伤害
其妻一案，是否属实，令德清
县县长查明后依法核办。

期刊名称：浙江司法半月刊

主办单位：

刊　　期：1930，1（15）

页　　码：27

20. 题　　名：附录：浙江高等法院检察处批
示：具状人临海张傅氏：状一
件为伊夫张式昌被周钟俊等诬
陷通匪无辜冤死请求指令法院
侦查按律究诬由（五月六日）

作　　者：

关 键 词：通匪

摘　　要：临海张傅氏状伊夫张式昌被周
钟俊等诬陷通匪无辜冤死案，
请求指令法院侦查按律究诬。
经查，张式昌通匪有据。

期刊名称：浙江司法半月刊

主办单位：

刊　　期：1930，1（9）

页　　码：27

21. 题　　名：附录：浙江高等法院检察处批
示：具状人项慈园等：状一案
因被诉窃盗等一案声请移转管
辖由（三月二十七日）

作　　者：

关 键 词：移转管辖　最高法院检察署

摘　　要：项慈园等被诉窃盗等声请移转
管辖一案，状悉候检同卷宗遵
送最高法院检察署核办。

期刊名称：浙江司法半月刊

主办单位：

刊　　期：1930，1（7）

页　　码：23

22. 题　　名：附录：浙江高等法院检察处批
示：具呈人杭县地方法院全体
法警：呈一件为训练期满并已
举行考试请发给证书借为资格
佐证由（八月二日）

作　　者：

关 键 词：法警　短期训练　专设训练班
证书

摘　　要：杭县地方法院全体法警因训练
期满并已举行考试一事，申请
发给证书借为资格佐证。悉查，
此次高地两院举行的短期训练，
与专设训练班定期卒业者有别，
此次训练规则并没有期满发给
证书的规定。

期刊名称：浙江司法半月刊

主办单位：

刊　　期：1930，1（15）

页　　码：28

23. 题　　名：附录：浙江高等法院检察处批
示：具状人诸暨戚显甫：状一
件为诉戚斐迪等抢劫并烧毁房
屋一案请令县着保交案并按名
严拘讯办由（六月二十日）

作　　者：

关 键 词：司法事件　法院

摘　　要：诸暨戚斐迪等抢劫并烧毁房屋
一案，因该县业已设有县法院，
司法事件应由该院办理；民家
内被匪抢劫并烧毁房屋是否报，
由该院勘验；此案来状叙述殊
欠明了，令该院迅速查明核办。

期刊名称：浙江司法半月刊

主办单位：

刊　　期：1930，1（12）

页　　码：27

24. 题　　名：附录：浙江高等法院检察处批
示：具状人杭县周子汶：状一
件为诉陈桂生侵占再议一案请
迅令重行侦讯由（十一月十一
日）

作　　者：

关 键 词：侵占　重行侦讯

摘　　要：杭县周子汶状一件为诉陈桂生
侵占再议一案请迅令重行侦讯，
此案已令杭县地方法院续行
侦查。

期刊名称：浙江司法半月刊

主办单位：

刊　　期：1930，1（22）

页　　码：23

25. 题　　名：附录：浙江高等法院检察处批

示：具状人德清钟聚生：状一
件为因窃盗一案提起上诉由
（九月十一日）

作　　者：

关 键 词：盗窃　上诉

摘　　要：德清钟聚生状一件为因窃盗一
案提起上诉由，候调卷核办。

期刊名称：浙江司法半月刊

主办单位：

刊　　期：1930，1（18）

页　　码：21

26. 题　　名：附录：浙江高等法院检察处批
示：具状人李裘氏：状一件请
将李松妹给领由（五月九日）

作　　者：

关 键 词：

摘　　要：李裘氏状一件请将李松妹给领
由，候传讯核夺。

期刊名称：浙江司法半月刊

主办单位：

刊　　期：1930，1（9）

页　　码：28

27. 题　　名：附录：浙江高等法院检察处批
示：具呈人陈荣章：电一件为
松阳县检验吏林秀违法索贿请
饬革办由（八月十一日）

作　　者：

关 键 词：索贿

摘　　要：陈荣章电一件为松阳县检验吏
林秀违法索贿请饬革办由，已
令饬原县查办。

期刊名称：浙江司法半月刊

主办单位：

刊　　期：1930，1（16）

页　　码：22

28. 题　　名：附录：浙江高等法院检察处批
示：具状人黄大有：状一件为
诉阮贵祖等渎职一案补具上诉
理由由（九月十五日）

作　　者：

关 键 词：渎职案　上诉

摘　　要：黄大有为诉阮贵祖等渎职一案
补具上诉理由，已于前状明白
批示。

期刊名称：浙江司法半月刊

主办单位：

刊　　期：1930，1（18）

页　　码：22

29. 题　　名：附录：浙江高等法院检察处批
示：具状人绍兴王伯琴：状一
件诉章天渭等和诱一案再行声
请再议由（三月二十六日）

作　　者：

关 键 词：声请再议

摘　　要：绍兴王伯琴状一件诉章天渭等
和诱一案再行声请再议由，候
调卷呈送。

期刊名称：浙江司法半月刊

主办单位：

刊　　期：1930，1（7）

页　　码：22

30. 题　　名：附录：浙江高等法院检察处批
示：具状人杭县莫叩万等：状
一件因略诱一案请解回原籍执
行由（四月二十六日）

作　　者：

关 键 词：发监执行

摘　　要：杭县莫叩万等状一件因略诱一
案请解回原籍执行由。该犯等
既在杭县地方犯罪，自应就近
发监执行，此请应毋庸议。

期刊名称：浙江司法半月刊

主办单位：

刊　　期：1930，1（9）

页　　码：26

31. 题　　名：附录：浙江高等法院检察处批
示：具状人王卓子：状一件为
天台县办理许成万等绑匪一案
贿纵误判续请救济由（四月一
日）

作　　者：

关 键 词：误判　检察处

摘　　要：王卓子状一件为天台县办理许
成万等绑匪一案贿纵误判续请
救济由，此案已由高院检察处
于前状明白批示。

期刊名称：浙江司法半月刊

主办单位：

刊　　期：1930，1（7）

页　　码：25

32. 题　　名：附录：浙江高等法院检察处批
示：具状人吴圣铨：状一件为

吴樟水等拐骗一案原县延搁不理请督促由（九月二十二日）

作　　　者：

关　键　词：

摘　　　要：吴圣铨状一件为吴樟水等拐骗一案原县延搁不理请督促由，候令县迅予依法办理。

期刊名称：浙江司法半月刊

主办单位：

刊　　　期：1930，1（18）

页　　　码：23

33．题　　　名：附录：浙江高等法院检察处批示：具状人上虞徐保千：状一件为请解回原县执行由（九月十三日）

作　　　者：

关　键　词：执行

摘　　　要：上虞徐保千状一件为请解回原县执行由，实情究竟如何，令原县查案并送卷备核。

期刊名称：浙江司法半月刊

主办单位：

刊　　　期：1930，1（18）

页　　　码：22

34．题　　　名：附录：浙江高等法院检察处批示：具状人陈银文：状一件为损坏一案不服吴兴分院判决补具上诉理由由（七月十九日）

作　　　者：

关　键　词：不服判决　补具上诉理由

摘　　　要：陈银文状一件为损坏一案不服吴兴分院判决补具上诉理由由。将原状令发该院依法办理。

期刊名称：浙江司法半月刊

主办单位：

刊　　　期：1930，1（14）

页　　　码：22

35．题　　　名：附录：浙江高等法院检察处批示：具状人方子清：状一件为略诱及贩卖鸦片烟案声明上诉由（九月十八日）

作　　　者：

关　键　词：上诉　贩卖鸦片

摘　　　要：方子清状一件为略诱及贩卖鸦片烟案声明上诉由。候调卷核办。

期刊名称：浙江司法半月刊

主办单位：

刊　　　期：1930，1（18）

页　　　码：23

36．题　　　名：附录：浙江高等法院检察处批示：具状人杨立贝：状一件为诉村长吴恒贵诈财一案请令县依法办理由（三月二十日）

作　　　者：

关　键　词：诈财　县长兼理司法

摘　　　要：潜县杨立贝诉村长吴恒贵诈财一案，所诉是否属实，令潜县县长查明依法核办。

期刊名称：浙江司法半月刊

主办单位：

刊　　　期：1930，1（6）

页　　　码：25

37．题　　　名：附录：浙江高等法院检察处批示：具状人王达才：状一件为请取销王献贤等购缉赏格令饬临海分院发还预纳金由（十一月十一日）

作　　　者：

关　键　词：预纳金

摘　　　要：王达才状一件为请取销王献贤等购缉赏格令饬临海分院发还预纳金由。此案情节重大，经该分院布告购缉，凶犯未缉获，此事关乎官厅对外威信，所请未便照准。

期刊名称：浙江司法半月刊

主办单位：

刊　　　期：1930，1（22）

页　　　码：23

38．题　　　名：附录：浙江高等法院检察处批示：具状人余畅然等：状一件为陈士林等重利盘剥案请求指定管辖由（三月二十日）

作　　　者：

关　键　词：重利盘剥案

摘　　　要：余畅然等状一件为陈士林等重利盘剥案请求指定管辖由，准予移送刑庭依法裁定。

期刊名称：浙江司法半月刊

主办单位：

刊　　　期：1930，1（6）

页　　码：26

39. 题　　名：附录：浙江高等法院检察处批
示：具状人杭县阮张氏：状一
件为请保释伊夫阮树森由（八
月一日）

作　　者：

关 键 词：保释

摘　　要：杭县阮张氏状一件为请保释伊
夫阮树森由，该请保不准。

期刊名称：浙江司法半月刊

主办单位：

刊　　期：1930，1（15）

页　　码：28－29

40. 题　　名：附录：浙江高等法院检察处批
示：具状人周炳文：状一件为
不服本院刑庭判处反革命罪刑
提起上诉追加理由（五月七日）

作　　者：

关 键 词：反革命罪　上诉　最高法院检
察处

摘　　要：周炳文状一件为不服本院刑庭
判处反革命罪刑，提起上诉追
加理由。此状候转呈最高法院
检察处核办。

期刊名称：浙江司法半月刊

主办单位：

刊　　期：1930，1（9）

页　　码：28

41. 题　　名：附录：浙江高等法院检察处批
示：具状人奉化毛绍禄：状一
件为诉毛玉球等强盗伤人一案
呈诉不服由（十一月二十日）

作　　者：

关 键 词：强盗伤人

摘　　要：奉化毛绍禄状一件为诉毛玉球
等强盗伤人一案呈诉不服由。
该状悉，候调卷核办。

期刊名称：浙江司法半月刊

主办单位：

刊　　期：1930，1（22）

页　　码：26

42. 题　　名：附录：浙江高等法院检察处批
示：具状人翁康连：状一件为
诉检察官明知为无罪之人使其
受追诉处罚及明知为罪之人不
使其受追诉处罚请究办由（十

一月十九日）

作　　者：

关 键 词：检察官　渎职　追诉

摘　　要：翁康连状一件为诉检察官明知
为无罪之人使其受追诉处罚，
以及明知为罪之人不使其受追
诉处罚请究办由。该状悉，候
调卷核夺。

期刊名称：浙江司法半月刊

主办单位：

刊　　期：1930，1（22）

页　　码：25

43. 题　　名：附录：浙江高等法院检察处批
示：具状人温岭戴葵秋：状一
件为诉吸食鸦片一案请移转管
辖由（十一月十一日）

作　　者：

关 键 词：吸食鸦片

摘　　要：温岭戴葵秋状一件为诉吸食鸦
片一案请移转管辖由，该案候
送本院刑庭核办。

期刊名称：浙江司法半月刊

主办单位：

刊　　期：1930，1（22）

页　　码：23

44. 题　　名：附录：浙江高等法院检察处批
示：具状人徐溥泉：状一件为
请饬县拘解法办并令先给领赃
物由（十一月六日）

作　　者：

关 键 词：赃物

摘　　要：徐溥泉状一件为请饬县拘解法
办并令先给领赃物由。此案前
据状请移转管辖，即经令县送
卷核办在案，现尚未据送到，
候再令县速行检送。赃物应否
先予给领，令原县酌核办理。

期刊名称：浙江司法半月刊

主办单位：

刊　　期：1930，1（22）

页　　码：21

45. 题　　名：附录：浙江高等法院检察处批
示：具状人罗俞氏：状一件为
案搁已久请速予裁决并批示只
遵由（六月十九日）

作　　者：

关 键 词：县长兼理司法　上诉　最高
法院

摘　　要：罗俞氏状一件为案搁已久请速
予裁决并批示只遵由。此案原
审判的县长现已更易，现任县
长尚未开始审理，自不能认为
有偏颇行事，并且此案经王芝
舫提起上诉，故应将全部案件
移送最高法院核办。

期刊名称：浙江司法半月刊

主办单位：

刊　　期：1930，1（12）

页　　码：27

46. 题　　名：附录：浙江高等法院检察处批
示：具状人余姚陈黄氏：状一
件为伊夫陈养毅被诬逮捕请保
释由（十一月八日）

作　　者：

关 键 词：保释

摘　　要：余姚陈黄氏状一件为伊夫陈养
毅被诬逮捕请保释由，该状候
复讯核办毋渎。

期刊名称：浙江司法半月刊

主办单位：

刊　　期：1930，1（22）

页　　码：22

47. 题　　名：附录：浙江高等法院检察处批
示：具状人严宗浚：状一件为
宁海检察官办理柴昌其等案延
不结束请求督促由（八月二十
八日）

作　　者：

关 键 词：检察官　办案拖延

摘　　要：严宗浚状一件为宁海检察官办
理柴昌其等案延不结束请求督
促由。令该院迅予依法办理。

期刊名称：浙江司法半月刊

主办单位：

刊　　期：1930，1（17）

页　　码：25

48. 题　　名：附录：浙江高等法院检察处批
示：具状人丁子昭：状一件为
陈有桂等绑匪一案原检察官未
予上诉请求救济由（九月十九
日）

作　　者：

关 键 词：上诉请求　检察官　救济

摘　　要：丁子昭状一件为陈有桂等绑匪
一案原检察官未予上诉请求救
济由，此案已判决确定无法
救济。

期刊名称：浙江司法半月刊

主办单位：

刊　　期：1930，1（18）

页　　码：23

49. 题　　名：附录：浙江高等法院检察处批
示：具状人德清王来宝：状一
件为诉王来福抢夺一案请移转管
辖由（四月八日）

作　　者：

关 键 词：抢夺　移转管辖

摘　　要：德清王来宝状一件诉王来福抢
夺一案请移转管辖由，所诉各
节其中显有别情，姑候调卷
核夺。

期刊名称：浙江司法半月刊

主办单位：

刊　　期：1930，1（8）

页　　码：21

50. 题　　名：附录：浙江高等法院检察处批
示：具状人童春山等：状一件
为久患疾病请解回原县候判由
（八月二十七日）

作　　者：

关 键 词：候判

摘　　要：童春山等状一件为久患疾病请
解回原县候判由。童春山等人
如果患病，该所自能妥为医
治。至于童春山诉董树太等强抢等
情各案，亦可委人代理，所请
解回原县候判之处应无庸议。

期刊名称：浙江司法半月刊

主办单位：

刊　　期：1930，1（17）

页　　码：25

51. 题　　名：附录：浙江高等法院检察处批
示：具状人马诗兴等：状一件
为被诬为匪县府徇情滥押请令
县迅予依法办理由（七月三日）

作　　者：

关 键 词：徇情滥押

摘　　要：马诗兴等状一件为被诬为匪

县府徇情滥押，请令县迅予依
法办理由。仰候抄状令县迅予
查明，依法办理。

期刊名称：浙江司法半月刊
主办单位：
刊　　期：1930，1（13）
页　　码：25

52. 题　　名：附录：浙江高等法院检察处批
示：具状人所犯陈金玉：状一
件为请再饬看守所所长延医诊
治由（六月九日）

作　　者：

关 键 词：延医诊治

摘　　要：监所人犯陈金玉状一件为请再
饬看守所所长延医诊治由。该
犯前申请医治其病，已令看守
所所长饬医妥为调治；看守所
按额定供给食品，不能独行供
异，仰其安分守规，听候判决，
毋得籍病逞狡，多方要挟。

期刊名称：浙江司法半月刊
主办单位：
刊　　期：1930，1（12）
页　　码：24

53. 题　　名：附录：浙江高等法院检察处批
示：具状人于潜杨林氏：状一
件称伊夫杨立贝受伤甚重请提
省补验伤痕由（四月二十一日）

作　　者：

关 键 词：县长兼理司法

摘　　要：于潜县杨林氏状一件称伊夫杨
立贝受伤甚重请提省补验伤痕
由，伊所述是否属实，候令于
潜县县长查明，呈覆核夺。

期刊名称：浙江司法半月刊
主办单位：
刊　　期：1930，1（8）
页　　码：22

54. 题　　名：附录：浙江高等法院检察处批
示：具状人陈景泰等：状一件
为诉袁培生侵占案请求送达判
决书由（三月二十日）

作　　者：

关 键 词：当事人　裁判权

摘　　要：陈景泰等状一件为诉袁培生侵
占案请求送达判决书由，因陈

景泰等并非当事人，依法无收
受送达裁判权。

期刊名称：浙江司法半月刊
主办单位：
刊　　期：1930，1（6）
页　　码：25

55. 题　　名：附录：浙江高等法院检察处批
示：具代电人竹松轩：电一件
为汪善祥抢夺鸦片嵊县法院科
刑失出请吊卷提起上诉由（十
一月七日）

作　　者：

关 键 词：当事人　上诉权　原审检察官

摘　　要：竹松轩电一件为汪善祥抢夺鸦
片，嵊县法院科刑失出，吊卷
提起上诉由。汪善祥已提出上
诉，本处已调卷候送刑庭核办。
至于竹松轩称法院科刑失出一
事，原审检察官未于上诉期限
内提起上诉，该民非当事人依
法无上诉权，其所提出的上诉
一事不准。

期刊名称：浙江司法半月刊
主办单位：
刊　　期：1930，1（22）
页　　码：21

56. 题　　名：附录：浙江高等法院检察处批
示：具状人昌化柳运和：状一
件为诉童鸣岐诬告一案请令县
讯办由（八月二十五日）

作　　者：

关 键 词：诬告

摘　　要：昌化县柳运和状一件为诉童鸣
岐诬告一案，请令县讯办由。
此案究属如何，令昌化县县长
查明依法核办。

期刊名称：浙江司法半月刊
主办单位：
刊　　期：1930，1（17）
页　　码：24

57. 题　　名：附录：浙江高等法院检察处批
示：具状人龙泉张雨亭：状一
件为诉该县县长违法逮捕等一
案请函催撤职法办由（六月二
十日）

作　　者：

关　键　词：违法逮捕

摘　　　要：龙泉张雨亭状一件为诉该县县长违法逮捕等一案请函催撤职法办由。究竟该县长对于本案有无涉及刑事范围之处，仰候龙泉县法院查覆到院，再行核办。

期刊名称：浙江司法半月刊

主办单位：

刊　　　期：1930，1（12）

页　　　码：27－28

58. 题　　　名：附录：浙江高等法院检察处批示：具状人诸暨戚显甫：状一件为诉戚斐迪等抢劫放火等一案原院受理管辖错误请撤销原判重行侦查由（十一月十一日）

作　　　者：

关　键　词：管辖错误　撤销原判　检察官上诉

摘　　　要：诸暨戚显甫状一件为诉戚斐迪等抢劫放火等一案，原院受理管辖错误，请撤销原判重行侦查由。原县检察官已提起上诉，如果属实，立即将卷宗呈送来院以凭核办。

期刊名称：浙江司法半月刊

主办单位：

刊　　　期：1930，1（22）

页　　　码：23

59. 题　　　名：附录：浙江高等法院检察处批示：具状人富阳金守洪等：状一件为诉曹炳章等杀人等一案请令从速缉凶法办由（七月十月）

作　　　者：

关　键　词：杀人　缉凶　私捕　未遂

摘　　　要：富阳金守洪等状一件为诉曹炳章等杀人等一案，请令从速缉凶法办由。金守洪所诉金守坤等二人被杀一案，富阳县县长呈报已令饬警侦缉在逃凶犯及同获犯曹阿干，讯明法办。据诉私捕及杀人未遂，各节是否属实，候令该县一并查明，迅予依法办理。

期刊名称：浙江司法半月刊

主办单位：

刊　　　期：1930，1（14）

页　　　码：20

60. 题　　　名：附录：浙江高等法院检察处批示：具状人毛得兴：状一件为渎职诬害上诉求救由（六月二十日）

作　　　者：

关　键　词：渎职

摘　　　要：毛得兴状一件为渎职诬害上诉求救由，候将原状发交原院依法核办。

期刊名称：浙江司法半月刊

主办单位：

刊　　　期：1930，1（12）

页　　　码：28

61. 题　　　名：附录：浙江高等法院检察处批示：具状人嘉兴沈尚真：状一件诉姜维贤土劣事件对于杭县地方法院不起诉处分声请救济一案请核示由（四月十一日）

作　　　者：

关　键　词：不起诉处分　检察官　侦查终结　救济

摘　　　要：嘉兴沈尚真状一件诉姜维贤土劣事件，对于杭县地方法院不起诉处分声请救济一案，请核示由。根据司法院院字第二二三号解释，下级检察官侦查案件给予不起诉处分后，除发现新事实或新证据外，上级检察官不得迳命续行侦查或起诉。本案既经杭县地方法院检察官侦查终结予以不起诉处分，而该民所提出之证据不得谓为新证据或新事实，未便再令侦查，至其他部分如果确有新证据发现，可迳行诉请核办。

期刊名称：浙江司法半月刊

主办单位：

刊　　　期：1930，1（8）

页　　　码：21

62. 题　　　名：附录：浙江高等法院检察处批示：具状人天台戴许氏：状一件为诉戴明鸯等将伊夫戴国维等杀毙一案请令限缉务获讯

究由（七月一日）

作　　者：

关 键 词：缉拿凶犯

摘　　要：天台戴许氏等状一件为诉戴明
　　　　　鸾等将伊夫戴国维等杀毙一案
　　　　　请令限缉务获讯究由。此案前
　　　　　令严拘戴修福等依法究办，再
　　　　　令催该县讯予会督军警察侦缉
　　　　　务获讯办。

期刊名称：浙江司法半月刊

主办单位：

刊　　期：1930，1（13）

页　　码：25

63. 题　　名：附录：浙江高等法院检察处批
　　　　　示：具状人杨立贝等：状一件
　　　　　为诉吴恒贵等伤害及放火等案
　　　　　请移转管辖由（八月二日）

作　　者：

关 键 词：移转管辖

摘　　要：杨立贝等状一件为诉吴恒贵等
　　　　　伤害及放火等案，请移转管辖
　　　　　由。此案前经本院刑庭裁定移
　　　　　转杭县地方法院管辖。

期刊名称：浙江司法半月刊

主办单位：

刊　　期：1930，1（15）

页　　码：29

64. 题　　名：附录：浙江高等法院检察处批
　　　　　示：具天台陈孟业等：状一件
　　　　　为因诉该县县长渎职等一案请
　　　　　准徐新记作保由（七月二十二
　　　　　日）

作　　者：

关 键 词：渎职案　作保

摘　　要：天台陈孟业等状一件为因诉该
　　　　　县县长渎职等一案，请准徐新
　　　　　记作保由。经饬警查明，徐新
　　　　　记系属包工木作业，非正式商
　　　　　铺，自难准予作保。

期刊名称：浙江司法半月刊

主办单位：

刊　　期：1930，1（14）

页　　码：22

65. 题　　名：附录：浙江高等法院检察处批
　　　　　示：具状人杭县陈锦隆：状一
　　　　　件为请保释伊子永富由（九月

六日）

作　　者：

关 键 词：保释

摘　　要：杭县陈锦隆状一件为请保释伊
　　　　　子永富由，候讯明核办，请保
　　　　　应毋庸议。

期刊名称：浙江司法半月刊

主办单位：

刊　　期：1930，1（17）

页　　码：28

66. 题　　名：附录：浙江高等法院检察处批
　　　　　示：具呈人诸暨戚显甫：呈一
　　　　　件为县法院受理反革命案管辖
　　　　　错误请重行侦查由（十一月八
　　　　　日）

作　　者：

关 键 词：反革命案　管辖　检察官上诉
　　　　　二审法院

摘　　要：诸暨戚显甫呈一件为县法院受
　　　　　理反革命案管辖错误，请重行
　　　　　侦查由。该案已由诸暨县法院
　　　　　判决，并由检察官提起上诉，
　　　　　究竟管辖是否错误，仰即静候
　　　　　第二审法院依法核办；所请重
　　　　　行侦查之处应从缓议。

期刊名称：浙江司法半月刊

主办单位：

刊　　期：1930，1（22）

页　　码：22

67. 题　　名：附录：浙江高等法院检察处批
　　　　　示：具状人第一监狱盗犯徐老
　　　　　虎：状一件为请发回原县执行
　　　　　由（六月十七日）

作　　者：

关 键 词：刑罚执行

摘　　要：第一监狱盗犯徐老虎状一件为
　　　　　请发回原县执行由。该犯前因
　　　　　情节较重，经本院令发第一监
　　　　　狱执行在案，所请发回原县执
　　　　　行之处不准。

期刊名称：浙江司法半月刊

主办单位：

刊　　期：1930，1（12）

页　　码：26

68. 题　　名：附录：浙江高等法院检察处批
　　　　　示：具状人海宁杨桂荪等：状

一件为因和诱一案请调卷准予保释并移转侦查由（七月二十四日）

作　　者：

关 键 词：和诱　保释　移转侦查　首席检察官

摘　　要：海宁杨桂荪等状一件为因和诱一案请调卷准予保释，并移转侦查由。该民等应否停止羁押，候令海宁县法院首席检察官查明依法秉公核办，并呈复备核；所请移转侦查之处不准。

期刊名称：浙江司法半月刊

主办单位：

刊　　期：1930，1（15）

页　　码：26－27

69. 题　　名：附录：浙江高等法院检察处批示：具状人东阳徐毓芳：状一件为陈马氏具保逃匿请予通缉由（五月十五日）

作　　者：

关 键 词：具保逃匿　通缉

摘　　要：东阳徐毓芳状一件为陈马氏具保逃匿请予通缉由，陈马氏如果应行通令协缉，应由东阳法院呈请核办，该氏迳行声请未便照准。

期刊名称：浙江司法半月刊

主办单位：

刊　　期：1930，1（10）

页　　码：27

70. 题　　名：附录：浙江高等法院检察处批示：具状人奉化傅廷芳：状一件为因脱逃一案提起上诉由（七月三日）

作　　者：

关 键 词：脱逃　上诉

摘　　要：奉化傅廷芳状一件为因脱逃一案提起上诉由，状悉候调卷核办。

期刊名称：浙江司法半月刊

主办单位：

刊　　期：1930，1（13）

页　　码：25

71. 题　　名：附录：浙江高等法院检察处批示：具状人鄞县鲁阿法：状一

件诉戴阿奎和诱诈财一案声请再议由（四月二十一日）

作　　者：

关 键 词：声请再议　检察官

摘　　要：鄞县鲁阿法状一件诉戴阿奎和诱诈财一案声请再议由，声请再议依法应经由原检察官为之，候将原状令发鄞县地方法院查明依法核办。

期刊名称：浙江司法半月刊

主办单位：

刊　　期：1930，1（8）

页　　码：22

72. 题　　名：附录：浙江高等法院检察处批示：具状人吕袁氏：状一件为天台吕袁氏等诉石兴钱等杀人一案呈请上诉由（三月四日）

作　　者：

关 键 词：杀人案　上诉

摘　　要：天台吕袁氏状一件为吕袁氏等诉石兴钱等杀人一案，呈请上诉由。状悉候调卷核夺。

期刊名称：浙江司法半月刊

主办单位：

刊　　期：1930，1（5）

页　　码：22

73. 题　　名：附录：浙江高等法院检察处批示：具状人江山何毛氏：状一件为请保释伊夫何汉章由（十一月二十四日）

作　　者：

关 键 词：保释

摘　　要：江山何毛氏状一件为请保释伊夫何汉章由，该状已于何汉章状内批示，并仰知照。

期刊名称：浙江司法半月刊

主办单位：

刊　　期：1930，1（22）

页　　码：26

74. 题　　名：附录：浙江高等法院检察处批示：具状人慈溪张鸣山：状一件为诉舒方裕窃盗案请提起上诉由（八月二十五日）

作　　者：

关 键 词：窃盗　上诉　首席检察官

摘　　要：慈溪张鸣山状一件为诉舒方裕

窃盗案请提起上诉由。此案是
否尚在上诉期限以内，以及应
否提起上诉，候将原状令发鄞
县地方法院首席检察官查核
办理。

期刊名称：浙江司法半月刊
主办单位：
刊　　期：1930，1（17）
页　　码：24

75. 题　　名：附录：浙江高等法院检察处批
　　　　　　示：具状人德清孟长顺等：状
　　　　　　一件为诉倪彩章等抢夺一案呈
　　　　　　诉不服由（五月二十一日）
　　作　　者：
　　关键词：抢夺　呈诉不服
　　摘　　要：德清孟长顺等状一件为诉倪彩
　　　　　　章等抢夺一案，呈诉不服由。
　　　　　　候调卷核办此批。

期刊名称：浙江司法半月刊
主办单位：
刊　　期：1930，1（10）
页　　码：28

76. 题　　名：附录：浙江高等法院检察处批
　　　　　　示：具状人俞元芳：状一件为
　　　　　　误入共党业经自首请求取保开
　　　　　　释由（六月十一日）
　　作　　者：
　　关键词：共党　自首　取保开释　特种
　　　　　　刑事法庭
　　摘　　要：俞元芳状一件为误入共党业经
　　　　　　自首请求取保开释由。前浙江
　　　　　　特种刑事法庭移交卷宗并无而
　　　　　　因加入共党自首之件，所请取
　　　　　　保开释之处应毋庸议。

期刊名称：浙江司法半月刊
主办单位：
刊　　期：1930，1（12）
页　　码：25

77. 题　　名：附录：浙江高等法院检察处批
　　　　　　示：具状人温岭谢明斋：状一
　　　　　　件为诉谢汪氏等窃盗一案请令
　　　　　　杭县地方法院讯办由（六月十
　　　　　　六日）
　　作　　者：
　　关键词：盗窃　管辖错误　二审判决
　　摘　　要：温岭谢明斋状一件为诉谢汪氏

等窃盗一案请令杭县地方法院
讯办由。此案经本院刑庭判决
认为管辖错误应由鄞县地方法
院为第二审判业将卷判令发
该院核办在案。

期刊名称：浙江司法半月刊
主办单位：
刊　　期：1930，1（12）
页　　码：26

78. 题　　名：附录：浙江高等法院检察处批
　　　　　　示：具状人王慎之等：状一件
　　　　　　为诉潘纪泽诈财一案不服杭县
　　　　　　地方法院判决提起上诉由（三
　　　　　　月十七日）
　　作　　者：
　　关键词：诈财　上诉　原审检察官
　　摘　　要：王慎之等状一件为诉潘纪泽诈
　　　　　　财一案不服杭县地方法院判决
　　　　　　提起上诉由。该民等系属原告
　　　　　　诉人，对于正式法院判决依法
　　　　　　不能提起上诉，如果对于原判
　　　　　　确有不服，应提出正当理由呈
　　　　　　请原审检察官核办。

期刊名称：浙江司法半月刊
主办单位：
刊　　期：1930，1（6）
页　　码：25

79. 题　　名：附录：浙江高等法院检察处批
　　　　　　示：具状人王谢氏：状一件为
　　　　　　不服王吉人遗弃殴辱等情不起
　　　　　　诉一案声请再议并诉检验吏赵
　　　　　　德耀检验舞弊由（六月九日）
　　作　　者：
　　关键词：遗弃殴辱　声请再议　检察处
　　摘　　要：王谢氏状一件为不服王吉人遗
　　　　　　弃殴辱等情不起诉一案声请再
　　　　　　议，并诉检验吏赵德耀检验舞
　　　　　　弊由。高院检察处查，声请再
　　　　　　议应经由原检察官为之，候将
　　　　　　原状令发原院查照依法办理；
　　　　　　至于检验吏舞弊确否实在，亦
　　　　　　候令饬一并查明再行核办。

期刊名称：浙江司法半月刊
主办单位：
刊　　期：1930，1（12）
页　　码：24

80. 题　　　名：附录：浙江高等法院检察处批
　　　　　　　示：具状人梁嗣芬：状一件为
　　　　　　　贩卖鸦片代用品案请求调证覆
　　　　　　　判由（五月二日）

作　　　者：

关 键 词：鸦片代用品　覆判

摘　　　要：梁嗣芬状一件为贩卖鸦片代用
　　　　　　　品案，请求调证覆判由。该案
　　　　　　　业已转送本院刑庭覆判，候将
　　　　　　　原状转送核办。

期刊名称：浙江司法半月刊

主办单位：

刊　　　期：1930，1（9）

页　　　码：27

81. 题　　　名：附录：浙江高等法院检察处批
　　　　　　　示：具呈人刘石城：呈一件为
　　　　　　　新昌检验吏蒋星垣吸食鸦片请
　　　　　　　调省检验职务由该民暂代由
　　　　　　　（六月十六日）

作　　　者：

关 键 词：检验吏　鸦片

摘　　　要：刘石城呈一件为新昌检验吏蒋
　　　　　　　星垣吸食鸦片请调省检验职务
　　　　　　　由该民暂代由。经新昌县法院
　　　　　　　查明，该吏确无烟瘾；另外，
　　　　　　　刘石城所请将该吏调省检验职
　　　　　　　务由该民暂代之处无此办法，
　　　　　　　未便照准。

期刊名称：浙江司法半月刊

主办单位：

刊　　　期：1930，1（12）

页　　　码：26

82. 题　　　名：附录：浙江高等法院检察处批
　　　　　　　示：具状人施阿金：状一件为
　　　　　　　吴兴施阿金等诉陈叔英等强取
　　　　　　　一案声请再议请令起诉由（二
　　　　　　　月二十五日）

作　　　者：

关 键 词：强取案

摘　　　要：吴兴县施阿金状一件为施阿金
　　　　　　　等诉陈叔英等强取一案，声请
　　　　　　　再议请令起诉由。此案已据原
　　　　　　　院将卷状呈送前来仰候依法
　　　　　　　核办。

期刊名称：浙江司法半月刊

主办单位：

刊　　　期：1930，1（5）

页　　　码：21

83. 题　　　名：附录：浙江高等法院检察处批
　　　　　　　示：具象山邬礼轩等：状一件
　　　　　　　为诉愿鹏程侵占案请指定管辖
　　　　　　　由（八月二十八日）

作　　　者：

关 键 词：侵占案　指定管辖　刑事诉
　　　　　　　讼法

摘　　　要：象山县邬礼轩等状一件为诉愿
　　　　　　　鹏程侵占案，请指定管辖由。
　　　　　　　此案究属如何情形，候令象山
　　　　　　　县县长查明依法核办；所请指
　　　　　　　定管辖一节，与刑事诉讼法规
　　　　　　　不符，未便准予。

期刊名称：浙江司法半月刊

主办单位：

刊　　　期：1930，1（17）

页　　　码：25

84. 题　　　名：附录：浙江高等法院检察处批
　　　　　　　示：具状人章兆楠：状一件为
　　　　　　　诉郁关照等浮收请求移转管辖
　　　　　　　由（五月十九日）

作　　　者：

关 键 词：移转管辖　刑庭

摘　　　要：章兆楠状一件为诉郁关照等浮
　　　　　　　收，请求移转管辖由，章兆楠
　　　　　　　所请尚不无理由，候转送刑庭
　　　　　　　裁定。

期刊名称：浙江司法半月刊

主办单位：

刊　　　期：1930，1（10）

页　　　码：28

85. 题　　　名：附录：浙江高等法院检察处批
　　　　　　　示：具状人汤以南：状一件为
　　　　　　　声明愿在第一监狱执行由（六
　　　　　　　月二十四日）

作　　　者：

关 键 词：刑罚执行

摘　　　要：汤以南状一件为声明愿在第一
　　　　　　　监狱执行由。经查，短期监犯
　　　　　　　按照部令不能移赴新监执行，
　　　　　　　且第一监狱人犯拥挤，汤以南
　　　　　　　所请准在该监受执行处分一
　　　　　　　节未便照准。

期刊名称：浙江司法半月刊

主办单位：
刊　　期：1930，1（13）
页　　码：23

86. 题　　名：附录：浙江高等法院检察处批
示：具状人余姚刘礼华：状
一件诉刘仲渊等诬告一案声请再
议由（三月二十六日）

作　　者：

关 键 词：诬告案　声请再议　检察官

摘　　要：余姚刘礼华状一件诉刘仲渊等
诬告一案，声请再议由。根据
刑事诉讼法规定，声请再议应
向原审检察官为之，候将原状
令发余姚县法院首席检察官查
明依法核办。

期刊名称：浙江司法半月刊
主办单位：
刊　　期：1930，1（7）
页　　码：22－23

87. 题　　名：附录：浙江高等法院检察处批
示：具状人胡徐氏：状一件为
诉胡顺林伤害致死一案请求令
县法办由（三月三十一日）

作　　者：

关 键 词：伤害致死　检察处

摘　　要：余杭县胡徐氏状一件为诉胡顺
林伤害致死一案请求令县法办
由，此案据余杭县县长呈报检
验情形，当由浙江高法检察处
依法办理。

期刊名称：浙江司法半月刊
主办单位：
刊　　期：1930，1（7）
页　　码：24

88. 题　　名：附录：浙江高等法院检察处批
示：具状人西镇郑之彦：状一
件为以伊子洪波患病甚剧请保
外医治由（六月二十四日）

作　　者：

关 键 词：保外医治

摘　　要：西镇郑之彦状一件为以伊子洪
波患病甚剧请保外医治由，候
函知陆军监狱拨医妥为治疗，
请保不准。

期刊名称：浙江司法半月刊
主办单位：

刊　　期：1930，1（12）
页　　码：28

89. 题　　名：附录：浙江高等法院检察处批
示：具状人许寿祖：状一件为
收受贿赂一案声明撤回上诉由
（十一月十五日）

作　　者：

关 键 词：受贿　撤回上诉　检察处

摘　　要：许寿祖状一件为收受贿赂一案
声明撤回上诉由。候检察处转
呈核办。

期刊名称：浙江司法半月刊
主办单位：
刊　　期：1930，1（22）
页　　码：24

90. 题　　名：附录：浙江高等法院检察处批
示：具状人萧山徐仙龙等：状
一件为诉朱德然等渎职一案补
具再议理由调卷核办由（十一
月十日）

作　　者：

关 键 词：渎职　再议理由　检察处

摘　　要：萧山徐仙龙等状一件为诉朱德
然等渎职一案，补具再议理由
调卷核办由。此案卷状等件已
据萧山县法院呈送前来检察处，
仰候核办。

期刊名称：浙江司法半月刊
主办单位：
刊　　期：1930，1（22）
页　　码：22

91. 题　　名：附录：浙江高等法院检察处批
示：具状人海宁张周氏：状一
件为诉周隆生诱奸伊媳及侮辱
一案请令海宁县法院讯办由
（八月二十日）

作　　者：

关 键 词：诱奸　检察处

摘　　要：海宁张周氏状一件为诉周隆生
诱奸伊媳及侮辱一案，请令海
宁县法院讯办由。此案前经检
察处明白批示在案，该氏未向
该管法院告诉仍行来省越渎，
殊属不合，所请不准。

期刊名称：浙江司法半月刊
主办单位：

92. 题　　名：附录：浙江高等法院检察处批
示：具状人陆顺留即杨阿福：
状一件为妨害卫生及诬告一案
不服德清县政府判决上诉由
（七月二十一日）

作　　者：

关 键 词：诬告　妨害卫生　上诉　原审
法院

摘　　要：陆顺留即杨阿福状一件为妨害
卫生及诬告一案，不服德清县
政府判决上诉由。该案提起上
诉应向原审法院为之，除将原
状令发德清县政府依法办理外，
合行批示知照。

期刊名称：浙江司法半月刊
主办单位：
刊　　期：1930，1（14）
页　　码：22

93. 题　　名：附录：浙江高等法院检察处批
示：具状人僧大本等：状一件
为伤害致死上诉请调卷核办由
（六月十六日）

作　　者：

关 键 词：伤害致死　上诉　检察处

摘　　要：僧大本等状一件为伤害致死上
诉，请调卷核办由，检察处准
予调卷核办。

期刊名称：浙江司法半月刊
主办单位：
刊　　期：1930，1（12）
页　　码：26

94. 题　　名：附录：浙江高等法院检察处批
示：具状人黄岩罗应氏：状一
件请发回原县执行由（四月十
五日）

作　　者：

关 键 词：执行　黄岩

摘　　要：黄岩罗应氏状一件请发回原县
执行由，该犯前犯杀人罪，于
判决确定后，经浙江高院院令
发第一监狱执行，不便轻易变
更，所请不准。

期刊名称：浙江司法半月刊
主办单位：

---

95. 题　　名：附录：浙江高等法院检察处批
示：具状人富阳何子祥：状一
件为诉董大毛等略诱一案呈诉
不服由（十一月十八日）

作　　者：

关 键 词：略诱　检察处

摘　　要：富阳何子祥状一件为诉董大毛
等略诱一案呈诉不服由，检察
处已收状，候调卷办理。

期刊名称：浙江司法半月刊
主办单位：
刊　　期：1930，1（22）
页　　码：25

96. 题　　名：附录：浙江高等法院检察处批
示：具状人金法根：状一件为
持有军用枪弹案声明上诉由
（三月十五日）

作　　者：

关 键 词：军用枪弹案　上诉

摘　　要：金法根状一件为持有军用枪弹
案声明上诉由，检察处已收状，
候调卷核办。

期刊名称：浙江司法半月刊
主办单位：
刊　　期：1930，1（6）
页　　码：24

97. 题　　名：附录：浙江高等法院检察处批
示：具呈人何生成等：状一件
为烟窟窝匪真赃已获请令饬严
拿法办由（六月十日）

作　　者：

关 键 词：烟窟窝匪　检察处

摘　　要：何生成等状一件为烟窟窝匪真
赃已获，请令饬严拿法办由。
此案前据王东甫一再具状，经
检察处转令依法认真办理。

期刊名称：浙江司法半月刊
主办单位：
刊　　期：1930，1（12）
页　　码：25

98. 题　　名：附录：浙江高等法院检察处批
示：具状人钱启善：状一件为
被诉伤害案不服上诉由（十一
月十一日）

作　　者：

关 键 词：上诉　检察处

摘　　要：钱启善状一件为被诉伤害案不服上诉由，检察处已收状，候调卷核办。

期刊名称：浙江司法半月刊

主办单位：

刊　　期：1930，1（22）

页　　码：23

99. 题　　名：附录：浙江高等法院检察处批示：具状人朱长兴：状一件为联名公禀证明杨金海被侦缉队误认为反革命人犯由（八月十五日）

作　　者：

关 键 词：联名公禀　反革命

摘　　要：朱长兴状一件，为联名公禀证明杨金海被侦缉队误认为反革命人犯由。检察处查明，杨金海附和反革命暴动嫌疑重大，不能认为被侦缉队误认。

期刊名称：浙江司法半月刊

主办单位：

刊　　期：1930，1（16）

页　　码：23

100. 题　　名：附录：浙江高等法院检察处批示：具状人余姚张史氏：状一件为请保释伊女静波由（十一月二十四日）

作　　者：

关 键 词：保释　检察处

摘　　要：余姚县张史氏状一件为请保释伊女静波由。因张静波罪嫌较重，应候依法究办，检察处不准保释。

期刊名称：浙江司法半月刊

主办单位：

刊　　期：1930，1（22）

页　　码：26

101. 题　　名：附录：浙江高等法院检察处批示：具状人徐士英：状一件为杭县徐士英因帮助然求贿赂一案声请撤销上诉并将卷宗发回执行由（十一月十六日）

作　　者：

关 键 词：贿赂　撤销上诉　检察处

摘　　要：徐士英状一件，为杭县徐士英因帮助要求贿赂一案，声请撤销上诉并将卷宗发回执行由。此案卷宗尚未据杭县地方法院呈送检察处，既然该民状请撤回上诉，候将原状令发杭县法院查明核办。

期刊名称：浙江司法半月刊

主办单位：

刊　　期：1930，1（22）

页　　码：24

102. 题　　名：附录：浙江高等法院检察处批示：具状人张荫道：状一件为被诉冒牌案补具上诉理由（八月二日）

作　　者：

关 键 词：冒牌案　检察处

摘　　要：张荫道状一件，为被诉冒牌案，补具上诉理由。检察处将原状发交原法院依法核办。

期刊名称：浙江司法半月刊

主办单位：

刊　　期：1930，1（15）

页　　码：28

103. 题　　名：附录：浙江高等法院检察处批示：具状人桐庐陈茂财等：状一件为诉水根生等伊弟德阶推水毙命一案请移转管辖由（五月十三日）

作　　者：

关 键 词：移转管辖　检察处

摘　　要：桐庐县陈茂财等状一件，为诉水根生等将伊弟德阶推水毙命一案，请移转管辖由。此案究系如何实情，检察处令桐庐县县长迅予查明依法办理，所请移转管辖之处于法不合，不准。

期刊名称：浙江司法半月刊

主办单位：

刊　　期：1930，1（10）

页　　码：26

104. 题　　名：附录：浙江高等法院检察处批示：具状人王卓子：状一件为天台县办理许成万等绑匪案内或判决不当或未予审判请求调

卷核办由（三月二十一日）

作　　者：

关 键 词：判决不当　未予审判

摘　　要：王卓子状一件为天台县办理许成万等绑匪案内或判决不当或未予审判，请求调卷核办由。检察处已收状，候检状令县对于已判及未判各部分，均予分别依法办理。

期刊名称：浙江司法半月刊

主办单位：

刊　　期：1930，1（6）

页　　码：25

105. 题　　名：附录：浙江高等法院检察处批示：具状人黄耀珍：状一件请求停止羁押由（八月十二日）

作　　者：

关 键 词：停止羁押　检察处

摘　　要：黄耀珍状一件请求停止羁押由，该案案情重大，检察处不准停止羁押。

期刊名称：浙江司法半月刊

主办单位：

刊　　期：1930，1（16）

页　　码：23

106. 题　　名：附录：浙江高等法院检察处批示：具状人符建川：状一件为诉符建红等杀人一案请令原院迅予拘办由（四月十二日）

作　　者：

关 键 词：杀人　检察处

摘　　要：符建川状一件为诉符建红等杀人一案，请令原院迅予拘办由。至于符建川所诉是否实在，检察处令原院迅予严拘符老东等，并同符建红一并侦讯明确，依法办理。

期刊名称：浙江司法半月刊

主办单位：

刊　　期：1930，1（8）

页　　码：21

107. 题　　名：附录：浙江高等法院检察处批示：具状人毛华芳：状一件为请拘包庇人归案依法惩办由（五月十二日）

作　　者：

关 键 词：包庇　检察处

摘　　要：杭县毛华芳状一件为请拘包庇人归案依法惩办由。据杭县地方法院检察处呈复，该案已起诉尚未审结等由在案，检察处将原状发交原院依法核办。

期刊名称：浙江司法半月刊

主办单位：

刊　　期：1930，1（10）

页　　码：25－26

108. 题　　名：附录：浙江高等法院检察处批示：具状人冯源顺：状一件为伊子冯裕隆被诬受累请求恩准保释由（七月四日）

作　　者：

关 键 词：反革命罪　保释

摘　　要：冯源顺状一件为伊子冯裕隆被诬受累，请求恩准保释由。经查，冯裕隆犯反革命罪证据确凿，业经依法起诉，所请保释不准。

期刊名称：浙江司法半月刊

主办单位：

刊　　期：1930，1（13）

页　　码：26

109. 题　　名：附录：浙江高等法院检察处批示：具状人林金奎：状一件为钱阿江窃盗一案声明上诉由（六月二十日）

作　　者：

关 键 词：原告诉人　上诉　检察处　自诉案件

摘　　要：林金奎状一件为钱阿江窃盗一案，声明上诉由。查封于法院所为之，刑事判决原告诉人不得声明上诉；惟究竟是否自诉案件，检察处将原状发交原院，依法核办。

期刊名称：浙江司法半月刊

主办单位：

刊　　期：1930，1（12）

页　　码：28

110. 题　　名：附录：浙江高等法院检察处批示：具禀人温岭县公民陶德泰等：禀一件为陈葆春等盗匪一案请移转管辖由（七月二十九

日）

作　者：

关 键 词：移转管辖　检察处　首席检察官

摘　要：温岭县公民陶德泰等禀一件为陈葆春等盗匪一案，请移转管辖由。此案情形究何，凭据空言无证，未便率予置信，检察处令饬温岭县法院首席检察官迅予拘凶依法秉公办理。另所请移转管辖之处不准。

期刊名称：浙江司法半月刊

主办单位：

刊　　期：1930，1（15）

页　　码：27

111. 题　名：附录：浙江高等法院检察处批示：具状人吕桐松等：状一件为抢谷案提起上诉由（十一月十五日）

作　者：

关 键 词：抢谷案　上诉

摘　要：吕桐松等状一件为抢谷案，提起上诉由。检察处将该状交原院依法核办。

期刊名称：浙江司法半月刊

主办单位：

刊　　期：1930，1（22）

页　　码：24

112. 题　名：附录：浙江高等法院检察处批示：具状人临安梁子明：状一件为请发还略诱一案原卷由（九月三日）

作　者：

关 键 词：略诱案　原卷

摘　要：临安梁子明状一件为请发还略诱一案原卷由。检察处于本年四月二十六日已将该案原卷发还临安县政府，该民如果在县缴有保证金，可迳向该县政府具领。

期刊名称：浙江司法半月刊

主办单位：

刊　　期：1930，1（17）

页　　码：27

113. 题　名：附录：浙江高等法院检察处批示：具状人上虞金赵氏：状一

件为诉杨应朝等谋杀一案请派员重行检验由（七月十四日）

作　者：

关 键 词：谋杀　检验

摘　要：上虞县金赵氏状一件为诉杨应朝等谋杀一案，请派员重行检验由。检察处查，金田昌系生前落水身死，前据上虞县县长呈报检验情形并呈送验断书在案；所称并未填具尸格等情显非实在，率请派员覆验碍难照准；惟杨应朝等于金赵氏之夫落水身死究竟有无加害情事，检察处令上虞县县长迅予切实查明，依法办理。

期刊名称：浙江司法半月刊

主办单位：

刊　　期：1930，1（14）

页　　码：21

114. 题　名：附录：浙江高等法院检察处批示：具状人杭县戴礼卿：状一件为因业务上过失致人死一案补具上诉理由（六月二十四日）

作　者：

关 键 词：上诉理由　过失致人死　诉愿法

摘　要：杭县戴礼卿状一件为因业务上过失致人死一案，补具上诉理由。依诉愿法第十三条规定官吏因违法处分或不当处分应负刑事责任或应付惩戒者由最后决定之官署于决定后送主管机关办理等语，是应俟诉愿解决后再行听候核办，至所交款项该民如有应行扣留之正当理由亦应向受理诉愿官署诉请办理。

期刊名称：浙江司法半月刊

主办单位：

刊　　期：1930，1（13）

页　　码：23

115. 题　名：附录：浙江高等法院检察处批示：具状人沈小逢：状一件为周守德等扰诈请求令县严究由（五月七日）

作　　者：

关　键　词：扰诈　检察处

摘　　要：沈小逢状一件为周守德等扰诈请求令县严究由，检察处已收状，仰候检状令县查明依法办理。

期刊名称：浙江司法半月刊

主办单位：

刊　　期：1930，1（9）

页　　码：28

116. 题　　名：附录：浙江高等法院检察处批示：具状人项佐文：状一件为呈请发还扣留项雷声之新术语词典由（八月四日）

作　　者：

关　键　词：新术语词典　扣留

摘　　要：项佐文状一件为呈请发还扣留项雷声之新术语词典由，仰即取商保来检察处具领。

期刊名称：浙江司法半月刊

主办单位：

刊　　期：1930，1（15）

页　　码：29

117. 题　　名：附录：浙江高等法院检察处批示：具呈人江山县法院检验吏杨荣光：呈一件为呈请调衢县分院服务由（八月一日）

作　　者：

关　键　词：法院　检验吏

摘　　要：江山县法院检验吏杨荣光呈一件为呈请调衢县分院服务由，因衢县地方分院已派有检验吏，所请未便照准。

期刊名称：浙江司法半月刊

主办单位：

刊　　期：1930，1（15）

页　　码：28

118. 题　　名：附录：浙江高等法院检察处批示：具状人嵊县华块老：状一件诉张锦堂窃盗一案再行声请再议由（三月二十一日）

作　　者：

关　键　词：窃盗　检察处　声请再议

摘　　要：嵊县华块老状一件诉张锦堂窃盗一案，再行声请再议由。候检察处调卷呈送最高法院

核办。

期刊名称：浙江司法半月刊

主办单位：

刊　　期：1930，1（6）

页　　码：26

119. 题　　名：附录：浙江高等法院检察处批示：具状人章质斋等：状一件为诉公安局长李芝香滥用职权违法监禁案请移转管辖由（六月十一日）

作　　者：

关　键　词：滥用职权　检察处　违法监禁　移转管辖

摘　　要：淳安县章质斋等状一件为诉公安局长李芝香滥用职权违法监禁案，请移转管辖由。检察处查，淳安县法院应以浙江高级法院第二高等分院为上级法院，该民所请移转管辖一节，应候发加该分院核办。

期刊名称：浙江司法半月刊

主办单位：

刊　　期：1930，1（12）

页　　码：25

120. 题　　名：附录：浙江高等法院检察处批示：具状人石小章等：状一件为诉俞叶妹等抢婚等情一案请求令饬迅予侦办由（三月二十七日）

作　　者：

关　键　词：抢婚　检察处　首席检察官

摘　　要：石小章等状一件为诉俞叶妹等抢婚等情一案，请求令饬迅予侦办由。检察处已收状，候检同抄状失单，令饬原院首席检察官迅予依法办理。

期刊名称：浙江司法半月刊

主办单位：

刊　　期：1930，1（7）

页　　码：24

121. 题　　名：附录：浙江高等法院检察处批示：具状人诸暨蔡锡棕：状一件诉斯黑家等抢夺一案再行声请再议由（三月二十六日）

作　　者：

关　键　词：抢夺　声请再议　检察处　最

高法院

摘　　要：诸暨蔡锡棕状一件诉斯黑家等抢夺一案，再行声请再议由。候检察处调卷呈送最高法院核办。

期刊名称：浙江司法半月刊

主办单位：

刊　　期：1930，1（7）

页　　码：22

122. 题　　名：附录：浙江高等法院检察处批示：具状人倪俞氏：状一件为诉俞瑞星等诱拐案声请再议由（九月十八日）

作　　者：

关 键 词：诱拐　声请再议　检察处

摘　　要：倪俞氏状一件为诉俞瑞星等诱拐案，声请再议由。候检察处发交原县依法核办。

期刊名称：浙江司法半月刊

主办单位：

刊　　期：1930，1（18）

页　　码：23

123. 题　　名：附录：浙江高等法院检察处批示：具呈人天台徐亦金等：状一件为诉徐台益等杀人一案不服本院第二审判决提起上诉由（七月三十一日）

作　　者：

关 键 词：杀人案　不服原判　上诉　原告诉人　上诉权

摘　　要：天台徐亦金等状一件为诉徐台益等杀人一案，不服本院第二审判决提起上诉由。检察处查，此案第二审判决并无不合，于正式法院判决时，徐亦金等系原告诉人，依法无上诉权，所请应不准。

期刊名称：浙江司法半月刊

主办单位：

刊　　期：1930，1（16）

页　　码：21

124. 题　　名：附录：浙江高等法院检察处批示：具状人王洪咸：状一件为诉吴培基声请移转管辖由（三月六日）

作　　者：

关 键 词：移转管辖　检察处

摘　　要：仙居县王洪咸状一件为诉吴培基，声请移转管辖由。检察处查，仙居县县长已通令协缉吴培基等案犯，该县长办理该案尚不能认为有不公平之处，王洪咸所请移转管辖不准。

期刊名称：浙江司法半月刊

主办单位：

刊　　期：1930，1（5）

页　　码：22

125. 题　　名：附录：浙江高等法院检察处批示：具状人屈臣桌：状一件为诉汪老梅等迭次抢拔汪星求坐地分赃请令临海分院严缉各匪犯并将已获之汪星求判罪由（十一月八日）

作　　者：

关 键 词：协缉　检察处　提讯

摘　　要：屈臣桌状一件为诉汪老梅等迭次抢拔，汪星求坐地分赃，请令临海分院严缉各匪犯，并将已获之汪星求判罪由。检察处查，此案前据该民状诉检察处已令饬临海分院严缉各逸犯，并提讯已捕犯依法办理。

期刊名称：浙江司法半月刊

主办单位：

刊　　期：1930，1（22）

页　　码：22

126. 题　　名：附录：浙江高等法院检察处批示：具状人尼敬修：状一件为诉葛加丰等诈欺侵占案再行声请再议由（九月十五日）

作　　者：

关 键 词：诈欺侵占案　检察处　声请再议

摘　　要：尼敬修状一件为诉葛加丰等诈欺侵占案，再行声请再议由，检察处已收诉状，候检卷呈送。

期刊名称：浙江司法半月刊

主办单位：

刊　　期：1930，1（18）

页　　码：22

127. 题　　名：附录：浙江高等法院检察处批

示：具状人余陈氏：状一件为不服批令抗议由（七月十七日）

作　　者：

关 键 词：抗议　检察处

摘　　要：余陈氏状一件为不服批令抗议由。检察处已收诉状，候调卷核办。

期刊名称：浙江司法半月刊

主办单位：

刊　　期：1930，1（14）

页　　码：22

128. 题　　名：附录：浙江高等法院检察处批示：具状人郑兆麟：状一件为诉郑兆舜郑叶氏一案请求再审并请速予进行由（五月二十二日）

作　　者：

关 键 词：再审　检察处

摘　　要：郑兆麟状一件为诉郑兆舜、郑叶氏一案，请求再审并请速予进行由。检察处查，此案前据该民具状请求提起再审，因核与再审条件不符，明白批示不予再审。

期刊名称：浙江司法半月刊

主办单位：

刊　　期：1930，1（10）

页　　码：28

129. 题　　名：附录：浙江高等法院检察处批示：具状人奉化徐慈杏：状一件为诉毛瑞芝等诱匿一案请令县迅予依法进行由（一月六日）

作　　者：

关 键 词：诱匿案　检察处

摘　　要：奉化县徐慈杏状一件为诉毛瑞芝等诱匿一案，请令县迅予依法进行由。此案究系如何情形，检察处令奉化县县长迅予查明，依法办理。

期刊名称：浙江司法半月刊

主办单位：

刊　　期：1930，1（2）

页　　码：17

130. 题　　名：附录：浙江高等法院检察处批

示：具状人王洪咸：状一件为诉吴培基抢杀私和一案请饬县拘办由（三月六日）

作　　者：

关 键 词：抢杀私和案　移转管辖　检察处

摘　　要：王洪咸状一件为诉吴培基抢杀私和一案，请饬县拘办由。检察处已于该民声请移转管辖状内批示。

期刊名称：浙江司法半月刊

主办单位：

刊　　期：1930，1（5）

页　　码：22

131. 题　　名：附录：浙江高等法院检察处批示：具状人林大镜：状一件为诉匪绑勒反管交保处分请令原院取销秉公法办由（九月五日）

作　　者：

关 键 词：刑诉法　具保处分　检察处　声请救济

摘　　要：林大镜状一件为诉匪绑勒反管交保处分，请令原院取销，秉公法办由。检察处已收状，候检同副状令饬原院秉公法办。该民对于检察官具保处分，如有不服，依刑诉法第四百二十八条可向该管法院声请救济。

期刊名称：浙江司法半月刊

主办单位：

刊　　期：1930，1（17）

页　　码：27

132. 题　　名：附录：浙江高等法院检察处批示：具状人温岭郭若茂：状一件为诉毛函谷等杀人等一案请令温岭县法院拘案讯办由（十一月四日）

作　　者：

关 键 词：检察处　杀人案

摘　　要：温岭县郭若茂状一件为诉毛函谷等杀人一案，请令温岭县法院拘案讯办由。检察处查，此案前据郭叶氏呈诉，检察处已令饬温岭县法院查明核办。

期刊名称：浙江司法半月刊

主办单位：
刊　　期：1930，1（22）
页　　码：21

133. 题　　名：附录：浙江高等法院检察处批
　　　　　　示：具呈人监犯王金人：呈一
　　　　　　件为身患咯血重症请交保由
　　　　　　（十一月八日）

作　　者：

关 键 词：交保　保证金　检察处　具书
　　　　　　担保

摘　　要：监犯王金人呈一件为身患咯血
　　　　　　重症请交保由。检察处令该监
　　　　　　犯缴保证金一百元，或由本市
　　　　　　殷实商家具书担保。

期刊名称：浙江司法半月刊
主办单位：
刊　　期：1930，1（22）
页　　码：22

134. 题　　名：附录：浙江高等法院检察处批
　　　　　　示：具状人仙居俞娄氏等：状
　　　　　　一件为诉沈树寅等杀人一案请
　　　　　　令缉凶究办并通令协缉由（五
　　　　　　月十四日）

作　　者：

关 键 词：杀人案　协缉　检察处

摘　　要：仙居俞娄氏等状一件为诉沈树
　　　　　　寅等杀人一案，请令缉凶究
　　　　　　办，并通令协缉由。俞娄氏之
　　　　　　子是否被沈树寅等杀害，检察
　　　　　　处令仙居县县长迅予查明，如
　　　　　　果属实，再由检察处令各地
　　　　　　协缉。

期刊名称：浙江司法半月刊
主办单位：
刊　　期：1930，1（10）
页　　码：26

135. 题　　名：附录：浙江高等法院检察处批
　　　　　　示：具状人嵊县石陈氏：状一
　　　　　　件诉钱毛头略诱一案声请再议
　　　　　　由（四月二十六日）

作　　者：

关 键 词：略诱案　声请再议　上诉

摘　　要：嵊县石陈氏状一件诉钱毛头略
　　　　　　诱一案，声请再议由。检察处
　　　　　　查，此案前据该氏声请再议业
　　　　　　经驳回在案，该氏如有不服，

应再行声请再议；所称上诉之
处，核与法定程序不合。

期刊名称：浙江司法半月刊
主办单位：
刊　　期：1930，1（9）
页　　码：26

136. 题　　名：附录：浙江高等法院检察处批
　　　　　　示：具禀人魏含冤胡可忍：禀
　　　　　　一件为徇情搁案凌逼和解请令
　　　　　　县审判由（十一月十六日）

作　　者：

关 键 词：检察处　程式

摘　　要：魏含冤、胡可忍禀一件为徇情
　　　　　　搁案凌逼和解，请令县审判
　　　　　　由。检察处查，该民等姓名近
　　　　　　乎捏造，与程式不合。如果所
　　　　　　诉非虚，该民等应出具真名，
　　　　　　详叙案情续来状。

期刊名称：浙江司法半月刊
主办单位：
刊　　期：1930，1（22）
页　　码：24

137. 题　　名：附录：浙江高等法院检察处批
　　　　　　示：具状人王四妹即（王钦
　　　　　　邦）：状一件为无辜被押请令
　　　　　　县迅予澈查由（三月三日）

作　　者：

关 键 词：无辜被押　检察处

摘　　要：王四妹即（王钦邦）状一件为
　　　　　　无辜被押，请令县迅予彻查
　　　　　　由。检察处查，此案前据张培
　　　　　　池电诉该王四妹捣抢，检察处
　　　　　　令饬仙居县县长依法办理并具
　　　　　　报在案。现尚未据该县长呈报
　　　　　　前来究系如何实情，仰候检状
　　　　　　令县迅予查明依法办理。

期刊名称：浙江司法半月刊
主办单位：
刊　　期：1930，1（6）
页　　码：23

138. 题　　名：附录：浙江高等法院检察处批
　　　　　　示：具状人嘉兴孙赵氏：状一
　　　　　　件为诉胡贤良诬告及妨害名誉
　　　　　　一案再行声请再议由（七月二
　　　　　　十九日）

作　　者：

关 键 词：声请再议　刑事诉讼法

摘　　要：嘉兴县孙赵氏状一件为诉胡贤良诬告及妨害名誉一案，再行声请再议由。检察处查，此案声请再议前经本处驳回，并于去年七月十五日送达处分书，该声明人迟至七月二十五日始行声明不服。根据刑事诉讼法第二百四十八条第一项规定，该声明人之声明再议期间业已经过，所请不准。

期刊名称：浙江司法半月刊

主办单位：

刊　　期：1930，1（15）

页　　码：27

139. 题　　名：附录：浙江高等法院检察处批示：具状人万伯三：状一件为补叙上诉理由（七月十一日）

作　　者：

关 键 词：上诉理由　检察处

摘　　要：万伯三状一件为补叙上诉理由，检察处已收状，拟发交原院依法核办。

期刊名称：浙江司法半月刊

主办单位：

刊　　期：1930，1（14）

页　　码：20

140. 题　　名：附录：浙江高等法院检察处批示：具状人余杭熊振德：状一件为许永祥窃盗一案原县予以却下声请救济由（五月七日）

作　　者：

关 键 词：不起诉处分　检察处　声请救济

摘　　要：余杭熊振德状一件为许永祥窃盗一案原县予以却下声请救济由。检察处查，熊振德诉许永祥窃盗等情，如果原县当庭论知不起诉处分，该民尚有不服，自应依法声请再议。

期刊名称：浙江司法半月刊

主办单位：

刊　　期：1930，1（10）

页　　码：25

141. 题　　名：附录：浙江高等法院检察处批示：具状人计元生：状一件为

诉屠云仙伪造抄号补具再议理由由（十一月十八日）

作　　者：

关 键 词：再议理由　检察处

摘　　要：计元生状一件为诉屠云仙伪造抄号，补具再议理由由。检察处已收状，拟将原状发交原院依法核办。

期刊名称：浙江司法半月刊

主办单位：

刊　　期：1930，1（22）

页　　码：25

142. 题　　名：附录：浙江高等法院检察处批示：具状人上虞王明礼等：状一件为县政府滥押勒交契箱请调卷核办由（九月十七日）

作　　者：

关 键 词：调卷核办　检察处

摘　　要：上虞王明礼等状一件为县政府滥押勒交契箱，请调卷核办由。检察处已收状，但该案竟如何实情，候令原县查案具复并送卷备核。

期刊名称：浙江司法半月刊

主办单位：

刊　　期：1930，1（18）

页　　码：22

143. 题　　名：附录：浙江高等法院检察处批示：具状人于潜方王氏：状一件诉胡光耀等伤害人致死一案呈诉不服由（三月二十六日）

作　　者：

关 键 词：伤人致死案　呈诉不服　检察处　调卷核办

摘　　要：于潜县方王氏状一件诉胡光耀等伤害人致死一案，呈诉不服由。检察处拟调卷核办。

期刊名称：浙江司法半月刊

主办单位：

刊　　期：1930，1（7）

页　　码：23

144. 题　　名：附录：浙江高等法院检察处批示：具状人杭县施马氏：状一件请为保伊夫天顺及子阿毛由（九月二日）

作　　者：

关 键 词：保释 检察处

摘 要：杭县施马氏状一件请为保伊夫天顺及子阿毛由。候检察处侦查明确再行核办，所请保释仍难准。

期刊名称：浙江司法半月刊

主办单位：

刊 期：1930，1（17）

页 码：26

145. 题 名：附录：浙江高等法院检察处批示：具状人于潜杨林氏：状一件为诉村长等放火一案请提案讯办由（五月七日）

作 者：

关 键 词：提讯 检察处

摘 要：于潜县杨林氏状一件为诉村长等放火一案，请提案讯办由。对于此案，检察处已经明白批示在案，所诉是否属实，候令于潜县县长并案查明，依法核办。

期刊名称：浙江司法半月刊

主办单位：

刊 期：1930，1（10）

页 码：25

146. 题 名：附录：浙江高等法院检察处批示：具状人王六一等：状一件为伊兄王水法良懦被累呈请提案讯明释放由（六月十日）

作 者：

关 键 词：提讯 检察处侦查

摘 要：王六一等状一件为伊兄王水法良懦被累呈请提案讯明释放由。检察处查，王水法业准浙江省政府函送侦查，候查明核办。

期刊名称：浙江司法半月刊

主办单位：

刊 期：1930，1（12）

页 码：24

147. 题 名：附录：浙江高等法院检察处批示：具状人娄震东：状一件为请令临海分院检察处依法严办烟犯娄燧卿由（七月二十二日）

作 者：

关 键 词：检察处 烟犯

摘 要：娄震东状一件为请令临海分院检察处依法严办烟犯娄燧卿由，检察处已收状，候令饬依法侦办。

期刊名称：浙江司法半月刊

主办单位：

刊 期：1930，1（14）

页 码：22

148. 题 名：附录：浙江高等法院检察处批示：具状人林震东：状一件为被控反革命案提出弁诬理由请求迅赐侦讯明确予以不起诉处分由（三月三日）

作 者：

关 键 词：不起诉处分 检察处 传讯

摘 要：林震东状一件为被控反革命案，提出弁诬理由请求迅赐侦讯，明确予以不起诉处分由。检察处已收状，案已定期传讯。

期刊名称：浙江司法半月刊

主办单位：

刊 期：1930，1（5）

页 码：22

149. 题 名：附录：浙江高等法院检察处批示：具状人上虞王国全：状一件诉陈仁发等窃盗一案请调卷提起上诉由（四月十日）

作 者：

关 键 词：上诉 检察官 判例 上诉期间

摘 要：上虞王国全状一件诉陈仁发等窃盗一案，请调卷提起上诉由。检察处查，此案前据该民状请上诉已将原状令发原院检察官查核办理在案。至所引前大理院四年抗字六六号判例内所称之上诉期间于正式法院之判决并不适用。

期刊名称：浙江司法半月刊

主办单位：

刊 期：1930，1（7）

页 码：26

150. 题 名：附录：浙江高等法院检察处批示：具状人李元杨等请发判词

并准领回李松妹由（四月二十三日）

作　　者：

关 键 词：判词　原告诉人　检察处

摘　　要：李元杨等请发判词并准领回李松妹由。检察处查，法院判决并不送达于原告诉人，可由该民等自向法院请求抄录。至请领回李松妹一节，仰于二十五日下午来检察处听候讯夺。

期刊名称：浙江司法半月刊

主办单位：

刊　　期：1930，1（8）

页　　码：22

151.题　　名：附录：浙江高等法院检察处批示：具状人上虞王国全：状一件诉陈发仁等窃盗一案声明上诉由（三月三十一日）

作　　者：

关 键 词：声明上诉　原审法院　自诉程序

摘　　要：上虞王国全状一件诉陈发仁等窃盗一案，声明上诉由。检察处查，提起上诉依法应向原审法院为之，且此案原审判系该民呈诉不服并非依自诉程序。

期刊名称：浙江司法半月刊

主办单位：

刊　　期：1930，1（7）

页　　码：25

152.题　　名：附录：浙江高等法院检察处批示：具状人孙显林等：状一件为赵财发教唆伤害人致死案呈诉不服由（八月二十九日）

作　　者：

关 键 词：呈诉不服　检察处　调卷核办

摘　　要：孙显林等状一件为赵财发教唆伤害人致死案，呈诉不服由。检察处拟调卷核办。

期刊名称：浙江司法半月刊

主办单位：

刊　　期：1930，1（17）

页　　码：26

153.题　　名：附录：浙江高等法院检察处批示：具状人吴兴王兰珍：状一件为诉王发英遗弃声请再议一

案请撤回再议由（五月十三日）

作　　者：

关 键 词：声请再议　检察处　撤回再议

摘　　要：吴兴王兰珍状一件为诉王发英遗弃声请再议一案，请撤回再议由。检察处准予撤回再议。

期刊名称：浙江司法半月刊

主办单位：

刊　　期：1930，1（10）

页　　码：26

154.题　　名：附录：浙江高等法院检察处批示：具状人严瑞五：状一件为宁海县法院承发吏钱谦执行徐良蒙等四案怠旷职务延不终结由（二月二十日）

作　　者：

关 键 词：承发吏　溺职

摘　　要：严瑞五状一件为宁海县法院承发吏钱谦执行徐良蒙等四案，怠旷职务延不终结由。宁海县法院执行徐良蒙等各案，因何延滞未结，及承发吏有无溺职情事，检察处令饬宁海县法院院长迅予查明，据实具复核夺。

期刊名称：浙江司法半月刊

主办单位：

刊　　期：1930，1（4）

页　　码：20

155.题　　名：附录：浙江高等法院检察处批示：具状人潘金生：状一件为诉王景春等强抢事实上赴新昌县法院应讯碍难情形请求命令东阳县法院继续受理或移转管辖由（五月九日）

作　　者：

关 键 词：强抢　移转管辖　刑诉法

摘　　要：潘金生状一件为诉王景春等强抢事实上赴新昌县法院应讯碍难情形，请求命令东阳县法院继续受理，或移转管辖由。检察处查，潘金生所称各节不无理由，准予依照刑诉法第十九条但书规定，分令新昌、东阳两县法院遵照，由东阳县法院继续受理。
期刊名称：浙江司法半月刊
主办单位：
刊　　期：1930，1（9）
页　　码：28

156. 题　　名：附录：浙江高等法院检察处批示：具状人绍兴沈元麟等：状诉严敬安等诬告诈物等一案状请批示进行程序由（五月六日）
作　　者：
关键词：诬告诈物案　检察处　续行侦查
摘　　要：绍兴沈元麟等状诉严敬安等诬告诈物等一案，状请批示进行程序由。检察处查，此案前据该民声请再议，已令绍兴分院续行侦查。
期刊名称：浙江司法半月刊
主办单位：
刊　　期：1930，1（9）
页　　码：27

157. 题　　名：附录：浙江高等法院检察处批示：具状人裴梅青：状一件为被处诬告罪不服上诉由（四月二十三日）
作　　者：
关键词：诬告罪　上诉　检察处
摘　　要：裴梅青状一件为被处诬告罪不服上诉由。检察处拟发交原院依法办理。
期刊名称：浙江司法半月刊
主办单位：
刊　　期：1930，1（8）
页　　码：22

158. 题　　名：附录：浙江高等法院检察处批示：具状人丁赵氏：状一件为不服方杏春等伤害一案判决请求提起上诉由（三月二十七日）
作　　者：
关键词：伤害案　上诉　附带民事诉讼
摘　　要：丁赵氏状一件为不服方杏春等伤害一案判决，请求提起上诉由。检察处查，此案已死丁阿八据验断书载伤共三处但非致

命，且丁阿八于被殴后隔宿才死绝非因伤之结果；又据验断书载生前服毒等情形，其全身微象尤足为服毒身死之证明，核舆被告方杏春等所供丁阿八沿途呕吐情形亦属相符，本审改判方杏春伤害罪行刑自系允洽，其他情事本审予以维持亦属尚无不合，自无提起上诉必要。除附带民诉部分，该氏如有不服应自向管辖法院迳行提起上诉外，所请应毋庸议。
期刊名称：浙江司法半月刊
主办单位：
刊　　期：1930，1（7）
页　　码：23－24

159. 题　　名：附录：浙江高等法院检察处批示：具状人余姚魏馨一：状一件诉周凤堂等捣毁一案不服批示提起抗告由（三月三十一日）
作　　者：
关键词：捣毁案　检察处　提起抗告
摘　　要：具状人余姚魏馨一状一件诉周凤堂等捣毁一案，不服批示提起抗告由。检察处查，对于检察官批示依法不得抗告；惟魏馨一所诉是否属实，检察处令余姚县法院首席检察官查明呈复，再行核夺。
期刊名称：浙江司法半月刊
主办单位：
刊　　期：1930，1（7）
页　　码：25

160. 题　　名：附录：浙江高等法院检察处批示：具状人吴兴杨怀瑾：状一件因渎职侵占案提起上诉由（四月四日）
作　　者：
关键词：渎职侵占案　检察处　上诉调卷核办
摘　　要：具状人吴兴杨怀瑾状一件因渎职侵占案提起上诉由。检察处已收状及委任，候调卷核办。
期刊名称：浙江司法半月刊
主办单位：

刊　　　期：1930，1（7）
页　　　码：26

161. 题　　　名：附录：浙江高等法院检察处批示：具状人童庚三：状一件为告发解昆珊等吸烟等情请核饬依法侦讯由（四月七日）

作　　　者：

关 键 词：吸烟　刑事诉追　漏判

摘　　　要：童庚三状一件为告发解昆珊等吸烟等情，请核饬依法侦讯由。检察处查，解昆珊等已由航生医院试验确无烟瘾，该民如果确知该被告邓并无断瘾或在调验前确有吸食鸦片之证据尽可向原院具状告发；至现行刑法并无应受理而不受理处罚之规定，该民所诉孙前县长不予受理一事亦不合刑事诉追条件应毋庸议；其所诉浮收粮款案，该民如认为有漏判情事，亦应由该民自行诉请原院核办。

期刊名称：浙江司法半月刊
主办单位：
刊　　　期：1930，1（7）
页　　　码：26

162. 题　　　名：附录：浙江高等法院检察处批示：具状人萧山朱景贤：状一件诉董庆余等伤害一案请令萧山县法院拘案执行由（三月二十六日）

作　　　者：

关 键 词：伤害案　执行　检察处

摘　　　要：萧山朱景贤状一件诉董庆余等伤害一案，请令萧山县法院拘案执行由。检察处查，此案前据该民状，业经令饬萧山县法院迅予依法执行。

期刊名称：浙江司法半月刊
主办单位：
刊　　　期：1930，1（7）
页　　　码：22

163. 题　　　名：附录：浙江高等法院检察处批示：具状人方江氏：状一件为夫被杀害请速饬县审判由（三月二十八日）

作　　　者：

关 键 词：检察处　侦讯

摘　　　要：方江氏状一件为夫被杀害，请速饬县审判由。检察处查，此案据原县呈验讯情形，即令饬侦讯明确依法办理在案。

期刊名称：浙江司法半月刊
主办单位：
刊　　　期：1930，1（7）
页　　　码：24

164. 题　　　名：附录：浙江高等法院检察处批示：具呈人刘石城：呈一件呈请回复原职由（四月五日）

作　　　者：

关 键 词：回复原职　检验吏

摘　　　要：刘石城呈一件呈请回复原职由。检察处查，刘石城前在新昌县法院充任检验吏，既经撤职，所请回复原职之处特斥不准。

期刊名称：浙江司法半月刊
主办单位：
刊　　　期：1930，1（7）
页　　　码：26

165. 题　　　名：附录：浙江高等法院检察处批示：具状人顾庐：状一件为蒋正宸侵占公款请指令法院拘究由（四月十二日）

作　　　者：

关 键 词：侵占公款　检察处

摘　　　要：顾庐状一件为蒋正宸侵占公款，请指令法院拘究由。至于蒋正宸究竟有无扣发薪水、侵占公款等情事，检察处令饬象山县长秉公查复后，再行核办。

期刊名称：浙江司法半月刊
主办单位：
刊　　　期：1930，1（8）
页　　　码：21

166. 题　　　名：附录：浙江高等法院检察处批示：在押被告陈振麟：状以遭冤被羁请查明释放由（四月四日）

作　　　者：

关 键 词：冤狱　检察处　调取证据

摘　　要：在押被告陈振麟状以遭冤被羁，请查明释放由。检察处拟调集证据复讯核办。

期刊名称：浙江司法半月刊

主办单位：

刊　　期：1930，1（7）

页　　码：26

167. 题　　名：附录：浙江高等法院检察处批示：具状人余娜娜：状一件呈为民妻裴氏产后待治请再饬县即保由（三月三十一日）

作　　者：

关 键 词：检察处　饬县即保

摘　　要：具状人余娜娜状一件呈为民妻裴氏产后待治，请再饬县即保由。检察处令常山县县长依法办理。

期刊名称：浙江司法半月刊

主办单位：

刊　　期：1930，1（7）

页　　码：24

168. 题　　名：附录：浙江高等法院检察处批示：具状人于潜盛啬夫：状一件因被诉鸦片一案请令县迅予依法审判由（三月二十六日）

作　　者：

关 键 词：检察处　鸦片案

摘　　要：具状人于潜县盛啬夫状一件因被诉鸦片一案，请令县迅予依法审判由。此案究属如何实情，检察处令于潜县县长迅予查明依法办理。

期刊名称：浙江司法半月刊

主办单位：

刊　　期：1930，1（7）

页　　码：23

169. 题　　名：附录：浙江高等法院检察处批示：具状人王鸿骏：状一件为告发陈莘夫等反革命案发现新证请讯办由（四月十一日）

作　　者：

关 键 词：反革命案　检察处　调卷查明

摘　　要：具状人王鸿骏状一件为告发陈莘夫等反革命案发现新证，请讯办由。检察处已收状及附件，候调取卷宗查明察夺。

期刊名称：浙江司法半月刊

主办单位：

刊　　期：1930，1（8）

页　　码：21

170. 题　　名：附录：浙江高等法院检察处批示：具状人熊吴氏和奸三审上诉由（四月十七日）

作　　者：

关 键 词：三审上诉　检察处

摘　　要：具状人熊吴氏和奸三审上诉由。检察处查，提起上诉应向原审法院为之，将原状令发永嘉地方法院依法办理。

期刊名称：浙江司法半月刊

主办单位：

刊　　期：1930，1（8）

页　　码：22

171. 题　　名：附录：浙江高等法院检察处批示：具状人王东甫：状一件为诉梁宣元等鸦片烟案请令饬诉究由（四月八日）

作　　者：

关 键 词：检察处　原院检察官

摘　　要：具状人王东甫状一件为诉梁宣元等鸦片烟案，请令饬诉究由。检察处令原院检察官查案依法办理。

期刊名称：浙江司法半月刊

主办单位：

刊　　期：1930，1（7）

页　　码：26

172. 题　　名：附录：浙江高等法院检察处批示：代电人张梅霖：电一件为诉孙琦等捕刑索诈请求依法办理由（三月二十七日）

作　　者：

关 键 词：捕刑索诈　检察处

摘　　要：代电人张梅霖电一件为诉孙琦等捕刑索诈，请求依法办理由。检察处查，此案前准两浙监务缉私局函复办结情形，当即转令余姚县法院查照在案；兹读诉称孙琦等捕刑索诈等情形究否属实，仰候抄电令饬余姚县院查明依法办理。

期刊名称：浙江司法半月刊

主办单位：

刊　　期：1930，1（7）

页　　码：24

173. 题　　名：附录：浙江高等法院检察处批示：具状人郑兆麟：状一件为郑叶氏诬告无罪一案请求再审并补判由（三月十八日）

作　　者：

关　键　词：诬告案　再审　补判

摘　　要：具状人郑兆麟状一件为郑叶氏诬告无罪一案，请求再审，并补判由。检察处查，被告无罪判决确定后得提起再审理由，刑诉法第四百四十二条第一、二两款载有明文。该民虽经另案判决确定不能证明有赌博行为，但本案第二审认郑叶氏无明知虚伪之证明，宣告无罪并无不当。至所请补判一节，查未经第一审审判之案件第二审自不受理。

期刊名称：浙江司法半月刊

主办单位：

刊　　期：1930，1（6）

页　　码：24

174. 题　　名：附录：浙江高等法院检察处批示：具状人新登章云木：状一件为伊子章金有等被诉抢劫一案请令县从速讯明开释由（三月二十六日）

作　　者：

关　键　词：抢劫案　检察处

摘　　要：具状人新登章云木状一件为伊子章金有等被诉抢劫一案，请令县从速讯明开释由。检察处查，章金有等究竟有无抢劫孙成水家内财务情事，拟令新登县县长迅予查明，依法办理。

期刊名称：浙江司法半月刊

主办单位：

刊　　期：1930，1（7）

页　　码：23

175. 题　　名：附录：浙江高等法院检察处批示：具状人董凤山：状一件为董庆余等作保业已声明退保请令县查明核办由（三月十八

日）

作　　者：

关　键　词：作保　保证书

摘　　要：具状人董凤山状一件为董庆余等作保业已声明退保，请令县查明核办。检察处查，此案被告董庆余等前在本院业已另具保证书，候令萧山县法院知照依法核办。

期刊名称：浙江司法半月刊

主办单位：

刊　　期：1930，1（6）

页　　码：24

176. 题　　名：附录：浙江高等法院检察处批示：具状人王来宝：状一件为诉王来福等抢夺伤害一案请令县依法核办由（三月十七日）

作　　者：

关　键　词：抢夺伤害

摘　　要：具状人王来宝状一件为诉王来福等抢夺伤害一案请令县依法核办由。此案究系如何情形，候令德清县县长查明依法核办。

期刊名称：浙江司法半月刊

主办单位：

刊　　期：1930，1（6）

页　　码：25

177. 题　　名：附录：浙江高等法院检察处批示：具状人喻建忠：状一件为非法拘禁请予纠正由（三月十八日）

作　　者：

关　键　词：非法拘禁　检察处

摘　　要：具状人喻建忠状一件为非法拘禁，请予纠正由。该具状人究竟因何被押，检察处令原县查案具复，一面迅予依法办理。

期刊名称：浙江司法半月刊

主办单位：

刊　　期：1930，1（6）

页　　码：24

178. 题　　名：附录：浙江高等法院检察处批示：具状人于光友：状一件为诉许彬山等略诱营利一案请令原院依法讯办由（三月十八

日）

作　　者：

关 键 词：检察处　略诱营利案

摘　　要：具状人于光友状一件为诉许彬山等略诱营利一案，请令原院依法讯办由。检察处查，此案前据该民状诉，已令饬嘉兴地方分院查明依法办理。

期刊名称：浙江司法半月刊

主办单位：

刊　　期：1930，1（6）

页　　码：25－26

179. 题　　名：附录：浙江高等法院检察处批示：具状人天台杨海侬：状一件为诉金定大等杀人一案呈诉不服由（三月十八日）

作　　者：

关 键 词：杀人案　呈诉不服　检察处调卷核办

摘　　要：具状人天台杨海侬状一件为诉金定大等杀人一案，呈诉不服由。检察处已收状，候调卷核办。

期刊名称：浙江司法半月刊

主办单位：

刊　　期：1930，1（6）

页　　码：24

180. 题　　名：附录：浙江高等法院检察处批示：具状人程睿杰等：状一件为渎职案上诉由（三月十一日）

作　　者：

关 键 词：渎职　上诉

摘　　要：具状人程睿杰等状一件为渎职案上诉由。检察处拟调卷核办。

期刊名称：浙江司法半月刊

主办单位：

刊　　期：1930，1（6）

页　　码：24

181. 题　　名：附录：浙江高等法院检察处批示：具状人胡准鹏状一件因被诉侵占一案请移转管辖由（三月十三日）、在押被告项雷声呈请转送来状迅予定谳由

作　　者：

关 键 词：侵占案　移转管辖

摘　　要：具状人胡准鹏状一件因被诉侵占一案，请移转管辖由。检察处查，此案第二审应属本院第二分院管辖，由该分院查明依法核办。

期刊名称：浙江司法半月刊

主办单位：

刊　　期：1930，1（6）

页　　码：23－24

182. 题　　名：附录：浙江高等法院检察处批示：具状人冯卓：状一件为反革命案被诬据实声明请求予以不起诉处分由（三月十日）

作　　者：

关 键 词：反革命案　不起诉处分　检察处

摘　　要：具状人冯卓状一件为反革命案被诬据实，声明请求予以不起诉处分由。检察处查，此案业经起诉，声辩各节仰候将来转送刑庭核办。

期刊名称：浙江司法半月刊

主办单位：

刊　　期：1930，1（5）

页　　码：23

183. 题　　名：附录：浙江高等法院检察处批示：具状人沈元麟：状一件为绍兴沈元麟等诉严敬安等诈财一案声请再议由（三月四日）

作　　者：

关 键 词：诈财案　声请再议　原检察官

摘　　要：具状人沈元麟状一件为绍兴沈元麟等诉严敬安等诈财一案，声请再议由。检察处查，声请再议依法须经由原检察官为之，候将原状令发该院查明依法核办。

期刊名称：浙江司法半月刊

主办单位：

刊　　期：1930，1（5）

页　　码：22

184. 题　　名：附录：浙江高等法院检察处批示：具状人翁寅洲：状一件为续诉翁守泰等杀人一案请令县限获凶犯尽法征办由（二月十

二日）

作　者：

关 键 词：杀人案　检察处

摘　要：具状人翁寅洲状一件为续诉翁守泰等杀人一案，请令县限获凶犯尽法征办由。检察处已收状，候再检状令县认真缉究。

期刊名称：浙江司法半月刊

主办单位：

刊　期：1930，1（4）

页　码：19

185. 题　名：附录：浙江高等法院检察处批示：具状人杭县孔金生：状一件为妨害自由等一案被判拘役请求易科罚金由

作　者：

关 键 词：妨害自由案　检察处　易科罚金

摘　要：具状人杭县孔金生状一件为妨害自由等一案被判拘役，请求易科罚金由。检察处查，此案判决已确定，所请易科罚金之处，核舆现行法例不符，毋庸议。

期刊名称：浙江司法半月刊

主办单位：

刊　期：1930，1（4）

页　码：20

186. 题　名：附录：浙江高等法院检察处批示：具状人马老九：状一件为共同强盗案判处罪刑不服上诉由（二月十二日）

作　者：

关 键 词：共同强盗案　上诉　撤回上诉

摘　要：具状人马老九状一件为共同强盗案判处罪刑，不服上诉由。检察处查，此案早经该民撤回上诉确定执行在案，依法自不得再行提起上诉。

期刊名称：浙江司法半月刊

主办单位：

刊　期：1930，1（4）

页　码：19

187. 题　名：附录：浙江高等法院检察处批示：呈诉人方王氏：状一件为于潜方王氏为诉胡光耀案请移

转管辖由（一月七日）

作　者：

关 键 词：移转管辖

摘　要：呈诉人方王氏，状一件为于潜县方王氏为诉胡光耀案，请移转管辖由。检察处拟令于潜县依法秉公办理。

期刊名称：浙江司法半月刊

主办单位：

刊　期：1930（创刊号）

页　码：21

188. 题　名：附录：浙江高等法院检察处批示：呈诉人董广发等：状一件为武康董广发等诉村长王兴德违法查抄逮捕掳财请停职治罪由（一月四日）

作　者：

关 键 词：检察处　刑诉

摘　要：呈诉人董广发等，状一件为武康县董广发等诉村长王兴德违法查抄逮捕掳财请停职治罪由。检察处查，该民等既经向武康县政府提起刑诉，令原武康县迅予依法办理。

期刊名称：浙江司法半月刊

主办单位：

刊　期：1930（创刊号）

页　码：21

189. 题　名：附录：浙江高等法院检察处批示：具状人富阳裘思恭等：状一件为诉裘广居侵占一案请提起上诉由（十一月十三日）

作　者：

关 键 词：侵占案　公共处所　上诉二审

摘　要：富阳县裘思恭等状一件，为诉裘广居侵占一案，请提起上诉由。检察处查，此案裘广居经募公路公债当时虽未系数呈缴，但其未缴之款既在公共处所保存，并非入己，业经第二审传证讯明，自不能认有侵占之故意，判决论之无罪尚无不合，所请提起上诉不准。

期刊名称：浙江司法半月刊

主办单位：

刊　　　期：1930，1（22）
页　　　码：23－24

190. 题　　　名：附录：浙江高等法院检察处批
　　　　　　　示：具状人江山何毛氏：状一
　　　　　　　件为缴公债一千元具保伊夫何
　　　　　　　汉章由（十一月二十五日）

　　作　　　者：

　　关　键　词：公债　担保　提释

　　摘　　　要：江山县何毛氏状一件，为缴公
　　　　　　　债一千元具保伊夫何汉章由。
　　　　　　　检察处查，既据呈缴偿还旧欠
　　　　　　　公债额洋一千元，毛泰和、陈
　　　　　　　源昌两商铺应共同担保一千
　　　　　　　元，业于该商等状内批示。何
　　　　　　　汉章拟提释。

　　期刊名称：浙江司法半月刊
　　主办单位：
　　刊　　　期：1930，1（22）
　　页　　　码：26

191. 题　　　名：附录：浙江高等法院检察处批
　　　　　　　示：具状人监犯陈百年：状一
　　　　　　　件为以刑期执行过半请提送反
　　　　　　　省院由（十一月十八日）

　　作　　　者：

　　关　键　词：刑期　反省院　陆军监狱

　　摘　　　要：具状人监犯陈百年状一件为以
　　　　　　　刑期执行过半，请提送反省院
　　　　　　　由。检察处认为，该犯在监行
　　　　　　　状若何，是否与反省院条例第
　　　　　　　五条第一款规定相符，候函知
　　　　　　　陆军监狱查明具复，再行核办。

　　期刊名称：浙江司法半月刊
　　主办单位：
　　刊　　　期：1930，1（22）
　　页　　　码：24－25

192. 题　　　名：附录：浙江高等法院检察处批
　　　　　　　示：具状人绍兴冯秀廷：状一
　　　　　　　件为诉陈福生诈财等一案声请
　　　　　　　再议由（十一月十一日）

　　作　　　者：

　　关　键　词：诈财案　声请再议　管辖

　　摘　　　要：具状人绍兴冯秀廷状一件为诉
　　　　　　　陈福生诈财等一案，声请再议
　　　　　　　由。检察处查，此案该民声请
　　　　　　　再议是否应归本院管辖，候令
　　　　　　　绍兴地方分院查明依法核办。

　　期刊名称：浙江司法半月刊
　　主办单位：
　　刊　　　期：1930，1（22）
　　页　　　码：23

193. 题　　　名：附录：浙江高等法院检察处批
　　　　　　　示：具状人刘安民：状一件为
　　　　　　　管申甫诬告不起诉一案追加再
　　　　　　　议理由由（十一月十九日）

　　作　　　者：

　　关　键　词：诬告案　不起诉　再议理由

　　摘　　　要：具状人刘安民状一件为管申甫
　　　　　　　诬告不起诉一案，追加再议理
　　　　　　　由由。检察处收状，已处分
　　　　　　　送达。

　　期刊名称：浙江司法半月刊
　　主办单位：
　　刊　　　期：1930，1（22）
　　页　　　码：25

194. 题　　　名：附录：浙江高等法院检察处批
　　　　　　　示：具状人余姚鲁禄安：状一
　　　　　　　件以鲁炳祥无辜被逮请讯释由
　　　　　　　（十一月二十四日）

　　作　　　者：

　　关　键　词：无辜被捕　检察处

　　摘　　　要：具状人余姚鲁禄安状一件以鲁
　　　　　　　炳祥无辜被逮，请讯释由。候
　　　　　　　检察处侦讯明确依法办理。

　　期刊名称：浙江司法半月刊
　　主办单位：
　　刊　　　期：1930，1（22）
　　页　　　码：26

195. 题　　　名：附录：浙江高等法院检察处批
　　　　　　　示：具状人临安赵虞氏：状一
　　　　　　　件为诉赵生全等伤害一案呈请
　　　　　　　上诉由（十一月十三日）

　　作　　　者：

　　关　键　词：故意伤害案　上诉　检察处
　　　　　　　调卷核办

　　摘　　　要：具状人临安赵虞氏状一件为诉
　　　　　　　赵生全等伤害一案，呈请上诉
　　　　　　　由。检察处已收状，候调卷
　　　　　　　核夺。

　　期刊名称：浙江司法半月刊
　　主办单位：
　　刊　　　期：1930，1（22）
　　页　　　码：24

196. 题　　名：附录：浙江高等法院检察处批示：具状人杭州金徐氏：状一件为请保释伊女胡金氏由（十一月十五日）

作　　者：

关 键 词：保释　检察处　反革命

摘　　要：具状人杭州金徐氏状一件为请保释伊女胡金氏由。检察处查，该案关反革命嫌疑，应候澈究明确依法办理，请保碍难率准。

期刊名称：浙江司法半月刊

主办单位：

刊　　期：1930，1（22）

页　　码：24

197. 题　　名：附录：浙江高等法院检察处批示：具状人宋朝宰：状一件为朱阿章伪造文书一案请饬县拘案执行由（十一月七日）

作　　者：

关 键 词：伪造文书　检察处　执行

摘　　要：具状人宋朝宰状一件为朱阿章伪造文书一案，请饬县拘案执行由。检察处查，此案朱阿章部分早经令发执行，原县因何尚未执行，候抄状令县查明迅予依法执行。

期刊名称：浙江司法半月刊

主办单位：

刊　　期：1930，1（22）

页　　码：21－22

198. 题　　名：附录：浙江高等法院检察处批示：具状人杭市毛兆高等：状一件为具保何汉章并负担保证金由（十一月二十五日）

作　　者：

关 键 词：保证金　检察处

摘　　要：具状人杭市毛兆高等状一件为具保何汉章并负担保证金由。检察处准予共同担保洋一千元，余额已由何毛氏呈缴。

期刊名称：浙江司法半月刊

主办单位：

刊　　期：1930，1（22）

页　　码：26

199. 题　　名：附录：浙江高等法院检察处批

示：具状人杭县陈桂生：状一件因被诉侵占一案请驳斥再议由（十一月十三日）

作　　者：

关 键 词：侵占案　再议　检察处　侦查处分

摘　　要：具状人杭县陈桂生状一件因被诉侵占一案，请驳斥再议由。检察处查，此案前据周子汝声请再议，经审查以原侦查处分尚未完备令发续行侦查，听候查明办理。

期刊名称：浙江司法半月刊

主办单位：

刊　　期：1930，1（22）

页　　码：23

200. 题　　名：附录：浙江高等法院检察处批示：具状人富阳卞学老等：状一件为称伊兄卞洪生等被杀一案请令限缉真凶究办由（十一月十日）

作　　者：

关 键 词：协缉　检察处

摘　　要：具状人富阳卞学老等状一件为称伊兄卞洪生等被杀一案，请令限缉真凶究办由。检察处查，此案该民之兄卞洪生等因追赶窃贼被杀，前据富阳县县长呈报，已令严缉凶犯务获究办，并予通令协缉。

期刊名称：浙江司法半月刊

主办单位：

刊　　期：1930，1（22）

页　　码：22

201. 题　　名：附录：浙江高等法院检察处批示：具状人陈何氏：状一件为声明领回由（九月十八日）

作　　者：

关 键 词：检察处　原院检察官

摘　　要：陈何氏状一件为声明领回由。检察处查，该氏业已解回原县执行，候将原状发交原院检察官核办。

期刊名称：浙江司法半月刊

主办单位：

刊　　期：1930，1（18）

页　　码：22－23

202. 题　　名：附录：浙江高等法院检察处批示：具状人俞成都：状一件为纵容匪盗请令县拿办由（九月十八日）

作　　者：

关键词：检察处　纵容匪盗

摘　　要：具状人俞成都状一件为纵容匪盗请令县拿办由。检察处已收状，究竟原县如何办理，候令饬查案具复，再行核办。

期刊名称：浙江司法半月刊

主办单位：

刊　　期：1930，1（18）

页　　码：23

203. 题　　名：附录：浙江高等法院检察处批示：具呈人蔡子澄等：书一件为告发叶文山鸦片请令饬拘办由（九月十五日）

作　　者：

关键词：检察处　状请法办

摘　　要：具呈人蔡子澄等书一件为告发叶文山鸦片请令饬拘办由。检察处认为，蔡子澄等所陈如果属实，仰迳向温岭县法院状请法办，毋庸越渎。

期刊名称：浙江司法半月刊

主办单位：

刊　　期：1930，1（18）

页　　码：22

204. 题　　名：附录：浙江高等法院检察处批示：具状人徐学栴：状一件为无辜被累请依法讯释准予不起诉处由（九月二十日）

作　　者：

关键词：不起诉　检察处　反革命案

摘　　要：具状人徐学栴状一件为无辜被累请依法讯释准予不起诉处由。检察处查，该被告反革命嫌疑重大，仰候依法起诉，所请应毋庸议。

期刊名称：浙江司法半月刊

主办单位：

刊　　期：1930，1（18）

页　　码：23

205. 题　　名：附录：浙江高等法院检察处批

示：具状人王振廷：状一件为不服第二审判决请求上诉由（九月十一日）

作　　者：

关键词：上诉　二审判决　检察处

摘　　要：具状人王振廷状一件为不服第二审判决请求上诉由。检察处查，原判决以所抢者为食穀且仅有三担，且不能证明有强迫使人不能抗拒情形，因而撤销第一审判决，依法减处徒刑一年六月。连吸食鸦片一罪，执行徒刑一年八月。经核明所判尚非违法，业已执行在案，所请提起上诉之处应毋庸议。

期刊名称：浙江司法半月刊

主办单位：

刊　　期：1930，1（18）

页　　码：21

206. 题　　名：附录：浙江高等法院检察处批示：具状人缙云朱志泮等：状一件为与朱金培等互诉掳赎杀人等案请移转管辖由（九月十八日）

作　　者：

关键词：移转管辖　检察处　刑庭

摘　　要：具状人缙云县朱志泮等状一件为与朱金培等互诉掳赎杀人等案，请移转管辖由。检察处查，此案前已移送本院刑庭经转送最高法院核办在案。

期刊名称：浙江司法半月刊

主办单位：

刊　　期：1930，1（18）

页　　码：23

207. 题　　名：附录：浙江高等法院检察处批示：具状人乐清赵叶氏：状一件为诉胡乃硕等纵兵焚掠等一案请令拘法办并将伊夫赵清绪开释由（九月十三日）

作　　者：

关键词：纵兵焚掠案　开释

摘　　要：具状人乐清赵叶氏状一件为诉胡乃硕等纵兵焚掠等一案，请令拘法办，并将伊夫赵清绪开释由。检察处查，此案前据该民状诉已令乐清县县长查明呈覆，应候覆到再行核夺；至于赵清绪应否开释，前据该县县长呈请核示，已令查明舆拒捕枪杀保安队兵士一案究竟有无关系，迅予依法核办。

期刊名称：浙江司法半月刊
主办单位：
刊　　期：1930，1（18）
页　　码：22

208. 题　　名：附录：浙江高等法院检察处批示：具状人监犯陈春泉马锦达：状一案为刑期已满状请提释由（九月六日）
作　　者：
关 键 词：刑期　提释　反省院
摘　　要：具状人监犯陈春泉、马锦达状一案为刑期已满状请提释由，候检察处提送反省院，请释不准。

期刊名称：浙江司法半月刊
主办单位：
刊　　期：1930，1（17）
页　　码：28

209. 题　　名：附录：浙江高等法院检察处批示：具状人天台陈孟业等：状一件为诉该县县长渎职等一案请迅予法办由（八月二十九日）
作　　者：
关 键 词：渎职　县长　司法
摘　　要：具状人天台陈孟业等状一件为诉该县县长渎职等一案，请迅予法办由。检察处查，此案前据该民等状诉已将涉及司法范围之事饬查在案，仰候覆到再行核夺。

期刊名称：浙江司法半月刊
主办单位：
刊　　期：1930，1（17）
页　　码：25

210. 题　　名：附录：浙江高等法院检察处批示：具状人德清屠万华：状一件为诉屠阿掌等伤害伊妻一案请令县迅予依法判决由（九月一日）

作　　者：
关 键 词：故意伤害案　检察处
摘　　要：具状人德清县屠万华状一件为诉屠阿掌等伤害伊妻一案，请令县迅予依法判决由。检察处查，此案前据该民状诉业经令县查明依法核办在案。

期刊名称：浙江司法半月刊
主办单位：
刊　　期：1930，1（17）
页　　码：26

211. 题　　名：附录：浙江高等法院检察处批示：具状人仙居吴李氏：状一件为称伊夫吴之英因盗匪嫌疑被吴佳俊等诬诉致遭违法枪决请拘案讯办由（九月十日）
作　　者：
关 键 词：诬告案　检察处
摘　　要：具状人仙居县吴李氏状一件为称伊夫吴之英因盗匪嫌疑被吴佳俊等诬诉致遭违法枪决请拘案讯办由。检察处认为，吴之英如非真正盗匪，何致于被诉后遽遭枪决，吴李氏所诉各节显难置信。候令县查明呈覆，核夺。

期刊名称：浙江司法半月刊
主办单位：
刊　　期：1930，1（18）
页　　码：21

212. 题　　名：附录：浙江高等法院检察处批示：具状人监犯何合昌：状一件为刑期已届日久被押恳请迅赐释放由（九月五日）
作　　者：
关 键 词：刑期　羁押日期
摘　　要：监犯何合昌状一件为刑期已届日久被押，恳请迅赐释放。检察处查，该犯声称之羁押日期是否属实，在第二分院查明呈报前既难断定，则刑期是否已满自无从核算，所请一节应候该分院查复后再行核办。

期刊名称：浙江司法半月刊
主办单位：
刊　　期：1930，1（17）

页　　码：27

213. 题　　名：附录：浙江高等法院检察处批示：具宁海吴维裕：状一件为诉傅东卓等绑掳一案请令县法院缉捕由（八月二十八日）

作　　者：

关 键 词：绑架案　检察处

摘　　要：宁海吴维裕状一件为诉傅东卓等绑掳一案请令县法院缉捕由。检察处已收状，候令宁海县法院查案办理。

期刊名称：浙江司法半月刊

主办单位：

刊　　期：1930，1（17）

页　　码：25

214. 题　　名：附录：浙江高等法院检察处批示：具状人杭县张戴氏：状一件为诉张聚高等遗弃再议一案补叙理由（八月二十八日）

作　　者：

关 键 词：遗弃案　检察处

摘　　要：具状人杭县张戴氏状一件为诉张聚高等遗弃再议一案补叙理由。检察处查，此案卷宗业据杭县地方法院呈送前来，仰候核办。

期刊名称：浙江司法半月刊

主办单位：

刊　　期：1930，1（17）

页　　码：25

215. 题　　名：附录：浙江高等法院检察处批示：具状人仙居张王氏：状一件为诉张浩潭杀人绑掳一案请令县拘捕由（八月二十九日）

作　　者：

关 键 词：检察处　杀人绑掳案

摘　　要：具状人仙居张王氏状一件为诉张浩潭杀人绑掳一案，请令县拘捕由。检察处查，此案前据该氏状诉令饬仙居县县长迅予查明，依法办理。

期刊名称：浙江司法半月刊

主办单位：

刊　　期：1930，1（17）

页　　码：25

216. 题　　名：附录：浙江高等法院检察处批

示：具状人桐庐潘贤桂：状一件为诉黄柏水伪造文书一案提起上诉由（九月三日）

作　　者：

关 键 词：上诉　原告诉人　上诉权

摘　　要：具状人桐庐潘贤桂状一件为诉黄柏水伪造文书一案，提起上诉由。检察处查，此案第二审判决尚无不合，而该民系原告诉人，对于正式法院判决依法无上诉权，所请不准。

期刊名称：浙江司法半月刊

主办单位：

刊　　期：1930，1（17）

页　　码：27

217. 题　　名：附录：浙江高等法院检察处批示：具状人萧山施大庆：状一件为诉杨湿渎职等一案请停职法办由（八月二十九日）

作　　者：

关 键 词：渎职案　检察处

摘　　要：具状人萧山施大庆状一件为诉杨湿渎职等一案，请停职法办由。检察处查，此案前据该民舆朱广感等呈诉已令调全卷在案，仰候卷到核夺。

期刊名称：浙江司法半月刊

主办单位：

刊　　期：1930，1（17）

页　　码：25－26

218. 题　　名：附录：浙江高等法院检察处批示：具状人王六一等：状一件为伊兄王水法冤累久羁请求恩准保释或依法起诉由（九月二日）

作　　者：

关 键 词：保释　起诉

摘　　要：具状人王六一等状一件为伊兄王水法冤累久羁，请求恩准保释或依法起诉由。检察处查，此案尚在继续侦查中，所请各节应候侦查完毕后再行核办，毋庸多渎。

期刊名称：浙江司法半月刊

主办单位：

刊　　期：1930，1（17）

页　　码：26

219. 题　　名： 附录：浙江高等法院检察处批示：具呈人王民浩：呈一件呈请宣示查复情形由（九月二日）

作　　者：

关　键　词： 检察处　首席检察官　渎职

摘　　要： 具状人王民浩呈一件呈请宣示查复情形由。检察处查，该警违背职务情形业经查明属实，鄞县地方法院首席检察官予以斥革并无不合，毋庸来处再渎。

期刊名称： 浙江司法半月刊

主办单位：

刊　　期： 1930，1（17）

页　　码： 27

220. 题　　名： 附录：浙江高等法院检察处批示：具状人诸暨周桥有等：状一件为诉周桥桥等杀人私禁及被诉杀人抢夺等案请令依院讯办并制止滋扰由（九月一日）

作　　者：

关　键　词： 检察处　反诉

摘　　要： 具状人诸暨周桥有等状一件为诉周桥桥等杀人私禁，及被诉杀人抢夺等案，请令依院讯办并制止滋扰由。检察处查，该民等互诉各案究属如何情形，及有无互相抵制情事，候令诸暨县法院查明案情秉公依法办理。

期刊名称： 浙江司法半月刊

主办单位：

刊　　期： 1930，1（17）

页　　码： 26

221. 题　　名： 附录：浙江高等法院检察处批示：具状人反革命监犯魏子平：状一件为以执行已逾刑期之半请送交反省院由（九月三日）

作　　者：

关　键　词： 反省院　反革命　反省院条例

摘　　要： 具状人反革命监犯魏子平，状一件为以执行已逾刑期之半，请送交反省院由。检察处查，

反革命执行犯应送入反省院与否，依反省院条例第五条第一款以有无悔实据为断。该犯在监行状如何，应候函知陆军监狱查复核办。

期刊名称： 浙江司法半月刊

主办单位：

刊　　期： 1930，1（17）

页　　码： 26

222. 题　　名： 附录：浙江高等法院检察处批示：具状人汪珍宝：状一件为诉赵伯明等渎职通匪长兴县法院延未起诉请督促由（八月二十二日）

作　　者：

关　键　词： 渎职案　不起诉　检察处

摘　　要： 具状人汪珍宝状一件为诉赵伯明等渎职通匪，长兴县法院延未起诉，请督促由。检察处拟令饬该院迅予依法办理。

期刊名称： 浙江司法半月刊

主办单位：

刊　　期： 1930，1（16）

页　　码： 24

223. 题　　名： 附录：浙江高等法院检察处批示：具呈人朱焕文：呈一件呈为案经查覆请求明白宣示由（九月二日）

作　　者：

关　键　词： 检察处　明白宣示

摘　　要： 具状人朱焕文呈一件呈为案经查覆请求明白宣示由。检察处查，该警被革情形业经查明，咎有应得，毋庸来处再渎。

期刊名称： 浙江司法半月刊

主办单位：

刊　　期： 1930，1（17）

页　　码： 26 – 27

224. 题　　名： 附录：浙江高等法院检察处批示：具状人王六一等：状一件为水法羁押已久请求恩准提早依法处分由（八月十二日）

作　　者：

关　键　词： 检察处　继续侦查

摘　　要： 具状人王六一等状一件为水法羁押已久，请求恩准提早依法

处分由。检察处查，此案事实尚未明了，应有继续侦查之必要，所请暂从缓议。

期刊名称：浙江司法半月刊
主办单位：
刊　　期：1930，1（16）
页　　码：23

225. 题　　名：附录：浙江高等法院检察处批示：具状人陈锦隆：状一件为伊子陈永富冤遭羁押请求准予交保由（八月十五日）

作　　者：
关键词：交保　检察处　嫌疑重大
摘　　要：具状人陈锦隆状一件为伊子陈永富冤遭羁押，请求准予交保由。检察处查，陈永富犯罪嫌疑重大，所请交保碍难照准。

期刊名称：浙江司法半月刊
主办单位：
刊　　期：1930，1（16）
页　　码：23

226. 题　　名：附录：浙江高等法院检察处批示：具状人诸暨周贤巍：状一件为诉周维照毁损一案请撤回上诉由（八月八日）

作　　者：
关键词：撤回上诉　检察处
摘　　要：具状人诸暨周贤巍状一件为诉周维照毁损一案，请撤回上诉由。检察处查，检察处并无此项上诉案件，候将原状令发诸暨县法院查明核办。

期刊名称：浙江司法半月刊
主办单位：
刊　　期：1930，1（16）
页　　码：22

227. 题　　名：附录：浙江高等法院检察处批示：具状人孙俞氏等：状一件为孙立祺在所脱逃请令县缉获法办由（八月七日）

作　　者：
关键词：脱逃　检察处
摘　　要：具状人孙俞氏等状一件为孙立祺在所脱逃，请令县缉获法办由。检察处令原院严缉孙立祺等。

期刊名称：浙江司法半月刊
主办单位：
刊　　期：1930，1（16）
页　　码：22

228. 题　　名：附录：浙江高等法院检察处批示：具呈人许作栋等：电一件为松阳县检验吏林秀违法舞弊请饬查办由（八月十一日）

作　　者：
关键词：违法舞弊　检察处
摘　　要：具状人许作栋等电一件为松阳县检验吏林秀违法舞弊，请饬查办由。检察处令饬原县查明依法办理。

期刊名称：浙江司法半月刊
主办单位：
刊　　期：1930，1（16）
页　　码：22

229. 题　　名：附录：浙江高等法院检察处批示：具呈人陈章氏：呈一件呈为伊夫陈瑞兰在监已逾三分之二请求假释由（八月十三日）

作　　者：
关键词：假释　检察处　刑期
摘　　要：具呈人陈章氏呈一件呈为伊夫陈瑞兰在监已逾三分之二，请求假释由。检察处查，监犯呈请假释事件应由监狱长官为之。陈瑞兰如果刑期已逾三分之二，在监确有后悔实据，合于假释条件，应静候该监狱署呈请假释。兹据迳呈本院核办，于法不合。

期刊名称：浙江司法半月刊
主办单位：
刊　　期：1930，1（16）
页　　码：23

230. 题　　名：附录：浙江高等法院检察处批示：具状人嘉兴张小阿仁：状一件为因被诉放火一案请令停止拘捕由（八月十九日）

作　　者：
关键词：放火案　检察处　投案自首
摘　　要：具状人嘉兴张小阿仁状一件为因被诉放火一案，请令停止拘捕由。检察处认为，该民如果并无放火情事，应向嘉兴地方分院投案，听候讯明核办。向检察处所请令饬停止拘捕之处，不准。

期刊名称：浙江司法半月刊

主办单位：

刊　　期：1930，1（16）

页　　码：24

231. 题　　名：附录：浙江高等法院检察处批示：具状人吴丕钦：状一件为告发吴廷秋等盗匪临海分院判决无罪请吊卷核办由（七月二十四日）

作　　者：

关 键 词：盗匪案　判决无罪　检察处　原院检察官

摘　　要：具状人吴丕钦状一件为告发吴廷秋等盗匪，临海分院判决无罪，请吊卷核办由。检察处查，此案无罪判决是否允当，该民应迳向原院检察官请求查核，依法办理。

期刊名称：浙江司法半月刊

主办单位：

刊　　期：1930，1（15）

页　　码：26

232. 题　　名：附录：浙江高等法院检察处批示：具状人反革命犯舒志济：状一件为以刑期届满应否入反省院由（八月五日）

作　　者：

关 键 词：刑期届满　反省院

摘　　要：具状人反革命犯舒志济状一件为以刑期届满应否入反省院由，检察处拟提送反省院。

期刊名称：浙江司法半月刊

主办单位：

刊　　期：1930，1（15）

页　　码：29

233. 题　　名：附录：浙江高等法院检察处批示：具状人陈元法：状一件为诉姚阿贤等杀人请令吴与分院拘凶法办由（七月二十八日）

作　　者：

关 键 词：检察处　杀人案　拘凶法办

摘　　要：具状人陈元法状诉姚阿贤等杀

人，请令吴与分院拘凶法办一案，候检察处令饬该院迅予依法办理。

期刊名称：浙江司法半月刊

主办单位：

刊　　期：1930，1（15）

页　　码：27

234. 题　　名：附录：浙江高等法院检察处批示：具状人富阳孙周氏等：状一件为诉闻生喜等抢劫一案请令县拘办由（七月三十日）

作　　者：

关 键 词：检察处　抢劫案

摘　　要：具状人富阳孙周氏等状一件为诉闻生喜等抢劫一案，请令县拘办由。检察处查，前据该民状诉迳经令饬富阳县县长查明依法办理。

期刊名称：浙江司法半月刊

主办单位：

刊　　期：1930，1（15）

页　　码：28

235. 题　　名：附录：浙江高等法院检察处批示：具书人刘士林等：书一件为密报匪案杨检察官置之不理请撤办由（八月五日）

作　　者：

关 键 词：检察官渎职　检察处

摘　　要：具书人刘士林等书一件为密报匪案杨检察官置之不理，请撤办由。检察处已令萧山县法院检察处查照办理。

期刊名称：浙江司法半月刊

主办单位：

刊　　期：1930，1（15）

页　　码：29

236. 题　　名：附录：浙江高等法院检察处批示：具状人余姚郑增鹤：状一件为因同谋杀人一案提起上诉并请即予保外由（七月二十五日）

作　　者：

关 键 词：同谋杀人案　上诉　保外　检察处

摘　　要：具状人余姚郑增鹤状一件为因同谋杀人一案，提起上诉，并请即予保外由。候检察处调卷核办，所请即予保外候讯之处不准。

期刊名称：浙江司法半月刊
主办单位：
刊　　期：1930，1（15）
页　　码：27

237. 题　　名：附录：浙江高等法院检察处批示：具状人汤陈岩：状一件为不服天台县判决谷蓉卿无罪一案上诉由（七月三十日）

作　　者：
关 键 词：无罪判决　上诉　检察处　调卷核办
摘　　要：具状人汤陈岩状一件，为不服天台县判决谷蓉卿无罪一案上诉由，候检察处调卷核办。

期刊名称：浙江司法半月刊
主办单位：
刊　　期：1930，1（15）
页　　码：27

238. 题　　名：附录：浙江高等法院检察处批示：具状人海宁张周氏：状一件为诉周隆生侮辱一案请查明法办由（七月二十三日）

作　　者：
关 键 词：侮辱案　检察处　依法告诉
摘　　要：具状人海宁张周氏状一件为诉周隆生侮辱一案，请查明法办由。检察处认为，此案究属如何情形，来状并未声叙明白。如果周隆生确有侮辱情事，张周氏应迳向海宁县法院依法告诉。

期刊名称：浙江司法半月刊
主办单位：
刊　　期：1930，1（15）
页　　码：26

239. 题　　名：附录：浙江高等法院检察处批示：具状人董钦：状一件为萧山县法院检察处违法交保处分依法抗告由（七月二十二日）

作　　者：
关 键 词：交保　抗告
摘　　要：具状人董钦状一件为萧山县法院检察处违法交保处分，依法

抗告由。检察处查照刑事诉讼法第四百二十八条，及第四百二十九条之规定，具状人董钦应自向该管法院声请。

期刊名称：浙江司法半月刊
主办单位：
刊　　期：1930，1（14）
页　　码：22

240. 题　　名：附录：浙江高等法院检察处批示：具呈人在押被告项雷声：呈一件为呈请迅予发还新术语词典一册由（七月十六日）

作　　者：
关 键 词：新术语词典　共产主义
摘　　要：具呈人在押被告项雷声，呈一件为呈请迅予发还新术语词典一册由。检察处查，新术语词典一册内多诠释共产主义之语，监犯购阅此种册籍即可视为供给犯罪之具，应予扣留。该被告所请发还新术语词典一册不准。

期刊名称：浙江司法半月刊
主办单位：
刊　　期：1930，1（14）
页　　码：21

241. 题　　名：附录：浙江高等法院检察处批示：具状人平湖辜孝宽：状一件为吴锦明渎职一案请移转侦查由（七月十九日）

作　　者：
关 键 词：渎职案　移转侦查　检察处
摘　　要：具状人平湖辜孝宽状一件为吴锦明渎职一案，请移转侦查由，候检察处调卷核夺。

期刊名称：浙江司法半月刊
主办单位：
刊　　期：1930，1（14）
页　　码：22

242. 题　　名：附录：浙江高等法院检察处批示：具状人周钱海：状一件为请停止执行或移转执行由（七月三日）

作　　者：
关 键 词：停止执行　移转执行　原院检察官

摘　　要：具状人周钱海状一件为请停止执行，或移转执行由。查阅具状人诊断书并无危机生命之处，与刑事诉讼法第四百八十五条所规定之情形不符；至移送新监执行，按照部令必仅长期监犯方可，该民被处徒刑不过四月，且早经发交原院检察官查照办理。故，所请停止或移转执行不准。

期刊名称：浙江司法半月刊

主办单位：

刊　　期：1930，1（13）

页　　码：25

243. 题　　名：附录：浙江高等法院检察处批示：具状人德清陈阿四：状一件为因杀人一案经终审判决提起抗告由（七月十四日）

作　　者：

关 键 词：抗告　检察处　杀人案

摘　　要：具状人德清陈阿四状一件为因杀人一案，经终审判决提起抗告由。检察处查，此案既经终审判决即已确定，所称提起抗告之一处于法不合，应毋庸议。

期刊名称：浙江司法半月刊

主办单位：

刊　　期：1930，1（14）

页　　码：20

244. 题　　名：附录：浙江高等法院检察处批示：具状人杭县方桐生等：状一件为诉叶春宝等侵占一案再行声请再议由（七月十二日）

作　　者：

关 键 词：声请再议　最高法院检察署

摘　　要：具状人杭县方桐生等状诉叶春宝等侵占一案，再行声请再议由，候检察处调卷呈送最高法院检察署核办。

期刊名称：浙江司法半月刊

主办单位：

刊　　期：1930，1（14）

页　　码：20

245. 题　　名：附录：浙江高等法院检察处批示：具状人朱济川：状一件为

病势垂危请将伊子朱岫云准交保由（七月十四日）

作　　者：

关 键 词：交保　检察处　案情

摘　　要：具状人朱济川状一件为病势垂危请将伊子朱岫云准交保由。检察处查，朱岫云案情重大，所请交保不准。

期刊名称：浙江司法半月刊

主办单位：

刊　　期：1930，1（14）

页　　码：20

246. 题　　名：附录：浙江高等法院检察处批示：具状人马诗兴等：状一件为承审员徇情滥押请指定管辖由（七月十四日）

作　　者：

关 键 词：承审员　徇情滥押　指定管辖

摘　　要：具状人马诗兴等状一件为承审员徇情滥押，请指定管辖由。检察处查，具状人所称承审员殉情威迫殊缺证明，前据状诉业已令县迅予查明依法办理并批示在案，仰静候该县查明办理，所请指定管辖应毋庸议。

期刊名称：浙江司法半月刊

主办单位：

刊　　期：1930，1（14）

页　　码：20

247. 题　　名：附录：浙江高等法院检察处批示：具状人沈渭川等：状一件为冯裕隆被人诬指请求保释由（七月四日）

作　　者：

关 键 词：保释　检察处

摘　　要：具状人沈渭川等状一件为冯裕隆被人诬指请求保释由。对此，检察处已于冯源顺状内明白批示。

期刊名称：浙江司法半月刊

主办单位：

刊　　期：1930，1（13）

页　　码：26

248. 题　　名：附录：浙江高等法院检察处批示：具状人何舍昌：状一件为羁押日数折抵刑期已满请迅赐

查明开释由（七月十五日）

作　　者：

关 键 词：开释　反省院

摘　　要：具状人何舍昌状一件为羁押日数折抵刑期已满请迅赐查明开释由。检察处查，该声明人裁判确定前羁押日期，前因第二高等法院分院检察处致浙江反省院公函内并未叙明，业经本处令该处查复在案，候该处呈复到后再行核办。

期刊名称：浙江司法半月刊

主办单位：

刊　　期：1930，1（14）

页　　码：21

249. 题　　名：附录：浙江高等法院检察处批示：具状人洪岐山：状一件为声请再议请调卷核办由（七月十六日）

作　　者：

关 键 词：声请再议　刑事诉讼法

摘　　要：具状人洪岐山状一件为声请再议，请调卷核办由。检察处查，究竟原县是否依照刑事诉讼法第二百四十八条第二项认原声请为有理由继续侦查，仰候令饬查案具覆再行核办。

期刊名称：浙江司法半月刊

主办单位：

刊　　期：1930，1（14）

页　　码：21－22

250. 题　　名：附录：浙江高等法院检察处批示：具状人天台戴康贵等：状一件为诉戴明鸾等烧毁房屋一案请令严缉讯办由（七月一日）

作　　者：

关 键 词：检察处　严缉讯办

摘　　要：具状人戴康贵等状一件，为诉戴明鸾等烧毁房屋一案，请令严缉讯办由。检察处已收状，候令天台县县长严缉究办。

期刊名称：浙江司法半月刊

主办单位：

刊　　期：1930，1（13）

页　　码：25

251. 题　　名：附录：浙江高等法院检察处批示：具状人临海王陈氏：状一件为诉周利生等抢杀伊夫王诒箴一案请移转管辖由（六月二十八日）

作　　者：

关 键 词：移转管辖　检察处

摘　　要：具状人临海王陈氏状一件，为诉周利生等抢杀伊夫王诒箴一案，请移转管辖由。候检察处令临安县县长迅予秉公查明，依法办理，所请移转管辖之处不准。

期刊名称：浙江司法半月刊

主办单位：

刊　　期：1930，1（13）

页　　码：24

252. 题　　名：附录：浙江高等法院检察处批示：具状人戴方扇：状一件为抢毁重案搁置不办请令县拘究由（六月二十八日）

作　　者：

关 键 词：检察处　玩忽职守

摘　　要：具状人戴方扇状一件为抢毁重案搁置不办，请令县拘究由，候检察处令天台县县长依法侦缉。

期刊名称：浙江司法半月刊

主办单位：

刊　　期：1930，1（13）

页　　码：24

253. 题　　名：附录：浙江高等法院检察处批示：具状人乐清叶鲍香：状一件为凤诉周象回等结党杀人掳掠等一案请分别严令缉案法办由（六月二十四日）

作　　者：

关 键 词：检察处　掳掠案

摘　　要：具状人乐清叶鲍香状一件为凤诉周象回等结党杀人掳掠等一案，请分别严令缉案法办由。据诉各情是否属实，候检察处令乐清县县长迅予查明，依法办理。

期刊名称：浙江司法半月刊

主办单位：

刊　　　期：1930，1（13）
页　　　码：23

254．题　　　名：附录：浙江高等法院检察处批
　　　　　　　　示：具状人余子仁：状一件为
　　　　　　　　诈欺一案不服平湖县政府判决
　　　　　　　　提起上诉由（六月二十五日）

　　　作　　　者：

　　　关　键　词：诈欺案　上诉　检察处　原审
　　　　　　　　法院

　　　摘　　　要：具状人余子仁状一件为诈欺一
　　　　　　　　案不服平湖县政府判决，提起
　　　　　　　　上诉由。检察处查，提起上诉
　　　　　　　　应向原审法院为之，检察处将
　　　　　　　　原状令发原县依法办理。

期刊名称：浙江司法半月刊
主办单位：
刊　　　期：1930，1（13）
页　　　码：23－24

255．题　　　名：附录：浙江高等法院检察处批
　　　　　　　　示：具状人钱兰堂：状一件为
　　　　　　　　诉朱礼甫等伤害不服萧山县法
　　　　　　　　院判决提起上诉请吊卷覆审由
　　　　　　　　（六月二十五日）

　　　作　　　者：

　　　关　键　词：吊卷覆审　上诉

　　　摘　　　要：具状人钱兰堂状一件为诉朱礼
　　　　　　　　甫等伤害，不服萧山县法院判
　　　　　　　　决，提起上诉请吊卷覆审由。
　　　　　　　　检察处查，该民系告诉人依法
　　　　　　　　不得上诉，除将副状令发原院
　　　　　　　　检察官查案核办外，所请吊卷
　　　　　　　　复审之处应毋庸议。

期刊名称：浙江司法半月刊
主办单位：
刊　　　期：1930，1（13）
页　　　码：24

256．题　　　名：附录：浙江高等法院检察处批
　　　　　　　　示：具状人在押诬告反革命被
　　　　　　　　告陈卓人：状一件为请从早讯
　　　　　　　　结由（六月二十一日）

　　　作　　　者：

　　　关　键　词：诬告案　检察处

　　　摘　　　要：具状人在押诬告反革命被告陈
　　　　　　　　卓人状一件为请从早讯结由。
　　　　　　　　检察处批，静候核办，毋渎。

期刊名称：浙江司法半月刊

主办单位：
刊　　　期：1930，1（12）
页　　　码：28

257．题　　　名：附录：浙江高等法院检察处批
　　　　　　　　示：具状人周中灿：状一件为
　　　　　　　　请求解回原县执行由（六月十
　　　　　　　　九日）

　　　作　　　者：

　　　关　键　词：刑事执行　长期监犯

　　　摘　　　要：具状人周中灿状一件为请求解
　　　　　　　　回原县执行由。检察处查，长
　　　　　　　　期监犯按照部令应付新监执
　　　　　　　　行，所请发回原县执行之处，
　　　　　　　　未便照准。

期刊名称：浙江司法半月刊
主办单位：
刊　　　期：1930，1（12）
页　　　码：27

258．题　　　名：附录：浙江高等法院检察处批
　　　　　　　　示：具状人邵祺朋：状一件为
　　　　　　　　鸦片烟案声明上诉由（六月十
　　　　　　　　一日）

　　　作　　　者：

　　　关　键　词：烟案　声明上诉　检察处　调
　　　　　　　　卷核办

　　　摘　　　要：具状人邵祺朋状一件为鸦片烟
　　　　　　　　案，声明上诉由，候检察处调
　　　　　　　　卷核办。

期刊名称：浙江司法半月刊
主办单位：
刊　　　期：1930，1（12）
页　　　码：25

259．题　　　名：附录：浙江高等法院检察处批
　　　　　　　　示：具状人曹羊氏：状一件为
　　　　　　　　监犯曹入德财贿管狱员希图假
　　　　　　　　释请驳斥并撤究由（六月十三
　　　　　　　　日）

　　　作　　　者：

　　　关　键　词：财贿　管狱员　假释

　　　摘　　　要：具状人曹羊氏状一件为监犯曹
　　　　　　　　入德财贿管狱员希图假释，请
　　　　　　　　驳斥并撤究由。检察处查，曹
　　　　　　　　入德希图假释，并未据缙云县
　　　　　　　　长呈请来处；所请撤究管狱员
　　　　　　　　之处，仰候检发副状令饬缙云
　　　　　　　　县长查明核办。

期刊名称：浙江司法半月刊

主办单位：

刊　　期：1930，1（12）

页　　码：26

260. 题　　名：附录：浙江高等法院检察处批示：具状人安吉马汉勋：状一件为称因拒毙盗匪被诬杀人一案请令迅予判决并追还耕牛拘匪讯办由（六月十一日）

作　　者：

关 键 词：杀人案　检察处

摘　　要：具状人安吉马汉勋状一件为称因拒毙盗匪被诬杀人一案，请令迅予判决，并追还耕牛，拘匪讯办由。检察处查，所诉是否属实，候令安吉县县长迅予查明，依法办理。

期刊名称：浙江司法半月刊

主办单位：

刊　　期：1930，1（12）

页　　码：25

261. 题　　名：附录：浙江高等法院检察处批示：具状人许戴氏：状一件为诉保安队杜连长渎职惨杀请转咨撤职归法办由（六月十九日）

作　　者：

关 键 词：法院　管辖　军事机关　渎职

摘　　要：具状人许戴氏状一件为诉保安队杜连长渎职惨杀，请转咨撤职归法办由。检察处查，所诉被告系属现役军人，法院无权管辖，仰逐自向主管军事机关请求，所请碍难照准。

期刊名称：浙江司法半月刊

主办单位：

刊　　期：1930，1（12）

页　　码：27

262. 题　　名：附录：浙江高等法院检察处批示：具状人余姚胡礼灿：状一件为因被诉绑匪一案不服原判提起上诉由（六月十一日）

作　　者：

关 键 词：声明上诉　刑事诉讼法　原审法院

摘　　要：具状人余姚胡礼灿状一件为因被诉绑匪一案，不服原判提起上诉由。检察处查，根据刑事诉讼法规定，声明上诉应向原审法院为之，候将原卷令发余姚县查明核办。

期刊名称：浙江司法半月刊

主办单位：

刊　　期：1930，1（12）

页　　码：25

263. 题　　名：附录：浙江高等法院检察处批示：具状人伍凤楼等：状一件为不服于潜县政府判决渎职一案提起上诉由（六月十一日）

作　　者：

关 键 词：渎职　上诉

摘　　要：具状人伍凤楼等状一件为不服于潜县政府判决渎职一案提起上诉由，候检察处调卷核办。

期刊名称：浙江司法半月刊

主办单位：

刊　　期：1930，1（12）

页　　码：25

264. 题　　名：附录：浙江高等法院检察处批示：具禀人金守芳等：禀一件为监犯许兆良无辜受屈冤抑莫伸请复审由（五月二十二日）

作　　者：

关 键 词：判决确定　发监执行

摘　　要：具禀人金守芳禀一件，为监犯许兆良无辜受屈冤抑莫伸请复审由。检察处查，此案许兆良早经判决确定发监执行，所请复审于法无据，应毋庸议。

期刊名称：浙江司法半月刊

主办单位：

刊　　期：1930，1（10）

页　　码：28

265. 题　　名：附录：浙江高等法院检察处批示：具状人定海王光德等：状一件为因伤害人致死一案请转呈最高法院迅予判决由（六月七日）

作　　者：

关 键 词：伤害人致死　最高法院检察署

摘　　要：具状人定海王光德等状一件为因伤害人致死一案，请转呈最

高法院迅予判决由。候检察处
将原状转送最高法院检察署
核办。

期刊名称：浙江司法半月刊
主办单位：
刊　　期：1930，1（12）
页　　码：24

266. 题　　名：附录：浙江高等法院检察处批
示：具状人天台庞宪耕：状一
件为诉庞周学等杀人一案请令
县拘办由（八月七日）

作　　者：

关　键　词：杀人案　检察处

摘　　要：具状人天台庞宪耕状一件为诉
庞周学等杀人一案，请令县拘
办由。检察处查，此案究属如
何情形，候令天台县县长查
明，依法核办。

期刊名称：浙江司法半月刊
主办单位：
刊　　期：1930，1（16）
页　　码：22

267. 题　　名：附录：浙江高等法院检察处批
示：具状人天台王陈氏：状一
件为诉王继虎等杀人一案请令
县拘办由（八月四日）

作　　者：

关　键　词：检察处　状诉

摘　　要：具状人天台王陈氏状一件为诉
王继虎等杀人一案，请令县拘
办由。检察处查，此案前据该
民状诉已令饬天台县县长查明
核办。

期刊名称：浙江司法半月刊
主办单位：
刊　　期：1930，1（15）
页　　码：29

268. 题　　名：附录：浙江高等法院检察处批
示：具状人东阳金湖海：状一
件为因抢夺一案提起上诉由
（六月十六日）

作　　者：

关　键　词：抢夺案　上诉

摘　　要：具状人东阳金湖海状一件为因
抢夺一案，提起上诉由。候检
察处将原状令发金华地方法院

依法核办。

期刊名称：浙江司法半月刊
主办单位：
刊　　期：1930，1（12）
页　　码：26

269. 题　　名：附录：浙江高等法院检察处批
示：具状人竹松轩：状一件为
汪善祥抢夺鸦片一案原判未科
罚金且为缓刑请吊卷上诉由
（十一月六日）

作　　者：

关　键　词：上诉　检察处　罚金

摘　　要：具状人竹松轩状一件为汪善祥
抢夺鸦片一案，原判未科罚金
且为缓刑，请吊卷上诉由。检
察处查，检察处已于他案明白
批示，除将原状并送刑庭核办
外，所请仍毋庸议。

期刊名称：浙江司法半月刊
主办单位：
刊　　期：1930，1（22）
页　　码：21

270. 题　　名：附录：浙江高等法院检察处批
示：具状人陈道荣：状一件为
检察官对于王曰祥等放火一案
不予上诉请求饬令上诉由（二
月十七日）

作　　者：

关　键　词：检察官　上诉

摘　　要：具状人陈道荣状一件，为检察
官对于王曰祥等放火一案不予
上诉，请求饬令上诉由。检察
处查，此案究系如何实情，本
处无从考查，候令原院检察官
再为详核案情，依法办理。

期刊名称：浙江司法半月刊
主办单位：
刊　　期：1930，1（4）
页　　码：20

271. 题　　名：附录：浙江高等法院检察处批
示：具状人诸暨陈张氏：状一
件为因被诉抢夺一案不服原判
提起上诉由（九月二十四日）

作　　者：

关　键　词：上诉　检察处　原审法院

摘　　要：具状人诸暨陈张氏状一件为因

被诉抢夺一案，不服原判提起上诉由。检察处查，刑事诉讼法规定提起上诉应向原审法院为之，候将原状令发诸暨县法院查明，依法核办。

期刊名称：浙江司法半月刊

主办单位：

刊　　期：1930，1（18）

页　　码：24

272. 题　　名：附录：浙江高等法院检察处批示：具状人林王氏：状一件为诉王朗玉等通匪绑人请求移转管辖一案声请迅予裁定由（三月二十八日）

作　　者：

关 键 词：移转管辖　检察处

摘　　要：具状人林王氏状一件，为诉王朗玉等通匪绑人请求移转管辖一案，声请迅予裁定由。检察处查，此案前据该氏状请移转管辖，经本处审查认无必要，除令仙居县县长妥速秉公法办外，批示驳斥在案。兹又续状请求裁定，除再令县督促外，毋庸议。

期刊名称：浙江司法半月刊

主办单位：

刊　　期：1930，1（7）

页　　码：24

273. 题　　名：附录：浙江高等法院检察处批示：具状人于潜毛詹氏：状一件因伊子毛子龙被诉强盗一案请令从速讯明开释由（三月二十七日）

作　　者：

关 键 词：强盗案　检察处

摘　　要：具状人于潜毛詹氏状一件因伊子毛子龙被诉强盗一案，请令从速讯明开释由。检察处查，毛子龙并无强盗嫌疑等情是否属实，候令于潜县县长速予查明，依法办理。

期刊名称：浙江司法半月刊

主办单位：

刊　　期：1930，1（7）

页　　码：23

274. 题　　名：附录：浙江高等法院检察处批示：具状人王连中：状一件为诉经尚乘等侵占贩私案声明不服由（三月二十六日）

作　　者：

关 键 词：检察处　声明上诉　上诉

摘　　要：具状人王连中状一件，为诉经尚乘等侵占贩私案声明不服由。检察处查，此案已据被告经尚乘等声明上诉，应候原院送卷到本处后，再行核办。

期刊名称：浙江司法半月刊

主办单位：

刊　　期：1930，1（7）

页　　码：23

275. 题　　名：附录：浙江高等法院检察处批示：具状人嵊县汪善祥：状一件为因被诉吸食鸦片一案请指定医院重行调验由（八月十三日）

作　　者：

关 键 词：检察处　调验

摘　　要：具状人嵊县汪善祥状一件为因被诉吸食鸦片一案，请指定医院重行调验由。检察处查，所诉如果属实，可迳向原院声请复验，所请由本院指定医院调验之处，未便照准。

期刊名称：浙江司法半月刊

主办单位：

刊　　期：1930，1（16）

页　　码：23

276. 题　　名：附录：浙江高等法院检察处批示：具状人德清姚敬魁：状一件为以伊子松无辜被捕请讯释由（六月二十一日）

作　　者：

关 键 词：无辜被捕　检察处

摘　　要：具状人德清姚敬魁状一件为以伊子松无辜被捕请讯释由。候检察处讯明核办。

期刊名称：浙江司法半月刊

主办单位：

刊　　期：1930，1（12）

页　　码：28

277. 题　　名：附录：浙江高等法院检察处批

示：具状人临海卢陈氏：状一件为诉卢法度等放火抢劫等一案请迅饬严缉法办由（五月十四日）

作　　者：

关 键 词：抢劫案　检察处

摘　　要：具状人临海卢陈氏状一件为诉卢法度等放火抢劫等一案，请迅饬严缉法办由。检察处查，此案前据该氏状诉，即经令饬临海分院迅予查明依法办理并批示知照在案。

期刊名称：浙江司法半月刊

主办单位：

刊　　期：1930，1（10）

页　　码：26

278. 题　　名：附录：浙江高等法院检察处批示：具状人陈元法：状一件为诉姚阿贤等杀人吴兴分院检察官侦查偏颇请求移转管辖由（九月二日）

作　　者：

关 键 词：检察官　侦查　移转管辖　检察处

摘　　要：具状人陈元法状一件为诉姚阿贤等杀人，吴兴分院检察官侦查偏颇，请求移转管辖由。检察处查，此案前据状诉当即令饬吴兴分院迅予依法办理，并批示在案，除再令饬原院迅予拘凶秉公法办外，所请移转管辖之处，应毋庸议。

期刊名称：浙江司法半月刊

主办单位：

刊　　期：1930，1（17）

页　　码：26

279. 题　　名：附录：浙江高等法院检察处批示：具状人富阳孙周氏等：状一件诉闻喜生等抢劫一案请令县拘办由（三月二十七日）

作　　者：

关 键 词：抢劫案　检察处

摘　　要：具状人富阳孙周氏等状一件诉闻喜生等抢劫一案，请令县拘办由。候检察处令富阳县县长查明核办。

期刊名称：浙江司法半月刊

主办单位：

刊　　期：1930，1（7）

页　　码：23

280. 题　　名：附录：浙江高等法院检察处批示：具状人王六一等：状一件为王水法良懦被累叩请讯明释放由（七月四日）

作　　者：

关 键 词：检察处　侦查

摘　　要：具状人王六一等状一件为王水法良懦被累叩请讯明释放由。检察处已收状，候侦查完毕后再行核办。

期刊名称：浙江司法半月刊

主办单位：

刊　　期：1930，1（13）

页　　码：26

281. 题　　名：附录：浙江高等法院检察处批示：具状人新昌陈毓芳等：状一件为诉张万成等聚众暴动一案补叙理由请吊卷核办由（五月十四日）

作　　者：

关 键 词：聚众暴动案　侦查终结　起诉

摘　　要：具状人新昌陈毓芳等状一件为诉张万成等聚众暴动一案，补叙理由请吊卷核办由。检察处查，此案前据该氏等状诉，即经令行新昌县法院首席检察官查明呈覆，旋据覆称此案嫌疑犯张乔木等二十二名业已侦查终结分别起诉、不起诉，是其起诉部分既在第一审公判中，该民等应即听候办理。

期刊名称：浙江司法半月刊

主办单位：

刊　　期：1930，1（10）

页　　码：26－27

282. 题　　名：附录：浙江高等法院检察处批示：具状人绍兴陈金玉：状一件称在所患病请指定医院医治由（五月二十三日）

作　　者：

关 键 词：检察处　指定医院

摘　　要：具状人绍兴陈金玉状一件称在

所患病请指定医院医治由。候检察处令杭县地方法院看守所所长妥为医治，所请指定医院之处，应毋庸议。

期刊名称：浙江司法半月刊

主办单位：

刊　　期：1930，1（10）

页　　码：28

283. 题　　名：附录：浙江高等法院检察处批示：具状人上虞郑润泰：状一件为夏永潮等串通诱奸一案呈诉不服由（五月十日）

作　　者：

关键词：呈诉不服　检察处　串通诱奸

摘　　要：具状人上虞郑润泰状一件为夏永潮等串通诱奸一案，呈诉不服由。候检察处调卷核办。

期刊名称：浙江司法半月刊

主办单位：

刊　　期：1930，1（10）

页　　码：25

284. 题　　名：附录：浙江高等法院检察处批示：原具人集美学校教职员代表李荣锦等：状一件为呈请饬令处分不起诉由（十一月二十日）

作　　者：

关键词：不起诉处分　检察处

摘　　要：原具人集美学校教职员代表李荣锦等状一件为呈请饬令处分不起诉由。候检察处将原状发交杭县地方法院检察处核办。

期刊名称：浙江司法半月刊

主办单位：

刊　　期：1930，1（22）

页　　码：25－26

285. 题　　名：附录：浙江高等法院检察处批示：具状人新登章王氏：状一件为伊夫章金有被诉抢劫一案请令县提前讯结由（八月五日）

作　　者：

关键词：抢劫案　检察处

摘　　要：具状人新登章王氏状一件为伊夫章金有被诉抢劫一案，请令县提前讯结由。检察处查，此

案前据章金有之父章云木状诉，已令饬新登县县长查明依法办理。

期刊名称：浙江司法半月刊

主办单位：

刊　　期：1930，1（15）

页　　码：29

286. 题　　名：附录：浙江高等法院检察处批示：具状人史小香：状一件为诉郑光法等诬告案呈诉不服由（四月十四日）

作　　者：

关键词：诬告案　呈诉不服　检察处

摘　　要：具状人史小香状一件为诉郑光法等诬告案，呈诉不服由。候检察处调卷核办。

期刊名称：浙江司法半月刊

主办单位：

刊　　期：1930，1（8）

页　　码：21

287. 题　　名：附录：浙江高等法院检察处批示：具状人在押被告何汉章：状一件为请停止羁押由（十一月二十四日）

作　　者：

关键词：羁押　保证金　检察处

摘　　要：在押被告何汉章状一件为请停止羁押。检察处查，着缴保证金二千元，或由杭市殷实商铺担保前项金额，具书到处以凭察夺。

期刊名称：浙江司法半月刊

主办单位：

刊　　期：1930，1（22）

页　　码：26

288. 题　　名：附录：浙江高等法院检察处批示：具状人桐乡莫芝康等：状一件为诉蒋炳仁等诬盗追捕致遭溺毙并私刑伤害等一案请提案讯办由（九月十三日）

作　　者：

关键词：提讯　检察处

摘　　要：具状人桐乡莫芝康等状一件为诉蒋炳仁等诬盗追捕致遭溺毙，并私刑伤害等一案，请提案讯办由。检察处查，此案究

系如何实情，候令桐乡县县长迅予查明依法办理，惟该民如果确系被诬，自应投案听候讯明核办。

期刊名称：浙江司法半月刊
主办单位：
刊　　期：1930，1（18）
页　　码：22

289. 题　　名：附录：浙江高等法院检察处批示：具状人陈步青：状一件为声明服判请求释放由（五月十六日）

作　　者：

关 键 词：检察处　判决书

摘　　要：具状人陈步青状一件为声明服判请求释放由。检察处查，本案判决书尚未送达，应由该具状人觅具铺保候核。

期刊名称：浙江司法半月刊
主办单位：
刊　　期：1930，1（10）
页　　码：27

290. 题　　名：附录：浙江高等法院检察处批示：具状人绍兴沈元麟等：状一件诉严敬安等诬告诈财声请再议一案补具理由由（三月二十二日）

作　　者：

关 键 词：诬告案　声请再议　检察处

摘　　要：具状人绍兴沈元麟等状一件诉严敬安等诬告诈财声请再议一案，补具理由由。检察处查，此案已据绍兴分院将卷状等呈送前来，仰候核办。

期刊名称：浙江司法半月刊
主办单位：
刊　　期：1930，1（6）
页　　码：26

291. 题　　名：附录：浙江高等法院检察处批示：具状人张苏氏：状一件为张方荣被杀案请饬县法办由（五月二十三日）

作　　者：

关 键 词：检察处　通缉逃犯

摘　　要：具状人张苏氏状一件为张方荣被杀案请饬县法办由。候检察

处令原县严缉逃犯俞小奶务获究办；至唐小奶据张苏氏诉状亦仅称其强要拆看炸弹，对于张苏氏之子张方荣被杀并未共同下手，不能任意牵累。

期刊名称：浙江司法半月刊
主办单位：
刊　　期：1930，1（10）
页　　码：28－29

292. 题　　名：附录：浙江高等法院检察处批示：具状人昌化袁老四：状一件为因和诱一案请发交于潜县执行由（九月六日）

作　　者：

关 键 词：检察处　第一审判决　执行

摘　　要：具状人昌化袁老四状一件为因和诱一案，请发交于潜县执行由。检察处查，该民系在昌化县犯罪，并由该县第一审判决，自应仍行发回该县执行。所请交发原籍于潜执行之处，不准。

期刊名称：浙江司法半月刊
主办单位：
刊　　期：1930，1（17）
页　　码：28

293. 题　　名：附录：浙江高等法院检察处批示：具状人李裘氏：状一件为请将李松妹押回交氏管束由（七月五日）

作　　者：

关 键 词：检察处　养亲　押回

摘　　要：具状人李裘氏状一件为请将李松妹押回交氏管束由。检察处查，究竟原县如何处置，候令饬查案具覆；至该氏系李松妹养亲，李松妹既执意不愿后回养亲家，自未便相强，所请押回交该氏管束一节，未便照准。

期刊名称：浙江司法半月刊
主办单位：
刊　　期：1930，1（13）
页　　码：26

294. 题　　名：附录：浙江高等法院检察处批示：具状人嵊县倪张氏：状一

件为称伊女苗妹被押陆军监狱请准予保释由（六月二十七日）

作　　者：

关 键 词：保释　检察处　陆军监狱

摘　　要：具状人嵊县倪张氏状一件为称伊女苗妹被押陆军监狱，请准予保释由。检察处查，苗妹究因何故被押陆军监狱来状既未声叙明白，本院又无案可查，所请应毋庸议。

期刊名称：浙江司法半月刊

主办单位：

刊　　期：1930，1（13）

页　　码：26

295. 题　　名：附录：浙江高等法院检察处批示：具状人萧山钟灵呈等：状一件因反革命被告钟马潮等共同窃盗请将被告发回县院诉办由（四月十五日）

作　　者：

关 键 词：检察官　第一审判决　上诉　最高法院

摘　　要：具状人萧山钟灵呈等状一件因反革命被告钟马潮等共同窃盗，请将被告发回县院诉办由。检察处查，该被告钟阿马、钟马潮反革命一案，因检察官不服第一审判决提起上诉，所有卷宗均经呈送最高法院核办，据诉前情，应候本案卷宗发回后再行核夺。

期刊名称：浙江司法半月刊

主办单位：

刊　　期：1930，1（8）

页　　码：21－22

296. 题　　名：附录：浙江高等法院检察处批示：具状人钱俊访：状一件为声请撤销担保由（六月二十六日）

作　　者：

关 键 词：撤销担保　原判

摘　　要：具状人钱俊访状一件为声请撤销担保由。检察处查，王椿林侵占一案，业已判决确定发交第一审法院查照原判执行，现

在受刑人王椿林已未到案，该具保人能否退保，应候将原状转发原院查核办理。

期刊名称：浙江司法半月刊

主办单位：

刊　　期：1930，1（13）

页　　码：24

297. 题　　名：附录：浙江高等法院检察处批示：具状人朱廷耀：状一件诉吴从绳羁占人妻请求令县拘犯解省讯办由（二月十七日）

作　　者：

关 键 词：检察处　移省讯究

摘　　要：具状人朱廷耀状一件诉吴从绳霸占人妻，请求令县拘犯解省讯办由。候检状令县依法秉公办理，所请移省讯究之处，未便照准。

期刊名称：浙江司法半月刊

主办单位：

刊　　期：1930，1（4）

页　　码：19

298. 题　　名：附录：浙江高等法院检察处批示：具状人在押被告谢阿同：状一件为请保外候讯由（九月十六日）

作　　者：

关 键 词：取保候审　检察处

摘　　要：具状人在押被告谢阿同状一件为请保外候讯由。检察处查，案经饬查，应候复到核办，所请碍难照准。

期刊名称：浙江司法半月刊

主办单位：

刊　　期：1930，1（18）

页　　码：21

299. 题　　名：附录：浙江高等法院检察处批示：具状人余姚杨佩昌：状一件因伪证一案提起上诉由（四月二日）

作　　者：

关 键 词：伪证案　上诉　检察处

摘　　要：具状人余姚杨佩昌状一件因伪证一案，提起上诉由。检察处查，检察处已于魏馨一状内批示，仰即知照。

期刊名称：浙江司法半月刊

主办单位：

刊　　期：1930，1（7）

页　　码：25

300. 题　　名：附录：浙江高等法院检察处批示：具状人律师朱立纲：状一件为绍兴潘阿四强盗一案补叙上诉理由（十一月十日）

作　　者：

关 键 词：上诉　检察处　最高法院检察署

摘　　要：具状人律师朱立纲状一件为绍兴潘阿四强盗一案，补叙上诉理由。检察处拟将原状转送最高法院检察署核办。

期刊名称：浙江司法半月刊

主办单位：

刊　　期：1930，1（22）

页　　码：22－23

301. 题　　名：附录：浙江高等法院检察处批示：具状人临海王鸿骏：状一件为陈萃夫等抗传不到请饬拘由（八月十二日）

作　　者：

关 键 词：抗传不到　检察处

摘　　要：具状人临海王鸿骏状一件为陈萃夫等抗传不到请饬拘由。候检察处示期集讯核夺。

期刊名称：浙江司法半月刊

主办单位：

刊　　期：1930，1（16）

页　　码：22

302. 题　　名：附录：浙江高等法院检察处批示：具状人李连发：状一件为枉坐图圄请查明以儆渎职由（九月十九日）

作　　者：

关 键 词：渎职　检察处

摘　　要：具状人李连发状一件为枉坐图圄，请查明以儆渎职由。候检察处查明核办。

期刊名称：浙江司法半月刊

主办单位：

刊　　期：1930，1（18）

页　　码：23

303. 题　　名：附录：浙江高等法院检察处批

示：具状人陈荣都：状一件为诉罗骚等杀人请移转管辖由（六月二十五日）

作　　者：

关 键 词：移转管辖　检察处　不起诉处分　再议

摘　　要：具状人陈荣都状一件为诉罗骚等杀人，请移转管辖由。检察处查，此案经检察官不起诉，再议又被批斥，除候调卷核办外，所请移转管辖之处不准。

期刊名称：浙江司法半月刊

主办单位：

刊　　期：1930，1（13）

页　　码：24

304. 题　　名：附录：浙江高等法院检察处批示：具状人徐老三：状一件为盗匪他逸请求咨拿法办由（五月十日）

作　　者：

关 键 词：检察处

摘　　要：具状人徐老三状一件为盗匪他逸，请求咨拿法办由。检察处查，此案既由昌化县政府受理，如果该匪犯等匿迹安徽甯国县，该民应自迳向原县状请，转咨甯国县政府查拿。

期刊名称：浙江司法半月刊

主办单位：

刊　　期：1930，1（10）

页　　码：25

305. 题　　名：附录：浙江高等法院检察处批示：具状人王信行等：状一件为被诉诽谤一案不服第二审判决提起三审上诉由（四月七日）

作　　者：

关 键 词：二审　三审　上诉

摘　　要：具状人王信行等状一件为被诉诽谤一案，不服第二审判决，提起三审上诉由。检察处查，提起上诉应向原审法院为之，将原状发交鄞县地方法院查案依法办理。

期刊名称：浙江司法半月刊

主办单位：

刊　　　期：1930，1（7）

页　　　码：26

306.题　　　名：附录：浙江高等法院检察处批
示：具状人陈家瑜：状一件为
被诉窃盗伤害案不服上诉由
（四月二十六日）

作　　　者：

关　键　词：上诉　检察处

摘　　　要：具状人程家瑜状一件为被诉窃
盗伤害案，不服上诉由。检察
处查，不服法院之判决应向原
院具状声明上诉，据诉前由，
候交发原院依法办理。

期刊名称：浙江司法半月刊

主办单位：

刊　　　期：1930，1（9）

页　　　码：26

307.题　　　名：附录：浙江高等法院检察处批
示：具状人翁寅洲：状一件为
翁守泰等杀人县长虚应故纵请
严令迅予办理由（三月八日）

作　　　者：

关　键　词：检察处　杀人案

摘　　　要：具状人翁寅洲状一件为翁守泰
等杀人，县长虚应故纵，请严
令迅予办理由。检察处查，此
案前据该民续诉业已令县认真
缉究，并批示知照在案。

期刊名称：浙江司法半月刊

主办单位：

刊　　　期：1930，1（5）

页　　　码：22

308.题　　　名：附录：浙江高等法院检察处批
示：具状人临海张金波：状一
件为诉苏干和等毁掘坟墓及伤
害一案请令临海分院拘办由
（七月一日）

作　　　者：

关　键　词：检察处

摘　　　要：具状人临海张金波状一件为诉
苏干和等毁掘坟墓及伤害一
案，请令临海分院拘办由。检
察处查，所诉名节究系如何情
形，候令临海地方分院查明依
法核办。

期刊名称：浙江司法半月刊

主办单位：

刊　　　期：1930，1（13）

页　　　码：25

309.题　　　名：附录：浙江高等法院检察处批
示：具状人诸暨王家修等：状
一件为诉王南昌等毁损及公然
侮辱等一案再行声请再议由
（七月二十三日）

作　　　者：

关　键　词：声请再议　检察处

摘　　　要：具状人诸暨王家修等状一件为
诉王南昌等毁损及公然侮辱等
一案，再行声请再议由。检察
处已收状，候调卷核夺。

期刊名称：浙江司法半月刊

主办单位：

刊　　　期：1930，1（15）

页　　　码：26

310.题　　　名：附录：浙江高等法院检察处批
示：具状人钱桂宝：状一件为
请发还保证金由（七月二十二
日）

作　　　者：

关　键　词：保证金　检察处

摘　　　要：具状人钱桂宝状一件为请发还
保证金由。检察处已收状，准
即持据来院具领。

期刊名称：浙江司法半月刊

主办单位：

刊　　　期：1930，1（14）

页　　　码：22

311.题　　　名：附录：浙江高等法院检察处批
示：具状人凌钟豪：状一件为
不服临安县政府判决鸦片罪刑
状请上诉由（五月十六日）

作　　　者：

关　键　词：上诉　检察处　原审法院

摘　　　要：具状人凌钟豪状一件为不服临
安县政府判决鸦片罪刑，状请
上诉由。检察处查，提起上述
应向原审法院为之，据称既向
原县声明上诉，检察处将原状
令发原县依法办理。

期刊名称：浙江司法半月刊

主办单位：

刊　　　期：1930，1（10）

页　　码：27

312.　题　　名：附录：浙江高等法院检察处批
　　　　　　　示：具代电人周鼎英等：电一
　　　　　　　件为著匪萧宗标等屡行劫掠请
　　　　　　　饬严惩由（七月三十日）

　　　作　　者：

　　　关 键 词：检察处

　　　摘　　要：周鼎英等电一件为著匪萧宗标
　　　　　　　等屡行劫掠请饬严惩由。候检
　　　　　　　察处令行永嘉地方法院检察处
　　　　　　　查核办理。

　　期刊名称：浙江司法半月刊
　　主办单位：
　　　刊　　期：1930，1（15）
　　　页　　码：27

313.　题　　名：附录：浙江高等法院检察处批
　　　　　　　示：具状人黄岩李曹氏：状一
　　　　　　　件为诉李合泉等窃盗一案请提
　　　　　　　起上诉由（五月十三日）

　　　作　　者：

　　　关 键 词：检察官　上诉　上诉期限

　　　摘　　要：具状人黄岩李曹氏状一件为诉
　　　　　　　李合泉等窃盗一案，请提起上
　　　　　　　诉由。检察处查，此案判决后
　　　　　　　既经原检察官认为不能提起上
　　　　　　　诉，并已经过上诉期限，所请
　　　　　　　应毋庸议。

　　期刊名称：浙江司法半月刊
　　主办单位：
　　　刊　　期：1930，1（10）
　　　页　　码：26

314.　题　　名：附录：浙江高等法院检察处批
　　　　　　　示：具状人昌化郑高举：状一
　　　　　　　件为因强盗一案提起上诉由
　　　　　　　（六月十六日）

　　　作　　者：

　　　关 键 词：强盗案　上诉　检察处

　　　摘　　要：具状人昌化郑高举状一件为因
　　　　　　　强盗一案，提起上诉由。候检
　　　　　　　察处调卷核办。

　　期刊名称：浙江司法半月刊
　　主办单位：
　　　刊　　期：1930，1（12）
　　　页　　码：26

315.　题　　名：附录：浙江高等法院检察处批
　　　　　　　示：具状人翁炳亮：状一件为

翁廷尚因伤毙命原县验报不实
请覆验由（五月九日）

　　　作　　者：

　　　关 键 词：因伤毙命验报　覆验

　　　摘　　要：具状人翁炳亮状一件为翁廷尚
　　　　　　　因伤毙命原县验报不实，请覆
　　　　　　　验由。检察处查，翁廷尚身前
　　　　　　　据原县呈报系于四月十一日莅
　　　　　　　验，并验系生前有微伤，旋因
　　　　　　　染有斑疹致死在案。该民如以
　　　　　　　原县验报不实，何以事隔多日
　　　　　　　始行状请覆验核情，未便率
　　　　　　　准。惟案关人命，究竟病与伤
　　　　　　　有无因果关系，及其实在情形
　　　　　　　如何，候令原县迅予提集人
　　　　　　　证，秉公切实讯究。

　　期刊名称：浙江司法半月刊
　　主办单位：
　　　刊　　期：1930，1（9）
　　　页　　码：28

316.　题　　名：附录：浙江高等法院检察处批
　　　　　　　示：具状人象山林阿根：状一
　　　　　　　件为诉汪恩俊刑讯私禁一案请
　　　　　　　指定管辖由（八月十六日）

　　　作　　者：

　　　关 键 词：检察处

　　　摘　　要：具状人象山林阿根状一件为诉
　　　　　　　汪恩俊刑讯私禁一案，请指定
　　　　　　　管辖由。检察处已收状，该民
　　　　　　　所诉是否属实，仰该民于本月
　　　　　　　二十一日上午八时来院报道，
　　　　　　　候讯明核夺。

　　期刊名称：浙江司法半月刊
　　主办单位：
　　　刊　　期：1930，1（16）
　　　页　　码：24

317.　题　　名：附录：浙江高等法院检察处批
　　　　　　　示：具状人王关椿：状一件为
　　　　　　　诉吕嘉贤等私禁窃盗案请代提
　　　　　　　上诉由（十一月十八日）

　　　作　　者：

　　　关 键 词：上诉　检察处

　　　摘　　要：具状人王关椿状一件为诉吕嘉
　　　　　　　贤等私禁窃盗案，请代提上诉
　　　　　　　由。检察处查，原判并无不
　　　　　　　当，所请提起上诉不准。

期刊名称：浙江司法半月刊

主办单位：

刊　　期：1930，1（22）

页　　码：25

318. 题　　名：附录：浙江高等法院检察处批示：具状人第一监狱监犯沈礼新：状一件为呈请假释由（九月十日）

作　　者：

关键词：假释　检察处　监狱长官

摘　　要：具状人第一监狱监犯沈礼新状一件，为呈请假释由。检察处查，人犯呈请假释应由监狱长官认为有后悔实据，并具备假释各条件者，造成各种册表呈请核办，方为合法。该监犯未按上述手续迳呈到院请求假释，无此办法。

期刊名称：浙江司法半月刊

主办单位：

刊　　期：1930，1（18）

页　　码：21

319. 题　　名：附录：浙江高等法院检察处批示：具状人宁海严宗浚：状一件为因被诉诈财及诬告一案诉第三审久未判决请核示由（八月二十五日）

作　　者：

关键词：上诉　检察署　第三审

摘　　要：具状人宁海严宗浚状一件为因被诉诈财及诬告一案，诉第三审久未判决，请核示由。检察处查，此案前据该民提起上诉，业经本处呈送最高法院检察署核办。

期刊名称：浙江司法半月刊

主办单位：

刊　　期：1930，1（17）

页　　码：24

320. 题　　名：附录：浙江高等法院检察处批示：具状人何经训等：状一件为匪首保外率党抢劫请令饬加紧拿办由（三月十一日）

作　　者：

关键词：检察处

摘　　要：具状人何经训等状一件为匪首

保外率党抢劫，请令饬加紧拿办由。候检察处令饬原院检察官认真法办。

期刊名称：浙江司法半月刊

主办单位：

刊　　期：1930，1（6）

页　　码：24

321. 题　　名：附录：浙江高等法院检察处批示：具状人于潜杨林氏：状一件为因伊夫杨立贝被诉诬告一案请移转管辖由（六月十九日）

作　　者：

关键词：诬告案　移转管辖　检察处

摘　　要：具状人于潜县杨林氏状一件为因伊夫杨立贝被诉诬告一案，请移转管辖由。检察处查，此案业经本院刑庭裁定移转杭县地方法院管辖。

期刊名称：浙江司法半月刊

主办单位：

刊　　期：1930，1（13）

页　　码：23

322. 题　　名：附录：浙江高等法院检察处批示：具状人史小香：状一件为被诬通匪行劫盗首已获请令县迅予判决以免拖累由（四月七日）

作　　者：

关键词：检察处　拘传人证

摘　　要：具状人史小香状一件，为被诬通匪行劫盗首已获，请令县迅予判决以免拖累由。检察处已收状，据称此案盗首三保第既已获案送县，候检状令县迅予传集人证，提同获犯鞫讯明确，依法办理。

期刊名称：浙江司法半月刊

主办单位：

刊　　期：1930，1（7）

页　　码：26

323. 题　　名：附录：浙江高等法院检察处批示：具状人金廷甫：状一件为不服萧山县法院判决诈财声明上诉由（八月二十五日）

作　　者：

关　键　词：声明上诉　检察处　原审法院

摘　　　要：具状人金廷甫状一件为不服萧
山县法院判决诈财，声明上诉
由。检察处查，提起上诉应向
原审法院为之，将原状令发萧
山县法院依法办理。

期刊名称：浙江司法半月刊

主办单位：

刊　　　期：1930，1（17）

页　　　码：24

324. 题　　　名：附录：浙江高等法院检察处批
示：具状人绍兴吴正海：状一
件为因妨害公务一案请调卷查
核发还保证金由（八月二十三
日）

作　　　者：

关　键　词：妨害公务案　保证金　上诉

摘　　　要：具状人绍兴吴正海状一件为因
妨害公务一案，请调卷查核发
还保证金由。检察处查，此案
该民如果不服绍兴分院判决，
应依法向该院提起上诉。乃据
来院状请调卷查核发还保证
金，殊属不合。惟状内对于原
判既有不服，候将原状令发该
院查明核办。

期刊名称：浙江司法半月刊

主办单位：

刊　　　期：1930，1（16）

页　　　码：24

325. 题　　　名：附录：浙江高等法院检察处批
示：具状人竺锦鸣：状一件为
诉冯三观杀人一案请令原院检
察官迅予依法诉办由（三月十
八日）

作　　　者：

关　键　词：杀人案　首席检察官　起诉

摘　　　要：具状人竺锦鸣状一件为诉冯三
观杀人一案，请令原院检察官
迅予依法诉办由。检察处查，
此案前据嘉善县法院首席检察
官呈称，对于冯三观部分业经
起诉。

期刊名称：浙江司法半月刊

主办单位：

刊　　　期：1930，1（6）

页　　　码：25

326. 题　　　名：附录：浙江高等法院检察处批
示：具状人屠伦友：状一件为
因被诉略诱等一案不服嘉善县
法院判决提起上诉由（三月十
八日）

作　　　者：

关　键　词：略诱案　上诉　原审法院

摘　　　要：具状人屠伦友状一件为因被诉
略诱等一案，不服嘉善县法院
判决，提起上诉由。检察处
查，根据刑事诉讼法规定，提
起上诉应向原审法院为之，候
将原状令发嘉善县法院查明
核办。

期刊名称：浙江司法半月刊

主办单位：

刊　　　期：1930，1（6）

页　　　码：25

327. 题　　　名：附录：浙江高等法院检察处批
示：具状人顾陈氏：状一件为
仙居顾陈氏状请解回原县执行
由（三月一日）

作　　　者：

关　键　词：无期徒刑　浙江第一监狱
执行

摘　　　要：具状人顾陈氏状一件为仙居顾
陈氏状请解回原县执行由。检
察处查，该犯系判处无期徒
刑，为慎重起见，发处浙江第
一监狱执行，所请未便照准。

期刊名称：浙江司法半月刊

主办单位：

刊　　　期：1930，1（5）

页　　　码：22

328. 题　　　名：附录：浙江高等法院检察处批
示：具状人绍兴陈卓人：状一
件为声情状由（六月二十五
日）

作　　　者：

关　键　词：声情状

摘　　　要：具状人绍兴陈卓人状一件为声
情状由，检察处已于前状明白
批示。

期刊名称：浙江司法半月刊

主办单位：

刊　　　期：1930，1（13）

页　　　码：23

329. 题　　　名：附录：浙江高等法院检察处批示：具状人孙福顺：状一件为伊子挹芬反革命案业经判决宣告缓刑声请准予开释由（七月二十三日）

作　　　者：

关 键 词：反革命案　缓刑　开释　铺保

摘　　　要：具状人孙福顺状一件，为伊子挹芬反革命案，业经判决宣告缓刑，声请准予开释由。检察处已收状，着取具妥实铺保，呈候核办。

期刊名称：浙江司法半月刊

主办单位：

刊　　　期：1930，1（15）

页　　　码：26

330. 题　　　名：附录：浙江高等法院检察处批示：具呈人安吉于何氏：状一件诉王天德等杀人一案呈诉不服由（四月二日）

作　　　者：

关 键 词：呈诉不服　检察处

摘　　　要：具呈人安吉于何氏状一件，诉王天德等杀人一案，呈诉不服由。候检察处调卷核办。

期刊名称：浙江司法半月刊

主办单位：

刊　　　期：1930，1（7）

页　　　码：25

331. 题　　　名：附录：浙江高等法院检察处批示：具状人于潜朱徐氏：状一件因伊夫朱潘松被何有海等枪伤毙命一案不服原判呈请上诉由（四月二十一日）

作　　　者：

关 键 词：呈请上诉　检察处

摘　　　要：具状人于潜县朱徐氏状一件因伊夫朱潘松被何有海等枪伤毙命一案不服原判，呈请上诉由。检察处已收状及委任状，候调卷核夺。

期刊名称：浙江司法半月刊

主办单位：

刊　　　期：1930，1（8）

页　　　码：22

332. 题　　　名：附录：浙江高等法院检察处批示：具状人经尚乘马德卿为侵占案不服上诉由

作　　　者：

关 键 词：侵占案　不服上诉　检察处

摘　　　要：具状人经尚乘、马德卿为侵占案不服上诉由，候检察处将来状发交原院检察官依法核办。

期刊名称：浙江司法半月刊

主办单位：

刊　　　期：1930，1（6）

页　　　码：26

333. 题　　　名：附录：浙江高等法院检察处批示：具状人东阳王寿山：状一件为因和诱一案请派员查明撤销原处分并移转侦查由（七月三十一日）

作　　　者：

关 键 词：移转侦查　首席检察官

摘　　　要：具状人东阳王寿山状一件为因和诱一案，请派员查明，撤销原处分并移转侦查由。检察处查，此案前据杨桂荪等状诉，已令海宁县法院首席检察官查明依法秉公办理。

期刊名称：浙江司法半月刊

主办单位：

刊　　　期：1930，1（15）

页　　　码：28

334. 题　　　名：附录：浙江高等法院检察处批示：具状人温岭戴葵秋：状一件为因被诉吃食鸦片一案声明名字错误请讯明核办并移转管辖由（九月十六日）

作　　　者：

关 键 词：移转管辖

摘　　　要：具状人温岭县戴葵秋状一件为因被诉吃食鸦片一案，声明名字错误请讯明核办，并移转管辖由。检察处查，该民如果确系戴渠洲改名，且并不吃食鸦片，可向温岭县法院报到听候讯明核办。至该民如欲请求移转管辖，应向本院第一分院诉请依法办理。

期刊名称：浙江司法半月刊
主办单位：
刊　　期：1930，1（18）
页　　码：22

335.题　　名：附录：浙江高等法院批示：具
状人陈福生：状一件为绍兴分
院检察官起诉钱元龙侵占案延
不审判乞令依法办理由（五月
二日）

作　　者：

关 键 词：检察官　起诉　审判

摘　　要：具状人陈福生状一件为绍兴分
院检察官起诉钱元龙侵占案延
不审判，乞令依法办理由。检
察处已令绍兴分院迅速查案，
依法办理。

期刊名称：浙江司法半月刊
主办单位：
刊　　期：1930，1（9）
页　　码：24

336.题　　名：附录：浙江高等法院检察处批
示：具状人余娜娜：呈为伊妻
裴氏在监生产请求保外调治以
全生命由（三月二十日）

作　　者：

关 键 词：保外执行　检察处

摘　　要：具状人余娜娜呈为伊妻裴氏在
监生产，请求保外调治以全生
命由。检察处已电令仰常山县
县长迅即依法办理。

期刊名称：浙江司法半月刊
主办单位：
刊　　期：1930，1（6）
页　　码：25

337.题　　名：附录：浙江高等法院检察处批
示：具状人梁铨韩：状一件为
不服批示提起抗告由（十一月
八日）

作　　者：

关 键 词：检察官　上诉　抗告　刑诉法

摘　　要：具状人梁铨韩状一件为不服批
示提起抗告由。检察处查，对
于检察官核明原判并无不当，
不予上诉之批示，在刑事诉讼
法并无得以抗告之规定，所请
应毋庸议。

期刊名称：浙江司法半月刊
主办单位：
刊　　期：1930，1（22）
页　　码：22

338.题　　名：附录：浙江高等法院检察处批
示：具状人昌化邵显斋等：状
一件为因诬告一案提起上诉由
（六月十二日）

作　　者：

关 键 词：诬告案　上诉　检察处

摘　　要：具状人昌化县邵显斋等状一件
为因诬告一案，提起上诉由。
候检察处调卷核办。

期刊名称：浙江司法半月刊
主办单位：
刊　　期：1930，1（12）
页　　码：25

339.题　　名：附录：浙江高等法院检察处批
示：具状人朱吴氏：状一件为
教唆侵占案声明上诉由（九月
十八日）

作　　者：

关 键 词：教唆侵占案　声明上诉

摘　　要：具状人朱吴氏状一件为教唆侵
占案，声明上诉由。候检察处
将原状发交原审法院依法
核办。

期刊名称：浙江司法半月刊
主办单位：
刊　　期：1930，1（18）
页　　码：23

340.题　　名：附录：浙江高等法院检察处批
示：具状人冯吴氏：状一件呈
为伊子冯金标无辜被累请求恩
准保释由（八月十九日）

作　　者：

关 键 词：保释　铺保

摘　　要：具状人冯吴氏状一件呈为伊子
冯金标无辜被累，请求恩准保
释由。检察处收状，着取具铺
保，呈候核办。

期刊名称：浙江司法半月刊
主办单位：
刊　　期：1930，1（16）
页　　码：24

341.题　　名：附录：浙江高等法院检察处批

示：具状人余姚魏馨一：状一
件因盗用印章诬告一案提起上
诉由（四月二日）

作　　者：

关 键 词：诬告案　上诉　检察处

摘　　要：具状人余姚县魏馨一状一件因
盗用印章诬告一案，提起上诉
由。候检察处调卷核办。

期刊名称：浙江司法半月刊

主办单位：

刊　　期：1930，1（7）

页　　码：25

342. 题　　名：附录：浙江高等法院检察处批
示：具状人戴掌民：状一件为
横遭反革命嫌疑叩请衡情论断
予以不起诉处分由（六月十一
日）

作　　者：

关 键 词：不起诉处分　检察处

摘　　要：具状人戴掌民状一件为横遭反
革命嫌疑，叩请衡情论断予以
不起诉处分由。检察处已收
状，候侦查明确后再行核办。

期刊名称：浙江司法半月刊

主办单位：

刊　　期：1930，1（12）

页　　码：25

343. 题　　名：附录：浙江高等法院检察处批
示：具状人于顾氏：状一件为
伊夫于庆香被于庆见等伤害致
死请求饬令该县验明拘凶惩办
由（五月六日）

作　　者：

关 键 词：故意伤害致死　检察处

摘　　要：具状人于顾氏状一件为伊夫于
庆香被于庆见等伤害致死，请
求饬令该县验明拘凶惩办由。
检察处收状，据诉各节是否属
实，候令乐清县县长查明依法
办理。

期刊名称：浙江司法半月刊

主办单位：

刊　　期：1930，1（9）

页　　码：27

344. 题　　名：附录：浙江高等法院检察处批
示：具状人陈培宇即佩英：状

一件为陈因病不能到庭请核准
由（三月一日）

作　　者：

关 键 词：检察处

摘　　要：陈培宇即佩英状一件为陈因病
不能到庭请核准由。检察处
查，据状该被告因病不能应讯
是否属实，应候饬查具复
核办。

期刊名称：浙江司法半月刊

主办单位：

刊　　期：1930，1（5）

页　　码：22

345. 题　　名：附录：浙江高等法院检察处批
示：具状人郑兆麟：状一件为
诉郑叶氏等一案续请再审及补
判由（六月十九日）

作　　者：

关 键 词：再审　补判

摘　　要：具状人郑兆麟状一件为诉郑叶
氏等一案，续请再审及补判
由。检察处查，该民所请再审
及补判各节认不合法，迭经批
斥在案。

期刊名称：浙江司法半月刊

主办单位：

刊　　期：1930，1（12）

页　　码：27

346. 题　　名：附录：浙江高等法院检察处批
示：具状人史小香：状一件为
声明上诉请检送卷证由（六月
二十六日）

作　　者：

关 键 词：第二审判决　声明上诉

摘　　要：具状人史小香状一件为声明上
诉请检送卷证由。检察处查，
呈诉人对于法院所为之第二审
判决依法不得声明上诉，所请
检卷呈送之处，应毋庸议。

期刊名称：浙江司法半月刊

主办单位：

刊　　期：1930，1（13）

页　　码：24

347. 题　　名：附录：浙江高等法院检察处批
示：具状人周恒生等：状一件
为诉陈金发等强盗附带民事请

求移卷饬县执行由（五月六日）

作　　者：

关 键 词：检察官　上诉　最高法院

摘　　要：具状人周恒生等状一件为诉陈金发等强盗附带民事，请求移卷饬县执行由。检察处查，此案已据陈金发及承办检察官分别提起上诉，卷已送最高法院核办，所请移卷饬县执行之处，不准。

期刊名称：浙江司法半月刊

主办单位：

刊　　期：1930，1（9）

页　　码：28

348. 题　　名：附录：浙江高等法院检察处批示：具状人丁赵氏：状一件续具方杏春等伤害一案申请提起上诉理由由（四月四日）

作　　者：

关 键 词：上诉　检察处

摘　　要：具状人丁赵氏状一件续具方杏春等伤害一案，申请提起上诉理由由。检察处已于前状明白批示。

期刊名称：浙江司法半月刊

主办单位：

刊　　期：1930，1（7）

页　　码：25

349. 题　　名：附录：浙江高等法院检察处批示：具状人天台陈孟业等：状一件为诉该县县长章骏渎职营私等一案请函民政厅停职法办由（七月七日）

作　　者：

关 键 词：渎职案　检察处

摘　　要：具状人天台县陈孟业等状一件为诉该县县长章骏渎职营私等一案，请函民政厅停职法办由。检察处查，具状人所诉是否属实，仰该民等于民国十九年七月十日上午八时来检察处听候讯明，再行核夺。

期刊名称：浙江司法半月刊

主办单位：

刊　　期：1930，1（13）

页　　码：26

350. 题　　名：附录：浙江高等法院检察处批示：具状人汪凤森：状一件为方正忠殴推汪正良毙命案请迅赐判决由（五月二十三日）

作　　者：

关 键 词：判决书　告诉人　送达

摘　　要：具状人汪凤森状一件为方正忠殴推汪正良毙命案，请迅赐判决由。检察处查，本案早经本院刑庭改判被告方正忠有期徒刑三年六个月，并将该犯解交原县执行。至于判决书对于告诉人依法并不送达。

期刊名称：浙江司法半月刊

主办单位：

刊　　期：1930，1（10）

页　　码：29

351. 题　　名：附录：浙江高等法院检察处批示：具状人周传义：状一件为被处诬告罪声明上诉（八月二十七日）

作　　者：

关 键 词：声明上诉　检察处

摘　　要：具状人周传义状一件为被处诬告罪声明上诉由。候检察处调卷核办。

期刊名称：浙江司法半月刊

主办单位：

刊　　期：1930，1（17）

页　　码：24－25

352. 题　　名：附录：浙江高等法院检察处批示：具状人吴树友：状一件为声请发回原籍仙居县执行由（八月十一日）

作　　者：

关 键 词：检察官　执行

摘　　要：具状人吴树友状一件为声请发回原籍仙居县执行由。检察处查，该案早经检察处发交第一审检察官照判执行，所请解回原籍执行一节，不准。

期刊名称：浙江司法半月刊

主办单位：

刊　　期：1930，1（16）

页　　码：22

353. 题　　名：附录：浙江高等法院检察处批

示：具状人昌化邵振许等：状
一件为诉陈观福等诬告等一案
请令县依法讯办由（十一月十
三日）

作　　者：

关　键　词：诬告案　检察处

摘　　要：具状人昌化县邵振许等状一件
为诉陈观福等诬告等一案，请
令县依法讯办由。检察处查，
此案就系如何情形，候令昌化
县县长查明依法核办。

期刊名称：浙江司法半月刊

主办单位：

刊　　期：1930，1（22）

页　　码：24

354. 题　　名：附录：浙江高等法院检察处批
示：具状人朱韩氏：状一件为
伊夫朱敏犯反革命嫌疑续请交
保由（五月九日）

作　　者：

关　键　词：反革命　交保　依法起诉

摘　　要：具状人朱韩氏状一件为伊夫朱
敏犯反革命嫌疑，续请交保
由。检察处查，朱敏犯反革命
罪嫌疑重大，业经依法起诉。
所请交保之处，不准。

期刊名称：浙江司法半月刊

主办单位：

刊　　期：1930，1（10）

页　　码：25

355. 题　　名：附录：浙江高等法院检察处批
示：具状人于潜王杏富：状一
件诉陈荷花等略诱重婚一案呈
诉不服由（四月二十六日）

作　　者：

关　键　词：重婚案　呈诉不服　检察处

摘　　要：具状人于潜县王杏富状一件诉
陈荷花等略诱重婚一案，呈诉
不服由。候检察处调卷核办。

期刊名称：浙江司法半月刊

主办单位：

刊　　期：1930，1（9）

页　　码：26

356. 题　　名：附录：浙江高等法院检察处批
示：具状人罗俞氏：状一件为
诉王芝舫等侵占案请移转管辖

由（四月二十六日）

作　　者：

关　键　词：侵占案　移转管辖　检察处

摘　　要：具状人罗俞氏状一件为诉王芝
舫等侵占案，请移转管辖由。
候检察处调卷核办。

期刊名称：浙江司法半月刊

主办单位：

刊　　期：1930，1（9）

页　　码：26

357. 题　　名：附录：浙江高等法院检察处批
示：具状人沈杏福等：伤害二
审上诉由（四月十七日）

作　　者：

关　键　词：上诉　原审法院

摘　　要：具状人沈杏福等伤害案二审上
诉由。检察处查，提起上诉应
向原审法院为之，检察处将原
状令发德清县政府办理。

期刊名称：浙江司法半月刊

主办单位：

刊　　期：1930，1（8）

页　　码：22

358. 题　　名：附录：浙江高等法院检察处批
示：具状人陈一新：状一件为
声请发还卷宗以凭究诬由（八
月十四日）

作　　者：

关　键　词：发还卷宗　检察处

摘　　要：具状人陈一新状一件为声请发
还卷宗以凭究诬由。检察处
查，此案卷宗未据该法院呈请
检发，所请应毋庸议。

期刊名称：浙江司法半月刊

主办单位：

刊　　期：1930，1（16）

页　　码：23

359. 题　　名：附录：浙江高等法院检察处批
示：具状人王柯氏：状一件诉
王洪咸等杀人请令饬县缉凶究
办由（三月三日）

作　　者：

关　键　词：杀人案　检察处

摘　　要：具状人王柯氏状一件诉王洪咸
等杀人，请令饬县缉凶究办
由。检察处查，此案究系如何

实情，有无他种情节，仰候检
状令饬仙居县县长并案查明依
法办理。

期刊名称：浙江司法半月刊

主办单位：

刊　　期：1930，1（6）

页　　码：23

360. 题　　名：附录：浙江高等法院检察处批
示：具状人杭县郭剑石：状
一件为因行贿一案补具上诉理
由（五月二十三日）

作　　者：

关 键 词：行贿案　上诉理由　原审法院

摘　　要：具状人杭县郭剑石状一件为因
行贿一案，补具上诉理由。
检察处查，该民之上诉理由应
向原审法院提出以凭答辩，候
将原状令发原院依法办理。

期刊名称：浙江司法半月刊

主办单位：

刊　　期：1930，1（10）

页　　码：28

361. 题　　名：附录：浙江高等法院检察处批
示：具状人于潜杨立员：状一
件为诉吴恒贵等伤害伊女桂花
一案请一并移转管辖由（九月
六日）

作　　者：

关 键 词：伤害案　移转管辖

摘　　要：于潜县杨立员状一件为诉吴恒
贵等伤害伊女桂花一案，请一
并移转管辖由。检察处查，
该民诉吴恒贵等放火，及率警
逮捕九岁幼子等案，业经本院
裁定移转杭县地方法院管辖。
该民所称吴恒贵等伤害其女
一节，事属牵连究竟是否真
实，候令杭县地方法院并案
侦查。至所诉于潜县政府违
法，显难置信，所请移转管
辖不准。

期刊名称：浙江司法半月刊

主办单位：

刊　　期：1930，1（17）

页　　码：27

362. 题　　名：附录：浙江高等法院检察处批

示：具状人杭县方连三等：状
一件为诉叶春宝等侵占不服杭
县地方法院不起诉处分一案请
该示办理情形由（七月二日）

作　　者：

关 键 词：声请再议　处分书　送达

摘　　要：杭县方连三等状一件为诉叶春
宝等侵占，不服杭县地方法院
不起诉处分一案，请该示办理
情形由。检察处查，此案前据
该民等声请再议，业经制作
处分书，令由杭县地方法院
送达。

期刊名称：浙江司法半月刊

主办单位：

刊　　期：1930，1（13）

页　　码：25

363. 题　　名：附录：浙江高等法院检察处批
示：沈定一先生雪憾治丧委员
会为凶犯已获请迎提由（五月
一日）

作　　者：

关 键 词：治丧委员会　凶犯

摘　　要：沈定一先生雪憾治丧委员会为
凶犯已获，请迎提由。检察处
已收状，前接特区高检处皓
电，即经会同本院院长备函
请省政府迎提在案。

期刊名称：浙江司法半月刊

主办单位：

刊　　期：1930，1（9）

页　　码：27

364. 题　　名：附录：浙江高等法院检察处批
示：具状人朱阿田等：状一件
为被控妨害人行使权利及毁损
案补具上诉理由由（九月一
日）

作　　者：

关 键 词：上诉理由　检察处

摘　　要：具状人朱阿田等状一件为被控
妨害人行使权利及毁损案，补
具上诉理由由。候检察处将原
状发交原院核办。

期刊名称：浙江司法半月刊

主办单位：

刊　　期：1930，1（17）

页　　码：26

365. 题　　名：附录：浙江高等法院检察处批
　　　　　　　示：具状人新昌吕珍花：状一
　　　　　　　件为检还妆奁声请执行由（七
　　　　　　　月八日）

作　　者：

关 键 词：执行　依法上诉

摘　　要：具状人新昌吕珍花状一件为检
　　　　　　　还妆奁声请执行由。检察处
　　　　　　　查，案经确定判决，自应照判
　　　　　　　执行。惟据称本案执行中复经
　　　　　　　原法院传讯另行判决等情，如
　　　　　　　系另一诉讼，该民对于该诉讼
　　　　　　　之判决有所不服，自可依法上
　　　　　　　诉，所请令饬取消复判迅予执
　　　　　　　行之处，应毋庸议。

期刊名称：浙江司法半月刊

主办单位：

刊　　期：1930，1（14）

页　　码：19－20

366. 题　　名：附录：浙江高等法院检察处批
　　　　　　　示：具状人毛华芳：状一件为
　　　　　　　谋妻害子请饬拘办由（四月三
　　　　　　　十日）

作　　者：

关 键 词：检察处

摘　　要：具状人毛华芳状一件为谋妻害
　　　　　　　子请饬拘办由。检察处查，该
　　　　　　　案究竟是何实情，候令杭县地
　　　　　　　方法院检察处查案具复，再行
　　　　　　　核办。

期刊名称：浙江司法半月刊

主办单位：

刊　　期：1930，1（9）

页　　码：27

367. 题　　名：附录：浙江高等法院检察处批
　　　　　　　示：具状人林鸿甫：状一件为
　　　　　　　告发王顺富反革命案事已供明
　　　　　　　请求免予传唤由（三月五日）

作　　者：

关 键 词：反革命案　免予传唤　检察处

摘　　要：具状人林鸿甫状一件为告发王
　　　　　　　顺富反革命案事已供明，请求
　　　　　　　免予传唤由。检察处已收状，
　　　　　　　批准。

期刊名称：浙江司法半月刊

主办单位：

刊　　期：1930，1（5）

页　　码：22

368. 题　　名：附录：浙江高等法院检察处批
　　　　　　　示：具状人杭县王茂财等：状
　　　　　　　一件为请保释陈永富由（十一
　　　　　　　月十八日）

作　　者：

关 键 词：保释　检察处

摘　　要：具状人杭县王茂财等状一件为
　　　　　　　请保释陈永富由。该案已经检
　　　　　　　察处明白批示，所请仍不准。

期刊名称：浙江司法半月刊

主办单位：

刊　　期：1930，1（22）

页　　码：24

369. 题　　名：附录：浙江高等法院检察处批
　　　　　　　示：具状人于潜胡阿氏：状一
　　　　　　　件因诉洪阿五等略诱等一案反
　　　　　　　被羁押请令县撤销羁押处分由
　　　　　　　（五月九日）

作　　者：

关 键 词：羁押处分　检察处

摘　　要：具状人于潜县胡阿氏状一件因
　　　　　　　诉洪阿五等略诱等一案，反被
　　　　　　　羁押请令县撤销羁押处分由。
　　　　　　　检察处查，具状人所诉各节究
　　　　　　　系如何实情，候令于潜县县长
　　　　　　　查明依法核办。

期刊名称：浙江司法半月刊

主办单位：

刊　　期：1930，1（10）

页　　码：25

370. 题　　名：附录：浙江高等法院检察处批
　　　　　　　示：具状人于潜陈邦皆：状一
　　　　　　　件为与席椿荣互诉抢夺诬告一
　　　　　　　案提起上诉并呈诉不服由（八
　　　　　　　月二十八日）

作　　者：

关 键 词：互诉　上诉　呈诉不服　检
　　　　　　　察处

摘　　要：具状人于潜县陈邦皆状一件为
　　　　　　　与席椿荣互诉抢夺诬告一案，
　　　　　　　提起上诉并呈诉不服。候检
　　　　　　　察处调卷核夺。

期刊名称：浙江司法半月刊

主办单位：

刊　　期：1930，1（17）

页　　码：25

371. 题　　名：附录：浙江高等法院检察处批示：具状人临海卢陈氏：状一件为诉卢陆度等放火抢劫等一案请再令限缉法办由（六月二十三日）

作　　者：

关 键 词：放火抢劫案　检察处

摘　　要：具状人临海卢陈氏状一件为诉卢陆度等放火抢劫等一案，请再令限缉法办由。候检察处令催临海分院迅予依法办理，并将办理情形具覆备核。

期刊名称：浙江司法半月刊

主办单位：

刊　　期：1930，1（13）

页　　码：23

372. 题　　名：附录：浙江高等法院检察处批示：具状人吴兴胡国信：状一件因渎职一案请准在浙江第一监狱执行由（五月十三日）

作　　者：

关 键 词：渎职案　判决　执行

摘　　要：具状人吴兴胡国信状一件因渎职一案，请准在浙江第一监狱执行由。检察处查，该犯系在吴兴分院判决确定，自应仍由该院执行。所请迳行发交浙江第一监狱执行之处，未便照准。

期刊名称：浙江司法半月刊

主办单位：

刊　　期：1930，1（10）

页　　码：26

373. 题　　名：附录：浙江高等法院检察处批示：具呈人何徐氏等：呈一件诉詹长永等伤害一案请对于詹小羊詹绍明无罪部分提起上诉由（一月九日）

作　　者：

关 键 词：伤害案　上诉

摘　　要：具呈人何徐氏呈一件诉詹长永等伤害一案，请对于詹小羊、詹绍明无罪部分提起上诉由。

检察处查，第二审判决论及詹小羊、詹绍明无罪并无不合适，所请提起上诉之处不准。

期刊名称：浙江司法半月刊

主办单位：

刊　　期：1930，1（2）

页　　码：17

374. 题　　名：附录：浙江高等法院检察处批示：具状人石明法等：状一件请求解回原审法院俾便家人接见由（三月二十八日）

作　　者：

关 键 词：原审法院　检察处　三审上诉

摘　　要：具状人石明法等状一件请求解回原审法院俾便家人接见由。检察处查，此案既经该被告等提起三审上诉，仰候判决，所请不准。

期刊名称：浙江司法半月刊

主办单位：

刊　　期：1930，1（7）

页　　码：24

375. 题　　名：附录：浙江高等法院检察处批示：具状人张德桢等：状一件为诉海盐县县长妨害自由请移转管辖由（十一月十八日）

作　　者：

关 键 词：妨害自由　移转管辖　检察处

摘　　要：具状人张德桢等状一件为诉海盐县县长妨害自由，请移转管辖由。检察处查，所诉究否属实，候抄状令发该县县长声复再行核夺，所请移转管辖之处不准。

期刊名称：浙江司法半月刊

主办单位：

刊　　期：1930，1（22）

页　　码：25

376. 题　　名：附录：浙江高等法院检察处批示：具状人萧山董锡祥等：状一件为被诉藏匿犯人一案因弟媳恐唱致病请令该管警察局调验由（八月八日）

作　　者：

关 键 词：调验　检察处

摘　　要：具状人萧山董锡祥等状一件为

被诉藏匿犯人一案，因弟媳恐唱致病请令该管警察局调验由。检察处查，此案前据该民等声请移转管辖，业经移送本院刑庭核办，仰即静候裁定，毋庸多渎。

期刊名称：浙江司法半月刊

主办单位：

刊　　期：1930，1（16）

页　　码：22

377. 题　　名：附录：浙江高等法院检察处批示：具状人陈东渊：状一件为悬案恳请饬勒限按名拘解究办由（五月十六日）

作　　者：

关键词：检察处

摘　　要：具状人陈东渊状一件为悬案恳请饬勒限按名拘解究办由。检察处已收状，候令饬原检察处从速依法办理。

期刊名称：浙江司法半月刊

主办单位：

刊　　期：1930，1（10）

页　　码：27

378. 题　　名：附录：浙江高等法院检察处批示：具状人钱元龙：状一件为侵占案补叙上诉理由（六月二十五日）

作　　者：

关键词：侵占案　上诉理由　检察处

摘　　要：具状人钱元龙状一件为侵占案，补叙上诉理由。候检察处调卷核办。

期刊名称：浙江司法半月刊

主办单位：

刊　　期：1930，1（13）

页　　码：24

379. 题　　名：附录：浙江高等法院检察处批示：具状人黄岩陈宝玉等：掳赎一案提起上诉由（四月十六日）

作　　者：

关键词：上诉　检察处

摘　　要：具状人黄岩陈宝玉等掳赎一案，提起上诉由。候检察处调卷核办。

期刊名称：浙江司法半月刊

主办单位：

刊　　期：1930，1（8）

页　　码：22

380. 题　　名：附录：浙江高等法院检察处批示：具状人万世凤等：状一件为诉胡茂花等私禁一案请求更为审判由（四月四日）

作　　者：

关键词：呈诉　检察官　书面审理　驳回上诉

摘　　要：具状人万世凤等状一件为诉胡茂花等私禁一案，请求更为审判由。检察处查，此案前据该民等呈诉，经本院刑庭于咨询检察官意见后，书面审理判决上诉驳回，并于前状批示各在案，所请更为审判不准。

期刊名称：浙江司法半月刊

主办单位：

刊　　期：1930，1（7）

页　　码：25－26

381. 题　　名：附录：浙江高等法院检察处批示：具状人朱贤圣：状一件为诉李起回等绑匪未获请再令县严拿剿办由（十一月十八日）

作　　者：

关键词：检察处

摘　　要：具状人朱贤圣状一件为诉李起回等绑匪未获，请再令县严拿剿办由。检察处前据该民状诉已一再令县严拿在案，并将办理情形具报核办。

期刊名称：浙江司法半月刊

主办单位：

刊　　期：1930，1（22）

页　　码：25

382. 题　　名：附录：浙江高等法院检察处批示：具状上嵊县赵立德：状一件为诉陈昌官等抢夺一案声请再议由（八月二十五日）

作　　者：

关键词：声请再议

摘　　要：具状人上嵊县赵立德状一件为诉陈昌官等抢夺一案，声请再议由。检察处查，刑事诉讼法

737

规定，声请再议应向原检察官为之，候将原状令发上嵊县法院查明核办。

期刊名称：浙江司法半月刊

主办单位：

刊　　期：1930，1（17）

页　　码：24

383. 题　　名：附录：浙江高等法院检察处批示：具状人崇德张子豪：状一件为因和诱一案补具上诉理由（八月二十三日）

作　　者：

关 键 词：上诉理由　检察处

摘　　要：具状人崇德张子豪状一件为因和诱一案，补具上诉理由由。候检察处调卷核办。

期刊名称：浙江司法半月刊

主办单位：

刊　　期：1930，1（16）

页　　码：24

384. 题　　名：附录：浙江高等法院检察处批示：具状人杭县朱陆氏：状一件为请保释伊夫朱阿毛由（七月十五日）

作　　者：

关 键 词：保释　检察处

摘　　要：具状人杭县朱陆氏状一件为请保释伊夫阿毛由。候检察处依法核办，请保不准。

期刊名称：浙江司法半月刊

主办单位：

刊　　期：1930，1（14）

页　　码：20

385. 题　　名：附录：浙江高等法院检察处批示：具状人在押被告陈卓人：状一件为声请停止羁押由（六月十八日）

作　　者：

关 键 词：停止羁押　检察处

摘　　要：具状人在押被告陈卓人状一件为声请停止羁押由。检察处查，本案定于月之二十日集讯，究竟情实若何，应候讯明查夺，请保不准。

期刊名称：浙江司法半月刊

主办单位：

刊　　期：1930，1（12）

页　　码：26

386. 题　　名：附录：浙江高等法院检察处批示：具状人杨袁氏：状一件为伊夫杨金海被侦缉队误拿请求迅予提讯依法办理由（八月十五日）

作　　者：

关 键 词：反革命案　检察处　侦查

摘　　要：具状人杨袁氏状一件为伊夫杨金海被侦缉队误拿，请求迅予提讯依法办理由。检察处查，杨金海因有反革命嫌疑，拟业准浙江省政府函送本院处侦查在案，仰即静候依法核办。

期刊名称：浙江司法半月刊

主办单位：

刊　　期：1930，1（16）

页　　码：23－24

387. 题　　名：附录：浙江高等法院检察处批示：具状人萧山周云庆：状一件为诉骆六笙妨害人行使权利等一案请调卷提起上诉由（五月十二日）

作　　者：

关 键 词：检察官　原判　上诉

摘　　要：具状人萧山周云庆状一件为诉骆六笙妨害人行使权利等一案，请调卷提起上诉由。检察处查，此案判决后既经原审检察官查明原判尚无不合，认为不应提起上诉，所请应毋庸议。

期刊名称：浙江司法半月刊

主办单位：

刊　　期：1930，1（10）

页　　码：26

388. 题　　名：附录：浙江高等法院检察处批示：具状人王鸿骏：状一件为诬告案已宣告缓刑请令临海分院发还保证金由（十一月十三日）

作　　者：

关 键 词：缓刑　保证金

摘　　要：具状人王鸿骏状一件为诬告案已宣告缓刑，请令临海分院发

还保证金由。检察处查，此案
原卷业已发还临海分院，仰向
该院状请核办。

期刊名称：浙江司法半月刊

主办单位：

刊　　期：1930，1（22）

页　　码：23

389. 题　　名：附录：浙江高等法院检察处批
示：具状人张秋泉等：状一件
为诉陈子联重婚一案声请再议
由（六月十九日）

作　　者：

关键词：不起诉处分　检察官　声请
再议

摘　　要：具状人张秋泉等状一件为诉陈
子联重婚一案，声请再议由。
检察处查，不服不起诉处分，
依法应经由原检察官声请再
议，候将原状发交原院依法
核办。

期刊名称：浙江司法半月刊

主办单位：

刊　　期：1930，1（12）

页　　码：27

390. 题　　名：附录：浙江高等法院检察处批
示：具状人朱本法：状一件为
不服朱少峰无罪一案续诉由
（三月二十日）

作　　者：

关键词：驳回上诉　检察处

摘　　要：具状人朱本法状一件为不服朱
少峰无罪一案续诉由。检察
查，此案朱少峰部分业经本院
刑庭判决上诉驳回，所请复讯
之处，于法不合，应毋庸议。

期刊名称：浙江司法半月刊

主办单位：

刊　　期：1930，1（6）

页　　码：26

391. 题　　名：附录：浙江高等法院检察处批
示：具状人监犯张书祥：状一
件声请递解平湖县执行由（五
月七日）

作　　者：

关键词：监犯　执行

摘　　要：具状人监犯张书祥状一件声请

递解平湖县执行由。检察处
查，罪犯送监执行原无罪犯自
由选择之可能，且该犯之藉口
不实，所请递解平湖县执行之
处，应毋庸议。

期刊名称：浙江司法半月刊

主办单位：

刊　　期：1930，1（9）

页　　码：27

392. 题　　名：附录：浙江高等法院检察处批
示：具状人监犯胡汝登：状一
件为请解送反省院俾洗前罪由
（九月十六日）

作　　者：

关键词：反省院　刑期过半

摘　　要：具状人监犯胡汝登状一件为请
解送反省院俾洗前罪由。检察
处查，依反省院条例第五条第
一款，不须执行刑期过半始能
许可，今具状所请与定章不
合，碍难照准。

期刊名称：浙江司法半月刊

主办单位：

刊　　期：1930，1（18）

页　　码：21

393. 题　　名：附录：浙江高等法院检察处批
示：具状人傅铭新：状一件为
无辜久押请速令县立予释放由
（六月十八日）

作　　者：

关键词：释放　检察处

摘　　要：具状人傅铭新状一件为无辜久
押，请速令县立予释放由。检
察处查，具状人所诉究属如
何，仰候检同副状照片令县迅
予依法办理。

期刊名称：浙江司法半月刊

主办单位：

刊　　期：1930，1（12）

页　　码：27

394. 题　　名：附录：浙江高等法院检察处批
示：具状人顾庐：状一件为诉
蒋正宸侵款案续请调证指定法
院拘办由（四月三十日）

作　　者：

关键词：呈诉　检察处

摘　　要：具状人顾庐状一件为诉蒋正宸侵款案，续请调证指定法院拘办由。检察处查，本案前据呈诉到处即经令饬象山县长秉公查复。

期刊名称：浙江司法半月刊

主办单位：

刊　　期：1930，1（9）

页　　码：26－27

395.　题　　名：附录：浙江高等法院检察处批示：具状人邵嫩毛：状一件为邵思达等伤害案请移转管辖由（十一月六日）

作　　者：

关　键　词：伤害案　移转管辖　检察处

摘　　要：具状人邵嫩毛状一件为邵思达等伤害案，请移转管辖由。候检察处调卷核办。

期刊名称：浙江司法半月刊

主办单位：

刊　　期：1930，1（22）

页　　码：21

396.　题　　名：附录：浙江高等法院检察处批示：具状人何平刚即甫生：状一件为潘金星等互诉一案请仍归新昌县法院继续受理由（八月六日）

作　　者：

关　键　词：检察处　刑诉法

摘　　要：具状人何平刚即甫生状一件为潘金星等互诉一案，请仍归新昌县法院继续受理由。检察处查，此案前据潘金星即潘金生状称，镜岭镇为赴新昌必经要道，该处土匪出没，又系周土生等所住地方，如果赴新昌应诉恐被仇加害，请予令饬东阳县法院继续受理等情，检察处审核情节尚属实在，业经依据刑诉法第十九条但书规定批示照准，并分令遵照。各在案未便又即率予变更，具状人所请不准。

期刊名称：浙江司法半月刊

主办单位：

刊　　期：1930，1（16）

页　　码：21－22

397.　题　　名：附录：浙江高等法院检察处批示：具状人嘉兴汤贤善：状一件为诉讼费振麟强夺耕牛一案请督促原院依法讯结由（七月十日）

作　　者：

关　键　词：嘉兴分院　首席检察官

摘　　要：具状人嘉兴汤贤善状一件为诉讼费振麟强夺耕牛一案，请督促原院依法讯结由。检察处查，此案前据状诉即经令行嘉兴分院首席检察官查明发法办在案，何以搁置未结，候再令行该院迅予依法办理。

期刊名称：浙江司法半月刊

主办单位：

刊　　期：1930，1（13）

页　　码：26

398.　题　　名：附录：浙江高等法院检察处批示：具状人杭县顾阿根：状一件称因强盗嫌疑住宅器物被公安局查封请转饬启封由（三月二十二日）

作　　者：

关　键　词：公安局　行政处分判决

摘　　要：具状人杭县顾阿根状一件称因强盗嫌疑住宅器物被公安局查封，请转饬启封由。检察处查，该民前犯强盗罪业已判决确定。至住宅器物被封，系杭县公安局于抓获该民时所为之，行政处分与判决无关，该民如欲请求启封，应向该公安局呈请核办。

期刊名称：浙江司法半月刊

主办单位：

刊　　期：1930，1（6）

页　　码：26

399.　题　　名：附录：浙江高等法院检察处批示：具状人杭县张仲庚：状一件称为董庆余等具保已将保证金缴纳请免除责任由（八月十六日）

作　　者：

关　键　词：具保　保证金　保状

摘　　要：具状人杭县张仲庚状一件称为董庆余等具保已将保证金缴纳，请免除责任由。检察处查，该民对于董庆余既具有保状，原院令其指拘自非错误。至所称其保证金应否仍行缴纳之处，候令萧山县法院查明核办。

期刊名称：浙江司法半月刊

主办单位：

刊　　期：1930，1（16）

页　　码：24

400. 题　　名：附录：浙江高等法院检察处批示：具状人王顺富：状一件为被控反革命案因病声请展期审理由（四月十八日）

作　　者：

关 键 词：展期审理

摘　　要：具状人王顺富状一件为被控反革命案，因病声请展期审理由。候检察处再定期传讯。

期刊名称：浙江司法半月刊

主办单位：

刊　　期：1930，1（8）

页　　码：22

401. 题　　名：附录：浙江高等法院检察处批示：具状人第一监狱监犯陈世傲：状一件请发回原县执行由（三月三十一日）

作　　者：

关 键 词：执行

摘　　要：具状人第一监狱监犯陈世傲状一件请发回原县执行由。检察处查，该犯前经令发第一监狱执行，未便率予变更，至家内因财产涉讼，既有妻室在家，自可依法代理，所请应毋庸议。

期刊名称：浙江司法半月刊

主办单位：

刊　　期：1930，1（7）

页　　码：25

402. 题　　名：附录：浙江高等法院检察处批示：具状人张荣衮：状一件为反革命请求查明真相以伸冤诬由（五月十七日）

作　　者：

关 键 词：反革命案　检察处

摘　　要：具状人张荣衮状一件为反革命，请求查明真相以伸冤诬由。候检察处查明核办。

期刊名称：浙江司法半月刊

主办单位：

刊　　期：1930，1（10）

页　　码：27－28

403. 题　　名：附录：浙江高等法院检察处批示：具状人杭县施杨氏：状一件为请保伊子天顺地孙阿毛由（七月十五日）

作　　者：

关 键 词：侦查　检察处

摘　　要：具状人杭县施杨氏状一件为请保伊子天顺地孙阿毛由。检察处查，该案正侦查，应候依法办理，所请不准。

期刊名称：浙江司法半月刊

主办单位：

刊　　期：1930，1（14）

页　　码：20

404. 题　　名：附录：浙江高等法院检察处批示：具状人王仪一：状一件为无辜羁押请求饬县迅予释放由（六月十八日）

作　　者：

关 键 词：释放　检察处

摘　　要：具状人王仪一状一件为无辜羁押，请求饬县迅予释放由。检察处查，具状人所称是否属实，仰候检同副状令县迅予查明，依法办理。

期刊名称：浙江司法半月刊

主办单位：

刊　　期：1930，1（12）

页　　码：27

405. 题　　名：附录：浙江高等法院检察处批示：具呈人黄大有：状一件为呈诉阮贵祖等渎职不服本院第二审判决提起上诉由（九月八日）

作　　者：

关 键 词：告诉人　民诉判决　民事法院　上诉　公诉

摘　　要：具呈人黄大有状一件为呈诉院
贵祖等渎职，不服本院第二审
判决，提起上诉由。检察处
查，第二审判决尚属允洽，该
民系告诉人，除关于偿还因诉
讼所生之损失，附带民诉判决
部分可向管辖民事法院上诉
外，对于公诉部分提上诉于法
不合，应毋庸议。

期刊名称：浙江司法半月刊

主办单位：

刊　　期：1930，1（18）

页　　码：20－21

406．题　　名：附录：浙江高等法院检察处批
示：具状人陈镇泽：状一件为
请停止羁押展限执行由（七月
十六日）

作　　者：

关键词：执行　撤回上诉

摘　　要：具状人陈镇泽状一件为请停止
羁押展限执行由。检察处查，
该案因该民撤回上诉确定即应
执行，状称各节核与刑诉法第
四百八十五条各款停止执行之
条件不合，所请碍难照准。

期刊名称：浙江司法半月刊

主办单位：

刊　　期：1930，1（14）

页　　码：21

407．题　　名：附录：浙江高等法院检察处批
示：具状人朱韩氏：状一件为
声请保释伊夫朱敏由（四月二
十六日）

作　　者：

关键词：保释　反革命

摘　　要：具状人朱韩氏状一件为声请保
释伊夫朱敏由。检察处查，朱
敏反革命嫌疑重大，所请保释
碍难照准。

期刊名称：浙江司法半月刊

主办单位：

刊　　期：1930，1（9）

页　　码：26

408．题　　名：附录：浙江高等法院检察处批
示：具状人仙居吴进先：状一
件诉王保生诬告一案请令县传

讯究办由（三月二十四日）

作　　者：

关键词：诬告案　检察处　证据不足

摘　　要：具状人仙居吴进先状一件诉王
保生诬告一案，请令县传讯究
办由。检察处查，具状人前因
窃盗嫌疑经本院认为犯罪嫌疑
不能证明，论知无罪；具状人
为认王保生确有诬告情形，应
即自向原县诉请依法核办。

期刊名称：浙江司法半月刊

主办单位：

刊　　期：1930，1（7）

页　　码：22

409．题　　名：附录：浙江高等法院检察处批
示：具状人宋葆庭即宋朝宰：
状一件为朱阿章等抢夺无罪不
服呈诉由（二月十二日）

作　　者：

关键词：无罪　呈诉不服　检察处

摘　　要：具状人宋葆庭即宋朝宰状一件
为朱阿章等抢夺无罪不服呈诉
由。候检察处调卷核办。

期刊名称：浙江司法半月刊

主办单位：

刊　　期：1930，1（4）

页　　码：19

410．题　　名：附录：浙江高等法院检察处批
示：具呈人朱广感：呈一件为
萧山县法院检察处侵占赏洋
入人罪请派员查办由（八月五
日）

作　　者：

关键词：侵占　检察处

摘　　要：具状人朱广感呈一件为萧山县
法院检察处侵占赏洋，故入人
罪请派员查办由。候检察处令
该院检察处查复核夺。

期刊名称：浙江司法半月刊

主办单位：

刊　　期：1930，1（15）

页　　码：29

411．题　　名：附录：浙江高等法院检察处批
示：具电人邵云朋：电一件为
陈福五添设烟灯请饬严拘由
（七月三日）

作　　者：

关　键　词：添设烟灯　检察官

摘　　要：具状人邵云朋电一件为陈福五添设烟灯，请饬严拘由。检察处查，本案前据电呈，业经转令严密查究在案。此次来电所盖名章核与前电所盖用者不符，究竟是否邵云朋本人所为殊难悬揣。总之，该具电人如果确知陈福五有开灯售吸情事，仅可就近报请原检察官查办。

期刊名称：浙江司法半月刊

主办单位：

刊　　期：1930，1（13）

页　　码：25

412. 题　　名：附录：浙江高等法院检察处批示：具状人杭县孙梅春：状一件为诉代保人朱松林到案被押不放请督令释放由（十二月二日）

作　　者：

关　键　词：代保人　释放　检察处　犯罪嫌疑

摘　　要：具状人杭县孙梅春状一件为诉代保人朱松林到案被押不放，请督令释放由。检察处查，该民如果无犯罪嫌疑何至无故被押，仰自向杭县地方法院依法诉明。所请督令释放之处，碍难照准。

期刊名称：浙江司法半月刊

主办单位：

刊　　期：1931，2（23）

页　　码：23

413. 题　　名：附录：浙江高等法院检察处批示：具状人桐庐俞如坤等：状一件为因王加深等窃盗诬告一案呈请上诉由（十一月二十四日）

作　　者：

关　键　词：诬告案　上诉　检察处

摘　　要：具状人桐庐俞如坤等状一件为因王加深等窃盗诬告一案，呈请上诉由。候检察处调卷核夺。

期刊名称：浙江司法半月刊

主办单位：

刊　　期：1931，2（23）

页　　码：22

414. 题　　名：附录：浙江高等法院检察处批示：具状人第一监狱监犯沈高成：状一件为请发回执行由（十一月二十六日）

作　　者：

关　键　词：执行　检察处　继续侦查

摘　　要：具状人第一监狱监犯沈高成状一件为请发回执行由。检察处查，此案前据该民声请再议，经本处令发原院续行侦查，仰即静候依法办理。

期刊名称：浙江司法半月刊

主办单位：

刊　　期：1931，2（23）

页　　码：22

415. 题　　名：附录：浙江高等法院检察处批示：具状人陈木生：状一件为呈诉章良金等伤害致死不服本院第二审判决请提起上诉由（十一月三十日）

作　　者：

关　键　词：上诉　检察处　原判合法

摘　　要：具状人陈木生状一件为呈诉章良金等伤害致死，不服本院第二审判决请提起上诉由。检察处查，原判并无不合，所请提上诉之处，应毋庸议。

期刊名称：浙江司法半月刊

主办单位：

刊　　期：1931，2（23）

页　　码：22－23

416. 题　　名：附录：浙江高等法院检察处批示：具状人王张氏等：状一件为被诉窃盗案提起上诉由（十二月五日）

作　　者：

关　键　词：

摘　　要：具状人王张氏等状一件为被诉窃盗案，提起上诉由。候检察处调卷核办。

期刊名称：浙江司法半月刊

主办单位：

刊　　期：1931，2（23）

页　　码：23

417. 题　名：附录：浙江高等法院检察处批
示：具状人吴鲤霖：状一件为
请抄示叶阿四盗匪案判决主文
由（十二月五日）

作　者：

关键词：盗匪案

摘　要：具状人吴鲤霖状一件为请抄示
叶阿四盗匪案判决主文由。检
察处查，本案本院判决主文为
"原判决撤销林阿三共同结伙
三人以上夜间侵入强盗一罪处
有期徒刑七年，又共同以非法
方法剥夺人之行动自由一罪处
有期徒刑三年，定执行有期徒
刑七年六月，裁决确定前羁押
日数以二日抵有期徒刑一日"
等语，仰即知照。

期刊名称：浙江司法半月刊

主办单位：

刊　期：1931，2（23）

页　码：23

418. 题　名：附录：浙江高等法院检察处批
示：具状人定海舒洪兴：状一
件为强盗一案声请停止羁押由
（十二月二日）

作　者：

关键词：

摘　要：具状人定海舒洪兴状一件为强盗
一案，声请停止羁押由。检察
查，本案业已提起上诉，所请停
止羁押之处，应毋庸议。

期刊名称：浙江司法半月刊

主办单位：

刊　期：1931，2（23）

页　码：23

419. 题　名：附录：浙江高等法院检察处批
示：具状人许大坤等：状一件
为被诉伤害案追加上诉理由由
（十一月二十四日）

作　者：

关键词：

摘　要：具状人许大坤等状一件为被诉
伤害案，追加上诉理由由。候
检察处发交原院查明，依法
办理。

期刊名称：浙江司法半月刊

主办单位：

刊　期：1931，2（23）

页　码：22

420. 题　名：附录：浙江高等法院检察处批
示：具状人张祖怀：状一件为
请提解原籍执行由（十一月二
十五日）

作　者：

关键词：检察官　执行

摘　要：具状人张祖怀状一件为请提解
原籍执行由。检察处查，该受
刑人已发交原审即杭县地方法
院检察官照判执行，所请解回
原籍之处，应毋庸议。

期刊名称：浙江司法半月刊

主办单位：

刊　期：1931，2（23）

页　码：22

421. 题　名：附录：浙江高等法院检察处批
示：具状人罗远：状一件为新
登县县长李涵夫栽赃诬陷一案
请函省政府归案讯办由（十一
月二十七日）

作　者：

关键词：

摘　要：具状人罗远状一件为新登县县
长李涵夫栽赃诬陷一案，请函
省政府归案讯办由。检察处
查，前据状诉业经令饬原县明
白具复，并予调卷核办，应俟
卷到再行察核办理。至该对于
原判如有不服，应即依法声明
上诉。

期刊名称：浙江司法半月刊

主办单位：

刊　期：1931，2（23）

页　码：22

422. 题　名：附录：浙江高等法院检察处批
示：具状人余杭卢陈氏：状一
件为诉张永春等插赃诬陷被押
原县延不讯判请移转管辖由
（十二月二日）

作　者：

关键词：原告人　移转管辖　指定管辖
刑诉法

摘　要：具状人余杭卢陈氏状一件为诉

张永春等插赃诬陷被押原县延
不讯判，请移转管辖由。检察
处查，原告人不能声请移转或
指定管辖，为刑诉法第二十二
条、第三条所规定。至原县将
该氏久押不予讯判一节，究竟
是何实情，候令饬查案依法讯
办具报勿延。

期刊名称：浙江司法半月刊
主办单位：
刊　　期：1931，2（23）
页　　码：23

423. 题　名：附录：浙江高等法院检察处批
示：具状人刘同邦：状一件为
请求解回定海执行由（十一月
三十日）

作　　者：
关键词：执行
摘　　要：具状人刘同邦状一件为请求解
回定海执行由。检察处查，该
犯脱逃一罪原属杭地方法院判
决，当然在杭执行，前已明白
批示，所请仍难照准。

期刊名称：浙江司法半月刊
主办单位：
刊　　期：1931，2（23）
页　　码：22

424. 题　名：附录：浙江高等法院检察处批
示：具状人定海舒名定：状一
件为诉倪荣高绑匪案内共犯俞
竹林被获请嘱托侦讯由（十二
月二日）

作　　者：
关键词：
摘　　要：具状人定海舒名定状一件为诉
倪荣高绑匪案内共犯俞竹林被
获，请嘱托侦讯由。检察处已
收状，候检察处致函上海第一
特区地方法院，请予提犯俞竹
林侦讯复夺。

期刊名称：浙江司法半月刊
主办单位：
刊　　期：1931，2（23）
页　　码：23

425. 题　名：附录：浙江高等法院检察处批
示：具状人定海舒名定：状一

件为诉舒洪兴绑匪一案请予上
诉由（十二月四日）

作　　者：
关键词：检察官　声明上诉
摘　　要：具状人定海舒名定状一件为诉
舒洪兴绑匪一案，请予上诉
由。检察处查，本案已由检察
官依法叙述不服理由声明上
诉，仰即知照。

期刊名称：浙江司法半月刊
主办单位：
刊　　期：1931，2（23）
页　　码：23

426. 题　名：附录：浙江高等法院检察处批
示：具状人萧山沈成宝：状一
件为诉丁阿昌等抢夺一案请令
原院秉公法办由（十一月二十
六日）

作　　者：
关键词：
摘　　要：具状人萧山沈成宝状一件为诉
丁阿昌等抢夺一案，请令原院
秉公法办由。检察处查，此案
前据该民声请再议，经本处令
发原院续行侦查，仰即静候依
法办理。

期刊名称：浙江司法半月刊
主办单位：
刊　　期：1931，2（23）
页　　码：22

427. 题　名：附录：浙江高等法院检察处批
示：具状人上虞罗连魁：状一
件为诉罗以鹿等侵占一案请提
起上诉由（十一月二十八日）

作　　者：
关键词：
摘　　要：具状人上虞罗连魁状一件为诉
罗以鹿等侵占一案，请提起上
诉由。检察处查，此案第二审
判决并无不合，所请提起上诉
之处，未便照准。

期刊名称：浙江司法半月刊
主办单位：
刊　　期：1931，2（23）
页　　码：22

428. 题　名：附录：浙江高等法院检察处批

示：具状人王竺氏：状一件为
诉谋财害命案请传证质讯由
（十一月三日）

作　　者：

关　键　词：

摘　　要：具状人王竺氏状一件为诉谋
财害命案请传证质讯由。检察处
查，该案前据状诉即经转送刑
庭核办，现此案已定于本月十
八日重开辩论，应俟审讯后再
行依法办理。

期刊名称：浙江司法半月刊

主办单位：

刊　　期：1931，2（23）

页　　码：21

429. 题　　名：附录：浙江高等法院检察处批
示：具状人陈启培：状一件为
诉蒋仁鉴鸦片伤害抗避不到请
令辑办由（六月十一日）

作　　者：

关　键　词：

摘　　要：具状人陈启培状一件为诉蒋仁
鉴鸦片伤害抗避不到，请令辑
办由。候检察处令临海分院严
缉归案讯办。

期刊名称：浙江司法半月刊

主办单位：

刊　　期：1932，3（12）

页　　码：19

430. 题　　名：附录：浙江高等法院检察处批
示：具呈人郑梦兰：呈一件为
据情转呈发还前缴证书费由
（三月十八日）

作　　者：

关　键　词：证书费

摘　　要：具呈人郑梦兰呈一件为据情转
呈发还前缴证书费由。检察处
查，证书费用应否发还，仰候
据情转呈司法行政部核办，惟
来呈未遵章购贴印花税一角，
仰来处补正。

期刊名称：浙江司法半月刊

主办单位：

刊　　期：1932，3（6）

页　　码：23

431. 题　　名：附录：浙江高等法院检察处批

示：具状人温岭蒋用德等：状
一件为侦查情形颠倒交请分别
令行纠正及移转管辖由（三月
十九日）

作　　者：

关　键　词：不起诉　声请再议　移转管辖

摘　　要：具状人温岭蒋用德等状一件为
侦查情形颠倒交请分别令行纠
正及移转管辖由。检察处查，
本案不起诉部分，既据声请再
议，该管上级检察官自能依法
办理；其起诉部分，如有剖辩
理由亦可向原院声述。如认为
原院审案偏颇，亦应迳向该管
上级法院声请移转。

期刊名称：浙江司法半月刊

主办单位：

刊　　期：1932，3（6）

页　　码：23

432. 题　　名：附录：浙江高等法院检察处批
示：具状人周奎伯等：状一件
为诉潘荫庭渎职请派员查惩由
（三月十一日）

作　　者：

关　键　词：检察官　侦查　职权

摘　　要：具状人周奎伯等状一件为诉潘
荫庭渎职请派员查惩由。检察
处查，检察官因告发而受理侦
查，本属应有职权。所称通同
讼棍诬告良民意图索诈等情，
该民等不能提出证据，自毋庸
议。至周练题案因何执行迟缓
情形，候令原院查复再行
核办。

期刊名称：浙江司法半月刊

主办单位：

刊　　期：1932，3（6）

页　　码：22

433. 题　　名：附录：浙江高等法院检察处批
示：具状人沈林梅：状一件为
请求解回余杭原籍执行由（三
月八日）

作　　者：

关　键　词：

摘　　要：具状人沈林梅状一件为请求解
回余杭原籍执行由。检察处

查，押解人犯诸多不便，该犯残余刑期已不多，所请不准。

期刊名称：浙江司法半月刊

主办单位：

刊　　期：1932，3（6）

页　　码：22

434. 题　　名：附录：浙江高等法院检察处批示：具状人天台陈良和：状一件为诉叶亨勺等杀人一案请令拘办由（三月八日）

作　　者：

关 键 词：

摘　　要：具状人天台陈良和状一件为诉叶亨勺等杀人一案，请令拘办由。检察处查，此案究系如何实情，候令天台县县长查明核办。

期刊名称：浙江司法半月刊

主办单位：

刊　　期：1932，3（6）

页　　码：21

435. 题　　名：附录：浙江高等法院检察处批示：具状人萧盖氏：状一件为声请将伊夫萧云舫暂行保外料理丧务由（三月十七日）

作　　者：

关 键 词：反省院

摘　　要：具状人萧盖氏状一件为声请将伊夫萧云舫暂行保外料理丧务由。检察处查，萧云舫业经移送浙江反省院反省，所请一节仰迳呈核办。

期刊名称：浙江司法半月刊

主办单位：

刊　　期：1932，3（6）

页　　码：22

436. 题　　名：附录：浙江高等法院检察处批示：具状人尹鸿瀛等：状一件为监犯状请递回原籍执行由（三月八日）

作　　者：

关 键 词：监犯　执行

摘　　要：具状人尹鸿瀛等状一件为监犯状请递回原籍执行由。检察处查，该犯等杭县地方法院第一审判决，所请碍难照准。

期刊名称：浙江司法半月刊

主办单位：

刊　　期：1932，3（6）

页　　码：22

437. 题　　名：附录：浙江高等法院检察处批示：具状人慈溪沈集议等：状一件为以该县政府违法搁案请令依法侦讯由（六月七日）

作　　者：

关 键 词：

摘　　要：具状人慈溪沈集议等状一件为以该县政府违法搁案，请令依法侦讯由。检察处已收状，所诉是否属实，候令行慈溪县政府依法核办。

期刊名称：浙江司法半月刊

主办单位：

刊　　期：1932，3（12）

页　　码：18

438. 题　　名：附录：浙江高等法院检察处批示：具状人徐嘉华等：状一件为声明上诉由（六月十四日）

作　　者：

关 键 词：声明上诉

摘　　要：具状人徐嘉华等状一件为声明上诉由。检察处查，该民对于本案并无上诉权，且本案早经确定，所请不准。

期刊名称：浙江司法半月刊

主办单位：

刊　　期：1932，3（12）

页　　码：19

439. 题　　名：附录：浙江高等法院检察处批示：具状人牟同少：状一件为请饬临海分院秉公办理由（六月十六日）

作　　者：

关 键 词：检察一体

摘　　要：具状人牟同少状一件为请饬临海分院秉公办理由。候检察处令行临海分院检察处查核，依法办理。

期刊名称：浙江司法半月刊

主办单位：

刊　　期：1932，3（12）

页　　码：19

440. 题　　名：附录：浙江高等法院检察处批
示：具状人沈少康：状一件为
声请留湖执行由（六月十日）

作　　者：

关　键　词：最高法院

摘　　要：具状人沈少康状一件为声请留湖
执行由。检察处已收状，候最高
法院原卷发还，再行核办。

期刊名称：浙江司法半月刊

主办单位：

刊　　期：1932，3（12）

页　　码：18－19

441. 题　　名：附录：浙江高等法院检察处批
示：具状人仙居吴李氏等：状
一件为诉吴友信等妨害自由一
案声请再议由（六月十六日）

作　　者：

关　键　词：声请再议　有期徒刑　量刑

摘　　要：具状人仙居吴李氏等状一件为
诉吴友信等妨害自由一案，声
请再议由。检察处查，声请再
议系指刑事案件经检察官侦查
认为犯罪嫌疑不足，予以不起
诉处分而言。本案被告吴友信
等犯妨害自由罪业经第二审判
决仍判处有期徒刑五个月，自
无声请再议之可言。至于量刑
轻重，法院本有权衡，原判尚
无不合，前状曾已批明，所请
各节于法无据，碍难照准。

期刊名称：浙江司法半月刊

主办单位：

刊　　期：1932，3（12）

页　　码：19

442. 题　　名：附录：浙江高等法院检察处批
示：具状人张安世：状一件为
再议梅祖荫等一案声请郑院长
回避由（三月十一日）

作　　者：

关　键　词：声请再议　职权

摘　　要：具状人张安世状一件为再议梅
祖荫等一案，声请郑院长回避
由。检察处查，受理声请再议
系属检察处职权，与法院无
涉，仰静候检察处依法核办。

期刊名称：浙江司法半月刊

主办单位：

刊　　期：1932，3（6）

页　　码：22

443. 题　　名：附录：浙江高等法院检察处批
示：具状人上虞范汝良：状一
件为黄懿存伪造文书案请将卷
宗发还鄞县法院由（三月十七
日）

作　　者：

关　键　词：伪造文书

摘　　要：具状人上虞范汝良状一件为黄
懿存伪造文书案，请将卷宗发
还鄞县法院由。检察处查，该
案宗已发回。

期刊名称：浙江司法半月刊

主办单位：

刊　　期：1932，3（6）

页　　码：23

444. 题　　名：附录：浙江高等法院检察处批
示：具状人僧森霖：状一件为
请对于俞炳荣窃盗案提起上诉
由（三月十一日）

作　　者：

关　键　词：上诉

摘　　要：具状人僧森霖状一件为请对于
俞炳荣窃盗案，提起上诉由。
检察处已于前状批示，所请应
毋庸议。

期刊名称：浙江司法半月刊

主办单位：

刊　　期：1932，3（6）

页　　码：22

445. 题　　名：附录：浙江高等法院检察处批
示：具状人计阿松：状一件为
妨害风化及伤害未遂一案不服
武康县政府判决提起上诉由
（三月八日）

作　　者：

关　键　词：上诉

摘　　要：具状人计阿松状一件为妨害风
化及伤害未遂一案，不服武康
县政府判决，提起上诉由。检
察处查，提起上诉应向原审法
院为之，将原状发交吴康县政
府依法办理。

期刊名称：浙江司法半月刊

主办单位：
刊　　期：1932，3（6）

页　　码：22

446. 题　　名：附录：浙江高等法院检察处批
示：具状人陈宝珍：状一件为
业务上过失致人重伤不服鄞地
院第二审判决提起上诉请调卷
核办由（三月十七日）

作　　者：

关 键 词：第二审判决　上诉

摘　　要：具状人陈宝珍状一件为业务上
过失致人重伤，不服鄞地院第
二审判决提起上诉，请调卷核
办由。检察处查，提起上诉应
向原审法院为之，候将原状发
还鄞县地方法院依法办理外。

期刊名称：浙江司法半月刊

主办单位：

刊　　期：1932，3（6）

页　　码：23

447. 题　　名：附录：浙江高等法院检察处批
示：具状人许霞溪：状一件为
羁押四月武康县政府延不讯判
请督促由（三月十七日）

作　　者：

关 键 词：超期羁押

摘　　要：具状人许霞溪状一件为羁押四
月，武康县政府延不讯判，请督
促由。检察处收状，此案究何实
情，候令县迅予依法办理。

期刊名称：浙江司法半月刊

主办单位：

刊　　期：1932，3（6）

页　　码：23

448. 题　　名：附录：浙江高等法院检察处批
示：具状人余姚何子英：状一
件为诉倪永强反动有据请侦办
由（三月十七日）

作　　者：

关 键 词：不予立案

摘　　要：具状人余姚何子英状一件为诉
倪永强反动有据，请侦办由。
检察处查，该具状人状诉用词
浮夸，且不购用正式状纸，均
属不合，所请应毋庸议。

期刊名称：浙江司法半月刊

主办单位：

刊　　期：1932，3（6）

页　　码：22

449. 题　　名：附录：浙江高等法院检察处批
示：具状人仙居林王氏：状一
件为诉王一正等诈欺一案请令
县拘办由（六月九日）

作　　者：

关 键 词：诈欺

摘　　要：具状人仙居林王氏状一件为诉
王一正等诈欺一案，请令县拘
办由。检察处查，此案究属如
何实情，候令仙居县长查明，
依法核办。

期刊名称：浙江司法半月刊

主办单位：

刊　　期：1932，3（12）

页　　码：18

450. 题　　名：附录：浙江高等法院检察处批
示：具状人温岭何沈氏：状一
件为诉李玉峰诬良为匪一案请
令检察官秉公昭雪依法反坐由
（六月六日）

作　　者：

关 键 词：反坐　检察官侦查

摘　　要：具状人温岭何沈氏状一件为诉
李玉峰诬良为匪一案，请令检
察官秉公昭雪依法反坐由。检
察处查，该氏之夫何筱玉有无
为匪情事，既经第九连连长获
送该县法院检察官侦查，将来
自能水落石出。所请令予反坐
之处不准。

期刊名称：浙江司法半月刊

主办单位：

刊　　期：1932，3（12）

页　　码：18

451. 题　　名：附录：浙江高等法院检察处批
示：具状人冯金海：状一件为
具状声请再议由（六月十八
日）

作　　者：

关 键 词：声请再议

摘　　要：具状人冯金海状一件为具状声
请再议由。检察处已收状，仰
候据状令发该管检察官核办。

期刊名称：浙江司法半月刊

主办单位：

　　刊　　期：1932，3（12）

　　页　　码：19

452. 题　　名：附录：浙江高等法院检察处批示：具状人东阳张植喜：状一件为因被诉窃盗一案不服金华地方法院判决提起上诉由（三月八日）

　　作　　者：

　　关 键 词：上诉　原审法院

　　摘　　要：具状人东阳张植喜状一件为因被诉窃盗一案，不服金华地方法院判决，提起上诉由。检察处查，刑事诉讼法规定提起上诉应向原审法院为之，候将原状令发金华地方法院查明核办。

期刊名称：浙江司法半月刊

主办单位：

　　刊　　期：1932，3（6）

　　页　　码：21

453. 题　　名：附录：浙江高等法院检察处批示：具状人张幼庭：状一件为对于王雍馥诬告诈财判决提起上诉由（六月十六日）

　　作　　者：

　　关 键 词：上诉

　　摘　　要：具状人张幼庭状一件为对于王雍馥诬告诈财判决，提起上诉由。检察处已收状，候据状令发杭县地方法院检察处核办。

期刊名称：浙江司法半月刊

主办单位：

　　刊　　期：1932，3（12）

　　页　　码：19

454. 题　　名：附录：浙江高等法院检察处批示：具状人方陈氏等：状一件为诉季鹤洲伪造文书不服浙江高等法院第二审判决请求提起上诉由（三月八日）

　　作　　者：

　　关 键 词：第二审判决　上诉

　　摘　　要：具状人方陈氏等状一件为诉季鹤洲伪造文书不服浙江高等法院第二审判决，请求提起上诉由。检

察处查，原判尚未不合，所请提起上诉之处，应毋庸议。

期刊名称：浙江司法半月刊

主办单位：

　　刊　　期：1932，3（6）

　　页　　码：21

455. 题　　名：附录：浙江高等法院检察处批示：具状人黄乃吉：状一件为请调取卷宗指定管辖由（六月十四日）

　　作　　者：

　　关 键 词：指定管辖

　　摘　　要：具状人黄乃吉状一件为请调取卷宗指定管辖由。候检察处调卷核办。

期刊名称：浙江司法半月刊

主办单位：

　　刊　　期：1932，3（12）

　　页　　码：19

456. 题　　名：附录：浙江高等法院检察处批示：具状人象山章定富：状一件为诉马永盛吸食鸦片一案续请令行拘究由（三月十七日）

　　作　　者：

　　关 键 词：调验

　　摘　　要：具状人象山章定富状一件为诉马永盛吸食鸦片一案，续请令行拘究由。检察处查，该案已令象山县长将马永盛依法调验。

期刊名称：浙江司法半月刊

主办单位：

　　刊　　期：1932，3（6）

　　页　　码：23

457. 题　　名：附录：浙江高等法院检察处批示：具状人胡全安：状一件为胡渭安被诉劫杀一案声请先行交保再予集讯以分皂白由（三月十八日）

　　作　　者：

　　关 键 词：交保

　　摘　　要：具状人胡全安状一件为胡渭安被诉劫杀一案，声请先行交保，再予集讯以分皂白由。检察处已收状，候来状令发昌化县政府，迅予集讯依法办理。所请令县先行交保之处，

应毋庸议。

期刊名称：浙江司法半月刊

主办单位：

刊　　期：1932，3（6）

页　　码：23

458. 题　　名：附录：浙江高等法院检察处批
示：具状人诸暨楼芝卿：状一
件为诉赵培龙等伤害人致死案
请提起上诉由（三月十七日）

作　　者：

关 键 词：上诉

摘　　要：具状人诸暨楼芝卿状一件为诉
赵培龙等伤害人致死案，请提
起上诉由。检察处核阅原判尚
无不合，具状人所请提起上诉
之处，应毋庸议。

期刊名称：浙江司法半月刊

主办单位：

刊　　期：1932，3（6）

页　　码：22

459. 题　　名：附录：浙江高等法院批示：具
呈人汤和尚：一件为检察官
故意检举乞令秉公审断由（三
月十八日）

作　　者：

关 键 词：起诉

摘　　要：具状人汤和尚呈一件为检察官
故意检举乞令秉公审断由。检
察处已知悉所呈，令长兴县法
院秉公法办。

期刊名称：浙江司法半月刊

主办单位：

刊　　期：1932，3（6）

页　　码：20

460. 题　　名：附录：浙江高等法院检察处批
示：具状人温岭赵良交等：状
一件为诉该县法院首席检察官
渎职请指定管辖侦讯由（六月
七日）

作　　者：

关 键 词：渎职　指定管辖

摘　　要：具状人温岭赵良交等状一件为
诉该县法院首席检察官渎职，
请指定管辖侦讯由。检察处
查，此案前据该民等状诉前
来，即经令由高等法院第一分

院核查，该院查明温岭县法院
首席检察官办理是案并无不
合，所请应毋庸议。

期刊名称：浙江司法半月刊

主办单位：

刊　　期：1932，3（12）

页　　码：18

461. 题　　名：附录：浙江高等法院检察处批
示：具状人王晋卿等：状一件
为诉李培恩掘毁坟墓不服本处
驳回处分再行声请再议由（六
月十日）

作　　者：

关 键 词：驳回处分　声请再议

摘　　要：具状人王晋卿等状一件为诉李
培恩掘毁坟墓不服本处驳回处
分，再行声请再议由。检察处
已收状，候调卷呈送最高法院
检察署核办。

期刊名称：浙江司法半月刊

主办单位：

刊　　期：1932，3（12）

页　　码：18

462. 题　　名：附录：浙江高等法院检察处批
示：具状人俞钦潮：状一件为
诉俞钦妹等盗匪不服原判呈诉
请法办由（十一月十一日）

作　　者：

关 键 词：不服原判

摘　　要：具状人俞钦潮状一件为诉俞钦
妹等盗匪不服原判，呈诉请法
办由。候检察处调卷核办。

期刊名称：浙江司法半月刊

主办单位：

刊　　期：1933，4（22）

页　　码：24

463. 题　　名：附录：浙江高等法院检察处批
示：具状人朱泮玉：状一件为
诉伤害案不服永嘉地方法院第
二审判决提起上诉由（十一月
十五日）

作　　者：

关 键 词：第二审判决　上诉

摘　　要：具状人朱泮玉状一件为诉伤害
案不服永嘉地方法院第二审判
决，提起上诉由。检察处查，

提起上诉，应向原审法院为之，候将来状令发原院依法办理。

期刊名称：浙江司法半月刊

主办单位：

刊　　期：1933，4（22）

页　　码：25

464. 题　　名：附录：浙江高等法院检察处批示：具状人丁芳勋等：状一件为诉张宗海等妨害自由再议案请令杭县地方法院检察官限日侦查终结由（十一月十七日）

作　　者：

关 键 词：再议　侦查终结

摘　　要：具状人丁芳勋等状一件为诉张宗海等妨害自由再议案，请令杭县地方法院检察官限日侦查终结由。检察处查，已庭论。

期刊名称：浙江司法半月刊

主办单位：

刊　　期：1933，4（22）

页　　码：25

465. 题　　名：附录：浙江高等法院检察处批示：具状人郑可庆：状一件为不服黄岩县法院掳杀罪上诉案恳乞澈查由（十一月十四日）

作　　者：

关 键 词：上诉

摘　　要：具状人郑可庆状一件为不服黄岩县法院掳杀罪上诉案，恳乞澈查由。检察处已收状，候据状令发黄岩县法院检察官核办。

期刊名称：浙江司法半月刊

主办单位：

刊　　期：1933，4（22）

页　　码：24

466. 题　　名：附录：浙江高等法院检察处批示：具状人桐乡孙荣甫：状一件为鸦片案不服桐乡县判决上诉由（十一月二十二日）

作　　者：

关 键 词：上诉

摘　　要：具状人桐乡孙荣甫状一件为鸦片案不服桐乡县判决，上诉由。候检察处调卷核办。

期刊名称：浙江司法半月刊

主办单位：

刊　　期：1933，4（22）

页　　码：26

467. 题　　名：附录：浙江高等法院检察处批示：具状人斯锡祜等：状一件为诉唐德荣等妨害信用案提起上诉由（十一月二十二日）

作　　者：

关 键 词：上诉

摘　　要：具状人斯锡祜等状一件为诉唐德荣等妨害信用案，提起上诉由。检察处已收状，候将来状令发原院检察官核办。

期刊名称：浙江司法半月刊

主办单位：

刊　　期：1933，4（22）

页　　码：26

468. 题　　名：附录：浙江高等法院检察处批示：具状人邵忠火：状一件为声明上诉补具理由由（十一月十八日）

作　　者：

关 键 词：上诉　补具理由

摘　　要：具状人邵忠火状一件为声明上诉，补具理由由。检察处已收状，候调卷核办。

期刊名称：浙江司法半月刊

主办单位：

刊　　期：1933，4（22）

页　　码：25

469. 题　　名：附录：浙江高等法院检察处批示：具状人天台胡善琅：状一件为诉弟妇叶桂香投河自尽检验偏袒续请复验由（十一月七日）

作　　者：

关 键 词：检验　复验

摘　　要：具状人天台胡善琅状一件为诉弟妇叶桂香投河自尽，检验偏袒，续请复验由。检察处查，该状检察处前已明白批示。

期刊名称：浙江司法半月刊

主办单位：

刊　　期：1933，4（22）

页　　码：23－24

470. 题　　名：附录：浙江高等法院检察处批

示：其代电人新昌县吕恒章：
代电一件：呈控新昌县法院首
席检察官吸食鸦片由（十一月
二十三日）

作　　者：

关 键 词：检察官　鸦片

摘　　要：新昌县吕恒章代电一件，呈控
新昌县法院首席检察官吸食鸦
片由。检察处查，本院于民国
二十年三月十六日布告了《人
民控告司法官吏须知》。该民
所称情形，如果非虚，仰即遵
照前述办法，补呈各项手续，
再行核夺。

期刊名称：浙江司法半月刊

主办单位：

刊　　期：1933，4（22）

页　　码：26

471. 题　　名：附录：浙江高等法院检察处批
示：具状人黄岩陈日照：状一
件为共同行劫伤害人一案不服
第三审判决请提起抗告由（十
一月七日）

作　　者：

关 键 词：第三审判决　抗告

摘　　要：具状人黄岩陈日照状一件为共
同行劫伤害人一案，不服第三
审判决，请提起抗告由。检察
处查，本案业经第三审判决，
发交第一审照判执行在卷。所
请提起抗告之处，于法不合，
碍难照准。

期刊名称：浙江司法半月刊

主办单位：

刊　　期：1933，4（22）

页　　码：23

472. 题　　名：附录：浙江高等法院检察处批
示：具状人余杭潘惜阴：状一
件为罗崎玉等伪造印文一案声
请再议由（十一月四日）

作　　者：

关 键 词：声请再议

摘　　要：具状人余杭潘惜阴状一件为罗
崎玉等伪造印文一案，声请再
议由。检察处已收状，候令饬
杭县地方法院迅予依法核办。

期刊名称：浙江司法半月刊

主办单位：

刊　　期：1933，4（22）

页　　码：23

473. 题　　名：附录：浙江高等法院检察处批
示：具状人桐庐周叶氏：状一
件为诉其夫周汉标无辜被押请
令县迅办开释由（十一月十五
日）

作　　者：

关 键 词：无辜被押

摘　　要：具状人桐庐周叶氏状一件为诉
其夫周汉标无辜被押，请令县
迅办开释由。检察处已饬县迅
予讯办。

期刊名称：浙江司法半月刊

主办单位：

刊　　期：1933，4（22）

页　　码：24

474. 题　　名：附录：浙江高等法院检察处批
示：具状人蔡子声：状一件为
不服海宁检察官处分陈恒年诬
告不起诉声请再议由（十一月
十六日）

作　　者：

关 键 词：告发人　声请再议

摘　　要：具状人蔡子声状一件，为不服
海宁检察官处分陈恒年诬告不
起诉，声请再议由。检察处查，该
民系告发人，依法无声请再议之
权，所请不准。

期刊名称：浙江司法半月刊

主办单位：

刊　　期：1933，4（22）

页　　码：25

475. 题　　名：附录：浙江高等法院检察处批
示：具状人史彩根：状一件为
诉史牛老等抢夺再议案请调卷
核办由（十一月十八日）

作　　者：

关 键 词：再议

摘　　要：具状人史彩根状一件为诉史牛
老等抢夺再议案，请调卷核办
由。检察处查，本案业据嵊县
县法院检察呈送，经审核处
分在案。

期刊名称：浙江司法半月刊
主办单位：
刊　　期：1933，4（22）
页　　码：25

476. 题　名：附录：浙江高等法院检察处批示：具状人崇德卫寿珍：状一件为诉赵洪全等盗匪一案该被告是否无罪释放请批示由（十一月六日）

作　者：
关键词：犯罪嫌疑证明　无罪
摘　要：具状人崇德卫寿珍状一件为诉赵洪全等盗匪一案，该被告是否无罪释放请批示由。检察处查，本案以该民与卫杨氏前后供述不符，被告犯罪嫌疑不能证明，业已判决无罪释放。

期刊名称：浙江司法半月刊
主办单位：
刊　　期：1933，4（22）
页　　码：23

477. 题　名：附录：浙江高等法院检察处批示：具状人杭县王福祥：状一件为诉王福英重婚一案原审谕知无罪请调卷准予上诉由（十一月二十一日）

作　者：
关键词：上诉
摘　要：具状人杭县王福祥状一件为诉王福英重婚一案，原审谕知无罪，请调卷准予上诉由。检察处查，本案有无提起上诉之必要，仰候具状令饬杭县地方法院检察官查核依法办理。

期刊名称：浙江司法半月刊
主办单位：
刊　　期：1933，4（22）
页　　码：25

478. 题　名：附录：浙江高等法院检察处批示：具状人方允海：状一件诉请移转管辖以维法纪由（十一月十六日）

作　者：
关键词：移转管辖
摘　要：具状人方允海状一件诉请移转管辖，以维法纪由。检察处查，据

德清县长呈复调查本案情形，该民之子实系因病身故，并据附呈报笔录药方等件前来，查核尚属无异，所请移转法办，碍难照准。

期刊名称：浙江司法半月刊
主办单位：
刊　　期：1933，4（22）
页　　码：25

479. 题　名：附录：浙江高等法院检察处批示：具状人俞荣勋：状一件为请恢复上诉由（十一月二十一日）

作　者：
关键词：上诉　驳回
摘　要：具状人俞荣勋状一件为请恢复上诉由。检察处查，案经本院刑庭，对于该民声请，裁定驳回，所请不准。

期刊名称：浙江司法半月刊
主办单位：
刊　　期：1933，4（22）
页　　码：25

480. 题　名：附录：浙江高等法院检察处批示：具状人桐庐潘关斌：状一件为诉潘锦云等伤害等案桐庐县政府延不拘办声请督促由（十一月十八日）

作　者：
关键词：拖延办案
摘　要：具状人桐庐潘关斌状一件为诉潘锦云等伤害等案，桐庐县政府延不拘办，声请督促由。检察处已收状，候将副状令发原县迅予查案依法办理。

期刊名称：浙江司法半月刊
主办单位：
刊　　期：1933，4（22）
页　　码：25

481. 题　名：附录：浙江高等法院检察处批示：具状人宁海严宗浚：状一件为被诉妨害公务一案以法院拘提请救济由（十一月六日）

作　者：
关键词：起诉　拘提
摘　要：具状人宁海严宗浚状一件为被

诉妨害公务一案，以法院拘提
请救济由。检察处查，本案业
经以妨碍公务起诉，该民避不
到案，自应拘提，所请不准。

期刊名称：浙江司法半月刊

主办单位：

刊　　期：1933，4（22）

页　　码：23

482. 题　　名：附录：浙江高等法院检察处批
示：具状人绍兴章福生：状一
件为窃盗案不服第二审判决补
具上诉理由由（十一月二十一
日）

作　　者：

关 键 词：二审判决　上诉

摘　　要：具状人绍兴章福生状一件为窃
盗案，不服第二审判决，补具
上诉理由。检察处查，该案
未据呈送，候将来状令发浙江
杭县地方法院首席检察官查明
办理。

期刊名称：浙江司法半月刊

主办单位：

刊　　期：1933，4（22）

页　　码：26

483. 题　　名：附录：浙江高等法院检察处批
示：具状人应正道：状一件为
在监悔悟请求移送反省院由
（十一月十四日）

作　　者：

关 键 词：在监　反省院

摘　　要：具状人应正道状一件为在监悔
悟，请求移送反省院由。检察
处查，该犯在监是否后悔有
据，未据该管监署呈报，无从
核办，所请不准。

期刊名称：浙江司法半月刊

主办单位：

刊　　期：1933，4（22）

页　　码：24

484. 题　　名：附录：浙江高等法院检察处批
示：具状人殷达元：状一件为
不服杭县地方法院判决声明上
诉由（十一月十三日）

作　　者：

关 键 词：上诉　书状　原审法院　上诉

期间

摘　　要：具状人殷达元状一件为不服杭
县地方法院判决，声明上诉
由。检察处查，提起上诉应以
书状叙述不服理由，向原审
法院为之，刑事诉讼法第三百六
十四条规定明确。该民不服杭
县地方法院判决，迳来检察处
具状上诉，殊与上述规定不
合，本应批驳，惟以上诉期间
关系，姑予据状令发杭县地方
法院检察官依法办理。

期刊名称：浙江司法半月刊

主办单位：

刊　　期：1933，4（22）

页　　码：24

485. 题　　名：附录：浙江高等法院检察处批
示：具状人胡宾旸：状一件为
诉方富奎等诈欺背信谕知无罪
请求提起上诉由（十一月十五
日）

作　　者：

关 键 词：上诉

摘　　要：具状人胡宾旸状一件为诉方富
奎等诈欺背信谕知无罪，请求
提起上诉由。检察处核阅原判
尚无不当，所请提起上诉之
处，碍难照准。

期刊名称：浙江司法半月刊

主办单位：

刊　　期：1933，4（22）

页　　码：24

486. 题　　名：附录：浙江高等法院检察处批
示：具状人陈大奶：状一件为
诉韩光溪等强盗案不服临海地
方分院不起诉处分声请再议由
（十一月十五日）

作　　者：

关 键 词：不起诉处分　声请再议　检
察官

摘　　要：具状人陈大奶状一件为诉韩光
溪等强盗案，不服临海地方分
院不起诉处分，声请再议由。
检察处查，声请再议应向原检
察官为之。候将来状令发原
院，依法办理。

期刊名称：浙江司法半月刊

主办单位：

刊　　期：1933，4（22）

页　　码：24

487. 题　　名：附录：浙江高等法院检察处批示：具状人张清耀：状一件为诉王和生等诈欺及伪造文书案请调卷核办由（十一月二十二日）

作　　者：

关　键　词：检察一体

摘　　要：具状人张清耀状一件为诉王和生等诈欺及伪造文书案，请调卷核办由。检察处已收状，候将原状令发新昌县法院检察官依法办理。

期刊名称：浙江司法半月刊

主办单位：

刊　　期：1933，4（22）

页　　码：26

488. 题　　名：附录：浙江高等法院检察处批示：具状人邵侃：状一件为诈欺一案不服鄞县地方法院第二审判决追加上诉理由由（十一月十四日）

作　　者：

关　键　词：上诉

摘　　要：具状人邵侃状一件为诈欺一案不服鄞县地方法院第二审判决，追加上诉理由。检察处查，此案上诉尚未据原院呈送，候将来状令发原院依法办理。

期刊名称：浙江司法半月刊

主办单位：

刊　　期：1933，4（22）

页　　码：24

489. 题　　名：附录：浙江高等法院检察处批示：具状人胡阿三：状一件为诉金朝康等抢夺一案萧山县法院检察官不予提起上诉沉冤难白请求调卷查核指正由

作　　者：

关　键　词：不予上诉

摘　　要：具状人胡阿三状一件为诉金朝康等抢夺一案，萧山县法院检

察官不予提起上诉，沉冤难白请求调卷查核指正由。检察处收状，本案有无提起上诉之必要，仰候具状令饬萧山法院检察官查核依法办理。

期刊名称：浙江司法半月刊

主办单位：

刊　　期：1933，4（22）

页　　码：23

490. 题　　名：附录：浙江高等法院检察处批示：具状人高阿三：状一件状请提起上诉由（一月二十七日）

作　　者：

关　键　词：提起上诉

摘　　要：高阿三状一件状请提起上诉由。查此案本院二审判决，于法并无违误，且已确定，所请应毋庸议。

期刊名称：浙江司法半月刊

主办单位：

刊　　期：1936，7（3）

页　　码：25

491. 题　　名：附录：浙江高等法院检察处批示：具状人陈子元：一件诉请令移法院侦讯释放以维法治由（一月二十五日）

作　　者：

关　键　词：检察一体

摘　　要：具状人陈子元诉请令移法院侦讯释放以维法治由。检察处已收状，具状人所称究系如何实情，候令温岭地方法院检察官迅予查明，依法办理。

期刊名称：浙江司法半月刊

主办单位：

刊　　期：1936，7（3）

页　　码：24

492. 题　　名：附录：浙江高等法院检察处批示：具状人卢德全：状一件诉为不服江午潮教唆窃盗无罪请求上诉由（二月三日）

作　　者：

关　键　词：上诉

摘　　要：具状人卢德全状一件诉为不服江午潮教唆窃盗无罪，请求上

诉由。检察处查，此案二审判决尚无违法之处，且判决已经确定，所请提起上诉，碍难照准。

期刊名称：浙江司法半月刊

主办单位：

刊　　期：1936，7（3）

页　　码：25

493. 题　　名：附录：浙江高等法院检察处批示：具状人方子常：状一件为诉方伯和等绑匪案请令原县严办由（一月十八日）

作　　者：

关 键 词：绑匪案

摘　　要：具状人方子常状一件为诉方伯和等绑匪案，请令原县严办由。检察处查，本案前据童梓甫等电控，业经令饬原县查案核办在案。据诉前情，仰候再行令饬严加究办。

期刊名称：浙江司法半月刊

主办单位：

刊　　期：1936，7（3）

页　　码：24

494. 题　　名：附录：浙江高等法院检察处批示：具状人徐长龙：状一件为诉吴永顺抢夺一案再声请再议由（一月二十日）

作　　者：

关 键 词：声请再议　首席检察官　驳回

摘　　要：具状人徐长龙状一件为诉吴永顺抢夺一案，再声请再议由。检察处查，声请再议，经上级法院首席检察官认为无理由予以驳回后，不得再行声请，业经司法院院字第七八二号注有解释，所请于法不合，应毋庸议。

期刊名称：浙江司法半月刊

主办单位：

刊　　期：1936，7（3）

页　　码：24

495. 题　　名：附录：浙江高等法院检察处批示：具代电人嘉善县绅商各界程子光等：代电一件，代电控嘉善地方法院检察官张冰渎职

请依法撤惩由（二月一日）

作　　者：

关 键 词：检察官　渎职

摘　　要：具代电人嘉善县绅商各界程子光等代电控嘉善地方法院检察官张冰渎职，请依法撤惩由。检察处查，具代电人所控各节，未列具体事实，呈控手续亦有未合。仰即遵照控告司法官吏须知，正式具呈，详叙事实，觅具商铺保结，坐诬切结，具呈据实填写姓名、年龄、职业、住址，呈候核办。

期刊名称：浙江司法半月刊

主办单位：

刊　　期：1936，7（3）

页　　码：25

496. 题　　名：附录：浙江高等法院检察处批示：具状人姚元卿：状一件为诉何扬烈等渎职案请移转管辖由（一月二十日）

作　　者：

关 键 词：移转管辖

摘　　要：具状人姚元卿状一件为诉何扬烈等渎职案，请移转管辖由。检察处查，具状人所状究属如何实情，候将原状令发杭县地方法院首席检察官查明核办。

期刊名称：浙江司法半月刊

主办单位：

刊　　期：1936，7（3）

页　　码：24

497. 题　　名：附录：浙江高等法院检察处批示：具状人新昌胡培灿：状一件为诉张荣光等枪杀胡远忠一案原院悬搁请移转管辖由（四月十七日）

作　　者：

关 键 词：普通法院审判权　移转管辖

摘　　要：具状人新昌胡培灿状一件为诉张荣光等枪杀胡远忠一案原院悬搁，请移转管辖由。检察处查，此案前据新昌县政府函覆新昌县法院，略称"胡达忠系著名匪线，经基干队队长张荣光当场格毙，与梁德川、周德

三风马无关"。据此，张荣光既系前基干队队长，普通法院对之自无审判权，所请移转管辖，不准。

期刊名称：浙江司法半月刊
主办单位：
刊　　期：1937，8（8）
页　　码：26

498．题　　名：附录：浙江高等法院检察处批示：具状人周宝根：状一件为诉俞凤仪伤害案声请提起上诉由（四月十七日）

作　　者：
关 键 词：伤害案　上诉　二审判决　三审法院
摘　　要：周宝根状一件为诉俞凤仪伤害案，声请提起上诉由。检察处查，此案系刑法第六十一条所列各罪之一，经第二审判决后，不得上诉于第三审法院，刑诉法第三百六十八条著有明文，所请提取上诉，不准。

期刊名称：浙江司法半月刊
主办单位：
刊　　期：1937，8（8）
页　　码：26

499．题　　名：附录：浙江高等法院检察处批示：具状人虞梦溪：二十六年四月八日状一件为诉吴泉生伤害抢夺及妨害自由一案请提起三审上诉由（四月九日）

作　　者：
关 键 词：三审　上诉　二审判决
摘　　要：具状人虞梦溪状一件为诉吴泉生伤害抢夺及妨害自由一案，请提起三审上诉由。检察处查，此案本院第二审判决，于法尚无不合，业经确定在案。所请不准。

期刊名称：浙江司法半月刊
主办单位：
刊　　期：1937，8（8）
页　　码：25

500．题　　名：附录：浙江高等法院检察处批示：具报告书人楼志鸿：二十六年四月六日报告书一件请领

妨害自由案内扣押物件由（四月九日）

作　　者：
关 键 词：上诉　三审　扣押物件
摘　　要：具报告书人楼志鸿报告书一件请领妨害自由案内扣押物件由。检察处查此案卷证，前据提起三审上诉，业经本院刑事庭呈送最高法院核办。应候原卷发回，再行查明核夺。

期刊名称：浙江司法半月刊
主办单位：
刊　　期：1937，8（8）
页　　码：25

501．题　　名：附录：浙江高等法院检察处批示：具状人董上满：状一件为不服本院判决对于呈诉潘张池等略诱无罪驳回上诉一案提起上诉由（五月十六日）

作　　者：
关 键 词：上诉　驳回上诉　附带民事
摘　　要：具状人董上满状一件为不服本院判决对于呈诉潘张池等略诱无罪驳回上诉一案提起上诉由。悉查方经妹指供诸多不符，难以率信，而原判理由详实，此外又无其他证据，维持原审判决驳回上诉并无不合。该民为告诉人，对于正式法院的判决，除附带民事部分应自行向管辖法院提起独立民事上诉外，其刑事部分依法不得上诉。对于潘张池等三人以外的被告及所称伤害，未经第一审判决，自然不能进行二审审判，该民如果不服，可向原县诉究。

期刊名称：浙江司法半月刊
主办单位：
刊　　期：1930，1（10）
页　　码：27

502．题　　名：具状人黄河银：状一件为被陈禹乡等诉追债务再审一案乞督促依法检举由（八月十三日）

作　　者：
关 键 词：债务　再审　伪造　诉请

摘　　要：推事依法办理至该信约如果确
　　　　　系伪造，自可迳向该管法院检
　　　　　察官诉请。
期刊名称：浙江司法半月刊
主办单位：
刊　　期：1930，1（16）
页　　码：18

（七）金载

1. 题　　名：院闻：高院及杭地院检察处合组
　　　　　训练司法警察
作　　者：
关 键 词：首席检察官　检察处　司法警察
　　　　　训练
摘　　要：浙江高院郑畋首席检察官认为，
　　　　　司法警察必须具备相当学识德
　　　　　操，否则难以担当此职。为此，
　　　　　高院及杭地院检察处合组训练司
　　　　　法警察，并制定训练规则。
期刊名称：浙江司法半月刊
主办单位：
刊　　期：1930，1（5）
页　　码：6－7

2. 题　　名：浙江高等法院检察官成绩表（十
　　　　　八年度）
作　　者：
关 键 词：检察官成绩表
摘　　要：民国十八年的《浙江高等法院检
　　　　　察官成绩表》。
期刊名称：浙江司法半月刊
主办单位：
刊　　期：1930，1（15）
页　　码：6－7

3. 题　　名：浙江省各级法院检察处十七十八
　　　　　两年度受理刑事诉讼案件比较表
作　　者：
关 键 词：刑事诉讼案件比较表
摘　　要：浙江省各级法院检察处十七、十
　　　　　八两年度受理刑事诉讼案件比
　　　　　较表。
期刊名称：浙江司法半月刊
主办单位：
刊　　期：1930，1（9）
页　　码：8－9

4. 题　　名：司法刍言
作　　者：马义述
关 键 词：检察制度　检察官职务

摘　　要：检察官值日收状制。
期刊名称：浙江司法半月刊
主办单位：
刊　　期：1930，1（2）
页　　码：1－5

5. 题　　名：司法重要消息：上海公共租界新
　　　　　法院协定发表
作　　者：
关 键 词：上海　公共租界　法院协定
摘　　要：设地方法院及高等法院分院，得
　　　　　依中国法律上诉最高法院，领事
　　　　　等不再出庭观审或会审，添检察
　　　　　官依中国法执行职务，民事管收
　　　　　所及女监移交，租界内监狱可派
　　　　　员视察华洋案件，外国律师可出
　　　　　庭，但应领证书守中国法令。
期刊名称：浙江司法半月刊
主办单位：
刊　　期：1930，1（4）
页　　码：4

6. 题　　名：浙江江山县法院司法事项报告书
　　　　　（附表）
作　　者：
关 键 词：县法院　司法事项　积案事项
　　　　　添派检察官
摘　　要：浙江江山县法院司法事项报告
　　　　　书：关于清理积案事项。
期刊名称：浙江司法半月刊
主办单位：
刊　　期：1930，1（17）
页　　码：1－14

7. 题　　名：高地两院开新年庆祝会
作　　者：
关 键 词：首席检察官　致词
摘　　要：高地两院开新年庆祝会。
期刊名称：浙江司法半月刊
主办单位：
刊　　期：1930（创刊号）
页　　码：5－6

8. 题　　名：司法重要消息：协定全文十条十
　　　　　七日在南京签字
作　　者：
关 键 词：检察官　职责　莅庭
摘　　要：依本协定设置之各该法院应各置
　　　　　检察官若干员，由中国政府任命
　　　　　之办理，各该法院管辖区域内之

759

检验事务及所有关于使用中华民国刑法第一百零三条至第一百八十六条之案件，依照中国法律执行检察官职务，但已经工部局捕房或关系人起诉者，检察官毋庸再行起诉，至检察官一切侦查程序应公开之被告律师，并到庭陈述意见。其他案件在各该法院管辖区域内发生者，应由工部局捕房起诉或由关系人提起自诉，检察官对于工部局捕房或关系人起诉之一切刑事案件均得莅庭陈述意见。

期刊名称：浙江司法半月刊

主办单位：

刊　　期：1930，1（4）

页　　码：4－6

9. 题　　名：浙江省司法事务报告书（三续）（在浙江省第三次全省代表大会提出）（附表）

作　　者：

关 键 词：限制司法退职人员　充当律师

摘　　要：各法院院长、首席检察官暨推检后补学习各员及书记官承发吏等，经退职后一年内，不得在原任法院管区内执行律师职务，兹经各院查覆本省各区律师，尚无上项退职未满一年人员。

期刊名称：浙江司法半月刊

主办单位：

刊　　期：1930，1（14）

页　　码：1－9

（八）训令

1. 题　　名：命令：浙江高等法院检察处训令：第九一六号：令各级法院首席检察官、兼理司法各县县长：协缉武义东乡被匪抢劫案犯吕师棠等十七名由（中华民国十九年一月二十七日）

作　　者：郑畂

关 键 词：协缉

摘　　要：武义东乡被匪抢劫案经查属实，吕师棠等十七名案犯已被通缉，令各地协助稽查。

期刊名称：浙江司法半月刊

主办单位：

刊　　期：1930，1（3）

页　　码：20－22

2. 题　　名：命令：浙江高等法院检察处训令：第二八一三号：令各级法院首席检察官、各兼理司法县长：协缉平湖缪悉忠等被劫一案赃盗由（中华民国十九年三月十日）

作　　者：郑畂

关 键 词：协缉

摘　　要：令各地协缉平湖缪悉忠等被劫一案犯罪嫌疑人。

期刊名称：浙江司法半月刊

主办单位：

刊　　期：1930，1（6）

页　　码：29

3. 题　　名：命令：浙江高等法院检察处训令：第二二五号：令各级法院首席检察官、兼理司法各县县长：令各院县为协缉鄞县杨湧利等商店被劫案赃盗由（中华民国十九年一月十日）

作　　者：郑畂

关 键 词：协缉

摘　　要：鄞县杨湧利等商店被劫，令各地协助缉拿赃盗。

期刊名称：浙江司法半月刊

主办单位：

刊　　期：1930，1（2）

页　　码：36－37

4. 题　　名：命令：浙江高等法院检察处训令：第四五八一号：令各级法院首席检察官、各兼理司法县长：通缉长兴王阿菊等两家被劫案内赃盗务获解究由（中华民国十九年四月十日）

作　　者：郑畂

关 键 词：协缉

摘　　要：长兴县王阿菊等两家被劫案，令各地协助缉拿。

期刊名称：浙江司法半月刊

主办单位：

刊　　期：1930，1（8）

页　　码：18－19

5. 题　　名：命令：浙江高等法院训令：第三四八七号：令各级法院院长、各级法院首席检察官：为奉令饬知

夏口地方法院改为汉口地方法院该律师公会亦改为汉口律师公会由（中华民国十九年五月一日）

作　　　者：郑文礼

关　键　词：律师公会更名

摘　　　要：因夏口地方法院改为汉口地方法院，该律师公会亦改为汉口律师公会，令各地知照。

期刊名称：浙江司法半月刊

主办单位：

刊　　　期：1930，1（9）

页　　　码：17

6. 题　　　名：命令：浙江高等法院检察处训令：第三四六号：令各级法院首席检察官、各兼理司法县长：协缉武义甬义纸行被劫一案赃盗由（中华民国十九年三月二十日）

作　　　者：郑畋

关　键　词：协缉

摘　　　要：武义县甬义纸行被劫一案，经勘验属实，令各地协助缉拿。

期刊名称：浙江司法半月刊

主办单位：

刊　　　期：1930，1（7）

页　　　码：43

7. 题　　　名：命令：浙江高等法院检察处训令：第一一二三号：令各级法院首席检察官、兼理司法各县县长：缙云卢金兴家被匪掳劫杀人通令协缉由（中华民国十九年二月五日）

作　　　者：郑畋

关　键　词：协缉

摘　　　要：缙云县卢金兴家被匪掳劫杀人案，是否涉嫌勾串谋害，应详加严讯，并通令各地协缉贼犯。

期刊名称：浙江司法半月刊

主办单位：

刊　　　期：1930，1（3）

页　　　码：27－29

8. 题　　　名：命令：浙江高等法院检察处训令：第二三七〇号：令各级法院首席检察官、各兼理司法县长：监犯张阿元脱逃通令协缉由（中华民国十九年二月二十八

日）

作　　　者：郑畋

关　键　词：监犯脱逃　通缉

摘　　　要：慈溪县县长呈报，已决犯张阿元称腹痛，狱医诊治无效，其汗流如注，病症甚重，且该犯平日尚守狱规，不得已报明署长批准后，由主任看守虞希超亲自送往医院。不料张阿元途中倒地装作神昏气绝，在虞希超雇工帮助时，张阿元逃跑。此事发生后，管狱员率法警四人，并请公安局驻所加派干警四名并率看守公役多人分路严密搜查，同时广布该犯特征悬赏以求多人协捕，仍无踪迹。备文呈报仰祈钧处察核俯赐通缉令，令各地协缉。

期刊名称：浙江司法半月刊

主办单位：

刊　　　期：1930，1（5）

页　　　码：51－52

9. 题　　　名：命令：浙江高等法院检察处训令：第一六七号：令各级法院首席检察官、兼理司法县长：令各院县协缉萧山周渭生家被劫案赃盗由（中华民国十九年一月九日）

作　　　者：郑畋

关　键　词：协缉

摘　　　要：萧山周渭生家被劫案，令各地协缉赃盗。

期刊名称：浙江司法半月刊

主办单位：

刊　　　期：1930，1（2）

页　　　码：34－35

10. 题　　　名：命令：浙江高等法院训令：第六九二号（中华民国十九年八月十三日）：令各级法院院长、各级法院首席检察官、各兼理司法县长：为奉令转发修正人民团体组织方案由

作　　　者：郑文礼

关　键　词：修正人民团体组织方案

摘　　　要：《修正人民团体组织方案》已公布，不再抄发，令各地知照。

期刊名称：浙江司法半月刊

主办单位：

刊　　期：1930，1（16）

页　　码：9－10

11. 题　　名：命令：浙江高等法院训令：第五〇七一号：令各级法院院长、各级法院首席检察官、各兼理司法县长：为奉令转发宣誓条例由（中华民国十九年六月十三日）

作　　者：郑文礼

关　键　词：宣誓条例

摘　　要：《宣誓条例》已公布，不再抄发，令各地知照。

期刊名称：浙江司法半月刊

主办单位：

刊　　期：1930，1（12）

页　　码：13

12. 题　　名：命令：司法行政部令（十九年十月十七日至十九年十一月八日）：调派楼仁忠充浙江各地方法院学习检察官此令等

作　　者：

关　键　词：调派　学习检察官

摘　　要：调派楼仁忠充浙江各地方法院学习检察官等。

期刊名称：浙江司法半月刊

主办单位：

刊　　期：1930，1（22）

页　　码：1－2

13. 题　　名：命令：浙江高等法院检察处训令：第四五七九号：令各级法院首席检察官、各兼理司法县长：通缉平湖朱二观家被劫案内赃盗务获解究由（中华民国十九年四月十日）

作　　者：郑畋

关　键　词：协缉

摘　　要：平湖朱二观家被劫案，令各地协助缉拿。

期刊名称：浙江司法半月刊

主办单位：

刊　　期：1930，1（8）

页　　码：19－20

14. 题　　名：命令：浙江高等法院训令：第一〇九一号：令各级法院院长、各级法院首席检察官、各

监狱典狱长等：令各院县监所转奉部令遵期造送各种统计表由（中华民国十八年十二月二十日）

作　　者：郑文礼

关　键　词：统计年表

摘　　要：令各院县监所奉司法行政部第1968号令，对各种报表统计内容先期准备、切实记载，并遵期报送。

期刊名称：浙江司法半月刊

主办单位：

刊　　期：1930（创刊号）

页　　码：8－9

15. 题　　名：命令：浙江高等法院训令：第七五四四号（中华民国十九年九月一日）：令各级法院院长、各级法院首席检察官：为十九年关税短期库券条例及还本付息表仰知照由

作　　者：郑文礼

关　键　词：关税短期库券条例

摘　　要：《民国十九年关税短期库券条例》及还本付息表已公布，不再抄送，令各地知照。

期刊名称：浙江司法半月刊

主办单位：

刊　　期：1930，1（17）

页　　码：7

16. 题　　名：命令：浙江高等法院检察处训令：第一二二九号：令各级法院首席检察官、各兼理司法县长：协缉嘉兴朱荣贵被劫一案赃盗由（中华民国十九年二月八日）

作　　者：郑畋

关　键　词：协缉

摘　　要：就嘉兴朱荣贵被劫一案，令各地协助缉拿赃盗。

期刊名称：浙江司法半月刊

主办单位：

刊　　期：1930，1（4）

页　　码：18

17. 题　　名：命令：浙江高等法院检察处训令：第二〇〇〇号：令各级法院首席检察官、各兼理司法县

长：监犯李金发挖洞脱逃通令协缉由（中华民国十九年二月二十二日）

作　者：郑畋

关键词：越狱　协缉

摘　要：据分水县县长安关华呈报，民国十九年一月监犯王老三等5人挖洞脱逃，王老三等3人被当时缉拿，李金发等2人脱逃，令各地协助缉拿。

期刊名称：浙江司法半月刊

主办单位：

刊　期：1930，1（5）

页　码：46－47

18. 题　名：命令：浙江高等法院训令：第八四七号：令各级法院院长、各级法院首席检察官：为各级机关收据存根处置办法转令遵照由（中华民国十九年二月七日）

作　者：郑文礼

关键词：收据存根处置办法

摘　要：《收据存根处置办法》已公布，办法本应属会计法规内，现会计法规尚未完全公布，因此暂定办法，令各地法院及所属监所遵照执行。

期刊名称：浙江司法半月刊

主办单位：

刊　期：1930，1（4）

页　码：9－11

19. 题　名：命令：浙江高等法院检察处训令：第一五四三号：令各级法院首席检察官、各兼理司法县长：萧山张广顺等家被劫通令协缉赃盗由（中华民国十九年二月十三日）

作　者：郑畋

关键词：协缉

摘　要：令各地协缉萧山张广顺等家被劫一案犯罪嫌疑人。

期刊名称：浙江司法半月刊

主办单位：

刊　期：1930，1（4）

页　码：33－34

20. 题　名：命令：浙江高等法院训令：第

三六一四号：令浙江高等第一、二分院院长、首席检察官：为奉令转知华洋上诉案件已由外交部分咨各省政府各特别市政府转饬各地交涉署遵照移交并照会各关系国公使由（中华民国十九年五月七日）

作　者：郑文礼

关键词：华洋上诉案件　首席检察官　普通诉讼法令

摘　要：令浙江高等第一、二分院院长、首席检察官：华洋上诉案件应一律由各省高等法院或其分院依普通诉讼法令受理，令各部通饬遵照并函请外交部转饬，并照会各关系国公使。

期刊名称：浙江司法半月刊

主办单位：

刊　期：1930，1（10）

页　码：7－8

21. 题　名：命令：浙江高等法院训令：第二一八六号：令各监狱典狱长、各法院院长、各法院首席检察官等：转发出狱人保护团体布告并力予提倡组织利赖狱政由（中华民国十九年三月二十四日）

作　者：郑文礼

关键词：出狱人保护团体

摘　要：转发出狱人保护团体布告，并力予提倡组织利赖狱政。

期刊名称：浙江司法半月刊

主办单位：

刊　期：1930，1（7）

页　码：5－6

22. 题　名：命令：浙江高等法院训令：第三一六九号：令各级法院院长、各级法院首席检察官、各兼理司法县长：为奉部令转发国府公布诉愿法令仰知照由（中华民国十九年四月二十三日）

作　者：郑文礼

关键词：诉愿法令

摘　要：转发国府公布《诉愿法令》，令各地知照。

期刊名称：浙江司法半月刊

主办单位：

刊　　期：1930，1（9）

页　　码：9－10

23. 题　　名：命令：浙江高等法院训令：第
一八七二号：令各级法院院长、
各级法院首席检察官、兼理司
法县长：为奉令撤销商民协会
组织条例各地商民协会限期结
束令仰知照由（中华民国十九
年三月十四日）

作　　者：郑文礼　郑畎

关 键 词：商民协会组织条例

摘　　要：转发《撤销商民协会组织条例》，
各地商民协会限期结束，令各地
知照。

期刊名称：浙江司法半月刊

主办单位：

刊　　期：1930，1（6）

页　　码：8

24. 题　　名：命令：浙江高等法院训令：第
六〇三七号（中华民国十九年
七月十一日）：令各级法院院
长、各级法院首席检察官、各
兼理司法县长：为奉令转饬以
后每年五月五日均应放假由

作　　者：郑文礼　郑畎

关 键 词：五月五日　放假

摘　　要：每年五月五日均应放假，令各
地知照。

期刊名称：浙江司法半月刊

主办单位：

刊　　期：1930，1（14）

页　　码：14－15

25. 题　　名：命令：浙江高等法院检察处训
令：第一八〇号：令各级法院
首席检察官、各兼理司法县长：
为协缉开化张时祥被杀案内被
告胡老瑞等五名由（中华民国
十九年一月九日）

作　　者：郑畎

关 键 词：协缉

摘　　要：令各地协缉开化县张时祥被杀
一案嫌疑人胡老瑞等五人。

期刊名称：浙江司法半月刊

主办单位：

刊　　期：1930，1（3）

页　　码：11－12

26. 题　　名：命令：浙江高等法院检察处训
令：第九四〇号：令各级法院
首席检察官、兼理司法各县县
长：为协缉逃犯史通务解究由
（中华民国十九年一月三十日）

作　　者：郑畎

关 键 词：协缉

摘　　要：上饶县县长史通滥权逮捕伤害
一案，令各地协助缉拿逃犯
史通。

期刊名称：浙江司法半月刊

主办单位：

刊　　期：1930，1（3）

页　　码：24－25

27. 题　　名：命令：浙江高等法院检察处训
令：第一八二六号：令各级法
院首席检察官、各兼理司法县
长：通缉嘉兴张文贵家被劫案
内赃盗务获解究由（中华民国
十九年二月二十一日）

作　　者：郑畎

关 键 词：通缉

摘　　要：令各地协缉嘉兴张文贵家被劫
案嫌疑人。

期刊名称：浙江司法半月刊

主办单位：

刊　　期：1930，1（5）

页　　码：45

28. 题　　名：命令：浙江高等法院检察处训
令：第三三五六号：令各级法
院首席检察官、各兼理司法县
长：通缉定海陆全木等三家被
掳劫案内盗匪务获解并将被
掳人营救出险由（中华民国十
九年三月十九日）

作　　者：郑畎

关 键 词：掳劫案　通缉

摘　　要：令各地协缉定海县陆全木等三
家被掳劫案盗匪，并解救被掳
人员。

期刊名称：浙江司法半月刊

主办单位：

刊　　期：1930，1（6）

页　　码：30－31

29. 题　　名：命令：浙江高等法院训令：第

三一四号：令各级法院院长、首席检察官：令各院县为奉令规定集会恭读总理遗嘱之范围由（中华民国十九年一月十四日）

作　　　者：郑文礼　郑畋

关 键 词：总理遗嘱

摘　　　要：令各级法院院长、首席检察官：集会恭读总理遗嘱之范围为（一）凡本党各级党部、各级政府及民众团体一切正式集会行之；（二）凡由本党各级党部所召集各种正式集会行之两项。

期刊名称：浙江司法半月刊

主办单位：

刊　　　期：1930，1（2）

页　　　码：9

30. 题　　名：命令：浙江高等法院检察处训令：第一二八〇七号：令各级法院首席检察官、兼理司法各县县长：令各院县为协缉惨杀章朱氏凶犯务获解究由（中华民国十八年十二月三十日）

作　　　者：郑畋

关 键 词：协缉

摘　　　要：令各地协缉惨杀章朱氏一案凶犯。

期刊名称：浙江司法半月刊

主办单位：

刊　　　期：1930（创刊号）

页　　　码：34－35

31. 题　　名：命令：浙江高等法院检察处训令：第一四八八号：令各级法院首席检察官、各兼理司法各县县长：协缉平湖黄春元等被劫一案赃盗由（中华民国十九年二月十二日）

作　　　者：郑畋

关 键 词：被劫　协缉　平湖

摘　　　要：令各地协缉平湖县黄春元等被劫一案赃盗。

期刊名称：浙江司法半月刊

主办单位：

刊　　　期：1930，1（5）

页　　　码：39－40

32. 题　　名：命令：浙江高等法院检察处训令：第三四四号：令各级法院

首席检察官、各兼理司法县长：协缉鄞县徐阿王被劫一案赃盗由（中华民国十九年三月二十日）

作　　　者：郑畋

关 键 词：首席检察官　兼理司法县长　协缉

摘　　　要：令各级法院首席检察官、兼理司法县长协缉鄞县徐阿王被劫一案赃盗。

期刊名称：浙江司法半月刊

主办单位：

刊　　　期：1930，1（7）

页　　　码：42－43

33. 题　　名：命令：浙江高等法院检察处训令：第一五四五号：令各级法院首席检察官、各兼理司法县长：临海黄良江家被匪掳劫通缉赃盗由（中华民国十九年二月十三日）

作　　　者：郑畋

关 键 词：首席检察官　兼理司法县长

摘　　　要：令各级法院首席检察官、兼理司法县长协缉临海黄良江家被匪掳劫案嫌疑人。

期刊名称：浙江司法半月刊

主办单位：

刊　　　期：1930，1（4）

页　　　码：32－33

34. 题　　名：命令：浙江高等法院检察处训令：第四〇九号：令各级法院首席检察官、兼理司法县长：令各院县协缉武义吴春荣被劫案赃盗由（中华民国十九年一月十五日）

作　　　者：郑畋

关 键 词：被劫　协缉　武义

摘　　　要：令各院县协缉武义县吴春荣被劫一案赃盗。

期刊名称：浙江司法半月刊

主办单位：

刊　　　期：1930，1（2）

页　　　码：50－51

35. 题　　名：命令：浙江高等法院检察训令：第一六六五号：令各级法院首席检察官、各兼理司法县长：

开化盗杀魏龙法一家四命通缉凶盗解究由（中华民国十九年二月十五日）

作　　者：

关 键 词：首席检察官　兼理司法县长　通缉

摘　　要：令各级法院首席检察官、各兼理司法县长协缉开化县盗杀魏龙法一家四命一案凶盗。

期刊名称：浙江司法半月刊

主办单位：

刊　　期：1930，1（4）

页　　码：34－36

36. 题　　名：命令：浙江高等法院训令：第五一一号：令各级法院院长、各级法院首席检察官、各兼理司法县长：为厉行烟禁依照禁烟法施行规则第五章第十五条之规定令饬遵照由（中华民国十九年六月十四日）

作　　者：郑文礼　郑畋

关 键 词：禁烟法

摘　　要：依照《禁烟法施行规则》第五章第十五条之规定，令各级法院在辖区内严查吸食鸦片及替代品的行为，厉行烟禁。

期刊名称：浙江司法半月刊

主办单位：

刊　　期：1930，1（12）

页　　码：16－17

37. 题　　名：命令：浙江高等法院检察处训令：第九号：令各级法院首席检察官、各兼理司法县长：令各院县为协缉戴占敆等四家被劫案赃盗由（中华民国十九年一月六日）

作　　者：郑畋

关 键 词：协缉

摘　　要：令各级法院首席检察官、各兼理司法县长协缉绍兴县戴占敆等四家被劫一案赃盗。

期刊名称：浙江司法半月刊

主办单位：

刊　　期：1930（创刊号）

页　　码：44－53

38. 题　　名：命令：浙江高等法院训令：第

三一一四号：令各级法院院长、各级法院首席检察官：为定六月一日为交易所法施行日期由（中华民国十九年四月二十二日）

作　　者：郑文礼

关 键 词：交易所法

摘　　要：中华民国十九年六月一日为《交易所法》施行日期。

期刊名称：浙江司法半月刊

主办单位：

刊　　期：1930，1（9）

页　　码：5－6

39. 题　　名：命令：浙江高等法院训令：第三一七号：令鄞县地方法院院长兼驻鄞刑庭庭长王秉彝、首席检察官兼代本院检察官陈备三：令鄞县地方法院为驻鄞刑庭事务限本月底结束归并本院办理由（中华民国十九年一月十五日）

作　　者：

关 键 词：刑庭　首席检察官　反革命案件　司法行政实务

摘　　要：因驻鄞刑庭已无特设的必要，令鄞县地方法院院长兼驻鄞刑庭庭长王秉彝、首席检察官兼代本院检察官陈备三于民国十九年一月底前结束兼办的反革命案件及司法行政事务，并交归浙江高院办理、处分。

期刊名称：浙江司法半月刊

主办单位：

刊　　期：1930，1（2）

页　　码：14－15

40. 题　　名：命令：浙江高等法院检察处训令：第一二六九一号：令各级法院首席检察官、各兼理司法县长：令各院县为协缉丁弟老家被劫案内赃盗由（中华民国十八年十二月三十日）

作　　者：

关 键 词：协缉

摘　　要：令各院县协缉嵊县丁弟老家被劫一案内赃盗。

期刊名称：浙江司法半月刊

主办单位：

刊　　期：1930（创刊号）

页　　码：32－33

41. 题　　名：命令：浙江高等法院训令：第二四〇七号：令各级法院院长、各级法院首席检察官、各兼理司法县长：为奉令转知交代未清及贪污劣迹昭著者不得任用为公务人员由（中华民国十九年四月一日）

作　　者：

关 键 词：贪污　公务人员

摘　　要：奉令转知交代未清及贪污劣迹昭著者不得任用为公务人员。

期刊名称：浙江司法半月刊

主办单位：

刊　　期：1930，1（7）

页　　码：14－15

42. 题　　名：命令：浙江高等法院检察处训令：第二四五号：令各级法院首席检察官、各兼理司法县长：为协缉余姚孙春荣等被劫案内盗犯孙阿鸿等五名由（中华民国十九年一月十一日）

作　　者：

关 键 词：首席检察官　兼理司法县长　协缉

摘　　要：令各级法院首席检察官、各兼理司法县长协缉余姚县孙春荣等被劫案内盗案孙阿鸿等五人。

期刊名称：浙江司法半月刊

主办单位：

刊　　期：1930，1（3）

页　　码：13－14

43. 题　　名：命令：浙江高等法院检察处训令：第一二四一三号：令各级法院首席检察官、兼理司法各县县长：令各院县为协缉周增福家被劫案内赃盗由（中华民国十八年十二月二十五日）

作　　者：

关 键 词：检察处　首席检察官　兼理司法县长　协缉

摘　　要：检察处令各级法院首席检察官、兼理司法各县县长，协缉周增福家被劫一案犯罪嫌疑人。

期刊名称：浙江司法半月刊

主办单位：

刊　　期：1930（创刊号）

页　　码：25－27

44. 题　　名：命令：浙江高等法院检察处训令：第一二二七号：令各级法院首席检察官、各兼理司法县长：协缉嘉兴钱本初被劫赃盗由（中华民国十九年二月八日）

作　　者：

关 键 词：检察处　首席检察官　兼理司法县长　协缉

摘　　要：检察处令各级法院首席检察官、各兼理司法县长，协缉嘉兴钱本初被劫一案嫌疑人。

期刊名称：浙江司法半月刊

主办单位：

刊　　期：1930，1（4）

页　　码：19－20

45. 题　　名：命令：浙江高等法院检察处训令：第一三一二号：令各级法院首席检察官、各兼理司法县长：昌化陈有功家被劫通缉赃盗由（中华民国十九年二月十日）

作　　者：

关 键 词：通缉　检察处　首席检察官　兼理司法县长

摘　　要：检察处令各级法院首席检察官、各兼理司法县长协缉昌化县陈有功家被劫一案赃盗。

期刊名称：浙江司法半月刊

主办单位：

刊　　期：1930，1（4）

页　　码：20－21

46. 题　　名：命令：浙江高等法院检察处训令：第三三六号：令各级法院首席检察官、兼理司法各县长：令各院协缉桐乡县乌青镇被匪洗劫案赃盗由（中华民国十九年一月十三日）（附表）

作　　者：郑畋

关 键 词：洗劫案　协缉　检察处　首席检察官　兼理司法县长

摘　　要：检察处令各级法院首席检察官、兼理司法各县长，协缉桐乡县乌青镇被匪洗劫案赃盗，并营救被劫人质。

期刊名称：浙江司法半月刊

主办单位：

刊　　期：1930，1（2）

页　　码：46－49

47. 题　　名：命令：浙江高等法院训令：第二五五号：令各级法院院长、各级法院首席检察官、各兼理司法县长：令各院县为奉令转发监督寺庙条例由（中华民国十九年一月十三日）

作　　者：郑文礼　郑畋

关 键 词：监督寺庙条例

摘　　要：奉令转发国民政府于中华民国十八年十二月七日颁布的《监督寺庙条例》。

期刊名称：浙江司法半月刊

主办单位：

刊　　期：1930，1（2）

页　　码：8－9

48. 题　　名：命令：浙江高等法院检察处训令：第一二七三号：令各级法院首席检察官、各兼理司法县长：令各院县为协缉陈心德家被劫案赃盗由（中华民国十八年十二月三十一日）

作　　者：

关 键 词：协缉　检察处　首席检察官　兼理司法县长

摘　　要：检察处令各级法院首席检察官、各兼理司法县长协缉陈心德家被劫案赃盗。

期刊名称：浙江司法半月刊

主办单位：

刊　　期：1930（创刊号）

页　　码：39－40

49. 题　　名：命令：浙江高等法院训令：第一〇三一六号（中华民国十九年十一月十七日）：令各级法院院长、各级法院首席检察官、各监狱典狱长等：为奉令转发总理遗嘱（注音符号）由

作　　者：郑文礼　郑畋

关 键 词：总理遗嘱（注音符号）

摘　　要：浙江高等法院奉司法行政部令，

转发配注音符号的总理遗嘱，以便普及。

期刊名称：浙江司法半月刊

主办单位：

刊　　期：1930，1（22）

页　　码：16－17

50. 题　　名：命令：浙江高等法院检察处训令：第三一六号：令各级法院首席检察官、兼理司法县长：令各院县为协缉黄岩县陈宝兴等被劫案盗匪并营救被掳幼孩出险由（中华民国十九年一月十三日）

作　　者：

关 键 词：协缉　检察处　首席检察官　兼理司法县长

摘　　要：检察处令各级法院首席检察官、兼理司法县长，协缉黄岩县陈宝兴等被劫案盗匪并营救被掳幼孩出险。

期刊名称：浙江司法半月刊

主办单位：

刊　　期：1930，1（2）

页　　码：43－44

51. 题　　名：命令：浙江高等法院检察处训令：第一二六九号：令各级法院首席检察官、各兼理司法县长：令各院县为协缉俞熙森家被劫案内赃盗由（中华民国十八年十二月三十日）

作　　者：

关 键 词：协缉　检察处　首席检察官　兼理司法县长

摘　　要：检察处令各级法院首席检察官、兼理司法县长，协缉俞熙森家被劫案内赃盗。

期刊名称：浙江司法半月刊

主办单位：

刊　　期：1930（创刊号）

页　　码：30－32

52. 题　　名：命令：浙江高等法院训令：第一三一二号：令各级法院院长、各级法院首席检察官、各兼理司法县长：为奉令转发县长考试暂行条例由（中华民国十九年二月二十一日）

作　　者：

关　键　词：县长考试暂行条例

摘　　要：奉令转发国民政府的《县长考试暂行条例》。

期刊名称：浙江司法半月刊

主办单位：

刊　　期：1930，1（5）

页　　码：16－17

53. 题　　名：命令：浙江高等法院训令：第一八七〇号：令各级法院院长、各级法院首席检察官、兼理司法县长：国府训令为抄发公司法令仰知照并转饬知照由（中华民国十九年三月十四日）

作　　者：郑文礼　郑畋

关　键　词：公司法　国府训令

摘　　要：《公司法》已登于国民政府公报，令各级法院和检察院自行检阅遵守。

期刊名称：浙江司法半月刊

主办单位：

刊　　期：1930，1（6）

页　　码：10

54. 题　　名：命令：浙江高等法院训令：第一八六三号：令各级法院院长、各首席检察官：为抄发司法官赴任暨调任转任程限表由（中华民国十九年三月十四日）

作　　者：郑文礼　郑畋

关　键　词：司法官调任转任程限表

摘　　要：令各级法院院长、各首席检察官及所属一体知照《司法官赴任暨调任转任程限表》。

期刊名称：浙江司法半月刊

主办单位：

刊　　期：1930，1（6）

页　　码：10－11

55. 题　　名：命令：浙江高等法院训令：第六〇八号：令浙江高等第一、二分院院长、首席检察官：为抄发修正反革命陪审暂行法条文由（中华民国十九年一月二十四日）

作　　者：郑文礼　郑畋

关　键　词：反革命陪审暂行法

摘　　要：令浙江高等第一、二分院院长、

首席检察官及所属一体知照修正《反革命陪审暂行法》条文。

期刊名称：浙江司法半月刊

主办单位：

刊　　期：1930，1（3）

页　　码：4－5

56. 题　　名：命令：浙江高等法院训令：第一〇〇九六号（中华民国十九年十一月十一日）：令各级法院院长、各级法院首席检察官、各兼理司法县长：为奉发国葬法转令知照由

作　　者：郑文礼　郑畋

关　键　词：国葬法

摘　　要：令各级法院院长、各级法院首席检察官、各兼理司法县长及所属一体知照《国葬法》。

期刊名称：浙江司法半月刊

主办单位：

刊　　期：1930，1（22）

页　　码：10－11

57. 题　　名：命令：浙江高等法院训令：第一〇〇九八号（中华民国十九年十一月十一日）：各级法院院长、各级法院首席检察官、各兼理司法县长：为奉发陆海空军惩罚法转令知照由

作　　者：郑文礼　郑畋

关　键　词：陆海空军惩罚法

摘　　要：令各级法院院长、各级法院首席检察官、各兼理司法县长及所属一体知照民国十九年十月颁布的《陆海空军惩罚法》。

期刊名称：浙江司法半月刊

主办单位：

刊　　期：1930，1（22）

页　　码：12－13

58. 题　　名：命令：浙江高等法院训令：第三一七〇号：令各级法院院长、各级法院首席检察官、各兼理司法县长：为奉部令发管理注射器注射针暂行规则令仰知照由（中华民国十九年四月二十三日）

作　　者：郑文礼　郑畋

关　键　词：管理注射器注射针暂行规定

摘　　要：令各级法院院长、各级法院首席检察官、各兼理司法县长及所属一体知照《管理注射器注射针暂行规定》。

期刊名称：浙江司法半月刊

主办单位：

刊　　期：1930，1（9）

页　　码：7－9

59. 题　　名：命令：浙江高等法院训令：第七〇六三号（中华民国十九年八月十五日）：令各级法院院长、各级法院首席检察官：为奉发革命纪念日简明表史略及宣传要点由

作　　者：郑文礼　郑畋

关键词：革命纪念日　史略　宣传要点

摘　　要：令各级法院院长、各级法院首席检察官、各兼理司法县长及所属一体遵照革命纪念日简明表、革命纪念日史略及宣传要点。

期刊名称：浙江司法半月刊

主办单位：

刊　　期：1930，1（16）

页　　码：12－13

60. 题　　名：命令：浙江高等法院训令：第六一八〇号（中华民国十九年七月十八日）：令各级法院院长、各级法院首席检察官：为令发学习推检学习规则由

作　　者：郑文礼　郑畋

关键词：学习推事检察官学习规则

摘　　要：令各级法院院长、各级法院首席检察官及所属一体遵照《学习推事检察官学习规则》。

期刊名称：浙江司法半月刊

主办单位：

刊　　期：1930，1（14）

页　　码：25

61. 题　　名：命令：浙江高等法院训令：第四〇六七号：令各级法院院长、各级法院首席检察官、各兼理司法县长：为抄发修正共产党人自首法第七条条文由（中华民国十九年五月十五日）

作　　者：郑文礼　郑畋

关键词：共产党人自首法

摘　　要：令各级法院院长、各级法院首席检察官、各兼理司法县长及所属一体知照修正《共产党人自首法》第七条条文。

期刊名称：浙江司法半月刊

主办单位：

刊　　期：1930，1（10）

页　　码：26－27

62. 题　　名：命令：浙江高等法院训令：第六八三号：令各级法院院长、首席检察官、兼理司法县长：为抄发修正处理逆产条例由（中华民国十九年一月二十八日）

作　　者：郑文礼　郑畋

关键词：处理逆产条例

摘　　要：令各级法院院长、各级法院首席检察官、各兼理司法县长及所属一体知照修正《处理逆产条例》。

期刊名称：浙江司法半月刊

主办单位：

刊　　期：1930，1（3）

页　　码：6－7

63. 题　　名：命令：浙江高等法院检察处训令：第九三一号（中华民国十九年七月十一日）：令各级法院首席检察官、各兼理司法县长：为令准将没收枪械拨充戒护并附发清单格式由（附表）

作　　者：郑畋

关键词：枪支　首席检察官　兼理司法县长　清单

摘　　要：令各级法院首席检察官、各兼理司法县长，将在案内没收的枪支、弹药数量，并附清单上报。

期刊名称：浙江司法半月刊

主办单位：

刊　　期：1930，1（14）

页　　码：27－28

64. 题　　名：命令：浙江高等法院训令：第二八四二号：令各级法院院长、各级法院首席检察官：为奉令抄发劳资争议处理法仰知照由

（中华民国十九年四月十二日）

作　　者：郑文礼　郑畋

关 键 词：劳资争议处理法

摘　　要：令各级法院院长、各级法院首席检察官及所属一体知照《劳资争议处理法》。

期刊名称：浙江司法半月刊

主办单位：

刊　　期：1930，1（8）

页　　码：7－8

65. 题　　名：命令：浙江高等法院训令：第二八〇四号：令各级法院院长、各级法院首席检察官：为奉令抄发民国十九年交通部电政公债条例附还本息表转饬知照由（中华民国十九年四月十二日）

作　　者：郑文礼　郑畋

关 键 词：交通部　电政公债条例

摘　　要：令各级法院院长、各级法院首席检察官及所属一体知照民国十九年交通部的《电政公债条例》（附还本息表）。

期刊名称：浙江司法半月刊

主办单位：

刊　　期：1930，1（8）

页　　码：7

66. 题　　名：命令：浙江高等法院训令：第四九四二号：令各级法院院长、各级法院首席检察官：为令发国府公布市组织法仰即知照由（中华民国十九年六月十日）

作　　者：郑文礼　郑畋

关 键 词：市组织法　首席检察官

摘　　要：令各级法院院长、各级法院首席检察官及所属一体知照民国十九年，国民政府公布的《市组织法》。

期刊名称：浙江司法半月刊

主办单位：

刊　　期：1930，1（12）

页　　码：9

67. 题　　名：命令：浙江高等法院训令：第五一五九号（中华民国十九年六月十六日）：令各级法院院长、各级法院首席检察官：为令发民事调解法施行规则由

作　　者：郑文礼　郑畋

关 键 词：民事调解法施行规则

摘　　要：《民事调解法》施行规则已于民国十九年六月五日在第487号政府公报公布，令各级法院院长、各级法院首席检察官及所属一体知照。

期刊名称：浙江司法半月刊

主办单位：

刊　　期：1930，1（13）

页　　码：2

68. 题　　名：命令：浙江高等法院训令：第一〇〇九七号（中华民国十九年十一月十一日）：令各级法院院长、各级法院首席检察官、各兼理司法县长：为奉发修正民国十九年关税短期库券条例及还本付息表转令知照由

作　　者：郑文礼　郑畋

关 键 词：关税短期库券条例

摘　　要：令各级法院院长、各级法院首席检察官及所属一体知照民国十九年《关税短期库券条例》（附还本付息表）。

期刊名称：浙江司法半月刊

主办单位：

刊　　期：1930，1（22）

页　　码：11－12

69. 题　　名：命令：浙江高等法院训令：第一一一二七号：令各级法院院长、各级法院首席检察官、各兼理司法县长：令各院县为奉发渔业法由（中华民国十八年十二月二十六日）

作　　者：郑文礼　郑畋

关 键 词：渔业法

摘　　要：令各级法院院长、各级法院首席检察官、各兼理司法县长及所属一体知照《渔业法》。

期刊名称：浙江司法半月刊

主办单位：

刊　　期：1930（创刊号）

页　　码：16

70. 题　　名：命令：浙江高等法院训令：第七八八一号（中华民国十九年九月九日）：令景宁县长、各

级法院院长、各级法院首席检察官等：为抄发景宁承审员原呈及村里调解委员组织须知各一份由（附表）

作　　者：

关 键 词：司法独立

摘　　要：景宁县承审员宋思璟呈请到高等法院，称区长擅行司法应如何救济，以维护司法独立。高等法院认为，景宁县区长显有越法定范围之处，即函请民政厅转饬景宁县县长严申禁令、以杜流弊。

期刊名称：浙江司法半月刊

主办单位：

刊　　期：1930，1（18）

页　　码：13－17

71. 题　　名：命令：浙江高等法院训令：第三七二一号：令各级法院院长、各级法院首席检察官：为奉令各机关公务员须服用国货令仰遵照由（中华民国十九年五月八日）

作　　者：郑文礼　郑畋

关 键 词：公务员　国货

摘　　要：奉令各机关公务员须服用国货。

期刊名称：浙江司法半月刊

主办单位：

刊　　期：1930，1（10）

页　　码：8－9

72. 题　　名：命令：浙江高等法院训令：第四一八九号：令各级法院院长、各级法院首席检察官、各兼理司法县长：为奉令转知更改贵州省思县等五县县名由（中华民国十九年五月十九日）

作　　者：郑文礼　郑畋

关 键 词：县名

摘　　要：奉令转知更改贵州省思县等五县县名。

期刊名称：浙江司法半月刊

主办单位：

刊　　期：1930，1（10）

页　　码：30－31

73. 题　　名：命令：浙江高等法院训令：第四一九○号：令各级法院院长、

各级法院首席检察官、各兼理司法县长：为奉令转知废止奖励工业品暂行条例由（中华民国十九年五月十九日）

作　　者：郑文礼　郑畋

关 键 词：工业品暂行条例

摘　　要：奉令转知废止奖励《工业品暂行条例》。

期刊名称：浙江司法半月刊

主办单位：

刊　　期：1930，1（10）

页　　码：31－32

74. 题　　名：命令：浙江高等法院训令：第四○四九号：令各级法院院长、各级法院首席检察官：转发修正看守所暂行规则仰即知照并转发遵照由（中华民国十九年五月十五日）

作　　者：郑文礼　郑畋

关 键 词：看守所暂行规则

摘　　要：转发修正《看守所暂行规则》。

期刊名称：浙江司法半月刊

主办单位：

刊　　期：1930，1（10）

页　　码：25－26

75. 题　　名：命令：浙江高等法院训令：第三六七号：令各级法院院长、各级法院首席检察官、各兼理司法县长：为奉令转发现任公务员甄别审查条例施行细则附表及说明由（中华民国十九年五月七日）

作　　者：郑文礼　郑畋

关 键 词：现任公务员甄别审查条例实施细则

摘　　要：奉令转发《现任公务员甄别审查条例施行细则》附表及说明。

期刊名称：浙江司法半月刊

主办单位：

刊　　期：1930，1（10）

页　　码：6

76. 题　　名：命令：浙江高等法院训令：第三四八六号：令各级法院院长、各级法院首席检察官：为奉令转发限制官吏兼职原提案仰遵照由（中华民国十九年五月一

日）

作　　者：郑文礼　郑畋

关 键 词：限制官吏兼职原提案

摘　　要：奉令转发限制官吏兼职原提案。

期刊名称：浙江司法半月刊

主办单位：

刊　　期：1930，1（9）

页　　码：15－16

77. 题　　名：命令：浙江高等法院训令：第三五五〇号：令各级法院院长、各级法院首席检察官：为各地人民团体悉应依照各新颁法规一律改组或从新组织由（中华民国十九年五月三日）

作　　者：郑文礼　郑畋

关 键 词：人民团体　改组　组织

摘　　要：训政时期开始，各地人民团体悉应依照各新颁法规一律改组或重新组织。

期刊名称：浙江司法半月刊

主办单位：

刊　　期：1930，1（9）

页　　码：17－18

78. 题　　名：命令：浙江高等法院训令：第三六七七号：令各级法院院长、各级法院首席检察官、各兼理司法县长：为奉令限制穿着军服办法转令遵照由（中华民国十九年五月七日）

作　　者：郑文礼　郑畋

关 键 词：限制穿着军服办法

摘　　要：令各级法院院长、各级法院首席检察官、各兼理司法县长及所属一体遵照《限制穿着军服办法》。

期刊名称：浙江司法半月刊

主办单位：

刊　　期：1930，1（10）

页　　码：5

79. 题　　名：命令：浙江高等法院训令：第三二九三号：令各级法院院长、各级法院首席检察官：为转知司法行政部长就职任事由（中华民国十九年四月二十六日）

作　　者：郑文礼　郑畋

关 键 词：司法行政部部长

摘　　要：国民政府于民国十九年四月十四日任命朱履和代理司法行政部部长，令各级法院院长、各级法院首席检察官、各兼理司法县长及所属一体知照。

期刊名称：浙江司法半月刊

主办单位：

刊　　期：1930，1（9）

页　　码：14

80. 题　　名：命令：浙江高等法院检察处训令：第四一七五号：令各级法院首席检察官、各兼理司法县长：协缉武义饶金财被劫一案赃盗并营救由（中华民国十九年四月三日）

作　　者：郑畋

关 键 词：协缉　检察处　首席检察官　兼理司法县长

摘　　要：令各级法院首席检察官、各兼理司法县长协缉武义县饶金财被劫一案赃盗，并营救被掳人。

期刊名称：浙江司法半月刊

主办单位：

刊　　期：1930，1（8）

页　　码：16

81. 题　　名：命令：浙江高等法院检察处训令：第四五四八号：令各级法院首席检察官、各兼理司法县长：通缉上虞傅成品之子傅芹章等被掳案内盗匪务获解究并将被掳人营救出险由（中华民国十九年四月十日）（附表）

作　　者：郑畋

关 键 词：通缉　检察处　首席检察官　兼理司法县长

摘　　要：令各级法院首席检察官、各兼理司法县长协缉上虞傅成品之子傅芹章等被掳案内盗匪，并营救被掳人。

期刊名称：浙江司法半月刊

主办单位：

刊　　期：1930，1（8）

页　　码：20－23

82. 题　　名：命令：浙江高等法院训令：第三〇六五号：令高等第一、二分院院长，首席检察官：为各地交涉署受理未结之华洋上诉案件及以后新发生之华洋上诉案件应一律改由各省高等法院或其分院依普通诉讼法令受理由（中华民国十九年四月十九日）

作　　　者：郑文礼

关　键　词：华洋上诉案件　省高等法院　普通诉讼法

摘　　　要：令高等法院第一、二分院院长、首席检察官，各地交涉署受理未结之华洋上诉案件，及以后新发生之华洋上诉案件，应一律改由各省高等法院或其分院依普通诉讼法令受理。

期刊名称：浙江司法半月刊

主办单位：

刊　　　期：1930，1（8）

页　　　码：12－13

83. 题　　　名：命令：浙江高等法院检察处训令：第四一六八号：令各级法院首席检察官、各兼理司法县长：协缉嘉兴殷七官被劫一案赃盗由（中华民国十九年四月三日）

作　　　者：郑畋

关　键　词：协缉　检察处　首席检察官　兼理司法县长

摘　　　要：令各级法院首席检察官、各兼理司法县长协缉嘉兴殷七官被劫一案赃盗。

期刊名称：浙江司法半月刊

主办单位：

刊　　　期：1930，1（8）

页　　　码：14－15

84. 题　　　名：命令：浙江高等法院检察处训令：第三四三八号：令各级法院首席检察官、各兼理司法县长：协缉黄岩尼显华被劫一案赃盗由（中华民国十九年三月二十日）

作　　　者：郑畋

关　键　词：协缉　检察处　首席检察官　兼理司法县长

摘　　　要：令各级法院首席检察官、各兼理司法县长协缉黄岩尼显华被

劫一案赃盗。

期刊名称：浙江司法半月刊

主办单位：

刊　　　期：1930，1（7）

页　　　码：41

85. 题　　　名：命令：浙江高等法院训令：第二三二九号：令各级法院院长、各级法院首席检察官、各兼理司法县长：为审理烟案时除依照禁烟法各条处刑外酌予并科罚金由（中华民国十九年三月二十八日）

作　　　者：郑文礼

关　键　词：烟案　禁烟法　罚金

摘　　　要：令各级法院院长、各级法院首席检察官、各兼理司法县长，审理烟案时除依照《禁烟法》各条处刑外，酌予并科罚金。

期刊名称：浙江司法半月刊

主办单位：

刊　　　期：1930，1（7）

页　　　码：7－9

86. 题　　　名：命令：浙江高等法院检察处训令：第二五一六号：令各级法院首席检察官、各兼理司法县长：协缉嘉善冯周氏等被劫掳一案赃盗并营救由（中华民国十九年三月二十一日）

作　　　者：郑畋

关　键　词：协缉　检察处　首席检察官　兼理司法县长

摘　　　要：令各级法院首席检察官、各兼理司法县长，协缉嘉善冯周氏等被劫掳一案嫌疑人并营救被掳人。

期刊名称：浙江司法半月刊

主办单位：

刊　　　期：1930，1（7）

页　　　码：43－44

87. 题　　　名：命令：浙江高等法院检察处训令：第三三五九号：令各级法院首席检察官、各兼理司法县长：通缉武义杨春浓等家被劫案内赃盗务获解究由（中华民国十九年三月十九日）

作　　　者：郑畋

关　键　词：通缉　检察处　首席检察官
　　　　　　兼理司法县长

摘　　　要：令各级法院首席检察官、各兼
　　　　　　理司法县长，通缉武义杨春浓
　　　　　　等家被劫案内赃盗。

期刊名称：浙江司法半月刊

主办单位：

刊　　　期：1930，1（6）

页　　　码：30

88. 题　　　名：命令：浙江高等法院检察处训
　　　　　　令：第三三六二号：各级法院
　　　　　　首席检察官、各兼理司法县长：
　　　　　　通缉嘉兴梅世春等三家被劫案
　　　　　　内赃盗务获解究由（中华民国
　　　　　　十九年三月十九日）

作　　　者：郑畋

关　键　词：通缉　检察处　首席检察官
　　　　　　兼理司法县长

摘　　　要：令各级法院首席检察官、各兼
　　　　　　理司法县长，通缉嘉兴梅世春
　　　　　　等三家被劫案内赃盗。

期刊名称：浙江司法半月刊

主办单位：

刊　　　期：1930，1（6）

页　　　码：31－32

89. 题　　　名：命令：浙江高等法院检察处训
　　　　　　令：第一九三〇号：令各级法
　　　　　　院首席检察官、各兼理司法县
　　　　　　长：协缉余姚陈显禄被绑一案
　　　　　　盗匪务获解究并将被掳人营救
　　　　　　出险由（中华民国十九年二月
　　　　　　二十一日）

作　　　者：郑畋

关　键　词：协缉　营救　检察处　首席检
　　　　　　察官　兼理司法县长

摘　　　要：令各级法院首席检察官、各兼
　　　　　　理司法县长，协缉余姚陈显禄
　　　　　　被绑一案盗匪，并将被掳人营
　　　　　　救出险。

期刊名称：浙江司法半月刊

主办单位：

刊　　　期：1930，1（5）

页　　　码：44

90. 题　　　名：命令：浙江高等法院训令：第
　　　　　　一八六九号：令各级法院院长、
　　　　　　各级法院首席检察官、兼理司

法县长：为转发修正建设委员
会组织法由（中华民国十九年
三月十四日）

作　　　者：郑文礼　郑畋

关　键　词：建设委员会组织法

摘　　　要：转发修正《建设委员会组织
　　　　　　法》。

期刊名称：浙江司法半月刊

主办单位：

刊　　　期：1930，1（6）

页　　　码：9

91. 题　　　名：命令：浙江高等法院检察处训
　　　　　　令：第一八九二号：令各级法
　　　　　　院首席检察官、各兼理司法县
　　　　　　长：浙省政府据第五团呈请通
　　　　　　缉著匪王与森等请饬属协缉由
　　　　　　（中华民国十九年二月十八日）

作　　　者：郑畋

关　键　词：协缉　检察处　首席检察官
　　　　　　兼理司法县长

摘　　　要：令各级法院首席检察官、各兼
　　　　　　理司法县长，协缉著匪王与
　　　　　　森等。

期刊名称：浙江司法半月刊

主办单位：

刊　　　期：1930，1（5）

页　　　码：42－43

92. 题　　　名：命令：浙江高等法院训令：第
　　　　　　一一五四号：令各级法院院长、
　　　　　　各级法院首席检察官、各兼理
　　　　　　司法县长：为奉令转发海商法
　　　　　　转饬知照由（中华民国十九年
　　　　　　二月十七日）

作　　　者：郑文礼　郑畋

关　键　词：海商法

摘　　　要：奉令转发《海商法》。

期刊名称：浙江司法半月刊

主办单位：

刊　　　期：1930，1（5）

页　　　码：4－5

93. 题　　　名：命令：浙江高等法院训令：第
　　　　　　一二二一号：令各级法院院长、
　　　　　　首席检察官、各兼理司法县长：
　　　　　　为奉令饬知考试院暨所属考选
　　　　　　委员会铨叙部成立及各长官宣
　　　　　　誓就职启用印信日期转饬知照

由（中华民国十九年二月十九日）

作　　者：郑文礼　郑畋

关 键 词：考试院　考选委员会

摘　　要：令各级法院院长、首席检察官、各兼理司法县长及所属一体知照：考试院暨所属考选委员会铨叙部成立，及各长官宣誓就职启用印信日期。

期刊名称：浙江司法半月刊

主办单位：

刊　　期：1930，1（5）

页　　码：6－7

94. 题　　名：命令：浙江高等法院训令：第一五六〇号：令各级法院院长、各级法院首席检察官、各兼理司法县长：为奉令转发民法第三编物权由（中华民国十九年三月三日）

作　　者：郑文礼　郑畋

关 键 词：民法

摘　　要：奉令转发《民法》第三编物权。

期刊名称：浙江司法半月刊

主办单位：

刊　　期：1930，1（5）

页　　码：32

95. 题　　名：命令：浙江高等法院检察处训令：第一九九六号：令各级法院首席检察官、各兼理司法县长：呈报看守所脱逃已未决人犯徐传桂等九名请通缉由（中华民国十九年二月二十日）

作　　者：郑畋

关 键 词：看守所　人犯

摘　　要：令各级法院首席检察官、各兼理司法各县县长，协缉看守所脱逃已未决人犯徐传桂等九名。

期刊名称：浙江司法半月刊

主办单位：

刊　　期：1930，1（5）

页　　码：47－48

96. 题　　名：命令：浙江高等法院检察处训令：第一九九八号：令各级法院首席检察官、各兼理司法县长：通缉看守李忠归案究办由（中华民国十九年二月二十

日）

作　　者：郑畋

关 键 词：通缉　检察处　首席检察官　兼理司法县长

摘　　要：令各级法院首席检察官、各兼理司法县长，协缉宁海县监狱看守李忠。

期刊名称：浙江司法半月刊

主办单位：

刊　　期：1930，1（5）

页　　码：48－49

97. 题　　名：命令：浙江高等法院训令：第一三八二号：令各级法院院长、各级法院首席检察官、各典狱长：为奉令转发修正国民政府查验自卫枪炮及给照暂行条例转饬知照由（中华民国十九年二月二十四日）

作　　者：郑文礼　郑畋

关 键 词：国民政府查验自卫枪炮及给照暂行条例

摘　　要：奉令转发修正《国民政府查验自卫枪炮及给照暂行条例》。

期刊名称：浙江司法半月刊

主办单位：

刊　　期：1930，1（5）

页　　码：21－23

98. 题　　名：命令：浙江高等法院训令：第一三五三号：令各级法院院长、各级法院首席检察官、各兼理司法县长：为奉令公文用纸划一办法饬属遵照由（中华民国十九年二月二十二日）

作　　者：郑文礼　郑畋

关 键 词：公文用纸划一办法

摘　　要：令各级法院院长、各级法院首席检察官、各兼理司法县长，饬属遵照公文用纸划一办法。

期刊名称：浙江司法半月刊

主办单位：

刊　　期：1930，1（5）

页　　码：20

99. 题　　名：命令：浙江高等法院训令：第一五二七号：令各级法院院长、各级法院首席检察官、各兼理司法县长：为奉令转发民法第

二编债编由（中华民国十九年三月一日）

作　　者：郑文礼　郑畋

关 键 词：民法

摘　　要：奉令转发《民法》第二编债编。

期刊名称：浙江司法半月刊

主办单位：

刊　　期：1930，1（5）

页　　码：29－30

100.题　　名：命令：浙江高等法院检察处训令：第一三四一号：令各级法院首席检察官、各兼理司法县长：象山团丁谢昌更等二名被盗击毙并滋大行被劫通缉赃盗由（中华民国十九年二月十日）

作　　者：郑畋

关 键 词：通缉　检察处　首席检察官　兼理司法县长

摘　　要：令各级法院首席检察官、各兼理司法县长协缉象山团丁谢昌更等二名被盗击毙赃盗，并滋大行被劫一案赃盗。

期刊名称：浙江司法半月刊

主办单位：

刊　　期：1930，1（4）

页　　码：21－22

101.题　　名：命令：浙江高等法院检察处训令：第二一三四号：令各级法院首席检察官、各兼理司法县长：通缉永嘉看守所押犯林永昌等归案究办由（中华民国十九年二月二十四日）

作　　者：郑畋

关 键 词：脱逃　通缉　检察处　首席检察官　兼理司法县长

摘　　要：民国十九年二月十一日，永嘉看守所押犯林永昌等脱逃。令各级法院首席检察官、各兼理司法县长，协缉林永昌等逃犯归案。

期刊名称：浙江司法半月刊

主办单位：

刊　　期：1930，1（5）

页　　码：49－51

102.题　　名：命令：浙江高等法院检察处训

令：第一五一一号：令各级法院首席检察官、各兼理司法县长：协缉临安贾太贤被劫一案赃盗由（中华民国十九年二月十三日）

作　　者：郑畋

关 键 词：协缉　检察处　首席检察官　兼理司法县长

摘　　要：令各级法院首席检察官、各兼理司法县长，协缉临安贾太贤被劫一案赃盗。

期刊名称：浙江司法半月刊

主办单位：

刊　　期：1930，1（5）

页　　码：41－42

103.题　　名：命令：浙江高等法院检察处训令：第一九二三号：令各级法院首席检察官、各兼理司法县长：通缉常山刘永东在途被劫案内盗犯务获解究由（中华民国十九年二月二十一日）

作　　者：郑畋

关 键 词：通缉　检察处　首席检察官　兼理司法县长

摘　　要：令各级法院首席检察官、各兼理司法县长，协缉常山刘永东在途被劫案内盗犯。

期刊名称：浙江司法半月刊

主办单位：

刊　　期：1930，1（5）

页　　码：43－44

104.题　　名：命令：浙江高等法院检察处训令：第一三二一号：令各级法院首席检察官、各兼理司法县长：协缉吴兴通源公司商轮被劫一案赃盗由（中华民国十九年二月十日）

作　　者：郑畋

关 键 词：检察处　首席检察官　兼理司法县长

摘　　要：令各级法院首席检察官、各兼理司法县长，协缉吴兴通源公司商轮被劫一案赃盗。

期刊名称：浙江司法半月刊

主办单位：

刊　　期：1930，1（4）

页　　码：26 - 27

105. 题　　名：命令：浙江高等法院训令：第
　　　　　　　一〇四六号：令各级法院院
　　　　　　　长、各级法院首席检察官、各
　　　　　　　兼理司法县长：为奉令转发工
　　　　　　　厂法饬属知照由（中华民国十
　　　　　　　九年二月十四日）
　　　作　　者：郑文礼
　　　关 键 词：工厂法
　　　摘　　要：奉令转发《工厂法》。
　　　期刊名称：浙江司法半月刊
　　　主办单位：
　　　刊　　期：1930，1（4）
　　　页　　码：15 - 16

106. 题　　名：命令：浙江高等法院检察处训
　　　　　　　令：第一三六九号：令各级法
　　　　　　　院首席检察官、各兼理司法县
　　　　　　　长：协缉平湖衙前镇被劫一案
　　　　　　　赃盗解究由（中华民国十九年
　　　　　　　二月十一日）
　　　作　　者：郑畋
　　　关 键 词：协缉　检察处　首席检察官
　　　　　　　兼理司法县长
　　　摘　　要：令各级法院首席检察官、各兼
　　　　　　　理司法县长，协缉平湖衙前镇
　　　　　　　被劫一案赃盗。
　　　期刊名称：浙江司法半月刊
　　　主办单位：
　　　刊　　期：1930，1（4）
　　　页　　码：29 - 32

107. 题　　名：命令：浙江高等法院检察处训
　　　　　　　令：第一一四五号：令各级法
　　　　　　　院首席检察官、各兼理司法县
　　　　　　　长：通缉鄞县王测来家被劫案
　　　　　　　内赃盗务获解究由（中华民国
　　　　　　　十九年二月六日）
　　　作　　者：郑畋
　　　关 键 词：通缉　检察处　首席检察官
　　　　　　　兼理司法县长
　　　摘　　要：令各级法院首席检察官、各兼
　　　　　　　理司法县长，协缉鄞县王测来
　　　　　　　家被劫案内赃盗。
　　　期刊名称：浙江司法半月刊
　　　主办单位：
　　　刊　　期：1930，1（4）
　　　页　　码：17 - 18

108. 题　　名：命令：浙江高等法院训令：第
　　　　　　　八〇八号：令各级法院院长、
　　　　　　　各级法院首席检察官、各兼理
　　　　　　　司法县长：为奉令民营公用事
　　　　　　　业监督转饬知照由（中华民国
　　　　　　　十九年二月六日）
　　　作　　者：郑文礼　郑畋
　　　关 键 词：民营公用事业监督条例
　　　摘　　要：奉令转发《民营公用事业监督
　　　　　　　条例》。
　　　期刊名称：浙江司法半月刊
　　　主办单位：
　　　刊　　期：1930，1（4）
　　　页　　码：5 - 6

109. 题　　名：命令：浙江高等法院训令：第
　　　　　　　八七八号：令各级法院院长、
　　　　　　　各级法院首席检察官：为候补
　　　　　　　推检代理正缺支给俸津办法转
　　　　　　　饬各级法院知照由（中华民国
　　　　　　　十九年二月八日）
　　　作　　者：郑文礼　郑畋
　　　关 键 词：候补推检代理正缺支给俸津
　　　　　　　办法
　　　摘　　要：令各级法院知照《候补推检代
　　　　　　　理正缺支给俸津办法》。
　　　期刊名称：浙江司法半月刊
　　　主办单位：
　　　刊　　期：1930，1（4）
　　　页　　码：11 - 12

110. 题　　名：命令：浙江高等法院检察处训
　　　　　　　令：第八七八号：令各级法院
　　　　　　　首席检察官、各兼理司法县
　　　　　　　长：为协缉长兴胡阿普等被劫
　　　　　　　掳一案盗犯并营救出险由（中
　　　　　　　华民国十九年一月二十五日）
　　　作　　者：郑畋
　　　关 键 词：协缉　检察处　首席检察官
　　　　　　　兼理司法县长
　　　摘　　要：令各级法院首席检察官、各兼
　　　　　　　理司法县长，协缉长兴胡阿普
　　　　　　　等被劫掳一案盗犯，并营救被
　　　　　　　掳人出险。
　　　期刊名称：浙江司法半月刊
　　　主办单位：
　　　刊　　期：1930，1（3）
　　　页　　码：19 - 20

111. 题　　名：命令：浙江高等法院训令：第
一一〇五号：令各级法院院
长、各级法院首席检察官、各
兼理司法县长：为奉令公布民
事调解法转饬知照由（中华民
国十九年二月十四日）

作　　者：郑文礼　郑畋

关 键 词：民事调解法

摘　　要：奉令公布《民事调解法》。

期刊名称：浙江司法半月刊

主办单位：

刊　　期：1930，1（4）

页　　码：16

112. 题　　名：命令：浙江高等法院检察处训
令：第一〇四三号：令各级法
院首席检察官、各兼理司法县
长：慈溪沈允甫家被劫案逸盗
由（中华民国十九年一月二十
九日）

作　　者：郑畋

关 键 词：检察处　首席检察官　兼理司
法县长

摘　　要：令各级法院首席检察官、各兼
理司法县长，协缉慈溪沈允甫
家被劫案逸盗。

期刊名称：浙江司法半月刊

主办单位：

刊　　期：1930，1（3）

页　　码：23－24

113. 题　　名：命令：浙江高等法院检察处训
令：第一三三二号：令各级法
院首席检察官、各兼理司法县
长：协缉乐清潘见道被劫一案
赃盗由（中华民国十九年二月
十日）

作　　者：郑畋

关 键 词：协缉　检察处　首席检察官
兼理司法县长

摘　　要：令各级法院首席检察官、各兼
理司法县长，协缉乐清县潘见
道、项徐氏两家被劫一案嫌
疑人。

期刊名称：浙江司法半月刊

主办单位：

刊　　期：1930，1（4）

页　　码：27－28

114. 题　　名：命令：浙江高等法院训令：第
八〇九号：令各级法院院长、
各级法院首席检察官、各兼理
司法县长：为奉令查禁附载废
历之违禁历书转饬遵照由（中
华民国十九年二月六日）

作　　者：郑文礼　郑畋

关 键 词：查禁　违禁历书

摘　　要：奉令查禁附载废历之违禁
历书。

期刊名称：浙江司法半月刊

主办单位：

刊　　期：1930，1（4）

页　　码：5

115. 题　　名：命令：浙江高等法院训令：第
六三五号：令各级法院院长、
首席检察官、兼理司法县长：
为刑事案内扣押赃物须慎重保
管由（中华民国十九年一月二
十五日）

作　　者：郑文礼　郑畋

关 键 词：刑事案　扣押赃物

摘　　要：令各地慎重保管刑事案内扣押
赃物。

期刊名称：浙江司法半月刊

主办单位：

刊　　期：1930，1（3）

页　　码：5－6

116. 题　　名：命令：浙江高等法院训令：第
八一〇号：令各级法院院长、
各级法院首席检察官、兼理司
法县长：为处理刑事案件务须
迅速羁押人犯尤须特别注意由
（中华民国十九年二月六日）

作　　者：郑文礼

关 键 词：刑事案件　羁押　证据　串供

摘　　要：令各级法院院长、各级法院首
席检察官、兼理司法县长，处
理刑事案件务须迅速羁押人
犯，尤须特别注意：一是需要
羁押时应迅速羁押人犯，以防
证据灭失；二是不及时羁押会
导致人犯串供时，应迅速羁
押；三是该羁押而未羁押的人
犯，容易在社会上再惹事端，
造成新的矛盾；四是没有羁押

必要性而羁押人犯的，容易造成冤狱。

期刊名称：浙江司法半月刊

主办单位：

刊　　期：1930，1（3）

页　　码：8－9

117. 题　　名：命令：浙江高等法院检察处训令：第六〇一号：令各级法院首席检察官、各兼理司法县长：令各院县协缉缙云陈素被匪掳赎案盗匪务获解究由（中华民国十九年一月二十日）

作　　者：郑畋

关 键 词：协缉　检察处　首席检察官　兼理司法县长

摘　　要：令各级法院首席检察官、各兼理司法县长，协缉缙云县陈素被匪掳赎案盗匪。

期刊名称：浙江司法半月刊

主办单位：

刊　　期：1930，1（2）

页　　码：52－55

118. 题　　名：命令：浙江高等法院检察处训令：第八七五号：令各级法院首席检察官、各兼理司法县长：为协缉上虞缪国灿被劫一案赃盗由（中华民国十九年一月二十五日）

作　　者：郑畋

关 键 词：协缉　检察处　首席检察官　兼理司法县长

摘　　要：令各级法院首席检察官、各兼理司法县长，协缉上虞县缪国灿被劫一案赃盗。

期刊名称：浙江司法半月刊

主办单位：

刊　　期：1930，1（3）

页　　码：17－18

119. 题　　名：命令：浙江高等法院检察处训令：第一六五号：令各级法院首席检察官、各兼理司法县长：令各院县为协缉武义东皋分局被劫案内盗匪由（中华民国十九年一月九日）

作　　者：郑畋

关 键 词：协缉　检察处　首席检察官

兼理司法县长

摘　　要：令各级法院首席检察官、各兼理司法县长，协缉武义县东皋分局被劫案内盗匪。

期刊名称：浙江司法半月刊

主办单位：

刊　　期：1930，1（2）

页　　码：35－36

120. 题　　名：命令：浙江高等法院检察处训令：第三二八号：令各级法院首席检察官、各兼理司法县长：令各院县为缉获案获刘三木生取消通缉由（中华民国十九年一月十三日）

作　　者：郑畋

关 键 词：通缉　取消通缉

摘　　要：令各级法院首席检察官、各兼理司法县长，协缉杀害刘文春一案嫌疑人刘老五、刘大土，并取消通缉已缉拿在案的嫌疑人刘三木生。

期刊名称：浙江司法半月刊

主办单位：

刊　　期：1930，1（2）

页　　码：40－41

121. 题　　名：命令：浙江高等法院检察处训令：第三一九号：令各级法院首席检察官、各兼理司法县长：令各院县为协缉吴兴源永成记等二十三家被劫案内盗匪并营救被掳人出险由（中华民国十九年一月十三日）

作　　者：郑畋

关 键 词：协缉　检察处　首席检察官　兼理司法县长

摘　　要：令各级法院首席检察官、各兼理司法县长，协缉乌镇吴兴源、永成记等二十三家被劫案内盗匪，并营救被掳人出险。

期刊名称：浙江司法半月刊

主办单位：

刊　　期：1930，1（2）

页　　码：42－43

122. 题　　名：命令：浙江高等法院检察处训令：第四五二号：令各级法院首席检察官、各兼理司法县

长：令各院县协缉分水朱三春
被劫案赃盗由（中华民国十九
年一月十六日）

作　　者：郑畋

关 键 词：协缉　检察处　首席检察官
兼理司法县长

摘　　要：令各级法院首席检察官、各兼
理司法县长，协缉分水县朱三
春在途被劫案嫌疑人。

期刊名称：浙江司法半月刊
主办单位：
刊　　期：1930，1（2）
页　　码：51－52

123. 题　　名：命令：浙江高等法院检察处训
令：第八四号：令各级法院首
席检察官、各兼理司法县长：
令各院县为协缉遂安翁国隆家
被劫案赃盗由（中华民国十九
年一月七日）

作　　者：郑畋

关 键 词：协缉　检察处　首席检察官
兼理司法县长

摘　　要：令各级法院首席检察官、各兼
理司法县长，协缉遂安县翁国
隆家被劫案赃盗。

期刊名称：浙江司法半月刊
主办单位：
刊　　期：1930，1（2）
页　　码：29

124. 题　　名：命令：浙江高等法院检察处训
令：第二二七号：令各级法院
首席检察官、兼理司法县长：
令各院县为协缉宁海杨魁彪家
被劫案赃盗由（中华民国十九
年一月十日）

作　　者：郑畋

关 键 词：协缉　检察处　首席检察官
兼理司法县长

摘　　要：令各级法院首席检察官、兼理
司法各县县长，协缉宁海县杨
魁彪家被劫案赃盗。

期刊名称：浙江司法半月刊
主办单位：
刊　　期：1930，1（2）
页　　码：37－39

125. 题　　名：命令：浙江高等法院检察处训

令：第三四〇号：令各级法院
首席检察官、各兼理司法县
长：令各院县协缉嘉兴吴步瀛
被劫案赃盗用（中华民国十九
年一月十三日）

作　　者：郑畋

关 键 词：协缉　被劫　检察处　首席检
察官　兼理司法县长

摘　　要：令各级法院首席检察官、各兼
理司法县长，协缉嘉兴县吴步
瀛被劫案赃盗。

期刊名称：浙江司法半月刊
主办单位：
刊　　期：1930，1（2）
页　　码：45－46

126. 题　　名：命令：浙江高等法院训令：第
四九八号：令各法院院长、各
法院首席检察官、各兼理司法
县长：令各法院为裁撤交涉署
后各地方官厅对于办理外人事
件必须确守范围划清权责由（中
华民国十九年一月二十一日）

作　　者：郑文礼　郑畋

关 键 词：交涉署　地方官厅　外人事件

摘　　要：令各法院院长、各法院首席检
察官、各兼理司法县长及所属
一体知照：裁撤交涉署后，各
地方官厅对于办理外人事件必
须确守范围，划清权责。

期刊名称：浙江司法半月刊
主办单位：
刊　　期：1930，1（2）
页　　码：20－21

127. 题　　名：命令：浙江高等法院检察处训
令：第四五号：令各级法院首
席检察官、各兼理司法县长：
令各院县为协缉建德徐贤告家
被盗劫杀案赃盗由（中华民国
十八年十二月三十一日）

作　　者：郑畋

关 键 词：协缉　检察处　首席检察官
兼理司法县长

摘　　要：令各级法院首席检察官、各兼
理司法县长，协缉建德县徐贤
告家被盗劫杀案赃盗嫌疑人。

期刊名称：浙江司法半月刊

主办单位：

刊　　期：1930，1（2）

页　　码：22－23

128. 题　　名：命令：浙江高等法院检察处训令：第九八号：令各级法院首席检察官、各兼理司法县长：令各院县为协缉乐清郑征畴被劫案赃盗并营救被掳人出险由（中华民国十九年一月八日）

作　　者：郑畋

关 键 词：协缉　检察处　首席检察官　兼理司法县长

摘　　要：令各级法院首席检察官、各兼理司法县长，协缉乐清县郑征畴被劫案赃盗，并营救被掳人出险。

期刊名称：浙江司法半月刊

主办单位：

刊　　期：1930，1（2）

页　　码：29－30

129. 题　　名：命令：浙江高等法院检察处训令：第三二五号：令各级法院首席检察官、兼理司法县长：令各院县为协缉寿昌刘进纯家被劫案赃盗由（中华民国十九年一月十三日）

作　　者：郑畋

关 键 词：协缉　检察处　首席检察官　兼理司法县长

摘　　要：令各级法院首席检察官、兼理司法县长，协缉寿昌县刘进纯家被劫案赃盗。

期刊名称：浙江司法半月刊

主办单位：

刊　　期：1930，1（2）

页　　码：39－40

130. 题　　名：命令：浙江高等法院检察处训令：第一二一三号：令黄岩县法院首席检察官：呈一件为接办县政府旧案发生疑义请核示由（中华民国十八年十二月十二日）

作　　者：郑畋

关 键 词：辩论　审判　判词　判决

摘　　要：令黄岩县法院首席检察官，呈一件为接办县政府旧案发生疑

义请核示由。检察处据呈情形认为，该案已辩论终结尚未论知辩论，则该案已在审判之中，自未便再行侦查，应送刑庭核办；至已论知判决主文则虽未作成判词，但依历来成例当认为业已判决。

期刊名称：浙江司法半月刊

主办单位：

刊　　期：1930，1（2）

页　　码：55

131. 题　　名：命令：浙江高等法院检察处训令：第一二八〇一号：令各级法院首席检察官、各兼理司法县长：令各院县为协缉童如圣家被劫案赃盗由（中华民国十八年十二月三十一日）

作　　者：郑畋

关 键 词：检察处　首席检察官　兼理司法县长

摘　　要：令各级法院首席检察官、各兼理司法县长，协缉童如圣家被劫案赃盗。

期刊名称：浙江司法半月刊

主办单位：

刊　　期：1930（创刊号）

页　　码：37－39

132. 题　　名：命令：浙江高等法院检察处训令：第一二六九二号：令各级法院首席检察官、各兼理司法县长：令各院县为逸缉王先朝自行投案取消通缉由（中华民国十八年十二月三十日）

作　　者：郑畋

关 键 词：自行投案　取消通缉

摘　　要：逸犯王先朝自行投案，令各地取消通缉。

期刊名称：浙江司法半月刊

主办单位：

刊　　期：1930（创刊号）

页　　码：32

133. 题　　名：命令：浙江高等法院训令：第三九七号：令各级法院院长、各级法院首席检察官：令各法院为接收监所后对管狱员须严加督察由（中华民国十九年一

月十七日）

作　　者：郑文礼　郑畋

关 键 词：管狱员　监所

摘　　要：令各级法院院长、各级法院首席检察官遵照：已设法院之地方，监所事务归法院管理，各法院接收监所后，应对管狱员严加督察。

期刊名称：浙江司法半月刊

主办单位：

刊　　期：1930，1（2）

页　　码：17

134. 题　　名：命令：浙江高等院法检察处训令：第一二八〇〇号：令各级法院首席检察官、各兼理司法县长：令各院县为协缉逸犯许兰生等务获解究由（中华民国十八年十二月三十一日）

作　　者：郑畋

关 键 词：协缉　检察处　首席检察官　兼理司法县长

摘　　要：令各级法院首席检察官、各兼理司法县长，协缉逸犯许兰生等。

期刊名称：浙江司法半月刊

主办单位：

刊　　期：1930（创刊号）

页　　码：36－37

135. 题　　名：命令：浙江高等法院训令：第一〇三二七号：令海宁、萧山、黄岩等县法院院长、首席检察官：令海宁等十县法院为先将开办费支出总数呈报察夺由（中华民国十八年十二月二十九日）

作　　者：郑文礼　郑畋

关 键 词：开办费

摘　　要：令海宁、萧山、黄岩等县法院院长、首席检察官遵照：海宁等十县法院先将开办费支出总数呈报察夺。

期刊名称：浙江司法半月刊

主办单位：

刊　　期：1930（创刊号）

页　　码：18－19

136. 题　　名：命令：浙江高等法院检察处训

令：第一五号：令各级法院首席检察官、各兼理司法县长：令各院县为协缉于潜吕长发等劫案赃盗并营救被掳人出险由（中华民国十九年一月六日）

作　　者：郑畋

关 键 词：协缉　检察处　首席检察官　兼理司法县长

摘　　要：令各级法院首席检察官、各兼理司法县长，协缉于潜县吕长发等劫案赃盗，并营救被掳人出险。

期刊名称：浙江司法半月刊

主办单位：

刊　　期：1930，1（2）

页　　码：25－27

137. 题　　名：命令：浙江高等法院检察处训令：第一二六九号：令各级法院首席检察官、各兼理司法县长：令各院县为协缉匪伙徐小玉、罗阿寿二名务获解究由（中华民国十八年十二月三十日）

作　　者：郑畋

关 键 词：协缉　检察处　首席检察官　兼理司法县长

摘　　要：令各级法院首席检察官、各兼理司法县长，协缉匪伙徐小玉、罗阿寿二人。

期刊名称：浙江司法半月刊

主办单位：

刊　　期：1930（创刊号）

页　　码：35－36

138. 题　　名：命令：浙江高等法院检察处令（十八年十二月二十一日至十八年十二月二十七日）

作　　者：

关 键 词：检察处　学习书记官

摘　　要：派苏步云代理浙江甯海县法院检察处学习书记官等。

期刊名称：浙江司法半月刊

主办单位：

刊　　期：1930（创刊号）

页　　码：2

139. 题　　名：命令：浙江高等法院检察处训令：第一五〇四号（中华民

国十九年十一月八日）：令各级法院首席检察官、各兼理司法县长、各县管狱员等：为奉令转知办理假释应注意各项由

作　　者：郑畋

关 键 词：假释　检察处　首席检察官　兼理司法县长

摘　　要：令各级法院首席检察官、各兼理司法县长、各县管狱员等知照：办理假释应注意各项，特别是办理假释所需的文件（判决书、执行书、身份簿，尤其是行状录）要齐全、真实。

期刊名称：浙江司法半月刊

主办单位：

刊　　期：1930，1（22）

页　　码：23－24

140. 题　　名：命令：浙江高等法院训令：第一〇二二二号（中华民国十九年十一月十四日）：令各级法院院长、各级法院首席检察官：为奉令转变更司法行政年度与会计年度一致由

作　　者：郑文礼　郑畋

关 键 词：司法行政年度　会计年度

摘　　要：令各级法院院长、各级法院首席检察官知照：变更司法行政年度与会计年度一致。

期刊名称：浙江司法半月刊

主办单位：

刊　　期：1930，1（22）

页　　码：15－16

141. 题　　名：命令：浙江高等法院训令：第一〇〇九九号（中华民国十九年十一月十一日）：令各级法院院长、各级法院首席检察官、各兼理司法县长等：为奉令各机关学校等于举行集会时务须遵照民权初步实行转令遵照由

作　　者：郑文礼　郑畋

关 键 词：集会　民权

摘　　要：令各级法院院长、各级法院首席检察官、各兼理司法县长及所属遵照：各机关学校等于举行集会时务须遵照民权初步

实行。

期刊名称：浙江司法半月刊

主办单位：

刊　　期：1930，1（22）

页　　码：13－14

142. 题　　名：命令：浙江高等法院训令：第八二〇一号（中华民国十九年九月十七日）：令各级法院院长、各级法院首席检察官、各兼理司法县长：为烟案人民贿款在公安局了结应依法惩办由

作　　者：郑文礼　郑畋

关 键 词：烟案　贿款　公安局

摘　　要：令各级法院院长、各级法院首席检察官、各兼理司法县长及所属遵照：烟案人民贿款在公安局了结，应依法惩办。

期刊名称：浙江司法半月刊

主办单位：

刊　　期：1930，1（18）

页　　码：61－62

143. 题　　名：命令：浙江高等法院训令：第七八八四号（中华民国十九年九月九日）：令各级法院院长、各级法院首席检察官、各兼理司法县长：为奉令各地建造总理铜像先将模型详呈中央审核始得举办令仰遵照由

作　　者：郑文礼　郑畋

关 键 词：总理铜像

摘　　要：令各级法院院长、各级法院首席检察官、各兼理司法县长及所属遵照：各地建造总理铜像先将模型详呈中央审核始得举办。

期刊名称：浙江司法半月刊

主办单位：

刊　　期：1930，1（18）

页　　码：13

144. 题　　名：命令：浙江高等法院训令：第八二〇八号（中华民国十九年九月十七日）：令各级法院院长、各级法院首席检察官、各兼理司法县长：为奉令转知政府各机关遇有对外合同发生纠葛如进行司法手续不得向各国

在华法庭起诉由

作　　者：郑文礼　郑畋

关 键 词：对外合同　司法手续　各国在华法庭　起诉

摘　　要：令各级法院院长、各级法院首席检察官、各兼理司法县长及所属知照：政府各机关遇有对外合同发生纠葛，如进行司法手续，不得向各国在华法庭起诉。

期刊名称：浙江司法半月刊

主办单位：

刊　　期：1930，1（18）

页　　码：60－61

145. 题　　名：命令：浙江高等法院检察处训令：第一九五〇号（中华民国十九年八月三十日）：令各级法院首席检察官、兼理司法县长：为各监狱办理保释监犯应严密查禁需索并发布告分别张贴以杜流弊由

作　　者：郑畋

关 键 词：监狱　监犯　保释

摘　　要：令各级法院首席检察官、兼理司法县长遵照：各监狱办理保释监犯应严密查禁需索，并发布告分别张贴以杜流弊。

期刊名称：浙江司法半月刊

主办单位：

刊　　期：1930，1（17）

页　　码：17

146. 题　　名：命令：浙江高等法院训令：第七三二四号（中华民国十九年八月二十三日）：令各级法院院长、各级法院首席检察官、各兼理司法县长：为奉令转发江苏省建设公债条例暨还本付息表由

作　　者：郑文礼

关 键 词：国民政府　江苏省建设公债条例还本付息表

摘　　要：令各级法院院长、各级法院首席检察官、各兼理司法县长及所属知照：国民政府颁布施行的《江苏省建设公债条例暨还本付息表》。

期刊名称：浙江司法半月刊

主办单位：

刊　　期：1930，1（17）

页　　码：3

147. 题　　名：命令：浙江高等法院训令：第七七二五号（中华民国十九年九月四日）：令各级法院院长、各级法院首席检察官：为转知会计师制服改为黑衣古铜缘由

作　　者：郑文礼

关 键 词：会计师制服

摘　　要：令各级法院院长、各级法院首席检察官及所属知照：会计师制服改为黑衣古铜缘。

期刊名称：浙江司法半月刊

主办单位：

刊　　期：1930，1（17）

页　　码：13－14

148. 题　　名：命令：浙江高等法院训令：第六九七七号（中华民国十九年八月十三日）：令各兼理司法县长、各级法院院长、各级法院首席检察官等：为转令患病烟犯应送入医院戒治后再行依法执行由

作　　者：郑文礼　郑畋

关 键 词：烟犯　戒治

摘　　要：令各兼理司法县长、各级法院院长、各级法院首席检察官等知照：患病烟犯应送入医院戒治后再行依法执行。

期刊名称：浙江司法半月刊

主办单位：

刊　　期：1930，1（16）

页　　码：10－11

149. 题　　名：命令：浙江高等法院训令：第七〇八四号（中华民国十九年八月十五日）：令各级法院院长、各级法院首席检察官、各兼理司法县长：为奉令转知嗣后全国禁烟事宜概归禁烟委员会办理由

作　　者：郑文礼　郑畋

关 键 词：禁烟　禁烟委员会

摘　　要：令各级法院院长、各级法院首席检察官、各兼理司法县长等知照：嗣后全国禁烟事宜概归

禁烟委员会办理。

期刊名称：浙江司法半月刊

主办单位：

刊　　期：1930，1（16）

页　　码：14－15

150. 题　　名：命令：浙江高等法院训令：第六八〇五号（中华民国十九年八月六日）：令各级法院院长、各级法院首席检察官、各兼理司法县长：为奉令转发公布乡镇坊自治职员选举及罢免法由

作　　者：郑文礼　郑畈

关 键 词：乡镇坊自治职员选举及罢免法

摘　　要：令各级法院院长、各级法院首席检察官、各兼理司法县长及所属知照：国民政府于民国十九年公布的《乡镇坊自治职员选举及罢免法》。

期刊名称：浙江司法半月刊

主办单位：

刊　　期：1930，1（16）

页　　码：3

151. 题　　名：命令：浙江高等法院训令：第六二五三号（中华民国十九年七月二十一日）：令各级法院院长、各级法院首席检察官、各典狱长：为奉令转知行政年度起讫日期问题解释由

作　　者：郑文礼　郑畈

关 键 词：行政年度起讫日期

摘　　要：令各级法院院长、各级法院首席检察官、各典狱长及所属知照：行政年度起讫日期问题解释，即以是年七月一日起至次年六月三十日止为是年之一个行政年度。

期刊名称：浙江司法半月刊

主办单位：

刊　　期：1930，1（15）

页　　码：5－7

152. 题　　名：命令：浙江高等法院训令：第六四八七号（中华民国十九年七月二十八日）：令各级法院院长、各级法院首席检察官、各兼理司法县长：为布告司法吏警人等间有暗中沿袭未尽革

除者应随时严禁由

作　　者：郑文礼　郑畈

关 键 词：首席检察官　兼理司法县长

摘　　要：令各级法院院长、各级法院首席检察官、各兼理司法县长监督：司法吏警人等间有暗中沿袭未尽革除者，应随时严禁。

期刊名称：浙江司法半月刊

主办单位：

刊　　期：1930，1（15）

页　　码：17

153. 题　　名：命令：浙江高等法院训令：第六四七五号（中华民国十九年七月二十六日）：令各级法院院长、各级法院首席检察官、各兼理司法县长：为奉令转知公布土地法由

作　　者：郑文礼　郑畈

关 键 词：土地法

摘　　要：令各级法院院长、各级法院首席检察官、各兼理司法县长知照：国民政府于民国十九年六月公布的《土地法》。

期刊名称：浙江司法半月刊

主办单位：

刊　　期：1930，1（15）

页　　码：13－14

154. 题　　名：命令：浙江高等法院训令：第六六三四号（中华民国十九年七月三十一日）：令各级法院院长、各级法院首席检察官、各兼理司法县长：为新度量衡各图表迳向中华书局购用奉令转行遵照由

作　　者：郑文礼　郑畈

关 键 词：新度量衡各图表　中华书局

摘　　要：令各级法院院长、各级法院首席检察官、各兼理司法县长遵照：新度量衡各图表迳向中华书局购用。

期刊名称：浙江司法半月刊

主办单位：

刊　　期：1930，1（15）

页　　码：19－20

155. 题　　名：命令：浙江高等法院训令：第六一一三号（中华民国十九年

七月十六日）：令各级法院院长、各级法院首席检察官：为奉令转行教育部审核中华图书馆协会议决各案意见一案仰一体遵办由

作　　者：郑文礼　郑畋

关 键 词：教育部　中华图书馆协会

摘　　要：令各级法院院长、各级法院首席检察官、各兼理司法县长遵照：教育部审核中华图书馆协会议决各案意见一案。

期刊名称：浙江司法半月刊

主办单位：

刊　　期：1930，1（14）

页　　码：19－23

156. 题　　名：命令：浙江高等法院训令：第五五七七号（中华民国十九年六月二十七日）：令各级法院院长、各级法院首席检察官、各兼理司法县长：为奉令转知修正行政院组织法条文由

作　　者：郑文礼　郑畋

关 键 词：行政院组织法条文

摘　　要：令各级法院院长、各级法院首席检察官、各兼理司法县长知照：修正《行政院组织法条文》。

期刊名称：浙江司法半月刊

主办单位：

刊　　期：1930，1（13）

页　　码：14

157. 题　　名：命令：浙江高等法院训令：第五五三〇号（中华民国十九年六月二十六日）：令各级法院院长、各级法院首席检察官、各兼理司法县长：为奉令转知修正农矿部组织法由

作　　者：郑文礼　郑畋

关 键 词：农矿部组织法

摘　　要：令各级法院院长、各级法院首席检察官、各兼理司法县长知照：修正《农矿部组织法》。

期刊名称：浙江司法半月刊

主办单位：

刊　　期：1930，1（13）

页　　码：13－14

158. 题　　名：命令：浙江高等法院训令：第五一六二号：令各级法院院长、各级法院首席检察官、各兼理司法县长：为奉令转发铁道军运条例由（中华民国十九年六月十六日）

作　　者：郑文礼　郑畋

关 键 词：铁道军运条例

摘　　要：令各级法院院长、各级法院首席检察官、各兼理司法县长知照：《铁道军运条例》（中华民国十九年六月十六日）。

期刊名称：浙江司法半月刊

主办单位：

刊　　期：1930，1（12）

页　　码：19－20

159. 题　　名：命令：浙江高等法院训令：第五〇六九号：令各级法院院长、各级法院首席检察官、各兼理司法县长：为制定矿业法明令公布由（中华民国十九年六月十三日）

作　　者：郑文礼　郑畋

关 键 词：矿业法

摘　　要：令各级法院院长、各级法院首席检察官、各兼理司法县长知照：《矿业法》（中华民国十九年六月十三日）。

期刊名称：浙江司法半月刊

主办单位：

刊　　期：1930，1（12）

页　　码：13－14

160. 题　　名：命令：浙江高等法院训令：第五〇二三号：令各级法院院长、各级法院首席检察官、各兼理司法县长：为奉令转发浙江杭州市自来水公债条例及还本付息表由（中华民国十九年六月十二日）

作　　者：郑文礼　郑畋

关 键 词：自来水公债条例　还本付息表

摘　　要：令各级法院院长、各级法院首席检察官、各兼理司法县长知照：《浙江杭州市自来水公债条例及还本付息表》。

期刊名称：浙江司法半月刊

主办单位：

刊　　　期：1930，1（12）

页　　　码：12－13

161. 题　　　名：命令：浙江高等法院检察处训令：第八六八五号：令各级法院首席检察官、兼理司法县长：为将人犯解送他监需呈本处核准由（中华民国十九年六月二十六日）

作　　　者：郑畋

关　键　词：人犯　他监

摘　　　要：令各级法院首席检察官、兼理司法县长，将人犯解送他监需呈检察处核准，不得迳自移送。

期刊名称：浙江司法半月刊

主办单位：

刊　　　期：1930，1（12）

页　　　码：27

162. 题　　　名：命令：浙江高等法院检察处训令：第一一四三号：令各级法院首席检察官、各兼理司法县长：协缉龙泉刘周士被杀案内凶犯务获解究由（中华民国十九年二月六日）

作　　　者：郑畋

关　键　词：协缉　首席检察官　兼理司法县长

摘　　　要：令各级法院首席检察官、各兼理司法县长，协缉龙泉刘周士被杀案内凶犯。

期刊名称：浙江司法半月刊

主办单位：

刊　　　期：1930，1（4）

页　　　码：16－17

163. 题　　　名：命令：浙高等法院训令：第七〇一号：令各级法院院长、各级法院首席检察官、兼理司法县长：为令知反省院条例转饬知照由（中华民国十九年一月二十九日）

作　　　者：郑文礼　郑畋

关　键　词：反省院条例　首席检察官　兼理司法县长

摘　　　要：令各级法院院长、各级法院首席检察官、兼理司法县长知

照：《反省院条例》（中华民国十九年一月二十九日）。

期刊名称：浙江司法半月刊

主办单位：

刊　　　期：1930，1（3）

页　　　码：7－8

164. 题　　　名：命令：浙江高等法院训令：第一九六〇号：令各级法院院长、各级法院首席检察官、各兼理司法县长：为转发国府公布民法债编施行法令仰知照（中华民国十九年三月十七日）

作　　　者：郑文礼　郑畋

关　键　词：民法债编施行法　首席检察官　兼理司法县长

摘　　　要：令各级法院院长、各级法院首席检察官、各兼理司法县长知照：《民法债编施行法》已于民国十九年三月十七日由国民政府公布。

期刊名称：浙江司法半月刊

主办单位：

刊　　　期：1930，1（7）

页　　　码：3－4

165. 题　　　名：命令：浙江高等法院检察处训令：第三〇八七号：令各级法院首席检察官、各兼理司法县长：协缉绍兴凶犯王锡范一名由（中华民国十九年三月十五日）

作　　　者：郑畋

关　键　词：协缉　首席检察官　兼理司法县长

摘　　　要：令各级法院首席检察官、各兼理司法县长，协缉绍兴凶犯王锡范。

期刊名称：浙江司法半月刊

主办单位：

刊　　　期：1930，1（7）

页　　　码：39－40

166. 题　　　名：命令：浙江高等法院训令：第五三一〇号（中华民国十九年六月二十日）：令各级法院院长、各级法院首席检察官、各兼理司法县长：为奉令转发工会法施行法由

作　　　者：郑文礼　郑畋

关 键 词：工会法

摘　　　要：奉令转发《工会法施行法》。

期刊名称：浙江司法半月刊

主办单位：

刊　　　期：1930，1（13）

页　　　码：5

167. 题　　　名：命令：浙江高等法院检察处训令：第二九八六号：令各典狱长、各管狱员：为造报犯罪度数表须将罚金易科监禁及受死刑之宣告二项人数一并列入由（中华民国十九年三月十四日）

作　　　者：郑畋

关 键 词：犯罪度数表　罚金　死刑

摘　　　要：令各典狱长、各管狱员遵照：造报犯罪度数表，须将罚金易科监禁及受死刑之宣告二项人数一并列入。

期刊名称：浙江司法半月刊

主办单位：

刊　　　期：1930，1（6）

页　　　码：29－30

168. 题　　　名：命令：浙江高等法院检察处训令：第一五一三号：令各级法院首席检察官、各兼理司法县长：协缉武义李樟福等被劫一案赃盗由（中华民国十九年二月十二日）

作　　　者：郑畋

关 键 词：协缉　首席检察官　兼理司法县长

摘　　　要：令各级法院首席检察官、各兼理司法县长，协缉武义李樟福等被劫一案赃盗。

期刊名称：浙江司法半月刊

主办单位：

刊　　　期：1930，1（5）

页　　　码：40－41

169. 题　　　名：命令：浙江高等法院检察处训令：第四〇号：令各级法院首席检察官、各兼理司法县长：令各院县为协缉吴兴飞翔商轮被劫案盗匪王小友等务获解究由（中华民国十九年一月七日）

作　　　者：郑畋

关 键 词：协缉　首席检察官　兼理司法县长

摘　　　要：令各级法院首席检察官、各兼理司法县长，协缉吴兴飞翔商轮被劫案盗匪王小友等嫌疑人。

期刊名称：浙江司法半月刊

主办单位：

刊　　　期：1930，1（2）

页　　　码：27－28

170. 题　　　名：命令：浙江高等法院检察处训令：第八九号：令各级法院首席检察官、兼理司法县长：令各院县协缉为吴兴胡阿幸被杀案内被告胡阿腊等二名务获解究由（中华民国十九年一月八日）

作　　　者：郑畋

关 键 词：协缉　首席检察官　兼理司法县长

摘　　　要：令各级法院首席检察官、兼理司法县长，协缉为吴兴胡阿幸被杀案内被告胡阿腊等二名嫌疑人。

期刊名称：浙江司法半月刊

主办单位：

刊　　　期：1930，1（2）

页　　　码：30－32

171. 题　　　名：命令：浙江高等法院训令：第七六七一号（中华民国十九年九月三日）：令各级法院院长、各级法院首席检察官：为令指导人民团体改组办法及指导员任用规则仰知照由

作　　　者：郑文礼　郑畋

关 键 词：指导人民团体改组办法及指导员任用规则

摘　　　要：令各级法院院长、各级法院首席检察官及所属知照：《指导人民团体改组办法及指导员任用规则》。

期刊名称：浙江司法半月刊

主办单位：

刊　　　期：1930，1（17）

页　　　码：11－12

172. 题　名：命令：浙江高等法院检察处训令：第六八五号：令各级法院、首席检察官：为职员请假应切实查询非有不得已事由切勿轻易准许或转报并发职员全年请假日数一览表表式俟每司法年度终了查明请假日数详细填造呈送查核由（中华民国十九年五月二十三日）（附表）

作　者：郑畋

关 键 词：职员请假

摘　要：令各级法院首席检察官遵照，职员请假应切实查询，非有不得已事由，切勿轻易准许或转报；并发职员全年请假日数一览表表式，俟每司法年度终了，查明请假日数详细填造呈送查核。

期刊名称：浙江司法半月刊

主办单位：

刊　期：1930，1（10）

页　码：35－36

173. 题　名：命令：浙江高等法院训令：第二○八五号：令各级法院院长、各级法院首席检察官、各兼理司法县长：为转发禁烟考绩条例禁烟法施行规则公务员调验规则由（中华民国十九年三月二十日）

作　者：郑文礼　郑畋

关 键 词：禁烟考绩条例　禁烟法施行规则　公务员调验规则

摘　要：令各级法院院长、各级法院首席检察官、各兼理司法县长知照：转发《禁烟考绩条例》、《禁烟法施行规则》、《公务员调验规则》。

期刊名称：浙江司法半月刊

主办单位：

刊　期：1930，1（7）

页　码：5

174. 题　名：命令：浙江高等法院检察处训令：第八六八六号：令各级法院首席检察官、兼理司法县长：执行死刑应慎选行刑人以免受刑人痛苦由（中华民国十

九年六月二十六日）

作　者：郑畋

关 键 词：死刑　行刑人　受刑人

摘　要：令各级法院首席检察官、兼理司法县长遵照：执行死刑应慎选行刑人，以免受刑人痛苦。

期刊名称：浙江司法半月刊

主办单位：

刊　期：1930，1（12）

页　码：27

175. 题　名：命令：浙江高等法院检察处训令：第一二三一九号：令各级法院首席检察官、各兼理司法县长：令各院县为协缉沈宝魁家被劫赃盗务获解究由（中华民国十八年十二月二十日）

作　者：郑畋

关 键 词：协缉　首席检察官　兼理司法县长

摘　要：令各级法院首席检察官、各兼理司法县长，协缉沈宝魁家被劫一案赃盗。

期刊名称：浙江司法半月刊

主办单位：

刊　期：1930（创刊号）

页　码：23

176. 题　名：命令：浙江高等法院训令：第八○七八号（中华民国十九年九月十三日）：令各级法院院长、各级法院首席检察官、各兼理司法县长：为商家漏贴印花应依法裁罚由

作　者：郑文礼　郑畋

关 键 词：商家　印花　首席检察官　兼理司法县长

摘　要：令各级法院院长、各级法院首席检察官、各兼理司法县长知照：商家漏贴印花应依法裁罚。

期刊名称：浙江司法半月刊

主办单位：

刊　期：1930，1（18）

页　码：52－53

177. 题　名：命令：浙江高等法院训令：第四二六号：令各监狱、各级法院暨检察处、各看守所：令各

院处监所为奉司法行政部佳电以十八年度各种统计年表遵照上年第一九六八号训令办理由（中华民国十九年一月十八日）

作　　者：郑文礼　郑畋

关 键 词：统计年表　检察处

摘　　要：令各监狱、各级法院暨检察处、各看守所遵照：中华民国十八年度各种统计年表遵照司法行政部十七年第一九六八号训令办理。

期刊名称：浙江司法半月刊

主办单位：

刊　　期：1930，1（2）

页　　码：19－20

178．题　　名：命令：浙江高等法院检察处训令：第三四三四号：令各级法院首席检察官、各兼理司法县长：协缉鄞县会庆庵被劫一案赃盗由（中华民国十九年三月二十日）

作　　者：郑畋

关 键 词：协缉　首席检察官　兼理司法县长

摘　　要：令各级法院首席检察官、各兼理司法县长，协缉鄞县会庆庵被劫一案赃盗。

期刊名称：浙江司法半月刊

主办单位：

刊　　期：1930，1（7）

页　　码：40－41

179．题　　名：命令：浙江高等法院训令：第一八七一号：令各级法院院长、各级法院首席检察官、兼理司法县长：为转发国府公布社会团体组织程序令仰知照由（中华民国十九年三月十四日）

作　　者：郑文礼　郑畋

关 键 词：社会团体组织程序

摘　　要：令各级法院院长、各级法院首席检察官、兼理司法县长知照：《社会团体组织程序》（中华民国十九年三月十四日）。

期刊名称：浙江司法半月刊

主办单位：

刊　　期：1930，1（6）

页　　码：9－10

180．题　　名：命令：浙江高等法院训令：第一九五七号：令各级法院院长、各级法院首席检察官、各兼理司法县长：为令转二中全会通过之人民团体组织方案第三节第一条所称当地高级党部经决议应解释为省特别市及县市党部仰知照由（中华民国十九年三月十七日）

作　　者：郑文礼　郑畋

关 键 词：人民团体组织方案　首席检察官　兼理司法县长

摘　　要：令各级法院院长、各级法院首席检察官、各兼理司法县长知照：二中全会通过之《人民团体组织方案》第三节第一条所称："当地高级党部经决议，应解释为省特别市及县市党部。"

期刊名称：浙江司法半月刊

主办单位：

刊　　期：1930，1（6）

页　　码：13

181．题　　名：命令：浙江高等法院训令：第八〇六号：令各级法院院长、各级法院首席检察官、各兼理司法县长：为奉令度量衡法定于十九年一月一日施行转饬知照由（中华民国十九年二月六日）

作　　者：郑文礼　郑畋

关 键 词：度量衡法　首席检察官　兼理司法县长

摘　　要：令各级法院院长、各级法院首席检察官、各兼理司法县长知照：《度量衡法》定于十九年一月一日施行。

期刊名称：浙江司法半月刊

主办单位：

刊　　期：1930，1（4）

页　　码：4－5

182．题　　名：命令：浙江高等法院训令：第二三八九号：令各级法院院长、各级法院首席检察官、各兼理司法县长：为奉令转知总

理遗墨手迹等禁止售予外人违则重罚由（中华民国十九年三月三十一日）

作　　　者：郑文礼　郑畋

关 键 词：总理　遗墨手迹

摘　　　要：令各级法院院长、各级法院首席检察官、各兼理司法县长知照：总理遗墨手迹等禁止售予外人，违则重罚。

期刊名称：浙江司法半月刊

主办单位：

刊　　　期：1930，1（7）

页　　　码：12－13

183. 题　　　名：命令：浙江高等法院训令：第四一一七号：令各级法院院长、各级法院首席检察官、各兼理司法县长：为奉令转知四川省增设宁南县治由（中华民国十九年五月十六日）

作　　　者：郑文礼　郑畋

关 键 词：首席检察官　兼理司法县长

摘　　　要：令各级法院院长、各级法院首席检察官、各兼理司法县长知照：四川省增设宁南县治。

期刊名称：浙江司法半月刊

主办单位：

刊　　　期：1930，1（10）

页　　　码：28－29

184. 题　　　名：命令：浙江高等法院训令：第二三七五号：令各级法院院长、各级法院首席检察官、各兼理司法县长：为奉令转发铁路员工服务条例由（中华民国十九年三月三十一日）

作　　　者：郑文礼　郑畋

关 键 词：铁路员工服务条例

摘　　　要：奉令转发《铁路员工服务条例》。

期刊名称：浙江司法半月刊

主办单位：

刊　　　期：1930，1（7）

页　　　码：12

185. 题　　　名：命令：浙江高等法院训令：第一三七一号：令各级法院院长、各级法院首席检察官、各兼理司法县长：为奉令转发国

府公布会计师条例由（中华民国十九年二月二十二日）

作　　　者：郑文礼　郑畋

关 键 词：会计师条例

摘　　　要：奉令转发国府公布的《会计师条例》（中华民国十九年二月二十二日）。

期刊名称：浙江司法半月刊

主办单位：

刊　　　期：1930，1（5）

页　　　码：19－20

186. 题　　　名：命令：浙江高等法院检察处训令：第一四号：令各级法院首席检察官、各兼理司法县长：令各院县为协缉于潜朱干臣等被劫案赃盗由（中华民国十九年一月六日）

作　　　者：郑畋

关 键 词：协缉　首席检察官　兼理司法县长

摘　　　要：令各级法院首席检察官、各兼理司法县长，协缉于潜县朱干臣等被劫案赃盗。

期刊名称：浙江司法半月刊

主办单位：

刊　　　期：1930，1（2）

页　　　码：24－25

187. 题　　　名：命令：浙江高等法院训令：第二八〇五号：令各级法院院长、各级法院首席检察官：为奉令定四月一日为考试法施行日期转饬知照由（中华民国十九年四月十二日）

作　　　者：郑文礼　郑畋

关 键 词：考试法

摘　　　要：令各级法院院长、各级法院首席检察官知照：四月一日为《考试法》施行日期。

期刊名称：浙江司法半月刊

主办单位：

刊　　　期：1930，1（8）

页　　　码：8

188. 题　　　名：命令：浙江高等法院训令：第三一六八号：令各级法院院长、各级法院首席检察官、各兼理司法县长：为奉部令公布

陆海空军审判法令仰知照由（中华民国十九年四月二十三日）

作　　　者：郑文礼　郑畋

关　键　词：陆海空军审判法

摘　　　要：令各级法院院长、各级法院首席检察官、各兼理司法县长知照：国民政府于民国十九年四月二十三日公布《陆海空军审判法》。

期刊名称：浙江司法半月刊

主办单位：

刊　　　期：1930，1（9）

页　　　码：10－11

189. 题　　　名：命令：浙江高等法院训令：第七三五七号（中华民国十九年八月二十五日）：令各级法院院长、各级法院首席检察官、各兼理司法县长：为奉令转发陆军礼节条例由

作　　　者：郑文礼　郑畋

关　键　词：陆军礼节条例

摘　　　要：奉令转发《陆军礼节条例》。

期刊名称：浙江司法半月刊

主办单位：

刊　　　期：1930，1（17）

页　　　码：4

190. 题　　　名：命令：浙江高等法院训令：第七三七七号（中华民国十九年八月二十六日）：令各级法院院长、各级法院首席检察官、各典狱长：为转知研究党义必须由在地高级党部派员考查由

作　　　者：郑文礼　郑畋

关　键　词：党义　高级党部

摘　　　要：令各级法院院长、各级法院首席检察官、各典狱长知照：研究党义必须由在地高级党部派员考查。

期刊名称：浙江司法半月刊

主办单位：

刊　　　期：1930，1（17）

页　　　码：4－5

191. 题　　　名：命令：浙江高等法院检察处训令：第一〇一〇号：令杭鄞金永四地方法院、嘉兴吴兴绍兴

等六分院首席检察官：为令饬将法医与检验吏辨事情形详细具报并拟具服务细则呈候核夺由（中华民国十九年一月二十九日）

作　　　者：郑畋

关　键　词：法医　检验吏

摘　　　要：令杭、鄞、金、永四地方法院、嘉兴、吴兴、绍兴等六分院、诸暨等六县法院首席检察官：将法医与检验吏辨事情形详细具报，并拟具服务细则呈候核夺。

期刊名称：浙江司法半月刊

主办单位：

刊　　　期：1930，1（3）

页　　　码：24

192. 题　　　名：命令：浙江高等法院训令：第五八六三号（中华民国十九年七月七日）：令各级法院院长、各级法院首席检察官、各兼理司法县长：令仰将已未决人犯遵照迭令意旨切实疏通由

作　　　者：郑文礼　郑畋

关　键　词：已未决人犯　监所

摘　　　要：令各级法院院长、各级法院首席检察官、各兼理司法县长，仰将已未决人犯遵照迭令意旨切实疏通，避免监所人满之患。

期刊名称：浙江司法半月刊

主办单位：

刊　　　期：1930，1（14）

页　　　码：6－7

193. 题　　　名：命令：浙江高等法院检察处训令：第一三三一号：令各级法院首席检察官、各兼理司法县长：协缉萧山僧金生被劫一案赃盗由（中华民国十九年二月十日）

作　　　者：郑畋

关　键　词：协缉　首席检察官　兼理司法县长

摘　　　要：令各级法院首席检察官、各兼理司法县长，协缉萧山僧金生被劫一案赃盗。

期刊名称：浙江司法半月刊

主办单位：

刊　　期：1930，1（4）

页　　码：28－29

194．题　　名：命令：浙江高等法院训令：第六四七〇号（中华民国十九年七月二十六日）：令各级法院院长、各级法院首席检察官、各兼理司法县长：为奉令转知关于华洋诉讼上诉案件办法由

作　　者：郑文礼　郑畋

关 键 词：华洋诉讼　上诉案件

摘　　要：令各级法院院长、各级法院首席检察官、各兼理司法县长，遵照《关于华洋诉讼上诉案件办法》。

期刊名称：浙江司法半月刊

主办单位：

刊　　期：1930，1（15）

页　　码：16－17

195．题　　名：命令：浙江高等法院检察处训令：第八八〇号：令各级法院首席检察官、各兼理司法县长：为协缉余杭冯邵氏被劫一案赃盗由（中华民国十九年一月二十五日）

作　　者：

关 键 词：协缉　首席检察官　兼理司法县长

摘　　要：令各级法院首席检察官、各兼理司法县长，协缉余杭县冯邵氏被劫一案赃盗。

期刊名称：浙江司法半月刊

主办单位：

刊　　期：1930，1（3）

页　　码：18－19

196．题　　名：命令：浙江高等法院训令：第二〇三五号：令各级法院院长、各级法院首席检察官、各兼理司法县长：为奉令本年五月五日起为民法物权编施行日期由（中华民国十九年三月十八日）

作　　者：郑文礼　郑畋

关 键 词：民法物权编　施行日期

摘　　要：令各级法院院长、各级法院首

席检察官、各兼理司法县长知照，中华民国十九年五月五日起为《民法》物权编施行日期。

期刊名称：浙江司法半月刊

主办单位：

刊　　期：1930，1（7）

页　　码：4－5

197．题　　名：命令：浙江高等法院训令：第二四一〇号：令各级法院院长、各级法院首席检察官、各兼理司法县长：为奉令转知核定人民诉愿办法由（中华民国十九年四月一日）

作　　者：郑文礼　郑畋

关 键 词：人民诉愿办法

摘　　要：令各级法院院长、各级法院首席检察官知照《核定人民诉愿办法》。

期刊名称：浙江司法半月刊

主办单位：

刊　　期：1930，1（7）

页　　码：15－16

198．题　　名：命令：浙江高等法院检察处训令：第一二六九七号：令各级法院首席检察官、各兼理司法县长：令各院县为协缉逸犯牛弥高等归案讯办由（中华民国十八年十二月三十日）

作　　者：郑畋

关 键 词：协缉　首席检察官　兼理司法县长

摘　　要：令各级法院首席检察官、各兼理司法县长，协缉逸犯牛弥高等。

期刊名称：浙江司法半月刊

主办单位：

刊　　期：1930（创刊号）

页　　码：27－29

199．题　　名：命令：浙江高等法院检察处训令：第二八〇九号：令各级法院首席检察官、各兼理司法县长：协缉玉环县林松年等被劫案赃盗由（中华民国十九年三月十日）

作　　者：郑畋

关 键 词：协缉　首席检察官　兼理司法
　　　　　县长

摘　　　要：令各级法院首席检察官、各兼
　　　　　理司法县长，协缉玉环县林松
　　　　　年等被劫案赃盗。

期刊名称：浙江司法半月刊
主办单位：
刊　　　期：1930，1（6）
页　　　码：22－27

200. 题　　　名：命令：浙江高等法院训令：第
　　　　　一一〇五二号：令第一、第
　　　　　二、第三、第四监狱典狱长、
　　　　　各县管狱员：令各监及各县管
　　　　　狱员遵照每日在监人数表以凭
　　　　　核转由（中华民国十八年十二
　　　　　月二十五日）

作　　　者：郑文礼

关 键 词：在监人数

摘　　　要：令第一、第二、第三、第四监
　　　　　狱典狱长、各县管狱员遵照每
　　　　　日在监人数表以备考核。

期刊名称：浙江司法半月刊
主办单位：
刊　　　期：1930（创刊号）
页　　　码：12－13

201. 题　　　名：命令：浙江高等法院检察处训
　　　　　令：第一四八〇号：令各级法
　　　　　院首席检察官、各兼理司法县
　　　　　长：协辑嘉兴许成兔被劫一案
　　　　　赃盗由（中华民国十九年二月
　　　　　十二日）

作　　　者：郑畋

关 键 词：协缉　首席检察官　兼理司法
　　　　　县长

摘　　　要：令各级法院首席检察官、各兼
　　　　　理司法县长，协辑嘉兴许成兔
　　　　　被劫一案赃盗。

期刊名称：浙江司法半月刊
主办单位：
刊　　　期：1930，1（5）
页　　　码：34－35

202. 题　　　名：命令：浙江高等法院训令：第
　　　　　八〇七号：令各级法院院长、
　　　　　各级法院首席检察官、各兼理
　　　　　司法县长：为奉令更正监督寺
　　　　　庙条例误字转饬知照由（中华

民国十九年二月六日）

作　　　者：郑文礼　郑畋

关 键 词：监督寺庙条例

摘　　　要：奉令更正《监督寺庙条例》误
　　　　　字，转饬知照。

期刊名称：浙江司法半月刊
主办单位：
刊　　　期：1930，1（4）
页　　　码：6

203. 题　　　名：命令：浙江高等法院训令：第
　　　　　八三九号：令各级法院院长、
　　　　　各级法院首席检察官、各兼理
　　　　　司法县长：为奉令转饬所属将
　　　　　公用度量衡器具改用新制凡诉
　　　　　讼案件与度量衡有关者均照标
　　　　　准制或市用制计算由（中华民
　　　　　国十九年二月七日）

作　　　者：郑文礼　郑畋

关 键 词：度量衡器具　标准制　市用制

摘　　　要：令各级法院院长、各级法院首
　　　　　席检察官、各兼理司法县长知
　　　　　照：所属将公用度量衡器具改
　　　　　用新制，凡诉讼案件与度量衡
　　　　　有关者，均照标准制或市用制
　　　　　计算。

期刊名称：浙江司法半月刊
主办单位：
刊　　　期：1930，1（4）
页　　　码：8－9

204. 题　　　名：命令：浙江高等法院训令：第
　　　　　六四七四号（中华民国十九年
　　　　　七月二十六日）：令各级法院
　　　　　院长、各级法院首席检察官、
　　　　　各兼理司法县长：为奉令转发
　　　　　立法院组织法修正条文由

作　　　者：郑文礼

关 键 词：立法院组织法

摘　　　要：奉令转发《立法院组织法》修
　　　　　正条文。

期刊名称：浙江司法半月刊
主办单位：
刊　　　期：1930，1（15）
页　　　码：14－15

205. 题　　　名：命令：浙江高等法院检察处训
　　　　　令：第四一六六号：令各级法
　　　　　院首席检察官、各兼理司法县

长：协缉云和张马良被劫一案赃盗由（中华民国十九年四月三日）

作　　者：郑畋

关 键 词：协缉　首席检察官　兼理司法县长

摘　　要：令各级法院首席检察官、各兼理司法县长，协缉云和张马良被劫一案赃盗。

期刊名称：浙江司法半月刊

主办单位：

刊　　期：1930，1（8）

页　　码：17－18

206．题　　名：命令：浙江高等法院检察处训令：第一二七六九号：令各级法院首席检察官、各兼理司法县长：令各院县为协缉逃匪陈忠等务获解究由（中华民国十八年十二月三十一日）

作　　者：郑畋

关 键 词：协缉　首席检察官　兼理司法县长

摘　　要：令各级法院首席检察官、各兼理司法县长，协缉逃匪陈忠等人。

期刊名称：浙江司法半月刊

主办单位：

刊　　期：1930（创刊号）

页　　码：40－41

207．题　　名：命令：浙江高等法院检察处训令：第二八二号：令各级法院首席检察官、各兼理司法县长：协缉龙游周瑞被劫一案赃盗由（中华民国十九年三月十日）

作　　者：郑畋

关 键 词：协缉　首席检察官　兼理司法县长

摘　　要：令各级法院首席检察官、各兼理司法县长，协缉龙游周瑞被劫一案赃盗。

期刊名称：浙江司法半月刊

主办单位：

刊　　期：1930，1（6）

页　　码：27－28

208．题　　名：命令：浙江高等法院检察处训

令：第一四七八号：令各级法院首席检察官、各兼理司法县长：协缉嘉兴张佐才被劫一案赃盗由（中华民国十九年二月十二日）

作　　者：郑畋

关 键 词：协缉　首席检察官　兼理司法县长

摘　　要：令各级法院首席检察官、各兼理司法县长，协缉嘉兴张佐才被劫一案赃盗。

期刊名称：浙江司法半月刊

主办单位：

刊　　期：1930，1（5）

页　　码：35－36

209．题　　名：命令：浙江高等法院训令：第五五二六号（中华民国十九年六月二十六日）：令各级法院院长、各级法院首席检察官、各新监典狱长：为更正现任公务员甄别审查条例由

作　　者：郑文礼　郑畋

关 键 词：现任公务员甄别审查条例

摘　　要：更正《现任公务员甄别审查条例》。

期刊名称：浙江司法半月刊

主办单位：

刊　　期：1930，1（13）

页　　码：9－10

210．题　　名：命令：浙江高等法院检察处训令：第三八六号：令各级法院首席检察官、各兼理司法县长：为协缉于潜县陈老六家被劫案赃盗由（中华民国十九年一月十四日）

作　　者：郑畋

关 键 词：协缉　首席检察官　兼理司法县长

摘　　要：令各级法院首席检察官、各兼理司法县长，协缉于潜县陈老六家被劫案赃盗。

期刊名称：浙江司法半月刊

主办单位：

刊　　期：1930，1（3）

页　　码：14－15

211．题　　名：命令：浙江高等法院检察处训

令：第一二七七五号：令各级法院首席检察官、兼理司法各县长长：令各院县为协缉沈顺全家被劫案赃盗由（中华民国十八年十二月三十一日）

作　者：郑畋

关　键　词：协缉　首席检察官　兼理司法县长

摘　要：令各级法院首席检察官、各兼理司法县长，协缉沈顺全家被劫案赃盗。

期刊名称：浙江司法半月刊

主办单位：

刊　期：1930（创刊号）

页　码：42－43

212. 题　名：命令：浙江高等法院训令：第五一六〇号：令各级法院院长、各级法院首席检察官、各兼理司法县长：为奉令转发古物保存法由（中华民国十九年六月十六日）

作　者：郑文礼　郑畋

关　键　词：古物保存法

摘　要：奉令转发《古物保存法》。

期刊名称：浙江司法半月刊

主办单位：

刊　期：1930，1（12）

页　码：20－21

213. 题　名：命令：浙江高等法院检察处训令：第四〇八号：令各级法院首席检察官、各兼理司法县长：令各院县协缉鄞县王品华被劫案赃盗并营救被掳人出险由（中华民国十九年一月十日）

作　者：郑畋

关　键　词：协缉　首席检察官　兼理司法县长

摘　要：令各级法院首席检察官、各兼理司法县长，协缉鄞县王品华被劫案赃盗，并营救被掳人出险。

期刊名称：浙江司法半月刊

主办单位：

刊　期：1930，1（2）

页　码：49－50

214. 题　名：命令：浙江高等法院训令：第八〇一五号（中华民国十九年九月十二日）：令各级法院院长、各首席检察官：为奉部令准铨叙部咨送修正官吏恤金条例施行细则及附件印发查照切实办理由（附表）

作　者：郑文礼　郑畋

关　键　词：官吏恤金条例　施行细则

摘　要：奉部令准铨叙部咨送《修正官吏恤金条例施行细则》及附件，令各级法院院长、各首席检察官查照切实办理。

期刊名称：浙江司法半月刊

主办单位：

刊　期：1930，1（18）

页　码：30－52

215. 题　名：命令：浙江高等法院检察处训令：第四一七〇号：令各级法院首席检察官、各兼理司法县长：协缉长兴严顺毛被劫一案赃盗由（中华民国十九年四月三日）

作　者：郑畋

关　键　词：协缉　首席检察官　兼理司法县长

摘　要：令各级法院首席检察官、各兼理司法县长，协缉长兴严顺毛被劫一案赃盗。

期刊名称：浙江司法半月刊

主办单位：

刊　期：1930，1（8）

页　码：15－16

216. 题　名：命令：浙江高等法院检察处训令：第九七号：令各级法院首席检察官、各兼理司法县长：令各院县协缉周慕舜等家被劫案赃盗由（中华民国十九年一月八日）

作　者：郑畋

关　键　词：协缉　首席检察官　兼理司法县长

摘　要：令各级法院首席检察官、各兼理司法县长，协缉周慕舜等家被劫案赃盗。

期刊名称：浙江司法半月刊

主 办 单 位：

刊　　　期：1930，1（2）

页　　　码：32－33

217. 题　　　名：命令：浙江高等法院检察处训
令：第一六三号：令各级法院
首席检察官、兼理司法县长：
令各院县协缉鄞县杨明德等家
被劫案赃盗由（中华民国十九
年一月九日）

作　　　者：郑畋

关 键 词：协缉　首席检察官　兼理司法
县长

摘　　　要：令各级法院首席检察官、各兼
理司法县长，协缉鄞县杨明德
等家被劫案赃盗。

期刊名称：浙江司法半月刊

主 办 单 位：

刊　　　期：1930，1（2）

页　　　码：33－34

218. 题　　　名：命令：浙江高等法院检察处训
令：第七号：令各级法院首席
检察官、各兼理司法县长：令
各院县为协缉慎余庄顺兴号被
劫案赃盗由（中华民国十九年
一月六日）

作　　　者：郑畋

关 键 词：协缉

摘　　　要：令各级法院首席检察官、各兼
理司法县长，协缉慎余庄顺兴
号被劫案赃盗。

期刊名称：浙江司法半月刊

主 办 单 位：

刊　　　期：1930（创刊号）

页　　　码：43－44

219. 题　　　名：命令：浙江高等法院检察处训
令：第一二三八号：令各级法
院首席检察官、各兼理司法县
长：令各院县协缉鄞县包庭甫
被劫案赃盗由（中华民国十九
年一月十三日）

作　　　者：郑畋

关 键 词：协缉　首席检察官　兼理司法
县长

摘　　　要：令各级法院首席检察官、各兼
理司法县长，协缉鄞县包庭甫
被劫案赃盗。

期刊名称：浙江司法半月刊

主 办 单 位：

刊　　　期：1930，1（2）

页　　　码：44－45

220. 题　　　名：命令：浙江高等法院检察处训
令：第一三二九号：令各级法
院首席检察官、各兼理司法县
长：协缉乐清王祚仁被劫一案
赃盗并营救出险由（中华民国
十九年二月十日）

作　　　者：郑畋

关 键 词：协缉　首席检察官　兼理司法
县长

摘　　　要：令各级法院首席检察官、各兼
理司法县长，协缉乐清王祚仁
被劫一案赃盗。

期刊名称：浙江司法半月刊

主 办 单 位：

刊　　　期：1930，1（4）

页　　　码：27

221. 题　　　名：命令：浙江高等法院训令：第
六四四三号（中华民国十九年
七月二十五日）：令各级法院
院长、各级法院首席检察官、
各兼理司法县长：为奉令转知
修正县组织法修正区自治施行
法等由

作　　　者：郑文礼　郑畋

关 键 词：县组织法　区自治施行法

摘　　　要：奉令转知修正《县组织法》、
修正《区自治施行法》等。

期刊名称：浙江司法半月刊

主 办 单 位：

刊　　　期：1930，1（15）

页　　　码：13

222. 题　　　名：命令：浙江高等法院训令：第
一三一九号：令各级法院院
长、各级法院首席检察官、各
兼理司法县长：为奉令转发国
府公布蒙藏公文程式转饬知照
由（中华民国十九年二月二十
一日）

作　　　者：郑文礼　郑畋

关 键 词：蒙藏公文程式

摘　　　要：奉令转发国府公布蒙藏公文程
式，转饬知照。

期刊名称：浙江司法半月刊

主办单位：

刊　　期：1930，1（5）

页　　码：17

223.题　　名：命令：浙江高等法院检察处训令：第一四八二号：令各级法院首席检察官、各兼理司法县长：协缉象山黄溪港口渡船被劫一案赃盗由（中华民国十九年二月十二日）

作　　者：郑畋

关 键 词：协缉　首席检察官　兼理司法县长

摘　　要：令各级法院首席检察官、各兼理司法县长，协缉象山黄溪港口渡船被劫一案赃盗。

期刊名称：浙江司法半月刊

主办单位：

刊　　期：1930，1（5）

页　　码：36－38

224.题　　名：命令：浙江高等法院训令：第一二七一号：令各级法院院长、各级法院首席检察官、各兼理司法县长：为奉令国府硝磺类专运护照规则第五条公布二字误为修正特饬知照由（中华民国十九年二月二十日）

作　　者：郑文礼　郑畋

关 键 词：

摘　　要：奉令特饬知照，《硝磺类专运护照规则》第五条"公布"二字误为"修正"。

期刊名称：浙江司法半月刊

主办单位：

刊　　期：1930，1（5）

页　　码：15－16

225.题　　名：命令：浙江高等法院训令：第四七八〇号（中华民国二十年十一月十八日）：令各兼理司法县长、各级法院院长、各级法院首席检察官等：为转发办理振务公务员奖励条例办振团体及在事人员奖励条例暨办人员惩罚条例令仰知照由

作　　者：郑文礼　郑畋

关 键 词：

摘　　要：转发《办理振务公务员奖励条例》、《办振团体及在事人员奖励条例》、《暨办人员惩罚条例》。

期刊名称：浙江司法半月刊

主办单位：

刊　　期：1931，2（23）

页　　码：11－12

226.题　　名：命令：浙江高等法院训令：第四七九号（中华民国二十年十一月十八日）：令各兼理司法县长、各级法院院长、各级法院首席检察官等：为转发陆军军队内务规则令仰知照由

作　　者：郑文礼　郑畋

关 键 词：陆军军队内务规则

摘　　要：转发《陆军军队内务规则》。

期刊名称：浙江司法半月刊

主办单位：

刊　　期：1931，2（23）

页　　码：10－11

227.题　　名：命令：浙江高等法院检察处训令：第一七三八号（中华民国二十年十一月二十三日）：令各级法院首席检察官、各兼理司法县长：为永康县监犯张双龙等脱逃仰协缉由

作　　者：郑畋

关 键 词：协缉　首席检察官　兼理司法县长

摘　　要：令各级法院首席检察官、各兼理司法县长，协缉永康县监犯张双龙等逃犯。

期刊名称：浙江司法半月刊

主办单位：

刊　　期：1931，2（23）

页　　码：15－16

228.题　　名：命令：浙江高等法院训令：第四七五三号（中华民国二十年十一月十七日）：令各级法院院长、各级法院首席检察官：为奉令各级党部委员职员不能即认为公务员未便受律师章程第十三条之限制等因令仰知照由

作　　者：郑文礼

关　键　词：党部委员职员　公务员　律师章程

摘　　　要：令各级法院院长、各级法院首席检察官知照：各级党部委员职员不能即认为公务员，未便受《律师章程》第十三条之限制等。

期刊名称：浙江司法半月刊

主办单位：

刊　　　期：1931，2（23）

页　　　码：9－10

229．题　　　名：命令：浙江高等法院检察处训令：第一八一八号（中华民国二十年十一月三十日）：令各级法院首席检察官、各兼理司法县长：为平阳县监犯夏阿荣脱逃仰协缉由

作　　　者：郑畋

关　键　词：协缉

摘　　　要：令各级法院首席检察官、各兼理司法县长，协缉平阳县脱逃监犯夏阿荣。

期刊名称：浙江司法半月刊

主办单位：

刊　　　期：1931，2（23）

页　　　码：16－17

230．题　　　名：命令：浙江高等法院训令：第四九〇四号（中华民国二十年十一月二十日）：令各兼理司法县长、各级法院院长、各级法院首席检察官等：为转发测量设计委员会组织条例仰知照由

作　　　者：郑文礼　郑畋

关　键　词：测量设计委员会组织条例

摘　　　要：转发《测量设计委员会组织条例》。

期刊名称：浙江司法半月刊

主办单位：

刊　　　期：1931，2（23）

页　　　码：15

231．题　　　名：命令：浙江高等法院训令：第四六六号（中华民国二十年十一月十五日）：令各兼理司法县长、各级法院院长、各级法院首席检察官等：为奉令撤

销派遣地方自治指导员暂行办法等因仰一体知照由

作　　　者：郑文礼　郑畋

关　键　词：派遣地方自治指导员暂行办法

摘　　　要：奉令撤销《派遣地方自治指导员暂行办法》。

期刊名称：浙江司法半月刊

主办单位：

刊　　　期：1931，2（23）

页　　　码：8－9

232．题　　　名：命令：浙江高等法院训令：第四七五四号（中华民国二十年十一月十七日）：令各兼理司法县长、各级法院院长、各级法院首席检察官等：为奉令公务员未经呈明该管长官核准不得参加各种民众运动及一切非法定团体之组织等因转令遵照由

作　　　者：郑文礼　郑畋

关　键　词：公务员　民众运动　非法定团体之组织

摘　　　要：令各兼理司法县长、各级法院院长、各级法院首席检察官等知照：公务员未经呈明该管长官核准，不得参加各种民众运动，及一切非法定团体之组织等。

期刊名称：浙江司法半月刊

主办单位：

刊　　　期：1931，2（23）

页　　　码：10

233．题　　　名：命令：浙江高等法院训令：第四五七五号（中华民国二十年十一月十一日）：令各兼理司法县长、各级法院院长、各级法院首席检察官等：为奉令国内如有违反革命纪律或混乱秩序者政府当本其职守制止等因仰知照由

作　　　者：郑文礼　郑畋

关　键　词：革命纪律　混乱秩序

摘　　　要：令各兼理司法县长、各级法院院长、各级法院首席检察官等知照：国内如有违反革命纪律，或混乱秩序者，政府当本

其职守制止。

期刊名称：浙江司法半月刊
主办单位：
刊　　期：1931，2（23）
页　　码：7

234. 题　　名：命令：浙江高等法院训令：第
四五七四号（中华民国二十年
十一月十一日）：令各兼理司
法县长、各级法院院长、各级
法院首席检察官等：为奉令前
发东北边防司令长官公署之空
白护照一律作废等因仰知照由
作　　者：郑文礼　郑畋
关键词：空白护照
摘　　要：令各兼理司法县长、各级法院
院长、各级法院首席检察官等
知照：前发东北边防司令长官
公署之空白护照一律作废。
期刊名称：浙江司法半月刊
主办单位：
刊　　期：1931，2（23）
页　　码：5－6

235. 题　　名：命令：浙江高等法院训令：第
四九〇二号（中华民国二十年
十一月二十日）：令各级法院
院长、各级法院首席检察官、
各兼理司法县长：为转发简易
的国音字母表仰遵照由
作　　者：郑文礼　郑畋
关键词：国音字母表
摘　　要：转发简易的《国音字母表》。
期刊名称：浙江司法半月刊
主办单位：
刊　　期：1931，2（23）
页　　码：12－15

236. 题　　名：命令：浙江高等法院训令：第
八六四八号（中华民国二十一
年三月八日）：令各级法院院
长、各级法院首席检察官：为
奉解释缓刑期内前缴保证金应
如何处分疑义由
作　　者：郑文礼　郑畋
关键词：缓刑　保证金
摘　　要：针对缓刑期内，前缴保证金应
如何处分疑义之解释：刑事被
告因缴纳保证金释放后，经宣

告罪行并缓刑若干年后，在缓
刑期内已另有相当之保证金
者，以前所缴之保证金自应
返还。

期刊名称：浙江司法半月刊
主办单位：
刊　　期：1932，3（6）
页　　码：19－20

237. 题　　名：命令：浙江高等法院训令：第
一一五七四号（中华民国二十
一年五月二十八日）：令各兼
理司法县长、各级法院院长、
各级法院首席检察官等：为转
发视察监狱规则仰知照由
作　　者：郑文礼
关键词：视察监狱规则
摘　　要：转发《视察监狱规则》，仰
知照。
期刊名称：浙江司法半月刊
主办单位：
刊　　期：1932，3（12）
页　　码：9－10

238. 题　　名：命令：浙江高等法院检察处训
令：第四〇七九号（中华民国
二十一年六月一日）：令各级
法院首席检察官、兼理司法县
长：为奉令林寿昌等案经撤销
通缉仰一体知照由
作　　者：郑畋
关键词：通缉
摘　　要：令各级法院首席检察官、兼理
司法县长知照：奉令撤销林寿
昌等案通缉。
期刊名称：浙江司法半月刊
主办单位：
刊　　期：1932，3（12）
页　　码：21－22

239. 题　　名：命令：浙江高等法院检察处训
令：第三〇八五号（中华民国
二十一年二月五日）：令各级
法院首席检察官、各兼理司法
县长：为据于潜县长呈为监犯
汤关铭等六名挖洞脱逃请通
缉由
作　　者：郑畋
关键词：通缉

摘　　　要：令各级法院首席检察官、各兼理司法县长，协缉汤关铭等六名挖洞脱逃监犯。

期刊名称：浙江司法半月刊

主办单位：

刊　　　期：1932，3（6）

页　　　码：21－22

240. 题　　名：命令：浙江高等法院训令：第八二四九号（中华民国二十一年二月二十五日）：令各兼理司法县长、各级法院院长、各级法院首席检察官等：为奉令转发李烈钧等提议切实保障人民实行集会结社言论出版居住信仰之自由权提案及原函各一件仰遵照由

作　　　者：郑文礼

关　键　词：自由权

摘　　　要：令各兼理司法县长、各级法院院长、各级法院首席检察官等知照，李烈钧等提议切实保障人民实行集会、结社、言论、出版、居住、信仰之自由权提案及原函各一件。

期刊名称：浙江司法半月刊

主办单位：

刊　　　期：1932，3（6）

页　　　码：6－9

241. 题　　名：命令：浙江高等法院训令：第一一六八三号（中华民国二十一年六月一日）：令各兼理司法县长、各级法院院长、各级法院首席检察官等：为奉令以设在上海之中央卫生试验所移至南京卫生署内继续办理等因转令知照由

作　　　者：郑文礼

关　键　词：中央卫生试验所　南京卫生署

摘　　　要：令各兼理司法县长、各级法院院长、各级法院首席检察官等知照：设在上海之中央卫生试验所移至南京卫生署内继续办理。

期刊名称：浙江司法半月刊

主办单位：

刊　　　期：1932，3（12）

页　　　码：12

242. 题　　名：命令：浙江高等法院检察处训令：第四三二一号（中华民国二十一年六月二十日）：令一、二、三、四监狱各典狱长、各旧监管狱员：为令饬切实准备造送二十年度监狱统计年表并重行补发填载方法及说明仰遵照由

作　　　者：郑畋

关　键　词：监狱统计年表

摘　　　要：令一、二、三、四监狱各典狱长、各旧监管狱员切实准备造送《中华民国二十年度监狱统计年表》，并重行补发填载方法及说明。

期刊名称：浙江司法半月刊

主办单位：

刊　　　期：1932，3（12）

页　　　码：24－27

243. 题　　名：命令：浙江高等法院训令：第一一六四二号（中华民国二十一年五月三十一日）：令龙泉县法院院长、首席检察官：为据视察员报告该院办理司法情形仰将应行改进各点注意办理由

作　　　者：郑文礼　郑畋

关　键　词：视察员　司法

摘　　　要：据视察员报告龙泉县法院办理司法情形仰将应行改进各点，令龙泉县法院院长、首席检察官注意改进办理。

期刊名称：浙江司法半月刊

主办单位：

刊　　　期：1932，3（12）

页　　　码：11－12

244. 题　　名：命令：浙江高等法院检察处训令：第三一七一号（中华民国二十一年三月十一日）：令各级法院首席检察官、各兼理司法县长：为据汤溪县县长呈请通缉在逃未获监犯胡连和朱乌牛等二名务获解究由（附表）

作　　　者：郑畋

关　键　词：通缉

摘　　要：令各级法院首席检察官、各兼理司法县长，协缉在逃未获监犯胡连和朱乌牛。

期刊名称：浙江司法半月刊

主办单位：

刊　　期：1932，3（6）

页　　码：22－23

245. 题　　名：命令：浙江高等法院训令：第一二〇八六号（中华民国二十一年六月十三日）：令各级法院院长、谷级法院首席检察官、各监狱典狱长：为奉部令现任公务员甄别审查条例施行期间再展长六个月仰知照由

作　　者：郑文礼　郑畋

关 键 词：现任公务员甄别审查条例

摘　　要：令各级法院院长、各级法院首席检察官、各监狱典狱长知照：《现任公务员甄别审查条例》施行期间再展长六个月。

期刊名称：浙江司法半月刊

主办单位：

刊　　期：1932，3（12）

页　　码：18

246. 题　　名：命令：浙江高等法院训令：第一二二七四号（中华民国二十一年六月十八日）：令各级法院院长、各级法院首席检察官：为令发荐任司法官叙补办法仰知照由

作　　者：郑文礼　郑畋

关 键 词：荐任司法官叙补办法

摘　　要：司法行政部于民国二十一年五月公布了《荐任司法官叙补办法》，令各级法院院长、各级法院首席检察官知照。

期刊名称：浙江司法半月刊

主办单位：

刊　　期：1932，3（12）

页　　码：19

247. 题　　名：命令：司法行政部训令：第一四一〇号（中华民国二十一年六月十八日）：令署浙江高等法院院长、首席检察官：为令发法令施行办法草案及本部原呈各一件仰即知照由（附表）

作　　者：罗文干

关 键 词：法令施行办法草案

摘　　要：《法令施行办法草案》已由国民政府公布实施，令署浙江高等法院院长、首席检察官知照。

期刊名称：浙江司法半月刊

主办单位：

刊　　期：1932，3（12）

页　　码：1－2

248. 题　　名：命令：浙江高等法院检察处训令：第三〇八四号（中华民国二十一年三月五日）：令各级法院首席检察官、各兼理司法县长：为据于潜县长呈为管狱员擅将监犯保出以致监犯李兴旺脱逃请通缉由

作　　者：郑畋

关 键 词：通缉

摘　　要：据于潜县县长呈报，因管狱员擅将监犯李兴旺保出，以致监犯李兴旺脱逃。令各级法院首席检察官、各兼理司法县长协缉逃犯李兴旺。

期刊名称：浙江司法半月刊

主办单位：

刊　　期：1932，3（6）

页　　码：21

249. 题　　名：命令：浙江高等法院训令：第八二九〇号（中华民国二十一年二月二十六日）：令第一、二、三、四监狱典狱长、各级法院院长、各级法院首席检察官等：为转行部令合于缓刑及假释或保释条件各人犯切实奉行以资疏通由

作　　者：郑文礼　郑畋

关 键 词：监狱　监犯

摘　　要：令第一、二、三、四监狱典狱长、各级法院院长、各级法院首席检察官等，对于合于缓刑及假释或保释条件各人犯，切实奉行部令，以资疏通。

期刊名称：浙江司法半月刊

主办单位：

刊　　期：1932，3（6）

页　　码：11－12

250. 题　　名：命令：浙江高等法院训令：第
八三一三号（中华民国二十一
年二月二十七日）：令各兼理
司法县长、各级法院院长、各
级法院首席检察官等：为奉令
转发修正矿业法条文仰知照由

作　　者：郑文礼　郑畋

关 键 词：矿业法

摘　　要：奉令转发修正《矿业法》。

期刊名称：浙江司法半月刊

主办单位：

刊　　期：1932，3（6）

页　　码：12

251. 题　　名：命令：浙江高等法院检察处训
令：第四一五九号（中华民国
二十一年六月六日）：令各级
法院首席检察官、各兼理司法
县长：为温岭县监犯许可瑶一
名脱逃仰协缉由

作　　者：郑畋

关 键 词：协缉

摘　　要：令各级法院首席检察官、各兼
理司法县长，协缉温岭县法院
监狱脱逃监犯许可瑶。

期刊名称：浙江司法半月刊

主办单位：

刊　　期：1932，3（12）

页　　码：22－23

252. 题　　名：命令：浙江高等法院训令：第
一一三八九号（中华民国二十
一年五月二十三日）：令各兼
理司法县长、各级法院院长、
各级法院首席检察官等：为奉
令转发修正电气事业条例仰知
照由

作　　者：郑文礼　郑畋

关 键 词：电气事业条例

摘　　要：奉令转发修正《电气事业条
例》。

期刊名称：浙江司法半月刊

主办单位：

刊　　期：1932，3（12）

页　　码：3－4

253. 题　　名：命令：浙江高等法院训令：第
一二二七五号（中华民国二十

一年六月十八日）：令各级法
院院长、各级法院首席检察
官、各兼理司法县长：为奉令
转发民事诉讼法施行法令仰一
体知照由

作　　者：郑文礼　郑畋

关 键 词：民事诉讼法

摘　　要：奉令转发《民事诉讼法施行法
令》。

期刊名称：浙江司法半月刊

主办单位：

刊　　期：1932，3（12）

页　　码：19－20

254. 题　　名：命令：浙江高等法院检察处训
令：第四二〇八号（中华民国
二十一年六月十一日）：令各
级法院首席检察官、各兼理司
法县长：为准函为排长李超畏
罪潜逃请通缉等由仰协缉由

作　　者：郑畋

关 键 词：通缉

摘　　要：令各级法院首席检察官、各兼
理司法县长，协缉畏罪潜逃排
长李超。

期刊名称：浙江司法半月刊

主办单位：

刊　　期：1932，3（12）

页　　码：23－24

255. 题　　名：命令：浙江高等法院训令：第
一一七二一号（中华民国二十
一年六月二日）：令各级法院
院长、各级法院首席检察官、
兼理司法县长：为惩治盗匪暂
行条例施行期间再予展期六个
月奉令转行遵照由

作　　者：郑文礼　郑畋

关 键 词：惩治盗匪暂行条例　施行期间

摘　　要：令各级法院院长、各级法院首
席检察官、兼理司法县长遵
照：《惩治盗匪暂行条例》施
行期间再予展期六个月。

期刊名称：浙江司法半月刊

主办单位：

刊　　期：1932，3（12）

页　　码：13

256. 题　　名：命令：浙江高等法院检察处训

令：第一四七八号（中华民国二十二年十一月十一日）：令各级法院首席检察官、各兼理司法县长：为奉令撤销前鄂城县财政局长梅馥通缉由

作　　者：郑畋

关　键　词：通缉

摘　　要：奉令撤销前鄂城县财政局长梅馥通缉。

期刊名称：浙江司法半月刊

主办单位：

刊　　期：1933，4（22）

页　　码：9－10

257. 题　　名：命令：浙江高等法院检察处训令：第一一六五号（中华民国二十三年十月十一日）：令各级法院首席检察官、各兼理司法县长：为奉最高法院检察署令通缉张李氏一案由（附表）

作　　者：郑畋

关　键　词：通缉

摘　　要：奉最高法院检察署令，令各级法院首席检察官、各兼理司法县长，通缉逃犯张李氏。

期刊名称：浙江司法半月刊

主办单位：

刊　　期：1934，5（20）

页　　码：15－16

258. 题　　名：命令：浙江高等法院检察处训令：第二五二〇号（中华民国二十五年一月二十日）：令各级法院首席检察官、各级法院检察官、各兼理司法县长：为奉最高检署令通缉王锡泓等解案法办由（附表）

作　　者：宋孟年

关　键　词：通缉

摘　　要：奉最高检署令，令各级法院首席检察官、各级法院检察官、各兼理司法县长通缉王锡泓等解案法办。

期刊名称：浙江司法半月刊

主办单位：

刊　　期：1936，7（3）

页　　码：45－46

259. 题　　名：命令：浙江高等法院检察处训

令：第二六五一号（中华民国二十五年二月一日）：令各级法院首席检察官、各级法院检察官：为令知嗣后各项册表务按实照式遵限造送以资考成等由

作　　者：郑文礼　宋孟年

关　键　词：册表

摘　　要：令各级法院首席检察官、各级法院检察官知照，嗣后各项册表，务按实照式、遵限造送，以资考成。

期刊名称：浙江司法半月刊

主办单位：

刊　　期：1936，7（3）

页　　码：46－47

260. 题　　名：命令：浙江高等法院检察处训令：第二五〇三号（中华民国二十五年一月十八日）：令各级法院首席检察官、各级法院检察官、各兼理司法县长：为奉令通缉前汉口站长陈亚农亏款潜逃一案由（附表）

作　　者：宋孟年

关　键　词：通缉

摘　　要：令各级法院首席检察官、各级法院检察官、各兼理司法县长，通缉亏款潜逃嫌疑人前汉口站长陈亚农。

期刊名称：浙江司法半月刊

主办单位：

刊　　期：1936，7（3）

页　　码：38－43

261. 题　　名：命令：浙江高等法院检察处训令：第二五一九号（中华民国二十五年一月二十日）：令各级法院首席检察官、各级法院检察官、各兼理司法县长：为奉最高检署令撤销张汝澄通缉案由（附表）

作　　者：宋孟年

关　键　词：撤销通缉

摘　　要：奉最高检署令，撤销张汝澄通缉案。

期刊名称：浙江司法半月刊

主办单位：

刊　　　期：1936，7（3）

页　　　码：43－45

262. 题　　　名：命令：浙江高等法院检察处训令：第三二四一号（中华民国二十六年四月十七日）：令各县县长兼理县司法处检察事务、各级法院首席检察官、各级法院检察官等：为奉令通缉杀人案被告张辑五等五名解案讯办由（附表）

作　　　者：宋孟年

关 键　词：杀人案　通缉

摘　　　要：令各县县长兼理县司法处检察事务、各级法院首席检察官、各级法院检察官等，通缉陈国英等杀人一案，有重大犯罪嫌疑的在逃共犯张辑五等五名嫌疑人。

期刊名称：浙江司法半月刊

主办单位：

刊　　　期：1937，8（8）

页　　　码：19－20

263. 题　　　名：命令：浙江高等法院训令：会文字第一九一九号（中华民国三十年十二月十二日）：令各级法院院长、各级法院首席检察官、本院驻绍临时庭庭长等：准浙江省军管区司令部录送代电并附修正浙江省各县（市）优待出征抗敌军人家属实施细则到院核与办理诉讼有关抄发代电等件仰令知照由

作　　　者：郑文礼　王秉彝

关 键　词：优待出征抗敌军人家属实施细则　诉讼案件

摘　　　要：浙江省军管区司令部修正的《浙江省各县（市）优待出征抗敌军人家属实施细则》，经核与办理诉讼案件有关，令各级法院院长、各级法院首席检察官、浙江高等法院驻绍临时庭庭长等知照。

期刊名称：浙江司法半月刊

主办单位：

刊　　　期：1942（2）

页　　　码：11－12

264. 题　　　名：命令：浙江高等法院训令：会文字第一九〇六号（中华民国三十年十二月十日）：令各级法院院长、各级法院首席检察官、本院驻绍临时庭庭长等：准司法行政部参事处函知部令抄发房捐征收通则第三条第一项第四款"或其每月租金不满国币'五百元者'"其"五百元"系"五元"缮为之误等由令仰知照

作　　　者：郑文礼　王秉彝

关 键　词：房捐征收通则　误写

摘　　　要：司法行政部参事处函知，司法行政部颁发的《房捐征收通则》第三条第一项第四款"或其每月租金不满国币'五百元者'"，其"五百元"系"五元"之误写，令仰知照。

期刊名称：浙江司法半月刊

主办单位：

刊　　　期：1942（2）

页　　　码：28－29

265. 题　　　名：命令：浙江高等法院训令：会文字第一九三八号（中华民国三十年十二月十六日）：令各级法院院长、各级法院首席检察官、本院驻绍临时庭庭长等：奉令抄发国民政府公布之战时陆海空军审判简易规程仰知照由

作　　　者：郑文礼　王秉彝

关 键　词：战时陆海空军审判简易规程

摘　　　要：令各级法院院长、各级法院首席检察官、浙江高等法院驻绍临时庭庭长等知照，国民政府于中华民国三十年十二月公布的《战时陆海空军审判简易规程》。

期刊名称：浙江司法半月刊

主办单位：

刊　　　期：1942（2）

页　　　码：9

266. 题　　　名：浙江高等法院训令：监字第二四号（中华民国三十年一月八日）：令各新监典狱长、各地

方法院院长、各地方法院首席
检察官等：奉令抄发军事犯保
外服役暂行办法附表二种通饬
遵照由

作　　者：郑文礼　王秉彝

关 键 词：军事犯保外服役暂行办法　施
行日期　施行区域

摘　　要：令各新监典狱长、各地方法院
院长、各地方法院首席检察官
等遵照，《军事犯保外服役暂
行办法》的施行日期，自民国
二十九年八月十日起延长一
年，以江苏、浙江等二十一省
为施行区域。

期刊名称：浙江司法半月刊

主办单位：

刊　　期：1942（1）

页　　码：8－10

267. 题　　名：浙江高等法院训令：会监字第
一二三三号（中华民国三十年
九月二日）：令各新监典狱长、
各地方法院院长、各地方法院
首席检察官等：奉令抄发疏通
军事犯办法及军事犯调服劳役
办法暨附表通饬遵照由

作　　者：郑文礼　王秉彝

关 键 词：疏通军事犯办法　军事犯调服
劳役办法

摘　　要：令各新监典狱长、各地方法院
院长、各地方法院首席检察官
等遵照，《疏通军事犯办法》
及《军事犯调服劳役办法》，
切实推动疏通囚犯。

期刊名称：浙江司法半月刊

主办单位：

刊　　期：1942（1）

页　　码：10－11

268. 题　　名：浙江高等法院训令：会文字第
一三一五号（中华民国三十年
九月十七日）：令各县县长兼
理县司法处行政事务、本院驻
绍临时庭庭长、本院浙西临时
庭检察官等：令发浙江省战时
军公学米供应办法浙江粮食管
理处罚规则二种仰知照由

作　　者：郑文礼　王秉彝

关 键 词：浙江省战时军公学米供应办法
浙江粮食管理处罚规则

摘　　要：奉令发《浙江省战时军公学米
供应办法》、《浙江粮食管理处
罚规则》，仰知照。

期刊名称：浙江司法半月刊

主办单位：

刊　　期：1942（1）

页　　码：20－21

269. 题　　名：命令：浙江高等法院训令：会
文字第四号（中华民国三十一
年一月二日）：令各级法院院
长、各级法院首席检察官、本
院驻绍临时庭庭长等：奉令抄
发修正党政军机关人员小组会
议与公私生活行为辅导办法仰
遵照由

作　　者：郑文礼　王秉彝

关 键 词：党政军机关人员小组会议与公
私生活行为辅导办法

摘　　要：奉令抄发《修正党政军机关人
员小组会议与公私生活行为辅
导办法》，仰遵照。

期刊名称：浙江司法半月刊

主办单位：

刊　　期：1942（2）

页　　码：34－35

270. 题　　名：浙江高等法院检察处训令：密
字第二六号（中华民国三十年
十一月二十四日）：令各高等
法院地方法院首席检察官、各
县县长兼理县司法处行政事
务、各战区检察官：令发战区
检察官执行职务区域表及有关
文件仰知照由（附表）

作　　者：

关 键 词：战区检察官　执行职务区域表

摘　　要：令各高等法院地方法院首席检
察官、各县县长兼理县司法处
行政事务、各战区检察官知
照，《战区检察官执行职务区
域表》及有关文件，平日则
独任其事，临时亦得互相
呼应。

期刊名称：浙江司法半月刊

主办单位：

刊　　　期：1942（1）

页　　　码：26 - 27

271. 题　　　名：命令：浙江高等法院训令：会文字第一八九○号（中华民国三十年十二月九日）：令各级法院院长、各级法院首席检察官、本院驻绍临时庭庭长等：奉令抄发修正民国三十年粮食库券条例仰知照由

作　　　者：郑文礼　王秉彝

关 键 词：民国三十年粮食库券条例

摘　　　要：奉令抄发《修正民国三十年粮食库券条例》，仰知照。

期刊名称：浙江司法半月刊

主办单位：

刊　　　期：1942（2）

页　　　码：6 - 7

272. 题　　　名：浙江高等法院训令：会文字第一七二九号（中华民国三十年十一月三日）：令各级法院院长、各级法院首席检察官、本院驻绍临时庭庭长等：奉令通饬司法机关依非常时期过分利得税条例科处罚锾之提成充奖应准用司法机关依所得税暂行条例科罚充奖规则办理仰遵照由

作　　　者：郑文礼　王秉彝

关 键 词：非常时期过分利得税条例　所得税暂行条例科罚充奖规则

摘　　　要：令各级法院院长、各级法院首席检察官、本院驻绍临时庭庭长等遵照，司法机关依《非常时期过分利得税条例》科处罚锾之提成充奖，应准用司法机关依《所得税暂行条例科罚充奖规则》办理，仰遵照。

期刊名称：浙江司法半月刊

主办单位：

刊　　　期：1942（1）

页　　　码：15 - 16

273. 题　　　名：浙江高等法院训令：会文字第一四六六号（中华民国三十年十月四日）：令各级法院院长、各级法院首席检察官、本院驻绍临时庭庭长等：奉令通饬以

国府公布妨害国币惩治暂行条例施行期间再予延长二年等因仰知照由

作　　　者：郑文礼　王秉彝

关 键 词：妨害国币惩治暂行条例

摘　　　要：奉令通饬，国民政府公布的《妨害国币惩治暂行条例》之施行期间再予延长二年，仰知照。

期刊名称：浙江司法半月刊

主办单位：

刊　　　期：1942（1）

页　　　码：16 - 17

274. 题　　　名：浙江高等法院训令：会文字第一六三七号（中华民国三十年十月二十五日）：令各级法院院长、各级法院首席检察官、本院驻绍临时庭庭长等：奉令通饬施行司法行政部公布之律师登录章程并附发声请书格式仰遵照由

作　　　者：郑文礼　王秉彝

关 键 词：律师登录章程

摘　　　要：奉令通饬施行，司法行政部公布之《律师登录章程》并附发声请书格式，仰遵照。

期刊名称：浙江司法半月刊

主办单位：

刊　　　期：1942（1）

页　　　码：6 - 7

275. 题　　　名：浙江高等法院训令：文字第一二七九号（中华民国三十年九月十二日）：令各级法院院长、各级法院首席检察官、本院驻绍临时庭庭长等：奉令通饬施行姓名使用限制条例仰知照由

作　　　者：郑文礼　王秉彝

关 键 词：姓名使用限制条例

摘　　　要：奉令通饬施行《姓名使用限制条例》，仰知照。

期刊名称：浙江司法半月刊

主办单位：

刊　　　期：1942（1）

页　　　码：11 - 12

276. 题　　　名：浙江高等法院训令：会文字第一三○○号（中华民国三十年

九各级法院院
长、各级法院首席检察官、本
院驻绍临时庭庭长等：奉令通
饬施行行政院公布之房捐征收
通则仰知照由

作　　者：郑文礼　王秉彝

关 键 词：房捐征收通则

摘　　要：奉令通饬施行，行政院公布之
《房捐征收通则》，仰知照。

期刊名称：浙江司法半月刊

主办单位：

刊　　期：1942（1）

页　　码：13

277. 题　　名：命令：浙江高等法院训令：会
文字第一七一九号（中华民国
三十年十月三十一日）：令各
级法院院长、各级法院首席检
察官、本院驻绍临时庭庭长
等：奉令通饬荣誉军人教养院
之残废军人在院期间应视为军
人身份仰知照由

作　　者：郑文礼　王秉彝

关 键 词：残废军人　军人身份

摘　　要：令各级法院院长、各级法院首
席检察官、浙江高等法院驻绍
临时庭庭长等知照，荣誉军人
教养院之残废军人在院期间，
应视为军人身份。

期刊名称：浙江司法半月刊

主办单位：

刊　　期：1942（2）

页　　码：22－24

278. 题　　名：转载：司法院训令：院字第二
〇〇四号（二十九年五月二十
一日）：令代理广西高等法院
首席检察官陈锡珊：为令知事
该首席检察官代电至组稿法院
检察署请解释旅客私运巨额钞
票出口适用办法疑义

作　　者：

关 键 词：巨额钞票扰乱金融　渎职　海
关缉私条例

摘　　要：针对旅客私运巨额钞票出口适
用法律疑义之司法院解释，旅
客私运巨额钞票出口，除具有
通谋敌国、扰乱金融或渎职等

情形，应依法移送或诉追外，
其余的不成立犯罪，应为不起
诉之处分，不得适用《海关缉
私条例》诉请法院科罚。

期刊名称：浙江司法半月刊

主办单位：

刊　　期：1942（2）

页　　码：2

279. 题　　名：命令：浙江高等法院训令：会
文字第一七〇八号（中华民国
三十年十月三十日）：令各县
县长兼理司法处行政事务、
本院驻绍临时庭庭长、本院浙
西临时庭检察官等：奉令通饬
机关小组会议与区分部小组会
议仍应分别举行并各改为隔周
举行一次仰知照由

作　　者：郑文礼　王秉彝

关 键 词：机关小组会议　区分部小组
会议

摘　　要：令各县县长兼理县司法处行政
事务、浙江高等法院驻绍临时
庭庭长、浙江高等法院浙西临
时庭检察官等知照，机关小组
会议与区分部小组会议仍应分
别举行，并各改为隔周举行
一次。

期刊名称：浙江司法半月刊

主办单位：

刊　　期：1942（2）

页　　码：13－14

280. 题　　名：浙江高等法院训令：会文字第
一六三八号（中华民国三十年
十月二十五日）：令各级法院
院长、各级法院首席检察官、
本院驻绍临时庭庭长等：为准
浙江全省保安司令函知食盐收
运处所属之护运警士应认为公
务员手车队班长车夫不认为具
有公务员身份等令仰知照由

作　　者：郑文礼　王秉彝

关 键 词：食盐收运处　护运警士　公务
员身份

摘　　要：浙江全省保安司令函知，食盐
收运处所属之护运警士应认为
公务员，手车队班长、车夫不

认为具有公务员身份，令仰知照。

期刊名称：浙江司法半月刊

主办单位：

刊　　期：1942（1）

页　　码：21－22

281. 题　　名：浙江高等法院训令：会监字第一五七三号（中华民国三十年十月十一日）：令各所监狱典狱长、各地方法院院长、各地方法院首席检察官等：转行部令据广东高院呈拟变通监犯保外医治办法令即转饬一体遵办一案仰即遵照办理并转饬监所一体遵照由

作　　者：郑文礼　王秉彝

关 键 词：监犯　保外医治办法

摘　　要：广东高院呈报司法行政部的变通监犯保外医治办法，已由部准，令各所监狱典狱长、各地方法院院长、各地方法院首席检察官等遵照。

期刊名称：浙江司法半月刊

主办单位：

刊　　期：1942（1）

页　　码：19－20

282. 题　　名：命令：浙江高等法院训令：文字第一七七八号（中华民国三十年十一月十三日）：令各级法院院长、各级法院首席检察官、本院驻绍临时庭庭长等：奉令通饬为丹麦侨民被诉民刑事件应即由我国各主管司法机关依法受理并随时报由本院转部仰遵照由

作　　者：郑文礼　王秉彝

关 键 词：丹麦侨民　民刑事件

摘　　要：令各级法院院长、各级法院首席检察官、浙江高等法院驻绍临时庭庭长等遵照，因中华民国与丹麦已断绝外交关系，以后丹麦侨民被诉民刑事件，应即由民国各主管司法机关依法受理，并随时报由高等法院转司法行政部备查。

期刊名称：浙江司法半月刊

主办单位：

刊　　期：1942（2）

页　　码：27－28

283. 题　　名：命令：浙江高等法院训令：会文字第一七〇五号（中华民国三十年十月三十日）：令各县法院院长、各级法院首席检察官、本院驻绍临时庭庭长等：奉令通饬各地使用量器纠纷案件务应依法处理仰遵照由

作　　者：郑文礼　王秉彝

关 键 词：量器纠纷案　检察处

摘　　要：令各县法院院长、各级法院首席检察官、浙江高等法院驻绍临时庭庭长等遵照，各地使用量器发生的纠纷案件，各法院检察处应依法处理。

期刊名称：浙江司法半月刊

主办单位：

刊　　期：1942（2）

页　　码：20－22

284. 题　　名：命令：浙江高等法院训令：会文字第一七一八号（中华民国三十年十月三十一日）：令各级法院院长、各级法院首席检察官、本院驻绍临时庭庭长等：奉令通饬为区乡镇保甲长如经行政官署授权遇有非常时期维持治安紧急办法所列各款人犯情形时得以兼各级国民兵队班长名义代替军警予以逮捕或以有效方法制止仰知照

作　　者：郑文礼　王秉彝

关 键 词：保甲长　授权　国民兵队班长　军警

摘　　要：令各级法院院长、各级法院首席检察官、浙江高等法院驻绍临时庭庭长等知照：区乡镇保甲长，如经行政官署授权，遇有《非常时期维持治安紧急办法》所列各款人犯情形时，得以兼各级国民兵队班长名义，代替军警予以逮捕，或以有效方法制止。

期刊名称：浙江司法半月刊

主办单位：

刊　　　期：1942（2）

页　　　码：24 – 25

285. 题　　　名：命令：浙江高等法院训令：文字第一七八〇号（中华民国三十年十一月十三日）：令各县县长兼理县司法处行政事务、本院驻绍临时庭庭长、本院浙西临时庭检察官等：奉令通饬为对于总理纪念周间有奉行不力应注意切实奉行并对所属随时检查仰遵照由

作　　　者：郑文礼　王秉彝

关　键　词：总理纪念周

摘　　　要：令各县县长兼理县司法处行政事务、本院驻绍临时庭庭长、浙江高等法院浙西临时庭检察官等遵照，对于总理纪念周间有奉行不力，应注意切实奉行，并对所属随时检查。

期刊名称：浙江司法半月刊

主办单位：

刊　　　期：1942（2）

页　　　码：26 – 27

286. 题　　　名：命令：浙江高等法院训令：会文字第一六九五号（中华民国三十年十月三十日）：令各级法院院长、各级法院首席检察官、本院驻绍临时庭庭长等：奉令通饬为总裁在八中全会指示党政机关，在行政方面应注意各点等因仰遵照由

作　　　者：郑文礼　王秉彝

关　键　词：八中全会　党政机关

摘　　　要：令各级法院院长、各级法院首席检察官、浙江高等法院驻绍临时庭庭长等遵照，总裁在八中全会指示党政机关，在行政方面应注意各点。

期刊名称：浙江司法半月刊

主办单位：

刊　　　期：1942（2）

页　　　码：12 – 13

287. 题　　　名：命令：浙江高等法院训令：会文字第二〇三五号（中华民国三十年十二月三十一日）：令各级法院院长、各级法院首席

检察官、本院驻绍临时庭庭长等：奉令抄发财政经济两部公布施行之禁酿区内槽坊制造酒精原料使用食粮管理办法仰知照由

作　　　者：郑文礼　王秉彝

关　键　词：禁酿区内槽坊制造酒精原料使用食粮管理办法

摘　　　要：奉令抄发，财政经济两部公布施行之《禁酿区内槽坊制造酒精原料使用食粮管理办法》，仰知照。

期刊名称：浙江司法半月刊

主办单位：

刊　　　期：1942（2）

页　　　码：9 – 10

288. 题　　　名：命令：浙江高等法院训令：会文字第一七一三号（中华民国三十年十月三十日）：令各县县长兼理县司法处行政事务、本院驻绍临时庭庭长、本院浙西临时庭检察官等：奉令通饬地方机关筹办平价米者对于司法人员及监所人犯予以协助享受实惠仰知照由

作　　　者：郑文礼　王秉彝

关　键　词：平价米　司法人员　监所人犯

摘　　　要：令各县县长兼理县司法处行政事务、浙江高等法院驻绍临时庭庭长、本院浙西临时庭检察官等知照：地方机关已筹办平价米者，对于司法人员及监所人犯，应予以协助，使其享受平价购米之实惠。

期刊名称：浙江司法半月刊

主办单位：

刊　　　期：1942（2）

页　　　码：15 – 16

289. 题　　　名：命令：浙江高等法院训令：会文字第一二二号（中华民国三十年十月三十一日）：令各级法院院长、各级法院首席检察官、本院驻绍临时庭庭长等：奉令通饬意大利侨民被诉民刑事件应由我国各主管司法机关依法受理并随时拟由本院转部

仰遵照由

作　　　者：郑文礼　王秉彝

关　键　词：意大利侨民　民刑事件

摘　　　要：令各级法院院长、各级法院首席检察官、浙江高等法院驻绍临时庭庭长等遵照，因中华民国与意大利已断绝外交关系，以后意大利侨民被诉民刑事件，应即由民国各主管司法机关依法受理，并随时报由高等法院转司法行政部备查。

期刊名称：浙江司法半月刊

主办单位：

刊　　　期：1942（2）

页　　　码：25－26

290. 题　　　名：浙江高等法院训令：会文字第一四六七号（中华民国三十年十月四日）：令各级法院院长、各级法院首席检察官、本院驻绍临时庭庭长等：奉令通饬以国府公布修正惩治偷漏关税暂行条例施行期间再予延长一年等因仰知照由

作　　　者：郑文礼　王秉彝

关　键　词：惩治偷漏关税暂行条例

摘　　　要：奉令通饬，国民政府公布修正的《惩治偷漏关税暂行条例》的施行期间，再予延长一年。

期刊名称：浙江司法半月刊

主办单位：

刊　　　期：1942（1）

页　　　码：17－18

291. 题　　　名：命令：浙江高等法院训令：会文字第一八九八号（中华民国三十年十二月十日）：令各级法院院长、各级法院首席检察官、本院驻绍临时庭庭长等：奉令为八中全会总裁关于党政工作人员训练事项之训示六点仰遵照由

作　　　者：郑文礼　王秉彝

关　键　词：

摘　　　要：令各级法院院长、各级法院首席检察官、浙江高等法院驻绍临时庭庭长等遵照，八中全会总裁关于党政工作人员训练事

项之训示六点。

期刊名称：浙江司法半月刊

主办单位：

刊　　　期：1942（2）

页　　　码：31－32

292. 题　　　名：浙江高等法院训令：会监字第一四三〇号（中华民国三十年十月一日）：令各新监狱典狱长、各地方法院院长、各地方法院首席检察官等：奉部令转行凡以军官身份判罪执行者不得调服军役仰知照并转饬监所遵照由

作　　　者：郑文礼　王秉彝

关　键　词：军官身份　军役

摘　　　要：令各新监狱典狱长、各地方法院院长、各地方法院首席检察官等遵照：凡以军官身份判罪执行者，不得调服军役。

期刊名称：浙江司法半月刊

主办单位：

刊　　　期：1942（1）

页　　　码：16

293. 题　　　名：命令：浙江高等法院训令：会文字第一九〇五号（中华民国三十年十二月十日）：令各级法院院长、各级法院首席检察官、本院驻绍临时庭庭长等：奉令关于限制适用海商法由航政局管辖船舶水道之规定一案应准撤销令仰知照由

作　　　者：郑文礼　王秉彝

关　键　词：海商法　航政局　船舶水道

摘　　　要：令各级法院院长、各级法院首席检察官、浙江高等法院驻绍临时庭庭长等知照，关于限制适用《海商法》，由航政局管辖船舶水道之规定，明令予以撤销。

期刊名称：浙江司法半月刊

主办单位：

刊　　　期：1942（2）

页　　　码：29－31

294. 题　　　名：浙江高等法院训令：会文字第一七〇一号（中华民国三十年十月三十日）：令各级法院院

长、各级法院首席检察官、本院驻绍临时庭庭长等：奉令抄发国府公布民国三十年粮食库券条例仰知照由

作　　者：郑文礼　王秉彝

关键词：民国三十年粮食库券条例

摘　　要：奉令抄发，国民政府公布的《民国三十年粮食库券条例》，仰知照。

期刊名称：浙江司法半月刊

主办单位：

刊　　期：1942（1）

页　　码：12－13

295. 题　　名：命令：浙江高等法院训令：会文字第一六九七号（中华民国三十年十月三十日）：令各级法院院长、各级法院首席检察官、本院驻绍临时庭庭长等：奉令抄发修正军风纪巡察团规程及编制表仰知照由

作　　者：郑文礼　王秉彝

关键词：军风纪巡察团规程

摘　　要：奉令抄发《修正军风纪巡察团规程》及编制表，仰知照。

期刊名称：浙江司法半月刊

主办单位：

刊　　期：1942（2）

页　　码：4－5

296. 题　　名：浙江高等法院训令：文字第八五五号（中华民国三十年六月一日）：令各级法院院长、各级法院首席检察官、本院驻绍临时庭庭长等：奉令为抄发律师法施行细则一案令仰一体知照由

作　　者：郑文礼　王秉彝

关键词：律师法施行细则

摘　　要：司法院已公布《律师法施行细则》，令仰一体知照。

期刊名称：浙江司法半月刊

主办单位：

刊　　期：1942（1）

页　　码：5

297. 题　　名：命令：浙江高等法院训令：会文字第一七〇九号（中华民国三十年十月三十日）：令各级

法院院长、各级法院首席检察官、本院驻绍临时庭庭长等：奉令通饬惩治盗匪暂行办法施行期间展限一年仰知照由

作　　者：郑文礼　王秉彝

关键词：惩治盗匪暂行办法

摘　　要：奉令通饬，《惩治盗匪暂行办法》施行期间展限一年，仰知照。

期刊名称：浙江司法半月刊

主办单位：

刊　　期：1942（2）

页　　码：14－15

298. 题　　名：浙江高等法院训令：会文字第一二三二号（中华民国三十年九月二日）：令各级法院院长、各级法院首席检察官、本院驻绍临时庭庭长等：奉令通饬施行非常时期民刑事补充条例仰知照由

作　　者：郑文礼　王秉彝

关键词：非常时期民刑事补充条例

摘　　要：令各级法院院长、各级法院首席检察官、浙江高等法院驻绍临时庭庭长等知照，《非常时期民事诉讼补充条例》和《非常时期刑事补充条例》已公布实施。

期刊名称：浙江司法半月刊

主办单位：

刊　　期：1942（1）

页　　码：3－4

299. 题　　名：命令：浙江高等法院训令：会文字第一七〇四号（中华民国三十年十月三十日）：令各级法院院长、各级法院首席检察官、本院驻绍临时庭庭长等：奉令通饬战区党务工作人员擅离职守以敌前逃亡论罪仰遵照由

作　　者：郑文礼　王秉彝

关键词：战区党务工作人员　逃亡罪

摘　　要：令各级法院院长、各级法院首席检察官、浙江高等法院驻绍临时庭庭长等知照，战区党务工作人员擅离职守，以敌前逃

亡论罪。

期刊名称：浙江司法半月刊

主办单位：

刊　　期：1942（2）

页　　码：18－19

300. 题　　名：命令：浙江高等法院训令：会
文字第一七一四号（中华民国
三十年十月三十日）：令各县
县长兼理县司法处行政事务、
本院驻绍临时庭庭长、本院浙
西临时庭检察官等：奉令指示
各级首席检察官与监所行文程
式仰知照由

作　　者：郑文礼　王秉彝

关 键 词：首席检察官　检察事务　监所
行文程式

摘　　要：各级法院首席检察官与监所行
文程式，以关于检察事务为
限，应以令及呈行之仰知照。
但高等法院分院首席检察官及
地方法院首席检察官与新监公
文往来，仍互用公函。

期刊名称：浙江司法半月刊

主办单位：

刊　　期：1942（2）

页　　码：16－17

301. 题　　名：命令：浙江高等法院训令：会
文字第一七二〇号（中华民国
三十年十月三十一日）：令各
级法院院长、首席检察官、本
院驻绍临时庭庭长等：奉令通
饬为军委会规定国民兵团各级
队官兵身份一案仰知照由

作　　者：郑文礼　王秉彝

关 键 词：官兵　正式军校现役军人军法

摘　　要：军委会规定，国民兵团各级队
官兵中，如系正式军校出身，
且已授予武职官长名义，则视
为军人。其余则不视为现役军
人，犯罪的，除以军法审判
外，则由该管司法机关讯办。

期刊名称：浙江司法半月刊

主办单位：

刊　　期：1942（2）

页　　码：22

302. 题　　名：命令：浙江高等法院训令：会

文字第一七〇七号（中华民国
三十年十月三十日）：令各县
县长兼理县司法处行政事务、
本院驻绍临时庭庭长、本院浙
西临时庭检察官等：奉令转饬
严禁包庇兵役仰遵照由

作　　者：郑文礼　王秉彝

关 键 词：

摘　　要：奉令转饬严禁避免、包庇兵
役，仰遵照。

期刊名称：浙江司法半月刊

主办单位：

刊　　期：1942（2）

页　　码：17－18

303. 题　　名：司法行政部训令：训（总）三
字第一七九〇号（中华民国三
十年五月十九日）：令署浙江
高等法院首席检察官王秉彝：
案准军事委员会军法执行总监
部本年四月三十日第四四一号
公函

作　　者：谢冠生

关 键 词：军法监察官　战区检察官　军
法执行

摘　　要：针对湖南战区检察官王克迈呈
请咨商司法行政部通饬，各战
区军法监察官与战区检察官取
得密切联系，以便互助合作一
案。查，司法行政部并无战区
监察官之设置，惟本部随时派
遣督查官赴各战区巡回督查各
战区军法执行，监部亦随时派
遣督查官在本战区巡查，其任
务与战区检察官诚多相同之
点，自应密切联系彼此互助，
以增高工作效能。

期刊名称：浙江司法半月刊

主办单位：

刊　　期：1942（1）

页　　码：29－30

304. 题　　名：命令：浙江高等法院训令：会
文字第一九三六号（中华民国
三十年十二月十六日）：令各
级法院院长、各级法院首席检
察官、本院驻绍临时庭庭长
等：奉令饬知国防最高委员会

解释窃盗兵工厂制造物品材料
人犯一律以盗卖军用品论罪疑
义一案仰知照由

作　　者：郑文礼　　王秉彝

关 键 词：兵工厂制造物品材料　盗卖军
用品罪

摘　　要：奉令饬知，国防最高委员会解
释：窃盗兵工厂制造物品材料
人犯，一律以盗卖军用品论
罪，仰知照。

期刊名称：浙江司法半月刊

主办单位：

刊　　期：1942（2）

页　　码：32 - 33

305. 题　　名：命令：浙江高等法院训令：会
文字第一九〇三号（中华民国
三十年十二月十日）：令各级
法院院长、各级法院首席检察
官、本院驻绍临时庭庭长等：
奉令转发军事委员会行政院会
同公布施行收复地区善后办法
仰知照由

作　　者：郑文礼　　王秉彝

关 键 词：收复地区善后办法

摘　　要：奉令转发，军事委员会、行政
院会同公布施行之《收复地区
善后办法》，仰知照。

期刊名称：浙江司法半月刊

主办单位：

刊　　期：1942（2）

页　　码：8 - 9

306. 题　　名：浙江高等法院训令：会文字第
一六一〇号（中华民国三十年
十月二十日）：令各级法院院
长、各级法院首席检察官、本
院驻绍临时庭庭长等：奉令通
饬施行律师惩戒规则仰遵照并
转饬该地律师公会遵照由

作　　者：郑文礼　　王秉彝

关 键 词：律师惩戒规则　律师公会

摘　　要：奉令通饬施行《律师惩戒规
则》，仰遵照并转饬该地律师
公会遵照。

期刊名称：浙江司法半月刊

主办单位：

刊　　期：1942（1）

页　　码：7 - 8

307. 题　　名：命令：浙江高等法院训令：会
文字第一六九三号（中华民国
三十年十月三十日）：令各县
县长兼理县司法处行政事务、
本院驻绍临时庭庭长、本院浙
西临时庭检察官等：奉令通饬
关于五届八中全会各案之实施
仍遵前例由承办机关将实施事
项之开始与完成期限考核方法
等规定报核等因仰遵照由

作　　者：郑文礼　　王秉彝

关 键 词：

摘　　要：令各县县长兼理县司法处行政
事务、浙江高等法院驻绍临时
庭庭长、高等法院浙西临时庭
检察官等遵照：关于五届八中
全会各案之实施，仍遵前例，
由承办机关将实施事项之开始
与完成期限、考核方法等规定
报核。

期刊名称：浙江司法半月刊

主办单位：

刊　　期：1942（2）

页　　码：19 - 20

308. 题　　名：浙江高等法院训令：会文字第
一五九六号（中华民国三十年
十月十八日）：令各级法院院
长、各级法院首席检察官、本
院驻绍临时庭庭长等：奉令通
饬为国府令颁严禁违背法令滥
施体刑核定办法三项饬属遵照
等因仰遵照由

作　　者：郑文礼　　王秉彝

关 键 词：体刑　人权

摘　　要：奉令通饬国民政府所颁之《严
禁违背法令滥施体刑核定办法
三项》，饬属遵照，以重人权，
仰遵照。

期刊名称：浙江司法半月刊

主办单位：

刊　　期：1942（1）

页　　码：18 - 19

309. 题　　名：浙江高等法院训令：会文字第
一四三一号（中华民国三十年
十月一日）：令本院驻绍临时

庭庭长、本院浙西临时庭检察官、各级法院院长等：奉令通饬施行律师检核办法令仰知照由

作　　者：郑文礼　王秉彝

关　键　词：律师检核办法

摘　　要：奉令通饬施行《律师检核办法》，令仰知照。

期刊名称：浙江司法半月刊

主办单位：

刊　　期：1942（1）

页　　码：6

310. 题　名：命令：浙江高等法院训令：会文字第一七一〇号（中华民国三十年十月三十日）：令各级法院院长、各级法院首席检察官、本院驻绍临时庭庭长等：奉令通饬为国府公布航空法仰知照由

作　　者：郑文礼　王秉彝

关　键　词：航空法

摘　　要：奉令通饬国民政府公布之《航空法》，仰知照。

期刊名称：浙江司法半月刊

主办单位：

刊　　期：1942（2）

页　　码：3 - 4

311. 题　名：命令：浙江高等法院训令：会文字第一七二四号（中华民国三十年十月三十一日）：令各县县长兼理县司法处行政事务、本院驻绍临时庭庭长、本院浙西临时庭检察官等：奉令通饬施行行政院公布之烟犯服役赎罪规程及公务员军警调验等规则又国府明令废止以前禁烟及公务员调验等两种规则仰知照由

作　　者：郑文礼　王秉彝

关　键　词：

摘　　要：奉令通饬施行行政院公布之《烟犯服役赎罪规程》及《公务员军警调验规则》，仰知照由。

期刊名称：浙江司法半月刊

主办单位：

刊　　期：1942（2）

页　　码：5 - 6

312. 题　名：命令：浙江高等法院训令：会文字第一七四〇号（中华民国三十年十一月三日）：令各级法院院长、各级法院首席检察官、本院驻绍临时庭庭长等：奉令通饬施行行政院公布之战地收复地区肃清烟毒规程仰知照由

作　　者：郑文礼　王秉彝

关　键　词：

摘　　要：奉令通饬施行行政院公布之《战地收复地区肃清烟毒规程》，仰知照。

期刊名称：浙江司法半月刊

主办单位：

刊　　期：1942（2）

页　　码：7 - 8

313. 题　名：浙江高等法院训令：会文字第一六一一号（中华民国三十年十月二十日）：令各地方法院院长、各地方法院首席检察官：奉令通饬施行律师公会平民法律扶助实施办法大纲仰知照并转令该地律师公会遵照由

作　　者：郑文礼　王秉彝

关　键　词：律师公会　平民法律扶助实施办法大纲

摘　　要：奉令通饬施行《律师公会平民法律扶助实施办法大纲》，仰知照，并转令该地律师公会遵照。

期刊名称：浙江司法半月刊

主办单位：

刊　　期：1942（1）

页　　码：8 - 9

314. 题　名：浙江高等法院训令：文字第五〇三号（中华民国三十年三月十三日）：令本院驻绍、浙西临时庭庭长、检察官、各级法院院长、首席检察官等：奉令通饬施行律师法仰知照由

作　　者：郑文礼　王秉彝

关　键　词：律师法

摘　　要：奉令通饬施行《律师法》，仰

知照。

期刊名称：浙江司法半月刊

主办单位：

刊　　期：1942（1）

页　　码：4－5

315. 题　　名：命令：浙江高等法院训令：文
会字第三七九号（中华民国三
十六年一月三十日）：令各级
法院院长、各级法院首席检察
官、各县司法处主任审判官：
奉令准交通部为邮政人员奉命
仍应通邮留守沦陷区经过情形
令仰知照由

作　　者：郑文礼　王秉彝

关 键 词：

摘　　要：奉令准交通部为邮政人员奉命
仍应通邮留守沦陷区经过情
形，令仰知照。

期刊名称：浙江司法半月刊

主办单位：

刊　　期：1947，复刊1（2）

页　　码：17－21

316. 题　　名：命令：浙江高等法院检察处训
令：训字第四三六号（民国三
十六年二月十七日）：令各级
法院首席检察官、各县司法
处：令仰饬属一体协缉各案内
未获人犯鲁清等归案解究由
（附表）

作　　者：王秉彝

关 键 词：协缉

摘　　要：令各级法院首席检察官、各兼
理司法县长，协缉浙江省内各
院、县各案内未获人犯归案。

期刊名称：浙江司法半月刊

主办单位：

刊　　期：1947，复刊1（2）

页　　码：38－40

317. 题　　名：命令：司法行政训令：京训
（刑）字第七二〇二号（三十
五年十一月二十日）：令高等
法院院长、首席检察官：为
抄发讯问笔录捺印指纹办法
仰参照办理由

作　　者：

关 键 词：讯问笔录捺印指纹办法

摘　　要：抄发《讯问笔录捺印指纹办
法》，令高等法院院长、首席
检察官参照办理。

期刊名称：浙江司法半月刊

主办单位：

刊　　期：1947，复刊1（2）

页　　码：2

318. 题　　名：命令：浙江高等法院训令：第
一五二六号：令临海分院院
长、首席检察官：为令饬迅将
匪犯董子炳依法办理由（中华
民国十九年三月一日）

作　　者：郑文礼　郑畋

关 键 词：缉匪　首席检察官

摘　　要：令临海分院院长、首席检察官
饬迅将匪犯董子炳依法办理。

期刊名称：浙江司法半月刊

主办单位：

刊　　期：1930，1（5）

页　　码：30－32

319. 题　　名：命令：浙江高等法院检察处训
令：第一四八五号：令各级法
院首席检察官、各兼理司法县
长：协缉鄞县舒阿玉等被劫一
案赃盗由（中华民国十九年二
月十二日）

作　　者：郑畋

关 键 词：协缉　首席检察官　兼理司法
县长

摘　　要：令各级法院首席检察官、各兼
理司法县长协缉鄞县舒阿玉等
被劫一案赃盗。

期刊名称：浙江司法半月刊

主办单位：

刊　　期：1930，1（5）

页　　码：38－39

320. 题　　名：命令：浙江高等法院训令：第
六九九一号（中华民国十九年
八月十三日）：令各级法院院
长、各级法院首席检察官、各
兼理司法县长：为奉令转发农
矿部公布之进出口及转口食粮
查验登记章程由

作　　者：郑文礼　郑畋

关 键 词：农矿部　进出口及转口食粮查
验登记章程

摘　　　要：转发农矿部公布之《进出口及
转口食粮查验登记章程》。

期刊名称：浙江司法半月刊

主办单位：

刊　　　期：1930，1（16）

页　　　码：8－9

321.题　　名：命令：浙江高等法院训令：第
七七一号：令各级法院院长、
首席检察官、兼理司法县长：
为抄发人民团体设立程序由
（中华民国十九年一月二十八
日）

作　　　者：郑文礼　郑畎

关　键　词：人民团体设立程序　首席检察
官　兼理司法县长

摘　　　要：令各级法院院长、首席检察
官、兼理司法县长知照：国民
政府于民国十九年一月二十
八日颁布了《人民团体设立程
序》。

期刊名称：浙江司法半月刊

主办单位：

刊　　　期：1930，1（3）

页　　　码：7

322.题　　名：命令：浙江高等法院训令：第
一九三号：令各级法院院
长、首席检察官、各兼理司法
县长：为奉令转饬在职人员一
律服用国货由（中华民国十九
年三月十八日）

作　　　者：郑文礼　郑畎

关　键　词：在职人员　国货　首席检察官
兼理司法县长

摘　　　要：令各级法院院长、首席检察
官、各兼理司法县长知照：在
职人员一律服用国货。

期刊名称：浙江司法半月刊

主办单位：

刊　　　期：1930，1（6）

页　　　码：16－17

323.题　　名：命令：浙江高等法院训令：第
一一三九一号（中华民国二十
一年五月二十三日）：令各兼
理司法县长、各级法院院长、
各级法院首席检察官等：为奉
令嗣后不得有函托干谒情事倘

或违令尝试查系公务人员即由
各机关长官提付惩戒等因令仰
遵照由

作　　　者：郑文礼　郑畎

关　键　词：公务人员　函托干谒情事　惩戒

摘　　　要：令各兼理司法县长、各级法院
院长、各级法院首席检察官等
知照：嗣后不得有函托干谒情
事，倘或违令尝试，查系公务
人员即由各机关长官提付
惩戒。

期刊名称：浙江司法半月刊

主办单位：

刊　　　期：1932，3（12）

页　　　码：4－5

324.题　　名：命令：浙江高等法院训令：第
七八八二号（中华民国十九年
九月九日）：令各级法院院长、
各级法院首席检察官、各兼理
司法县长：为缉私队官兵犯罪
办法抄发原抄令暨呈各一件由

作　　　者：郑文礼

关　键　词：缉私队官兵　犯罪　陆海空军
刑法　普通刑法

摘　　　要：财政部所属缉私队官兵如实负
有警备地方责任可暂照《陆海
空军刑法》审判，其他专任缉
私者仍当适用普通刑法。

期刊名称：浙江司法半月刊

主办单位：

刊　　　期：1930，1（18）

页　　　码：10－12

325.题　　名：命令：浙江高等法院训令：第
三九三八号：令各级法院院
长、各级法院首席检察官、各
兼理司法县长：为抄发检查舟
车飞机私运鸦片办法由（中华
民国十九年五月十三日）

作　　　者：郑文礼

关　键　词：禁烟委员会　私运鸦片

摘　　　要：转发禁烟委员会检查舟车飞机
私运鸦片办法。

期刊名称：浙江司法半月刊

主办单位：

刊　　　期：1930，1（10）

页　　　码：22－24

326. 题　　名：命令：浙江高等法院训令：第二五八六号：令各级法院院长、各级法院首席检察官：为奉令抄发修正商会法第四十二条条文由（中华民国十九年四月五日）

作　　者：郑文礼

关 键 词：商会法　首席检察官

摘　　要：《商会法》第四十二条修正条文已见政府公告不再抄发，并知照该院院长及首席检察官及所属部门。

期刊名称：浙江司法半月刊

主办单位：

刊　　期：1930，1（7）

页　　码：18－19

327. 题　　名：命令：浙江高等法院训令：第一九五九号：令各级法院院长、各级法院首席检察官、各兼理司法县长：为转令知照在行政法院未成立前官署违法处分暂援旧法办理由（中华民国十九年三月十七日）

作　　者：郑文礼

关 键 词：行政法院　官署违法　旧法

摘　　要：在行政法院成立前，官署违法处分暂援旧法。

期刊名称：浙江司法半月刊

主办单位：

刊　　期：1930，1（6）

页　　码：13－14

328. 题　　名：命令：浙江高等法院检察处训令：第一一二〇九号（中华民国十九年八月）：令各级法院首席检察官：为法警之撤换补充应照前颁服务惩奖各规则随时具报由

作　　者：郑畋

关 键 词：法警　撤换补充　服务奖惩

摘　　要：法警任用得当与否，与当事人有密切利害关系，应特别注意并随时整顿。法警的撤换补充应依照前颁规则切实办理。

期刊名称：浙江司法半月刊

主办单位：

刊　　期：1930，1（16）

页　　码：22

329. 题　　名：命令：浙江高等法院训令：第四九九五号：令各级法院院长、各级法院首席检察官、各兼理司法县长：令仰遵照部令设法减少监所人犯由（中华民国十九年六月十一日）

作　　者：郑文礼

关 键 词：监所　在押犯

摘　　要：借鉴江苏省监所在押犯过多的成因及解决办法，令本省设法减少监所在押人犯。

期刊名称：浙江司法半月刊

主办单位：

刊　　期：1930，1（12）

页　　码：10－11

330. 题　　名：命令：浙江高等法院检察处训令：第七九七七号：令各级法院首席检察官、兼理司法县长：奉令转发司法院院字第二八〇号训令仰即遵照由（中华民国十九年六月十三日）

作　　者：郑畋

关 键 词：管束条例　最高法院　解释

摘　　要：关于各法院依照管束条例裁决案件应如何办理的疑义，最高法院已经作出相关解释，现奉令转发。

期刊名称：浙江司法半月刊

主办单位：

刊　　期：1930，1（12）

页　　码：25－26

331. 题　　名：命令：浙江高等法院训令：第五〇二四号：令各级法院院长、各级法院首席检察官、各兼理司法县长：为奉令转发西医条例由（中华民国十九年六月十二日）

作　　者：郑文礼

关 键 词：西医条例

摘　　要：《西医条例》现已制定并公布，施行日期另行公布，《西医条例》应抄发并知照所属部门。

期刊名称：浙江司法半月刊

主办单位：

刊　　期：1930，1（12）

332. 题　　名：命令：浙江高等法院训令：第一〇三一七号（中华民国十九年十一月十七日）：令各级法院院长、各级法院首席检察官、各兼理司法县长：为奉令请领军用护照必须详细填具说明书给领护照后不得率请换发等因转令知照由

作　　者：郑文礼

关键词：军用护照　首席检察官

摘　　要：因各机关各部队领取本府军用运输护照时，往往不按照规定事先审核，带来各类问题，导致需要申请换发。以后申请领取护照时，必须详细填具说明书，一经领取不得率请换发。此令知照各级法院院长、首席检察官及所属机构。

期刊名称：浙江司法半月刊

主办单位：

刊　　期：1930，1（22）

页　　码：19－20

333. 题　　名：命令：浙江高等法院训令：第八〇四二号（中华民国十九年九月十二日）：令各级法院院长、各级法院首席检察官、各兼理司法县长：为奉令转发查验外人入境护照规则及施行细则并查验表令仰知照由

作　　者：郑文礼

关键词：护照规则

摘　　要：行政院已公布《查验外人入境护照规则》及实施细则，并附查验表一份，知照各部门。

期刊名称：浙江司法半月刊

主办单位：

刊　　期：1930，1（18）

页　　码：24－30

334. 题　　名：命令：浙江高等法院检察处训令：第一二七四八号：令各级法院首席检察官、各兼理司法县长：令各院县为协缉凌贵福家被劫赃盗务获解究由（中华民国十八年十二月二十三日）

作　　者：郑畋

关键词：被盗抢劫　协缉　首席检察官

摘　　要：吴兴县凌贵福家被盗抢劫（附失单），令各级法院首席检察官、各兼理司法县长协缉。

期刊名称：浙江司法半月刊

主办单位：

刊　　期：1930（创刊号）

页　　码：23－25

335. 题　　名：命令：浙江高等法院检察处训令：第三四四八号：令各级法院首席检察官、各兼理司法县长：协缉长兴曹恒福被劫一案赃盗并营救出险由（中华民国十九年三月二十日）

作　　者：郑畋

关键词：协缉　首席检察官

摘　　要：长兴县曹恒福家接连两次被抢，其子被劫一案，令各级法院首席检察官、各兼理司法县长严密查缉涉案盗匪，设法营救人质。

期刊名称：浙江司法半月刊

主办单位：

刊　　期：1930，1（7）

页　　码：41－42

336. 题　　名：命令：浙江高等法院检察处训令：第一九四〇号：令各级法院首席检察官、各兼理司法县长：监所犯脱逃通令协缉由（中华民国十九年二月二十一日）

作　　者：郑畋

关键词：监所犯　脱逃　协缉

摘　　要：临海监所犯人金林官等脱逃，在督促该监所管狱员追缉的同时，准予通令协缉。

期刊名称：浙江司法半月刊

主办单位：

刊　　期：1930，1（5）

页　　码：45－46

337. 题　　名：命令：浙江高等法院检察处训令：第一一二六号：令各级法院首席检察官、各兼理司法县长：平湖周月和家被劫通缉赃盗解究由（中华民国十九年二月五日）

作　　者：

关键词：被劫　通缉

摘　　要：平湖县周月和家被劫，勘察属实，令各地设法会剿，早日肃清盗匪。

期刊名称：浙江司法半月刊

主办单位：

刊　　期：1930，1（3）

页　　码：25－27

338. 题　　名：命令：浙江高等法院检察处训令：第三二九号：令各级法院首席检察官、各兼理司法县长：令各院县为协缉被告吴其洒等务获解究由（中华民国十九年一月十三日）

作　　者：郑畋

关键词：协缉

摘　　要：袁英连诉吴其洒等人命一案，吴其洒等被告多次被警员会同公安局严拘未获，令各地协缉犯罪嫌疑人。

期刊名称：浙江司法半月刊

主办单位：

刊　　期：1930，1（2）

页　　码：41－42

339. 题　　名：命令：浙江高等法院训令：第三六六六号：令各级法院院长、各首席检察官：为奉令转知修正司法院监督国立大学法律科规程及修正司法院特许私立法政学校设立规程由（中华民国十九年五月七日）

作　　者：郑文礼

关键词：国立大学法律科规程　私立法政学校设立规程　首席检察官

摘　　要："司法院监督国立大学法律科规程"第二条之修正条文，以及"司法院特许私立法政学校设立规程"之修正条文，已见政府公报，不再抄发，知照各级法院院长、各首席检察官及所属各部。

期刊名称：浙江司法半月刊

主办单位：

刊　　期：1930，1（10）

页　　码：6－7

340. 题　　名：命令：浙江高等法院检察处训令：第一二八三九号：令各级法院首席检察官、各兼理司法县长：令各院县为协缉黄岩黄有斌被劫案赃盗并营救被掳人出险由（中华民国十八年十二月三十一日）

作　　者：郑畋

关键词：抢劫　绑架　协缉

摘　　要：黄岩县黄有斌家被劫、家人被绑架一案，令公安局及保安队营救被掳人出险，并缉拿赃盗。

期刊名称：浙江司法半月刊

主办单位：

刊　　期：1930，1（2）

页　　码：23－24

341. 题　　名：命令：浙江高等法院训令：第四二〇〇号：令各级法院院长、各级法院首席检察官、各兼理司法县长：为奉令转知规定陆军军服礼服颜色由（中华民国十九年五月十九日）

作　　者：郑文礼

关键词：陆军军服颜色

摘　　要：陆军军常服、军礼服条例经由职部修正呈准公布在案，非军事机关公务人员随从差弁卫队丁役与公安长警缉私巡逻地方保安团防等所着制服制式颜色自应另有规定，以示区别。经职部规定陆军军常服颜色除中央军官学校及教导师警卫旅特准用草绿色外，国府参军处、国军编遗委员会、军事参议院、总司令部、参谋本部、训练总监部及职部所属各军事机关、学校、部队人员一律用深灰色，其他一切机关所属各类人员均不得采用以上两种颜色。上述规定奉令转知各部门。

期刊名称：浙江司法半月刊

主办单位：

刊　　期：1930，1（10）

页　　码：32－33

342. 题　　名：命令：浙江高等法院检察处训令：第四一七二号：令各级法院首席检察官、各兼理司法县长：协缉嘉兴朱生宝等被劫一案赃盗由（中华民国十九年四月三日）

作　　者：郑畋

关 键 词：被劫　协缉

摘　　要：嘉兴朱生宝等被劫并受伤，经查属实，令各地协助缉拿。

期刊名称：浙江司法半月刊

主办单位：

刊　　期：1930，1（8）

页　　码：16－17

343. 题　　名：命令：浙江高等法院训令：第一三八三号：令各级法院院长、各级法院首席检察官：为奉令恭读总理遗嘱时应先读总理遗嘱四字转饬遵照由（中华民国十九年二月二十四日）

作　　者：郑文礼

关 键 词：总理遗嘱

摘　　要：各机关、各团体举行集会在恭读总理遗嘱时，必须先读"总理遗嘱"四字，并不可将"总理遗嘱"四字任意更易，转饬遵照执行。

期刊名称：浙江司法半月刊

主办单位：

刊　　期：1930，1（5）

页　　码：20－21

344. 题　　名：命令：浙江高等法院检察处训令：第一〇四六号：令各级法院首席检察官、各兼理司法县长：武康王杨氏家被匪绑掳通令缉救由（中华民国十九年一月二十九日）

作　　者：郑畋

关 键 词：绑掳　缉救

摘　　要：武康王杨氏家被匪绑掳，经查属实，令各地设法营救人质并通缉缉拿匪徒。

期刊名称：浙江司法半月刊

主办单位：

刊　　期：1930，1（3）

页　　码：22－23

345. 题　　名：命令：浙江高等法院训令：第六四四二号（中华民国十九年七月二十五日）：令各级法院院长、各级法院首席检察官、各兼理司法县长：为奉令转知公布票据法施行法由

作　　者：郑文礼

关 键 词：票据法施行法

摘　　要：《票据法施行法》现已制定并公布，法规内容见中华民国十九年七月十日国民政府公报，不再抄发，令各地周知。

期刊名称：浙江司法半月刊

主办单位：

刊　　期：1930，1（15）

页　　码：12－13

346. 题　　名：命令：浙江高等法院训令：第一五八九号：令瑞安县法院院长、首席检察官：令饬妥拟瑞安律师公会普通会员名额并补送会则由（中华民国十九年三月四日）

作　　者：郑文礼

关 键 词：律师公会　普通会员　会则　首席检察官

摘　　要：对于律师钱蔚等呈请在瑞安县法院所在地设立律师公会一事，浙江高等法院令瑞安县法院院长、首席检察官妥拟瑞安律师公会普通会员名额，并补送会则。

期刊名称：浙江司法半月刊

主办单位：

刊　　期：1930，1（5）

页　　码：33

347. 题　　名：命令：第五七三五号（中华民国十九年七月二日）：令各级法院院长、各兼理司法县长：为通缉何毛头由

作　　者：郑文礼

关 键 词：检察官起诉　杀人案　通缉书

摘　　要：窃职院准检察官起诉何毛头杀人一案。被告何毛头早已远扬无踪，核准予通饬严缉获解，抄发通缉书。

期刊名称：浙江司法半月刊

主办单位：

刊　　期：1930，1（13）

页　　码：20

348. 题　　名：命令：第五七三三号（中华民国十九年七月二日）：令各级法院院长、各兼理司法县长：为通缉俞正徐由

作　　者：郑文礼

关 键 词：检察官起诉　妨害家庭案　通缉书

摘　　要：窃职院准检察官起诉俞正徐妨害家庭一案。该被告俞正徐早已远扬无踪，开具该被告通缉书，核准通饬严缉获解。

期刊名称：浙江司法半月刊

主办单位：

刊　　期：1930，1（13）

页　　码：18

349. 题　　名：命令：第七九一九号（中华民国十九年九月九日）：令各级法院院长、各兼理司法县长：为通缉滥交四等由

作　　者：郑文礼

关 键 词：检察官起诉　绑匪案　通缉书

摘　　要：窃职院准检察官起诉滥交四等绑匪一案。被告滥交四等早已远扬无踪，开具通缉书，准予通饬严缉务获解究实为公便。

期刊名称：浙江司法半月刊

主办单位：

刊　　期：1930，1（18）

页　　码：17－18

350. 题　　名：命令：第七一三四号（中华民国十九年八月十六日）：令各级法院院长、各兼理司法县长：为通缉钱小喜由

作　　者：郑文礼

关 键 词：检察官起诉　窃盗案　通缉书

摘　　要：窃查职院检察官起诉钱小喜窃盗一案。该被告自犯罪后潜逃无踪，迭经派警侦拘无获，开具通缉书，核准赐通令协缉务获解案讯办实为公便。

期刊名称：浙江司法半月刊

主办单位：

刊　　期：1930，1（16）

页　　码：17

351. 题　　名：命令：第七九八四号（中华民国十九年九月十一日）：令各级法院院长、各兼理司法县长：为通缉徐阿富等由

作　　者：郑文礼

关 键 词：检察官起诉　诈财案　通缉书

摘　　要：窃职院准检察官起诉徐阿富等诈财一案。该被告等早已远扬无踪，开具该被告徐阿富等通缉书，核准通饬严缉务获解究实为公便。

期刊名称：浙江司法半月刊

主办单位：

刊　　期：1930，1（18）

页　　码：22－23

352. 题　　名：命令：第七八八〇号（中华民国十九年九月九日）：令各级法院院长、各兼理司法县长：为通缉蔡阿毛由

作　　者：郑文礼

关 键 词：检察官起诉　诬告案　通缉书

摘　　要：窃职院准检察官起诉蔡阿毛诬告一案。迭经饬警拘提被告蔡阿毛逃匿未获，除将该被告所缴保证金一百元依法没入外，理合缮具通缉书。

期刊名称：浙江司法半月刊

主办单位：

刊　　期：1930，1（18）

页　　码：12

353. 题　　名：命令：第八一〇二号（中华民国十九年九月十三日）：令各级法院院长、各兼理司法县长：为通缉孙老蒋由

作　　者：郑文礼

关 键 词：检察官起诉　便利逃脱　通缉书

摘　　要：案准检察官起诉孙老蒋便利逃脱一案。查该被告孙老蒋一名自本案发生后逃亡出境，无从拘提，理合缮具通缉书。

期刊名称：浙江司法半月刊

主办单位：

刊　　期：1930，1（18）

页　　码：53－54

354. 题　　名：命令：第七九三四号（中华民国十九年九月十日）：令各级法院院长、各兼理司法县长：为通缉僧洪照由

作　　者：郑文礼

关　键　词：检察官起诉　鸦片案　通缉书

摘　　要：窃职院准检察官起诉僧洪照鸦片一案。该被告早已远扬无踪，开具该被告僧洪照通缉书，核准通饬严缉务获解。

期刊名称：浙江司法半月刊

主办单位：

刊　　期：1930，1（18）

页　　码：19－20

355. 题　　名：命令：第七八一二号（中华民国十九年九月六日）：令各级法院院长、各兼理司法县长：为通缉金和尚由

作　　者：郑文礼

关　键　词：检察官起诉　杀人案　通缉书

摘　　要：案准检察官起诉金和尚杀人一案。该被告自出事之后远扬他方避匿无迹难缉获，开具该被告籍贯、住所及年貌备文，赐通令协缉实为公便。

期刊名称：浙江司法半月刊

主办单位：

刊　　期：1930，1（18）

页　　码：2－3

356. 题　　名：命令：第五九三七号（中华民国十九年七月十日）：令各级法院院长、各兼理司法县长：为通缉郭从相由

作　　者：郑文礼

关　键　词：检察官起诉　抢夺案　通缉书

摘　　要：案准检察官起诉郭从相等抢夺等一案，除被告刘火荣、刘喜生二名业经职院判决外，至被告郭从相一名迭经拘提未获，据去警复，该被告逃亡出境，不知去向，开具该被告籍贯、住所备文，赐通令协缉实为公便。

期刊名称：浙江司法半月刊

主办单位：

刊　　期：1930，1（14）

页　　码：11－12

357. 题　　名：命令：第六九六五号（中华民国十九年八月十二日）：令各级法院院长、各兼理司法县长：为通缉李亭归案由

作　　者：郑文礼

关　键　词：检察官起诉　贩运红凡　通缉书

摘　　要：案准检察官起诉李亭贩运红凡一案，查该被告李亭系驻兰浙江内河水上警察第一区第四队巡长，该李亭即于事后远扬无踪，依刑诉法第五十条予以通缉，开具通缉书备文。

期刊名称：浙江司法半月刊

主办单位：

刊　　期：1930，1（16）

页　　码：4－5

358. 题　　名：命令：第五七五五号（中华民国十九年七月三日）：令各级法院院长、各兼理司法县长：为通缉张李生由

作　　者：郑文礼

关　键　词：检察官起诉　诬告　通缉书

摘　　要：案准检察官起诉张李生诬告一案。该被告逃亡出境无从追寻，据此开具被告年籍备文，赐通令协缉实为公便。

期刊名称：浙江司法半月刊

主办单位：

刊　　期：1930，1（13）

页　　码：23－24

359. 题　　名：命令：第一〇〇五号（中华民国十九年十一月十日）：令各级法院院长、各兼理司法县长：为通缉余敏德等由

作　　者：郑文礼

关　键　词：检察官起诉　绑匪案　通缉书

摘　　要：案准检察官起诉金胜标等绑匪一案。处被告金胜标一名业已判决外，其余被告余敏德，即光同、老麻、小和尚三名，迭经职院饬警传拘未获，自此案发生后即已逃避无踪，不知去向，无从拘案。据此开具通缉书备文。

期刊名称：浙江司法半月刊

主办单位：

刊　　期：1930，1（22）

页　　码：10

360. 题　　名：命令：第二六九九号：令各级法院院长、各兼理司法县长：为通缉李大林太娘归案由（中华民国十九年四月十日）

作　　者：郑文礼

关 键 词：检察官起诉　略诱案　通缉书

摘　　要：案准检察官起诉李大林太娘略诱一案。该被告现已远扬他方，无从追寻，开具该被告籍贯、住所及年貌备文，赐通令协缉实为公便。

期刊名称：浙江司法半月刊

主办单位：

刊　　期：1930，1（8）

页　　码：5－6

361. 题　　名：命令：第五六二〇号（中华民国十九年六月二十八日）：令各级法院院长、各兼理司法县长：为通缉潘加恩由

作　　者：郑文礼

关 键 词：检察官起诉　杀人案　通缉书

摘　　要：窃职院受理同院检察官起诉潘加恩杀死万亲属一案，该被告潘加恩逃避无踪，经职院迭次派警拘拿未获，理合缮具通缉书备文，准予饬属一体严缉解究。

期刊名称：浙江司法半月刊

主办单位：

刊　　期：1930，1（13）

页　　码：14－15

362. 题　　名：命令：第八〇六二号（中华民国十九年九月十三日）：令各级法院院长、各兼理司法县长：为通缉夏芝祥由

作　　者：郑文礼

关 键 词：检察官起诉　吸食鸦片　通缉书

摘　　要：案准检察官起诉夏芝祥吸食鸦片一案。被拘人夏芝祥自此案发生后已畏罪潜逃，据此开具通缉书备文，通令严缉务获解

究实为公便。

期刊名称：浙江司法半月刊

主办单位：

刊　　期：1930，1（18）

页　　码：54－55

363. 题　　名：命令：第五九三八号（中华民国十九年七月十日）：令各级法院院长、各兼理司法县长：为通缉萧岩成归案由

作　　者：郑文礼

关 键 词：检察官起诉　杀人案　通缉书

摘　　要：案准检察官起诉萧岩成、叶阿岩杀人一案。除叶阿岩业已判决外，被告萧岩成一名迄拘未获，应予通缉。除分函严缉外，理合开具通缉书备文，饬属一体严缉务获解。

期刊名称：浙江司法半月刊

主办单位：

刊　　期：1930，1（14）

页　　码：13

364. 题　　名：命令：第七七九三号（中华民国十九年九月六日）：令各级法院院长、各兼理司法县长：为通缉刑事被告由

作　　者：郑文礼

关 键 词：检察官起诉　公诉　通缉书

摘　　要：窃职院受理检察官起诉公诉之刑事被告饬警，拘传多因逃避无踪，实难获案，除已先后函请江山县政府公安局驻江保安队，并饬警侦缉外，理合缮具通缉书清册备文，呈送核俯赐通令各司法警察官署，一并协缉务获解究实为公便。

期刊名称：浙江司法半月刊

主办单位：

刊　　期：1930，1（18）

页　　码：7－8

365. 题　　名：命令：第五七〇二号（中华民国十九年七月二日）：令各级法院院长、各兼理司法县长：为通缉蔡增茂由

作　　者：郑文礼

关 键 词：检察官起诉　侵占案　通缉书

摘　　要：窃职院准检察官起诉蔡增茂侵

占一案。被告早已远扬无踪，
开具该被告蔡增茂通缉书，通
饬严缉务获解究实为公便。

期刊名称：浙江司法半月刊

主办单位：

刊　　期：1930，1（13）

页　　码：17－18

366. 题　　名：命令：第三八八五号：令各级
法院院长、各兼理司法县长：
为呈请通缉赖爱司归案由（中
华民国十九年五月十二日）

作　　者：郑文礼

关 键 词：检察官起诉　窃盗案　通缉书

摘　　要：案准检察官起诉杨华标、赵才
奶、赖爱司等窃盗一案。除杨
华标、赵才奶业已判处罪刑
外，其余被告赖爱司一名送拘
未获，应予通缉，开具通缉书
备文，饬属一体严缉务获解究办
实为公便。

期刊名称：浙江司法半月刊

主办单位：

刊　　期：1930，1（10）

页　　码：16－17

367. 题　　名：命令：第九九九八号（中华民
国十九年十一月八日）：令各
级法院院长、各兼理司法县
长：为通缉蒋理足等由

作　　者：郑文礼

关 键 词：检察官起诉　杀人案　通缉书

摘　　要：窃职院准检察官起诉蒋理足等
杀人一案。被告蒋理足、蒋理
拾、蒋理秧、蒋理风、蒋理
九、蒋立均、蒋明乐等七名，
迭次饬警拘提逃亡未获，依法
应予通缉，准予通令协缉实为
公便。

期刊名称：浙江司法半月刊

主办单位：

刊　　期：1930，1（22）

页　　码：7－9

368. 题　　名：命令：第九二二号（中华民
国十九年十一月六日）：令各
级法院院长、各兼理司法县
长：为通缉陈乌皮保由

作　　者：郑文礼

关 键 词：检察官起诉　伤害案　通缉书

摘　　要：案准检察官起诉陈乌皮保伤害
一案。该被拘人拒捕后即于次
日携眷逃避他处，无从拘案，
据此开具通缉书备文，通令协
缉实为公便。

期刊名称：浙江司法半月刊

主办单位：

刊　　期：1930，1（22）

页　　码：5

369. 题　　名：命令：第七一三五号（中华民
国十九年八月十六日）：令各
级法院院长、各兼理司法县
长：为通缉陈云祥由

作　　者：郑文礼

关 键 词：检察官起诉　鸦片案　通缉书

摘　　要：案准检察官起诉陈潘氏等鸦片
一案。除被告陈潘氏一名业已
判决外，被告陈云祥一名送拘
未获，应予通缉，开具通缉书
备文，饬属一体严缉务获解究
实为公便。

期刊名称：浙江司法半月刊

主办单位：

刊　　期：1930，1（16）

页　　码：15－16

370. 题　　名：命令：第五七五四号（中华民
国十九年七月三日）：令各级
法院院长、各兼理司法县长：
为通缉朱士勋由

作　　者：郑文礼

关 键 词：检察官起诉　鸦片案　通缉书

摘　　要：案准检察官起诉朱文耀吸食鸦
片烟等一案，除朱文耀一名业
已判决确定，在案外被告朱士
勋一名，迭经着保限交均未到
案讯，据保人翁陈求供称该被
告自保出后，即行逃亡出境，
据此职院实属无处拘提，开具
该被告籍贯住所备文，通令协
缉实为公便。

期刊名称：浙江司法半月刊

主办单位：

刊　　期：1930，1（13）

页　　码：24－25

371. 题　　名：命令：第五六九二号（中华民

国十九年七月二日）：令各级
法院院长、各兼理司法县长：
为通缉张波声归案由

作　　者：郑文礼

关　键　词：检察官起诉　伪造文书　诈财
通缉书

摘　　要：案准检察官起诉程秋舫等伪造
文书及诈财一案。除程秋舫一
名业已判决处罪刑外，其余被
告张波声一名迭拘未获，应予
通缉，开具通缉书备文，饬属
一体严缉获解究办实为公便。

期刊名称：浙江司法半月刊

主办单位：

刊　　期：1930，1（13）

页　　码：16－17

372.　题　　名：命令：第八〇一四号（中华民
国十九年九月十一日）：令各
级法院院长、各兼理司法县
长：为通缉何阿士由

作　　者：郑文礼

关　键　词：检察官起诉　伤害案　通缉书

摘　　要：窃查职院受理检察官起诉何阿
士伤害一案。该被告早已远扬
无踪，开具该被告何阿士通缉
书，准予通饬严缉获解实为
公便。

期刊名称：浙江司法半月刊

主办单位：

刊　　期：1930，1（18）

页　　码：21－22

373.　题　　名：命令：第一〇三〇九号（中华
民国十九年十一月十七日）：
令各级法院院长、各兼理司法
县长：为通缉周松同由

作　　者：郑文礼

关　键　词：检察官起诉　土豪劣绅案　通
缉书

摘　　要：案准检察官起诉周松同土豪劣
绅一案。该被告经高二分院指
定管辖，由检察处起诉，职院
受理后迭函遂安县政府派警拘
摄，据覆被告逃避他乡，无从
拘获，除令函水陆军协缉外，
开具通缉书备文，饬属一体，
严缉务获究实为公便。

期刊名称：浙江司法半月刊

主办单位：

刊　　期：1930，1（22）

页　　码：20－21

374.　题　　名：命令：第六二二二号（中华民
国十九年七月十九日）：令各
级法院院长、各兼理司法县
长：为通缉项奶儿由

作　　者：郑文礼

关　键　词：检察官起诉　窃盗案　通缉书

摘　　要：案准检察官起诉张奶儿等窃盗
一案。除被告张奶儿获案判决
外，其余项奶儿一名于犯罪后
即行逃亡出境，应予通缉，通
令协缉实为公便。

期刊名称：浙江司法半月刊

主办单位：

刊　　期：1930，1（15）

页　　码：2－3

375.　题　　名：命令：第六九六四号（中华民
国十九年八月十二日）：令各
级法院院长、各兼理司法县
长：为通缉丁樟枝归案由

作　　者：郑文礼

关　键　词：检察官起诉　故意致人重伤
通缉书

摘　　要：案查职院受理检察官起诉丁帝
帝、丁樟枝故意致人重伤一
案。业将丁帝帝拘获科刑在
案，惟被告丁樟枝自肇事后即
畏罪远扬，经职院迭饬干警拘
提，卒不获踪，依刑诉法第五
十一条制作通缉书备文，饬属
一体严缉归案讯办实为公便。

期刊名称：浙江司法半月刊

主办单位：

刊　　期：1930，1（16）

页　　码：6－7

376.　题　　名：命令：第五九七四号（中华民
国十九年七月十一日）：令各
级法院院长、各兼理司法县
长：为通缉雷观有归案由

作　　者：郑文礼

关　键　词：检察官起诉　抢夺案　通缉书

摘　　要：案准检察官起诉雷观有抢夺等
一案，业经职院饬警拘提，据

去警覆称，该被告系属佘田民，向无一定居所，类聚俗异，不与我汉人为伍，自本案发生后辙扬然而逸罔知所，职院实属无从拘提，开具该被告住所备文，通令协缉实为公便。

期刊名称：浙江司法半月刊

主办单位：

刊　　期：1930，1（14）

页　　码：14

377. 题　　名：命令：第七七七号（中华民国十九年九月六日）：令各级法院院长、各兼理司法县长：为通缉刘红山由

作　　者：郑文礼

关 键 词：检察官起诉　杀人案　通缉书

摘　　要：职院受理检察官起诉刘红山杀人一案。被告刘红山迭拘未获，应予通缉，填具通缉书状备文，通令协缉归案辩实为公便。

期刊名称：浙江司法半月刊

主办单位：

刊　　期：1930，1（18）

页　　码：3－4

378. 题　　名：命令：第六二二三号（中华民国十九年七月十九日）：令各级法院院长、各兼理司法县长：为通缉张光策由

作　　者：郑文礼

关 键 词：检察官起诉　诬告案　通缉书

摘　　要：案准检察官起诉张光策等诬告一案。除被告曾绍华梅、世克儿二名业经职院依法分别判决外，尚有张光策一名逃匿无踪，迭拘未获，应予通缉，制成通缉书一份，通令协缉务获究实为公便。

期刊名称：浙江司法半月刊

主办单位：

刊　　期：1930，1（15）

页　　码：3－4

379. 题　　名：命令：第五五二〇号（中华民国十九年六月二十六日）：令各级法院院长、各兼理司法县长：为通缉陈旭旦归案由

作　　者：郑文礼

关 键 词：检察官起诉　私运矿质　通缉书

摘　　要：案查新昌陈铭、陈旭旦等在嵊县雪坞山地方窃采矿质私运一案。经职院检察官侦查起诉，业将被告陈铭一名依法判决决案，至被告陈旭旦一名，自犯罪后潜逃无踪，迭经函请新昌县法院饬拘未获，附具通缉书备文，通令协缉解案讯办。

期刊名称：浙江司法半月刊

主办单位：

刊　　期：1930，1（13）

页　　码：11－12

380. 题　　名：命令：第五九三六号（中华民国十九年七月十日）：令各级法院院长、各兼理司法县长：为通缉逸犯徐老歪由

作　　者：郑文礼

关 键 词：检察官起诉　绑匪杀人案　通缉书

摘　　要：案准检察官起诉徐仁春等绑匪杀人一案。除被告徐仁春一名业已判决外，被告徐老歪迭拘未获，应予通缉，开具通缉书备文，饬属一体，严缉获解究实为公便。

期刊名称：浙江司法半月刊

主办单位：

刊　　期：1930，1（14）

页　　码：10－11

381. 题　　名：命令：第五五二二号（中华民国十九年六月二十六日）：令各级法院院长、各兼理司法县长：为通缉陈仁金由

作　　者：郑文礼

关 键 词：检察官起诉　鸦片案　通缉书

摘　　要：窃职院受理检察官陈仁今吸食鸦片及供吸鸦片一案。该被告人逃避无踪，缮具通缉状备文，准予饬属一体严缉解。

期刊名称：浙江司法半月刊

主办单位：

刊　　期：1930，1（13）

页　　码：10 – 11

382. 题　　名：命令：第七一七三号（中华民国十九年八月十七日）：令各级法院院长、各兼理司法县长：为通缉周菊金由

作　　者：郑文礼

关 键 词：检察官起诉　妨害自由　诈财案　通缉书

摘　　要：窃职院受理检察官起诉被告周菊金妨害自由及诈财一案。被告逃出境外无从拘查，实属不能进行审判，除停止程序外，准予令饬临县协同通缉归案，严办实为公便。

期刊名称：浙江司法半月刊

主办单位：

刊　　期：1930，1（16）

页　　码：18 – 19

383. 题　　名：命令：第一〇三〇八号（中华民国十九年十一月十七日）：令各级法院院长、各兼理司法县长：为通缉叶鹤年由

作　　者：郑文礼

关 键 词：检察官起诉　贩卖红丸　通缉书

摘　　要：案准检察官起诉叶竹轩等贩卖红丸一案。除叶竹轩、叶张氏、吴桂生三名业经判决外，尚有叶鹤年一名逃匿无踪，开具通缉书备文，通令协缉实为公便。

期刊名称：浙江司法半月刊

主办单位：

刊　　期：1930，1（22）

页　　码：19

384. 题　　名：命令：第六六七五号（中华民国十九年八月一日）：令各级法院院长、各兼理司法县长：为通令协缉邬金龙由

作　　者：郑文礼

关 键 词：检察官起诉　伪造货币案　通缉书

摘　　要：职院受理检察官起诉邬宝昌等伪造货币一案。尚有被告人邬金龙一名逃避无踪，缮具通缉书备文，准予饬属一体严缉

解究。

期刊名称：浙江司法半月刊

主办单位：

刊　　期：1930，1（15）

页　　码：20 – 21

385. 题　　名：命令：第六三三〇号（中华民国十九年七月二十二日）：令各级法院院长、各兼理司法县长：为通缉郦逢新等由

作　　者：郑文礼

关 键 词：检察处起诉　抢夺案　吸食鸦片　通缉书

摘　　要：窃职院受理同级检察处起诉郦至大等抢夺及吸食鸦片一案。除郦至大已获案审判外，其余郦元重、郦逢新二名拘提未获，应予通缉，缮具通缉书，通令所属一体协缉务获解究实为公便。

期刊名称：浙江司法半月刊

主办单位：

刊　　期：1930，1（15）

页　　码：10 – 11

386. 题　　名：命令：第五二一〇号（中华民国十九年六月十七日）：令各级法院院长、各兼理司法县长：为呈请通缉许见朝等归案由

作　　者：郑文礼

关 键 词：检察官起诉　共同伤害人致死　通缉书

摘　　要：案准属院检察官起诉许见朝等共同伤害人致死一案。被告许见朝等出事后当即远扬，在侦查及公判中一再饬警严拘未获，依刑诉法第五十一条制作通缉书，通令协缉归案，讯办实为公便。

期刊名称：浙江司法半月刊

主办单位：

刊　　期：1930，1（13）

页　　码：2 – 4

387. 题　　名：命令：第五六一九号（中华民国十九年六月二十八日）：令各级法院院长、各兼理司法县长：为通缉黎锡并由

作　　者：郑文礼

关　键　词：检察官起诉　鸦片案　通缉书

摘　　要：窃职院受理检察官起诉黎锡并吸食鸦片一案。该被告人黎锡并逃避无踪，经职院迭次派警拘拿未获，缮具通缉书状备文，准予饬属一体严缉解究实为公便。

期刊名称：浙江司法半月刊

主办单位：

刊　　期：1930，1（13）

页　　码：15－16

388.题　　名：命令：第六三二九号（中华民国十九年七月二十二日）：令各级法院院长、各兼理司法县长：为通缉张金忠等由

作　　者：郑文礼

关　键　词：检察官起诉　杀人案　通缉书

摘　　要：窃查汪廷荣诉张金忠等杀死伊弟汪廷华一案。业经职院检察官侦查起诉在案，查该被告张金忠、汪周氏自犯案后畏罪潜逃，迭经派警拘提未获，通令协缉获解案讯办实为公便。

期刊名称：浙江司法半月刊

主办单位：

刊　　期：1930，1（15）

页　　码：7－8

389.题　　名：命令：第七一三七号（中华民国十九年八月十六日）：令各级法院院长、各兼理司法县长：为通缉萧绍何归案由

作　　者：郑文礼

关　键　词：检察官起诉　共同窃盗案　通缉书

摘　　要：案准检察官起诉龚统发等共同窃盗一案。除龚统发一名业经判决外，尚有萧绍何一名忽匿境，忽审闽疆，踪迹无常势难拘获，依刑诉法第五十条予以通缉，并依同法第五十一条之规定，制成通缉书录，将通缉书一份备文，准予通令协缉。

期刊名称：浙江司法半月刊

主办单位：

刊　　期：1930，1（16）

页　　码：16－17

390.题　　名：命令：第三八一五号：令各级法院院长、各兼理司法县长：为通缉罗永炳归案由（中华民国十九年五月八日）

作　　者：郑文礼

关　键　词：检察官起诉　强盗　绑匪　鸦片案　通缉书

摘　　要：案据检察官起诉罗邦人、罗永定、罗永炳等强盗、绑匪及吸食鸦片一案。除罗邦人、罗永定、罗骚等业已判处罪刑外，其余被告罗永炳早已逃避不知去向，无从拘获，据此开具被告籍贯、住址备文，通令协缉实为公便。

期刊名称：浙江司法半月刊

主办单位：

刊　　期：1930，1（10）

页　　码：9－10

391.题　　名：命令：第六一一四号（中华民国十九年七月十六日）：令各级法院院长、各兼理司法县长：为通缉郑必荣等由

作　　者：郑文礼

关　键　词：检察处起诉　杀人未遂　通缉书

摘　　要：案准同检察处起诉郑必荣等杀人未遂一案。该郑必荣迄未到案，即经饬警严拘未获，除分函通缉外，缮具通缉书一并备文，饬属通缉实为公便。

期刊名称：浙江司法半月刊

主办单位：

刊　　期：1930，1（14）

页　　码：23－24

392.题　　名：命令：第四八八六号：令各级法院院长、各兼理司法县长：为呈请通令协缉徐福兴等归案由（中华民国十九年六月九日）

作　　者：郑文礼

关　键　词：窃职院　检察官公诉　通缉书

摘　　要：窃职院自十七年十月成立起，经检察官提起公诉之刑事被告饬警拘传，多因逃避无从实难

获案，除已饬警侦缉外，理合缮具通缉书清册备文，呈送仰祈钧长鉴核俯赐通令各司法警察署，一体协缉务获解究实为公便。

期刊名称：浙江司法半月刊
主办单位：
刊　　期：1930，1（12）
页　　码：6 - 9

393. 题　　名：命令：第三〇〇三号：令各级法院院长、各兼理司法县长：为通缉何必课解案讯办由（中华民国十九年四月十九日）

作　　者：郑文礼

关 键 词：检察官起诉　共同略诱案　通缉书

摘　　要：案准检察官起诉何必课、汤吉棠共同略诱一案。除汤吉棠一名业经审理判决外，至被告何必课一名送经职院饬警拘提未获，兹据法警报告，被告不知逃避何处，无从拘提，据此开具该被告何必课之住籍备文，通令协缉实为公便。

期刊名称：浙江司法半月刊
主办单位：
刊　　期：1930，1（8）
页　　码：11 - 12

394. 题　　名：命令：第三八七〇号：令各级法院院长、各兼理司法县长：为呈请通缉陈全招务获解究由（中华民国十九年五月十日）

作　　者：郑文礼

关 键 词：检察官起诉　伤害案　通缉书

摘　　要：案准检察官起诉陈全招伤害一案。送经职院饬警拘摄据复，该被告远逃无从，实难缉获，理合制成通缉书一份备文，准予通令协缉实为公便。

期刊名称：浙江司法半月刊
主办单位：
刊　　期：1930，1（10）
页　　码：15 - 16

395. 题　　名：命令：第七四六五号（中华民国十九年八月二十八日）：令各级法院院长、各兼理司法县长：为通缉王琴斋由

作　　者：郑文礼

关 键 词：检察官起诉　贩卖红丸　通缉书

摘　　要：案准检察官起诉王琴斋等贩卖红丸及侵占一案。除姚继勋、赵樟仁业已判决外，被告王琴斋一名自在检察处保出后，通匿无从，送拘未获，应予通缉，缮具通缉书备文，通令所属一体协缉务获解究实为公便。

期刊名称：浙江司法半月刊
主办单位：
刊　　期：1930，1（6）
页　　码：7

396. 题　　名：命令：第五八二二号（中华民国十九年七月五日）：令各级法院院长、各兼理司法县长：为通缉张子香等六名由

作　　者：郑文礼

关 键 词：检察官起诉　共同伤害案　通缉书

摘　　要：窃职院检察官起诉张子香等十一人共同伤害陈湘泉一案。该被告张子香自犯罪后，均各逃窜无从，送经派警拘提并分函驻嵊军警一体严密侦缉，先后获解张士正、张士见、张连盈、张纪庙、张香成等五名到案，也经开庭审明，分别判决在案，其余张香涛、张荣泉、张宝才、张康老、张岳中等六名均避匿远方，无从缉获，备具通缉书一份，通令所属一体协缉务获解案，讯办实为公便。

期刊名称：浙江司法半月刊
主办单位：
刊　　期：1930，1（14）
页　　码：5 - 6

397. 题　　名：命令：第五二三〇号：令各级法院院长、各兼理司法县长：为呈请通缉张永春归案讯办由（中华民国十九年六月十八日）

作　　者：郑文礼

关 键 词：检察官起诉 侵占案 通缉书

摘 要：案查张惠诉张永春侵占一案，业经职院检察官起诉在案，查被告张永春一名畏罪潜逃，迭拘未获，非通令协缉难期弋获，除分函驻嵊军警一体严缉外，理合附具通缉书备文，通令所属协缉被告张永春一名，务获解送以凭讯办实为公便。

期刊名称：浙江司法半月刊

主办单位：

刊 期：1930，1（12）

页 码：21 - 22

398. 题 名：命令：第六九六六号（中华民国十九年八月十二日）：令各级法院院长、各兼理司法县长：为通缉楼明凤归案讯办由

作 者：郑文礼

关 键 词：检察官起诉 和奸 共同杀人未遂 通缉书

摘 要：案准检察官起诉楼明凤等和奸及共同杀人未遂一案。除被告楼何氏春兰，业已判处罪刑外，被告楼明凤早已逃避不知去向，无从拘获，据此开具该被告楼明凤通缉书备文，通令严缉务获解究实为公便。

期刊名称：浙江司法半月刊

主办单位：

刊 期：1930，1（16）

页 码：7 - 8

399. 题 名：命令：第七五七九号（中华民国十九年九月三日）：令各级法院院长、各兼理司法县长：为通缉罗仲输等由

作 者：郑文礼

关 键 词：检察官起诉 恐吓 强盗案 通缉书

摘 要：案准检察官起诉罗昌辉等恐吓及强盗一案。除被告罗昌辉一名业已判处罪刑外，其余被告罗仲输、罗邦宗、罗昌河三名迭拘未获，开具通缉书备文，饬属一体严缉务获解究实为公便。

期刊名称：浙江司法半月刊

主办单位：

刊 期：1930，1（17）

页 码：12 - 13

400. 题 名：命令：第一四三一号：令各级法院院长、各兼理司法县长：为通令协缉沈大兴由（中华民国十九年二月二十二日）

作 者：郑文礼

关 键 词：检察官起诉 窃盗案 通缉书

摘 要：案准检察官起诉沈大兴毁封窃盗一案。业经职院开庭集讯，据该证人暨告诉人等金云，该被告不知何许人，似乎家住丽水缙云间，据此职院实属无从拘提，开具被告人年岁状貌等备文，通令协缉等，并情并附通缉书一纸。

期刊名称：浙江司法半月刊

主办单位：

刊 期：1930，1（5）

页 码：18 - 19

401. 题 名：命令：第八一〇一号（中华民国十九年九月十三日）：令各级法院院长、各兼理司法县长：为通缉逸犯王汉盈由

作 者：郑文礼

关 键 词：检察官起诉 抢夺案 通缉书

摘 要：案准检察官起诉汪仁恒等抢夺一案。除被告汪仁恒一名业已判决外，尚有被告王汉盈一名迭经职院饬警拘提，据去警复称被告王汉盈自此案发生后，即逃避他乡谋生不知去向，无从拘获，开具通缉书备文，饬属一体严缉务获解究实为公便。

期刊名称：浙江司法半月刊

主办单位：

刊 期：1930，1（18）

页 码：57

402. 题 名：命令：第八〇五九号（中华民国十九年九月十三日）：令各级法院院长、各兼理司法县长：为通令协缉林生有等由

作 者：郑文礼

关 键 词：检察官起诉 伪币案 通缉书

摘　　要：窃职院准检察官起诉林生有等行使伪币一案。被告林生有等送经饬警拘提迄未弋获，该被告等已远扬无踪，开具该被告林生有等通缉书，准予通饬严缉务获解究。

期刊名称：浙江司法半月刊

主办单位：

刊　　期：1930，1（18）

页　　码：55－56

403. 题　　名：命令：第六二二〇号（中华民国十九年七月十九日）：令各级法院院长、各兼理司法县长：为通缉雷火旺等六名由

作　　者：郑文礼

关 键 词：检察官起诉　强盗案　通缉书

摘　　要：案准检察官起诉雷火旺等强盗一案。送经饬警拘提复称，被告雷火旺、雷火财、雷老三、雷盛养、雷显发、蓝樟养等六名自本案发生后均逃亡出境，不知去向，据告诉人雷海源、证人雷新有亦均供称无异，据此职院以该被告等均逃亡无踪实难拘获，开具通缉书备文，通令协缉实为公便。

期刊名称：浙江司法半月刊

主办单位：

刊　　期：1930，1（15）

页　　码：4－5

404. 题　　名：命令：第三九三四号：令各级法院院长、各兼理司法县长：为呈请通缉王四妹归案由（中华民国十九年五月十三日）

作　　者：郑文礼

关 键 词：检察官起诉　绑匪案　通缉书

摘　　要：案准检察官起诉王秩兴、王阮氏、阮忠松、王四妹等绑匪一案。除王秩兴、王阮氏、阮忠松等已判处死刑外，其余被告王四妹一名送拘未获，应予通缉，开具通缉书备文，饬属一体严缉获解究办，实为公便。

期刊名称：浙江司法半月刊

主办单位：

刊　　期：1930，1（10）

页　　码：21－22

405. 题　　名：命令：第六三九六号（中华民国十九年七月二十四日）：令各级法院院长、各兼理司法县长：为通缉陈星赞等九名由

作　　者：郑文礼

关 键 词：检察官起诉　恐吓案　通缉书

摘　　要：案准同院检察官起诉陈灼松等恐吓一案。除陈灼松一名已获案审判外，其余陈星赞等九名逃避无踪，经职院送次派警严拘未获案，准予饬属一体严缉务获解究实为公便。

期刊名称：浙江司法半月刊

主办单位：

刊　　期：1930，1（15）

页　　码：11－12

406. 题　　名：命令：第八〇六号（中华民国十九年九月十三日）：令各级法院院长、各兼理司法县长：为通缉李根寿三名由

作　　者：郑文礼

关 键 词：检察官起诉　吸食鸦片　共同伤害　通缉书

摘　　要：窃职院准检察官起诉李根寿等吸食鸦片及共同伤害一案。送经饬警拘提被告李根寿等逃匿未获，应予通缉，缮具通缉书一纸备文，准予通令协缉实为公便。

期刊名称：浙江司法半月刊

主办单位：

刊　　期：1930，1（18）

页　　码：58

407. 题　　名：命令：第五二七三号：令各级法院院长、各兼理司法县长：为呈请通缉袁阿龙归案由（中华民国十九年六月十九日）

作　　者：郑文礼

关 键 词：检察官起诉　略诱案　通缉书

摘　　要：案查陈绍芳诉袁阿龙等略诱一案。业经职院检察官起诉并将被告裘阿盈讯名判决在案，至被告袁阿龙一名送次派警拘提，该犯畏罪潜逃，迄未拘获，除分函在嵊军警一体协缉

外，附具通缉书备文，通令所
属一体严缉被告袁阿龙一名，
务获解究实为公便。

期刊名称：浙江司法半月刊
主办单位：
刊　　期：1930，1（12）
页　　码：22

408.题　　名：命令：第六○三五号（中华民
国十九年七月十一日）：令各
级法院院长、各兼理司法县
长：为通缉杨光怀等四名由
作　　者：郑文礼
关键词：检察官起诉　窃盗案　通缉书
摘　　要：案准检察官起诉刘世妹等窃盗
一案。除刘世妹、游达德、游
达贵三名业经缉获判决外，其
余被告杨光根等四名，经职院
迭次饬警拘提，兹据去警复称
被告王老三以名不知何许人
也，被告杨光根、杨光怀、游
老四三名自本案发生后，均逃
亡出境无处拘提，据此职院以
该被告等既逃匿无踪，实难拘
获，开具被告等籍贯住所备
文，通令协缉实为公便。

期刊名称：浙江司法半月刊
主办单位：
刊　　期：1930，1（14）
页　　码：15－17

409.题　　名：命令：第七○一四号（中华民
国十九年八月十四日）：令各
级法院院长、各兼理司法县
长：为通缉金元和金学教二
名由
作　　者：郑文礼
关键词：检察官起诉　侵占案　通缉书
摘　　要：案据检察官起诉金元和等侵占
一案，送经职院拘提未获，据
去警复称，该被告金元和、金
学教二名于犯罪后即行逃亡出
境，讯据告诉人周三儿、证人
吴多勋亦复供称无异，据此该
被告等既均逃亡出境，应予通
缉，缮具通缉书备文，通令协
缉实为公便。

期刊名称：浙江司法半月刊

主办单位：
刊　　期：1930，1（16）
页　　码：11－12

410.题　　名：命令：第七五七八号（中华民
国十九年九月三日）：令各级
法院院长、各兼理司法县长：
为通缉梁景贤陈小功等由
作　　者：郑文礼
关键词：检察官起诉　盗匪案　通缉书
摘　　要：案准检察官起诉陈定祥等盗匪
一案。除被告陈定祥一名业已
判处罪刑外，其余被告梁景
贤、陈小功二名，送经职院饬
警拘提，据去警复称，早已逃
避不知去向，无从拘获，据此
开具通缉书备文，通令协缉实
为公便。

期刊名称：浙江司法半月刊
主办单位：
刊　　期：1930，1（17）
页　　码：8－9

411.题　　名：命令：第一三五二号：令各级
法院院长、各兼理司法县长：
为通令协缉徐奶儿由（中华民
国十九年二月二十二日）
作　　者：郑文礼
关键词：检察官起诉　窃盗案　通缉书
摘　　要：案准检察官起诉徐奶儿夜间侵
入窃盗一案。送经职院饬警拘
提，据该警复称该被告早已逃
避不知去向，实难拘获，据此
开具该被告籍贯、住所备文，
通令协缉并附通缉书一纸。

期刊名称：浙江司法半月刊
主办单位：
刊　　期：1930，1（5）
页　　码：17－18

412.题　　名：命令：第五二九二号：令各级
法院院长、各兼理司法县长：
为呈请撤销许见朝一名通缉由
（中华民国十九年六月十九日）
作　　者：郑文礼
关键词：检察官起诉　共同伤害致死案
撤销通缉
摘　　要：案准属院检察官起诉许见朝等
共同伤害人致死一案。因被告

等缉未获，曾于本年六月十二日呈请通令协缉在案，兹经属院选派干警严密探据，业经将许见朝一名拘获到院，除已依法开始公判外，理合具文呈报，对于许见朝撤销通缉。

期刊名称：浙江司法半月刊

主办单位：

刊　　期：1930，1（12）

页　　码：23

413. 题　　名：命令：第五五二一号（中华民国十九年六月二十六日）：令各级法院院长、各兼理司法县长：为通缉童巴罗等九名由

作　　者：郑文礼

关 键 词：检察官起诉　伤害案　杀人案　通缉书

摘　　要：窃职院受理检察官起诉童巴罗、童小补、童宏相、童财有、童时官、童宏补、童宏文、童荆州、童盈真等九名伤害及杀人一案。该被告人九名逃避无踪，经职院迭次派警拘拿未获，缮具通缉书备文，饬属一体严缉解究。

期刊名称：浙江司法半月刊

主办单位：

刊　　期：1930，1（13）

页　　码：12－13

414. 题　　名：命令：第三九三三号：令各级法院院长、各兼理司法县长：为呈请通缉曹得胜林英照由（中华民国十九年五月十三日）

作　　者：郑文礼

关 键 词：检察官起诉　强盗　绑匪　鸦片案　通缉书

摘　　要：案准检察官起诉阮孟云、林英照、曹得胜等强盗、绑匪、鸦片及赌博一案。除阮孟云已判处罪刑外，其余被告林英照、曹得胜等二名，迭经职院饬警拘提，据去警称早已逃避不知去向，无从拘获，据此开具被告籍贯、住址备文，通令协缉实为公便。

期刊名称：浙江司法半月刊

主办单位：

刊　　期：1930，1（10）

页　　码：19－20

415. 题　　名：命令：第二六一〇号：令各级法院院长、各兼理司法县长：为通令协缉吴成维获案解究由（中华民国十九年四月七日）

作　　者：郑文礼

关 键 词：检察官起诉　和诱案　通缉书

摘　　要：案准职院检察官起诉吴成维和诱一案。迭经饬警拘摄，据该警复称该被告自经事出之后逃匿他方，查无踪迹，实难拘获，据告诉人亦供称无异，该被告既逃亡出境拘获为难，开具该被告姓名、籍贯及年貌、住所备文，通缉协缉实为公便。

期刊名称：浙江司法半月刊

主办单位：

刊　　期：1930，1（8）

页　　码：4－5

416. 题　　名：命令：第二七五三号：令各级法院院长、各兼理司法县长：为通缉施善昌归案讯办由（中华民国十九年四月十一日）

作　　者：郑文礼

关 键 词：检察官起诉　侵占案　通缉书

摘　　要：案准检察官起诉施善昌侵占一案。迭经职院饬警拘提该被告早已逃匿无踪，无从获案，缮具通缉书备文，饬属协缉归案讯办，实为公便。

期刊名称：浙江司法半月刊

主办单位：

刊　　期：1930，1（8）

页　　码：6

417. 题　　名：命令：第七四六六号（中华民国十九年八月二十八日）：令各级法院院长、各兼理司法县长：为通缉俞常峰吴黄犬由

作　　者：郑文礼

关 键 词：检察官起诉　抢夺案　通缉书

摘　　要：案准检察官起诉俞石有等抢夺一案。除被告俞石有一名，业经判决外，其余被告俞常峰、

吴黄犬二名自本案发生后逃亡无踪，不能拘获，缮具通缉书备文，通令协缉解案讯办，实为公便。

期刊名称：浙江司法半月刊

主办单位：

刊　　期：1930，1（17）

页　　码：6－7

418. 题　　名：命令：第三〇九一号：令各级法院院长、各兼理司法县长：为通缉李家轩等五名由（中华民国十九年四月二十一日）

作　　者：郑文礼

关 键 词：检察官起诉　共同伤害人致死　强取他人所有物　通缉书

摘　　要：案准检察官起诉李家轩、李和灿、李培灿（即培培）、李威生、李培铨等共同伤害人致死及强取他人所有物一案。送经职院饬警拘摄，复该被告等均远逃无踪，实难拘获，制成通缉书一份备文，准予通令协缉，实为公便。

期刊名称：浙江司法半月刊

主办单位：

刊　　期：1930，1（9）

页　　码：4－5

419. 题　　名：命令：第二六一一号：令各级法院院长、各兼理司法县长：为通缉伤害犯黄汉圆归案讯办由（中华民国十九年四月七日）

作　　者：郑文礼

关 键 词：检察官起诉　伤害案　通缉书

摘　　要：案准检察官起诉黄汉圆伤害一案。送经饬警拘摄，该被告逃避他乡实难拘获，开具通缉书备文，通令协缉归案讯办，实为公便。

期刊名称：浙江司法半月刊

主办单位：

刊　　期：1930，1（8）

页　　码：3－4

420. 题　　名：命令：第五七三四号（中华民国十九年七月二日）：令各级法院院长、各兼理司法县长：

为通缉王小妹老五等三名由

作　　者：郑文礼

关 键 词：检察官起诉　略诱案　通缉书

摘　　要：案准检察官起诉陈金氏等略诱一案。除陈金氏、陈邱氏、金王氏等业已判处罪刑外，其余被告王小妹、老五、学良、司务长张阿顺等三名，送经职院饬警拘提，据去警复称早已逃避不知去向，无从拘获，据此开具被告籍贯、住址备文，通令协缉实为公便。

期刊名称：浙江司法半月刊

主办单位：

刊　　期：1930，1（13）

页　　码：20－21

421. 题　　名：命令：第六七二一号（中华民国十九年八月四日）：令各级法院院长、各兼理司法县长：为通缉汤凤龙柳荣贵二名由

作　　者：郑文礼

关 键 词：检察官起诉　恐吓取财　通缉书

摘　　要：案准检察官起诉蒋国耀等恐吓取财一案。除蒋国耀、蒋天福、蒋三妹三名业已判决外，其余被告汤凤龙、柳荣贵二名，送经职院饬警拘提，据称被告柳荣贵避匿他乡，莫知所之，被告汤凤龙前充龙泉县政府政务警，自本案发生弃职潜逃回籍，不能拘获，除由职院函请龙泉县政府着保交案准，复转函松阳县政府缉解送究外，一并缮具通缉书备文，通令协缉。

期刊名称：浙江司法半月刊

主办单位：

刊　　期：1930，1（15）

页　　码：22－23

422. 题　　名：命令：第三九三六号：令各级法院院长、各兼理司法县长：为呈请通缉罗启贤招明玉等由（中华民国十九年五月十三日）

作　　者：郑文礼

关 键 词：检察官起诉　强盗案　伤害案

通缉书

摘　　要：案准检察官起诉黄禄生、陈定灿、罗启贤、招明玉等强盗及伤害一案。除黄禄生、陈定灿业已判决外，其余被告罗启贤、招明玉二名选拘未获，应予通缉，饬属一体严缉获解究办实为公便。

期刊名称：浙江司法半月刊
主办单位：
刊　　期：1930，1（10）
页　　码：17－18

423. 题　　名：命令：第一五三二号：令各级法院院长、各兼理司法县长：为通缉吴源利傅正大解案讯办由（中华民国十九年三月一日）

作　　者：郑文礼

关 键 词：检察官起诉　共同窃盗案　通缉书

摘　　要：案准检察官起诉吴源利、傅正大共同窃盗一案。选经职院饬警拘提，据称该被告早已逃避不知去向，实难拘获，据此开具被告籍贯、住址备文，通令协缉实为公便，附呈通缉书一纸。

期刊名称：浙江司法半月刊
主办单位：
刊　　期：1930，1（5）
页　　码：27－28

424. 题　　名：命令：字第一一一九〇号：令各级法院院长、各兼理司法县长：令各院县协缉被告夏南林务获解究由（中华民国十八年十二月二十八日）

作　　者：郑文礼

关 键 词：检察官起诉　侵占案　通缉书

摘　　要：案准检察官起诉夏南林侵占一案。选经职院饬警拘提，据称该被告自出事后远扬他方，避匿无踪，实难缉获，据告诉人亦供称无异，该被告既逃亡出境，拘获为难，开具该被告籍贯、住所及年貌备文，通令协缉附呈通缉书一纸。

期刊名称：浙江司法半月刊
主办单位：
刊　　期：1930（创刊号）
页　　码：17－18

425. 题　　名：命令：第五一五七号：令各级法院院长、各兼理司法县长：为通令协缉杀人犯裴传兴解案由（中华民国十九年六月十六日）

作　　者：郑文礼

关 键 词：检察官侦查起诉　毒毙杀人案　通缉书

摘　　要：窃查裴生焕诉裴传兴毒毙伊弟裴家达一案。经职院检察官侦查起诉在案，查该被告裴传兴自犯罪后潜逃无踪，选经饬拘未获，除分函驻嵊军警一体严缉外，开具通缉书，通令协缉无获归案讯办，实为公便。

期刊名称：浙江司法半月刊
主办单位：
刊　　期：1930，1（12）
页　　码：18－19

426. 题　　名：命令：第一五三三号：令各级法院院长、各兼理司法县长：为呈请通缉杀人犯周佛友一案由（中华民国十九年三月一日）

作　　者：郑文礼

关 键 词：检察官起诉　杀人案　通缉书

摘　　要：案准检察官起诉周佛友杀人一案。选经职院饬警拘提，据称该被告逃匿无踪，实难拘获，据此开具该被告籍贯、住址，通令协缉实为公便。

期刊名称：浙江司法半月刊
主办单位：
刊　　期：1930，1（5）
页　　码：26－27

427. 题　　名：命令：第四一二七号：令各级法院院长、各兼理司法县长：为呈请通缉强盗犯叶国珍等九名归案由（中华民国十九年五月十六日）

作　　者：郑文礼

关 键 词：检察官起诉　强盗案　妨害自

由案 通缉书

摘　　要：窃职院受理同院检察处起诉叶国珍等强盗及妨害自由一案。该被告叶国珍、叶文质、叶明、叶有月、叶庆、赖才土、叶国胜、叶承火、郑金玉等九人逃避无踪，经职院迭饬派警严拘均未获，缮具通缉书备文，准予通饬一体，严缉解究，实为公便。

期刊名称：浙江司法半月刊

主办单位：

刊　　期：1930，1（10）

页　　码：27-28

428. 题　　名：命令：第一二一八号：令各级法院院长、各兼理司法县长：为通缉杨连增等诈财及妨害自由案犯由（中华民国十九年二月十九日）

作　　者：郑文礼

关 键 词：检察官起诉 诈财案 妨害自由案 通缉书

摘　　要：案准检察官起诉杨连增等诈财及妨害自由一案。迭经饬警拘摄，据称该被告等自出事之后远扬他方，避匿无踪，实难缉获，据告诉人亦供称无异，该被告既逃亡出境拘摄为难，开具该被告等籍贯、住所及年貌备文，通令协缉实为公便。

期刊名称：浙江司法半月刊

主办单位：

刊　　期：1930，1（5）

页　　码：5-6

429. 题　　名：命令：第五七五三号（中华民国十九年七月三日）：令各级法院院长、各兼理司法县长：为通缉潘金全廖三养二名由

作　　者：郑文礼

关 键 词：检察官起诉 杀人案 通缉书

摘　　要：案准检察官起诉潘金全等杀人一案。迭经饬警拘摄复称，该被告潘金全于犯罪后即行逃避出境，不知去向，该被告廖三养自保出后亦寻匿无踪，均难拘获，据告诉人林曾氏、林发

祥等又均供称无异，该被告等既踪迹莫明，实难拘提，依刑诉法第五十条第一项予以通缉，并依同法第五十一条之规定制成通缉书，将通缉书一份备文，通令协缉，实为公便。

期刊名称：浙江司法半月刊

主办单位：

刊　　期：1930，1（13）

页　　码：22-23

430. 题　　名：命令：第六一一九号（中华民国十九年七月十六日）：令各级法院院长、各兼理司法县长：为呈请撤销许尧亭一名通缉由

作　　者：郑文礼

关 键 词：检察官起诉 共同伤害致死案 撤销通缉

摘　　要：案准属院检察官起诉许见朝等共同伤害人致死一案。因被告等缉拘未获，曾于本年六月十二日呈请通令协缉在案，兹因共同被告许尧亭在城内生生医院，经推事傅廷瑞借书记官姚续舜带同法警前往拘获，除已依法开始公判外，将许尧亭一名撤销通缉。

期刊名称：浙江司法半月刊

主办单位：

刊　　期：1930，1（14）

页　　码：24

431. 题　　名：命令：第一九三四号：令各级法院院长、各兼理司法县长：为呈请通缉蒋可呈汤老和九指奶等由（中华民国十九年三月十五日）

作　　者：郑文礼

关 键 词：检察官起诉 恐吓取财 窃盗案 通缉书

摘　　要：案准检察官起诉管可呈，即蒋可呈、汤老和、九指奶恐吓取财及窃盗一案。迭经职院拘提未获，据告诉人供称管可呈逃匿无踪，汤老和出没无常，九指奶被夫出卖不知所载，据此职院实属无处拘提，开具被告

等籍贯、住址备文，通令协缉，实为公便。

期刊名称：浙江司法半月刊

主办单位：

刊　　期：1930，1（6）

页　　码：11 – 12

432.题　　名：命令：第三九三五号：令各级法院院长、各兼理司法县长：为通缉荣宗阿三小宝花眼四等由（中华民国十九年五月十三日）

作　　者：郑文礼

关 键 词：检察官起诉　强盗案　通缉书

摘　　要：案准检察官起诉叶老板及荣宗、阿三、小宝、花眼四等强盗一案。除叶老板业已判处罪刑外，其余被告荣宗、阿三、小宝、花眼四等四名送经职院饬警拘提，据称早已逃避不知去向，无从拘获，据此开具被告籍贯、住址备文，通令协缉实为公便。

期刊名称：浙江司法半月刊

主办单位：

刊　　期：1930，1（10）

页　　码：20 – 21

433.题　　名：命令：第二三五八号：令各级法院院长、各兼理司法县长：据宁海县法院呈请通缉伤害犯郑必甫等由（中华民国十九年三月二十八日）

作　　者：郑文礼

关 键 词：检察官起诉　伤害案　通缉书

摘　　要：案准检察官起诉郑必甫等伤害一案。送经饬警拘摄，据称该被告等于犯罪后即行逃匿无踪，实难缉获，据告诉人郑一如亦供称无异，该被告等既逃亡出境拘获为难，依刑诉法第五十条予以通缉，制成通缉书一份，通令协缉实为公便。

期刊名称：浙江司法半月刊

主办单位：

刊　　期：1930，1（7）

页　　码：10 – 11

434.题　　名：命令：第二三二四号：令各级

法院院长、各兼理司法县长：据龙泉县法院呈请通缉张大积等五名解究由（中华民国十九年三月二十八日）

作　　者：郑文礼

关 键 词：检察官起诉　损害封印　窃盗案　通缉书

摘　　要：案准检察官起诉张大积、张大、张大犹、张思海、龚福进等五人损坏封印及结伴窃盗一案。送经职院饬警拘提，据称该被告等逃匿无踪，实难拘获，开具该被告等籍贯、住所，通令协缉实为公便。

期刊名称：浙江司法半月刊

主办单位：

刊　　期：1930，1（7）

页　　码：9 – 10

435.题　　名：命令：第一九三五号：令各级法院院长、各兼理司法县长：据龙泉县法院呈请通令协缉雷陈有严成辉解案讯办由（中华民国十九年三月十五日）

作　　者：郑文礼

关 键 词：检察官起诉　侵入住宅案　通缉书

摘　　要：案准检察官起诉雷陈有、严成辉无故侵入住宅一案。送经职院拘提未获，兹据该告诉人及证人等供称，该被告等早已逃避他乡，据此职院实属无从拘提，开具该被告等年籍状貌备文，通令协缉实为公便。

期刊名称：浙江司法半月刊

主办单位：

刊　　期：1930，1（6）

页　　码：12

436.题　　名：命令：第七〇八八号：令各级法院院长、各兼理司法县长：为通缉下马堂老五由（中华民国十九年八月十五日）

作　　者：郑文礼

关 键 词：检察官起诉　窃盗案　通缉书

摘　　要：案准检察官起诉余三老横等窃盗案。除被告余三老横一名业已判决外，被告下马堂老五一名跌局未获，应予通缉，开具通缉书备文，饬属一体严缉务获解究，实为公便。

期刊名称：浙江司法半月刊

主办单位：

刊　　期：1930，1（16）

页　　码：13－14

437. 题　　名：命令：第八一二一号（中华民国十九年九月十五日）：令各兼理司法县长：为疏脱人犯实行照章处分由

作　　者：郑文礼

关 键 词：疏脱人犯　县长　犯罪刑表

摘　　要：县长遵照所有关于呈报疏脱人犯案件务即将各监犯罪刑表，同时详晰开呈，其未决人犯并查明犯有何罪，嫌疑最轻主刑量科若干年月一并开单，以凭照章议处，一面并分呈本院检察处听候通缉，各该县长均负有监督防护县监之责，嗣后务悉筹划，毋稍玩忽致于惩处。

期刊名称：浙江司法半月刊

主办单位：

刊　　期：1930，1（18）

页　　码：59－60

438. 题　　名：命令：第三九八号：令各级法院、各兼理司法县长：令各院县为奉令转饬劳资争议处理法院施行日期延长三个月由（中华民国十九年一月十七日）

作　　者：郑文礼　郑畋

关 键 词：劳资争议处理法　施行日期

摘　　要：国民政府十八年十二月十四日第一二〇二号训令，开《劳资争议处理法》施行日期，业经中央政治会议第二百零八次会议及国民政府第五十五次国务会议决议，自十八年十二月九日起，再延长三个月。

期刊名称：浙江司法半月刊

主办单位：

刊　　期：1930，1（2）

页　　码：18－19

439. 题　　名：命令：（中华民国十九年九月

十日）：令各级法院院长、各兼理司法县长：为奉部令公布公务员任用条例自民国二十年一月一日为施行日期令仰知照由

作　　者：郑文礼　郑畋

关 键 词：公务员任用条例　施行日期

摘　　要：《公务员任用条例》前经制定公布并规定施行日期，以命令之在案，兹定自民国二十年一月一日，为该条例施行日期，除命令公布并分行外，合行令仰知照并转饬一体知照。

期刊名称：浙江司法半月刊

主办单位：

刊　　期：1930，1（18）

页　　码：20－21

440. 题　　名：命令：第七六三〇号（中华民国二十五年一月三十一日）：令各兼理司法县长、各级法院院长、各监所：为奉令自二十五年元旦起一律购用党国旗制销总局承制之党国旗以期整齐等因令仰遵照由

作　　者：郑文礼　宋孟军

关 键 词：党国旗

摘　　要：二十五年元旦瞬届，亟应取缔不合规定旧旗，一致使用该局新制之党国旗，以期整齐，而壮观瞻，除分函行政院转饬直属机关遵照，并由本部会同内政部分函各省市党部政府查照转饬所属遵照购用，并劝导人民一律购用外，拟请转陈令饬各直属机关，切实遵办。

期刊名称：浙江司法半月刊

主办单位：

刊　　期：1936，7（3）

页　　码：8－9

441. 题　　名：命令：第六二九三号（中华民国十九年七月二十二日）：令各兼理司法县长：令知县长疏脱人犯扣俸章程现由省府议决依照民六中央法规移转本院接办由

作　　者：郑文礼

关　键　词：脱逃人犯　扣俸章程

摘　　　要：令知县长疏脱人犯扣俸章程，现由省府议决，依照民六中央法规移转本院接办。

期刊名称：浙江司法半月刊

主办单位：

刊　　　期：1930，1（15）

页　　　码：8－9

442. 题　　　名：命令：第五八九九号（中华民国十九年七月八日）：令各兼理司法县长：令仰遵照保释暂行条例将合拟保释条件各犯一体施行保释以资疏通由

作　　　者：郑文礼　郑畋

关　键　词：保释暂行条例　保释条件

摘　　　要：本年三月就法院立管各旧监及直辖各新监先行试办理，并令各院监负责呈核在案，兹查兼理司法各县收容人犯日形充斥，实有援案办理之必要，除分行外，为此附发报告书式，令行该县长即便转令管狱员查明在监人中，如果有行状善良后悔有据，并备具保释条件，各人犯核实造具报告书送由该县长负责核转案，施行保释务须慎重办理，毋稍徇廷致兹流弊仍将奉令遵办情形随时报核。

期刊名称：浙江司法半月刊

主办单位：

刊　　　期：1930，1（14）

页　　　码：8－9

443. 题　　　名：命令：文会字第三〇二号（中华民国三十六年一月二十日）：令各级法院、各县司法处：奉令关于定期结束检举汉奸案令仰知照由

作　　　者：郑文礼　王秉彝

关　键　词：抗战期间　汉奸案　期限

摘　　　要：人民或团体对于抗战期间汉奸案件之告发，以三十五年十二月三十一日以前为限，逾期之告发检察官不予置疑，但国家之追诉权及被害人之告诉权，不因此而受影响。

期刊名称：浙江司法半月刊

主办单位：

刊　　　期：1947，复刊1（2）

页　　　码：12

444. 题　　　名：命令：会字第一一九号（中华民国三十一年一月十五日）：令各级法院、各县县长兼理县司法处行政事务、各新监：奉令抄发国民政府明令改订财政收支系统实施纲要及财政收支系统分类表仰知照由

作　　　者：郑文礼　王秉彝

关　键　词：改订　财政收支　实施纲要

摘　　　要：改订财政收支系统实施纲要，及财政收支系统分类表，现经明令公布应即通行饬知除分令外，合行抄发该纲要及分类表，令仰知照，并转饬所属一体知照。

期刊名称：浙江司法半月刊

主办单位：

刊　　　期：1942（2）

页　　　码：10－11

445. 题　　　名：命令：文会字第三五三号（中华民国三十六年一月二十七日）：令各级法院、各县司法处：为一月十一日司法节应集会纪念并讲演宪法及大赦意义令仰遵照由

作　　　者：郑文礼　王秉彝

关　键　词：司法节　集会　讲演

摘　　　要：司法节各地司法机关及法学团体应一律集会纪念，并讲演宪法要点及大赦意义。

期刊名称：浙江司法半月刊

主办单位：

刊　　　期：1947，复刊1（2）

页　　　码：16

446. 题　　　名：命令：文会字第五七四号（中华民国三十六年二月十二日）：令各级法院、各县司法处：奉令抄发司法院院解字第三三一六号至第三三二三号解释由

作　　　者：郑文礼　王秉彝

关　键　词：司法院　解释

摘　　　要：奉令抄发司法院院解字第三三

一六号至第三三二三号解释由。

期刊名称：浙江司法半月刊

主办单位：

刊　　期：1947，复刊1（2）

页　　码：29

447. 题　　名：命令：训字第四七八号（中华民国十九年三月五日）：为规定监狱犯罪度数表人数填载标准令转饬各监知照由

作　　者：

关键词：监狱　出入监人数表

摘　　要：出入监人数表年内入监项下所填人数除假释、撤销缓刑、撤销停止执行、事实消减以及其他四格外，其余各格之人数既有犯罪事实，自应列入犯罪度数表内，乃十七年各监所报前项，年表往往仅以新受徒刑、拘役人数为准，殊属不合，兹届十八年度造报时期，深恐各监狱仍有上列情形，用特通令，该首席检察官转饬所属各监狱，对于犯罪度数表之造报务将罚金、易科监禁及受死刑之宣告二项人数一并列入。

期刊名称：浙江司法半月刊

主办单位：

刊　　期：1932，3（12）

页　　码：27

448. 题　　名：命令：会文字第一五七五号（中华民国三十年十月十一日）：奉令抄发司法院法令解释案七十件仰知照由

作　　者：郑文礼　王秉彝

关键词：抄发　解释案

摘　　要：抗战时期，各省邮迟，较为迟滞，致关于法令之解释案，其刊登司法公报者，各级法院不易随时知悉，于办理案件发生疑义时，不免感觉困难，爰由本部呈奉，司法院三十年三月十八日指字第四五六号指令，准字本年一月份起，将所有业经发表之法令解释案，随时令知本部，转发各省法院参照在

案兹现行抄发院字第二〇〇一号至第二〇四〇号法令解释案共四十件。又奉，司法行政部三十年三月十八日讯字第九二四号训令，抄发院字第二〇四一号至第二〇七〇号法令解释案共三十件并饬迅转所属一体知照。合抄原件法令解释案共七十件，令仰一体知照。

期刊名称：浙江司法半月刊

主办单位：

刊　　期：1942（1）

页　　码：14

449. 题　　名：命令：文会字第五七五号（中华民国三十六年二月十二日）：令各级法院、各县司法处：奉令抄发打捞沉船办法令仰知照由

作　　者：郑文礼　王秉彝

关键词：打捞沉船办法

摘　　要：据交通部三十五年八月十日部航字第五七四三号呈拟《打捞沉船办法》，请鉴核一案，经召集有机关详加审查，并将打捞限度放宽，提出三十五年十二月三十日，本院第七百七十次会议决议通过。

期刊名称：浙江司法半月刊

主办单位：

刊　　期：1947，复刊1（2）

页　　码：28

450. 题　　名：命令：文会字第三五四号（中华民国三十六年一月二十七日）：令各级法院、各县司法处：奉令限于三十六年一月底以前一律发还同盟国人士在收复区之合法产业仰即遵照由

作　　者：郑文礼　王秉彝

关键词：同盟人士　收服区　合法产业

摘　　要：据外交部三十五年十二月十三日欧字第一三七〇三号，呈略以处理同盟国人士在我收服区之产业，前奉规定原则查明证据发还原，主准英美法三方提请转洽发还产业案件总计单位不下千数，已先后转请各占有

机关查明发还惟截至现在，已发还结案者，仅及百分之六十，其余未发还者为数仍多，避免长期延宕有损国际信誉，计拟请重申前令限于三十六年一月底以前，一律发还竣事，并于发还后，迳咨本部以便转达英美法各该国政府。

期刊名称：浙江司法半月刊

主办单位：

刊   期：1947，复刊 1（2）

页   码：16

451. 题   名：命令：文会字第三二六号（中华民国三十六年一月二十一日）：令各级法院、各县司法处：准浙江省政府函送肃清烟毒补充计划纲要及实施注意事项令仰知照由

作   者：郑文礼 王秉彝

关 键 词：烟毒 禁烟

摘   要：准浙江省政府函送肃清烟毒，补充计划纲要及实施注意事项。

期刊名称：浙江司法半月刊

主办单位：

刊   期：1947，复刊 1（2）

页   码：13 – 15

452. 题   名：命令：文会字第三〇〇号（中华民国三十六年一月二十日）：令各级法院、各县司法处：奉令三十六年元旦公布宪法隆重庆祝一案转令遵照由

作   者：郑文礼 王秉彝

关 键 词：公布 宪法 庆祝中华民国宪法大会办法

摘   要：主席论中华民国三十六年元旦公布宪法，全国各机关、学校、团体一律放假三天，县旗庆祝，扩大纪念等因，合行抄附庆祝中华民国宪法大会办法，令仰遵照并转饬所属遵照。

期刊名称：浙江司法半月刊

主办单位：

刊   期：1947，复刊 1（2）

页   码：11 – 12

453. 题   名：命令：文会字第六〇二号（中华民国三十六年二月十五日）令各级法院、各县司法处准浙江省政府函为奉行政院释示贤产处置规程疑义希查照转令知照由

作   者：郑文礼 王秉彝

关 键 词：贤产处置规程 津贴

摘   要：一、该省贤产处置规程规定津贴子弟学费自以津贴自费学生为限，凡经政府已给完全公费之学生，既无学费负担，不应享受津贴，如中央陆军军官学校等完全公费学校之学生，不给津贴。二、津贴二字意在补助不足当津贴贫寒子弟，如家产富有者，应毋庸津贴至于贫寒与富之区别，应以家产为主要标志，仰即知照。

期刊名称：浙江司法半月刊

主办单位：

刊   期：1947，复刊 1（2）

页   码：29

454. 题   名：命令：文会字第五四六号（中华民国三十六年二月十一日）：令各级法院、各县司法处：奉令关于欠赋土地无人承买如何处理一案令仰知照由

作   者：郑文礼 王秉彝

关 键 词：欠赋土地 拍卖 强制执行法

摘   要：对于经二此减价拍卖而未拍定之不动产，债权人不愿承受时，得依《强制执行法》第九十五条及第一百零三条至第一百一十二条之规定行强制管理，并以县市政府为管理人，勿庸另定补充办法。

期刊名称：浙江司法半月刊

主办单位：

刊   期：1947，复刊 1（2）

页   码：23 – 24

455. 题   名：命令：文会字第五四九号（中华民国三十六年二月十一日）：令各级法院、各县司法处：奉令关于密报逆产奖金一筑转令知照由

作　　者：郑文礼　王秉彝

关 键 词：密报逆产　奖金

摘　　要：密报逆产经判决没收确定者，准按值给予百分之十之奖金，公务员情报机关或侦缉机关人员密报逆产，经判决确定者，得给予百分之三之奖金，除分令各敌伪产业处理局外，特电知照。

期刊名称：浙江司法半月刊

主办单位：

刊　　期：1947，复刊1（2）

页　　码：27

456. 题　　名：命令：文会字第三〇一号（中华民国三十六年一月二十日）：令各级法院、各县司法处：奉令为中华民国宪法定三十六年元旦公布全国各机关团体一律放假三天庆祝一案令仰知照由

作　　者：郑文礼　王秉彝

关 键 词：公布　宪法　庆祝中华民国宪法大会办法

摘　　要：主席论中华民国三十六年元旦公布宪法，全国各机关、学校、团体一律放假三天，县旗庆祝，扩大纪念等因，特电查照并希转饬所属知照，至庆祝仪式已由国府另饬社会部会同关系机关拟议电告，再前项决定为其传递，迅速准备，确实起见，提前电达仍请留至三十日再行公告周知为核。

期刊名称：浙江司法半月刊

主办单位：

刊　　期：1947，复刊1（2）

页　　码：12

457. 题　　名：命令：文会字第五四八号（中华民国三十六年二月十一日）：令各级法院、各县司法处：奉令抄发修正德侨处理办法暨德侨在华私人产业处理办法令仰知照由（附表）

作　　者：郑文礼　王秉彝

关 键 词：在华私人产业处理办法　施行

摘　　要：《德侨处理办法》，暨《德侨在华私人产业处理办法》，业经

修正公布应即通饬施行，除分令外，合行抄发该办法，令仰知照并转饬知照。

期刊名称：浙江司法半月刊

主办单位：

刊　　期：1947，复刊1（2）

页　　码：24－26

458. 题　　名：命令：文会字第三五二号（中华民国三十六年一月二十七日）：令各级法院、各县司法处：为奉令非军事机关学校人员一律不得着用军服令仰遵照由

作　　者：郑文礼　王秉彝

关 键 词：军事机关　着装

摘　　要：全国凡非军事机关学校人员一律不得着用与军人同样制式之服装，并咨请中央党部，通令各级党部人员亦不得着用以重体制而维持秩序。

期刊名称：浙江司法半月刊

主办单位：

刊　　期：1947，复刊1（2）

页　　码：15－16

459. 题　　名：命令：文会字第四一六号（中华民国三十六年二月三日）：令各级法院、各县司法处：奉令为修正收复区土地权利清理办法业经国防最高委员会批准备案令仰知照由

作　　者：郑文礼　王秉彝

关 键 词：国防最高委员会　收复地区土地权利清理办法

摘　　要：国防最高委员会秘书认为，《收复地区土地权利清理办法》施行以来，各省市对土地权利之清理颇多疑义，兹经会商并拟具修正草案，提由院会通过请转陈备案，业经国防最高委员会批准备案。

期刊名称：浙江司法半月刊

主办单位：

刊　　期：1947，复刊1（2）

页　　码：22

460. 题　　名：命令：文会字第五二二号（中华民国三十六年二月十一日）：

令各级法院、各县司法处：令
关于核示反奸人员之范围及证
明案仰知照由

作　　者：郑文礼　王秉彝

关 键 词：反奸人员　范围　证明案

摘　　要：关于反奸人员之范围，以我方
派入敌伪组织从事情报破坏策
反工作人员为限，证明机关增
列各省政府尚属可行，至专员
公署及县政府有权证明不免宽
滥易主生流弊未变照准，除由
院指复及分行有关机关外奉
论函达即希查照并转饬知照。

期刊名称：浙江司法半月刊

主办单位：

刊　　期：1947，复刊1（2）

页　　码：22

461. 题　　名：命令：文会字第五四七号（中
华民国三十六年二月十一日）：
令各级法院、各县司法处：奉
令为关于执行没收汉奸财产应
注意事项令仰遵照由

作　　者：郑文礼　王秉彝

关 键 词：没收　汉奸　财产

摘　　要：对于没收汉奸之土地、房屋，
司法机关如确有拨用迫切需
要，可专案呈请核办。

期刊名称：浙江司法半月刊

主办单位：

刊　　期：1947，复刊1（2）

页　　码：24

462. 题　　名：命令：文会字第四一〇号（中
华民国三十六年二月一日）：
令各级法院、各县司法处：奉
令为密报隐匿敌伪不动产应依
院颁规则之规定折半发给奖金
一节令仰遵照由

作　　者：郑文礼　王秉彝

关 键 词：密报隐匿　不动产　奖金

摘　　要：密报隐匿敌伪不动产应依院颁
规则之规定，折半发给奖金
一节。

期刊名称：浙江司法半月刊

主办单位：

刊　　期：1947，复刊1（2）

页　　码：22

463. 题　　名：命令：文会字第五五〇号（中
华民国三十六年二月十一日）：
令各级法院、各县司法处：奉
令为关于盗匪案件侦查审判应
力求妥速通饬遵照由

作　　者：郑文礼　王秉彝

关 键 词：盗匪案　侦查　妥诉

摘　　要：对于盗匪案件之侦查审判，自
应特别注意力求妥速，以免贻
人口。

期刊名称：浙江司法半月刊

主办单位：

刊　　期：1947，复刊1（2）

页　　码：27

464. 题　　名：命令：文会字第四〇九号（中
华民国三十六年二月一日）：
令各级法院、各县司法处：为
令知接收伪组织各项财产如何
估价由

作　　者：郑文礼　王秉彝

关 键 词：伪组织财产　接收机关　财产
估价

摘　　要：伪组织财产依前全国性事业接
受委员会三十四年十二月八日
秘字第七三号代店所订，日伪
机构事业资财简报表文内规
定，应按照民国二十六年之物
价为标准，由接收机关估价。

期刊名称：浙江司法半月刊

主办单位：

刊　　期：1947，复刊1（2）

页　　码：21

465. 题　　名：命令：会字第一一九号（中华
民国三十一年一月十五日）：
令各级法院、各县县长兼理县
司法处行政事务、各新监：奉
令抄发国民政府明令改订财政
收支系统实施纲要及财政收支
系统分类表仰知照由

作　　者：郑文礼　王秉彝

关 键 词：改订　财政收支系统实施纲要
财政收支系统分类表

摘　　要：改订财政收支系统实施纲要，
及财政收支系统分类表，现经
明令公布应即通行饬知除分令
外，合行抄发该纲要及分类

表，令仰知照，并转饬所属一
体知照。

期刊名称：浙江司法半月刊

主办单位：

刊　　　期：1942（2）

页　　　码：10－11

（九）指令

1. 题　　　名：命令：浙江高等法院指令：第二
五一六号：令东阳县法院院长、
首席检察官：呈一件呈为奉发司
法收入月报表式暨造报办法因有
疑义八点请核示由（中华民国十
九年三月二十四日）

作　　　者：郑文礼

关 键 词：司法收入　月报表式疑义

摘　　　要：对司法收入月报表办法有八点疑
义呈请核示，主要内容有：1. 声
请声明费及代征审判抄送各项费
用均可分别增列；2. 征收抄送
费，不提供收据，因而无联单
号，可在备考栏内说明；3. 征收
抄送费仍按照旧填送证明填写，
不用发给联单；4. 代征审判各项
费用应与该院征收各费分造司法
印纸一览表，并合订成一册，仍
放置于印纸四柱表内售出项下，
增加代征各项；5. 没收及拍卖所
得，未在《印纸规则》第七条所
列举的范围内，无须贴印纸，需
专款保存不得动用；6. 民刑缮状
费无须列入杂项收入；7. 经费之
部款目下的本月法收拨补数是指
各院上月法收划抵经费的数目；
8. 民刑缮状费仍然按照惯例，根
据民刑分别报解所有留用及奉准
开支等。

期刊名称：浙江司法半月刊

主办单位：

刊　　　期：1930，1（7）

页　　　码：37－38

2. 题　　　名：命令：浙江高等法院检察处指
令：第二三五八号：令江山县法
院首席检察官：代电一件为不动
产能否作为窃盗等罪之客体疑义
乞核示由（中华民国十九年二
月二十六日）

作　　　者：郑畋

关 键 词：不动产　盗窃罪之客体　大理院
判例解释　法律效力

摘　　　要：关于不动产能否作为盗窃罪的客
体问题，悉查前大理院判例解释
凡是与党纲及现行法不相抵触
的，可参照援引。

期刊名称：浙江司法半月刊

主办单位：

刊　　　期：1930，1（5）

页　　　码：52

3. 题　　　名：命令：浙江高等法院指令：第二
○二号：令东阳县法院院长、首
席检察官：呈二件为县长对于法
警有无指挥之权暨协助民事案件
其食宿费应否由审部酌给乞核示
由（中华民国十九年一月十日）

作　　　者：郑文礼　郑畋

关 键 词：法警　指挥权　民事案件　食
宿费

摘　　　要：院长推事审理刑事案件时得调度
司法警察，但遇有惩奖情事应由
院长函知首席检察官核办；民事
案件应由承发吏执行，如有特别
情形必须法警协助时，其食宿费
由审部特别费项下开支。

期刊名称：浙江司法半月刊

主办单位：

刊　　　期：1930，1（2）

页　　　码：21－22

4. 题　　　名：命令：浙江高等法院检察处指
令：第七二九号：令分水县县长
安先华：呈一件呈送潘考玉诉朱
景升等伍赌伤害一案声请再议由
（中华民国十九年一月二十日）

作　　　者：郑畋

关 键 词：伤害案　声请再议

摘　　　要：令分水县县长安先华，呈一件呈
送潘考玉诉朱景升等五赌伤害一
案，声请再议由。检察处查，原
告诉人如系聚赌并揪住朱景升不
放，朱景升为护卫自身计致伤及
原告诉人，除有过当行为外，依
法自可不罚；若其假查赌为名，
深夜滋扰侵害良民，并因而有诬
陷行为，则罪无可贷，亟应依法

撤究。令仰该县长续予严切侦查，依法办理。

期刊名称：浙江司法半月刊

主办单位：

刊　　期：1930，1（3）

页　　码：29－31

5. 题　　名：命令：浙江高等法院检察处指令汇刊（表格）

作　　者：

关 键 词：检察处　指令汇刊

摘　　要：浙江高等法院检察处指令汇刊（表格）。

期刊名称：浙江司法半月刊

主办单位：

刊　　期：1930，1（22）

页　　码：42－56

6. 题　　名：命令：浙江高等法院指令：第一〇四四一号：令黄岩县法院院长洪锦绥、黄岩县法院首席检察官黄文彬：呈一件呈拟整顿缮状办法祈核示由（中华民国十八年十二月二十七日）

作　　者：郑文礼　郑畋

关 键 词：整顿缮状办法　首席检察官

摘　　要：令黄岩县法院院长洪锦绥、黄岩县法院首席检察官黄文彬，呈一件呈拟整顿缮状办法祈核示。

期刊名称：浙江司法半月刊

主办单位：

刊　　期：1930（创刊号）

页　　码：21－22

7. 题　　名：命令：浙江高等法院检察处指令：第二一九二号：令临海地方分院首席检察官：呈一件为绑匪吴友梅残刑应否继续执行乞核示由（中华民国十九年二月二十一日）

作　　者：郑畋

关 键 词：残余刑　执行　首席检察官

摘　　要：令临海地方分院首席检察官遵照，绑匪吴友梅残余刑应继续执行。

期刊名称：浙江司法半月刊

主办单位：

刊　　期：1930，1（5）

页　　码：52

8. 题　　名：命令：浙江高等法院检察处指令汇刊（续）

作　　者：

关 键 词：检察处指令汇刊

摘　　要：浙江高等法院检察处指令汇刊。

期刊名称：浙江司法半月刊

主办单位：

刊　　期：1931，2（23）

页　　码：47－56

9. 题　　名：命令：浙江高等法院检察处指令：第八七九〇号（中华民国二十一年五月二十八日）：令永嘉地方法院首席检察官张毓泉：呈一件呈送本年三四月份视察监所报告单由

作　　者：郑畋

关 键 词：永嘉地方法院　检察官　监所

摘　　要：永嘉地方法院首席检察官张毓泉于民国二十一年三四月份视察监所报告：第四监狱人犯运动时间过少，似宜增加；工场规模狭隘亦应设法扩充；看守所围墙墙身不固，应设法修葺。

期刊名称：浙江司法半月刊

主办单位：

刊　　期：1932，3（12）

页　　码：33

10. 题　　名：命令：浙江高等法院检察处指令：第八九三三号（中华民国二十一年六月六日）：令黄岩县法院首席检察官何敏章：呈一件呈送本年三四月份视察所报告单由

作　　者：郑畋

关 键 词：黄岩县法院　检察官　旧监看守所

摘　　要：黄岩县法院首席检察官何敏章于民国二十一年三四月份视察所报告：旧监及看守所之卧处均嫌潮湿，仰即会同该院院长及监所协进委员会设法改良。

期刊名称：浙江司法半月刊

主办单位：

刊　　期：1932，3（12）

页　　码：33

11. 题　　名：命令：浙江高等法院检察处指

令：第八七八九号（中华民国
二十一年五月二十八日）：令鄞
县地方法院首席检察官郑沣：
呈一件呈送本年三四月份视察
监所报告单由

作　　　者：郑畋

关 键 词：鄞县地方法院　检察官　监狱

摘　　　要：鄞县地方法院首席检察官郑沣
于民国二十一年三四月份视察
第二监狱报告：作业人数太少，
应即扩充；成品积滞约四千余
元之多，应即设法速为推销；
教诲教育未能依照规定计划实
施，应即切实办理；天气渐热，
看守所沐浴一项务必举行。

期刊名称：浙江司法半月刊

主办单位：

刊　　　期：1932，3（12）

页　　　码：32－33

12.题　　　名：命令：浙江高等法院检察处指
令汇刊（续）

作　　　者：

关 键 词：浙江高等法院检察处指令汇刊

摘　　　要：浙江高等法院检察处指令汇刊
（续）。

期刊名称：浙江司法半月刊

主办单位：

刊　　　期：1932，3（12）

页　　　码：52－68

13.题　　　名：命令：浙江高等法院检察处指
令汇刊（续）

作　　　者：

关 键 词：浙江高等法院检察处指令汇刊

摘　　　要：浙江高等法院检察处指令汇刊
（续）。

期刊名称：浙江司法半月刊

主办单位：

刊　　　期：1932，3（6）

页　　　码：44－66

14.题　　　名：命令：浙江高等法院会衔指令：
第四六八九号（中华民国二十
三年十月十七日）：令永嘉地
方法院丽水分院院长洪达、首席
检察官周海珊：呈一件为准丽
水县政府函送红丸犯核与严禁
烈性毒品暂行条例不无歧疑祈

核示由

作　　　者：郑文礼　郑畋

关 键 词：红丸犯　严禁烈性毒品暂行条
例　刑法　禁烟法

摘　　　要：令永嘉地方法院丽水分院院长
洪达、首席检察官周海珊，呈
一件为准丽水县政府函送红丸
犯核与《严禁烈性毒品暂行条
例》不无歧疑，祈核示由。呈
悉，俞根生贩卖红丸，王永水
等吸食红丸。如其犯罪时期，
在《严禁烈性毒品暂行条例》
施行日期之后，普通司法机关
应不受理；否则均应由该院依
照普通司法程序，援据《刑
法》、《禁烟法》各规定审判。

期刊名称：浙江司法半月刊

主办单位：

刊　　　期：1934，5（20）

页　　　码：11－13

15.题　　　名：命令：浙江高等法院指令：第
九七四三号（中华民国二十五
年一月三十日）：令长兴地方法
院院长吴昌咸：二十五年一月
二十五日呈一件为会同县府履
勘盗案是否由检察官办理祈核
示由

作　　　者：郑文礼　宋孟年

关 键 词：盗案　履勘　县长　检察官

摘　　　要：针对会同县府履勘盗案是否由
检察官办理之问题。查，对于
《县长办理盗匪案件考绩暂行条
例》第十六条，本省虽有补充
规定，惟该条例第十六条，既
有"地方法院检察官主办"之
规定，按照本省补充规定会同
履勘时，仍应按照上述条例，
由地方法院检察官主办。

期刊名称：浙江司法半月刊

主办单位：

刊　　　期：1936，7（3）

页　　　码：50－51

16.题　　　名：命令：司法行政部指令：指字
第八三五七号：令署浙江高等
法院首席检察官宋孟年：二十
六年三月二十六日呈字第九八

○号呈一件为羁押折抵计算刑期发生疑义仰祈鉴核示遵由

作　　者：

关 键 词：裁判　羁押日数　有期刑期

摘　　要：针对羁押折抵计算刑期发生疑义的司法行政部解释：裁判确定前，羁押日数，系以一日抵有期徒刑一日。

期刊名称：浙江司法半月刊

主办单位：

刊　　期：1937，8（8）

页　　码：2 - 4

17. 题　　名：命令：第三九七八号（中华民国二十三年十月三日）：令兼理司法崇德县县长罗仲达：呈一件为修正县知事审理诉讼暂行章程施行已久是否适用又县长对于地方管辖案件是否仅负司法行政责任祈明示由

作　　者：郑文礼

关 键 词：县知事兼理司法　地方管辖　县知事审理诉讼暂行章程

摘　　要：修正《县知事审理诉讼暂行章程》现仍有效援用，除关于地方管辖民刑案件，应由县长与承审员共同负责外，其初级管辖民刑案件，虽归承审院独自负责，但同章程第一条第一项既明定初级或地方第一审之民刑事诉讼由县知事审理。且依修正《县知事兼理司法事务暂行条例》第二条第一项承审员之职责，又在助理县知事审理案件，则县长对于初级管辖案件，自难谓为无权处理，业经司法行政部指令明白解释在案。

期刊名称：浙江司法半月刊

主办单位：

刊　　期：1934，5（20）

页　　码：16 - 19

18. 题　　名：命令：第四七○四号（中华民国二十二年十一月十日）：令代行嘉善县法院院长职务张沛霖：代电一件为自诉人补正起诉规定重行提起自诉应否受理祈示遵由

作　　者：郑文礼

关 键 词：自诉人　补正起诉

摘　　要：自诉人补正起诉，规定重行提起自诉应参照刑诉法第三百四十一条第二项办理。

期刊名称：浙江司法半月刊

主办单位：

刊　　期：1933，4（22）

页　　码：11 - 12

19. 题　　名：命令：字第一四八二号（中华民国三十六年二月十四日）：令海盐县司法处：据请释示大赦后执行罚金疑义指饬知照由

作　　者：郑文礼　王秉彝

关 键 词：大赦　罚金　保证金

摘　　要：凡专科罚金之罪及得并科罚金之部，既应在赦免之列，其以前所缴保证金，自不得抵充罚金，应即全部发还。

期刊名称：浙江司法半月刊

主办单位：

刊　　期：1947，复刊1（2）

页　　码：42 - 43

（十）会议记录

1. 题　　名：附录：会议录：中华民国十九年二月六日下午一时本院院长首席检察官召集本院党义研究会委员讨论研究党义办法会议录

作　　者：

关 键 词：会议录

摘　　要：会议录：中华民国十九年二月六日下午一时，浙江高等法院院长、首席检察官召集本院党义研究会委员，讨论研究党义办法。

期刊名称：浙江司法半月刊

主办单位：

刊　　期：1930，1（3）

页　　码：12 - 13

（十一）检察处令

1. 题　　名：命令：浙江高等法院检察处令（十九年二月二十日至十九年三月六日）：派温广銮代理嘉善县法院学习检察官此令等

作　　者：

关 键 词：调派　学习检察官

摘　　要：调派温广銮代理嘉善县法院学习

检察官。

期刊名称：浙江司法半月刊

主办单位：

刊　　期：1930，1（5）

页　　码：3 - 4

2. 题　　名：命令：浙江高等法院检察处令
（十九年四月十四日）：调派周
健代理嘉善县法院学习检察官此
令等

作　　者：

关 键 词：调派　学习检察官

摘　　要：调派周健代理嘉善县法院学习检
察官。

期刊名称：浙江司法半月刊

主办单位：

刊　　期：1930，1（8）

页　　码：3

3. 题　　名：命令：浙江高等法院检察处令
（十九年九月十二日）：调周健
代理瑞安县法院学习检察官此
令等

作　　者：

关 键 词：调派　学习检察官

摘　　要：调周健代理瑞安县法院学习检
察官。

期刊名称：浙江司法半月刊

主办单位：

刊　　期：1930，1（18）

页　　码：2

4. 题　　名：命令：浙江高等法院检察处令通
缉各案逸犯表

作　　者：

关 键 词：检察处通缉各案逸犯表　盗案
命案

摘　　要：浙江高等法院检察处通缉各案逸
犯表，含盗案和命案。

期刊名称：浙江司法半月刊

主办单位：

刊　　期：1930，1（16）

页　　码：23 - 27

5. 题　　名：命令：浙江高等法院检察处令通
缉各案逸犯表

作　　者：

关 键 词：通缉各案逸犯表　盗案

摘　　要：通缉各案逸犯表，含盗案。

期刊名称：浙江司法半月刊

主办单位：

刊　　期：1930，1（17）

页　　码：17 - 19

6. 题　　名：命令：浙江高等法院检察处令通
缉各案逸犯表

作　　者：

关 键 词：通缉各案逸犯表　盗案　命案

摘　　要：通缉各案逸犯表，含盗案和命案。

期刊名称：浙江司法半月刊

主办单位：

刊　　期：1930，1（22）

页　　码：27 - 30

7. 题　　名：命令：浙江高等法院检察处令
（十九年六月十日至十九年六月
十二日）：派汪绍功代理义乌县
法院首席检察官此令等

作　　者：

关 键 词：首席检察官

摘　　要：派汪绍功代理义乌县法院首席检
察官。

期刊名称：浙江司法半月刊

主办单位：

刊　　期：1930，1（12）

页　　码：5

8. 题　　名：命令：浙江高等法院检察处令通
缉各案逸犯表

作　　者：

关 键 词：通缉各案逸犯　盗案

摘　　要：通缉各案逸犯表，含盗案。

期刊名称：浙江司法半月刊

主办单位：

刊　　期：1930，1（14）

页　　码：29 - 30

9. 题　　名：命令：浙江高等法院检察处令
（十九年八月十八日至十九年九
月四日）：调朱璧代理诸暨县法
院检察处主任书记官此令等

作　　者：

关 键 词：检察处　主任书记官

摘　　要：调朱璧代理诸暨县法院检察处主
任书记官等。

期刊名称：浙江司法半月刊

主办单位：

刊　　期：1930，1（17）

页　　码：2

10. 题　　名：命令：浙江高等法院检察处令

（十九年六月二十一日至十九年
七月五日）：派宋乃煦代理嘉善
县法院检察处主任书记官此
令等

作　　者：

关 键 词：检察处　主任书记官

摘　　要：派宋乃煦代理嘉善县法院检察
处主任书记官等。

期刊名称：浙江司法半月刊

主办单位：

刊　　期：1930，1（13）

页　　码：1－2

11. 题　　名：命令：浙江高等法院检察处令
（十九年一月十六日）

作　　者：

关 键 词：检察官

摘　　要：派朱树森暂代永嘉地方法院检
察官等。

期刊名称：浙江司法半月刊

主办单位：

刊　　期：1930，1（2）

页　　码：3

12. 题　　名：命令：浙江高等法院检察处令
（十九年五月十六日至十九年五
月二十二日）：派魏世杰代理鄞
县地方法院检察处主任书记官
此令等

作　　者：

关 键 词：代理　检察处　书记官

摘　　要：派魏世杰代理鄞县地方法院检
察处主任书记官等。

期刊名称：浙江司法半月刊

主办单位：

刊　　期：1930，1（10）

页　　码：3－4

13. 题　　名：命令：浙江高等法院检察处令
（十九年四月二十五日至十九年
五月六日）：调蔡文汉代理永嘉
地方法院丽水分院检察处学习
书记官等

作　　者：

关 键 词：检察处　学习书记官

摘　　要：调蔡文汉代理永嘉地方法院丽
水分院检察处学习书记官等。

期刊名称：浙江司法半月刊

主办单位：

刊　　期：1930，1（9）

页　　码：3

14. 题　　名：命令：浙江高等法院检察处令
（十九年一月二十七日）：派蒋
鸿燮代理本处书记官此令等

作　　者：

关 键 词：检察处　书记官

摘　　要：派蒋鸿燮代理浙江高等法院检
察处书记官。

期刊名称：浙江司法半月刊

主办单位：

刊　　期：1930，1（3）

页　　码：2

15. 题　　名：命令：浙江高等法院检察处令
（十九年七月二十一日）：派学
习检察官杨福祥在金华地方法
院卫县分院办事等

作　　者：

关 键 词：学习检察官

摘　　要：派学习检察官杨福祥在金华地
方法院卫县分院办事等。

期刊名称：浙江司法半月刊

主办单位：

刊　　期：1930，1（15）

页　　码：2

16. 题　　名：命令：浙江高等法院检察处令
通缉各案逸犯表

作　　者：

关 键 词：通缉各案逸犯表

摘　　要：浙江高等法院检察处令通缉各
案逸犯表（盗案）。

期刊名称：浙江司法半月刊

主办单位：

刊　　期：1930，1（15）

页　　码：26－27

17. 题　　名：命令：浙江高等法院检察处令
（十九年七月八日至十九年七月
十五日）：调张冰代理宁海县法
院首席检察官此令等

作　　者：

关 键 词：首席检察官

摘　　要：调张冰代理宁海县法院首席检
察官等。

期刊名称：浙江司法半月刊

主办单位：

刊　　期：1930，1（14）

页　　码：3 - 4

18. 题　　名：命令：浙江高等法院检察处令通缉各案逸犯表

作　　者：

关 键 词：通缉各案逸犯表　盗案

摘　　要：浙江高等法院检察处令通缉各案逸犯表（含盗案等）。

期刊名称：浙江司法半月刊

主办单位：

刊　　期：1930，1（13）

页　　码：29 - 31

19. 题　　名：命令：浙江高等法院检察处令（十九年四月一日至十九年四月五日）：派朱光熙代理杭县地方法院吴兴分院检察处候补书记官此令等

作　　者：

关 键 词：检察处　候补书记官

摘　　要：派朱光熙代理杭县地方法院吴兴分院检察处候补书记官。

期刊名称：浙江司法半月刊

主办单位：

刊　　期：1930，1（7）

页　　码：2 - 3

20. 题　　名：命令：浙江高等法院检察处令通缉各案逸犯表

作　　者：

关 键 词：通缉各案逸犯表　盗案　命案

摘　　要：浙江高等法院检察处令通缉各案逸犯表（含盗案和命案）。

期刊名称：浙江司法半月刊

主办单位：

刊　　期：1930，1（18）

页　　码：66 - 69

21. 题　　名：命令：浙江高等法院检察处令通缉各案逸犯表

作　　者：

关 键 词：通缉各案逸犯表　盗案

摘　　要：浙江高等法院检察处令通缉各案逸犯表（含盗案等）。

期刊名称：浙江司法半月刊

主办单位：

刊　　期：1930，1（10）

页　　码：36 - 41

22. 题　　名：命令：浙江高等法院检察处令（十九年二月十三日至十九年二

月十九日）：派田岁成代理东阳县法院学习检察官此令等

作　　者：

关 键 词：东阳县法院　学习检察官

摘　　要：派田岁成代理东阳县法院学习检察官。

期刊名称：浙江司法半月刊

主办单位：

刊　　期：1930，1（4）

页　　码：2

23. 题　　名：命令：浙江高等法院检察处令通缉各案逸犯表

作　　者：

关 键 词：通缉各案逸犯表　盗案　命案

摘　　要：浙江高等法院检察处令通缉各案逸犯表（含盗案和命案）。

期刊名称：浙江司法半月刊

主办单位：

刊　　期：1930，1（9）

页　　码：19 - 23

24. 题　　名：命令：浙江高等法院检察处令（十九年十一月十日至十九年十一月十八日）：派王庆覃代理本处书记官此令等

作　　者：

关 键 词：书记官

摘　　要：派王庆覃代理检察处书记官等。

期刊名称：浙江司法半月刊

主办单位：

刊　　期：1930，1（22）

页　　码：3

25. 题　　名：命令：浙江高等法院检察处令（十九年三月十五日至十九年三月二十二日）：派何兆樟代理临海分院学习检察官此令等

作　　者：

关 键 词：临海分院学习检察官

摘　　要：派何兆樟代理临海分院学习检察官。

期刊名称：浙江司法半月刊

主办单位：

刊　　期：1930，1（6）

页　　码：2 - 3

26. 题　　名：命令：浙江高等法院检察处令通缉各案逸犯表

作　　者：

关 键 词：通缉各案逸犯表 盗案

摘 要：浙江高等法院检察处令通缉各案逸犯表（含盗案等）。

期刊名称：浙江司法半月刊

主办单位：

刊 期：1931，2（23）

页 码：31－32

27. 题 名：命令：浙江高等法院检察处令（二十一年六月十八日）：派郑家湘代理高等法院第一分院检察处书记官此令等

作 者：

关 键 词：检察处 书记官

摘 要：派郑家湘代理高等法院第一分院检察处书记官等。

期刊名称：浙江司法半月刊

主办单位：

刊 期：1932，3（12）

页 码：3

28. 题 名：命令：浙江高等法院检察处令（二十一年三月十六日）：调派徐慕尹代理杭县地方法院吴兴分院检察处书记官此令等

作 者：

关 键 词：吴兴分院检察处 书记官

摘 要：调派徐慕尹代理杭县地方法院吴兴分院检察处书记官等。

期刊名称：浙江司法半月刊

主办单位：

刊 期：1932，3（6）

页 码：3

29. 题 名：命令：浙江高等法院检察处令通缉各案逸犯表（续）

作 者：

关 键 词：通缉各案逸犯表 盗案

摘 要：浙江高等法院检察处令通缉各案逸犯表（含盗案等）。

期刊名称：浙江司法半月刊

主办单位：

刊 期：1933，4（22）

页 码：14－17

30. 题 名：命令：浙江高等法院检察处令撤销通缉各案逸犯表（续）

作 者：

关 键 词：通缉各案逸犯表

摘 要：浙江高等法院检察处令撤销通

缉各案逸犯表（续）。

期刊名称：浙江司法半月刊

主办单位：

刊 期：1933，4（22）

页 码：17

31. 题 名：命令：浙江高等法院检察处令撤销通缉各案逸犯表

作 者：

关 键 词：撤销通缉各案逸犯表

摘 要：浙江高等法院检察处令撤销通缉各案逸犯表。

期刊名称：浙江司法半月刊

主办单位：

刊 期：1934，5（20）

页 码：32

32. 题 名：命令：浙江高等法院检察处令通缉各案逸犯表（续）

作 者：

关 键 词：通缉各案逸犯表

摘 要：浙江高等法院检察处令通缉各案逸犯表（续）。

期刊名称：浙江司法半月刊

主办单位：

刊 期：1934，5（20）

页 码：29－32

33. 题 名：命令：浙江高等法院检察处令通缉各监所脱逃人犯表

作 者：

关 键 词：通缉各案逸犯表

摘 要：浙江高等法院检察处令通缉各监所脱逃人犯表。

期刊名称：浙江司法半月刊

主办单位：

刊 期：1934，5（20）

页 码：32－35

34. 题 名：命令：浙江高等法院检察处令通缉各案逸犯表（续）

作 者：

关 键 词：通缉各案逸犯表

摘 要：通缉各案逸犯表。

期刊名称：浙江司法半月刊

主办单位：

刊 期：1936，7（3）

页 码：59－64

35. 题 名：命令：浙江高等法院检察处令通缉各案逸犯表（续）

作　　　者：

关　键　词：通缉各案逸犯表

摘　　　要：浙江高等法院检察处令通缉各案逸犯表。

期刊名称：浙江司法半月刊

主办单位：

刊　　　期：1937，8（8）

页　　　码：26－28

36.题　　名：命令：浙江高等法院检察处令通缉各监所脱逃人犯表

作　　　者：

关　键　词：通缉各监所脱逃人犯表

摘　　　要：浙江高等法院检察处令通缉各监所脱逃人犯表。

期刊名称：浙江司法半月刊

主办单位：

刊　　　期：1937，8（8）

页　　　码：28－29

37.题　　名：命令：浙江高等法院检察处令（三十年十一月八日至三十年十一月十九日）：调派俞曹荣代理浙江高等法院第二分院检察官等

作　　　者：

关　键　词：调派　检察官

摘　　　要：调派俞曹荣代理浙江高等法院第二分院检察官等。

期刊名称：浙江司法半月刊

主办单位：

刊　　　期：1942（1）

页　　　码：2－3

38.题　　名：命令：浙江高等法院检察处令（三十年十二月三日至三十一年一月二十二日）：派王鸿全代理浦江地方法院候补检察官等

作　　　者：

关　键　词：候补检察官

摘　　　要：派王鸿全代理浦江地方法院候补检察官等。

期刊名称：浙江司法半月刊

主办单位：

刊　　　期：1942（2）

页　　　码：3

39.题　　名：命令：浙江高等法院检察处令通缉各案逸犯表

作　　　者：

关　键　词：通缉各案逸犯表　盗案　命案

摘　　　要：通缉各案逸犯表，含盗案和命案。

期刊名称：浙江司法半月刊

主办单位：

刊　　　期：1930，1（12）

页　　　码：28－31

（十二）司法行政部令

1.题　　名：命令：司法行政部令（十九年八月八日至十九年八月十五日）：派杜时敏代理金华地方法院衢县分院候补检察官此令等

作　　　者：

关　键　词：衢县分院候补检察官

摘　　　要：派杜时敏代理金华地方法院衢县分院候补检察官等。

期刊名称：浙江司法半月刊

主办单位：

刊　　　期：1930，1（16）

页　　　码：1－2

2.题　　名：命令：司法行政部令（十九年七月十六日至十九年七月三十日）：派史鉴充浙江高等法院检察处候补书记官等

作　　　者：

关　键　词：检察处　候补书记官

摘　　　要：司法行政部令，派史鉴充浙江高等法院检察处候补书记官。

期刊名称：浙江司法半月刊

主办单位：

刊　　　期：1930，1（15）

页　　　码：1

3.题　　名：命令：司法行政部令（十九年二月八日至十九年二月十四日）：任命郑希署浙江嵊县县法院检察处主任书记官此令等

作　　　者：

关　键　词：检察处　主任书记官

摘　　　要：任命郑希署浙江嵊县县法院检察处主任书记官。

期刊名称：浙江司法半月刊

主办单位：

刊　　　期：1930，1（5）

页　　　码：1－2

4.题　　名：命令：司法行政部令（二十五年一月十七日至二十五年一月三十

一日）：任命吴德远为浙江高等法院检察处书记官此令等

作　　者：

关 键 词：书记官

摘　　要：任命吴德远为浙江高等法院检察处书记官等。

期刊名称：浙江司法半月刊

主办单位：

刊　　期：1936，7（3）

页　　码：1

5. 题　　名：命令：司法行政部令（二十六年四月十四日至二十六年四月十九日）：调派朱金鸣充浙江瑞妥地方法院候补检察官此令

作　　者：

关 键 词：地方法院候补检察官

摘　　要：调派朱金鸣充浙江瑞妥地方法院候补检察官等。

期刊名称：浙江司法半月刊

主办单位：

刊　　期：1937，8（8）

页　　码：1

6. 题　　名：司法行政部令：法字第二号（中华民国二十九年一月二十五日）：兹制定战区检察官服务规则公布之此令

作　　者：谢冠生

关 键 词：战区检察官服务规则

摘　　要：民国二十九年一月二十五日，司法行政部公布了《战区检察官服务规则》，主要内容有：战区检察官应分区执行职务；战区检察官与一般检察官的关系；战区检察官应受首席检察官的指挥监督等。

期刊名称：浙江司法半月刊

主办单位：

刊　　期：1942（1）

页　　码：27－29

7. 题　　名：司法行政部令（十九年一月十三日至十九年二月八日）：派谢鸿恩试署浙江高等法院推事此令

作　　者：

关 键 词：委任　检察官

摘　　要：派寿振夏充浙江永嘉地方法院丽水分院学习检察官；任命陈召南

试署浙江永嘉地方法院丽水分院检察处书记官；派韦希芬充浙江永嘉地方法院后补检察官；派陈懋劝充浙江杭县地方法院吴兴分院学习检察官。

期刊名称：浙江司法半月刊

主办单位：

刊　　期：1930，1（3）

页　　码：1－2

8. 题　　名：（二十年十一月四日至二十年十一月二十八日）：本部制定东省特别区域本票印纸规则业经呈奉

作　　者：

关 键 词：任命　检察处书记官

摘　　要：派宋乃煦代理浙江嘉善县法院检察处主任书记官、任命姜怡如试署浙江高等法院第一分院检察处书记官、任命叶子刚试署浙江鄞县地方法院检察处书记官、任命叶筠彦署浙江高等法院检察处书记官、任命金殿恩署浙江高等法院第二分院检察处主任书记官、任命张租望署浙江高等法院第二分院检察处书记官。

期刊名称：浙江司法半月刊

主办单位：

刊　　期：1931，2（23）

页　　码：1－3

9. 题　　名：（十九年四月十八日至十九年五月六日）：派陈焕代理浙江义乌县

作　　者：

关 键 词：任命　首席检察官　检察处书记官

摘　　要：派陈焕代理浙江义务县法院首席检察官、派颜乐民充浙江诸暨县法院学习检察官、派何敏章充浙江杭县地方法院后补检察官、派郑丰代理浙江鄞县地方法院首席检察官、调派秦聊元署浙江金华地方法院衢县分院首席检察官、任命蒋鸿燮试署浙江高等法院检察处学习检察官、派王源充浙江金华地方法院建德分院检察处学习书记官、任命余经鸿署浙江金华地方法院检察处主任书记官、任命施灏试署浙江鄞县地方法院检察处主任书记官、任命金殿恩试署浙江永嘉地方法院检察主任书记官。

期刊名称：浙江司法半月刊

主办单位：

刊　　期：1930，1（9）

页　　码：1

10. 题　　名：训字第一一八八号（中华民国十八年七月二十七日）：为规定监狱年报教育及教诲二表内被教育被教诲人数之填载标准由

作　　者：

关 键 词：监狱年报表　标准

摘　　要：各监狱造报统计年表关于教育及教诲调查表内所填被教育、被教诲人数往往超出各该监实在在监人数，殊属不合，嗣后各监狱填载该项人数须以年内入监及上年留监二项人数合计之总数为最高限度，如有特殊情形，应与备考栏内声叙理由，以便稽核。

期刊名称：浙江司法半月刊

主办单位：

刊　　期：1932，3（12）

页　　码：29－30

11. 题　　名：（十九年六月二十四日至十九年六月二十六日）：任命殷李泼试署浙江杭县地方法院书记官此令

作　　者：

关 键 词：任命　首席检察官

摘　　要：派柯履明暂代兰溪县法院首席检察官。

期刊名称：浙江司法半月刊

主办单位：

刊　　期：1930，1（13）

页　　码：1

12. 题　　名：（二十二年十一月四日至二十二年十一月十五日）：任命傅鼎臣浙江东阳县法院书记官长此令

作　　者：

关 键 词：调派　检察官

摘　　要：调符弈贤署浙江黄岩县法院首席检察官、调陆辅明署浙江永

嘉地方法院检察官、调徐慕尹代理浙江高等法院第一分院检察处书记官、调濮世桢代理浙江鄞县地方法院检察处书记官。

期刊名称：浙江司法半月刊

主办单位：

刊　　期：1933，4（22）

页　　码：1

七十二、中华民国法学会会报

期刊简介：

1936 年在南京发刊，月刊，法学刊物。创刊目的为建立中华民族三民主义之法系，协助建设健全司法制度，促进守法习惯的养成。主要刊登中华民国法学会成立宣言及章则，报道总会、分会消息，节录法规辑要，解释已公布的法令，刊载法界要闻等。

（一）法规辑要

1. 题　　名：推事检察官任用资格审查规则（二十五年一月九日司法行政部公布）

作　　者：

关 键 词：推事　检察官　任用资格

摘　　要：《推事检察官资格审查规则》规定，推事和检察官的资格审查依据《法院组织法》相关条文和本规则共同执行。

期刊名称：中华民国法学会会报

主办单位：中华民国法学会

刊　　期：1936，1（1）

页　　码：21－22

（二）法令解释

1. 题　　名：司法院指令：院字第一四〇一号（二十五年一月三十日）：令署浙江高等法院首席检察官宋孟年：上年十月十二日前代首席检察官职务袁士鉴呈一件据奉化地方法院检察官转请解释花会案件处理疑义由

作　　者：

关 键 词：首席检察官　法律解释　赌博罪　预备犯

摘　　要：司法院指令浙江高等法院首席检察官，其转请解释的法律适用如下：被告行为构成赌博之预备

行为。

期刊名称：中华民国法学会会报

主办单位：中华民国法学会

刊　　期：1936，1（1）

页　　码：26

2. 题　　名：司法院快邮代电：院字第一三九

九号（二十五年一月三十日）：

解释当事人资格疑义

作　　者：

关 键 词：自诉　县长　检察权

摘　　要：被害人向兼理司法的县长提起自

诉，未经县长依据检察权侦查起

诉的，应认定其有自诉人资格。

期刊名称：中华民国法学会会报

主办单位：中华民国法学会

刊　　期：1936，1（1）

页　　码：26

七十三、最高法院民事判例汇刊

期刊简介：

1934 年在上海创刊，法学书局出版，郭卫、周定枚编辑，停刊于 1934 年 12 月，刊期不详。本刊为最高法院民事判例汇编。刊首载有要旨分类一览，将各期内容根据关于民事总则、关于民法债权、关于民法物权、关于民法亲属、关于民法继承、关于民事诉讼、关于民事执行等归纳分类。关于民事总则，内容包括意思表示之撤销、契约意思之解释及抵押权之设立等；关于民法债权，内容包括先买权之主张、租赁之期限、产业之分析、合伙之责任、合伙债务之清偿、辜负委托之赔偿、印章之异同、买卖契约之订定、民事之欺诈、经理之权限、无效之契约、担任立委之责任范围、债权标的物之价格、预约之损害赔偿等；关于民法物权，内容包括不动产典当之回赎、借地造屋之存续期间、行使留置权之限制、土地所有权之行政处分、抵押权之效力、抵押权之标的、典职权与抵押权之区别等；关于民法亲属，内容包括婚约之解除、继承财产之提留、异姓子女之继承、立继会议之会员、婚约之效力、夫妻之扶养、私生子之监护、失踪人之立嗣、轻伤不能为离异之原因、离婚之正当理由、离婚之条件、请求离婚者所负之义务、养子财产之酌定、养子之入谱、同居义务之起点、诉讼后之赡养责任等；关于民法继承，包括亲属会之立继、有子复行立嗣、代为立嗣、立继之告争、继承权之抛弃、遗产之承受、立孙之限制、继承之开始、遗产之继承和择继之权限等；关于民事诉讼，包括检察官之莅庭、判

决与笔录、准禁治产者对于代订法律行为请求撤销、对不服决定之裁判、对于判决之抗告及管辖情事之变更、逾期之补正、不得声明不服之决定及命令、上诉之撤回、公开辩论之证明、对于终审法院裁判不服、对于违法处分之救济、缺席之裁判、再审之条件、再抗告之条件、证据适用之法则、证据之审究、再抗告之限制、民诉程序之中止、前清知府之职权等。此外，还有关于民事执行、关于票据法、关于清理旗地官产章程、关于法律适用条例、关于不动产登记、关于民法债等内容。

民事判例

1. 题　　名：（十一）检察官之莅庭（十七年

二月二十四日民一庭判决上字第

一五七号）

作　　者：

关 键 词：检察官　莅庭　人事诉讼

摘　　要：人事诉讼应由检察官莅庭陈述意

见，盖言检察官有此职责，非谓

检察官不莅庭，法院不得为该事

件之审判。

期刊名称：最高法院民事判例汇刊

主办单位：

刊　　期：1934（2）

页　　码：44－46

2. 题　　名：（二十四）检察处分于民事证据

（二十一年四月十四日民事上字

第六九〇号）

作　　者：

关 键 词：检察官处分书　民事关系认定

摘　　要：检察官处分书，其主旨在刑事诉

讼是否成立。其中关于民事关系

之认定，当事人虽得作为证据主

张，但证据之能否采用仍应由民

事法院揆酌一切情形而为认定。

期刊名称：最高法院民事判例汇刊

主办单位：

刊　　期：1934（7）

页　　码：76－79

3. 题　　名：（三）法院延不执行之救济（二

十一年十一月三日民事声字第八

七七号）

作　　者：

关 键 词：执行法院　违反职务　救济方法

摘　　要：执行法院违反职务不为照判执

行，或延不执行者，当事人只能

迳向监督长官，即该管高等法院

院长或司法行政部部长请予督饬依法办理，不得向本院声请救济。

期刊名称：最高法院民事判例汇刊
主办单位：
刊　　期：1934（11）
页　　码：25－27

4. 题　　名：（四十一）不服执行方法之救济（二十二年一月二十四日民事声字第四四号）

作　　者：
关　键　词：当事人　执行方法　执行程序
　　　　　　抗告　监督长官
摘　　要：当事人对于执行之方法及执行时应遵守之程序有所不服，只得向执行法院长官提出抗议，请求裁断。不服此项裁断的向上级法院提起抗告。若因执行法院不照判执行，或为原确定判决内容相反之执行，或延不执行，当事人应迳向该监督长官呈请督饬依法办理。

期刊名称：最高法院民事判例汇刊
主办单位：
刊　　期：1934（11）
页　　码：104－105

七十四、最高法院刑事判例汇刊

期刊简介：

　　1934 年 11 月在上海创刊，上海法学书局出版，停刊于 1935 年 4 月。由周定枚、郭卫编辑，不定期出版，属于法律刊物。主要刊载刑事判例文章和相关法规条例。法规条例涉及关于暂行反革命治罪法、关于海陆空军刑法、关于禁烟法、关于枪炮取缔条例、关于土豪劣绅惩治法、关于县知事审理诉讼章程、关于惩治绑匪条例、关于惩治盗匪条例、关于私盐治罪法、关于大赦条例、关于刑事特别法令刑等内容。该刊对研究中国近代法律有着重要的史料价值。

（一）其他

1. 题　　名：（四十三）判决确定案件依大赦条例之减刑（二十二年十一月十五日刑事非字第一六五号）：要旨：已经判决确定案件，依大赦条例减刑时，如发现判决显有违法情形，自应俟该判决违法之点

适用非常上诉程序纠正后

作　　者：
关　键　词：判决违法　非常上诉　大赦条例
　　　　　　减刑
摘　　要：已经判决确定案件，依《大赦条例》减刑时，如发现判决显有违法情形，自应俟该判决违法之点适用非常上诉程序纠正后，再依《大赦条例》第二条锁定标准，于合法判决上序以减刑，始无违误，原减刑裁定从与《大赦条例》所定减刑标准尚属相符，而要其所根据之判决既属于法有违，则其所为减刑之裁定亦不得谓非违法。

期刊名称：最高法院刑事判例汇刊
主办单位：
刊　　期：1934（13）
页　　码：160－163

2. 题　　名：（三十六）适用法律之从新（二十年一月二十日非字第三号）：要旨：惩治绑匪条例，施行后应适用，该条例处断而，第一审误引刑法，减处徒刑经上诉审发现者，第三审应适用惩治绑匪条例处断

作　　者：
关　键　词：施行　惩治绑匪条例　适用新法
摘　　要：《惩治绑匪条例》施行后，应适用该条例处断，而第一审误引刑法，减处徒刑经上诉审发现者，第三审应适用《惩治绑匪条例》处断，无复适用刑法第二条但书之余地，诚以《惩治绑匪条例》本为应时势之要求而制定，故以从新法处断为是。

期刊名称：最高法院刑事判例汇刊
主办单位：
刊　　期：1934（5）
页　　码：119－122

3. 题　　名：（三十三）对于减刑裁定之救济方法（二十一年十二月八日刑事非字第一六二号）：要旨：基于大赦条例所为之减刑裁定，既系依据刑罚而为之量刑裁判，其效力实与科刑判决无异，若于确定

后发现违法，自应许以非常上诉请求救济

作　　者：

关 键 词：大赦条例　减刑　非常上诉

摘　　要：基于《大赦条例》所为之减刑裁定，既系依据刑罚而为之量刑裁判，其效力实与科刑判决无异，若于确定后发现违法，自应许以非常上诉请求救济。

期刊名称：最高法院刑事判例汇刊

主办单位：

刊　　期：1934（11）

页　　码：103－106

4. 题　　名：（四）盗匪案件之上诉权（二十二年度刑事上字第二五七五号）：要旨：兼理司法之县政府对于盗匪案件，除依惩治盗匪暂行条例第一条各款判处死刑，应依同条例第三条所定程序办理

作　　者：

关 键 词：兼理司法县政府　盗匪案　大赦条例　上诉权

摘　　要：兼理司法之县政府对于盗匪案件，除依《惩治盗匪暂行条例》第一条各款判处死刑，应依同条例及《刑法》第三条所定程序办理。不准当事人上诉外，如依《大赦条例》及《刑法》或其他特定法减处无期徒刑者，均准当事人向法院提起上诉，其性质亦属相同，自应认当事人有上诉权，不能据予驳回。

期刊名称：最高法院刑事判例汇刊

主办单位：

刊　　期：1935（14）

页　　码：37－40

（二）刑法

1. 题　　名：关于刑法：（二）伪造文书兼行使之论罪及没收与涂销暨上诉之记载（十七年一月三十日刑事上字第二四号）：要旨：伪造私文书若并有交付之事实则于触犯伪造私文书罪外又触犯行使伪造私文书罪应依刑律第二十六条处断认为供犯罪所用之物应依刑律第四十八条第二款没收不得仅记载

涂销作废字样。检察官声明上诉外被告人亦在法定期间内提起上诉应并列出

作　　者：

关 键 词：伪造文书　检察官上诉　被告人上诉　同时列出

摘　　要：伪造私文书罪中供犯所用之物应律没收，检察官声明上诉外被告人亦在法定期间内提起上诉，应同时列出双方上诉。

期刊名称：最高法院刑事判例汇刊

主办单位：最高法院

刊　　期：1934（1）

页　　码：19－22

2. 题　　名：关于刑法：（十六）原判违法部份之撤销（十九年三月一日非字第四三号）：要旨：刑法第一百五十七条应以扰乱地方秩序为成立要件又查刑法上并无自由刑易科罚金之规定至原告诉人不服兼理司法事务县公署之判决应向第二审检察官呈诉请求提起上诉并以检察官为上诉人

作　　者：

关 键 词：成立要件　无自由刑　原告诉人判决　检察官　上诉

摘　　要：《刑法》中以扰乱秩序为成立条件的无自由刑，原告诉人不服应请求提起上诉并以检察官为上诉人。

期刊名称：最高法院刑事判例汇刊

主办单位：最高法院

刊　　期：1934（2）

页　　码：62－65

3. 题　　名：关于刑法：（十九）诬告与行使伪造文书之从一重处断（二十二年度刑事上字第三五八五号）：要旨：以伪造之文书向该管检察官诬告他人盗取他人所有物，且明示当时即有求刑之意，并未在民庭起诉

作　　者：

关 键 词：伪造文书罪　检察官　诬告罪二罪并罚　第二审　从一重处断

摘　　要：以伪造的文书向检察官诬告他人盗取财物的，并且明示当时即有

求刑的意思，并未在民庭起诉，应成立诬告与行使伪造文书从一重处的罪名。而与以诈欺手段假借裁判上公力希望得到不法利益的情形不符合。依《刑法》第三百六十三条第三款第二项与第二百三十三条第一项从一重处断，有失公平。

期刊名称：最高法院刑事判例汇刊
主办单位：最高法院
刊　　　期：1935（14）
页　　　码：89－93

4. 题　　　名：关于刑法：（三六十）起诉时效之完成（二十一年二月二十九日刑事非字第二四号）：要旨：起诉时效，早在刑法施行前经过，检察官于刑法施行后提起公诉，依法自应论知免诉

作　　　者：

关　键　词：起诉时效　刑法施行　提起公诉　免诉

摘　　　要：起诉时效，早在刑法施行前经过，检察官于《刑法》施行后提起公诉，依法自应免诉。

期刊名称：最高法院刑事判例汇刊
主办单位：最高法院
刊　　　期：1934（7）
页　　　码：90－93

5. 题　　　名：关于刑法：（四十八）再送覆判与杀人罪之误认（十九年十一月二十七日抗二五二二七号）：要旨：凡属覆判审发回之覆审案件，于覆审判决后自毋庸再送覆判，但检察官所附之意见书，封于覆审判决既多指摘，即属不服之表示

作　　　者：

关　键　词：覆判　发回复审　检察官上诉　共同杀人

摘　　　要：凡属于覆判审发回的覆审案件，于覆审判决后，不用再送覆判，但检察官所附之意见书，既多指摘，即属于不服的表示。固得视为上诉案件，进行第二审审判。又共同杀人与遗弃尸体，其杀人又是出于预谋，应依《刑法》

第二百八十四条处断，不得视为普通杀人罪。

期刊名称：最高法院刑事判例汇刊
主办单位：最高法院
刊　　　期：1934（4）
页　　　码：154－158

6. 题　　　名：关于刑法：（二）伪造文书兼行使之论罪及没收与涂销暨上诉之记载（十七年一月三十日刑事上字第二四号）：要旨：伪造私文书若并有交付之事实则于触犯伪造私文书罪外又触犯行使伪造私文书罪应依刑律第二十六条处断认为供犯罪所用之物应依刑律第四十八条第二款没收不得仅记载涂销作废字样。检察官声明上诉外被告人亦在法定期间内提起上诉应并列出

作　　　者：

关　键　词：伪造私文书罪　检察官上诉　被告人上诉

摘　　　要：伪造私文书若并有交付之事实，则触犯伪造私文书罪外又触犯行使伪造私文书罪应依刑律第二十六条处断，认为供犯所用的物品应依刑律第四十八条第二款没收不得仅记载涂销作废字样。检察官声明上诉外被告人也在法定期间内提起上诉应并列出。

期刊名称：最高法院刑事判例汇刊
主办单位：最高法院
刊　　　期：1934（1）
页　　　码：19－22

7. 题　　　名：关于刑法：（三十六）弃尸之应负刑责与未经上诉者之不能合并审理（十九年四月七日非字第八〇号）：要旨：弃尸为杀人之结果非湮灭自己罪证不能令其负刑事责任又被告有数人经第一审判决后其检察官并未上诉者不能合并审理将第一审判决一律撤销

作　　　者：

关　键　词：杀人弃尸　湮灭罪证　检察官上诉　合并审理

摘　　　要：弃尸为杀人之结果非湮灭自己罪证不能令其负刑事责任，又被告

有数人经第一审判决后其检察官并未上诉者，不能合并审理，将第一审判决一律撤销。

期刊名称：最高法院刑事判例汇刊
主办单位：最高法院
刊　　期：1934（2）
页　　码：119－122

8. 题　　名：关于刑法：（十九）累犯与上诉人之错认（十九年五月十七日非字第一一〇号）：要旨：犯窃盗罪判处有期徒刑四年，执行尚未完毕，又复在监乘间脱逃，依此事实，显然不合于刑法第六十五条规定累犯之要件又检察官声请定执行刑之声请，与夫莅庭陈述相同之意见

作　　者：

关 键 词：盗窃罪　脱逃　莅庭陈述　检察官上诉　撤销判决

摘　　要：犯窃盗罪判处有期徒刑四年，执行尚未完毕，又复在监乘期间脱逃，这显然不符合《刑法》第六十五条规定累犯的要件，又检察官声请执行刑之声请，只是莅庭陈述相同意见，并非提起上诉。因此检察官亦非上诉人。不能据以进行第二审的审判，而将第一审判决撤销，更为判决。

期刊名称：最高法院刑事判例汇刊
主办单位：最高法院
刊　　期：1934（3）
页　　码：71－74

9. 题　　名：关于刑法：（十四）未经告之通奸（十九年九月二十八日非字第一八六号）：要旨：凡通奸行为，若未经本夫告诉，即于诉追条件有欠缺，虽因此而犯别种罪名，但关于该部分之公诉自应谕知不受理

作　　者：

关 键 词：通奸　未经本夫告诉　追诉条件　不受理

摘　　要：凡通奸行为，若未经本夫告诉，即于诉追条件有欠缺，虽因此而犯别种罪名，但关于该部分的公诉，自应谕知不受理。

期刊名称：最高法院刑事判例汇刊
主办单位：最高法院
刊　　期：1934（4）
页　　码：57－59

10. 题　　名：关于刑法：（三）诬告罪之成立（二十二年一月二十六日刑事上字第五七五号）：要旨：被告诉人犯收受赃物罪，虽与自诉人所诉之侵占罪名略有不同，然自诉人绝非虚构其事自可断言，依法自诉人不能成立诬告之罪

作　　者：

关 键 词：被告诉人　收受赃物　自诉人

摘　　要：被告诉人犯收受赃物罪，虽与自诉的侵占罪不同，但自诉人不是虚构，依法自诉人不能成立诬告罪。

期刊名称：最高法院刑事判例汇刊
主办单位：最高法院
刊　　期：1934（12）
页　　码：27－28

11. 题　　名：关于刑法：（十六）便利脱逃罪之成立（二十三年度刑事上字第一七三〇号）：要旨：刑法第一百七十一条之便利脱逃难，系侵害公之拘禁力，必须脱逃之囚人原在依法逮捕拘禁之中始能成立

作　　者：

关 键 词：便利脱逃罪　拘禁力　依法逮捕　藏匿犯人　使其隐避

摘　　要：《刑法》规定便利脱逃罪，是侵害公之拘禁力，必须是在脱逃的囚犯原在依法逮捕拘禁之中才能成立，假如便利脱逃的行为是在这项拘禁力解除之后，即应分别情形论在藏匿犯人或使其隐避的罪名，而不得以前罪论处。

期刊名称：最高法院刑事判例汇刊
主办单位：最高法院
刊　　期：1935（14）
页　　码：78－82

12. 题　　名：（四）驳回上诉之错误（二十年一月二十一日非字第十三号）：要旨：第二审法院认为上诉有

理由者，应将第一审判决中上诉之部分撤销，更为判决，其上诉无理由而原审判决确系不当者亦同，若既认第一审判决系属不当，乃未将其判决撤销另行判决遽予驳回上诉殊属违法

作　　者：

关 键 词：驳回　非常上诉　判决违法

摘　　要：第二审法院认为上诉有理由者，应将第一审判决中上诉部分撤销，更为判决。其上诉无理由而原审判决确系不当者亦同，若既认第一审判决系属不当，乃未将其判决撤销另行判决遽予驳回上诉殊属违法。

期刊名称：最高法院刑事判例汇刊

主办单位：最高法院

刊　　期：1934（5）

页　　码：29－32

13. 题　　名：（十八）上诉审理之范围与减轻之限制（二十年六月十一日非字第九八号）：要旨：上诉法院就下级诉讼案件所得审理者，除有关系及特别规定外，以上诉人不服之部分为限，又遇有犯罪之情状可悯恕者，虽得依法酌减，然至多不得超过二分之一

作　　者：

关 键 词：上诉案件　上诉意旨

摘　　要：上诉法院就下级诉讼案件所得审理者，除有关系及特别有规定外，以上诉人不服之部分为限，又遇有犯罪之情状可悯恕者，虽得依法酌减，然至多不得超过二分之一。

期刊名称：最高法院刑事判例汇刊

主办单位：最高法院

刊　　期：1934（6）

页　　码：66－69

14. 题　　名：（二十八）罪刑轻重之比较（二十一年四月二十八日刑事上字第六一四号）：要旨：因被诉强盗经县公署判处一个无期徒刑，于经过上诉期限后呈送覆判，

由覆判审裁定发还覆审，认为构成两个掳人勒赎罪

作　　者：

关 键 词：初判　上诉期限　覆判

摘　　要：因被诉强盗经县公署判处一个无期徒刑，于经过上诉期限后呈送覆判，由覆判审裁定发还覆审，认为构成两个掳人勒索罪，处以两个无期徒刑，虽判处多数无期徒刑，依法只能执行其一，但不能因此即谓本案覆判审判决之处刑，为不重于初判。

期刊名称：最高法院刑事判例汇刊

主办单位：最高法院

刊　　期：1934（8）

页　　码：92－93

15. 题　　名：（二十九）杀人毁尸之所为及覆判之限制（十七年二月七日刑一庭判决非字第一号）：要旨：杀人后烧毁尸身既系希图灭迹别无其他犯罪意思则其损坏尸体仅为杀人之结果已为杀人罪所吸收应依刑律第二十六条处断。县署覆判判决后只得上诉于第一审之法院不得再送覆判第二审对于县署覆判判决亦不得为核准之判决

作　　者：

关 键 词：杀人毁尸　吸收　覆判

摘　　要：杀人后烧毁尸身，既系希图灭迹，别无其他犯罪意思，则其损坏尸体仅为杀人之结果，已为杀人罪所吸收，应依刑律第二十六条断；县署覆判判决后只得上诉于第一审之法院，不得再送覆判，第二审对于县署覆判判决亦不得为核准之判决。

期刊名称：最高法院刑事判例汇刊

主办单位：最高法院

刊　　期：1934（1）

页　　码：99－102

16. 题　　名：（八）起诉权之消灭与预谋之加重（十九年八月九日非字第一七三号）：要旨：起诉权既已消灭，又未把证明发生时效中断

或停止之原因，当然不能就其部分再为起诉，又查犯杀人罪而出于预谋者，自应依刑法第二百八十四条第一项第一款加重处断

作　　者：

关 键 词：起诉权　预谋加重　时效

摘　　要：起诉权既已消灭，又未把证明发生时效中断或停止之原因，当然不能就其部分再为起诉，又查犯杀人罪而出于预谋者，自应依《刑法》第二百八十四条第一项第一款加重处断。

期刊名称：最高法院刑事判例汇刊

主办单位：最高法院

刊　　期：1934（4）

页　　码：41 – 44

17. 题　　名：（二十四）略诱之未经告诉（二十二年六月二十九日刑事上字第二二三九号）：要旨：共同略诱妇女图利，虽应构成刑法第三百一十五条第二项之罪，但依同法第三百二十二条之规定，须经告诉乃能论科，如破案之经过系因被诱人与略诱人发生口角，致被警兵盘获，既非由于被诱人之告诉

作　　者：

关 键 词：略诱妇女　非告诉　诉追

摘　　要：共同略诱妇女图利，虽应构成《刑法》第三百一十五条第二项之罪，但依同法第三百二十二条之规定，须经告诉乃能论科，如破案之经过系因被诱人与略诱人发生口角，致被警兵盘获，既非由于被诱人之告诉，其关系于被害事实之陈述是否确有希望诉追之意思尚欠明了，据行判处罪刑，实嫌率略。

期刊名称：最高法院刑事判例汇刊

主办单位：最高法院

刊　　期：1934（12）

页　　码：86 – 89

18. 题　　名：（四十二）营利略诱罪之告诉权（二十二年度刑事上字第三七五四号）：要旨：刑法第三百一十

五条第二项之营利略诱罪，依同法第三百二十二条第一项规定，须告诉乃论，此项犯罪本为妨害人之自由

作　　者：

关 键 词：营利略诱罪　妨害自由　告诉人

摘　　要：《刑法》第三百一十五条第二项之营利略诱罪，依同法第三百二十二条第一项规定，须告诉乃论，此项犯罪本为妨害人之自由，应以被诱之妇女为其被害人，除该被诱人得自行告诉外，限于被诱人之法定代理人、保佐人或配偶始得独立告诉，至被诱人之亲属，非具有法定之特殊情形，不在得为告诉指列，此观于刑诉法第二百一十三条及第二百一十四条、第二百一十六条各规定至为明晰。

期刊名称：最高法院刑事判例汇刊

主办单位：最高法院

刊　　期：1935（14）

页　　码：168 – 172

19. 题　　名：（二十九）伤害尊亲与告诉（二十一年八月三日刑事非字第九九号）：要旨：伤害旁系尊亲属致普通伤，刑法第二百九十八条第二项仅设加重科刑之规定，而所犯仍系第二百九十三条第一项之罪，故仍须告诉乃论

作　　者：

关 键 词：伤害罪　亲属　告诉　撤回　不受理

摘　　要：伤害旁系尊亲属致普通伤，《刑法》第二百九十八条第二项仅设加重科刑之规定，而所犯仍系第二百九十三条第一项之罪，故仍须告诉乃论，其有告诉后于辩论终结前又经合法撤回者，法院自应论知不受理之判决。

期刊名称：最高法院刑事判例汇刊

主办单位：最高法院

刊　　期：1934（11）

页　　码：95 – 98

20. 题　　名：（四）科罪失入及褫权与核准之

错误（十九年四月二十三日非字第八五号）：要旨：因犯强奸而杀死被害人其强奸部分，系告诉乃论之罪，故未经合法告诉，只厅就其杀人行为提法论科，又查褫夺公权

作　　者：

关 键 词：强奸杀人　告诉　褫夺公权　覆判暂行条例

摘　　要：因犯强奸而杀死被害人，其强加部分系告诉乃论之罪，故未经合法告诉，只应就其杀人行为提法论科，又查褫夺公权，分为有期、无期两种，并未一部分全部之别，再查《覆判暂行条例》第六条第二款，规定应核准与应更正之部分互见时，只能为更正之判决。

期刊名称：最高法院刑事判例汇刊

主办单位：最高法院

刊　　期：1934（3）

页　　码：30－34

21. 题　　名：（三十一）毁越门墙垣之解释（二十二年八月二十九日刑事上字第四五四号）：要旨：刑法第三百三十八条第一项第二款所谓毁越门墙垣，系指毁损或超越（或踰越）门墙垣而言，与用钥匙开锁启门入室者不同，司法院解释所谓越进门墙垣者，其越进二字亦应解为超越或踰越而进，非谓启门入室者即可谓之越进

作　　者：

关 键 词：开锁入室　越进　逾越

摘　　要：《刑法》第三百三十八条第一项第二款所谓毁越门墙垣，系指毁损或超越（或逾越）门墙垣而言，与用钥匙开锁启门入室者不同，司法院解释所谓越进门墙垣者，其越进二字亦应解为超越或逾越而进，非谓启门入室者即可谓之越进。

期刊名称：最高法院刑事判例汇刊

主办单位：最高法院

刊　　期：1934（12）

页　　码：110－112

22. 题　　名：（十七）窃盗被害法益之范围（十九年十月六日非字第二〇六号）：要旨：刑法上之窃盗罪，系专指窃取动产而言，业经司法院明白解释有案，依此解释不动产不能为窃盗之被害公益自不待论

作　　者：

关 键 词：窃盗罪　动产　不动产　非被害公益

摘　　要：刑法上之窃盗罪，系专指窃取动产而言，业经司法院明白解释有案，依此解释，不动产不能为窃盗之被害公益，自不待论。

期刊名称：最高法院刑事判例汇刊

主办单位：最高法院

刊　　期：1934（4）

页　　码：65－68

（三）司法解释

1. 题　　名：（四十五）脱逃罪之构成（二十一年三月八日刑事非字第三二号）：要旨：刑法上之脱逃罪，以依法逮捕或拘禁之囚人，不用法之行为回复自由而脱离公力监督者为构成要件

作　　者：

关 键 词：脱逃罪　逮捕　拘禁　法之行为　脱离公力　构成要件

摘　　要：《刑法》上的脱逃罪，是依法逮捕或拘禁的犯人，不用法律规定的行为回复自由而脱离公力监督者为罪名的构成要件。

期刊名称：最高法院刑事判例汇刊

主办单位：最高法院

刊　　期：1934（7）

页　　码：117－118

（四）刑事诉讼法

1. 题　　名：（二十三）判决之根据（二十一年六月十五日刑事上字第一〇七号）：要旨：非被害人得以提起自诉之案件，自应本于检察官之起诉书状，并经检察官莅庭陈述案件之要旨及辩论方为合法，第一审判决书虽载有经本院检察

官提起公诉及莅庭执行职务各字样，而该审两次笔录并无检察官之姓名，既无检察官之起诉书状，足为合法起诉之证明，笔录复未载有检察官之陈述及辩论，依上述明，其诉讼程序显属违背法律上之规定

作　　　者：

关　键　词：非被害人自诉　检察官起诉书状　一审判决书　笔录　签名　程序违法

摘　　　要：非被害人得以提起自诉之案件，应有检察官的起诉书状，经检察官莅临陈述案件并辩论，才是合法的。第一审两次笔录没有检察官的姓名，也没有起诉书状，因此程序违法。

期刊名称：最高法院刑事判例汇刊

主办单位：最高法院

刊　　　期：1934（10）

页　　　码：75－78

2. 题　　　名：（十三）检察官上诉权之限制（二十三年度刑事抗字第一号）：要旨：不服刑事判决，检察官依法固得提起上诉，但必以同级法院为限，如第二审法院之判决确有不当，除同级法院之检察官得提起上诉外

作　　　者：

关　键　词：同级法官　上诉权　限制

摘　　　要：不服刑事判决，检察官依法提起上诉。但以同级法院为限，如第二审法院的判决确有不当，除同级法院的检察官能提起上诉。

期刊名称：最高法院刑事判例汇刊

主办单位：最高法院

刊　　　期：1935（14）

页　　　码：72－73

3. 题　　　名：（二十二）不起诉处分职权之限制（二十二年度刑事上字第一三八九号）：要旨：检察官侦查终结制作不起诉处分书，系开始审判前之程序，若案经起诉，除得依法撤回外，自无由检察官再为不起诉处分之余地

作　　　者：

关　键　词：已起诉案件　检察官　不起诉处分

摘　　　要：检察官对已经起诉的审判，不能再行检察职权以为不起诉处分。

期刊名称：最高法院刑事判例汇刊

主办单位：最高法院

刊　　　期：1935（14）

页　　　码：99－103

4. 题　　　名：（十一）检察官上诉日期之标准及对于覆判上诉日期之起算点并上诉理由书递送之日期（十七年二月十六日刑事上字第五○号）：要旨：检察官上诉日期除曾用书面向原法院先行声明上诉外自应以其上诉理由书所载理由为准。检察官对于覆审判决提起上诉其上诉期间之起算点应以判决呈送到厅之日为送达判决之日。检察官上诉理由书所载日期系在法定期间以内非由于检察官之倒填月日因其他原因致送交法院或有迟延则其上诉自

作　　　者：

关　键　词：检察官　上诉日期　上诉理由　覆审　起算　生效

摘　　　要：检察官上诉日期除曾用书面向原法院先行声明上诉外应以其上诉理由书所载理由为准。检察官对于复审判决提起上诉，其上诉期间的起算点应以判决呈送到厅之日为送达判决之日，检察官上诉理由书所载日期是在法定期间以内，非由于检察官倒填月日而是因其他原因使得送交法院或有迟延，则它上诉不受何等之影响不能于被告人上诉，须以提出书状到法院才生效。

期刊名称：最高法院刑事判例汇刊

主办单位：最高法院

刊　　　期：1934（1）

页　　　码：47－49

5. 题　　　名：（四十二）不起诉处分后之起诉（二十年三月九日非字第五三号）：要旨：刑事案件于不起诉处分后，如有新事实或新证据之发现，检察官仍得对于同一案件

再行起诉，虽检察官所认之是否真确无误

作　　者：

关　键　词：不起诉处分　新事实　新证据　再行起诉　公诉　实体裁判

摘　　要：刑事案件于不起诉处分后，如果发现新事实或新证据，检察官仍可对同一案件再起诉，不经法院调查不能认定。但既然经过检察官就他的发现为依据提起公诉，法院应予以受理，在为实体上的裁判。

期刊名称：最高法院刑事判例汇刊

主办单位：最高法院

刊　　期：1934（5）

页　　码：136－139

6. 题　　名：（二十四）检验权之所属（二十一年五月十三日刑事上字第八四四号）：要旨：侦查中之勘验，应由检察官行之，检验尸体，为实施勘验之一种处分，由医师或检验吏参预其事，仍应由检察官负督同检验之责，如果专委医师或检验吏单独检验，则为法所不许，基于违法勘验所得之资料，自不得采为判决基础

作　　者：

关　键　词：侦查　勘验　检察官　不得采信

摘　　要：侦查中的勘验应由检察官实施。检验尸体，为实施勘验之一种处分，由医师或检验官参加。仍由检察官负责。如果专门委任的医师或检验官单独检验，则是法律不允许的。基于违法勘验所得的资料，当然不得采用为判决基础。

期刊名称：最高法院刑事判例汇刊

主办单位：最高法院

刊　　期：1934（9）

页　　码：84－87

7. 题　　名：（二）为被告不利益再审之提起（二十一年一月十九日刑事）抗字第三号要旨：为被告不利益起见，有提起再审之权者除管辖法院之检察官外，以自诉人为限，若案件最初并非依自诉程序办理

者，则以通常告诉人之地位即无提起再审之权

作　　者：

关　键　词：被告不利益　管辖法院　检察官　自诉人　提起再审

摘　　要：为了被告不利益起见，有提起再审权力的人，除管辖法院的检察官外，以自诉人为限。若案件最初并非依自诉程序办理，则以通常告诉人的地位，即没有提起再审的权力。

期刊名称：最高法院刑事判例汇刊

主办单位：最高法院

刊　　期：1934（7）

页　　码：19－20

8. 题　　名：（三十一）诬告罪呈诉不服（二十一年八月十九日刑事）：要旨：诬告罪之被害法益，系国家之审判权，告发人无呈诉不服之权，如第二审检察官未依法提起上诉，自不能认告发人之呈诉为合法上诉遂从事实体上而为判决

作　　者：

关　键　词：诬告罪　被害人法益　审判权　告发人　呈诉不服　检察官上诉

摘　　要：诬告罪的被害人法律利益是国家的审判权。告发人无呈诉不服的权利。如第二审检察官没有依法提起上诉，自不能认为告发人的呈诉为合法上诉遂从事实上作出判决。

期刊名称：最高法院刑事判例汇刊

主办单位：最高法院

刊　　期：1934（10）

页　　码：94－95

9. 题　　名：（四十四）因自白所提之再审（十七年十月十五日刑一庭裁定抗字第一二二号）：要旨：自白犯罪事实得以提起再审者乃为受刑人或被告不利益而设必限于管辖法院之检察官或自诉人始得提起

作　　者：

关　键　词：自白犯罪　再审　被告　不利益　管辖法院　检察官　自诉人

摘　　要：自白犯罪事实得以提起再审者乃

为受刑人或被告不利益而设，一定限于管辖的法院的检察官或自诉人才能提起。

期 刊 名 称：最高法院刑事判例汇刊
主办单位：最高法院
刊　　　期：1934（1）
页　　　码：133－134

10. 题　　　名：（四十一）不服县判之呈诉（二十二年刑事上字第一九二〇号）：要旨：诉讼程序不因法院无管辖权而失其效力，为刑事诉讼法第六条所明定，告诉人对于县判向第二审之检察官呈诉不服

作　　　者：

关　键　词：诉讼程序　管辖权　告诉人　呈诉不服

摘　　　要：诉讼程序不因法院无管辖权而失效，这个已被《刑事诉讼法》第六条明确规定。告诉人对于县判向第二审的检察官呈诉不服，请依上诉程序提起上诉，也属于诉讼程序之一种。所以告诉人向第二审检察官为不服的呈诉，如果所呈诉的法院并无管辖权，除检察官据以上诉时应由法院论知管辖错误之判决外，尽可由该检察官移送有管辖权的法院依法核办。其呈诉的效力仍存在，并不受任何影响。

期 刊 名 称：最高法院刑事判例汇刊
主办单位：最高法院
刊　　　期：1934（13）
页　　　码：153－156

11. 题　　　名：（二十四）同案起诉之限制（二十一年一月八日上字第二号）：要旨：检察官对于同一案件经不起诉处分确定后，再行起诉者，以发现新事实或新证据为条件，否则即属起诉程序违背法规，法院应为不受理之判决

作　　　者：

关　键　词：不起诉处分　新事实证据　程序违法　不受理

摘　　　要：检察官对于同一案件经过不起诉处分确定后，再行起诉的，

以发现新事实或新证据为条件，否则即属于起诉程序违背法规，法院应作不受理的判决。

期 刊 名 称：最高法院刑事判例汇刊
主办单位：最高法院
刊　　　期：1934（6）
页　　　码：82－84

12. 题　　　名：（三十六）未受请求事项判决之违法（二十二年九月十三日刑事上字第七五四号）：要旨：法院不得就未经起诉之行为审判，若对于未受请求之事项予以判决，即属违法，如甲诬告乙部分并未经第一审法院检察官起诉求刑

作　　　者：

关　键　词：未经起诉不得审判　违法　起诉书　不告不理

摘　　　要：法院不得就未经起诉的行为审判，若对于未受请求之事项予以判决，即属于违法，如甲诬告乙部分并未来第一审法院检察官起诉求刑，有原起诉书可按依法自不得径予论，致违不告不理之原则。

期 刊 名 称：最高法院刑事判例汇刊
主办单位：最高法院
刊　　　期：1934（13）
页　　　码：137－141

13. 题　　　名：（一）所生他罪与起诉（二十一年九月二十三日刑事上字第一六〇八号）：要旨：以犯一罪之方法或结果而犯他项罪名者，系刑法上之牵连犯，虽检察官未经起诉，按诸公诉不可分之原则，在审理事实之法院仍应一并审判，适用刑法第七十四条从一重处断

作　　　者：

关　键　词：牵连犯　公诉不可分　一并审判　从一重处断

摘　　　要：以犯一罪的方法或结果则犯其他罪名的，是《刑法》上的牵连犯，虽检察官未经起诉，按诸公诉不可分的原则，在审理事实的法院仍应一并审判，适

用《刑法》第七十四条从一重处断。

期刊名称：最高法院刑事判例汇刊

主办单位：最高法院

刊　　期：1934（11）

页　　码：25－27

14. 题　　名：（四十九）告诉共犯一人之效力（二十一年九月三日刑事非字第一四七一号）：要旨：关于轻微伤害罪固须告诉乃论，但告诉乃论之罪对于共犯之一人告诉，其效力及于其他共犯，如对于请求法办之加害者既称有二十余人，则自承系常时在场实施之共犯依上开规定，自不得以未经指名告诉指为欠缺诉追条件

作　　者：

关 键 词：轻伤害　告诉乃论　共犯　欠缺追诉条件

摘　　要：轻微伤害罪属告诉乃论之罪，但此处的告诉不仅是对于共犯之中的一人而言，更应及于其他共犯。例如对于请求法办之加害者既称有二十余人，则自承是针对当时在场实施的共犯依上述规定，而不能以未经指名告诉为欠缺诉追的条件。

期刊名称：最高法院刑事判例汇刊

主办单位：最高法院

刊　　期：1934（10）

页　　码：145－148

15. 题　　名：（二十一）反诉之限制：（二十一年十月十四日刑事非字第一一六号）：要旨：刑事自诉案内之被告得依法提起反诉者，以诉讼主体同一为要件质言之，即当事人之易位，反诉之被告须为自诉之原告，故法律

作　　者：

关 键 词：自诉人　反诉　主体同一　第三人　裁定驳回

摘　　要：自诉人提起反诉，以诉讼主体同一为起诉要件，即当事人的易位，反诉的被告须为自诉之原告，须依法在自诉终结前提

出反诉，受诉法院原则上亦应就反诉与自诉同时判决，如对第三人追诉，属另一诉讼，依法裁定驳回。

期刊名称：最高法院刑事判例汇刊

主办单位：最高法院

刊　　期：1934（11）

页　　码：70－73

16. 题　　名：（三十七）上诉权之限制（二十二年九月十九日刑事上字第八一一号）：要旨：（一）不服下级法院之判决，得上诉于上级法院者，以当事人为限，如甲因诬告案件经第二审法院判处罪刑，乙虽为被诬告之人，但既非自诉人，自属无权上诉。（二）提起上诉以对于判决有所

作　　者：

关 键 词：上诉权限制　非当事人　不服判决

摘　　要：（一）不服下级法院判决，可上诉至上级法院，只有当事人才有上诉权，如甲因诬告案件被判决，乙虽是被诬告的人，但又不是自诉人，所以无权上诉。（二）提起上诉需要对判决不服的人才有权，如果案件未判，则没有不服可言。

期刊名称：最高法院刑事判例汇刊

主办单位：最高法院

刊　　期：1934（12）

页　　码：131－135

17. 题　　名：（五十）交发更审与覆判（二十一年六月四日刑事上字第一〇〇一号）：要旨：第三审法院受理之非常上诉发交更审时，虽该案原属覆判之件，在一经发交之后，即已失其覆判性质，受发交之法院，当然应本发交意旨径行审判，不得再适用覆判程序办理

作　　者：

关 键 词：第三审　非常上诉　发交更审覆判性质

摘　　要：第三审法院受理的非常上诉发回再审时，虽该案原属于覆判

的案件，在一经发回之后，即已经失去覆判性质，受理法院当然应依发回之意思而直接审判，不得再适用覆判程序办理。

期刊名称：最高法院刑事判例汇刊
主办单位：最高法院
刊　　期：1934（9）
页　　码：154－156

18. 题　　名：（三十）仅由他人出名上诉之效力（二十二年九月十六日刑事上字第七八一号）：要旨：上诉人受有罪之判决，并未于法定期间内声明不服，仅由他人出名具状，对于原判全部不服，上诉状即未列上诉人姓名

作　　者：

关 键 词：上诉人　判决不服　独立上诉

摘　　要：上诉人受有罪之判决，并未于法定期间内声明不服，仅由他人出名具状，对于原判全部不服，上诉状既未列上诉人姓名，亦未声明系由上诉人委托，则上诉人不服第一审判决之意思实属无从表现。自不得谓为有合法之上诉，且该上诉人当时已成年，具有完全行为能力，他人既不能认为上诉人之法定代理人或保佐人，即不得为上诉人利益起见独立上诉。

期刊名称：最高法院刑事判例汇刊
主办单位：最高法院
刊　　期：1934（13）
页　　码：121－123

19. 题　　名：（一）违法上诉之驳回（十九年二月二十七日非字第四二号）：要旨：法院对于上诉案件，因其上诉程序违背法律之规定，以判决驳回其上诉者，不得再就原判决之内容而为判决。

作　　者：

关 键 词：上诉　程序违法　驳回

摘　　要：法院对于上诉案件，因其上诉程序违背法律之规定，以判决驳回其上诉者，不得再就原判决之内容而为判决。

期刊名称：最高法院刑事判例汇刊

主办单位：最高法院
刊　　期：1934（3）
页　　码：21－23

20. 题　　名：（四十一）上诉逾期之误认（二十年四月六日非字第四九号）：要旨：上诉期限之计算，若将一月之第一日算入，其期限之末日，又系星期日，亦将其算入，则法定十日之上诉期限，已缩减为八日，据此以驳回被告之上诉，显属违法

作　　者：

关 键 词：上诉期限　起算日期

摘　　要：上诉期限之计算，若将一月之第一日算入，其期限之末日又系星期日，亦将其算入，则法定十日之上诉期限，已缩减为八日，据此以驳回被告之上诉，显属违法。

期刊名称：最高法院刑事判例汇刊
主办单位：最高法院
刊　　期：1934（5）
页　　码：134－136

21. 题　　名：（五十）上诉未叙理由之效力（二十三年度刑事非字第一六号）：要旨：当事人于上诉期限内已有书状声明上诉，纵未叙明理由，如无其他不合法之原因，仍应视为合法上诉

作　　者：

关 键 词：上诉期限　上诉理由　上诉权

摘　　要：当事人于上诉期限内已有书状声明上诉。从未叙明理由，如无其他不合法之原因，仍应实为合法上诉，不能视为违背法律上之程式或丧失上诉权而予以驳回。

期刊名称：最高法院刑事判例汇刊
主办单位：最高法院
刊　　期：1935（14）
页　　码：201－204

22. 题　　名：（二十一）上诉状与所载日期（二十二年二月二日刑事上字第六七二号）：要旨：上诉书状如在法定上诉期限以外提出，纵令其状内所载日期并不逾限，

其上诉亦难认为合法

作　　者：

关 键 词：上诉书状　上诉期限　上诉

摘　　要：上诉书状如在法定上诉期限以外提出，从令其状内所载日期并不逾限，其上诉亦难认为合法。

期刊名称：最高法院刑事判例汇刊

主办单位：最高法院

刊　　期：1934（12）

页　　码：79－80

23. 题　　名：（九）告诉人上诉人之限制（二十一年二月八日刑事）抗字第二二号要旨：告诉人既非当事人，对于正式法院之判决自不得声明上诉

作　　者：

关 键 词：告诉人　不得上诉

摘　　要：告诉人既非当事人，对于正式法院之判决自不得声明上诉。

期刊名称：最高法院刑事判例汇刊

主办单位：最高法院

刊　　期：1934（7）

页　　码：30－31

24. 题　　名：（二十二）上诉理由之提出与期限（二十二年二月二十三日刑事上字第七四一号）：要旨：上诉理由书虽在上诉法定期限内作成，然并未于法定期限内提出于法院，依法不能发生效力

作　　者：

关 键 词：上诉理由书　法定期限

摘　　要：上诉理由书虽在上诉法定期限内作成，然并未于法定期限内提出于法院，依法不能发生效力。

期刊名称：最高法院刑事判例汇刊

主办单位：最高法院

刊　　期：1934（12）

页　　码：81－82

25. 题　　名：（三十一）上诉部分之审判（二十二年十月六日刑事上字第一〇五八号）：要旨：第二审法院不得就第一审判决中未经上诉之部分而为审判，观于刑事诉讼法第三百八十一条第三百七

十五条之规定自明

作　　者：

关 键 词：上诉　审判

摘　　要：第二审法院不得就第一审判决中未经上诉之部分而为审判，观于刑诉法第三百八十一条、第三百七十五条之规定自明，虽同法第三百六十二条第二项规定对于判决之一部上诉者，其有关系之部分亦以上诉论，然所谓有关系之部分，系指判决之内容在实际上无从分剖，即因一部上诉而其全部必受影响者而言。

期刊名称：最高法院刑事判例汇刊

主办单位：最高法院

刊　　期：1934（13）

页　　码：124－126

26. 题　　名：（十四）非常上诉之性质（二十二年度刑事声字第一八号）：要旨：非常上诉制度以企图统一法令之适用为其主要目的，故判决之效力，在原则上对于被告不受影响，但原确定判决违法而又不利于被告者

作　　者：

关 键 词：非常上诉　统一法令　上诉制度

摘　　要：非常上诉制度以企图统一法令之适用为其主要目的，故判决之效力，在原则上对于被告不受影响，但原确定判决违法而又不利于被告者，则应撤销原判决，并就被告被诉事项另行判决，否则若于被告并无不利，只应将原判决关于适用法则违法部分撤销，而于原刑罚并不变更，此与通常上诉制度之性质迥不相同。

期刊名称：最高法院刑事判例汇刊

主办单位：最高法院

刊　　期：1935（14）

页　　码：73－76

27. 题　　名：（四十）基于非常上诉程序发交更审案件之间接限制（二十三年二月十九日刑事非字第二三

五号）：要旨：第二审法院审理基于非常上诉程序发交更审之案件，因间接受刑事诉讼法第四百三十九条第一款及第四百四十条规定之限制

作　　者：

关 键 词：二审法院　非常上诉　更审案件

摘　　要：第二审法院审理基于非常上诉程序发交更审之案件，因间接受刑诉法第四百三十九条第一款及第四百四十条规定之限制，自不得为不利于被告之判决。

期刊名称：最高法院刑事判例汇刊

主办单位：最高法院

刊　　期：1934（13）

页　　码：150－153

28. 题　　名：（五十）羁押之折抵及审判之范围（十九年二月十九日非字第三七号）：要旨：羁押不抵应揭明理由未经上诉部分不得并予审判

作　　者：

关 键 词：羁押不抵　未经上诉　不予审判

摘　　要：羁押不抵应揭明理由，未经上诉部分不得并予审判。

期刊名称：最高法院刑事判例汇刊

主办单位：最高法院

刊　　期：1934（2）

页　　码：157－160

29. 题　　名：（二）在途程期之计算（二十一年六月二十日刑事上字第一一〇八号）：要旨：当事人不在管辖法院所在地居住者，于上诉或抗告时计算法定期限，固得扣除在途程期，惟此项程期乃为便利在途之当事人而设，若当事人已在法院羁押既无在途程期，即无扣除之余地

作　　者：

关 键 词：在途期限　法定期限

摘　　要：当事人不在管辖法院所在地居住者，于上诉或抗告时计算法定期限，固得扣除在途程期。惟此项程期乃为便利在途之当

事人而设，若当事人已在法院羁押，既无在途程期，即无扣除之余地。

期刊名称：最高法院刑事判例汇刊

主办单位：最高法院

刊　　期：1934（10）

页　　码：24－26

30. 题　　名：（四十九）判决程序之错误（十九年二月六日非字第三三号）：要旨：一案两判法所不许被告对于违法之判决提起上诉原审撤销其判决虽无不合但非以程序违法为理由乃就是实体上依照第二审通常审判程序予以改判实难谓非违误

作　　者：

关 键 词：一案两判　改判

摘　　要：一案两判法所不许被告对于违法之判决提起上诉，原审撤销其判决，虽无不合但非以程序违法为理由，乃就是实体上依照第二审通常审判程序予以改判，实难谓非违误。

期刊名称：最高法院刑事判例汇刊

主办单位：最高法院

刊　　期：1934（2）

页　　码：154－157

31. 题　　名：（三十九）呈送覆判之错误（二十年二月十三日非字第二六号）：要旨：兼理司法县政府审判地方管辖刑事案件，未经声明上诉者，固应呈送覆判，但其判决书，应以依法送达者为限，若初审判决书未经

作　　者：

关 键 词：兼理司法县政府　管辖　上诉　覆判　判决书　送达

摘　　要：兼理司法县政府审判地方管辖刑事案件，未经声明上诉者，固应呈送覆判，但其判决书应以依法送达者为限，若初审判决书未经送达当事人，则上诉期限即无从起算，自不得据依覆判程序呈送覆判。

期刊名称：最高法院刑事判例汇刊

主办单位：最高法院

刊　　期：1934（5）

页　　码：127 – 130

32. 题　　名：（五十）交发更审与覆判（二十一年六月四日刑事上字第一〇〇一号）：要旨：第三审法院受理之非常上诉发交更审时，虽该案原属覆判之件，在一经发交之后，即已失其覆判性质，受发交之法院，当然应本发交意旨迳行审判，不得再适用覆判程序办理

作　　者：

关 键 词：非常上诉　覆判

摘　　要：第三审法院受理之非常上诉发交更审时，虽该案原属覆判之件，在一经发交之后，即已失其覆判性质，受发交之法院，法院当然应本发交意旨迳行审判，不得再适用覆判程序办理。

期刊名称：最高法院刑事判例汇刊

主办单位：最高法院

刊　　期：1934（9）

页　　码：154 – 156

33. 题　　名：（十三）不具抗告形式之抗告及声请停止羁押之理由（十六年十二月十八日刑事抗字第九号）要旨：一抗告人曾向原审具状声请再议虽未揭明抗告字样然按其叙述理由其表示不服原裁决之意思既已显然当事人不谙诉讼程序误以再议即为抗告法院自应按照抗告程序予以受理一抗告人以亡母灵柩停厝在堂急待安葬声请停止羁押此项理由不能成立

作　　者：

关 键 词：抗告人　再议　抗告形式

摘　　要：抗告人曾向原审具状声请再议，虽未揭明抗告字样，然按其叙述理由，其表示不服原裁决之意思，既已显然当事人不谙诉讼程序，误以再议即为抗告，法院自应按照抗告程序予以受理；抗告人以亡母灵柩停厝在堂，急待安葬，声请停止羁押，此项理由不能成立。

期刊名称：最高法院刑事判例汇刊

主办单位：最高法院

刊　　期：1934（1）

页　　码：50 – 51

34. 题　　名：（二十六）合议之规律及弃尸之责任（十九年九月二十九日非字第二〇五号）：要旨：审判开始后推事有更易者，应更新审判之程序，又查高等法院为合议制，其审判权应以推事三员行之否则依法院之编制即不合

作　　者：

关 键 词：合议制　审判权　推事三员

摘　　要：审判开始后，推事有更易者，应更新审判之程序，又查高等法院为合议制，其审判权应以推事三员行之，否则依法院之编制，即不合法，至弃尸虽为杀人之结果，毋庸独立论罪，然于理由内，不能不适用《刑法》第二百六十二条第一项之规定。

期刊名称：最高法院刑事判例汇刊

主办单位：最高法院

刊　　期：1934（4）

页　　码：90 – 95

35. 题　　名：（六）尸体之检验及自由心证之根据（二十二年一月二十七日刑事上字第三五九号）：要旨：（一）检验尸体为实施勘验之一种，审判中应由法院或受命推事行之，原第二审法院系嘱托县政府代为检验，亦应以有审判职权之县长或承审员行之方为合法。（二）认定犯罪事实须有积极证据

作　　者：

关 键 词：勘验尸体　勘验执行人　自由心证

摘　　要：一、检验尸体为实施勘验之一种，审判中应由法院或受命推事行之，原第二审法院系嘱托县政府代为检验，亦应以有审判职权之县长或承审员行之方为合法。二、认定犯罪事实须有积极证据，虽证据之证明力

由法院自由判断，要必先有证据之存在，始有自由心证之可言。

期刊名称：最高法院刑事判例汇刊
主办单位：最高法院
刊　　期：1934（12）
页　　码：33－35

36. 题　　名：（三十五）牵连关系之合并审理（二十二年九月九日刑事上字第七〇〇号）：要旨：杀人与遗弃尸体有牵连关系，其遗弃尸体虽未经起诉，然牵连犯之行为一部起诉者以全部起诉论，自应一并审理

作　　者：

关 键 词：杀人　弃尸　牵连关系　一并审理

摘　　要：杀人与遗弃尸体有牵连关系，其遗弃尸体虽未经起诉，然牵连犯至行为一部起诉者，以全部起诉论，自应一并审理。

期刊名称：最高法院刑事判例汇刊
主办单位：最高法院
刊　　期：1934（13）
页　　码：134－137

37. 题　　名：（四十八）未起诉案件之审判与废法律之引用（十九年四月二十四日非字第一二七号）：要旨：法院不得就未经起诉之行为审判，又早经军政府明令废止之刑律补充条例，不得于已隶属于国民政府之区域，再行援用。

作　　者：

关 键 词：未起诉　不得审判　刑律补充条例　不得援用

摘　　要：法院不得就未经起诉之行为审判，又早经军政府明令废止之刑律补充条例，不得于已隶属于民国政府之区域再行援用。

期刊名称：最高法院刑事判例汇刊
主办单位：最高法院
刊　　期：1934（3）
页　　码：154－157

38. 题　　名：（四十一）起诉权之消灭（十九年六月三十日非字第一五七号）：要旨：时效已满期之案件，其犯罪之起诉权消灭，按照刑事诉讼法，应谕知免诉之判决又犯罪时之法律与裁判时之法律遇有变更者固

作　　者：

关 键 词：时效　起诉权　新法　旧法适用

摘　　要：时效已满期之案件，其犯罪之起诉权消灭，按照刑诉法，应论知免诉之判决，又犯罪时之法律与裁判时之法律遇有变更者，固应依裁判时之法律，但在《刑法》施行以前，如依新刑律所定之时效，业已期满，则起诉权早经消灭，自不得于《刑法》施行后，复适用《刑法》所定之时效更为科刑之判决。

期刊名称：最高法院刑事判例汇刊
主办单位：最高法院
刊　　期：1934（4）
页　　码：133－136

39. 题　　名：（三十五）逾期告诉与不受理（二十二年八月十八日刑事上字第三一一号）：要旨：刑事诉讼法第三百一十七条第一款，所引同法第二百四十三条第一款时效已期满者之规定，其时效系指刑法第九十七条之起诉权时效而言，与刑事诉讼法第二百一十八条之告诉期限无涉，如告诉人逾越法定告诉限期，自属起诉之程序违背规定，应依刑事诉讼法第三百一十八第一款

作　　者：

关 键 词：时效　起诉权　法定限期　免诉

摘　　要：刑诉法第三百一十七条第一款，所引同法第二百四十三条第一款时效已期满者之规定，其时效系指《刑法》第九十七条之起诉权时效而言，刑诉法第二百一十八条之告诉期限无涉，如告诉人逾越法定告诉限期，

自属起诉至程序违背规定，应依刑诉法第三百一十八条第一款论知不受理，不能依同法第三百一十七条第一款论知免诉之判决。

期刊名称：最高法院刑事判例汇刊
主办单位：最高法院
刊　　期：1934（12）
页　　码：123－127

40. 题　　名：(三十三)民事法院裁判之拘束力及诬告案件之起诉（二十二年十一月十七日刑事上字第一六一九号）：要旨：（一）犯罪是否成立，与民事案件有关系者，刑事法院如认为民事关系毫无可疑，本可自行断定并无待于民事判决确定之必要

作　　者：

关 键 词：民事裁判　刑事法院　不受约束　诬告案　侦查起诉

摘　　要：一、犯罪是否成立与民事案件有关系者，刑事法院如认为民事关系毫无可疑，本可自行断定，并无待于民事判决确定之必要，即使民事业已判决，刑事法院为求发现真实，认民事裁判为不当者，亦可不受民事法院裁判之约束；二、诬告案件如侦查明白即可起诉，亦无必须被诬告人处分不起诉后，始得对于诬告人提起公诉之限制。

期刊名称：最高法院刑事判例汇刊
主办单位：最高法院
刊　　期：1934（13）
页　　码：128－132

41. 题　　名：(二十九)犯罪已废止其刑罚之解释（二十二年九月六日刑事上字第六二八号）：要旨：（一）刑事诉讼法第二百四十三条第四款规定，犯罪后之法律已废止其刑罚者，犯罪之起诉权消灭，法院受理此项案件

作　　者：

关 键 词：旧法　刑罚废止　免诉　科刑权

摘　　要：一、刑诉法第二百四十三条第四款规定，犯罪后之法律已废止其刑罚者，犯罪之起诉权消灭，法院受理此项案件，固应依同法第三百一十七条第一款论知免诉，但所谓犯罪后之法律废止其刑罚，系指旧法之刑罚已经废止，而其他现行法上复无科以刑罚之明文者而言，如果按照其他法令仍应科以刑罚，不过刑罚法令之变更，国家之科刑权并未因而消灭，自不能据为犯罪起诉权之消灭原因。

期刊名称：最高法院刑事判例汇刊
主办单位：最高法院
刊　　期：1934（13）
页　　码：117－121

42. 题　　名：(十)亲告之撤销（十七年二月九日刑事上字第三九号）：要旨：相奸罪经告诉后其夫续又表示不愿惩办其妻者即应认为撤销告诉

作　　者：

关 键 词：相奸罪　告诉　不愿惩办　撤销

摘　　要：相奸罪经告诉后，其夫续又表示不愿惩办其妻者，即应认为撤销告诉。

期刊名称：最高法院刑事判例汇刊
主办单位：最高法院
刊　　期：1934（1）
页　　码：40－47

43. 题　　名：(三十二)声请回复原状及对县判呈诉不服（二十二年十月六日刑事抗字第一一〇号）：要旨：声请回复原状以当事人为限，对于县判得呈诉不服者，亦限于告诉人，诬告罪所侵害者为国家之审判权被诬告人并非直接被害之人

作　　者：

关 键 词：声请回复原状　当事人　诬告罪　审判权

摘　　要：声请回复原状以当事人为限，对于县判得呈诉不服者，亦限

于告诉人，诬告罪所得侵害者为国家之审判权，被诬告人并非直接被告人，乃告发人而非告诉人，并无呈诉不服之权，尤无声请回复原状之可言。

期刊名称：最高法院刑事判例汇刊
主办单位：最高法院
刊　　期：1934（13）
页　　码：126－128

44. 题　　名：（四十二）初判之事实根据（十九年十月二十八日非字第二一〇号）：要旨：刑事判决，应记载事实为刑事诉讼法所明定，覆判程序系就兼理司法县政府所为之判决，从实体上及程序上审查其是否正当无

作　　者：

关 键 词：刑事判决　记载事实　覆判　兼理司法县政府　覆判暂行条例

摘　　要：刑事判决应记载事实，为刑诉法所明定，覆判程序系就兼理司法县政府所为之判决，从实体上及程序上审查其是否正当，无论为核准或更正之判决，均应以县判所认定之事实为根据，故县判经记载事实或事实不明以及认定事实错误，均应依《覆判暂行条例》为覆审之裁定，在覆判审无自行认定事实之权。

期刊名称：最高法院刑事判例汇刊
主办单位：最高法院
刊　　期：1934（4）
页　　码：137－140

（五）覆判暂行条例

1. 题　　名：（五十）误用覆判程序之纠正（十九年五月二十八非字第一一九号）：要旨：检察官对于发回复审之判决，如有不服，应上诉于管辖第二审之法院，无复再送覆判之余地，但其所附之意见书，对于覆审判决……

作　　者：

关 键 词：覆审判决　检察官上诉　第二审

摘　　要：检察官对于发回来的覆审判决，

如有不服，应上诉到管辖第二审的法院，无复再送覆判的余地。但其所附的意见书，对于覆审判决，既多指摘，即属于不服的表示，原法院自应视为上诉案件，进行第二审审判，当不能适用覆判程序，为更正之判决。

期刊名称：最高法院刑事判例汇刊
主办单位：最高法院
刊　　期：1934（3）
页　　码：160－162

2. 题　　名：（一）适用覆审之范围（十九年五月二十七日非字第一三二号）：要旨：凡覆审案件，遇有应核准与应履审之部分互见时，应仍为覆审之判决

作　　者：

关 键 词：履审　核准

摘　　要：履审案件，遇有应履审与应核准互见时，应以履审为判决。

期刊名称：最高法院刑事判例汇刊
主办单位：最高法院
刊　　期：1934（4）
页　　码：21－23

3. 题　　名：（四十九）覆判不能变更初判之事实（十九年五月十日非字第一〇七号）：要旨：覆判审对于县政府初审判决，得依覆判暂行条例第一项第二款为更正之判决者，先须事实相符，若初判所认定之事实……

作　　者：

关 键 词：覆判审　县政府初审判决　覆判暂行条例　更正

摘　　要：覆判审对于县政府初审判决，得依《覆判暂行条例》第一项第二款为更正之判决，先须事实相符，若初判认定的事实未明确，即须依该条第一项第三款参照第七条办理，不得立刻变更事实而作出更正的判决。

期刊名称：最高法院刑事判例汇刊
主办单位：最高法院
刊　　期：1934（3）.
页　　码：157－160

（六）县知事审理诉讼章程

1. **题　　名**：（七）县长所为羁押处分之职权（二十一年六月三十日刑事上字第一八八号）：要旨：县长兼有检察与审判两种职权，其基于检察职权所为之羁押处分，如有不服，在法律上别有救济之途，要不能对之抗告

   作　　者：

   关 键 词：县长兼有司法　职权　羁押处分　法律救济

   摘　　要：县长兼有检察与审判两种职权。其基于检察职权所为之羁押处分，如有不服，在法律上有救济的路径，否则不能对之抗告。

   期刊名称：最高法院刑事判例汇刊

   主办单位：最高法院

   刊　　期：1934（10）

   页　　码：33 – 34

2. **题　　名**：（六）呈诉不服之撤回（二十一年六月二日刑事上字第八四号）：要旨：告诉人对于县判呈诉不服以检察官为上诉人，如就其呈诉声请撤回非取得检察官之同意，不生法律上之效力

   作　　者：

   关 键 词：告诉人　检察官　上诉人　撤回　同意　不生效

   摘　　要：告诉人对于县判呈诉不服以检察官为上诉人。如果其呈诉申请被撤回，不取得检察官的同意的情况下，在法律上不生效。

   期刊名称：最高法院刑事判例汇刊

   主办单位：最高法院

   刊　　期：1934（10）

   页　　码：30 – 33

3. **题　　名**：（五十）堂谕不影响当事人之上诉权（二十三年刑事上字第五一号）：要旨：兼理司法之县政府虽兼有检察及审判两种职权，但其所为堂谕，若系出于判决之性质，纵或用语未当，乃属判决违法问题

   作　　者：

   关 键 词：县长兼理司法　判决违法　处分　上诉权

   摘　　要：兼理司法的县政府虽兼有检察及审判两种职权，但如果他所作的堂论属于判决的性质，即使用语不当，这属于判决违法问题。很难因为这个给检察官处分，并影响到当事人的上诉权。

   期刊名称：最高法院刑事判例汇刊

   主办单位：最高法院

   刊　　期：1934（13）

   页　　码：182 – 184

4. **题　　名**：（二十九）扣押之解释（二十一年三月三十日刑事上字第四六〇号）：要旨：犯人私藏之枪弹，既经有与检察官同其侦查职权之县长，基于扣押之权发交警队，其饬令具领应用，又不外保管时之一种利用方法

   作　　者：

   关 键 词：私藏枪弹　县长兼理司法　检察职权　扣押物品　扣押

   摘　　要：犯人私藏的枪弹，既然已经由与检察官相同侦查权的县长，基于扣押之权发交警队，应视为一种保管办法，自然不能当作未经扣押论处。

   期刊名称：最高法院刑事判例汇刊

   主办单位：最高法院

   刊　　期：1934（8）

   页　　码：93 – 96

5. **题　　名**：关于县知事审理诉讼章程：（十四）告诉人及自诉人之上诉权（二十一年一月八日刑事）上字第六六号要旨：（一）告诉人对于兼理司法县政府之第一审判决，虽得向第二审之检察官呈诉不服，谓依上诉程序提起上诉，但一经第二审法院判决原告诉人即无再行上诉之权。（二）自诉人，虽有独立提起上诉之权，然必须原法院系按自诉程序办理者，始为合法

   作　　者：

   关 键 词：县长兼理司法　一审法院　呈诉不服　原告诉人　自诉人上诉

   摘　　要：（一）告诉人对于兼理司法县政府的第一审判决，虽得向第二审

的检察官呈诉不服，谓依上诉程序提起上诉，但一经第二审法院判决，原告诉人即无再行上诉的权利。（二）自诉人虽有独立提起上诉的权利，但必须原法院是按自诉程序办理的，才为合法。

期刊名称：最高法院刑事判例汇刊
主办单位：最高法院
刊　　期：1934（7）
页　　码：37－39

6.　题　　名：（十六）判决之未宣告或送达与连续行为（二十一年四月十八日刑事上字第五七二号）：要旨：（一）兼理司法之县长制成刑事判决书，既未履行宣告程序又未依法送达，自属无效。（二）结伙强盗故意杀人犯罪行为虽非一次

作　　者：

关 键 词：县长兼理司法　程序违法　连续犯

摘　　要：（一）兼理司法的县长，制成刑事判决，既未履行宣告程序，又未依法送达，自属无效。（二）结伙强盗故意杀人，犯罪虽非一次，但以同一意思连续数行为而犯同一罪，应以连续犯论科。

期刊名称：最高法院刑事判例汇刊
主办单位：最高法院
刊　　期：1934（8）
页　　码：56－60

7.　题　　名：（三十九）自诉人诬告之管辖（二十一年四月十八日刑事非字第六一号）：要旨：刑诉法第三百五十六条第一项之规定，原为审判便利起见不受事物管辖或土地管辖之拘束，故关于自诉事件之诬告罪，其管辖法院

作　　者：

关 键 词：审判便利　管辖权　自诉事件诬告罪　受理法院

摘　　要：刑诉法规定，原为审判便利，不受事物管辖或土地管辖的拘束，关于自诉事件的诬告罪的成立，以受理法院为准。

期刊名称：最高法院刑事判例汇刊

主办单位：最高法院
刊　　期：1934（8）
页　　码：115－117

8.　题　　名：（四十一）独立上诉之限制（二十一年四月二十九日刑事上字第六五九号）：要旨：刑事诉讼被告之尊亲属，具有法定代理人资格时，固得独立上诉惟所谓法定代理人，必以被告系无行为能力或限制行为能力人

作　　者：

关 键 词：法定代理人　独立上诉　完全行为能力人

摘　　要：刑诉被告之尊亲属，具有法定代理人资格时，固得独立上诉。惟所谓法定代理人，必以被告系无行为能力或限制行为能力人为前提，被告如系完全行为能力之人，则根本上即无法定代理人存在，自不能以其尊亲属名义独立上诉，如被告均未成年，则其尊亲属以法定代理人资格独立上诉，自应以该法定代理人为上诉人，予以受理。假使被告中有业已成年之人，又无其他限制能力情形，应查明该项书状是否因其子委托代迟以致误用受托人名义，再分别依法办理。

期刊名称：最高法院刑事判例汇刊
主办单位：最高法院
刊　　期：1934（18）
页　　码：118－121

9.　题　　名：（四十八）呈诉不服之限制（二十一年九月十五日刑事上字第一五一七号）：要旨：犯罪之告诉，除有特别规定外，应以被害人行之，又不服县判得向第二审呈诉者以告诉人为限，若被害人与其母具状告诉审判决仅由其母呈诉不服，如该被害人业已成年，则其母既非法定代理，于法即不能认为告诉人，因而不服县判，亦不得以自己名义呈诉

作　　者：

关 键 词：告诉　被害人　告诉人　法定代理人

摘　　要：犯罪之告诉，除有特别规定外，应以被害人行之，又不服县判得向第二审呈诉者，以告诉人为限，若被害人与其母具状告诉，第一审判决仅由其母呈诉不服，如该被害人业已成年，则其母既非法定代理人，于法即不能认为告诉人，因而不服县判，亦不得以自己名义呈诉。

期刊名称：最高法院刑事判例汇刊
主办单位：最高法院
刊　　期：1934（10）
页　　码：142－145

七十五、浙江省各律师公会报告录

期刊简介：

浙江正楷印书局编辑发行，出版地杭州。该刊为浙江全省各律师公会报告录，主要刊登法规（中央法规、本省法规）、命令（任命、部令、省令）、解释、裁判（民事裁判、刑事裁判、行政诉讼裁判）、会讯。

（一）省令

1. 题　　名：浙江高等法院会令：第一〇五六八号（中华民国二十六年四月二十二日）：令各兼理司法县长、各地方法院院长、检察官：补充疏通烟毒人犯办法

作　　者：郑文礼、宋孟年
关 键 词：烟毒案　人犯　疏通办法
摘　　要：浙江高等法院令所属各法院等，补充疏通烟毒人犯办法已经军委会制定，应奉令遵照执行。

期刊名称：浙江省各律师公会报告录
主办单位：
刊　　期：1937（210）
页　　码：123－124

2. 题　　名：浙江高等法院会令：第一〇八七四号（中华民国二十六年四月二十九日）：令各新监狱典狱长、地方法院院长、检察官：保释烟毒案已执行刑期计算方法

作　　者：郑文礼、宋孟年
关 键 词：烟毒案　保释　刑期计算
摘　　要：浙江高等法院令所属各法院等，保释烟毒案已执行刑期计算方法已经公布。

期刊名称：浙江省各律师公会报告录
主办单位：
刊　　期：1937（210）
页　　码：124

3. 题　　名：浙江高等法院会令：第一一〇四三号（中华民国二十六年五月四日）：令各地方法院院长、检察官、县长兼理司法处行政事务：监所直接监督长官对于监护事宜应认真督察设法严防

作　　者：郑文礼、宋孟年
关 键 词：监所事务
摘　　要：浙江高等法院令所属地方法院等，应认真奉行司法行政部令文，监所监督长官对于监所各项事宜应认真督查切实防范。

期刊名称：浙江省各律师公会报告录
主办单位：
刊　　期：1937（210）
页　　码：125－126

（二）司法行政部训令（部令）

1. 题　　名：司法行政部训令：训字第二四五二号（二十六年四月二十二日）：令首都地方法院院长、首席检察官、各省高等法院院长、首席检察官等：调解事件酌拟平允办法劝谕两造互相让步

作　　者：
关 键 词：民事案件　调解　两造
摘　　要：司法行政部令各省法院等，民事案件应注重调解，且规定了调解时的各种注意事项，望调解人员严格遵守使两造互相让步，化解矛盾。

期刊名称：浙江省各律师公会报告录
主办单位：
刊　　期：1937（210）
页　　码：120

2. 题　　名：司法行政部令：调派朱金鸣充浙江瑞安地方法院候补检察官此令……（二十六年四月十四日至五月六日）

作　　者：
关 键 词：任命令
摘　　要：司法行政部令朱金鸣等任命令。

期刊名称：浙江省各律师公会报告录

主办单位：

刊　　　期：1937（210）

页　　　码：115 - 117

3. 题　　　名：司法行政部指令：指字第八三五七号令署浙江高等法院首席检察官宋孟年：羁押日数系以一日抵有期徒刑一日自应先算明刑期起讫再行按日计抵

作　　　者：

关 键 词：首席检察官　刑期折抵　起算时间

摘　　　要：司法行政部令浙江高等法院首席检察官，羁押日数是以一日折抵有期徒刑一日，但需先算明刑期开始日期再行折抵。

期刊名称：浙江省各律师公会报告录

主办单位：

刊　　　期：1937（210）

页　　　码：121

七十六、浙江公立法政专门学校季刊

期刊简介：

1923 年发刊，季刊，浙江公立法政专门学校校友会编辑并发行，出版地杭州。主要刊登论述、讲演、连载、案件和杂录等栏目。

（一）论著

1. 题　　　名：废止检察即以原有经费及优秀人员为推广审判厅之用案

作　　　者：杭县律师公会（提出）

关 键 词：检察制度　废除　审判厅

摘　　　要：文章从法理和事实层面对应废止检察制度进行论证，同时建议将废止的检察人员及经费用于推广审判厅。

期刊名称：浙江公立法政专门学校季刊

主办单位：

刊　　　期：1923（8）

页　　　码：1 - 8

（二）连载

1. 题　　　名：全国司法会议第一届要案汇录：（一）改正法院编制案

作　　　者：

关 键 词：司法会议　改正法院编制　检察制度　司法警察官

摘　　　要：全国司法会议第一届要案汇录中第一编改正法院编制案中第四条

主张，如检察制度主张废除，法官和书记官无法兼理的法院内一部分事务，故应另设司法警察官一人掌理之。

期刊名称：浙江公立法政专门学校季刊

主办单位：

刊　　　期：1923（8）

页　　　码：1 - 4

七十七、浙江杭鄞金永律师公会报告录

期刊简介：

月刊，浙江杭鄞金永律师公会编辑发行，出版地杭州。主要刊登法令、法令解释、判决例、纪事和杂录等。

（一）法令

1. 题　　　名：各省高等法院检察官办事权限暂行条例

作　　　者：

关 键 词：检察官办事权限　检察职权

摘　　　要：《各省高等法院检察官办事权限暂行条例》规定了检察官的职权、检察院的机构设置、检察官薪俸等。

期刊名称：浙江杭鄞金永律师公会报告录

主办单位：浙江杭鄞金永律师公会

刊　　　期：1927（96）

页　　　码：2

2. 题　　　名：推事检察官书记官律师服制条例：民国十八年一月四日司法院令法字第二号（附图）

作　　　者：

关 键 词：推事检察官书记官律师服制条例　莅庭

摘　　　要：《推事检察官书记官律师服制条例》规定了，推事、检察官、书记官和律师的服制颜色和帽饰等，并规定上述人员莅庭必须着制服。

期刊名称：浙江杭鄞金永律师公会报告录

主办单位：浙江杭鄞金永律师公会

刊　　　期：1929（110）

页　　　码：2

3. 题　　　名：修正最高法院高等法院地方法院检察官办事权限暂行条例（民国十七年二月二十三日司法部令各省法院训字第九十号）

作　　　者：

关　键　词：检察官　办事权限　办公处

摘　　　要：《修正最高法院高等法院地方法院检察官办案权限暂行条例》第三条规定检察官及办理检察事务之书记官等人员应于最高法院、高等法院和地方法院内另置办公处。

期刊名称：浙江杭鄞金永律师公会报告录

主办单位：浙江杭鄞金永律师公会

刊　　　期：1928（100）

页　　　码：1

4. 题　　　名：检察官指挥司法警察证暂行细则：司法行政部法字第一号令公布（转录法律评论第二十一号）

作　　　者：

关　键　词：检察官　司法警察　检察职权

摘　　　要：《检察官指挥司法警察证暂行细则》规定了指挥司法警察证的制作单位、司法警察的范围、证件的使用范围和程序等。

期刊名称：浙江杭鄞金永律师公会报告录

主办单位：浙江杭鄞金永律师公会

刊　　　期：1929（111）

页　　　码：1236－1237

5. 题　　　名：修正看守所暂行规则（民国十九年五月三日司法行政部公布）

作　　　者：

关　键　词：看守所　检察官

摘　　　要：《修正看守所暂行规则》规定被告人对于在监所遭遇的不当待遇陈诉于法官或检察官，或在视察时陈诉于检察员，检察官在接到此项陈诉后应立即报告法院院长。

期刊名称：浙江杭鄞金永律师公会报告录

主办单位：浙江杭鄞金永律师公会

刊　　　期：1930（125）

页　　　码：6

6. 题　　　名：视察各省区司法规则（司法行政部公布）

作　　　者：

关　键　词：视察各省区司法规则　检察官

摘　　　要：《视察各省区司法规则》规定部长在不能视察时可请最高法院检察署检察官等代为视察；各省区高等法院院长和首席检察官应视察所属法院和监所每年至少两次。

期刊名称：浙江杭鄞金永律师公会报告录

主办单位：浙江杭鄞金永律师公会

刊　　　期：1932（149）

页　　　码：2

7. 题　　　名：荐任司法官叙补办法（民国二十一年五月三十一日司法行政部公布）

作　　　者：

关　键　词：荐任　司法官　叙补

摘　　　要：《荐任司法官叙补办法》规定了荐任司法官的资格和具体的叙补办法。

期刊名称：浙江杭鄞金永律师公会报告录

主办单位：浙江杭鄞金永律师公会

刊　　　期：1932（150）

页　　　码：2

（二）论著

1. 题　　　名：论检察制度之必不可废及其改善方策（转录法律评论七卷二十号）

作　　　者：

关　键　词：检察制度　废除　改良

摘　　　要：本文从检察官检举犯罪成绩不佳、案件经检察环节反致繁琐、检察经费可用扩充法院、检察官权位过重侵犯人权等方面对主张废除检察制度的观点进行一一驳斥，提出改良检察制度的主张。

期刊名称：浙江杭鄞金永律师公会报告录

主办单位：浙江杭鄞金永律师公会

刊　　　期：1930（122）

页　　　码：1394－1399

2. 题　　　名：兼理司法之县长之惩戒问题（转录法律评论第四百七十九期）

作　　　者：

关　键　词：兼理司法　县长　惩戒　司法行政部

摘　　　要：兼理司法的县长的惩戒问题，须由各省高等法院转请司法行政部审核。

期刊名称：浙江杭鄞金永律师公会报告录

主办单位：浙江杭鄞金永律师公会

刊　　　期：1932（156）

页　　　码：1885

3. 题　　　名：现行司法制度与现行法律：东吴大学法律学院演讲辞

作　　　者：

关　键　词：废检　人权　法理

摘　　　要：检察制度危害人民权利，流弊甚多，因此本文认为应从根本上、从法理上对于废止检察制度进行论证。

期刊名称：浙江杭鄞金永律师公会报告录

主办单位：浙江杭鄞金永律师公会

刊　　　期：1930（125）

页　　　码：5－11

（三）杂录

1. 题　　　名：浙江高等法院训令第七〇六四号（民国十九年八月十五日）：令各级法院院长、首席检察官、律师公会：律师契约收据应贴印花

作　　　者：

关　键　词：首席检察官　律师公会　契约印花

摘　　　要：司法行政部训令各级法院及律师工会，律师会员入会契约收据应贴印花。

期刊名称：浙江杭鄞金永律师公会报告录

主办单位：浙江杭鄞金永律师公会

刊　　　期：1930（128）

页　　　码：1577－1578

2. 题　　　名：司法行政部训令：训字第七六号（二十五年一月九日）：令最高法院检察署检察长郑烈：掳赎案件判决违误之训令

作　　　者：

关　键　词：最高法院检察署　检察长　首席检察官　勒索赎金　判决有误

摘　　　要：司法行政部训令最高法院检察署检察长郑烈，福建高等法院首席检察官呈送的案卷中掳赎案件引用法条有误。望检察长调卷核查依法办理。

期刊名称：浙江杭鄞金永律师公会报告录

主办单位：浙江杭鄞金永律师公会

刊　　　期：1936（195）

页　　　码：2766

3. 题　　　名：司法行政部训令：训字第三五九号（二十五年一月二十四日）：

令最高法院检察署检察长郑烈：无殓葬义务者不成立弃尸罪

作　　　者：

关　键　词：最高法院检察署　检察长　首席检察官　判决有误

摘　　　要：司法行政部训令最高法院检察署检察长郑烈，河南高等法院首席检察官呈送的案卷中原判决有误，无殡葬义务者不成立弃尸罪。望检察长调卷核查依法办理。

期刊名称：浙江杭鄞金永律师公会报告录

主办单位：浙江杭鄞金永律师公会

刊　　　期：1936（195）

页　　　码：2777－2778

4. 题　　　名：司法行政部训令：训字第二二九八号（二十四年五月四日）：令最高法院检察署检察长郑烈：行劫后复有向人投函恐吓行为不能认为连续强盗

作　　　者：

关　键　词：最高法院检察署　检察长　首席检察官　抢劫　恐吓　连续犯

摘　　　要：司法行政部训令最高法院检察署检察长郑烈，浙江高等法院首席检察官呈送的案卷中原判决适用法律错误，行劫后又有向人投函恐吓行为不能认为是连续强盗，望检察长调卷核查依法办理。

期刊名称：浙江杭鄞金永律师公会报告录

主办单位：浙江杭鄞金永律师公会

刊　　　期：1935（186）

页　　　码：2506

5. 题　　　名：司法行政部训令：训字第二一九五号（二十四年五月一日）：令最高法院检察署检察长郑烈：关于杀人案件之训令一

作　　　者：

关　键　词：最高法院检察署　检察长　首席检察官　犯罪事实　非常上诉

摘　　　要：司法行政部训令最高法院检察署检察长郑烈，四川高等法院首席检察官呈送的案卷中仅描述案件经过而无犯罪事实，望检察长提起非常上诉并依相关法律规定进行办理。

期刊名称：浙江杭鄞金永律师公会报告录
主办单位：浙江杭鄞金永律师公会
刊　　期：1935（186）
页　　码：2504

6. 题　　名：司法行政部训令：训字第一八六七号（二十四年四月十八日）：令最高法院检察处检察长郑烈：诈财而又强取应并合论罪被教唆者未着手杀人不应科教唆者以杀人未遂罪

作　　者：

关　键　词：最高法院检察署　检察长　首席检察官　合并论罪　杀人未遂　判决有误

摘　　要：司法行政部训令最高法院检察署检察长郑烈，宁夏高等法院首席检察官呈送的案卷中判决有误，诈财而又强取应合并论罪，未着手杀人不应科教唆者以杀人未遂论处。望检察长调卷核查依法办理。

期刊名称：浙江杭鄞金永律师公会报告录
主办单位：浙江杭鄞金永律师公会
刊　　期：1935（186）
页　　码：2500－2501

7. 题　　名：司法行政部训令：训字第二二五三号（二十四年五月三日）：令最高法院检察署检察长郑烈：不能证明船只系直接供实施犯罪所用之物不得没收

作　　者：

关　键　词：最高法院检察署　检察长　首席检察官

摘　　要：司法行政部训令最高法院检察署检察长郑烈，浙江高等法院首席检察官呈送的案卷中原判决部分有误，不能证明船只属于直接供实施犯罪所用之物不得没收。望检察长调卷核查依法办理。

期刊名称：浙江杭鄞金永律师公会报告录
主办单位：浙江杭鄞金永律师公会
刊　　期：1935（186）
页　　码：2505

8. 题　　名：司法行政部训令：训字第二三五二号（二十四年五月七日）：令最高法院检察署检察长郑烈：无

强暴胁迫行为不能构成妨害人行使权利罪

作　　者：

关　键　词：最高法院检察署　检察长　首席检察官　胁迫行为　非常上诉

摘　　要：司法行政部训令最高法院检察署检察长郑烈，宁夏高等法院首席检察官呈送案卷中，被告并无暴胁行为不能构成妨害人行使权利罪，原判决有误。望检察长提起非常上诉以资纠正。

期刊名称：浙江杭鄞金永律师公会报告录
主办单位：浙江杭鄞金永律师公会
刊　　期：1935（186）
页　　码：2506－2507

9. 题　　名：司法行政部训令：训字第三四八号（二十五年一月二十三日）：令最高法院检察署检察长郑烈：关于被胁迫杀人及烧毁尸体事件之命令

作　　者：

关　键　词：最高法院检察署　检察长　首席检察官　共同正犯　从犯　非常上诉

摘　　要：司法行政部训令最高法院检察署检察长郑烈，山西高等法院首席检察官呈送的案卷中被告应以共同正犯论处，原判决以杀人罪从犯论处实属违法，望检察长提起非常上诉，并依相关法律规定办理。

期刊名称：浙江杭鄞金永律师公会报告录
主办单位：浙江杭鄞金永律师公会
刊　　期：1936（195）
页　　码：2776

10. 题　　名：司法行政部训令：训字第二一九六号（二十四年五月一日）：令最高法院检察署检察长郑烈：关于杀人案件之训令二

作　　者：

关　键　词：最高法院检察署　检察长　首席检察官　适用法律

摘　　要：司法行政部训令最高法院检察署检察长郑烈，广西高等法院首席检察官呈送的案卷中原判适用法律有误，望检察长调卷核查并依相关法律规定进行办理。

期刊名称：浙江杭鄞金永律师公会报告录
主办单位：浙江杭鄞金永律师公会
刊　　期：1935（186）
页　　码：2504 – 2505

11. 题　　名：司法行政部训令：训字第一五八号（二十五年一月十四日）：令最高法院检察署检察长郑烈：关于累犯案件之训令

作　　者：

关 键 词：最高法院检察署　检察长　首席检察官　累犯　判决有误

摘　　要：司法行政部训令最高法院检察署检察长郑烈，福建高等法院首席检察官呈送案卷中被告并不构成累犯，原判决有误。望检察长调卷核查依法办理。

期刊名称：浙江杭鄞金永律师公会报告录
主办单位：浙江杭鄞金永律师公会
刊　　期：1936（195）
页　　码：2770 – 2771

12. 题　　名：司法行政部训令：训字第二〇六号（二十四年四月二十三日）：令最高法院检察署检察长郑烈：被告对于犯罪事实预见其发生而其发生并不违背本意须有确切证明

作　　者：

关 键 词：最高法院检察署　检察长　首席检察官　证明

摘　　要：司法行政部训令最高法院检察署检察长郑烈，河北高等法院首席检察官呈送的案卷中张黄氏一案原判决有误，本案被告对于犯罪事实遇见其发生而其发生并不违背本意须有确切证明。望检察长调卷核查依法办理。

期刊名称：浙江杭鄞金永律师公会报告录
主办单位：浙江杭鄞金永律师公会
刊　　期：1935（186）
页　　码：2502

13. 题　　名：司法行政部训令：训字第三五三号（二十五年一月二十三日）：令最高法院检察署检察长

郑烈：下手枪击时未究明其有劫财意思不应论为强盗杀人

作　　者：

关 键 词：最高法院检察署　检察长　首席检察官　强盗杀人　判决有误

摘　　要：司法行政部训令最高法院检察署检察长郑烈，河北高等法院首席检察官呈送的张小驴杀人一案原判决有误，下手枪击时没有明确劫财意思的不应以强盗杀人论处，望检察长调卷核查依法办理。

期刊名称：浙江杭鄞金永律师公会报告录
主办单位：浙江杭鄞金永律师公会
刊　　期：1936（195）
页　　码：2777

14. 题　　名：司法行政部训令：训字第二五〇号（二十五年一月十八日）：令最高法院检察署检察长郑烈：因妻被强奸当场夺刀杀害奸夫属于义愤杀人

作　　者：

关 键 词：最高法院检察署　检察长　首席检察官　义愤杀人　判决有误

摘　　要：司法行政部训令最高法院检察署检察长郑烈，查安徽高等法院首席检察官呈送的案卷中原判决有误。因强奸当场夺刀杀害奸夫属于义愤杀人，望检察长调卷查核依法办理。

期刊名称：浙江杭鄞金永律师公会报告录
主办单位：浙江杭鄞金永律师公会
刊　　期：1936（195）
页　　码：2774

15. 题　　名：司法行政部训令：训字第一九八号（二十五年一月十七日）：令最高法院检察署检察长郑烈：犯罪在二十一年三月五日以前应依《大赦条例》减刑连续犯应比较重轻适用旧刑法

作　　者：

关 键 词：最高法院检察署　检察长　大赦条例　刑罚溯及力

摘　　要：司法行政部令最高法院检察署检察长郑烈，犯罪在二十一年三月五日以前的应依照大赦条例减刑，连续犯应比较轻重适用旧刑法。

期刊名称：浙江杭鄞金永律师公会报告录

主办单位：浙江杭鄞金永律师公会

刊　　期：1936（195）

页　　码：2773

16. 题　　名：司法行政部训令：训字第一八一号（二十五年一月十六日）：令首都地方法院院长、首席检察官、各省高等法院院长等：刑事被告未判前如无必要情形应保释责付

作　　者：

关 键 词：首席检察官　刑事被告　羁押　必要　保释

摘　　要：司法行政部令各高等法院，刑事被告在为判决前如无羁押必要的，应准许其保释责付。

期刊名称：浙江杭鄞金永律师公会报告录

主办单位：浙江杭鄞金永律师公会

刊　　期：1936（195）

页　　码：2772

17. 题　　名：司法行政部代电：电字第二二号（二十五年一月十七日）：检察官认缓刑者有付保护管束之必要时得声请法院裁定

作　　者：

关 键 词：检察官　缓刑　保护管束　声请裁定

摘　　要：检察官认为缓刑者有保护管束之必要的，可以声请法院进行裁定。

期刊名称：浙江杭鄞金永律师公会报告录

主办单位：浙江杭鄞金永律师公会

刊　　期：1936（195）

页　　码：2775

18. 题　　名：司法行政部指令：指字第二五一一〇号（二十四年十二月三十日）：令代理绥远高等法院首席检察官李生华：犯诈欺罪于缓刑期内犯窃盗罪非累犯

作　　者：

关 键 词：首席检察官　累犯　违法

摘　　要：司法行政部指令代理绥远高等法院首席检察官，呈件收悉，

查本案王春生因诈欺罪被判处有期徒刑六个月缓刑两年，于缓刑期内又犯窃盗罪并不构成累犯。原案卷中将被告归为累犯实于法不合，望查明后依法纠正。

期刊名称：浙江杭鄞金永律师公会报告录

主办单位：浙江杭鄞金永律师公会

刊　　期：1936（195）

页　　码：2764－2765

19. 题　　名：司法行政部指令：指字第七一一二号（二十四年四月二十三日）：令署江苏高等法院首席检察官胡诒谷：假释人尚有私诉未了应送交原判机关核办

作　　者：

关 键 词：首席检察官　假释人犯　私诉

摘　　要：司法行政部指令江苏高等法院首席检察官，呈件收悉，查假释人犯尚有私人诉讼未了结的，应送交原判机关核办。

期刊名称：浙江杭鄞金永律师公会报告录

主办单位：浙江杭鄞金永律师公会

刊　　期：1935（186）

页　　码：2503

20. 题　　名：司法行政部训令：训字第一九六二号（二十四年四月二十二日）：令各省高等法院院长、首席检察官等：嫌疑案件不得久悬不决

作　　者：

关 键 词：首席检察官　嫌疑案件

摘　　要：司法行政部训令各省高等法院，转发国府令《嫌疑案件不得久悬不决》。

期刊名称：浙江杭鄞金永律师公会报告录

主办单位：浙江杭鄞金永律师公会

刊　　期：1935（186）

页　　码：2501－2502

21. 题　　名：司法行政部指令：指字第四八四号（二十五年一月十日）：令署甘肃高等法院首席检察官曹文焕：临时起意杀人非预谋杀人

作　　者：

关 键 词：首席检察官　判决错误

摘　　要：司法行政部指令甘肃高等法院

首席检察官，呈件收悉，查本案原判存在问题，临时起意杀人并非预谋杀人，并案卷中将原告误写为被告，望立即依法核办并纠正。

期刊名称：浙江杭鄞金永律师公会报告录
主办单位：浙江杭鄞金永律师公会
刊　　期：1936（195）
页　　码：2771

22. 题　　名：司法行政部指令：指字第二二八三号（二十五年一月三十日）：令署江苏高等法院首席检察官胡诒谷：依旧法判决营利赌博及伤害罪得依新法声请易科罚金

作　　者：

关 键 词：首席检察官　刑法溯及力

摘　　要：司法行政部指令江苏高等法院首席检察官，呈件收悉，依据旧法判决营利赌博及伤害罪的，可以依照新刑法声请执行罚金。

期刊名称：浙江杭鄞金永律师公会报告录
主办单位：浙江杭鄞金永律师公会
刊　　期：1936（195）
页　　码：2779

23. 题　　名：司法行政部指令：指字第二二七九号（二十五年一月三十日）：令暂代山西高等法院首席检察官田汝翼：买烟土自吸并分卖给房主不成立贩卖罪

作　　者：

关 键 词：首席检察官　贩卖烟土罪

摘　　要：司法行政部指令山西高等法院首席检察官，呈件收悉，买烟土自吸并分卖给房主的不成立贩卖烟土罪。

期刊名称：浙江杭鄞金永律师公会报告录
主办单位：浙江杭鄞金永律师公会
刊　　期：1936（195）
页　　码：2778－2779

24. 题　　名：司法行政部指令：指字第二二四号（二十五年一月八日）：令代理安徽高等法院院长陈福民、首席检察官王树荣：县长对于假释人犯付保护管束得省略声请程序

作　　者：

关 键 词：首席检察官　县长　假释犯省略　声请程序

摘　　要：司法行政部指令安徽高等法院，呈件收悉，县长对于假释人犯付有保护管束职责，可以省略声请程序。

期刊名称：浙江杭鄞金永律师公会报告录
主办单位：浙江杭鄞金永律师公会
刊　　期：1936（195）
页　　码：2766－2767

25. 题　　名：司法行政部训令：训字第一〇八号（二十五年一月十日）：令署河北高等法院首席检察官汪祖泽：购买大宗银币之管辖及适用之法律

作　　者：

关 键 词：首席检察官　大宗银币　管辖权

摘　　要：司法行政部训令河北高等法院首席检察官，呈件收悉，购买大宗银币如果符合《妨害国币惩治暂行条例》的规定，则由地方法院负责审理。

期刊名称：浙江杭鄞金永律师公会报告录
主办单位：浙江杭鄞金永律师公会
刊　　期：1936（195）
页　　码：2769

26. 题　　名：司法行政部指令：指字第七〇九五号（二十四年四月二十三日）：令署浙江高等法院首席检察官郑畋：关于办理假释疑义之指示

作　　者：

关 键 词：首席检察官　假释　保证人监督

摘　　要：司法行政部指令浙江高等法院首席检察官，呈件收悉，关于无保证人的犯人，其假释应由监狱管理员自行监督或请雇主代为监督。

期刊名称：浙江杭鄞金永律师公会报告录
主办单位：浙江杭鄞金永律师公会
刊　　期：1935（186）
页　　码：2502－2503

27. 题　　名：司法行政部指令：指字第七一

885

一四号（二十四年四月二十三日）：令署浙江高等法院首席检察官郑畋：军事犯假释应送省政府转请军政部核办

作　　　者：

关 键 词：首席检察官　军事犯　假释

摘　　　要：司法行政部指令浙江高等法院首席检察官，军事犯假释应送省政府转请军政部核办。

期刊名称：浙江杭鄞金永律师公会报告录

主办单位：浙江杭鄞金永律师公会

刊　　　期：1935（186）

页　　　码：2503－2504

28. 题　　　名：司法行政部指令：指字第一二八四号（二十五年一月二十日）：令署四川高等法院首席检察官毛家骐：刑事诉讼公审限规则疑义之指示

作　　　者：

关 键 词：审限　检察官　上诉理由书　期间

摘　　　要：刑事诉讼审限是从检察官提出理由书送首席检察官核办之期；刑诉法第三百七十四条之规定是指先向法院声明上诉后再补提理由书于原审法院之期间，既于审限不同，关于原检察官提出上诉理由书送首席检察官之期间起算日期应按照刑事审限规则填写。

期刊名称：浙江杭鄞金永律师公会报告录

主办单位：浙江杭鄞金永律师公会

刊　　　期：1936（195）

页　　　码：2774

29. 题　　　名：司法行政部指令：指字第九〇三号（二十五年一月十五日）：令代理、署四川高等法院院长谢盛堂、首席检察官毛家骐：疏通监狱暂行条例施行期间

作　　　者：

关 键 词：首席检察官　疏通监狱　施行期间

摘　　　要：司法行政部指令四川高等法院，呈件收悉，查《疏通监狱暂行条例》施行期间按照之前公布的法律施行到达日期表办理。

期刊名称：浙江杭鄞金永律师公会报告录

主办单位：浙江杭鄞金永律师公会

刊　　　期：1936（195）

页　　　码：2773－2774

30. 题　　　名：司法行政部指令：指字第二五二〇七号（二十四年十二月三十一日）：令试署山东高等法院首席检察官胡绩：关于声明上诉案件之指令

作　　　者：

关 键 词：首席检察官　上诉案件　答辩

摘　　　要：司法行政部指令山东高等法院，呈件收悉，查本案二审不依法通知检察官答辩，望依法办理。

期刊名称：浙江杭鄞金永律师公会报告录

主办单位：浙江杭鄞金永律师公会

刊　　　期：1936（195）

页　　　码：2765

31. 题　　　名：司法行政部指令：指字第五九五号（二十五年一月十三日）：令代理、署河南高等法院简任推事兼院长凌士钧、首席检察官张秉钺：县判宣告无罪应许保释或责付证人不得递解或羁押

作　　　者：保释　非法羁押

关 键 词：

摘　　　要：司法行政部指令河南高等法院，呈件收悉，查本案既经初判宣告无罪现送往复判，应依法准予保释或责付证人，而不得递解或羁押。

期刊名称：浙江杭鄞金永律师公会报告录

主办单位：浙江杭鄞金永律师公会

刊　　　期：1936（195）

页　　　码：2771

32. 题　　　名：司法行政部训令：训字第一八七号（二十五年一月十六日）：令首都地方法院院长、首席检察官、各省高等法院院长等：关于法院收结案件之命令

作　　　者：

关 键 词：首席检察官　积案　清结

摘　　　要：司法行政部训令各法院，查近期各级法院积压案件颇多，为减轻讼累，保护人民权益，令

各法院半年内一律清结积案，并将积案是否如期清结作为考核法官的基本要求。

期刊名称：浙江杭鄞金永律师公会报告录
主办单位：浙江杭鄞金永律师公会
刊　　期：1936（195）
页　　码：2772－2773

33.题　　名：法院退职人员执行律师职务之限制：司法行政部各省高等法院训字第二八五号（转录法律评论第二十二号）
作　　者：
关 键 词：法院退职人员　律师　职务限制
摘　　要：各法院院长和首席检察官在退职一年内不得在原任法院管辖区域内执行律师职务。
期刊名称：浙江杭鄞金永律师公会报告录
主办单位：浙江杭鄞金永律师公会
刊　　期：1929（111）
页　　码：1238

（四）判决例

1.题　　名：履行婚姻之诉非婚姻诉讼事件毋庸检察官莅场陈述意见更不得由检察官起诉或提起上诉：最高法院民事第一庭判决（十七年十一月六日上字第一〇四七号）
作　　者：
关 键 词：婚姻之诉　检察官　莅场　陈述意见　起诉　上诉
摘　　要：履行婚姻之诉，非婚姻诉讼事件毋庸检察官莅场陈述意见，更不得由检察官起诉或提起上诉。
期刊名称：浙江杭鄞金永律师公会报告录
主办单位：浙江杭鄞金永律师公会
刊　　期：1929（112）
页　　码：1240－1242

（五）裁判要旨

1.题　　名：刑法第一百五十七条之罪应以扰乱地方秩序为成立要件又原告诉人不服兼理司法事务县公署之判决应向第二审检察官呈诉请求提起上诉并以检察官为上诉人且一经检察官提起上诉之案件呈诉人即非刑事诉讼之当事人（十九非字第四三号）

作　　者：
关 键 词：原告诉人　县长兼理司法　第二审　检察官上诉　当事人
摘　　要：扰乱地方秩序为成立要件，又原告诉人不服兼理司法事务县公署之判决，应向第二审检察官呈诉请求提起上诉，并以检察官为上诉人，且一经检察官提起上诉之案件，呈诉人即非刑事诉讼的当事人。
期刊名称：浙江杭鄞金永律师公会报告录
主办单位：浙江杭鄞金永律师公会
刊　　期：1930（129）
页　　码：21－22

2.题　　名：最高法院刑事裁定十九年抗字第一二六号起至第一五〇号止：抗告人受有二裁判以上应由最后判决之法院之检察官于讯问抗告人意见后声请该法院定其应执行之刑（十九年抗字第一三二号）
作　　者：
关 键 词：抗告人　检察官　询问
摘　　要：抗告人受有二裁判以上，应由最后判决之法院之检察官于讯问抗告人意见后，声请该法院定其应执行之刑。
期刊名称：浙江杭鄞金永律师公会报告录
主办单位：浙江杭鄞金永律师公会
刊　　期：1931（140）
页　　码：1670

3.题　　名：最高法院刑事裁定（十九年抗字第二九号起至第五〇号止）：抗告人于判决后请求发给判决书并提起上诉对于检察官批示而为抗告经裁定驳回不得再行抗告（十九年抗字第四九号）
作　　者：
关 键 词：抗告人　判决书　上诉　检察官
摘　　要：抗告人于判决后请求发给判决书并依法提起上诉，对于检察官批示而为抗告经裁定驳回后不得再行抗告。
期刊名称：浙江杭鄞金永律师公会报告录
主办单位：浙江杭鄞金永律师公会
刊　　期：1931（135）
页　　码：1647

4. 题　　　名：刑法上所谓易科罚金系选择刑之一种与刑律四四条因自由刑执行窒碍而折易罚金不同又关于烟案之被告如有声明愿纳法定限度之罚金经首席检察官声请法院院长核定者依审理烟案简易程序第十五条……（十九非字第二三号）

作　　　者：

关 键 词：烟案被告　罚金　首席检察官　声请核定　简易程序

摘　　　要：烟案之被告如有声明愿纳法定限度之罚金，经首席检察官声请法院院长核定者依审理烟案简易程序，可以不经审判径行执行。

期刊名称：浙江杭鄞金永律师公会报告录

主办单位：浙江杭鄞金永律师公会

刊　　　期：1930（129）

页　　　码：12

5. 题　　　名：最高法院刑事判决要旨：非被害人得以提起自诉之案件自应本于检察官之起诉书状并经检察官莅庭陈述案件之要旨及辩论方为合法（民国二十一年六月十五日上字第一〇〇七号）

作　　　者：

关 键 词：被害人　自诉　检察官　起诉书　莅庭陈述

摘　　　要：非被害人得以提起自诉之案件，应本于检察官之起诉书状并经检察官莅庭陈述案件之要旨及辩论方法方为合法。

期刊名称：浙江杭鄞金永律师公会报告录

主办单位：浙江杭鄞金永律师公会

刊　　　期：1932（155）

页　　　码：8

6. 题　　　名：最高法院刑事裁定要旨：县长兼有检察与审判两种职权所为之羁押处分如有不服在法律上别有救济之途要不能对之抗告（民国二十一年六月三十日抗字第一八八号）

作　　　者：

关 键 词：县长兼理司法　检察权　审判权　羁押处分　抗告

摘　　　要：县长兼有检察与审判两种职权，其所为的羁押处分当事人如有不

服，在法律上有救济途径，不能对羁押处分进行抗告。

期刊名称：浙江杭鄞金永律师公会报告录

主办单位：浙江杭鄞金永律师公会

刊　　　期：1932（154）

页　　　码：1－2

7. 题　　　名：最高法院刑事判决要旨：以犯一罪之方法或结果而犯他项罪名者系刑法上之牵连犯虽检察官未经起诉按诸公诉不可分之原则在审理事实之法院仍应一并审判适用刑法第七十四条从一重处断（民国二十一年九月二十三日上字第一六〇八号）

作　　　者：

关 键 词：牵连犯　检察官　公诉不可分　一并审理　从重处断

摘　　　要：以犯一罪之方法或结果而犯他项罪名者是《刑法》上的牵连犯，虽然检察官未经起诉按诸公诉不可分之原则，在审理事实之法院仍应一并审判适用《刑法》从一重处断。

期刊名称：浙江杭鄞金永律师公会报告录

主办单位：浙江杭鄞金永律师公会

刊　　　期：1932（156）

页　　　码：20－21

8. 题　　　名：最高法院刑事判决要旨：关于轻微伤害罪固须告诉乃论但告诉乃论之罪对于共犯之一人告诉其效力及于其他共犯如对于请求办法之加害者既称有二十余人则自承当时在场实施之共犯依上述规定自不得以未经指名告诉指为欠缺诉追条件（民国二十一年九月三日上字第一四七一号）

作　　　者：

关 键 词：告诉乃论　告诉效力　共犯　追诉条件

摘　　　要：关于轻微伤害罪，固须告诉乃论，但告诉乃论之罪是对于共犯之一人告诉其效力及于其他共犯。如对于请求办法之加害者既称有二十余人，则自承当时在场实施之共犯依上述规定自不得以未经指名告诉指为欠缺诉追

条件。

期刊名称：浙江杭鄞金永律师公会报告录
主办单位：浙江杭鄞金永律师公会
刊　　期：1932（156）
页　　码：17－18

9. 题　　名：最高法院刑事裁定十九年抗字第
　　　　　　一二六号起至第一五〇号止：县
　　　　　　府批示起诉权消灭依法不得提起
　　　　　　公诉等语纯系不起诉处分并非法
　　　　　　院之裁定不得提起抗告（十九年
　　　　　　抗字第一四三号）

作　　者：

关 键 词：兼理司法　县政府　不起诉处分
　　　　　　裁定　抗告

摘　　要：兼理司法的县政府作出的起诉权
　　　　　　消灭，依法不得提起公诉的属于
　　　　　　不起诉处分，并非法院的裁定，
　　　　　　检察官不能对其提起抗告。

期刊名称：浙江杭鄞金永律师公会报告录
主办单位：浙江杭鄞金永律师公会
刊　　期：1931（140）
页　　码：1674

（六）法令解释

1. 题　　名：司法行政部第一六三〇号训令
　　　　　　（民国十九年九月四日）：令最
　　　　　　高法院检察署检察长、各省高等
　　　　　　法院院长、首席检察官：烟案人
　　　　　　民故意行贿除将受贿人及行贿人
　　　　　　依法惩办外并应追缴贿款

作　　者：

关 键 词：烟毒案　行贿　受贿人

摘　　要：司法行政部令法院，对于烟毒案
　　　　　　犯人故意行贿的，除将受贿人依
　　　　　　法惩办外应将贿款予以追缴。

期刊名称：浙江杭鄞金永律师公会报告录
主办单位：浙江杭鄞金永律师公会
刊　　期：1930（129）
页　　码：1598－1599

2. 题　　名：不服上级法院首席检察官驳回之
　　　　　　处分声请再议其再议期间为七日
　　　　　　（民国十八年十月二日司法院训
　　　　　　令最高法院检察署院字第一六二
　　　　　　号）

作　　者：

关 键 词：最高法院检察署　驳回处分　声
　　　　　　请再议　期间

摘　　要：司法院训令最高法院检察署，不
　　　　　　服上级法院首席检察官驳回之处
　　　　　　分声请再议的，其再议期间为
　　　　　　七日。

期刊名称：浙江杭鄞金永律师公会报告录
主办单位：浙江杭鄞金永律师公会
刊　　期：1929（118）
页　　码：1255－1256

3. 题　　名：浙江高等法院检察处第六二八九
　　　　　　号训令（民国十八年七月二十
　　　　　　日）：令各级法院首席检察官、
　　　　　　各兼理司法县长：审理烟案须根
　　　　　　究来源或烟馆姓名一并严惩

作　　者：

关 键 词：检察处　烟毒案

摘　　要：浙江高等法院检察处训令各级法
　　　　　　院，在审理烟毒案件时必须查明
　　　　　　烟毒来源或烟馆姓名一并惩戒。

期刊名称：浙江杭鄞金永律师公会报告录
主办单位：浙江杭鄞金永律师公会
刊　　期：1929（117）
页　　码：1337－1338

4. 题　　名：上级法院首席检察官以职权检举
　　　　　　命令侦查之案经下级检察官为不
　　　　　　起诉处分者除非发现新事实或新
　　　　　　证据上级法院首席检察官不得命
　　　　　　其续行侦查或起诉下级检察官亦
　　　　　　不得据以起诉（民国十九年一月
　　　　　　二十八日司法院训令湖北高等法
　　　　　　院院字第二二三号）

作　　者：

关 键 词：上级法院　首席检察官　检察一
　　　　　　体　起诉　继续侦查

摘　　要：上级法院首席检察官以职权检举
　　　　　　命令侦查之案，经下级检察官为
　　　　　　不起诉处分者。除非发现新事实
　　　　　　或新证据，上级法院首席检察官
　　　　　　不得命其续行侦查或起诉，下级
　　　　　　检察官亦不得据以起诉。

期刊名称：浙江杭鄞金永律师公会报告录
主办单位：浙江杭鄞金永律师公会
刊　　期：1930（122）
页　　码：1316－1318

5. 题　　名：刑事上诉案件依刑诉法第三百七
　　　　　　十八条第一项及第三百九十八条
　　　　　　一项应由原审法院以该案卷证送

交该法院之检察官由检察官送交上级法院检察官虽系自诉案件而参照同法第三百五十一条及第三百六十一条之法意……（民国十九年七月二十四日司法院训令福建高等法院院字第三一三号）

作　　者：

关　键　词：上诉　原审法院　检察官　上级法院

摘　　要：刑事上诉案件依刑诉法相关条款应由原审法院以该案卷证送交该法院之检察官，由检察官送交上级法院检察官。

期刊名称：浙江杭鄞金永律师公会报告录

主办单位：浙江杭鄞金永律师公会

刊　　期：1930（128）

页　　码：1416－1417

6. 题　　名：监狱假释保释案件归检察处办理：民国十七年十二月三十一日司法行政部训令第二〇九号

作　　者：

关　键　词：假释　保释　检察处

摘　　要：各监狱假释和保释案件属于执行范围，均由检察处办理。

期刊名称：浙江杭鄞金永律师公会报告录

主办单位：浙江杭鄞金永律师公会

刊　　期：1929（110）

页　　码：1219

7. 题　　名：下级法院检察官不服原审判决提起上诉后上级法院检察官如认上诉理由欠缺得于上诉审裁判前撤回上诉（民国二十年八月七日司法院指令浙江高等法院院字第五二六号）

作　　者：

关　键　词：下级法院　检察官上诉　上级法院　撤回上诉

摘　　要：下级法院检察官不服原审判决提起上诉后，上级法院检察官如果认为上诉理由欠缺得于上诉审裁判前撤回上诉。

期刊名称：浙江杭鄞金永律师公会报告录

主办单位：浙江杭鄞金永律师公会

刊　　期：1931（140）

页　　码：1687－1688

8. 题　　名：（一）检察官对于被告受科刑之

判决依刑事诉讼法第三百五十八条第二项之规定得为被告利益而提起上诉。（二）检察官对于告诉或告发案件侦查结果无须传唤被告已足认为所告事实为嫌疑不足或行为……（民国二十年一月十七日司法院训令江苏高院院字第四〇三号）

作　　者：

关　键　词：检察官　被告利益　上诉　告诉　侦查终结　不起诉处分

摘　　要：（一）检察官对于被告受科刑之判决，依《刑事诉讼法》第三百五十八条第二项之规定，得为被告利益而提起上诉。（二）检察官对于告诉或告发案件侦查结果，无须传唤被告已足认为所告事实为嫌疑不足或行为不成罪的，可径行做不起诉处分。

期刊名称：浙江杭鄞金永律师公会报告录

主办单位：浙江杭鄞金永律师公会

刊　　期：1931（134）

页　　码：1523－1525

9. 题　　名：（一）刑事诉讼法第二百二十七条所称县长公安局长宪兵队长有侦查犯罪职权者系单指有侦查犯罪之职权与检察官同并非谓检察官应有之职权上各员均得行使……（民国十九年七月十二日司法院令覆福建高等法院院字第三〇六号）

作　　者：

关　键　词：检警关系　侦查犯罪　检察权

摘　　要：《刑事诉讼法》第二百二十七条所称县长、公安局长、宪兵队长有侦查犯罪职权者系单指有侦查犯罪之职权与检察官同，并非是指检察官应有之职权以上各员均得行使。

期刊名称：浙江杭鄞金永律师公会报告录

主办单位：浙江杭鄞金永律师公会

刊　　期：1930（128）

页　　码：1409－1411

10. 题　　名：起诉经撤回后毋庸再为不起诉之处分上级首席检察官因声请再议命令起诉自属违背刑诉法

第二百六十四条第二项规定下级检察官依此命令起诉法院应为不受理之判决（民国二十年八月七日司法院电复广东高等法院院字第五二三号）

作　　者：

关 键 词：撤诉　不起诉处分　首席检察官　声请再议　不受理

摘　　要：起诉经撤回后，不需要再为不起诉之处分。上级首席检察官因声请再议命令起诉，自属违背刑诉法第二百六十四条第二项规定，下级检察官依此命令起诉，法院应为不受理之判决。

期刊名称：浙江杭鄞金永律师公会报告录
主办单位：浙江杭鄞金永律师公会
刊　　期：1931（140）
页　　码：1685

11. 题　　名：终审法院首席检察官办理声请再议案件适用刑诉法第二百五十条之规定再议处分书内由首席检察官负责署名盖章（民国十八年八月二十三日司法院代电湖南高等法院院字第一四二号）

作　　者：

关 键 词：终审法院　首席检察官　再议处分书　署名盖章

摘　　要：终审法院首席检察官办理声请再议案件适用刑诉法相关规定，再议处分书内由首席检察官负责署名盖章。

期刊名称：浙江杭鄞金永律师公会报告录
主办单位：浙江杭鄞金永律师公会
刊　　期：1929（117）
页　　码：1233－1234

12. 题　　名：刑法第一百四十二条第一、第二两项之犯罪均以施强暴胁迫为构成要件如检察官莅验尸体时当场评论或指摘均无强暴胁迫行为自不成罪至意图检察官执行一定职务或不执行一定职务……（民国十九年九月十二日司法院训令四川高等法院院字第三三五号）

作　　者：

关 键 词：检察官　验尸　胁迫行为　妨碍公务

摘　　要：《刑法》第一百四十二条第一、第二两项之犯罪均以施强暴胁迫为构成要件，如检察官莅验尸体时当场评论或指摘，均无强暴胁迫行为自不成罪。至意图检察官执行一定职务或不执行一定职务，并外化为一定行为的，构成犯罪。

期刊名称：浙江杭鄞金永律师公会报告录
主办单位：浙江杭鄞金永律师公会
刊　　期：1930（129）
页　　码：1438－1440

13. 题　　名：兼理司法之县政府就初级案件之处分其声请再议应送交地方法院首席检察官：司法院电复江苏高等法院院字第二六号（民国十八年三月十六日）

作　　者：

关 键 词：兼理司法　声请再议　地方法院　首席检察官

摘　　要：兼理司法之县政府就初级案件的声请再议的处分，应送交地方法院首席检察官。

期刊名称：浙江杭鄞金永律师公会报告录
主办单位：浙江杭鄞金永律师公会
刊　　期：1929（112）
页　　码：1103

14. 题　　名：法院审理自诉案件毋庸通知检察官莅庭（民国二十年八月七日司法院电复四川高等法院院字第五一五号）

作　　者：

关 键 词：自诉案件　陈述辩论　莅庭

摘　　要：检察官于自诉程序无须陈述或辩论，因此法院审理自诉案件无须通知检察官莅庭。

期刊名称：浙江杭鄞金永律师公会报告录
主办单位：浙江杭鄞金永律师公会
刊　　期：1931（140）
页　　码：1674－1675

15. 题　　名：就县法院初级管辖不起诉之案件声请再议应由地方法院首席检察官受理（民国十九年八月二十日司法院训令江苏高等法

院院字第三二五号）

作　　　者：

关 键 词：初级管辖　不起诉　声请再议
　　　　　　地方法院　首席检察官

摘　　　要：县法院初级管辖不起诉之案件
　　　　　　声请再议的，应由地方法院首
　　　　　　席检察官受理。

期刊名称：浙江杭鄞金永律师公会报告录

主办单位：浙江杭鄞金永律师公会

刊　　　期：1930（128）

页　　　码：1428

16. 题　　　名：强奸罪犯虽由巡警拘送未经告
　　　　　　诉检察官不应有何处分（民国
　　　　　　十九年一月二十二日司法院训
　　　　　　令广西高等法院院字第二一七
　　　　　　号）

作　　　者：

关 键 词：强奸罪　告诉乃论　检察官
　　　　　　处分

摘　　　要：强奸罪乃告诉乃论之罪，虽由
　　　　　　巡警拘送但未经告诉检察官不
　　　　　　能有任何处分。

期刊名称：浙江杭鄞金永律师公会报告录

主办单位：浙江杭鄞金永律师公会

刊　　　期：1930（122）

页　　　码：1310 – 1311

17. 题　　　名：就自诉案件执行裁判仍由检察
　　　　　　官指挥之（民国十八年九月十
　　　　　　一日司法院训令福建高等法院
　　　　　　院字第一六一号）

作　　　者：

关 键 词：自诉案件　执行　检察官
　　　　　　指挥

摘　　　要：自诉案件执行裁判由检察官
　　　　　　指挥。

期刊名称：浙江杭鄞金永律师公会报告录

主办单位：浙江杭鄞金永律师公会

刊　　　期：1929（118）

页　　　码：1255

18. 题　　　名：被害尸属抗不抬埋尸棺及调度
　　　　　　司法警察办法：司法部令江苏
　　　　　　江宁地方检察厅（民国十六年
　　　　　　九月十七日）

作　　　者：

关 键 词：司法警察　检察厅

摘　　　要：关于被害人死亡后亲属拒绝埋

葬及调度司法警察的相关办法
已经由《检察厅调度司法警察
章程》作出规定。

期刊名称：浙江杭鄞金永律师公会报告录

主办单位：浙江杭鄞金永律师公会

刊　　　期：1927（96）

页　　　码：838

19. 题　　　名：上级首席检察官认再议有理由
　　　　　　命令续行侦查或起诉者应叙明
　　　　　　理由毋庸另制处分书（民国十
　　　　　　八年十月三十一日司法院训令
　　　　　　广东高等法院院字第一六八号）

作　　　者：

关 键 词：首席检察官　再议　侦查　起
　　　　　　诉　处分书

摘　　　要：上级首席检察官认为再议有理
　　　　　　由命令继续侦查或起诉的，应
　　　　　　叙明理由不需要再制作处分书。

期刊名称：浙江杭鄞金永律师公会报告录

主办单位：浙江杭鄞金永律师公会

刊　　　期：1929（119）

页　　　码：1263 – 1264

20. 题　　　名：反革命案内之被告应送入反省
　　　　　　院者由检察官径行处分（民国
　　　　　　十九年一月二十八日司法院指
　　　　　　令司法行政部院字第二二四号）

作　　　者：

关 键 词：反革命案　反省院　检察官
　　　　　　处分

摘　　　要：反革命案内之被告应送入反省
　　　　　　院除《共产党人自首法》第八
　　　　　　条规定情形外，应由检察官径
　　　　　　行处分。

期刊名称：浙江杭鄞金永律师公会报告录

主办单位：浙江杭鄞金永律师公会

刊　　　期：1930（122）

页　　　码：1318

21. 题　　　名：司法行政指令指字第八一七〇
　　　　　　号（民国十八年九月二十日）：
　　　　　　令署江苏高等法院首席检察官
　　　　　　王思默：保释监犯遇有羁押折
　　　　　　抵日数应在残余刑期内计算不
　　　　　　得算入经过刑期内

作　　　者：

关 键 词：首席检察官　保释监犯　羁押
　　　　　　日数　刑期

摘　　要：司法行政部指令江苏高等法院
首席检察官，呈件收悉，查两
名监犯符合《保释条例》应予
保释，又保释监犯遇有羁押折
抵日数应在残余刑期内计算不
得算入经过刑期内。

期刊名称：浙江杭鄞金永律师公会报告录
主办单位：浙江杭鄞金永律师公会
刊　　期：1929（118）
页　　码：1346

22. 题　　名：（一）最高法院解字第一四四号
解释所指开始审理系指刑诉法
第二百七十五条朗读案由之开
始审判。（二）犯人不明之案于
起诉权消灭前不得终结侦查。
（三）检察官认被告有犯罪嫌疑
者其起诉不以被告已到案为必
要（民国十八年八月二十三日
司法院训令……）

作　　者：

关 键 词：起诉权　侦查终结　检察官
嫌疑人　到案

摘　　要：犯人不明之案于起诉权消灭前
不得终结侦查；检察官认为被
告有犯罪嫌疑的，其起诉不以
被告已到案为必要。

期刊名称：浙江杭鄞金永律师公会报告录
主办单位：浙江杭鄞金永律师公会
刊　　期：1929（117）
页　　码：1241－1242

23. 题　　名：（一）刑法第二百四十条之犯罪
须合法告诉乃论检察官不得指
定告诉人。（二）犯强奸罪而故
意杀害人者纵因未告诉不能论
以上述法条之罪但其杀人仍应
负相当刑责：司法院训令广东
高等法院院字第十七号（民国
十八年三月五日）

作　　者：

关 键 词：告诉乃论　检察官　告诉人
罪刑相适应

摘　　要：（一）《刑法》第二百四十条之
犯罪须合法告诉乃论，检察官
不得指定告诉人。（二）犯强奸
罪而故意杀害人者纵因未告诉
不能论以上述法条之罪，但其

杀人仍应负相当刑责。

期刊名称：浙江杭鄞金永律师公会报告录
主办单位：浙江杭鄞金永律师公会
刊　　期：1929（112）
页　　码：1094－1095

24. 题　　名：（一）公诉程序应由检察官陈述
或辩论之事项于自诉程序由自
诉人行之。（二）典权人将典物
出租于出典人时其约定之地租
不得视为典价之利息自无所谓
利率最高额之限制。（三）典权
人与出典人约定之地租超过所
租地收获量百分之四十者

作　　者：

关 键 词：公诉程序　检察官　陈述辩论
自诉人

摘　　要：公诉程序应由检察官陈述或辩
论之事项，于自诉程序由自诉
人行之。

期刊名称：浙江杭鄞金永律师公会报告录
主办单位：浙江杭鄞金永律师公会
刊　　期：1931（140）
页　　码：1675－1677

25. 题　　名：（一）公诉案件原告诉人无上诉
之权法院毋庸向其送达判决。
（二）原告诉人声明不服检察官
对之有准驳权（民国十九年八
月二十一日司法院电复四川高
等法院院字第三二六号）

作　　者：

关 键 词：公诉案件　告诉人　上诉权
声明不服　准驳权

摘　　要：公诉案件原告诉人无上诉权，
因此法院无须向其送达判决；
原告诉人声明不服检察官对其
有准驳权。

期刊名称：浙江杭鄞金永律师公会报告录
主办单位：浙江杭鄞金永律师公会
刊　　期：1930（129）
页　　码：1429－1430

26. 题　　名：县法院之组织与地方法院不同
原告诉人就其初级管辖案件声
请再议应由地方法院首席检察
官受理送卷程式准用上诉程序
中送卷之办法（民国十九年八
月二十日司法院训令湖南高等

法院院字第三二三号）

作　　　者：

关 键 词：法院组织　初级管辖　首席检察官　上诉程序

摘　　　要：县法院之组织与地方法院不同，原告诉人就其初级管辖案件声请再议，应由地方法院首席检察官受理。送卷程式准用上诉程序中送卷之办法。

期刊名称：浙江杭鄞金永律师公会报告录

主办单位：浙江杭鄞金永律师公会

刊　　　期：1930（128）

页　　　码：1426－1427

27. 题　　名：共产党徒如于暂行反革命治罪法规定之反革命行为外利用共党势力掳人勒赎系属二以上不同级法院管辖之牵连案件依刑事诉讼法第十五条第一项规定得由高等法院并案受理检察官自得并案起诉于高等法院（民国十九年七月十九日司法院训令福建高等法院……）

作　　　者：

关 键 词：反革命案件　牵连管辖　检察官　并案起诉

摘　　　要：共产党徒如于《暂行反革命治罪法》规定之反革命行为外利用共党势力掳人勒赎，是属于两个以上不同级法院管辖之牵连案件，依《刑事诉讼法》第十五条第一项规定得由高等法院并案受理，检察官自得并案起诉于高等法院。

期刊名称：浙江杭鄞金永律师公会报告录

主办单位：浙江杭鄞金永律师公会

刊　　　期：1930（128）

页　　　码：1413－1414

28. 题　　名：（一）县公署受理刑诉除原诉人已声明自诉外凡未经县长以检察职权侦查起诉者如合于自诉规定可认为自诉案件但原诉人不上诉而呈诉不服仍照公诉程序办理。（二）刑诉审限规则与刑诉法羁押被告期间不容牵混羁押期满如有继续羁押之必要应依法声请延长

作　　　者：

关 键 词：自诉　县长兼理司法　检察权　自诉转公诉　审理期限　羁押期限

摘　　　要：（一）县公署受理刑诉除原诉人已声明自诉外，凡未经县长以检察职权侦查起诉者，如合于自诉规定可认为自诉案件，但原诉人不上诉而呈诉不服，仍照公诉程序办理。（二）刑诉审限规则与刑诉法羁押被告期间不容牵混羁押期满如有继续羁押之必要应依法声请延长。

期刊名称：浙江杭鄞金永律师公会报告录

主办单位：浙江杭鄞金永律师公会

刊　　　期：1929（112）

页　　　码：1103－1105

29. 题　　名：原告诉人第一审不声明自诉第二审又依公诉程序办理者非检察官不得上诉于第三审（民国十八年十二月十四日司法院电覆湖南高等法院院字第一八七号）

作　　　者：

关 键 词：自诉转公诉　检察官　上诉第三审

摘　　　要：合于自诉案件原告诉人既未声明自诉，在第二审中是检察官出庭执行原告职务，则案件已经转化为公诉案件。因此，非检察官不能向第三审法院提起上诉。

期刊名称：浙江杭鄞金永律师公会报告录

主办单位：浙江杭鄞金永律师公会

刊　　　期：1930（121）

页　　　码：1285－1286

30. 题　　名：（一）特种刑事临时法庭取消后关于特种刑事案件既已分别改由高等法院或地方法院依通常程序受理第一审则撤回起诉须由检察官为之。（二）刑事诉讼法第三百一十八条应谕知不受理各款均无须被告到庭得径予判决（民国十九年八月二十二日司法院训令……）

作　　　者：

关 键 词：特种案件　检察官撤诉　缺席
　　　　　判决

摘　　要：（一）特种刑事临时法庭取消
　　　　　后，关于特种刑事案件既已分
　　　　　别改由高等法院或地方法院依
　　　　　通常程序受理，第一审则撤回
　　　　　起诉须由检察官为之。（二）
　　　　　《刑事诉讼法》第三百一十八条
　　　　　应谕知不受理各款，均无须被
　　　　　告到庭得径予判决。

期刊名称：浙江杭鄞金永律师公会报告录
主办单位：浙江杭鄞金永律师公会
刊　　期：1930（129）
页　　码：1431－1432

31. 题　　名：关于双方受伤之斗殴案件在一
　　　　　方提起自诉他方请求检察官侦
　　　　　查时得依自诉公诉分别办理但
　　　　　法院于自诉及公诉提起后得合
　　　　　并审理（民国十九年四月三十
　　　　　日司法院电复湖南高等法院院
　　　　　字第二七二号）

作　　者：

关 键 词：互殴案件　一方自诉　检察官
　　　　　侦查　分别审理　合并审理

摘　　要：关于双方受伤之斗殴案件，在
　　　　　一方提起自诉他方请求检察官
　　　　　侦查时，得依自诉公诉分别办
　　　　　理，但法院于自诉及公诉提起
　　　　　后得合并审理。

期刊名称：浙江杭鄞金永律师公会报告录
主办单位：浙江杭鄞金永律师公会
刊　　期：1930（125）
页　　码：1372－1373

32. 题　　名：（一）自诉案件之验伤检察官毋
　　　　　庸莅庭。（二）自诉之伤害案件
　　　　　虽验不成伤仍应谕知无罪之判
　　　　　决。（三）已经侦查终结之案伴
　　　　　复行自诉应以裁定驳回（民国
　　　　　十八年八月二十三日司法院训
　　　　　令湖南高等法院院字第一四六
　　　　　号）

作　　者：

关 键 词：自诉案件　检察官　莅庭　侦
　　　　　查终结

摘　　要：（一）自诉案件之验伤检察官毋
　　　　　庸莅庭。（二）自诉之伤害案件

虽验不成伤仍应谕知无罪之判
决。（三）已经侦查终结之案件
复行自诉应以裁定驳回。

期刊名称：浙江杭鄞金永律师公会报告录
主办单位：浙江杭鄞金永律师公会
刊　　期：1929（117）
页　　码：1236－1238

33. 题　　名：（一）惩治土豪劣绅案件应依普
　　　　　通诉讼程序适用三审制。（二）
　　　　　无罪之判决如未确定检察官得
　　　　　提起上诉若已确定具备再审条
　　　　　件并得请求再审（民国十八年
　　　　　十二月十三日司法院训令江苏
　　　　　高等法院院字第一八三号）

作　　者：

关 键 词：无罪判决　检察官上诉　再审

摘　　要：（一）惩治土豪劣绅案件应依普
　　　　　通诉讼程序适用三审制。（二）
　　　　　无罪之判决如未确定检察官得
　　　　　提起上诉，若已确定具备再审
　　　　　条件，并得请求再审。

期刊名称：浙江杭鄞金永律师公会报告录
主办单位：浙江杭鄞金永律师公会
刊　　期：1930（121）
页　　码：1280－1281

34. 题　　名：检察官核定没入保证金时应认
　　　　　为包括具保处分之范围如有不
　　　　　服得声请该管法院撤销或变更
　　　　　之（民国十九年一月二十七日
　　　　　司法院训令山东高等法院院字
　　　　　第二一九号）

作　　者：

关 键 词：检察官　保证金　声请撤销

摘　　要：检察官核定没入保证金时应认
　　　　　为包括具保处分的范围，当事
　　　　　人如有不服可以声请法院撤销
　　　　　或变更。

期刊名称：浙江杭鄞金永律师公会报告录
主办单位：浙江杭鄞金永律师公会
刊　　期：1930（122）
页　　码：1312－1313

35. 题　　名：系属于县政府之案件如向高等
　　　　　法院声请移转管辖经裁定驳回
　　　　　后高等法院首席检察官若将原
　　　　　县政府检察职权移转于管辖区
　　　　　域内别院检察官或他县政府于

侦查终结后应就近诉由该法院
或径由该县政府依法受理裁判

作　　者：

关 键 词：移转管辖　首席检察官　侦查
终结

摘　　要：原属于县政府管辖的案件，如
向高等法院声请移转管辖，经
裁定驳回后，高等法院首席检
察官若将原县政府检察职权移
转于管辖区域内，别院检察官
或他县政府于侦查终结后应就
近诉由该法院或由该县政府依
法受理。

期刊名称：浙江杭鄞金永律师公会报告录

主办单位：浙江杭鄞金永律师公会

刊　　期：1932（152）

页　　码：1982－1983

36. 题　　名：掳人勒赎与强盗如有牵连关系
合于刑法第七十四条之规定检
察官起诉书内虽仅引用掳人勒
赎法条法院就强盗部分而为判
决其应并合论罪者检察官既未
就强盗罪提起公诉法自不能径
予审理（民国二十一年六月十
日司法院指令安徽高等法院院
字第七六六号）

作　　者：

关 键 词：牵连犯罪　检察官　公诉　不
告不理

摘　　要：掳人勒赎与强盗如有牵连关系，
合于《刑法》第七十四条之规
定，检察官起诉书内虽仅引用
掳人勒赎法条，法院就强盗部
分而为判决其应并合论罪者，
检察官既未就强盗罪提起公诉，
法院自不能径予审理。

期刊名称：浙江杭鄞金永律师公会报告录

主办单位：浙江杭鄞金永律师公会

刊　　期：1932（152）

页　　码：1983－1984

37. 题　　名：被害人向兼理司法之县长提起
自诉未经县长依检察职权侦查
起诉者应认其有当事人资格
（二十五年一月三十日司法院电
复四川高等法院院字第一三九
九号）

作　　者：

关 键 词：县长兼理司法　检察权　侦查
起诉　当事人

摘　　要：被害人向兼理司法之县长提起
自诉的，未经县长依检察职权
侦查起诉的应认定其有当事人
资格。

期刊名称：浙江杭鄞金永律师公会报告录

主办单位：浙江杭鄞金永律师公会

刊　　期：1936（195）

页　　码：2744

38. 题　　名：兼理司法之县政府准用刑诉法
简易程序对于简易事件得省略
检察官声请程序径以命令处刑
（民国二十四年四月二十四日司
法院电复浙江高等法院院字第
一二六三号）

作　　者：

关 键 词：兼理司法　简易程序　省略
检察官声请

摘　　要：兼理司法之县政府适用刑诉法
简易程序对于简易事件可以省
略检察官声请程序，可以迳行
以命令处刑。

期刊名称：浙江杭鄞金永律师公会报告录

主办单位：浙江杭鄞金永律师公会

刊　　期：1935（186）

页　　码：2593

39. 题　　名：对于县判不服告诉人请求提起
上诉检察官应有准驳之权（民
国二十一年十一月三日司法院
训令四川高等法院院字第八一
二号）

作　　者：

关 键 词：县知事　判决　上诉　检察官
准驳权

摘　　要：告诉人对于县知事所作的判决
不服请求上诉的，检察官具有
准驳权。

期刊名称：浙江杭鄞金永律师公会报告录

主办单位：浙江杭鄞金永律师公会

刊　　期：1932（156）

页　　码：2049

40. 题　　名：检察官对于被告未行侦查手续
而起诉尚非违背起诉规定法院
仍当受理（民国二十一年十月

十七日司法院函复司法行政部院字第八〇四号）

作　　者：

关键词：检察官　被告　侦查手续　起诉　受理

摘　　要：检察官对于被告未履行侦查手续而起诉的，不属于违背起诉规定，因此法院仍应当受理。

期刊名称：浙江杭鄞金永律师公会报告录

主办单位：浙江杭鄞金永律师公会

刊　　期：1932（155）

页　　码：2040－2041

41. 题　　名：对于同一事件既经被害人告诉由检察官侦查终结被害人之配偶自不得再向法院自诉（民国二十年六月十日司法院指令江苏高等法院院字第七六七号）

作　　者：

关键词：被害人　告诉　检察官　侦查终结　配偶　自诉

摘　　要：对于同一事件既经被害人告诉由检察官侦查终结，被害人的配偶不得再向法院提起自诉。

期刊名称：浙江杭鄞金永律师公会报告录

主办单位：浙江杭鄞金永律师公会

刊　　期：1932（152）

页　　码：1984－1985

42. 题　　名：原告诉人虽得撤销呈诉但既经以检察官名义提起上诉如未得其同意法院应不准撤回上诉（民国二十一年六月七日司法院电复山东高等法院院字第七五九号）

作　　者：

关键词：原告诉人　撤诉　检察官上诉

摘　　要：原告诉人虽然可以撤销呈诉，但是既然已经以检察官名义提起上诉，如果未经其同意，法院应不准撤回上诉。

期刊名称：浙江杭鄞金永律师公会报告录

主办单位：浙江杭鄞金永律师公会

刊　　期：1932（152）

页　　码：1976－1977

43. 题　　名：高分院首检既兼辖附设地方庭首检职务若地方庭检察官就初级案件为不起诉处分对于声请

再议认为无理由时应送高院首检核办（民国二十一年九月三日司法院训令山东高等法院院字第七八七号）

作　　者：

关键词：首席检察官　检察一体　初级案件　不起诉处分　声请再议

摘　　要：高分院首检既兼辖附设地方庭首检职务，若地方庭检察官就初级案件为不起诉处分，对于声请再议认为无理由时应送高院首检核办。

期刊名称：浙江杭鄞金永律师公会报告录

主办单位：浙江杭鄞金永律师公会

刊　　期：1932（154）

页　　码：2023－2024

44. 题　　名：（一）刑法第一百七十条第一项所称因人不问民事刑事凡被依法逮捕拘禁者均包含在内。（二）修正县知事审理诉讼暂行章程第三十二条覆判审发回覆审判决案件事实明确仅系从刑失入经检察官提起上诉者第二审得用书面审理仅将从刑改判

作　　者：

关键词：县知事审理诉讼　覆判　量刑不当　检察官上诉　二审　书面审

摘　　要：修正《县知事审理诉讼暂行章程》第三十二条覆判审发回覆审判决案件事实明确仅系从刑失入，经检察官提起上诉者，第二审得用书面审理仅将从刑改判。

期刊名称：浙江杭鄞金永律师公会报告录

主办单位：浙江杭鄞金永律师公会

刊　　期：1933（168）

页　　码：2253－2255

45. 题　　名：检察官侦查终结后不得再行提起自诉虽奉命续行侦查之案但既曾经侦查终结亦不得再行提起自诉（民国二十一年十月六日司法院电复河南高等法院院字第七九七号）

作　　者：

关键词：检察官　侦查终结　再行自诉

继续侦查

摘　　要：检察官侦查终结后不得再行提起自诉，虽奉命继续侦查的案件既然已经侦查终结，也不得再行提起自诉。

期刊名称：浙江杭鄞金永律师公会报告录

主办单位：浙江杭鄞金永律师公会

刊　　期：1932（155）

页　　码：2035－2036

46. 题　　名：朗诵案由须向当事人为之被告既未出庭除有特别规定外不得开始审判检察官得依刑诉法第二百六十四条撤回起诉（民国二十一年十月十七日司法院训令广东高等法院院字第八〇二号）

作　　者：

关　键　词：书记官　朗读案由　审判　检察官　撤回起诉

摘　　要：审判固然因该以法院书记官朗读案由为开始，但朗读需向当事人为之。被告既未出庭除有特殊规定外，审判不得开始。检察官可依相关法条撤回起诉。

期刊名称：浙江杭鄞金永律师公会报告录

主办单位：浙江杭鄞金永律师公会

刊　　期：1932（155）

页　　码：2038－2040

47. 题　　名：（一）侦查时发见诬告得径起诉毋庸对被诬告人为不起诉处分。（二）设有法院地方之县长虽得侦查犯罪但无追诉权不得为起诉或不起诉处分。（三）检察官为不起诉处分时如认为诬告得径起诉毋庸经过再议期间

作　　者：

关　键　词：侦查　不起诉处分　追诉权　检察官　再议

摘　　要：（一）侦查时发见诬告得径起诉毋庸对被诬告人为不起诉处分。（二）设有法院地方之县长虽得侦查犯罪但无追诉权，不得为起诉或不起诉处分。（三）检察官为不起诉处分时如认为诬告得径起诉毋庸经过再议期间。

期刊名称：浙江杭鄞金永律师公会报告录

主办单位：浙江杭鄞金永律师公会

刊　　期：1936（195）

页　　码：2723－2725

48. 题　　名：（一）刑案未经诉追或诉追后依法撤销法院不能继续审理应判决驳回公诉（二）法院如仅就诉讼程序驳回公诉尚未为实体判决不生一事不再理问题：最高法院复河南高等法院代电解字第一〇五号（民国十七年六月）

作　　者：

关　键　词：撤销追诉　驳回公诉　诉讼程序　实体判决　一事不再理

摘　　要：（一）刑案未经诉追或诉追后依法撤销法院不能继续审理，应判决驳回公诉。（二）法院如仅就诉讼程序驳回公诉，尚未为实体判决，不生一事不再理问题。

期刊名称：浙江杭鄞金永律师公会报告录

主办单位：浙江杭鄞金永律师公会

刊　　期：1928（104）

页　　码：943－944

49. 题　　名：（一）比较新旧法刑之重轻应减免其刑者较得减免或不减免其刑者为轻（二）未遂罪须按新旧法所定本刑得减等分之后较其轻重（三）因奸杀人死伤奸罪虽无告诉而死伤部分除轻伤须告诉乃论外余可独立诉追（四）刑法第二百七十七条所谓持有系将第二百七十一条二

作　　者：

关　键　词：告诉乃论　独立追诉

摘　　要：因奸杀人死伤奸罪虽无告诉而死伤部分，除轻伤告诉乃论外，其余可以独立追诉。

期刊名称：浙江杭鄞金永律师公会报告录

主办单位：浙江杭鄞金永律师公会

刊　　期：1929（110）

页　　码：1067－1075

50. 题　　名：兼有审检职权之县政府遇有刑事案件合于得不起诉之情形者亦得不起诉（民国十九年一月

八日司法院训令江西高等法院
院字第一九八号）

作　　者：

关 键 词：审检职权　县政府　不起诉
刑事案件

摘　　要：兼有审检职权的县政府遇有刑
事案件何于得不起诉之情形者
可以不起诉。

期刊名称：浙江杭鄞金永律师公会报告录

主办单位：浙江杭鄞金永律师公会

刊　　期：1930（122）

页　　码：1294

51. 题　　名：公诉案件县政府行使审检两权
之界限依诉讼进行之程度而定
如诉讼进行中经移转于法院管
辖应先侦查抑径行审判亦以原
诉讼进行之程度为断（民国
十九年一月二十日司法院指
令浙江高等法院院字第二一
〇号）

作　　者：

关 键 词：公诉案件　兼理司法　审检
权限

摘　　要：公诉案件县政府行使审检两权
之界限，依诉讼进行之程度而
定，如诉讼进行中经移转于法
院管辖应先侦查或是径行审判，
亦以原诉讼进行的程度进行
判断。

期刊名称：浙江杭鄞金永律师公会报告录

主办单位：浙江杭鄞金永律师公会

刊　　期：1930（122）

页　　码：1304－1305

（七）法律文书

1. 题　　名：最高法院检察署非常上诉理由书
（民国十九年一月八日）

作　　者：

关 键 词：最高法院检察　非常上诉

摘　　要：被告因收集伪造纸币及欺诈一案
经青岛地方法院第一审判决，最
高法院检察署检察长认为本案违
法，提起非常上诉。

期刊名称：浙江杭鄞金永律师公会报告录

主办单位：浙江杭鄞金永律师公会

刊　　期：1930（122）

页　　码：1406－1407

2. 题　　名：最高法院检察署处分书（中华民
国二十年十二月十四日）

作　　者：郑烈

关 键 词：声请人　驳回处分　声请再议
最高法院检察　处分书

摘　　要：声请人因不服浙江高等法院首席
检察官驳回处分，声请再议，经
最高法院检察署检察长审核认为
应予驳回，并制作处分书。

期刊名称：浙江杭鄞金永律师公会报告录

主办单位：浙江杭鄞金永律师公会

刊　　期：1932（145）

页　　码：1764－1765

索　引

后 记

　　书稿四校之时，该是提笔作跋和致谢之日了。再回首，从确定选题到成功申请高检院课题立项，再到今日成稿，三年时光倏忽而去。

　　这样一本大部头工具书，凝聚着编写者的心血，但更要感谢最高人民检察院领导和国家检察官学院领导对本书编写工作的关心和支持，感谢检察理论研究所领导对本项课题的垂青，感谢检察出版社的朱建华总编、常艳副社长和史朝霞主任，没有他们的辛勤付出，本书也就无法如期面世。

　　在信息资讯极其发达的时代，编史料书，"爬"故纸堆，"替人作嫁衣"，恍惚间有种与世隔绝的寂寞与孤独。但正是凭着这份寂寞与孤独，编写组成员在浩如烟海的清末民国法政期刊中，寻找"检察"的足迹，希冀这些足迹能够带领我们探寻百年前检察制度运行的样貌。如果这件寂寞织就的嫁衣能在读者手中重放异彩，惠及当下及未来的检察理论和实务研究，那大概是编著者最为欣慰的事情了！

　　编写小组的成员大多是国家检察官学院图书馆的工作人员：姜廷松、王韵洁、周晓霞、王超然、韩啸、周萍、么媛媛、陈晨、杨尚伟、克勇霖。大家一起找寻民国法政期刊文献资源、商定关键词、讨论编排体例。枯燥浩繁的索引编写，丰富了大家的知识积累，更磨炼了意志，增强了团队合作精神。刘辉馆长作了大量协调组织工作；周晓霞博士作了细致的课题统筹，并与王韵洁博士一起承担了大量的索引编制和修改工作；付磊博士对课题参加人员进行前期培训和对关键词选定给予了指导；么媛媛、周萍为高频词提取作了多方努力；姜廷松副馆长带领王韵洁、韩啸、王超然认真完成了书稿的四次校对工作。我作为主编对他们一并表示感谢！

　　中国检察文献中心初建，检察文献开发利用始列入议程，研究团队尚在砥砺成长。尽管编者尽了最大努力，但由于史料资源有限和人力所不及，本书还存在诸多瑕疵，诚恳期待读者给予批评指正。

刘　彦

2016 年 11 月

图书在版编目（CIP）数据

清末民国检察文献总目．法政期刊卷/刘彦主编．—北京：中国检察出版社，
2016.12

ISBN 978－7－5102－1741－8

Ⅰ．①清…　Ⅱ．①刘…　Ⅲ．①检察制度－文献－专题－目录－中国－清后期－
民国　Ⅳ．①Z88：D926.302

中国版本图书馆 CIP 数据核字（2016）第 229030 号

清末民国检察文献总目——法政期刊卷

刘　彦　主编

出版发行：中国检察出版社

社　　址：北京市石景山区香山南路 111 号　（100144）

网　　址：中国检察出版社（www.zgjccbs.com）

编辑电话：（010）68630384

发行电话：（010）88954291　88953175　68686531
　　　　　（010）68650015　68650016

经　　销：新华书店

印　　刷：三河市西华印务有限公司

开　　本：787 mm×1092 mm　16 开

印　　张：58.25

字　　数：1708 千字

版　　次：2016 年 12 月第一版　2016 年 12 月第一次印刷

书　　号：ISBN 978－7－5102－1741－8

定　　价：245.00 元